Introdução geral à Bíblia

Dados Internacionais de Catalogação na Publicação (CIP)
Angélica Ilacqua CRB-8/7057

Geisler, Norman L.
  Introdução geral à Bíblia : uma análise abrangente da inspiração, canonização, transmissão e tradução / Norman L. Geisler, William E. Nix ; tradução de A. G. Mendes. — 1. ed. — São Paulo : Vida Nova, 2021.
  848 p.

Bibliografia
ISBN 978-65-5967-013-0
Título original: A general introduction to the Bible

1. Bíblia - Introduções I. Título II. Nix, William E. III. Mendes, A. G.

21-1664   CDD 220.7

Índices para catálogo sistemático

1. Bíblia : Introdução : Estudo

NORMAN L. GEISLER
WILLIAM E. NIX

VIDA NOVA

Introdução geral à Bíblia

Uma análise abrangente *da* inspiração, canonização, transmissão *e* tradução

Tradução
A.G. Mendes

©1968, 1986, de Norman L. Geisler e William E. Nix
Título do original: *A general introduction to the Bible*,
edição publicada pela Moody Publishers (Chicago, Illinois, Estados Unidos).

Todos os direitos em língua portuguesa reservados por
Sociedade Religiosa Edições Vida Nova
Rua Antônio Carlos Tacconi, 63, São Paulo, SP, 04810-020
vidanova.com.br | vidanova@vidanova.com.br

1.ª edição: 2021

Proibida a reprodução por quaisquer meios,
salvo em citações breves, com indicação da fonte.

Impresso no Brasil / *Printed in Brazil*

Todas as citações bíblicas sem indicação da versão foram traduzidas diretamente da New American Standard Bible (NASB). As citações bíblicas com indicação da versão *in loco* foram traduzidas diretamente da New King James Version (NKJV), da American Standard Version (ASV), da New English Bible (NEB), da King James Version (KJV), da Revised Standard Version (RSV), da Revised Version (RV), da New American Bible (NAB) e da New International Version (NIV).

Direção executiva
Kenneth Lee Davis

Coordenação editorial
Jonas Madureira

Edição de texto
Arthur Wesley Dück
Valdemar Kroker

Preparação de texto
Virginia Neumann

Revisão de provas
Josemar de Souza Pinto

Coordenação de produção
Sérgio Siqueira Moura

Projeto gráfico e diagramação
OM Designers Gráficos

Capa
Jonatas Belan

A BARBARA e EULAINE,
esposas e fontes constantes
de incentivo e apoio

Sumário

Fotografias 9
Tabelas 10
Prefácio à edição revisada 11
Prefácio à primeira edição 13
Prefácio dos autores à edição revisada 15
Prefácio dos autores à primeira edição 17

PRIMEIRA PARTE
A inspiração da Bíblia
   1. Estrutura e divisões da Bíblia 21
   2. Definições de revelação e inspiração 33
   3. Afirmações das Escrituras sobre a inspiração em geral 51
   4. Declarações específicas de inspiração no Antigo Testamento 71
   5. Respaldo às declarações de inspiração do Antigo Testamento 85
   6. Declarações específicas da inspiração do Novo Testamento 99
   7. Continuação da doutrina da inspiração até a Reforma 111
   8. Doutrinas de inspiração desde a Reforma 127
   9. Visões divergentes de revelação e de inspiração
      no mundo moderno 151
  10. Teorias contemporâneas de revelação e de inspiração 189
  11. Evidências da inspiração da Bíblia 223

SEGUNDA PARTE
Canonização da Bíblia
  12. Determinação de canonicidade 237
  13. Descoberta e reconhecimento da canonicidade 257
  14. Desenvolvimento e história do cânon do Antigo Testamento 273

15. Apócrifos e Pseudepígrafos do Antigo Testamento 297
16. Desenvolvimento e história do cânon do Novo Testamento 319
17. Apócrifos e Pseudepígrafos do Novo Testamento 341

TERCEIRA PARTE
Transmissão da Bíblia
18. Línguas da Bíblia 369
19. Materiais de escrita 381
20. Transmissão, preparo e preservação de manuscritos 395
21. Manuscritos do Antigo Testamento 411
22. Manuscritos do Novo Testamento 443
23. Papiros, óstracos, inscrições e lecionários 469
24. Testemunhas patrísticas acerca do texto das Escrituras 481
25. Desenvolvimento da crítica textual 497
26. Restauração do texto das Escrituras 537

QUARTA PARTE
A tradução da Bíblia
27. Traduções contendo o texto do Antigo Testamento 571
28. Traduções contendo os textos tanto do Antigo quanto do
    Novo Testamentos 593
29. Versões latinas dos textos do Antigo e do Novo Testamentos 609
30. A Bíblia em inglês 627
31. Versões modernas e traduções em inglês das Escrituras 651
32. Versões e traduções das Escrituras em linguagem moderna 671

Conclusão geral 705

Apêndice 707
Glossário 745
Bibliografia 753
Índice remissivo 803
Índice de referências bíblicas 835

Fotografias

1. "Moisés" de Michelangelo 72
2. "Tesouro" em Petra...230
3. Especialistas estudam os fragmentos dos Manuscritos do Mar Morto ..286
4. Vista panorâmica de Alexandria 306
5. Inscrição cuneiforme do palácio de Sargão II....................383
6. A Pedra Moabita 386
7. Instrumentos antigos de escrita do Egito 389
8. Escriba judeu transcrevendo a Torá num manuscrito......399
9. Cavernas de Qumran, onde os Manuscritos do Mar Morto foram encontrados 417
10. A comunidade de Qumran..419
11. O comentário de Habacuque...420
12. Fragmento John Rylands de João 18.31-33......................447
13. Página de Romanos de um papiro Beatty-Michigan 447
14. Primeira página de Efésios de um papiro Beatty-Michigan 447
15. João 1.1-14 do papiro Bodmer 447
16. Codex Sinaiticus..451
17. Monastério de Santa Catarina do monte Sinai 451
18. Codex Alexandrinus..453
19. Papiro 1532..453
20. Um lecionário do século 7...479
21. Sumo sacerdote samaritano e Pentateuco Samaritano ...578
22. Estátua de Jerônimo no pátio da Igreja da Natividade em Belém.....617
23. Revisão da Vulgata por Alcuíno no século 9.....................619
24. Uma página da Bíblia de Wycliffe 637
25. Folha de rosto da Bíblia de Coverdale 638

Tabelas

Quadro comparativo dos nomes dos livros da Bíblia..................30
Teorias da revelação e da inspiração 221
História do cânon do Antigo Testamento 277
Traduções importantes da Bíblia em inglês 328
O cânon do Novo Testamento durante os primeiros quatro séculos..........339
História do texto do Antigo Testamento 432
Mapa A: O mundo bíblico 440
Mapa B: O Império Romano c. 395 d.C. 441
História do texto do Novo Testamento 466
Confiabilidade dos documentos do Novo Testamento 468
Antigas citações do Novo Testamento 494
Mapa C: O crescimento do cristianismo 495
Distribuição dos manuscritos do Novo Testamento por família 530
Quadro das principais línguas indo-europeias 648

Prefácio à edição revisada

Este livro é o investimento de toda uma vida. É um dos quinze livros que não podem faltar em nenhuma biblioteca cristã. Durante cerca de duas décadas e vinte reimpressões, esta obra tem se destacado como obra padrão em sua área. Sua influência tem sido significativa na minha vida, bem como na vida de milhares que o adquiriram. O melhor de tudo agora é que esta *Introdução geral à Bíblia* foi totalmente revisada, ampliada e atualizada.

Não há, na verdade, no mercado, um livro como este que abranja toda a gama de tópicos da bibliologia, entre eles a inspiração, os Apócrifos, o processo de cópia e a infinidade de traduções da Bíblia. Se você quiser saber como a Bíblia chegou até nós, como sabemos quais livros pertencem a ela, como podemos estar certos de que ela foi copiada com exatidão, bem como conhecer a história das traduções modernas da Bíblia, este livro é indispensável.

Norman L. Geisler e William E. Nix juntaram sua erudição acadêmica e uma vida dedicada ao ensino da Bíblia, de história e de apologética para produzir um estudo muito abrangente da Bíblia, "de Deus para nós". Seu estilo é simples e claro, com inúmeras ilustrações e tabelas, glossário de termos, índice remissivo e de referências bíblicas, uma imensa bibliografia e um apêndice instrutivo com uma lista de mais de 1.100 traduções em inglês da Bíblia.

A edição revisada de *Introdução geral à Bíblia* promete ser um livro útil no decorrer dos próximos anos. É um prazer recomendá-la a todos que desejam saber mais sobre a natureza, os antecedentes e a história do livro mais importante jamais escrito, a Palavra de Deus, infalível e inerrante.

JOSH MCDOWELL

Prefácio à primeira edição

Esta introdução geral à Bíblia é oportuna e importante. São várias as questões levantadas atualmente sobre a origem e a transmissão da Bíblia. É a essas indagações e aos problemas que suscitam que os autores desta obra direcionam sua pesquisa e erudição nas páginas que se seguem.

Jamais houve uma geração que tivesse acesso a tantas versões das Escrituras. Diante de inúmeras versões, o leitor da Bíblia tem toda a razão em questionar a origem, a autoridade e a canonicidade dos livros que constituem a Bíblia, bem como o grau de precisão com que foram transmitidos ao longo dos séculos.

O que distingue a Bíblia de outras literaturas antigas? Se os livros da Bíblia foram produzidos unicamente pela iniciativa e capacidade de seus autores, disso se segue então que se trata de produtos essencialmente humanos. Se esses livros foram ditados por Deus — e não conheço estudioso da Bíblia algum que sustenta essa ideia —, temos então basicamente um produto divino. Entender que tanto o aspecto humano quanto o divino são essenciais para a redação das Escrituras é fundamental para que se compreenda que a Bíblia é singular por ser um produto humano-divino.

Quando foi que os livros da Bíblia foram reconhecidos como imbuídos de autoridade e a quem se deve isso? Os israelitas e a igreja cristã declararam os livros da Bíblia imbuídos de autoridade ou eles reconheceram sua inspiração divina e, por isso, os consideram importantes e imbuídos de autoridade?

Como se deu a transmissão dos livros da Bíblia? Os escribas corrigiram e mudaram as Escrituras, ou eles as transmitiam com cuidado e precisão? Até que ponto as versões atuais são confiáveis em comparação com os manuscritos mais antigos das Escrituras dos quais a erudição moderna dispõe?

Por que os Apócrifos são incluídos em algumas Bíblias, ao passo que outras os omitem? Qual o critério para a variação dos limites do cânon?

Parabenizo os autores do livro por lidar com temas bíblicos tantas vezes debatidos. Chama a atenção a atitude inovadora que se reflete ao longo destas páginas, revelada pela declaração de que "Cristo é a chave da canonicidade". A erudição moderna que analisa com seriedade a atitude e o ensino de Jesus em relação a essas questões relacionadas à Bíblia merece toda a consideração.

Samuel J. Schultz

Prefácio dos autores à edição revisada

Desde a primeira edição de *Introdução geral à Bíblia* (1968), avanços significativos exigiram uma análise mais completa dos temas relativos à inspiração, autoridade e inerrância das Escrituras. As descobertas em Ebla e Nag Hamadi deram ocasião a um novo debate em torno do cânon e do texto das Escrituras.

Esta edição revisada e ampliada foi reorganizada em quatro seções: inspiração, canonicidade, transmissão e tradução. Além de revisar e atualizar todos os capítulos, foram introduzidos outros totalmente novos (caps. 8 e 9). Vários capítulos foram ampliados consideravelmente (caps. 1—3, 7, 10—12, 16—17, 21—22, 25—26, 28, 30—32). Inúmeras tabelas foram revisadas ou acrescentadas. Chamam a atenção especialmente as novas tabelas sobre o Novo Testamento (cap. 1), as várias teorias da inspiração (cap. 10), a confiabilidade dos documentos do Novo Testamento (cap. 11), a genealogia da Bíblia em inglês (cap. 16), a história do texto do Antigo Testamento (cap. 21), a história do texto do Novo Testamento (cap. 22) e as famílias de línguas (cap. 30). O novo apêndice "Lista dos títulos abreviados de traduções da Bíblia em inglês" contém mais de 1.100 entradas. O acirramento do debate entre os proponentes de várias tradições textuais que recorrem às metodologias dos textos "majoritário" e "crítico" também é um tópico novo e importante de análise nesta edição.

Desde a primeira edição, diversas traduções novas da Bíblia têm sido empreendidas; entre elas, as originárias de praticamente todos os maiores grupos privados e instituições religiosas. Por isso, a parte sobre as traduções da Bíblia ganhou uma seção separada e foi significativamente ampliada.

Em todas as inúmeras áreas de introdução geral à Bíblia, não se pouparam esforços para que houvesse um levantamento abrangente e uma avaliação crítica das posições representativas. O resultado de mais de trinta anos de estudos nessa área fortaleceu nossa convicção de que as traduções da Bíblia em inglês feitas por comitês constituem versões cuidadosas dos textos em hebraico e grego, transmitindo com precisão a Palavra infalível e inerrante de Deus.

Prefácio dos autores à primeira edição

Esta introdução geral à Bíblia se ocupa das três principais áreas gerais desse tópico: inspiração, canonicidade e transmissão do texto bíblico. O livro não se ocupa com questões de autoria, datação e propósito dos livros individuais da Bíblia, já que se trata de assuntos próprios de uma introdução especial à Bíblia. A obra foi pensada de tal modo que apresentasse uma visão panorâmica do processo de transmissão da Bíblia de Deus para o homem. Ela defende a tese de que Deus inspirou os livros da Bíblia, que homens de Deus os escreveram e que os Pais (hebreus e cristãos) os coligiram e transmitiram a gerações futuras. A parte principal do material aqui reunido diz respeito à transmissão da Bíblia desde os primeiros séculos aos dias de hoje. Sua intenção é responder positivamente a uma indagação fundamental: A Bíblia usada hoje (e os textos em hebraico e grego nos quais ela se baseia) constitui uma representação fidedigna do texto conforme redigido primeiramente pelos autores do Antigo e do Novo Testamentos?

Primeira parte

A inspiração da Bíblia

1
Estrutura e divisões da Bíblia

A Bíblia e seus Testamentos: definições

Significado de "Bíblia"

A palavra "Bíblia" pode afirmar de modo legítimo que é tataraneta do termo grego *biblos*, a designação dada ao revestimento externo do junco de papiro no Egito durante o século 11 a.C. O plural de *biblos* é *biblia*, e já por volta do século 2 d.C. os cristãos usavam esse termo para referir-se a seus escritos. A palavra *biblia* deu origem ao termo latino de mesma grafia, *biblia*; este, por sua vez, foi transliterado em francês antigo, *biblia*, pelo mesmo processo. Em inglês, o termo *Bible* tem origem no francês antigo com a parte final anglicizada. A palavra, portanto, é produto de quatro estágios de transliteração e transmissão e é usada com frequência como sinônimo de "Escrituras" ou "Palavra de Deus" (veja o cap. 3).

Significado de "Testamento"

Além de a Bíblia ser um *biblos*, ou um livro, o fato mais óbvio é que ela está dividida em duas partes denominadas Testamentos. O termo hebraico para testamento é *berith*, que significa "aliança, ou contrato, ou ainda acordo entre duas partes". O termo grego *diathēkē* é geralmente traduzido por "testamento" na King James Version.[1] Essa é uma tradução infeliz e é uma das que vêm sendo corrigidas nas novas versões da Bíblia que costumam traduzi-la por "aliança".[2] A versão grega do Antigo Testamento, a Septuaginta (LXX), traduz o termo

---

[1] Em 13 das 33 vezes em que o termo ocorre no Novo Testamento, ele é traduzido por "testamento" na King James Version (*Englishman's Greek concordance*, p. 144). Tecnicamente, porém, o termo em inglês "testamento" requer ação da parte de somente uma pessoa (a que faz o testamento). O assentimento do herdeiro não é necessário para a disposição testamentária. Isso não se aplica à aliança.

[2] Exceto em Hebreus 9.16,17, em que o contexto indica que o sentido mais amplo de *diathēkē* deve ser preservado, a saber "testamento". Veja o prefácio da *The Holy Bible, American Standard Version* (1901).

hebraico *berith* por *diathēkē*, mostrando dessa forma a derivação do termo grego. O Antigo Testamento foi chamado primeiramente de *a* aliança nos dias de Moisés (Êx 24.8). Mais tarde, Jeremias anunciou que Deus faria uma "nova aliança" com seu povo (Jr 31.31-34), o que Jesus afirmou estar realizando na Última Ceia (Mt 26.28; cf. 1Co 11.23-25; Hb 8.6-8). Portanto, é para os cristãos que a primeira parte da Bíblia é chamada de *antiga* aliança (Testamento), e a segunda, de *nova* aliança.[3]

A relação entre as duas alianças está bem sintetizada na célebre declaração de Santo Agostinho: "... o Antigo Testamento revelado no Novo; o Novo oculto no Antigo...".[4] Ou, como disse outro autor, "O Novo está contido no Antigo, e o Antigo está explicado no Novo".[5] Para o cristão, Cristo é o tema das duas alianças (cf. Hb 10.7; Lc 24.27,44; Jo 5.39), conforme pode ser visto no quadro abaixo.

No Antigo Testamento Cristo está	No Novo Testamento Cristo está
nas sombras	em essência
em imagens	em pessoa
em tipos	na verdade
em rituais	na realidade
latente	patente
profetizado	presente
revelado implicitamente	revelado explicitamente

A Bíblia em suas formas antigas

Forma hebraica

É provável que a divisão mais antiga da Bíblia hebraica fosse dupla: a Lei e os Profetas.[6] Essa é a distinção mais comum no Novo Testamento e é confirmada também pelo uso que dela fazem os judeus e os Manuscritos do Mar Morto.[7] Contudo, desde tempos menos remotos a Bíblia judaica se organiza em três seções que totalizam 24 livros (22 livros se o livro de Rute for arrolado com

---

[3]Cf. Hebreus 8.13: "Quando ele disse 'uma nova aliança', tornou obsoleta a primeira".
[4]Augustine [Agostinho], *Expositions on the Book of Psalms*, Ps. 106:31, in: Philip Schaff, org., *The Nicene and post-Nicene fathers*, 2. série, vol. 8.
[5]W. Graham Scroggie, *Know your Bible*, 1:12.
[6]Veja a análise no cap. 14.
[7]R. Laird Harris, *Inspiration and canonicity of the Bible*, p. 146ss.

Juízes e Lamentações, com Jeremias).⁸ Este Antigo Testamento contém todos os 39 livros do Antigo Testamento protestante. A diferença básica é que os livros são agrupados de forma diferente (veja a análise no cap. 15).

Organização do Antigo Testamento Hebraico*		
Lei **(Torá)**	**Profetas** **(Nevi'im)**	**Escritos** **(Kethuvim)**

1. Gênesis
2. Êxodo
3. Levítico
4. Números
5. Deuteronômio
	A. Profetas Anteriores
	  1. Josué
	  2. Juízes
	  3. Samuel
	  4. Reis
	B. Profetas Posteriores
	  1. Isaías
	  2. Jeremias
	  3. Ezequiel
	  4. Os Doze
		A. Livros Poéticos
		  1. Salmos
		  2. Jó
		  3. Provérbios
		B. Os Cinco Rolos (Megilloth)
		  1. Rute
		  2. Cântico dos Cânticos
		  3. Eclesiastes
		  4. Lamentações
		  5. Ester
		C. Livros Históricos
		  1. Daniel
		  2. Esdras-Neemias
		  3. Crônicas

*Esta é a organização da Nova Versão Judaica do Antigo Testamento baseada no Texto Massorético (TM). Veja *TANAKH: a new translation of THE HOLY SCRIPTURES according to the traditional Hebrew text*; Biblia Hebraica, edição de Rudolf Kittel; Paul E. Kahle; e *Biblia Hebraica Stuttgartensia*, edição de K. Elliger; W. Rudolph. Essa não é a ordem que aparece na *Septuaginta: id est Vetus Testamentum graece iuxta LXX interpretes*, edição de Alfred Rahlfs.

Alguns creem numa possível classificação implícita nas palavras de Jesus em Lucas 24.44: "Era necessário que se cumprisse tudo o que estava escrito a meu respeito na Lei de Moisés, nos Profetas e nos Salmos".⁹ Fílon, o judeu filósofo de Alexandria, fez alusão à classificação tripartite do Antigo Testamento, e Flávio Josefo organizou os 22 livros das Escrituras hebraicas em três seções, dizendo

---

⁸De acordo com Roger Beckwith, *The Old Testament canon of the New Testament church and its background in early Judaism*, p. 256, "o total de 22 livros não surgiu de um cânon menor, mas de números de letras do alfabeto hebraico. Nesse sentido, é um número artificial, ao passo que o número 24 é mais objetivo. […] Se assim for, 24 deve ser um número mais antigo, não mais recente que 22, e precisa, igualmente, remeter, no mínimo, ao século 1 a.C.". Veja tb. a análise de Sid Z. Leiman, *The canonization of Hebrew Scripture: the talmudic and midrashic evidence*, esp. as p. 53-6.

⁹O livro de Salmos foi o primeiro e o mais extenso dessa parte das Escrituras hebraicas e pode ter se tornado a nomenclatura não oficial para a seção toda; portanto, poderia ser usado aqui como referência à seção como um todo.

que os 22 livros "contêm os registros de todo o passado; [...] cinco pertencem a Moisés, [...] os profetas, que vieram depois de Moisés, escreveram o que foi feito em sua época em treze livros. Os quatro livros restantes contêm hinos a Deus e preceitos para a conduta da vida humana".[10]

Contudo, talvez o testemunho mais antigo da classificação tripartite provenha do prólogo a Eclesiástico, em que consta: "... meu avô Jesus, depois de dedicar-se intensamente à leitura da Lei, dos Profetas e de outros livros dos antepassados...".[11] A classificação tripartite contemporânea, em que os Escritos são constituídos por onze livros, tem origem na Mishná (tratado *Baba Batra*), que em sua forma atual é datado do século 5 d.C.

Há quem proponha que a classificação tripartite se baseie no *status* oficial dos autores em ordem descendente: Moisés, o legislador, apareceu primeiro com seus cinco livros; em seguida, vieram os profetas com seus oito livros; por fim, os não profetas, ou homens sábios, reis, príncipes, aparecem com seus livros. Outros aludem a um arranjo cronológico dos livros em que, na terceira seção, eles são arrolados em ordem decrescente de tamanho e cuja origem remonta a Judas Macabeu em meados do século 2 a.C.[12]

Forma grega

As Escrituras hebraicas foram traduzidas para o grego em Alexandria, no Egito (c. 250-150 a.C.). Essa tradução, conhecida como Septuaginta (LXX), introduziu algumas mudanças básicas no formato dos livros: alguns deles foram reclassificados, outros foram reagrupados e ainda outros foram renomeados (veja o quadro no final deste capítulo). A tradição alexandrina organizou o Antigo Testamento de acordo com o assunto, que é a base da classificação atual dos cinco livros da Lei, doze livros de história, cinco livros de poesia e dezessete livros de profecia.

A ordem desses livros varia nas listas canônicas mais antigas, porém o agrupamento dos livros restantes não sofre alterações.[13] O quadro a seguir mostra

---

[10] Josephus [Josefo], *Against Apion* [*Contra Apion*] 1.8, tradução para o inglês de William Whiston.
[11] "The prologue of the wisdom of Jesus the Son of Sirach", in: *Apocrypha* (RSV), p. 110.
[12] Roger Beckwith, p. 316.
[13] Por exemplo, os Evangelhos são colocados em sequências diferentes e, por vezes, as Cartas Gerais aparecem antes das cartas paulinas. Cf. Brooke Foss Westcott, *A general survey of the history of the canon of the New Testament;* veja tb. *The Bible in the church*, Apêndice B, p. 302-11.

essa organização, que apresenta o mesmo conteúdo, porém com um número de livros diferente da lista hebraica.

Lei (Pentateuco) — 5 livros	Poesia — 5 livros
1. Gênesis 2. Êxodo 3. Levítico 4. Números 5. Deuteronômio	1. Jó 2. Salmos 3. Provérbios 4. Eclesiastes 5. Cântico dos Cânticos

História — 12 livros	Profetas — 17 livros	
1. Josué 2. Juízes 3. Rute 4. 1Samuel 5. 2Samuel 6. 1Reis 7. 2Reis 8. 1Crônicas 9. 2Crônicas 10. Esdras 11. Neemias 12. Ester	**A. Maiores** 1. Isaías 2. Jeremias 3. Lamentações 4. Ezequiel 5. Daniel	**B. Menores** 1. Oseias 2. Joel 3. Amós 4. Obadias 5. Jonas 6. Miqueias 7. Naum 8. Habacuque 9. Sofonias 10. Ageu 11. Zacarias 12. Malaquias

A essa ordem os primeiros pais da igreja acrescentaram os livros do Novo Testamento, que foram classificados em quatro grupos: Evangelhos (quatro livros), História (um livro), Cartas (21 livros) e Profecia (um livro). Além disso, as 21 cartas foram subdivididas em paulinas (treze)[14] e gerais (oito).

Evangelhos — 4 livros	Históricos — 1 livro
1. Mateus 2. Marcos 3. Lucas 4. João	1. Atos

---

[14] Na igreja oriental, a tendência era de classificá-los como catorze cartas paulinas (incluindo Hebreus) e sete Cartas Gerais; a igreja ocidental tendeu a seguir a classificação conforme apresentada acima.

CARTAS — 21 livros	
A. Paulinas — 13 livros	**B. Gerais — 8 livros**
1. Romanos	1. Hebreus
2. 1Coríntios	2. Tiago
3. 2Coríntios	3. 1Pedro
4. Gálatas	4. 2Pedro
5. Efésios	5. 1João
6. Filipenses	6. 2João
7. Colossenses	7. 3João
8. 1Tessalonicenses	8. Judas
9. 2Tessalonicenses	
10. 1Timóteo	
11. 2Timóteo	
12. Tito	
13. Filemom	

PROFECIA — 1 livro
1. Apocalipse

Forma latina

A ordem dos livros na Bíblia latina (a Vulgata) segue a da Septuaginta (LXX), ou versão grega. Jerônimo, que traduziu a Vulgata Latina (c. 383-405), estava familiarizado com a divisão hebraica, mas a cristandade passara a favorecer a versão grega (ou a se vincular a ela). Portanto, era natural que ele adotasse a classificação quádrupla. Na verdade, qualquer outra classificação teria, sem dúvida alguma, sido inaceitável para os cristãos latinos.[15]

A BÍBLIA EM SUA FORMA CONTEMPORÂNEA

Razão histórica para a estrutura da Bíblia em inglês

Durante mil anos, a Vulgata foi a versão padrão da Bíblia para a cristandade, portanto era de esperar que a primeira Bíblia em inglês, de Wycliffe, seguisse as divisões bem conhecidas de sua precursora latina. Na verdade, a quádrupla divisão do Antigo Testamento e a divisão similar do Novo Testamento têm sido a divisão tradicional desde então. Consequentemente, as divisões da Bíblia contemporânea em inglês seguem uma ordem *temática*, e não *cronológica*,

---

[15] Para uma breve análise da aceitação da LXX pelos cristãos e a rejeição dela pelos judeus, veja os caps. 27 e 28; F. F. Bruce, *The books and the parchments*, p. 150-2.

diferentemente do que se observa na Bíblia hebraica. Contudo, no âmbito dessa estrutura temática geral, há uma lista semicronológica dos livros de Gênesis até o Apocalipse.

Razão temática da estrutura da Bíblia em inglês

Como a estrutura atual da Bíblia em inglês ficou sujeita a diversas variações históricas, seria um exagero supor que essa estrutura foi dada por Deus. Contudo, a ordem em que ela é apresentada não é puramente arbitrária. Na verdade, a ordem evidencia que seu direcionamento é proposital, pelo menos à medida que é organizada em categorias significativas, já que apresenta o desenrolar histórico do drama da revelação redentora.

Uma vez que a redenção e a revelação convergem sobre a pessoa de Jesus Cristo, pode-se observar que as várias seções das Escrituras formam uma estrutura cristocêntrica (Lc 24.27,44; Jo 5.39; Hb 10.7). Em outras palavras, Cristo não é somente o tema de ambos os Testamentos, conforme mencionamos acima, mas pode ser entendido também como o tema na sequência de cada uma das oito seções das Escrituras.[16]

Seção	Designação	Aspecto cristocêntrico	Ponto de vista
1	Lei	Fundamento para Cristo	Visão para baixo
2	História	Preparação para Cristo	Visão para fora
3	Poesia	Aspiração por Cristo	Visão para cima
4	Profecia	Expectativa de Cristo	Visão à frente
5	Evangelhos	Manifestação de Cristo	Visão para baixo
6	Atos	Propagação de Cristo	Visão para fora
7	Cartas	Interpretação e aplicação de Cristo	Visão para cima
8	Apocalipse	Consumação em Cristo	Visão à frente

Estrutura e divisões da Bíblia

No Antigo Testamento, os livros da Lei constituem o fundamento para Cristo porque revelam como Deus escolheu (Gênesis), redimiu (Êxodo), santificou (Levítico), guiou (Números) e instruiu (Deuteronômio) a nação dos hebreus por intermédio de quem abençoaria todas as nações (Gn 12.1-3). Os Livros

---

[16] Uma estrutura cristocêntrica semelhante já foi apresentada em muitas obras; e.g., Norman L. Geisler, *Christ: the theme of the Bible*; W. Graham Scroggie, *Know your Bible*.

Históricos mostram como a nação estava sendo preparada para executar sua missão redentora. Para que a nação escolhida estivesse plenamente preparada para a tarefa, era preciso que conquistasse sua terra (Josué—Rute), se estabelecesse sob seu primeiro rei, Saul (1Samuel), e, mais tarde, se expandisse sob Davi e Salomão (2Sm—1Rs 10). Depois do reinado de Salomão, o reino foi dividido (1Rs 11ss.) e posteriormente deportado para a Assíria (721 a.C.) e para a Babilônia (586 a.C., 2Reis). Contudo, as esperanças de salvação não estavam perdidas, porque Deus protegeu e preservou seu povo (Ester), o que lhe permitiu fazê-lo retornar (Esdras) e reconstruir a cidade santa (Neemias).

Na Lei, é lançado o fundamento para Cristo; nos Livros Históricos, as nações fincam raízes em preparação para Cristo; nos Livros Poéticos, o povo olha para o alto e aspira a Cristo; nos Livros Proféticos, olham à frente na expectativa de Cristo. A Lei contempla a vida moral de Israel; a História registra sua vida nacional; a Poesia revela sua vida espiritual; e a Profecia ilustra sua vida e expectativas proféticas ou messiânicas.

Os Evangelhos do Novo Testamento impelem essa expectativa messiânica na direção de uma manifestação histórica em Cristo. Ali, o Salvador prometido torna-se presente; o oculto é revelado; o Logos penetra o cosmo (Jo 1.1,14) quando Cristo é manifestado na carne. Os Evangelhos oferecem uma manifestação quádrupla de Cristo: ele é visto em sua soberania (Mateus), em seu ministério (Marcos), em sua humanidade (Lucas) e em sua divindade (João). A manifestação limitou-se, nos dias de Jesus, em sua maior parte "às ovelhas perdidas da casa de Israel" (Mt 10.6). Depois que Cristo morreu e ressuscitou, os discípulos foram comissionados a levar o relato de sua manifestação "aos confins da terra" (NKJV), conforme registrado no livro de Atos. Aqui é registrada a propagação da fé em Cristo como ele havia ordenado: "E sereis minhas testemunhas, tanto em Jerusalém como em toda a Judeia e Samaria, e até os confins da terra" (At 1.8).

Os Evangelhos apresentam a manifestação de Cristo; Atos, a propagação da fé nele; e as Cartas, a interpretação da sua pessoa e obra. Os Evangelhos e Atos registram as obras de Cristo e de seus discípulos, enquanto as Cartas revelam sua doutrina conforme ensinada pelos apóstolos. Os primeiros relatam o fundamento histórico do cristianismo neotestamentário; os últimos oferecem a interpretação didática e a aplicação dele.

O capítulo culminante da revelação cristocêntrica é apresentado no livro final do Novo Testamento, o Apocalipse, em que todas as coisas encontram sua consumação em Cristo. O "paraíso perdido" de Gênesis torna-se o "paraíso recuperado" do Apocalipse. Enquanto o portão de acesso à árvore da vida é fechado em Gênesis, ele está aberto para sempre em Apocalipse. Todas as coisas serão reunidas nele (Cl 2.9), porque tudo foi criado por ele, a redenção foi realizada por meio dele, por isso nada mais lógico de que tudo seja consumado nele (Ef 1.10).

Resumo e conclusão

A Bíblia é um *biblos*, um único livro. Há nela dois Testamentos, ou melhor, duas alianças ou acordos entre Deus e seu povo. Essas duas partes da Bíblia se acham inseparavelmente relacionadas: o Novo Testamento está oculto no Antigo, e o Antigo está revelado no Novo.

No decorrer dos séculos, a Bíblia foi subdividida em seções e seus livros foram organizados em diferentes formas. A Bíblia hebraica veio a ser dividida em três partes (Lei, Profetas e Escritos) assim classificadas de acordo com a posição oficial do autor. Contudo, começando pela Septuaginta e passando pelas traduções em latim e inglês moderno, o Antigo Testamento passou a ser organizado em uma estrutura temática quádrupla. O Novo Testamento também foi organizado em quatro temas: Evangelhos, Atos, Cartas e Apocalipse.

Quando observadas cuidadosamente, essas seções obviamente não foram estabelecidas de forma arbitrária. Pelo contrário, elas formam um todo significativo e intencional, visto que transmitem o desenrolar progressivo do tema da Bíblia na pessoa de Cristo. A Lei confere o *fundamento* para Cristo; a História mostra a *preparação* para sua vinda. Na Poesia identificamos uma *aspiração* a Cristo, e na Profecia, uma *expectativa* por ele. Os Evangelhos do Novo Testamento registram a *manifestação* histórica de Cristo; Atos relata a *propagação* do seu nome; as Cartas oferecem a *interpretação* da sua pessoa; e em Apocalipse encontramos a *consumação* de todas as coisas em Cristo.

Quadro comparativo dos nomes dos livros da Bíblia
Antigo Testamento

Hebraico (com tradução)	Grego	Latim	Português
Bᵉrʼēshîth (Em [o] princípio)	Genesis	Genesis	Gênesis
Shᵉmōth (Nomes)	Exodos	Exodus	Êxodo
Wayyigrā (E ele chamou)	Leuitikos	Leviticus	Levítico
Bᵉmîdbar (No deserto)	Arithmoi	Numeri	Números
Dᵉvārîm (Palavras); 'Elleh ha-Dêbārīm (Estas são as Palavras)	Deuteronomion Touto	Deuteronomium	Deuteronômio
Yᵉhôshūa' (Josué)	Iesous Neue	Iosua	Josué
Shōphêtīm (Juízes)	Kritai	Iudicum	Juízes
Rūt (Rute)	Routh	Ruth	Rute
Shᵉmû-'ēl A (Pedido a [ouvido por] Deus)	Basileion A	Regum I	1Samuel
Shᵉmû-'ēl B (Pedido a [ouvido por] Deus)	Basileion B	Regum II	2Samuel
Mᵉlchīm A (Reis; reinos)	Basileion G	Regum III	1Reis
Mᵉlchīm B (Reis; reinos)	Basileion D	Regum IV	2Reis
Dibrê hayyāmîm A (Questões [palavras] dos dias)	Paraleipomenon A	Paralipomenom I	1Crônicas
Dibrê hayyāmîm B (Questões [palavras] dos dias)	Paraleipomenon B	Paralipomenom II	2Crônicas
Edsra (Esdras)	Esdras	Esdras I	Esdras
Nêhᵉmīah (Neemias)	Neemias	Esdras II	Neemias
Hadassah (Murta)	Esther	Esther	Ester
'Iyyôb (Jó)	Iob	Iob	Jó
Tᵉhillîm (Louvores)	Psâlterion	Psalmi	Salmos
Mishᵉlê (Provérbios; parábolas)	Paroimia	Proverbia	Provérbios
Qōhelet (Aquele que reúne)	Ekklesiastes	Ecclesiastes	Eclesiastes
Shîr hash-shîrîm (Cântico dos Cânticos)	Asma	Canticum Canticorum	Cântico dos Cânticos
Yᵉsha'-yāhû (Jeová é salvação)	Esaias	Iesaias	Isaías
Yirmᵉyāhû (Jeová levantará ou erguerá)	Ieremias	Ieremias	Jeremias
'êkâ (Ah, como! Ai de mim!)	Threnoi	Threnorum	Lamentações
Yᵉhezqēl (Deus fortalece)	Iesekiel	Ezechiel	Ezequiel
Daniēl (Deus é meu juiz)	Daniel	Daniel	Daniel
Hoshᵉa (Salvação)	'Osee	'Osee	Oseias
Yô'ēl (Jeová é Deus)	Ioel	Ioel	Joel
Amos (Fardo)	Amos	Amos	Amós
'ōbedyā (Servo [adorador] de Jeová)	Obdiou	Abdias	Obadias
Yônah (Pomba)	Ionas	Ionas	Jonas
Mîkāyāhû (Quem é como Jeová?)	Michaias	Michaeas	Miqueias
Nāhûm (Consolação; consolador)	Naoum	Nahum	Naum
Hᵃbâkûk (Abraço; abraçador)	Ambakoum	Habacuc	Habacuque
Sᵉpanyâ (Jeová esconde; Jeová escondeu)	Sophonias	Sophonias	Sofonias
Hâggaī (Festivo)	Aggaios	Aggeus	Ageu
Zᵉchārīah (Deus lembra-se)	Zecharias	Zacharias	Zacarias
Malachiah (Mensageiro de Jeová)	Malachias	Malachias	Malaquias

Quadro comparativo dos nomes dos livros da Bíblia
Novo Testamento

Grego	Latim	Português
Ta Euangelia	Evangelia	Os Evangelhos
Kata Maththaion	Secundum Mathaeum	Segundo Mateus
Kata Markon	Secundum Marcum	Segundo Marcos
Kata Loukan	Secundum Lucam	Segundo Lucas
Kata Ioannen	Secundum Ioannem	Segundo João
Praxeis	Acti	Atos
Praxeis Apostolon	Actus Apostolorum	Atos dos Apóstolos
Hai Epistolai	Epistolae	Cartas
Pros Romaious	Ad Romanos	Romanos
Pros Korinthious A	[I] Ad Corinthios	1Coríntios
Pros Korinthious B	[II] Ad Corinthios	2Coríntios
Pros Galatas	Ad Galatas	Gálatas
Pros Ephesious	Ad Ephesios	Efésios
Pros Philippesious	Ad Philippenses	Filipenses
Pros Kolossaeis	Ad Colossenses	Colossenses
Pros Thessalonikeis A	[I] Thessalonicenses	1Tessalonicenses
Pros Thessalonikeis B	[II] Thessalonicenses	2Tessalonicenses
Pros Timotheon A	[I] Ad Timotheum	1Timóteo
Pros Timotheon B	[II] Ad Timotheum	2Timóteo
Pros Titon	Ad Titum	Tito
Pros Philemona	Ad Philemonem	Filemom
Pros Hebraious	Ad Hebraeos	Hebreus
Iakobou	Iacobi Apostoli	Tiago
Petrou A	[I] Petri Apostoli	1Pedro
Petrou B	[II] Petri Apostoli	2Pedro
Ioannou A	[I] Ioannis Apostoli	1João
Ioannou B	[II] Ioannis Apostoli	2João
Ioannou G	[III] Ioannis Apostoli	3João
Iouda	Iudae Apostoli	Judas
Apokalypsie	Apocalypsis	Apocalipse
Apokalypsie Ioannou	Apocalypsis Ioannis Apostoli	Apocalipse de João

2
Definições de revelação e inspiração

A questão mais fundamental sobre a natureza da Bíblia diz respeito à sua afirmação de ser "inspirada" ou de ser a "Palavra de Deus". O que exatamente significa isso e o que está contido nessa afirmação é o assunto do primeiro elo e, nesse sentido, é o elo mais importante na cadeia de comunicação "de Deus para nós".

DEFINIÇÃO DE INSPIRAÇÃO

O ponto de partida da análise sobre inspiração é a afirmação das próprias Escrituras. Faz todo o sentido que a Bíblia testemunhe acerca de sua própria natureza. Entendida claramente a afirmação, seu caráter e suas credenciais devem ser cuidadosamente compreendidos. Contudo, não se deve negar às Escrituras a oportunidade de testificar a seu favor.[1] O ponto de partida dessa investigação, portanto, será a declaração de inspiração conforme expressa pela Bíblia, e o procedimento adotado consistirá em estudar essa declaração à luz dos fenômenos das Escrituras.

Descrição bíblica de inspiração

Terminologia bíblica. Há certa confusão sobre a doutrina da inspiração decorrente do termo propriamente dito. Para sanar essa possível confusão, é preciso diferenciar o sentido de três termos. Em primeiro lugar, "inspiração", termo derivado de *inspirare* (do latim), significa "soprar sobre ou para dentro de alguma coisa". De acordo com o *Oxford English dictionary* (OED),[2] o conceito em inglês já

---

[1] Acredita-se por vezes que se trata de um *petitio principii*, ou raciocínio circular. Na verdade, não é porque primeiramente indagamos somente o que a Bíblia afirma sobre si mesma e depois se essa declaração é verdadeira ou não. A última é mais propriamente uma questão de apologética, e não de introdução à Bíblia. Ainda assim, trataremos disso brevemente no capítulo 11.

[2] James Augustus Henry Strong et al., orgs. *A new English dictionary on historical principles*, mais conhecido como *Oxford dictionary*, *Oxford English dictionary*, ou *New English dictionary*. Consulte tb. *The compact edition of the Oxford English dictionary: complete text reproduced micrographically*.

era empregado no tempo de Geoffrey Chaucer (c. 1386) e foi também usado por outros depois disso. Por extensão, o termo é usado em relação a fenômenos mentais análogos. Disso se segue que uma ideia súbita e espontânea é chamada de "inspiração". Para a teologia, "inspiração" é um termo usado com frequência para a condição de estar diretamente sob a influência divina e é considerado o equivalente do termo grego *theopneustia*, ou, conforme seu adjetivo, *theopneustos* (cf. 2Tm 3.16).

Um segundo termo importante é "entusiasmo", derivado do grego *enthusiasmos* (*en* + *theos*), que, no século 1 d.C., tinha o sentido de "estar possuído por um deus". O respeitado *Oxford English dictionary* (OED) informa que o uso mais remoto de "entusiasmo" em inglês data de 1579. O termo ganhou destaque na era pós-Reforma, quando se considerava que a possessão por um espírito divino (*pneuma*) era necessariamente acompanhada por um estímulo intenso das emoções.[3] Essa noção de imanência, por sua vez, contribuiu para a ascensão do subjetivismo religioso moderno. A ideia mais próxima desse conceito tipicamente grego de inspiração é a "submissão absoluta da mente e da vontade ao poder irresistível do Espírito Santo" conforme 2Pedro 1.21.[4]

O terceiro termo importante da definição bíblica de inspiração é *theopneustia*, "soprado por Deus" (de *theopneustos*), que se traduz por "inspirado por Deus" em sua única ocorrência no Novo Testamento (2Tm 3.16). O termo não implica um modo específico de inspiração, como uma espécie de ditado divino. Também não implica a suspensão das faculdades cognitivas normais dos autores humanos. O termo implica, na verdade, algo muito diferente de inspiração poética. É um equívoco omitir o elemento divino do termo implicado por *theopneustos* conforme se observa na versão da expressão "toda Escritura inspirada" na *American Standard Version* (ASV), de 1901, e na *New English Bible* (NEB), de 1970.[5] O uso feito pelo Novo Testamento não implica, de modo algum, que algumas Escrituras canônicas sejam inspiradas e outras, não. As Escrituras Sagradas, todas elas, expressam a mente de Deus. São a revelação "soprada por Deus" que resulta em seu desdobramento prático na vida (2Tm 3.16,17).

---

[3] Veja H. D. McDonald, *Theories of revelation: an historical study, 1700-1960*, 1.63-4; 2.70.

[4] Colin Brown, org., *The new international dictionary of New Testament theology*, s.v. "Spirit", 3.689-709 [edição em português: *Dicionário internacional de teologia do Novo Testamento* (São Paulo: Vida Nova, 2000), 2 vols.]. Veja tb. Gerhard Kittel, org., *Theological dictionary of the New Testament*, 6.453-5.

[5] Veja a análise no cap. 31.

Ensino bíblico. Com isso, o assunto nos conduz ao ensino bíblico propriamente dito.[6] Algumas passagens importantes do Novo Testamento preparam o ambiente para a análise da inspiração.

1. Em 2Timóteo 3.16,17, o apóstolo Paulo afirma que "toda Escritura é inspirada por Deus e proveitosa para ensinar, para repreender, para corrigir, para instruir em justiça; a fim de que o homem de Deus esteja preparado, equipado para realizar toda boa obra". Há quatro palavras fundamentais para uma exegese adequada dessa passagem. A primeira delas é "toda" (*pasa*). Esse termo pode ser traduzido por "cada" ou "toda". Não é importante que um termo seja melhor do que outro porque ambos se referem a todo o cânon do Antigo Testamento, que Timóteo conhece desde a sua infância (cf. v. 15). O segundo termo é "Escritura" (*graphē*) e significa um "escrito" ou um "documento escrito". Fica claro pelo uso do termo que o *locus* da inspiração está no registro escrito, e não nas ideias e conceitos ou mesmo nas expressões orais do autor. Embora o termo *graphē* possa ter um uso mais geral do que um escrito canônico, ainda assim o contexto indica claramente que é o Antigo Testamento todo que está em vista (veja tb. Rm 15.4; 2Pe 3.15,16). Em terceiro lugar, uma vez que não há verbo algum expresso no texto, o termo "inspirado" (*theopneustos*) torna-se fundamental na passagem. Trata-se de um adjetivo que pertence a uma classe especial denominada "adjetivos verbais" [um particípio com função adjetiva]. Como tal, esse adjetivo poder ser entendido ou como um adjetivo predicativo (o verbo implícito "é" precede o adjetivo) ou um adjetivo atributivo (o verbo implícito "é" segue o adjetivo). Isso não significa, conforme o termo "inspirar" em nosso idioma pode deixar implícito, que Deus *inspirou* a palavra [como quem aspira o ar], e sim que as palavras foram *expiradas* (veja as definições acima). Há um paralelo nas palavras de Jesus, que se referiu ao que está escrito como "toda palavra que sai da boca de Deus" (Mt 4.4).

   O que é fundamental nessa passagem é a relação entre *theopneustos* e *graphē*. É gramaticalmente possível entender *theopneustos* como descrição de *graphē*; toda Escritura inspirada (adjetivo atributivo) é de

---

[6] Essa análise segue na linha de William E. Nix, "Inerrancy: theological watershed issue of the hour?", Winnipeg Theological Seminary Lectureship Series, Otterbourne, Manitoba, January 1980.

Deus. Contudo, há diversos motivos para rejeitar essa possibilidade em favor do entendimento muito mais fundamentado segundo o qual "toda Escritura é inspirada por Deus" (adjetivo predicativo). São várias as razões por trás dessa conclusão.

a. O texto de 2Timóteo 3.16 tem estrutura idêntica a 1Timóteo 4.4, em que os dois adjetivos são predicativos.

b. A posição costumeira da construção do adjetivo atributivo seria *theopneustos graphē*, e não *graphē theopneustos*.

c. A ausência de um verbo indica que *theopneustos* (soprado por Deus) e *ophelimos* (proveitoso) devem ser entendidos da mesma maneira, já que ambos são similares e *ophelimos* não pode ser traduzido de modo atributivo sem com isso deixar a frase destituída de um predicado.

d. Admite-se, de modo geral, que palavras unidas por *kai* (e) são unidas pela conjunção "e". Se *ophelimos* e *theopneustos* fossem atributivos, o uso de *kai* não faria sentido.

e. O uso de *theopneustos* como adjetivo atributivo enfatizaria a *utilidade* da Escritura em vez de enfatizar sua inspiração.

f. O uso de *theopneustos* como atributivo deixaria aberta a possibilidade de algum "*graphē* não inspirado", o que é contrário ao sentido de "toda Escritura" (conforme discutido acima).

Em quarto lugar, gramaticalmente o termo "proveitoso" (*ophelimos*) pode significar que as Escrituras são inspiradas porque são úteis (atributivo) ou que as Escrituras são úteis porque são inspiradas (predicativo). O contexto, porém, confirmaria a conclusão de que as Escrituras são proveitosas porque são inspiradas. Portanto, são úteis por causa daquilo que são: sua qualidade intrínseca produz resultados. Consequentemente, a tradução "Toda Escritura é inspirada" mostra: *uma vez que* são inspiradas por Deus, por isso são úteis (*ophelimos*) para a obra do ministério, *e não o contrário.*

Podemos tirar algumas implicações dessa tradução de 2Timóteo 3.16.

a. A inspiração trata do texto objetivo das Escrituras, e não da intenção subjetiva do autor.

b. A doutrina das Escrituras aplica-se a *todas as* Escrituras ou a *cada uma* delas, isto é, a Bíblia em parte ou no todo é a Palavra de Deus.

c. As Escrituras *são* a Palavra expirada (soprada) de Deus. A *forma e o conteúdo* das Escrituras são as palavras de Deus em si. Isso não significa que cada palavra individual seja inspirada *como tal*, mas somente enquanto *parte de* uma frase *inteira* ou de uma unidade de sentido. Não há implicação alguma nas Escrituras de uma inspiração *atomística* de cada palavra, mas tão somente de uma inspiração *holística* de todas as palavras usadas. Assim como uma palavra individualmente não tem sentido independentemente de seu uso em determinado contexto, assim as palavras individualmente nas Escrituras não são inspiradas independentemente de seu uso numa frase completa.

2. Em 2Pedro 1.19-21, o que o apóstolo Pedro assevera é mais do que a origem divina das Escrituras (cp. 2Tm 3.16,17). Aqui ele acrescenta à compreensão *como* Deus produziu as Escrituras. Foi algo que se deu por meio da instrumentalidade de homens que "falaram da parte de Deus". Mais especificamente, esses porta-vozes foram "movidos pelo Espírito Santo" (cf. At 27.15). No contexto dessa passagem, Pedro garante a seus leitores que aquilo que lhes dava a conhecer não o fizera por meio de "fábulas engenhosas (*mythos*)" (v. 16) nem por meio da experiência pessoal (v. 18). Pelo contrário, foi por meio da "palavra profética *tornada* ainda mais firme" (v. 19). Aqui há uma afirmação implícita da autoridade (certeza) da "palavra profética" apresentada por testemunhas oculares (Pedro, Tiago, João) do Senhor (Mt 17.1-13). "Profecia alguma jamais foi produzida por vontade humana, mas homens falaram da parte de Deus, movidos pelo Espírito Santo" (2Pe 1.21). Portanto, na terminologia bíblica, inspiração é o processo pelo qual autores movidos pelo Espírito registraram os escritos expirados por Deus. Portanto, quando a inspiração é estendida ao processo todo, ela inclui tanto o autor quanto os escritos; quando, porém, limita-se ao seu uso bíblico (como em 2Tm 3.16), ela diz respeito somente ao produto escrito (*graphē*). Hebreus 1.1 resume bem isso: "Há muito tempo Deus falou aos pais *por meio dos profetas*", ao que 2Timóteo 3.16 acrescentaria o pensamento *em seus escritos*.

3. João 10.34,35. Essa passagem é importante porque nela Jesus usa as expressões "Escrituras", "Torá" (Lei), "está escrito", "palavra de Deus"

e "indissolúvel" de forma intercambiável. Portanto, ele afirmou que as Escrituras do Antigo Testamento em forma escrita constituem a Lei e a Palavra invioláveis de Deus. A palavra "indissolúvel" (*outhenai*) significa que não pode ser destruída, abolida ou desfeita (cf. Jo 7.23). Portanto, as Escrituras são consideradas a Palavra de Deus indestrutível.

O processo bíblico. Todo o processo de comunicação "de Deus para nós" começa com a questão da revelação divina.

1. Em primeiro lugar, Deus falou *aos* profetas. Isso ocorreu "muitas vezes e de muitas maneiras" (Hb 1.1).

    a. Houve vezes em que Deus falou aos profetas por meio de anjos, como na ocasião em que falou a Abraão em Gênesis 18 e a Ló em Gênesis 19.
    b. Deus falou também aos profetas em sonhos (Dn 7.1; cf. Nm 12.6).
    c. Por vezes, Deus usou visões, conforme fez com Isaías e Ezequiel (Is 1.1; Ez 1.1; 8.3; 11.24; 43.3; cf. Os 12.10).
    d. De vez em quando, Deus recorria a milagres para falar aos profetas. Por exemplo, Moisés e a sarça ardente (Êx 3.2); Gideão e sua prova (Jz 6.37); Jonas e suas experiências (Jn 1.1; 4.6ss.).
    e. Até mesmo a natureza foi usada para falar ao salmista (Sl 19.1).
    f. Às vezes, Deus falou em voz audível (1Sm 3.4).
    g. Não há dúvida de que o método mais comum usado por Deus foi a voz interior da consciência e da comunhão do indivíduo com Deus. É provável que seja isso o que a frase escrita pelos profetas geralmente significa: "Veio a mim a palavra do Senhor, dizendo...".
    h. Os sacerdotes descobriram a vontade de Deus por intermédio do Urim e do Tumim (Êx 28.30; Nm 27.21).
    i. Até mesmo lançar sortes era considerado um meio pelo qual Deus manifestava sua vontade (Pv 16.33).
    j. Por fim, houve profetas que receberam a comunicação divina com base no estudo de outros escritos proféticos (Dn 9.1,2).

2. Deus não só falou *aos* profetas de diversas maneiras, como falou também *em* suas palavras escritas ou pronunciadas oralmente (Hb 1.1). Isto é, as mensagens dos profetas eram a mensagem de Deus; a voz deles era a

voz de Deus. Deus estava dizendo o que eles diziam; ou, para ser mais exato, eles estavam dizendo o que Deus queria que dissessem.

- a. A confirmação desse fato se dá, em geral, por meio de 2Pedro 1.21 e Hebreus 1.1, sinal de que a mensagem oral dos profetas vinha de Deus; era a palavra de Deus dada por intermédio da boca dos profetas. É o que Davi disse em 2Samuel 23.2: "O Espírito do Senhor falou por meu intermédio, e a sua palavra estava na minha boca". Jeremias também faz menção a Deus quando diz: "Eis que tenho colocado as minhas palavras na tua boca" (Jr 1.9).
- b. Isso é expresso em particular por meio de fórmulas proféticas, à medida que o profeta introduzia sua mensagem oral por meio de declarações como "Assim diz o Senhor", "Palavra do Senhor", "Disse o Senhor" (veja os caps. 4—6).

Definição teológica de inspiração

As partes constitutivas necessárias da definição teológica de inspiração derivam da explicação bíblica do processo de inspiração. Há três partes:

1. *Causalidade divina.* Deus é o iniciador por excelência da inspiração: "Nenhuma profecia jamais foi produzida por um ato de vontade humana, mas homens falaram da parte de Deus, movidos pelo Espírito Santo" (2Pe 1.21). Em outras palavras, Deus *moveu*, e o profeta *falou* as verdades; Deus *revelou*, e o homem *registrou* sua palavra. A Bíblia é a palavra de Deus no sentido de que se origina com ele e é autorizada por ele, embora seja articulada pelo homem. Deus fala *em* seus registros escritos.

2. *Agência profética.* Os profetas tiveram um papel importante em todo o processo de inspiração; eles foram o meio pelo qual Deus falou. A palavra de Deus foi escrita por homens de Deus. Deus usou pessoas para comunicar suas proposições. Em outras palavras, conforme notou com grande discernimento J. I. Packer, ali Deus se valeu de uma "*operação cooperativa* na livre ação da própria mente humana, com ela e por meio dela".[7] Ele ainda amplia o conceito quando afirma:

---

[7] James I. Packer, *"Fundamentalism" and the Word of God*, p. 82; J. I. Packer, *God has spoken*, esp. p. 45-124. Veja tb. I. Howard Marshall, *Biblical inspiration*, p. 40-3.

> Devemos pensar na atividade de inspiração do Espírito e, de igual modo, em todas as suas operações usuais na personalidade humana e sobre ela, como (para usar um termo técnico antigo, mas ainda importante) *cooperativa*; isto é, exercitada na atividade do autor, através dela e por meio dela, de tal modo que seu pensamento e sua escrita sejam *ambos* livres e espontâneos da parte deles *e* divinamente produzidos e controlados, e o que escreveram não foi apenas obra sua, mas também obra de Deus.[8]

Deus preparou os profetas dando a eles treinamento, experiência, dons de graça e, se necessário fosse, revelação direta para expressar sua palavra. "Por meio dela [da inspiração], o Espírito de Deus, fluindo de forma concorrente com a obra resoluta providencial e graciosa dos homens, produzindo espontaneamente sob a orientação divina os escritos a eles conferidos, dá ao produto uma qualidade divina inalcançável por competências meramente humanas."[9] Na inspiração, portanto, Deus é a causa principal, e os profetas, a causa secundária. Desse modo, a influência divina não restringiu a atividade humana; antes, capacitou os autores humanos a comunicar a mensagem divina com precisão.

3. A *autoridade das Escrituras* é o produto final da causalidade divina e da agência profética. Portanto, a Bíblia é um livro imbuído de autoridade divina. Deus moveu os profetas de tal modo que seus escritos fossem por ele expirados. Em outras palavras, Deus falou aos profetas e está falando em seus escritos. Embora alguns talvez digam que o modelo profético de inspiração é inadequado,[10] mudando com isso a base da autoridade do crente, tirando-a das Escrituras e transferindo-a para outro lugar, Carl F. H. Henry observa acertadamente que "a igreja não é o *locus* da revelação divina, tampouco fonte de inspiração divina, nem ainda a

---

[8] Packer, *"Fundamentalism"*, p. 80.
[9] Benjamin B. Warfield, *The inspiration and authority of the Bible*, p. 154-60 [edição em português: *A inspiração e autoridade da Bíblia: a clássica doutrina da palavra de Deus* (São Paulo: Cultura Cristã, 2010)].
[10] Paul J. Achtemeier, *The inspiration of Scripture: problems and proposals*, p. 29-31, 74-5, 99-100, 122-3 etc. Clark Pinnock, *The Scripture principle*, aceita de forma acrítica a ideia, dizendo que "a Bíblia é mais do que profecia, e, embora o discurso divino direto seja parte do registro, há também muitos outros tipos de comunicação, alguns deles mais indiretos e ambíguos" (p. 63), indicando que "Paul J. Achtemeier chamou a atenção para a insuficiência do modelo profético para representar a categoria bíblica da inspiração em sua plenitude" (p. 234, nota 8).

sede da infalibilidade. Pelo contrário, cabe à igreja transmitir, traduzir e expor as Escrituras profético-apostólicas".[11] A causa da inspiração é Deus, o meio são os homens de Deus, e o resultado final é a palavra de Deus na língua dos homens.

Portanto, sugerimos a seguinte definição de inspiração: *Inspiração é o processo misterioso pelo qual a causalidade divina operou por meio dos profetas humanos, sem destruir sua personalidade e estilo individuais, para produzir escritos inerrantes e imbuídos de autoridade divina.*

Fazendo distinção entre inspiração, revelação e interpretação

Revelação diz respeito à origem e à transmissão da verdade (1Co 2.10)[12]

É preciso distinguir ainda outro conceito no processo da comunicação divina. Trata-se da interpretação (hermenêutica). O termo hebraico para revelação, *galah*, "descobrir", e o grego *apocalyptein*, "desvelar", têm praticamente o mesmo sentido. Juntamente com seus sinônimos no Antigo e no Novo Testamentos, esses termos transmitem a ideia de "remoção de obstáculos à percepção", ou "eliminação daquilo que impede o indivíduo de ver um objeto tal como ele é". Essa ideia estava contida no latim *revelare* (revelar), da qual deriva o termo "revelação".[13] Em outras palavras, a revelação diz respeito à "exposição", e não à "descoberta". No que diz respeito às Escrituras, todos esses termos se referem a uma *exposição divina*. Às vezes, pode ser a exposição de uma pessoa (de Cristo, por exemplo, a Palavra Viva de Deus, Gl 1.16), ao passo que outras vezes pode ser a exposição de *proposições* (das Escrituras, por exemplo, a Palavra de Deus escrita,[14] João 10.35). No sentido supremo, Deus dá a revelação ou a exposição da verdade; o homem pode ter uma interpretação ou descoberta dessa verdade.

---

[11]Carl F. H. Henry, *God, revelation and authority*, vol. 2: *God who speaks and shows: fifteen theses, Part One*, p. 13-5 [edição em português: *Deus, revelação e autoridade: o Deus que fala e age* (São Paulo: Hagnos, 2017), vol. 2].

[12]Cf. Merril F. Unger, *Introductory guide to the Old Testament*, 2. ed., p. 22-5.

[13]Veja Colin Brown et al., "Revelation", in: *The new international dictionary of New Testament theology*, 3:309-40. Veja tb. Gerhard Kittel, org., *Theological dictionary of the New Testament*, 3:556-92.

[14]"Revelação" é um termo usado com frequência para palavras escritas (ou faladas). Veja Romanos 16.25; 1Coríntios 14.6,26; Efésios 3.3.

Alguns estudiosos, como John Macquarrie e Leon Morris, tentaram estender a revelação às experiências dos crentes de gerações subsequentes denominando-a "revelação repetitiva" em oposição à revelação "primordial", "clássica" ou "formativa" das Escrituras.[15] Contudo, essa visão não apenas confunde revelação com interpretação, como também amplia o *locus* da revelação unicamente das Escrituras para as experiências permanentes da comunidade cristã.

A inspiração diz respeito à recepção e ao registro da verdade (2Pe 1.20,21)

Deus revelou a verdade aos homens que a receberam e a registraram. A inspiração é o meio que Deus usou para promover sua revelação na Bíblia. A inspiração envolve o homem num sentido ativo, ao passo que a revelação é atividade exclusiva de Deus. Na inspiração, o profeta recebeu de Deus o que ele, por sua vez, transmitiu a outros. A inspiração é um processo abrangente do qual fazem parte tanto o profeta quanto o produto da sua pena.

A interpretação diz respeito à apreensão e ao entendimento da verdade (1Co 2.14-16)

O termo grego *hermeneuein* (interpretar) é aplicado à interpretação das Escrituras no estudo da hermenêutica.[16] Enquanto revelação é uma exposição objetiva de Deus, e a inspiração diz respeito ao processo e ao produto usados por Deus na comunicação, a interpretação enfatiza a assimilação e a compreensão da revelação de Deus ao homem. Na revelação, Deus desvela a verdade; pela interpretação, o homem compreende essa verdade. Embora os três conceitos estejam inter-relacionados no processo total da comunicação divina, é muito fácil distingui-los. Eles formam os três elos necessários da cadeia "de Deus para nós": (1) revelação é o fato da comunicação divina; (2) inspiração é o meio da comunicação divina; e (3) interpretação é o processo de compreensão dessa comunicação divina.[17]

---

[15] Veja John Macquarrie, *Principles of Christian theology* e a análise de sua posição em Leon Morris, *I believe in revelation*, p. 68-89.

[16] O termo grego chegou ao português por meio da expressão neolatina *hermeneutica*, do substantivo masculino *hermeneutikos* (interpretação). Para uma análise das questões ideológicas referentes à interpretação da Bíblia, veja Earl D. Radmacher; Robert D. Preus, orgs., *Hermeneutics, inerrancy, and the Bible*.

[17] Iluminação conforme descrição das Escrituras (1Co 2.14-16; Ef 1.18) não se refere tanto à *compreensão* do *significado* de uma passagem, mas à *aplicação* da *importância* de sua verdade à vida de

Sobre a inspiração

O que é inspirado, o autor ou seus escritos?

Embora o conceito bíblico de inspiração tenha sido esboçado em linhas gerais, várias questões importantes precisam ser analisadas no tocante à inspiração em particular. A que ela se refere? Aos autores, suas ideias, seus escritos ou a uma combinação de tudo isso? Conforme dissemos acima, a inspiração, sem dúvida, inclui o homem e suas ideias, mas não se deve excluir dela seus escritos. Para James Orr, "a inspiração diz respeito, sobretudo, à pessoa e ao livro somente, uma vez que é o produto da pessoa inspirada".[18] Outros teólogos diriam o contrário: "A inspiração propriamente dita é inerente às Escrituras Sagradas. Pode-se dizer, entretanto, que os autores também foram inspirados por Deus".[19] Seja qual for a posição primordial, é importante asseverar que a pessoa, bem como sua pena, estão sob a direção do Espírito Santo no processo total da inspiração. Contudo, o Novo Testamento reserva o termo "inspiração" exclusivamente para o produto desse processo, isto é, os escritos, ou *graphē* (2Tm 3.16).[20] Alguns estudiosos que não fizeram essa distinção, como Paul J. Achtemeier e William J. Abraham, chegaram à conclusão equivocada de que a inspiração é a totalidade do processo de coletar tradições, proclamações, escrever e editar de modo permanente. Embora Deus esteja ativamente envolvido em todo o processo de produção das Escrituras (2Pe 1.20,21), a inspiração (*theopneustos*) e a autoridade subsequente dessas Escrituras estão reservadas para as Escrituras propriamente ditas (2Tm 3.16,17), que são iluminadas pelo Espírito Santo (1Co 2.14-16). Conforme observa corretamente I. Howard Marshall, "Há uma lacuna entre o processo de inspiração e o texto da Bíblia que provoca certa inquietação, particularmente quando nos lembramos de que, de acordo com 2Timóteo, as Escrituras é que são inspiradas, e não seu processo de composição".[21]

Essa inspiração requer, necessariamente, que as palavras das Escrituras sejam compreendidas sob dois aspectos: (1) Linguisticamente, palavras são necessárias para a expressão adequada do pensamento. Se Deus, de algum modo significativo, se expressasse dirigindo-se aos profetas, ele teria de usar palavras. Palavras são as

---

alguém. Veja a declaração proveitosa sobre hermenêutica em Radmacher; Preus, orgs., *Hermeneutics, inerrancy, and Bible*, p. 881-904.

[18] James Orr, *Revelation and inspiration*, p. 162.
[19] Robert Preus, *Inspiration of Scripture*, p. 22.
[20] Benjamin B. Warfield, *The international Standard Bible Encyclopaedia*, s.v. "Inspiration".
[21] Marshall, p. 38.

"roupas das ideias", e um pensamento nu é, no máximo, uma entidade nebulosa. O desejo de clareza na revelação dificilmente se daria bem com a ambiguidade de ideias despidas de simbolismo. Na verdade, uma ideia sem um símbolo que a expresse é uma ideia que não foi exprimida, e uma ideia não exprimida dificilmente pode ser chamada de revelação ou comunicação. (2) Biblicamente, temos a afirmação frequente de que as "palavras" são dadas por Deus. Observe quantas vezes Jesus e os apóstolos usaram a expressão "está escrito" ou outra semelhante (veja o cap. 5). A Bíblia está literalmente repleta de afirmações de que Deus efetivamente concedeu as *palavras* proferidas pelos profetas (veja o cap. 6). Foi dito a Moisés: "Eu serei com a tua boca e te ensinarei o que hás de falar" (Êx 4.12). Deus incumbiu Ezequiel, dizendo-lhe: "Tu lhes dirás as minhas palavras" (Ez 2.7). Sobre o Decálogo, lemos: "E Deus falou todas estas palavras" (Êx 20.1). Paulo afirmou que falava "em palavras [...] ensinadas pelo Espírito" (1Co 2.13). Essas referências mostram que as palavras efetivamente registradas na Bíblia foram concedidas por Deus.

O que é inspirado: os autógrafos[22] *ou as cópias?*

Se toda palavra da Bíblia é inspirada, será que toda cópia, tradução ou versão das Escrituras é necessariamente inspirada também? Há quem acredite que sim. Contudo, aqui também é preciso que se evitem dois extremos.

"Toda tradução é inspirada no mesmo sentido em que o original é inspirado."[23] Essa posição extrema era defendida pelo filósofo judeu Fílon no século 1 da presente era. Ele disse a respeito da tradução grega dos textos do Antigo Testamento, conhecida como Septuaginta, que os tradutores "sob inspiração, escreveram, não algo diferente cada um dos escribas, mas o mesmo, palavra por palavra, como se ditado a cada um por alguém invisível".

Dewey M. Beegle apresenta um ponto de vista semelhante quando afirma: "Não há evidências de que os apóstolos tenham negado a inspiração da LXX [...]. A inferência correta, portanto, é a de que, apesar de alguns erros, todas as traduções precisas das Escrituras são inspiradas".[24] Essa posição, conforme se vê, requer a admissão de erros (errância) na inspiração, uma vez que alguns erros de copistas

---

[22] Um autógrafo, comumente, é um original ou um manuscrito de autor. Ele pode ter sido escrito pelo próprio autor (2Co 13.10; Gl 6.11) ou por um secretário (1Pe 5.12).
[23] Philo [Fílon], *Life of Moses* 2.37, tradução para o inglês de F. H. Colson.
[24] Dewey M. Beegle, *The inspiration of Scripture*, p. 38-40.

obviamente se infiltraram no texto.²⁵ Caso isso seja verdade, nos vemos forçados a acreditar na conclusão absurda de que há erros divinamente inspirados na Bíblia.

"*Somente os autógrafos são inspirados; as traduções, não.*" Se tão somente os autógrafos isentos de erros são inspirados por Deus, e os tradutores não foram preservados de erros, como é possível confiar em qualquer passagem das Escrituras? Talvez exatamente a passagem que está sendo questionada seja uma transcrição ou cópia incorreta. O procedimento acadêmico de crítica textual (veja o cap. 26) lida com esse tipo de problema, chamando a atenção para a exatidão das cópias dos originais. Recorrer a essa conclusão antecipadamente significa que as cópias são sabidamente precisas e suficientes sob todos os aspectos, exceto em detalhes de menor importância. A situação daí resultante, portanto, é a de que, embora somente os autógrafos sejam inspirados, pode-se dizer, ainda assim, que todas as boas cópias e traduções são *adequadas*.

Há quem objete ao que considera um recuo aos "autógrafos inerrantes" com base em cópias com erros, como se a doutrina da inspiração tivesse sido criada para proteger a inerrância da Bíblia. É um equívoco dizer, como afirma Ernest R. Sandeen,²⁶ que a crença nos originais inerrantes decorre de objetivos apologéticos da tradição de Princeton, representada por Charles Hodge e B. B. Warfield, preocupados em defender a Bíblia dos erros de que a acusavam os críticos. A distinção entre autógrafos inerrantes e cópias com erros já aparece em autores muitos mais antigos, entre eles João Calvino (1509-1564) e até mesmo Agostinho (354-430 d.C.). A crítica que se faz é a de que ninguém, nos tempos modernos, jamais viu esses "originais infalíveis". Embora ninguém nos tempos modernos jamais tenha visto um original infalível, também é verdade que ninguém jamais viu um original falível. Desse modo, convém notar que a busca de versões originais é, no mínimo, uma ciência objetiva (crítica textual), e não um palpite subjetivo cujo propósito consiste em reaver o texto propriamente dito dos autógrafos inerrantes.

---

²⁵Por exemplo, em 2Reis 8.26 lemos que Acazias tinha 22 anos, ao passo que em 2Crônicas 22.2 sua idade é de 42 anos. A última referência não pode estar correta, ou então Acazias seria mais velho que seu pai. Contudo, nas melhores *cópias* disponíveis dos originais, em 2Crônicas 22.2 Acazias aparece com "42 anos". Em 2Crônicas 9.25, Salomão tinha quatro mil cavalos, porém em 1Reis 4.26 esse número sobe para quarenta mil. Alguns copistas devem ter errado na passagem do livro de 1Reis. Veja a análise no cap. 6; William E. Nix, "1 Chronicles" e "2 Chronicles", in: W. A. Criswell, org., *The Criswell study Bible*; J. Barton Payne, "The validity of numbers in Chronicles", *Bulletin of the Near East Archaelogical Society*, s.n. II (1978): 5-58.

²⁶Ernest R. Sandeen, *The roots of fundamentalism: British and American millenarianism, 1800-1930*.

Não se sabe por que Deus achou por bem não preservar os autógrafos, embora a tendência do homem de adorar relíquias religiosas certamente foi um fator determinante (2Rs 18.4). Outros assinalaram que Deus poderia ter evitado a adoração dos originais preservando simplesmente uma cópia perfeita.[27] Contudo, nem isso ele achou por bem fazer. Parece mais provável que Deus não tenha preservado os originais de modo que ninguém pudesse adulterá-los. É praticamente impossível que alguém altere os milhares de cópias existentes. O resultado final, entretanto, mostrou-se útil, uma vez que levou ao estudo extremamente valioso da crítica textual. Outro efeito colateral importante que resultou dessa situação foi que ela serviu de alerta aos estudiosos bíblicos para que não sobrepusessem fatos secundários da paleografia, números ou outras coisas quaisquer de menor importância à mensagem fundamental das Escrituras.[28]

"*Somente os autógrafos foram realmente inspirados; as boas cópias são precisas.*" Ao tentar fugir dos dois extremos, isto é, de um original inacessível ou de um falível, é preciso deixar claro que uma boa cópia ou tradução dos autógrafos é, *na prática*, a Palavra inspirada de Deus. Pode não satisfazer completamente o estudioso que, por motivos técnicos ou de precisão teológica, anseia pelo texto correto e pelo termo exato da língua original, mas, sem dúvida, satisfaz o pregador e o leigo que desejam saber "o que diz o Senhor" sobre questões de fé e prática. Mesmo quando não seja possível ler com 100% de certeza o que diz exatamente o *texto* original, é possível estar 100% certo da *verdade* preservada nos textos que sobreviveram. Só em detalhes há alguma incerteza na redação dos textos, e nenhuma doutrina importante depende de detalhes secundários. Uma boa tradução não deixará de captar a totalidade do ensino do original. Nesse sentido, portanto, uma boa tradução terá autoridade doutrinária, embora a inspiração real esteja reservada aos autógrafos.

Quanto da Bíblia é inspirado?

Outra indagação diz respeito ao grau de inspiração da Bíblia. Todas as partes da Bíblia são igualmente inspiradas ou há partes das Escrituras mais inspiradas do que outras? A pergunta em si confunde a questão e não distingue entre

---

[27] Veja Greg L. Bahnsen, "The inerrancy of the autographa", in: Norman L. Geisler, *Inerrancy*, p. 172-3 [edição em português: *A inerrância da Bíblia: uma sólida defesa da infalibilidade das Escrituras* (São Paulo: Vida, 2003)].

[28] Cf. John W. Haley, *An examination of the alleged discrepancies of the Bible*, p. 30-40.

a natureza da verdade e a importância dessa verdade. Certamente a verdade bíblica de que Cristo morreu pelos nossos pecados é mais importante do que a verdade do tanque de Betesda que tinha cinco pórticos (Jo 5.2). Contudo, ambas as afirmações são igualmente verdadeiras. A verdade não se apresenta em graus. Uma afirmação é verdadeira ou falsa. Só porque certa passagem, em momentos específicos e sob determinadas circunstâncias, é mais "inspiradora" para uma pessoa em particular, isso não significa que seja uma passagem mais inspirada do que outras. A inspiração simplesmente comprova a verdade do registro, pouco importa o valor daquele registro em especial para a edificação do indivíduo ou mesmo para o quadro mais amplo da redenção.

O registro é verdadeiro ou falso; inspirado ou não; de Deus ou não. Se várias passagens forem verdadeiras, serão igualmente verdadeiras, e não mais ou menos verdadeiras. Embora talvez não seja a verdade "completa" do ângulo privilegiado da revelação plena e final, é, não obstante, um registro verdadeiro daquilo que Deus quis revelar num momento específico de sua revelação progressiva da verdade plena. Certamente todas as afirmações de verdade precisam ser entendidas em seu contexto. Isso porque "um texto fora do contexto é um pretexto". Tudo deve ser entendido conforme o significado do autor. Contudo, o significado não ocorre em graus de verdade, embora diferentes verdades possam variar em graus de importância.

De que forma se dá a inspiração?

Uma última pergunta diz respeito ao meio, ou processo, de inspiração. Que meios a causalidade divina empregou para produzir a autoridade das Escrituras sem interferir na personalidade, na liberdade e na individualidade dos agentes proféticos? Ou como foi que Deus produziu um livro infalível por meio de homens falíveis? Uma resposta franca e objetiva, embora, com frequência, os estudiosos da Bíblia recusem-se a dá-la, é "Não sabemos". É preciso afirmar *que* Deus inspirou as Escrituras, mesmo que não saibamos exatamente *como* o fez. Só porque o homem não sabe como Deus criou o mundo do nada não significa que seja irracional crer que ele o tenha feito (cf. Hb 11.3). De igual modo, desconhecer os meios usados pelo Espírito Santo para produzir uma criança no ventre de uma virgem não significa que o ensinamento bíblico sobre o nascimento virginal de Cristo (Lc 1.26-38) deva ser rejeitado.

Tentativas de explicação. São várias as soluções sugeridas para esse problema, e todas elas têm suas próprias dificuldades.

1. Uma sugestão é que Deus ditou as palavras aos profetas, que se comportaram como máquinas de gravação (veja o cap. 10). Embora isso explique a inspiração de cada uma das palavras, não explica como ou por que tantos traços caracteristicamente individuais dos vários autores humanos fiquem tão evidentes nas Escrituras ou por que os autores bíblicos disseram ter recorrido a fontes humanas para algumas de suas informações (veja o cap. 3). O ditado mecânico de palavra por palavra pode dar conta de parte das Escrituras (e.g., os Dez Mandamentos ou algumas profecias), mas certamente não pode ser atribuído à Bíblia *toda*.

2. Outro ponto de vista é que Deus produziu boa parte da verdade das Escrituras por intermédio do seu controle sobre os processos naturais e que ele poderia ter produzido toda ela dessa maneira. Diz Kenneth Kantzer:

> Nenhum teísta que creia no controle divino providencial do universo poderá aceitavelmente recorrer a essa objeção [isto é, que a "inspiração divina deve necessariamente negar a liberdade e a humanidade dos autores bíblicos"] contra a inspiração da Bíblia. O Deus de Romanos 8.28, que opera todas as coisas para um bom propósito, incluindo-se aí os atos pecaminosos de homens perversos, certamente poderia ter trabalhado por meio da vontade e da personalidade de seus profetas para garantir a Palavra divina que desejava comunicar por intermédio deles.[29]

Embora não haja dúvida de que Deus poderia ter assegurado a verdade do registro inspirado por meio da providência, não se deve supor que ele tenha agido unicamente desse modo. A verdade é que não se sabe sempre de que modo a providência opera. Como Kantzer admite, "A mecânica da inspiração permanece inexplicável".[30]

A natureza do problema. A questão do meio de inspiração entra na categoria do "mistério" teológico. A Bíblia apresenta dois lados da questão geral ao homem e afirma que ambos são verdadeiros. Não há como demonstrar que são contraditórios, bem como ninguém pode tampouco demonstrar de

---

[29] Merrill C. Tenney, org., *The Word for this century*, p. 46.
[30] Ibidem.

que maneira são complementares. Não são contrários à razão, mas estão além do raciocínio finito. Para que o homem tenha acesso à verdade em sua "totalidade", e não apenas a uma "parte" ou lado dela, é que a inspiração é apresentada com seus dois lados. É como uma moeda de dois lados que um Deus infinito compreende de uma só vez, mas que o homem finito compreende parcialmente, um lado por vez. Se admitirmos que as palavras da Bíblia são verdadeiramente de Deus, embora claramente palavras dos homens, aparentemente não haveria como negar que o processo é um mistério que não culmina em nenhuma das duas extremidades.

Dois extremos a evitar. Se, por um lado, a natureza humana da Bíblia é enfatizada, do outro, a natureza divina ficará comprometida. Se a natureza divina for enfatizada, o humano corre o risco de ficar relegado ao hipotético. Num caso, a natureza divina é levada a sério e o humano é visto somente como secundário. No outro extremo, o humano é destacado de tal modo que o divino fica obscurecido. A dificuldade não se dá com a revelação em ambos os lados da verdade, mas com sua reconciliação. Nesse sentido, vale a pena lembrar que a incapacidade do homem de compreender um mistério não torna ineficaz a capacidade divina de realizá-lo. Portanto, parece que pela atividade do Espírito Santo e pela instrumentalidade dos profetas deu-se a infalibilidade das Escrituras (Jo 10.35), embora isso seja reconhecidamente um grande mistério.

Um paralelo próximo. A inspiração da Bíblia não é o único mistério das Escrituras. A encarnação de Cristo é um exemplo excelente dos lados divino e humano das Escrituras. Tanto o Salvador quanto as Escrituras têm naturezas celestial e terrena. Ambas são unidas num meio comum de expressão, um pessoal e outro proposicional. Cristo é uma pessoa teantrópica, e a Bíblia é um livro teantrópico. Em ambos, o lado humano é perfeito, assim como o divino. Assim como não é ortodoxo tentar ignorar a natureza divina de Cristo para *compreender* sua natureza humana (como fizeram os arianos),[31] ou sacrificar sua verdadeira natureza humana para *explicar* sua natureza divina (como fizeram os docéticos),[32] também é errado negar que as palavras das Escrituras sejam *tanto* divinas *quanto* humanas por natureza. O erro consiste em tentar explicar o inexplicável e tentar sondar o insondável.

---

[31] Seu erro levou à convocação do Concílio de Niceia (I), em 325 d.C., que resultou na condenação do arianismo.

[32] Seu argumento era o de que Cristo, na realidade, não morreu na cruz, mas que ele apenas "pareceu" morrer ou "aparentou" (do grego, *dokein*) morrer na cruz.

No que diz respeito ao *modus operandi* (modo de operação) da inspiração, é preciso buscar um equilíbrio entre os dois extremos do ditado divino e da falibilidade humana. Esse equilíbrio precisa garantir o produto final (as palavras da Bíblia) e ainda preservar a liberdade e a humanidade dos autores. Assim como a salvação da pessoa é determinada por Deus (Rm 8.29) e, ainda assim, livremente escolhida (Jo 1.12), de igual modo, Deus trabalhando por meio da livre expressão dos autores humanos das Escrituras produziu as palavras exatas que ele havia predeterminado de modo infalível.[33]

Resumo e conclusão

Faz parte da inspiração o processo misterioso pelo qual a causalidade divina sobre a agência profética resultou na autoridade escriturística, a Bíblia. A revelação é o *fato* da comunicação divina, a inspiração é o *meio* pelo qual essa comunicação se torna um registro escrito, e a interpretação é o *entendimento* dessa comunicação. Participam do processo total de inspiração tanto o autor quanto o escrito, embora o produto da inspiração seja o escrito imbuído de autoridade, e não o homem. Somente os autógrafos (escritos originais) são efetivamente inspirados, embora cópias ou traduções precisas estejam imbuídas de autoridade doutrinária. Não há graus de inspiração na Bíblia; toda ela é igualmente inspirada, isto é, igualmente imbuída de autoridade e verdadeira. O meio ou processo de inspiração é um mistério da providência divina, porém o resultado desse processo é o registro *verbal* (as palavras), *pleno* (que se estende igualmente por todas as partes), *inerrante* (sem erros) e imbuído de *autoridade*.

---

[33] Veja N. L. Geisler, "Inerrancy and free will", p. 349-53.

3
Afirmações das Escrituras sobre a inspiração em geral

A ASSERÇÃO DA INSPIRAÇÃO

Para compreender o que significa a inspiração em geral, é preciso examinar a asserção bíblica e compará-la com o caráter e o conteúdo da Bíblia. A inspiração como fato reivindicado pela Bíblia precisa ser compreendida no âmbito dos fenômenos da inspiração. O que a Bíblia diz sobre si mesma deve ser entendido à luz do que ela mostra em si mesma. Para demonstrar a autoridade divina das Escrituras, é preciso deixar claro que a Bíblia tem uma *afirmação* divina corroborada por um *caráter* divino e amparada por *credenciais* divinas. Aqui, porém, a análise limita-se à asserção geral e ao caráter da inspiração (veja os caps. 11 e 13).

Algumas declarações e implicações bíblicas sobre a inspiração
Há quem conteste a utilização de passagens bíblicas para confirmar teses bíblicas como um "argumento circular". Contudo, essa objeção não tem fundamento por diversos motivos. (1) *Da perspectiva prática*, não há melhor lugar para começar do que com as declarações que o objeto em questão faz sobre si mesmo. (2) *Da perspectiva legal*, um homem pode testificar a seu próprio favor num tribunal de justiça. Por que a Bíblia não poderia testemunhar a seu favor? (3) *Da perspectiva lógica*, o argumento não está sendo usado em prol de si mesmo, mas como ponto de partida para o *estudo* do objeto em si. A asserção de inspiração na Bíblia em si inclui inúmeras características pertinentes.

A inspiração é verbal. O texto clássico sobre a inspiração na Bíblia (2Tm 3.16) afirma que os *escritos* são inspirados. A inspiração se estende às próprias *palavras* das Escrituras. "Moisés *escreveu* todas as *palavras* do Senhor" (Êx 24.4). Isaías recebeu uma ordem: "Pegue uma tábua grande e *escreva*" (Is 8.1) e ainda: "escreva isso num *rolo* diante deles [...] para que seja útil nos dias vindouros como testemunho para sempre" (30.8).¹ A asserção peculiar do Novo Testamento é a de que aquilo que havia sido escrito pelos profetas é a palavra de Deus. Por exemplo, o Evangelho de Marcos introduz a palavra do profeta por meio da afirmação "está escrito".²

Há quem negue que a Bíblia realmente afirme sua inspiração verbal com o seguinte argumento: "Não devemos nos esquecer de que a formulação verbal plena é, afinal de contas, apenas uma doutrina — aliás, uma doutrina não bíblica".³ Contudo, à luz das asserções gerais e específicas recorrentes de que as *palavras* dos profetas são palavras de Deus, seria uma visão mais consistente admitir simplesmente que a Bíblia afirma, sim, a "inspiração verbal" para si, quer se aceite, quer não essa asserção. A evidência de que as *palavras efetivamente contidas* na Bíblia foram dadas por Deus pode ser resumida sucintamente da seguinte forma:

1. A asserção do texto clássico é de que os *escritos* são inspirados (2Tm 3.16).

2. O testemunho enfático de Paulo é de que ele pronunciou "*palavras* [...] ensinadas pelo Espírito" (1Co 2.13).

3. Ela é evidente em razão da fórmula repetida "Está *escrito*" (e.g., Mt 4.4,7,10).

4. Jesus afirmou que o que estava *escrito* em todo o Antigo Testamento falava dele (Lc 24.27,44; Jo 5.39; Hb 10.7).

5. O Novo Testamento equipara com frequência a Palavra de Deus às *Escrituras* (*escritos*) do Antigo Testamento (cf. Mt 21.42; Rm 15.4; 2Pe 3.16).

6. Jesus disse que nem mesmo a menor parte de uma *palavra* ou *letra hebraica* podia ser quebrada (Mt 5.18).

7. O Novo Testamento refere-se ao *registro escrito* como os "oráculos de Deus" (Hb 5.12).

8. Às vezes, os autores eram aconselhados a "não omitir *uma só palavra*" (Jr 26.2). João pronunciou até um anátema sobre todos os que

---

¹Para outras referências, veja o cap. 2.
²Veja o cap. 5 para o desenvolvimento desse ponto.
³Dewey M. Beegle, *The inspiration of Scripture*, p. 187.

acrescentassem algo às "*palavras* do livro desta profecia" ou subtraíssem algo dela (Ap 22.18,19).

9. As *próprias palavras* pronunciadas por homens no Antigo Testamento eram consideradas palavras de Deus pelos autores do Novo Testamento. Pode ser uma opção acadêmica negar que a Bíblia mesma afirme a "inspiração verbal" de si mesma; está claro, porém, que não se trata de uma opção bíblica.

10. *Ela se identifica* com as palavras de Deus. As palavras dos autores das Escrituras são usadas de maneira intercambiável com "Deus disse". Disso resulta: "O que as Escrituras dizem, Deus diz". Às vezes, o Antigo Testamento veicula o que o autor humano disse e o Novo Testamento reproduz a declaração com as palavras "Deus disse". Outras vezes, o Antigo Testamento registra "Deus diz" e o Novo Testamento cita o texto e o atribui ao autor humano. Portanto, o que o autor diz e o que Deus diz são usados de forma intercambiável, conforme mostra o quadro abaixo:

O que as Escrituras dizem, Deus diz	
DEUS DIZ...	**AS ESCRITURAS DIZEM...**
Gn 12.3	Gl 3.8
Êx 9.16	Rm 9.17
AS ESCRITURAS DIZEM...	**DEUS DIZ...**
Gn 2.24	Mt 19.4,5
Sl 2.1	At 4.24,25
Sl 2.7	Hb 1.5
Sl 16.10	At 13.35
Sl 95.7	Hb 3.7
Sl 97.7	Hb 1.6
Sl 104.4	Hb 1.7
Is 55.3	At 13.34

Ela é indissolúvel. Outra asserção bíblica sobre a inspiração é que a palavra escrita é indissolúvel, ou *infalível*. Jesus disse aos judeus, a quem ele havia citado palavras de Salmos 82, "as Escrituras são indissolúveis" (Jo 10.35). Edward J. Young afirmou:

A força desse argumento é muito clara e podemos parafraseá-lo da seguinte forma: "o que é afirmado nesse versículo de Salmos é verdade porque esse versículo pertence àquele corpo de escritos conhecido como Escrituras, e as Escrituras têm uma autoridade tão absoluta em si mesmas que *são indissolúveis*". Quando Cristo emprega aqui a palavra Escrituras, ele tem em mente, portanto, não um versículo em especial de Salmos, e sim todo um grupo de escritos dos quais este versículo em particular faz parte.[4]

Para Jesus, portanto, inspiração dizia respeito a um *escrito* imbuído de autoridade divina e *indissolúvel*.

Ela é irrevogável. Outra afirmação de que os escritos são inspirados é que sua mensagem é irrevogável. Diz a Bíblia: "Pois em verdade vos digo: antes que o céu e a terra passem, nem a menor letra ou traço da Lei passará, até que tudo se cumpra" (Mt 5.18). E de novo: "Todavia, é mais fácil o céu e a terra passarem do que cair um traço da Lei" (Lc 16.17). A afirmação é inequívoca; a mensagem da palavra escrita, incluindo-se aí as menores letras, precisa ser cumprida. Numa afirmação semelhante, Jesus incluiu todo o Antigo Testamento, seção por seção, quando disse: "Era necessário que se *cumprisse* tudo o que estava escrito a meu respeito na Lei de Moisés, nos Profetas e nos Salmos" (Lc 24.44). Pedro acrescentou as seguintes palavras: "Irmãos, era necessário que se cumprissem as Escrituras que o Espírito Santo predisse" (At 1.16).

Ela tem autoridade final. Os autores bíblicos e o próprio Jesus afirmam que a palavra escrita é o *árbitro final* em questões de fé e prática. Jesus citou as Escrituras do Antigo Testamento como palavra final ao resistir ao tentador (Mt 4.4,7,10). Ele usou o Antigo Testamento de forma definitiva para resolver a questão referente à ressurreição em sua resposta aos fariseus (Mt 21.42) e ao justificar sua autoridade de purificar o Templo (Mc 11.17). Paulo usou as Escrituras como base para suas *disputas* com os judeus (At 17.2). Pedro afirmou que "os ignorantes e os instáveis distorcem [as Escrituras...] para sua própria destruição" (2Pe 3.16). Na verdade, o caráter definitivo que se baseia na inerrância verbal do Antigo Testamento enquanto palavra de Deus "fica demonstrado pelos argumentos do Novo Testamento que se apoiam num detalhe histórico

---

[4] Edward J. Young, "The authority of the Old Testament", in: Ned B. Stonehouse; Paul Woolley, orgs., *The infallible Word*, p. 55.

(Hb 7.4-10), numa palavra ou expressão (At 15.13-17), ou mesmo na diferença entre o singular e o plural (Gl 3.16)".[5]

Ela é plena, completa, estendendo-se a todas as partes. É o que assevera 2Timóteo 3.16, isto é, que *toda* Escritura (i.e., todo o Antigo Testamento) é inspirada, e não parte dela apenas. Que a inspiração se estende universalmente a todas as Escrituras se nota pelo uso de expressões inclusivas como "está escrito", "as Escrituras", "a Lei e os Profetas", "a palavra de Deus" (cf. Mc 7.13; veja o cap. 5 para um desenvolvimento mais completo desse ponto). Jesus referiu-se a todas as seções do cânon hebraico, dizendo que fazia previsões a seu respeito (Lc 24.27,44). Para Pedro, o Antigo Testamento como um todo era um "escrito profético" (2Pe 1.20,21) dado pelo "Espírito de Cristo" (1Pe 1.10,11).

À luz dessas numerosas afirmações relativas à natureza divinamente imbuída de autoridade das Escrituras, é difícil compreender por que James Barr afirma que a Bíblia não ensina sua própria inspiração e inerrância. A "Introdução" de Carl Henry discute exatamente essa questão de modo oposto à tese de Barr, estendendo-se por quinze teses em quatro volumes intitulados *God, revelation and authority* [Deus, revelação e autoridade].[6]

É completamente inerrante. A Bíblia é totalmente verdadeira e sem erro. Jesus disse: "A tua Palavra é a verdade" (Jo 17.17). Aos que negavam a verdade das Escrituras, ele disse: "Vocês estão equivocados, não compreendendo as Escrituras" (Mt 22.29). Disse o salmista: "A lei do Senhor é perfeita" e "A síntese da tua palavra é a verdade" (Sl 19.7; 119.160). A Bíblia é a Palavra de Deus, e Deus não pode errar (Hb 6.18; Tt 1.2). As Escrituras são pronunciamentos do Espírito Santo (2Tm 3.16), e o Espírito da Verdade não pode errar. "Errar é humano", porém a Bíblia não é um livro meramente humano. Ela é divinamente inspirada, e um erro divinamente inspirado é uma contradição de termos.[7]

---

[5] John A. Witmer, "The biblical evidence for the verbal-plenary inspiration of the Bible", *Bibliotheca Sacra* 121, n. 483 (1964), p. 250.

[6] James Barr, *Fundamentalism*, p. 78-84 e outras. Henry, *God, revelation and authority*; veja especialmente as p. 7-16 [edição em português: *Deus, revelação e autoridade: o Deus que fala e age* (São Paulo: Hagnos, 2017)], em que ele introduz a questão da natureza da revelação objetiva de Deus nas Escrituras inerrantes imbuídas de autoridade.

[7] Stephen T. Davis sustenta essa posição. Veja, de sua autoria, *The debate about the Bible: inerrancy versus infallibility*, p. 118-9.

Algumas conclusões sobre a inspiração

Embora seja preciso reconhecer que muito do que foi afirmado aqui se refere *explicitamente* às Escrituras do Antigo Testamento, ainda assim, de forma lógica e *implícita*, o Novo Testamento acha-se incluído nessa mesma asserção de inspiração.

1. O *Novo Testamento é "Escritura"*. Expresso de forma lógica ou silogística, o argumento é o seguinte:

> Toda "Escritura" é inspirada (2Tm 3.16).
> O Novo Testamento também é "Escritura" (1Tm 5.18; 2Pe 3.16).
> Portanto, o Novo Testamento é inspirado.

O uso do termo "Escritura" tem um sentido ilustre e técnico, conforme pode ser visto prontamente por sua aplicação especializada. O termo está reservado em seu sentido definitivo e articular exclusivamente aos livros canônicos e de autoridade reconhecida das Escrituras Sagradas. Para os judeus devotos, embora convertidos, que escreveram os livros do Novo Testamento, classificar quaisquer outros livros por meio desse termo técnico é o mesmo que reivindicar a inspiração deles. Na verdade, é isso precisamente o que Pedro reivindica para as cartas de Paulo, quando escreve: "Nosso amado irmão Paulo também escreveu a vós [...] a exemplo do que faz em todas as suas cartas [...] que os ignorantes e instáveis deturpam, como também fazem com as demais *Escrituras*" (2Pe 3.15,16). Aqui os escritos de Paulo são considerados Escrituras no mesmo sentido que os escritos do Antigo Testamento referidos anteriormente na mesma passagem (cf. 2Pe 3.5,7,8). Embora esse trecho não declare que todos os livros do Novo Testamento sejam Escrituras, incluiu, sim, a maior parte deles. Em 1Timóteo 5.18, o apóstolo Paulo cita uma passagem de Lucas e a coloca no mesmo nível do restante das Escrituras usando a introdução "Pois as Escrituras dizem" (com referência a Lc 10.7). Certamente se os escritos de Paulo e de Lucas eram considerados Escrituras, disso decorre que as cartas dos apóstolos de Jesus e, principalmente, daqueles que pertenciam a seu "círculo íntimo" (Pedro e João), que tradicionalmente constituem o restante do Novo Testamento, não podem ser logicamente excluídas da categoria de Escrituras inspiradas.

2. O *Novo Testamento é um "escrito profético"*. Outra dedução lógica acerca da inspiração confirma o precedente. De acordo com 2Pedro 1.20,21, nenhum pronunciamento profético jamais se deu por outro meio senão pelo mover

do Espírito Santo. Como os escritos do Novo Testamento também são considerados "escritos proféticos", segue-se que precisam ser incluídos no grupo dos pronunciamentos movidos pelo Espírito Santo. Jesus prometeu dar a seus discípulos um ministério guiado pelo Espírito (Jo 14.26; 16.13), e a igreja do Novo Testamento afirmou que tinha esse dom profético (Ef 4.11; 1Co 14.31,32). A exemplo de seus homólogos do Antigo Testamento, os profetas do Novo Testamento exercem seu ministério de modo oral (Ágabo, At 11.28) e por escrito. João, o autor do livro de Apocalipse, incluía-se entre seus "irmãos, os profetas [do Antigo Testamento]" (Ap 22.9). Por inferência direta, portanto, seus escritos reivindicavam a categoria de escrita profética. Na verdade, foi isso o que João afirmou quando escreveu: "Testifico a todo aquele que ouvir as *palavras da profecia deste livro*; se alguém lhes acrescentar alguma coisa, Deus lhe acrescentará as pragas escritas neste livro" (Ap 22.18). Para Paulo, seus escritos também eram proféticos. Em Efésios 3.3-5, ele fala de sua revelação e mistério "que em outras gerações não foi manifestado aos homens, da forma que se revelou agora no Espírito aos seus santos apóstolos e profetas".[8] Apóstolos e profetas são colocados juntos, assim como suas revelações e escritos, conforme disse Paulo: "Por revelação me foi dado a conhecer o mistério, conforme escrevi anteriormente de maneira resumida. Ao referir a isso, quando lerem, podem compreender minha percepção do mistério de Cristo" (v. 2,3).

Para resumir, portanto, as indicações são de que:

Todos os "escritos proféticos" são inspirados (2Pe 1.20,21).
O Novo Testamento é um "escrito profético" (Ap 22.18; Ef 3.5).
Portanto, o Novo Testamento é inspirado.

---

[8] Na verdade, os profetas mencionados aqui talvez sejam os profetas do Novo Testamento, sobre o ensino dos quais se lançou o fundamento da igreja do Novo Testamento (cf. Ef 2.20; At 2.42). Ao discorrer sobre os "profetas" de Efésios 2.20, Charles J. Ellicott escreveu: "Apesar da autoridade bastante antiga e inestimável, parece impossível tomar os 'profetas' desse versículo como profetas do Antigo Testamento. A ordem das duas palavras e a comparação de 3.5 e 4.11 parecem decisivas, para não falar da ênfase no presente, em contraste com o passado, que perpassa todo o capítulo". Veja *Ellicott's commentary*, 7.30. A mesma conclusão é apresentada por S. D. F. Salmond, in: W. Robertson Nicoll, org., *The expositor's Greek Testament*, 3.299. Diz ele: "Portanto, deve-se entender os *prophetai* como profetas *cristãos*, os quais são amplamente citados no livro de Atos e nas cartas, profetas do NT que nessa mesma carta (3.5) são designados como profetas de *Cristo* e são citados (4.11) como dons do Senhor que subiu ao céu à sua igreja".

3. *O Novo Testamento é a "Palavra de Deus".* Outra implicação disso é que *tanto* o Antigo *quanto* o Novo Testamento são a Palavra de Deus. O Antigo Testamento é chamado de "Palavra de Deus" por Jesus (Mt 15.6; Jo 10.35). De igual modo, os autores do Novo Testamento o tinham como "a Palavra de Deus" juntamente com o Antigo Testamento (cf. 2Co 4.2; Hb 4.12; Ap 1.2). Portanto, podemos resumir da seguinte forma o argumento:

A Palavra de Deus é inspirada (Jo 10.35).
O Novo Testamento é a Palavra de Deus (Hb 4.12).
Portanto, o Novo Testamento é inspirado.

Caráter e conteúdo da inspiração

Natureza da inspiração

A inerrância faz parte da inspiração das Escrituras, já que a Bíblia é a Palavra de Deus (veja o cap. 5), e Deus não pode errar (Hb 6.18; Tt 1.12). Negar a inerrância das Escrituras significa contestar a integridade da Bíblia ou a identidade dela como Palavra de Deus. Pode-se expressar esse argumento da seguinte forma:

A Bíblia é a Palavra de Deus.
Deus não pode errar (Hb 6.18; Tt 1.2).
Portanto, a Bíblia não pode errar.

O que a Bíblia *quer dizer* com o que afirma sobre si mesma fica evidente por aquilo que os fenômenos manifestam. Em outras palavras, a asserção da inspiração deve ser entendida à luz dos fenômenos das Escrituras (veja o cap. 2). Portanto, deve-se dar atenção às *manifestações práticas* da *declaração teológica* da inspiração. Essa análise revela que, independentemente do significado de inspiração, ela certamente *não exclui* os fatores que se seguem.

O uso de expressões variadas. Como Deus disse a mesma coisa de diferentes maneiras, ou, pelo menos, de diferentes pontos de vista, em ocasiões diferentes, a inspiração não pode excluir uma diversidade de expressões. Os quatro Evangelhos relatam a mesma história de diferentes maneiras a grupos diferentes de pessoas e, por vezes, citam até mesmo Cristo dizendo a mesma coisa com outras palavras. Compare, por exemplo, a conhecida confissão de Pedro em Cesareia de Filipe:

Segundo Mateus: "O senhor é o Cristo, o Filho do Deus vivo" (16.16).
Segundo Marcos: "O senhor é o Cristo" (8.29).
Segundo Lucas: "O Cristo de Deus" (9.20).

Até mesmo o Decálogo, "escrito com o dedo de Deus" (Dt 9.10), aparece registrado com variações na segunda vez que Deus o deu (cf. Êx 20.8-11 com Dt 5.12-15).[9] Há muitas variações entre os livros de Reis e Crônicas no relato que fazem de acontecimentos idênticos, e ainda assim não há contradição na história que contam.[10]

Se essas expressões importantes, como a confissão de Pedro a respeito de Cristo e a inscrição na cruz (cf. Mt 27.37; Mc 15.26; Lc 23.38; Jo 19.19), bem como leis permanentes e especiais como aquela "escrita com o dedo de Deus", puderem ser expressas de maneiras diferentes, disso se segue que não deveria haver problema algum em estender ao restante das Escrituras uma diversidade de expressão no âmbito do conceito da inspiração verbal.

O uso da individualidade e das personalidades. A inspiração não exclui o uso de diferentes personalidades com estilo literário e idiossincrasias próprios no registro da palavra escrita de Deus. Para constatar isso, basta comparar o estilo contundente de Isaías com o tom pesaroso de Jeremias no Antigo Testamento. No Novo Testamento, Lucas manifesta um interesse claramente médico,[11] Tiago é notadamente prático, Paulo é teológico e polêmico, enquanto João tem uma simplicidade evidente. Deus comunicou-se por intermédio de múltiplas personalidades humanas com suas respectivas características literárias. Entre os autores tradicionais da Bíblia, temos um legislador (Moisés), um general (Josué), profetas (Samuel, Isaías e outros), reis (Davi e Salomão), um músico (Asafe), um vaqueiro (Amós), um príncipe e estadista (Daniel), um sacerdote (Esdras), um coletor de impostos (Mateus), um médico (Lucas), um erudito (Paulo) e pescadores (Pedro e João). Com uma variedade de ocupações representada pelos

---

[9]Por exemplo, Êxodo apresenta a criação como o motivo para o descanso no sábado, ao passo que para Deuteronômio o motivo é a redenção.

[10]Veja Gleason L. Archer, *Encyclopedia of Bible difficulties*, p. 191-2 [edição em português: *Enciclopédia de temas bíblicos: respostas às principais dúvidas, dificuldades e "contradições" da Bíblia*, 2. ed. (São Paulo: Vida, 2002)]. Veja tb. Nix, "1 Chronicles" e "2 Chronicles", in: *The Criswell Study Bible*, p. 428-519, 520-61; Payne, "The validity of numbers in Chronicles", p. 5-58.

[11]Cf. W. M. Ramsay, *St. Paul the traveller and the Roman citizen*, 3. ed. (Grand Rapids: Baker, 1949), p. 38-9.

autores bíblicos, é natural que seus interesses e suas diferenças pessoais sejam refletidos em seus escritos.

O uso de documentos não bíblicos. Não há dúvida de que a doutrina da inspiração não pretende excluir o uso de documentos humanos como fonte de verdade divina, uma vez que o uso deles é confirmado pela Bíblia. O Evangelho de Lucas pode ter sido baseado na pesquisa feita pelo autor nas fontes escritas do seu tempo (cf. Lc 1.1-4). O autor de Josué usou o livro de Jasar para sua famosa citação sobre o sol quando ficou imóvel no céu (Js 10.13).[12] O apóstolo Paulo cita sem hesitar um poeta pagão (At 17.28) em seu célebre discurso no Areópago. Judas citou uma fonte não canônica quando se referiu à profecia de Enoque (v. 14). O uso de fontes não bíblicas não deveria ser entendido como algo incompatível com a inspiração porque, convém lembrar, "toda verdade é verdade divina". O Deus "que disse 'Das trevas brilhará a luz'" (2Co 4.6) pode também transmitir a verdade por meio de um profeta pagão (Nm 24.17), um sumo sacerdote desinformado (Jo 11.50) e até mesmo uma mula teimosa (Nm 22.28).

O uso de linguagem não científica. A inspiração certamente não requer o uso de linguagem erudita, técnica ou científica. A Bíblia foi escrita para o homem comum de todas as gerações, portanto ela usa sua linguagem comum do cotidiano. O uso de linguagem observacional, não científica, não é *contrária* à ciência; ela é simplesmente *pré*-científica. As Escrituras foram escritas em tempos *antigos* de acordo com padrões antigos, portanto seria anacrônico impor sobre elas padrões científicos *modernos*. Falar do sol que para no céu (Js 10.12) é tão anticientífico quanto dizer que o sol nasce (Js 1.16).[13] Os meteorologistas contemporâneos ainda falam diariamente do "nascer" e do "pôr" do sol. As Escrituras dizem que a rainha de Sabá "veio dos confins da terra" (Mt 12.42). Uma vez que "os confins da terra" estavam apenas a centenas de quilômetros de distância, na Arábia,[14] é evidente que esse é mais um exemplo do uso da linguagem observacional. De igual modo, no Dia de Pentecostes, havia pessoas "de todas as nações que há debaixo do céu" (At 2.5). Essas nações são identificadas em Atos 2.9-11 e não compreendem o mundo todo literalmente (e.g., a América do Norte e a do Sul estão excluídas). Portanto, a linguagem

---

[12] Veja Nix, "Joshua", in: *The Criswell Study Bible*, p. 267-96.
[13] Ibidem.
[14] Emil G. Kraeling, *Rand McNally Bible atlas*, p. 231, mapa IV; Yohanan Aharoni; Michael Avi-Yonah, *The Macmillan Bible atlas*, ed. rev., p. 21, mapa 15.

universal é usada num sentido *geográfico*¹⁵ e deve ser vista de modo genérico com o sentido de "o mundo conhecido da sua época".¹⁶ A Bíblia foi escrita para um público sem conhecimento científico, numa era pré-científica, e não há lógica em dizer que ela está cientificamente *incorreta*; ela é simplesmente *imprecisa* de acordo com os padrões modernos. Contudo, ao sacrificar a precisão científica, a Bíblia ganhou uma perfeição por sua universalidade e simplicidade de estilo.

A Bíblia também usa números aproximados (e.g., 1Cr 19.18; 21.5). Talvez seja impreciso do ponto de vista de uma sociedade tecnológica contemporânea dizer que 3,14159265... corresponde a três, mas não é errado para um povo antigo não afeito à tecnologia. Podemos arredondar o número em questão para três. Isso basta para um "tanque de fundição *metálico*" (2Cr 4.2) num antigo templo hebreu, embora não bastasse no caso de um computador em um foguete. Não se deve esperar, porém, precisão científica numa era pré-científica. A Bíblia fala corretamente na linguagem de sua época segundo o modo de compreensão das pessoas daquele tempo. Ela deve ser julgada pela natureza da revelação divina. A revelação veio de Deus por meio de homens que se expressavam em linguagem humana e que viviam num contexto cultural específico. Para que fizesse sentido, tinha de ser comunicada na linguagem dos profetas e apóstolos e recorrer ao antecedente cultural formado por imagens, ilustrações, analogias e outras coisas geralmente associadas à comunicação linguística. Nenhuma teoria artificial ou abstrata de inerrância que justifique a imposição da precisão científica ou da técnica moderna sobre as Escrituras é justificada.

O uso de uma variedade de artifícios literários. Por fim, não se deve imaginar que um livro "inspirado" tenha sido escrito num estilo literário único e específico. O homem não está limitado em seus modos de expressão, e não há razão para supor que Deus utilize apenas um estilo ou gênero literário em sua comunicação com o homem. A Bíblia revela diversos artifícios literários. Diversos livros foram inteiramente escritos em estilo *poético* (e.g., Jó, Salmos, Provérbios). Os Evangelhos Sinóticos estão repletos de *parábolas*. Em Gálatas 4, Paulo usa o exemplo de uma *alegoria*. Há inúmeras *metáforas* no Novo Testamento (e.g., 2Co 3.2,3; Tg 3.6), bem como *símiles* (cf. Mt 20.1; Tg 1.6); há também *hipérboles* (e.g., Cl 1.23; Jo 21.25; 2Co 3.2). Jesus também não se furtou a usar o artifício da sátira (Mt 19.24 com 23.24). Resumindo, portanto, a asserção da

---

¹⁵A linguagem universal usada no sentido genérico, como em Romanos 3.23, é diferente. Fazem parte da linguagem usada de modo genérico todos os que participam da natureza ou do nome comuns.

¹⁶Cf. Bernard Ramm, *Protestant biblical interpretation*, ed. rev., p. 134ss.

inspiração, conforme entendida à luz do caráter do registro inspirado, revela que "inspiração" não é algo que deva ser visto como um processo mecânico ou rígido. Pelo contrário, trata-se de um processo dinâmico e pessoal que resulta num produto imbuído de autoridade e inerrante: a Palavra escrita de Deus.

A extensão da inspiração

Há quem diga que a Bíblia é verdadeira de modo geral, mas não necessariamente em todas as partes que a constituem (veja a análise no cap. 2). Dizem essas pessoas que as Escrituras são sempre confiáveis em questões de ordem moral, mas nem sempre em questões históricas. Dizem que a Bíblia é sempre confiável no domínio espiritual, mas nem sempre no domínio científico. Chegaram a essa conclusão porque creem que "é intenção do Espírito Santo nos ensinar como se chega ao céu, e não como o céu funciona".[17] Essa posição é inadequada por diversos motivos.

A inspiração diz respeito a tudo o que a Bíblia ensina.

1. A Bíblia ensina unicamente a *verdade* (Jo 17.17), porém contém algumas *mentiras*; por exemplo, as mentiras de Satanás (Gn 3.4; cf. Jo 8.44) e de Raabe (Js 2.4). A inspiração perpassa totalmente a Bíblia no sentido de que registra com precisão e verdade até mesmo as mentiras e erros dos seres pecaminosos. A verdade das Escrituras encontra-se no que a Bíblia *revela*, e não em tudo o que *registra*. A menos que se mantenha essa distinção, será errônea a conclusão de que a Bíblia ensina a imoralidade porque narra o pecado de Davi (2Sm 11.4), promove a poligamia porque registra a poligamia de Salomão (1Rs 11.3), ou sustenta o ateísmo porque cita o tolo que diz "não há Deus" (Sl 14.1). Em cada um desses casos, o intérprete das Escrituras precisa averiguar com o que *o autor* da passagem em questão *está comprometido*. É importante que o intérprete tenha em mente não o que o autor *parece* dizer, não ao que ele se refere, tampouco a quem ele cita, mas o que ele *efetivamente afirma* no texto.

2. As verdades científicas (factuais) e espirituais das Escrituras são, com frequência, inseparáveis. (*a*) Por exemplo, não se pode separar a verdade espiritual da ressurreição de Cristo do fato físico de que seu corpo deixou a sepultura permanentemente vazia (Mt 28.6; 1Co 15.13-19). A ressurreição de Cristo é mais do que um acontecimento físico (Rm 4.25); é também uma

---

[17]"*Cio e l'intenzione dello Spirito Santo essere d'insegnarci come si vadia al cielo, e non come vadia il cielo*", "Lettera a Madama Cristina di Lorena Granduchessa di Toscana (1615)", in: *Le Opere Di Galileo Galilei*, 5:307-48.

vitória espiritual (1Co 15.50-58), porém é também um acontecimento físico. Portanto, se não se aceita a verdade da ressurreição física, não há base para a salvação espiritual. Segundo Paulo, "Se Cristo não ressuscitou, a fé de vocês é inútil e vocês ainda permanecem nos seus pecados" (1Co 15.17). (*b*) De igual modo, o nascimento virginal de Cristo não pode ser uma verdade meramente espiritual. Se Cristo não tivesse nascido de uma virgem, ele não seria o Filho de Deus sem pecado que afirmou ser. Embora o nascimento virginal não tenha sido causa de sua divindade, foi uma indicação dela. Não era a fonte de divindade de Cristo, e sim um símbolo dela (Mt 1.23). Pois, se Cristo não tivesse nascido de uma virgem, não seria diferente do restante da raça humana, sobre a qual repousa o estigma do pecado de Adão (Rm 5.12). Aqui novamente as dimensões física e espiritual da verdade caminham de mãos dadas, de tal forma que negar a realidade biológica significa negar a verdade espiritual. (*c*) O mesmo aplica-se à crucificação de Cristo. Não é simplesmente o sangue físico que salva, porém "sem derramamento de sangue [físico] não há perdão" (Hb 9.22). De igual modo, a existência e a queda de Adão não podem ser um mito. Se não houvesse um Adão literal e uma queda real, o ensino espiritual sobre o pecado herdado e a morte final ou física (Rm 5.12) estaria equivocado. A realidade histórica e a doutrina teológica permanecem juntas ou caem juntas. A relação inseparável entre o físico e o espiritual fica evidente na natureza do homem, que é constituído de alma e corpo. O homem foi criado à imagem de Deus, porém um ataque sobre o corpo (assassinato) é considerado um ataque à imagem de Deus e digno da pena capital no Antigo Testamento (Gn 9.6). Ali também não se pode negar a dimensão física do homem sem também rejeitar o aspecto espiritual.

3. As verdades morais das Escrituras baseiam-se, com frequência, ou se acham inseparavelmente conectadas, com as verdades científicas ou factuais. (*a*) A depravação do homem e sua consequente morte física baseiam-se na verdade de um Adão literal (Rm 5.12). (*b*) A doutrina da encarnação é inseparável da verdade histórica sobre Jesus de Nazaré (Jo 1.1,14). (*c*) O ensinamento moral de Jesus sobre o casamento baseava-se em seu ensino a respeito de unir um Adão e uma Eva literais pelo casamento (Mt 19.4,5). Em cada um desses casos, o ensinamento moral ou teológico encontra-se destituído do seu significado pretendido sem levar em conta um acontecimento histórico ou factual ocorrido no espaço-tempo. Se negarmos esse acontecimento literal no espaço-tempo, não haverá base para crer na doutrina das Escrituras edificada sobre ele.

4. Com frequência, Jesus fazia uma comparação direta entre verdades espirituais importantes e acontecimentos do Antigo Testamento que ele apresentava como historicamente verdadeiros. Por exemplo, valendo-se de uma comparação forte, Jesus disse: "*Assim como* Jonas esteve três dias e três noites no ventre do monstro dos mares, *assim* o Filho do Homem estará três dias e três noites no coração da terra" (Mt 12.40). Tanto a ocasião quanto a forma dessa comparação deixam claro que Jesus estava afirmando a historicidade de Jonas em conexão com a verdade sobre sua morte e ressurreição. Ele certamente não estava dizendo: "Assim como vocês creem naquela mitologia sobre Jonas, gostaria de lhes contar também sobre a historicidade da minha morte e ressurreição". Jesus também associava a verdade de sua segunda vinda literal (cf. At 1.10,11) à verdade literal acerca do dilúvio de Noé. Ele disse: "A vinda do Filho do Homem se dará *à semelhança* dos dias de Noé" (Mt 24.37). Tanto o conteúdo quanto a ênfase dessas comparações revelam que Jesus acreditava na historicidade daqueles acontecimentos do Antigo Testamento.

5. Jesus afirmou que, se não pudessem confiar nele no que diz respeito a questões históricas, então não poderiam confiar nele também em questões celestiais. Pouco depois de falar a Nicodemos sobre o nascimento físico e o vento, Jesus disse a ele: "Se falei a vocês de coisas terrenas e não creem, como crerão se lhes falar das celestiais?" (Jo 3.12). Em suma, se não se pode confiar na Bíblia quando ela fala de coisas temporais que podemos ver, como haveremos de confiar nela quando discorrer sobre coisas eternas que não podem ser vistas (2Co 4.18)? Portanto, se a Bíblia não fala de forma confiável sobre o mundo físico, não se pode confiar nela quando falar do mundo espiritual. Os dois acham-se intimamente relacionados.

A inspiração diz respeito a tudo o que a Bíblia aborda. A inspiração não se refere somente a tudo o que a Bíblia *ensina* explicitamente; refere-se também a tudo o que a Bíblia *aborda*. Por exemplo, é provável que em parte alguma se encontre uma passagem bíblica em que a ideia central dela seja um ensino explícito sobre anjos ou demônios. Eles são quase sempre mencionados casualmente. Contudo, tudo o que a Bíblia diz a seu respeito casualmente é absolutamente verdadeiro. Isso porque os ensinos casuais das Escrituras não são menos verdadeiros do que os ensinos essenciais. Tudo o que a Bíblia declara é verdade, quer se trate de um ponto essencial, quer secundário. A Bíblia é a Palavra de Deus, e Deus não pode errar em nada. Todas as partes são tão verdadeiras quanto o todo que delas resulta.

Há quem tenha sugerido que somente o propósito principal da Bíblia é verdadeiro, mas não todos os pontos secundários. Dizem que o sentido das Escrituras deve ser compreendido à luz do seu propósito salvador. E, como o propósito central das Escrituras é salvar o homem (2Tm 3.16),[18] disso se segue que tudo o que não for essencial a esse propósito central realmente não importa.[19] Essa posição é a um só tempo inadequada e antibíblica por diversos motivos.

1. O propósito não determina o significado. Significado é *o que* é dito; propósito é *porque* é dito. Contudo, a razão pela qual se diz alguma coisa não determina o significado do que se diz. O significado de muitas passagens das Escrituras é compreendido, antes de tudo, independentemente da razão pela qual elas foram transmitidas. Veja as seguintes passagens: "Não cozerás o cabrito no leite de sua mãe" (Êx 23.19); "Não te vestirás de roupa com tecido de lã e linho misturados" (Dt 22.11). Qualquer pessoa que conhece as palavras dessas frases sabe exatamente o que elas significam, ainda que não tenham a mais remota ideia do propósito que o autor tinha em mente. A ordem de não cozinhar um cabrito no leite da mãe teria o mesmo significado se aparecesse num livro de receitas, embora a importância da passagem seja, obviamente, ampliada por estar no Livro de Deus. De igual modo, o significado da exortação para que não se misture algodão e linho significa a mesma coisa em um livro de economia doméstica ou em um livro sobre tecidos, embora não tivesse significado religioso algum nesses respectivos contextos.[20]

2. Não são os *propósitos* dos autores bíblicos que são inspirados; as *proposições* das Escrituras é que são inspiradas. O *locus* da inspiração está no texto escrito (2Tm 3.16), e não na mente do autor por trás do texto. As palavras é que são inspiradas (1Co 2.13), e não somente as ideias por trás delas. Assim como a beleza está na pintura, e não por trás dela, assim também o significado está expresso nas palavras das Escrituras, e não atrás delas. Portanto, é a um só tempo errado e inadequado procurar o(s) propósito(s) do autor por trás de suas palavras. Seus propósitos estão expressos em suas proposições. É incorreto procurar a intenção dos autores bíblicos além de seus escritos; a intenção deles

---

[18] Veja a exposição de 2Timóteo 3.16,17 no cap. 2.
[19] Jack B. Rogers; Donald K. McKim, *The authority and interpretation of the Bible: an historical approach*, p. 313, 389-90, 401. Para uma refutação dessa ideia, veja John D. Woodbridge, *Biblical authority: a critique of the Rogers/McKim proposal*, esp. caps. 8 e 9, p. 141-56.
[20] Norman L. Geisler, "Meaning and purpose: the cart and the horse".

pode ser encontrada em suas afirmações por escrito. O significado do que disseram está expresso em sua mensagem escrita.

Há "inspiração esporádica"? Em 1Reis 13.11-32, lemos a história de um "velho profeta" que mentiu ao dizer que Deus havia falado com ele quando isso não era verdade (v. 18). Isso suscita a seguinte questão: alguém pode ser um profeta verdadeiro num momento e falso em outro? Isto é, pode haver inspiração esporádica (na verdade, revelação)? Se sim, como alguém poderia saber quando confiar num profeta e quando não confiar nele? Há duas respostas possíveis. Em primeiro lugar, pode-se negar a "inspiração esporádica" e destacar que 1Reis 13 não diz que o velho profeta era um profeta verdadeiro ou que ele jamais proferiu uma profecia genuína da parte de Deus. Nesse sentido, deve-se notar que sua profecia não foi transmitida publicamente, como tampouco foi confirmada por meio de quaisquer sinais de que se tratava de profecia genuína dada por um profeta verdadeiro (veja 1Rs 13.3). A outra alternativa consiste em argumentar que todos os profetas só transmitem revelações em determinadas ocasiões. Sempre que houver dúvida sobre a origem divina da mensagem, ela se confirma por meio de milagres. Isso aparece na confirmação de Moisés por Deus em detrimento de Coré (Nm 16.1-50), e de Elias em detrimento dos profetas de Baal (1Rs 18.15-40). Os verdadeiros profetas são confirmados por Deus; já os falsos são condenados por ele. Qualquer uma das explicações está de acordo com a visão ortodoxa da inspiração e da canonização. A questão essencial não diz respeito a possíveis ocasiões em que os autores bíblicos escreveram livros não inspirados. O que importa é que os livros escritos por eles, que estão na Bíblia, tenham inspiração divina.[21]

Acomodação ou adaptação? Há quem afirme que, no processo de comunicação de sua mensagem, os autores bíblicos acomodaram seu ensino a algumas crenças errôneas do seu tempo. Alguns acreditam até mesmo que esse tipo de acomodação é uma parte necessária de transmissão da verdade infinita em categorias finitas.[22] São vários os fatores que tornam essa conclusão falsa. Em primeiro lugar, confunde-se *acomodação* ao erro humano com *adaptação* à finitude humana. Só porque Deus condescende com o nível do

---

[21] Isso se torna uma questão de canonicidade (veja o cap. 12). O capítulo 13 traz uma análise sobre o verdadeiro escrito profético.
[22] Rogers; McKim, p. 309, 342, 431-3; Gerhard Maier, *The end of the historical-critical method*, esp. p. 88-92. Harry R. Boer, *Above the battle? The Bible and its critics*, p. 78-109, recorreu a esse tipo de abordagem para desenvolver dois tipos de infalibilidade: a tradicional e a orgânica.

homem para comunicar sua verdade a ele, isso não significa que ele tem de comprometer sua verdade ao fazê-lo. A adaptação às limitações humanas não requer acomodação ao erro humano. Uma mãe poderá responder ao seu filho de quatro anos que lhe pergunta de onde vêm os bebês dizendo-lhe que "Os bebês vêm da barriga da mamãe". Isso não é mentira, apenas a verdade adaptada ao nível da criança. Poucos anos mais tarde, quando a criança lhe perguntar como foi que os bebês foram parar na barriga da mãe, não seria errado dizer: "O papai colocou uma sementinha lá dentro, e ela foi crescendo". Essa também não é a história toda, mas pelo menos ninguém está falando de cegonha, o que seria uma mentira. Deus usa antropomorfismos quando fala ao homem (*anthropos*), mas não usa mitos (2Pe 1.16). Em suma, Deus adapta sua verdade ao entendimento limitado do ser humano, mas ele jamais se acomoda ao erro humano.

A ideia bíblica da inspiração não afirma que os profetas e os apóstolos eram infalíveis, tampouco que em seu aprendizado estavam imunes às limitações impostas por sua cultura. O que ela afirma, isto sim, é que os autores não ensinaram as visões duvidosas das culturas em que viviam.[23] Na verdade, há evidências abundantes no Novo Testamento de que Jesus jamais se acomodou às falsas crenças do seu tempo. Seguem alguns exemplos como ilustração disso:

1. Jesus repreendeu os que acreditavam na "tradição", e não na Palavra de Deus (Mt 15.1-3).

2. Jesus dirigiu suas palavras contra as falsas crenças dos mestres judaicos seis vezes com termos enfáticos: "Vocês ouviram o que foi dito [...] eu porém vos digo..." (Mt 5.21,27,31,33,38,43).

3. Jesus repreendeu Nicodemos, renomado mestre dos judeus, dizendo-lhe: "És mestre em Israel e não compreendes estas coisas?" (Jo 3.10).

4. Jesus foi áspero com os saduceus: "Estais equivocados..." (Mt 22.29).

5. As palavras severas de Jesus em Mateus 23 dificilmente revelam alguma acomodação: "Ai de vós, guias cegos..." (v. 16); "tolos..." (v. 17); "serpentes, raça de víboras..." (v. 33).

---

[23] Carl F. H. Henry, org., *God, revelation and authority*, vol. 4: *God who speaks and shows: fifteen theses*, Part Three, p. 152.

6. Quando Jesus pegou um chicote e espantou os animais dos cambistas do Templo, ele não estava se acomodando às suas falsas crenças e práticas (Jo 2.15,16).

Em suma, Jesus jamais acomodou a verdade ao erro. Pelo contrário, ele repreendeu o erro com a verdade. Ele disse: "E conhecerão a verdade, e a verdade os libertará" (Jo 8.32). Até os inimigos de Jesus reconheceram sua franqueza quando disseram: "Mestre, sabemos que o senhor é verdadeiro e que ensina o caminho de Deus segundo a verdade e não se importa com a opinião de ninguém" (Mt 22.16).

Limitação ou compreensão equivocada? Há uma pergunta importante que decorre do fato de que Jesus jamais se acomodou ao erro humano e está relacionada com sua natureza divino-humana. A Bíblia diz que Cristo "crescia em sabedoria" (Lc 2.52), sem saber o que havia na figueira (Mt 21.19), sem saber a hora em que se daria sua segunda vinda (Mt 24.36). Se Jesus era limitado em sua compreensão enquanto homem, não seria possível que ele cometesse alguns erros em seu ensino?

Essa pergunta se deve à confusão entre limitação e compreensão equivocada. Uma coisa é ter uma compreensão limitada, e outra, bem diferente, é ter uma compreensão equivocada. Toda compreensão humana é limitada. Ela é limitada porque o homem é uma criatura finita. Disso não se segue que toda compreensão humana seja equivocada.

Além disso, mesmo que Jesus fosse limitado no que sabia enquanto homem, disso não se segue que ele estivesse errado naquilo que sabia. Um conhecimento limitado da verdade não significa erro. Na verdade, tudo o que Jesus sabia ele afirmava com autoridade absoluta, dizendo: "Toda autoridade me foi concedida no céu e na terra" (Mt 28.18). Cerca de 25 vezes ele introduziu seus ensinos com a fórmula: "Em verdade, em verdade" (cf. Jo 3.3,5,11). Jesus colocou suas palavras no mesmo nível das palavras de Deus (Mt 7.26-29). Ele declarou: "Céu e terra passarão, mas as minhas palavras jamais" (Mt 24.35). Por fim, Jesus disse que ensinava somente o que Deus lhe confiava para ensinar: "Falo essas coisas como o Pai me ensinou" (Jo 8.28). Ele também afirmou: "Não posso fazer coisa alguma por iniciativa pessoal [...] porque não procuro a minha própria vontade, mas a vontade daquele que me enviou" (Jo 5.30).

Em sua grande oração já no final do seu ministério terreno, Jesus disse: "Porque lhes transmiti as palavras que me deste" (Jo 17.8). Mais uma vez, ele disse: "Eu lhes dei a tua palavra" (Jo 17.14). O que Jesus disse foi o que recebeu do Pai. Portanto, dizer que Cristo era mal informado é culpar Deus Pai de compreensão equivocada e erro. Portanto, embora Jesus possa ter sido limitado em sua compreensão humana das questões sobre as quais não falou, não havia limitação à sua autoridade nas questões das quais tratou.

Resumo e conclusão

A Bíblia afirma ser a Palavra verbal, infalível e inerrante de Deus. Como a autoridade divina se estende a todas as partes das Escrituras, o que se tem é uma inspiração verbal plena. Embora as afirmações gerais do Novo Testamento se refiram explicitamente somente ao Antigo Testamento, elas podem ser aplicadas também ao Novo, porque ele também é "Escritura" e é "profético".

A natureza divina das Escrituras não exclui o fato de que elas são também um livro humano manifestando a variedade de estilos literários, figuras de linguagem e personalidades individuais de seus autores. Contudo, a exemplo de Cristo, a Bíblia é teantrópica, porque tem os elementos tanto divinos quanto humanos unidos em uma só expressão. Em decorrência disso, Deus adaptou sua verdade ao entendimento finito, mas não a acomodou à compreensão equivocada humana. Portanto, sob a autoridade de Cristo, as Escrituras são totalmente inerrantes.

4
Declarações específicas de inspiração no Antigo Testamento

A análise restringiu-se até o momento a alguns poucos textos que defendem a inspiração da Bíblia. É preciso agora dar atenção a algumas afirmações de cada seção e livro da Bíblia individualmente. A defesa específica *nesses* livros é a mesma feita *a seu favor* em outros livros? Para responder plenamente a essa questão, os próximos capítulos analisarão a declaração de inspiração *no* Antigo Testamento (cap. 4), *do* Antigo Testamento *no* Novo (cap. 5), *no* Novo Testamento (cap. 6), *do* Novo Testamento *na* igreja até a Reforma (cap. 8), as doutrinas da inspiração desde a Reforma (cap. 9) e visões divergentes de revelação e de inspiração no mundo contemporâneo (cap. 9). Este capítulo se ocupará do exame minucioso do que o Antigo Testamento quer dizer quando se diz inspirado e quando defende sua própria inspiração.

A DECLARAÇÃO DE INSPIRAÇÃO EM CADA UM DOS LIVROS DO ANTIGO TESTAMENTO

Uma análise da declaração de inspiração

Um breve exame de cada um dos livros do Antigo Testamento nos ajudará a confirmar em detalhes a tese de que cada uma das seções individualmente declara ser imbuída de autoridade divina. Convém notar que nem todos os livros do Antigo Testamento têm uma declaração explícita de inspiração divina. Contudo, pode-se demonstrar que a maior parte deles o faz claramente, e que os demais fazem uma defesa implícita ou têm um caráter que funciona como defesa implícita da inspiração.

Gênesis. Em Gênesis, Deus falou aos patriarcas (cf. Gn 12; 26; 46), e eles produziram relatos num "álbum de família" permanente com relação aos modos divinos de proceder aos quais se referiram como "o livro [*registros*] das gerações de..." (5.1; 6.9; 10.1; 11.10; 25.12,19; 36.1; 37.2).

1. "Moisés" de Michelangelo (Metropolitan Museum of Art)

Êxodo. No Êxodo, diz o registro, "Deus falou todas estas palavras" (20.1). "E as tábuas eram obra de Deus; o que tinha sido escrito havia sido escrito por Deus" (32.16). Disse Moisés ao povo: "Estas são as coisas que o Senhor ordenou que vocês fizessem" (35.1).

Levítico. Diz a introdução ao Levítico: "O Senhor chamou Moisés e, da tenda do encontro, lhe disse..." (1.1). "O Senhor disse a Moisés" ocorre com frequência (cf. 4.1; 5.14; 6.1,8).

Números. Esse livro registra repetidas vezes "O Senhor falou a Moisés" (1.1; veja 2.1; 4.1; 5.1; 6.1; 8.1) e conclui dizendo: "São estes os mandamentos e os preceitos que o Senhor ordenou aos filhos de Israel" (36.13).

Deuteronômio. Em Deuteronômio, os discursos de Moisés são considerados palavras de Deus: "Não acrescentareis nada à palavra que eu vos ordeno, nem diminuam nada dela" (4.2); o livro estabelece até testes de verdade para os pronunciamentos divinos: "Quando um profeta falar em nome do Senhor e a palavra dele não se cumprir, nem acontecer o que ele falou, esta é a palavra que o Senhor não falou" (18.22).

Josué. Nesse livro, Josué conta como "depois da morte de Moisés [...] o Senhor falou a Josué: 'Hoje começarei a engrandecer-te perante os olhos de todo o Israel, para que saibam que, assim como estive com Moisés, estarei contigo'" (1.1; 3.7). "E Josué escreveu estas palavras no livro da lei de Deus" (24.26).

Juízes. Depois da morte de Josué, o livro de Juízes revela que "o Senhor afirmou" (1.2) e, novamente, mais tarde, Deus falou a Gideão (6.25). O anjo do Senhor apareceu com uma mensagem em diversas ocasiões (Jz 2; 5; 6; 13).

Rute. É provável que esse livro foi acrescentado inicialmente ao livro de Juízes (veja a análise nos caps. 1 e 12) e, desse modo, não requer referência alguma à fala divina. Contudo, o livro traz efetivamente um registro da atividade divina à medida que apresenta um elo importante na cadeia messiânica, a saber, os ancestrais do rei Davi, Boaz e Rute (4.21; cf. Mt 1.5,6).

1 e 2Samuel. Os livros de 1 e 2Samuel, primeiramente um livro só, contêm muitas referências à voz de Deus. Por meio de Samuel, autor tradicional da obra, esses livros registram: "E o Senhor disse a Samuel" (1Sm 3.11); "Assim a palavra de Samuel veio a todo o Israel" (4.1). O texto de 1Crônicas 29.29 acrescenta: "Os atos do rei Davi, desde os primeiros até os últimos, estão escritos nas crônicas de Samuel, o vidente, nas crônicas do profeta Natã e nas crônicas de Gade, o vidente".

1 e 2Reis. Esses livros não reivindicam nenhuma inspiração explícita. A tradição os atribui ao profeta Jeremias (Baba Bathra 15a), assumindo automaticamente desse modo se tratar de livros proféticos. A ênfase no ministério divino dos profetas, e o ponto de vista profético dos livros de Reis, confirmaria a visão tradicional de que algum profeta escreveu esses livros. Portanto, também estariam imbuídos de autoridade divina.

1 e 2Crônicas. Falta a esses livros uma defesa explícita de sua inspiração, porém apresentam uma história imbuída de autoridade de Israel, de Judá e do Templo do ponto de vista sacerdotal. Os livros *dão como certo* que têm autoridade em vez de afirmá-la ou reivindicá-la. E como se trata de livros descritivos, e não didáticos, não há necessidade de uma referência explícita a uma mensagem do tipo "assim *diz* o Senhor". Há, entretanto, um "assim *age* o Senhor" implícito, porém claro, que pode ser discernido até com mais clareza do que em Reis (cf. 2Cr 35.20,21).

Esdras-Neemias. Continuando a história de Judá centrada no Templo, Esdras-Neemias declara definitivamente que Deus era responsável pela restauração da nação deportada. Embora o livro não faça uma declaração explícita de sua inspiração, há novamente a ideia líquida e certa de que se trata de um registro dos *atos* de Deus, e esse registro não tem menos autoridade do que o registro das palavras de Deus.

Ester. O livro de Ester encaixa-se na mesma categoria de Esdras-Neemias. Embora o nome de Deus esteja ausente do livro (exceto em forma de acróstico),[1] a presença de Deus, não obstante, é certamente evidente na proteção e na preservação do seu povo. O livro de modo implícito afirma ser o *registro verdadeiro* da providência divina para seu povo, e é isso que significa inspiração (veja a análise a respeito no cap. 2).

Jó. Em Jó, o autor não apenas se propõe a apresentar um vislumbre da corte celestial (Jó 1—2), como registra também as palavras ditas efetivamente por Deus do meio de um redemoinho (38.1ss.). Entre os capítulos 2 e 38, há um relato detalhado do que Jó e seus amigos disseram.[2]

Salmos. É um livro dirigido primordialmente *a* Deus. Dificilmente encontraremos no livro de Salmos "Deus disse", ou "Assim diz o Senhor". Há, porém, no âmbito da seleção e da estrutura propriamente ditas do livro de Salmos, a aprovação divina da teologia e da verdade refletidas na multiplicidade das experiências espirituais dos salmistas. É evidente que Deus moveu homens específicos para que registrassem suas experiências especiais, com sua aprovação,

---

[1] W. Graham Scroggie, *Know your Bible*, 1:96.
[2] As citações que o Novo Testamento faz dessa seção recorrem à fórmula "Está escrito". Cf. a citação que 1Coríntios 3.19 faz de Jó 5.13.

para gerações futuras. Os últimos cinco salmos resumem a exortação divina: "Louvem ao Senhor". Este é um livro em que *Deus declara como os homens devem louvá-lo*. Na verdade, 2Samuel 23.1,2 diz que Davi, que escreveu muitos dos salmos, foi dirigido pelo Espírito em suas declarações.

Provérbios. Esse livro é apresentado como "Provérbios de Salomão" (1.1). Que para Salomão essas palavras de sabedoria são Palavra de Deus fica evidente quando afirma: "Por acaso não te escrevi excelentes coisas acerca dos conselhos e do conhecimento, para ensinar-te a certeza das palavras da verdade, a fim de que com elas possas responder de modo correto a quem o enviou?" (22.20,21). Convém lembrar que a sabedoria de Salomão foi dada por Deus exatamente para este propósito: ajudar seu povo (cf. 1Rs 3.9ss.). Os provérbios do capítulo 25 em diante são "provérbios de Salomão [...] copiados pelos servos de Ezequias, rei de Judá" (25.1), mas são, não obstante, de Salomão. Os capítulos 30 e 31 dizem no primeiro versículo que são um "oráculo" ou "declaração" (NKJV) de Deus (cf. 2Cr 9.29).

Eclesiastes. Esse livro apresenta exortações claramente imbuídas de autoridade (cf. 11.19; 12.1,12) que levam à seguinte conclusão definitiva: "Quando já se ouviu tudo [...] teme a Deus e guarda os seus mandamentos; porque isso se aplica a toda pessoa" (12.13). Isto é, o ensino desse livro declara que é palavra de Deus sobre o assunto.

Cântico dos Cânticos. Embora não reivindique explicitamente em nenhum momento sua inspiração divina, os judeus criam na inspiração do livro por apresentar um quadro do amor de Deus por Israel. Outros defenderam que é palavra de Deus sobre a santidade do casamento.[3] Seja qual for a interpretação, a conclusão é que esse livro é uma revelação de Deus sobre a intimidade e a pureza do amor (seja ele humano, seja divino).

Os profetas. Os livros proféticos podem ser tratados resumidamente porque se trata de um relato repleto de declarações claras da origem divina de suas mensagens. Isaías 1.1,2: "Visão de Isaías [...] porque o SENHOR afirma". Jeremias (livro do qual fazia parte inicialmente Lamentações) 1.1,2: "Palavras de Jeremias [...] a quem veio a palavra do SENHOR". Ezequiel 1.3: "A palavra do SENHOR veio expressamente a Ezequiel". Daniel teve visões e sonhos (e.g., Dn 7.1), bem como mensagens angelicais de Deus (e.g., 9.21ss.). Oseias até Malaquias eram um livro só (os Doze) na Bíblia hebraica (veja a análise no cap. 1); cada

---

[3] Edward J. Young, *An introduction to the Old Testament*, p. 355.

um deles, porém, tem uma defesa explícita da inspiração, como indicam Amós 1.3 e o versículo inicial de cada um desses livros: Oseias, Joel, Obadias, Jonas, Miqueias, Naum, Habacuque, Sofonias, Ageu, Zacarias e Malaquias.

Embora muitas dessas revelações tivessem sido dadas primeiramente de forma oral, foram no final preservadas em forma escrita. Várias referências a essas declarações por escrito de Deus aparecem nas Escrituras (cf. 2Cr 21.12; Is 30.8; Jr 25.13; 29.1; 30.2; 36.2; 51.60; Ez 43.11; Dn 7.1; Hc 2.2).

Uma explicação sobre os livros nos quais falta uma menção explícita da inspiração

A grande maioria dos livros do Antigo Testamento (cerca de 18 de 24) afirma explicitamente que são palavras de Deus aos homens, porém alguns não apresentam declarações assim tão claras sobre sua origem. São vários os motivos que podem esclarecer essa questão importante.

São todos parte de uma seção específica. Cada livro é incluído na unidade orgânica de uma seção (a Lei e os Profetas) na qual há uma defesa clara e inequívoca da inspiração, o que fala por todos os livros dessa seção. Em decorrência disso, não há necessidade de que todos os livros façam uma declaração própria, já que esta foi feita pela seção como um todo e confirmada pelo fato de que os livros bíblicos posteriores se referem à autoridade dessa seção específica como um todo. Deve-se, é claro, partir do pressuposto de que um livro, a menos que tivesse uma declaração explícita de sua inspiração, jamais teria sido incluído no cânon desde o início. Essa, porém, é uma questão de canonicidade e será tratada mais detalhadamente nos capítulos 12, 14 e 15.

Outra razão se deve à sua natureza. Somente os livros históricos e poéticos não apresentam declarações objetivas de sua origem divina; todos os livros didáticos têm um "assim diz o Senhor" explícito. A razão óbvia pela qual os livros históricos e poéticos não trazem essa expressão é que eles apresentam "o que Deus *mostrou*" (História), e não "o que Deus *disse*" (Lei e Profetas). Contudo, há uma didática implícita do "assim diz o Senhor" até mesmo nos livros históricos e poéticos. História é o que Deus disse nos acontecimentos concretos da vida nacional. Poesia é o que Deus disse no coração e nas aspirações dos indivíduos da nação. Ambos são o que Deus disse, assim como o registro explícito do que ele disse na Lei e em outros escritos didáticos.

Os autores tradicionais dos livros foram homens dotados por Deus de ministérios proféticos. Salomão, a quem é atribuída a autoria pela tradição judaica de

Cântico dos Cânticos, Provérbios e Eclesiastes, tinha sabedoria dada por Deus (1Rs 4.29). Além disso, ele preenchia a condição de profeta estabelecida em Números 12.6: uma pessoa a quem Deus falava em visões ou sonhos (cf. 1Rs 11.9). Atribui-se a Davi a autoria de metade dos salmos. E, embora os salmos não reivindiquem para si inspiração divina, o testemunho de Davi acerca de seu ministério está registrado em 2Samuel 23.2: "O Espírito do Senhor falou por meu intermédio, e a sua palavra está na minha boca". Jeremias, a quem se atribui tradicionalmente a autoria de 1 e 2Reis, tem credenciais proféticas muito conhecidas (cf. Jr 1.4,17). Crônicas e Esdras-Neemias são atribuídos a Esdras, o sacerdote, que atuava com toda a autoridade de um profeta interpretando a Lei de Moisés e instituindo, por isso mesmo, reformas civis e religiosas (cf. Jr 1.10,13). Portanto, ou os livros do Antigo Testamento testificam de si mesmos, ou homens aos quais se atribui sua autoria, quase sem exceção,[4] afirmam que se trata da palavra imbuída de autoridade da parte de Deus.

A declaração de inspiração na Lei e nos Profetas

A divisão mais antiga e mais básica das Escrituras do Antigo Testamento é a que remete à Lei e aos Profetas, isto é, aos cinco livros de Moisés e depois a todos os escritos proféticos que vieram posteriormente. O Novo Testamento refere-se a essa dupla organização mais de uma dezena de vezes (cf. Mt 5.17; 7.12) e apenas uma vez chega a sugerir uma possível divisão tripartite (Lc 24.44). Contudo, no mesmo capítulo, Jesus refere-se a "Moisés e [...] os profetas" como "todas as Escrituras" (Lc 24.27). No Antigo Testamento, há uma divisão básica, dupla, entre a Lei de Moisés e todos os profetas que o sucederam (Ne 9.14,26 e Dn 9.2,11). Observa-se a mesma divisão dupla no período entre o Antigo e o Novo Testamentos (2Mc 15.9) e na comunidade de Qumran (*Manual de Disciplina* 1.3; 8.15; 9.11). A análise dessas duas divisões do Antigo Testamento hebraico mostrará o que cada uma delas reivindica para si, e o que uma reivindica para a outra, no que diz respeito à questão da inspiração divina.[5]

---

[4] O livro de Ester não faz nenhuma declaração explícita da inspiração e não se sabe quem o escreveu. Qualquer livro de autoria indeterminada suscita dúvidas em relação à sua autoridade. Somente os que o reconheceram como parte original do cânon estavam em posição de saber sua fonte profética. Veja a análise sobre Ester e esses outros livros do Antigo Testamento de autoridade duvidosa no capítulo 15.

[5] Veja a análise a esse respeito nos capítulos 14 e 15.

A Lei

A primeira seção do Antigo Testamento, e a mais importante delas, é a Torá, ou Lei de Moisés. A declaração de inspiração nessa seção da Bíblia é muito particular, conforme já foi visto no exame prévio de cada um dos livros da Lei.

A declaração de inspiração na Lei. Os livros de Êxodo (32.16), Levítico (1.1), Números (1.1) e Deuteronômio (31.26) fazem uma declaração explícita da inspiração. Só Gênesis não faz uma declaração direta nesse sentido. Contudo, também Gênesis era considerado parte do "livro de Moisés" (cf. Ne 13.1; 2Cr 35.12) e, em virtude dessa associação, tem a mesma autoridade divina. Tudo o que se aplica a um livro se aplica também aos demais. Em outras palavras, a declaração feita por um livro, ou a favor dele, nessa seção canônica, é, portanto, uma declaração para todos eles, uma vez que todos foram unidos sob um título como *livro* de Moisés ou *a Lei* de Moisés.

A declaração acerca da Lei. No decorrer de restante do Antigo Testamento, numa sucessão ininterrupta, a Lei de Moisés foi imposta às pessoas como lei de Deus; ouvia-se com atenção a voz de Moisés como se fosse de Deus. Josué começou seu ministério como sucessor de Moisés, dizendo: "Não afasta de tua boca o livro desta Lei [...] para que tenha cuidado de obedecer a tudo o que nele está escrito" (Js 1.8). Em Juízes 3.4, Deus pôs à prova o povo de Israel para saber se ele "obedeceria aos mandamentos que o Senhor havia ordenado a seus pais, por intermédio de Moisés". "Então Samuel disse ao povo: O Senhor foi quem escolheu Moisés e Arão, e tirou os vossos pais da terra do Egito [...] porém eles esqueceram-se do Senhor, seu Deus" (1Sm 12.6,9). No tempo de Josias, "Hilquias, o sacerdote, achou o livro da Lei do Senhor, dada por intermédio de Moisés" (2Cr 34.14). No Exílio, Daniel reconheceu a Lei de Moisés como Palavra de Deus, dizendo: "A maldição juntamente com o juramento que está escrito na Lei de Moisés, servo de Deus, foram derramados sobre nós, porque pecamos contra ele. Assim ele confirmou suas palavras com as quais havia falado contra nós" (Dn 9.11,12). Até mesmo nos tempos pós-exílicos, o reavivamento sob Neemias veio por causa da obediência à Lei de Moisés (cf. Ed 6.18; Ne 13.1).

Os Profetas

A seção seguinte das Escrituras hebraicas era conhecida como "os Profetas". Essa seção está literalmente repleta de declarações de sua inspiração divina.

A declaração nos Profetas. A expressão típica "assim diz o Senhor" e expressões similares são encontradas aqui e em outras partes do Antigo Testamento centenas de vezes.⁶ Um levantamento por amostra indica Isaías proclamando: "Ouve, ó céu, e presta atenção, ó terra, porque o Senhor fala" (Is 1.2). Jeremias escreveu: "E a palavra do Senhor veio a mim, dizendo..." (Jr 1.11). "A palavra do Senhor veio expressamente a Ezequiel" (Ez 1.3). Encontramos declarações semelhantes ao longo dos Profetas "Menores" (cf. Os 1.1,2; Jl 1.1).

A declaração acerca dos Profetas. Algumas referências nos Profetas Posteriores revelam um grande respeito pelos pronunciamentos dos Profetas Anteriores. Deus falou a Daniel pelos escritos de Jeremias (cp. Dn 9.2 com Jr 25.11). De igual modo, Esdras reconheceu a autoridade divina nos escritos de Jeremias (Ed 1.1), bem como nos de Ageu e Zacarias (Ed 5.1). Uma das passagens mais marcantes é encontrada em Zacarias, um dos últimos profetas do Antigo Testamento. Ele fala da "Lei [e das] palavras que o Senhor dos Exércitos tinha enviado pelo seu Espírito mediante os profetas que nos precederam" (Zc 7.12). No livro de Neemias, último livro histórico do Antigo Testamento, há uma passagem semelhante: "Por muitos anos os suportaste e advertiste pelo teu Espírito por intermédio dos teus profetas" (Ne 9.30). Esses exemplos confirmam que os profetas posteriores tinham em alta estima os escritos de seus predecessores. Eles foram, em seu entender, a Palavra de Deus dada pelo Espírito de Deus para o bem de Israel.

Os livros dos profetas posteriormente classificados como "Escritos"⁷ são incluídos automaticamente na proposição geral dos profetas dos quais eram parte. Até mesmo o livro de Salmos (parte dos "Escritos"), que Jesus destacou por sua importância messiânica (Lc 24.44), era parte da Lei e dos Profetas, que, segundo Jesus, constituíam "todas as Escrituras" (Lc 24.27). Josefo colocou Daniel (que mais tarde foi incluído nos "Escritos") na seção dos "Profetas" do seu tempo (*Contra Apion* 1.8). Portanto, qualquer forma diferente (ou posterior) de organizar os livros do Antigo Testamento em três seções que talvez tenha havido, é evidente que a organização nos primórdios continha uma dupla divisão de Lei e Profetas (que incluía os livros posteriormente conhecidos como "Escritos") dos tempos mais recentes do Antigo Testamento, passando pelo período "intertestamentário" e chegando à era do Novo Testamento.

---

⁶Veja, e.g., Robert L. Thomas, org., *New American Standard exhaustive concordance of the Bible* (Nashville: Holman, 1981), p. 1055-65.

⁷Veja R. Laird Harris, *Inspiration and canonicity of the Bible*, p. 169ss.

A declaração de inspiração no Antigo Testamento como um todo

Em toda a análise anterior perpassa o conceito de que um escrito era considerado Palavra de Deus se tivesse sido escrito por um profeta de Deus. Portanto, para entender que o Antigo Testamento como um todo se apresenta como Palavra de Deus, é preciso que fique claro o que se entende por profeta e pronunciamento profético.

Função do profeta

O pronunciamento profético, é claro, é aquele que vem do profeta no exercício de seu ministério profético. Portanto, a natureza do dom profético torna-se essencial para a compreensão do caráter imbuído de autoridade das Escrituras do Antigo Testamento, as quais foram escritas em decorrência desse dom profético.

Designações dadas ao profeta. Em primeiro lugar, um breve exame das designações atribuídas ao profeta ajudará a revelar o caráter e a origem do seu ministério. Ele é chamado de:

1. um homem de Deus (1Rs 12.22), isto é, foi escolhido por Deus

2. um servo do Senhor (1Rs 14.18), indicando que deveria ser fiel a Deus

3. um mensageiro do Senhor (Is 42.19), mostrando que foi enviado por Deus

4. um vidente (*Ro'eh*) ou observador (*Hozeh*) (Is 30.9,10), revelando que seu *insight* vinha de Deus

5. um homem do Espírito (Os 9.7; cf. Mq 3.8), sinalizando que falava pelo Espírito de Deus

6. uma sentinela (Ez 3.17), indicando sua prontidão em relação a Deus

7. um profeta (como ele é normalmente chamado), identificando-o como porta-voz de Deus

Em suma, todos os títulos proféticos se referem basicamente à mesma função, isto é, a de um homem recebendo uma revelação de Deus e comunicando-a a outros.

Natureza do seu ofício. A mesma conclusão é fundamentada pelo exame da natureza do ofício profético. A etimologia da palavra "profeta" (*nabhi*) é obscura,[8] porém a natureza do ofício profético é claramente definida em todo o Antigo Testamento. O profeta era alguém que se sentia como Amós, "O Senhor falou, quem não profetizará?" (Am 3.8), ou mesmo como o profeta Balaão, que disse: "Eu não poderia fazer coisa alguma, nem pequena nem grande, contra a ordem do Senhor, meu Deus" (Nm 22.18).

O profeta não era somente alguém que se sentia constrangido a transmitir fielmente a ordem divina; era, a bem da verdade, o porta-voz de Deus para os homens. O Senhor disse a Moisés: "Veja, eu o constituí como Deus para o faraó, e o seu irmão, Arão, será o seu profeta" (Êx 7.1). Por conseguinte, Arão falou "todas as palavras que o Senhor dissera a Moisés" (4.30). Em Deuteronômio 18.18, Deus descreve o profeta com as seguintes palavras: "Porei as minhas palavras em sua boca, e ele lhes falará tudo o que eu lhe ordenar". A Moisés foi dito: "Não acrescentareis nada à palavra que vos ordeno, nem diminuireis nada dela" (Dt 4.2). O profeta Micaías também confirma: "Tão certo como vive o Senhor, o que o Senhor me disser, isso falarei" (1Rs 22.14). A natureza do ministério profético, portanto, era de ser a voz de Deus aos homens. E era preciso dar atenção a essa voz. Os profetas exigiam que a nação obedecesse à sua mensagem como se ao próprio Deus (cf. Is 8.5; Jr 3.6; Ez 21.1; Am 3.1).

Portanto, o conceito de profeta do Antigo Testamento era de alguém que servia de porta-voz de Deus. Arão seria "profeta" para Moisés, e a Moisés foi dito: "Ele será a tua boca, e tu serás para ele como Deus" (Êx 4.16). Edward J. Young resume bem a natureza do profeta do Antigo Testamento quando escreve: "Concluímos, portanto, com base no uso do Antigo Testamento, que *nabhi* era alguém que declarava a palavra que Deus lhe tinha dado".[9]

O Antigo Testamento todo é um "pronunciamento profético"

Os profetas eram a voz de Deus não somente no que *diziam*, mas também no que *escreviam*. Deus ordenou a Moisés: "Escreva essas palavras" (Êx 34.27). O Senhor ordenou a Jeremias que "pegasse ainda outro livro e escrevesse nele todas as palavras que estavam no primeiro livro" (Jr 36.28). Isaías testificou que o Senhor disse a ele: "Tome uma tábua grande e escreva nela" (Is 8.1). Outra vez Deus disse a ele: "Agora vá e escreva isso numa tábua diante deles, registra-o

---

[8] São inúmeras as variações oriundas de palavras-raízes e pode significar (1) borbulhar, (2) falar, (3) anunciar, (4) comportamento extático, (5) alguém que fala, (6) indivíduo vocacionado. Veja Edward J. Young, *My servants the prophets*, p. 56-7.

[9] Ibidem, p. 60.

num rolo para que fique como testemunho para o futuro, para sempre" (Is 30.8). Uma ordem semelhante foi dada a Habacuque: "Escreva a visão em tábuas, de forma bem legível, para que aquele que a ler possa correr" (Hc 2.2). Não há por que duvidar, portanto, que os profetas escreveram sim, e o que escreveram era a Palavra de Deus, assim como o que falaram era a palavra de Deus. Desse modo, resta apenas descobrir se o Antigo Testamento foi obra dos profetas, para estabelecê-lo em sua totalidade como Palavra de Deus.

Além do fato de que o Novo Testamento se refere reiteradas vezes a todo o Antigo Testamento como Lei e Profetas (cf. Lc 16.31; 24.27), há várias linhas de evidência no Antigo Testamento de que todos os livros foram escritos por profetas (quer reconhecidos como tais por seu ofício, quer tão somente por seu dom espiritual).

1. Moisés foi profeta (Dt 34.10). Além disso, foi mediador e legislador com quem Deus falou "face a face" (Êx 33.11) e "boca a boca" (Nm 12.8). Portanto, seus livros são proféticos sem dúvida alguma.

2. Considera-se que toda a segunda divisão do Antigo Testamento conhecida como Profetas e dividida entre profetas "anteriores" e "posteriores" na Bíblia hebraica foi escrita por profetas, conforme indica a designação da seção (cf. Zc 7.7,12; Ne 9.30).

3. Mesmo que se argumente que o cânon hebraico tenha sido organizado primeiramente em três seções, Lei, Profetas e Escritos, os livros classificados como Escritos foram pronunciamentos proféticos escritos por homens que não tinham *ofício* profético, mas que dispunham de um *dom* profético.[10] Na verdade, Daniel cujo livro está incluído entre os Escritos, é chamado por Jesus de "Daniel, o profeta" (Mt 24.15). Salomão, cujos livros figuram entre os Escritos, foi um profeta por definição, porque tinha visões do Senhor (Nm 12.6; cf. 1Rs 11.9). Davi, que escreveu muitos dos salmos, é chamado de profeta em Atos 2.30. O testemunho que Davi dava de si mesmo era o seguinte: "O Espírito do Senhor falou por meu intermédio" (2Sm 23.2; cf. 1Cr 28.19). Se há uma diferença entre o ofício profético e o dom profético, isso de

---

[10]Edward J. Young e Merrill F. Unger seguem William H. Green, *A general introduction to the Old Testament: the canon*, p. 85, ao tornar essa diferença a base para a classificação da terceira seção do Antigo Testamento, a saber, os Escritos.

forma alguma afeta a função profética, da qual desfrutavam todos os autores do Antigo Testamento.

O Antigo Testamento todo é a Palavra de Deus

Em outras palavras, se o Antigo Testamento todo é um escrito profético, conforme o Novo Testamento confirma que é (cf. 2Pe 1.20), e se todo "escrito profético" provém de Deus, disso se segue que todo o Antigo Testamento é Palavra de Deus.

Para resumir a análise precedente, pode-se dizer que:

Todos os "pronunciamentos proféticos" são Palavra de Deus.
Todas as Escrituras do Antigo Testamento são "pronunciamentos proféticos".
Portanto, todo o Antigo Testamento é Palavra de Deus.

Resumo e conclusão

Uma análise dos livros do Antigo Testamento revela uma afirmação direta ou indireta de que é Palavra de Deus. As afirmações contidas nos livros históricos e poéticos são, em geral, indiretas, porque não são primordialmente um registro do que Deus *falou* a Israel, mas do que ele *fez* na vida nacional de Israel (história) e na vida de cada um (poesia). Além disso, o Antigo Testamento foi dividido primeiramente em duas seções: Lei e Profetas. Cada uma dessas seções foi considerada uma unidade; portanto, a declaração que vale para a seção como o todo se aplica a cada um dos livros dessa seção. Desse modo, todos os livros, Lei e Profetas, reivindicam autoridade divina. Por fim, o Antigo Testamento todo afirma ser um "pronunciamento profético", até mesmo os livros que por vezes foram classificados como "Escritos". Uma vez que o "pronunciamento profético" significa um pronunciamento da Palavra de Deus, segue-se que o Antigo Testamento como um todo se apresenta como Palavra de Deus divinamente inspirada, visto que o todo afirma ser um pronunciamento profético.

5
Respaldo às declarações de inspiração do Antigo Testamento

O Antigo Testamento não apenas declara inspiração para si; essa declaração também é fartamente amparada pelo uso que o Novo Testamento faz do Antigo. Uma análise cuidadosa dos escritos do Novo Testamento revela que todo o Antigo Testamento é confirmado em sua declaração de autenticidade e de autoridade por referências do Novo Testamento a seções e livros do Antigo Testamento.

REFERÊNCIAS DO NOVO TESTAMENTO AO ANTIGO COMO UM TODO

O Novo Testamento tem exposições variadas do Antigo em sua totalidade. Cada uma delas afirma, à sua maneira, a origem divina de todo o cânon das Escrituras hebraicas.

"Escrituras"

O Novo Testamento usa o termo "Escrituras" em sentido técnico cerca de cinquenta vezes e, na maioria dos casos, ele se refere de modo inequívoco ao Antigo Testamento como um todo. Para os cristãos do século 1, a palavra "Escrituras" significava basicamente o cânon do Antigo Testamento,[1] que é chamado de "sagrado" (2Tm 3.15) ou "santo" (Rm 1.2). Esses livros eram considerados "inspirados" por Deus (2Tm 3.16) e regra de fé e prática (2Tm 3.17; cf. Rm 15.4). Podemos citar várias passagens do Novo Testamento (em itálico) para ilustrar esse ponto.

---

[1] Já no século 1, porém, os cristãos aplicavam o termo "Escrituras" também aos livros do Novo Testamento. As primeiras ocorrências são encontradas em 2Pedro 3.16 e 1Timóteo 5.18. Veja J. D. Douglas, org., *The New Bible dictionary*, s.v. "Escritura" [edição em português: *O novo dicionário da Bíblia*, ed. rev. (São Paulo: Vida Nova, 2006)].

1. Em Mateus 21.42, Jesus censura os fariseus, dizendo: "Nunca lestes as *Escrituras*?". A pergunta indicava que eles ignoravam sua própria autoridade sagrada, o Antigo Testamento.

2. Em Mateus 22.29, Jesus responde da mesma maneira aos saduceus, dizendo: "Estais equivocados, não conhecendo as *Escrituras* nem o poder de Deus".

3. Na véspera de ser traído, em Mateus 26.54,56, Jesus refere-se às *Escrituras* do Antigo Testamento, ao dizer: "Mas tudo isso aconteceu para que se cumprissem as *Escrituras* dos profetas".

4. Lucas 24 é uma passagem essencial para essa análise porque Jesus não só abriu "as *Escrituras*" aos discípulos (v. 32), como as *Escrituras* são apresentadas como tudo aquilo que foi escrito a respeito de Cristo "na Lei de Moisés, nos Profetas e nos Salmos" (v. 44). Anteriormente, nesse mesmo capítulo, ao relatar a exposição de Cristo sobre a Lei e os Profetas no Antigo Testamento, Lucas referiu-se a eles como "todas as *Escrituras*" (v. 27).

5. Em João 2.22, depois que Jesus foi ressuscitado dos mortos, os discípulos "creram nas *Escrituras* e na palavra que Jesus havia falado".

6. Em João 5.39, Jesus disse a respeito dos judeus: "Examinais as *Escrituras* [...] são elas que testificam de mim".

7. Diversas vezes no Evangelho de João a palavra "Escritura" (singular) é usada sem citar uma passagem específica do Antigo Testamento; por exemplo: "Como diz a *Escritura*" (Jo 7.38; cf. 7.42; 19.36; 20.9). Essa declaração, de certo modo, é semelhante à expressão corrente "A Bíblia diz".

8. Em João 10.35, outra passagem essencial, Jesus afirma que "a *Escritura* é indissolúvel", mostrando que, para ele, as Escrituras Sagradas eram infalíveis.

9. Em Atos, as palavras "Escritura" e "Escrituras" são usadas da mesma maneira que Jesus as usou. O apóstolo Paulo "discutiu com eles com base nas *Escrituras*" (At 17.2). Os bereianos "examinavam diariamente as *Escrituras*" (At 17.11). Apolo, que era tido como "homem eloquente [...] poderoso nas *Escrituras*", ministrava aos judeus, "demonstrando por meio das *Escrituras* que Jesus era o Cristo" (At 18.24,28).

10. Paulo usou repetidas vezes a palavra "Escritura(s)" para referir-se à autoridade oficial de todo o cânon do Antigo Testamento. Em Romanos, ele escreveu que Deus havia prometido o evangelho "pelos seus profetas nas *Escrituras* Sagradas" (Rm 1.2). A expressão "O que diz a *Escritura*?" ocorre diversas vezes na mesma carta (e.g., 4.3; 9.17; 10.11; 11.2). Em Romanos 15.4, Paulo afirma que tudo o que foi escrito no passado nas *Escrituras* foi escrito para a admoestação dos crentes. Ele se referiu também às "*Escrituras* dos profetas" (16.26). Em outras cartas, o apóstolo Paulo afirmou que Cristo havia morrido e ressuscitado "segundo as *Escrituras*" (1Co 15.3,4); que a "*Escritura*" anteviu que Deus justificaria os gentios (Gl 3.8); que "a *Escritura* encerrou tudo debaixo do pecado" (Gl 3.22). Ele também perguntou: "O que diz a *Escritura*?" (Gl 4.30); e fez a seguinte afirmação: "A *Escritura* diz" (1Tm 5.18); e declarou que "toda *Escritura* é inspirada por Deus" (2Tm 3.16).

11. O apóstolo Pedro contribuiu com a ideia quando escreveu que a "*Escritura*" não veio "por uma ação da vontade humana, mas homens falaram da parte de Deus, movidos pelo Espírito Santo" (2Pe 1.20,21; veja 3.16).

12. Em várias passagens do Novo Testamento a palavra "Escritura" (singular) se refere especificamente a uma seção ou citação do Antigo Testamento: Lucas 4.21; João 13.18; 17.12; 19.24,28,37; Atos 1.16; 8.32,35; Tiago 2.8,23; 4-5; 1Pedro 2.6.

Em síntese, Jesus e os autores do Novo Testamento referiram-se a todo o cânon hebraico de sua época, o que incluía a Lei e os Profetas (ou a Lei, os Profetas e os Salmos), como inspirados, não anuláveis, imbuídos de autoridade nas controvérsias, proféticos no que diz respeito a Cristo, concedidos pelo Espírito Santo por meio dos profetas e, com efeito, *a autêntica Palavra de Deus*.

"Está escrito"

Outros títulos muito próximos do termo para *Escrituras* (*graphē*) são formas do verbo "escrever" (*graphō*) e "está escrito" (*gegraptai*). Essas expressões são usadas cerca de 92 vezes no Novo Testamento para referir-se diretamente ao Antigo Testamento.[2] Embora a vasta maioria das referências digam respeito a passagens

---

[2] *Englishman's Greek concordance*, p. 127-8.

específicas do Antigo Testamento no tocante às citações ou paráfrases, algumas delas são mais gerais em seu alcance; por exemplo, "Como *está escrito* sobre o Filho do Homem que deverá sofrer muito e será tratado com desprezo?" (Mc 9.12). São também exemplos desse uso: "Pois o Filho do Homem irá, conforme *está escrito* a seu respeito" (Mc 14.21); "E se cumprirá com o Filho do Homem tudo o que *foi escrito* pelos profetas" (Lc 18.31); também outras declarações, como em Lucas 21.22; 24.44; João 1.45. Além disso, todas essas passagens, sejam elas citações específicas ou referências gerais, apontam para uma coleção de escritos imbuídos de autoridade. A expressão "está escrito" remete diretamente, ou de forma específica, aos escritos imbuídos de autoridade — as Escrituras Sagradas — do Antigo Testamento judaico. Essas referências significam, na verdade, "*está escrito* nos *escritos* [Escrituras]".

"Para que se cumprisse"

Outra expressão que remete ao Antigo Testamento ou se aplica a ele é "para que se cumprisse". Essa declaração é encontrada 33 vezes no Novo Testamento.[3] Assim como a expressão "está escrito", essa afirmação se refere a uma passagem específica do Antigo Testamento; às vezes, porém, ela é usada em sentido geral e se aplica a todo o cânon hebraico. Por exemplo, em Mateus 5.17, Jesus diz: "Não vim revogar a Lei e os Profetas; não vim para revogar, mas para *cumprir*". Portanto, é em Lucas 24.44 que Jesus afirma que a Lei, os Profetas e os Salmos "*precisam se cumprir*" e em Lucas 21.22 ele prediz o tempo em que "se *cumprirão* todas as coisas que estão escritas". Em casos específicos, essa introdução se aplica às predições do Antigo Testamento que precisam se cumprir. Por exemplo, "Hoje se *cumpriu* esta Escritura que acabeis de ouvir" (Lc 4.21). Contudo, há ocasiões em que a expressão se refere à natureza preparatória de todo o Antigo Testamento, que aguardava o cumprimento em Cristo (veja Mt 5.17).[4] Nesses últimos casos, há um reconhecimento direto da inspiração de todo o Antigo Testamento, ao passo que nos casos anteriores o reconhecimento é explícito. Seja qual for o caso, a fórmula "para que se cumprisse", usada em referência ao Antigo Testamento, implica o reconhecimento direto da natureza profética

---

[3] Ibidem, p. 630.
[4] J. Barton Payne, *Encyclopedia of biblical prophecy*, p. 477. Veja tb. Robert D. Culver, "The Old Testament as messianic prophecy", *Bulletin of the Evangelical Theological Society*, 7:91-7.

desses escritos. Acreditava-se que os escritos proféticos eram divinos e imbuídos de autoridade (cf. 2Pe 1.20,21).[5]

"A Lei"

Embora o termo "Lei" fosse reservado com frequência aos primeiros cinco livros do cânon hebraico como forma abreviada da expressão "a *Lei* de Moisés", era usado, às vezes, para designar todo o Antigo Testamento. Na verdade, o uso da palavra para outros escritos não mosaicos demonstra que eles também eram considerados com autoridade equivalente aos escritos do grande legislador. Mateus 5.18 usa "*Lei*" em paralelo com "*Lei* ou os Profetas" (Mt 5.17). Em João 10.34, Jesus diz aos judeus: "Não está escrito na *Lei* de vocês?" antes de citar Salmos 82.6. De igual modo, João 12.34 usa "a *Lei*"; João 15.25, "a *Lei* deles"; "a *Lei* de vocês" aparece em João 18.31; e Atos 25.8 se refere à "Lei dos judeus". As cartas paulinas usam amplamente o termo, que o autor aplica aos gentios, os quais "não têm a Lei" (Rm 2.14). Ele fala das "obras da Lei" (3.20), da "justiça que se baseia na Lei" (10.5) e cita Isaías 28.11,12 depois da introdução "Está escrito na *Lei*" (1Co 14.21). Hebreus 10.28 refere-se à "*Lei* de Moisés". Portanto, por extensão, o termo "Lei", que, inicialmente, referia-se aos livros dados por Deus a Moisés, passaram a ser aplicados ao restante do Antigo Testamento tanto pelos judeus quanto pelos autores do Novo Testamento. Portanto, todo o Antigo Testamento era designado alternadamente por títulos imbuídos de autoridade como "a *Lei*", "a *Lei* dos judeus" e até "a *Lei* de Deus" (cf. Rm 7.22).

"A Lei e os Profetas"

Além da palavra "Escrituras", a designação mais comum do Antigo Testamento é "a Lei e os Profetas". Foi assim que Jesus se referiu ao Antigo Testamento em duas ocasiões durante o Sermão da Monte (Mt 5.17; 7.12). Às vezes, o paralelo "Moisés e os Profetas" era utilizado (cf. Lc 16.29,31; 24.27; At 26.22). A abrangência canônica do título é revelada em Lucas 16.16, que diz: "*A Lei e os Profetas* foram proclamados até João*". Em outras palavras, a Lei e os Profetas incluíam toda a revelação escrita de Deus até o tempo de João Batista. Além disso, é "*a Lei e os Profetas*" que eram lidos nas sinagogas (At 13.15). Paulo, em sua defesa perante Félix, disse que adorava "o Deus de nossos pais, acreditando

---

[5] Veja tb. o cap. 4.

em tudo que está de acordo com a *Lei* e o que está escrito *nos Profetas*" (24.14). O apóstolo queria dizer que ele acreditava em toda a revelação divina de Israel até o tempo de Cristo e a praticava, e a expressão "a Lei e os Profetas" descreve a totalidade dessa revelação.

"A Palavra de Deus"

Outra expressão que reflete a totalidade e a autoridade das Escrituras do Antigo Testamento é "palavra de Deus". Ela é usada diversas vezes no Novo Testamento. Em Marcos 7.13, Jesus censurou os fariseus porque invalidavam "*a palavra de Deus*" com sua tradição. João 10.35 usa "*palavra de Deus*" como paralelo à "Escritura", que "é indissolúvel". Referindo-se ao Antigo Testamento, Paulo afirma: "Não é o caso de a *palavra de Deus* ter falhado" (Rm 9.6). Há inúmeras outras referências no Novo Testamento à "palavra de Deus", a maior parte das quais não se identifica efetivamente com o Antigo Testamento. Contudo, várias referências podem ser aplicadas à presente análise. Em 2Coríntios 4.2, Paulo fala dos cristãos que se abstiveram de "adulterar a *palavra de Deus*"; o autor de Hebreus diz que "*a palavra de Deus* é viva e ativa" (4.12); em Apocalipse 1.2, lemos que João "deu testemunho acerca da *palavra de Deus* e do testemunho de Jesus".

"Os oráculos de Deus"

Em conexão próxima com as designações precedentes do Antigo Testamento, temos a expressão "os oráculos de Deus". Romanos 3.2 indica que aos judeus "foram confiados os *oráculos de Deus*". Hebreus 5.12 faz referência ao Antigo Testamento com essa introdução quando afirma a necessidade de "alguém que lhes ensine os princípios elementares dos *oráculos de Deus*" antes que os leitores possam amadurecer em Cristo. Nessas referências, o Antigo Testamento como um todo é entendido como a voz de Deus, um discurso divino.

"De Abel a Zacarias"

Em certa ocasião, Jesus usou ainda outra expressão que inclui a totalidade do Antigo Testamento quando acusou os judeus da culpa de "todo sangue justo derramado sobre a terra, desde o sangue do justo Abel até o sangue de Zacarias" (Mt 23.35; cf. Gn 4.8; 2Cr 24.20-22). Uma vez que a morte de Abel se situa no início da história do Antigo Testamento e a de Zacarias no final, a expressão "de Abel a Zacarias" é de certa forma semelhante à expressão "de Gênesis a Apocalipse".[6]

A análise anterior (cap. 1) mostrou que o cânon hebraico tinha 22 (ou 24) livros na época do Novo Testamento. Jesus e os apóstolos referiram-se a essa coleção de livros por vários títulos, todos eles redutíveis a uma simples fórmula "a Palavra de Deus inspirada". Os termos que eles usaram para identificar o Antigo Testamento como guia imbuído de autoridade dado por Deus à humanidade mostra que todo o cânon hebraico era considerado por eles a própria Palavra de Deus.

Referências no Novo Testamento a seções do Antigo Testamento

Conforme dissemos anteriormente, o Antigo Testamento hebraico tinha duas seções. Um breve levantamento das referências do Novo Testamento a essas seções confirma mais ainda o caráter imbuído de autoridade do Antigo Testamento.

Referências a ambas as seções

Todo o Antigo Testamento foi dividido em duas seções básicas: a Lei e os Profetas. A expressão que combina ambos, a saber, "a Lei e os Profetas" ou "Moisés e os Profetas", ocorre doze vezes no Novo Testamento (veja Mt 5.17; 7.12; 11.13; 22.40; Lc 16.16,29,31; 24.27; At 13.15; 24.14; 26.22; Rm 3.21). São várias as passagens que explicitam que essas duas seções englobam todo o Antigo Testamento. Em Lucas 24.27, Jesus se referiu a elas como "todas as *Escrituras*". Em Lucas 16.16, Jesus disse: "A *Lei* e os *Profetas* foram proclamados até João" (cf. Mt 11.13), o que engloba todo o período de tempo em que Deus se revelou por meio dos profetas do Antigo Testamento até a época do Novo Testamento. Além disso, as outras passagens revelam que ela constituía a base da crença moral e religiosa — a autoridade final à qual se apela em todas essas questões. Em suma, as duas seções compreendiam toda a Palavra de Deus escrita para Jesus e para os judeus do seu tempo.

---

[6]Para uma análise mais detalhada desse ponto, veja Roger Beckwith, *The Old Testament canon of the New Testament church and its background in early Judaism*, p. 220-2.

Referências às seções individuais

Há também inúmeras referências individuais à Lei e aos Profetas no Novo Testamento.

A Lei. Essa seção do Antigo Testamento é citada em várias ocasiões como "a Lei" (Mt 12.5; 22.40); "a Lei de Moisés" (At 13.39; Hb 10.28); "Moisés" (2Co 3.15); "o livro de Moisés" (Mc 12.26); e "o livro da *Lei*" (Gl 3.10). Cada referência é um apelo direto à autoridade divina dos escritos de Moisés. Não há a menor dúvida de que, para o Novo Testamento, a Lei de Moisés era, em sua totalidade, a Palavra inspirada de Deus.

Os Profetas. Essa seção é geralmente chamada de "os Profetas" (Lc 18.31; Jo 1.45), mas também é designada de "as Escrituras dos profetas" (Mt 26.56) e "o livro dos profetas" (At 7.42). Em cada caso, a referência é claramente aos livros ou aos escritos dos profetas, e o apelo a eles é a um grupo ou coleção de livros que servem como autoridade divina em questões de moral e teologia.

O Antigo Testamento é designado mais comumente como "a Lei e os Profetas". Às vezes, o Novo Testamento refere-se a uma ou à outra dessas duas seções. De qualquer modo, seja como um todo, ou individualmente, o cânon do Antigo Testamento, com as duas seções e todos os seus livros conhecidos e usados por Jesus e pela igreja do século 1, era considerado Palavra inspirada de Deus.

REFERÊNCIAS DO NOVO TESTAMENTO AOS LIVROS DO ANTIGO TESTAMENTO

Há muitas referências à autoridade do Antigo Testamento como um todo, porém as referências em particular a cada um dos livros e acontecimentos do Antigo Testamento são ainda mais esclarecedoras em sua postura tanto em relação à autoridade quanto em relação à autenticidade, em razão de sua natureza específica e definitiva. Em decorrência disso, a análise a seguir será tratada nos dois tópicos que se seguem.

Referências do Novo Testamento à autoridade dos livros do Antigo Testamento

O Novo Testamento não apenas dá sustentação à ideia de inspiração do Antigo Testamento como um todo, e para cada uma das suas duas seções, como proporciona a confirmação direta para a autoridade da maior parte dos livros individuais do Antigo Testamento, conforme pode ser visto no seguinte levantamento.

Gênesis. O livro de Gênesis é citado como imbuído de autoridade por Jesus em Mateus 19.4,5 (cf. 1.27; 2.24) quando afirma: "Não lestes que aquele que os criou desde o princípio os fez homem e mulher e disse: por essa razão o homem deixará pai e mãe e se unirá à sua mulher, e os dois se tornarão uma só carne?". Aqui é afirmado que Deus disse o que está escrito em Gênesis. Romanos 4.3 refere-se a Gênesis 15.6 quando indaga: "O que diz a Escritura?".

Êxodo. Jesus cita Êxodo 16.4,15 em João 6.31: "Como está escrito: ele deu-lhes pão do céu para comer". "Honra teu pai e tua mãe", em Efésios 6.2, é extraído de Êxodo 20.12, imbuído de autoridade.

Levítico. Esse livro foi mencionado por Jesus quando ordenou ao leproso que fora curado: "Vai, mostra-te ao sacerdote e apresenta a oferta que Moisés ordenou" (Mt 8.4; cf. Lv 14.2). Levítico 20.9 é citado em Marcos 7.10: "Quem amaldiçoar seu pai ou sua mãe seja punido de morte" (a passagem também é encontrada em Êx 21.17).

Números. Embora não seja uma citação direta, Hebreus 3.5 faz alusão a Números 12.7 imbuído de autoridade: "Mas Moisés foi fiel em toda a casa de Deus". Embora não se trate de citação direta, é uma clara referência ao ensino de Números. Paulo, em 1Coríntios 10.5-11, se refere aos acontecimentos de Números como coisas escritas para admoestação dos crentes do Novo Testamento (veja v. 11).

Deuteronômio. Esse é um dos livros do Antigo Testamento citados com mais frequência. Por exemplo, as três citações usadas por Jesus quando resistiu ao tentador em Mateus 4.4,7,10: "O homem não viverá só de pão" (cf. Dt 8.3); "Não tentarás o Senhor, teu Deus" (cf. Dt 6.16); "Adorarás só o Senhor, teu Deus, e somente a ele servirás" (cf. Dt 6.13).

Josué. Hebreus 13.5 cita Josué 1.5 como palavra de promessa de Deus: "Nunca te deixarei; nem te desampararei, jamais".

Juízes. Embora esse livro não seja citado diretamente no Novo Testamento, vários de seus personagens são legitimados por ele (veja Hb 11.32).

Rute. O livro não é citado diretamente no Novo Testamento, mas é obviamente fonte imbuída de autoridade para as genealogias messiânicas em Mateus e Lucas (Rt 4.18-22; cf. Mt 1.3-6; Lc 3.32,33).

1 e 2Samuel. Mateus 12.3,4 faz referência a esses livros quando Jesus disse aos fariseus: "Acaso não lestes o que Davi fez quando ele e seus companheiros tiveram fome; como ele entrou na casa de Deus e com eles comeu os pães da proposição?" (1Sm 21.1-6).

1 e 2Reis. Esses livros são citados em Romanos 11.4: "Reservei para mim sete mil homens que não dobraram os joelhos diante de Baal" (cf. 1Rs 19.18, em que Deus responde a Elias).

1 e 2Crônicas. Embora esses livros não sejam citados no Novo Testamento, os acontecimentos neles narrados são considerados autênticos. Entre esses acontecimentos estão a morte de Zacarias (2Cr 24.20-22; cf. Mt 23.35) e a construção do Templo por Salomão (At 7.47,48; cf. 2Cr 6.1-3; 1Rs 8.17-27).

Esdras-Neemias. Há uma citação no Novo Testamento, em João 6.31, de Neemias 9.15: "Deu-lhes pão do céu para comer" (contudo, há passagens semelhantes das quais a citação pode ter sido tomada; cf. Sl 78.24; 105.40).

Ester. Esse livro não é citado explicitamente no Novo Testamento. Há uma possível dependência literária de Ester 5.3 em Marcos 6.23 na expressão "ainda que seja metade do meu reino". Apocalipse 11.10 refere-se àqueles que "se alegram" e "enviam presentes"; assim foi feito em Ester 9.22 durante a Festa do Purim. João 5.1, "uma festa dos judeus", pode ter sido essa mesma Festa do Purim mencionada em Ester.

Jó. Jó 5.12 é citado claramente em 1Coríntios 3.19: "Pois está escrito: ele apanha os sábios na sua própria astúcia" (cf. tb. Tg 5.11).

Salmos. Esse é outro livro citado com frequência pelos autores do Novo Testamento. Era um dos livros favoritos de Jesus. Compare Mateus 21.42: "Nunca lestes nas Escrituras: A pedra que os construtores rejeitaram?" (Sl 118.22,23) e Hebreus 1.6: "Que todos os anjos de Deus o adorem" (Sl 97.7).

Provérbios. Provérbios 3.34 é claramente citado em Tiago 4.6: "Deus opõe-se aos arrogantes, porém dá graça aos humildes" (cf. Pv 25.6; Lc 14.8).

Eclesiastes. Esse livro não é citado diretamente no Novo Testamento, embora haja várias passagens com *dependência doutrinária* próxima de seus ensinos. As seguintes referências ilustram esse fato:

Colhemos o que semeamos.	Ec 11.1; cf. Gl 6.7ss.
Evite a lascívia da mocidade.	Ec 11.10; cf. 2Tm 2.22
A morte é determinada por Deus.	Ec 3.2; cf. Hb 9.27
O amor ao dinheiro é maligno.	Ec 5.10; cf. 1Tm 6.10
Não usar muitas palavras na oração.	Ec 5.2; cf. Mt 6.7

Se essas passagens do Novo Testamento forem doutrinariamente dependentes do ensino de Eclesiastes, disso se segue que o Novo Testamento confirma a inspiração, ou autoridade, do livro.

Cântico dos Cânticos. Esse livro não é mencionado diretamente pelo Novo Testamento. Há pelo menos um exemplo possível de empréstimo de uma expressão descritiva desse livro. Em João 4.10, a referência à "água viva" indica uma possível dependência literária de Cântico dos Cânticos 4.15. Contudo, apenas dependência literária não é argumento suficiente para a autoridade desse livro, mas sua autoridade salomônica é (1.1), uma vez que Deus falou por meio de Salomão.

Isaías. Esse livro é citado inúmeras vezes no Novo Testamento. João Batista apresentou Jesus citando Isaías 40.3: "Preparai o caminho do Senhor" (Mt 3.3). Paulo prefaciou sua citação de Isaías 6.9,10 com as palavras: "Bem falou o Espírito Santo" (At 28.25). Jesus leu Isaías 61.1,2 na sinagoga de sua cidade natal, dizendo: "O Espírito do Senhor está sobre mim" (Lc 4.18,19).

Jeremias. Jeremias 31.15 é citado em Mateus 2.17,18, e a nova aliança de Jeremias 31.31-34 é citada duas vezes em Hebreus (cf. 8.8-12 e 10.15-17).

Lamentações. Há uma alusão a Lamentações 3.30 em Mateus 27.30: "Cuspiram nele, e pegaram o caniço e bateram na cabeça dele".

Ezequiel. Esse livro não é citado claramente pelo Novo Testamento, porém a pergunta de Jesus a Nicodemos em João 3.10 implica que Nicodemos devia saber do novo nascimento com base em Ezequiel 36.25ss. Além disso, Paulo sentia-se moralmente preso à admoestação de Ezequiel (33.8); ele não queria ser culpado pelo sangue do ímpio (At 20.26). Também são possíveis as seguintes alusões: João 7.38, "Como diz a Escritura, do interior do seu ser correrão rios de água viva", é muito semelhante a Ezequiel 47.1, embora possa se referir a Isaías 58.11; Ezequiel 18.20, "A pessoa que pecar, morrerá", talvez esteja refletido em Romanos 6.23, "O salário do pecado é a morte". Apocalipse 4.7, sem dúvida alguma, foi extraído de Ezequiel 1.10.

Daniel. Esse livro é claramente citado em Mateus 24.15 (cf. Dn 9.27; 11.31; 12.11): "Quando virdes no lugar santo a abominação desoladora, da qual falou o profeta Daniel". Além disso, Mateus 24.21 e 30 são extraídos diretamente de Daniel 12.1 e 7.13, respectivamente.

Os Doze. Os livros dos Profetas Menores, ou os Doze, são citados diversas vezes no Novo Testamento. Habacuque 2.4, "O justo viverá por sua fé", é citado três vezes no Novo Testamento (Rm 1.17; Gl 3.11; Hb 10.38). Hebreus 12.26 é uma citação clara de Ageu 2.6, "Abalarei o céu e a terra". Zacarias 13.7 é citado em Mateus 26.31, "Pois está escrito: ferirei o pastor, e as ovelhas do rebanho serão dispersadas".

Em suma, dos 22 livros do Antigo Testamento hebraico, 18 (com exceção de Juízes, Crônicas, Ester e Cântico dos Cânticos) são citados ou mencionados como fontes imbuídas de autoridade.[7] Há ensinos do Novo Testamento que dependem diretamente dos ensinos daqueles livros do Antigo Testamento. Convém observar que a ausência de referência a um livro específico do Antigo Testamento não significa que falte autoridade a um livro em particular; antes, indica que os autores do Novo Testamento não tiveram ocasião para referir-se a ele. Isso não é difícil de compreender quando se pede a uma pessoa que se lembre da última vez que citou uma passagem de Ester ou de Juízes. Alguns livros, por sua natureza didática ou devocional, prestam-se mais a citações e, portanto, são citados com mais frequência. Os que não têm uma natureza didática geralmente não são usados desse modo.

Referências do Novo Testamento sobre a autenticidade dos livros do Antigo Testamento

Alguns livros do Antigo Testamento que não fazem referência específica à sua autoridade têm, contudo, compromissos claros com sua *autenticidade*. O quadro abaixo indica algumas das pessoas e acontecimentos mais importantes do Antigo Testamento que são confirmados no Novo Testamento (e com isso se comprova a autenticidade dos livros que os registram).

1. Criação do universo (Gn 1)	Jo 1.3; Cl 1.16
2. Criação de Adão e Eva (Gn 1—2)	1Tm 2.13,14
3. Casamento de Adão e Eva (Gn 1—2)	1Tm 2.13
4. Tentação da mulher (Gn 3)	1Tm 2.14
5. Desobediência e pecado de Adão (Gn 3)	Rm 5.12; 1Co 15.22
6. Sacrifícios de Abel e Caim (Gn 4)	Hb 11.4
7. Assassinato de Abel por Caim (Gn 4)	1Jo 3.12
8. Nascimento de Sete (Gn 4)	Lc 3.38
9. Traslado de Enoque (Gn 5)	Hb 11.5
10. Casamento antes do Dilúvio (Gn 6)	Lc 17.27
11. O Dilúvio e a destruição do homem (Gn 7)	Mt 24.39
12. Preservação de Noé e de sua família (Gn 8—9)	2Pe 2.5

---

[7] Pela classificação de Roger Nicole, são 231 citações, 19 paráfrases e 45 itens adicionais sem nenhuma fórmula direta (e.g., "está escrito") no total de 295 citações, cerca de 4,4% do Novo Testamento (aproximadamente um versículo a cada 22,5). As alusões vão de 613 a 4.105, dependendo dos critérios usados. Cf. Carl F. H. Henry, org., *Revelation and the Bible*, p. 137.

13. Genealogia de Sem (Gn 10)	Lc 3.35,36
14. Nascimento de Abraão (Gn 11)	Lc 3.34
15. Chamado de Abraão (Gn 12—13)	Hb 11.8
16. Dízimos para Melquisedeque (Gn 14)	Hb 7.1-3
17. Justificação de Abraão (Gn 15)	Rm 4.3
18. Ismael (Gn 16)	Gl 4.21-24
19. Promessa de Isaque (Gn 17)	Hb 11.18
20. Ló e Sodoma (Gn 18—19)	Lc 17.29
21. Nascimento de Isaque (Gn 21)	At 7.9,10
22. Sacrifício de Isaque (Gn 22)	Hb 11.17
23. A sarça ardente (Êx 3.6)	Lc 20.32
24. Êxodo pelo mar Vermelho (Êx 14.22)	1Co 10.1,2
25. Provisão de água e do maná (Êx 16.4; 17.6)	1Co 10.3-5
26. Erguer a serpente de bronze no deserto (Nm 21.9)	Jo 3.14
27. A queda de Jericó (Js 6.22-25)	Hb 11.30
28. Milagres de Elias (1Rs 17.1; 18.1)	Tg 5.17
29. Jonas no grande peixe (Jn 2)	Mt 12.40
30. Três jovens hebreus na fornalha (Dn 3)	Hb 11.34
31. Daniel na cova dos leões (Dn 6)	Hb 11.33
32. O assassinato de Zacarias (2Cr 24.20-22)	Mt 23.35

Nesse levantamento por amostra, devemos observar várias coisas. (1) A maior parte das passagens controversas do Antigo Testamento remete, por exemplo, à Criação, à Queda, ao Dilúvio, milagres de Moisés e de Elias, Jonas no grande peixe. Não é feita apenas alusão a esses acontecimentos; eles são *autenticados* com a chancela de acontecimentos *históricos* pelo Novo Testamento.[8] Se esses acontecimentos milagrosos significativos foram considerados autênticos, não há dificuldade alguma em ver que o Novo Testamento acolheu os demais acontecimentos do Antigo Testamento. (2) Praticamente cada um dos primeiros 22 capítulos de Gênesis e cada um dos anteriores a Abraão (i.e., os caps. 1—11) têm uma pessoa ou um acontecimento confirmados por uma citação ou referência do Novo Testamento que lhes confere autoridade. Se essas pessoas e acontecimentos são autênticos, pode-se dizer, então, *a fortiori* que o restante do Antigo Testamento é autêntico. (3) Considerando que há citações ou referências diretas que confirmam a *autoridade* de 18 dos 22 livros do Antigo Testamento hebraico, os acontecimentos dos dois livros restantes têm sua *autenticidade* confirmada pelo Novo Testamento. Vários dos juízes são mencionados em Hebreus 11.32,

---

[8] Os autores do Novo Testamento não estavam se acomodando a "mitos" aceitos dos seus dias (veja 1Tm 1.4; 4.7; Tt 1.14; 2Pe 1.16). Cf. o cap. 3 para objeções a essa teoria da acomodação.

bem como numerosos acontecimentos de Crônicas (cf. Mt 23.35). Portanto, somente Ester e Cântico de Salomão não contam com nenhuma confirmação direta de sua autoridade ou autenticidade. Aqui precisamos depender da comunidade judaica original e subsequente, que conhecia sua fonte profética e que tinha consciência de que faziam parte dos livros canônicos dos "Profetas" (veja análise nos caps. 13 e 14).

Resumo e conclusão

A declaração de inspiração do Antigo Testamento é amparada de três maneiras pelo Novo Testamento. Em primeiro lugar, há muitos termos no Novo Testamento, como "Escritura", "Palavra de Deus", "Lei" e "Profetas" que são usados para referir-se a todo o Antigo Testamento como imbuído de autoridade. Em segundo lugar, as duas seções do cânon hebraico (Lei e Profetas) são tidas como unidades imbuídas de autoridade pelo Novo Testamento. Por fim, dos 24 (22)[9] livros do cânon hebraico, 18 são citados pelo Novo Testamento, confirmando desse modo sua autoridade. Dois outros têm sua autenticidade confirmada, o que resulta no total de 20 dos 24 livros com sua autoridade e/ou sua autenticidade diretamente defendidas pelo Novo Testamento. Em decorrência disso, pelo menos 20 dos 24 livros do cânon hebraico têm sua declaração de inspiração confirmada individualmente pelos autores do Novo Testamento, que consideram o registro dos acontecimentos ou ensinamentos neles contidos autênticos e/ou divinos em sua origem. Os outros dois livros foram reconhecidos pela comunidade judaica antiga como de origem divina e inseridos entre os "Profetas".

---

[9] Veja a análise no cap. 1.

6
Declarações específicas da inspiração do Novo Testamento

Depois de analisarmos a ideia de inspiração no Antigo Testamento e como essa ideia se aplica a ele, convém fazer um exame dessa mesma ideia no Novo Testamento para completarmos a proposição de que a Bíblia como um todo, e a Bíblia toda, afirma ser Palavra de Deus imbuída de autoridade. O testemunho de inspiração do Novo Testamento começa com as palavras de Cristo, personagem central do Novo Testamento.

OS AUTORES DO NOVO TESTAMENTO FORAM MOVIDOS PELO ESPÍRITO

De maneira muito acertada, Cristo é a chave da inspiração e da canonização das Escrituras. Foi ele quem confirmou a inspiração do cânon hebraico do Antigo Testamento; e foi ele quem prometeu que o Espírito Santo guiaria os apóstolos a "toda a verdade", cujo cumprimento dá origem ao Novo Testamento.

Jesus prometeu que os autores do Novo Testamento seriam guiados pelo Espírito

Jesus não registrou seu ensino por escrito, porém em diversas ocasiões durante seu ministério terreno prometeu que os apóstolos seriam guiados pelo Espírito Santo na expressão e na propagação dos seus ensinamentos. Essa promessa foi cumprida durante a vida de Cristo e se estendeu também aos ministérios apostólicos posteriores à ressurreição e ao Pentecostes.

Orientação na pregação. Em primeiro lugar, Jesus prometeu a orientação do Espírito naquilo que os apóstolos *falariam a respeito dele*.

1. Quando os Doze inicialmente foram comissionados a pregar "o reino do céu" (Mt 10.7), Jesus lhes fez a seguinte promessa: "Quando vos

entregarem, não vos preocupeis com o que falareis nem como falareis, pois naquela hora vos será dado o que haveis de dizer. Porque não sois vós que falais, mas o Espírito de vosso Pai é que fala em vós" (Mt 10.19,20; cf. 12.11,12).

2. A mesma promessa foi feita também aos setenta quando Jesus os autorizou a pregar "o reino de Deus" (Lc 10.9) e acrescentou a seguinte confirmação: "Quem vos ouve, ouve a mim e quem vos rejeita, rejeita a mim; e quem me rejeita, rejeita aquele que me enviou" (Lc 10.16).

3. No Discurso do Monte das Oliveiras, Jesus reiterou a mesma promessa de palavras orientadas pelo Espírito para aqueles chamados a prestar contas de sua fé na hora da provação, dizendo: "Quando vos prenderem e entregarem ao tribunal, não vos preocupeis com o que haveis de dizer. Falai o que vos for dado falar naquela hora, porque não sois vós que falais, mas o Espírito Santo" (Mc 13.11).

4. Mais tarde, depois da ceia do Senhor, Jesus continuou a discorrer sobre essa promessa para os Onze, dizendo: "Mas o Ajudador, o Espírito Santo a quem o Pai enviará em meu nome, ele vos ensinará todas as coisas e vos fará lembrar de tudo o que eu vos tenho dito" (Jo 14.26). Ao mesmo tempo, também lhes disse: "Quando ele, o Espírito da verdade, vier, ele os guiará a toda a verdade" (Jo 16.13).

5. A Grande Comissão de Cristo faz a mesma promessa quando diz que "em seu nome se pregaria o arrependimento para perdão dos pecados a todas as nações, começando por Jerusalém. Vós sois testemunhas dessas coisas" (Lc 24.47,48). Foi dito ainda aos discípulos: "E eis que envio sobre vós a promessa de meu Pai. Mas ficai na cidade, até que do alto sejais revestidos de poder" (Lc 24.49). Essa comissão foi registrada por Mateus com as seguintes palavras: "E eis que estou convosco todos os dias, até o final dos tempos" (Mt 28.20). Portanto, os apóstolos receberam novamente a promessa da presença de Deus em sua pregação e ensino e por meio deles.

6. Pouco antes de sua ascensão, Jesus respondeu às perguntas dos discípulos sobre o futuro com a promessa: "Mas recebereis poder quando o Espírito Santo vier sobre vós; e sereis minhas testemunhas, tanto em Jerusalém como em toda a Judeia e Samaria, e até os confins da terra" (At 1.8).

Eles receberam a garantia de que o Espírito Santo os capacitaria em seu *testemunho* acerca de Cristo.

Orientação no ensino. Os apóstolos não só receberam a promessa de direcionamento do Espírito em sua *pregação* sobre Jesus, como receberam também a promessa de que seriam guiados pelo Espírito em seu *ensino*.

1. De acordo com a versão de Mateus da Grande Comissão, a orientação do Espírito Santo se estenderia ao que os discípulos ensinavam sobre Cristo, conforme consta: "Portanto, ide, fazei discípulos de todas as nações, batizando-os em nome do Pai, do Filho e do Espírito Santo; ensinando-lhes a guardar todas as coisas que vos ordenei; e eis que eu estou convosco todos os dias, até o fim dos tempos" (Mt 28.19,20).

2. A promessa de que o Espírito Santo faria com que se lembrassem de "todas as coisas" e os guiaria a "toda a verdade" (Jo 14.26; 16.13) obviamente se aplica à plenitude do ensino apostólico, bem como à pregação.

3. Confirmação adicional desse fato está diretamente implícita no livro de Atos, o registro do que Jesus "começou a fazer e a ensinar" (At 1.1,2). A rigor, portanto, Atos é o livro dos atos do Espírito Santo por meio das obras e *palavras* dos apóstolos.

4. Uma manifestação muito prática do ministério de ensino do Espírito Santo por meio dos apóstolos é que a igreja primitiva continuava "no ensino dos apóstolos" (At 2.42). A pregação apostólica (At 2; 4; 10) e o seu ensino (2.42; 6.4) foram as pedras fundamentais da igreja primitiva. É nesse sentido que a igreja foi "edificada sobre o fundamento dos apóstolos e dos profetas, com o próprio Cristo Jesus como a pedra angular" (Ef 2.20). Ou seja, a igreja é edificada sobre o seu ensino, o qual, conforme Jesus prometeu várias vezes, era resultado do ministério do Espírito Santo por meio deles.

Em suma, Jesus prometeu que o Espírito da verdade (Jo 15.26) guiaria os apóstolos no ensino de "todas as coisas" (Jo 14.26) ou a "toda a verdade" (obviamente querendo dizer com isso toda a verdade necessária para a fé e a prática; cf. Jo 20.31; 21.25). Não há motivo para acreditar que a orientação do Espírito Santo estivesse limitada ao ensino verbal dos apóstolos mais do que ao dos profetas que, no Antigo Testamento, eram direcionados pelo Espírito somente naquilo que diziam (veja os caps. 4–5). Na verdade, em continuidade direta com a promessa de Cristo, praticamente todos os autores do Novo Testamento afirmam que seus *escritos* eram imbuídos de autoridade divina. Além disso, quando se remete o conhecimento apostólico ao seu registro documental original, a busca culmina em um, e somente um, documento definitivo, isto é, o Novo Testamento. Portanto, o Novo Testamento é a única fonte primária para o estudo dos ensinos dos apóstolos guiados pelo Espírito, o ensino dos quais foi prometido por Cristo nos Evangelhos. Formalmente, esse argumento toma a seguinte forma:

O que os apóstolos ensinaram foi guiado pelo Espírito.
O Novo Testamento é o que os apóstolos ensinaram.
Portanto, o Novo Testamento é um ensino guiado pelo Espírito.

Os autores do Novo Testamento afirmam que foram guiados pelo Espírito

Em plena consciência e em cumprimento da promessa muitas vezes repetida por Jesus de guiá-los a "toda a verdade", os apóstolos reivindicaram a autoridade divina para o que ensinavam oralmente e em seus escritos.

Os autores do Novo Testamento compararam sua mensagem à dos profetas do Antigo Testamento. Lembrando-se de como eram estimados os profetas do Antigo Testamento e de como seus escritos gozavam de autoridade divina,[1] a comparação da mensagem do Novo Testamento com as Escrituras do Antigo Testamento remete à reivindicação da mesma *autoridade e inspiração*. É o que se observa em Hebreus 1.1,2, onde consta que "Deus, depois de haver falado há muito tempo aos pais por meio dos profetas [...] nestes últimos dias tem falado a nós por meio do seu Filho", acrescentando que a mensagem "anunciada inicialmente pelo Senhor, foi depois confirmada a nós pelos que a ouviram" (Hb 2.3). Em outras palavras, a mensagem de Cristo conforme transmitida por seus discípulos é a voz de Deus hoje tanto quanto o foi a mensagem dos profetas no passado.

Os autores do Novo Testamento afirmaram que sua mensagem era o fundamento da igreja. De acordo com Efésios 2.20, a igreja foi "edificada sobre o fundamento dos apóstolos e dos profetas". A palavra "apóstolo" não deve ser limitada somente aos Doze. Paulo foi apóstolo (Gl 1; 2Co 12), assim como Barnabé

---
[1] Veja os caps. 4 e 5 para uma comparação mais detalhada.

(At 14.14). Tiago escreveu com autoridade divina (Tg 1.1), e havia outros com dons proféticos (cf. Ágabo em At 11.28). O dom de um apóstolo ou de um profeta qualificaria a pessoa para receber uma revelação (cf. Ef 2.20), e vários autores do Novo Testamento encaixam-se na categoria de "profeta" (e.g., Marcos, Lucas, Tiago, Judas). Em Atos 2.42, os crentes "se dedicavam constantemente ao ensino dos apóstolos e à comunhão". Portanto, a autoridade do ensino apostólico é entendida não somente por sua igualdade com os profetas, mas por ser fundamental para a igreja. Podemos resumir o raciocínio da seguinte forma:

O Novo Testamento é o que os apóstolos ensinaram.
O que os apóstolos ensinaram é o fundamento da igreja imbuído de autoridade.
Portanto, o Novo Testamento é o fundamento da igreja imbuído de autoridade.

Os autores do Novo Testamento afirmaram que sua mensagem tinha autoridade para a igreja. Em todo o livro de Atos, os pronunciamentos dos apóstolos eram definitivos (At 21.11). A igreja nasceu de sua voz (At 2); foram feitos milagres (At 3); governantes foram restringidos (At 4); os desobedientes foram julgados (At 5); o Espírito Santo foi dado aos samaritanos (At 8) e aos gentios (At 10). Portanto, de acordo com a promessa de Jesus de que seus discípulos seriam guiados pelo Espírito no que dissessem e ensinassem, os autores do Novo Testamento tomaram seus pronunciamentos e ensinos em pé de igualdade com a autoridade dos profetas do Antigo Testamento, além de fundamentais e imbuídos de autoridade para a igreja do Novo Testamento.

OS ESCRITOS DO NOVO TESTAMENTO FORAM GUIADOS PELO ESPÍRITO

A suposição de que há uma conexão válida entre o ensino apostólico e os escritos do Novo Testamento é confirmada copiosamente tanto por referências gerais quanto por referências específicas no Novo Testamento.

Afirmação geral de que todo o Novo Testamento é dirigido pelo Espírito

Passagens em destaque. Há duas passagens marcantes que têm influência sobre esse ponto e várias outras que lhe dão apoio. Em 2Pedro 1.20,21, fica claro que toda

Escritura profética[2] é redigida à medida que homens são "movidos pelo Espírito Santo". A referência aqui é aos escritos do Antigo Testamento, os quais já são entendidos como oráculos invioláveis de Deus (cf. Hb 5.12). Contudo, uma vez que os autores do Novo Testamento também declaravam que estavam produzindo pronunciamentos e escritos proféticos, segue-se que consideravam seus escritos dirigidos pelo Espírito tanto quanto os escritos do Antigo Testamento. Alguns autores do Novo Testamento afirmam explicitamente que seus escritos são proféticos. Em Apocalipse 22, João é associado aos profetas do Antigo Testamento (v. 9) e conclui sua mensagem dizendo: "Dou testemunho a todo aquele que ouvir as palavras da profecia deste livro" (v. 18). O apóstolo Paulo identifica sua revelação do mistério de Cristo como algo até mesmo superior ao Antigo Testamento (cf. Ef 3.5). O autor de Hebreus também coloca seu livro no mesmo plano da revelação dada pelos profetas do Antigo Testamento, dizendo que "Deus [...] falou há muito tempo aos pais por meio dos profetas [...] nestes últimos dias [ele] tem falado a nós em seu Filho" (Hb 1.1), cuja mensagem deve ser ouvida com atenção porque foi "anunciada inicialmente pelo Senhor, foi confirmada a nós pelos que a ouviram [a saber, os apóstolos]. Também Deus testemunhou [...] por meio dos dons do Espírito Santo" (Hb 2.3,4). Portanto, o ministério e os escritos dos autores do Novo Testamento não são menos proféticos do que os de seus congêneres do Antigo Testamento.

Os livros do Novo Testamento são considerados Escrituras.[3] Pedro refere-se aos escritos de Paulo como "Escrituras" (2Pe 3.16), e 1Timóteo 5.18 cita Lucas 10.7 e Deuteronômio 25.4 numa mesma expressão: "Porque a Escritura diz". Se os escritos de Lucas, que não era apóstolo, são citados como Escritura, e Pedro, que, a propósito, foi censurado por Paulo (Gl 2.11), considerava Escrituras os escritos paulinos, disso se segue que não é difícil imaginar como o Novo Testamento como um todo era considerado Escritura. E, como 2Timóteo 3.16 declara que "toda Escritura é inspirada por Deus", segue-se que o Novo Testamento como um todo é inspirado por Deus.

Declarações específicas. Há declarações específicas de autoridade apostólica no Novo Testamento que admitem uma aplicação mais ampla. Paulo disse a seus filhos na fé que "ordenassem" seus ensinos (1Tm 4.11) "com toda a autoridade" (Tt 2.15) e vinculou sua autoridade e até a veracidade do evangelho em

---

[2] Veja o cap. 3, onde esse ponto é discutido.
[3] Veja a análise no cap. 3.

si ao seu apostolado (Gl 1.1,12). Em outra ocasião, Paulo escreveu: "Se alguém desobedecer às nossas instruções nesta carta, observem-no atentamente e não se associem com ele" (2Ts 3.14). De igual modo, Pedro lembrou os crentes da autoridade apostólica quando disse: "Lembrem-se [...] do mandamento do Senhor e Salvador falado por meio dos seus apóstolos" (2Pe 3.2). Na verdade, a autoridade de um apóstolo era a autoridade de Cristo, e a única credencial necessária para recomendar a autoridade de algum escrito em particular era sua apostolicidade.[4]

Os livros deviam ser distribuídos. Uma última consideração que revela o grande respeito pelos escritos do Novo Testamento por parte da igreja do século 1 é o fato de que havia uma ordem para que os livros fossem *distribuídos, lidos nas igrejas e colecionados.* É evidente que Pedro tinha uma coleção dos livros de Paulo (2Pe 3.15,16), e Paulo ordenou claramente aos colossenses que lessem e distribuíssem sua carta (Cl 4.16). Os tessalonicenses também receberam ordem de ler a carta endereçada a eles (1Ts 5.27). Essa consideração mostra que os livros tinham não apenas um valor espiritual para eles, mas também uma origem divina (cf. os judeus que liam e preservavam a Palavra de Deus, Dt 31.26).

De modo geral, portanto, os escritos do Novo Testamento como um todo se declaram "Escrituras", "escritos proféticos", "imbuídos de autoridade e divinos". Isso equivale a dizer que são inspirados por Deus.

Declarações específicas de que os livros do Novo Testamento são inspirados

Não é só que Jesus prometeu orientação divina, e o Novo Testamento como um todo afirma ser produto dessa orientação, mas cada um dos livros do Novo Testamento apresenta uma afirmação que confirma essa posição. Um breve levantamento bastará para sustentar essa ideia.

Mateus. Diz inicialmente o Evangelho: "O livro da genealogia de Jesus Cristo", que, ao vincular a linhagem de Cristo ao registro do Antigo Testamento, reconhece tacitamente que esse livro é uma continuação da verdade messiânica. Na verdade, na afirmação reiterada está implícito que Cristo é o cumprimento da profecia do Antigo Testamento (cf. 5.17,18,21), de que esse livro é um relato imbuído de autoridade sobre essa realização em Cristo. O autor encerra o livro com a ordem de Cristo para que se ensine sua verdade a todas as nações

---

[4] Veja o cap. 16.

(28.18-20), o que, por implicação, é precisamente o que o livro de Mateus professa estar fazendo (cf. 10.7).

Marcos. Esse Evangelho se apresenta como "princípio do evangelho de Jesus Cristo, o Filho de Deus. Conforme está escrito em Isaías, o profeta". A exemplo de Mateus, não há reivindicação explícita de autoridade; ela é meramente pressuposta ao longo do livro (cf. 13.11). Como Marcos estava ligado a Pedro (1Pe 5.13), muitos supõem que Marcos seja o Evangelho de Pedro.

Lucas. Esse Evangelho apresenta uma declaração sobre seu próprio caráter. Ao escrevê-lo, Lucas afirma que se trata de um "relato [autêntico] das coisas realizadas [por Deus por intermédio de Cristo]" para que Teófilo "possa conhecer a verdade precisa a respeito das coisas em que foi instruído" (1.1,4). Como Lucas estava intimamente associado a Paulo, existe aí também uma conexão apostólica.

João. O autor também é claro em relação à natureza do seu Evangelho ao dizer que foi escrito "para que possais crer que Jesus é o Cristo, o Filho de Deus, e para que, crendo, tenhais vida em seu nome" (20.31). E acrescenta adiante: "É esse o discípulo que dá testemunho dessas coisas e que as escreveu. E sabemos que o seu testemunho é verdadeiro" (21.24; cf. 14.26; 16.13).

Atos. Como continuação de Lucas e do que Jesus "começou a fazer e a ensinar" (1.1), Atos apresenta-se como registro autêntico do ensino (e obra) de Cristo por meio dos apóstolos.

Romanos. O autor desse livro afirma que se trata de uma obra de um apóstolo de Jesus Cristo (1.1). Em 9.1, Paulo afirma: "Estou dizendo a verdade em Cristo, não estou mentindo. Minha consciência dá testemunho comigo, no Espírito Santo". O apelo final da carta é que não se aceite qualquer outra doutrina, exceto aquela que lhes foi ensinada, que incluiria, é claro, os grandes ensinos desse livro doutrinário (16.17).

1Coríntios. Esse livro contém o que "Deus revelou [...] pelo seu Espírito" (2.10; cf. tb. 7.40). Além de fazer pronunciamentos imbuídos de autoridade sobre moral (5.1-3) e doutrina (15.15), Paulo afirma: "As coisas que vos escrevo são mandamentos do Senhor" (14.37).

2Coríntios. Esse livro é apresentado por um apóstolo de Deus (1.1) que defende com veemência sua própria autoridade (10.8; 12.12) e declara as revelações sublimes da parte de Deus (12.1-4).

Gálatas. Esse livro defende a autoridade divina de seu autor de modo tão veemente quanto qualquer outro livro do Novo Testamento: "Paulo, apóstolo (não enviado por homens, nem por meio de homem algum, mas por Jesus

Cristo e por Deus Pai)" (1.1). "Porque não o recebi de homem algum nem me foi ensinado, mas o recebi por uma revelação de Jesus Cristo" (1.12), e "ainda que nós mesmos ou um anjo do céu vos pregue um evangelho contrário ao que já vos pregamos, seja maldito" (1.8).

Efésios. Esse livro, além de apresentar-se com a afirmação de que foi escrito por um apóstolo (1.1), autointitula-se revelação do mistério de Deus, mostrando que "por revelação me [a Paulo] foi manifestado o mistério" (3.3). Os que o lerem terão acesso à "compreensão do mistério de Cristo" (3.4).

Filipenses. Esse livro não só é obra de um apóstolo trazendo as saudações tradicionais "da parte de Deus, nosso Pai, e do Senhor Jesus Cristo" (1.2), como também ordena aos leitores a seguir o exemplo moral e o ensino espiritual do seu autor, dizendo: "Irmãos, sigais o meu exemplo" (3.17). E, novamente: "O que aprendestes, recebestes, ouvistes e vistes em mim, praticai essas coisas" (4.9).

Colossenses. Essa carta também vem de "um apóstolo de Jesus Cristo" (1.1), com saudações "de Deus, nosso Pai" (1.2) e se apresenta como refutação oficial da heresia (2.4,8) e com ordem para que seja distribuída e lida nas igrejas (4.16).

1Tessalonicenses. Em 5.27, o autor incumbe a igreja "a se comprometer que esta carta seja lida a todos os irmãos" e em 4.15 diz: "Pois dizemos a vós isso pela Palavra do Senhor".

2Tessalonicenses. O livro acrescenta aos seus pronunciamentos dados por Deus uma advertência acerca de uma carta falsa "como se" fosse de Paulo (2.2). Diz ela em seu encerramento: "Se alguém desobedecer às nossas instruções nesta carta, observai-o atentamente e não vos associeis com ele" (3.14).

1Timóteo. Escrita por "Paulo, apóstolo de Cristo Jesus, segundo a ordem de Deus" (1.1), essa carta fala com autoridade, dizendo: "Ordena e ensina essas coisas" (4.11).

2Timóteo. O autor instruiu seu filho na fé a "preservar o modelo das sãs palavras que de mim tens ouvido" (1.13) e encarregou Timóteo "na presença de Deus e de Cristo Jesus" a "pregar a palavra" (4.1,2).

Tito. Outro livro que declara ser de autoria de Paulo, "um apóstolo de Jesus Cristo" (1.1), e acrescenta: "fala essas coisas, exorta e repreende com toda a autoridade" (2.15). Depois, afirma: "No que diz respeito a essas coisas, quero que proclames com firmeza" (3.8).

Filemom. Esse livro breve reivindica a autoridade do apóstolo Paulo (v. 1), traz a saudação "da parte de Deus, nosso Pai, e do Senhor Jesus Cristo" (v. 3) e defende sua autoridade apostólica (v. 8).

Hebreus. O autor de Hebreus introduz sua mensagem como a voz de Deus por meio de Jesus Cristo "nestes últimos dias" (1.2) e conclui sua carta com exortações imbuídas de autoridade (13.22).

Tiago. O autor escreve como "servo de Deus" (1.1) e fala com autoridade sobre doutrina (cf. o cap. 2) e prática (cap. 3).

1Pedro. Esse livro é do "apóstolo de Jesus Cristo" (1.1) e se apresenta como exortação sobre a "verdadeira graça de Deus" (5.12).

2Pedro. Escrito por "um servo e apóstolo de Jesus Cristo" (1.1), essa carta dá ordens da parte do Senhor (3.2). O autor diz ter "ainda mais firme a palavra profética" (1.19) e faz um pronunciamento profético sobre o futuro (3.10-13).

1João. O livro é obra de uma testemunha ocular (1.1) que proclama Cristo de tal modo que "a alegria [dos crentes] seja completa" (1.4) e que o leitor tenha certeza da vida eterna (5.12).

2João. Nesse livro, João propõe-se a escrever um "mandamento" (v. 5), admoesta contra enganadores (v. 7) e afirma ter "o ensino de Cristo" (v. 9).

3João. Esse livro foi escrito por uma pessoa com autoridade apostólica (v. 9) e que diz ter "a verdade em si" (v. 12).

Judas. Esse livro se apresenta como um registro de "nossa salvação comum" e "da fé entregue aos santos de uma vez por todas" (v. 3).

Apocalipse. O Apocalipse, nome grego do livro, começa assim: "Revelação de Jesus Cristo, que Deus deu" (1.1) por meio de João, que se considerava um dos "profetas" (22.9). O livro termina com a advertência mais severa na Bíblia para quem "acrescentar" ou "tirar alguma coisa das palavras do livro desta profecia" (22.18,19).

Portanto, praticamente todos os livros do Novo Testamento apresentam uma declaração de sua autoridade de uma maneira ou de outra. O efeito cumulativo desse autotestemunho é uma confirmação surpreendente de que os autores do Novo Testamento se diziam inspirados.

Às vezes, 1Coríntios 7.10-12 é usado para negar essa posição. Nessa passagem, Paulo escreve: "Aos casados, dou instruções, não eu, mas o Senhor. [...] Aos outros, digo eu, não o Senhor". Argumenta-se que Paulo está dando aqui sua opinião pessoal, e não um pronunciamento imbuído de autoridade. Contudo, vale a pena observar que ele provavelmente queria dizer apenas que Jesus nada disse explicitamente sobre o assunto em questão durante seu ministério terreno. Portanto, Paulo teve de dizer "não tenho mandamento [*epitagēn*] do Senhor. Dou, porém, o meu parecer" (7.25). Sua opinião, porém, era inspirada. O apóstolo disse: "Também tenho o Espírito de Deus" (7.40). Jesus disse a seus discípulos antes de sua morte: "Ainda tenho muito que vos dizer, mas não podeis suportá-lo agora. Mas quando ele, o Espírito da verdade, vier, ele vos conduzirá a toda a verdade" (Jo 16.12,13). O conselho inspirado de Paulo em 1Coríntios 7 é um exemplo, ao que tudo indica, do cumprimento dessa promessa. Na realidade, Paulo disse posteriormente nessa mesma carta: "As coisas que vos escrevo são mandamentos do Senhor" (1Co 14.37). Essas coisas fazem parte do processo (2Pe 1.20,21) e do produto (2Tm 3.16,17) da inspiração.[5]

Resumo e conclusão

A declaração de inspiração no Novo Testamento decorre do fato de que Jesus prometeu a seus discípulos que ele os guiaria a "toda a verdade" por meio do Espírito Santo. Os autores do Novo Testamento reivindicaram o cumprimento dessa promessa para sua mensagem oral e para seus escritos. Eles diziam que sua mensagem oral: (1) estava no mesmo patamar que as mensagens dos profetas do Antigo Testamento; (2) era o fundamento da igreja do Novo Testamento; (3) era imbuída de autoridade para a igreja. Também diziam que eram guiados pelo Espírito Santo em seus escritos, que consideravam (1) proféticos; (2) Escrituras sagradas; (3) imbuídos de autoridade divina; e (4) cuja leitura e distribuição eram ordenadas nas igrejas (veja Cl 4.16; 1Ts 5.27). Além disso, quando se faz um levantamento de todos os livros do Novo Testamento, deparamos com uma declaração em cada um deles de sua origem e autoridade divinas, seja direta, seja indiretamente.

---

[5] Veja a análise no cap. 3.

7
Continuação da doutrina da inspiração até a Reforma

Assim como a declaração de inspiração do Antigo Testamento encontra apoio no Novo, assim também a declaração de inspiração do Novo Testamento encontra apoio no testemunho dos autores cristãos mais antigos, os pais da igreja. Embora o testemunho dos pais da igreja não seja imbuído de autoridade nem inspirado, revela efetivamente a doutrina ortodoxa da inspiração que prevaleceu ao longo da história da igreja. Seu testemunho, em que raramente se encontra uma voz dissonante, reflete a visão tradicional da origem e da natureza das Escrituras dos tempos apostólicos até a ascensão do deísmo e do racionalismo nos séculos 17 e 18.

A IGREJA DO PERÍODO ANTIGO (C. 70-C. 350 D.C.)

Assim como os autores do Novo Testamento pressupunham a inspiração do Antigo Testamento, os pais da igreja pressupunham a inspiração do Novo. Observa-se esse fato em dois períodos principais do desenvolvimento da antiga Igreja Católica no período anterior a 350 d.C.

Os pais apostólicos e subapostólicos (c. 70-c. d.C.)

Esses autores demonstram uma aceitação inicial e generalizada da declaração da inspiração do Novo Testamento. Alguns exemplos bastarão para comprovar essa conclusão.

A Carta de Pseudo-Barnabé (c. 70-130). Assim designada por ter sido falsamente atribuída ao primeiro parceiro de Paulo, esse escrito cita o Evangelho de Mateus (26.31) depois de afirmar que ele consiste no que Deus "diz" (5.12). O mesmo autor se refere ao Evangelho de Mateus (22.14) pelo título que lhe atribui o Novo Testamento, a saber, "Escritura" em 4.14.

Clemente de Roma. Clemente, contemporâneo dos apóstolos, escreveu sua carta *Coríntios* (c. 95-97) segundo o modelo do apóstolo Paulo. Nela, faz referência aos Evangelhos Sinóticos (Mt 9.13; Mc 2.17; Lc 5.32) depois de chamá-los de "Escritura" (cap. 2). Ele insta seus leitores a que "ajam de acordo com o que está escrito (porque o Espírito Santo diz: 'Não se glorie o sábio em sua sabedoria')" (cap. 1 citando Jr 9.23). Ele apela também às "Escrituras Sagradas, que são verdadeiras, concedidas pelo Espírito Santo" (cap. 45). O Novo Testamento aparece incluído como Escrituras por meio da fórmula "Está escrito" (cap. 36) e como obra escrita pelo apóstolo Paulo "com verdadeira inspiração" (cap. 47).

Inácio de Antioquia. Inácio (m. c. 110) escreveu suas sete cartas a caminho do martírio em Roma. Embora não tenha feito referências a citações específicas das Escrituras, fez várias citações e alusões a elas.

Policarpo. Discípulo de João, Policarpo referiu-se várias vezes ao Novo Testamento em sua *Carta aos Filipenses* (c. 110-135). Ele apresenta Gálatas 4.26 como "a palavra da verdade" (cap. 3) e citações de Filipenses 2.16 e 2Timóteo 4.10 como "a palavra da justiça" (cap. 9). No capítulo 12, Policarpo cita várias passagens do Antigo Testamento como "as Escrituras".

Hermas. O livro designado *O Pastor* (c. 115-140) segue o padrão de Apocalipse, embora não haja citações diretas do Novo Testamento em seu texto.

Didaquê. É o que ocorre com a *Didaquê*, ou *Ensino dos Doze* (c. 100-120), já que também há citações gerais do Novo Testamento e alusões a ele.

Papias. Por volta de 130-140 d.C., Papias escreveu cinco livros intitulados *Exposição dos oráculos do Senhor*, que incluía o Novo Testamento.[1] Esse é precisamente o título atribuído ao Antigo Testamento pelo apóstolo Paulo em Romanos 3.2.

Carta a Diogneto. Por fim, a chamada *Carta a Diogneto* (c. 150) faz citações gerais do Novo Testamento e alusões a ele; contudo, não lhes atribui nenhum título diretamente.

O material acima mostra a aceitação em data remota (c. 150) e generalizada (Ocidente e Oriente) da declaração de inspiração do Novo Testamento. Os pais da igreja tinham por esses livros a mesma consideração que tinham os autores do Novo Testamento pelas Escrituras do Antigo Testamento. Onde não há nenhuma referência direta e nenhum título, as citações e alusões feitas livremente

---

[1] Eusebius [Eusébio], *Ecclesiastical history* 3.39, Loeb Classical Library, 1.291 [edição em português: *História eclesiástica*, Série Patrística (São Paulo: Paulus, 2000), vol. 15].

conferem um respeito que se estende aos escritos do Novo Testamento. Isso é verdade sobretudo se considerarmos a escassez de cópias disponíveis durante esse período antigo.

Os pais pré-nicenos e nicenos (c. 150-350 d.C.)

Esses autores também subscrevem o apoio às declarações de inspiração do Novo Testamento.

Justino Mártir (m. 165). Em sua primeira *Apologia* (c. 150-155), Justino Mártir considerava os Evangelhos a "voz de Deus" (cap. 65). Ele continua falando a respeito das Escrituras: "Não devemos supor que a linguagem procede de homens que foram inspirados, mas da Palavra divina que os moveu" (*Apologia*, 1.36). Em outra parte, ele continua dizendo que Moisés "escreveu em caracteres hebraicos por inspiração divina" e que "o Espírito Santo da profecia nos ensinou isso, falando a nós por meio de Moisés que Deus falou dessa forma".[2]

Taciano (c. 110-180). Discípulo de Justino, Taciano referiu-se a João 1.5 como "Escritura" em sua *Apologia* (cap. 13). Nessa obra, ele fez uma defesa apaixonada do cristianismo e o considerou tão puro que o achou incompatível com a civilização grega. Ele também se destacou por seu esforço pioneiro de elaborar uma harmonia dos Evangelhos, o *Diatessarão* (c. 150-160).

Ireneu (c. 130-202). Quando criança, antes de mudar-se para Roma para estudar antecedendo sua ordenação como presbítero (ancião) e, depois, bispo de Lyon (França), conta-se que Ireneu ouviu Policarpo. O próprio Ireneu foi um pioneiro no desenvolvimento da doutrina cristã no Ocidente, o que faz dele um indivíduo fundamental para a compreensão da doutrina das Escrituras na igreja antiga. Em seu tratado *Contra as heresias* (3.1.1), Ireneu referiu-se à autoridade do Novo Testamento quando afirmou:

> Porque o Senhor de todos concedeu o poder do evangelho aos seus apóstolos, por meio dos quais viemos a conhecer a verdade, isto é, o ensino do Filho de Deus. [...] Foi esse o evangelho que eles primeiramente pregaram. Depois disso, pela vontade de Deus, passaram-no a nós nas Escrituras, para que fossem "coluna e fundamento" de nossa fé.[3]

---

[2] Justin Martyr [Justino Mártir], *Justin's hortatory oration to the Greeks*, 8, 12 e 44, conforme citado em Norman L. Geisler, *Decide for yourself: how history views the Bible*, p. 24-5.

[3] Irenaeus [Ireneu], *Against heresies*, in: *The library of Christian classics*, 3.67.

Na verdade, ele deu ao terceiro livro do seu tratado o título *A fé nas Escrituras e a tradição*, em que reconhece que os apóstolos estão "acima de qualquer falsidade" (3.5.1). Ele se referiu à Bíblia como "Escrituras da verdade" e estava "bastante convencido de que as Escrituras são efetivamente perfeitas, uma vez que são enunciadas pela Palavra de Deus e por seu Espírito".[4]

Clemente de Alexandria (c. 150-215). Clemente de Alexandria entrou em cena cerca de um século depois de Clemente de Roma. Ele se tornou chefe da Escola Catequética de Alexandria em 190, mas se viu obrigado a fugir por causa da perseguição em 202. Clemente seguia uma doutrina rígida da inspiração, mas permitia que os poetas gregos fossem inspirados pelo mesmo Deus num grau menor. Em seu *Stromata*, Clemente observa:

> Não há discordância entre a Lei e o evangelho, mas harmonia, porque ambos procedem do mesmo Autor [...] diferindo no nome e no tempo para adequar-se à era e à cultura de seus ouvintes [...] por uma economia sábia, mas potencialmente única [...] uma vez que a fé em Cristo e o conhecimento [...] do evangelho é a explicação [...] e o cumprimento da Lei.[5]

Ele chama efetivamente o evangelho de "Escritura" no mesmo sentido que a Lei e os Profetas quando escreve: "As Escrituras [...] na Lei, nos Profetas e, além disso, pelo santo evangelho [...] são válidos por sua autoridade onipotente".[6] Clemente de Alexandria chegou até a condenar os que rejeitavam as Escrituras porque "não estão satisfeitos com as ordens divinas, isto é, com o Espírito Santo".[7]

Tertuliano (c. 160-220). Tertuliano, em "Pai da teologia latina", nunca hesitou em dar apoio à doutrina da inspiração tanto do Antigo quanto do Novo Testamentos, nem quando católico, nem quando montanista. Na verdade, ele dizia que os quatro Evangelhos "foram elaborados sobre a base segura da autoridade apostólica e, portanto, são inspirados num sentido muito diferente dos escritos do cristão espiritual; 'todos os fiéis, é verdade, têm o Espírito de Deus, mas não são todos apóstolos'".[8] Para Tertuliano,

---

[4] Ibidem, 2.28.2; 2.35.4.

[5] Brooke Foss Westcott, *An introduction to the study of the Gospels*, p. 439. Convém observar, entretanto, que Clemente considerava inspirado *O Pastor* (cf. *Stromata* 5.15, 128).

[6] Clement of Alexandria [Clemente de Alexandria], *Stromata*, in: *The ante-Nicene fathers*, 2:408-9.

[7] Ibidem, 7.21; veja tb. *Stromata* 2.4 e 7.16, que é citado em Geisler, p. 31-2.

[8] Westcott, *Introduction*, p. 434.

os apóstolos realmente têm o Espírito Santo, e o têm plenamente, nas operações proféticas, na eficácia das virtudes [de cura] e evidências das línguas; não de modo particular, como os demais. Portanto, ele atribuiu a autoridade do Espírito Santo àquela forma [de conselho] à qual ele desejou intensamente que atendêssemos; e que, logo, se tornou não um *conselho* do Espírito Santo, mas, em consideração à sua majestade, um *preceito*.[9]

Hipólito (c. 170-236). Discípulo de Ireneu, Hipólito demonstrou o mesmo sentido profundo de significado espiritual das Escrituras conforme já demonstrado por seu mestre imediato e em autores mais antigos. Diz ele a respeito da inspiração do Antigo Testamento:

A Lei e os Profetas eram de Deus, que, ao concedê-los, impeliu seu mensageiro a falar pelo Espírito Santo, de tal forma que, recebendo a inspiração do poder do Pai, eles possam anunciar o conselho e a vontade do Pai. Nesses homens, portanto, a Palavra encontrou uma acolhida adequada e falou dEle; pois mesmo naquele tempo, ele veio como seu próprio mensageiro, mostrando a Palavra que estava prestes a aparecer no mundo.[10]

Sobre os autores do Novo Testamento, ele afirma de modo confiante:

Esses homens abençoados [...] tendo sido aperfeiçoados pelo Espírito da Profecia, e dignamente honrados pela Palavra em si, foram conduzidos à harmonia interior como instrumentos, e tendo a Palavra dentro de si, como que para tocar as notas, por ela foram impulsionados, e anunciaram aquilo que Deus desejava. Porque não falavam com base em um poder que lhes era próprio (que fique claro) nem proclamavam aquilo que eles mesmos desejavam; eram, antes de tudo, corretamente dotados de sabedoria pela Palavra. Depois disso, foram ensinados antecipadamente sobre o futuro por meio de visões, e então, quando estavam certos disso, falaram o que lhes foi [revelado] com exclusividade por Deus.[11]

---

[9] Tertullian [Tertuliano], *On exhortation to chastity* 4, in: *The ante-Nicene fathers*.
[10] Hippolytus [Hipólito], *Contra Noetum*, cf. citado por Westcott, *Introduction*, p. 431-2.
[11] Hippolytus, *De AntiChristo*, cf. citado por Westcott, *Introduction*, p. 432.

Novaciano (m. c. 251). Novaciano, de cujo nome se apropriou uma seita herética, dizia que o Antigo e o Novo Testamentos eram Escrituras imbuídas de autoridade em referências espalhadas em seus escritos. Suas perspectivas "monarquianas" são conhecidas em grande medida pelos escritos de seus críticos e pelas atividades cismáticas de seus seguidores.

Orígenes (c. 185- c. 254). Orígenes sucedeu Clemente na Escola Catequética de Alexandria. Embora se desviasse da teologia ortodoxa em decorrência de seu método alegórico de interpretação, Orígenes parece ter defendido que tanto *o autor* quanto *o escrito* eram inspirados. Ele acreditava que Deus "concedeu a Lei, os Profetas e os Evangelhos, e era também o Deus dos apóstolos e do Antigo e do Novo Testamentos". Ele escreveu: "Este Espírito inspirou cada um dos santos, quer se trate de profetas quer de apóstolos; e não houve certo Espírito nos homens da antiga dispensação e outro nos que foram inspirados no advento de Cristo".[12] Sua posição sobre a autoridade das Escrituras é a de que "elas foram escritas pelo Espírito de Deus e têm um significado [...] não conhecido de todos, mas somente daqueles a quem a graça do Espírito Santo é concedida em palavras de sabedoria e de conhecimento".[13] Ele disse ainda que há um elemento sobrenatural de pensamento "em toda a Escritura, mesmo onde não seja evidente para o não instruído".[14]

Cipriano (c. 200-258). Cipriano foi bispo de uma das maiores cidades do Ocidente durante a perseguição de Décio (249-251 d.C.). Em seu tratado *A unidade da igreja católica*, ele apela à autoridade dos Evangelhos, referindo-se a eles como "mandamentos de Cristo". Ele acrescenta ainda as Cartas aos Coríntios de Paulo à sua lista de autoridades e recorre à Carta de Paulo aos Efésios (4.4-6).

Na mesma passagem, Cipriano reafirma a inspiração do Novo Testamento: "Quando o Espírito Santo diz, na Pessoa do Senhor". Ainda acrescenta: "O Espírito Santo nos adverte por meio do Apóstolo"[15] quando cita 1Coríntios 11.19.[16] Esses e vários outros exemplos em seus escritos levam à conclusão de que, para Cipriano, tanto o Antigo quanto o Novo Testamentos são "Escrituras divinas".[17]

---

[12] Origen [Orígenes], *De principiis*, in: *The ante-Nicene fathers*, 4:240.
[13] Ibidem, p. 241.
[14] Ibidem, prefácio, 4; 4,1.1,7,9,14, cf. citado em Geisler, p. 28-30.
[15] Cyprian [Cipriano], *The unity of the Catholic Church*, in: *The library of Christian classics*, 5:126.
[16] Ibidem, p. 443.
[17] Cyprian, *Epistle about Cornelius and Novatian*, in: *The ante-Nicene fathers*, 5:328.

Eusébio de Cesareia (c. 263 ou 265-340). Como historiador da igreja, Eusébio passou muito tempo defendendo a inspiração dos escritos do Antigo e do Novo Testamentos, que foram comentados pelos sucessores dos apóstolos. Ele também escreveu muito sobre o cânon do Novo Testamento em sua *História eclesiástica*. Foi Eusébio de Cesareia que recebeu a incumbência de preparar cinquenta exemplares das Escrituras depois do Concílio de Niceia (325).[18]

Atanásio de Alexandria (c. 295-373). Conhecido pelo epíteto de "pai da ortodoxia" em razão das suas contribuições em oposição a Ário em Niceia (325), Atanásio foi o primeiro a usar o termo "cânon" para referir-se aos livros do Novo Testamento, os quais ele chamou de "fontes de salvação".[19]

Cirilo de Jerusalém (c. 315-386). Cirilo contribui com uma luz interessante para concluir o período da igreja antiga. Em suas *Catequeses*, ele diz a seus catecúmenos que está propondo a eles um resumo de "toda a doutrina da fé" que "foi construída sobre bases sólidas de todas as Escrituras". Em seguida, passa a avisar outros para que não mudem ou contrariem seus ensinos tomando por base, por exemplo, a proibição encontrada em Gálatas 1.8,9.[20] Em seu tratado *Sobre as Escrituras divinas*, ele faz referência às "Escrituras divinamente inspiradas tanto do Antigo quanto do Novo Testamentos".[21] Em seguida, começa a arrolar todos os livros do Antigo Testamento hebraico (22) e todos os livros do Novo Testamento cristão, exceto Apocalipse (26), dizendo: "Aprendam também, diligentemente, e com a igreja, quais são os livros do Antigo Testamento e quais os do Novo. E, peço a vocês, não leiam nenhum dos escritos apócrifos". Para Cirilo, a questão estava claramente delimitada quando escreveu: "Com relação aos mistérios divinos e salvíficos da fé, nenhuma doutrina, ainda que trivial, pode ser ensinada sem o amparo das Escrituras divinas. [...] Porque nossa fé salvadora deriva sua força não de raciocínios arbitrários, mas do que pode ser provado pela Bíblia".[22]

Essa evidência, associada a outros escritos daquela era da história da igreja, tem levado muitos a concluir que *praticamente todo pai da igreja subscreveu com*

---

[18] Veja os caps. 16 e 24 para análises sobre o papel de Eusébio na coleção, uso e preservação do texto bíblico na esteira do período de perseguição generalizada à igreja.

[19] Brooke Foss Westcott, *A general survey of the history of the canon of the New Testament*, p. 456.

[20] Cyril of Jerusalem [Cirilo de Jerusalém], *Catechetical lectures*, in: *The Nicene and post-Nicene fathers*, 7:32.

[21] Ibidem, p. 26-7.

[22] Ibidem, 4.17, cf. citado em J. N. D. Kelly, *Early Christian doctrines*, p. 42 [edição em português: *Patrística: origem e desenvolvimento das doutrinas centrais da fé cristã* (São Paulo: Vida Nova, 1994)].

entusiasmo igualmente *à doutrina da inspiração do Antigo e do Novo Testamentos*. J. N. D. Kelly defende essa posição quando escreve:

> Não há necessidade de alongar-se na autoridade absoluta conferida às Escrituras como norma doutrinária. A Bíblia, declarou Clemente de Alexandria por volta de 200 d.C., conforme interpretada pela igreja, foi a fonte do ensino cristão. Seu maior discípulo, Orígenes, foi um biblista meticuloso que recorreu vez após vez às Escrituras como critério decisivo do dogma. [...] "As Escrituras Sagradas inspiradas", escreveu Atanásio um século depois, "são plenamente suficientes para a proclamação da verdade". Mais tarde, no mesmo século, João Crisóstomo pediu à sua igreja que não procurasse outro mestre que não fossem os oráculos de Deus. [...] No Ocidente, Agostinho [... e], pouco tempo depois, Vicente de Lérins (m. c. 450), tomaram como axioma [que] o cânon das Escrituras era "suficiente, e mais do que suficiente, para todos os propósitos".[23]

Em suma, os pais da igreja antiga acreditavam que tanto o Antigo quanto o Novo Testamentos eram os escritos inspirados do Espírito Santo por intermédio da instrumentalidade dos profetas e dos apóstolos. Criam também que essas Escrituras eram totalmente verdadeiras e sem erro porque eram precisamente a Palavra de Deus concedida para a fé e a prática de todos os crentes.

A IGREJA ESTABELECIDA (A PARTIR DE C. 350 D.C.)

O período da igreja estabelecida estende-se por um intervalo de tempo e de espaço muito maior e, em decorrência disso, requer que seu conteúdo tenha um tratamento ainda mais superficial. O período começa com a ascensão do racionalismo, incluindo-se aí também a igreja medieval, a igreja da Reforma e o início da igreja moderna.

A igreja medieval (c. 350-c. 1350)

A igreja medieval pode ser representada por diversos homens importantes e de ampla influência. Esses indivíduos representam segmentos grandes e variados do cristianismo, e suas vozes coletivas refletem o que se conhece por ensino tradicional da doutrina da inspiração e da autoridade das Escrituras.

---

[23] Kelly, *Early Christian doctrines*, p. 42-3.

Ambrósio de Milão (340-397). Ambrósio teve a honra especial de orientar Agostinho em sua experiência cristã inicial. O bispo de Milão também se ocupou muito com as Escrituras cristãs. Suas *Cartas* apresentam uma percepção clara de sua visão do Novo Testamento. Em sua carta ao imperador Valentiniano II, Ambrósio cita Mateus 22.21, recorrendo à conhecida declaração introdutória "Está escrito" (20.19) quando cita livremente João 6.15 e 2Coríntios 12.10 (20.23).[24] Também recorre às "Escrituras Divinas" (10.7) em sua carta ao imperador Graciano, em que apresenta sua discordância com os arianos.[25]

Jerônimo (c. 340-420). De acordo com H. F. D. Sparks, "Jerônimo foi, junto com Orígenes, o maior estudioso da Bíblia da igreja antiga".[26] Uma vez que o autor e sua obra serão analisados exaustivamente em outro lugar, basta mencioná-lo brevemente. Há em seus escritos muitas referências às "Escrituras Sagradas" e à autoridade delas.[27] Boa parte de sua vida se concentrou na tradução da Bíblia e nos debates com outros acerca do cânon do Antigo Testamento. Além disso, pressupunha a inspiração, a canonicidade e a autoridade do Novo Testamento conforme chegou a nós no mundo contemporâneo. De acordo com B. F. Westcott, "O testemunho de Jerônimo pode ser considerado como um testemunho da igreja romana; pois não só recebeu sua formação em Roma, como também seus trabalhos sobre o texto das Escrituras foram feitos a pedido de Dâmaso, bispo de Roma. Os papas posteriores republicaram o cânon reconhecido por Jerônimo".[28] Numa carta a Nepociano em 394 d.C., Jerônimo propôs um tratado sistemático sobre as obrigações do clero e a regra de vida que deviam seguir. Nele escreve: "Leiam as Escrituras divinas constantemente; jamais, de forma alguma, permitam que o livro sagrado saia de sua mão".[29] No mesmo ano, escreveu a Paulino para que estudasse de modo diligente as Escrituras e arrola o número dos livros do Novo Testamento enquanto escreve.

---

[24] Ambrose [Ambrósio], *Letters*, n. 20, cf. citado em *Library of Christian classics*, 5:209-17.
[25] Ibidem, n. 10, p. 184-9.
[26] H. F. D. Sparks, "Jerome as biblical scholar", in: P. R. Ackroyd; C. F. Evans, orgs., *The Cambridge history of the Bible*, vol. I: *From the beginnings to Jerome*, p. 510.
[27] Jerome [Jerônimo], *Letters*, n. 107, cf. citado em *Library of Christian classics*, 5:332-4, é suficiente para respaldar essa posição.
[28] Westcott, *A general survey of the history of the canon of the New Testament*, p. 453.
[29] Jerome, Letter 52.7, in: *The Nicene and post-Nicene fathers*, vol. 6: *St. Jerome: letters and selected works*, p. 92.

Peço-te, meu querido irmão, que vivas entre esses livros, meditas neles, nada mais procures saber, nada mais busques. Uma vida como essas não te parece um antegosto do céu aqui na terra? Não permitas que a simplicidade das Escrituras te ofenda; isso se deve a erros dos tradutores, ou então, a propósito intencional: pois desse modo estará mais adequada à instrução.[30]

Quando ele analisa a diferença entre a ignorância justa e a justiça fundamentada, Jerônimo responde à pergunta: "Por que o apóstolo Paulo é chamado de vaso escolhido?". Ele responde: "Certamente porque ele é um repertório da Lei e das Escrituras Sagradas".[31]

A Escola Siríaca de Antioquia. João Crisóstomo (c. 347-407) e Teodoro de Mopsuéstia (c. 350-428) são exegetas e teólogos representativos da Escola Siríaca de Antioquia, onde os discípulos foram chamados de cristãos pela primeira vez (At 11.26). Durante os primeiros séculos da igreja cristã, Antioquia era a maior rival de Alexandria na disputa pela liderança teológica no Oriente. Assim como na concepção antioquena da redenção, Teodoro e seus contemporâneos argumentavam que o autor primordial das Escrituras era o Espírito Santo. Para ele, o Espírito Santo providenciava o conteúdo da revelação, e o profeta (em cooperação com o Espírito Santo) lhe dava expressão e forma apropriadas.[32] Essa era a base de seu enfoque hermenêutico literal.

Agostinho (354-430). Agostinho, o "Monólito Medieval", endossou plenamente as declarações do Novo Testamento acerca de sua inspiração. Pode-se ver um exemplo dessa sua ideia em suas *Confissões* (8.29), em que a leitura de Romanos 13.13,14 bastou para que ele se convertesse. Sua obra monumental, *A cidade de Deus*, contém inúmeros trechos das Escrituras; com isso, o autor indica a autoridade das Escrituras em contraste com os demais escritos (veja 11.3; 18.41). Ao longo de todas as suas cartas e em outros tratados, Agostinho defendeu a verdade, a autoridade e a origem divina das Escrituras. Em *A cidade de Deus*, usou expressões como "Escrituras Sagradas" (9.5), "as palavras de Deus" (10.1), "Escritura infalível" (11.6), "revelação divina" (13.2) e "Escritura Sagrada" (15.8). Em outros escritos, se referiu à Bíblia como "oráculos de

---

[30] Ibidem, Letter 53.10, p. 102.
[31] Ibidem, Letter 53.3, p. 97-8.
[32] Veja M. F. Wiles, "Theodore of Mopsuestia as representative of the Antiochene School", in: P. R. Ackroyd; C. F. Evans, orgs., *The Cambridge history of the Bible*, vol. I: *From the beginnings to Jerome*, p. 492-3.

Deus", "palavra de Deus", "oráculos divinos" e "Escritura divina".[33] Com sua vasta influência ao longo dos séculos, esse testemunho se apresenta como um baluarte marcante para o conceito elevado conferido às Escrituras pela igreja. Ao se referir aos autores dos Evangelhos, Agostinho afirmou:

> Quando escrevem que ele ensinou e disse, não se deve afirmar que ele não o escreveu, já que os membros simplesmente registravam o que vieram a conhecer durante o ditado [*dictis*] do Cabeça. Portanto, seja o que for que ele queria que lêssemos no que diz respeito a suas palavras e atos, ele ordenava a seus discípulos, as mãos dele, que escrevessem. Assim, não se pode senão receber o que é lido nos Evangelhos, embora escrito pelos discípulos, como se tivesse sido escrito pelas próprias mãos do Senhor.[34]

Consequentemente, acrescentou: "Tenho aprendido a conceder esse tipo de respeito e honra somente aos livros canônicos das Escrituras: só a respeito deles creio firmemente que os autores estiveram livres de todo erro".[35]

Gregório I (540-604). Gregório I, "o Grande", escreveu seu *Comentário de Jó* em que faz referência a Hebreus 12.6 como "Escritura".[36] Como o primeiro papa medieval, ele definiu o padrão para os séculos seguintes, assim como sintetizou os anteriores. Louis Gaussen resumiu a situação muito bem quando escreveu:

> ... que com a única exceção de Teodoro de Mopsuéstia (c. 400 d.C.), aquele profeta filosófico cujos numerosos escritos foram condenados por seu nestorianismo no Quinto Concílio Ecumênico [...] descobriu-se ser impossível produzir, no longo decurso dos *oito primeiros séculos do cristianismo*, um único doutor que tenha repudiado a inspiração plena das Escrituras, a não ser no seio das mais violentas heresias que atormentaram a igreja cristã; isto é, entre os gnósticos, os maniqueístas, os anomianos e os maometanos.[37]

---

[33] Augustine [Agostinho], *Expositions on the book of Psalms*, 137.1; 146.12; *Letters* 55.37; *Enchiridion* 1.4; *Harmony of the Gospels* 1.35.54; todos in: *The Nicene and post-Nicene fathers*, 2. série, vol. 8.

[34] Augustine, *Harmony of the Gospels*, 1.35.54, cf. citado em Geisler, *Decide for yourself*, p. 34.

[35] Cf. citado em Geisler, *Decide for yourself*, p. 40.

[36] Gregory, the Great [Gregório, o Grande], *The commentary of Job*, in: *Library of Christian classics*, 9:189.

[37] Louis Gaussen, *Theopneustia*, p. 139-40.

Anselmo de Cantuária (1033-1109). Em seu célebre *Cur Deus homo?* (cap. 22), Anselmo continuou a defender a visão ortodoxa da inspiração quando escreveu: "E o próprio Deus-Homem dá origem ao Novo Testamento e aprova o Antigo. E, já que é necessário reconhecer que ele é verdadeiro, assim ninguém pode discordar de nada contido nesses livros".[38] Como arcebispo de Cantuária, Anselmo se ocupou com a questão da autoridade em outro tratado, em que disse: "Deixando de lado o que está escrito nas Escrituras, na qual creio sem duvidar, é claro".[39]

Os Vitorinos. Homens destacados da abadia de São Vitor, em Paris, no século 12, seguiam a abordagem histórica e literal de interpretação bíblica na tradição da Escola Siríaca de Antioquia. Estavam entre seus representantes Hugo (m. 1142), Ricardo (m. 1173) e André (m. 1175). Eles insistiam que artes liberais, história e geografia eram básicas para a exegese literal, o que suscita o aparecimento da doutrina; essa doutrina, por sua vez, forma o antecedente natural para a alegorização das Escrituras. Para eles, essa interpretação literal era fundamental para o estudo adequado da Bíblia, que consideravam a própria palavra de Deus.[40]

Tomás de Aquino (c. 1225-1274). Os fundamentos da teologia medieval foram lançados por estudiosos de destaque como o categorizador Pedro Lombardo (c. 1100-c. 1160) e o enciclopedista Alberto, o Grande (c. 1193 ou 1206-1280). Com eles surgiu a escolástica medieval. Contudo, o principal porta-voz da escolástica foi Tomás de Aquino, o grande teólogo sistemático. Tomás de Aquino subscrevia claramente à doutrina ortodoxa da inspiração. Em sua *Summa theologiae*, o teólogo católico romano afirma que "o Autor das Escrituras Sagradas é Deus".[41] Embora questione os "sentidos" das Escrituras, ele *pressupõe* a "inspiração" tanto do Antigo quanto do Novo Testamentos. Ele concordava com a visão tradicional de que as Escrituras são "revelação divina" (1a. 1,1; 1a. 1,8) e "sem erros" (2a2ae. 1,6, *In Job* 13.1).

---

[38] Anselm of Canterbury [Anselmo de Cantuária], *Saint Anselm, basic writings: proslogium, monologium, Gaunilon's: on behalf of the fool, Cur Deus homo*, 2. ed., tradução para o inglês de. S. W. Deane (LaSalle: Open Court, 1962), p. 287-8

[39] Anselm of Canterbury, *Truth, freedom, and evil: three philosophical dialogues*, edição e tradução para o inglês de Jasper Hopkins; Herbert Richardson (New York: Harper & Row, 1967) p. 185.

[40] Bernard Ramm, *Protestant biblical interpretation: a textbook of hermeneutics*, p. 51.

[41] Thomas Aquinas [Tomás de Aquino], *Summa theologiae*, 1a. 1, 10 [edição em português: *Suma teológica* (São Paulo: Loyola, 2001), 9 vols.]. Este é um excelente resumo da ideia de Tomás de Aquino sobre a inspiração.

Passado o tempo de Tomás de Aquino e de seu crítico João Duns Scotus (c. 1265-1308), a filosofia escolástica entrou num período de declínio. Essa tendência culminou com o ceticismo nominalista de William de Ockham (c. 1300-1349) e preparou o cenário para a supressão da teologia dos não treinados durante o período entre a morte de Ockham e a Reforma. Contudo, os grandes eruditos, teólogos e doutores da igreja estabelecida criam, assim como os pais primitivos, que a Bíblia toda é a inspirada, infalível e inerrante Palavra de Deus escrita. Eles a aceitavam sem hesitação e sem reservas como o padrão divinamente imbuído de autoridade para a igreja cristã.

A igreja anterior à Reforma (c. 1350-c. 1500)

Enquanto isso, outros movimentos estavam surgindo na Europa e na igreja. Muito antes da era da Reforma (c. 1500-c. 1650), havia um forte desejo entre o povo comum de voltar às Escrituras. Esse desejo ficou evidente em movimentos como os valdenses, os lolardos e os hussitas.

Valdes (ativo entre 1173-1205/1218). Valdes, também conhecido incorretamente como "Pedro Valdo", era um rico mercador de Lyon. Seus seguidores, "os homens pobres de Lyon", vieram a ser conhecidos como valdenses. No Terceiro Concílio de Latrão (1179), Valdes e seus seguidores buscaram reconhecimento eclesiástico e produziram traduções da Bíblia para o vernáculo. Foram proibidos de pregar, exceto a convite do clero, mas não demorou para que fossem excomungados (1184). Começaram a se organizar cada vez mais distantes da igreja, ignorando seus decretos e sanções, e designavam seus próprios ministros. Seu movimento era baseado na doutrina tradicional da inspiração e da autoridade das Escrituras. Tendiam a duvidar da validade dos sacramentos administrados por ministros indignos e apelavam às Escrituras em apoio à sua oposição a várias práticas dentro da igreja, bem como a seu direito e dever de pregar. Rapidamente se espalharam pelo sul da França e da Espanha e depois pela Alemanha, Piemonte e Lombardia. Muitos foram dizimados depois do papado de Inocêncio III, do Quarto Concílio de Latrão (1215) e da Inquisição. Embora não tenham desenvolvido liderança ou organização central alguma, rapidamente entraram em contato com os reformadores no século 16.

John Wycliffe (c. 1320-1384). Wycliffe assinala um divisor de águas na *transmissão* das Escrituras, mas não na história da doutrina da *inspiração*. Desde sua morte, seu nome tem sido associado ao movimento pela tradução da Bíblia em inglês. O trabalho pioneiro do reformador e teólogo inglês foi direcionado para a tradução e a distribuição das Escrituras, que ele e seus seguidores, os lolardos, acreditavam ser efetivamente a Palavra de Deus. Wycliffe achava que somente a Bíblia nas mãos do povo seria suficiente para que o Espírito Santo trabalhasse no meio dele. Ele confiava tanto nisso que defendia as Escrituras como única lei da igreja, tendo devotado a vida e suas energias à sua propagação. Embora Wycliffe e seus seguidores imediatos tenham trabalhado sob o abrigo da igreja, houve oposição às traduções com base em diversas alegações. De acordo com Henry Hargreaves,

> Na Inglaterra, a questão da legalidade das traduções da Bíblia e seu uso não teve destaque até as últimas décadas do século 14. As versões em inglês antigo dos livros bíblicos não parecem ter despertado nenhum antagonismo, e, a julgar pelo número de manuscritos existentes, o *Saltério* de Rolle parece ter gozado de grande popularidade e, possivelmente, portanto, de aprovação oficial. Contudo, o objetivo dos tradutores de Wycliffe foi, sem dúvida alguma, o de estabelecer uma autoridade nova e toda-suficiente em oposição à Igreja. Àquela altura, a Igreja havia sancionado muita coisa não bíblica e que não satisfazia o critério de Wycliffe para as instituições eclesiásticas, isto é, que se conformassem à prática de Cristo e de seus seguidores de acordo com as Escrituras. Os seguidores de Wycliffe, portanto, apelaram à "lei de Deus" e à "lei de Cristo" — suas designações comuns para a Bíblia e para o Novo Testamento. Além disso, diziam que essas leis estavam abertas ao entendimento direto de todos os homens nos pontos mais essenciais à salvação. Para essa compreensão, era necessário que todos pudessem estudar os Evangelhos no idioma em que melhor entendessem seu significado.[42]

O uso da alegoria por Wycliffe na interpretação da Bíblia baseava-se em sua predisposição de que as palavras das Escrituras eram completamente confiáveis.[43] Sua visão da inspiração plena das Escrituras foi a base dos esforços dele para a tradução e a teologia da Bíblia, cujo impacto foi grande sobre João Hus,

---

[42] Henry Hargreaves, "The Wycliffe versions", in: "The vernacular Scriptures", G. W. H. Lampe, org., *The Cambridge history of the Bible*, vol. 2: *The West from the fathers to the Reformation*, p. 392.

[43] John D. Woodbridge, "Biblical authority: towards an evaluation of the Rogers McKim proposal", Review Article, *Trinity Journal*, vol. 1, n. 2, s.n. (Fall 1980): 177. Em uma nota de rodapé a essa análise, Woodbridge cita um item de Wycliffe incluído em Herbert Winn, org., *Wycliffe-English sermons* (London, Reino Unido: Oxford University Press, 1929), p. 19. Veja tb. William Mallard, "John Wycliffe and the tradition of biblical authority", *Church History* 30 (1961): 50-60.

Martinho Lutero e outros, a ponto de Wycliffe ser reconhecido como "A estrela da manhã da Reforma".[44]

João Hus (c. 1372-1415). Nascido em uma família de camponeses em Husinec, na Boêmia, João Hus fez seu mestrado na Universidade de Praga (1396) antes de ser ordenado (1400). Tornou-se um pregador bem conhecido na Capela de Belém, em Praga, na época em que os escritos de Wycliffe se propagavam pela Boêmia, tornando-se defensor das ideias de Wycliffe. Em 1411, um novo papa, João XXIII,[45] excomungou Hus e colocou seus seguidores sob interdição. As disputas que se seguiram levaram Hus a publicar sua obra principal, *De ecclesia* (1413), cujos dez primeiros capítulos foram extraídos diretamente de Wycliffe. Em 1414, Hus deixou a Boêmia para participar do Concílio de Constança. Foi preso posteriormente e morreu queimado em julho de 1415. A visão que ele tinha das Escrituras era a mesma de Wycliffe. Na verdade, quando Martinho Lutero começou sua obra de reforma e apelou às Escrituras, e não às autoridades estabelecidas da Igreja, foi censurado várias vezes por seguir o "erro de Hus". O ponto em comum entre os hussitas da Boêmia (às vezes chamados de valdenses) e Martinho Lutero foi seu apelo à autoridade das Escrituras.

Resumo e conclusão

Quando Martinho Lutero entrou em cena, não foi inteiramente original ao defender que as Escrituras eram a fonte de autoridade suprema para os cristãos e que o papa não era seu único intérprete. Assim como as afirmações do Antigo Testamento de que era inspirado encontraram respaldo no Novo Testamento, da mesma maneira as declarações do Novo Testamento sobre sua inspiração encontraram respaldo nos pais da igreja. Na igreja antiga, a evidência é antiga e generalizada para a aceitação da declaração de inspiração do Novo Testamento. Na igreja estabelecida, a evidência está em sintonia com o período anterior. Ao longo de toda a Idade Média, bem como no período da Reforma, os pais da igreja, os estudiosos, os reformadores e outros adotaram a

---

[44]Hubert Cunliffe-Jones, org., com a colaboração de Benjamin Drewery, *A history of Christian doctrine: in succession to the earlier work of G. P. Fisher published in the International Theological Library Series,* p. 291.

[45]Obviamente não se trata do mesmo João XXIII de anos recentes (1958-1963) que assumiu o mesmo nome.

doutrina tradicional da inspiração das Escrituras mesmo que diferissem de sua interpretação. Roland H. Bainton afirma que os reformadores faziam parte do mesmo fluxo de continuidade no que diz respeito à inspiração e à autoridade das Escrituras. Ele observou:

> William de Ockham já havia dito que, para ser salvo, o cristão não precisa acreditar no que não está nas Escrituras ou que delas seja derivado por uma lógica manifesta e inescapável. [...] Os conciliaristas recorreram à Bíblia contra o papa. [...] [e na disputa de Leipzig em 1519] quando João Eck disse a Lutero que seu ensino trazia consigo o vírus da Boêmia, já que confiava "mais nas Escrituras Sagradas do que nos pontífices supremos, nos concílios, nos doutores e nas universidades". [...] Lutero respondeu que não desprezava as opiniões dos mais ilustres pais, mas que era necessário dar a preferência às Escrituras inteligíveis. A autoridade das Escrituras está além de toda capacidade humana.[46]

---

[46] Roland H. Bainton, "The Bible in the Reformation", in: S. L. Greenslade, org., *The Cambridge history of the Bible*, vol. 3: *The West from the Reformation to the present day*, p. 2-4.

8
Doutrinas de inspiração desde a Reforma

Introdução

De acordo com John Herman Randall, os quatro séculos entre a Reforma e a Nova Reforma caracterizaram-se como uma época de "construção da mente moderna".[1] Durante o período entre as Noventa e Cinco Teses de Lutero (1517) e o *Commentary on Romans* [Comentário de Romanos] (1919), de Karl Barth,[2] uma divergência cada vez maior entre o mundo intelectual e o teológico gerou a ideia generalizada que possibilitaria o uso do método científico emergente para desafiar a autoridade da Palavra de Deus dentro da própria igreja.[3] Tanto críticos quanto defensores dessa autoridade chegaram a aplicar o chamado método dialético para a elaboração das próprias doutrinas da inspiração e da autoridade das Escrituras. Contudo, não se chega de modo adequado a um entendimento correto da inspiração e da autoridade das Escrituras por um processo dialético. Os desvios e distanciamentos do ensino histórico da igreja cristã acerca da natureza das Escrituras constituíam desafios que levaram os apologistas cristãos a se pronunciar em defesa da doutrina tradicional da Escritura.[4]

---

[1] John Herman Randall Jr., *The making of the modern mind: a survey of the intellectual background of the present age*. Veja tb. as análises tradicionais sobre a ascensão do pensamento moderno, como Crane Brinton, *Ideas and men: the story of Western thought*; Roland N. Stromberg, *An intellectual history of modern Europe;* Colin Brown, *Philosophy and the Christian faith: a historical sketch from the Middle Ages to the present day* [edição em português: *Filosofia e fé cristã: um esboço histórico desde a Idade Média até o presente*, 2. ed. rev. (São Paulo: Vida Nova, 2007)]. Veja tb. Herbert Butterfield, *The origins of modern science;* A. R. Hall, *The scientific revolution 1500-1800: the formation of the modern scientific attitude;* Lynn Thorndike, *A history of magic and experimental science*.

[2] *Carta aos Romanos*, tradução de Lindolfo Anders (São Paulo: Fonte Editorial, 2009).

[3] Veja H. D. McDonald, *Theories of revelation: an historical study 1700-1960*.

[4] Veja William E. Nix, "The doctrine of inspiration since the Reformation", p. 443-54, que apresenta a base para essa análise das principais tradições, no âmbito da comunhão cristã, referentes à doutrina das Escrituras.

Os primeiros grandes desvios da doutrina ortodoxa da inspiração e da autoridade das Escrituras surgiram depois da Reforma do século 16. Conforme certo autor afirmou,

> Os cristãos herdaram desde muito cedo dos judeus a crença de que os autores bíblicos estavam, de algum modo, tomados por Deus, que desse modo foi identificado como o verdadeiro autor da Bíblia. Uma vez que Deus não poderia, de modo algum, ser o agente de falsidade, a Bíblia precisa ter uma garantia contra o erro. Durante séculos, a doutrina ficou adormecida, enquanto doutrina: aceita por todos, ponderada por poucos. Foi somente no século 16 que a inspiração e seu corolário, a inerrância, passaram a ser examinadas de modo permanente.[5]

Mesmo assim, contudo, a maior parte do pensamento cristão continuou a respaldar a doutrina da inspiração e da autoridade das Escrituras. Roland H. Bainton sugere que os reformadores destronaram o papa e entronizaram a Bíblia como fonte de autoridade suprema. O princípio da *sola Scriptura* foi básico para todos os protestantes durante a era da Reforma. Na Dieta de Worms (1521), Martinho Lutero (1483-1546) afirmou que nada pode ser afirmado em relação à fé que contradiga ou que vá além das Escrituras ou da razão evidente. Ulrico Zuínglio (1494-1551) tomou posição com base no mesmo argumento durante a primeira disputa em Zurique diante do conselho da cidade em 1523. João Calvino (1509-1564) teve de lutar com a mesma questão; os anabatistas foram, entre todos os partidos, o mais fiel às Escrituras no período da Reforma; há entre os Trinta e Nove Artigos da Igreja da Inglaterra um artigo denominado "Da suficiência das Escrituras Sagradas para a salvação".[6] Essa atitude tão difundida e uniforme reflete o posição geral da era da Reforma de que só a Bíblia é o guia completo e suficiente em questões de fé e prática religiosa. Contudo, o período da Reforma nos séculos 16 e 17 foi uma era de credos e de confissões em que cada grupo denominacional ou seita procurou articular e perpetuar sua própria tradição doutrinária. Embora algumas dessas numerosas formas de credo tendessem a se tornar um fim em si mesmas e por si mesmas, elas geralmente se baseavam nas Escrituras e eram sorvidas das próprias Escrituras.

---

[5] J. T. Burtchaell, *Catholic theories of biblical inspiration since 1810*, p. 1-2.
[6] Roland H. Bainton, "The Bible in the Reformation", p. 1-6.

Essas declarações de fé mais ou menos formais serão examinadas à medida que surgirem na história.

Os anabatistas e a tradição batista (c. 1524-c. 1918)

A mais antiga dessas tradições está associada aos grupos anabatistas e batistas. Esses grupos não confessionais e não sacramentais tendiam a usar confissões e declarações de fé como explicações de suas ideias doutrinárias em detrimento de fórmulas prescritivas às quais se prestava lealdade por meio de credos e catecismos. Em geral, eles remetem suas origens a uma de três tradições básicas: (1) o sucessionismo batista; (2) a afinidade espiritual entre anabatistas e batistas; e (3) a dissensão separatista inglesa. As primeiras duas tradições têm seus ensinos refletidos nos escritos de indivíduos e grupos como John Wycliffe (c. 1320-1384), João Hus (c. 1372-1415), Balthasar Hubmaier (c. 1480-1528), a Confissão de Schleitheim (1527) dos anabatistas suíços, Martin Bucer (c. 1494-1551) e Menno Simons (1496-1561). Hubmaier opunha-se ao catolicismo romano, aos partidários de Zuínglio e aos luteranos em muitos ensinos (especialmente o batismo infantil) porque faltava-lhes corroboração das Escrituras. Dentro do seu próprio movimento, "Um apelo à Palavra de Deus era o método que Hubmaier usava para lidar com dificuldades que ameaçavam a comunhão anabatista".[7] Foi ele quem "estabeleceu o princípio reformado da obediência à Bíblia como sua convicção pessoal".[8] Sua influência e esse princípio são claramente vistos em uma das declarações doutrinárias mais antigas da era da Reforma em que os anabatistas definiram suas crenças, a Confissão de Schleitheim.[9] Na introdução ao seu *Treatises against the Anabaptists* [Tratado contra os anabatistas], a quem distinguia dos libertinos e dos espirituais, João Calvino os acusou de "erros inúmeros e perversos", mas reconheceu que "pelo menos essa seita recebe o Espírito Santo, assim como nós".[10]

---

[7] W. R. Estep, *The Anabaptist story*, p. 60 [edição em português: *A história dos anabatistas: uma introdução ao anabatismo do século XVI*, 3. ed. rev. ampl. (São Paulo: Monte Sião, 2017)].

[8] Ibidem, p. 51. Veja tb. W. R. Estep, "Balthasar Hubmaier: martyr without honor", *Baptist History and Heritage*, n. 2 (April 1978), p. 5-10.

[9] Essa declaração confessional foi publicada em Schleitheim am Randen [no cantão de Schaffhausen, Suíça] no dia 24 de fevereiro de 1527. Foi traduzida várias vezes e aparece em numerosas obras, como a tradução de John C. Wenger, p. 247-53.

[10] John Calvin [João Calvino], *Treatises against the Anabaptists and against the Libertines: translation, introduction, and notes*, organização e tradução para o inglês de Benjamin Wirt Farley, p. 39.

A influência de Martin Bucer e de Menno Simons deu-se de outras maneiras durante a era da Reforma. "A interpretação das Escrituras", de Bucer, "e a posição dela derivada foram aceitas como a posição oficial da cidade de Estrasburgo",[11] onde exerceu influência sobre João Calvino durante o tempo em que o reformador genebrino esteve na cidade. Sua grande influência sobre os líderes e tradutores da Bíblia da era da Reforma comprova a visão de Bucer sobre a inspiração e a autoridade da Bíblia.[12] Menno Simons tornou-se líder dos anabatistas pacíficos na Holanda.[13] Sua visão a respeito das Escrituras aparece claramente em *The foundation of Christian doctrine* [A base da doutrina cristã] (1539/1540), cujo texto foi baseado em 1Coríntios 3.11. Nessa obra, ele se dedicava às questões da cristologia e do banimento, que tinham afinidade com as visões expressas na Confissão de Schleitheim.[14]

A terceira tradição está de acordo com a perspectiva da Igreja da Inglaterra e a chamada "Reforma Magisterial" porque afirma ter surgido do movimento de dissensão espiritual inglês.[15] Ao longo de sua história, e entrando pelo século 20, os batistas procuraram evitar as declarações prescritivas ou credais em favor

---

[11] Cornelius J. Dyck, org., *An introduction to Mennonite history: a popular history of the Anabaptists and the Mennonites*, p. 68 [edição em português: *Uma introdução à história menonita: uma história popular dos anabatistas e dos menonitas* (Campinas: Cristã Unida, 1992)].

[12] O Saltério Latino de Bucer (1529) foi traduzido para o inglês e impresso em Estrasburgo em 1530, cinco anos antes que a primeira edição completa da Bíblia fosse editada por Miles Coverdale (1535). Esse Saltério passou por várias edições no continente e influenciou a "Matthew's Bible" (1537), bem como as notas nas margens em seu Saltério. Muitos anos depois de Robert Stephanus o ter publicado em 1544, esse Saltério provocou controvérsias quando os seguidores de Jacó Armínio (1560-1609), entre eles Hugo Grotius (1583-1645), acusaram o editor genebrino de alterar as declarações doutrinárias de Bucer para adequá-las à interpretação calvinista. Veja a análise no cap. 30. Veja tb. Constantin Hopf, *Martin Bucer and the English Reformation*, p. 213-7.

[13] Veja esp. George Huntston Williams, *The radical Reformation*, p. 387-98, e Dick, *Mennonite history*, p. 79-88. Veja tb. Menno Simons, *The complete writings*, organização de John C. Wenger, tradução para o inglês de Leonard Verduin, que traz também "A brief biography" por Harold Bender.

[14] Menno Simons, "On the ban: questions and answers", in: George H. Williams; Angel M. Mergal, orgs., *Spiritual and Anabaptist writers: documents illustrative of the radical Reformation*, p. 261-71. Na introdução a esse tratado, os organizadores afirmam que "o batismo e o banimento constituíam as duas chaves que controlavam a entrada e a saída da igreja regenerada do anabatismo. Pelo [re]batismo, a pessoa entrava na igreja. Pelo banimento, o membro desviado era expulso [...]. O banimento era, naturalmente, baseado em Mateus 18.15-18. Ele passou a ser associado à prática de evitar essa pessoa ou se esquivar dela com base em 1Coríntios 5.11" (p. 261).

[15] Nix, "Doctrine of inspiration", p. 444-5. Williams, *Radical Reformation*, faz uma análise magnífica das diferenças entre as várias ramificações da "Reforma Radical" e seus contatos com a "Reforma Magisterial" em suas várias expressões. Veja tb. William R. Estep, *The Anabaptist story*.

de expressões descritivas ou sermônicas de suas declarações confessionais, que enunciam em seu cenário histórico, sociológico e teológico específico.¹⁶

A típica declaração confessional batista repousa firmemente sobre o texto e o ensino das Escrituras, sobretudo no Novo Testamento, que são citadas profusamente a cada ponto nas declarações apresentadas. Além disso, os batistas tenderam a elaborar suas declarações doutrinárias com base em modelos mais antigos dentro de sua tradição em particular. São exemplos de declarações batistas a Confissão de Fé (1644) das sete igrejas batistas de Londres (logo Confissão Londrina), publicada três anos antes da Confissão de Fé de Westminster (1647) da Igreja da Inglaterra. A Confissão Londrina de 1644 foi reimpressa em várias ocasiões antes da publicação da chamada Segunda Confissão Londrina (1677). Ela se tornou a confissão mais amplamente aceita dos batistas regulares ou batistas calvinistas da Inglaterra. Foi reimpressa em 1688 e 1689 como *A Confession put forth by the Elders and Brethren of many Congregations of Christians (Baptized upon Profession of Their Faith) in London and the Country* [Uma confissão elaborada pelos presbíteros e irmãos de muitas igrejas de cristãos (batizados mediante a profissão de sua fé) em Londres e no campo].¹⁷ Essa declaração foi uma leve alteração da Confissão de Westminster da Igreja da Inglaterra e da Declaração de Savoy (1658) das igrejas congregacionais com o objetivo de adequar-se à forma de governo e ao batismo tipicamente batistas. A Segunda Confissão Londrina foi "adotada pela Associação Batista que se reuniu em Filadélfia em 25 de setembro de 1742" e chamada de The Philadelphia Confession [A Confissão de Filadélfia]. Ela seguiu o modelo da Confissão de Westminster ao colocar a doutrina das Escrituras no Artigo I (parágrafos 1-10), onde consta:

> (1) As Escrituras Sagradas são a única regra suficiente, certa e infalível de conhecimento, fé e obediência plenamente salvadores. [...] (4) A autoridade das Escrituras Sagradas, pela qual se deve crer nela, não depende do testemunho de nenhum homem ou igreja, mas totalmente de Deus (que é a verdade em si), seu autor; portanto, deve-se recebê-la, porque é a Palavra de Deus.¹⁸

---

¹⁶ Para um exame muito bem feito e equilibrado sobre esse ponto, veja L. Russ Bush; Tom J. Nettles, *Baptists and the Bible*. Veja tb. Tom J. Nettles, "Baptists and Scripture", in: John D. Hannah, org., *Inerrancy and the church*, p. 323-57.

¹⁷ Forgotten, 2018.

¹⁸ *The Philadelphia Confession of Faith*, 6. ed., cf. impressa por Benjamin Franklin. Veja "The London Confession of 1644", p. 3-8. "The Second London Confession" (1677), reimpr. in: William L. Lumpkin, *The Baptist confessions of faith*, p. 241-59; Article I, in: "Of the Holy Scriptures", está

Na região da Carolina do Norte, os Batistas Separados uniram seus esforços aos da Igreja Sandy Creek Church. Em 1758, foi criada a Sandy Creek Association, tendo por núcleo a Igreja Sandy Creek Church. Os Batistas Separados da Virgínia e das Carolinas do Norte e do Sul trabalharam juntos em seus esforços evangelísticos durante mais de doze anos. Diz o Artigo II de sua breve declaração doutrinária: "As Escrituras do Antigo e do Novo Testamentos são a palavra de Deus e única regra de fé e prática".[19]

Durante o século 19, os batistas tanto do norte quanto do sul dos Estados Unidos passaram a adotar a declaração de fé mais curta e moderadamente calvinista, The New Hampshire Declaration of Faith [Declaração de Fé de New Hampshire] (1833). Basicamente uma declaração consensual escrita bem depois de findadas as controvérsias calvinistas/livre-arbítrio entre os batistas da Nova Inglaterra, na esteira do Grande Avivamento. Ela foi reimpressa em vários manuais batistas amplamente utilizados, tornando-se a declaração de fé mais difundida durante quase um século em todos os Estados Unidos. Ela se tornou o ponto central do debate teológico ocorrido na Convenção Batista do Norte depois que a denominação foi organizada em 1907. A mesma declaração foi adotada, com alguns acréscimos, supressões e outras mudanças como A Statement of the Baptist Faith and Message [Uma Declaração de Fé e Mensagem Batista] da Convenção Batista do Sul, em 1925. A Nova Declaração de New Hampshire afirma:

> Cremos que a Bíblia Sagrada foi escrita por homens divinamente inspirados e constitui um tesouro perfeito de instrução celestial;* que tem Deus como seu autor, a salvação por seu fim,* e a verdade sem nenhuma mistura de erro por seu objeto;* que revela os princípios pelos quais Deus nos julgará;* e, portanto, é, e continuará a ser até o fim do mundo, o verdadeiro centro da unidade cristã,* e o padrão supremo pelo qual serão provados toda conduta humana, credos e opiniões.*[20]

---

nas p. 248-52. Veja tb. J. E. Carter, "American Baptist confessions of faith: a review of confessions of faith adopted by major Baptist bodies in the United States", in: William R. Estep, org., *The Lord's free people in a free land: essays in Baptist history in honor of Robert A. Baker*. O capítulo 5 dessa coleção apresenta um panorama dos antecedentes, características etc. dessas confissões.

[19] Lumpkin, *Baptist confessions*, p. 358.

[20] Artigo "I. Of the Scriptures", *The New Hampshire Declaration of Faith*, como publicado no *The Baptist Messenger* 58, n. 32 (April 1969), p. 9-12, de Oklahoma. Há várias citações das Escrituras em

Este artigo foi adotado literalmente pela Fé e Mensagem Batista (1925), porém os batistas do Norte não conseguiram chegar a um acordo sobre uma declaração doutrinária para todas as igrejas por causa do impacto das doutrinas do modernismo e da controvérsia fundamentalista que se seguiu. Enquanto a Convenção Batista do Norte passava pelas agruras da chamada controvérsia liberal-fundamentalista, os grupos que saíram de suas fileiras, bem como os batistas independentes e outros, adotaram a Declaração de New Hampshire como sua expressão doutrinária de fé. Nesse ínterim, a Convenção Batista do Sul reafirmou, e até mesmo fortaleceu, esse artigo em especial ao adotar a Fé e Mensagem Batista (1963).

A TRADIÇÃO LUTERANA (C. 1530-C. 1918)

Martinho Lutero tem sido atacado com frequência por não defender a inspiração das Escrituras em razão da crítica que fez a certos livros da Bíblia. James Orr ameniza a tensão emocional dessa acusação quando discorre sobre a visão de Lutero acerca das Escrituras: "As ideias de Lutero, como mostram o ensino e uso frequente que faz das Escrituras, não poderiam ser mais elevadas; contudo, ao se valer de um padrão subjetivo, sua apreciação de certos livros, como a Carta de Tiago, o Apocalipse, Ester e até a Carta aos Hebreus, foi precipitada e arbitrária. São juízos que afetaram a canonicidade, e não a inspiração".[21] Em seu monumental estudo *Luther and the Scriptures* [Lutero e as Escrituras], M. Reu traça o desenvolvimento da atitude de Lutero em relação à inspiração e à autoridade das Escrituras. Bem cedo em sua carreira, o reformador havia se sujeitado à igreja e aos pais dela. Mesmo antes da Dieta de Worms, no início de 1521, Lutero começou "a se divorciar cada vez mais dessas autoridades propondo a ideia da *sola Scriptura*, a autoridade única das Escrituras".[22]

Para Lutero, a Bíblia era "muito parecida com ele [Deus], de tal modo que a Divindade está nela de modo pleno, e aquele que tem a palavra tem toda a

---

cada ponto marcado com asterisco no texto desse artigo, embora nem todas as edições da *Declaration* contenham referências das Escrituras indicadas dessa forma.

[21] James Orr, *Revelation and inspiration*, p. 208.

[22] A obra de Reu foi reimpressa com correção às notas em *The Springfielder* (Springfield: Concordia Theological Seminary, August 1960). Veja tb. John Warwick Montgomery, "Lessons from Luther on the inerrancy of Holy Writ", in: John Warwick Montgomery, org., *God's inerrant Word: an international symposium on the trustworthiness of Scripture*, p. 63-94.

Divindade".²³ No que diz respeito às palavras da Bíblia, Lutero escreve: "E as Escrituras, embora sejam igualmente escritas por homens, não são de homens nem provêm deles, mas de Deus".²⁴ Em outro lugar, afirma: "Nada, a não ser unicamente a Palavra de Deus, deve ser pregado na cristandade".²⁵

Durante os séculos depois das Noventa e Cinco Teses de Lutero, as igrejas luteranas tiveram nove credos e confissões de fé. Essas nove declarações constituem o Livro de Concórdia, publicado primeiramente em 1580, embora a primeira edição autêntica em latim só tenha sido publicada em 1584.²⁶ No "Epítome dos Artigos [de Concórdia]", o primeiro item apresentado é "Da regra e norma concisas", lido com controvérsias teológicas. Em três artigos sobre os vários símbolos da fé, os luteranos "creem, confessam e ensinam que a única regra e norma, segundo as quais todas as doutrinas serão apreciadas e julgadas, não são senão os escritos proféticos e apostólicos do Antigo e do Novo Testamentos".²⁷ Embora o Livro de Concórdia entre em cena no início do período chamado de "escolástica protestante", a conclusão de M. Reu é apropriada, uma vez que diz respeito à posição luterana acerca das Escrituras em fins do século 16:

> E, na realidade, enquanto se preservar a autoridade divina da Bíblia, e enquanto se admitir que ela é produto de uma cooperação especial entre o Espírito Santo e os autores humanos e, portanto, como um todo e em todos os seus detalhes, é a Palavra de Deus sem contradição e erro, desde que o modo de inspiração seja uma questão inteiramente secundária, e contanto que esteja em harmonia com os melhores teólogos luteranos de Lutero em diante até o ano de 1570.²⁸

---

²³Martin Luther [Martinho Lutero], in: *Luther's works*, edição de J. Pelikan; H. T. Lehman, 52:46, 55 vols., cf. citado por Geisler, *Decide for yourself*, p. 39.

²⁴Ibidem, 55:153; Geisler, p. 41.

²⁵Ibidem, 30:167; Geisler, p. 42.

²⁶São os seguintes os credos ecumênicos: o Credo Apostólico, o Credo Niceno e o Credo Atanasiano. As seis confissões expostas são a Confissão de Augsburgo (1530), Apologia da Confissão de Augsburgo (1530-1531), os Artigos de Esmalcalde (1537), o Pequeno Catecismo de Lutero (1529), o Grande Catecismo de Lutero (1529) e a Fórmula de Concórdia (1576). Veja *A short explanation of dr. Martin Luther's small catechism: a handbook of Christian doctrine*, p. 210. Veja tb. Philip Schaff, *The creeds of Christendom*.

²⁷Schaff, *The creeds of Christendom*, vol. 3: *The Evangelical Protestant creeds, with translations*, p. 93-4. Veja tb. "Articles V-VI", que tratam da relação "da Lei e do evangelho" e "do terceiro uso da Lei", p. 126-35.

²⁸Reu, *Luther and the Scriptures*, p. 70.

Da época de Martinho Lutero até bem próximo de nós, no século 20, os luteranos, especialmente os dos Estados Unidos, de modo geral seguem a posição do seu fundador no que diz respeito à inspiração e à autoridade das Escrituras em suas confissões e catecismos. É o que se observa sobretudo em grupos como o da American Lutheran Church [Igreja Luterana Americana], Wisconsin Evangelical Lutheran Synod [Sínodo Evangélico Luterano de Wisconsin] e o Lutheran Church-Missouri Synod [Igreja Luterana – Sínodo de Missouri].[29]

A TRADIÇÃO EVANGÉLICA REFORMADA (C. 1536-C. 1918)

Os movimentos de reforma deflagrados sob a liderança de Ulrico Zuínglio (1484-1531) e João Calvino (1509-1564) enfatizaram fortemente a ideia da inspiração e da autoridade das Escrituras. Zuínglio fazia referência constante às Escrituras durante sua permanência em Zurique, onde usava a Bíblia nas línguas originais em seu ministério no púlpito. De suas disputas com Lutero e Filipe Melâncton, em Marburg (1529), fica claro que Zuínglio diferia dos outros reformadores em alguns pontos referentes à *interpretação* das Escrituras, mas havia unanimidade entre eles em se tratando da *inspiração* e da *autoridade* das Escrituras. Mesmo antes de os anabatistas serem obrigados a sair de Zurique em decorrência de diferenças na interpretação das Escrituras, Zuínglio ratificou sua visão das Escrituras nos Sessenta e Sete Artigos (1523), ao escrever:

> Os artigos e opiniões abaixo, eu, Ulrico Zuínglio, confesso ter pregado na digna cidade de Zurique, tomando por base as Escrituras, que são denominadas inspiradas por Deus, e com os referidos artigos me proponho a proteger e a conquistar, e, onde eu não houver entendido corretamente essas Escrituras, disponho-me a ser ensinado de modo mais correto, contanto que seja exclusivamente com base nessas Escrituras.[30]

---

[29] Harold Lindsell, *The Bible in the balance*, p. 44-274, analisa os luteranos em geral antes de examinar a questão das Escrituras no âmbito da Igreja Luterana (Sínodo de Missouri). Para uma análise desse e de outros assuntos relacionados entre outros grupos denominacionais e ambientes institucionais, veja Harold Lindsell, *The battle for the Bible*.

[30] Ulrich Zwingli [Ulrico Zuínglio], "Sixty-seven articles, preface", in: Clyde L. Manschreck, org., *A history of Christianity*, vol. 2: *Readings in the history of the church from the Reformation to the present*, p. 67-70.

João Calvino foi, na verdade, um reformador de segunda geração. Tendo sido influenciado por Bucer e outros, o impacto de Calvino se fez sentir em todos os seus sucessores. Conforme afirma James Orr, "Há uma amplitude e uma contemporaneidade singulares na exegese de Calvino; contudo, sua fé na inspiração plena das Escrituras é profunda e intransigente. A garantia suprema da inspiração, conforme já vimos, é por ele encontrada no testemunho interior do Espírito Santo. Os credos da Igreja Reformada tinham os mesmos conceitos".[31] Essa observação situa Calvino na tradição da igreja histórica no que diz respeito à doutrina da inspiração e da autoridade das Escrituras. Ao longo de suas *Institutas* e de seus *Comentários*, Calvino atestou sua crença de que a Bíblia é a norma imbuída de autoridade, infalível e inerrante para a fé cristã. Seu ensino é tratado exaustivamente nas *Institutas* (1.6.1-4; 1.7.1-5, 13; 1.9.1-3). Além desse desenvolvimento doutrinário, os *Comentários* de Calvino afirmam que as Escrituras são "a regra certa e inequívoca" (Sl 5.11) e que alguns dos supostos erros devem ser atribuídos aos escribas.[32] Avaliações recentes, que confirmam a posição de Calvino em relação às Escrituras, foram feitas por John Murray, Kenneth Kantzer, J. I. Packer e outros.[33]

Os grupos associados a Zuínglio e Calvino, ou que surgiram sob a influência deles, espalharam-se pela Europa durante os séculos 16 e 17. Um exemplo dessa influência foi John Knox (c. 1513-1572), que foi estudar em Genebra durante um período de exílio. Ele levou consigo os ensinamentos de Calvino quando voltou para a Escócia. Ali estabeleceu o calvinismo como a religião oficial, incluindo o ensino sobre a inspiração e a autoridade das Escrituras. Seus discípulos, por sua vez, treinaram James VI, mais tarde James I (1603-1625) da Inglaterra, que partilhava de sua elevada estima pelas Escrituras.

---

[31] Orr, *Revelation and inspiration*, p. 207, em que o autor faz referência às *Institutas da religião cristã*, 1.7.4-5 de João Calvino.

[32] John Calvin, *Commentary on the harmony of the Evangelists* (Edinburgh: Calvin Translation Society, 1845), p. 272.

[33] John Murray, *Calvin on Scripture and divine sovereignty*, 1960, p. 11-31, artigos reimpressos da *Torch and Trumpet*; Kenneth S. Kantzer, "Calvin and the Holy Scriptures", in: John F. Walvoord, org., *Inspiration and interpretation*, p. 115-55 [edição em português: *A inspiração e autoridade da Bíblia: a clássica doutrina da palavra de Deus* (São Paulo: Cultura Cristã, 2010)]; J. I. Packer, "Calvin's view of Scripture", in: Montgomery, org., *God's inerrant Word*, p. 95-114. Veja tb., e.g., John H. Gerstner, "The view of the Bible held by the church: Calvin and the Westminster divines", in: Norman L. Geisler, org., *Inerrancy*, p. 383-410, 482-5 [edição em português: *A inerrância da Bíblia: uma sólida defesa da infalibilidade das Escrituras* (São Paulo: Vida, 2003)].

Nesse ínterim, a expressão doutrinária reformada foi preservada e propagada na Suíça por meio dos Sessenta e Sete Artigos ou Conclusões de Ulrico Zuínglio (1523),[34] As Dez Conclusões de Berna (1528),[35] A Primeira Confissão Helvética (1536)[36] e A Segunda Confissão Helvética (1566).[37] Foi segundo essa tradição que Franz Turretini, ou Francis Turretin (1623-1687), e seu filho Johann Alfons (1671-1737) lecionaram em Genebra. Na França, a obra de Calvino foi perpetuada na Confissão Galicana (1559), que diz: "Cremos que a Palavra contida nestes livros [canônicos] procede de Deus e recebe sua autoridade unicamente dele, e não dos homens".[38] Essa confissão foi publicada de forma ligeiramente modificada e abreviada e usada pelos valdenses como Uma Breve Confissão de Fé das Igrejas Reformadas do Piemonte (1655).[39]

Na Holanda, as grandes confissões da tradição reformada foram apresentadas em três tratados básicos: A Confissão Belga (1561),[40] O Catecismo de Heidelberg (Palatinado) (1563)[41] e Os Cânones de Dort (1618-1619).[42]

---

[34] Veja Schaff, *The creeds of Christendom*, 3:197-207, para os textos em latim e alemão desses artigos publicados primeiramente e defendidos em Zurique em 29 de janeiro de 1523.

[35] Veja Ibidem, 3:208-10, para os textos em alemão e latim desses artigos preparados para uma grande conferência religiosa realizada em Berna de 7 a 26 de janeiro de 1528.

[36] Veja Ibidem, 3:211-31, para os textos em alemão e latim dessa expressão de fé feita para uso de todos os cantões reformados da Suíça em 1536; as confissões anteriores eram declarações com autoridade meramente local.

[37] Essa confissão é um tratado teológico, e não uma declaração teológica como tal. Veja Ibidem, 3:233-306, para extratos do seu conteúdo e para referências relativas a traduções das edições em latim, alemão e francês de Johann Heinrich Bullinger (1504-1575) e publicada primeiramente em Zurique em 1566.

[38] Preparada por Calvino e seu aluno De Chandieu em 1559, essa confissão foi usada entre os calvinistas franceses. Ela foi publicada primeiramente em francês antes de ser traduzida para o alemão (1562) e o latim (1566). Veja *Confessio fidei gallicana*, in: Schaff, *The creeds of Christendom*, 3:356-82, em que os artigos II-V, p. 360-2, se referem às Escrituras.

[39] Publicada em francês, inglês e latim, essa confissão continua em uso pelos valdenses na Itália. Ibidem, 3:757-70.

[40] Elaborada em francês por Guy de Bres (m. 1567) para as igrejas em Flandres e na Holanda em 1561, essa confissão foi adotada por um sínodo reformado em Emden (1571) e pelo sínodo nacional em Dort (1619) depois de cuidadosa revisão em que se cotejou os exemplares em francês, latim e holandês. Ibidem, 3:383-436.

[41] Ibidem, 3:307-55, apresenta o texto em alemão da terceira edição juntamente com uma nova tradução em inglês. Esse catecismo foi usado nas igrejas e escolas do Eleitorado do Palatinado depois de sua publicação em 1563.

[42] Ibidem, 3:545-97, apresenta *The canons of the Synod of Dort*, que são também chamados de *Five articles against the Remonstrants* em resposta aos *Five Arminian Articles* (1610), Ibidem, 3:545-9. Veja tb. *Doctrinal standards of the Christian Reformed Church*.

A Confissão Belga foi a declaração confessional básica da Holanda durante o período em que Jacó Armínio (1560-1609), um teólogo holandês, promulgou as doutrinas hoje conhecidas como arminianismo. Seus seguidores imediatos foram chamados de "remonstrantes" em razão de suas objeções anticalvinistas, conhecidas também como os "Cinco Artigos", publicados em 1610. Armínio dedicou 6 de suas 79 disputas privadas à natureza, à autoridade e à adequação das Escrituras. Nelas, ele afirmou que, na transmissão de sua Palavra, Deus "primeiramente empregou a *enunciação oral* em sua transmissão; depois, a *escrita*, como meio mais seguro contra a corrupção e o esquecimento [...] de modo que agora temos a palavra infalível de Deus em nenhum outro lugar, a não ser nas Escrituras [...] o instrumento da religião". Ele prosseguiu seu argumento afirmando que a "autoridade da Palavra de Deus, que consiste no Antigo e no Novo Testamentos, reside tanto na veracidade de toda a narrativa, e de todas as declarações, quer se refiram a coisas do passado, quer a coisas do presente, quer às que ainda virão, quanto no poder dos mandamentos e proibições, os quais se encontram na palavra divina".[43] Representantes do Sínodo Nacional de Dort (1618-1619) revisaram cuidadosamente A Confissão Belga, comparando os textos de seus exemplares em francês, holandês e latim. A confissão apresenta cinco artigos dedicados às Escrituras, entre eles a declaração do Artigo V:

> que esta Palavra de Deus não foi enviada nem transmitida pela vontade do homem, mas que *homens santos de Deus falaram à medida que eram movidos pelo Espírito Santo*, como disse o apóstolo Pedro. E que depois disso, Deus, em virtude de um carinho especial que tem por nós e por nossa salvação, ordenou a seus servos, os profetas e apóstolos, que registrassem por escrito sua Palavra revelada; ele mesmo escreveu com seu dedo as duas tábuas da Lei. Portanto, denominamos esses escritos de Escrituras sagradas e divinas.[44]

Depois da apresentação dos livros canônicos e de sua suficiência, A Confissão Belga conclui sua declaração sobre as Escrituras: "Portanto, rejeitamos de todo o coração quem quer que discorde dessa regra infalível, que os apóstolos nos ensinaram dizendo *provai os espíritos, se são ou não de Deus*. De igual modo,

---

[43] Jacobus Arminius, *Disputations* 5-10, in: *The writings of James Arminius*, 2:14-7 [edição em português: *As obras de Armínios* (Rio de Janeiro; CPAD, 2015), 3 vols.].

[44] "Confessio Belgica, artigo III", in: Schaff, *The creeds of Christendom*, 3:384-5; tb. *Doctrinal standards*, p. 3.

se alguém vier a vós e não trouxer esta doutrina, não o recebais em vossa casa".[45] A Confissão Belga foi adotada como padrão doutrinário oficial das igrejas reformadas conforme a revisão do Sínodo de Dort. A igreja reformada tomou por base a posição calvinista no que diz respeito à doutrina da inspiração e da autoridade das Escrituras e sustentou essa posição no século 20.

A TRADIÇÃO DE WESTMINSTER (C. 1538-C. 1918)

Diferentemente da reforma continental, que foi primeiramente religiosa e depois política, a reforma inglesa foi primeiramente política e depois religiosa.[46] Antes da separação de Roma, a igreja inglesa havia seguido as pegadas de Wycliffe, desejando traduzir as Escrituras para o inglês. William Tyndale (c. 1494-1536), por exemplo, expressou a ideia de que as Escrituras são inspiradas por meio de seus esforços de tradução da Bíblia. Revelando a influência de Lutero e de outros reformadores sobre seu pensamento, apelou às Escrituras como sua autoridade final. Isso, por sua vez, o levou a se opor às reivindicações papais de autoridade e contribuiu para montar o cenário que levaria à separação da Igreja de Inglaterra de Roma com Henrique VIII (que reinou de 1509 a 1547). Realizada essa separação em 1534, a Igreja da Inglaterra moveu-se drasticamente e, por vezes, de forma violenta, de uma posição teológica a outra. Em decorrência dos extremos de Eduardo VI (que reinou de 1547 a 1553) e de Maria (que reinou de 1553 a 1558), Elizabeth I (que reinou de 1558 a 1603) buscou uma conformidade externa em questões de religião ao subir ao trono em substituição ao pai, Henrique VIII. Por fim, depois de inúmeros esforços, os Trinta e Nove Artigos da Religião da Igreja da Inglaterra tornaram-se as doutrinas oficiais da Igreja da Inglaterra (1571) e da Irlanda (1615).[47] Os Trinta e Nove Artigos combinavam características da Confissão Suíça (ou Reformada) e da Confissão Luterana. Esses artigos foram primeiramente publicados em uma *Editio Latina Princeps*, em 1561, depois em inglês (1571), e revisados subsequentemente para a Igreja Protestante Episcopal nos Estados Unidos (1801).[48] O artigo "Sobre a suficiência das Escrituras Sagradas para a salvação" afirma que "as Escrituras

---

[45] "Confessio Belgica, artigo VII", in: Schaff, *The creeds of Christendom*, 3:388-9. Veja tb. *Doctrinal standards*, p. 5.

[46] W. H. Griffith-Thomas, *The principles of theology: introduction to the Thirty-Nine Articles*, p. xxxiv.

[47] Ibidem, p. xxix-xlix, arrola entre outros os Ten Articles (1536), Thirteen Articles (1538), Six Articles (1539), Forty-Two Articles (1553) e Thirty-Eight Articles (1562), além de outros tratados.

[48] Schaff, *The creeds of Christendom*, 3:486-516, situa os três textos em colunas paralelas.

Sagradas contêm tudo o que é necessário para a salvação: de modo que aquilo que não puder ser lido ali, nem puder ser por ela provado, não se exigirá de homem algum que se creia como artigo de fé, *ou* se imagine como requisito ou necessário à salvação".[49]

O puritanismo surgiu na Inglaterra por volta da época em que os Trinta e Nove Artigos foram publicados. Foi um movimento comprometido com uma "purificação e reconstrução radicais da Igreja e do Estado baseado unicamente na Palavra de Deus, sem nenhuma consideração pelas tradições dos homens. Foi uma segunda reforma, tão ousada e séria quanto a primeira".[50] Os puritanos não eram uma organização separada ou seita, mas uma ala avançada dentro da igreja nacional. Durante o século 17, eles competiam com anabatistas, batistas, congregacionais, episcopais, presbiterianos e com outros elementos conformistas e não conformistas nas disputas pelo controle da Igreja da Inglaterra. Esses conflitos tinham um caráter prático e conservador que se baseava nas *Leis do Regime Eclesiástico*, de Richard Hooker (c. 1554-1600). Ao "representar a Igreja como corpo legislativo que tinha poder para fazer e desfazer instituições e ritos que não influenciassem as doutrinas da salvação expostas nas Escrituras e nos credos ecumênicos",[51] Hooker estabeleceu o tom para os esforços subsequentes com os quais procurava seguir um rumo entre o romanismo, de um lado, e o luteranismo e o calvinismo, de outro. Puritanos calvinistas, metodistas arminianos, latitudinarianos liberais, bem como tractarianos e ritualistas romanizantes podiam operar em seu âmbito ao se conformar às fórmulas oficiais da Igreja da Inglaterra.

Em 1642, a Assembleia dos Teólogos de Westminster foi convocada para legislar sobre doutrina, culto e disciplina cristãos na igreja estatal. Seu trabalho ocupa lugar de destaque nos concílios protestantes. A assembleia produziu Uma Confissão de Fé (1647) e dois "catecismos" escritos em inglês e usados em todas as igrejas anglo-presbiterianas até o século 20.[52] O primeiro artigo

---

[49] Artigo IV, Ibidem, 3:489. *The American revision* (1801) é citada aqui.

[50] Ibidem, 1:703. Em uma nota, Schaff indica que o nome *puritanos* (de "puro"), ou *precisians*, é usado pela primeira vez em 1564 ou 1566. Pode-se ler mais sobre o assunto consultando-se H. W. Clark, *History of English nonconformity*, bem como as tentativas mais recentes sintetizadas por M. M. Knappen, *Tudor Puritanism: a chapter in the history of idealism*, e William Haller, *The rise of Puritanism*.

[51] Schaff, *The creeds of Christendom*, 1:607. Quatro livros das *Leis* foram publicados em 1594, outro em 1597 e mais três foram acrescentados depois da morte de Hooker em 1600.

[52] A Confissão de Fé de Westminster, concluída em 1646, foi adotada juntamente com dois catecismos em 1647 e publicada como *The humble advice of the assembly of divines, now by authority*

da Confissão de Fé de Westminster trata do tópico "Das Escrituras Sagradas". Dada a insuficiência do conhecimento humano de Deus, de sua vontade e de sua salvação,

> foi do agrado do Senhor, em diversos tempos e de diferentes modos, revelar-se e declarar à sua igreja aquela sua vontade; e depois, para melhor preservação e propagação da verdade, para o estabelecimento mais seguro da igreja e o conforto dela contra a corrupção da carne e a maldade de Satanás e do mundo, foi igualmente do seu agrado colocá-la toda por escrito. Isso torna a Escritura Sagrada indispensável, havendo cessado os antigos modos em que Deus revelava sua vontade ao seu povo.[53]

Mais adiante, a Confissão acrescenta:

> A autoridade da Escritura, razão pela qual deve ser crida e obedecida, não depende do testemunho de qualquer homem ou igreja, mas somente de Deus (a verdade em si), o seu autor; deve, portanto, ser recebida, porque é a palavra de Deus. [...] Contudo, nossa plena persuasão e certeza de sua verdade infalível e autoridade divina provêm da operação interna do Espírito Santo, que pela palavra e com a palavra testifica em nosso coração. [...]
>
> VI. Todo o conselho de Deus concernente a todas as coisas necessárias para sua própria glória e para a salvação, a fé e a vida do homem, ou é expressamente declarado nas Escrituras ou pode ser lógica e claramente deduzido dela. Às Escrituras nada se acrescentará em tempo algum, nem por novas revelações do Espírito, nem por tradições dos homens. [...]
>
> IX. A regra infalível de interpretação das Escrituras são as próprias Escrituras. [...]
>
> X. O Juiz supremo, pelo qual todas as controvérsias religiosas têm de ser determinadas e por quem serão examinados todos os decretos de concílios, todas as opiniões dos antigos escritores, todas as doutrinas de homens e opiniões

---

of Parliament, sitting at Westminster, concerning a confession of faith: with questions and texts of Scripture annexed. Popularmente conhecida como A Confissão de Westminster, foi acompanhada por um Catecismo Maior (1647) e um Catecismo Menor (1647). Veja Schaff, *The creeds of Christendom*, 3:598-673; fac-símile das páginas de título do *A Larger Catechism*, 3:674-5; o texto de *A Shorter Catechism*, 3:676-704. Para o texto da Confissão de Westminster, veja tb. John H. Leith, org., *Creeds of the churches*, p. 292-308.

[53] "Capítulo 1, "Of Holy Scripture, I", in: Schaff, *The creeds of Christendom*, 3:600-1.

pessoais, em cuja sentença devemos nos firmar, não pode ser outro senão o Espírito Santo falando nas Escrituras.[54]

Enquanto a Igreja da Inglaterra (e a Igreja Episcopal protestante nos Estados Unidos), bem como as igrejas anglo-presbiterianas, seguiram essas fórmulas, os congregacionais modificaram a Confissão de Westminster para adequar sua forma de governo eclesiástico à Declaração de Savoy (1658). Um dos principais líderes da Assembleia de Savoy foi o ex-vice-reitor da Universidade de Oxford, teólogo puritano por excelência e ministro congregacional de destaque, John Owen (1616-1683). Ele tem sido considerado erroneamente por alguns um personagem de transição entre "a posição reformada dos teólogos de Westminster e a escolástica protestante de seus contemporâneos do continente". Ao longo dos livros que escreveu, Owen "estava convencido de que, nos debates teológicos com entusiastas, católicos romanos, racionalistas, socinianos e arminianos, a questão fundamental a ser debatida era a questão da autoridade". No ano seguinte à Assembleia de Savoy, ele escreveu "duas obras particularmente importantes: *The divine original of the Scriptures* [O original divino das Escrituras] e *A vindication of the Greek and Hebrew text* [Uma defesa do texto grego e hebraico]. O primeiro apresenta sua visão particular de autoridade, visto que ambos o envolveram numa controvérsia no tocante à integridade dos manuscritos gregos e hebraicos disponíveis".[55] Como os congregacionais se reuniram em vários concílios nacionais no decorrer do século 19, continuaram a debater a questão da autoridade das Escrituras. Uma expressão de sua posição aparece na Declaração de Oberlin do Concílio Congregacional Nacional (1871) dos Estados Unidos. Nessa breve declaração, os mensageiros reunidos declaram que "concordam com a crença de que as Escrituras Sagradas são a única e suficiente regra infalível de fé e prática religiosas; sua interpretação está amplamente de acordo com as grandes doutrinas da fé cristã, comumente chamadas de evangélicas, preservadas em nossas igrejas desde tempos remotos, e suficientemente expostas pelos concílios gerais anteriores".[56]

---

[54] Ibidem, 3:603-6.
[55] Stanley N. Gundry, "John Owen on authority and Scripture", in: John D. Hannah, org., *Inerrancy and the church*, p. 189-221, apresenta uma excelente análise da posição de Owen e da compreensão equivocada grave a seu respeito defendida por Jack Rogers e Donald McKim.
[56] Schaff, *The creeds of Christendom*, 3:737. Veja tb. *The Declaration of the Congregational Union of England and Wales* [Declaração da União Congregacional da Inglaterra e do País de Gales] (1833) e

Embora John Wesley (1701-1791) quisesse permanecer na Igreja da Inglaterra, seus seguidores nos Estados Unidos formaram a primeira sociedade metodista em Nova York (1766) entre imigrantes irlandeses. Depois da Revolução Americana, Wesley elaborou os Vinte e Cinco Artigos da Religião, que foram adotados pelos metodistas americanos em 1784. Esses artigos eram uma abreviação livre e criteriosa dos Trinta e Nove Artigos, em que se omitiam características calvinistas e outros aspectos. Contudo, no Artigo II, "A suficiência das Escrituras Sagradas para a salvação", Wesley observou que

> as Escrituras Sagradas contêm tudo o que é necessário para a salvação, de tal modo que aquilo que não for lido ali, nem por elas puder ser provado, não será exigido de homem algum que creia como artigo de fé, ou se considere requisito ou imprescindível à salvação. Em nome de Escrituras Sagradas, entendemos aqueles livros canônicos do Antigo e do Novo Testamentos de cuja autoridade jamais houve dúvida alguma na Igreja.[57]

Ele afirmou com frequência sua crença na inspiração e na autoridade das Escrituras como "os oráculos de Deus", escritos por "homens divinamente inspirados". Testificou de sua veracidade, ao dizer: "'Toda Escritura é concedida por inspiração divina'; consequentemente, toda Escritura é infalivelmente verdadeira", e "Se houver quaisquer erros na Bíblia, poderão ser milhares. Se houver uma falsidade nela, não veio da parte do Deus da verdade".[58]

Os primeiros seguidores de Wesley permaneceram unânimes na mesma perspectiva elevada de inspiração e de autoridade das Escrituras. Na verdade, conforme afirma Wilber T. Dayton: "A autoridade absoluta e a total confiabilidade da Bíblia eram ponto pacífico no início do wesleyanismo tanto quanto a maternidade é tida como princípio para a sobrevivência da raça humana. Nada teria sido mais repugnante para o metodismo original do que lançar dúvidas sobre a Palavra de Deus, a verdadeira fonte de vida".[59] Adam Clarke (c. 1762-1832), wesleyano irlandês, com frequência defendia sua crença na

---

The Declaration of the Boston National Council [Declaração do Conselho Nacional de Boston] (1865), que fazem referências às Escrituras como "o testemunho de Deus", 3:730-6.

[57] Ibidem, 3:808.

[58] John Wesley, *The works of John Wesley*, 5:193; 6:117; 8:45-6; 10:80.

[59] Wilber T. Dayton, "Infallibility, Wesley, and British Wesleyanism", in: Hannah, org., *Inerrancy and the church*, p. 223.

inspiração e na infalibilidade plenas das Escrituras como "única regra completa de fé e prática do homem".[60] O primeiro teólogo sistemático do movimento wesleyano foi Richard Watson (1781-1833), que escreveu suas *Institutas teológicas* (1823) em dois volumes. Para Watson, a inspiração consistia no fato de que "os autores santos compunham suas obras sob a influência tão plena e imediata do Espírito Santo que é possível dizer que Deus falava por meio deles ao homem, e não simplesmente que elas falavam aos homens em nome de Deus e por sua autoridade".[61] Foi só nos primeiros anos do século 20 que o metodismo soltou as amarras que o prendiam a essa perspectiva elevada das Escrituras. Mesmo assim, esse deslocamento se deu com base em tendências que não levavam em conta o registro objetivo e histórico das Escrituras. Essa mudança veio antes por causa do impacto do subjetivismo, do secularismo e quando a metodologia da ciência moderna enquanto base da autoridade em questões sociais foi transferida para a teologia.

A TRADIÇÃO CATÓLICA ROMANA (C. 1545-C. 1918)

O ensino tradicional sobre a doutrina da inspiração e da autoridade das Escrituras já estava bem consolidado por toda a igreja cristã muito antes de Lutero fixar as Noventa e Cinco Teses em 1517. A grande batalha dos primeiros reformadores deu-se em torno da questão da interpretação das Escrituras. Roland Bainton confirma que "essa foi a principal razão pela qual a autoridade havia sido atribuída ao papa em questões de fé e de moral. Para os católicos, se não houvesse um intérprete infalível, não poderia haver revelação infalível".[62] Lutero e outros reformadores negavam de modo veemente essa ideia e outras reivindicações a essa autoridade. Portanto, as grandes disputas durante o século 16 giravam em torno de saber quem interpretaria as Escrituras, que eram acolhidas como Palavra de Deus. Em decorrência dessas e de outras controvérsias, o Concílio de Trento, que se reuniu de 1545 a 1563, estabeleceu a posição católica romana nos Cânones e Decretos Dogmáticos do Concílio de Trento (1563). A natureza conservadora do catolicismo romano durante o concílio e os acontecimentos subsequentes demonstraram que o catolicismo tem tido menos flexibilidade

---

[60] Adam Clarke, *Miscellaneous works*, 12:80, 83, 122. Veja tb. 6:420.
[61] Richard Watson, *The works of Richard Watson*, 6:11.
[62] Bainton, "The Bible in the Reformation", p. 1.

na expressão de sua doutrina da autoridade religiosa do que várias comunhões de tradições não católicas.

A igreja de Roma continuou a perpetuar a ideia de que as Escrituras e a tradição eram a dupla base da autoridade religiosa, tendo exposto essa posição nos doze artigos da Profissão de Fé Tridentina (1564). No Artigo III, o Concílio estabeleceu que os fiéis precisam concordar com certas afirmações, entre as quais "admito também que as Escrituras Sagradas, em consonância com o sentido que nossa santa madre igreja defendeu e ainda defende, cabendo a ela julgar o verdadeiro sentido e interpretação das Escrituras; eu tampouco jamais a tomarei e interpretarei de outro modo que não esteja em conformidade com o consentimento unânime dos pais [da igreja]".[63] Durante o século 19, o papa Pio IX publicou o Sílabo dos Erros (1864), em que atacava as posições "do panteísmo, do naturalismo e do racionalismo absoluto" ao arrolar entre seus erros as perspectivas segundo as quais "a revelação divina é imperfeita e, portanto, sujeita ao progresso contínuo e definitivo da razão humana. [...] As profecias e os milagres expostos e narrados nas Escrituras Sagradas são ficções de poetas [...] invenções míticas, sendo o próprio Jesus Cristo uma ficção mítica".[64] A posição do papado não havia mudado no tocante à doutrina da inspiração e da autoridade das Escrituras.

A mesma tradição logo se refletiu novamente nos Decretos Dogmáticos do Concílio Vaticano Referentes à Fé Católica e à Igreja de Cristo (1870), que tratam da questão das Escrituras como "revelação divina" que pode "ser conhecida por todos facilmente, com convicção firme, e sem mistura alguma ou erro. [...] Além disso, essa revelação sobrenatural, de acordo com a crença universal da igreja, declarada pelo sagrado Sínodo de Trento, está contida nos livros escritos e nas tradições não escritas que chegaram até nós".[65] Conforme disse James T. Burtchaell: "A Igreja Católica tem demonstrado pouco desejo espontâneo de depurar, revisar e melhorar suas formulações doutrinárias. Só quando é instigada e provocada de fora é que ela se mexe e trata dessa tarefa aparentemente desagradável".[66] Justo L. González fala de modo semelhante ao se referir à resposta papal ao desenvolvimento da alta crítica durante o fim do século 19 e início do século 20. Diz ele: "Quando as formas modernas da

---

[63] *Profession of the Tridentine Faith* (1564), in: Schaff, *The creeds of Christendom*, 2:207.
[64] *The Papal Syllabus of Errors* (1864), 1.5-7, in: Schaff, *The creeds of Christendom*, 2:214-5.
[65] Ibidem, 2:240-1.
[66] Burtchaell, *Catholic theories*, p. 1.

pesquisa crítica foram desenvolvidas, Roma condenou os que tentaram relacioná-las às questões religiosas. [...] [o que] fornece alguma justificativa para a visão comumente defendida entre protestantes de que a Igreja Católica foi uma das forças mais reacionárias do mundo".[67]

Carl F. H. Henry aborda as mudanças recentes na posição católica romana quando discute a doutrina da inerrância entre os reformadores. Diz ele:

> No decorrer de sua longa influência medieval, a igreja romana promoveu, portanto, a doutrina da inerrância das Escrituras e se opôs a ideias de inerrância limitada, restrita à fé e à moral. O esforço de Henry Holden (1596-1662) em *Divinae Fidei Analysis* para a promoção da inerrância limitada não despertou entusiasmo.
>
> Contudo, em fins do século 19 e início do século 20, tanto o clero católico quanto o protestante partilhavam do distanciamento da inerrância. *The new Catholic encyclopedia* indica o apoio tradicional da igreja de Roma à inerrância, mas em seguida passa a indicar o sentimento contemporâneo: "É óbvio, entretanto, que muitas declarações bíblicas simplesmente não são verdadeiras quando avaliadas de acordo com o conhecimento moderno da ciência e da história [...]".
>
> A declaração do Vaticano II de que as Escrituras ensinam "sem erro que a verdade que Deus quis pôr nas Escrituras Sagradas para o bem da nossa salvação" é interpretada de forma descritiva por alguns sacerdotes. [...] Outros a interpretam de forma restritiva.[68]

Isso indica que o escopo da teologia no século 20 cresceu do ponto de vista confessional até um ponto em que não é mais possível considerar uma teologia católica romana no século 20 dissociada de seus congêneres no luteranismo, na tradição reformada etc. González sintetiza a situação da seguinte maneira:

> O diálogo entre linhas denominacionais tornou-se ativo e significativo demais para esse tipo de classificação simples. Os teólogos estão lendo as obras de seus colegas de outras tradições, não por mera questão de curiosidade ou mesmo

---

[67] Justo L. González, *The history of Christian thought*, vol. 3: *From the Protestant Reformation to the twentieth century*, p. 373 [edição em português: *Uma história do pensamento cristão* (São Paulo: Cultura Cristã, 2004), vol. 3: *Da Reforma Protestante ao século 20*].

[68] Carl F. H. Henry, *God, revelation and authority*, vol. 4: *God who speaks and shows: fifteen theses*, Part 3, p. 374.

para refutá-las, mas para aprender e dialogar com elas. Isso já era verdadeiro em grande medida no protestantismo do século 19, mas com o século 20 se tornou verdade também para os católicos romanos e os ortodoxos orientais.[69]

A TRADIÇÃO ORTODOXA ORIENTAL (C. 1643-C. 1918)

Embora a igreja do Oriente tivesse desenvolvido uma tradição separada do Ocidente, sua posição com referência às Escrituras era bastante similar à do catolicismo romano no que se refere à preservação da dupla autoridade: das Escrituras e da tradição. Num passado recente, em 1839, por exemplo, O Catecismo Maior da Igreja Católica Ortodoxa do Oriente traz uma longa apresentação em sua "Introdução ao catecismo ortodoxo"[70] para o uso da Confissão Ortodoxa da Igreja Oriental (1643).[71] Nessa introdução, a análise "Sobre a revelação divina" indaga: "Por que nem todos os homens são capazes de receber uma revelação direta de Deus?" e responde que isso "se deve à sua impureza pecaminosa e fraqueza tanto no corpo quanto na alma". Depois de nomear os profetas, nosso Senhor Jesus Cristo e os apóstolos como mensageiros da revelação divina, a Introdução trata da seguinte questão: "O homem não pode, então, ter conhecimento algum de Deus sem uma revelação especial dele?" e responde afirmando que "esse conhecimento é imperfeito e insuficiente, e pode servir apenas de preparação para a fé, ou de ajuda para o conhecimento de Deus que vem de sua revelação". Na seção "Da Santa Tradição e das Escrituras Sagradas", a Introdução indaga: "Como a revelação divina se difunde entre os homens e é preservada na igreja verdadeira?". Resposta: "Por meio de dois instrumentos — a santa tradição e as Escrituras Sagradas". A Introdução também afirma que "o instrumento mais antigo e original para a propagação da revelação divina é a santa tradição", mas que as Escrituras Sagradas foram dadas "para esse fim, para que a revelação seja preservada de maneira mais precisa e imutável". A pergunta 23 levanta a questão do relacionamento das duas: "Devemos seguir a santa tradição mesmo quando possuímos a Escrituras Sagradas? Precisamos seguir a tradição que concorda com a revelação divina e com as Escrituras Sagradas, conforme nos foi ensinado pelas próprias Escrituras. [...] 2Ts 2.15".[72]

---

[69] González, *History of Christian thought*, 3:391.
[70] Schaff, *The creeds of Christendom*, 2:445-542.
[71] Ibidem, 2:275-400.
[72] Ibidem, Q. 13, 2:447; Q. 15, 2:447-8; Q. 16, 2:448; Q. 21, 2:449; Q. 22, 2:449; Q. 23, 2:449.

Durante o fim do século 17 e início do 18, a teologia russa, a exemplo da teologia do mundo de fala grega, ficou sujeita a uma pesada influência ocidental. Durante esse período, a instrução dada nos seminários russos era em latim, e não em eslavo ou grego. Surgiram duas tendências à medida que tanto os "partidários do latim" quanto os "partidários do protestantismo" (sobretudo luteranos) ampliaram sua influência. Foi só no período de 1850 a 1900 que a teologia russa começou a se tornar inteiramente autóctone. A revolução de 1917 desferiu um golpe severo no movimento na Rússia, embora as tradições da teologia russa tenham persistido entre os autores que emigraram.[73] No cômputo geral, a história da cristandade oriental é marcada por um sentimento profundo de continuidade com o passado, e essa continuidade fica evidente em todos os campos da civilização bizantina: na literatura e na filosofia, no pensamento político e na lei, e especialmente na teologia. Conforme afirma Kallistos Ware,

> A "Era dos Pais" na cristandade oriental não acaba com o Concílio de Calcedônia no século 5; nem com a última assembleia do último Concílio Ecumênico no século 8, estendendo-se sem interrupções até 1453. Ainda hoje, a despeito de influências significativas da Igreja Católica Romana e da igreja protestante do Ocidente durante o século 17 e seguintes, a ortodoxia oriental continua basicamente patrística em seu enfoque.[74]

Resumo e conclusão

Durante a Era da Reforma e depois dela, o cristianismo entrou em uma era de credos e confissões à medida que grupos individuais, denominações e seitas procuravam articular, defender e perpetuar tradições doutrinárias próprias. Essas expressões mais ou menos oficiais e formais proliferaram com a propagação do cristianismo pelo mundo em vários movimentos. A avaliação delas reflete um compromisso básico com as doutrinas do cristianismo histórico em geral e com a doutrina tradicional da inspiração e da autoridade das Escrituras em particular. "Os reformadores e contrarreformadores debatiam se toda verdade revelada estava somente nas Escrituras, e se ela poderia ser interpretada por

---

[73] Kallistos Ware, "A note on theology in the Christian East: the eighteenth to twentieth centuries", in: Hubert Cunliffe-Jones, org., Benjamin Drewery (colaboração), *A history of Christian doctrine: in succession to the earlier work of G. P. Fisher published in the International Theological Library Series*, p. 455-6.

[74] Kallistos Ware, "Christian theology in the East 600-1453", Ibidem, p. 183-4.

meio de uma análise minuciosa oficial ou privada. Apesar de uma discordância radical em torno dessas questões, os dois grupos perseveraram no acolhimento à Bíblia como compêndio de oráculos inerrantes ditados pelo Espírito Santo."[75] Os ortodoxos orientais mantiveram a mesma doutrina tradicional. Quando situada num contexto mais amplo, essa visão limitada poderá ser contestada por alguns, porém as inúmeras declarações oficiais, credos e confissões do cristianismo tradicional durante o período que se seguiu à Reforma até o fim da Primeira Grande Guerra indicam o compromisso tradicional constante com a doutrina tradicional da inspiração e da autoridade das Escrituras. Isso se reflete no não sectarismo dos anabatistas, bem como nas declarações oficiais de comunhões mais credais. Ao longo de suas vastas e diversas fileiras, os cristãos de todas as principais convicções anteriores à Primeira Guerra Mundial aderiram oficialmente à crença de que as Escrituras são a Palavra de Deus divinamente inspirada, imbuída de autoridade, infalível e inerrante.

---

[75] Burtchaell, *Catholic theories*, p. 2-3.

9
Visões divergentes de revelação e de inspiração no mundo moderno

INTRODUÇÃO

Um levantamento das expressões mais ou menos oficiais e formais dos ensinos sobre a inspiração e a autoridade das Escrituras de cada uma das principais tradições cristãs à medida que entram no século 20 revela a prevalência de uma posição cristã ortodoxa no que diz respeito à doutrina da inspiração e da autoridade das Escrituras.[1] Contudo, inúmeros desafios a esse ensino tradicional levaram, em última análise, à confrontação firme da autoridade religiosa pelos proponentes da ciência moderna e do método científico. Antes de 1860, a preocupação girava em torno dos problemas específicos da revelação especial. Passado esse tempo, as atenções se voltaram para uma questão muito séria: se havia ou não revelação. As duas principais influências que levaram esses dois períodos a tal confrontação foram *On origin of species* [A origem das espécies] (1859), de Darwin, e a introdução do chamado método histórico.[2]

Tomando como referência esse contexto, a abordagem que se segue analisará as tendências de mudança de opinião à medida que se desenvolveram atitudes e métodos que influenciaram as ideias modernas de revelação, de inspiração e da

---

[1] Veja a análise no cap. 8 e tb. William E. Nix, "The doctrine of inspiration since the Reformation", p. 443-54.

[2] H. D. McDonald, *Theories of revelation: an historical study, 1700-1960*, 1:6-16. Esta é uma análise competente em dois volumes sobre o assunto com uma investigação detalhada dos escritos de importantes proponentes do processo de desvio ocorrido nos séculos 17 a 19. McDonald cita John Dewey, *The influence of Darwin on philosophy* para mostrar que, embora seja verdade que a obra de Darwin foi o ápice de um movimento, certamente deve-se atribuir a ela o início de uma era. McDonald ressalta ainda que 1859 foi o ano em que Karl Marx formulou sua *Critique of political economy* [Crítica da economia política], uma vez que a preocupação com as adversidades na natureza e na sociedade propiciaram um novo entendimento sobre ambos depois de 1860.

autoridade das Escrituras. Em seguida, serão analisadas as respostas ortodoxas a essas atitudes, bem como o desenvolvimento de metodologias de crítica histórica.

TENDÊNCIAS DE MUDANÇA DE OPINIÃO[3]

Não foi senão depois do período pós-Reforma que apareceram os primeiros grandes desvios da doutrina tradicional da inspiração das Escrituras. Esses desvios não foram desafios abruptos à doutrina tradicional das Escrituras, mas representavam um distanciamento gradual dela.[4] Surgiram quando a autoridade da Igreja Católica Romana se viu desafiada sucessivas vezes e seus dissidentes foram protegidos à medida que novas ideias e métodos de investigação eram desenvolvidos. Bem cedo nessa época, os esforços de homens como Nicolau Copérnico (1473-1543), Andreas Vesalius (1514-1564), Tycho Brahe (1546-1601), Francis Bacon (1561-1626), Johannes Kepler (1571-1630), Galileo Galilei (1546-1642) e outros desenvolveram a atitude científica moderna no mundo ocidental. Suas ideias estavam frequentemente em oposição às ideias das autoridades religiosas estabelecidas.[5]

Tendências semelhantes verificaram-se no mundo teológico. Frederico da Saxônia protegeu Martinho Lutero no Castelo de Wartburg em 1521-1522, e ali Lutero publicou um tratado sobre votos monásticos e traduziu o Novo Testamento para o alemão. Em outro lugar, os socinianos italianos Lelio Francesco Maria Sozzini (1525-1562) e seu sobrinho Fausto Paolo Sozzini (1539-1604) negaram a divindade de Cristo ao se mudarem para a Polônia, unindo-se em seguida a um grupo de unitarianos ativos naquela localidade. O Catecismo Raciovano foi publicado ali em 1605,[6] antes de o grupo ter sido

---

[3] Para uma análise mais extensa desse tema, veja William E. Nix, "The doctrine of inspiration since the Reformation, Part II: changing climates of opinion", p. 439-57.

[4] John D. Woodbridge, *Biblical authority: a critique of the Rogers/McKim proposal*, apresenta uma crítica definitiva à proposta infundada de Jack B. Rogers e Donald K. McKim (*The authority and interpretation of the Bible: an historical approach*) de que a igreja cristã considerou com frequência as Escrituras infalíveis em questões de fé e conduta, mas incorreta em questões relativas a detalhes históricos e científicos.

[5] Para antecedentes mais amplos do cenário intelectual desse período, veja John Herman Randal, Jr., *The making of the modern mind: a survey of the intellectual background of the present age*; Crane Brinton, *Ideas and men: the story of Western thought*; Roland N. Stromberg, *An intellectual history of modern Europe*. Veja tb. Jean Delumeau, *Catholicism between Luther and Voltaire: a new view of the Counter-Reformation*; Richard H. Popkin, *The history of Scepticism from Erasmus to Descartes*.

[6] Thomas Rees, *The Racovian Catechism, with notes and illustrations, translated from the Latin; to which is prefixed a sketch of the history of Unitarianism in Poland and adjacent countries.*

expulso inteiramente da Polônia perto do final do século 17. Na década de 1650, John Biddle (1615-1662) publicou os tratados unitarianos que resultaram em seu reconhecimento como "pai do unitarismo". Além desses episódios, o mundo cristão passou por outras mudanças significativas na tendência de opinião durante os séculos 17, 18 e 19.

Pietismo (c. 1650-c. 1725)

O pietismo surgiu na Alemanha sob a liderança de Philipp Jakob Spener (1635-1705) e seu amigo próximo August Hermann Francke (1633-1727). Spener havia publicado a obra influente *Pia desideria*[7] (1675) quando atuava como pastor em Frankfurt. Mais tarde, se tornou pregador da corte em Dresden, onde Francke se juntou a ele, mas os luteranos ortodoxos logo se opuseram aos dois, e seu movimento acabou envolto em controvérsia. Por volta de 1694, estavam estabelecidos em Halle, onde fundaram centros de caridade e uma universidade. Os pietistas defendiam a doutrina da inspiração das Escrituras, assim como era o caso das tradições católica romana, ortodoxa, anabatista, luterana, evangélica reformada e de Westminster; contudo, os pietistas tinham uma *ênfase diferente*. Eles ressaltavam a experiência subjetiva e pessoal em detrimento da doutrina bíblica ou do catecismo. Nas palavras de Francke: "Podemos afirmar com convicção que aqueles que leem a palavra com devoção e simplicidade obterão mais luz e proveito dessa prática, unindo a isso também a meditação [...] do que jamais poderiam adquirir fatigando-se atrás de numerosas minúcias sem importância".[8]

Embora os pietistas tenham *aderido* à inspiração da Bíblia, *advogavam* o sentimento individual como algo de importância fundamental. Talvez esse tenha sido um método adequado para evitar a fria ortodoxia da chamada escolástica protestante, mas abriu a porta para um inimigo igualmente perigoso, o experimentalismo subjetivo. Os pietistas de primeira geração podiam lembrar-se de sua fundamentação nas Escrituras e refletir sobre ela, ao mesmo tempo que advogavam de forma válida a necessidade da experiência individual. A segunda geração enfatizaria a necessidade da experiência individual, mas, com frequência, sem uma base bíblica ou catequética adequada. Isso deixaria para a terceira geração o questionamento da experiência individual sem um modelo bíblico

---

[7] Veja Philipp J. Spener, *Pia desideria* [edição em português: *Pia desideria: um clássico do pietismo protestante* (São Bernardo do Campo: Imprensa Metodista, 1985)].

[8] Veja Hermann Francke, *A guide to the reading and study of the Holy Scriptures*, p. 83.

ou doutrinário que servisse de critério objetivo. As perguntas não respondidas, por sua vez, exigiriam uma autoridade de algum tipo. Quando as Escrituras são negligenciadas, a razão humana ou a experiência subjetiva preenchem a necessidade de um padrão. Desse modo, embora não alavancasse diretamente outros movimentos, o pietismo foi o catalisador do deísmo, do ceticismo e do racionalismo. Esses movimentos não se limitavam a nenhum país específico antes das revoluções nos Estados Unidos e na França, mas o deísmo predominava na Inglaterra e nos Estados Unidos, o ceticismo na França e o racionalismo na Alemanha.[9]

Deísmo (c. 1625-c. 1800)

Os deístas dos séculos 17 e 18 adotaram o que se conhece como abordagem de dois níveis aplicada à apologética e à teologia. Essa abordagem recorria à filosofia como fundamento e em seguida apresentava a fé cristã tomando por base a força dos argumentos filosóficos. Lord Herbert de Cherbury (1583-1648) é geralmente identificado como o pai do deísmo. Ele acreditava que algumas ideias comuns eram impressas na mente humana pela mão de Deus independentemente de credos e revelações particulares e, como tais, constituíam a base de toda religião verdadeira. Essas ideias da teologia natural eram comparáveis às de René Descartes (1596-1650) e de Baruch de Espinoza (1632-1677),[10] exceto que Lord Herbert procurava relacioná-las com a experiência cristã da revelação. Suas ideias também eram semelhantes às de um grupo de platonistas influentes que vicejavam em Cambridge por volta de 1633-1688, quando Sir Isaac Newton (1642-1727) se tornou o principal cientista de sua época. Os deístas não gostavam do fanatismo nem do calvinismo, já que exaltavam as virtudes da razão. Suas ideias de Deus e do universo eram muito diferentes da perspectiva popular moderna, segundo a qual o deísmo via Deus como um "proprietário ausente" distante demais para envolver-se com os acontecimentos

---

[9]Colin Brown, *Philosophy and the Christian faith: a historical sketch from the Middle Ages to the present day*, p. 37-106 [edição em português: *Filosofia e fé cristã: um esboço histórico desde a Idade Média até o presente*, 2. ed. rev. (São Paulo: Vida Nova, 2007)]. Veja tb. Bruce Demarest, "The Bible in the Enlightenment Era", in: Gordon R. Lewis; Bruce Demarest, orgs., *Challenges to inerrancy: a theological response*, p. 11-47.

[10]*Discourse on method* [Discurso do método] (1637) e *Meditations on first philosophy* [Meditações sobre filosofia primeira] (1641) são as duas principais obras filosóficas de Descartes. Essas e outras obras foram publicadas juntamente com *Ética* (1677), de Espinoza, no volume 31 de Great Books of the Western World, Robert Maynard Hutchins, org.

do dia a dia de sua criação. Contudo, sua abordagem teológica abriu a porta sim, para opiniões divergentes sobre a inspiração e a autoridade das Escrituras.

Materialismo (c. 1650-presente)

Embora não fosse materialista, Francis Bacon (1561-1626) preparou o ambiente para a crítica bíblica moderna ao expor sistematicamente a ideia de que o poder do homem de controlar a natureza está em suas mãos e pode ser alcançado se ele aplicar os métodos corretos. Em seu *Novum organum* (1620), Bacon afirmou que toda verdade é descoberta por indução e é conhecida de forma pragmática.[11] Ele argumentava que ao fazer induções com base nos fatos mais simples da experiência era possível avançar em direção à descoberta de princípios fundamentais, que proporcionariam resultados práticos benéficos, o que faria da verdade e da utilidade uma coisa só no mundo da ciência. Além disso, Bacon separava completamente a esfera da razão e da ciência da esfera da fé e da religião.

Embora Bacon fizesse contribuições importantes, o filósofo materialista mais importante do período pós-Reforma foi Thomas Hobbes (1588-1672), que escreveu:

> O que quer que imaginemos é finito. Portanto, não existe a ideia ou a concepção de qualquer coisa que denominemos de infinito. Homem algum pode ter em sua mente uma imagem de magnitude infinita, de tempo infinito ou de força infinita ou de poder infinito. Quando dizemos que algo é infinito, dizemos apenas que não somos capazes de conceber os fins e os limites da coisa nomeada, não tendo concepção alguma da coisa, se não nossa própria incapacidade. E, assim, o nome de Deus é usado [...] para honrá-lo.[12]

Diante disso, Hobbes conclui:

> O mundo (não me refiro somente à Terra, que denomina seus amantes de "homens do mundo", mas o universo, isto é, toda a massa de todas as coisas

---

[11] Francis Bacon, *Advancement of learning; Novum organum; New Atlantis*, vol. 30 de Great Books of the Western world, p. 105-95. Veja tb. Norman L. Geisler, "Philosophical presuppositions of biblical inerrancy", in: *Inerrancy*, p. 312-4 [edição em português: *A inerrância da Bíblia: uma sólida defesa da infalibilidade das Escrituras* (São Paulo: Vida, 2003)].

[12] Thomas Hobbes, *Leviathan, or matter, form and power of a commonwealth ecclesiastical and civil*, vol. 23 de Great Books of the Western World, p. 54. Ele também analisa a relação dos corpos com o universo, p. 172.

que existem) é corpóreo, isto é, corpo; e tem as dimensões de magnitude, a saber, comprimento, largura e profundidade: também cada parte do corpo é igualmente corpo e tem as mesmas dimensões, e, consequentemente, cada parte do universo é corpo, e aquilo que não é corpo não é parte alguma do universo; e, porque o universo é tudo, aquilo que não é parte dele não é nada e, consequentemente, não está em parte alguma.[13]

Além de sua filosofia materialista, Hobbes foi um dos primeiros autores modernos a recorrer explicitamente à alta crítica em sua avaliação das Escrituras. Ele afirma que "as Escrituras, pelo Espírito de Deus no homem, significam o espírito do homem inclinado à piedade". Para Hobbes, a cura de um endemoniado por Jesus é uma "parábola", quando anuncia: "Nada vejo em toda a Escritura que exija uma crença de que os endemoniados fossem outra coisa a não ser homens loucos". Para ele, os milagres dos Evangelhos tinham caráter parabólico ou espiritual, mas não histórico, porque "as Escrituras foram escritas para mostrar aos homens o reino de Deus e para preparar a mente deles de tal modo que se tornassem sujeitos obedientes; deixando o mundo, bem como sua filosofia, para as disputas entre os homens, para que exerçam sua razão natural".[14] A separação completa que Hobbes faz entre revelação divina (para a verdade espiritual) e razão humana (para a verdade cognitiva) não apenas antecipa Søren Kierkegaard e Karl Barth, como também vai além deles.

Naturalismo (c. 1650-presente)

Embora alguns deístas tenham usado a teologia natural para dar respaldo ao cristianismo, outros a usaram como alternativa racional para o que consideravam religião irracional, revelada. Baruch de Espinoza, cuja especulação filosófica foi mais explicitamente naturalista do que a de Hobbes, era um racionalista, embora "Espinoza seja descrito de vários modos, como ateu hediondo, e como alguém intoxicado de Deus, na verdade ele era panteísta".[15] Seu panteísmo

---

[13] Ibidem, p. 267. Frederick Copleston, *A history of philosophy*, vol. 5: *Modern philosophy: the British philosophers, Part I, Hobbes to Paley*, p. 15-6, acrescenta que "a filosofia de Hobbes, portanto, é materialista no sentido de que não leva em conta outra coisa senão os corpos. E, uma vez que a exclusão de Deus e de toda a realidade espiritual é simplesmente o resultado de uma definição livremente escolhida, seu materialismo pode ser chamado de metodológico. Hobbes não afirma que não há Deus; ele diz que Deus não é o assunto da filosofia".

[14] Ibidem, p. 70-1.

[15] Brown, *Philosophy and the Christian faith*, p. 54.

racionalista foi soberbamente trabalhado com base em premissas parecidas com as de Descartes.

Espinoza defendia dois pressupostos: a dedução matemática e um antissobrenaturalismo escancarado. No primeiro caso, ele pressupunha que *toda* verdade podia ser deduzida de axiomas autoevidentes (embora essa suposição em si mesma esteja longe de ser autoevidente). Essa argumentação levou o filósofo à ideia de que há somente uma substância no universo e que essa substância pode ser identificada ou como Deus ou como Natureza.[16] Seu antissobrenaturalismo o levou a descartar a existência de milagres, porque se baseiam em violações de leis invioláveis da natureza. Portanto, mais de dois séculos antes que Emil Brunner fizesse afirmação semelhante, Espinoza dizia que a Bíblia não apresenta uma revelação proposicional: "Mostrarei em que consiste a lei de Deus e como ela não pode ser confinada em certo número de livros". Para aqueles que talvez objetem que "embora a lei de Deus esteja escrita no coração, a Bíblia é, não obstante, a Palavra de Deus", Espinoza responde: "Receio que esses opositores sejam perigosos demais para serem piedosos, e há o perigo de que transformem a religião em superstição e que *adorem o papel e a tinta* no lugar da Palavra de Deus".[17]

Assim como Bacon e Hobbes antes dele, Espinoza relegou a autoridade das Escrituras a questões puramente religiosas. Embora estivesse mergulhado na tradição rabínica, concluiu que a Bíblia é falível. Fica claro com base em seus escritos, que foram tão controversos que acabaram sendo publicados de modo anônimo ou postumamente, que mais de um século antes de Johann Salomo Semler (1725-1791), e dois séculos antes de Julius Wellhausen (1844-1918), Espinoza dedicava-se à crítica antissobrenatural sistemática da Bíblia. Na verdade, praticamente todas as principais ênfases do pensamento da alta crítica podem ser encontradas em Espinoza.[18]

---

[16] Norman L. Geisler, "Inductivism, materialism, and rationalism: Bacon, Hobbes, and Spinoza", in: Norman L. Geisler, org., *Biblical errancy: an analysis of its philosophical roots*, p. 22.

[17] Geisler, "Philosophical presuppositions", p. 317, cita *The chief works of Benedict de Spinoza*, introdução e tradução para o inglês de R. H. M. Elwes, vol. 1: *Introduction, Tractatus theologico-politicus, Tractatus politicus*, p. 165-7.

[18] Ibidem, p. 320. Outros temas discutidos por Espinoza afirmam que a Bíblia somente contém a Palavra de Deus, que ela somente é confiável em questões religiosas, além de discorrer também sobre critérios morais de canonicidade, teoria da acomodação, racionalismo, naturalismo e interpretação alegórica das Escrituras.

Temas semelhantes aparecem nos escritos de deístas como John Toland (1670-1722) e Matthew Tindal (1655-1733), ao passo que Anthony Collins (1676-1725) e Thomas Woolston (1670-1733) estavam entre os pioneiros da crítica bíblica radical.[19] Entre outros personagens de destaque nesse período transitório estão o estadista e filósofo John Locke (1632-1707),[20] George Berkeley (c. 1685-1753) e o naturalista americano Thomas Jefferson (1743-1826), autor de uma versão pessoal das Escrituras cristãs.[21] Eles faziam parte de um movimento que defendia uma abordagem naturalista do mundo e o livre pensamento, que acabou por negar a inspiração das Escrituras, ensinavam que Deus só está envolvido com o mundo "providencialmente" e enfatizavam coisas como as leis da natureza e os direitos naturais. Na verdade, eles substituíram a perspectiva bíblica pela naturalista em sua reação contra o subjetivismo e a religião revelada. São críticos desse naturalismo, entre outros, Thomas Sherlock (1678-1761), Joseph Butler (1692-1752) e William Paley (1743-1805), que o atacaram de uma perspectiva racionalista, bem como John Wesley (1703-1791) e seus colaboradores no Grande Avivamento, George Whitefield (1714-1770) e Jonathan Edwards (1703-1758).

Ceticismo (c. 1725-presente)

O ceticismo foi um ingrediente essencial na postura do Iluminismo, conforme explica Hayden V. White:

> A postura da mente iluminista foi complexa e internamente variada, mas pode ser superficialmente caracterizada como uma dedicação à razão humana, à

---

[19] Brown, *Philosophy and the Christian faith*, p. 77-8.

[20] Woodbridge, *Biblical authority*, p. 94 e nota 61 (p. 194), p. 98 e nota 97 (p. 198), apresenta uma análise sobre o fato de que Locke subscreveu à infalibilidade da Escritura até 1661, mas que essa ideia o incomodava em 1685 quando passou a seguir com atenção o debate entre Richard Simon (1638-1712) e Jean Le Clerc (1657-1736).

[21] Embora não tenha publicado, Jefferson trabalhou num manuscrito religioso conhecido como *Jefferson Bible* [A Bíblia de Jefferson], em 1803. Ele concluiu a parte em inglês do trabalho por volta de 1816 e, posteriormente, acrescentou os textos em grego, latim e francês em colunas dispostas lado a lado. A parte em inglês foi impressa em 1904. O livro foi editado e republicado por Douglas E. Lurton como *The life and morals of Jesus of Nazareth*. A "Bíblia" de Jefferson consistia em extratos dos Evangelhos dos quais todos os milagres e declarações de Jesus que os associavam à sua divindade foram removidos. As últimas linhas do seu trabalho apresentam as opiniões de Jefferson de forma pungente: "Agora no lugar onde ele foi crucificado havia um jardim; e no jardim um novo sepulcro, onde jamais fora colocado um homem. Ali puseram Jesus. Rolaram uma grande pedra e a puseram na entrada do sepulcro e partiram" (p. 158).

ciência e à educação como os melhores meios de construir uma sociedade estável para os homens livres na terra. Isso significava que o Iluminismo tinha uma suspeita inerente da religião, era hostil à tradição e odiava qualquer autoridade baseada somente no costume ou na fé. Em última análise, o Iluminismo era de orientação estritamente secular; oferecia o primeiro programa da história da humanidade para a construção de uma comunidade humana formada de materiais exclusivamente naturais.[22]

Essa perspectiva foi impulsionada pelo reavivamento do ceticismo grego no pensamento ocidental na esteira do redescobrimento e da publicação dos escritos de Sextus Empiricus (auge no final do século 2 e início do século 3 d.C.) em 1562.[23] Seus escritos podem ser situados em três grandes vertentes da filosofia no século 17 à medida que se tornaram a ortodoxia intelectual do Iluminismo do século 18, ponto decisivo na ascensão do pensamento secular moderno.

O ceticismo do Iluminismo francês pôs em movimento uma onda que afetou o mundo filosófico, teológico e político da Inglaterra, dos Estados Unidos e da Alemanha. No entanto, o escocês David Hume (1711-1776) foi provavelmente o filósofo entre Espinoza e Kant a ter o maior efeito adverso sobre as ideias da autoridade bíblica. O antissobrenaturalismo e uma ênfase extrema no empirismo foram os dois elementos mais fundamentais da tentativa de Hume para compreender a doutrina tradicional das Escrituras. Ele rejeitava a alegação de que as Escrituras eram inspiradas ou que a Bíblia é uma revelação especial de Deus à humanidade. Ele também negava a divindade de Cristo e rejeitava os milagres, visto que procurava fazer da teologia objeto da experiência empírica.[24] Em seu ensaio *An enquiry concerning human understanding* [Uma investigação sobre o entendimento humano] (1748), Hume argumentou contra a *credibilidade* dos milagres, e não contra a *possibilidade* de haver

---

[22] Hayden V. White, "Editor's introduction", p. ix, in: Robert Anchor, *The Enlightenment tradition*, que é, provavelmente, a melhor introdução breve ao movimento. Esta obra foi reimpressa mais recentemente com sua bibliografia anotada atualizada. Veja tb. Ernst Cassirer, *The philosophy of the Enlightenment* [edição em português: *A filosofia do iluminismo* (Campinas: Ed. Unicamp, 1994)]. Três grandes obras de Peter Gay, um dos mais respeitados estudiosos americanos do Iluminismo, são: *The Enlightenment: an interpretation*; *The party of humanity: essays in the French Enlightenment*; *Voltaire's politics: the poet and realist*.

[23] Popkin, *History of Scepticism*, p. 17.

[24] Gary R. Habermas, "Skepticism: Hume", in: Geisler, org., *Biblical errancy*, p. 25-49; Geisler, "Philosophical presuppositions", p. 320-2.

milagres (como fez Espinoza).²⁵ Contudo, a rejeição de Hume aos milagres é enfática quando afirma: "O milagre é uma violação das leis da natureza; e, como essas leis foram estabelecidas por uma experiência firme e inalterável, a prova contra o milagre, com base na própria natureza do fato, é tão completa quanto qualquer argumento da experiência que se possa imaginar".²⁶

Na Alemanha, Gotthold Ephraim Lessing (1729-1781), filho de um pastor da Saxônia que trabalhou como bibliotecário do duque de Brunswick depois de 1770, publicou uma série de *Fragments of an unknown writer* [Fragmentos de um autor desconhecido], mais conhecidos como *Wolfenbüttel fragments* [Os fragmentos Wolfenbüttel] (1774-1778). Esse documento foi, na verdade, uma defesa e o restabelecimento do deísmo cético por Hermann Samuel Reimarus (1694-1768), que incluía um fragmento chamado *The goal of Jesus and his disciples* [O objetivo de Jesus e de seus discípulos]. O escrito não foi publicado durante a vida de Reimarus e se propunha a expor as narrativas de Jesus nos Evangelhos como partes de uma fraude em virtude de suas supostas predições escatológicas não realizadas. Rejeitava sem meias palavras os milagres e a revelação e lançava acusações de fraude consciente, inúmeras contradições e fanatismo sobre os autores bíblicos. Essa perspectiva suscitou uma enxurrada de polêmicas quando foi publicada por Lessing, revolucionando a imagem de Jesus na teologia moderna. Esse foi, na verdade, o ponto de partida para Albert Schweitzer (1875-1965) em seu *The quest for the historical Jesus* [A busca pelo Jesus histórico] (1906). O próprio Lessing escreveu um ensaio de crítica ao evangelho, intitulado *New hypothesis on the Evangelists considered as merely human historical writers* [Novas hipóteses sobre os Evangelistas considerados

---

²⁵David Hume, *An enquiry concerning human understanding* [Uma investigação sobre o entendimento humano], cf. citado em Great Books of the Western World, vol. 35, p. 491. Hume publicou seu *Treatise on human nature* [Tratado da natureza humana] em 1737, seu *Essay, moral, political* [Ensaios morais e políticos] em 1741 e *Philosophical essay* [Ensaios filosóficos] em 1748. A última obra foi renomeada posteriormente, passando a se chamar *An enquiry concerning human understanding* [Uma investigação sobre o entendimento humano]. Em 1751, o terceiro livro do *Treatise* foi reformulado e publicado como *An enquiry concerning the principles of morals* [Uma investigação sobre os princípios da moral]. As *Four dissertations* de Hume, entre as quais uma dedicada à *Natural history of religion* [História natural da religião], foi publicada em 1757. Ele havia completado também seu *Dialogues concerning natural religion* [Diálogos sobre a religião natural], mas com base no conselho de amigos sua publicação foi postergada para depois de sua morte em 1776.

²⁶Hume, *An enquiry concerning human understanding*, introdução e edição de Charles W. Hendel, p. 122 [edição em português: *Investigação sobre o entendimento humano*, tradução de André Campos Mesquita (São Paulo: Lafonte, 2017)].

meros autores históricos humanos] (1788), em que defendia a existência de uma fonte única hebraica ou aramaica por trás das narrativas dos Evangelhos e retratava Jesus como um messias meramente humano.

Agnosticismo (c. 1750-presente)

Immanuel Kant (1724-1804) tem sido considerado por muitos o pensador na intersecção da filosofia moderna. Ele subscreveu totalmente aos ideais progressistas do Iluminismo francês, mas viu pouca esperança de que esses ideais se realizassem no governo cínico de Frederico II, o Grande (1712-1786), sob o qual viveu na Prússia oriental. Parte da grandeza de Kant deve-se à sua habilidade de sintetizar os dois modos de pensamento dominante, porém conflituosos, do Iluminismo, empirismo e racionalismo num todo intelectual.[27] Em sua síntese criativa, ele se tornou um filósofo que via a realidade sob o prisma do agnosticismo. Ele afirmava que a mente conhece somente depois de construir, e não antes. Para ele, somente o que aparece (o *fenômeno*) a alguém é conhecido, não o que a rigor é (o *noúmeno*). Além disso, para Kant, sempre que se tenta aplicar as categorias da mente (como unidade ou causalidade) ao mundo noúmeno (real), surgem contradições e antinomias irremediáveis.

Uma consequência da revolta de Kant contra a razão é a dicotomia que ele vê entre fato/valor. Para ele, o mundo "objetivo" do fato é o mundo fenomenológico da experiência, ao passo que o mundo "subjetivo" da vontade não pode ser conhecido pela razão pura. Em vez disso, o mundo subjetivo é conhecido pela razão prática, ou por um ato da vontade moralmente postulado. Para Kant, embora não seja possível *pensar* que Deus existe, deve-se *viver* como se Deus existisse. Portanto, Kant questionou filosoficamente a objetividade da racionalidade da revelação divina. Ele colocou a religião no âmbito do postulado, e não do conhecido. Isso suscitou o imperativo moral que está por trás do uso que o filósofo faz da "razão moral" como fundamento para a determinação do que é essencial para a religião verdadeira. Para Kant, essa razão exigia que ele

---

[27] W. David Beck, "Agnosticism: Kant", in: Geisler, org., *Biblical errancy*, p. 53-78; Geisler, "Philosophical presuppositions", p. 322-7. Os principais racionalistas foram Descartes, Espinoza e Leibniz; os empiristas são representados por Locke, Berkeley e Hume. Kant afirmou ter sido despertado de seu sono dogmático ao ler David Hume. Então, escreveu *The critique of pure reason* [Crítica da razão pura] (1781), *The critique of practical reason* [Crítica da razão prática] (1788), *On religion within the bounds of reason alone* [A religião nos limites da simples razão] (1792) e outras obras. A última obra citada não foi publicada pelo The Great Books of the Western World, vol. 42, dedicado a *Kant*.

concluísse que milagres não ocorrem.²⁸ Portanto, assim como Jefferson, ele podia rejeitar o relato de ressurreição no final dos Evangelhos. Ao tornar o imperativo moral o critério da religião verdadeira, Kant foi o precursor de Friedrich Daniel Ernst Schleiermacher (1768-1834). Seguindo as pegadas subjetivas de Kant e de Schleiermacher, Rudolph Otto (1869-1937) recorreu a uma base irracional para a alta crítica que fez da Bíblia.²⁹

Romantismo (c. 1780-c. 1840)
Nada pareceu mais característico no final do século 18 do que o predomínio da razão, à medida que o questionamento insensível e intelectual varria antigos abusos e superstições. Contudo, surgiu uma forte oposição a esse enfoque unilateral na época em que as reivindicações dos sentimentos eram reafirmados. Esse movimento enfatizava os grandes homens e os movimentos heroicos do passado, e não as ideias e as instituições. O termo genérico "romantismo" aplica-se, em geral, a esse movimento complexo e evasivo que desafiou radicalmente o racionalismo mais antigo. Tinha defensores na literatura, na música, na pintura e na filosofia em toda a Europa antes de sucumbir no final da década de 1830. Um de seus primeiros defensores, e o mais eficaz deles, foi Jean-Jacques Rousseau (1712-1778), mas o movimento prevaleceu na Alemanha, e teve entre seus participantes Gotthold Lessing (1729-1781), Johann Wolfgang von Goethe (1749-1832), Johann Christoph Friedrich von Schiller (1759-1805) e Johann Christian Friedrich Hölderlin (1770-1843). O romantismo não era tanto um movimento em favor da religião, mas um movimento artístico-literário que se tornou religioso. Seu teólogo mais importante foi Friedrich Schleiermacher.³⁰

No início do século 19, as correntes evangélicas e pietistas pareciam espalhar-se consideravelmente por várias igrejas confessionais e nacionais. Nos anos

---

²⁸Immanuel Kant, *Religion within the limits of reason alone*, tradução para o inglês e introdução de Theodore M. Greene; Hoyt H. Hudson, p. 83-4 [edição em português: *A religião nos limites da simples razão*, tradução de Ciro Mioranza (São Paulo: Lafonte, 2017)].

²⁹Rudolf Otto, *The idea of the holy*, tradução para o inglês de John Harvey, p. 162 [edição em português: *O sagrado: os aspectos irracionais na noção do divino e sua relação com o racional*, 4. ed., tradução de Walter O. Schlupp (São Leopoldo/Petrópolis: Sinodal/Vozes, 2017)].

³⁰Harold O. J. Brown, "Romanticism and the Bible", in: Lewis; Demarest, orgs., *Challenges to inerrancy*, p. 49-65. Veja tb. *Philosophy and the Christian faith*, p. 108-16; Richard V. Pierard, "Romanticism", in: Walter A. Elwell, org., *Evangelical dictionary of theology* (Grand Rapids: Baker, 1984), p. 959-61 [edição em português: *Enciclopédia histórico-teológica da igreja cristã*, tradução de Gordon Chown (São Paulo: Vida Nova, 2009)]; W. A. Hoffecker, "Schleiermacher, Friedrich Daniel Ernst", in: Ibidem, p. 981-3.

que se seguiram a 1810 e até a metade do século, o catolicismo romano foi "inundado por várias ondas sucessivas de reavivamento teológico. Depois de definhar durante as trevas do Iluminismo, a teologia voltou novamente à vida em vários centros católicos em épocas diferentes".[31] Entre os protestantes da Alemanha, que se encontrava agitada com o conflito religioso e social, Schleiermacher levou as pessoas a encontrar uma base experimental na tradição cristã que há tempos não era explorada, ao passo que Ernst Wilhelm Hengstenberg (1802-1869) liderava o *Evangelische Kirchenzeitung* [Jornal da Igreja Luterana] durante as décadas de 1820 e 1830. Hengstenberg defendeu firmemente a infalibilidade da Bíblia e a aliança do cristianismo com o partido feudal conservador na política alemã, mas rompeu com o movimento e se tornou um defensor da rígida ortodoxia luterana por volta de 1840.

Nesse ínterim, Schleiermacher, nativo da Silésia que havia estudado e lecionado na universidade do centro pietista de Halle, elaborou o que se chama por vezes de *teologia positiva*.[32] Baseado na experiência pessoal, foi fortemente influenciado pelo romantismo por meio de Friedrich Schlegel (1772-1829), bem como pelo pensamento de Espinoza, Leibniz e Kant. Schleiermacher afirmava que a religião devia se basear na intuição ou no sentimento (*Anschauung und Gefühl*), que é independente de todo dogma. Ele redefiniu "revelação" ao aplicar o termo a toda intuição original e nova e aplicou "inspiração" exclusivamente à atividade humana.[33] Em decorrência disso, não deu atenção às provas racionais da existência de Deus. Sustentava que a vida cristã é a "atividade espontânea em comunhão viva com Cristo", porque a religião é o *sentimento de dependência absoluta*.[34] Para Schleiermacher, a expressão mais pura de religião se encontra

---

[31] James T. Burtchaell, *Catholic theories of biblical inspiration since 1810*, p. 3.

[32] Brown, *Philosophy and the Christian faith*, p. 110.

[33] Fred H. Klooster, "Revelation and Scripture in existentialist theology", in: Lewis; Demarest, orgs., *Challenges to inerrancy*, p. 205. Nesse contexto, Klooster identifica Schleiermacher como "o pai da teologia liberal". Na análise que se segue, Albrecht Ritschl é identificado como "o fundador do liberalismo teológico". O papel de Schleiermacher é entendido dessa forma num contexto mais amplo e mais básico do que o de Ritschl.

[34] Friedrich D. E. Schleiermacher, *The Christian faith*, tradução para o inglês de H. R. Mackintosh; J. S. Stewart, p. 5-12. Brown, *Philosophy and the Christian faith*, p. 111, nota 1, mostra que a "expressão *das schlechthinnige Abhängigkeitsgefühl* costuma ser traduzida por 'sentimento de absoluta dependência'. Contudo, a palavra 'sentimento' talvez seja forte e positiva demais. O que ele está tentando analisar parece ser, com frequência, uma consciência ou um sentimento de plena dependência mais profundos".

no monoteísmo, e o cristianismo é a mais elevada das religiões, ainda que não seja a única verdadeira.[35]

A revisão da teologia cristã por Schleiermacher teve seu impacto mais radical sobre a questão da autoridade, uma vez que, para ele, nenhuma autoridade externa, sejam as Escrituras, a igreja ou a declaração histórica dos credos, tem precedência sobre a experiência imediata dos crentes. Ele contribuiu também para um enfoque mais crítico da Bíblia ao questionar sua inspiração e autoridade. Além disso, rejeitou doutrinas que acreditava não ter relação com a experiência religiosa da redenção: o nascimento virginal, a Trindade e a volta de Cristo. Ele achava que essas coisas implicavam um conhecimento cognitivo e indireto, e não uma consciência imediata de Deus.

Schleiermacher influenciou grandemente o cristianismo por meio de três grandes realizações. Em primeiro lugar, ele tornou a religião socialmente aceitável aos que não levavam mais a Bíblia e suas doutrinas a sério ao mostrar seu apelo às tendências estéticas do homem. Em segundo lugar, ele atraiu para a teologia inúmeros jovens interessados em teologia, sobretudo como expressão do espírito imaginativo do homem. E, em terceiro lugar, durante um tempo ele mudou a crítica bíblica, levando-a da crítica histórica para a crítica literária.[36] Sua influência, restrita à Alemanha durante a vida, foi enorme depois sobre os protestantes por causa de Albrecht Ritschl (1822-1889), Adolf von Harnack (1851-1930) e Ernst Troeltsch (1865-1923).

Idealismo (c. 1800-presente)

O movimento idealista alemão surgiu no contexto imediato da filosofia crítica de Immanuel Kant. Contudo, diferentemente de Kant, cujas questões filosóficas básicas começaram no âmbito da ciência, os principais idealistas, Johann Gottlieb Fichte (1762-1814), Friedrich Wilhelm Joseph von Schelling (1775-1854) e Georg Wilhelm Friedrich Hegel (1770-1831), chegaram todos eles à filosofia vindos da teologia. Ao buscar compreender a relação entre infinito e finito, seus escritos refletem um dos desenvolvimentos mais notáveis da especulação metafísica na história do pensamento ocidental.[37]

---

[35] McNeill, *Christian tradition*, p. 253-62; Brown, *Philosophy and the Christian faith*, p. 108-16.
[36] Brown, "Romanticism and the Bible", p. 60-1.
[37] Frederick Copleston, *A history of philosophy*, vol. 7, *Modern Philosophy*, Part 1, *Fichte to Hegel*, p. 15-49, para um excelente panorama desse período de sistemas de pensamento idealistas pós-kantianos.

Hegel foi o personagem mais proeminente do idealismo alemão. Ele é descrito como "possivelmente o mais estupendo de todos os pensadores do século 19".[38] Sua influência se estende sobre boa parte da especulação filosófica desde sua morte inesperada de cólera em 1831, quando estava no auge de sua popularidade. Para ele, toda a realidade decorre do Espírito (*Geist*). O Espírito Absoluto (Deus) chega à consciência pessoal por intermédio de um processo conflituoso. Portanto, a soma total do conhecimento humano não é outra coisa senão o Espírito Absoluto pensando seus pensamentos por meio da mente humana. Embora seja costume referir-se à ideia de Hegel sobre a ação do Espírito como dialética (que é simplesmente outra palavra para processo ou padrão dinâmico) da tese, antítese e síntese, já se disse que tal dialética é, na verdade, mais própria de Fichte e de outros.[39]

A ideia de Hegel de que o Espírito Absoluto trabalha em manifestações tão evidentes como a arte, a religião e a filosofia acaba influenciando sua visão das Escrituras, porque o Espírito capacita o homem a levar a religião a sério sem tomar os fatos da revelação muito literalmente. Para Hegel, há duas perspectivas religiosas — o ceticismo racionalista e o literalismo ingênuo — que demonstram a pobreza do Espírito no homem comum. Ele afirma que "alguém cujo entendimento da religião se baseia no Espírito aceitará as mesmas crenças do pietista ingênuo, mas será capaz, ao mesmo tempo, de interpretá-las racionalmente sem cair na armadilha do cético. [...] O positivo e o espiritual são integrados". O fundamento positivo do cristianismo é a Bíblia, mas isso não significa que só a Bíblia é suficiente para fazer teologia cristã. "Hegel sustenta que o teólogo 'científico' reconhecerá a precedência do Espírito sobre a Bíblia. [...] À luz do Espírito, portanto, é perfeitamente possível sobrepujar os detalhes históricos que possam obstruir a religião positivista."[40]

---

[38] R. R. Palmer; Joel Colton, *A history of the modern world*, p. 434. Veja tb. Walter A. Kaufmann, *Hegel: a reinterpretation*; Winfred Corduan, "Hegelian themes in contemporary theology", p. 351-61. Veja tb. G. W. F. Hegel, *Werke*, organização de Eva Molderhauer; Karl Markus Michel, esp. os vols. 8-10: *Enzklopädie der philosophischen Wissenschaften*; veja tb. G. W. F. Hegel, *Encyclopedia of philosophy*, tradução para o inglês de Gustav Emil Mueller [edição em português: *Enciclopédia das ciências filosóficas em compêndio, 1830* (São Paulo: Loyola, 1997), 3 vols.].

[39] Brown, *Philosophy and the Christian faith*, p. 121, cita J. N. Findlay, *Hegel: a re-examination*, p. 70. Há farta argumentação acadêmica contra essa ideia tão difundida. Veja Walter A. Kaufmann, "The Hegel myth and its method", p. 459-86. Gustav E. Mueller, "The Legend of 'thesis-antithesis-synthesis'", p. 411-4; Winfred Corduan, "Transcendentalism: Hegel", in: Geisler, org., *Biblical errancy*, p. 81-104.

[40] Corduan, "Transcendentalism: Hegel", p. 88-9.

Depois da morte de Hegel, seus seguidores se dividiram em três vertentes principais. No centro estavam os hegelianos para quem a filosofia era o âmago do Espírito Absoluto; havia espaço para a religião no sistema. Uma segunda vertente sustentava que o sistema de Hegel devia ser entendido, em última análise, em termos teológicos. A terceira vertente destruiu efetivamente a necessidade de religião no mundo do pensamento. O último grupo tem exercido grande influência sobre a concepção filosófica da Bíblia. Fazem parte desse grupo críticos da Bíblia como Bruno Bauer (1809-1882), Ludwig Andreas Feuerbach (1804-1872), David Friedrich Strauss (1808-1874) e Ferdinand Christian Baur (1792-1860). Nesse ínterim, Karl Marx (1818-1883) logo apropriou-se da chamada "dialética hegeliana" e deu-lhe novos usos. Além disso, a filosofia de Hegel convergiu com outras correntes na Alemanha no intuito de tornar o estudo da história mais significativo do que nunca do ponto de vista da filosofia, uma vez que a história como "estudo do processo do tempo parecia ser a chave fundamental que destravaria o verdadeiro significado do mundo".[41]

Liberalismo (c. 1850-c. 1920)

Embora o Romantismo tenha libertado o cristianismo da quase extinção nas mãos do Racionalismo, o fez a um preço terrível, isto é, privá-lo de sua relevância para a civilização. O Romantismo, em particular, relegou o cristianismo à esfera do sentimento estético e da moralidade pessoal. Isso o retirou efetivamente do âmbito da história, em que o homem do século 19 estava convencido de que o progresso da classe média poderia ser contemplado em toda a sua glória.[42] O termo "liberalismo" refere-se especificamente à tentativa de harmonizar a fé cristã com toda a cultura humana, embora seja aplicado também a qualquer movimento religioso protestante que questione as doutrinas básicas do cristianismo conservador. O liberalismo foi uma reação contra o suposto romantismo monástico ou pietista e introspectivo de Kant e Schleiermacher, tendo se tornado praticamente uma religião civil (*Kulturprotestantismus*) tanto em sua expressão teutônica quanto americana, uma vez que retomara o desafio da tradição iluminista em vez de compartimentar a religião e a cultura.

Albrecht Ritschl, o fundador do liberalismo teológico, aplicou a chamada dialética hegeliana para fazer da teologia a interação dos dois pontos nevrálgicos

---

[41] Palmer; Colton, *History of the modern world*, p. 435.

[42] D. Clair Davis, "Liberalism: the challenge of progress", in: Lewis; Demarest, orgs., *Challenges to inerrancy*, p. 67-8.

da fé cristã: as preocupações da sociedade e da civilização, bem como as da salvação pessoal. Para Ritschl, o uso apropriado da Bíblia precisa estar voltado para as preocupações mais amplas, bem como para a salvação pessoal. Em seu cenário cultural, o liberalismo acolheu a ideia de que a Bíblia contém erros, e seus defensores buscaram meios através dos quais as verdades recentemente descobertas do pensamento moderno pudessem ser harmonizadas com as Escrituras. A doutrina tradicional da inspiração verbal foi considerada uma perspectiva do século 17, compreensível em sua época, mas que se tornara insustentável no mundo moderno. Depois de afirmar que a doutrina protestante da inspiração baseada em sua autointerpretação era de pouco valor, Ritschl argumentou em seguida que "só se pode recorrer à Bíblia para questões teológicas e de moralidade básica, mas não para os detalhes da vida, em razão da mudança de posição do cristianismo na sociedade".[43] Para ele, os elementos de coesão das Escrituras podem ser reconhecidos por seu conteúdo, e não por qualquer doutrina de inspiração verbal. Trata-se de uma mudança básica em relação à ideia de que a Bíblia meramente *contém* a Palavra de Deus em vez de *ser* efetivamente a Palavra de Deus.

A ênfase de Ritschl foi expressa por Wilhelm Herrmann (1846-1922), que foi professor de teologia em Marburg e teve entre seus alunos homens como Karl Barth (1886-1968), Rudolf Bultmann (1884-1976) e J. Gresham Machen (1881-1937), líder intelectual do evangelicalismo americano no início do século 20. Em seu livro mais influente, *The communion of the Christian with God* (1886) [A comunhão do cristão com Deus], Herrmann afirmou que o indivíduo "não se torna cristão ao submeter-se a algumas doutrinas, mas ao reconhecer o grande fato de Jesus. A fé nas doutrinas a seu respeito não é algo que possa ser exigido como pré-requisito para a salvação por Jesus; é, antes, o resultado dessa salvação. [...] O único fundamento objetivo da verdade do cristianismo é a transformação moral da pessoa".[44]

Os princípios do liberalismo são expostos com maior clareza pelo teólogo alemão e historiador da igreja Adolf von Harnack (1851-1930). Harnack havia feito a jornada intelectual partindo da ortodoxia, passando pelo enfoque histórico-crítico da escola de Tübingen para o liberalismo ritschliano, antes de escrever *Das Wesen des Christentums* [A essência do cristianismo] (1900),

---

[43] Ibidem, p. 69-70, em que ocorre a citação de *The doctrine of justification and reconciliation* (1882), de Ritschl.
[44] Ibidem, p. 73-4.

traduzido para o inglês como *What is Christianity?* [O que é o cristianismo?] (1901), a expressão mais conhecida e mais difundida do pensamento de todo o movimento liberal. Estudiosos católicos-romanos que viam com bons olhos essas novas ideias, sobretudo porque vinham de críticos do protestantismo, foram informados por Roma em 1910 que elas não eram bem-vindas e que "estava sendo imposto um juramento de lealdade contra o modernismo a todos os clérigos no momento de sua consagração, ao se candidatarem à autorização para ouvir confissões, ao receberem títulos com aprovação papal, ao iniciarem um ministério de superior religioso ou ao lecionarem num seminário com corpo docente aprovado pelo pontífice".[45]

Existencialismo (c. 1850-presente)

O *existencialismo* moderno remonta provavelmente a Søren Abby Kierkegaard (1813-1855), cujos escritos só se tornaram amplamente conhecidos fora da Dinamarca depois de 1918. O existencialismo nasceu no solo do agnosticismo kantiano e é bastante diverso em sua expressão. Para alguns, ocupa o lugar deixado vago pelo idealismo como base filosófica do cristianismo. Para outros, representa a falência da filosofia ocidental. Uma linha do existencialismo pode ser traçada da fenomenologia de Edmund Husserl (1859-1938) e de seu aluno Martin Heidegger (1889-1976). O filósofo e poeta alemão Friedrich Wilhelm Nietzsche (1844-1900) e o romancista russo Feodor Mikhailovich Dostoiévski (1821-1881) também anteciparam algumas ideias que se tornaram acentuadas no existencialismo.

Há características comuns entre o pensamento de Kierkegaard, o existencialismo, a neo-ortodoxia e boa parte do neoevangelicalismo. O objetivo principal de Kierkegaard era atacar "o pressuposto moderno injustificado de que a verdade é impessoal, que é possível alcançá-la simplesmente pensando de forma desapaixonada".[46] Ele não ensinava que a verdade é subjetiva, ou que não havia algo como a verdade objetiva, mas descartava a objetividade como forma de conhecimento supremo ou de verdade religiosa.[47] Para ele, a verdade, assim como Deus, não é paradoxal em si mesma, mas apenas para o homem finito, que é capaz de apropriar-se dela mediante um salto apaixonado de fé. Para Kierkegaard, a verdade objetiva ou histórica não é essencial para o

---

[45] Burtchaell, *Catholic theories of biblical inspiration since 1810*, p. 232.
[46] Brown, *Philosophy and the Christian faith*, p. 128.
[47] Geisler, "Philosophical presuppositions", p. 327.

cristianismo. Disse ele: "Se a geração contemporânea nada tivesse atrás de si senão estas palavras: 'Cremos que em tal e tal ano o Deus apareceu entre nós na figura humilde de um servo, que viveu e ensinou em nossa comunidade e, por fim, morreu', seria mais do que suficiente".[48] Contudo, Kierkegaard acreditava pessoalmente na historicidade da Bíblia, de Cristo e até da ressurreição.

Para Kierkegaard, a aceitação pessoal das Escrituras inspiradas não requer o respaldo de uma confirmação objetiva. Na verdade, ele reprovava os esforços dos estudiosos em defender a inspiração e a autoridade das Escrituras.[49] Quando teólogos existenciais do século 20 como Rudolph Bultmann, Paul Tillich, John Macquarrie e outros aplicam o termo "revelação" a toda intuição original e nova e tornam a inspiração uma atividade exclusivamente humana, eles se colocam nessa linha de pensamento pós-iluminista, conforme explica John Baillie:

> Pois a revelação de que fala a Bíblia é sempre do tipo que ocorre na esfera de uma relação pessoal. Não é a revelação de um objeto para um sujeito, mas uma revelação de um sujeito para outro sujeito, uma revelação de uma mente para outra. Essa é a primeira coisa que diferencia o significado teológico de revelação, a revelação que é feita à fé, no sentido de que todo conhecimento válido se diz que é revelação.[50]

VISÕES ORTODOXAS DA INSPIRAÇÃO (SÉCULOS 17-19)

Durante os séculos 17, 18 e boa parte do século 19, a doutrina tradicional e ortodoxa da inspiração e da autoridade das Escrituras permaneceu substancialmente inalterada na igreja cristã.[51] À guisa de ilustração, podemos citar quatro indivíduos das tradições reformada evangélica e de Westminster — Francis

---

[48] Johannes Climacus, *Philosophical fragments: or a fragment of philosophy*, edição de S. Kierkegaard, introdução e tradução para o inglês de David F. Swenson, tradução revisada por Howard V. Hong (Princeton: Princeton U., 1936), p. 53, 130 [edição em português: *Pós-escrito conclusivo não científico às migalhas filosóficas*, Coleção Pensamento Humano (Petrópolis: Vozes, 2013), 2 vols.].

[49] Søren Kierkegaard, *Concluding unscientific postscript*, p. 26.

[50] John Baillie, *The idea of revelation in recent thought*, p. 19. É interessante observar que, embora Baillie defina o termo "revelação" (p. 19, 59) como desvelamento, em outro lugar ele o trata como descoberta. Ele também associa equivocadamente a ideia de uma revelação proposicional ao ditado mecânico na p. 40. Baillie prefere entender a revelação como um encontro pessoal antiproposicional em suas análises, e.g., p. 30, 36-8, 40, 75, 121-2.

[51] Veja a análise no cap. 8 e os itens da bibliografia que cobrem o período todo da Reforma até o fim da Primeira Guerra Mundial. Veja tb. William E. Nix, "Doctrine of inspiration since the Reformation", p. 443-54.

Turretin, Jonathan Edwards, Charles Hodge e Benjamin Breckinridge Warfield — porta-vozes destacados da persistência da doutrina ortodoxa da revelação e da inspiração das Escrituras.

Francis Turretin (1623-1687)

Francis Turretin e seu filho Johann Alfons (1671-1737) foram porta-vozes destacados da tradição reformada evangélica na Suíça. Eles continuaram a obra de Zuínglio e das pessoas que elaboraram as Confissões Helvéticas enquanto lecionavam em Genebra. Em seu *Institutio theologiae elencticae,* Turretin afirma que "a questão da autoridade das Escrituras depende de sua origem. [...] Uma vez que é de Deus, só pode ser genuína (*authenticus*) e divina". Em decorrência disso, diz ele, "deve-se supor sem controvérsia que a Escritura é inspirada por Deus e fundamento básico da fé" e que a autoridade da Escritura tem por base "a verdade divina e infalível dos livros, dos quais Deus é o autor".[52] Assim, ele insiste, "quando a qualidade divina da Escritura [...] tiver sido aceita, sua infalibilidade necessariamente seguirá".[53] Para Turretin e para a tradição reformada evangélica, isso significava que a Bíblia é totalmente isenta de erros porque "a Escritura é 'soprada por Deus'" (2Tm 3.16). A Palavra de Deus não pode mentir (Sl 19.8,9; Hb 6.18), ela não pode perecer e passar (Mt 5.18), ela permanece para sempre (1Pe 1.25) e é verdadeira em si mesma (Jo 17.17)".[54] Além disso, "quaisquer contradições que parecem existir na Escritura são aparentes, não reais. [Elas surgem] somente no que diz respeito ao entendimento que temos, nós que não somos capazes de perceber e compreender sua harmonia por toda parte".[55] As discrepâncias difíceis de explicar "são de tal ordem em virtude da ignorância humana, e não por causa do problema em si, portanto faremos bem se reconhecermos nossa ignorância em vez de aceitar a contradição".[56]

---

[52] Francis Turretin, mais precisamente Franz Turretini, *The doctrine of Scripture: locus 2 of Institutio Theologiae Elencticae,* edição de John W. Beardslee III, p. 39-40. Essa tradução se baseia em Francis Turretin, *Institutio Theologiae Elencticae,* 3 vols., que, juntamente com uma coleção de *Disputationes,* tem sido reimpressa com frequência como *Opera* de Turretin, porque foi publicada primeiramente em 1688 (Utrecht/Amsterdam: Jacobum a Poolsum, 1701, 1734; Edinburgh, 1847). Veja tb. Leon M. Allison, "The doctrine of Scripture in the theology of John Calvin and Francis Turretin", p. 39-40.

[53] Ibidem, p. 57.

[54] Ibidem, p. 59-60.

[55] Ibidem, p. 61 (colchetes do editor).

[56] Ibidem, p. 63.

Turretin estava preocupado com a forma da Escritura, bem como com seu conteúdo. Ele nega, por exemplo, que os pontos vocálicos em hebraico "fossem simples inovação humana dos massoretas". Diz ele: "Se as marcações foram acrescentadas numa data posterior [...] disso não se segue que sejam mero artifício humano. [...] portanto, ainda que as marcações não sejam [...] parte da forma original, não se pode com isso negar que eram parte dele no que diz respeito ao som e ao valor, ou poder".[57] Para Turretin, a Bíblia não apenas é perfeita no tocante à forma e ao conteúdo; ela também é perfeita (completa) em sua extensão (cânon). Ele sustenta que as Escrituras "contêm perfeitamente, não absolutamente tudo, mas o que é necessário à salvação, não de forma explícita em palavras exatas, mas com igual força [à declaração explícita] ou por conclusão válida (*aequipollenter vel per legitimam consequentiam*), de tal forma que não há necessidade de recorrer a nenhuma palavra não escrita".[58]

Ao lidar com a questão da autoria, Turretin reconheceu igualmente que a Bíblia é um livro escrito por autores humanos que "responderam às circunstâncias de tempo e de lugar". Contudo, esses autores humanos "poderiam escrever sob a influência das circunstâncias e, ao mesmo tempo, por ordem e inspiração divinas", de modo que "os apóstolos escreveram quando Deus os inspirou e os moveu a fazê-lo, embora não de maneira mecânica, sob coerção".[59]

Jonathan Edwards (1703-1758)

Entre os puritanos dos Estados Unidos, Jonathan Edwards foi um gigante. Um personagem importante do Grande Avivamento do século 18, ele cria que os "ministros não devem pregar aquelas coisas que sua própria sabedoria ou razão sugiram, e sim as coisas que já foram ditadas a eles pela sabedoria e pelo conhecimento superiores de Deus".[60] Ele falava com frequência de "ditado" e se referia aos autores bíblicos como "escrivães" do Espírito Santo, porém Edwards não acreditava no que se costuma chamar de "ditado mecânico" das Escrituras. Em referência a Salomão, por exemplo, escreveu: "O Espírito de Deus fez uso de sua inclinação amorosa combinada com sua propensão para a reflexão filosófica e, assim, a direcionou e conduziu nesse percurso da imaginação de

---

[57] Ibidem, p. 131-2.
[58] Ibidem, p. 169 (colchetes do editor).
[59] Ibidem, p. 33-4.
[60] Jonathan Edwards recorrendo a 1Coríntios 2.11-13, "Ordination of Mr. Billing (May 7, 1740)", cf. citação de John H. Gerstner, "The nature of inspiration", p. 27.

modo que representasse o amor que há entre Cristo e sua esposa. Deus viu que era necessário e extremamente útil que houvesse alguma representação disso".[61] Portanto, o "ditado" mencionado por Edwards refere-se, na verdade, ao produto da inspiração imbuído de autoridade divina, e não aos meios humanos pelos quais ele foi produzido. Edwards sustenta essa ideia em outro texto. Ele acreditava que

> Moisés conversava tão intimamente com Deus e estava continuamente sob a direção dele que não se pode pensar que, quando escreveu a história da criação e da queda do homem, e a história da igreja a partir da Criação, que não estivesse sob a direção divina nessa empreitada. Não há dúvida de que escreveu sob a direção divina, conforme somos informados que escreveu a Lei e a história da igreja israelita.[62]

Na verdade, "que os profetas depois de haverem tido um relacionamento com Deus pela revelação imediata dele ganharam familiaridade com ele a ponto de conhecê-lo posteriormente; conhecer, por assim dizer, sua voz ou saber o que foi na verdade uma revelação de Deus, é confirmado por 1Samuel 3.7".[63] Em suma, para Edwards a Bíblia é efetivamente a Palavra de Deus. Portanto, "Deus pode revelar coisas nas Escrituras da forma que lhe apraz. Se, por meio daquilo que ele ali revelar, a coisa for de algum modo claramente descoberta como fruto do entendimento, ou do olho da mente, é nosso dever recebê-la como sua revelação".[64] Portanto, para Edwards, assim como para Turretin, o que quer que a Bíblia diga, Deus diz.

Em 1758, Edwards foi chamado para ser presidente da jovem faculdade presbiteriana de Princeton. "Em teologia, ele foi um calvinista ortodoxo com inclinação mística."[65] A morte interveio, e Edwards, que, juntamente com George Whitefield (1714-1770), estava associado intimamente ao Grande Avivamento nas colônias americanas, não pôde assumir o posto em Princeton. Ali seus sucessores estabeleceram um bastião conservador quando um seminário geral da denominação foi criado em Princeton em 1812. O primeiro professor

---

[61] Edwards, *Miscellanies*, p. 303, cf. citação de Gerstner, "The nature of inspiration", p. 29.
[62] Edwards, *Miscellanies*, p. 352, cf. citação de Gerstner, Ibidem, p. 31.
[63] Edwards, *Miscellanies*, p. 1144 (cópia de Andover), cf. citação de Gerstner, Ibidem, p. 31-2.
[64] Edwards, *Miscellanies*, p. 1426, cf. citação de Gerstner, Ibidem, p. 31-2.
[65] F. L. Cross; E. A. Livingstone, orgs., *The Oxford dictionary of the Christian church*, p. 446b-7a.

do seminário foi Archibald Alexander (1772-1851). Ele e Charles Hodge (1797-1878), seu aluno e colega, tornaram-se fundadores da teologia de Princeton e arquitetos do confessionalismo reformado no seminário. Sidney Ahlstrom faz uma avaliação precisa quando afirma:

> O Seminário de Princeton [...] moldou um novo conservadorismo e criou uma fortaleza que permaneceu firme em seu fundamento durante um século. Com relação à liberdade intelectual de Edwards, vista com suspeita, e a opinião de que o avivamento carecia de substância, o seminário optou pela inerrância e pelo confessionalismo rigoroso como meio de defesa. Para fundamentar essa estratégia, Princeton valeu-se de uma grande competência dialética, imensos esforços teológicos e um volume impressionante de erudição. Proporcionou, assim, um refúgio para onde avivalistas e fundamentalistas poderiam correr quando as ideias de Darwin ou de Wellhausen colocaram em perigo suas tendas e tabernáculos. A instituição ensinava responsabilidade teológica a anti-intelectuais em muitas denominações em que o ensino havia sido tratado com descrédito.[66]

Esses homens foram sucedidos, por sua vez, pelos esforços de Archibald Alexander Hodge (1823-1886), Benjamin Breckinridge Warfield e J. Gresham Machen (1881-1937), que "preservaram a reputação da instituição de um conservadorismo inflexível, porém erudito, até 1929-1936, quando tanto o seminário quanto a denominação foram abalados por divisões conservadoras".[67]

Charles Hodge (1797-1878)

O pensamento de Hodge reflete a posição central da teologia de Princeton sobre a inspiração e a autoridade das Escrituras. Na verdade, sua visão sobre as Escrituras caracteriza sua estrutura de teologia e constitui o fundamento básico

---

[66]Sidney E. Ahlstrom, org., *Theology in America: the major Protestant voices from Puritanism to Neo-orthodoxy*, p. 251. Rogers; McKim, *Authority and interpretation of the Bible*, p. 172-88, identificam a escolástica reformada totalmente desenvolvida com Francis Turretin e veem esse método exemplificado em sua maior obra, *Institutio Theologiae Elencticae*, publicada em 1674. Eles identificam a institucionalização da escolástica protestante em Princeton atribuindo-a aos teólogos Archibald Alexander e Charles Hodge. Para uma análise de sua diferença extremada entre as visões de Calvino e Turretin, veja Carl F. H. Henry, *God, revelation and authority*, vol. 4: *God who speaks and shows*, p. 378-9.

[67]Ahlstrom, *Theology in America*, p. 45-8. Veja tb. Lefferts A. Loetscher, *The broadening church: a study of theological issues in the Presbyterian Church since 1869*.

de sua posição na tradição conservadora da teologia reformada americana. Em sua análise da "Regra de Fé Protestante", Hodge afirma que "todos os protestantes concordam em ensinar que 'a palavra de Deus, conforme contida nas Escrituras do Antigo e do Novo Testamentos, é a única e infalível regra de fé e prática'".[68] Em seguida, ele cita os Artigos de Esmalcalde e a Fórmula de Concórdia da tradição luterana e os vários símbolos das igrejas reformadas que "ensinam a mesma doutrina" antes de chegar à sua conclusão, em que afirma:

> Com base nessas declarações, parece que os protestantes sustentam, (1.) Que as Escrituras do Antigo e do Novo Testamentos são a Palavra de Deus, escritas sob a inspiração do Espírito Santo e, portanto, são infalíveis, e de autoridade divina em todas as coisas referentes à fé e à prática e, consequentemente, isentas de todo erro, sejam de doutrina, fato ou preceito. (2.) Que elas contêm todas as revelações sobrenaturais existentes de Deus cujo propósito é ser uma regra de fé e de prática para a sua igreja. (3.) Que elas são suficientemente claras para serem compreendidas pelo povo no uso de meios ordinários e pela ajuda do Espírito Santo em todas as coisas necessárias à fé e à prática, sem necessidade de um intérprete infalível.[69]

Depois de um breve exame do cânon das Escrituras, Hodge retoma a abordagem de que "as Escrituras são infalíveis, isto é, são concedidas por inspiração divina", e afirma que "a infalibilidade e a autoridade divina das Escrituras se devem ao fato de que elas são a Palavra de Deus; e são a Palavra de Deus porque foram concedidas por inspiração do Espírito Santo". Seu primeiro ponto de análise diz respeito à "Natureza da inspiração. Definição" que se torna a base da análise extensa do assunto. Ele escreve:

> A natureza da inspiração deve ser aprendida das Escrituras; de suas declarações didáticas e de seus fenômenos. Há certos fatos ou princípios gerais que subjazem à Bíblia, que são levados em conta em todos os seus ensinamentos e que, portanto, precisam ser considerados em sua interpretação. Precisamos pressupor, por exemplo, (1.) Que Deus não é o fundamento inconsciente de

---

[68] Charles Hodge, *Systematic theology*, 1:151 [edição em português: *Teologia sistemática*, tradução de Valter Martins (São Paulo: Hagnos, 2001)].
[69] Ibidem, p. 151-2, em que Hodge arrola também a Confissão Helvética, Confissão Galicana, os Trinta e Nove Artigos da Igreja da Inglaterra e a Confissão de Westminster.

todas as coisas; nem uma força destituída de inteligência; tampouco um nome para a ordem moral do universo; nem ainda mera causalidade; mas um Espírito — autoconsciente, inteligente, agente voluntário, tendo todos os atributos do nosso espírito sem limitação e num grau infinito. (2.) Que ele é o Criador do mundo, estando fora do mundo, existindo antes dele e de modo independente dele; não é sua alma, vida ou princípio animador; antes, é seu Criador, Preservador e Soberano. (3.) Que, como Espírito, está presente em toda parte, e é ativo em toda parte, preservando e governando todas as suas criaturas e todas as suas ações. (4.) Que, embora esteja presente tanto no mundo externo quanto no mundo da mente, ele geralmente age de acordo com leis fixas e por intermédio de causas secundárias, ele é livre para agir e, com frequência, age diretamente, ou sem a intervenção dessas causas, como na criação, na regeneração e nos milagres. (5.) Que a Bíblia contém uma revelação divina ou sobrenatural. A questão atual não é se a Bíblia é o que diz ser; e sim o que ela ensina em relação à natureza e aos efeitos da influência sob a qual foi escrita?

Sobre esse tema, a doutrina comum da igreja é, e sempre foi, que a inspiração foi uma influência do Espírito Santo sobre a mente de um grupo seleto de homens, o qual fez deles instrumentos de Deus para a comunicação infalível de sua mente e de sua vontade. Nesse sentido, eles foram os instrumentos de Deus, e o que disseram, Deus disse.[70]

Archibald Alexander Hodge (1823-1866) e Benjamin Breckinridge Warfield (1851-1921)

No fermento de ideias difundidas pelas controvérsias que se seguiram à publicação de *On the origin of species*, de Darwin, em 24 de novembro de 1859,[71] e

---

[70] Ibidem, p. 153-4. A análise detalhada que Hodge faz da doutrina da salvação vai da p. 153 à 172. Em seguida, ele passa a tratar das "Teorias adversas", p. 172-82, incluindo teístas que defendem uma teoria mecânica do universo, deístas e Schleiermacher, os que defendem causas naturais sob o controle providencial de Deus, além de várias teorias de inspiração parcial. Edgar Young Mullins, *The Christian religion in its doctrinal expression*, p. 137-53 [edição em português: *A religião cristã na sua expressão doutrinária* (São Paulo: Hagnos, 2005)], apresenta uma abordagem muito mais descritiva do que interpretativa desse assunto de uma perspectiva batista. B. H. Carroll, *The inspiration of the Bible*, apresenta a posição do fundador e primeiro presidente do Southwestern Baptist Theological Seminary, que ele ensinou durante preleções dadas ao longo dos últimos cinquenta anos. Para Carroll, a Bíblia tinha autoridade e não apresentava erros históricos, científicos, filosóficos e teológicos muito antes do surgimento da questão da inerrância no cenário atual.

[71] Charles Darwin, *On the origin of species by means of natural selection* [Sobre a origem das espécies por meio da seleção natural]. A primeira edição de 1.250 exemplares foi publicada em 24 de novembro de 1859 e esgotou-se no mesmo dia. O livro suscitou uma controvérsia de tal ordem

a consolidação das teorias da alta crítica na esteira da liderança de Karl H. Graf (1815-1869), Abraham Kuenen (1828-1891) e Julius Wellhausen (1844-1918),[72] os cristãos ortodoxos encontraram paladinos de sua causa em A. A. Hodge e B. B. Warfield. O artigo de ambos, intitulado "Inspiração", tornou-se uma espécie de declaração normativa para a maior parte dos cristãos conservadores desde que foi primeiramente publicado em 1881.[73] Em contraste com os que começavam a adotar a ideia de que a Bíblia *contém* a Palavra de Deus, eles afirmavam que a Bíblia *é* a Palavra de Deus, dizendo: "O Novo Testamento afirma constantemente a respeito das Escrituras do Antigo Testamento, e dos vários livros que o constituem, que eles SÃO A PALAVRA DE DEUS. O que seus autores disseram, Deus disse".[74] Para eles, não são simplesmente os pensamentos, mas as palavras das Escrituras em si mesmas que são infalíveis, pois

> Cada elemento das Escrituras, seja ele doutrinário, seja histórico, do qual Deus garantiu a infalibilidade, precisa ser infalível em sua expressão verbal. Não importa a forma em que foi gerada em outros aspectos, as Escrituras são um produto do pensamento humano, e todo processo de pensamento humano requer o uso da linguagem. [...]
>
> Além disso, as Escrituras são um registro das revelações divinas e, como tal, consistem em palavras. [...] O pensamento infalível precisa ser um pensamento definido, e um pensamento definido requer palavras [...]. Quaisquer que sejam as discrepâncias ou outras limitações humanas acrescentadas ao registro sagrado, *a linha* (do que é inspirado ou não inspirado, falível ou

---

que foi reimpresso em sete semanas. Para uma excelente análise desse período, veja H. D. McDonald, *Theories of revelation: an historical study, 1700-1960*, 2:198-9.

[72] Julius Wellhausen publicou *Die Geschichte Israels* em 1878, com tradução para o inglês em 1883. A segunda edição foi lançada em dois volumes: *Prolegomena zur Geschichte Israels* em 1883. Continuando a basear-se no trabalho de outros, publicou *Die Komposition des Hexateuchs und der historischen Bücher des Alten Testaments* em 1885. De acordo com J. D. Douglas (*The new international dictionary of the Christian church*, p. 1033), embora Wellhausen tenha passado o restante da vida trabalhando numa linha semelhante em seus estudos do Novo Testamento, sua *História de Israel* "garantiu-lhe um lugar nos estudos da Bíblia comparável, assim era dito, ao de Darwin na biologia".

[73] Archibald A. Hodge; Benjamin B. Warfield, *Inspiration*. Roger R. Nicole acrescentou (ou escreveu) a introdução e vários apêndices para essa reimpressão, que havia sido publicada anteriormente na forma de artigo na *Presbyterian Review* 2 (April 1881): 225-60. O livro foi publicado novamente em Robert Howie, org., *The Westminster doctrine anent Holy Scripture: tractates by A. A. Hodge and Warfield, with notes on recent discussions*. Em Geisler, *Decide for yourself*, p. 49-55, há excertos da edição reimpressa dessa obra.

[74] Hodge; Warfield, *Inspiration*, p. 29 (grifo dos autores da citação).

infalível) *jamais poderá ser traçada racionalmente entre os pensamentos e as palavras das Escrituras*.[75]

Hodge e Warfield afirmam que as Escrituras Sagradas são "o resultado da cooperação, de várias maneiras, da agência humana, tanto das histórias das quais brotaram as Escrituras quanto de sua composição e inscrição imediatas, o que é evidente por toda parte e dá substância e forma à coleção inteira dos escritos".[76] Em seguida, declaram que não querem "negar a presença generalizada de um elemento humano nas Escrituras. Portanto, nenhuma marca do efeito desse elemento humano, no estilo ou na redação, pode ser apresentada contra a inspiração, a menos que possa ser mostrado que resulta em inverdade".[77] O evidente aspecto humano das Escrituras elimina qualquer ideia de uma visão de inspiração "mecânica" ou de um "ditado verbal" porque "todo autor sagrado foi especialmente formado, dotado e instruído por Deus, condicionado de forma providencial e, em seguida, abastecido de conhecimento transmitido de forma natural, sobrenatural ou espiritual, de tal modo que ele, e somente ele, pudesse produzir, livremente, a parte que lhe cabe".[78]

Portanto, de acordo com Hodge e Warfield, o que os autores bíblicos produziram pela inspiração das Escrituras foi um livro verbal, pleno, infalível e inerrante, a Bíblia. Eles indicam que é esse o caso em sua definição de *plenário* quando escrevem que "a palavra significa simplesmente 'cheio', 'completo', perfeitamente adequado para a obtenção do fim desejado, qualquer que possa ter sido".[79] A expressão "inspiração verbal" "não quer dizer que aquilo que os autores sagrados *não afirmam* seja infalivelmente verdadeiro, mas tão somente aquilo que *eles efetivamente afirmam* é infalivelmente verdadeiro".[80] Isso ocorre porque "no decorrer de toda a sua obra, o Espírito Santo esteve presente fazendo com que a energia dele fluísse no exercício espontâneo das faculdades do autor, elevando e direcionando onde fosse necessário, assegurando por toda parte a expressão sem erros na linguagem do pensamento projetada por Deus. O último elemento é o que chamamos de 'inspiração'".[81] Nem toda cópia das Escrituras

---

[75] Ibidem, p. 21-3 (parênteses e grifos dos autores da citação).
[76] Ibidem, p. 12.
[77] Ibidem, p. 42.
[78] Ibidem, p. 14-5.
[79] Ibidem, p. 18.
[80] Ibidem, apêndice 2, "The truth of inspiration", p. 80.
[81] Ibidem, p. 16.

é inerrante, segundo Hodge e Warfield. Eles afirmam, por exemplo: "Não afirmamos que o texto comum, mas somente o texto do autógrafo original é inspirado".[82] "Em vista de todos os fatos que nos são conhecidos", escrevem, "afirmamos que uma inspeção imparcial de todos os fenômenos averiguados do texto original das Escrituras não implica alteração alguma da antiga fé da igreja. Em todas as suas afirmações reais, esses livros não apresentam erros".[83]

Em resposta à ascensão da negativa alta crítica introduzida por Graf, Kuenen, Wellhausen e outros, Hodge e Warfield afirmam que

> os presentes autores [...] admitem livremente que a crença tradicional relativa às datas e origens dos vários livros pode ser questionada sem que isso implique qualquer dúvida quanto à sua inspiração; afirmamos confiantemente, entretanto, que teorias, sejam elas quais forem, sobre a origem ou autoria de qualquer livro dos dois Testamentos que atribuam a ele uma gênese estritamente naturalista, ou datas ou autores que não sejam consistentes com suas afirmações ou asserções naturais de outras Escrituras, são de todo inconsistentes com a doutrina da inspiração ensinada pela igreja.[84]

A posição dos autores é consistente com o ensinamento ortodoxo básico sobre as Escrituras preservado desde o século 1 em diante. É também a posição defendida por J. Gresham Machen e outros no presente cenário. Na verdade, a posição de Hodge e de Warfield é essencialmente a mesma sustentada por líderes evangélicos em novembro de 1978, conforme definição do International Council on Biblical Inerrancy [Conselho Internacional de Inerrância Bíblica]. Essa instituição elaborou uma "Breve Declaração" segundo a qual

---

[82] Ibidem, p. 42.

[83] Ibidem, p. 27.

[84] Ibidem, p. 39. Em sua análise do "Literalismo bíblico", Ernest R. Sandeen, *The roots of fundamentalism: British and American millenarianism, 1800-1930*, p. 103-31, apresenta uma análise minuciosa da teologia de Princeton. Em sua exposição, o autor afirma que a mudança para a inerrância veio com Warfield, e não com seus predecessores. Trata-se de uma ideia errônea, assim como sua "ideia de que a doutrina da inerrância 'não existia na Europa ou nos EUA antes de sua criação no último meio século' por fundamentalistas americanos [...] e por teólogos de Princeton em especial". Veja tb. Ernest Sandeen, *The origins of fundamentalism: toward a historical interpretation*, p. 14, e seu artigo "The Princeton theology: one source of biblical literalism in American Protestantism", p. 307-21, ambos citados em Henry, *God, revelation and authority*, vol. 4: *God who speaks and shows: fifteen theses, Part Three*, p. 379.

1. Deus, sendo ele próprio a verdade e falando somente a verdade, inspirou as Escrituras Sagradas a fim de, desse modo, revelar-se à humanidade perdida, por meio de Jesus Cristo, como Criador e Senhor, Redentor e Juiz. As Escrituras Sagradas são o testemunho de Deus acerca de si mesmo.

2. As Escrituras Sagradas, sendo a própria Palavra de Deus, escritas por homens preparados e supervisionados por seu Espírito, possuem autoridade divina infalível em todos os assuntos que abordam: devem ser cridas, como instrução divina, em tudo o que afirmam; obedecidas, como mandamento divino, em tudo o que determinam; aceitas, como penhor divino, em tudo que prometem.

3. O Espírito Santo, seu divino autor, tanto as confirma a nós por intermédio de seu testemunho interior quanto abre nossa mente para compreender seu significado.

4. Concedidas em sua totalidade e verbalmente por Deus, as Escrituras não têm erros ou falhas em tudo o que ensinam, quer naquilo que afirmam a respeito dos atos de Deus na Criação e dos acontecimentos da história mundial, quer na sua própria origem literária sob a direção de Deus, quer no testemunho que dão sobre a graça salvadora de Deus na vida das pessoas.

5. A autoridade das Escrituras fica inevitavelmente prejudicada, caso essa inerrância divina absoluta seja de alguma forma limitada ou desconsiderada, ou caso dependa de um ponto de vista acerca da verdade que seja contrário ao próprio ponto de vista da Bíblia; e esses desvios provocam sérias perdas tanto para o indivíduo quanto para a igreja.[85]

Portanto, a doutrina ortodoxa de que a Bíblia é a Palavra infalível e inerrante de Deus em seus manuscritos originais persistiu desde o século 1 até o presente. Segundo essa posição, a Bíblia não apresenta erros em tudo o que afirma. Na realidade, de acordo com o ensino tradicional da igreja cristã, o que a Bíblia diz, o próprio Deus diz. Isso compreende todas as questões que dizem respeito à história, à ciência e a qualquer outro tema que ela aborde. Quaisquer resultados da alta crítica que sejam contrários a esse ensino são incompatíveis com a

---

[85] *The Chicago statement on biblical inerrancy*. Essa "Breve Declaração" é acompanhada por um "Prefácio" e por dezenove "Artigos de Afirmação e de Negação" (reproduzidos no cap. 10).

doutrina tradicional da inspiração e da autoridade das Escrituras conforme tem sido defendida ao longo da história da igreja. Diferindo do ensino tradicional da igreja cristã em seu contexto mais amplo, essas visões contrárias às Escrituras são, na verdade, heterodoxas. É dessas visões heterodoxas que trataremos a seguir.

Tentativas de síntese e a ascensão da alta crítica

Em seu cenário cultural e intelectual, os racionalistas alemães tiveram uma influência sem precedentes sobre as doutrinas do cristianismo. Seu propósito não era atacar cruelmente o cristianismo. Na verdade, viam-se como paladinos da fé. Seu enfoque das Escrituras era uma tentativa de responder e contra-atacar o ceticismo que havia se espalhado fora do país por obra do Iluminismo francês. Para seus contemporâneos, tanto europeus quanto americanos, eles eram identificados como "evangélicos".[86] Vários deles podem ser identificados dessa maneira.

Jean Astruc (1684-1766)

Médico da corte de Luís XIV e professor de medicina em Paris, Astruc foi um dos primeiros eruditos a dar destaque à ideia de que os capítulos 1 e 2 de Gênesis foram escritos por dois autores diferentes.[87] Em 1753, Astruc publicou suas *Conjectures*, em que tentava reconciliar algumas das dificuldades encontradas no registro de Gênesis.[88] Em decorrência disso, enfatizava as distinções entre

---

[86] O termo "evangélico" é usado em seu sentido mais amplo para referir-se a teólogos não católicos, especialmente no caso da Europa continental.

[87] Gleason L. Archer, *Encyclopedia of Bible difficulties*, p. 66 [edição em português: *Enciclopédia de temas bíblicos: respostas às principais dúvidas, dificuldades e "contradições" da Bíblia*, 2. ed. (São Paulo: Vida, 2002)]. Contudo, Astruc não foi o primeiro estudioso a defender essa ideia. Na verdade, ele tomou por base a controvérsia de 1685-1687 entre Richard Simon e Jean Le Clerc como um dos encontros decisivos da história das ideias sobre a Bíblia. Veja Woodbridge, *Biblical authority: a critique of the Rogers/McKim proposal*, p. 96. Anteriormente em sua análise, Woodbridge destaca vários pensadores do continente que influenciaram as ideias desenvolvidas por Astruc e outros, por exemplo, Hugo Grotius (1583-1645), Simon, Le Clerc e Espinoza. Le Clerc era um defensor apaixonado da liberdade de pensamento e inimigo de todo dogmatismo e defendia os direitos ilimitados da razão no reino da fé. Ele sustentava de modo geral críticas à inspiração das Escrituras e negava que Jó, Provérbios, Eclesiastes e Cântico dos Cânticos fossem inspirados, ao mesmo tempo que atribuía uma data tardia a partes do Pentateuco. Simon é chamado de "originador da crítica bíblica" por Jean Delumeau, *Catholicism between Luther and Voltaire: a new view of the Counter-Reformation*, p. 127. Espinoza também é chamado, às vezes, de "pai da crítica bíblica", mas na verdade era panteísta. Segundo Delumeau, Espinoza era o "panteísmo-com-racionalismo positivo" (p. 204).

[88] Jean Astruc, *Conjectures sur les mémoires originaux dont il paroit que Moyse s'est servi pour composer le livre de la Genèse*. Veja tb. Adolphe Lods, "Astruc et la critique biblique de son temps",

palavras como "Elohim", "Yahweh Elohim" (ou "Jeová Elohim") e "El-Elyon", sustentando uma tese que se tornaria muito aceita entre os racionalistas alemães como Johann G. Eichhorn (1752-1827), Karl H. Graf (1815-1869), Abraham Kuenen (1828-1891), Julius Wellhausen (1844-1918) e outros.

Johann Semler (1729-1791)

Semler é citado com frequência como o pai do racionalismo alemão, porque foi o primeiro a defender a chamada "teoria da acomodação". Essa abordagem preparou o cenário para a ascensão do chamado método "histórico-crítico". Em sua avaliação do método histórico-crítico, Gerhard Maier afirma: "A aceitação geral do conceito básico de Semler de que a Bíblia deve ser tratada como qualquer outro livro mergulhou a teologia numa cadeia infindável de perplexidades e contradições internas".[89] Segundo essa teoria, "Cristo acomodou sua linguagem às opiniões correntes dos judeus do seu tempo sobre as Escrituras do Antigo Testamento".[90] Semler foi criado no pietismo antes de tornar-se um racionalista conservador. Em decorrência disso, "fazia distinção entre verdades permanentes das Escrituras e elementos próprios dos tempos em que os livros foram escritos. Ele negava o igual valor de todas as partes das Escrituras. A revelação, ensinava, está nas Escrituras, mas as Escrituras todas não são revelação. Os credos da igreja mostram um crescimento; a história da igreja é um desenvolvimento".[91]

Johann Gottfried Eichhorn (1752-1827)

Johann Eichhorn foi um teólogo alemão que parece ter seguido as ideias de Astruc e de Joseph Priestly (1733-1804) na preparação do caminho para outros

---

p. 123-7. Woodbridge, *Biblical authority*, p. 196, nota 83, afirma que "Astruc se via como precursor de Le Clerc e Simon".

[89] Gerhard Maier, *The end of the historical-critical method*, p. 11. No prefácio a essa obra, Eugene F. Klug acrescenta sua própria opinião "de que a alta crítica [deveria] ser vista pelo que é, uma difamação acrítica e injusta do texto bíblico" (p. 10).

[90] Essa é a visão de acomodação cf. pode ser visto em W. Sanday, *The oracles of God (1891)* e citado na análise por McDonald, *Theories of revelation*, 2:140-50. É também o que pensa C. Gore, *The incarnation of the Son of God* (1891), S. R. Driver, *Introduction to the literature of the Old Testament* (1891), T. K. Cheyne, *Aids to the devout study of criticism* (1892), R. L. Ottley, *The doctrine of the incarnation* (1896) e outros. Em suas Preleções Bampton de 1893, Sanday, *Inspiration: eight lectures on the early history and origin of the doctrine of biblical inspiration* ([London, Reino Unido: Longmans, Green, 1903], 5. impr., 1993), procurou explicar a natureza da restrição do conhecimento de nosso Senhor e sua relação com a crítica bíblica.

[91] Williston Walker, *A history of the Christian church*, 3. ed. rev. por Robert T. Handy, p. 483.

nos primórdios do método crítico. A expressão "alta crítica" havia sido usada como sinônimo de crítica histórica pelo ministro e cientista presbiteriano Joseph Priestly. Ele considerava o método crítico "um dos modos de argumentação mais satisfatórios" no prefácio à sua *History of the corruptions of Christianity* [História das corrupções do cristianismo] (1782). Eichhorn usou então a expressão "alta crítica" no prefácio de sua obra em três volumes *Einleitung in das Alte Testament* [Introdução ao Antigo Testamento] (1780-1783).[92] Ele foi um dos primeiros comentaristas a fazer uma comparação científica entre os livros bíblicos e outros escritos semitas. Ele também dividiu Gênesis em fontes "javista" e "eloísta" e distinguiu o código legal sacerdotal do código legal popular no Pentateuco. Embora sua obra contenha imprecisões, teve grande acolhida e contribuiu de modo significativo para incentivar os estudos da Bíblia e a crítica. Mais tarde, a alta crítica veio a ser identificada mais especificamente com uma crítica literária do que com o método histórico.

Heinrich Eberhard Gottlob Paulus (1761-1851)

Em sua *Leben Jesu* [A vida de Jesus] (1828),[93] Paulus procurou conciliar sua crença na precisão substancial da narrativa dos Evangelhos com sua descrença pessoal em milagres e no sobrenatural. Ele procurou transformar milagres em fatos e acontecimentos comuns que foram exagerados ou mal compreendidos e tratou os autores dos Evangelhos como indivíduos que sofriam alucinações quando registravam intencionalmente coisas como visões e milagres. Paulus aplicou os princípios de Eichhorn ao Novo Testamento, embora acreditasse estar defendendo a causa da Bíblia contra o ceticismo em ascensão. Sua influência se dissipou em face do ceticismo mais radical de David Friedrich Strauss (1808-1874).

Wilhelm Martin Leberecht De Wette (1790-1849)

Wilhelm De Wette estudou em determinada época sob a direção de Heinrich Paulus antes de publicar obras próprias sobre a crítica da Bíblia de 1806 até

---

[92]McDonald, *Theories of revelation*, 2:102, ressalta que essa referência foi feita em 1787, porém *Einleitung in das Alte Testament* foi publicado em três volumes em 1780-1783. Ele também publicou *Einleitung in die apokryphischen Bücher des Alten Testaments* (1795) e *Einleitung in das Neue Testament* em dois volumes (1804-1812), em que defendia a chamada "hipótese do evangelho primitivo", segundo a qual por trás dos Sinóticos há um registro perdido do Evangelho em aramaico.

[93]Heinrich Paulus, *Das Leben Jesu als Grundlage einer reinen Geschichte des Urchristentums* (1828), 2 vols., foi respaldado por seu *Exegetisches Handbuch über die drei ersten Evangelien* (1830-1833), 3 vols.

1813, quando se voltou para os estudos teológicos. No início da carreira, foi um racionalista radical, mas se tornou mais conservador em anos posteriores. Embora fosse antissobrenaturalista, criticava constantemente as teorias de Ferdinand Christian Baur (1792-1860) e seus discípulos da escola de Tübingen de crítica neotestamentária. De Wette foi influenciado por Friedrich D. E. Schleiermacher e J. F. Fries, e procurou reconciliar o transcendente com o finito. Foi um dos teólogos mais respeitados do século 19, embora desagradasse aos racionalistas com sua condenação da razão fria e ofendesse os pietistas ao duvidar dos milagres da Bíblia e reduzir a mito as histórias do nascimento, ressurreição e ascensão de Cristo. O emprego dos mitos era a tentativa de De Wette de absolver os autores bíblicos de acusações de comportamento lunático e desequilíbrio ao defender que haviam transformado trivialmente a metáfora e a alegoria em fatos ao escreverem.

David Friedrich Strauss (1808-1874)

David F. Strauss, outro teólogo alemão, estudou sob a orientação de Baur, Schleiermacher e Georg F. W. Hegel. Em seu célebre *Das Leben Jesu* (1835-1836), a "teoria do mito" foi aplicada aos registros dos Evangelhos. Negando o fundamento histórico de todos os elementos sobrenaturais nos Evangelhos, Strauss os atribuiu a uma lenda criada de modo involuntário ("mito") e que se desenvolveu entre a morte de Cristo e o tempo em que os Evangelhos foram escritos no século 2. Strauss interpretou o crescimento do cristianismo primitivo à luz da chamada dialética hegeliana. Ele basicamente rejeitou o cristianismo em favor do materialismo científico ao negar a imortalidade humana em sua última obra, *The old faith and the new* [A fé antiga e a nova] (1873). Seu impacto sobre toda a erudição subsequente na teologia protestante alemã foi imenso.[94]

Karl Heinrich Graf (1815-1869), Abraham Kuenen (1828-1891) e Julius Wellhausen (1844-1918)

Graf, Kuenen e Wellhausen retomaram a ideia de Espinoza, para quem "Esdras foi o redator final da Torá. Embora essa sugestão tenha sido amplamente ignorada por autores de sua própria geração, ela constituía uma antecipação notável da formulação final da hipótese documental de Graf, Kuenen e Wellhausen na última

---

[94] Cross; Livingstone, orgs. *The Oxford dictionary of the Christian church*, p. 1313-4.

metade do século 19".⁹⁵ A hipótese documental foi lançada por Jean Astruc; ela passou ao estágio seguinte de desenvolvimento com a obra de Eichhorn, *Einleitung* (1780-1783); a terceira etapa veio com *Dissertation* [Dissertação] (1805) e *Beiträge zur Einleitung* [Contribuições à introdução] (1806), de De Wette, e a obra memorável de Hermann Hupfeld, *Die Quellen der Genesis* [As fontes de Gênesis], publicada em 1853. Graf acrescentou àquela obra seu próprio empenho em demonstrar que o código sacerdotal no Pentateuco era diferente de Deuteronômio e posterior a ele (1866). Abraham Kuenen aprimorou a obra de Graf em *De Godsdienst van Israel* [O culto de Israel] (1869).⁹⁶ O cenário estava preparado para as importantes contribuições de Wellhausen, *Die Komposition des Hexateuchs* [A composição do Hexateuco] (1876) e *Prolegomena zur Geschichte Israels* [Introdução à história de Israel] (1878). Gleason Archer observa que

> Embora Wellhausen não tenha contribuído com nenhuma inovação propriamente dita, ele reformulou a teoria documental com grande habilidade e persuasão, construindo a sequência JEPD sobre uma base evolucionária. Essa foi a época em que o livro de Charles Darwin *On the origin of species* conquistava a lealdade do mundo acadêmico e científico, e a teoria do desenvolvimento do animismo primitivo ao monoteísmo sofisticado conforme exposto por Wellhausen e seus seguidores se adequou admiravelmente ao dialeticismo hegeliano (uma escola prevalente na filosofia contemporânea) e no evolucionismo darwiniano. Era uma época pronta para a teoria documental, e o nome de Wellhausen ficou atrelado a ela como seu expoente clássico. O impacto dos seus escritos foi sentido por toda a Alemanha [...] e encontrou aceitação cada vez maior na Grã-Bretanha e nos Estados Unidos.⁹⁷

A ALTA CRÍTICA DESDE WELLHAUSEN (1918 ATÉ O PRESENTE)

A publicação de *Prolegomena zur Geschichte Israels*, de Wellhausen, assinala o começo do triunfo da abordagem centrada na *Religionsgeschichte* ("história das religiões") nos estudos do Antigo Testamento nas quatro décadas que se seguiram.

---

[95] Gleason L. Archer, Jr., *A survey of Old Testament introduction*, p. 81 [edição em português: *Panorama do Antigo Testamento*, 4. ed. rev. ampl. (São Paulo: Vida Nova, 2012)].

[96] Karl H. Graf, *De Godsdienst van Israel tot den Ondergang van den Goodschen Staat*, 2 vols. Publicado em 1869-1870 em Haarlem, foi posteriormente traduzido para o inglês e publicado como parte das Preleções Hibbert com o título *National religions and universal religion* (London, Reino Unido, 1882), 3 vols.

[97] Archer, *A survey of Old Testament introduction*, p. 87.

Na Inglaterra, William Robertson Smith, *The Old Testament and the Jewish church* [O Antigo Testamento e a igreja judaica] (1881) introduziu as ideias de Wellhausen ao público, ao passo que Samuel R. Driver, *Introduction to the literature of the Old Testament* [Introdução à literatura do Antigo Testamento] (1891), deu à hipótese documental sua formulação clássica em inglês, e George Adam Smith (1856-1942) aplicou o enfoque aos profetas do Antigo Testamento em sua contribuição a *Expositor's Bible*, editada por W. R. Nicoll (1887ss.). Nos Estados Unidos, os defensores mais destacados da nova escola foram Charles Augustus Briggs (1841-1913), *The higher criticism of the Hexateuch* [A alta crítica do Hexateuco] (1893), e seu colaborador Henry Preserved Smith (1847-1927).[98]

No decorrer do século 20, as diretrizes gerais da teoria de Wellhausen continuaram a ser ensinadas na maioria das instituições não conservadoras, embora algumas incertezas fossem expressas no tocante à datação comparativa dos "documentos" por W. O. E. Osterley e T. H. Robinson, *Introduction to the books of the Old Testament* [Introdução aos livros do Antigo Testamento] (1934), e outros documentos foram identificados. Em geral, porém, defensores da teoria como Julius A. Bewer, *Literature of the Old Testament* [Literatura do Antigo Testamento] (1922), Robert H. Pfeiffer, *Introduction to the Old Testament* [Introdução ao Antigo Testamento] (1941, 1948), e outros adotaram a teoria de Wellhausen. Nenhum outro relato sistemático da origem e desenvolvimento do Antigo Testamento teve aceitação tão grande no mundo acadêmico. Contudo, a reação vigorosa à hipótese documental que solapa a unidade do Antigo Testamento e outros desenvolvimentos nos estudos do Antigo Testamento culminaram com o desafio provocador à hipótese documental por Isaac M. Kikawada e Arthur Quinn.[99]

Os primeiros sinais de uma séria invasão do espírito racionalista nos estudos do Novo Testamento também vieram da Alemanha por meio dos escritos de

---

[98] Veja Roger R. Nicole, "Introduction", in: Archibald A. Hodge; Benjamin B. Warfield, *Inspiration*, p. vi-xiv. Veja tb. Gerhard Hasel, *Old Testament theology: basic issues in the current debate*, p. 29-30 [edição em português: *Teologia do Antigo Testamento: questões fundamentais no debate atual* (Rio de Janeiro: Juerp, 1992)].

[99] Isaac M. Kikawada; Arthur Quinn, *Before Abraham was: the unity of Genesis 1—11*. Veja tb. Gleason Archer, Jr., *A survey of Old Testament introduction*, p. 87-8; Gerhard F. Hasel, *Old Testament theology: basic issues in the current debate*; Meredith G. Kline, *The structure of biblical authority*; Sid Z. Leiman, *The canonization of Hebrew Scripture: the talmudic and midrashic evidence*; Roger Beckwith, *The Old Testament canon of the New Testament church and its background in early Judaism*; R. K. Harrison, *Introduction to the Old Testament*.

Schleiermacher, Eichhorn e a crítica mais radical de F. C. Baur (1792-1860) em Tübingen. Baur reduziu as cartas paulinas autênticas a quatro (Romanos, 1 e 2Coríntios e Gálatas) e negou a genuinidade da maior parte dos demais livros do Novo Testamento. Embora as opiniões críticas dele caíssem em descrédito com a rejeição de sua reconstrução e pressupostos históricos, outras críticas partiram igualmente de pressupostos tênues. David Strauss, *The life of Jesus* [A vida de Jesus] (1835) analisou as narrativas dos Evangelhos na crença de que boa parte do material era mítico. As opiniões dele não foram bem recebidas por seus contemporâneos, mas tiveram um papel importante nos desenvolvimentos subsequentes. Os estudiosos mais críticos do século 19 foram os radicais dinamarqueses W. C. van Manen e P. W. Schmiedel, que negaram a autenticidade de todas as cartas paulinas e acabaram em completo ceticismo. Contra esses antecedentes de erudição crítica, os estudiosos conservadores defenderam de modo consistente a autenticidade do texto.[100]

Durante o século passado, muitos especialistas críticos se concentraram na busca de fontes literárias. Seu escoadouro mais eficaz tem sido a escola liberal que dominou o cenário teológico na virada do século sob a liderança de Heinrich Julius Holtzmann (1832-1910), Adolf Harnack (1851-1930), Albert Schweitzer (1875-1965) e outros. Dois dos principais personagens nos estudos do Novo Testamento na primeira metade do século 20 foram Karl Barth (1886-1968) e Rudolf Bultmann (1884-1976).[101]

Na década de 1960, dois movimentos mais novos surgiram da abordagem de Bultmann à medida que se distanciavam do ceticismo histórico. Esses "pós-bultmannianos" foram além da sua hermenêutica, particularmente no que

---

[100] Donald Guthrie, "The historical and literary criticism of the New Testament", in: Frank E. Gaebelein, org., *The expositor's Bible commentary*, vol. 1: *Introductory articles: general, Old Testament, New Testament*, p. 439-41. Veja tb. Gerhard F. Hasel, *New Testament theology*: *basic issues in the current debate*, p. 28-53 [edição em português: *Teologia do Novo Testamento: questões fundamentais no debate atual* (Rio de Janeiro: Juerp, 1988)].

[101] Veja Heinrich Julius Holtzmann, *Einleitung in das Neue Testament*; Adolf Hamack, *Das Wesen des Christentums* [O que é o cristianismo?]; Albert Schweitzer, *Von Reimarus zu Wrede* [A busca pelo Jesus histórico]; Karl Barth, *Römerbrief* [A Carta aos Romanos] e *Kirchliche Dogmatik* [Dogmática eclesiástica]; e Rudolf Bultmann, *Die Geschichte der synoptischen Tradition* [História da tradição sinótica] e *Theologie des Neuen Testaments* [Teologia do Novo Testamento]. Veja Donald Guthrie, "The historical and literary criticism of the New Testament", p. 447-8; Gerhard F. Hasel, *New Testament theology*, p 53-71. Para um levantamento exaustivo do enfoque liberal sobre essa questão, veja Charles C. Anderson, *Critical quests of Jesus*. Veja Carl. F. H. Henry, org., *Jesus of Nazareth: Saviour and Lord*, para artigos sobre a confusão teológica na esteira do desmantelamento do bultmannianismo.

diz respeito à adoção, por Bultmann, do existencialismo do primeiro Heidegger, e criticaram a interpretação de Bultmann sobre a maneira que a linguagem funciona, uma vez que se empenhavam em uma "nova busca" e na crítica editorial. Os representantes da "nova busca" queriam o apoio de algum aspecto do histórico como autêntico sem voltar ao Jesus histórico da antiga escola liberal. Entre os principais porta-vozes da "nova busca", encontramos Ernst Käsemann, Günther Bornkamm e Ernst Fuchs.[102] A diversidade de teorias propostas por esses críticos tem pouco em comum, e eles não instilam confiança em sua busca. A crítica editorial surgiu diretamente da crítica da forma e se concentra nos Evangelistas enquanto autores. Vários estudiosos alemães, entre eles Günther Bornkamm, Willi Marxsen (que cunhou o termo *Redaktionsgeschichte*, "história das formas"), Hans Conzelmann e Ernst Haenchen, dedicaram sua atenção a Mateus, Marcos, Lucas e Atos, respectivamente. Sua abordagem é muito mais positiva do que a de seus antecessores, mas disso trataremos no capítulo 25.[103]

Todas essas tendências tiveram seu impacto sobre as doutrinas tradicionais da revelação, da inspiração e da autoridade das Escrituras em tempos recentes. Alguns estudiosos evangélicos tentaram incorporar vários *insights* na estrutura de trabalho do método de interpretação histórico-gramatical. Outros não puderam evitar a adoção de uma posição errônea ou insustentável em seus esforços. Para muitos deles, o uso exaustivo do método dialético é o veículo empregado para a concretização de sua síntese acadêmica.[104]

---

[102] Veja Carl F. H. Henry, "Cross-currents in contemporary theology", p. 1-22, Ralph P. Martin, "The new quest of the historical Jesus", p. 23-45, e Gordon H. Clark, "Bultmann's historiography", p. 213-23, in: Carl F. H. Henry, org., *Jesus of Nazareth: Saviour and Lord*; Guthrie "The historical and literary criticism of the New Testament", p. 448. Veja tb. Ernst Käsemann, *Essays on New Testament themes*, tradução para o inglês de W. J. Montague; Günther Bornkamm, *Jesus of Nazareth*, tradução para o inglês de I. Mchuskey; T. Mchuskey; J. M. Robinson (colaboração); Ernst Fuchs, *Studies on the historical Jesus*; Martin Dibelius, *From tradition to Gospel*, tradução para o inglês de B. L. Woolf.

[103] Guthrie, "The historical and literary criticism of the New Testament", p. 448-9; Gerhard F. Hasel, *New Testament theology*, p. 53-71. Veja tb. Günther Bornkamm; G. Barth; H. J. Held, *Tradition and interpretation in Matthew*, tradução para o inglês de P. Scott; Willi Marxsen, *Mark the Evangelist*, tradução para o inglês de R. A. Harrisville; Hans Conzelmann, *The theology of Luke*, tradução para o inglês de G. Buswell; Ernst Haenchen, *Acts of the Apostles*, tradução para o inglês de B. Noble; G. Shinn, revisão de R. McL. Wilson.

[104] Cf. mostra a análise anterior, o método dialético é amplamente utilizado nas obras de estudiosos pós-Wellhausen. O "método dialético" é empregado exaustivamente por Clark Pinnock, *The Scripture principle* (San Francisco: Harper & Row, 1984), p. 74, 106, 177, 184-6, 193-9. O impacto da metodologia crítica é evidente na mudança de posição de Bernard Ramm, *Protestant biblical interpretation: a textbook of hermeneutics*, 3. ed. rev. Para exemplos do uso generalizado do método dialético,

Resumo e conclusão

Vários textos em forma de credo e declarações confessionais oriundos de amplos espectros do cristianismo indicam que os cristãos aderiram oficialmente à doutrina tradicional da inspiração e da autoridade das Escrituras até boa parte do século 20. Contudo, entre os primórdios do século 17 e o início do século 20, uma série de mudanças na tendência de opinião preparou gradualmente o terreno para uma confrontação direta e aberta entre religião e ciência em torno de questões como revelação, inspiração e autoridade das Escrituras. À medida que o impacto do racionalismo da tradição iluminista foi sentido sobre a questão da autoridade (religiosa ou outra), as mudanças na tendência de opinião começaram a solapar a doutrina tradicional das Escrituras tanto dentro quanto fora das igrejas cristãs. Às vezes, essas mudanças resultaram da reação à ortodoxia fria e formal cujo efeito sobre a experiência pessoal era debilitante. Em outras ocasiões, foram o resultado de tentativas bem-intencionadas, porém incorretas, de defender a fé cristã em face dos desafios da ciência e da filosofia.

Por vezes, dúvidas sobre a autoridade das Escrituras se transformavam em ceticismo e negação das Escrituras quando os métodos da ciência eram aplicados de modo rigoroso aos problemas específicos da revelação especial. Quando se obtinham resultados insatisfatórios com esses métodos, a questão com frequência dava margem a uma pergunta muito séria: "Houve, ou não, revelação?". Contudo, a pergunta indelével persistia: "Deus havia falado efetivamente ao homem por meio da revelação?". Alguns respondiam buscando refúgio na razão humana, dizendo que não se podia saber com certeza se as Escrituras foram reveladas e inspiradas por Deus e se elas são imbuídas de autoridade. Outros recorreram à sua experiência subjetiva como base de autoridade. Outros, ainda, modificaram sua fé, transformando-a numa religião civil pela compartimentalização da religião e da cultura. Por fim, houve aqueles cuja ênfase nas carências e preocupações da vida cotidiana levou-os a enfatizar a necessidade de um "salto de fé", na tentativa de evitar a questão paradoxal da autoridade nos âmbitos de fatos e valores. Em vista desse dilema, dificilmente seria esperado que o homem moderno entrasse no século 20 sem um compromisso básico com a doutrina tradicional da inspiração e da autoridade das Escrituras como a própria Palavra de Deus.

---

veja Gerhard Hasel, *Old Testament theology* e *New Testament theology;* James Barr, *Holy Scripture* (Philadelphia: Westminster, 1983); Brevard S. Childs, *Inroduction to the Old Testament as Scripture* (Philadelphia: Fortress, 1979) e *Introduction to the New Testament as canon* (Philadelphia: Fortress, 1984); Robert K. Johnston, *The use of the Bible in theology* (Atlanta: John Knox, 1985).

10
Teorias contemporâneas de revelação e de inspiração

Os estudiosos da Bíblia no século 20 continuam a defender as várias perspectivas das Escrituras adotadas nos séculos anteriores. Contudo, também produziram alguns desvios específicos próprios. Na análise que se segue, serão analisadas seis visões contemporâneas: liberal, fundamentalista, neo-ortodoxa, evangélica-liberal, neoevangélica e evangélica. As análises que se seguem recorrerão a representantes do protestantismo. No entanto, há também exemplos semelhantes no catolicismo romano.[1]

A VISÃO LIBERAL DAS ESCRITURAS

Na esteira de Friedrich Schleiermacher (1768-1834) e outros teólogos liberais do século 19, a visão liberal das Escrituras no século 20 baseia-se em grande medida nas consequências da alta crítica negativa examinada no capítulo 9. Duas delas refletem a visão liberal das Escrituras.

Harold DeWolf (1905-1986)

Harold DeWolf é um representante típico da antiga visão liberal das Escrituras. Diz ele: "Estritamente falando, a Bíblia em si mesma não é a pura Palavra de Deus".[2] Isso porque "é evidente que a Bíblia é uma coleção de documentos profundamente humanos". Na verdade, "a maior parte dos acontecimentos descritos são atividades de seres humanos obviamente falíveis. Muitas passagens contradizem umas às outras ou contradizem conhecimentos bem estabelecidos.

---

[1] Veja Bruce Vawter, *Biblical inspiration*, e esp. James T. Burtchaell, *Catholic theories of biblical inspiration since 1810*.

[2] Harold DeWolf, *The case for theology in liberal perspectives*, p. 17; veja tb. Norman L. Geisler, *Decide for yourself: how history views the Bible*, p. 57-61.

Muitas ideias morais e religiosas, sobretudo nos documentos mais antigos, são explicitamente subcristãs".[3]

Segundo DeWolf, "a redação da Bíblia em geral foi realizada graças a um estímulo extraordinário e à elevação das capacidades humanas que se dedicaram com devoção à vontade de Deus e procuraram, em geral com êxito sem paralelos em outras áreas, comunicar a verdade útil à salvação dos homens e das nações". Contudo, "a falibilidade humana da Bíblia não impede que seja inspirada por Deus, tampouco que tenha uma autoridade moral e religiosa sem paralelos". No entanto, apesar de algumas verdades inspiradas nas Escrituras, há um número elevado de erros. Assim, "ao lidarmos com a falibilidade das Escrituras, precisamos levar em conta que Jesus, sem hesitar, e de forma reiterada, desconsidera o ensinamento do Antigo Testamento".[4]

Para DeWolf, "parece inevitável que haja algum grau de acomodação à cultura, caso contrário o ensino cristão se tornará uma mera reprodução irrelevante de credos antigos — que eram em si mesmos produtos de alguma acomodação ao pensamento helênico".[5] Portanto, "para o estudante inteligente que está mais preocupado com a busca e a expressão da verdade do que com a preservação de um dogma, ficará claro que a Bíblia não é de modo algum infalível". "Com relação a inúmeros fatos de menor importância, há contradições óbvias na Bíblia."[6] Diante desses erros, "a correção do texto e a localização histórica da redação não passam de aspectos diferentes de uma tarefa grandiosa".[7]

É evidente que a rejeição de DeWolf a grande parte das Escrituras se deve à sua inclinação antissobrenaturalista. Diz ele:

> A insistência de alguns cristãos conservadores num literalismo bíblico que é racionalmente indefensável e um apelo baseado nas "provas" da profecia e dos milagres, em desafio às ciências naturais e à nova compreensão histórica dos tempos bíblicos, afastam desnecessariamente da fé cristã jovens inteligentes.[8]

---

[3] Harold DeWolf, *A theology of the living church*, p. 73.
[4] Ibidem, p. 76, 75, 73.
[5] DeWolf, *The case for theology*, p. 58.
[6] Ibidem, p. 68-9.
[7] Ibidem, p. 51-2.
[8] Ibidem, p. 43.

O único sentido em que DeWolf aceita falar em "milagres" é quando este se define como acontecimento revelador da natureza. Assim, "se um milagre pudesse adequadamente ser chamado de revelação especial, estaríamos usando uma denominação imprópria, já que se trata de um ato de Deus tanto quanto o são os processos comuns da natureza, exceto que nesse caso tem importância extraordinária para os homens".[9]

Em suma, a Bíblia meramente contém a Palavra de Deus, juntamente com muitos erros. É preciso recorrer à razão humana e ao "espírito de Cristo" para determinar que partes das Escrituras são verdadeiras e quais são falsas. Para DeWolf, é claro, os milagres registrados na verdade não ocorreram.

Harry Emerson Fosdick (1878-1969)

Harry Emerson Fosdick, um dos mais conhecidos entre os antigos liberais, notabilizou-se como pregador da Igreja Riverside Church, de Nova York. Ele proclama sem meias palavras que "o liberalismo destaca-se por tomar como base a experiência; para nós, isso é o que vale como *continuum* permanente do evangelho, e não fórmulas mentais".[10] A Bíblia não é um guia absoluto, porque "qualquer ideia sobre a inspiração que implique igual valor para os ensinamentos das Escrituras, ou a inerrância de suas declarações, ou a infalibilidade conclusiva de suas ideias, é irreconciliável com fatos como os apresentados neste livro". O que torna necessário negar a Bíblia? "A imensa amplidão do cosmo físico, a origem evolucionária do homem, as teorias materialistas que se empenham em explicá-lo, a brutalidade da vida social que inclui concepções inferiores dele, as massas inumeráveis de homens que fazem com que o antigo cinismo ganhe nova força [...] tendem a desfazer a obra realizada pelo desenvolvimento hebraico-cristão na mente de muitas pessoas."[11] Contudo, "somos salvos por ela [pela crítica bíblica] da tentativa antiga e impossível de harmonizar a Bíblia consigo mesma, fazer com que fale com voz unânime, que resolva seus conflitos e contradições fazendo-os convergir para uma unidade forçada e artificial".[12]

Fosdick reconhece a fonte da rejeição liberal moderna da Bíblia. "Volte-se ao âmago de sua dificuldade e a encontrará nas categorias bíblicas nas quais não

---

[9] Ibidem, p. 66.
[10] Harry Emerson Fosdick, *Modern use of the Bible*, p. 183; veja tb. Geisler, *Decide for yourself*, p. 61-7.
[11] Harry Emerson Fosdick, *A guide to understanding the Bible*, p. xiv, 97.
[12] Fosdick, *Modern use of the Bible*, p. 24.

mais acreditam — milagres, demônios, criação por decreto, esperanças apocalípticas, inferno eterno ou consciência ética." Isso não deveria nos surpreender. Na verdade, "é impossível que um livro escrito há dois ou três mil anos possa ser usado no século 20 depois de Cristo sem que algumas de suas formas de pensamento e de linguagem não sejam traduzidas para categorias modernas".[13]

Ao desconsiderar as Escrituras como autoridade inabalável, Fosdick se volta à razão humana. Isso porque "o homem que ministra [...] precisa ter uma forma inteligível de lidar com a Bíblia. É preciso que tenha passado pela crítica perscrutadora a que as últimas gerações sujeitaram as Escrituras e ser capaz de compreender e de partilhar das negações resultantes". Há uma coisa que a razão obtém das Escrituras e que é sempre útil: "Desde que o homem conheça o caminho todo e julgue cada passo dele pelo espírito de Cristo, que é seu ápice, poderá usar a Bíblia toda".[14]

Contudo, o próprio Fosdick mudou de ideia em relação à ideia radical que tinha sobre as Escrituras. Perto do fim da vida, ele escreveu:

> Hoje, porém, olhando em retrospecto a mais de quarenta anos de ministério, vejo uma diferença enorme entre aquela época e hoje no tocante ao que é padrão e quem precisa fazer ajustes. Que homem de posse de sua razão chamaria hoje de padrão a civilização moderna? Não é a mensagem de Cristo que tem de ser adaptada a esse cenário insano; é este cenário insano em que nossa civilização se meteu que precisa ser julgado e salvo pela mensagem de Cristo. Essa é a mudança mais significativa entre o início do meu ministério e agora. Naquela época, estávamos tentando adaptar Cristo à nossa civilização científica; agora, deparamos com a necessidade desesperadora de adaptar nossa civilização científica a Cristo.[15]

Schubert Ogden (1928-2019)
Trabalhando com base nos antecedentes da obra de Albert North Whitehead (1861-1947) e da teologia do processo, Schubert Ogden representa muitos dos novos pensadores liberais para quem as Escrituras não são a Palavra de Deus verbalmente inspirada. Pelo contrário, para eles a Bíblia é um livro humano

---

[13] Ibidem, p. 5, 29.
[14] Ibidem, p. 5-6, 30.
[15] Harry Emerson Fosdick, *A great time to be alive*, p. 201-2.

sujeito a erros. Ogden conhece, porém rejeita, a tese segundo a qual "o que a Bíblia diz, Deus diz". Segundo ele:

> Na ortodoxia protestante, portanto, o desenvolvimento da doutrina da inspiração verbal dos escritos canônicos acarretava a declaração de sua autoridade uniforme, o que permitia afirmar sem ressalvas que "o que as Escrituras dizem, Deus diz". No entanto, com a surgimento da teologia liberal protestante e seu compromisso com o método histórico-crítico, bem como em sua insistência de que as Escrituras não são, nem podem ser, autoridade suficiente para o sentido e a verdade das afirmações teológicas, essa tese foi abandonada, e nunca mais foi defendida por aqueles que estiveram à frente de desenvolvimentos posteriores importantes na teologia protestante.[16]

A teologia liberal de Ogden baseia-se na alta crítica negativa. Assim, ele crê que "'o Cristo histórico, apostólico', assim como o 'Cristo histórico e bíblico', é, sob todos os aspectos, tão histórico quanto 'o chamado Jesus histórico', e, desse modo, não há como a teologia não depender da obra dos historiadores". Na verdade, insiste Ogden, "a pesquisa histórico-crítica é *teologicamente* necessária e legítima".[17]

Em sua declaração de que o *locus* do cânon "não podem ser os escritos do Novo Testamento em si, e sim as tradições mais antigas do testemunho cristão acessível hoje a nós por meio da análise histórico-crítica desses escritos", Ogden rejeita a canonicidade do Novo Testamento. Em vez disso, ele acredita que "o cânone da igreja e, portanto, também a mais elevada autoridade para a teologia, precisa estar localizado agora naquilo que os críticos da forma geralmente chamam de camada mais antiga da tradição sinótica, ou ao que Marxsen em especial se refere como 'o querigma de Jesus'".[18]

Dada sua aceitação da alta crítica negativa, não surpreende ouvir Ogden declarar que "nenhum dos escritos do Novo Testamento, em sua forma presente, é de autoria de um apóstolo ou de um de seus discípulos".[19] Para ele, a norma para a igreja não é o Novo Testamento, mas o *testemunho apostólico*. "Esse

---

[16]Schubert Ogden, "The authority of Scripture for theology", *Interpretation* 30, n. 3 (July 1976): 257.
[17]Ibidem, p. 256.
[18]Ibidem, p. 258.
[19]Ibidem, p. 251.

testemunho, é claro, encontra-se no Novo Testamento, mas não é idêntico a ele. Em um sentido estrito, só o testemunho apostólico acerca de Jesus como revelação divina pode ser descrito como canônico." Ao rejeitar a autoridade divina das Escrituras, Ogden afirma que

> Hoje, precisamos reconhecer a bem da verdade a existência de uma autoridade teológica superior ao cânon das Escrituras e, portanto, não podemos mais afirmar que as Escrituras são, sob determinado aspecto, a única autoridade primordial para a teologia cristã. A autoridade teológica das Escrituras, por maior que seja, é, não obstante, uma autoridade limitada no sentido de que concebivelmente poderia ser maior do que é — a saber, tão grande quanto a do testemunho apostólico pelo qual é e deve ser autorizada.[20]

Além de rejeitar a Bíblia como a autoridade suprema da fé, Ogden acredita que ela não tem autoridade intrínseca alguma.[21] Para ele, a autoridade da Bíblia é apenas funcional, não essencial. Trata-se de uma autoridade à medida que aproxima Cristo de nós. A Bíblia é "perfeita" somente "no que diz respeito ao propósito da salvação do homem, e, desse modo, para testemunho de tudo o que é necessário para a obtenção desse propósito".[22]

Para os teólogos do processo, Deus não é infinito, todo-poderoso ou onisciente. Também não creem que a Bíblia contenha predições infalíveis sobre o futuro. Conforme afirma Lewis Ford,

> A providência divina não pode ser compreendida como o desenrolar de um curso predeterminado de acontecimentos. Profecia não é predição, e sim a proclamação da intenção divina, dependente para sua realização da presença constante das condições que exigiram essa intenção e do surgimento dos meios pelos quais esse intento possa ser realizado. [...] Deus torna-se o grande improvisador e o oportunista que a todo momento procura atingir seu propósito em todas as situações: se não pela mão de Senaqueribe, então pela mão de Nabucodonosor.[23]

---

[20] Ibidem, p. 251-2.
[21] Ibidem, p. 246.
[22] Ibidem, p. 245.
[23] Lewis Ford, "Biblical recital and process philosophy", p. 206.

A revelação, portanto, não é sobrenatural; é apenas um "engodo" divino ou uma tentativa de persuadir o homem. Na verdade, conforme Ogden, "*o que a revelação cristã revela ao homem não é nada novo, uma vez que essas verdades, quando por ela explicitadas, já devem ser conhecidas por ele implicitamente em todos os momentos de sua existência*".[24] Outro teólogo do processo afirma que a revelação é semelhante à ressonância física. Diz ele: "Ao preservar a premissa de Whitehead de começar pela experiência humana no mundo, proponho como modelo de revelação uma analogia com o fenômeno físico da ressonância". Ele descreve a ressonância como "um fenômeno físico demonstrado por um sistema de vibração, que responde com a máxima amplitude sob a ação de uma força aplicada com uma frequência que é natural do corpo em vibração".[25]

Deus não só não informa ao homem antecipadamente o que acontecerá, como deve ser ele mesmo informado. Conforme afirmou com franqueza um teólogo do processo, "Deus, por assim dizer, tem de segurar o fôlego até que a decisão seja tomada, não descobrir simplesmente qual a decisão, mas talvez ter até mesmo a situação esclarecida em virtude da decisão a respeito dessa situação concreta".[26] Portanto, para os neoliberais na tradição do processo, como Schubert Ogden, a Bíblia não tem autoridade divina alguma nem previsões infalíveis. É um documento humano com autoridade meramente instrumental para a salvação do homem.

UM PONTO DE VISTA FUNDAMENTALISTA: JOHN R. RICE (1895-1980)

O termo "fundamentalista" aplica-se a uma ampla variedade de crenças relativas à inspiração. Muitos teólogos contemporâneos que se declaram fundamentalistas aceitam a mesma visão analisada posteriormente como a posição "evangélica". Os dois grupos têm raízes que remontam a Hodge e a Warfield. Há outros, porém, cujas posições são mais conservadoras. John R. Rice foi um dos melhores representantes dessa visão.

A essência da posição de Rice era que a Bíblia foi *ditada verbalmente* por Deus. "Toda Escritura é 'soprada por Deus', isto é, a Escritura em si é expirada

---

[24] Schubert Ogden, "On revelation", in: *Our common history as Christians: essays in honor of Albert C. Outler*.
[25] Jerry Korsmeyer, "A resonance model for revelation", p. 195.
[26] Bernard Loomer, "A response to David R. Griffin", p. 365.

por Deus."²⁷ E ele afirma: "se todas as palavras que estão na Bíblia foram concedidas por Deus, como então ela não foi ditada?".²⁸ Rice apressou-se a dizer que não se trata de um *ditado mecânico*; era simplesmente um ditado verbal. Sua resposta à identificação dessas duas posições em uma só foi que "A acusação de 'ditado mecânico' contra a crença fundamentalista na Bíblia é um pretexto desonesto".²⁹ Afinal, "um secretário não tem vergonha de anotar o ditado de um homem. Por que um profeta deveria se envergonhar de anotar um ditado divino?".³⁰

De acordo com Rice, dizer que a Bíblia foi ditada verbalmente não significa que não tenha dimensão humana alguma. "Sem dúvida, admitimos alegremente que 'a Bíblia tem um lado humano: seu estilo, linguagem, composição, história e cultura'."³¹ De que modo, porém, Deus viabilizou o registro do ditado verbal palavra por palavra e ainda assim usou os diferentes estilos dos autores bíblicos? "Deus planejou tudo de tal modo que cada um fosse escolhido antes de nascer e se ajustasse para então ser o instrumento que Deus pretendia usar. As diferenças de estilo são, todos eles, estilos de Deus na Bíblia. Deus criou os homens, bem como os estilos, e usou-os de acordo com o seu plano."³²

Portanto, "a Bíblia não 'contém simplesmente a Palavra de Deus' em alguns lugares; a Bíblia *é* a Palavra de Deus". Isso significa que a Bíblia está "absolutamente correta quando discorre sobre questões históricas ou geográficas". A inerrância não se estende a todos os exemplares da Bíblia. "Os autógrafos originais das Escrituras eram infalivelmente corretos."³³ Portanto, Rice rejeitava toda a alta crítica da Bíblia ao dizer: "A alta crítica tende a julgar a Bíblia e a permitir que o homem pobre, pecador, frágil, ignorante e mortal julgue a

---

²⁷John R. Rice, *Our God-breathed book — the Bible*, p. 49.

²⁸Ibidem, p. 286. Os muçulmanos defendem a posição do ditado verbal. Para eles, o Alcorão foi dado por Gabriel a Maomé, que lhe ditou as palavras tiradas do livro eterno no céu. Veja *The glorious Koran*, an exploratory translation by M. M. Pickthall, Surah II, p. 97-8. Veja Gleason L. Archer, Jr., *A survey of Old Testament introduction*, "Appendix 2: Anachronisms and historical inaccuracies in the Koran", p. 498-500 [edição em português: *Panorama do Antigo Testamento*, 4. ed. rev. ampl. (São Paulo: Vida Nova, 2012)]. A defesa do ditado verbal mecânico também pode ser encontrada no ocultismo e no espiritismo. Nesse sentido, veja Archer, "Appendix 3: Anachronisms and historical inaccuracies in the Mormon Scriptures", p. 501-4.

²⁹Ibidem, p. 265.
³⁰Ibidem, p. 287.
³¹Ibidem, p. 141.
³²Ibidem, p. 206.
³³Ibidem, p. 88.

Palavra de Deus".³⁴ Em vez de uma palavra de Deus falível e mutilada, Rice defendia um livro ditado verbalmente e inerrante — a Bíblia.

A VISÃO NEO-ORTODOXA DA INSPIRAÇÃO

Os ortodoxos creem que a Bíblia *é* a Palavra de Deus; os liberais creem que a Bíblia *contém* a Palavra de Deus; os neo-ortodoxos acreditam que a Bíblia *se torna* a Palavra de Deus. Três nomes destacam-se na ascensão e na difusão da posição neo-ortodoxa moderna da inspiração: Karl Barth, Emil Brunner e John Baillie.

Karl Barth (1886-1968)

Karl Barth não cria que "a Palavra de Deus estivesse atrelada à Bíblia. Pelo contrário [...] a Bíblia está atrelada à Palavra de Deus". Na verdade, para Barth a Bíblia "somente 'contém', envolve, limita e circunda a Palavra de Deus: essa é a forma indireta da identidade da revelação e a Bíblia". Portanto, as palavras humanas "são instrumentos por meio dos quais [a Bíblia] quer se tornar uma Palavra que é apreendida pelos homens e, portanto, uma Palavra que justifica e santifica os homens". A Bíblia "como tal, é claro, [...] é apenas um sinal. Na verdade, é o sinal de um sinal, isto é, do testemunho profético-apostólico da revelação como sinal primordial de Jesus Cristo".³⁵ Portanto, "'o que se encontra lá', nas páginas da Bíblia, é o testemunho acerca da *Palavra de Deus*, a Palavra de Deus nesse testemunho da Bíblia. Em que medida ela se encontra ali, porém, é um fato que exige uma descoberta, uma interpretação e um reconhecimento incessantes".³⁶

Deus revela-se em atos, e não em palavras. Portanto, "dizer 'a Palavra de Deus' significa dizer a obra de Deus. Não se trata de contemplar um estado ou fato, mas observar um acontecimento, e um acontecimento importante para nós, um acontecimento que é um ato de Deus, um ato de Deus que repousa sobre uma decisão livre".³⁷ De acordo com Barth, a Bíblia não é uma revelação, e sim um *instrumento* de desvendamento divino. As palavras humanas das Escrituras "são os instrumentos pelos quais [a Bíblia] quer se tornar uma

---

³⁴Ibidem, p. 136.

³⁵Karl Barth, *Church dogmatics*, 1:153; 1:492; 1:1223; 1:583; 1:527.

³⁶Karl Barth, *Evangelical theology: an introduction*, p. 36 [edição em português: *Introdução à teologia evangélica*, 3. ed. (São Leopoldo: Sinodal, 1981)]; veja Geisler, *Decide for yourself*, p. 77-81.

³⁷Karl Barth, *Church dogmatics*, 1:527.

Palavra que é apreendida pelos homens e, portanto, uma Palavra que justifica e santifica o homem, pela qual se propõe a aplicar ao homem a graça de Deus que é seu conteúdo".[38] Na verdade, a Bíblia não é a Palavra de Deus; ela *se torna* a Palavra de Deus para o crente à medida que Cristo é revelado por ela. Porque "pelo Espírito Santo ela *se tornou* e *se tornará* uma testemunha para a igreja da revelação divina".[39]

A Palavra de Deus para Barth é pessoal, e não proposicional. É Cristo. A Bíblia é simplesmente um testemunho acerca de Cristo. Cristo é a revelação de Deus; a Bíblia é somente um registro humano falível dessa revelação. De acordo com Barth, na Bíblia "há sobreposições e contradições óbvias — por exemplo, entre a Lei e os Profetas, entre João e os Sinóticos, entre Paulo e Tiago". Isso porque "os profetas e os apóstolos como tais [...] eram homens reais, históricos, assim como nós, portanto pecadores em suas ações e suscetíveis a erros em suas palavras faladas e escritas e efetivamente culpados por eles". E a "vulnerabilidade da Bíblia, isto é, sua capacidade de errar, também se estende ao seu conteúdo religioso e teológico".[40] Em suma, a Bíblia é um instrumento humano passível de erros usado por Deus como testemunho acerca de sua Palavra divina que é Cristo.

Emil Brunner (1889-1966)

Emil Brunner acreditava que "a visão ortodoxa da Bíblia [...] é um beco sem saída".[41] Isso porque "a crítica literária da Bíblia trouxe à luz milhares de contradições e de características humanas das quais o Antigo e o Novo Testamentos estão repletos. Desse modo, a autoridade da Bíblia foi completamente subvertida".[42] Portanto, "as Escrituras não constituem uma autoridade *formal* que exige crer em tudo o que nela se encontra desde o início, e sim uma autoridade *instrumental*". E "as Escrituras têm essa autoridade porque são o *testemunho principal* da revelação de Deus em Jesus Cristo". Na verdade, "cremos nas Escrituras porque elas ensinam Cristo e à medida que o fazem. A autoridade das Escrituras não é formal, e sim material: Cristo, a revelação".[43] Para Brunner, afirmar que a Bíblia é infalível é fazer dela um "papa de papel".

---

[38] Ibidem, 1:223.
[39] Ibidem, 1.2:457.
[40] Ibidem, 1.2:509; 1.2:529; 1:509.
[41] Emil Brunner, *Revelation and reason*, p. 291; veja Geisler, Ibidem, p. 81-9.
[42] Emil Brunner, *God and man*, p. 36.
[43] Emil Brunner, *The Christian doctrine of God*, p. 110, 45.

A autoridade da Bíblia é identificada por Brunner com o testemunho do Espírito Santo. Pois "a palavra nas Escrituras, Cristo, torna-se o mesmo que a palavra no coração, o Espírito Santo". Na realidade, "não há essa coisa de revelação em si mesma, porque a revelação consiste sempre no fato de que algo é revelado a *mim*". Portanto, "a revelação é [...] um ato de Deus, um acontecimento que diz respeito a duas partes; é uma comunicação pessoal".[44] Desse modo, "essa 'revelação' não é uma 'Palavra', mas uma Pessoa, uma vida humana plenamente visível dentro da história".[45]

Para Brunner, sua visão coincide essencialmente com a de Barth: "A *Dogmatik* de Karl Barth tem fundamentalmente a mesma posição, isto é, 'A Bíblia não é um livro de oráculos sagrados; ela não é um órgão de comunicação direta. É um testemunho real'". Brunner admite que "a doutrina da inspiração verbal já era conhecida do judaísmo pré-cristão [...] e foi também, provavelmente, adotada por Paulo e pelos demais apóstolos". Ele diz ainda que "Calvino já estava se afastando de Lutero em direção à inspiração verbal. Sua *doutrina* da Bíblia é em sua íntegra a visão tradicional e formalmente imbuída de autoridade".[46]

Além disso, Brunner observa que "do final do século 16 em diante, não houve outro 'princípio das Escrituras' que não fosse o do autoritarismo formal". Portanto, "qualquer evolução que tenha ocorrido depois disso culminou na doutrina mais rigorosa e mais cuidadosamente formulada da inspiração verbal típica da ortodoxia propriamente dita, tanto luterana quanto reformada".[47]

Apesar do seu retrato preciso das raízes históricas da doutrina ortodoxa da inspiração, Brunner afirma com demasiada convicção que "A doutrina ortodoxa da inspiração verbal foi finalmente destruída. Está claro que não há ligação alguma entre ela e a pesquisa científica e a honestidade: somos forçados a tomar uma decisão a favor ou contra essa visão".[48] Assim, "percebemos que a contribuição dos críticos históricos constitui [...] um auxílio para a compreensão correta da Palavra de Deus". A alta crítica "apontou várias contradições no livro de Atos e descobriu inúmeras incoerências na atribuição de certos escritos definitivos a apóstolos bem conhecidos que seriam seus autores".[49]

---

[44] Brunner, *God and man*, p. 28, 32.
[45] Emil Brunner, *The Christian doctrine of God*, p. 23.
[46] Ibidem, p. 113, 101, 111.
[47] Ibidem, p. 111.
[48] Emil Brunner, *The Mediator*, p. 105.
[49] Brunner, *Revelation and reason*, p. 292, 285.

John Baillie (1886-1960)

John Baillie e seu irmão Donald MacPherson Baillie[50] (1887-1954) foram teólogos e ecumenistas escoceses de grande reputação e representavam os desdobramentos ocorridos na neo-ortodoxia no mundo de fala inglesa. O influente livro de Baillie, *The idea of revelation in recent thought* [A ideia da revelação no pensamento recente], de 1956, veio a público numa série de preleções da Universidade de Columbia. Ali ele afirma: "A fragilidade da ortodoxia protestante caracteriza-se pelo fato de que não pôde apresentar nenhuma razão convincente para insistir na natureza plena da assistência divina aos autores das Escrituras, negando-a ao mesmo tempo com veemência à mente da igreja em tempos subsequentes".[51] É por isso que ele compara e sintetiza as posições dos teólogos modernos sobre o impacto da doutrina da revelação na vida dos homens. Em sua obra, ele destaca a natureza existencial do papel do homem no processo de revelação, opõe-se à ideia de revelação proposicional, que ele confunde com o ditado mecânico,[52] e afirma que a revelação é essencialmente um encontro pessoal no momento presente.[53] Ele critica a tradição católica-romana e protestante por sua "mera identificação da revelação divina com as Escrituras Sagradas".[54]

Ao apresentar suas razões, Baillie oferece uma dicotomia incorreta entre encontros não verbais e o ditado ao afirmar que "As proposições sobre as páginas das Escrituras expressam a resposta das testemunhas humanas aos acontecimentos divinos, e não um ditado divino miraculoso".[55] Além de não distinguir entre revelação, inspiração e interpretação (termos discutidos no cap. 2), Baillie exagera o papel do ser humano no processo de revelação no momento em que estabelece a correlação desses elementos com o conceito mais amplo de comunicação. Diz ele: "A dificuldade mais intensa que se observa na equação da revelação com as verdades comunicadas é que ela nos oferece algo menos do que um encontro pessoal e uma comunhão pessoal; e essa dificuldade não

---

[50] Donald MacPherson Baillie, *God was in Christ*, é considerado uma das declarações mais importantes da cristologia neo-ortodoxa [edição em português: *Deus estava em Cristo: ensaio sobre a encarnação e a expiação* (Rio de Janeiro: Juerp, 1983)].

[51] John Baillie, *The idea of revelation in recent thought*, p. 112. Veja tb. sua análise nas p. 29-30.

[52] Ibidem, p. 36, 40.

[53] Ibidem, p. 24, 30, 32-3, 39, 105, 107-8. Veja tb. a análise no cap. 9, em que se mostra o lugar de Baillie na tradição existencialista.

[54] Ibidem, p. 29-32.

[55] Ibidem, p. 36.

é, de modo algum, atenuada pela proposta de substituir verdades comunicadas por imagens implantadas".[56] A verdade é que, conforme indica um modelo linear de comunicação,[57] a revelação poderá ser desvelada quer seja recebida e compreendida por alguém quer não. Além disso, não há necessidade de rejeitar a revelação proposicional ou a inspiração verbal plena numa tentativa de evitar a teoria da inspiração do ditado mecânico.

Ao enfatizar exageradamente o papel humano no processo de comunicação, e ao confundir os elementos desse processo de comunicação, Baillie coloca toda a tarefa de determinar o que é inspirado num nível totalmente subjetivo, falível e humano. Ele sustenta que "todo conhecimento verdadeiro é conhecimento determinado não pelo sujeito [Deus], mas pelo objeto [o homem]".[58] Isso relega Deus a um papel secundário governado pelo destinatário humano que poderá ou não ter uma disposição receptiva ou que será, de outro modo, incapaz de distinguir entre a verdade essencial e o que é periférico. Ele critica os cristãos do século 13 pela forma excessiva com que reverenciavam as Escrituras quando afirma:

> Por outro lado, a leitura inteligente da Bíblia, "no Espírito, mas também com a mente", e sua leitura para compreender como ela *Christum treibt* [apresenta Cristo], depende inteiramente da nossa capacidade de distinguir o que é central do que é periférico; de distinguir sua verdade imutável da roupagem que assume conforme os pressupostos culturais e cosmológicos específicos dos tempos e lugares em que os textos foram escritos; de distinguir entre sua mensagem essencial e suas numerosas imperfeições — imprecisões históricas, relatos inexatos ou conflituosos, citações errôneas ou citações mal aplicadas do Antigo Testamento no Novo etc.; e, além disso, de distinguir também os sucessivos níveis de compreensão tanto no Antigo Testamento quanto na transição deste para o Novo.[59]

---

[56] Ibidem, p. 39.

[57] Um modelo linear de comunicação incluiria desvelamento, transmissão, descoberta e compreensão. Simplesmente porque alguém não compreende uma mensagem desvelada, não significa que a mensagem não estivesse desvelada desde o início. Inúmeras razões poderiam fazer com que uma mensagem desvelada por um sujeito não fosse recebida ou compreendida pelo objeto pretendido.

[58] John Baillie, *The idea of revelation*, p. 20. Os parênteses são acrescentados pelo fato de que o sujeito da revelação divina na análise de Baillie, assim como no presente contexto, é Deus, e seu objeto é o homem.

[59] Ibidem, p. 120.

Baillie aprova a declaração de C. H. Dodd, que cita várias passagens de Isaías e afirma: "Qualquer teoria da inspiração da Bíblia segundo a qual devemos reconhecer essas declarações como expressões imbuídas de autoridade para nós resulta em sua própria condenação. Elas são relativas à sua época. Contudo, creio que é preciso dizer mais. Elas são falsas e estão erradas".[60] De maneira ainda mais franca, quando fala da insuficiência dos acontecimentos retratados nas Escrituras para revelar Deus, o próprio Baillie afirma: "Eu não teria como saber que Deus se revelou aos profetas e aos apóstolos por meio desses acontecimentos, a menos que, pela revelação de si mesmo a eles, ele estivesse agora se revelando a mim. Eu poderia saber efetivamente que eles afirmaram ter recebido essa revelação, mas só será possível saber que sua declaração é justificada se, à medida que leio o que dizem, eu também me encontrar na presença de Deus".[61] Conforme diz acertadamente Leon Morris, para Baillie e outros que seguem essa tradição, "As proposições registradas nas Escrituras não são importantes, são até mesmo irrelevantes. O que importa é o encontro do homem de fé com Deus".[62] Essa perspectiva dificilmente condiz com o que a Bíblia tem a dizer sobre si mesma e com o que foi ensinado pelos cristãos ao longo da história da igreja.

Para resumir, de acordo com a perspectiva neo-ortodoxa, a Bíblia é um livro humano falível. Não obstante, é o instrumento da revelação divina para nós, pois é um registro da revelação pessoal de Deus em Cristo. A revelação, porém, é pessoal; a Bíblia não é uma revelação verbalmente inspirada da parte de Deus. Ela é simplesmente um meio humano sujeito a erros por meio do qual é possível encontrar a revelação pessoal que é Cristo. Em si mesma, ela não é a Palavra de Deus: na melhor das hipóteses, a Bíblia somente se torna Palavra de Deus para o indivíduo quando ele encontra Cristo por meio dela.

Uma visão evangélica liberal da inspiração: C. S. Lewis (1898-1963)

Clive Staples Lewis tinha uma visão da inspiração que, tecnicamente falando, não era nem ortodoxa nem neo-ortodoxa. Como não se trata de uma visão tipicamente liberal ou de uma posição evangélica, foi rotulada com o termo paradoxal de *evangélica liberal*. De acordo com Lewis, "[ouve-se] a voz de

---

[60] C. H. Dodd, *The authority of the Bible*, p. 128.
[61] John Baillie, *The idea of revelation*, p. 105.
[62] Leon Morris, *I believe in revelation*, p. 113.

Deus nos salmos imprecatórios em meio a todas as distorções terríveis do meio humano". Lewis acreditava que "as qualidades humanas das matérias-primas ficavam expostas. Ingenuidade, erro, contradição e até mesmo (como no caso dos salmos imprecatórios) perversidade não eram removidos do texto. O resultado final não é a 'Palavra de Deus' no sentido de que toda passagem, em si mesma, produz informações impecáveis sobre ciência ou história". Na verdade, ele acreditava que algumas seções da Bíblia eram até mesmo antirreligiosas: "Eu também não descartaria (agora) de bom grado da minha Bíblia algo em si mesmo tão antirreligioso quanto o niilismo de Eclesiastes. Ele nos dá um retrato claro e frio da vida do homem sem Deus".[63] Inúmeros acontecimentos do Antigo Testamento, entre eles as histórias de Adão, de Jó, de Ester e de Jonas, são mitológicos; sua verdade só se torna plenamente histórica no Novo Testamento. Isso porque "os hebreus, como outros povos, tinham mitologia, mas, visto que foram o povo escolhido, sua mitologia foi a escolhida — a mitologia escolhida por Deus para ser o veículo das verdades sagradas mais remotas, o primeiro passo nesse processo que termina no Novo Testamento, em que a verdade tornou-se completamente histórica".[64]

Lewis rejeitava a visão ortodoxa da inspiração: "Pode-se respeitar e, em certos momentos, invejar tanto a visão fundamentalista da Bíblia quanto a visão católica romana da igreja. Contudo, há um argumento em que deveríamos ter cautela ao aplicar a qualquer uma dessas posições: Deus deve ter feito o melhor, isto é o melhor, portanto Deus fez isso".[65] Desse modo, ele rejeitava a posição segundo a qual "a inspiração é uma coisa única no sentido de que, se é que está presente, está sempre presente do mesmo modo e no mesmo grau". Contudo, "estou plenamente convencido de que a função geral das Escrituras consiste em transmitir a Palavra de Deus ao leitor (ele também precisa de sua inspiração) que a lê no espírito correto".[66] Entretanto, Lewis acreditava que havia um sentido em que todos os escritos inspiradores são inspirados. Porque "Se toda dádiva boa e perfeita vem do Pai das luzes, então toda verdade e todos os escritos edificantes, quer das Escrituras quer não, precisam, *de algum modo*,

---

[63] C. S. Lewis, *Reflections on the Psalms*, p. 111-2, 114-5 [edição em português: *Lendo os Salmos*, tradução de Jorge Camargo (Viçosa: Ultimato, 2018)]. Nesse livro, há inúmeras citações de Herman Bavinck. Veja tb. Geisler, *Decide for yourself*, p. 91-102.

[64] C. S. Lewis, *Miracles*, p. 139, nota 1 [edição em português: *Milagres: um estudo preliminar*, tradução de Neyd Siqueira (São Paulo: Mundo Cristão, 1984)].

[65] Lewis, *Reflections on the Psalms*, p. 112.

[66] Citado em M. J. Christensen, *C. S. Lewis on Scripture*, p. 199.

ser inspirados". O processo de "inspiração pode operar no ímpio sem que ele tenha conhecimento disso, e ele pode proferir a inverdade que deseja proferir [...] bem como a verdade que não pretende dizer".[67]

Ao conceber a inspiração como um processo de elevação literária guiada providencialmente por Deus, Lewis afirmou: "Quando uma série de repetições de relatos transforma uma história da criação de importância religiosa praticamente nula numa história que culmina na ideia de um Criador transcendente (como faz *Gênesis*), então nada me fará acreditar que alguns daqueles que recontaram a história, ou algum deles, não tenham sido guiados por Deus". Deste modo, diz ele, "alguma coisa que era meramente natural na origem [...] terá sido elevada por Deus acima de si mesma, capacitada por ele e por ele compelida a servir a propósitos aos quais, por si mesmos, não teriam servido".[68] Como boa parte da posição liberal, a perspectiva de inspiração defendida por Lewis funcionava num modelo semelhante ao da evolução teísta.

> Durante vários séculos, Deus aperfeiçoou a forma animal [por meio de processos naturais] que se tornaria o veículo da humanidade e a imagem de Si mesmo. [...] Em seguida, na plenitude dos tempos, Deus fez com que descesse sobre esse organismo, tanto em sua psicologia quanto em sua fisiologia, um novo tipo de consciência capaz de dizer 'eu' e 'mim', capaz de olhar para si mesma como um objeto, que conhecia a Deus.[69]

De igual modo, Lewis acreditava que, quando o desenvolvimento natural de um mito pagão ou hebreu chegava à perfeição, ele era tomado para o serviço divino e elevado a alturas edificantes e sagradas de verdade neotestamentária. Desse modo, escreveu Lewis, "não tenho, portanto, dificuldade alguma em aceitar, por exemplo, a visão desses estudiosos segundo os quais o relato da criação em *Gênesis* decorre de histórias semíticas mais antigas de cunho pagão e mítico". Contudo, no fim das contas, a mitologia do Antigo Testamento torna-se história no Novo Testamento. Portanto, a ressurreição de Cristo é um acontecimento histórico e um acontecimento muito importante, "porém o valor de outros acontecimentos (e.g., o destino da mulher de Ló) dificilmente terão a mesma importância. E aqueles cuja historicidade importa são, como

---

[67] Ibidem, p. 98-9.
[68] Lewis, *Reflections on the Psalms*, p. 110.
[69] Ibidem, p. 65, 110.

a vontade de Deus, aqueles em que ela aparece claramente".[70] Por isso, Lewis atacava com veemência

> uma teologia que nega a historicidade de praticamente tudo nos Evangelhos a que a vida, as afeições e o pensamento cristãos têm estado associados por quase dois mil anos — que, ou nega inteiramente o miraculoso ou, ainda mais estranho, depois de engolir o camelo da ressurreição, engasga com ninharias como a alimentação das multidões.[71]

Em suma, Lewis cria numa Bíblia falível que manifesta graus diversos de inspiração. Ele viu um processo de desenvolvimento por meio do qual o mito se torna história. Deus guiou providencialmente as produções literárias naturais e passíveis de erros do passado. Então, no momento apropriado, ele adotou aquele mito natural e o elevou ao serviço da Palavra de Deus. Ele agora fala por meio dele para a edificação dos crentes.

Visão neoevangélica da inspiração

Boa parte do debate em torno da Bíblia entre os cristãos contemporâneos diz respeito às diferenças entre a visão evangélica e o que se convencionou chamar de visão "neoevangélica" das Escrituras. Os evangélicos creem na inspiração ilimitada; os neoevangélicos sustentam que a inspiração se limita às verdades salvíficas e não garante a precisão de todas as afirmações científicas e históricas. Os neoevangélicos sentem-se confortáveis com o termo "infalibilidade", mas a maioria dos evangélicos insiste também no uso do termo "inerrância". Um dos porta-vozes mais destacados da perspectiva neoevangélica é Jack B. Rogers, que segue basicamente a posição tardia de G. C. Berkouwer. Os escritos de ambos servem de exemplo da visão neoevangélica sobre a inspiração.

G. C. Berkouwer (1903-1996)

G. C. Berkouwer seguiu os passos de J. Herman Bavinck (1895-1964), o teólogo calvinista holandês que escreveu: "As Escrituras, portanto, não são a revelação em si mesma, mas a descrição, o registro pelo qual a revelação pode

---

[70] Citado por Clyde S. Kilby, *The Christian world of C. S. Lewis*, p. 153.
[71] C. S. Lewis, *Christian reflections*, p. 153 [edição em português: *Reflexões cristãs* (São Paulo: Thomas Nelson Brasil, 2019)].

ser conhecida".[72] Depois de ser influenciado também por Karl Barth, Berkouwer rejeitou sua antiga visão ortodoxa da Bíblia em favor de uma posição neo-ortodoxa. Fundamental para essa visão das Escrituras é o que Berkouwer insiste ser "o contraste observado com frequência nas Escrituras entre a Palavra de Deus e as palavras dos homens, entre confiar em Deus e confiar no homem". Em outras palavras, a Bíblia não é essencialmente a Palavra de Deus; a Bíblia é apenas a Palavra de Deus de modo confessional. Pois "ela é, na verdade, uma *confissão* que continua a ser preenchida na expectativa de ouvir as muitas vozes no contexto da voz única nessas Escrituras".[73]

Berkouwer rejeita a tendência ortodoxa "de interpretar o caráter expirado por Deus de maneira sobrenaturalista abstrata e 'miraculosa'". Em vez de associar a inspiração a uma interrupção sobrenatural do mundo natural, "essa empreitada divina tem um aspecto de triunfo e de soberania; no entanto, isso não elimina a vulnerabilidade da palavra humana e tampouco suas limitações". Portanto, os autores humanos das Escrituras são descritos como indivíduos que "tornam-se portadores da Palavra de Deus". Desse modo, "o discurso dos homens na profecia é a forma do testemunho confiável de Deus".[74] Para Berkouwer, "a Palavra tornou-se Escritura, e a Escritura submeteu-se à sina de todo escrito". (Cf. I. Howard Marshall sobre o assunto da inspiração no cap. 2 deste livro.) Berkouwer acredita que a visão ortodoxa das Escrituras seja "docética" no sentido de que nega a humanidade das Escrituras. Isso porque "em sua avidez para preservar a divindade das Escrituras Sagradas, [ela] não se dá conta da importância das Escrituras Sagradas como um testemunho profético-apostólico e, consequentemente, humano".[75]

Como a Bíblia é um livro inteiramente humano, ela padece da sina dos demais livros humanos: comete erros. Essa visão "implica um grau maior de naturalidade ao se falar das Escrituras tendo em vista sua natureza e propósito". Portanto, "os problemas formais de precisão (inerrância juntamente com infalibilidade) desintegram-se com naturalidade". Portanto, "o conceito de erro no sentido de imprecisão está obviamente sendo usado no mesmo nível do conceito de erro no sentido de pecado e engano". A "verdade" das Escrituras

---

[72]Herman Bavinck, *Our reasonable faith: a survey of Christian doctrine*, tradução para o inglês de Henry Zylstra.

[73]G. C. Berkouwer, *Holy Scripture*, p. 240, 168.

[74]Ibidem, p. 170, 206, 146.

[75]Ibidem, p. 99, 22.

deve ser entendida como seu firme *propósito* de salvar. Para Berkouwer, o erro não é simplesmente uma falsidade, e sim um equívoco ou engano intencional. Berkouwer acredita que as Escrituras estão isentas de erro nesse sentido. Desse modo, "a autoridade das Escrituras não diminui de modo algum porque há nela uma cosmovisão antiga; pois não era o propósito das Escrituras oferecer informações reveladoras nessa esfera".[76]

Para Berkouwer, sua visão representa "a transição de uma visão mais 'mecânica' para uma mais 'orgânica' das Escrituras".[77] Para ele, "a inspiração orgânica é o desenrolar e a aplicação do fato central da revelação, a encarnação da Palavra".[78] Essa perspectiva rejeita a ideia de que

> cada livro dela, cada capítulo, cada palavra, cada sílaba, cada letra, é um pronunciamento direto do Altíssimo. Essa declaração [...] desconsidera todas as nuanças das Escrituras (em casos como Salmos, Jó, Eclesiastes), como se fossem um fio de declarações divinas ou sobrenaturalmente reveladas, ignorando o fato de que a Palavra de Deus passou pela humanidade e incorporou sua participação.[79]

Nem todo *conteúdo* da Bíblia é verdade inspirada; apenas sua *intenção* salvífica. "As Escrituras são fundamentais por causa da sua natureza e intenção. Fazemos referência a ela, porque seu sentido e sua intenção são a mensagem divina de salvação."[80] Em suma, a Bíblia é somente um instrumento e uma revelação confessional de Cristo. Não é uma revelação verbal e proposicional. Para Berkouwer, a Bíblia tem um propósito inspirado, mas não proposições inerrantes.

Jack B. Rogers (1934-2016)

Jack Rogers traduziu a obra de Berkouwer para o inglês, e sua visão de inspiração é essencialmente a mesma de Berkouwer. Rogers afirma que o conceito "chamado de 'inspiração orgânica' chamou a atenção para o fato de que há um centro e uma periferia nas Escrituras".[81] Com isso ele se refere ao fato de que

---

[76] Ibidem, p. 182, 181.
[77] Ibidem, p. 11.
[78] Ibidem, p. 199.
[79] Ibidem, p. 23-4.
[80] Ibidem, p. 147.
[81] Jack B. Rogers; Donald K. McKim, *The authority and interpretation of the Bible: an historical approach*, p. 391. Veja tb. Clark Pinnock, *The Scripture principle*, p. xviii, 110, 115.

"é possível definir o sentido da inerrância bíblica de acordo com o propósito salvífico da Bíblia e levando-se em conta as formas humanas pelas quais Deus condescendeu para se revelar".[82]

De acordo com a perspectiva da natureza "orgânica" da inspiração, "o propósito da Bíblia consiste em advertir contra o pecado humano e nos oferecer a salvação de Deus em Cristo. As Escrituras alcançam de modo infalível esse propósito. Somos chamados não para debater a precisão científica das Escrituras, mas para aceitar sua mensagem de salvação".[83] Portanto, "a mensagem salvadora central das Escrituras pode ser recebida pela fé sem esperar pelas razões elaboradas pelos especialistas. O material que dá suporte às Escrituras, as formas humanas de cultura e de linguagem, estava aberto à investigação dos eruditos". Portanto, "para comunicar de modo eficaz com os seres humanos, Deus condescendeu, humilhou-se e acomodou-se às categorias humanas de pensamento e de linguagem".[84]

Assim, para Rogers, a declaração ortodoxa acerca de uma Bíblia factualmente inerrante está equivocada. "É uma irresponsabilidade histórica afirmar que por dois mil anos os cristãos creram que a autoridade da Bíblia implica um conceito moderno de inerrância no tocante a detalhes científicos e históricos." Rogers acreditava que "é irresponsável dizer que a antiga teologia de Princeton de Alexander, Hodge e Warfield é a única tradição teológica evangélica ou reformada legítima nos Estados Unidos". Na realidade, afirma Rogers: "Agostinho, Calvino, Rutherford e Bavinck, por exemplo, negaram todos eles que a Bíblia deveria ser entendida como autoridade em questões relativas à ciência. Recorrer a eles em apoio a uma teoria moderna da inerrância significa trivializar sua preocupação fundamental de que a Bíblia é nossa única autoridade a respeito da salvação e da vida cristã cotidiana". Diz ele ainda: "As Escrituras não deveriam ser usadas como fonte de informação nas ciências para refutar o que os estudiosos estavam descobrindo".[85]

Resumindo, para o neoevangélico a Bíblia é um livro religioso, um livro de salvação. Seu propósito é salvar, e ela é infalível nisso. No entanto, não é inerrante em tudo o que afirma. Somente o "núcleo" salvífico é verdadeiro, e não

---

[82]Jack B. Rogers, *Biblical authority*, p. 45. Para Pinnock, trata-se de "aspectos condicionados de modo casual ou cultural", *The Scripture principle*, p. 110.

[83]Ibidem, p. 46. Veja tb. Pinnock, *The Scripture principle*, p. xviii, 110, 115.

[84]Rogers; McKim, *Authority and interpretation of the Bible*, p. 393, 10.

[85]Rogers, *Biblical authority*, p. 44-5, 34. Veja tb. Pinnock, *The Scripture principle*, p. 76-78, 96, 101.

a "casca" cultural em que é apresentada. A inspiração é dinâmica e "orgânica". Não é garantia de inerrância de todas as declarações históricas e científicas nas Escrituras; somente a infalibilidade de seu propósito salvífico.

A VISÃO EVANGÉLICA DAS ESCRITURAS

A posição evangélica moderna sobre as Escrituras é herdeira da posição ortodoxa tradicional do cristianismo histórico dos tempos bíblicos até o presente.[86] Evangélicos tradicionais de todas as principais denominações e a maior parte dos grupos menores aceitam a inspiração verbal das Escrituras, bem como sua autoridade divina e consequente inerrância. Talvez a manifestação mais coesa dessa confissão seja a Declaração de Chicago sobre as Escrituras (1978) publicada pelo International Council on Biblical Inerrancy [Conselho Internacional sobre Inerrância Bíblica]. Trata-se de uma boa representação da visão dos líderes evangélicos da última parte do século 20, entre os quais líderes renomados como James Boice, John Gerstner, Carl F. H. Henry, Kenneth Kantzer, Harold Lindsell, John Warwick Montgomery, J. I. Packer, Robert Preus, Earl Radmacher, Francis Schaeffer, R. C. Sproul, John Wenham e vários outros.[87]

A "Declaração de Chicago"[88] servirá de resumo da visão evangélica contemporânea a respeito da inspiração e da inerrância da Bíblia. R. C. Sproul escreveu um comentário oficial sobre esses artigos. Há um livro sobre os principais discursos feitos.[89]

---

[86] Veja os caps. 3–6 para a perspectiva bíblica e os capítulos 7–9 para a história da doutrina no século 20. O cap. 8 analisa a tendência formal dessa posição nas confissões e credos da cristandade desde a Reforma.

[87] A Declaração de Chicago foi assinada por quase trezentos estudiosos, representando praticamente toda organização religiosa de grande porte dos Estados Unidos e de diversos países estrangeiros.

[88] A Declaração de Chicago sobre a inerrância da Bíblia está disponível em: http://www.monergismo.com/textos/credos/declaracao_chicago.htm, acesso em 18 jan. 2020. (N. do T.)

[89] R. C. Sproul, *Explaining inerrancy: a commentary*; Norman L. Geisler. org., "Appendix", in: *Inerrancy*, p. 494-7 [edição em português: *A inerrância da Bíblia: uma sólida defesa da infalibilidade das Escrituras* (São Paulo: Vida, 2003)].

Artigos de afirmação e de negação

Artigo I

Afirmamos que as Escrituras Sagradas devem ser recebidas como a Palavra oficial de Deus.

Negamos que a autoridade das Escrituras provenha da igreja, da tradição ou de qualquer outra fonte humana.

Artigo II

Afirmamos que as Escrituras Sagradas são a suprema norma escrita, pela qual Deus compele a consciência, e que a autoridade da igreja está subordinada à das Escrituras.

Negamos que os credos, concílios ou declarações doutrinárias da igreja tenham uma autoridade igual ou maior do que a autoridade da Bíblia.

Artigo III

Afirmamos que a Palavra escrita é, em sua totalidade, revelação concedida por Deus.

Negamos que a Bíblia seja um mero testemunho a respeito da revelação, ou que somente se torne revelação mediante encontro, ou que dependa das reações dos homens para ter validade.

Artigo IV

Afirmamos que Deus, que fez a humanidade à sua imagem, utilizou a linguagem como um meio de revelação.

Negamos que a linguagem humana seja limitada pela condição de seres criados, a tal ponto que se apresente imprópria como veículo de revelação divina. Também negamos que a corrupção, por meio do pecado, da cultura e da linguagem humanas, tenha impedido a obra divina de inspiração.

Artigo V

Afirmamos que a revelação de Deus nas Escrituras Sagradas foi progressiva.

Negamos que revelações posteriores, que podem cumprir revelações anteriores, jamais tenham corrigido ou contrariado essas revelações.

Negamos ainda que qualquer revelação normativa tenha sido concedida desde a conclusão dos escritos do Novo Testamento.

Artigo VI

Afirmamos que a totalidade das Escrituras e todas as suas partes, chegando às próprias palavras do original, foram concedidas por inspiração divina.

Negamos que se possa corretamente falar de inspiração da totalidade das Escrituras, mas não das partes, ou de algumas partes, mas não do todo.

Artigo VII

Afirmamos que a inspiração foi a obra em que Deus, por seu Espírito, mediante autores humanos, nos deu sua Palavra. A origem das Escrituras é divina. O modo pelo qual se deu a inspiração permanece em grande parte um mistério para nós.

Negamos que se possa reduzir a inspiração à percepção humana, ou a níveis superiores de consciência de qualquer tipo.

Artigo VIII

Afirmamos que Deus, em sua obra de inspiração, empregou as diferentes personalidades e estilos literários dos autores que ele escolheu e preparou.

Negamos que Deus, ao fazer esses autores usarem as próprias palavras que ele escolheu, tenha passado por cima da personalidade deles.

Artigo IX

Afirmamos que a inspiração, embora não outorgando onisciência, garantiu uma expressão verdadeira e fidedigna em todas as questões sobre as quais os autores bíblicos foram levados a falar e a escrever.

Negamos que a finitude ou a condição caída desses autores tenha, direta ou indiretamente, introduzido distorção ou falsidade na Palavra de Deus.

Artigo X

Afirmamos que, estritamente falando, a inspiração diz respeito somente ao texto autográfico das Escrituras, o qual, pela providência de Deus, pode-se determinar com grande exatidão com base nos manuscritos disponíveis. Afirmamos ainda que as cópias e traduções das Escrituras são a Palavra de Deus à medida que fielmente representam o original.

Negamos que qualquer aspecto essencial da fé cristã seja afetado pela falta dos autógrafos. Negamos ainda que essa falta torne inválida ou irrelevante a afirmação da inerrância da Bíblia.

Artigo XI

Afirmamos que as Escrituras, tendo sido concedidas por inspiração divina, são infalíveis, de modo que, longe de nos desorientar, são verdadeiras e confiáveis em todas as questões de que tratam.

Negamos que seja possível a Bíblia ser, ao mesmo tempo, infalível e errônea em suas afirmações. Infalibilidade e inerrância podem ser distinguidas, mas não separadas.

Artigo XII

Afirmamos que, em sua totalidade, as Escrituras são inerrantes, estando isentas de toda falsidade, fraude ou engano.

Negamos que a infalibilidade e a inerrância da Bíblia estejam limitadas a assuntos espirituais, religiosos ou redentores, não alcançando informações de natureza histórica e científica. Negamos ainda que hipóteses científicas acerca da história da Terra possam ser corretamente empregadas para desmentir o ensino das Escrituras a respeito da Criação e do Dilúvio.

Artigo XIII

Afirmamos que o uso de inerrância como um termo teológico referente à total veracidade das Escrituras é adequado.

Negamos que seja correto avaliar as Escrituras de acordo com padrões de verdade e erro estranhos ao uso ou propósito da Bíblia. Negamos ainda que a inerrância seja contestada por fenômenos bíblicos, como a falta de precisão técnica contemporânea, irregularidades de gramática ou ortografia, descrições da natureza feitas com base em observação, referência a falsidades, uso de hipérbole e números arredondados, disposição temática do material, diferentes seleções de material em relatos paralelos ou o uso de citações livres.

Artigo XIV

Afirmamos a unidade e a coerência interna das Escrituras.

Negamos que alegados erros e discrepâncias que ainda não tenham sido solucionados invalidem as declarações da Bíblia quanto à verdade.

Artigo XV

Afirmamos que a doutrina da inerrância está alicerçada no ensino da Bíblia acerca da inspiração.

Negamos que o ensino de Jesus acerca das Escrituras possa ser desconsiderado sob o argumento de adaptação ou de qualquer limitação natural decorrente de sua humanidade.

Artigo XVI

Afirmamos que a doutrina da inerrância tem sido parte integrante da fé da igreja ao longo de sua história.

Negamos que a inerrância seja uma doutrina inventada pelo protestantismo escolástico ou que seja uma posição defendida como reação contra a alta crítica negativa.

Artigo XVII

Afirmamos que o Espírito Santo dá testemunho acerca das Escrituras, assegurando aos crentes a veracidade da Palavra de Deus escrita.

Negamos que esse testemunho do Espírito Santo opere isoladamente das Escrituras ou em oposição a elas.

Artigo XVIII

Afirmamos que o texto das Escrituras deve ser interpretado mediante exegese histórico-gramatical, levando em conta suas formas e recursos literários, e que as Escrituras devem interpretar as Escrituras.

Negamos a legitimidade de qualquer abordagem do texto ou a busca de fontes por trás do texto que conduzam a uma relativização, desistorização ou minimização de seu ensino, ou a uma rejeição de suas afirmações quanto à autoria.

Artigo XIX

Afirmamos que uma confissão da autoridade, da infalibilidade e da inerrância plenas das Escrituras é vital para uma correta compreensão da totalidade da fé cristã. Afirmamos ainda que essa confissão deve conduzir a uma conformidade cada vez maior à imagem de Cristo.

Negamos que essa confissão seja necessária para a salvação. Contudo, negamos ainda que se possa rejeitar a inerrância sem graves consequências, tanto para o indivíduo quanto para a igreja.

Teorias da revelação e da inspiração: uma avaliação das visões não ortodoxas

Há vários elementos comuns às visões não ortodoxas das Escrituras. Analisaremos alguns deles.

Em primeiro lugar, as visões não ortodoxas da inspiração não se encaixam com as informações apresentadas na Bíblia. A Bíblia defende sua inspiração verbal. Ela consiste nos *escritos* (*graphē*) inspirados (2Tm 3.16). Paulo fala de "*palavras* [...] ensinadas pelo Espírito" (1Co 2.13). Deus falou a Isaías: "Minhas *palavras* que tenho colocado na tua boca" (Is 59.21). Davi reconheceu: "O Espírito do Senhor falou a mim, e a sua *palavra* estava na minha língua" (2Sm 23.2). Contudo, todas as perspectivas não ortodoxas rejeitam a inspiração verbal. Portanto, independentemente do que possa ser dito ainda em seu favor, elas não são bíblicas. (Veja os caps. 3-6 para uma análise mais completa desse ponto.)

Em segundo lugar, as perspectivas não ortodoxas das Escrituras não têm o respaldo dos pais da igreja. A posição ortodoxa da inspiração das Escrituras dominou a igreja cristã por praticamente 13 séculos (veja os caps. 7-9 acima). Até mesmo os estudiosos não ortodoxos reconhecem esse fato.

Em terceiro lugar, por trás da maior parte das negações da posição ortodoxa há um viés antissobrenaturalista (veja o cap. 9). Seus defensores partem do pressuposto equivocado de que a Bíblia, como foi escrita em *forma* humana, só pode ter uma *fonte* puramente humana. É compreensível que alguém que não creia em Deus negue que a Bíblia seja um livro expirado por ele, mas não se justifica que um teísta exclua essa possibilidade. Além disso, supor que a Bíblia não possa ter *origem* sobrenatural porque tem um *caráter* natural é como negar a divindade de Cristo porque ele apareceu "na forma de homem" (Fp 2.8).

Em quarto lugar, a negação das palavras inspiradas baseia-se com frequência no pressuposto de que a revelação não pode ser proposicional (i.e., que Deus não pode revelar-se em palavras). O salmista satirizou essa ideia quando escreveu: "Por acaso aquele que fez o ouvido não ouvirá?" (Sl 94.9), ao que poderia ser acrescentado: "Aquele que fez a língua não falará?". Certamente o Deus que criou a fala pode falar. Como pode a criatura ter poderes maiores do que o Criador? O efeito não pode ser maior do que sua causa, assim como a água não pode elevar-se acima de sua fonte.

Às vezes, está implícita aí a ideia de que a verdade divina, de algum modo, não pode ser expressa em palavras: Deus está além delas. Se com isso se quer dizer apenas que as palavras não podem *exaurir* o significado de Deus, não haveria problema algum. Infelizmente, a objeção à revelação proposicional significa, não raro, que verdade divina alguma possa ser *expressa* com palavras. Contudo, essa visão está equivocada. O entendimento humano é incapaz de *compreender* Deus plenamente, mas tem a capacidade de *apreendê-lo* suficientemente. A linguagem das Escrituras não é uma expressão completa de Deus, porém é adequada. Na verdade, é irônico que aqueles que insistem que a linguagem humana é um veículo inadequado para exprimir verdades teológicas usem essa mesma linguagem para expressar esse seu posicionamento teológico.

Em quinto lugar, as perspectivas não ortodoxas negam, em última análise, qualquer base objetiva para a autoridade divina. Esse assunto diz respeito à seguinte questão: Quem será o árbitro final, o homem ou Deus? A Bíblia trata do assunto, dizendo: "Antes, que Deus seja considerado verdadeiro, ainda que cada homem seja *considerado* mentiroso, como está escrito: Que sejas justificado em tuas palavras e prevaleças quando fores julgado" (Rm 3.4). Em vez disso, a razão humana ou a experiência subjetiva torna-se a autoridade. Todas as visões não ortodoxas concordam que a linguagem objetiva da Bíblia não é em si mesma a Palavra de Deus. Isto é, elas negam a fórmula: "O que a Bíblia diz, Deus diz". Nesse caso, mesmo depois que se descobre o que Paulo (ou Pedro, ou João et al.) disseram no texto, é preciso que se faça ainda a pergunta decisiva:

"De fato, Deus falou?" (Gn 3.1). Pois uma vez que inserimos uma cunha entre as palavras das Escrituras e a Palavra de Deus, e depois disso descobrimos o *sentido* de uma passagem, caberá à nossa razão ou experiência determinar se ele é *verdadeiro* ou não. Portanto, à visão não ortodoxa não resta base objetiva no texto das Escrituras que tenha autoridade divina. Conforme disse Carl Henry,

> Toda iniciativa crítica que estabeleça um contraste absoluto entre a Palavra de Deus e as palavras das Escrituras contradiz os próprios representantes dos profetas de nosso Senhor como transmissores da Palavra encarnada. Transformam, assim, as Escrituras em um relato falível e despido de autoridade, e que deve ser reputado menos confiável do que os vereditos a que ela é submetida pelos teólogos e eticistas modernos. Por mais piedosas que sejam as representações da Palavra transcendente por eles criadas, acerca das quais dão testemunho palavras profético-apostólicas (supostamente errôneas), ou a Palavra oculta e revelada nas palavras (supostamente falíveis) das Escrituras, ou sob elas, esses críticos condescendentes dissolvem uma palavra profético-apostólica imbuída de autoridade e, ao mesmo tempo, solapam uma Palavra divina imbuída de autoridade de um modo totalmente distinguível de uma Escritura equivocada, ainda que, supostamente, baseie-se nela. Com a premissa de que a Bíblia não é a Palavra de Deus pura, muitos estudiosos críticos erigiram destilarias teológicas particulares para extrair uma "Verdade" totalmente inviolável de documentos com tendência a erros. Contudo, os seminaristas bem fundamentados conhecem a longa lista de analistas especializados cuja espécie pessoal de crítica naufragou em razão da diluição da essência bíblica e sua substituição por ingredientes artificiais.[90]

Em sexto lugar, há em algumas posições não ortodoxas uma confusão entre *revelação* (um desvendamento objetivo de Deus) e *interpretação* (uma descoberta subjetiva daquela verdade objetiva). A verdade não é pessoal; ela é proposicional. Contudo, a verdade vai de uma pessoa para outra (ou outras) e pode referir-se a um relacionamento pessoal (por exemplo, uma carta de amor). A Bíblia é uma revelação proposicional de um Ser pessoal (Deus) para pessoas sobre sua relação pessoal com ele e com outras pessoas. Contudo, a verdade da Bíblia sobre essas relações especiais não é uma verdade pessoal; trata-se, antes,

---

[90]Carl F. H. Henry, *God, revelation and authority*, vol. 4: *God who speaks and shows: fifteen theses, Part Three*, p. 50.

de uma verdade proposicional sobre as pessoas. Portanto, a revelação de Deus nas Escrituras é uma revelação objetiva e proposicional sobre relações pessoais. Quando se interpreta adequadamente essa revelação objetiva, e com a ajuda do Espírito Santo (1Co 2.14-16; Ef 1.18) entende-se como ela se aplica à sua vida, esse indivíduo foi iluminado.

Infelizmente, as posições não ortodoxas com frequência confundem iluminação individual (ou mesmo intuição humana) com revelação objetiva de Deus nas Escrituras. Isso equivale a mudar o *locus* da revelação, da Palavra de Deus escrita e *objetiva* para a experiência *subjetiva* do crente. No caso da posição neo-ortodoxa, argumenta-se que a Bíblia só é revelação quando o homem a recebe. Sua asserção de que Deus não está realmente falando a menos que o homem esteja ouvindo é claramente contrária à exortação reiterada nas Escrituras de receber o que Deus tem falado. Disse Jesus: "Não lestes" (Mt 19.4), porque "está escrito" (4.4,7,10). Ele exclamou: "Ó tolos e lentos de coração para crer em tudo o que os profetas têm dito" (Lc 24.25).

Em sétimo lugar, há uma tendência no âmbito da visão fundamentalista extrema de negar efetivamente a dimensão humana das Escrituras. Isso resulta em um "docetismo" bíblico em que a natureza divina das Escrituras é defendida à custa do seu aspecto humano. Assim como não é ortodoxo negar a verdadeira humanidade de Cristo, também é errado negar a verdadeira natureza humana das Escrituras. Portanto, é preciso defender as formas pelas quais a Bíblia é um livro verdadeiramente humano.

(1) A Bíblia usa com frequência materiais de *fontes humanas*: é possível que Lucas tenha recorrido a fontes escritas em seu Evangelho (Lc 1.1-4); o Antigo Testamento usava com frequência fontes oriundas de escritos não canônicos (cf. Js 10.13); Paulo citou três vezes poetas não cristãos (At 17.28; 1Co 15.33; Tt 1.12); Judas citou elementos de livros não canônicos (Jd 9,14).

(2) Todo livro da Bíblia é resultado da composição de um *autor humano*, cerca de quarenta deles no total.

(3) A Bíblia apresenta diferentes *estilos literários humanos*, da métrica pesarosa de Lamentações à poesia exaltada de Isaías, da gramática simples de João ao grego complexo de Hebreus.

(4) A Bíblia apresenta também *perspectivas humanas*: Davi falou no salmo 23 a respeito da perspectiva do pastor; o livro de Reis foi escrito de um ponto de vista profético; Crônicas, de um ponto de vista sacerdotal; Atos apresenta uma preocupação histórica, ao passo que 2Timóteo revela o coração de um

pastor. Os autores falam da perspectiva do observador quando se referem ao nascer e ao pôr do sol (Js 1.15).

(5) A Bíblia revela *padrões de pensamentos humanos*, até lapsos de memória (1Co 1.14-16).

(6) A Bíblia revela *emoções humanas* (Gl 4.14).

(7) A Bíblia revela *interesses humanos* específicos. A escolha de imagens usadas mostra que Oseias tinha um interesse pela região rural; Lucas, pela medicina e Tiago, pela natureza.

Sob todos os aspectos da palavra, a Bíblia é um livro verdadeiramente humano, *exceto* pelo fato de que não contém erros. Assim como Cristo, a Palavra viva de Deus, era verdadeiramente humano, ainda que sem pecado (Hb 4.15), assim também a Palavra de Deus escrita é verdadeiramente humana, embora sem erros.

Resumo e conclusão

Há três pontos de vista principais na cristandade atualmente no que diz respeito à Bíblia. São posições que podem ser resumidas da seguinte forma:

A Bíblia *é* a Palavra de Deus — ortodoxa.
A Bíblia *contém* a Palavra de Deus — liberal.
A Bíblia *torna-se* a Palavra de Deus — neo-ortodoxa.

Contudo, há um sentido em que muitos não seguem a posição ortodoxa no tocante à identidade da Bíblia como a Palavra de Deus; no entanto, admitem haver alguma verdade na expressão "A Bíblia é a Palavra de Deus". Entendida dessa maneira, a Bíblia é a Palavra de Deus em uma das seguintes formas:

essencialmente (ortodoxa);
parcialmente (liberais);
instrumentalmente (neo-ortodoxa; neoevangélica).

Os cristãos evangélicos, porém, creem que as *proposições* da Bíblia são as palavras infalíveis de Deus. Para os neoevangélicos, somente o *propósito* é infalível. Enquanto os liberais acreditam que é possível encontrar a Palavra de Deus *aqui e acolá* na Bíblia, para os evangélicos ela está presente *em todo lugar* das

Escrituras. Embora os neoevangélicos sustentem que a Bíblia é *confessionalmente* a Palavra de Deus (i.e., ela é uma confissão acerca da Palavra de Deus), para os evangélicos a Bíblia é *essencialmente* a Palavra de Deus.

A diferença entre as posições ortodoxa e neo-ortodoxa (e neoevangélica) é a seguinte:

Ortodoxa: a Bíblia *é* uma revelação;
Neo-ortodoxa: a Bíblia é somente um *registro* da revelação.

Para o ortodoxo, a revelação é *proposicional*. Para o neo-ortodoxo, ela é *pessoal;* a Bíblia é tão somente um relato de encontros pessoais e existenciais com Deus.

Não há diferença essencial alguma entre as posições neoevangélica e neo-ortodoxa em relação às Escrituras. Ambas negam a identificação entre as palavras das Escrituras e a Palavra de Deus. Ambas negam a fórmula "O que a Bíblia diz, Deus diz". Ambas afirmam que a Bíblia é um registro humano (e falível). Ambas sustentam que a Bíblia é apenas um instrumento *por intermédio do qual* Deus fala, e não as palavras *por meio das quais* ele fala.[91] Não surpreende que a posição neoevangélica seja semelhante à neo-ortodoxa, já que sua fonte principal é Jack Rogers, que segue G. C. Berkouwer, que foi influenciado por Karl Barth. Até os não evangélicos perceberam essa semelhança.

Essas várias posições podem também ser contrastadas de acordo com suas posturas em relação ao *modus operandi* (modo de operação) da inspiração. Consequentemente, essas posições defendem que Deus produziu a Bíblia por meio de:

Ditado verbal anotado por secretários (fundamentalistas extremos)
Inspiração verbal por meio de profetas (ortodoxos)
Intuição humana mediante um processo natural (liberais)
Elevação divina da literatura humana (evangélicos liberais)
Registro humano de acontecimentos revelacionais (neo-ortodoxos)
Inspiração restrita a verdades ou propósitos salvíficos (neoevangélicos)

---

[91] A posição neoevangélica sobre as Escrituras tem sido criticada historicamente por John Woodbridge, *Biblical authority: a critique of the Rogers-McKim proposal*, e John Hannah, org., *Inerrancy and the church*; filosoficamente, por Norman L. Geisler, org., *Biblical errancy: its philosophical roots*; e, teologicamente, por Gordon Lewis; Bruce Demarest, orgs., *Challenges to inerrancy*.

Os neoevangélicos têm posições variadas em relação aos *meios* precisos de inspiração. Para alguns, Deus inspirou a *ideia*, e os autores a puseram por escrito com *palavras* sujeitas a erros. Outros afirmam que Deus inspirou somente as verdades salvíficas *centrais*, e não o modo *cultural* em que foram expressas. Alguns ressaltam que os *propósitos* (intenções) da Bíblia são inspirados por Deus, mas não todas as suas *proposições* (afirmações). Contudo, todo neoevangélico admite a possibilidade de equívocos reais (i.e., erros) no registro bíblico. Esse é o contraste mais forte no que diz respeito à visão ortodoxa histórica e evangélica contemporânea da Bíblia como registro infalível e inerrante. O quadro "Teorias da revelação e da inspiração" resume as principais características das várias posições tratadas.

TEORIAS DA REVELAÇÃO E DA INSPIRAÇÃO

Visão	Designação	Proponentes	Revelação	Erros nos originais?	Erros nas cópias?	Meios de inspiração	Grau de autoridade da Bíblia
Ditado mecânico	Hiperfundamentalismo	Muçulmanos; Espiritualistas; Alguns Hiperfundamentalistas	Em palavras (individualmente)	Nenhum	Nenhum	Por meio de ditado	Infalível e inerrante
Ditado verbal	Fundamentalismo	John R. Rice	Em palavras (individualmente)	Nenhum	Alguns	Modelação sobrenatural do estilo do autor	Infalível e inerrante
Inspiração verbal	Fundamentalismo; Evangelicalismo	B. B. Warfield; F. Schaeffer; ICBI	Em palavras (holisticamente)*	Nenhum	Alguns	Processo sobrenatural	Infalível e inerrante
Inspiração conceitual	Neoevangelicalismo	A. H. Strong; D. Beegle; J. Rogers	Em conceitos (não palavras)	Teologicamente (ou moralmente) nenhum; alguns erros factuais	Alguns	Ideias reveladas; palavras do próprio autor	Infalível; não inerrante.
Revelação instrumental	Evangelicalismo liberal	C. S. Lewis	Por meio de palavras (não em palavras)	Alguns (em ambas as áreas)	Alguns	Palavras do autor "elevadas" por Deus	Imbuído de autoridade; não inerrante
Revelação pessoal	Neo-ortodoxia	Karl Barth; Emil Brunner; John Baillie	Em atos, acontecimentos (não palavras)	Alguns (em ambas as áreas)	Muitos	Atos revelados; registro dos autores	Geralmente confiável; não inerrante
Iluminacionismo	Liberalismo	Harold DeWolf; Harry E. Fosdick	Pela iluminação (não pela revelação)	Muitos (em ambas as áreas)	Muitos	Realização divina de poderes naturais	Com frequência confiável; não inerrante
Intuicionismo	Teologia do processo	Schubert Ogden	Pela intuição (não pela revelação)	Muitos (em ambas as áreas)	Em grande medida	Poderes exclusivamente naturais	Confiável, às vezes; não inerrante

11
Evidências da inspiração da Bíblia

A Palavra de Deus não precisa de prova alguma. Sua autoridade se autojustifica porque é a Palavra de Deus. Afinal, Deus é a autoridade suprema (Hb 6.13). Portanto, não há nada maior do que Deus a quem se possa apelar em busca de autoridade. Por isso, a Palavra de Deus é sua própria autoridade. E, se a Bíblia é a Palavra de Deus, então o mesmo vale para a Bíblia, ela também fala com autoridade suprema.

Contudo, se a Bíblia é ou não a Palavra de Deus é uma questão de evidências. Afinal, há outros livros, como o Alcorão e o Livro de Mórmon, que reivindicam ser Palavra de Deus e, no entanto, contradizem a Bíblia. Deus, porém, não pode contradizer-se, e sua Palavra não pode se contradizer. Como se contradizem, somente um desses livros concorrentes poderá, na melhor das hipóteses, ser a Palavra de Deus. Portanto, é preciso que se apresentem evidências em apoio à tese de que a Bíblia é a Palavra de Deus, contrapondo-se aos outros livros que fazem declarações contrárias. Fica-se obrigado a obedecer à autoridade legítima (Rm 13.1-8) de um oficial de polícia contanto que ele tenha evidências de que é realmente um oficial, e não um impostor posando de oficial. De igual modo, qualquer livro que exija obediência na condição de Palavra de Deus deverá respaldar sua afirmação de ser a autêntica voz de Deus. Quais seriam, portanto, as evidências de que a Bíblia tem autoridade divina?

Uma coisa é reivindicar inspiração divina para a Bíblia, outra, bem diferente, é proporcionar as evidências que confirmem essa reivindicação. Antes de examinar as evidências em prol da inspiração das Escrituras, convém fazer um resumo preciso do que a inspiração reivindica.

Resumo da reivindicação de inspiração da Bíblia

A inspiração da Bíblia não deve ser confundida com uma inspiração poética. A inspiração conforme aplicada à Bíblia se refere à autoridade concedida por Deus a seus ensinos para o pensamento e a vida do crente.

Descrição bíblica de inspiração

O termo grego para *inspiração* (*theopneustos*) significa expirado por Deus, mas em seu sentido teológico mais amplo é usado com frequência para incluir o processo pelo qual as Escrituras ou escritos foram imbuídos com autoridade divina para a doutrina e a prática (2Tm 3.16,17). Os escritos é que são considerados inspirados. Os autores, porém, foram movidos pelo Espírito para que registrassem suas mensagens. Portanto, quando analisada como um processo em sua totalidade, a inspiração é o que ocorre quando autores movidos pelo Espírito registram seus escritos expirados por Deus. Há três elementos no processo total de inspiração: a causalidade divina, a agência profética e a autoridade espiritual resultante.

Os três elementos na inspiração. O primeiro elemento na inspiração é a *causalidade divina*. Deus é o Primeiro Motor cujos impulsos levaram os profetas a escrever. A origem suprema dos escritos inspirados é o desejo do divino de comunicar-se com o homem. O segundo fator é a *agência profética*. A Palavra de Deus vem por intermédio de homens de Deus. Deus emprega a instrumentalidade da personalidade humana para transmitir sua mensagem. Por fim, o pronunciamento profético escrito é imbuído da *autoridade divina*. As palavras do profeta são as palavras de Deus (cap. 2).

Características de um escrito inspirado. A primeira característica da inspiração está no fato de que ela é um escrito inspirado; a saber, é *verbal*. As próprias palavras dos profetas foram concedidas por Deus, não via ditado, mas pela utilização, direcionada pelo Espírito, do vocabulário e do estilo do profeta.[1] A inspiração também se apresenta como *plena* (total). Nenhuma parte das Escrituras está isenta da inspiração divina. Paulo escreveu: "Toda Escritura é inspirada por Deus" (2Tm 3.16). Além disso, a inspiração implica a *inerrância* do ensino dos documentos originais (chamados de autógrafos). O que quer que Deus expresse é verdadeiro e sem erro, e a Bíblia é considerada então um pronunciamento de Deus. Por fim, a inspiração resulta na *autoridade* divina das Escrituras. O ensino das Escrituras é prescritivo para a fé e a prática do crente (cap. 3).

A afirmação bíblica de inspiração divina

A inspiração não é algo meramente atribuído à Bíblia pelos cristãos; é algo que a Bíblia reivindica para si mesma. Há, na verdade, centenas de referências na Bíblia acerca de sua origem divina.

---

[1] Veja as análises nos caps. 2 e 10.

O argumento de inspiração do Antigo Testamento. O Antigo Testamento afirma ser um escrito profético. A conhecida expressão "assim diz o Senhor" enche suas páginas. Os falsos profetas e suas obras foram excluídos da casa do Senhor. As profecias que provaram sua origem divina foram preservadas num local sagrado. A crescente coleção de escritos sagrados foi reconhecida e até mesmo citada por profetas posteriores como Palavra de Deus (cap. 4).

Jesus e os autores do Novo Testamento tinham esses escritos em alta conta; afirmavam que eram a Palavra de Deus inviolável, imbuída de autoridade e inspirada. Com numerosas referências ao Antigo Testamento como um todo, a suas seções principais e praticamente a quase todos os livros do Antigo Testamento, os autores do Novo Testamento confirmaram de forma claríssima a afirmação de inspiração divina do Antigo Testamento (cap. 5).

O argumento de inspiração do Novo Testamento. Os escritos apostólicos foram ousadamente descritos nos mesmos termos de autoridade aplicados ao Antigo Testamento como Palavra de Deus. Foram chamados de "Escritura", "profecia" etc. Todo livro do Novo Testamento apresenta alguma reivindicação de autoridade divina. A igreja do Novo Testamento lia, difundia, colecionava e citava os livros do Novo Testamento juntamente com as Escrituras inspiradas do Antigo Testamento (cap. 6).

Os contemporâneos e sucessores imediatos da era apostólica reconheceram a origem divina dos escritos do Novo Testamento juntamente com os escritos do Antigo. Com exceção unicamente de hereges, todos os célebres pais da igreja cristã desde as eras mais remotas sustentavam a inspiração divina do Novo Testamento. Em suma, há uma reivindicação contínua de inspiração tanto para o Antigo quanto para o Novo Testamentos desde a época de sua composição até o presente (caps. 7–9). Nos tempos modernos, essa reivindicação tem sido seriamente desafiada por muitos dentro e fora da cristandade (caps. 9–10). O desafio exige a verificação da reivindicação à inspiração da Bíblia.

Defesa da reivindicação bíblica de inspiração

Os defensores da fé cristã (apologistas) têm respondido ao desafio de diversas maneiras. Alguns deles transformaram o cristianismo num sistema racional; outros sustentaram sua crença no cristianismo porque ele é destituído da dimensão racional, mas a grande maioria dos cristãos informados através dos séculos procurou evitar tanto o racionalismo quanto o fideísmo. Ao se opor à finalidade absoluta e ao ceticismo absoluto, os apologistas cristãos produziram "uma razão da esperança que há em vós" (1Pe 3.15).[2] Segue uma síntese das evidências favoráveis à doutrina bíblica da inspiração.

Evidências internas da inspiração da Bíblia

Há duas linhas de evidências a considerar em se tratando da inspiração da Bíblia: a evidência que decorre das próprias Escrituras (evidência interna) e a que vem de fora (evidência externa). São inúmeras as linhas de evidências internas apresentadas.

A evidência prima facie [aparente] da inspiração. À primeira vista, a Bíblia parece ser um livro inspirado. Assim como Jesus, ela fala com autoridade (Jo 7.46). De todas as formas, ela aparenta ter vindo de Deus. Ela não só afirma ter origem divina, como parece ter um caráter sobrenatural. Embora isso não seja prova cabal de sua inspiração, é pelo menos uma indicação que merece ser analisada. Parodiando o autor do Evangelho, "jamais um livro falou como este livro" (cf. Jo 7.46). A Bíblia soa verdadeira. Como tal, há pelo menos uma evidência *prima facie* de sua inspiração. Essa credencial *prima facie* requer um exame mais aprofundado de outras evidências.

Evidência do testemunho do Espírito Santo. O testemunho do Espírito Santo está intimamente associado à evidência *prima facie* das Escrituras. A Palavra de Deus é confirmada aos filhos de Deus pelo Espírito de Deus. O testemunho interno de Deus no coração do crente que lê a Bíblia é evidência de sua origem divina. O Espírito Santo não apenas dá testemunho ao crente de que ele é filho de Deus (Rm 8.16), como também que a Bíblia é a Palavra de Deus (2Pe 1.20,21). O mesmo Espírito que comunicou a verdade de Deus também confirma ao crente que a Bíblia é a Palavra de Deus. Esse testemunho não ocorre no vácuo. O Espírito usa a Palavra objetiva para promover a segurança subjetiva.[3] Contudo, pelo testemunho do Espírito de Deus acerca da verdade da Palavra de Deus, há certeza no que diz respeito à sua autoridade divina.

Evidência da capacidade de transformação da Bíblia. Outra evidência considerada interna é a capacidade da Bíblia de converter o descrente e edificar o crente na fé. Diz o autor de Hebreus: "A palavra de Deus é viva e eficaz, mais

---

[2] Veja Norman L. Geisler, *Christian apologetics*, caps. 16-18.
[3] Veja R. C. Sproul, "The internal testimony of the Holy Spirit", in: Norman L. Geisler, org., *Inerrancy*, cap. 11 [edição em português: *A inerrância da Bíblia: uma sólida defesa da infalibilidade das Escrituras*, tradução de Antivan Mendes (São Paulo: Vida, 2003)].

cortante que qualquer espada de dois gumes" (4.12). Multidões incontáveis experimentaram esse poder dinâmico. Viciados em drogas têm sido curados, os abandonados têm sido transformados, o ódio transformou-se em amor pela leitura da Bíblia. Os crentes crescem ao estudá-la (1Pe 2.2). Os angustiados recebem consolo, os pecadores são repreendidos e os negligentes são exortados pelas Escrituras. A Palavra de Deus tem o poder dinâmico e transformador de Deus. Deus confirma a autoridade da Bíblia pelo poder que ela tem de evangelizar e de edificar.

Evidência da unidade da Bíblia. A unidade da Bíblia é uma evidência mais formal de sua inspiração. Constituída de 66 livros, escrita num período de cerca de 1.500 anos por aproximadamente 40 autores que se expressaram em várias línguas e com centenas de tópicos, é mais do que acidental ou casual o fato de que ela tem uma unidade fantástica de tema: Jesus Cristo. Um problema, o pecado, e uma solução, o Salvador, unem suas páginas de Gênesis a Apocalipse. Esse é um ponto especialmente válido porque ninguém, ou grupo algum de homens, é responsável pela Bíblia como a temos. Livros foram sendo acrescentados à medida que os profetas os escreviam. Em seguida, foram reunidos porque eram considerados inspirados. Só mais tarde, mediante uma reflexão feita pelos profetas (cf. 1Pe 1.10,11) e gerações posteriores, é que se descobriu que a Bíblia é, na verdade, um livro cujos "capítulos" foram escritos por homens que não tinham conhecimento explícito algum de sua estrutura geral. O papel de cada um pode ser comparado ao de diferentes homens que escreveram um capítulo de um romance do qual nenhum deles tivesse conhecimento do esboço geral. A unidade do livro, fosse ela qual fosse, não dependia deles. Como uma sinfonia, cada parte da Bíblia contribui para uma unidade geral orquestrada por um Maestro.

Evidências externas da inspiração da Bíblia

As evidências externas de inspiração são sobretudo de natureza subjetiva. Referem-se ao que o crente vê ou sente em sua experiência com a Bíblia. Com a possível exceção da evidência da unidade da Bíblia, as evidências internas só estão disponíveis no âmago do cristianismo. O descrente não percebe o testemunho do Espírito Santo; tampouco experimenta o poder edificante das Escrituras em sua vida. A menos que pela fé ele se coloque do lado de dentro, as evidências internas possivelmente terão pouco efeito convincente em sua vida. É aí que as evidências externas têm um papel fundamental. Elas fornecem marcos que indicam onde o "interior" efetivamente se encontra. Elas são testemunhas públicas de algo muito incomum, que serve para chamar a atenção para a voz de Deus nas Escrituras.

Evidência da historicidade da Bíblia. Boa parte da Bíblia é histórica e, como tal, é objeto de investigação histórica. A área mais significativa de confirmação nesse sentido vem do campo da arqueologia. O renomado arqueólogo William F. Albright afirmou: "Não há dúvida de que a arqueologia confirmou substancialmente a historicidade da tradição do Antigo Testamento".[4] Nelson Glueck acrescenta: "Pode-se afirmar categoricamente que nenhuma descoberta arqueológica jamais contrariou uma referência bíblica. Inúmeras descobertas arqueológicas têm sido feitas que confirmam em linhas gerais muito claras ou em detalhes exatos as declarações históricas da Bíblia".[5] Millar Burrows observa que "vários arqueólogos passaram a respeitar mais a Bíblia depois da experiência de escavar na Palestina".[6] Clifford A. Wilson fortaleceu ainda mais a defesa da confiabilidade histórica da Bíblia.[7] Nenhuma descoberta histórica é evidência direta de qualquer reivindicação espiritual na Bíblia, como a de ser divinamente inspirada; contudo, a historicidade da Bíblia proporciona, sim, confirmação indireta da declaração de inspiração. A confirmação da exatidão da Bíblia em questões factuais traz credibilidade às suas reivindicações quando trata de outros assuntos. Disse Jesus: "Se vos faleis de coisas terrenas e não crestes, como crereis se vos falar das celestiais?" (Jo 3.12).

Evidência do testemunho de Cristo. Juntamente com a evidência da historicidade dos documentos bíblicos, há a evidência do testemunho de Cristo. Uma vez que o Novo Testamento se acha historicamente documentado, e uma vez que esses mesmos documentos históricos transmitem o ensino de Cristo sobre a inspiração da Bíblia, basta pressupor a veracidade de Cristo para argumentar em prol da inspiração da Bíblia. Se Cristo tem algum tipo de autoridade ou integridade como mestre religioso, disso se segue que as Escrituras são inspiradas, porque ele ensinou que elas são a Palavra de Deus. Para falsificar essa alegação, é preciso rejeitar a autoridade de Jesus de fazer pronunciamentos sobre o assunto da inspiração. A evidência das Escrituras revela de forma conclusiva que Jesus cria na plena autoridade divina das Escrituras (veja o cap. 6). Trechos

---

[4] William F. Albright, *Archeology and the religion of Israel*, p. 176.
[5] Nelson Glueck, *Rivers in the desert: a history of the Negev*, p. 31.
[6] Millar Burrows, *What mean these stones?*, p. 1.
[7] Clifford A. Wilson, *Rocks, relics, and biblical reliability*.

dos registros nos Evangelhos, com amplo suporte histórico, mostram que Jesus era um homem íntegro e verdadeiro. Segue, portanto, o argumento:

Se o que Jesus ensinou for verdade,
E Jesus ensinou que a Bíblia é inspirada,
Disso se segue que é verdade que a Bíblia é inspirada por Deus.

Para negar a autoridade das Escrituras, é preciso rejeitar a integridade de Cristo.[8]

Evidência das profecias. Outro testemunho externo convincente da inspiração das Escrituras são as profecias cumpridas. De acordo com Deuteronômio 18, um profeta era falso se fizesse predições que jamais se cumprissem. Nenhuma profecia incondicional da Bíblia sobre acontecimentos até o dia de hoje deixou de ser cumprida. Centenas de predições, algumas delas feitas centenas de anos antes, foram cumpridas de modo específico. A data (Dn 9), a cidade (Mq 5.2) e a natureza (Is 7.14) do nascimento de Cristo foram preditas no Antigo Testamento, assim como várias outras coisas sobre sua vida, morte e ressurreição (veja Is 53). Muitas outras profecias se cumpriram, incluindo a destruição de Edom (Ob 1), a maldição sobre a Babilônia (Is 13), a destruição de Tiro (Ez 26) e de Nínive (Na 1—3), o retorno de Israel à sua terra (Is 11.11). Outros livros se dizem divinamente inspirados, como o Alcorão, o Livro de Mórmon e partes dos Vedas. Contudo, nenhum deles contém profecia preditiva.[9] Em decorrência disso, a profecia cumprida é uma forte indicação da autoridade única e divina da Bíblia.

Evidência da influência da Bíblia. Nenhum livro foi mais largamente difundido e influenciou mais amplamente o curso dos acontecimentos mundiais do que a Bíblia. A Bíblia tem sido traduzida em mais línguas, teve mais exemplares publicados e influenciou mais o pensamento, inspirou mais as artes e motivou mais descobertas do que qualquer outro livro na história. A Bíblia foi traduzida em mais de mil idiomas que representam mais de 90% da população do mundo. Foram publicados bilhões de exemplares dela. Nenhum outro livro na lista de *best-sellers* de todos os tempos chegou perto disso.

---

[8] Veja John W. Wenham, *Christ and the Bible*.

[9] Nesse sentido, veja "Appendix 2: anachronisms and historical inaccuracies in the Koran", in: Gleason L. Archer, Jr., *A survey of Old Testament introduction*, p. 498-500 [edição em português; *Panorama do Antigo Testamento*, 4. ed. rev. ampl., tradução de Gordon Chown (São Paulo: Vida Nova, 2012)]; "Appendix 3: anachronisms and historical inaccuracies in the Mormon Scriptures", in: Idem, p. 501-4.

2. Em decorrência de cumprimento de profecia (Ob 1-4), Petra é hoje uma ruína deserta. Este é o chamado "Tesouro" (Giovanni Trimboli)

A influência da Bíblia e de seus ensinos no mundo ocidental é evidente para todos que estudam história. E o papel influente do Ocidente no curso dos acontecimentos mundiais é igualmente explícito. A civilização foi influenciada mais pelas Escrituras judaico-cristãs do que por qualquer outro livro ou conjunto de livros do mundo. Na verdade, nenhuma grande obra moral ou religiosa do mundo excede a profundidade da moralidade no princípio do amor cristão, e nenhuma tem um conceito espiritual mais elevado do que a visão bíblica de Deus. A Bíblia representa os ideais mais elevados conhecidos do homem, ideais que moldaram a civilização.

Evidência da aparente indestrutibilidade da Bíblia. Apesar de sua importância (ou talvez por causa dela), a Bíblia tem sofrido mais ataques cruéis do que seria esperado contra esse livro. Contudo, ela resistiu a todos os seus agressores. Diocleciano tentou aniquilá-la (c. 302/303-305),[10] e, no entanto, é o livro mais amplamente publicado no mundo hoje. Houve um tempo em que os críticos da Bíblia a viam em boa medida como uma obra de mitologia, porém a arqueologia a consolidou como documento histórico. Seus antagonistas atacaram seus ensinamentos, qualificando-os de primitivos, mas os moralistas insistem que seu ensino sobre o amor seja aplicado à sociedade moderna. Os céticos têm lançado dúvidas sobre sua autenticidade, e mesmo assim um número maior de homens está convencido de sua verdade hoje mais do que nunca. Os ataques à Bíblia pela ciência, psicologia e pelos movimentos políticos continuam surgindo, mas ela permanece inabalável como uma muralha, e as tentativas de derrubá-la são vãs. A Bíblia continua forte do mesmo jeito depois de agredida. Disse Jesus: "Céu e terra passarão, mas as minhas palavras não passarão" (Mc 13.31).

Evidência da integridade dos autores humanos. Não há bons motivos para imaginar que os autores das Escrituras não fossem honestos e sinceros. De tudo o que se sabe sobre a vida dos discípulos — até de sua morte com base no que acreditavam —, eles estavam plenamente convencidos de que Deus lhes havia falado. O que será dos homens, de mais de quinhentos homens (1Co 15.6), que reivindicam como evidência de autoridade divina de sua mensagem que viram Jesus de Nazaré, crucificado sob Pôncio Pilatos, são e salvo? Que dizer da alegação de que o viram em cerca de doze ocasiões no período de um mês e meio? E que falaram com ele, comeram na sua companhia, viram suas feridas, tocaram-no e até mesmo o mais cético entre eles caiu a seus pés, dizendo "Meu Senhor e meu

---

[10] Veja as análises nos caps. 16 e 27.

Deus!" (Jo 20.28)? Custa a acreditar que seus discípulos estivessem todos drogados, ou que foram ludibriados, sobretudo se considerarmos a quantidade e a natureza dos encontros que tiveram e o efeito duradouro sobre eles. Supondo, porém, que fossem pessoas basicamente íntegras, vemo-nos confrontados com um fenômeno incomum de homens que enfrentam a morte e que afirmam que Deus lhes deu autoridade para falar e escrever. Quando homens sãos e de integridade notória afirmam a inspiração divina de seus escritos e oferecem como evidência que se comunicaram com o Cristo ressurreto, então homens do bem que buscam a verdade não podem deixar de prestar atenção ao que dizem. Em suma, a honestidade dos autores bíblicos confirma a autoridade divina de seus escritos.

Evidência de milagres. Outro respaldo para a inspiração das Escrituras vem dos milagres. Um milagre é um ato de Deus e confirma a Palavra de Deus por meio de um profeta de Deus (veja o cap. 13). Nicodemos disse a Jesus: "Rabi, sabemos que és mestre vindo de Deus, pois ninguém pode fazer os sinais [milagres] que tu fazes se Deus não estiver com ele" (Jo 3.2). Pedro disse a uma multidão no Pentecostes: "Jesus, o Nazareno, homem aprovado por Deus entre vós com milagres, feitos extraordinários e sinais, que Deus realizou por meio dele" (At 2.22). O mesmo se aplica a outros porta-vozes de Deus na Bíblia. Moisés, por exemplo, recebeu a capacidade de realizar milagres para que o Egito cresse que sua mensagem vinha de Deus (Êx 4.1-9). O mesmo deu-se com outros profetas, como Elias (1Rs 18) e Eliseu (2Rs 4). No Novo Testamento, a mensagem dos apóstolos foi confirmada por milagres. Diz o livro de Hebreus:

> Como escaparemos se negligenciarmos tão grande salvação? Tendo sido anunciada inicialmente pelo Senhor, foi depois confirmada a nós pelos que a ouviram. E juntamente com eles Deus testemunhou, tanto por meio de sinais e feitos extraordinários quanto por diversos milagres e pelos dons do Espírito Santo, distribuídos segundo a sua vontade (Hb 2.3,4).

A Bíblia é um livro profético. Todo livro nela contido foi escrito por um profeta ou por um porta-voz de Deus (veja os caps. 3–6). E, uma vez que havia milagres para confirmar as mensagens proféticas dadas pelos autores das Escrituras, confirma-se desse modo que a Bíblia é a Palavra de Deus por meio dos atos de Deus (milagres).[11]

---

[11] O argumento aqui não é circular, uma vez que a Bíblia como documento histórico confiável (respaldado por evidências) pode ser usada como base que permite saber que esses milagres ocorreram

O argumento da outra possibilidade. Um dos argumentos mais interessantes da inspiração da Bíblia foi sugerido por Charles Wesley.

A Bíblia precisa ser uma invenção de homens bons ou de anjos, homens maus ou demônios, ou de Deus.

1. Não poderia ser a invenção de homens bons ou de anjos, porque nenhum deles faria ou poderia fazer um livro e dizer mentiras o tempo todo em que estivessem escrevendo, coisas como: "Assim diz o Senhor", quando tudo não passava de invenção sua.

2. Não poderia ser invenção de homens maus ou de demônios, porque não fariam um livro que ordena deveres, proíbe todo pecado e condena sua alma ao inferno por toda a eternidade.

3. Portanto, chego à conclusão de que a Bíblia deve ter sido dada por inspiração divina.[12]

É claro que esses argumentos não demonstram racionalmente a origem divina das Escrituras sem que haja dúvida alguma. Mesmo que *provassem* objetivamente a inspiração da Bíblia, disso não se seguiria necessariamente que pudessem *persuadir* alguém. Pelo contrário, são evidências, depoimentos e testemunhos. Como testemunhos, devem ser investigados e avaliados como um todo. Em seguida, no tribunal do júri da própria alma, é necessário tomar uma decisão, uma decisão que se baseia não em provas racionais incontestáveis, mas em evidências "além da dúvida sensata".[13]

Talvez o que é necessário acrescentar aqui é que a reivindicação de inspiração da Bíblia está em julgamento, e cada um é parte de um júri convocado a dar um veredito. Assim, com base num exame exaustivo da reivindicação feita e nas credenciais apresentadas em apoio à inspiração da Bíblia, o júri vê-se compelido a votar que a Bíblia é "culpada de inspiração conforme a acusação".

---

e que confirmam a Bíblia como Palavra de Deus. Veja F. F. Bruce, *The New Testament documents: are they reliable?* [edição em português: *Merece confiança o Novo Testamento?*, 3. ed. rev. (São Paulo: Vida Nova, 2010)] para evidências acerca da confiabilidade do Novo Testamento.

[12]Robert W. Burtner; Robert E. Chiles, *A compend of Wesley's theology*, p. 20.

[13]Para mais evidências, veja Bernard Ramm, *Protestant Christian evidences*, e Josh McDowell, *Evidence that demands a verdict* [edição em português: *Evidência que exige um veredito* (São Paulo: Candeia, 2001), 2 vols.].

Cabe também ao leitor decidir. Para aqueles que costumam ser indecisos, convém lembrar as palavras de Pedro: "Senhor, para quem iremos? Tu tens as palavras de vida eterna" (Jo 6.68). Em outras palavras, se a Bíblia, que afirma categoricamente ser inspirada, além de apresentar características incomparáveis e múltiplas credenciais, não for inspirada, para o que mais podemos nos voltar? Ela tem as palavras de vida eterna.

Resumo

A Bíblia afirma ser a Palavra de Deus e prova que é. Há argumentos gerais para a Bíblia como um todo e argumentos mais específicos para seções e até para livros individuais. Isso se aplica tanto ao Antigo quanto ao Novo Testamentos.

O respaldo para a alegação da Bíblia de que é a Palavra de Deus escrita vem de muitas fontes. Em primeiro lugar, há a evidência *prima facie* da própria natureza da Bíblia. Em segundo lugar, o *testemunho do Espírito* ao coração do crente acrescenta mais uma confirmação da inspiração da Bíblia. Em terceiro lugar, a *capacidade de transformação* das Escrituras é indicação de sua origem divina. Em quarto lugar, a própria *unidade* da Bíblia em meio à sua diversidade de autores, línguas e temas evidencia a existência de uma mente divina por trás dela. Em quinto lugar, *a historicidade* da Bíblia, confirmada por inúmeras descobertas arqueológicas, confere maior respaldo à sua reivindicação de autoridade divina. Em sexto lugar, o *testemunho de Cristo* é uma clara indicação de que ela é, efetivamente, a Palavra de Deus. Em sétimo lugar, só a Bíblia apresenta numerosas *profecias cumpridas* que confirmam seu caráter divino. Em oitavo lugar, a *influência da Bíblia* tem tido um alcance maior do que o de qualquer outro livro do mundo. Em nono lugar, a *aparente indestrutibilidade* da Bíblia é outra indicação de que ela procede de Deus. Em décimo lugar, a *integridade dos autores humanos* também respalda suas alegações de inspiração. Em décimo primeiro lugar, os *milagres* confirmam que a Bíblia é a Palavra de Deus. Em décimo segundo lugar, há o argumento da *outra possibilidade*, indicando a implausibilidade de que ela tenha sido inventada quer por criaturas boas quer más, de modo que ela verdadeiramente veio de Deus, conforme alega.

Alguns desses argumentos por si sós não são decisivos, mas, quando tomados juntos, constituem um argumento bastante persuasivo de que a Bíblia é, efetivamente, a Palavra de Deus. Na verdade, nenhum outro livro do mundo tem respaldo tão amplo e sem igual para sua reivindicação de ser a Palavra de Deus inspirada.

SEGUNDA PARTE

Canonização da Bíblia

12
Determinação de canonicidade

O primeiro elo na cadeia da revelação "De Deus para nós" é a inspiração, que se refere *ao que* Deus fez, a saber, que ele soprou (expirou) as Escrituras. O segundo elo nessa cadeia é a canonização, que diz respeito à questão de *quais* livros Deus inspirou. A inspiração indica de que maneira a Bíblia recebeu sua *autoridade*, ao passo que a canonização explica como ela recebeu sua *aceitação*. Uma coisa é Deus conceder autoridade às Escrituras; outra, bem diferente, é o homem reconhecer essa autoridade.

DEFINIÇÃO DE CANONICIDADE

No que diz respeito à canonicidade de modo geral, a primeira coisa que se deve levar em conta é o princípio determinante: o que torna um livro canônico? Ao analisar a canonicidade no século 20, R. C. Leonard "distingue quatro perspectivas principais: (*i*) a teoria do cânon como palavra inspirada, arraigada na profecia, (*ii*) a teoria do cânon como história — a história dos atos de Deus em relação a Israel e sua interpretação, (*iii*) a teoria do cânon como lei, arraigada no Pentateuco, com paralelos em tratados não israelitas e códigos de leis, e (*iv*) a teoria do cânon como fenômeno cúltico, arraigado na adoração".[1] Várias respostas têm sido dadas para o princípio determinante da canonicidade. Antes que possamos compreendê-las, é necessário fazer uma breve retrospectiva do desenvolvimento do conceito de "cânon".

Literalmente

O significado original do termo "cânon" remete aos antigos gregos, que o usavam em sentido literal: um *kanon* era uma vara, uma régua, um cajado ou

---

[1] R. C. Leonard, "The origin of canonicity in the Old Testament" (tese de doutorado, Boston University, 1972), esp. os caps. 6–9. Este material serve de base para a análise de Roger Beckwith em seu livro *The Old Testament canon of the New Testament church and its background in early Judaism*, p. 63-104.

uma vara de medição. O termo grego *kanon* deriva, provavelmente, do hebraico *kaneh* (caniço), um termo do Antigo Testamento que significa vara (Ez 40.3; 42.16).[2] Esse conceito literal proporcionou a base para o uso estendido posteriormente da palavra *kanon*, cujo significado é "padrão", "norma". Já no grego pré-cristão, a palavra *kanon* tinha um sentido não literal,[3] como ocorre no Novo Testamento. Em 2Coríntios 10.13-16, o sentido é de "esfera de ação ou de influência".[4] Gálatas 6.16 chega mais perto do significado teológico final da palavra, quando Paulo afirma: "Que paz e misericórdia estejam sobre aqueles que andarem conforme essa norma [*kanon*]".

Teologicamente

Do significado literal "régua", a palavra ampliou seu sentido e passou a significar regra ou padrão para qualquer coisa. Em seu uso cristão nos primórdios, passou a significar regra de fé, escritos normativos, ou Escritura imbuída de autoridade. Os pais da igreja, desde a época de Ireneu, referiam-se ao *kanon* do ensino cristão, a que chamavam de "o *kanon* da igreja", "o *kanon* da verdade" e "o *kanon* da fé".[5] Contudo, a primeira aplicação clara da palavra às Escrituras deu-se aproximadamente em 350 d.C., com Atanásio.[6] O termo *kanon* foi aplicado à Bíblia tanto no sentido ativo quanto no sentido passivo. Num deles, tratava-se do cânon ou do padrão; no outro, ela era canonizada ou reconhecida como canônica pela igreja. Neste capítulo, a canonicidade é entendida no sentido ativo em que as Escrituras são a norma suprema.

Descrição da canonicidade

Os antigos judeus não usavam a palavra "cânon" (*kaneh*) em referência aos seus escritos imbuídos de autoridade, embora o conceito teológico de um cânon ou de um padrão divino seja certamente aplicável a seus escritos sagrados. Contudo, várias outras expressões ou conceitos usados pelos judeus são equivalentes à palavra "cânon".

---

[2] Para a história do termo "cânon", veja Alexander Souter, *The text and canon of the New Testament*, p. 154-6

[3] Por exemplo, ela era usada para designar um padrão de ética, arte, literatura e até grandes épocas. Veja "Appendix A", in: Brooke Foss Westcott, *A general survey of the history of the canon of the New Testament*, p. 504.

[4] Walter Bauer, *A Greek-English lexicon of the New Testament and other early Christian literature*, p. 403.

[5] Westcott, *General survey*, p. 506 e notas 1-2.

[6] De acordo com Westcott, p. 508-9 e notas 1-2, p. 516, embora certos derivativos do termo grego tenham sido usados por Orígenes.

Escritos sagrados

Um escrito inspirado ou canônico era considerado sagrado e guardado ao lado da Arca da Aliança (Dt 31.24-26). Depois da construção do Templo, os escritos sagrados passaram a ser guardados em seu interior (2Rs 22.8). Essa atenção e reverência especiais conferidas às Escrituras judaicas equivalem a dizer que eram consideradas canônicas.

Escritos imbuídos de autoridade

Outro conceito sinônimo de canonicidade é "autoridade". Os governantes de Israel deviam estar sujeitos à autoridade das Escrituras. O Senhor ordenou que, quando um rei "se assentar sobre o trono do seu reino, fará para si uma cópia dessa lei em um rolo [...] e a lerá todos os dias de sua vida, para que aprenda a temer o SENHOR seu Deus" (Dt 17.18,19). O Senhor impôs os mesmos escritos imbuídos de autoridade a Josué, dizendo: "Não afastes de tua boca o livro desta Lei, antes medita nele dia e noite" (Js 1.8).

Livros que "maculam as mãos"

Alguns afirmam que na tradição talmúdica tardia os livros canônicos, ou sagrados, eram conhecidos como aqueles que "maculam as mãos" dos usuários, porque eram considerados santos.[7] W. O. E. Osterley e outros desde então[8] sugerem que o contato com as Escrituras, na verdade, santificava as mãos, mas era denominado de impureza porque as mãos tinham de ser lavadas antes de tocar outras coisas, de acordo com Levítico 6.27s.; 16.23s.,26,28. Outros ainda, como Roger Beckwith,

> recorrem à razão dada pela Mishná e pela Toseftá, em que o rabino Johanan ben Zakkai responde à objeção dos saduceus ao ensino de que as Escrituras deixam as mãos impuras, mas não os ensinos de Homero ao explicar que "conforme a sua preciosidade, também é a sua impureza" (M. Yadaim 4.6), e prossegue, "para que não se transformem em banquete para as feras"

---

[7] Veja, por exemplo, Robert H. Pfeiffer, *Introduction to the Old Testament*, p. 68, nota 10, que cita a Toseftá Yadim 3.5 do Talmude: "O evangelho e os livros dos hereges não são canônicos (lit., 'não tornam as mãos impuras'); os livros de Ben Sirá e quaisquer outros livros escritos desde seu tempo não são canônicos".

[8] W. O. E. Osterley, *The books of the Apocrypha* (London, Reino Unido: Scott, 1914), p. 177-82. Veja tb. a análise em Sid Z. Leiman, *The canonization of Hebrew Scripture: the talmudic and midrashic evidence*, p. 104-20, esp. p. 117-20.

(Tos. Yadaim 2.19). Ao dizer que as Escrituras tornam as mãos impuras, os rabinos as protegiam de tratamento descuidado e irreverente, pois é óbvio que desse modo ninguém as manusearia de modo displicente, uma vez que todas as vezes que o fizesse seria obrigado a lavar as mãos posteriormente.[9]

Os livros do Antigo Testamento, diferentemente disso, tornam as mãos realmente impuras, isto é, são livros canônicos. Na realidade, Paulo refere-se ao Antigo Testamento, que considera inspirado, como escritos "sagrados" (2Tm 3.15).

Livros do período profético

Josefo, em seu *Contra Apion* 1.8, afirma:

> De Artaxerxes até o nosso tempo, tudo foi registrado, mas não foi julgado digno de igual crédito com o que o precedeu, porque a sucessão exata dos profetas cessou. Mas a fé por nós depositada em nossos próprios escritos fica evidente por nossa conduta; isso porque, depois de tanto tempo já passado, ninguém ousou acrescentar nada a eles, ou deles tirar alguma coisa, ou mudar algo.

Em outras palavras, somente os livros escritos de Moisés a Malaquias, na sucessão dos profetas hebreus, eram considerados canônicos. Essa declaração está de acordo com o Talmude (Seder Olam Rabba 30), que diz: "Até este ponto [o tempo de Alexandre, o Grande], os profetas profetizaram pelo Espírito Santo; deste tempo em diante, inclina teu ouvido e ouve os dizeres dos sábios".

Roger Beckwith cita as seguintes declarações rabínicas sobre a cessação da profecia:

> "Com a morte de Ageu, Zacarias e Malaquias, os profetas posteriores, o Espírito Santo abandonou Israel" (Tos. Soṭah 13.2: baraita in Bab. Yoma 9b, Bab. Soṭah 48b e Bab. Sanhedrin 11a).

> "Até então [a vinda de Alexandre, o Grande, e o fim do Império Persa], os profetas profetizavam por meio do Espírito Santo. Daí em diante, 'inclina teu ouvido e ouve as palavras dos sábios'" (Seder Olam Rabbah 30, citando Pv 22.17).

> "O rabino Samuel bar Inia afirmou, em nome de Rab Aha: 'Faltavam no Segundo Templo cinco coisas que o Primeiro Templo possuía, a saber, o fogo,

---

[9] Beckwith, p. 280.

a Arca, o Urim e o Tumim, o óleo da unção e o Espírito Santo [da profecia]'" (Jer. Taanith 2.1; Jer. Makkoth 2.4-8; Bab. Yoma 21b).

"Rabbi Abdimi de Haifa afirmou: 'Desde o dia em que o Templo foi destruído, a profecia foi tirada dos profetas e entregue aos sábios'" (Bab. Baba Bathra 12a).

"Rabbi Johanan afirmou: 'Desde que o Templo foi destruído, a profecia foi tirada dos profetas e entregue aos tolos e às crianças'" (Bab. Baba Bathra12b).[10]

"Em cada uma dessas cinco passagens", observa Beckwith, "há uma era em vista, que é apresentada de diferentes maneiras como a morte de Ageu, Zacarias e Malaquias, o fim do Império Persa, a destruição do Primeiro Templo ou a transição do Primeiro para o Segundo Templo".[11] Desse modo, se um livro fosse escrito depois do período profético, não era considerado canônico. Se fosse escrito dentro do período canônico, na sucessão dos profetas hebreus, era canônico.

Em suma, o que mais tarde foi chamado de escritos canônicos foi considerado pelos judeus aqueles escritos sagrados e imbuídos de autoridade dos profetas hebreus de Moisés a Malaquias. Esses escritos eram tão sagrados que foram preservados na Arca da Aliança no interior do Templo. Tocar nesses escritos sagrados significava tornar as mãos impuras; violá-los significava tornar a própria vida impura. O cânon hebraico, portanto, era essa coleção de escritos que, por serem dotados de inspiração e de autoridade divinas, constituíam a norma ou regra para a fé e a conduta do fiel.

Vários outros títulos

Vários outros títulos foram atribuídos ao cânon do Antigo Testamento no século 1 d.C. Beckwith arrola 28 deles no mínimo, e não no máximo, quando escreve:

> A coleção é chamada (*i*) "a Lei dos Profetas e de Outros que seguiram em seus passos", (*ii*) "a Lei e Outros Livros Ancestrais", (*iii*) "a Lei e as Profecias e o Restante dos Livros", (*iv*) "a Lei de Moisés, os Profetas e os Salmos", (*v*) "as Leis e os Oráculos dados por inspiração por meio dos Profetas e os Salmos", (*vi*) "a Lei e os Profetas", (*vii*) "Moisés e os Profetas", (*viii*) "as Leis e os Registros que as acompanham", (*ix*) "a Lei", (*x*) "as Escrituras (Mais) Sagradas", (*xi*) "as

---

[10] Beckwith, p. 370.
[11] Ibidem.

Escrituras depositadas no Templo", (*xii*), "as Escrituras", (*xiii*) "Escritura", (*xiv*) "os Livros (Mais) Sagrados", (*xv*) "o Livro de Deus", (*xvi*) "os Registros (Mais) Sagrados", (*xvii*) "os Registros", (*xviii*), "o Registro", (*xix*), "os Oráculos Mais Sagrados", (*xx*), "os Oráculos Divinos", (*xxi*) "os Oráculos Inspirados", (*xxii*), "os Oráculos Escritos", (*xxiii*), "os Oráculos do ensino de Deus", (*xxiv*) "os Oráculos de Deus", (*xxv*) "os Oráculos", (*xxvi*) "a Palavra Santa", (*xxvii*) "a Palavra Divina", (*xxviii*) "a Palavra Profética".[12]

A DETERMINAÇÃO DA CANONICIDADE

Num sentido real, Cristo é a chave da inspiração e da canonização das Escrituras. Foi ele quem confirmou a inspiração do cânon hebraico do Antigo Testamento; e foi ele quem prometeu que o Espírito Santo guiaria os apóstolos a toda a verdade. O cumprimento dessa promessa resultou na redação e na coleção do Novo Testamento. Conforme afirma Carl F. H. Henry,

> Jesus modificou a visão judaica dominante das Escrituras de diversas maneiras: (1) ele sujeitou a autoridade da tradição à autoridade superior e normativa do Antigo Testamento; (2) ele enfatizou que era ele quem havia cumprido a promessa messiânica dos escritos inspirados; (3) ele reivindicava para si mesmo uma autoridade que não ficava abaixo daquela do Antigo Testamento e expôs definitivamente o significado interno da Lei; (4) ele inaugurou uma nova aliança, ampliando o poder moral do Espírito Santo como uma realidade interna; (5) ele encarregou seus apóstolos de ampliar e completar o cânon do Antigo Testamento por meio da proclamação da interpretação dada pelo Espírito de sua vida e obra. Ao mesmo tempo, ele se identificou totalmente com a autoridade da revelação de Moisés e dos profetas, isto é, com o Antigo Testamento como cânon literário inspirado, insistindo que a Escritura é sagrada, imbuída de autoridade e de validade permanente, e que a verdade revelada de Deus é comunicada em seus ensinamentos.[13]

O ministério contínuo do Espírito Santo na vida e na obra dos autores do Novo Testamento manifesta-se de diversas maneiras, conforme já foi indicado (cap. 7). Uma vez que se compreenda o significado de canonicidade, é preciso entender

---

[12] Beckwith, p. 105.
[13] Carl F. H. Henry. *God, revelation and authority*, vol. 3: *God who speaks and shows: fifteen theses, Part Two*, p. 47.

como foi que os livros da Bíblia receberam essa canonicidade. Para isso, serão analisadas várias perspectivas inadequadas da canonicidade com o objetivo de identificar de que maneira elas são insuficientes para explicar o que realmente determina a canonicidade de um livro.

Algumas visões inadequadas da canonicidade do Antigo Testamento

Foram apresentadas várias sugestões insuficientes para os critérios determinantes da canonicidade.

A idade determina a canonicidade.[14] Há quem creia que a canonicidade é determinada pela antiguidade. O argumento em geral é que, se um livro fosse antigo, teria sido venerado por causa da sua idade e colocado na valiosa coleção da literatura hebraica. Contudo, essa perspectiva evidentemente não está à altura dos fatos.

1. *Muitos livros antigos não estão no cânon.* Que a antiguidade não determina a canonicidade fica claro pelo fato de que numerosos livros, muitos dos quais mais antigos do que alguns livros canônicos, não pertencem ao cânon: "o livro das Guerras do Senhor" é mencionado em Números 21.14, e "o livro de Jasar", em Josué 10.13,[15] porém nenhum dos dois pertence ao cânon.

2. *Muitos livros novos foram postos no cânon.* A maior parte dos livros canônicos, se não todos, foi acolhida no cânon pouco depois de os livros serem escritos. Os escritos de Moisés foram colocados ao lado da Arca quando ele ainda estava vivo (Dt 31.24-26). Daniel, contemporâneo mais jovem de Jeremias, aceitou a canonicidade do livro do profeta (Dn 9.2), e Ezequiel, outro contemporâneo, fez referência ao profeta Daniel (Ez 28.3). No Novo Testamento, Pedro tinha uma coleção dos livros de Paulo e os considerava Escrituras (2Pe 3.15,16). Uma vez que muitos livros antigos não foram aceitos no cânon, e muitos livros novos foram incluídos, a idade não poderia ter sido o fator determinante de canonicidade.

---

[14] Veja W. H. Green, *General introduction to the Old Testament: the canon*, p. 34. Ele cita Wildeboer, que defende essa posição, e Hitzig, para quem a língua hebraica constitui o teste de canonicidade (p. 29).

[15] Para uma lista mais completa de livros não bíblicos no Antigo Testamento, veja o cap. 15.

A língua hebraica determina a canonicidade. Também já foi falado que a língua hebraica é a chave da canonicidade do Antigo Testamento. Se um livro fosse escrito na língua "sagrada" dos judeus, teria o seu lugar nas Escrituras Sagradas, do contrário teria sido rejeitado. Essa posição peca em dois aspectos.

1. *Muitos livros na língua hebraica não fazem parte do cânon.* A maior parte dos livros escritos pelos hebreus foi redigida, obviamente, em hebraico, mas nem todos os livros foram aceitos no cânon. Embora alguns deles já existissem em língua hebraica no tempo do reconhecimento das Escrituras do Antigo Testamento — por exemplo, Eclesiástico e outros livros apócrifos,[16] eles não foram incluídos no cânon hebraico (veja o cap. 15).

2. *Alguns livros não foram escritos totalmente em hebraico e estão no cânon.* Partes de livros que foram incluídos no cânon judaico não foram redigidas em hebraico de modo algum, mas em aramaico. Esse fato não se aplica só a Daniel 2.4*b*—7.28, mas também a Esdras 4.8—6.18 e 7.12-26. A tese segundo a qual a língua hebraica determina a canonicidade, portanto, vem abaixo por dois motivos: alguns livros em hebraico não foram aceitos, ao passo que livros com partes escritas em outras línguas foram incluídos como canônicos.

A concordância com a Torá determina a canonicidade. Para os judeus, o critério por excelência de toda doutrina era a Torá, a Lei de Moisés. Por isso, há quem diga que toda a literatura religiosa hebraica que concordava com os ensinos da Torá era aceita no cânon, e todos os livros que discordavam dela ficavam de fora. É claro que nenhum livro que contradizia a Torá seria aceito, porque acreditava-se que a Torá era a Palavra de Deus, e nenhuma palavra subsequente de Deus poderia contradizer uma anterior. O que essa posição não leva em conta são os inúmeros livros que concordavam com a Torá, mas que não foram aceitos no cânon. Não há dúvida de que há muitos livros não canônicos do período do Antigo Testamento (veja o cap. 15) que concordam com o ensinamento da Torá, mas jamais foram considerados canônicos.[17]

---

[16] Alguns dos livros apócrifos encontrados entre os Manuscritos do Mar Morto foram escritos em hebraico; por exemplo, Tobias, o apócrifo de Daniel e o livro de Jubileus. Cf. Menahem Mansoor, *The Dead Sea Scrolls*, p. 203.

[17] A carta escrita pelo profeta Elias não é um exemplo de escrito não canônico porque seu conteúdo está registrado em 2Crônicas 21.12-15.

Semaías, o profeta, e outros mantinham "registros" que, sem dúvida, estavam de acordo com a Torá (2Cr 12.15), contudo não fazem parte do cânon. A simples concordância com a Torá, ou revelação prévia, não é suficiente. Os judeus certamente acreditavam que o Talmude e o Midrash (veja o cap. 27) concordavam com a Torá, mas nem por isso achavam que eram canônicos. Além disso, essa visão não leva em conta a maneira pela qual a própria Torá passou a ser considerada canônica. Não havia escritos antes da época da Torá pelos quais sua canonicidade pudesse ser julgada.

O valor religioso determina a canonicidade. Há ainda outra visão que merece ser analisada, a de que o valor religioso de determinado livro era o fator determinante de sua inclusão no cânon. É praticamente redundante dizer que um livro seria rejeitado se não tivesse algum valor espiritual ou religioso, porque o cânon era de caráter religioso, e somente um livro de valor religioso seria aceito como parte dele. O erro dessa visão é semelhante ao da visão anterior, isto é, não leva em consideração que há muitos livros de valor religioso que não foram incluídos nem nas coleções do Antigo nem nas do Novo Testamento. Qualquer leitura honesta e objetiva dos Apócrifos mostrará muito material de valor religioso (cf. Eclesiástico). Além disso, mesmo que se admita que um livro foi incluído por causa do seu valor religioso, isso não explica de forma alguma *como recebeu esse valor*. A pergunta que deve ser feita é a seguinte: como (ou da parte de quem) os livros de valor espiritual que concordavam com a Torá (e com as revelações anteriores de Deus) recebem, antes de mais nada, sua verdade tão valiosa? Ou, a propósito, de onde a revelação anterior da Torá recebe sua verdade e autoridade?

A comunidade religiosa determina a canonicidade. Segundo essa posição, a determinação final de canonicidade consiste em sua aceitação pela comunidade de crentes. Um livro, portanto, será canônico porque foi coletado e preservado pela comunidade dos crentes. Conforme afirma Paul J. Achtemeier,

> Outra implicação da natureza das Escrituras, conforme indicamos, consiste em compreender que elas têm sido elaboradas com base na experiência de uma comunidade à medida que procurava compreender um Deus cuja natureza era totalmente além das percepções humanas e que, portanto, agia de maneiras inexplicáveis para os padrões sociais e políticos da época. As Escrituras refletem não somente a palavra de Deus para a comunidade, mas também a resposta dela, tanto negativa quanto positiva, a essa palavra. As Escrituras não caíram

do céu como uma pedra. Elas brotaram da vida da comunidade escolhida por um Deus que ela mal compreendia e que, com frequência, não queria segui-lo, mas que não deixava seu povo por conta das próprias inclinações.[18]

Há inúmeras objeções sérias a essa posição. Em primeiro lugar, um livro não é a Palavra de Deus porque é aceito pelo povo de Deus. Pelo contrário, foi aceito pelo povo de Deus porque é a Palavra de Deus. Isto é, Deus, e não seu povo, dá ao livro sua autoridade divina. O povo simplesmente reconhece a autoridade divina que Deus lhe confere. Além disso, essa posição muda o "*locus* de autoridade" de Deus para o homem, do divino para o humano. Portanto, a autoridade divina das Escrituras é determinada pelo homem. Por fim, a aceitação final de um livro pela igreja de Deus por vezes só acontecia depois de muitas gerações, até mesmo séculos. Contudo, de acordo com essa visão, um livro não teria autoridade canônica, mesmo que viesse de Deus, enquanto o povo de Deus não lhe conferisse autoridade. Isso, porém, é obviamente falso. Porque, se Deus proferiu as palavras de um livro por meio de um profeta, disso se segue que sua autoridade era imediata, mesmo que o povo de Deus não a reconhecesse imediatamente.

Um erro comum às visões inadequadas da canonicidade

Por trás de todas as visões insuficientes do que determinou a canonicidade há uma deficiência: não se faz distinção entre *determinação* e *reconhecimento* da canonicidade.

A canonicidade é determinada por Deus. Na verdade, um livro canônico é verdadeiro e de grande importância porque Deus o inspirou. Isto é, a canonicidade é determinada ou fixada categoricamente por uma autoridade, e a autoridade foi concedida aos livros por Deus por meio da inspiração. A questão, na realidade, não é onde determinado livro recebeu sua autoridade divina, porque ela só pode vir de Deus, e sim como os homens reconheceram essa autoridade.

A canonicidade é reconhecida por homens de Deus. A inspiração determina a canonicidade. Se um livro estava imbuído de autoridade, isso ocorreu porque Deus o expirou e lhe concedeu essa autoridade. Portanto, como um livro *recebeu* autoridade é determinado por Deus. Como os homens *reconhecem* essa autoridade

---

[18] Paul J. Achtemeier, *The inspiration of Scripture: problems and proposals*, p. 90-1. Essa proposta se opõe à ideia de revelação como "desvelamento", e não "descoberta", conforme discutido no cap. 2. Veja tb. a análise no cap. 13.

é uma questão muito diferente (veja a análise no cap. 13). Conforme J. I. Packer observa, "Não foi a igreja que nos deu o Novo Testamento, assim como não foi Newton que nos deu a força da gravidade. Deus nos deu a gravidade por meio de sua obra de criação e, de igual modo, ele nos deu o cânon do Novo Testamento ao inspirar os livros que o constituem".[19]

Uma visão mais adequada da canonicidade

Na verdade, a canonicidade é determinada por Deus. Em outras palavras, a razão pela qual há apenas 66 livros no cânon se deve ao fato de que Deus inspirou apenas esses. Somente 66 livros foram identificados com o selo da autoridade divina, porque Deus selou somente esses, ou investiu esse número determinado com autoridade para a fé e a prática.

Um livro é importante porque é canônico. Determinado livro não é canônico porque foi considerado um livro importante. Pelo contrário, descobriu-se que ele é importante porque sua canonicidade foi determinada por Deus. Em outras palavras, um livro não é inspirado porque é inspirador; é inspirador porque é inspirado.

Um livro é canônico porque é inspirado. Edward J. Young apresenta a visão correta, a de que a *inspiração determina a canonicidade*, quando escreve:

> Quando a Palavra de Deus foi escrita, ela se tornou Escritura e, visto que havia sido proferida por Deus, tinha autoridade total. Uma vez que era a Palavra de Deus, era canônica. O que determina a canonicidade de um livro, portanto, é o fato de que o livro foi inspirado por Deus. Portanto, é preciso fazer uma distinção necessária entre a autoridade do Antigo Testamento como divinamente inspirado e o reconhecimento dessa autoridade por parte de Israel.[20]

Embora a análise de Young se concentre sobretudo no Antigo Testamento, os princípios também são aplicáveis ao Novo Testamento.

Em suma, um livro é canônico se for profético, isto é, se tiver sido escrito por um profeta de Deus. Em outras palavras, *o caráter profético determina a canonicidade*. É claro que não era necessário pertencer à escola de profetas inaugurada por Samuel (1Sm 19.20) ou ser discípulo ("filho") de um profeta

---

[19] J. I. Packer, *God speaks to man*, p. 81.
[20] Edward J. Young, "The canon of the Old Testament", in: Carl F. H. Henry, org., *Revelation and the Bible*, p. 156.

(2Rs 2.3). Bastava que alguém tivesse um dom profético como Amós (7.14) ou Daniel (7.1) o tinham. O profeta era o porta-voz de Deus. Era com ele que Deus falava em visões, sonhos e de maneiras variadas. Até mesmo reis como Davi (2Sm 23.1,2) e Salomão (1Rs 9.2) foram profetas nesse sentido. Era preciso ter dons proféticos para escrever as Escrituras canônicas, porque toda escrita inspirada é "profética" (Hb 1.1; 2Pe 1.19,20).

Análise da canonicidade

Os autores eram apóstolos ou profetas

O mesmo princípio aplica-se ao Novo Testamento: *o caráter profético determina a canonicidade*. A igreja é "edificada sobre o fundamento dos apóstolos e dos profetas" (Ef 2.20). Os apóstolos, já pelo ofício que exercem, eram porta-vozes autorizados por Deus. Foi a eles que Jesus prometeu: "O Espírito Santo [...] vos ensinará todas as coisas e vos fará lembrar de tudo o que vos tenho dito" (Jo 14.26) e "o Espírito da verdade [...] vos conduzirá a toda a verdade" (Jo 16.13). Foi o "ensino dos apóstolos", no qual a igreja primitiva persistiu (At 2.42), e aos apóstolos foram concedidos sinais especiais (milagres) para confirmar sua mensagem (Hb 2.3,4). Esses sinais de confirmação foram dados a outros apóstolos, e não apenas aos Doze, como o apóstolo Paulo, que tinha "os sinais de um verdadeiro apóstolo" (2Co 12.12). Havia também o dom da profecia (1Co 12.10). Alguns "profetas", como Ágabo, transmitiam até mesmo mensagens de Deus aos apóstolos (At 11.27,28). O apóstolo João considerava-se um dos "profetas" (Ap 22.9). Portanto, tanto no Novo quanto no Antigo Testamentos, o que determinava a canonicidade de um livro era seu caráter profético.

Todos os livros do Novo Testamento foram escritos por um apóstolo ou profeta. Desse modo, cada livro tem *autoria* apostólica ou *ensino* apostólico. Em ambos os casos, têm autoridade apostólica. Mateus era apóstolo. Marcos é tido por muitos como o "Evangelho de Pedro", porque seu autor tinha um relacionamento muito próximo com o apóstolo Pedro (1Pe 5.13). Apesar desse relacionamento, Marcos tinha um ministério próprio concedido por Deus (At 12.25; 2Tm 4.11). O autor de Lucas era colaborador do apóstolo Paulo (Cl 4.14; Fm 24). Lucas também escreveu o livro de Atos (1.1). João foi apóstolo. Ele escreveu o Evangelho de João, três cartas que levam seu nome e Apocalipse (Ap 1.4,9). Paulo escreveu pelo menos as treze cartas que levam seu nome (Romanos a Filemom). Não se sabe ao certo quem foi o autor de Hebreus. Contudo, quem quer que tenha sido, recebeu a revelação de Deus (Hb 1.1), cuja verdade foi confirmada pelos doze apóstolos (Hb 2.3,4). Tiago era meio-irmão de Jesus (Tg 1.1; Gl 1.19) e líder na igreja apostólica de Jerusalém (At 15.13; Gl 2.9). O apóstolo Pedro é autor de duas cartas (veja 1Pe 1.1; 2Pe 2.1), embora tenha recorrido a Silvano, um escriba, para a redação da primeira carta (1Pe 5.12). Com isso, sobra apenas Judas, que também era meio-irmão de Jesus (Jd 1; cf. Mt 13.55), e que também falou com autoridade profética (v. 3,5,20ss.).

Há boas evidências de que todos os 27 livros do Novo Testamento são de autoria dos apóstolos e de seus colaboradores. Na verdade, até mesmo alguns estudiosos liberais insistem agora numa data apostólica muito antiga para os livros do Novo Testamento. O bispo John A. T. Robinson, pai do movimento conhecido como "Morte de Deus", concluiu mais recentemente que "todos os vários tipos de literatura do início da igreja [...] vieram à tona mais ou menos ao mesmo tempo, entre os anos 40 e 70".[21] O renomado arqueólogo William F. Albright chegou à mesma conclusão ao dizer que "todo livro do Novo Testamento foi escrito por um judeu batizado entre os anos 40 e 80 do século 1 d.C. (muito provavelmente, em algum momento entre os anos 50 e 75 d.C.)".[22] Jesus morreu em 33 d.C.,[23] portanto o Novo Testamento foi escrito durante a vida dos apóstolos e de testemunhas oculares (veja Lc 1.1-4; 1Co 15.6).

Muitas evidências confirmam que todos os livros do Novo Testamento são apostólicos ou proféticos. Resta saber se todos os livros apostólicos se encontram no Novo Testamento. Há dois livros em particular que suscitam dúvidas: a chamada Carta aos Laodicenses (Cl 4.16) e uma Carta aos Coríntios que alguns acreditam ter sido escrita antes de 1Coríntios (veja 1Co 5.9). Esses livros apresentam um problema no tocante à canonicidade porque eram ambos proféticos e, supostamente, não fazem parte do cânon. Se o caráter profético de um livro é a chave da sua canonicidade, como é possível que alguns desses livros proféticos (ou apostólicos) não estejam no cânon? Há duas respostas básicas para essa indagação.

Em primeiro lugar, é possível que esses livros não fossem proféticos, porque, além de seus escritos imbuídos de autoridade divina, os profetas e apóstolos tinham uma correspondência privada ou pessoal. É possível até que tivessem listas de compras, itinerários de viagens e coisas parecidas. Esses itens não eram

---

[21] John A. T. Robinson, *Redating the New Testament*, p. 352.
[22] William F. Albright, "Toward a more conservative view", p. 3 (359).
[23] Veja Harold Hoehner, *Chronological aspects of the life of Christ*, p. 114.

inspirados. Semaías, o profeta, e Ido, o vidente, tinham alguns "registros" (2Cr 12.15) que provavelmente não eram inspirados. Parece haver dois elementos centrais para averiguar se o escrito de alguém (que era profeta) era profético. Em primeiro lugar, era preciso que fosse um escrito *público*, e não um escrito estritamente particular. Isto é, ele tinha de ser apresentado ao povo de Deus em vez de permanecer apenas como registro particular. Por exemplo, dos 3.000 provérbios de Salomão, e dos 1.005 cânticos, somente os que foram apresentados publicamente pelo autor tiveram sua autoridade imediatamente reconhecida (veja a análise no cap. 13). Em segundo lugar, era preciso que *ensinasse* algo ao povo de Deus. Em suma, era preciso que fosse uma palavra de Deus para o povo de Deus. Até mesmo as chamadas cartas particulares de Paulo (1 e 2Timóteo, Tito e Filemon) encaixam-se nesses critérios, assim como 2 e 3João, que muitos creem ter sido dirigidas a pessoas. Todos esses livros contêm instruções escritas a líderes de igrejas, e os livros, obviamente, foram propagados e colecionados pelas igrejas. Do contrário, não fariam parte da Bíblia ao longo dos séculos. A Bíblia não garante que tudo o que um profeta *afirma* ou *escreve* é de Deus, mas somente o que ele ensina como verdade de Deus é realmente de Deus. Em suma, um profeta não é infalível em seus pronunciamentos *privados*, mas somente em seus pronunciamentos *proféticos*. Portanto, é possível que os profetas tenham escrito outras coisas que não eram proféticas.

Em segundo lugar, é possível que um livro possa ser profético e ainda assim não ser canônico. Pois, embora todos os escritos canônicos sejam proféticos, é possível que nem todos os escritos proféticos sejam canônicos. Isto é, talvez Deus não quisesse que todos os livros proféticos fossem preservados para a posteridade, mas somente aqueles poucos que ele considerava necessários para a fé e a prática do crente. Se assim for, então o caráter profético de um livro é somente uma condição *necessária*, mas não *suficiente*. Nesse caso, haveria outra condição para a canonicidade. O candidato mais provável para essa condição complementar seria a *aceitação pelo povo de Deus* dos livros que consideravam de valor para uma comunidade cristã mais ampla. Essa perspectiva, porém, significaria que há (ou poderia haver) livros que são palavras inspiradas de Deus, mas que não fazem parte da Palavra Inspirada de Deus. Isso não é apenas improvável, mas também desnecessário.

Há outra possibilidade mais plausível: é possível que *todos* os livros proféticos estejam no cânon. Isto é, é possível que nenhum livro profético tenha sido deixado de fora dele. Há explicações plausíveis para os únicos livros conhecidos que são aparentes exceções a esse princípio, conforme mostra a análise que se segue.

1. A "*Carta* [...] *de Elias*" (2Cr 21.12-15). Trata-se de uma exortação profética pública. Portanto, tinha autoridade divina e, por isso, cumpria as condições para ser incluída no cânon. Na realidade, a carta está no cânon. Ela foi incluída como parte do texto em 2Crônicas 21.12-15. Como está no cânon, não apresenta dificuldade alguma.

2. "*Os relatos de Semaías, o profeta*" (2Cr 12.15). Esse livro foi definitivamente escrito por um profeta, e parece certo que não seja idêntico a qualquer um dos livros que constam no Antigo Testamento. Contudo, é possível que o livro, embora escrito por um profeta, não seja profético. Ele é chamado de "relato". Talvez fosse apenas um rolo com genealogias sem nenhuma instrução ou exortação religiosa declarada. Nesse sentido, ele é diferente dos livros canônicos de Crônicas, nos quais até mesmo as seções genealógicas contêm instruções religiosas e o material salvífico, como a linhagem messiânica (veja 1Cr 5.25; 9.1,22).

3. "*As crônicas de Samuel* [...] *de Natã, o profeta* [...] *e de Gade, o vidente*" (1Cr 29.29). Esses livros correspondem a 1 e 2Samuel em seu conteúdo e cobertura. Portanto, se o conteúdo deles for profético, é possível que estejam contidos nos livros canônicos de 1 e 2Samuel. Por outro lado, podem ter sido meros relatos não inspirados preservados por esses funcionários públicos e usados posteriormente como base factual para os livros inspirados de Samuel.

4. "*A visão de Isaías, o profeta*" (2Cr 32.32). Esse é um escrito inspirado, mas é provavelmente o mesmo livro canônico de Isaías, que foi incluído num *corpus* mais amplo conhecido como "o Livro dos Reis de Judá e de Israel" (v. 32; veja tb. 33.18).[24]

5. *Os "muitos" relatos referidos por Lucas*. Lucas afirmou: "Muitos têm empreendido compilar um relato" da vida de Jesus (Lc 1.1). Há duas explicações possíveis para esse comentário. Em primeiro lugar, se Mateus e Marcos (e até João) escreveram antes de Lucas, estes podem ter sido os "muitos" outros a quem Lucas se refere. O termo grego "muitos" (*polloi*) pode

---

[24] Veja Keil; Delitzsch, *Biblical commentary of the Old Testament, The books of the Chronicles*, 7.28-38.

significar somente dois ou três. Por outro lado, mesmo que estejam em vista aqui relatos de outros Evangelhos, essas outras narrativas talvez não tenham sido proféticas. Em outras palavras, é possível que não tenham sido apresentadas por um profeta autorizado como mensagem de Deus para seu povo. Portanto, como não eram proféticos por natureza, não seriam candidatos à inclusão no cânon das Escrituras.

6. *O postulado "verdadeiro" 1Coríntios* (1Co 5.9). Esse livro representa uma ameaça muito mais séria à teoria de que os escritos realmente proféticos se encontram no atual cânon das Escrituras. Porque foi definitivamente escrito por um apóstolo autorizado (Paulo) e contém instrução e exortação religiosa (1Co 5.9-13). Portanto, ou esse postulado "verdadeiro" 1Coríntios precisa estar incluído em um dos livros da Bíblia, ou então a teoria vem abaixo. Há duas possibilidades de identificação do livro ao qual Paulo se refere com um livro existente na Bíblia. Em primeiro lugar, ele pode estar se referindo à parte atual de 2Coríntios (e.g., os caps. 10–13), que foi posta juntamente com outra parte de sua correspondência com os coríntios numa data posterior. Os capítulos 1–9 de 2Coríntios são efetivamente diferentes no tom do restante do livro atual (caps. 10–13), o que poderia indicar que foi escrito primeiramente numa ocasião diferente.

Em segundo lugar, há também a possibilidade de que Paulo esteja se referindo a 1Coríntios em 1Coríntios 5.9, isto é, ao livro que estava efetivamente escrevendo na época. É verdade que ele usa um tempo no aoristo aqui, que pode ser traduzido por "escrevi", identificando, assim, alguma carta anterior. Contudo, o aoristo é um tempo verbal que pode referir-se ao livro que ele tem em mãos. Esse artifício é conhecido como "aoristo epistolar", porque se refere à carta em questão em que está sendo usado. Embora o aoristo possa ser traduzido por "escrevi", esse tempo verbal grego não é exatamente um tempo passado. O aoristo grego refere-se sobretudo ao *tipo* de ação, e não ao *tempo* da ação a que se refere. Identifica uma ação concluída que pode até exigir um tempo maior para ser realizada (cf. Jo 2.20). Portanto, Paulo poderia dizer algo mais ou menos assim: "Agora estou realmente escrevendo para vocês". Isso certamente daria conta da urgência de sua mensagem nesse contexto. Além disso, o mesmo uso epistolar do aoristo aparece em outro lugar dessa mesma carta (1Co 9.15). Não bastasse isso, não há indicação alguma nos primórdios da história da igreja de que essa carta tenha existido (sem levar em consideração a atual 1Coríntios). A referência aos inimigos de Paulo em 2Coríntios 10.10 não deve necessariamente ser entendida como se ele tivesse escrito efetivamente muitas outras cartas a eles. Pode ser que signifique nada mais que "o que Paulo escreve tem peso". O "agora" (KJV) de 1Coríntios 5.11 não precisa se referir necessariamente a uma carta posterior. Pode-se traduzi-lo por "pelo contrário" (RSV) ou "na verdade" (NASB). Em suma, não é necessário tomar 1Coríntios 5.9 como referência a qualquer outra carta, senão à própria 1Coríntios, que está no cânon.

7. *A Carta aos Laodicenses* (Cl 4.16). Essa carta é outro livro de autoridade reconhecida. É evidente, com base nos fatos nela descritos, que foi redigida por um apóstolo que prescrevia sua leitura e circulação entre as igrejas (Cl 4.16). Portanto, se esse livro a Laodiceia não fosse um dos 27 livros atuais que compõem o Novo Testamento, teríamos com isso que um livro verdadeiramente apostólico teria sido excluído do cânon. E, se assim fosse, seria preciso rejeitar a interpretação segundo a qual todos os livros proféticos estão no cânon. Contudo, não há necessidade de chegar a essa conclusão. É bem possível que essa carta seja realmente o livro de Efésios. As seguintes evidências servirão de apoio a essa tese: (1) O texto não se refere a ela como Carta *dos* Laodicenses. Pelo contrário, ela é chamada de "carta que *vem* de Laodiceia", não importa que nome tenha recebido. (2) Sabe-se que Paulo escreveu Efésios ao mesmo tempo que escreveu Colossenses e a enviou a outra igreja na mesma região. (3) Há evidências de que Efésios não tinha essa designação no primeiro momento; antes, tratava-se de um tipo de carta circular destinada às igrejas da Ásia Menor em geral. Aliás, alguns manuscritos antigos não trazem a expressão "em Éfeso" (Ef 1.1). Sem dúvida, é estranho que Paulo, que passou três anos ministrando aos efésios (At 20.31), não faça nenhuma saudação pessoal no livro, se tivesse sido destinada exclusivamente a eles. Paulo fez inúmeras saudações pessoais em Romanos (cap. 16) e jamais ministrou ali antes de escrever aquela carta. Considerando todos esses fatores, faz sentido concluir que a carta conhecida como carta a Laodiceia seja, provavelmente, o livro

canônico de Efésios. Acrescente-se a isso o fato de que não há nenhuma referência à "Carta dos Laodicenses" nos escritos da igreja antiga e do argumento convincente de que esse livro apostólico não está ausente do cânon do Novo Testamento. Se assim for, então é possível que não só os livros canônicos sejam todos proféticos, como também que todos os livros proféticos estão no cânon.

O cânon está fechado

Essa declaração suscita uma indagação interessante: "E *se* um livro verdadeiramente profético ou apostólico fosse descoberto hoje: pertenceria ao cânon?". É claro que se trata de uma pergunta simplesmente hipotética, portanto a resposta também é hipotética apenas. No entanto, a pergunta é interessante e trata de uma questão importante ainda não enfatizada: *a providência divina*. Parece altamente improvável que Deus tivesse inspirado um livro que ele não preservasse. Por que ele daria uma revelação à igreja, mas não proporcionaria sua preservação? É compreensível que Deus concedesse direção especial a algumas pessoas e que não tenha julgado necessário fazê-lo ao corpo dos crentes em geral. Contudo, dar instrução na fé cristã por meio de uma revelação que ele não preservou para outros é uma questão totalmente diferente. Talvez pudéssemos reformular a questão da seguinte forma: o cânon da Bíblia está fechado? A isso pode-se responder que o cânon está fechado teológica e historicamente e que está aberto apenas hipoteticamente.

Teologicamente, o cânon está fechado. Deus inspirou somente um número limitado de livros, que foram, todos eles, concluídos até o final do período apostólico (séc. 1 d.C.). Deus costumava falar pelos profetas do Antigo Testamento, mas nos "últimos dias" falou por meio de Cristo (Hb 1.1) e pelos apóstolos a quem capacitou para realizar "sinais" especiais (milagres). Contudo, como a era apostólica terminou com a morte dos apóstolos (At 1.22), e como ninguém desde os tempos apostólicos apresentou os "sinais de um verdadeiro apóstolo" (2Co 12.12) pelos quais pudesse ressuscitar os mortos (At 20.10-12) e realizar outros feitos sobrenaturais incomparáveis (At 3.1-10; 28.8,9), pode-se concluir que a revelação de Deus do "último dia" está completa (veja At 2.16-18). Isso não significa que as *visitações* de Deus tenham encerrado, visto que ainda há muitas outras coisas que precisam ser cumpridas (veja At 2.19,20). Tampouco significa que não haverá nenhum novo *entendimento* da verdade divina depois do século 1. Significa simplesmente que não há *nenhuma nova revelação* para a igreja. Na verdade, isso não implica necessariamente que não tenha havido milagres desde o século 1. Atos sobrenaturais serão possíveis enquanto houver um ser sobrenatural (Deus). Não se trata do *fato* de que milagres cessaram com os apóstolos, mas da *dotação* especial de realizar milagres que um profeta ou apóstolo tinha, a ponto de poder declarar, assim como Moisés, Elias, Pedro ou Paulo, que tinha uma nova revelação de Deus. Um profeta ou apóstolo como esses poderia respaldar sua declaração dividindo o mar, fazendo descer fogo do céu ou ressuscitando os mortos. Tratava-se de dons especiais concedidos aos profetas (apóstolos) e que estão ausentes dos que não receberam uma nova revelação (At 2.22; Hb 2.3,4).

Historicamente, o cânon está fechado, pois não há evidência alguma de que esse dom especial de realizar milagres tenha existido após a morte dos apóstolos. Os sucessores imediatos dos apóstolos não reivindicavam uma nova revelação, como tampouco reivindicavam esses dons especiais de confirmação. Na verdade, eles entendiam a revelação apostólica como algo concluído e final (veja os caps. 6, 16–17). Com o surgimento de novas seitas desde o tempo dos apóstolos, seus líderes têm reivindicado o apostolado para que seus livros ganhem reconhecimento. Historicamente, o cânon está fechado e compreende os 27 livros escritos no período apostólico. Estes são e sempre foram os únicos livros do cânon em todos os séculos desde então. Nenhum outro livro não apostólico foi aceito desde os primeiros séculos, e nenhum livro novo escrito pelos apóstolos veio à tona. Em sua providência, Deus guiou a igreja na preservação de todos os livros canônicos.

Os livros canônicos são aqueles *necessários* para a fé e a prática dos crentes de todas as gerações. Parece altamente improvável que Deus inspirasse um livro no século 1 que fosse necessário à fé e à prática e, em seguida, permitisse que ele se perdesse durante quase dois mil anos. Do ponto de vista providencial e histórico, o cânon está fechado há cerca de dois mil anos.

Hipoteticamente, o cânon poderia estar aberto. É teoricamente possível que um livro escrito por um apóstolo ou profeta autorizado do século 1 ainda seja encontrado. E *se* esse livro profético fosse encontrado? A resposta a essa pergunta dependerá de serem canônicos ou não *todos* os livros proféticos. Se forem, conforme tem sido argumentado, então esse livro canônico descoberto recentemente deverá ser acrescentado ao cânon. Isso, porém, é improvável por dois motivos. Em primeiro lugar, é *historicamente improvável* que um livro novo como esse destinado à fé e à prática de todos os crentes, mas desconhecido deles durante dois mil anos, venha subitamente à luz. Em segundo lugar, é *providencialmente improvável* que Deus tivesse inspirado, mas não preservasse durante dois milênios o que é necessário para a instrução dos crentes de todas as gerações.

Resumo e conclusão

A história do termo "cânon" indica o desenvolvimento de uma vara ou régua em sentido literal até o conceito de padrão para alguma coisa. Subsequentemente, a palavra foi aplicada à *regra de fé*, isto é, aos escritos normativos ou às Escrituras imbuídas de autoridade, que eram o padrão de fé e prática. Como esse padrão ou cânon acabou sendo determinado é objeto de alguns equívocos. Com isso em mente, o presente capítulo analisou o que determina a canonicidade de um livro. Foram apresentadas várias posições insuficientes; por exemplo, (1) a idade determinaria a canonicidade; (2) a língua hebraica a determinaria; (3) a concordância com a Torá seria decisiva; (4) o valor religioso determinaria se um livro seria ou não canônico; ou (5) a comunidade religiosa determinaria a canonicidade. Contudo, todas essas perspectivas partilham de uma mesma falha: não distinguem entre a *determinação* da canonicidade (obra de Deus) e o *reconhecimento* da canonicidade (obra dos homens). A visão bíblica é a de que a inspiração determina a canonicidade; um livro é importante porque é inspirado, e não inspirado porque os homens o julgaram importante.

Portanto, a canonicidade é determinada por Deus, e não pelo povo de Deus. A resposta simples à indagação "Por que só esses livros estão na Bíblia?" é que Deus inspirou apenas esses, nenhum outro. Se Deus tivesse proporcionado mais livros por meio de um número maior de profetas, então teríamos um cânon maior. Contudo, como o *caráter profético determina a canonicidade*, somente os livros proféticos podem ser canônicos. Além disso, é provável que na providência divina ele tenha preservado *todos* os livros proféticos. Se assim for, então não apenas todos os livros canônicos são proféticos, mas todos os livros proféticos são canônicos.

13
Descoberta e reconhecimento da canonicidade

COMO O CÂNON FOI DETERMINADO

Definição

A canonicidade é determinada por Deus. Um livro não é inspirado porque homens o tornaram canônico; ele é canônico porque Deus o inspirou. Não é a antiguidade, a autenticidade ou a comunidade religiosa que tornam um livro canônico ou imbuído de autoridade. Pelo contrário, um livro é importante porque é canônico; ele não é canônico porque é importante, ou foi considerado como tal. A inspiração determina a canonização, e a confusão nesse ponto não apenas embota o limite da autoridade, como também troca o efeito (um livro canônico) pela causa (inspiração de Deus). A canonicidade é *determinada* ou estabelecida com autoridade por Deus; ela é meramente *descoberta* pelo homem.

Distinção

A diferença entre a determinação divina e a descoberta pelo homem é fundamental para a visão correta da canonicidade, e deve ser estabelecida com cuidado. Isso pode ser feito mediante a comparação cuidadosa dos dois pontos de vista no quadro abaixo.

VISÃO INCORRETA	VISÃO CORRETA
A igreja determina o cânon	A igreja descobre o cânon
A igreja é mãe do cânon	A igreja é filha do cânon
A igreja é magistrada do cânon	A igreja é ministra do cânon
A igreja regula o cânon	A igreja reconhece o cânon
A igreja julga o cânon	A igreja testemunha acerca do cânon
A igreja é dona do cânon	A igreja é serva do cânon

Na "visão incorreta",[1] a autoridade das Escrituras baseia-se na autoridade da igreja; a visão correta é que a autoridade da igreja se encontra *na* autoridade das Escrituras. A visão incorreta coloca a igreja *acima* do cânon, ao passo que na posição adequada a igreja está *sob* o cânon. Na verdade, se no título da coluna "visão incorreta" o termo "igreja" for substituído por *Deus*, a perspectiva adequada do cânon virá à tona claramente. É Deus quem *regulou* o cânon; o homem simplesmente *reconheceu* a autoridade que Deus concedeu a ele. Deus *determinou* o cânon; o homem o *descobriu*. Louis Gaussen faz um resumo excelente dessa posição:

> Nesse caso, portanto, a igreja é serva, e não dona; é depositária, e não juíza. Ela exerce o ofício de um ministro, e não de um magistrado. [...] Ela dá testemunho, e não expede sentença judicial. Ela discerne o cânon das Escrituras, e não o estipula; ela reconheceu sua autenticidade em vez de atribuí-la. [...] A autoridade das Escrituras não está fundamentada, portanto, na autoridade da igreja: é a igreja que está baseada na autoridade das Escrituras.[2]

Como o cânon foi descoberto

A metodologia empregada

Para que o homem descobrisse que livros Deus determinou que seriam canônicos, foi preciso usar um método apropriado. Caso contrário, a lista de livros canônicos poderia variar e eles seriam identificados incorretamente. Muitos procedimentos usados no estudo do cânon do Antigo Testamento foram maculados pelo uso de métodos falaciosos. Vários desses procedimentos foram estabelecidos sucintamente por Roger Beckwith:

Há cinco falácias metodológicas específicas que viciaram até aqui boa parte do que se escreveu sobre esse tema e que merecem ser ressaltadas:

(i) não distinguir as evidências de que um livro era conhecido das evidências de que o livro era canônico;

(ii) não distinguir as discordâncias acerca do cânon entre grupos diferentes das incertezas acerca do cânon no interior desses grupos;

---

[1] Não é correto identificar essa "ideia incorreta" com a do Concílio de Trento, Vaticano I ou Vaticano II da Igreja Católica Romana. O Vaticano I estabeleceu que, para a igreja, os livros da Bíblia são "sagrados e canônicos, não porque, tendo sido cuidadosamente compostos pela mera engenhosidade humana, foram posteriormente aprovados pela sua autoridade [...] mas porque, tendo sido escritos pela inspiração do Espírito Santo, Deus é seu autor, e como tal foram entregues à igreja".

[2] Louis Gaussen, *Theopneustia*, p. 137.

(iii) não distinguir entre o acréscimo de livros ao cânon e a remoção de livros dele;
(iv) não distinguir entre o cânon que a comunidade reconheceu e usou e as visões excêntricas de indivíduos a seu respeito;
(v) não fazer uso apropriado das evidências judaicas relativas ao cânon transmitidas por mãos cristãs, seja negando suas origens judaicas, seja ignorando o meio cristão do qual procedem.[3]

Os princípios envolvidos

Não há problema algum em supor que Deus concedeu autoridade e, portanto, conferiu também autoridade à Bíblia, mas há outra indagação a ser feita, a saber: *como* o homem descobriu ou tomou consciência do que Deus fez? Como os pais da igreja sabiam quando deparavam com um livro canônico? Os próprios livros canônicos da Bíblia comumente aceitos fazem referência a muitos outros livros que não estão mais disponíveis; por exemplo, o "Livro de Jasar" (Js 10.13); "o Livro das Guerras do Senhor" (Nm 21.14). Há também os livros apócrifos e os chamados "livros perdidos" da Bíblia.[4] Como os pais da igreja sabiam que não eram inspirados? João (21.25) e Lucas (1.1) não sugerem que havia uma profusão de literatura religiosa? Não havia cartas falsas (2Ts 2.2)? Quais foram as marcas da inspiração que guiaram os pais da igreja em seu reconhecimento e coleção dos livros inspirados? Como separaram o verdadeiro do falso, e os canônicos dos apócrifos? Talvez o próprio fato de que alguns livros canônicos tenham sido, às vezes, objeto de dúvida com base em um princípio ou outro sirva de argumento tanto para o valor do princípio quanto para a prudência dos pais da igreja no reconhecimento da canonicidade. Se assim for, podemos ter certeza de que o povo de Deus realmente não incluiu livro algum que Deus queria que ficasse de fora do cânon. Na análise que se segue, são analisadas várias questões fundacionais que se acham no âmago do processo de descoberta.

O livro foi escrito por um profeta de Deus? A pergunta mais elementar que se fazia em relação a um livro era a seguinte: "*Ele é profético?*". Isso porque, conforme foi analisado no capítulo 12, o caráter profético determinava a canonicidade. Se o livro tivesse sido escrito por um porta-voz de Deus, então era a Palavra de Deus. As palavras características "e a palavra do Senhor veio

---

[3]Roger Beckwith, *The Old Testament canon of the New Testament church and its background in early Judaism*, p. 7-8.
[4]Veja a análise no cap. 12.

ao profeta", ou "o Senhor disse a", ou "Deus disse" enchem de tal forma as páginas proféticas do Antigo Testamento que se tornaram proverbiais. Essas marcas de inspiração são tão claras e sonoras nos profetas que é praticamente desnecessário assinalar a divindade de sua origem.

O profeta era o porta-voz de Deus. Sua função fica clara em razão das várias classificações dadas a ele. Era chamado de homem de Deus (1Rs 12.22), revelando que era o escolhido de Deus; um servo do Senhor (1Rs 14.18), indicando sua ocupação; um mensageiro do Senhor (Is 42.19), designando sua missão para Deus; um vidente ou observador (Is 30.10), revelando a fonte apocalíptica de sua verdade; um homem do Espírito (Os 9.7), mostrando quem o estimulava a falar; uma sentinela (Ez 3.17), manifestando sua prontidão para a realização da obra de Deus. De longe, a expressão mais comum era "profeta", ou porta-voz de Deus.

Em virtude do seu chamado, o profeta era alguém cujo sentimento era o mesmo que havia em Amós, "O Senhor Deus falou, quem não profetizará?" (Am 3.8); ou, como outro profeta que disse: "Eu não poderia fazer nada, seja coisa pequena ou grande, contra a ordem do Senhor, meu Deus" (Nm 22.18). Arão foi um profeta ou porta-voz de Moisés (Êx 7.1) que dizia "todas as palavras que o Senhor dissera a Moisés" (Êx 4.30). Apesar disso, os profetas de Deus deviam falar somente o que ele ordenava que falassem. Deus disse a respeito de seus profetas: "Porei as minhas palavras na sua boca, e ele lhes falará tudo o que eu lhe ordenar" (Dt 18.18). E mais: "Não acrescentareis nada à palavra que eu vos ordeno, nem diminuireis nada" (Dt 4.2). Em suma, o profeta era alguém que declarava o que Deus lhe havia revelado. Portanto, somente os escritos proféticos eram canônicos. O que não tivesse sido escrito por um porta-voz (profeta) de Deus não fazia parte da Palavra de Deus.

Em vista da natureza da exortação religiosa de um profeta, é razoável concluir que qualquer coisa escrita por um profeta de Deus é a Palavra de Deus. Na maior parte dos casos, é simplesmente uma questão de estabelecer a autoria do livro. Se tiver sido escrito por um apóstolo ou um profeta (o princípio profético), então seu lugar no cânon estará assegurado. Portanto, qualquer evidência histórica ou de estilo (seja a evidência externa, seja interna) que respalde a genuinidade de um livro profético (veja o cap. 20) também é um argumento em prol de sua canonicidade. Foi esse exatamente o argumento usado por Paulo em apoio à sua Carta aos Gálatas (Gl 1.1-24). Ele argumentou que sua mensagem tinha autoridade porque ele era um mensageiro autorizado da parte de Deus, "apóstolo, não enviado por homens, nem por meio de homem, mas por Jesus

Cristo e por Deus Pai" (Gl 1.1). Ele também contestou seus oponentes que pregavam "um evangelho diferente, que a bem da verdade não é outro evangelho; só [...] para distorcer o evangelho de Cristo" (Gl 1.6,7). O evangelho de seus adversários não podia ser verdade porque eram "falsos irmãos" (Gl 2.4). Nesse sentido, deve-se notar que esporadicamente a Bíblia *contém* profecias verdadeiras de indivíduos cuja condição de homens de Deus é questionável, como Balaão (Nm 24.17) e Caifás (Jo 11.49). Contudo, uma vez que suas profecias eram dadas de forma consciente,[5] esses profetas não eram autores de livros da Bíblia, sendo meramente citados pelo autor efetivo desses livros. Portanto, seus pronunciamentos estão na mesma categoria dos pronunciamentos dos poetas gregos citados pelo apóstolo Paulo (cf. At 17.28; 1Co 15.33; Tt 1.12).

Conforme dissemos anteriormente, Paulo usou contra os falsos mestres que se opunham a ele na Galácia o argumento de que um livro de Deus tinha de ser escrito por um homem de Deus. Também usou esse argumento como motivo para rejeitar uma carta forjada, ou escrita sob falsas pretensões, conforme a mencionada em 2Tessalonicenses 2.2. Um livro não pode ser canônico se não for genuíno (veja o cap. 20). Nesse sentido, porém, convém notar que um livro pode recorrer ao artifício da impersonalização sem pretensões de enganar, pelo qual o autor assume o papel de outro para gerar certo efeito. Para alguns estudiosos, esse é o caso do livro de Eclesiastes, em que o *Koheleth* se valeu da autobiografia, como se fosse Salomão.[6] Essa visão não é incompatível com o princípio aqui apresentado, contanto que demonstre ser um artifício literário, e não uma farsa moral. Contudo, quando um autor finge ser um apóstolo para ganhar aceitação para suas ideias heterodoxas, como fizeram muitos autores de livros apócrifos do Novo Testamento, então se trata de farsa moral (veja o cap. 17).

Por causa desse princípio "profético", 2Pedro foi alvo de disputas na igreja antiga.[7] Com base em evidências internas (diferenças no estilo da escrita), alguns acharam que o autor de 2Pedro não poderia ser o mesmo de 1Pedro. Contudo,

---

[5] No caso de Caifás, parece que a profecia foi entregue de maneira inconsciente.

[6] Veja Herbert Carl Leupold, *Exposition of Ecclesiastes* (Columbus: Wartburg, 1952), p. 8ss., para uma defesa dessa ideia por um estudioso conservador. Outros estudiosos ortodoxos preferem a autoria de Salomão. Veja Gleason L. Archer, Jr., *A survey of Old Testament introduction*, p. 478-88 [edição em português: *Panorama do Antigo Testamento*, 4. ed. rev. ampl. (São Paulo: Vida Nova, 2012)].

[7] Até mesmo Eusébio em sua *História eclesiástica* 3.3, no século 4, afirmou: "... a assim chamada segunda Carta, não acolhemos como canônica, mas apesar disso pareceu útil para muitos, e tem sido estudada juntamente com outras Escrituras" (Loeb Classical Library, 1:193) [edição em português: *História eclesiástica*, Série Patrística (São Paulo: Paulus, 2000), vol. 15].

2Pedro apresenta-se como obra de "Simão Pedro, servo e apóstolo de Jesus Cristo" (2Pe 1.1). Portanto, ou a carta era uma falsificação, ou havia enorme dificuldade em explicar seu estilo diferente. Os que se sentiam incomodados por essas evidências duvidavam da genuinidade de 2Pedro, razão pela qual o colocaram entre os *Antilegomena* durante certo tempo (veja o cap. 17). Por fim, foi aceito entre os canônicos, mas somente com base em que também foi escrito por Pedro. As diferenças de estilo entre 1 e 2Pedro podem ser explicadas pelo intervalo de tempo, diferentes ocasiões e o fato de que Pedro recorreu a um amanuense na primeira carta (1Pe 5.13).

A referência à inspiração é tão clara nos escritos proféticos que praticamente não havia necessidade de procurar outra característica que mostrasse sua origem e autoridade divinas. Alguns livros foram rejeitados porque lhes faltava autoridade, assim como ocorre com os pseudepigráficos (veja o cap. 14). Esses livros não "davam a impressão" de terem autoridade, ou, se reivindicassem autoridade para si, essa reivindicação caía no vazio. Faltava-lhes estofo que respaldasse sua reivindicação. Em muitos casos, os livros eram fantasiosos e mágicos, e dificilmente alguém tomaria equivocadamente suas reivindicações de divindade como ordens dogmáticas de Deus. Suas pretensões superficiais não eram claramente intenções soberanas, e assim foram enfaticamente rejeitados. O mesmo princípio de autoridade era a base para a rejeição e para a oposição de alguns livros, como no caso dos *Antilegomena* (veja o cap. 14). Durante algum tempo, o livro de Ester, em que até mesmo o nome de Deus está notoriamente ausente, pertenceu a essa categoria. Por fim, depois de um exame mais detalhado, Ester manteve seu lugar no cânon, mas só porque os pais estavam convencidos de que o livro tinha autoridade, embora para alguns não fosse possível identificá-la no texto.[8]

O autor foi confirmado por atos de Deus? Havia profetas verdadeiros e falsos (Mt 7.15). Portanto, era necessário que houvesse uma confirmação divina para os verdadeiros. Os milagres atendiam a esse propósito. Moisés recebeu poderes miraculosos para provar seu chamado por Deus (Êx 4.1-9). Elias triunfou sobre os falsos profetas de Baal graças a um ato sobrenatural (1Rs 18). Jesus foi "aprovado [...] por Deus com milagres, feitos extraordinários e sinais que Deus realizou por meio dele" (At 2.22). Até mesmo Nicodemos, governante dos judeus, disse a ele: "Rabi, sabemos que vieste de Deus como mestre,

---

[8] Veja o cap. 15 para a análise e defesa da canonicidade de Ester.

pois ninguém pode fazer os sinais que tu fazes, se Deus não estiver com ele" (Jo 3.2). Com relação à mensagem do apóstolo, "Deus também [estava] dando testemunho com eles, tanto por sinais e maravilhas, quanto por vários milagres e pelos dons do Espírito Santo distribuídos segundo a sua vontade" (Hb 2.4). Paulo deu testemunho acerca de seu apostolado aos coríntios, dizendo: "As características de um verdadeiro apóstolo foram demonstradas entre vós com toda a perseverança, por meio de sinais, feitos extraordinários e milagres" (2Co 12.12). Em suma, o milagre é um ato de Deus que confirma a Palavra de Deus concedida por meio de um profeta de Deus ao seu povo. É o sinal que respalda seu sermão; o milagre que confirma sua mensagem. Nem toda revelação profética foi confirmada por um milagre específico. Havia outras maneiras de determinar a autenticidade de um suposto profeta.[9] Portanto, se houvesse alguma dúvida sobre as credenciais proféticas de alguém, ela seria sanada pela confirmação divina, como efetivamente ocorreu em diversas ocasiões ao longo das Escrituras (Êx 4; Nm 16—17; 1Rs 18; Mc 2; At 5).

A mensagem falava a verdade sobre Deus? Só os contemporâneos imediatos tinham acesso à confirmação sobrenatural da mensagem do profeta. Portanto, outros crentes em lugares distantes ou épocas subsequentes precisavam depender de outros testes para a canonicidade de um livro. Um desses testes era a *autenticidade* do livro (veja o cap. 20). Isto é, o livro fala a verdade sobre Deus e seu mundo conforme é conhecido com base em revelações anteriores? Deus não pode se contradizer (2Co 1.17,18), tampouco pode proferir falsidades (Hb 6.18). Assim, nenhum livro com falsas declarações pode ser a Palavra de Deus. Moisés declarou esse princípio quando disse:

> Se um profeta ou sonhador se levantar entre vós e vos anunciar um sinal ou prodígio, e o sinal ou prodígio de que tiver falado vier a acontecer, e ele disser: "Vamos seguir outros deuses (que nunca conhecestes) e vamos cultuá-los", não dareis atenção às palavras desse profeta ou sonhador (Dt 13.1-3).

Portanto, qualquer ensinamento sobre Deus que seja contrário ao que seu povo já sabe ser verdadeiro deveria ser rejeitado. Além disso, quaisquer predições sobre o mundo que não se cumprissem eram sinal de que as palavras do profeta deviam ser rejeitadas. Conforme Moisés disse a Israel:

---

[9] Veja a análise nos caps. 12 e 14.

E, se disseres em seu coração: "Como reconheceremos a palavra que o Senhor não falou?". Quando o profeta falar em nome do Senhor e a palavra não se cumprir, nem acontecer como foi falado, é porque o Senhor não falou essa palavra; o profeta falou por arrogância; não tenhas medo dele (Dt 18.21,22).

Na verdade, qualquer profeta que fez declarações falsas como essas foi severamente castigado. Porque o Senhor disse: "Mas o profeta que tiver a arrogância de falar em meu nome alguma palavra que eu não tenha mandado falar, ou o que falar em nome de outros deuses, este morrerá" (Dt 18.20). Esse tipo de castigo não apenas garantiria que o profeta não tornaria a repetir sua farsa, mas levaria os demais profetas a pausarem antes de dizer "Assim diz o Senhor".[10]

É claro que simplesmente pelo fato de um livro não ser falso isso não o torna canônico. Portanto, trata-se mais de um teste de *inautenticidade* de um livro do que de canonicidade. Em outras palavras, é um teste negativo que poderia eliminar livros do cânon. Não se trata de um teste positivo para descobrir se um livro era ou não canônico. Esse teste de autenticidade era, sem dúvida, a razão pela qual os bereianos examinavam as Escrituras para verificar se o que Paulo ensinava era verdadeiro (At 17.11). Se a pregação do apóstolo não estivesse de acordo com o ensino do cânon do Antigo Testamento, a mensagem não poderia vir de Deus. A concordância com o restante da Palavra conhecida de Deus não torna necessariamente um livro canônico, porém a discrepância certamente o relegaria à condição de não canônico.

Boa parte dos Apócrifos foi rejeitada porque não era autêntica (veja os caps. 15 e 17). Os pais judeus e os primeiros pais cristãos rejeitaram, ou consideraram de categoria inferior, esses livros porque tinham imprecisões históricas e até incongruências morais. Os reformadores rejeitaram diversos deles porque consideravam alguns de seus ensinos heréticos.[11] O apóstolo João insistia de forma veemente que a "verdade" fosse testada pelo padrão conhecido antes de ser acolhida (1Jo 4.1-6). Logicamente, um livro do Deus da verdade *precisa* estar de acordo com a verdade de Deus. Se reivindica origem divina, mas suas credenciais são falsas, então as últimas superam a reivindicação feita.

O teste de autenticidade foi a razão pela qual diversos livros canônicos, como Tiago e Judas, foram objeto de dúvida por alguns. Houve quem pensasse que Judas talvez não fosse autêntico, porque, supostamente, trazia citações de

---

[10] Veja Neil Babcox, *A search for charismatic reality* para uma ilustração adequada desse ponto.
[11] É o caso da oração pelos mortos, que encontra base em 2Macabeus 12.45.

livros pseudepigráficos inautênticos (Jd 9,14).¹² Martinho Lutero questionou a canonicidade plena de Tiago porque acreditava que o livro ensinava a salvação pelas obras, ensino que é contrário à doutrina da salvação pela fé conforme o ensinamento claro das Escrituras.¹³ De modo histórico e uniforme, Judas e Tiago foram eximidos dessa acusação, e sua canonicidade, reconhecida, mas somente quando o ensino deles foi harmonizado com o restante do corpo das Escrituras. O problema foi agravado porque os homens não perceberam que verdades adicionais podem ser complementares ou suplementares sem com isso contradizer a verdade existente. Mas, como os pais da igreja tinham uma política do tipo "na dúvida, exclua", isso contribuiu para que se ampliasse o discernimento que tinham dos livros canônicos.

Há poder de Deus nele? Outro teste de canonicidade era o efeito edificante de um livro. Ele tem o poder de Deus? Os pais da igreja acreditavam que a Palavra de Deus é "viva e ativa" (Hb 4.12)¹⁴ e, consequentemente, deveria ter um poder transformador de edificação (2Tm 3.17) e de evangelização (1Pe 1.23). Se a mensagem de um livro não produzisse o objetivo anunciado, se não tivesse o poder de transformar vidas, então Deus, aparentemente, não estava por trás da sua mensagem. A *mensagem* de Deus certamente seria respaldada pelo *poder* de Deus. Os pais da igreja acreditavam que a Palavra de Deus podia realizar seu propósito na vida do povo de Deus (Is 55.11).

O apóstolo Paulo aplicou esse princípio ao Antigo Testamento quando escreveu a Timóteo: "E que, desde criança, tens conhecido as Escrituras Sagradas, que são capazes de fazer-te sábio para a salvação" (2Tm 3.15, KJV). Se for de Deus, funcionará — cumprirá o que prometeu. Esse teste simples foi dado por Moisés para que se testasse a verdade da predição de um profeta (Dt 18.20ss.). Se sua profecia não se concretizasse, então não vinha de Deus.

---

¹²Veja Jerônimo, *Lives of illustrious men* 4. Consulte o cap. 15 para a análise sobre os Pseudepígrafos.

¹³Lutero colocou Tiago no final do Novo Testamento e disse: "Não considero que seja a escrita de um apóstolo. Seguem minhas razões para isso. Em primeiro lugar, opõe-se claramente a São Paulo e todo o restante das Escrituras ao atribuir a justificação às obras [...] portanto, não posso incluí-lo entre os livros principais, embora com isso não queira impedir ninguém de incluí-lo ou de exaltá-lo conforme deseje, porque há, por outro lado, muitos excelentes dizeres nele". Veja "Preface to Epistles of St. James and St. Jude", in: E. Theodore Bachmann, org., *Luther's works*, 35.396-7 [edição em português: *Martinho Lutero: obras selecionadas* (São Leopoldo/Porto Alegre: Sinodal/Concórdia, 2003), vol. 8: *Interpretação bíblica, princípios*, p. 153-5].

¹⁴Do grego: "eficaz, ativo, poderoso", cf. Walter Bauer, *A Greek-English lexicon of the New Testament and other early Christian literature*, p. 265.

Baseado nisso, boa parte da literatura herética e até alguma literatura apostólica boa não canônica foi deixada de fora do cânon das Escrituras. Até mesmo os livros cujo ensino era espiritual, e cuja mensagem era, na melhor das hipóteses, somente devocional, foram considerados não canônicos. Esse é o caso de parte substancial da literatura escrita no período apostólico e subapostólico (veja o cap. 17). Em decorrência disso, esses livros tiveram sua entrada no cânon recusada. Quando se passa dos livros canônicos do Novo Testamento para outros escritos religiosos do período apostólico, "percebe-se uma mudança tremenda. Não há o mesmo frescor e originalidade, profundidade e clareza. E isso não surpreende, porque se passa da verdade concedida pela inspiração infalível à verdade produzida por pioneiros falíveis".[15] Faltava poder aos livros não canônicos; eles não tinham os aspectos dinâmicos encontrados nas Escrituras inspiradas. Em suma, não vinham acompanhados do poder de Deus.

Uma vez que o livro precisa vir acompanhado do poder edificante para que seja considerado canônico, alguns livros (como Cântico dos Cânticos e Eclesiastes) eram objeto de dúvidas ocasionais. Um livro sensual ou cético poderia vir de Deus? É claro que não. Enquanto se pensava dessa maneira sobre esses livros, não era possível considerá-los canônicos. Por fim, chegou-se ao entendimento de que suas mensagens eram espirituais e, com isso, tiveram sua canonicidade reconhecida.[16] O princípio, não obstante, foi aplicado a todos os livros de modo imparcial. Alguns foram aprovados no teste, ao passo que outros foram reprovados. No final, havia uma certeza: nenhum livro que fosse destituído de características edificantes ou práticas seria considerado canônico.

O livro foi aceito pelo povo de Deus? Um livro profético era um livro canônico. Um profeta de Deus era confirmado por um ato de Deus (milagre) e era um porta-voz reconhecido pelo povo de Deus a quem ele entregara sua mensagem. Portanto, o selo da canonicidade consistia em ser o livro aceito ou não pelo povo de Deus. Isso não significa que todos na comunidade a quem a mensagem profética foi dirigida o aceitavam como um livro imbuído de autoridade divina. Houve ocasiões em que até mesmo um profeta (veja 1Rs 17—19; 2Cr 36.11-16) ou um apóstolo (Gl 1) foi inicialmente rejeitado por alguns da comunidade. Contudo, os verdadeiros crentes da comunidade reconheciam a natureza profética da mensagem, assim como outros crentes contemporâneos

---

[15] Louis Berkhof, *The history of Christian doctrines*, p. 42 [edição em português: *A história das doutrinas cristãs* (São Paulo: PES, 1992)].

[16] Veja a análise no cap. 15.

que conheciam o profeta. Essa aceitação pelo povo de Deus ocorria em dois estágios: aceitação inicial e reconhecimento subsequente.

A *aceitação inicial* de um livro pelo povo a quem fora endereçado é essencial. Disse Paulo a respeito dos tessalonicenses: "Nós também agradecemos constantemente a Deus, pois, quando ouvistes de nós a mensagem de Deus, não a recebestes como palavra de homens, mas como a palavra de Deus, como de fato é" (1Ts 2.13). Seja qual for o debate que tenha havido depois sobre o lugar do livro no cânon, o povo mais bem preparado para conhecer suas credenciais proféticas era aquele que conhecia o profeta que o escrevera. Portanto, apesar de todo o debate posterior sobre a canonicidade de alguns livros, a evidência definitiva é a que confirma sua aceitação original pelos crentes contemporâneos. É claro que alguns livros tinham seções escritas no decorrer de intervalos longos (como Salmos) ou por diversos autores (veja Pv 30.1; 31.1). Contudo, os trechos individuais desses livros foram reconhecidos por seus contemporâneos como oriundos de porta-vozes de Deus.

Há ampla evidência nas Escrituras de que os livros eram aceitos imediatamente no cânon pelos contemporâneos dos autores. Por exemplo, quando Moisés escreveu, seus livros foram imediatamente colocados ao lado da Arca (Dt 31.26). O escrito de Josué foi aceito de igual modo (Js 24.26). Na esteira de Josué, houve livros de Samuel e de outros (1Sm 10.25). Daniel tinha até mesmo uma cópia de Moisés e dos Profetas (Dn 9.2,10,11), que incluía o livro de seu contemporâneo Jeremias (Dn 9.2). De igual modo, no Novo Testamento, Paulo citou o Evangelho de Lucas como "Escritura" (1Tm 5.18), e Pedro tinha uma coleção das "cartas" de Paulo (2Pe 3.16). Na realidade, os apóstolos exortavam que suas cartas fossem lidas e circulassem entre as igrejas (1Ts 5.27; Cl 4.16; Ap 1.3).

Há quem defenda que Provérbios 25.1 é uma exceção a essa tese. De acordo com esse pressuposto, alguns provérbios de Salomão não foram incluídos no cânon durante a sua vida. Eles foram compilados quando "os homens de Ezequias [...] transcreveram" outros provérbios de Salomão (Pv 25.1). Convém fazer aqui dois comentários.

Em primeiro lugar, é possível que esses outros provérbios (caps. 25—29) não tenham sido apresentados oficialmente à comunidade de fiéis durante a vida de Salomão (talvez por causa de seu declínio moral posterior). Contudo, uma vez que são provérbios *autênticos* de Salomão, não há motivo para que não pudessem ser apresentados posteriormente, sendo imediatamente aceitos pela comunidade de fiéis como imbuídos de autoridade. Nesse caso, Provérbios 25—29 não seria uma exceção à regra canônica de que o material profético autêntico tenha sido aceito imediatamente quando de sua apresentação. Isso tem validade mesmo que o material só tenha sido apresentado depois de sua morte.

Em segundo lugar, também é possível que os últimos capítulos de Provérbios tenham sido apresentados e aceitos como imbuídos de autoridade durante a vida de Salomão. Pode-se respaldar essa interpretação com base no fato de que a parte salomônica do livro pode ter sido compilada em três seções (1.1; 10.1; 25.1), talvez porque foi preservada em rolos separados. Portanto, a palavra "também" (Pv 25.1; veja John Peter Lange, *Commentary on the Holy Scriptures: critical, doctrinal and homeletical*, 5.215) pode referir-se ao fato de que os homens de Ezequias também copiaram essa última seção (rolo) juntamente com as duas primeiras seções (rolos). Nesse caso, as três seções (rolos) foram apresentadas primeiramente (em três partes) e aceitas como imbuídas de autoridade, mas só posteriormente foram copiadas pelos homens de Ezequias.

Como toda seção anterior das Escrituras (e praticamente todos os livros) é citada nas seções subsequentes, e como todo livro da Bíblia é citado por algum pai da igreja ou é arrolado em algum cânon (veja o cap. 16), há ampla evidência para concluir que houve uma continuidade de convicção no âmbito da comunidade da aliança no que diz respeito ao cânon das Escrituras. Em outras palavras, o fato de que certos livros hoje estão no cânon, e que foram escritos pelos profetas nos tempos bíblicos, é argumento a favor de sua canonicidade. Juntamente com as evidências favoráveis à continuidade da crença na comunidade da aliança no tocante ao cânon, isso depõe favoravelmente à sua canonicidade desde o início. Em suma, isso significa que a presença de um livro no cânon ao longo dos séculos é evidência de que os contemporâneos do profeta que o escreveu o consideravam genuíno e canônico, apesar do fato de que faltava às gerações subsequentes o conhecimento definitivo de seu autor ou de suas credenciais proféticas. Certamente Deus, em sua providência, guiou seu povo na preservação da sua Palavra.

O reconhecimento subsequente do cânon das Escrituras foi a ratificação da aceitação inicial desse cânon. O debate posterior sobre certos livros do cânon não deve toldar o fato de sua aceitação inicial pelos contemporâneos imediatos dos profetas. A verdadeira canonicidade do livro foi *determinada* por Deus quando guiou o profeta a escrevê-lo, e foi imediatamente *descoberta* (reconhecida) pelo povo de Deus para quem ele o escreveu.

Do ponto de vista técnico, a análise sobre certos livros em séculos posteriores não dizia respeito à sua *canonicidade*, mas à sua *autenticidade* ou *genuinidade* (veja o cap. 20). Como não tinham acesso ao autor ou à evidência direta dessa confirmação sobrenatural, tinham de confiar no testemunho histórico de suas credenciais proféticas. Uma vez convencidos pelas evidências de que os livros foram escritos por um porta-voz autorizado por Deus, os livros eram aceitos pela igreja universal. Contudo, as decisões dos concílios da igreja nos séculos 4 e 5 não determinaram o cânon, assim como não o descobriram e não o reconheceram. De modo algum a autoridade dos livros canônicos dependia dos concílios posteriores da igreja. Tudo o que esses concílios fizeram foi conferir o reconhecimento *posterior, mais amplo* e *final* ao que já era um fato, a saber, que Deus os havia inspirado e que o povo de Deus os havia aceitado no século 1.

Vários séculos se passaram até que houvesse o reconhecimento universal de todos os livros do cânon. São muitas as razões para isso. Em primeiro lugar, a comunicação e o transporte eram lentos naquela época. Portanto, demorava muito mais para os crentes do Ocidente tomarem pleno conhecimento das evidências dos primeiros livros escritos e que circularam no Oriente, e vice-versa. Em segundo lugar, os primeiros séculos da igreja (anteriores a 313 d.C.) foram tempos de grande perseguição em que não havia recursos e que não permitiam que se pesquisasse, refletisse e houvesse o reconhecimento acerca da situação no século 1.[17] Assim que isso se tornou possível (depois de 325 d.C.), não foi preciso esperar muito tempo para que houvesse o reconhecimento generalizado de todos os livros canônicos. Isso se tornou realidade nos Concílios de Hipona (393 d.C.) e Cartago (397). Em terceiro lugar, não havia uma necessidade generalizada de arrolar de maneira precisa os livros pertencentes ao cânon até que fossem seriamente desafiados, já que eram aceitos há séculos. Esse desafio só se aprofundou quando Marcião publicou seu cânon herético (do qual constavam somente Lucas e dez cartas paulinas) em meados do século 2 (veja quadro na p. 339). Juntamente com seu gnosticismo, havia muitos Evangelhos e cartas apócrifos nos séculos 2 e 3, que se declaravam apostólicos. Uma vez que esses livros reivindicavam autoridade divina, era necessário que a igreja universal definisse precisamente os limites do cânon que Deus havia determinado e que haviam sido reconhecidos previamente pelo povo de Deus.

---

[17] Veja a análise no cap. 16.

Como eram empregados os princípios

Princípios em questão. Para que não se tenha a impressão de que esses cinco princípios foram postos em ação de forma explícita e mecânica por alguma comissão especialmente constituída de pais da igreja para descobrir quais livros eram inspirados, há necessidade de algumas explicações. De que maneira os princípios operaram na história e na consciência da igreja cristã antiga? Embora a questão da descoberta do cânon gire em torno do Antigo e do Novo Testamentos, J. N. D. Kelly analisa esses princípios e sua aplicação ao cânon do Novo Testamento. Diz ele:

> O ponto principal a ser observado é que a fixação final da lista consensual de livros, e da ordem em que deviam ser dispostos, foi o resultado de um processo bem gradual. [...] Nesse processo, três características chamam a atenção. Em primeiro lugar, o critério que prevaleceu no fim das contas foi o da apostolicidade. A menos que se demonstrasse que um livro era proveniente da pena de um apóstolo, ou que tivesse ao menos a autoridade de um apóstolo atrás de si, ele era terminantemente rejeitado, por mais edificante ou bem acolhido que fosse entre os fiéis. Em segundo lugar, havia certos livros que durante muito tempo estiveram na iminência de ser incluídos no cânon, mas que no fim não foram admitidos nele geralmente porque lhes faltava esse selo indispensável. [...] Em terceiro lugar, alguns livros que foram incluídos posteriormente tiveram de esperar muito tempo antes de adquirir reconhecimento universal. [...] Gradualmente, porém, a igreja tanto no Oriente quanto no Ocidente chegou a um consenso em relação a seus livros sagrados. O primeiro documento oficial que prescreve como canônicos apenas a lista dos 27 livros do nosso Novo Testamento é a carta de Páscoa que Atanásio escreveu para o ano 367, porém o processo não se completou em todos os lugares senão um século e meio mais tarde.[18]

Alguns princípios estão presentes somente de modo implícito. É preciso que fique claro que todos os critérios de inspiração são necessários para demonstrar a canonicidade de cada livro. Todas as cinco características devem estar, no mínimo, presentes implicitamente, embora algumas delas sejam mais dominantes do que outras. Por exemplo, a capacidade dinâmica é mais óbvia nas cartas do Novo Testamento do que nos livros históricos do Antigo Testamento. De igual

---

[18] J. N. D. Kelly, *Early Christian doctrines*, p. 59-60 [edição em português: *Patrística: origem e desenvolvimento das doutrinas centrais da fé cristã* (São Paulo: Vida Nova, 1994)].

modo, a natureza imbuída de autoridade é mais evidente nos Profetas do que na Poesia. Isso não significa que não exista um "assim diz o Senhor" implícito na Poesia, tampouco uma dinâmica na história salvífica do Antigo Testamento. Significa, isto sim, que os pais nem sempre contam com a operação de todos os princípios de um modo explícito.

Alguns são mais importantes do que outros. Além disso, convém notar que alguns critérios de inspiração são mais importantes do que outros, no sentido de que a presença de um implica a presença do outro ou é fundamental para outros. Por exemplo, se um livro é imbuído de autoridade (i.e., se procede de Deus), então ele será dinâmico. Ou seja, se veio de Deus, será acompanhado do poder transformador de Deus. Na verdade, quando a autoridade estava presente de forma inequívoca, a presença das demais características da inspiração também eram automaticamente pressupostas. Foi o que se passou com os livros do Novo Testamento; a prova da apostolicidade (sua natureza profética) era com frequência considerada praticamente certeza de inspiração.[19] Além disso, se o primeiro teste ("O livro é profético?") pudesse ser confirmado explicitamente, admitia-se que isso bastava para determinar que o livro era canônico. De modo geral, os pais da igreja preocupavam-se de modo explícito somente com a apostolicidade e a autenticidade. As características edificantes e a aceitação universal de um livro eram então pressupostas de forma implícita, a menos que se lançasse alguma dúvida sobre a última que obrigasse a um novo exame dos três testes anteriores para determinação da canonicidade. Foi o que se passou com alguns *Antilegomena* (e.g., 2Pedro e 2João). Contudo, mesmo nesses casos, conforme analisaremos nos capítulos 15 e 17, a evidência positiva dos três primeiros princípios despontaram de maneira vitoriosa em detrimento de supostas evidências negativas dos outros dois princípios citados por último.

Testemunho do Espírito Santo. O reconhecimento da canonicidade não era uma questão meramente mecânica resolvida por um sínodo ou por um concílio eclesiástico. Tratava-se de um processo providencial dirigido pelo Espírito de Deus à medida que ele testemunhava à igreja acerca da realidade da Palavra de Deus. O homem por si mesmo não podia identificar a Palavra de Deus, mas o Espírito Santo abriu os olhos do seu entendimento para que ele pudesse reconhecer sua Palavra. Disse Jesus: "Minhas ovelhas ouvem a minha

---

[19] Benjamin B. Warfield, *The inspiration and authority of the Bible*, p. 415 [edição em português: *A inspiração e autoridade da Bíblia: a clássica doutrina da palavra de Deus* (São Paulo: Cultura Cristã, 2010)].

voz" (Jo 10.27). Isso não significa que, de um modo místico, o testemunho do Espírito Santo no coração dos crentes resolvia a questão da canonicidade. O testemunho do Espírito Santo só os convenceu da realidade do cânon, e não de sua extensão ou limites.[20] O cânon foi reconhecido por um duplo método de fé e ciência. Foram usados princípios objetivos, mas o testemunho subjetivo do Espírito Santo recorria às evidências objetivas, confirmando dessa maneira a realidade da Palavra de Deus ao seu povo.

Os testes de canonicidade não eram meios mecânicos para medir a quantidade de literatura inspirada, tampouco o Espírito Santo dizia: "Este livro ou passagem é inspirado; aquele, não". Isso seria desvelamento, e não descoberta. O Espírito Santo também não testemunhava acerca da extensão exata do cânon, como tampouco resolvia questões de crítica textual. Ele guiou providencialmente, sim, o processo que estabeleceu os limites do cânon, bem como testemunhava ao povo de Deus no tocante à realidade da Palavra de Deus quando a liam ou a ouviam.

Resumo e conclusão

A distinção mais importante a se fazer a esta altura diz respeito à *determinação* e à *descoberta* da canonicidade. Deus é responsável somente pela primeira, e o homem, apenas pela segunda. *Um livro* será canônico se for *inspirado por Deus*. Como se sabe que isso é verdade está ao encargo do processo de *reconhecimento humano*. O homem *descobriu* o que Deus havia *determinado* observando as "marcas da inspiração". Indagava-se se o livro (1) fora escrito por um homem de Deus, (2) por alguém confirmado por um ato de Deus, (3) que disse a verdade sobre Deus, sobre o homem etc., (4) que veio com o poder de Deus e (5) foi aceito pelo povo de Deus. Se um livro tivesse claramente a primeira marca, pressupunha-se com frequência o restante. É claro que os contemporâneos do profeta (apóstolo) conheciam suas credenciais e aceitaram seu livro *imediatamente*. Contudo, os pais da igreja posteriores classificaram a profusão da literatura religiosa, descobriram e reconheceram oficialmente os livros que, em virtude de sua inspiração divina, haviam sido determinados por Deus como canônicos e reconhecidos primeiramente pela comunidade de crentes contemporâneos aos quais foram apresentados.

---

[20] R. C. Sproul, "The internal testimony of the Holy Spirit", in: Norman L. Geisler, org., *Inerrancy*, p. 337-54 [edição em português: *A inerrância da Bíblia: uma sólida defesa da infalibilidade das Escrituras* (São Paulo: Vida, 2003)].

14
Desenvolvimento e história do cânon do Antigo Testamento

O fato de *que* o cânon se desenvolveu ao longo do tempo é irrefutável, mas *como* foi que ele se desenvolveu e *quando* esse processo foi concluído é uma questão que precisa ser examinada. Embora a inspiração determine a canonicidade, o homem está ativamente envolvido no reconhecimento do cânon. O processo de reconhecimento é um estudo histórico. Portanto, é importante que se faça uma revisão do desenvolvimento do cânon do Antigo Testamento.

Considerações preliminares

Boa parte dos dados históricos necessários para que se tenha um quadro completo do processo de canonização do Antigo Testamento encontra-se perdido nas brumas da Antiguidade. Contudo, há um volume suficiente de informações disponíveis para que se tenha uma visão panorâmica do desenvolvimento do cânon hebraico.

Os três passos

São três os princípios operantes no processo histórico de canonização: (1) inspiração divina; (2) reconhecimento por homens de Deus; e (3) coleção e preservação dos livros pelo povo de Deus.

Inspiração divina. Conforme revelou a análise anterior (veja o cap. 12), Deus deu o primeiro passo para a canonização quando inspirou os livros. Portanto, a resposta simples à questão por que há 39 livros no cânon do Antigo Testamento (veja o cap. 1) é que Deus inspirou somente esses livros. Obviamente, se Deus não inspirou e não conferiu autoridade divina a um livro, nenhum concílio humano jamais poderia fazê-lo.

Reconhecimento por homens de Deus. Uma vez que Deus conferiu autoridade a um livro, homens de Deus assentiram a essa autoridade, reconhecendo-a como pronunciamento profético. São várias as razões para que se creia que esse reconhecimento se seguiu imediatamente à publicação da mensagem. Conforme afirmou Edward J. Young, "Não há evidência alguma de que esses livros em especial tenham existido entre os antigos judeus durante muitos anos antes que sua canonicidade fosse reconhecida. A bem da verdade, se um livro foi efetivamente revelado por Deus, é concebível que esse livro circulasse durante muitos anos até que alguém reconhecesse sua verdadeira natureza?".[1] Na verdade, há evidências em contrário. Os escritos de Moisés foram acolhidos na sua época (Êx 24.3; Js 1.8). O livro de Josué foi acrescentado imediatamente ao cânon (Js 24.26). Daniel, contemporâneo de Jeremias, acolheu o livro desse profeta juntamente com "*os* livros" (Dn 9.2).

Coleção e preservação pelo povo de Deus. Os livros de Moisés foram reunidos e preservados ao lado da Arca (Dt 31.26). 1Samuel 10.25 diz: "Samuel declarou ao povo as ordenanças do reino, escreveu-as num livro e as colocou perante o Senhor". Daniel tinha uma coleção dos "livros", e tudo indica que ao longo de todo o Antigo Testamento esses escritos proféticos foram reunidos tão logo foram escritos. No tempo de Josias, a "Lei de Moisés" foi "encontrada na casa do Senhor" (2Rs 23.24,25), onde havia sido guardada. Provérbios 25.1 observa que "estes [...] são os provérbios de Salomão que os homens de Ezequias, rei de Judá, transcreveram". Esdras, o sacerdote, havia preservado uma cópia da "Lei de Moisés" que trouxera consigo da Babilônia depois do cativeiro (Ed 7.6). Portanto, a inspiração produziu os livros canônicos, e o reconhecimento e a coleção subsequentes os preservaram para a posteridade.

Duas diferenças

Devemos ter em mente dois outros fatores da história do cânon do Antigo Testamento.

Diferença entre o cânon e outras literaturas. É preciso distinguir entre o cânon formal e outra literatura hebraica, como o Livro de Jasar (Js 10.13); o Livro das Guerras do Senhor (Nm 21.14); as visões de Ido, o vidente (2Cr 9.29); o livro dos atos de Salomão (1Rs 11.41) e muitos outros.[2] A maioria desses livros fazia parte da literatura religiosa hebraica, mas jamais pertenceu ao seu cânon

---

[1] Edward J. Young, "The canon of the Old Testament", in: Carl F. H. Henry, org., *Revelation and the Bible*, p. 163.

[2] Willis J. Beecher arrola 25 livros extracanônicos mencionados somente em Crônicas em seu artigo s.v. "Chronicles", in: James Orr, org., *The international Standard Bible encyclopaedia*, 1:630.

teológico. Havia, é claro, uma profusão de ensinamentos religiosos em hebraico, conforme fica evidente nos muitos livros não canônicos (veja o cap. 15). Estes, porém, não eram parte da "Lei e dos Profetas", as "Escrituras Sagradas", consideradas divinas e imbuídas de autoridade.

O reconhecimento imediato não era garantia contra o debate subsequente. O reconhecimento imediato da inspiração de um livro não garantia, portanto, reconhecimento subsequente por todos. Isso ficará evidente com o debate em torno de certos livros entre a geração posterior de judeus. Na verdade, havia um reconhecimento inicial e depois, passado certo tempo, surgiam dúvidas antes que todos os livros recebessem o reconhecimento final. Aparentemente, foi o que se passou com alguns deles; por exemplo, Eclesiastes e Cântico dos Cânticos. Na realidade, os problemas de *transporte, transmissão* (produção de cópias) e, às vezes, até mesmo de *tradução* tendiam a atrasar o reconhecimento final e universal de canonicidade. O fato de um livro ter sido aceito centenas de anos antes não era garantia de que alguém, nas gerações seguintes, jamais o questionaria, pela falta de acesso à evidência original de suas credenciais proféticas. É perfeitamente compreensível que seja assim no caso do livro de Ester, cujo autor é desconhecido das gerações posteriores.

Coleção progressiva do cânon

A teoria crítica tradicional enunciada por Herbert E. Ryle e outros afirma que os livros das Escrituras hebraicas foram canonizados em três etapas, de acordo com sua data de composição, da seguinte forma: Lei (c. 400 a.C.), Profetas (c. 200 a.C.) e Escritos (c. 100 d.C.).[3] Contudo, essa posição é insustentável à luz de desdobramentos mais recentes e de argumentos resumidos por Sid Z. Leiman, Roger Beckwith e outros, os quais demonstram que o cânon estava concluído no mais tardar no século 2 a.C. e, possivelmente, já no século 4 a.C.[4] Na verdade, há evidência do cânon completo das Escrituras hebraicas no testemunho do "Prólogo ao Eclesiástico" (c. 132 a.C.), em Jesus, Fílon e Josefo, bem antes do ano 100 d.C. Além disso, há evidências de que os livros inspirados foram

---

[3] Herbert Edward Ryle, *The canon of the Old Testament: an essay on the gradual growth and formation of the Hebrew canon of Scripture*, 2. ed.; F. P. W. Buhl, *Canon and text of the Old Testament*; Gerrit Wildeboer, *The origin of the canon of the Old Testament*.

[4] Veja Roger Beckwith, *The Old Testament canon of the New Testament church and its background in early Judaism*, p. 138-66, esp. p. 164-6. Veja tb. Sid Z. Leiman, *The canonization of Hebrew Scripture: the talmudic and midrashic evidence*, p. 131-2.

acrescentados ao cânon imediatamente ao término de sua redação. Portanto, o cânon do Antigo Testamento estava concluído, na verdade, quando o último livro foi escrito e adicionado a ele por volta do século 4 a.C.

A ideia mais antiga de que o Antigo Testamento não foi finalizado até o chamado "Concílio de Jâmnia (Jabneh)" (c. 90 d.C.) foi totalmente refutada nas obras de Jack P. Lewis[5] e Sid Z. Leiman.[6] Roger Beckwith resumiu o resultado combinado de suas investigações da seguinte forma:

(a) O termo "sínodo" ou "concílio" é inadequado. A academia de Jâmnia, estabelecida pelo rabino Johanan ben Zakkai um pouco antes da queda de Jerusalém, no ano 70 d.C., era a um só tempo escola especializada e corpo legislativo, e a ocasião em questão era uma sessão dos anciãos ali reunidos.

(b) A data da sessão pode ter sido já em 75 d.C. ou, no mais tardar, em 117 d.C.

(c) Com relação aos livros sobre os quais há dúvidas, a análise limitava-se a saber se Eclesiastes e Cântico dos Cânticos (ou, possivelmente, apenas Eclesiastes) tornavam as mãos impuras, isto é, eram divinamente inspirados.

(d) A decisão a que se chegou não era imbuída de autoridade, uma vez que opiniões contrárias continuavam a circular ao longo do século 2.

A suposição de que o cânon foi fechado em Jâmnia em torno de 90 d.C. foi elaborada por diferentes autores de várias maneiras. Para alguns, tratava-se de parte da polêmica contra o cristianismo; para outros, da padronização do texto massorético. Se, porém, o cânon não foi fechado em torno de 90 d.C., e sim muito tempo antes, todos esses corolários perdem a premissa da qual dependem. De igual modo, deve-se abandonar qualquer inferência de que o cânon foi obra de concílios.[7]

---

[5] Jack P. Lewis, "What do we mean by Jabneh?", *Journal of Bible and Religion* 32 (1964): 125-32.

[6] Sid Z. Leiman, *The canonization of the Hebrew Scripture: the talmudic and midrashic evidence*. Veja tb. Sid Z. Leiman, org., *The canon and Masorah of the Hebrew Bible: an introductory reader*.

[7] De acordo com Beckwith, p. 276-7.

História do Cânon do Antigo Testamento

	Acontecimentos nacionais	Provável data de redação dos livros canônicos	História dos manuscritos e das cópias (sugestão)
1500 a.C.	Êxodo do Egito	Pentateuco original Jó (?)	Rolos originais de Moisés colocados ao lado da Arca
1400 a.C.	Conquista de Canaã Arca mantida em Siló		
		Josué	Cópia da Lei disponível para Josué
1300 a.C.			
1200 a.C.			
1100 a.C.			
	Siló destruída pelos filisteus e Remoção do Tabernáculo Fundação do reino de Israel		Rolos originais desaparecem e novas cópias feitas (?)
		Juízes e Rute	Samuel, Davi e os levitas distribuem cópias por todo o Israel. Apologia para o reinado de Davi e os anais de sua corte
1000 a.C.	Davi captura Jerusalém	Salmos davídicos 1 e 2Samuel Provérbios, Eclesiastes, Cântico dos Cânticos	
	Divisão do reino		
900 a.C.			
	Samaria torna-se capital do Reino do Norte	Obadias Joel?	Cópias levadas ao Reino do Norte durante a reforma de Elias (?)
800 a.C.		Jonas Amós, Oseias	Reis escrito por uma sucessão de profetas, reunidos e editados por Jeremias (?)
	Assírios conquistam Samaria		
		Miqueias	
700 a.C.	Reavivamento sob Ezequias	Isaías	Cópias para os samaritanos obtidas por sacerdote israelita por ordem de Sargão II (2Rs 17.27,28)?
		Naum	Cópia do Livro da Lei recuperada durante a reforma do Templo; cópias distribuídas para as pessoas durante a reforma de Josias (2Cr 34.6-9,21)?
	Reavivamento sob Josias Daniel levado cativo à Babilônia	Sofonias Habacuque	
600 a.C.	Ezequiel et al. levados cativos	Jeremias, Lamentações	Cópias levadas para a Babilônia
587 a.C.	Destruição de Jerusalém	1 e 2Reis Ezequiel	
	Ciro captura a Babilônia Judeus que voltaram reconstroem o Templo	Daniel Ageu	
		Zacarias	
500 a.C.			
	Esdras volta para Jerusalém	Esdras, Neemias, Ester	Cópias trazidas de volta da Babilônia Cópias levadas a Samaria na época da exclusão de Neemias (Ne 13.28-30)?
	Neemias reconstrói as muralhas	Malaquias, 1 e 2Crônicas	
400 a.C.			

A Lei de Moisés

Historicamente, Moisés escreveu primeiro, portanto seus livros foram os primeiros a ter sua canonicidade reconhecida. A referência constante à "Lei de Moisés" por quase todos os livros canônicos depois do tempo de Moisés mostra que a Lei de Moisés foi acolhida imediatamente como imbuída de autoridade e continuou a ser reconhecida como tal.

Josué. O Senhor impôs o "livro da Lei" a Josué (Js 1.8), "que Moisés [...] ordenou" (Js 1.7) ao povo dos seus dias (cf. tb. Js 8.31; 23.6).

Davi. Davi incumbiu Salomão de guardar os estatutos, os mandamentos, as ordenanças e os testemunhos "escritos na Lei de Moisés" (1Rs 2.3).

Salomão. Na dedicação do Templo, Salomão instigou o povo, dizendo: "Seja o vosso coração plenamente consagrado ao Senhor, nosso Deus, para andardes nos seus estatutos e guardardes os seus mandamentos" (1Rs 8.61), os quais ele havia identificado anteriormente como as obras de Moisés (cf. v. 53,56).

Amazias. Foi escrito sobre o rei Amazias que ele agia não "de acordo com o que está escrito no livro da Lei de Moisés" (2Rs 14.6).

Manassés. O ímpio Manassés não viveu "de acordo com toda a Lei que [...] Moisés ordenara" (2Rs 21.8).

Josias. Josias voltou-se para o Senhor "de toda alma e de todas as suas forças, conforme toda a Lei de Moisés" (2Rs 23.25).

Asa. Nos dias de Asa, foi ordenado a Judá que "observasse a lei e o mandamento" (2Cr 14.4).

Josafá. Durante o reinado de Josafá, os sacerdotes "ensinaram em Judá, levando consigo o livro da Lei do Senhor" (2Cr 17.9).

Jeremias-Daniel. Por volta da época do Exílio babilônico, Jeremias fez referência à "Lei do Senhor" (Jr 8.8). Daniel mencionou a "maldição" e "o juramento que está escrito na Lei de Moisés" (Dn 9.11; cf. 9.13).

Esdras. No tempo de Esdras, o sistema levítico foi reinstituído "conforme o que está escrito no livro de Moisés" (Ed 6.18).

Neemias. Nos dias de Neemias, os sacerdotes "leram em voz alta o livro de Moisés diante de todo o povo" (Ne 13.1).

Malaquias. Último profeta do Antigo Testamento, Malaquias admoestou o povo a se "lembrar da Lei de Moisés, meu servo, dos estatutos e das normas que lhe ordenei em Horebe para todo o Israel" (Ml 4.4).

Com base nessas passagens, e outras semelhantes, pode-se ver prontamente que o restante do Antigo Testamento, depois de Moisés, considerava seus escritos canônicos.

Os Profetas

A designação mais comum para o restante do Antigo Testamento é "os Profetas". Esse título, combinado com "a Lei", ocorre cerca de uma dezena de vezes no Novo Testamento (cf. Mt 5.17; 7.12; Lc 24.27).

O caráter de um profeta. Um profeta verdadeiro era alguém que agia como porta-voz de Deus (veja os caps. 2, 12–13). Diz-se, especificamente, que Josué (Js 24.26) e Samuel (1Sm 10.25) acrescentaram escritos ao cânon.

De acordo com o sentido geral da palavra, todos os livros do Antigo Testamento foram escritos por "profetas". Moisés foi um profeta de acordo com Deuteronômio 18.15 e Oseias 12.13; Daniel e Davi foram chamados de profetas no Novo Testamento (Mt 24.15; At 2.30). E, se a palavra "profeta" foi definida em seu sentido amplo como aquele que recebe e comunica uma revelação de Deus, o rei Davi certamente deve ser considerado profeta, porque recebeu uma revelação "por escrito pela mão do Senhor que estava sobre mim" (1Cr 28.19). Até mesmo Salomão foi profeta porque Deus falou com ele em sonhos, ou visões (1Rs 3.5; 11.9), e lhe revelou o futuro.

Um sacerdote podia ser profeta (cf. Ez 2.2-5), assim como um príncipe (cf. Dn 1.3,7). Não era preciso pertencer ao "grupo dos profetas" (1Sm 19.20) ou ser "filho de profeta" (i.e., ser um discípulo ou aprendiz de um profeta como Eliseu foi para Elias, cf. 2Rs 2.12) para ser profeta, conforme pode ser visto pelo testemunho de Amós (Am 7.14). Nesse sentido mais amplo da palavra, portanto, todos os autores do Antigo Testamento, incluindo homens de Moisés (o legislador) até Amós (o viticultor) foram profetas.

A confirmação do profeta. Além dos milagres, que eram a confirmação divina do verdadeiro profeta,[8] vários outros testes eram usados para identificar os falsos profetas: (1) Eles proferem falsas profecias (Dt 18.21,22)? (2) Fazem contato com espíritos dos que haviam partido (Dt 18.11)? (3) Usam nomes de espíritos adivinhadores (Dt 18.11)? (4) Recorrem a médiuns e feiticeiros (Dt 18.11)? (5) Seguem falsos deuses ou usam ídolos (Êx 20.3,4; Dt 13.1-3)? (6) Confessam que Jesus Cristo veio em forma de homem (1Jo 4.1,2)? (7) Negam a divindade de Jesus Cristo (Cl 2.9)? (8) Suas profecias estão centradas em Jesus Cristo (Ap 19.10)? (9) Defendem a abstenção de alimentos (e.g., carnes) (1Tm 4.3,4)? (10) Condenam o casamento (1Tm 4.3)? (11) Promovem a imoralidade (Jd 7)? (12) Encorajam a autonegação legalista (Cl 2.16-23)?

---

[8] Veja os caps. 12 e 13.

A continuidade dos profetas. Um profeta era alguém que falava em nome de Deus, e essa era a característica que unia o ministério dos profetas de Moisés a Malaquias. A sucessão dos profetas produziu a história contínua contida no cânon do Antigo Testamento. Os livros de Crônicas, por exemplo, apresentam um testemunho incomum desse fato, conforme indica o levantamento abaixo:

1. A história de Davi foi escrita por Samuel, Natã e Gade (1Cr 29.29).
2. A história de Salomão foi registrada por Natã, Aías e Ido (2Cr 9.29).
3. Os atos de Roboão foram escritos por Semaías e Ido (2Cr 12.15).
4. A história de Abias foi acrescentada por Ido (2Cr 13.22).
5. A história de Josafá foi registrada por Jeú, o profeta (2Cr 20.34).
6. A história de Ezequias foi narrada por Isaías (2Cr 32.32).
7. A história da vida de Manassés foi registrada por videntes de nomes desconhecidos (2Cr 33.19).
8. Os outros reis tiveram suas histórias registradas em outros livros (2Cr 35.27).

Podemos acrescentar a essa lista de profetas que deixaram escritos o nome de Jeremias, já que seus escritos foram acrescentados aos deles, e a coleção toda foi chamada de "os livros" por Daniel (Dn 9.2).[9] R. Laird Harris afirma:

> Essa continuidade de profetas escritores pode ter sido a solução ao problema de como Moisés e Josué podiam ter escrito os relatos de sua própria morte por meio de narrativas históricas (cf. Dt 34; Js 24). Cada livro individual completa o anterior e une os elos da história profética. Rute era inicialmente parte de Juízes, e a genealogia de Rute pode ter sido acrescentada depois que Davi subiu ao trono para ligá-la a Samuel e a Reis, que são uma unidade. De igual modo, o último capítulo de Reis apresenta um paralelo com o material de Jeremias 52, 39, 40 e 41. De igual modo, o livro de Crônicas termina com os mesmos dois versículos com que começa a unidade Esdras-Neemias.[10]

---

[9] Veja R. Laird Harris, *Inspiration and canonicity of the Bible*, p. 166.
[10] Ibidem, p. 168.

Em outras palavras, os profetas do Antigo Testamento, sem dúvida, fixaram o registro de uma história sagrada contínua, associando seus livros a uma unidade canônica à medida que eram escritos individualmente. Essa prática de juntar livros ou documentos por meio de uma nota de rodapé ou de uma declaração é conhecida como "princípio do colofão" e também foi usada em registros não bíblicos.[11]

O completamento dos livros proféticos. A continuidade dos escritos proféticos terminou com Malaquias. Várias linhas de evidências corroboram essa afirmativa.

1. Há indícios em alguns dos profetas pós-exílicos de que a revelação seguinte de Deus se daria pouco antes da vinda do Messias (Ml 4.5) e que não haveria profetas verdadeiros no período intermediário (Zc 13.2-5).

2. Além disso, há confirmação do período intertestamentário de que não houve efetivamente profetas depois de Malaquias. No período dos macabeus, o povo esperava "até que surgisse um profeta" (1Mc 4.45; 9.27; 14.41). O *Manual de disciplina* da comunidade de Qumran (a.C.) também aguardava a "vinda de um profeta".[12]

3. A confirmação dessa posição vem também de Josefo;[13] do Talmude, que afirma: "Depois dos últimos profetas, Ageu, Zacarias e Malaquias, o Espírito Santo retirou-se de Israel";[14] e do Novo Testamento, que jamais cita um livro posterior a Malaquias como canônico. Na verdade, Jesus usa a expressão "de [...] Abel a [...] Zacarias" (Mt 23.35) para referir-se ao Antigo Testamento. Essa referência compreende os livros de Gênesis a 2Crônicas, que é a organização cronológica de todo o Antigo Testamento hebraico (veja os caps. 1 e 5). Harris resume bem essa visão quando afirma: "A rede de profetas evidentemente escreveu uma rede de histórias de Gênesis até Neemias, e os escritos desses profetas foram aceitos, um a um, no decorrer dos séculos até que, quando o Espírito da profecia retirou-se de Israel, o cânon estava completo".[15]

---

[11] Veja Alexander Heidel, *The Babylonian Genesis*, 2. ed., p. 25ss.
[12] IQS, *The manual of discipline*, tradução para o inglês de P. Wernberg-Möller, p. 9, 11.
[13] Josephus [Josefo], *Contra Apion* 1.8.
[14] Michael L. Rodkinson, Tractate "Sanhedrin", *The Babylonian Talmud*, VII-VIII, 24.
[15] Harris, p. 168-9.

Os Escritos

Dupla divisão na época da canonização. A ordem atual do Antigo Testamento entre os judeus é tripartite: Lei, Profetas e Escritos. Contudo, esse não era o formato mais antigo do Antigo Testamento. Não há pista dele no Antigo Testamento em si, e a única alusão possível a ele se encontra no Novo Testamento (Lc 24.44). Alguns livros dos Profetas não se encaixavam muito bem na sequência ininterrupta da história dos profetas, como os "quatro livros de hinos e preceitos para a conduta humana" mencionados por Josefo.[16] Isso levou, aparentemente, a um ordenamento muito precoce (possivelmente no ano 200 a.C. ou antes) dos livros que culminou com uma classificação tripartite amplamente aceita posteriormente: Lei, Profetas e Escritos (veja o cap. 1). A menção mais antiga de um terceiro grupo de livros encontra-se no "Prólogo ao Eclesiástico" (c. 132 a.C.), mas os livros não são citados. Josefo (37-100 d.C.) é mais explícito ao dizer que havia apenas quatro livros na terceira seção.[17] Não há dúvida de que, para ele, Ester devia estar junto com outras histórias proféticas, ao passo que Rute e Lamentações eram arrolados com Juízes e Jeremias, respectivamente, o que explica os 22 livros do cânon hebraico por ele enumerados. Isso também significa que Daniel foi arrolado com os Profetas.[18] Seja qual for a origem ou a condição dessa classificação tripartite,[19] a Septuaginta (LXX) (c. 250 a.C.) não tem escrúpulo algum em segui-la. Além disso, Orígenes (séc. 3 d.C.), que dizia derivar sua lista dos judeus, não segue a classificação tripartite dos livros. De modo semelhante, Melito (fim do séc. 2 d.C.), os manuscritos mais antigos da LXX (Vaticanus, Sinaiticus e Alexandrinus), as listas de Epifânio de Salamina (c. 315-403) e outros não seguem a ordenação tripartite.[20] Portanto, parece melhor concordar com Robert Dick Wilson e R. Laird Harris de que, no que diz respeito à *canonização*, havia apenas dois grupos de livros: a Lei (cinco livros) e os Profetas (dezessete livros).[21]

---

[16] Josephus, *Contra Apion* 1.8.

[17] Esses livros eram provavelmente Salmos, Provérbios, Eclesiastes e Cântico dos Cânticos. Veja Beckwith, p. 253.

[18] Veja Harris, p. 140.

[19] Veja Beckwith, p. 110-66.

[20] Ibidem, p. 181-222. Veja tb. Sid Z. Leiman, *The canonization of Hebrew Scripture: the talmudic and midrashic evidence*, p. 37-50, 131-55 e 156, nota 195.

[21] Harris alterou sua ideia anterior para permitir uma organização tripartite prévia, talvez uma prática alternativa: "Was the Law and the Prophets two-thirds of the Old Testament canon?", p. 170.

Classificação tripartite subsequente. Isso posto, é preciso admitir igualmente que havia uma *classificação* de livros antiga (talvez do séc. 2 a.C.) em três grupos: a Lei, os Profetas e os Escritos. A razão disso não está totalmente clara, mas convém fazer aqui algumas observações.

1. Uma explicação possível é a distinção posterior entre homens que tinham o *ofício* profético e os que tinham unicamente o *dom* profético. Portanto, o cânon estava dividido em a Lei, escrita pelo legislador; os Profetas, escritos por aqueles que tinham ofício de profeta; e os Escritos, redigidos por aqueles que tinham o dom de profecia. Talvez isso ajudasse a explicar por que alguns dos livros, como, por exemplo, Eclesiastes e Cântico dos Cânticos, foram colocados em dúvida mais tarde (veja o cap. 15). Um problema com essa ideia é que não há evidência alguma de que cada um dos livros nos Profetas foi escrito por alguém com ofício profético. Amós, por exemplo, parece repudiar a condição de profeta mediante formação ou ofício (Am 7.14), contudo seu livro está arrolado entre os Profetas.

2. Alguns talvez tenham sentido, posteriormente, que os livros da terceira categoria, isto é, os que não foram escritos por profetas de ofício, por esse motivo não eram plenamente canônicos; portanto, não deviam ser colocados na mesma seção com os escritos dos Profetas. Um problema dessa ideia é que não há evidência de que os Escritos tenham sido considerados não canônicos. Alguns livros que sempre foram considerados canônicos, como Salmos e Daniel, foram colocados na seção de Escritos.

3. A ideia de estudiosos oriundos da alta crítica (veja o cap. 25) de que esses livros foram postos no cânon numa data tardia porque só foram escritos e/ou aceitos mais tarde (séc. 2 a.C. ou depois) não combina com as datas remotas estabelecidas para muitos dos Escritos (e.g., Salmos de Davi e Provérbios, c. 1000 a.C.). Tampouco combina com o fato de que Josefo arrolava apenas quatro livros, e não onze, nessa seção, como faria posteriormente o Talmude (400 d.C.). Na realidade, Josefo colocou Daniel entre os Profetas, e não entre os Escritos. Esse fato não só contradiz a data posterior (séc. 2 a.C.) que os estudiosos da alta crítica costumam atribuir a Daniel, como também entra em conflito com sua data tardia para a inclusão dos Escritos no cânon.

4. Outra possível razão para a classificação tripartite posterior do Antigo Testamento decorre da importância temática e festiva dos livros. Por exemplo, os Cinco Rolos eram lidos nas cinco festas anuais. Portanto, para que servissem a um propósito mais prático, foram tirados da categoria dos escritos proféticos.

5. Roger Beckwith apresenta uma explicação plausível para a origem da classificação tripartite e a ordem dos livros em cada seção. Atribuindo a Judas Macabeu e seus companheiros (c. 164 a.C.) o processo de subdividir as Escrituras não mosaicas (inicialmente chamadas de "os Profetas") para formar os "Profetas e os Hagiógrafos", ele escreve:

> As três seções do cânon não são acidentes históricos, e sim obras de arte. As primeiras consistem na literatura mosaica, em parte histórica e em parte legal, organizada em ordem cronológica. As outras duas seções do cânon também consistem tanto em livros históricos quanto em livros não históricos. Os livros históricos cobrem dois outros períodos e estão organizados em ordem cronológica. Os livros não históricos (visionários ou oraculares, no caso dos Profetas; líricos e sapienciais, no caso dos hagiográficos) são organizados em ordem decrescente de tamanho.[22]

Seja qual for a razão para a *classificação* tripartite posterior, é preciso lembrar que a *canonização* se dava sobre uma base dupla: a Lei e os Profetas. Essas divisões na verdade incluíam os mesmos livros que mais tarde receberiam uma classificação tripartite em alguns círculos, o que finalmente ganhou aceitação geral entre os judeus por volta (ou antes) do século 4 d.C.

CONFIRMAÇÃO DO MODELO PROFÉTICO

Faltam-nos os dados históricos que nos permitiriam traçar um quadro completo do desenvolvimento do cânon do Antigo Testamento. Contudo, há fatos históricos importantes que servem de balizas em todo esse processo, conforme mostra a análise a seguir.

---

[22] Beckwith, p. 165. Veja tb. Leiman, *The canonization of Hebrew Scripture: the talmudic and midrashic evidence*, p. 30-50.

Evidências da classificação tripartite posterior

Embora as Escrituras do Antigo Testamento, aparentemente, não fossem canonizadas em três grupos e/ou estágios, há evidências remotas dessa outra forma de classificar os livros canônicos.

Prólogo a Eclesiástico. Possivelmente, a referência mais remota é o "Prólogo a Eclesiástico" (c. 132 a.C.), que pode referir-se ao uso de uma organização tripartite do Antigo Testamento pelo avô do autor (c. 200 a.C.). Contudo, não há menção dos nomes dos livros. Portanto, não se sabe quais livros constavam dessa seção.

Jesus Cristo. Jesus, em certa ocasião, aludiu a uma possível classificação tripartite do Antigo Testamento (Lc 24.44), embora falasse de uma classificação dupla que compreendia "todas as Escrituras" no mesmo capítulo (Lc 24.27).

Fílon. Pouco tempo depois da época de Cristo (c. 40 d.C.), Fílon observou a existência de uma classificação tripartite que faz referência à Lei, aos Profetas (ou Profecias), bem como a "hinos e os outros que promovem e aperfeiçoam o conhecimento e a piedade".[23]

Josefo. Josefo observou a mesma classificação por volta da mesma época (c. 37-100 d.C.), afirmando explicitamente que a terceira seção era constituída de "hinos a Deus" e de "preceitos para a conduta da vida humana".[24] Contudo, Josefo contabilizou apenas quatro livros nessa seção em comparação com o Talmude, que arrolava onze.

Talmude Babilônico. Por volta (ou antes) do século 4 d.C., o Talmude Babilônico apresentou a classificação tripartite constituída por Lei (cinco livros), Profetas (oito livros) e Escritos (onze livros). Portanto, a tendência de classificar o cânon em três seções, o que começou possivelmente já em 200 a.C., tornou-se o modelo aceito em torno de 400 d.C. Esse fato pode ser ainda confirmado por outros marcos na história do cânon hebraico nesse intervalo.

---

[23] Fílon, *De vita contemplativa* 3.25. Veja a tradução para o inglês de F. H. Colson, *The contemplative life*, in: *Philo*, p. 127: "Em cada casa, há um cômodo consagrado chamado de santuário ou quarto pequeno, e encerrados ali eles são iniciados nos mistérios da vida santificada. Não levam coisa alguma para dentro desse cômodo, nem bebida nem comida ou quaisquer outras coisas essenciais para as necessidades do corpo, senão [1] leis e [2] oráculos transmitidos pela boca dos profetas, [3] bem como salmos e qualquer outra coisa que promova e aperfeiçoe o conhecimento e a piedade".

[24] Josephus, *Contra Apion* 1.8. Várias razões para aceitar a confiabilidade de Josefo são enumeradas por Beckwith, p. 33-4.

3. Até o momento, todos os livros do Antigo Testamento, com exceção de Ester, encontram-se representados nos Manuscritos do Mar Morto. Aqui, pequenos fragmentos passam pelo escrutínio de estudiosos (Museu Arqueológico da Palestina)

Confirmação da dupla canonização

O tratado talmúdico Aboth (1.1,2) faz referência aos "homens da Grande Sinagoga" (400 a.C. em diante). A tradição da Grande Sinagoga é a dos estudiosos judeus (do séc. 5 ao séc. 3 a.C.) que seguiram Esdras na exposição da Lei (cf. Ne 9—10). Acredita-se que formavam uma assembleia responsável pelo reconhecimento e pela preservação do Antigo Testamento.[25] Há várias linhas de evidências a favor da alegação de que classificavam e reconheciam o cânon do Antigo Testamento conforme sua dupla divisão em Lei e Profetas.

O Antigo Testamento os une. Em primeiro lugar, conforme indicado acima, os Livros Históricos do Antigo Testamento apresentam evidências de que foram postos juntos como unidade profética desde a época de Moisés até Neemias.

Uso reiterado de "Lei e Profetas". Há ainda o uso reiterado da classificação "Lei e Profetas" no Novo Testamento, expressão talmúdica comum usada também no período macabeu (cf. 2Mc 15.9) e pela comunidade do Mar Morto de Qumran.[26]

---

[25] Veja o tratado talmúdico Aboth (às vezes chamado de Pirke Aboth, ou "Capítulos dos pais"), 1.1ss., in: *The Mishnah*, p. 446s, tradução para o inglês de Herbert Danby.
[26] IQS, *The manual of discipline* 1.3; 8.15; 9.11.

Reconhecimento em Daniel. Também há o reconhecimento no livro veterotestamentário de Daniel da "Lei de Moisés" (Dn 9.11,13), bem como uma coletânea chamado de "os livros" (9.2). Zacarias, profeta pós-exílico, refere-se aos "profetas anteriores" (Zc 1.4; 7.7,12), o que também confirma a existência de uma linha de pronunciamentos proféticos.

Reconhecimento pelos profetas subsequentes. A prova de fogo, porém, da posição segundo a qual o cânon se desenvolveu gradualmente consiste no reconhecimento, pelos profetas subsequentes, da existência e/ou autoridade dos pronunciamentos proféticos anteriores. Isso porque, caso houvesse um cânon que tivesse se desenvolvido gradualmente, ao qual os livros inspirados seriam acrescentados à medida que eram escritos (presumivelmente sem grande demora), seria lógico supor não apenas a continuidade entre os livros, mas algum reconhecimento da existência de livros anteriores por autores posteriores. É ilógico, porém, supor que todos os livros anteriores sejam citados por livros posteriores do Antigo Testamento, assim como o Novo Testamento não cita todos os livros do Antigo.

Um levantamento de passagens importantes do Antigo Testamento basta para confirmar a tese geral do duplo cânon.

1. Tomando-se Josué 1.7 a Malaquias 4.4 (veja acima), fica evidente que a Lei de Moisés foi reconhecida e usada pelos Livros Proféticos subsequentes. Não há dúvida de que todos os profetas posteriores mantiveram a continuidade com os grandes profetas e com o legislador Moisés e dependiam dele. É constante a retomada de sua verdade e o recurso aos seus preceitos ao longo das páginas restantes do Antigo Testamento. É evidente que os demais autores do Antigo Testamento tinham consciência de que um grande legislador viveu, ensinou e escreveu uma Lei que se refletiu em outros profetas da nação durante cerca de um milênio depois dele.

2. A questão essencial para a análise subsequente consiste em saber se há ou não evidência de profetas, desde os tempos de Moisés, que estejam em continuidade com os outros profetas bíblicos que os precederam e/ou tenham o entendimento deles. Um exame meticuloso em uma boa Bíblia com referências cruzadas ou em uma concordância mostrará que essa evidência é encontrada amplamente nos livros históricos.

    a. Tanto Josué quanto os acontecimentos no livro que leva seu nome são mencionados no livro de Juízes (1.1,20,21; 2.8).

  b. Rute, que era inicialmente um apêndice de Juízes, refere-se "aos dias em que os juízes julgavam" (1.1).
  c. O livro de 1Samuel continua a história de Israel depois de Juízes, e 2Samuel formava uma unidade com 1Samuel no cânon hebraico.
  d. Tanto 1Reis quanto 2Reis (um livro só no cânon hebraico) referem-se à "Lei de Moisés" (2Rs 14.6), e vez após vez falam de Davi como sua vida é narrada em 1 e 2Samuel (1Rs 3.14; 5.7; 8.16; 9.5).
  e. Os livros de 1 e 2Crônicas, que apresentam uma história paralela à de Samuel e Reis, aludem de igual modo a acontecimentos anteriores. Na verdade, as genealogias são traçadas do livro de Gênesis (1Cr 1), incluindo-se aí a que se acha registrada somente em Rute (1Cr 2.12,13).
  f. Esdras-Neemias começa com os mesmos dois versículos que concluem 2Crônicas (36.22,23), faz referência à "Lei de Moisés" (Ed 3.2; Ne 13.1) e faz uma retrospectiva de toda a história de Israel conforme registrada desde o Gênesis até o cativeiro e a restauração (Ne 9).

3. O restante do Antigo Testamento apresenta o aspecto final da "prova de fogo" da tese favorável ao cânon duplo. Qual a evidência de que esses livros proféticos e poéticos foram reconhecidos e aceitos no cânon pouco tempo depois de terem sido escritos?
  a. A data da redação do livro de Jó é incerta.[27] Ezequiel faz referência à fama de Jó (Ez 14.14,20), um fato que confirma a existência do livro de Jó na sua época.
  b. Partes de Salmos também aparecem nos Livros Históricos (cf. 2Sm 22; 1Cr 16). Há também o fato reconhecido de que Davi falou pelo Espírito Santo (2Sm 23.2).
  c. Os escritos salomônicos (Cântico dos Cânticos, Provérbios, Eclesiastes) muito provavelmente aparecerão como parte da lista em 1Reis 4.32, a saber, "Ele [...] proferiu 3.000 provérbios e compôs 1.005 cânticos".
  d. Muitos dos profetas também citam os escritos inspirados de seus predecessores, ou fazem referência a eles. Daniel tinha uma

---

[27] Veja "Introduction to the book of Job", in: *Ellicott's commentary*, 4.4-5; Gleason L. Archer, Jr., *A survey of Old Testament introduction*, p. 454-74 [edição em português: *Panorama do Antigo Testamento*, 4. ed. rev. ampl. (São Paulo: Vida Nova, 2012)], defende uma data patriarcal para os acontecimentos de Jó, embora o livro em sua forma atual possa ter sido composto em data posterior.

coletânea a que chamava de "os livros" e que, ao que tudo indica, continha os livros de Moisés e outros, até o de seu contemporâneo Jeremias (Dn 9.2), intermeados pelos "Profetas", que falaram a reis, príncipes, pais e a todo o povo da terra (Dn 9.6). Jeremias 26.18 cita Miqueias 3.12, e Miqueias 4.1-3 cita Isaías 2.2-4 (ou vice-versa). Há também uma dependência entre Isaías 2.4 e Joel 3.10; entre Joel 3.16 e Amós 1.2; Obadias 17*a* e Joel 2.32*b*, além de muitos outros casos. Os profetas demonstram um claro conhecimento de Salmos; Jonas 2.2-9, por exemplo, está repleto de referências a Salmos. Jonas 2.3, "Todas as tuas correntes e ondas passaram por cima de mim", é extraído de Salmos 42.7. Jonas 2.4 reflete uma familiaridade com Salmos 5.7, "Olharei outra vez para o teu santo templo" (cf. tb. Jn 2.5 e Sl 18.4-6).

Não se deve supor que todos os livros do Antigo Testamento sejam mencionados por profetas posteriores; o Novo Testamento, de modo geral, não se refere a todos os livros do Antigo Testamento. Não é necessário que haja uma referência explícita a todos os livros acrescentados ao cânon, assim como não é necessário que sua própria inspiração seja sempre explicitada (e.g., Ester). Contudo, há evidências contundentes para respaldar o conceito de um *cânon em expansão*: livros que foram escritos por um homem de Deus, confirmados por atos de Deus para que falem a verdade a respeito dele, foram incluídos *naquele momento* no cânon pelo povo e, desse modo, preservados. Mais tarde, o povo de Deus veio a reconhecer universalmente sua canonicidade.

Problemas com a ideia editorial de canonicidade

A canonicidade é determinada por Deus e apenas reconhecida pelo povo de Deus. O teste básico da canonicidade de um livro é o seu caráter profético. Isto é, o livro era acolhido pelo povo de Deus se reconhecidamente vinha de um profeta de Deus.

A teoria editorial do cânon

Tendências recentes de posições críticas ao Antigo Testamento propuseram uma visão que desafia o modelo profético de canonicidade apresentado acima.[28] Segundo essas tendências, os "editores inspirados" fizeram mudanças substanciais nos escritos dos primeiros autores bíblicos. Desse modo, o conteúdo dos escritos bíblicos passou por constantes mudanças até chegar à sua forma final, com frequência, séculos depois de enunciado. Em favor dessa posição, é costume recorrer aos argumentos abaixo.

1. Alguém, depois de Moisés, possivelmente Josué, escreveu o último capítulo de Deuteronômio (Dt 34), já que não é profético e apresenta a morte de Moisés.
2. Algumas seções de Deuteronômio (2.10-12; 2.20-23) mostram evidências de um redator posterior porque são de caráter editorial por natureza (i.e., parentéticos) e fazem referência a um tempo posterior quando Israel estava na "terra de sua posse" (Dt 2.12).
3. A organização de Salmos em cinco livros é, sem dúvida, alguma obra de editores.
4. Provérbios passou pelas mãos de editores depois de Salomão (1.1; 10.1; 25.1; 30.1; 31.1), alguns dos quais viveram na época de Ezequias, duzentos anos depois de Salomão (25.1).
5. Alguns livros, como Jeremias, estão disponíveis em duas versões substancialmente diferentes. A versão massorética é um sétimo mais extensa do que a versão da Septuaginta (LXX), que está disponível em um fragmento hebraico de Qumran (4Q Jer^b).
6. Os livros de Crônicas apresentam-se como livros baseados em registros proféticos anteriores (1Cr 9.1; 27.24; 29.29; 2Cr 9.29; 13.22; 16.11; 20.34; 25.26; 27.7; 28.26; 32.32; 33.19; 35.27; 36.8), que foram redigidos pelo(s) autor(es) de Crônicas.

Em favor desse cânon editorial, cita-se com frequência Emanuel Tov. Em relação às supostas redações de Jeremias, ele escreveu:

O editor II [texto massorético] tomou a liberdade de acrescentar e de alterar muitos detalhes pequenos e alguns mais importantes. São mudanças visíveis (1) na organização do texto; (2) na inclusão de cabeçalhos às profecias; (3) na

---

[28] Veja a análise no cap. 9 sobre as teorias da redação paralelas do Novo Testamento. Veja tb. o cap. 25.

repetição de seções; (4) na adição de novos versículos e seções; (5) na inclusão de novos detalhes; e (6) nas mudanças no conteúdo.[29]

Alguns modelos redacionais foram propostos por evangélicos, entre eles William Abraham, Paul Achtemeier e Bruce Waltke. Este afirma que "os livros da Bíblia parecem ter passado por uma revisão editorial depois de proferidos pela boca de um porta-voz inspirado". Na mesma passagem, ele fala de uma "atividade editorial posterior". Diz Waltke: "Temos evidências de redação que cobrem pelo menos dois milênios, de 1800 a.C. a 200 d.C".[30] Contudo, os que reagiram à proposta de Waltke rejeitaram sua posição sobre a crítica editorial, manifestando "forte discordância em relação a ela".[31]

Objeções à teoria do cânon editorial

Convém observar inicialmente que nenhum dos argumentos propostos em apoio à ideia da "edição inspirada" do cânon é definitivo.[32] Todos eles são passíveis de explicação em vista da visão profética apresentada anteriormente neste capítulo.

Resposta aos argumentos do cânon editorial. As respostas à visão da edição inspirada serão apresentadas por ordem.

1. O fato de que Moisés talvez não tenha escrito o relato de sua própria morte (Dt 34) é algo aceito há tempos por estudiosos conservadores (como R. D. Wilson, L. Harris, G. Archer). Isso respalda efetivamente

---

[29] Emanuel Tov, "The literary history of the book of Jeremiah in the light of its textual history", in: J. Togay, org., *Empirical models for biblical criticism*, p. 217.

[30] Bruce K. Waltke, "Historical grammatical problems", in: Earl D. Radmacher; Robert D. Preus, orgs., *Hermeneutics, inerrancy and the Bible*, p. 78-9, 92. Veja tb. Waltke, "The textual criticism of the Old Testament", in: *The expositor's Bible commentary*, p. 211-6.

[31] Veja Waltke, "Historical grammatical problems", p. 133. O livro em que aparece o artigo de Waltke lembra os leitores em sua introdução de que o "ICBI [International Council of Biblical Inerrancy] não endossa todos os pontos apresentados pelos autores deste livro".

[32] Há quem cite Merrill Unger em apoio à canonicidade defendida pela teoria da redação. Na realidade, Unger afirmou que "as dificuldades próprias [nessa visão] são indissociáveis dela" (*Introductory guide to the Old Testament*, p. 231). Ele disse que alguns poderão "sonhar com carinho" com a plausibilidade dessa visão, mas será em vão. O máximo que Unger admitia eram pequenos "acréscimos editoriais ao Pentateuco, considerado autenticamente mosaico" (Ibidem). No entanto, ele rejeitava peremptoriamente a ideia de que acréscimos não mosaicos foram introduzidos pelos redatores no Pentateuco, inspirados ou não (Ibidem, p. 231-2).

a visão da continuidade dos profetas-autores segundo a qual o sucessor do autor escreveu o último capítulo do livro do seu predecessor.

2. As seções parentéticas em Deuteronômio 2 não precisam ser necessariamente não mosaicas simplesmente porque são editoriais. Os autores usam com frequência material editorial (i.e., parentético) em seus escritos. A "terra de sua posse" referida em Deuteronômio 2.13 é, conforme observaram Keil e Delitzsch,

> A terra a leste do Jordão (Gileade e Basã), que foi conquistada pelos israelitas sob a liderança de Moisés, e dividida entre as duas tribos e meia, e que também é classificada em 3.20 como "posse" que Jeová dera às tribos.[33]

Mesmo que sejam acréscimos posteriores, é possível que sejam mudanças não inspiradas sujeitas ao mesmo debate textual que Marcos 16.9-20 e João 7.53—8.11.

3. Simplesmente acrescentar e reordenar escritos inspirados (salmos individuais) não é prova de modelo editorial. Acrescentar salmos ao Saltério à medida que eram escritos encaixa-se perfeitamente com o modelo profético do cânon. O que esse modelo editorial teria de provar é que editores subsequentes supostamente inspirados introduziram alterações deliberadas de conteúdo nos salmos (ou em outros livros) já pertencentes ao cânon, em vez de reordenar simplesmente o que já constava nele. Não há prova alguma dessas mudanças de conteúdo em Salmos.[34] Além disso, pequenos acréscimos editoriais em um texto são uma coisa, mas a posição do editor inspirado acredita em mudanças substanciais no conteúdo do texto; isso é uma questão totalmente diferente para a qual não se oferece prova alguma.

4. Nenhuma das passagens citadas de Provérbios provam que o escrito original do autor, seja ele Salomão (cap. 1—29), seja Agur (cap. 30), seja Lemuel (cap. 31), não teria sido aceito imediatamente pela comunidade de fiéis, prosseguindo subsequentemente sem mudanças deliberadas de

---

[33] C. F. Keil; F. Delitzsch, *Commentary on the Old Testament*, 1:293.

[34] A evidência para isso foi proporcionada por Kenneth Barker em resposta à proposta de Waltke (Radmacher, Ibidem, p. 134-5).

conteúdo. "Copiados" (25.1, KJV) não significa "alteração de conteúdo", mas simplesmente transcrito em outro manuscrito.

5. Estudiosos conservadores há tempos admitiram que pode ter havido duas versões (edições) de Jeremias: uma de autoria do próprio Jeremias (na qual se baseou a LXX), e outra posterior mais ampla (sobre a qual se baseou o texto massorético) com um número maior de suas profecias reunidas por seu escriba, Baruque.[35] Portanto, não há necessidade de postular um editor inspirado posterior a Jeremias depois de sua época.

6. As passagens citadas em Crônicas não significam que o autor de Crônicas (possivelmente Esdras) estivesse redigindo alguns outros livros, mas simplesmente que os usava como fontes para escrever seu próprio livro. Por exemplo, Daniel (Dn 9) recorre a Jeremias (Jr 25), e 2Samuel 22 usa o salmo 18. Além disso, não é obrigatório que todos os livros citados em Crônicas sejam inspirados. Alguns eram apenas registros da corte (e.g., 1Cr 9.1; 27.24; 2Cr 20.34). Os livros de "Samuel, o vidente, e Natã, o profeta" (1Cr 29.29) talvez sejam os escritos proféticos hoje conhecidos como 1Samuel. Outros talvez sejam comentários não inspirados (e.g., 2Cr 13.22).

Problemas da teoria editorial do cânon. Uma vez que a teoria editorial do cânon requer editores inspirados que, supostamente, fizeram mudanças deliberadas e substanciais no conteúdo do material profético anterior num período de décadas, e até mesmo de séculos, depois da morte do autor original, ela é inaceitável por vários motivos.

1. Ela é contrária à admoestação reiterada que Deus fez para que não se "acrescentasse à palavra que eu [Deus] vos ordeno" (Dt 4.2; cf. Pv 30.6; Ap 22.18,19). Isso, é claro, não significa que outro profeta não possa ter sua própria revelação, que mais tarde seria posta junto com o escrito prévio de um profeta no cânon das Escrituras. Significa, isto sim, que ninguém tinha permissão para, posteriormente, mudar (editar) a revelação que Deus já tinha dado.

2. A teoria editorial confunde canonicidade e crítica textual. A questão das mudanças de escribas ao transmitirem um manuscrito de um livro

---

[35] Veja Gleason Archer, Jr., *A survey of Old Testament introduction*, p. 361-2.

inspirado é de crítica textual, e não de canonicidade. De igual modo, se houver algum material de tamanho significativo acrescentado posteriormente que não seja encontrado em manuscritos anteriores, então, como no caso de Marcos 16.9-20 e João 7.53—8.11, cabe à crítica textual determinar se ele constava ou não do escrito original. Não é exatamente uma questão de canonicidade.

3. A teoria do "editor inspirado" é contrária ao uso bíblico da palavra "inspirado" (2Tm 3.16). A Bíblia não fala de autores inspirados, somente de *escritos* inspirados (veja o cap. 2). Se os autores fossem inspirados, seriam *infalíveis* (*e inerrantes*), e não simplesmente autores de um livro infalível (e inerrante). Além disso, inspirado (*theopneustos*) não significa "soprar nos" autores, e sim "expirar" os escritos.

4. A teoria editorial é contrária à visão evangélica de que apenas os *autographa* (os escritos originais) são inspirados. As expressões "escritos originais" e "manuscritos originais" são usadas de forma intercambiável com a palavra "autógrafos". Contudo, se tão somente a versão final do texto editado for inspirado, disso se segue que os escritos originais não foram os que Deus expirou. Para aceitar a ideia de editores inspirados, seria preciso rejeitar a visão evangélica de um autógrafo original definitivo e escrito, que Deus teria expirado por meio dos profetas. Em vez disso, "autógrafos" imutáveis seriam transformados num processo fluido de mudanças nos manuscritos por muitas mãos no decorrer de muitos séculos. Isso, na verdade, transformaria meros escribas em profetas. É por isso que 2Pedro 1.20,21 afirma que toda "profecia" (e não os profetas) vem de Deus. Deus teria de expirar cópias (com seus erros), bem como o escrito profético original. Isso, na verdade, resultaria em erros expirados (inspirados) por Deus!

5. A edição inspirada também eliminaria o meio pelo qual um pronunciamento profético poderia ser testado por aqueles a quem foi dado. Em geral, a teoria editorial afirma que a obra profética escrita como tal não foi apresentada à comunidade contemporânea de fiéis do profeta por meio de quem Deus a concedeu, mas por alguém décadas (ou até mesmo séculos) mais tarde. Portanto, não havia como confirmar se aquele escrito (em sua forma editada final) viera na verdade de um profeta de Deus. Somente se a mensagem original e não alterada fosse

confirmada pelo público original, teríamos segurança de seu lugar de direito no cânon. Conforme observa acertadamente I. Howard Marshall, "a fragilidade dessa posição é que ela situa a inspiração como uma atividade no processo de composição da Bíblia e não lida efetivamente com a questão da inspiração do livro resultante".[36]

6. O modelo de redação muda o *locus* da autoridade divina da mensagem profética original (concedida por Deus por meio do profeta) para a comunidade de fiéis em gerações posteriores. É contrário ao princípio verdadeiro da canonicidade segundo o qual Deus *determina* a canonicidade e o povo de Deus simplesmente *descobre* o que Deus determinou ou inspirou (veja o cap. 13). Na realidade, o modelo editorial situa a autoridade na igreja, e não na mensagem profética concedida por Deus.

7. O modelo editorial da canonicidade requer a aceitação do engodo como meio de comunicação divina. Ele assegura que uma mensagem ou livro que se dizem oriundos de um profeta (como Isaías ou Daniel) na realidade não vieram dele totalmente, e sim de editores posteriores. Aplicada aos Evangelhos, a crítica editorial declara que Jesus não disse ou fez necessariamente o que os autores do Evangelho dizem que ele fez.[37] Eles colocam literalmente suas palavras na boca de Jesus, mas isso requer uma falsa interpretação intencional da parte deles, que é enganadora e contrária às suas afirmações (Lc 1.1-4; Jo 20.30,31). O mesmo aplica-se a qualquer outra edição posterior que, supostamente, tenha modificado o que autor mencionado escreveu. Isso seria um engodo, levando o leitor a acreditar erroneamente que os autores originais dirigidos por Deus disseram aquilo. Deus, porém, não pode mentir (Tt 1.2; Hb 6.18).

8. O modelo editorial do cânon confunde a atividade legítima do escriba, que consiste na forma gramatical, na atualização dos nomes e na organização do material profético, com mudanças editoriais ilegítimas no conteúdo real da mensagem anterior do profeta. O modelo confunde

---

[36] I. Howard Marshall, *Biblical inspiration*, p. 38.
[37] Robert Gundry foi convidado a se desligar da Evangelical Theological Society [Sociedade Teológica Evangélica] exatamente por causa disso. Ele afirmou que expressões como "'Jesus disse' ou 'Jesus fez' nem sempre significavam necessariamente o que ele disse ou fez no plano histórico. Às vezes, significava apenas que, no relato construído em parte por Mateus, Jesus disse ou fez o que se seguia" (Robert Gundry, *Matthew: a commentary on his literary and theological art*, p. 630).

a transmissão aceitável feita pelo escriba com adulterações editoriais inaceitáveis do texto inspirado.

9. A teoria editorial pressupõe que houve redações inspiradas do Antigo Testamento bem depois do período em que não havia profetas (i.e., o séc. 4 a.C.). Não pode haver obras inspiradas, a menos que haja profetas vivos. E os judeus não reconheceram profeta algum depois do tempo de Malaquias (c. 400 a.C.; veja o material apresentado anteriormente neste capítulo). Portanto, quaisquer mudanças no texto do Antigo Testamento depois dessa época não podiam ser inspiradas. Em decorrência disso, essas mudanças seriam uma questão de crítica textual, e não de canonicidade.

Resumo e conclusão

A canonização consiste em três passos: (1) inspiração por Deus; (2) reconhecimento pelo povo de Deus; e (3) coleção e preservação pelo povo de Deus. A história do cânon é sinal de um desenvolvimento gradual da reunião de livros proféticos que eram acrescentados continuamente à Lei à medida que eram escritos.

O cânon do Antigo Testamento foi concluído provavelmente em torno de 400 a.C., e talvez por volta de 200 a.C. os 24 livros que haviam passado por esse processo de canonização começaram a tomar a forma alternativa de uma classificação tripartite: Lei, Profetas e Escritos. Uma sugestão é que uma terceira categoria pode ter sido criada por motivos litúrgicos (para acomodar-se a seu ano festivo). Uma sugestão mais plausível é que a classificação tripartite seja decorrência de uma organização temática em livros legais, históricos e não históricos.

Seja qual for a razão para essa classificação tripartite, há várias linhas de evidências para respaldar a visão de que o Antigo Testamento foi canonizado no primeiro momento de acordo com um divisão dupla de Lei (cinco livros) e Profetas (dezessete livros): (1) a forma em que os livros históricos se acham entrelaçados numa unidade; (2) a designação mais comum que o Novo Testamento faz do Antigo, "Lei e Profetas"; (3) a referência em Daniel à Lei e "os livros" (Dn 9.2); e (4) o reconhecimento dos livros proféticos "Anteriores" pelos "Posteriores". Contudo, dada a antiga tendência de separar os Profetas em dois grupos, a forma final do cânon hebraico tornou-se, por fim, tripartite: Lei, Profetas e Escritos.

15
Apócrifos e Pseudepígrafos do Antigo Testamento

Depois de analisados o "O quê?" (natureza) e o "Como?" (história) do cânon, a questão "Qual?" (extensão do cânon) requer atenção. No decorrer da história, o *número* de livros no cânon tem se mostrado um problema praticamente tão complexo quanto a *natureza* do cânon. Tomando emprestado a terminologia dos pais da igreja no que diz respeito aos livros do Novo Testamento (veja o cap. 17), os livros do Antigo Testamento podem ser organizados em quatro grupos: (1) os que são aceitos como canônicos por praticamente todos, e que são chamados de *Homologoumena* (uma palavra, concordância); (2) os que em uma ocasião ou outra foram questionados por alguns pais, chamados de *Antilegomena* (falar contra); (3) os que foram rejeitados por praticamente todos, chamados de Pseudepígrafos (escritos falsos, espúrios); e (4) os que foram aceitos por alguns, os Apócrifos (ocultos, secretos). Cada uma dessas várias classificações requer um exame individual.

LIVROS ACEITOS POR TODOS — *HOMOLOGOUMENA*

Natureza dos Homologoumena

Os *Homologoumena* são livros que, tão logo foram aceitos no cânon, não houve mais questionamentos ou dúvidas a seu respeito. Foram reconhecidos não apenas pelas primeiras gerações, mas também pelas que as sucederam.

Tendo em vista a origem divina das Escrituras, não causa surpresa de modo algum descobrir que elas são tratadas como "sagradas" na literatura do período intertestamentário. Além disso, o Templo era o repositório desses escritos sagrados. Com a destruição do Templo no século 2 a.C., essas Escrituras do Templo foram dispersas. Segundo Roger Beckwith, "Mesmo que fosse possível, depois da destruição do Templo, acrescentar alguns livros *controversos* ao cânon (o que é concebível), os livros *incontestáveis*, em todas as três seções do cânon, teriam de ser canônicos antes da destruição do Templo, e não apenas pouco antes disso, e sim durante muito tempo".[1]

Número dos Homologoumena

No total, os *Homologoumena* consistem em 34 dos 39 livros das versões em inglês do Antigo Testamento protestante. Todo o Antigo Testamento, exceto os *Antilegomena*, pertence a esse corpo de livros. Isto é, fazem parte dos *Homologoumena* todos os livros do Antigo Testamento protestante, exceto Cântico dos Cânticos, Eclesiastes, Ester, Ezequiel e Provérbios. Como os *Homologoumena* não fazem parte do debate sobre o Antigo Testamento, não dedicaremos espaço a eles neste contexto. Já a questão dos *Antilegomena* é importante e requer tratamento complementar.

LIVROS CONTESTADOS POR ALGUNS — OS *ANTILEGOMENA*

Natureza dos Antilegomena

Vários livros que inicialmente, e depois de modo derradeiro, foram considerados canônicos, por um ou outro motivo, em uma ou outra época, foram contestados por alguns rabinos. Moses Stuart tem chamado a atenção para a tendência conservadora que deve ter resultado da rivalidade entre fariseus, saduceus e essênios de tal modo que

> toda tentativa de fazer acréscimos ao cânon, ou de reduzi-lo, por um desses grupos, certamente enfrentaria oposição por um ou por dois opositores, e, mesmo que essa resistência não fosse bem-sucedida, a controvérsia em questão jamais seria pacificada, deixando possíveis marcas na história.[2]

Esses livros, chamados de *Antilegomena*, foram primeiramente incluídos no cânon e só depois contestados. Isto é, esses livros canônicos tiveram seu caráter e/ou afirmações questionados posteriormente por rabinos.

---

[1] Roger Beckwith, *The Old Testament canon in the New Testament church and its background in early Judaism*, p. 86.

[2] Moses Stuart, *Critical history and defence of the Old Testament canon*, seção 10, cf. citado em Beckwith, p. 86-7.

Quantidade dos Antilegomena

Conforme dissemos, há cinco livros nessa categoria, e cada um deles requer uma análise individual.

Cântico dos Cânticos. Esse livro "aparece no cânon de Áquila e foi acolhido como Escrituras por Melito e Tertuliano. Também é citado, com fórmulas tradicionais de citação das Escrituras, na Mishná (*Taanith* 4.8; *Abodah Zarah* 2.5)".[3] O motivo principal que levou esse livro a ser contestado é que pareceu *sensual* para alguns. A escola de Shammai (séc. 1 d.C.) tinha dúvidas de sua canonicidade, mas, por fim, a interpretação do rabino Akiba ben Joseph (c. 50-132) prevaleceu quando afirmou,

> Deus me livre! Nenhum homem em Israel jamais colocou em dúvida Cântico dos Cânticos [a ponto de dizer] que esse livro não torna as mãos impuras [i.e., que não é canônico], porque todas as eras não valem o dia em que Cântico dos Cânticos foi dado a Israel; pois todos os Escritos são santos, mas Cântico dos Cânticos é o Santo dos Santos. E, se havia algo contestado, era só Eclesiastes.[4]

Contudo, conforme observa H. H. Rowley, o próprio fato de que a afirmação era necessária significa que havia dúvidas a respeito.[5] Se as dúvidas giravam em torno de um suposto caráter sensual, elas se baseavam numa interpretação equivocada. Contudo, é perfeitamente possível "que Deus tenha colocado esse Cântico no cânon para nos ensinar a pureza e a santidade do estado do matrimônio que ele mesmo estabeleceu".[6] Sejam quais forem as dúvidas sobre a interpretação do Cântico, não deve haver dúvida alguma sobre sua inspiração e consequente canonização. Além disso,

> uma vez que Cântico dos Cânticos não era (como Eclesiastes e Ester) um dos livros que suscitava as contestações mais acaloradas, a ausência de evidências diretas é menos séria, por isso as evidências indiretas de canonicidade bastam. Cântico dos Cânticos é evidentemente um dos 22 livros canônicos de Josefo que, segundo ele, haviam sido aceitos por todos os judeus durante muito tempo e, presumivelmente, é um dos 24 livros canônicos mencionados por 2Esdras

---

[3] Beckwith, p. 321-2.
[4] *The Mishnah*, tradução para o inglês de Herbert Danby, *Yadaim* 3.5, p. 178-82.
[5] H. H. Rowley, "The Interpretation of the Song of Songs", p. 337-63.
[6] Edward J. Young, *An introduction to the Old Testament*, p. 355.

(4Esdras) e, talvez, ao que o Apocalipse de João faz alusão. E se, conforme argumentamos, os números tradicionais de 24 e 22 para os livros canônicos datarem do século 2 a.C., a canonicidade dos livros em questão deverá recuar igualmente à mesma data, já que os números tradicionais só teriam sido adotados depois de estabelecida a identidade dos livros, permitindo assim que fossem acolhidos de modo consensual.[7]

Eclesiastes. Uma das principais objeções a esse livro era que parecia *cético*. Alguns o têm chamado de o "Cântico do Ceticismo".[8] O rabino Akiba admitia que "se havia algo contestado [quanto a Cântico dos Cânticos e Eclesiastes], esse questionamento se limitava só a Eclesiastes".[9] Contudo, não há necessidade de chegar a essa conclusão sobre o livro. O Eclesiastes em si chega a uma conclusão espiritual: "Teme a Deus e obedece aos seus mandamentos; porque isso se aplica a todo homem" (12.13). Poderá haver alguma dúvida sobre o homem "debaixo do sol", mas não precisa haver dúvida alguma sobre o ensino do livro, que vai "acima e além do sol" e vem como "palavras de verdade [...] dadas pelo único Pastor" (Ec 12.10,11). Depois dessa afirmação, acrescenta-se uma advertência sobre a inutilidade dos livros de origem terrena: "Além disso, meu filho, preste atenção. Escrevem-se livros sem fim, e a devoção excessiva *aos livros* cansa o corpo" (Ec 12.12). "Acrescente-se a isso o fato de que Eclesiastes pertença evidentemente ao cânon de Josefo, o qual, segundo ele, tinha sido estabelecido há muito tempo; também fazia parte do cânon de Áquila, que é citado, mediante fórmulas tradicionais de citação das Escrituras, na Mishná (*Sukkah* 2.6; Ḥagigah 1.6; *Kiddushin* 1.0) e demais literaturas do período tannaítico."[10]

Ester. Em virtude da ausência notória do nome de Deus, esse livro teve certa dificuldade de manter sua posição no cânon hebraico. O ponto central do desafio era o fato de que o livro parecia *não espiritual*. A pergunta fundamental que se fez foi a seguinte: "Como esse livro pode ser Palavra de Deus se nem mesmo menciona o nome de Deus?". Há duas explicações possíveis que devem ser mencionadas aqui. Alguns postularam que como os judeus do exílio persa "não estavam mais na linha teocrática, por assim dizer, o *nome* do Deus da aliança não está associado

---

[7] Beckwith, p. 322.

[8] Cf. citado em Herbert Carl Leupold, *Exposition of Ecclesiastes*, p. 19.

[9] *Yadim* 3.5, in: *The Mishnah*, p. 781-2; veja tb. a análise em R. K. Harrison, *Introduction to the Old Testament*, p. 1079-84, e *Eduroth* 5.3, in: Danby, p. 431.

[10] Beckwith, p. 321.

a eles".¹¹ Outros acharam que a omissão do nome de Deus era intencional, para proteger o livro de plágio pelos pagãos e para evitar a substituição do nome de Deus por um deus pagão. Em apoio a essa alegação, W. G. Scroggie observa que o nome de Jeová (YHWH) pode ser encontrado quatro vezes em forma de acróstico no livro, e de um modo e em lugares tais que o colocariam além do âmbito da mera probabilidade.¹² Seja como for, a ausência do nome de Deus é mais do que compensada pela presença do seu poder e de sua graça na libertação do seu povo, fato que confere valor canônico ao livro (cf. Et 4.14; 9.20-22).

Roger Beckwith resume as evidências históricas em respaldo da canonicidade de Ester quando afirma:

> Josefo confirma objetivamente o livro de Ester. Ele afirma que os 22 livros canônicos traçam o curso da história desde a Criação até a época de Artaxerxes, sucessor de Xerxes, a quem identifica como Assuero, que se casa com Ester. [...] Ester estava no cânon de Áquila, e provavelmente foi aceito na igreja ocidental cristã desde o início. [...] O livro é citado na Mishná e demais obras tanaíticas, no último caso mediante as fórmulas tradicionais de citação das Escrituras.¹³

Ezequiel. Esse livro foi questionado por alguns por causa de seus ensinos aparentemente *antimosaicos*. A escola de Shammai achava que o ensino do livro não estava de acordo com a Lei mosaica, e que os primeiros dez capítulos apresentavam uma tendência gnóstica.¹⁴ Contudo, não foram dados exemplos específicos que contradissessem efetivamente a Torá. Se houvesse contradições concretas, então é claro que o livro não poderia ser considerado canônico. Portanto, a exemplo de outros livros contestados, os argumentos giravam em torno da interpretação, e não da inspiração (veja o cap. 2).

Da perspectiva histórica, conforme observa Beckwith,

> as evidências em prol da canonicidade de Ezequiel são tão amplas e tão antigas que o livro se tornou motivo de embaraço para os que defendem a

---

¹¹Young, p. 378.
¹²W. Graham Scroggie, *Know your Bible*, vol. 1: *The Old Testament*, p. 96. Os estudiosos judeus não duvidavam da canonicidade do Cântico de Salomão pelos mesmos motivos, porque, embora não apareça nenhum nome ou termo para Deus na tradução em inglês do livro, exceto na *New American Standard Bible* (NASB), o nome hebraico de Deus, *Yah*, ocorre no final de 8.6. Nenhuma outra tradução recente do Antigo Testamento em inglês segue a orientação dos tradutores da NASB.
¹³Beckwith, p. 322.
¹⁴Young, p. 257.

perspectiva comum sobre a data de fechamento do cânon. Ezequiel certamente se apresenta como profeta comissionado por Deus e [...] o livro é provavelmente ou certamente reconhecido como profético, bíblico ou divino por Tobias, Eclesiástico, 4Macabeus, os Manuscritos do Mar Morto, o Apocalipse de João, 1Clemente e Josefo. Suas revelações e predições são endossadas, sua autoria profética é reconhecida, é citado por meio de fórmulas tradicionais de citação das Escrituras e foi incluído "na Lei e nos Profetas" e nos 22 livros. Há também a possível confirmação de Fílon e de Jesus no Evangelho de João. [...] Fariseus, essênios e cristãos lhe dão respaldo, e esse respaldo remonta pelo menos ao século 2 a.C., conforme pode ser visto pela evidência encontrada em Tobias e em Eclesiástico, e pela evidência dos essênios, a qual (embora não remonte a um passado tão distante) indica que o livro já era canônico antes do surgimento dos essênios naquele século. Há também o fato de que o livro não pertence aos Hagiógrafos, como os outros quatro livros contestados, mas aos Profetas, o que é significativo, uma vez que ninguém acredita realmente que o cânon dos Profetas ainda estivesse aberto no século 1 d.C. É um exemplo raro de provas mais que contundentes.[15]

Provérbios. A polêmica em torno desse livro decorre do fato de que ele é *ilógico* (contraditório em si mesmo). Essa acusação fica clara no Talmude, que diz: "Também procuraram ocultar o livro de Provérbios, porque suas palavras contradiziam umas às outras".[16] A suposta contradição é encontrada em Provérbios 26.4,5, em que a exortação consiste a um só tempo em "responder ao insensato de acordo com a sua insensatez" e em não fazê-lo. Contudo, conforme os rabinos têm observado, o sentido evidente pretendido é que há ocasiões em que se deve responder ao insensato e ocasiões em que não se deve fazê-lo. Como as afirmações aparecem em versículos sucessivos em forma de dístico, parece que comportam um impacto implícito semelhante à expressão atual "Por um lado, por outro lado". Seja como for, os demais versículos apresentam razões diferentes para os dois tipos de conselho, respectivamente; e, em decorrência disso, não há contradição que impeça a canonicidade.

Outro testemunho em prol da canonicidade de Provérbios se mostra novamente substancial. Conforme observa Beckwith,

---

[15] Beckwith, p. 318. Veja tb. a análise no cap. 14.
[16] *Tractate Shabbath*, 30b, Talmude, cf. citado em Young, p. 332.

O livro de Provérbios é certamente, ou provavelmente, entendido como Escritura por Eclesiástico, 4Macabeus, os Manuscritos do Mar Morto, Fílon, a Carta aos Romanos, a Carta de Tiago, 1Clemente e Josefo. Estava no cânon de Áquila e é citado com frequência nas fórmulas tradicionais de citação das Escrituras, na Mishná, (*Peah* 5.6; 7.3; 8.9; *Shabbat* 9.2; *Sheqalim* 3.2; *Yoma* 3.11; *Taanith* 4.8 etc.). [...] Por fim, no *De Sampsone* 44 de Pseudo-Fílon, escrito talvez no século 1 d.C., ou Provérbios 26.27 ou Eclesiastes 10.8, é mencionado com a fórmula "as Escrituras dizem".

Mais uma vez, note-se que o livro tem respaldo farisaico, essênio e cristão, e que esse respaldo remonta ao século 2 a.C., conforme demonstrado pela evidência de Eclesiástico e de seu prólogo, e pela evidência essênia, segundo a qual o livro já era canônico antes do cisma essênio.[17]

LIVROS REJEITADOS POR TODOS — PSEUDEPÍGRAFOS

Há uma quantidade colossal de escritos falsos e espúrios que merecem menção a esta altura, não porque alguém pudesse defender seriamente sua autoridade, mas porque representam efetivamente as crenças religiosas dos hebreus no período intertestamentário. Os autores do Novo Testamento recorrem a vários desses livros; por exemplo, Judas 14,15 faz uma possível citação do *Livro de Enoque* (1.9) e a Assunção de Moisés (1.9); há uma alusão à penitência de Janes e Jambres em 2Timóteo 3.8. É claro que é preciso lembrar que o Novo Testamento também cita os poetas pagãos Arato (At 17.28), Menander (1Co 15.33) e Epimênides (Tt 1.12).[18] Verdade é verdade, não importa onde seja encontrada, quer seja enunciada por um poeta pagão, quer um profeta pagão (Nm 24.17), quer mesmo por um animal idiota (22.28). Contudo, é importante observar que nenhuma das fórmulas do tipo "está escrito" ou "as Escrituras dizem" está associada a essas citações. Deve-se observar também que nem os autores do Novo Testamento nem os pais da igreja consideravam esses livros canônicos.

Natureza dos livros pseudepigráficos

Os livros pseudepigráficos são aqueles claramente espúrios e inautênticos em seu conteúdo de modo geral (veja o cap. 20). Embora afirmem ter sido escritos por autores bíblicos, na verdade expressam fantasia e magia do período em

---

[17] Beckwith, p. 319.
[18] William H. Green, *General introduction to the Old Testament: the canon*, p. 146ss.

torno de 200 a.C. a 200 d.C. Nos círculos católicos romanos, esses livros são conhecidos como Apócrifos, um termo que não deve ser confundido com um conjunto inteiramente diferente de livros conhecidos nos círculos protestantes pelo mesmo nome (veja abaixo), embora, por vezes, os protestantes tenham se referido a esses mesmos livros como "Apócrifos em geral" ou "Literatura Apocalíptica". A maior parte deles consiste em sonhos, visões e revelações no estilo apocalíptico de Ezequiel, Daniel e Zacarias. Uma característica notável desses livros é que eles descrevem um futuro brilhante para o reino messiânico, além das questões relativas à criação, aos anjos, ao pecado, ao sofrimento e recompensas para os fiéis vivos.

Quantos são os Pseudepígrafos

Não se sabe ao certo o número real desses livros, e vários autores apresentaram números diferentes para os livros mais importantes. Há dezoito que merecem ser mencionados,[19] que podem ser classificados como se segue:

Lendários	1. O livro de Jubileus 2. O livro de Arísteas 3. O livro de Adão e Eva 4. O martírio de Isaías
Apocalípticos	1. 1Enoque 2. O Testamento dos doze patriarcas 3. Oráculos sibilinos 4. Assunção de Moisés 5. 2Enoque, ou o Livro dos segredos de Enoque 6. 2Baruque, ou o Apocalipse siríaco de Baruque 7. 3Baruque, ou o Apocalipse grego de Baruque
Didáticos	1. 3Macabeus 2. 4Macabeus 3. Pirke Aboth 4. A história de Ahikar
Poéticos	1. Salmos de Salomão 2. Salmo 151
Históricos	1. O fragmento de uma obra zadoquita

[19] Dezessete encontram-se em Robert Henry Charles, *The Apocrypha and Pseudepigrapha of the Old Testament in English*. O salmo 151 pode ser encontrado na *The Septuagint version of the Old Testament*. Uma cópia em hebraico do salmo 151 foi encontrada também em Qumran. Veja tb. Willis Barnstone, org., *The other Bible*. Essa obra se baseia em textos esotéricos antigos dos Pseudepígrafos, dos Rolos do Mar Morto, da antiga cabala, da Biblioteca de Nag Hammadi e outras fontes.

Livros aceitos por alguns — Apócrifos

Alguns livros, conhecidos coletivamente como Apócrifos, foram erroneamente entendidos como parte do cânon do Antigo Testamento. Convém analisar vários fatores próprios desses livros.

O significado de "Apócrifos"

Parte do mistério que cerca esses livros "extras" diz respeito ao sentido do seu nome, "Apócrifos".

Grego clássico e helênico. A palavra *apocrypha* era usada para referir-se a alguma coisa "difícil de entender", ou "oculta".

Grego patrístico. Mais tarde, a palavra foi usada com a conotação de "esotérico", isto é, algo compreendido somente por iniciados, ou por aqueles que participavam do círculo dos crentes.

Primeiros pais da igreja. Alguns dos primeiros pais, como, por exemplo, Ireneu e Jerônimo, estavam entre os primeiros a aplicar a palavra *Apocrypha* à lista de livros não canônicos, entre eles os pseudepigráficos.

Pós-Reforma. Desde o tempo da Reforma, o termo *Apocrypha* passou a significar "Apócrifos do Antigo Testamento"). A etimologia básica da palavra é clara e significa "oculto". A polêmica acerca dos Apócrifos gira em torno da razão pela qual são rotulados dessa forma. Esse "oculto" deve ser usado em sentido positivo, indicando que esses livros estiveram escondidos para que fossem preservados, ou no sentido de que sua mensagem era profunda e espiritual? Ou a palavra "oculto" foi usada em sentido negativo, indicando que os livros eram de autenticidade duvidosa, espúria? Para responder a essas perguntas, os livros precisam ser examinados cuidadosamente.

A confusão em torno dos Apócrifos

A confusão em que está imersa a questão atual dos Apócrifos diz respeito a duas tradições do cânon veterotestamentário. O Cânon Palestinense apresenta 22 livros em hebraico (39 em português), ao passo que o chamado "Cânon Alexandrino" apresenta 14 (ou 15) livros a mais em sua coleção. O Cânon Palestinense é o cânon hebraico surgido na Palestina e reconhecido pelos judeus. A coleção alexandrina é a listagem grega dos livros do Antigo Testamento e teria surgido em Alexandria, no Egito, onde as Escrituras hebraicas foram traduzidas para se tornar a Septuaginta grega (LXX) em torno de 250 a.C. e nos anos seguintes (veja o cap. 1).

4. Vista panorâmica de Alexandria, onde foi produzida a Septuaginta
(Egyptian State Tourist Administration)

Há quem acredite que havia dois cânones: um mais amplo contendo os Apócrifos, e outro mais reduzido, sem eles. A hipótese dos dois cânones se baseia no fato de que as cópias existentes mais antigas da Septuaginta grega (LXX, em torno do séc. 4 d.C.) contêm alguns dos livros Apócrifos, ao passo que a Bíblia hebraica dispõe apenas dos 39 livros já conhecidos.

Argumentos em prol da aceitação da Lista Alexandrina. A Lista Alexandrina apresenta os seguintes 14 (ou 15) livros a mais, geralmente chamados de Apócrifos, entremeados aos outros 39 livros do Antigo Testamento (veja o quadro na p. 307). Somente 11 dos 14 (ou 12 dos 15) livros são aceitos pela Igreja Católica Romana, que inclui todos, com exceção de 1 e 2Esdras (chamados de 3 e 4Esdras pelos católicos romanos) e a Oração de Manassés. Contudo, de acordo com a numeração dos livros no Antigo Testamento da Douay e da

The New American Bible, somente 7 livros a mais são arrolados no sumário, no total de 46. Isso se explica pelo fato de que Baruque e a Carta de Jeremias foram combinados em um livro de seis capítulos; os acréscimos a Ester foram adicionados no final do livro homônimo; a Oração de Azarias foi inserida entre o Daniel hebraico 3.23 e 24, resultando em Daniel 3.24-90 nos textos da Douay e da New American Bible; Susana foi colocado no final do livro de Daniel (como cap. 13); e Bel e o Dragão foi acrescentado como o capítulo 14 de Daniel. Como 3 dos 15 livros foram rejeitados, os 12 restantes foram integrados em 11, e, como 4 desses livros foram acrescentados aos livros existentes do Antigo Testamento (combinando-se Baruque e a Carta de Jeremias), apenas 7 livros a mais aparecem no sumário do Antigo Testamento da Douay e da New American Bible. No entanto, a Igreja Católica Romana acrescentou, na verdade, 11 textos (12, se Baruque for separado da Carta de Jeremias) de literatura apócrifa ao cânon hebraico, diferentemente dos protestantes, que seguiram o cânon hebraico (veja o cap. 1).

Tipo de livro	Revised Standard Version	The New American Bible
Didático	1. Sabedoria de Salomão (c. 30 a.C.)	Livro da Sabedoria
	2. Eclesiástico (Sirácida) (132 a.C.)	Sirácida
Romance religioso	3. Tobias (c. 200 a.C.)	Tobias
	4. Judite (c. 150 a.C.)	Judite
Histórico	5. 1Esdras (c. 150-100 a.C.)	3Esdras*
	6. 1Macabeus (c. 110 a.C.)	1Macabeus
	7. 2Macabeus (c. 110-70 a.C.)	2Macabeus
Profético	8. Baruque (c. 150-50 a.C.)	Baruque caps. 1—5
	9. Carta de Jeremias (c. 300-100 a.C.)	Baruque cap. 6
	10. 2Esdras (c. 100 d.C.)	4Esdras*
Lendário	11. Acréscimos a Ester (140-130 a.C.)	Ester 10.4—16.24
	12. Oração de Azarias (séc. 2 ou 1 a.C.) (Cântico dos Três Jovens)	Daniel 3.24-90
	13. Susana (séc. 2 ou 1 a.C.)	Daniel 13
	14. Bel e o Dragão (c. 100 a.C.)	Daniel 14
	15. Oração de Manassés (séc. 2 ou 1 a.C.)	Oração de Manassés*

* Livros de canonicidade rejeitada pelo Concílio de Trento, 1546.

As razões geralmente propostas em favor dessa Lista Alexandrina mais ampla, que inclui os livros apócrifos, são as seguintes:

1. O Novo Testamento reflete o pensamento dos Apócrifos e até faz referência e eles (cf. Hb 11.35 com 2Mc 7.12).
2. O Novo Testamento geralmente cita o Antigo Testamento grego, a Septuaginta (LXX), que continha os Apócrifos.
3. Alguns dos primeiros pais da igreja citaram e usaram os Apócrifos como Escrituras em cultos públicos.
4. Alguns dos primeiros pais da igreja aceitaram a canonicidade de todos os livros apócrifos; por exemplo, Ireneu, Tertuliano e Clemente de Alexandria.
5. A cena da catacumba retrata episódios dos Apócrifos, mostrando que era parte da vida religiosa dos primeiros cristãos.
6. Os importantes manuscritos gregos (ℵ, A e B) interpõem os Apócrifos entre os livros do Antigo Testamento.
7. A igreja siríaca os aceitava no século 4.
8. Agostinho e os concílios que ele influenciou em Hipona (393) e presidiu em Cartago (397) os aceitaram.
9. A Igreja Ortodoxa Oriental os aceita.
10. A Igreja Católica Romana proclamou sua canonicidade no Concílio de Trento (1546).
11. Os livros apócrifos foram mantidos nas Bíblias protestantes até o século 19.
12. Alguns livros apócrifos escritos em hebraico foram encontrados entre outros livros canônicos do Antigo Testamento na comunidade do Mar Morto, em Qumran.

Argumentos contrários à aceitação dos livros apócrifos.[20] Em resposta ao suposto respaldo à canonicidade dos Apócrifos, as seguintes razões podem ser apontadas respondendo ponto a ponto aos argumentos apresentados na análise anterior.

---

[20] Veja Norman L. Geisler, "The extent of the Old Testament canon", para uma crítica atual do chamado Cânon Alexandrino.

1. Pode haver *alusões* no Novo Testamento aos Apócrifos, mas não há *citações* claras nele desses livros. Em todo caso, o Novo Testamento jamais se refere a quaisquer dos catorze ou quinze livros apócrifos como se fossem imbuídos de autoridade ou canônicos.

2. Não se sabe com certeza se o Antigo Testamento grego, a Septuaginta (LXX), do século 1, continha os Apócrifos. Os manuscritos gregos mais antigos que os continham datam do século 4 d.C. (veja os caps. 21–22). Mesmo que estivessem na LXX dos tempos apostólicos, Jesus e os apóstolos deixaram implícita a opinião que tinham deles ao não citá-los uma única vez, embora acredite-se que tenham sido incluídos na versão do Antigo Testamento que citavam.

3. As citações dos pais da igreja em prol da canonicidade dos Apócrifos devem ser examinadas com cuidado. Conforme observa Beckwith,

> Quando analisamos as passagens dos primeiros pais da igreja que, supostamente, estabelecem a canonicidade dos Apócrifos, descobrimos que algumas delas são extraídas de outro texto grego de Esdras (1Esdras), ou de adições ou apêndices a Daniel, Jeremias ou de algum outro livro canônico, os quais [...] não são realmente importantes; que outros não são citações dos Apócrifos de forma alguma;[21] e que, dos que são, muitos não dão indicação de que o livro seja considerado Escritura.[22]

4. Embora algumas pessoas da igreja antiga tivessem os Apócrifos em alta conta, nenhum concílio geral da igreja, durante os primeiros quatro séculos, os defendeu, e houve muitas pessoas que se opuseram de forma veemente aos Apócrifos, como Atanásio, Cirilo de Jerusalém, Orígenes e Jerônimo.

---

[21] "Portanto, a Carta de Barnabé 6.7 e Tertuliano, *Contra Marcião* 3.22.5, não estão citando Sabedoria 2.12, e sim Isaías 3.10 LXX, e Tertuliano, *Sobre a alma* 15, não está citando Sabedoria 1.6, e sim o salmo 139.23, cf. mostra a comparação das passagens. De igual modo, Justino Mártir, *Diálogo com Trifão* 129, não cita claramente Sabedoria, e sim Provérbios 8.21-25 LXX. O fato de que ele chama Provérbios de 'Sabedoria' está de acordo com a nomenclatura comum dos primeiros pais da igreja." (Beckwith, p. 427, nota 208.)

[22] Beckwith, p. 387.

5. As cenas das catacumbas não provam a canonicidade dos livros cujos acontecimentos retratam. Essas cenas não necessariamente indicam algo além da importância religiosa que os acontecimentos representados tinham para os cristãos antigos.

6. Nenhum dos grandes manuscritos gregos (א, A e B) contêm todos os livros apócrifos. Na verdade, somente quatro deles (Tobias, Judite, Sabedoria e Eclesiástico) estão presentes em todos, e o mais antigo (Vaticanus) exclui totalmente os livros de Macabeus. Além disso, nenhum manuscrito grego tem a lista exata dos Apócrifos aceitos pelo Concílio de Trento (1545-1563).[23]

7. A Igreja Síriaca só incluiu esses livros no século 4 d.C. No século 2 d.C., a Bíblia síria (Peshitta) *não* continha os Apócrifos (veja os caps. 27–28).

8. Agostinho foi a única voz importante da Antiguidade que reconheceu os Apócrifos. Contudo, sua opinião carece de fundamentos por diversos motivos: (a) Jerônimo, seu contemporâneo, uma autoridade bíblica superior a Agostinho, rejeitou os Apócrifos. (b) Agostinho admitia que os judeus rejeitavam esses livros.[24] (c) Agostinho acreditava que os livros apócrifos deviam estar na Bíblia por causa de sua menção "do sofrimento extremo e magnífico de certos mártires". Contudo, se pensarmos dessa forma, o *Livro dos mártires de Foxe*[25] também deveria estar no cânon. (d) Agostinho rejeitou um livro porque não fora escrito por um profeta, no entanto aceitou os livros apócrifos que, na verdade, negam ser escritos proféticos (1Mc 9.27). (e) Agostinho acolheu os Apócrifos porque, aparentemente, estariam associados à sua crença equivocada na inspiração da Septuaginta (LXX), da qual faziam parte.[26]

9. A Igreja Grega nem sempre aceitou os Apócrifos, tampouco sua posição atual é inequívoca. Nos Sínodos de Constantinopla (1638), Jafa (1642) e Jerusalém (1672), esses livros foram declarados canônicos. Contudo, em

---

[23] Veja Beckwith, p. 194, 382-3.
[24] Agostinho, *A cidade de Deus* 19.36-8.
[25] John Foxe (1516-1587), *Acts and monuments of matters happening in the church* (1563).
[26] Como aceitava a inspiração da Septuaginta, Agostinho também aceitava os Apócrifos. Seu reconhecimento posterior da superioridade do texto hebraico de Jerônimo deveria tê-lo levado a aceitar também a autoridade do cânon hebraico de Jerônimo (cf. cap. 29).

fins de 1839, seu Catecismo Maior omitia expressamente os Apócrifos com a justificativa de que não constavam da Bíblia hebraica.

10. O Concílio de Trento (1545-1563) foi a primeira proclamação oficial da Igreja Católica Romana sobre os Apócrifos, e esse reconhecimento veio um milênio e meio depois que os livros foram escritos, numa óbvia ação de refutação do protestantismo. Além disso, a inclusão de livros que endossavam a salvação por obras e orações pelos mortos naquela época — apenas 29 anos depois de Lutero divulgar suas 95 teses — é extremamente suspeito.

11. Os livros apócrifos estavam incluídos nas Bíblias protestantes antes do Concílio de Trento e eram geralmente colocados numa seção à parte porque não desfrutavam da mesma autoridade dos demais. Até mesmo estudiosos católicos romanos, durante o período da Reforma, faziam distinção entre os Apócrifos e o cânon. O cardeal Ximenes fez essa distinção em sua *Poliglota Complutense* (1514-1517) às vésperas da Reforma. O cardeal Cajetan, que se opôs a Lutero em Augsburgo, em 1518, publicou em 1532 um *Comentário sobre todos os livros históricos autênticos do Antigo Testamento* que não incluía os Apócrifos. Lutero manifestou-se contra os Apócrifos em sua Bíblia publicada em 1543, deslocando-os para o final dela.[27]

12. As descobertas de Qumran não consistiam somente nas Bíblias da comunidade, mas também em sua biblioteca de fragmentos de centenas de livros. Entre eles havia alguns livros apócrifos do Antigo Testamento. O fato de que não foi encontrado nenhum comentário sobre os Apócrifos, e que somente foram achados livros canônicos, e não apócrifos, no pergaminho e no tipo de letra especiais, é sinal de que os Apócrifos não eram considerados canônicos pela comunidade de Qumran.[28]

---

[27] Bruce M. Metzger, *An introduction to the Apocrypha*, p. 181ss.
[28] Menahem Mansoor, *The Dead Sea Scrolls*, p. 203, arrola os seguintes fragmentos dos Apócrifos e Pseudepígrafos: Tobias, em hebraico e aramaico; Enoque, em aramaico; Jubileus, em hebraico; os Testamentos de Levi e de Naftali, em aramaico; literatura apócrifa de Daniel, em hebraico e aramaico; Salmos de Josué. Veja *New Catholic Encyclopedia*, 2:390. Veja tb. M. Burrows, *More light on the Dead Sea Scrolls*, p. 178: "Não há motivo para achar que qualquer uma dessas obras fosse venerada como Escrituras Sagradas". Veja tb. o cap. 21.

Portanto, todos os argumentos apresentados a favor da canonicidade dos livros apócrifos somente provam que esses livros desfrutaram de graus variados de estima e reconhecimento, geralmente aquém da canonicidade plena, até que a Igreja Católica Romana se pronunciou oficialmente em prol de sua canonicidade no Concílio de Trento. Esse reconhecimento tardio está bem distante do apoio inicial e constante conferido aos 39 livros do Antigo Testamento. Portanto, os argumentos contundentes em prol da rejeição dos Apócrifos como integrantes do cânon configuram uma evidência convincente de que esses livros não foram expirados por Deus.

Argumentos favoráveis à aceitação do Cânon Palestinense. O cânon verdadeiro é o Palestino. Era o cânon de Jesus, de Josefo e de Jerônimo e, nesse sentido, é o cânon com maior número de testemunhos abalizados anteriores ao tempo de Cristo até os dias de hoje. Os argumentos favoráveis à aceitação da canonicidade do Cânon Palestinense (somente com os 39 livros do Antigo Testamento) são:

1. Alguns dos livros extras contêm ensinos que são *não bíblicos* ou são heréticos. Duas das principais doutrinas que suscitaram polêmicas durante a Reforma encontram respaldo nos Apócrifos: orações pelos mortos (2Mc 12.45,46) e salvação pelas obras (Tb 12.9). Os livros canônicos da Bíblia opõem-se à oração pelos mortos (Hb 9.27; Lc 16.25,26; 2Sm 12.19). São também fortemente contrários à salvação pelas obras (Gn 15.6; Rm 4.5; Gl 3.11).[29]

2. Algumas histórias apócrifas são *extrabíblicas* e fantasiosas. A história de Bel e o Dragão é um exemplo disso. Na história, os sacerdotes pagãos de Bel tentam enganar Daniel usando um alçapão que lhes permitia entrar e consumir o alimento oferecido a Bel para provar que Bel era um "Deus vivo" que "come e bebe todos os dias" (v. 6). Portanto, para auxiliar o "Deus vivo", Bel, "à noite, como de costume, os sacerdotes vinham com suas esposas e filhos e comiam e bebiam tudo" (v. 15). Pode-se ouvir o mesmo eco de inautenticidade em outros livros lendários, como Acréscimos a Ester, Oração de Azarias, Susana, bem como Tobias e Judite.

3. Boa parte do ensino dos Apócrifos é *sub-bíblico* e, às vezes, até imoral. Judite foi, supostamente, auxiliada por Deus num ato de falsidade

---

[29] Veja tb. Sabedoria 11.17, que ensina a criação *ex hula* (de matéria preexistente), e não *ex nihilo* (do nada), cf. João 1.1-3 e Hebreus 11.3.

(Jt 9.10,13), e tanto Eclesiástico quanto Sabedoria ensinam uma moralidade baseada na conveniência.

Além dessa moralidade inferior, pode-se observar a natureza sub-bíblica dos Apócrifos em seus erros históricos e cronológicos. Diz-se que Tobias estava vivo quando os assírios conquistaram Israel (722 a.C.), bem como quando da revolta de Jeroboão contra Judá (931 a.C.). Contudo, seu tempo de vida foi de somente 158 anos (Tb 14.11; cf. 1.3-5). Judite afirma que Nabucodonosor reinou em Nínive, e não na Babilônia (Jt 1.1). William H. Green resume de forma concisa a evidência: "Os livros de Tobias e de Judite estão cheios de erros geográficos, cronológicos e históricos, o que basta não só para dirimir a verdade das narrativas que apresentam, mas também para colocar em dúvida se o restante dos livros foi baseado em fatos".[30]

4. A maior parte dos Apócrifos do Antigo Testamento foi escrita durante o judaísmo *pós-bíblico*, no período intertestamentário. De acordo com Josefo, os profetas escreveram de Moisés a Artaxerxes e acrescenta: "É verdade que nossa história foi escrita minuciosamente desde Artaxerxes, mas não foi considerada de mesma autoridade que a anterior de nossos antepassados, porque não houve uma sucessão exata de profetas desde então".[31] O Talmude acrescenta um pensamento semelhante quando registra: "Depois dos profetas posteriores Ageu, Zacarias [...] e Malaquias, o Espírito Santo abandonou Israel".[32] Como os livros apócrifos foram escritos muito tempo depois da época de Artaxerxes (nos dias de Malaquias, 400 anos a.C.), isto é, depois de cerca de 200 a.C., não poderiam ser considerados inspirados. Não só o Talmude confirma essa conclusão, como também os livros canônicos do Antigo Testamento o deixam implícito (veja Zc 1.5; Ml 4.5), assim como o fazem algumas declarações dos próprios Apócrifos (veja o cap. 14). Na realidade, não há declaração alguma nos Apócrifos de que são a Palavra de Deus. Às vezes, afirma-se que Eclesiástico 50.27-29 reivindica inspiração divina, porém um exame

---

[30]Green, p. 195.
[31]Josefo, *Contra Apion* 1.8.
[32]Tractate Sanhedrin, tradução para o inglês de Michael L. Rodkinson, *Babylonian Talmud*, VII-VIII, 24.

mais minucioso da passagem indica que é iluminação, e não inspiração, o que o autor afirma ter.

Resumindo portanto, com a possível exceção de 2Esdras, todos os livros apócrifos são pós-bíblicos para o judaísmo porque foram escritos depois do tempo em que o espírito profético havia abandonado Israel, mas antes de o profeta proclamar "Preparai o caminho do Senhor" (Mt 3.3) e "a plenitude dos tempos chegou" (Gl 4.4) quando Deus falou por meio do seu Filho.

5. Por fim, todos os livros apócrifos *não são bíblicos* ou não canônicos porque nenhum deles jamais foi aceito pelo povo de Deus como o foram os livros canônicos. Para que um livro seja canônico, precisa satisfazer os testes de canonicidade:

   a. *O livro foi escrito por um "profeta" de Deus?* Não há afirmação nem prova de que tenha sido.
   b. *Seu autor foi confirmado por um ato de Deus?* Como os Apócrifos não foram escritos por profetas (veja 1Mc 9.27), obviamente não foram reconhecidos de modo sobrenatural por Deus.
   c. *O livro manifestava o poder de Deus?* Não há nada de transformador nos livros apócrifos. Sua verdade não é arrebatadora, exceto pelo fato de que é uma repetição da verdade canônica de outros livros.
   d. *O livro apresenta a verdade sobre Deus, sobre o homem etc.?* Como mencionado acima, há contradições, erros e até heresias nos Apócrifos. Esses livros não passam no teste da verdade canônica.
   e. *O livro foi aceito pelo povo de Deus?* Não houve aceitação contínua ou universal desses livros pela igreja de Deus.

Testemunho da Antiguidade contra a aceitação dos Apócrifos. Há um testemunho praticamente ininterrupto da Antiguidade *contrário* à aceitação dos Apócrifos no cânon:

1. Fílon, filósofo judeu de Alexandria (20 a.C.-40 d.C.), citou prolificamente o Antigo Testamento e até reconheceu a classificação tripartite dos livros, mas jamais fez citações dos Apócrifos como inspirados.
2. Josefo (30-100 d.C.), historiador judeu, exclui explicitamente os Apócrifos e afirma que são 22 os livros do Antigo Testamento. Também não cita os Apócrifos como Escrituras.

3. Jesus e os autores do Novo Testamento jamais citaram uma única vez os Apócrifos, embora haja centenas de citações e referências a praticamente todos os livros canônicos do Antigo Testamento.

4. Os estudiosos judeus de Jâmnia (90 d.C.) não reconheceram os Apócrifos.

5. Nenhum cânon ou concílio da igreja cristã reconheceu a inspiração dos Apócrifos durante quase quatro séculos.

6. Muitos dos ilustres pais da igreja antiga se manifestaram contra os Apócrifos; por exemplo, Orígenes, Cirilo de Jerusalém e Atanásio.

7. Jerônimo (340-420), o grande erudito e tradutor da Vulgata Latina, rejeitou a canonicidade dos Apócrifos. Jerônimo afirmou que a igreja os lê "para exemplo de vida e instrução de costumes", mas não os "aplica para o estabelecimento de qualquer doutrina".[33] Ele contendeu com Agostinho do outro lado do Mediterrâneo a respeito desse ponto. A princípio, Jerônimo recusou-se até mesmo a traduzir os livros apócrifos para o latim, mas posteriormente fez a tradução apressada de alguns deles. Depois de sua morte, e "por cima do seu cadáver", os Apócrifos foram introduzidos na sua Vulgata Latina diretamente da versão em latim antigo (veja o cap. 29).

8. Muitos especialistas católicos romanos rejeitaram os Apócrifos até o período da Reforma.

9. Lutero e os reformadores rejeitaram a canonicidade dos Apócrifos.

10. Só em 1546, numa atitude polêmica do Concílio de Trento (1545-1563) que fazia parte da Contrarreforma, os livros apócrifos receberam pleno reconhecimento de status canônico pela Igreja Católica Romana.

11. A aceitação dos Apócrifos pelo Concílio de Trento é suspeita porque:

    a. Foi usada contra Lutero em prol da posição católica romana (e.g., 2Mc 12.45,46, que aprova a oração pelos mortos). Mais tarde, o Concílio acrescentou os Apócrifos numa tentativa delineada pela Contrarreforma para refutar Lutero.

---

[33] Cf. citado em Beckwith, p. 343.

b. Nem todos os Apócrifos foram aceitos. Somente onze dos catorze livros o foram, e um desses livros omitidos (2Esdras)[34] é contrário à oração pelos mortos (cf. 7.105).
   c. Na verdade, a própria história dessa seção de 2Esdras é suspeita. Foi escrita em aramaico por um autor judeu desconhecido (c. 100 d.C.) e circulou em versões antigas em latim (c. 200 d.C.). A Vulgata Latina a introduziu como apêndice ao Novo Testamento (c. 400 d.C.). Em seguida, ela desapareceu das Bíblias ocidentais até que os protestantes, a começar por Johann Haug (1726-1742), começaram a imprimi-la junto com os Apócrifos com base em textos aramaicos. Em 1874, uma seção longa (setenta versículos do cap. 7) foi encontrada por Robert L. Bentley numa biblioteca de Amiens. Esse material foi o primeiro manuscrito latino contendo 7.36-105 (com uma nova numeração) e, conforme observa Metzger, "é provável que a seção perdida tenha sido removida deliberadamente de um ancestral da maioria dos manuscritos latinos existentes em virtude de razões dogmáticas, já que a passagem apresenta uma negação enfática do valor das orações pelos mortos".[35] De 1895 até o presente, essa seção tem sido impressa nos Apócrifos protestantes.

Portanto, durante cerca de 1.500 anos, os Apócrifos não foram aceitos como livros canônicos pelo povo de Deus. Então, em 1546, somente 29 anos depois que Lutero divulgou suas 95 teses, o Concílio de Trento elevou os Apócrifos, ou melhor, a parte deles que favorecia a posição do Concílio, ao nível de Escrituras inspiradas, dizendo:

> O Sínodo [...] recebe e venera [...] todos os livros (incluindo os *Apócrifos*) tanto do Antigo quanto do Novo Testamentos — considerando que um único Deus é o Autor de ambos [...] como ditados, ou pela própria palavra de Cristo, ou pelo Espírito Santo. [...] Se alguém não recebe como sagrados e canônicos os referidos livros inteiramente em todas as suas partes, conforme usados para leitura na Igreja Católica [...] que seja anátema.[36]

Essa posição foi reafirmada pelo Vaticano I e Vaticano II (veja o cap. 13, nota 1).

---

[34] Chamado de 4Esdras na Vulgata para distinguir de Neemias, que a Vulgata denominou 2Esdras.
[35] Metzger, p. 23.
[36] Philip Schaff, org., *The creeds of Christendom*, 2:81.

Valor dos Apócrifos

Embora os Apócrifos não disponham de lugar no cânon dos livros inspirados, não se pode desprezá-los como se não tivessem valor algum. Para alguns, como Jerônimo e Rufino (410 d.C.), os Apócrifos são um tipo de cânon "eclesiástico" contendo livros a ser preservados, lidos e usados pela igreja. Para muitos, serviram como uma espécie de cânon "homilético" ou "devocional" aos quais muitos pais da igreja recorreram em busca de iluminação para a vida, para a arte e para a pregação. Quase todos concordam que os Apócrifos têm algum valor histórico. São uma fonte muito importante de informação sobre a história e a religião da igreja judaica no período intertestamentário. Contudo, provavelmente é ir longe demais dar aos Apócrifos um status semicanônico, como o fez a Igreja da Inglaterra, ou quase canônico, como o fez a Igreja Ortodoxa Oriental. Seja qual for o lugar concedido a eles abaixo desse nível, é evidente que não fazem parte do cânon teológico, o único que deve ser usado para fé e prática.

Resumo e conclusão

Trinta e quatro dos 39 livros do Antigo Testamento são aceitos por todos os cristãos como parte do cânon. São os chamados *Homologoumena*. Os outros cinco livros, chamados *Antilegomena*, foram objeto de contestação por alguns, mas mantiveram seu lugar no cânon. Os livros pseudepigráficos foram considerados espúrios e rejeitados por praticamente todos. Houve, entretanto, uma batalha feroz em torno de catorze (ou quinze) livros dos Apócrifos escritos entre 200 a.C. e 100 d.C. A Igreja Católica Romana canonizou-os no Concílio de Trento (1546); os protestantes os rejeitaram; a Igreja da Inglaterra e a Igreja Ortodoxa Oriental lhes concederam uma condição intermediária entre essas posições. Embora não haja dúvida alguma quanto ao valor devocional e até homilético e histórico dos livros, ainda assim eles não fazem parte do cânon teológico ao qual os outros 39 livros do Antigo Testamento pertencem porque:

1. Parte do que ensinam *não é bíblico* ou herético.
2. Algumas de suas histórias são *extrabíblicas* ou fantasiosas.
3. Boa parte do seu ensino é *sub-bíblico* e, por vezes, imoral.
4. A maior parte dos Apócrifos foi escrita no período *pós-bíblico* ou intertestamentário.
5. Por fim, todos os Apócrifos *não são bíblicos* ou não canônicos porque não foram recebidos pelo povo de Deus.

16
Desenvolvimento e história do cânon do Novo Testamento

Considerações preliminares

A história do cânon do Novo Testamento é semelhante ao do cânon do Antigo Testamento, embora felizmente haja muito mais informação disponível sobre o assunto. Antes de examinarmos as evidências, é preciso fazer uma distinção preliminar entre a fonte e os estímulos para a canonização.

A fonte da canonização

Já foi indicado que Deus é a fonte da canonicidade (cap. 12). Um livro é canônico porque é inspirado, e é inspirado porque Deus moveu o interior dos homens que o escreveram e moveu as pessoas por intermédio deles. Nesse sentido, a canonicidade é passiva; é algo recebido de Deus. Há também um sentido ativo na palavra "canonização", o sentido em que o povo de Deus estava ativo no reconhecimento e na coleção dos livros que Deus havia inspirado. O processo histórico de canonização diz respeito ao último sentido.

Os estímulos para colecionar os livros

Do ponto de vista humano, houve vários estímulos para colecionar e canonizar os livros inspirados.

Os livros eram proféticos. A razão inicial para a coleção e preservação dos livros inspirados é que eles eram proféticos. Isto é, uma vez que foram escritos por um apóstolo ou profeta de Deus, evidentemente são valiosos, e, se são valiosos, devem ser preservados. Esse raciocínio fica evidente nos tempos apostólicos, pela coleção e circulação das cartas de Paulo (cf. 2Pe 3.15,16; Cl 4.16). O período pós-apostólico continuou a refletir essa estima elevada pelos escritos apostólicos do Novo Testamento em virtude das incontáveis citações imbuídas de autoridade desses livros inspirados.

Exigências da igreja primitiva. As exigências teológicas e éticas da igreja primitiva estavam intimamente associadas à razão anterior para a preservação dos livros inspirados. Isto é, para saber que livros deveriam ser lidos nas igrejas (cf. 1Ts 5.27; 1Tm 4.13) e que livros poderiam ser definitivamente aplicados aos problemas teológicos e práticos da igreja cristã (cf. 2Tm 3.16,17), era preciso que se tivesse uma coleção completa dos livros que pudesse fornecer uma norma imbuída de autoridade para a fé e a prática.

Estímulo das heresias. Do lado negativo, havia o estímulo das heresias. Já em 140 d.C., o herege Marcião aceitava apenas partes do cânon do Novo Testamento. O cânon herético de Marcião, que consistia unicamente no Evangelho de Lucas e de dez cartas paulinas, indicava claramente a necessidade de um cânon completo das Escrituras do Novo Testamento.

Estímulo missionário. Do lado positivo, havia o estímulo para missões. O cristianismo havia se espalhado rapidamente para outros países, e havia a necessidade de traduzir a Bíblia para esses outros idiomas (veja os caps. 27–29). Já na primeira metade do século 2, a Bíblia foi traduzida para o siríaco e para o latim antigo. Contudo, como os missionários não podiam traduzir uma Bíblia que não existia, as atenções voltaram-se necessariamente para a questão dos livros que efetivamente pertenciam ao cânon cristão imbuído de autoridade.

Perseguições e política. A fase final de reconhecimento pleno e geral de todo o cânon dos escritos do Novo Testamento requeria também um estímulo negativo e político. As perseguições movidas por Diocleciano em torno de 302/303-305 d.C. deram à igreja uma forte motivação para classificar, peneirar e entrar em acordo sobre as Escrituras do Novo Testamento. Isso porque certamente os livros pelos quais ela estava disposta a arriscar a vida para preservá-los precisavam ser considerados sagrados para ela.

A grande perseguição de Diocleciano e Maximiano (302/303-313) sobreveio ao cristianismo por todo o Império Romano. Chegou aos nossos dias o relato de uma testemunha ocular da irrupção da perseguição na Nicomédia, capital da província romana da Bitínia (na Ásia Menor). Lactâncio (c. 240-c. 320), nativo do Norte da África, foi oficialmente convocado à Nicomédia para ensinar retórica durante o reinado de Diocleciano (284-305). Converteu-se ao cristianismo e perdeu o cargo que ocupava quando do início da perseguição em fevereiro de 302:

Procurava-se um dia próprio e auspicioso para a realização desse empreendimento, e o festival do deus Término, celebrado em 23 de fevereiro, foi o dia escolhido, em detrimento dos demais, para "aniquilar", por assim dizer, a religião cristã.

> Naquele dia, levantou-se o arauto da morte,
> Causa primeira do mal, e de sofrimentos inesquecíveis,

que recaíram não apenas sobre os cristãos, mas sobre toda a terra. Quando raiou o dia, no oitavo período do reinado de Diocleciano e no sétimo de Maximiano, de repente, quando ainda mal raiava o dia, o prefeito, juntamente com os comandantes-chefes, tribunos e funcionários do tesouro, vieram à igreja da Nicomédia. Forçaram as portas e procuraram por toda parte por uma imagem de Deus. As Escrituras Sagradas foram encontradas e queimadas; a igreja foi entregue à pilhagem: rapina, confusão e tumulto foi tudo o que se viu. Aquela igreja, situada em terreno elevado, estava ao alcance da visão do palácio. Diocleciano e Galério, da torre de vigia, discutiam demoradamente se deviam queimá-la. Prevaleceu a opinião de Diocleciano, que, receoso, temia que o fogaréu depois de iniciado pudesse atingir partes da cidade, pois havia inúmeras construções de grande porte próximas à igreja. A guarda pretoriana deslocou-se, então, para o campo de batalha com machados e outras ferramentas que usou por toda parte. Em poucas horas, puseram por terra aquele prédio alto.

No dia seguinte, foi publicado um edito que privava os cristãos de todas as honras e dignidades. Foi também ordenado que, sem nenhuma distinção de posição e formação, os cristãos deveriam ser submetidos à tortura e que contra eles fossem impetradas ações judiciais. Ao mesmo tempo, ficavam impedidos de exigir questões que envolvessem ofensas, adultério ou furto. Por fim, não poderiam viver em liberdade e não tinham direito a voto.[1]

Eusébio de Cesareia relata outro episódio, em março de 303. Diz ele:

Era o décimo nono ano do reinado de Diocleciano, e o mês de Distro, ou março, como os romanos o chamavam, em que, aproximando-se o festival

---
[1] Lactantius [Lactâncio], *On the deaths of the persecutors* 12-13, cf. impresso em J. Stevenson, org., *A new Eusebius: documents illustrative of the history of the church to A.D. 337*, p. 286. Veja tb. Philip Schaff; Henry Wace, orgs., *The ante-Nicene fathers*, 7:303-6.

da Paixão do Salvador, uma carta imperial foi promulgada por toda parte, ordenando que as igrejas fossem demolidas e as Escrituras queimadas. Os que tivessem posição destacada perderiam todos os direitos civis; os que estivessem em seus lares, se persistissem na profissão de fé no cristianismo, seriam privados de sua liberdade. Esse foi o primeiro documento contra nós. Não demorou muito, porém, para que fôssemos visitados por outras cartas, e nelas havia a ordem para que os presidentes das igrejas fossem, por toda parte, primeiramente presos e, depois, submetidos, por meio de todo tipo de artifícios, ao sacrifício.[2]

Em ainda outra parte do Império Romano, o clero cristão viu-se obrigado, sob pena de morte, a entregar as posses da igreja e seus livros sagrados aos magistrados romanos. Um inquérito realizado poucos meses depois no Norte da África foi registrado por A. H. M. Jones. O excerto que se segue dessa narrativa revela a intensidade do esforço para livrar o mundo de cristãos, de suas posses e de suas Escrituras.

No oitavo e no sétimo anos do reinado de Diocleciano, em 19 de maio, conforme os registros de Munatius Felix, sumo sacerdote vitalício da província, prefeito da colônia de Cirta. Uma vez que chegou à casa em que os cristãos costumavam se reunir, disse o prefeito a Paulo, o bispo: "Traga os escritos da lei e tudo o mais que você tiver aqui, conforme a ordem dada, à qual você deve obedecer".

> *O bispo*: "Os leitores têm as Escrituras, porém lhe daremos o que temos".
> *O prefeito*: "Aponte os leitores ou mande buscá-los".
> *O bispo*: "Vocês todos os conhecem".
> *O prefeito*: "Não os conhecemos".
> *O bispo*: "O escritório municipal os conhece, isto é, os funcionários Edusius e Junius".
> *O prefeito*: "Deixando de lado a questão dos leitores, a quem o escritório indicará, apresente o que você tem".

---

[2] Eusebius [Eusébio], *Ecclesiastical history* 8.2, Loeb Classical Library, 2:257-9 [edição em português: *História eclesiástica*, Série Patrística (São Paulo: Paulus, 2000), vol. 15]. Veja tb. Joseph Cullen Ayer, org., *A source book for ancient church history*, passim; e Ray C. Petry, org., *A history of Christianity: readings in the history of the early and medieval church*, p. 35-8. Na Roma antiga, o novo ano começava em março, e não em janeiro, cf. ocorre hoje no mundo ocidental.

Segue-se, então, um inventário dos objetos preciosos da igreja e de outras propriedades, até de grandes lojas de roupas e sapatos masculinos e femininos apresentados na presença do clero constituído por três sacerdotes, dois diáconos e quatro subdiáconos, todos citados pelos nomes, e vários "mineiros".

> *O prefeito*: "Tragam-me o que vocês têm".
> *Silvanus e Carosus (dois dos subdiáconos)*: "Jogamos fora tudo o que estava aqui".
> *O prefeito*: "Sua resposta foi registrada".

Depois que alguns armários vazios foram encontrados na biblioteca, Silvanus exibe, então, uma caixa de prata e uma lâmpada de prata que disse ter encontrado atrás de um barril.

> *Victor (funcionário do prefeito)*: "Você seria um homem morto se não os tivesse encontrado".
> *O prefeito*: "Examine com mais cuidado, pode ter sobrado alguma coisa lá".
> *Silvanus*: "Não sobrou nada. Jogamos tudo fora".

E, quando abriram a sala de jantar, foram encontrados quatro caixas e seis barris.

> *O prefeito:* "Traga as Escrituras que tem para que possamos obedecer às ordens e à determinação dos imperadores".

Catullinius (outro subdiácono) apresentou um volume muito grande.

> *O prefeito:* "Por que trouxeram um volume apenas? Apresentem as Escrituras que vocês têm".
> *Marcuclius e Catullinius (dois subdiáconos):* "Não temos outras porque somos subdiáconos; os leitores têm os livros".
> *O prefeito:* "Mostrem-me os leitores".
> *Marcuclius e Catullinius:* "Não sabemos onde moram".
> *O prefeito:* "Se não sabem onde eles moram, digam-me seus nomes".
> *Marcuclius e Catullinius:* "Não somos traidores; aqui estamos, mande que nos matem".
> *O prefeito:* "Prendam-nos".

Aparentemente, fraquejaram e revelaram um leitor. O prefeito dirigiu-se, então, à casa de Eugenius, que apresentou quatro livros.

O prefeito voltou-se para os dois subdiáconos, Silvanus e Carosus:

O prefeito: "Mostrem-me os outros leitores".
Silvanus e Carosus: "O bispo já disse que os funcionários Edusius e Junius conhecem todos: eles o guiarão até suas casas".
Edusius e Junius: "Nós lhes mostraremos, senhor".

O prefeito foi visitar os seis outros líderes. Quatro deles apresentaram os livros sem objeção. Um deles disse que não tinha nenhum, e o prefeito ficou satisfeito de anotar essa declaração em seus registros. O último não estava, mas sua esposa apresentou os livros. O prefeito ordenou que o escravo público vasculhasse a casa para certificar-se de que não havia deixado passar nada. Terminada a tarefa, disse aos subdiáconos: "Em caso de alguma omissão, a responsabilidade é de vocês".[3]

Conforme mostram esses exemplos, a destruição dos manuscritos bíblicos durante as perseguições pré-constantinianas, especialmente por Décio (249-51) e Diocleciano (302/303-305), foram generalizadas por todo o Império Romano. Mesmo depois que Diocleciano abdicou (305), a perseguição iniciada em seu reinado continuou até o Edito de Tolerância (311) e o Edito de Milão (313). O Edito de 302 de Diocleciano foi seguido pela destruição sistemática das Escrituras e de outros livros da igreja, o que resultou na perda de incontáveis quantidades de manuscritos bíblicos. Só a biblioteca de Cesareia (no Leste) foi poupada. Havia na biblioteca uma coleção de trinta mil livros que foram usados por Orígenes, Panfílio, Eusébio de Cesareia e Jerônimo. Mais tarde, essa imensa biblioteca também foi destruída, dessa vez pelos muçulmanos

---

[3] A. H. M. Jones, *Constantine and the conversion of Europe*, p. 51-4. De acordo com *The Oxford classical dictionary*, 2. ed., p. 242, o nome completo da colônia de Cirta (localizada na Argélia moderna) durante o Império Romano era *Colonia Iulia Iuvenalis Honoris et Virtutis Cirta*. Era o centro de uma confederação singular da qual faziam parte três outras colônias, Rusicade, Chullu e Milev. Havia uma grande comunidade de cristãos em Cirta, que foi muito próspera durante os séculos 2 e 3 d.C. Cirta foi danificada durante as guerras civis no século 4 antes que Constantino a restaurasse e lhe desse um novo nome, *Constantina*, tornando-se capital da Numídia.

(638 d.C.) quando tomaram controle de boa parte do território do antigo Império Romano. Foi uma perda de valor inestimável.[4]

Ironicamente, porém, passados 25 anos do edito de destruição das Escrituras, Constantino tomou medidas positivas para preservá-las. Ele encarregou Eusébio, o historiador, de preparar cinquenta cópias das Escrituras custeadas pelo império na seguinte carta, de "Victor Constantinus, Maximus Augustus, para Eusébio":

> Achei conveniente instruir sua prudência que encomende cinquenta cópias das Escrituras Sagradas, cuja provisão e uso você sabe que é da maior necessidade para a instrução da igreja. Elas deverão ser escritas num pergaminho preparado de maneira legível e de forma conveniente e portátil por copistas profissionais com plena prática de sua arte. O *catholicus*[5] da diocese também recebeu instruções sobre todas as coisas necessárias para a preparação das cópias. Caberá a você tomar cuidado especial para que sejam completadas com a menor demora possível.[6]

Essas duas ações políticas suscitaram um exame e uma verificação cuidadosos de todos os escritos religiosos para descobrir quais eram verdadeiramente imbuídos de autoridade. E, no mesmo século das perseguições de Diocleciano e da carta de Constantino, a igreja começou a conferir reconhecimento oficial aos 27 livros do Novo Testamento, isto é, em 363 d.C. (em Laodiceia) e em 397 d.C. (em Cartago).

Coleção progressiva

Embora a igreja não tenha dado reconhecimento oficial ao cânon antes de fins do século 4, é um equívoco dizer que não houve reconhecimento antes disso. Assim como os livros do Antigo Testamento, há evidências abundantes de que os livros inspirados foram recebidos imediatamente como tais, difundidos e até incluídos na coleção. O problema do Novo Testamento é de certa forma diferente, porém, no sentido de que seus livros foram escritos durante um período

---

[4] Veja Michael W. Holmes, "The 'Majority text debate': new form of an old issue", *Themelios* 8.2 (January 1983), p. 16. Veja tb. W. H. C. Frend, *Martyrdom and persecution in the early church*, p. 372-7.

[5] *Catholicus*: ministro das finanças do império de dada região. (N. do T.)

[6] Philip Schaff, org., *The Nicene and post-Nicene fathers*, 1:549. Para o impacto desses acontecimentos sobre a transmissão do texto do Novo Testamento, veja as análises nos caps. 22, 24 e 26.

de meio século por cerca de oito ou nove autores diferentes e foram endereçados a indivíduos (e.g., Filemom) e a grupos de igrejas (e.g., 1Pedro) localizados em centros que vão de Jerusalém a Roma. Os problemas de transporte e de tradução tenderiam a obscurecer a autoridade e a autenticidade dos livros, embora já tivessem obtido o reconhecimento de seus destinatários originais.

É claro que não há registro do reconhecimento imediato da canonicidade de cada livro por seu público original. Contudo, a referência explícita à aceitação de cada um deles não é algo que deva se sobrepor necessariamente à declaração explícita de sua inspiração (cf. 2 e 3João). Basta que o livro tenha sido escrito por um apóstolo (ou profeta) e que tenha sido copiado, colecionado e citado desde os tempos mais remotos. Ter também a confirmação direta do reconhecimento imediato de livros específicos é evidência suficiente de que outros livros também foram imediatamente aceitos.

Indicações do Novo Testamento

No âmbito do Novo Testamento, há evidência do conceito de um cânon de livros inspirados em desenvolvimento. Isso se vê pelo princípio da canonização no Novo Testamento e o seu progresso.

O princípio da canonização. O fator determinante na canonização do Novo Testamento foi a inspiração, e o teste primordial era a apostolicidade (veja o cap. 12). Se era possível determinar que um livro desfrutava de autoridade apostólica, não haveria razão para questionar sua autenticidade ou veracidade (veja o cap. 20). Na terminologia do Novo Testamento, a igreja foi "edificada sobre o fundamento dos apóstolos e profetas" (Ef 2.20), a quem Cristo havia prometido guiar a "toda a verdade" (Jo 16.13) por intermédio do Espírito Santo. Diz-se que a igreja de Jerusalém perseverava no "ensino dos apóstolos" (At 2.42). O termo "apostólico" conforme foi usado para o teste de canonicidade não significa necessariamente "autoria apostólica", ou "aquilo que foi preparado sob a direção dos apóstolos",[7] a menos que a palavra "apóstolo" seja tomada em seu sentido não técnico, significando alguém *além* dos doze apóstolos ou Paulo. Nesse sentido não técnico, Barnabé é chamado de apóstolo (At 14.14; cf. v. 4), assim como Tiago (Gl 1.19) e, aparentemente, mais alguns (Rm 16.7; 2Co 8.23; Fp 2.25).

---

[7]R. Laird Harris procura defender essa interpretação, porém, tornando Marcos e Lucas secretários de Pedro e Paulo, respectivamente etc.; veja *Inspiration and canonicity of the Bible*, p. 270.

Não parece ser necessário pensar em Marcos e Lucas como secretários dos apóstolos, ou dizer que o autor de Tiago era um apóstolo, para não falar de Judas ou do autor de Hebreus. Na verdade, o autor de Hebreus nega que é apóstolo observando que a mensagem de Cristo "foi anunciada a nós [leitores e autor] por aqueles [os apóstolos] que o ouviram" (Hb 2.3). Parece muito melhor concordar com Louis Gaussen, B. B. Warfield, Charles Hodge, J. N. D. Kelly e a maior parte dos protestantes de que é a autoridade apostólica, ou a aprovação apostólica, o teste principal para a canonicidade, e não simplesmente a autoria apostólica.[8] Na terminologia do Novo Testamento, um livro tinha de ser escrito por um apóstolo ou profeta (cf. Ef 2.20). Portanto, a pergunta que devia ser feita era: "O livro é profético?", isto é, "Foi escrito por um profeta de Deus?". Aos apóstolos foi outorgado, é claro, um ministério profético (Jo 14—16): João referia-se a si mesmo como "conservo [dos] profetas" (Ap 22.9), e, para o apóstolo Paulo, seus livros eram escritos proféticos (cf. Rm 16.25,26; Ef 3.3-5). Algumas pessoas no Novo Testamento, além daqueles chamados de apóstolos, recebiam um ministério profético de acordo com a promessa do dia de Pentecostes (At 2.17,18), conforme ficou evidente no caso de Ágabo e de outros profetas de Jerusalém (At 11.27,28), para não falar do "dom da profecia" evidenciado na igreja do Novo Testamento (cf. 1Co 12.29).

O processo de canonização. Um exame minucioso do Novo Testamento revela que esses escritos proféticos estavam sendo separados dos escritos não proféticos, e até mesmo das tradições orais, e um cânon estava sendo formado nos tempos apostólicos. Há vários procedimentos envolvidos nesse processo.

1. *Escolha do procedimento.* João deixa implícito que havia um processo de seleção em andamento entre os próprios apóstolos em torno do seguinte problema: que verdades específicas deveriam ser preservadas em forma escrita. Ele afirma que "Jesus realizou ainda muitos outros sinais [...] que não estão registrados neste livro" (Jo 20.30); e "se eles fossem registrados de modo detalhado, presumo que nem no mundo inteiro caberiam os livros que seriam escritos" (Jo 21.25). Lucas menciona outros relatos da

---

[8] Louis Gaussen, *Theopneustia*, p. 319; Benjamin B. Warfield, *The inspiration and authority of the Bible*, p. 455 [edição em português: *A inspiração e autoridade da Bíblia: a clássica doutrina da palavra de Deus* (São Paulo: Cultura Cristã, 2010)]; Charles Hodge, *Systematic theology*, 1:153 [edição em português: *Teologia sistemática*, tradução de Valter Martins (São Paulo: Hagnos, 2001)]; J. N. D. Kelly, *Early Christian doctrines*, p. 59-60 [edição em português: *Patrística: origem e desenvolvimento das doutrinas centrais da fé cristã* (São Paulo: Vida Nova, 1994)].

TRADUÇÕES IMPORTANTES DA BÍBLIA EM INGLÊS

Traduções importantes em inglês	Manuscritos	Outras traduções
	Manuscritos originais da Bíblia Antigo Testamento em hebraico e aramaico sécs. 15-5 a.C.	Tradução grega do Antigo Testamento Septuaginta (c. 250 a.C.)
	Manuscritos originais da Bíblia Novo Testamento em grego c. 30-100 d.C. Concílio de Jâmnia (90 d.C.) Fixação do cânon do Antigo Testamento	Traduções em siríaco, latim antigo e copta (sécs. 2-4)
	Fixação do Cânon do Novo Testamento (séc. 4)	Vulgata Latina Jerônimo (c. 400 d.C.)
Paráfrases anglo-saxônicas (c. 700-1000) Evangelho de João Beda (735)		
	Manuscritos da Bíblia do séc. 9 Mais antigo conhecido até 1947	
Bíblia inglesa Wycliffe (c. 1380-1384)		
	Bíblia impressa em latim Gutenberg (c. 1456-1457)	
	Impressão do Antigo Testamento hebraico (1482)	
	Impressão do Novo Testamento grego Erasmo (1516)	
Impressão do NT em inglês Tyndale (1525, 1535) Pentateuco em inglês	Impressão da Bíblia em latim Pagninus (1528)	NT em alemão Lutero (1522)
Impressão da Bíblia em inglês Coverdale (1535)		AT em alemão Lutero (1534)
Matthew's Bible (1537)		
The Great Bible (1539) Taverner Bible (1539)	Novo Testamento grego Stephanus (1550)	

TRADUÇÕES IMPORTANTES DA BÍBLIA EM INGLÊS (CONTIN.)

	Novo Testamento grego Beza (1557)	
Bíblia de Genebra (1560) Bishops' Bible (1568)		
		NT Rheims (1582)
King James Bible [KJV] (1611)		AT Douay (1610)
	Textus Receptus (1624)	
	Descobertas de manuscritos importantes (1840)	
AT revisado (inglês) [RV] (1881) NT revisado (inglês) [RV] (1885)		
	Descoberta de papiros (1897)	
American Standard Version [ASV] (1901) Weymouth New Testament (1902) Centenary New Testament (1904)		
		Antigo Testamento em inglês Jewish Publication Society [JPS] (1917)
	Descoberta de papiros (1930)	
Moffatt's Bible (1924-1926, 1935) Smith-Goodspeed Bible (1927, 1935)		
Revised Standard Version Novo Testamento (1946, 1952)		Confraternity New Testament Católico Romano (1946)
	Descoberta dos Manuscritos do Mar Morto (1947)	
Revised Standard Version Antigo Testamento, Apócrifos (1952) NT em linguagem simples, Williams (1952) NT em inglês contemporâneo, Phillips (1958)		The Holy Bible Knox (1944-1955) Confraternity Bible (1952, 1955) The Authentic New Testament Schonfield (1955)
Bíblia na linguagem moderna Berkeley (1959) The Amplified Bible (1958-1965)		The New World Translation Testemunhas de Jeová (1953-1960, 1961) The New Jewish Version JPS (1962-1982)
Anchor Bible (1964) New American Standard Bible [NASB] (1966) New English Bible [NEB] (1970) The Living Bible (1971) Good News Bible [TEV] (1976)		Jerusalem Bible (1966) New American Bible [NAB] (1970) Readers Digest Bible (1982)
New International Version [NIV] (1979) New King James Version [NKJV] (1982)		JPS Tanakh [OT] (1985) New Jerusalem Bible (1985)

vida de Cristo, dos quais ele compila "um relato preciso" com base em "testemunhas oculares" para que se conheça "a verdade exata" (Lc 1.1-4). Essa evidência parece indicar que havia outros registros escritos da vida de Cristo que não eram totalmente verdadeiros. Há várias referências à autoridade da tradição ou ensino oral dos apóstolos (cf. 1Ts 2.13; 1Co 11.2). Essas "tradições" indicavam que havia um ensino imbuído de autoridade das testemunhas oculares acerca da vida de Cristo. Há quem diga que se tratava do *kerygma* (pronunciamento apostólico imbuído de autoridade sobre Cristo, ou um tipo de "cânon dentro do cânon").[9] Não se sabe ao certo se esse *kerygma* foi ou não usado como teste de canonicidade, mas é evidente que havia critérios apostólicos para a classificação das tradições orais de natureza apócrifa. João fala de uma falsa crença relativa à sua própria morte que "foi divulgada entre os irmãos" como uma distorção introduzida pelos discípulos de Jesus de algo que saiu da boca do Mestre (Jo 21.23,24). Não há dúvida de que houve outros episódios dessa natureza. Contudo, embora entre os primeiros discípulos haja quem possa ter crido nessas coisas, não foram ensinadas como verdade apostólica em lugar nenhum, pelo menos não nos escritos canônicos. Não faziam parte da mensagem oral imbuída de autoridade das testemunhas oculares e, portanto, jamais se tornaram parte do ensino do registro escrito.

2. *Procedimento de leitura*. Outra indicação no Novo Testamento de que havia um cânon em formação é a injunção reiterada de que certos livros deveriam ser lidos às igrejas. Paulo ordenou que 1Tessalonicenses fosse "lido a todos os irmãos" (5.27). Apocalipse 1.3 prometeu uma bênção a todos que lessem "as palavras da profecia" e as guardassem. Na verdade, ela fazia uma advertência aos que "ouvem as palavras da profecia" desse livro e não as guardam. O essencial da canonicidade implícita nessas injunções parece ser autoridade, ou profecia. Se um escrito fosse profético, deveria ser lido com autoridade às igrejas.

3. *Procedimento de difusão*. Os escritos imbuídos de autoridade lidos às igrejas eram difundidos e colecionados por elas. O livro de Apocalipse foi difundido entre as igrejas da Ásia Menor, uma vez que foi dito a João:

---

[9] Veja Herman Ridderbos, "The canon of the New Testament", in: Carl E H. Henry, org., *Revelation and the Bible*, p. 191ss. Veja tb. Kelly, *Early Christian doctrines*, p. 29-31.

"escreva em um livro o que vês e envia às sete igrejas" (Ap 1.11). Paulo ordenou aos colossenses: "Depois de lida entre vós, fazei com que esta carta também seja lida na igreja dos laodicenses; e procurai ler também a carta que vem de Laodiceia" (Cl 4.16).[10] Essa é uma passagem essencial porque mostra que a autoridade de uma carta se estendia a um público maior do que apenas aquele para a qual foi escrita. Portanto, assim como o livro de Apocalipse foi difundido entre as igrejas, assim também outras cartas deviam ser trocadas entre elas, e as mensagens proféticas lidas com toda a autoridade.

4. *Procedimento de coleção.* O procedimento de difusão, sem dúvida, levava ao hábito de coletar escritos proféticos e apostólicos, como os referidos em 2Pedro 3.15,16, em que o autor afirma que "todas as suas [de Paulo] cartas" estão no mesmo nível do "restante das Escrituras". Conforme já observamos (veja o cap. 5), para os apóstolos, a coleção de escritos do Antigo Testamento eram Escrituras divinas. Portanto, à medida que os profetas do Novo Testamento escreviam livros inspirados, estes eram acrescentados à coleção das "outras Escrituras". Desse modo, na época de 2Pedro (c. 66 d.C.),[11] as cartas paulinas já estavam no cânon.[12] Uma vez que a maior parte das Cartas Gerais foi escrita depois das cartas de Paulo, não se pode esperar que elas fossem mencionadas. Contudo, Judas provavelmente está se referindo ao livro de Pedro e ele parece considerá-lo Escritura (cf. Jd 17,18 e 2Pe 3.2,3). Conforme afirma Edward Lohse, "Os primeiros escritos cristãos, redigidos em primeiro lugar para situações específicas, foram reunidos em coleções desde muito cedo".[13]

---

[10] Alguns estudiosos acreditam que esta carta de Laodiceia seja a carta conhecida como Efésios nas Bíblias modernas. Cf. a análise do assunto em F. F. Bruce; E. K. Simpson, *Commentary on the epistles to the Ephesians and Colossians*, p. 310-1. Outros, porém, acreditam que se trate de Filemom, e não de Efésios. Veja as análises em Everett F. Harrison, *Introduction to the New Testament*, p. 308-9. Veja tb. a análise prévia no cap. 12.

[11] Harrison, p. 140.

[12] Lewis Foster sustenta que Lucas fez a coleção mais antiga das cartas de Paulo como uma espécie de terceiro volume depois do seu Evangelho e da sequência de Atos. Veja seu artigo "The earliest collection of Paul's Epistles", p. 44-53.

[13] Eduard Lohse, *The formation of the New Testament*, p. 19 [edição em português: *Introdução ao Novo Testamento*, 4. ed. (São Leopoldo: Sinodal, 1985)].

5. *Procedimento de citação.* Se Judas estava citando o que Pedro escreveu quando disse "amados, lembrai-vos das previsões dos apóstolos de nosso Senhor Jesus Cristo" (v. 17), não somente confirmou que os escritos de Pedro já faziam parte do cânon naquele tempo, como também que os livros recebidos foram citados imediatamente como Escrituras imbuídas de autoridade. Paulo (1Tm 5.18) citou um trecho do Evangelho de Lucas (10.7) com a mesma fórmula que usava para citar o Antigo Testamento. Seria muito esperar que todo livro do Novo Testamento fosse confirmado do mesmo jeito, embora muitos sejam mencionados (pelo menos alguns de Paulo, um de Lucas e talvez um de Pedro — uma parte substancial do Novo Testamento) para demonstrar que havia um cânon dos livros do Novo Testamento já nos tempos do próprio Novo Testamento. A ausência de citações de cartas menores e mais pessoais pode ser explicada por seu tamanho e natureza.

Em suma, o teste principal de canonicidade nos tempos do Novo Testamento consistia na autoridade apostólica e profética. Os escritos que chegaram às igrejas locais (ou a indivíduos) eram lidos, difundidos, colecionados e até citados como parte do cânon das Escrituras. Esses escritos complementavam a Palavra inspirada de Deus e constituíam parte integral dela juntamente com as Escrituras previamente reconhecidas do Antigo Testamento.

Pais apostólicos

O que foi dito sobre o desenvolvimento do cânon do Novo Testamento, conforme se viu nos escritos inspirados do próprio Novo Testamento, é ainda mais claro nos escritos dos contemporâneos mais jovens, os pais apostólicos. Um levantamento por amostra será suficiente para mostrar que, por volta de meados do século 2, todo livro do Novo Testamento é mencionado como imbuído de autoridade (canônica) por pelo menos um desses pais.

Os Evangelhos

1. Mateus foi citado pela *Carta de Pseudo-Barnabé* (c. 70-79) em várias ocasiões; por exemplo, 4.14 (Mt 20.16; 22.14); 5.12 (Mt 26.31); 6.13 (Mt 19.30; 20.16); 7.3 (Mt 27.34) e 12.11 (Mt 22.45), além de várias alusões. A *Didaqué* (c. 70-130) cita Mateus com muita frequência (cf. Mt 6.9-13).

2. Marcos foi citado pela *Carta de Pseudo-Barnabé* somente em uma ocasião clara, 5.9 (Mc 2.17), porém 12.11 cita a passagem paralela de Mateus 22.45 e/ou Lucas 20.44. Papias (c. 70-163) escreveu cinco tratados intitulados *Interpretação dos oráculos do Senhor* (c. 120), dos quais faziam parte os quatro Evangelhos.[14]

3. Lucas foi revisado pelo gnóstico Marcião (c. 140 d.C.) e foi incluído em seu limitadíssimo cânon das Escrituras. O *Fragmento Muratoriano* (c. 170-180) começa com Marcos e refere-se a Lucas como o terceiro Evangelho e segue com João, Atos etc.[15]

4. João foi citado por Papias e arrolado no Cânon Muratoriano. Foi também citado, e há alusões a ele, nas Cartas de Inácio (c. 110-117); por exemplo, em sua *Efésios* 5.2 (Jo 6.33) e 17.1 (Jo 12.3). Clemente de Roma (c. 95-97) citou João 17.3 em sua *Carta aos Coríntios* 43.5.

Atos. Atos aparece no *Fragmento Muratoriano* e foi citado por Policarpo (69-155), discípulo de João, em sua *Filipenses* 1.2 (At 2.24). *O pastor*, de Hermas, cita Atos em várias ocasiões; por exemplo, Visão 2.2.7 (At 10.35); Visão 3.7.3 (At 2.38; 10.48; 19.5); Similitude 9.28.2 (At 15.26); 10.2.3; 4.1 (At 2.11; 2.1).

As Cartas

1. Romanos é citada com frequência por Clemente de Roma em sua *Carta aos Coríntios* (também identificada como *1Coríntios* de Clemente de Roma); por exemplo, 33.1 (Rm 6.1); 35.6 (Rm 1.29-32); 50.6 (Rm 4.7-9). Policarpo cita Romanos em várias ocasiões em sua *Carta aos Filipenses*; por exemplo, 5.2 (Rm 8.17); 6.1 (Rm 12.17); 6.3 (Rm 14.10,12); 10.1 (Rm 13.8). A *Didaquê* (5.1,2) cita Romanos 1.29,30 e 12.9, respectivamente.

2. A Carta de 1Coríntios foi citada na *Didaquê* 10.6 (1Co 16.22); 13.1,2 (1Co 9.13,14); e 16.6 (1Co 15.22; cf. Mt 24.30,31). *O pastor*, Mandato 3.6 (1Co 7.11; cf. Mt 5.32; 19.9; e Mc 10.11); e Mandato 4.4.1 (1Co 7.38-40) também cita 1Coríntios.

3. A Carta de 2Coríntios foi citada por Policarpo em sua *Filipenses* 2.2 (2Co 4.14); 4.1 (2Co 6.7), assim como pelo *O pastor*, Similitude

---

[14] Veja Eusebius, *Ecclesiastical history* 3:39, Loeb Classical Library, 1:291.
[15] Veja Caspar René Gregory, *Canon and text of the New Testament*, p. 129-33.

9.13,7,8 (2Co 13.11); e a *Carta a Diogneto* (c. 150), 5.7 (2Co 10.3); 5.12 (2Co 6.9,10); 5.15,16 (2Co 4.12; 6.10).

4. Gálatas foi citada com frequência por muitos autores, como, por exemplo, Policarpo, em sua *Filipenses* 3.3 (Gl 4.26); 5.1 (Gl 6.7); 5.3 (Gl 5.17); *Carta a Diogneto* 6.5 (Gl 5.17) e 10.5 (Gl 6.2).

5. Efésios, uma das cartas que Paulo escreveu da prisão, foi citada por Clemente de Roma em sua *1Coríntios* 46.6 (Ef 4.4-6); 59.3 (Ef 1.18); por Inácio em sua *Esmirnenses* 1.2 (Ef 2.16); *Policarpo* 1.3 (Ef 4.2); 5.1 (Ef 5.25,29); e há uma alusão a ela em *Pseudo-Barnabé* 6.10 (Ef 2.10; 4.22-24).

6. Filipenses é citada com frequência por Policarpo em sua *Filipenses* 9.2 (Fp 2.16); 11.3 (Fp 4.15); 12.3 (Fp 3.18); e em *O pastor*, Similitude 5.3.8 (Fp 4.18); 9.13.7,8 (Fp 2.2; 3.16; 4.2); e por Inácio, *Esmirnenses* 4.2 (Fp 4.13); 11.3 (Fp 3.15).

7. Colossenses foi citada por Policarpo, *Filipenses* 10.1 (Cl 1.23); 11.2 (Cl 3.5); Inácio, *Efésios* 10.2 (Cl 1.23); *Tralianos* 5.2 (Cl 1.16); e a *Carta a Diogneto* 10.7 (Cl 4.1).

8. A Carta de 1Tessalonicenses 5.13 foi citada várias vezes em *O pastor*, Visão 3.6.3; 3.9.2,10; Similitude 8.7.2; *Didaquê* 16.7 também cita essa carta (1Ts 4.16); ela é usada por Inácio, *Efésios* 10.1 (1Ts 5.17); e *Romanos* 2.1 (1Ts 2.4).

9. A Carta de 2Tessalonicenses é citada com menos frequência, mas Inácio recorre a essa carta como base para sua declaração em sua *Filadelfos* 4.3 (2Ts 3.5). Policarpo também usou essa carta em sua *Filipenses* 11.3 (2Ts 1.4) e 11.4 (2Ts 3.15). Dionísio de Corinto (c. 170 d.C.) também cita essa carta.

10. A Carta de 1Timóteo foi usada reiteradas vezes por Clemente de Roma em sua *1Coríntios*, assim como na *Filipenses* de Policarpo. *O pastor*, Similitude 8.2.9, cita 1Timóteo 2.4, e a *Didaquê*, 13.1,2, cita 1Timóteo 5.17,18.

11. A Carta de 2Timóteo é usada em *Pseudo-Barnabé* 5.6 (2Tm 1.10), assim como em *O pastor*, Mandato 3.2 (2Tm 1.14).

12. Tito é citado com frequência por Clemente de Roma em sua *1Coríntios*; *Pseudo-Barnabé* 1.4-6 e 14.5 cita Tito 1.1-3,7 e 2.14, respectivamente, assim como a *Carta a Diogneto* 9.1,2 (Tt 3.3-5).

13. Filemom era uma carta pessoal, e sua natureza é refletida em seu uso: Inácio faz alusões a ela, e o *Fragmento Muratoriano* arrola treze das cartas paulinas, o que incluiria Filemom.

14. Hebreus foi citada com frequência por Clemente de Roma em sua *1Coríntios*; foi também citada na *Homilia Antiga* (chamada com frequência de *2Coríntios* de Clemente de Roma) 11.6 (Hb 10.23); *O pastor* usou com frequência essa carta; por exemplo, Visão 2.2.7 (Hb 11.33); Visão 2.3.2 (Hb 3.12).

15. Tiago é usada repetidas vezes em *1Coríntios* de Clemente de Roma, assim como em *O pastor*, Visão 3.9.6 (Tg 5.4); Mandato 2.2.7 (Tg 4.11; 1.27); 11.5 (Tg 3.15).

16. A Primeira Carta de Pedro é usada em *Pseudo-Barnabé* 4.12 (1Pe 1.17); 6.2 (1Pe 2.6); 7:2 (1Pe 4.5); *O pastor* cita 1Pedro 5.7, 4.13,15,16; 4.14 em Visão 3.11.3, Similitude 9.28.5 e 9.28.6, respectivamente.

17. A Segunda Carta de Pedro (2.6-9) é citada em *1Coríntios* 11.1 de Clemente de Roma. É também usada em *Pseudo-Barnabé* 15.4 (2Pe 3.8)

18. A Primeira Carta de João é citada em *O pastor*, Mandato 3.1 (1Jo 2.27); Similitude 6.5,6 (1Jo 3.22).

19. A Segunda Carta de João é arrolada no *Fragmento Muratoriano* e citada em Policarpo, *Filipenses* 7.1 (2Jo 7).

20. A Terceira Carta de João é arrolada no *Fragmento Muratoriano*.

21. A Carta de Judas aparece na lista do *Fragmento Muratoriano* e é citada no *Martírio de São Policarpo, Bispo de Esmirna.* Prefácio (Jd 2).

Apocalipse. O livro de Apocalipse foi citado na *Didaquê* 10.3 (Ap 4.11); 16.4 (Ap 13.2,13), bem como em *O pastor*, Visão 4.2.1 (Ap 21.2). Papias aceitou a autoridade de Apocalipse, que foi citado na *Antiga Homilia* 17.7 (Ap 11.13) e por Justino Mártir e Dionísio de Corinto.

Embora muitas dessas citações possam ser contestadas se a teoria crítica moderna for utilizada, convém observar pelos padrões da civilização clássica que seriam consideradas citações legítimas. Portanto, considera-se que as obras foram citadas quando, possivelmente, na perspectiva moderna, as citações e alusões a elas seriam consideradas um equívoco. Em decorrência disso, os primeiros cem anos de existência dos 27 livros do Novo Testamento revelam que praticamente todos eles foram citados como livros imbuídos de autoridade e reconhecidamente canônicos por homens que eram jovens contemporâneos da era apostólica.

COMPLETAMENTO PRÁTICO E CONFIRMAÇÃO

É claro que não houve uma opinião consensual entre todos os primeiros pais da igreja, nem no século 2 nem mesmo no século 3, no tocante a todos os livros canônicos. Contudo, alguns pais da igreja e alguns cânones reconheceram praticamente todos os livros antes do final do século 2, e a igreja universal chegou a um acordo a respeito antes do final do século 4.

Reconhecimento por indivíduos

Alguns pais da igreja notáveis do século 2 demonstram sua aceitação da maior parte do cânon do Novo Testamento, e não há razão para acreditar que não aceitassem também o restante dele. Há quatro exemplos típicos do período, em que havia um testemunho generalizado acerca da inspiração e do texto do Novo Testamento (veja as análises nos caps. 7 e 22).

Policarpo (c. 150 d.C.). Contemporâneo mais jovem e discípulo do apóstolo João, Policarpo faz citações de Mateus, João, das dez primeiras cartas de Paulo, 1Pedro e 1 e 2João. Como boa parte dos outros livros era de tamanho reduzido, não se espera que Policarpo se referisse a eles. Em decorrência disso, o argumento do silêncio de Policarpo, de que ele não conhecia ou não aceitava esses livros é, na melhor das hipóteses, um argumento fraco.

Justino Mártir (c. 140 d.C.). Para Justino Mártir, os quatro Evangelhos eram Escritura, como também a maioria das cartas de Paulo, bem como 1Pedro e Apocalipse. É interessante notar que Justino se referiu, por vezes, a Marcos, Lucas, João e Apocalipse, que não foram citados por Policarpo, mas não se referiu a Filipenses ou a 1Timóteo, o que tenderia a confirmar a tese de que os dois homens aceitaram mais livros do que os que citaram.

Ireneu (c. 170 d.C.). Ireneu foi o pioneiro dos primeiros pais a citar praticamente todos os livros do Novo Testamento. Quando garoto, ouviu Policarpo, e essa experiência teve um impacto duradouro sobre esse primeiro grande missionário que foi para a França (veja o cap. 7). Ele citou, ou considerou autênticos, 23 dos 27 livros, tendo omitido apenas Filemom, Tiago, 2Pedro e 3João.

Clemente de Alexandria (c. 200 d.C.) apresenta uma lista quase idêntica, com exceção das omissões de 2Timóteo e 2João. Filemom e 3João talvez não tenham sido citados porque são curtos demais, deixando em dúvida apenas 2Pedro e Tiago. Nesse sentido, é interessante observar que *O pastor* (c. 140 d.C.) se referiu a Tiago, e o livro de 2Pedro já havia sido citado como Escritura no livro de Judas. Portanto, antes do final do século 2, algumas pessoas haviam reconhecido a maior parte dos 27 livros, e o restante foi reconhecido por outros antes mesmo dessa época.

Reconhecidos em listas canônicas (e traduções)

Outra confirmação de que o cânon do Novo Testamento já estava formado no século 2 advém de listas do cânon e de traduções (veja os caps. 27–29). Nem é preciso dizer que uma tradução presume um cânon por aqueles que fazem a tradução.

Tradução em siríaco antigo. Essa tradução do Novo Testamento estava em circulação na Síria por volta de 400 d.C., mas representava um texto que datava do final do século 2.[16] Dela faziam parte todos os 27 livros do Novo Testamento, exceto 2Pedro, 2 e 3João, Judas e Apocalipse. Brooke Foss Westcott observa: "Sua similaridade de modo geral com o nosso [cânon] é surpreendente e importante; e suas omissões são fáceis de explicar".[17]

Tradução em latim antigo. Essa é uma tradução anterior a 200 d.C. e foi a Bíblia da igreja ocidental, assim como a tradução siríaca foi a do Oriente. Faziam parte dessa versão todos os livros do Novo Testamento, com exceção de Hebreus, Tiago, 1 e 2Pedro.[18]

Cânon Muratoriano (170 d.C.). Com exceção do cânon herético de Marcião (140 d.C.), a lista de livros canônicos mais antiga é o *Fragmento Muratoriano*. Essa lista coincide exatamente com a antiga tradução latina, omitindo apenas Hebreus, Tiago e 1 e 2Pedro. Westcott sustenta a probabilidade de que houve uma ruptura nesse manuscrito e que, anteriormente, ele continha também os livros que faltam.[19] Parece realmente estranho que Hebreus e 1Pedro tenham sido omitidos, ao passo que Filemom e 3João foram incluídos. É uma característica que se contrapõe às listas de Ireneu e Clemente de Alexandria.

---

[16] Veja o cap. 28; Bruce M. Metzger, *The text of the New Testament*, p. 69.
[17] Brooke Foss Westcott, *A general survey of the history of the canon of the New Testament*, p. 245.
[18] Ibidem, p. 258. Veja tb. o cap. 29.
[19] Ibidem, p. 219; veja tb. "Appendix C: the Muratorian Fragment on the canon", p. 521-38.

Reconhecimento pelos concílios

Como pode ser visto no exame de citações por indivíduos e listas canônicas, alguns livros continuavam a ser constantemente ignorados. Eusébio resumiu a situação em princípios do século 4 ao reconhecer todos os 27 livros, mas afirmando que Tiago, 2Pedro, 2 e 3João e Judas eram livros "contra os quais se fala" (do grego, *Antilegomena*).[20] Contudo, independentemente das dúvidas do seu tempo, elas foram se dissipando paulatinamente nos cinquenta anos que se seguiram, quando Atanásio (c. 367), o "pai da ortodoxia", arrolou de forma clara e enfática os 27 livros canônicos ao dizer:

> Repito que não é tedioso falar dos livros do Novo Testamento. São eles: os quatro Evangelhos, segundo Mateus, Marcos, Lucas e João. Em seguida, Atos dos Apóstolos e as Cartas (chamadas católicas), sete, a saber: Tiago, uma; Pedro, duas; João, três; depois dessas, uma de Judas. Além dessas, há catorze cartas de Paulo, escritas na seguinte ordem: a primeira, aos Romanos; depois duas aos Coríntios; depois dessas, uma aos Gálatas; em seguida, aos Efésios; depois, aos Filipenses; aos Colossenses; depois dessas, duas aos Tessalonicenses, aos Hebreus; e, novamente, duas a Timóteo; uma a Tito e, por fim, a de Filemom. Além dessas, o Apocalipse de João.[21]

Os Sínodos de Hipona (393 d.C.) e de Cartago (397 d.C.) foram influenciados por Agostinho. Nesses concílios regionais, o cânon do Novo Testamento ali ratificado estava de acordo com o cânon atual de 27 livros;[22] contudo, aceitava-se uma variação do Cânon Alexandrino do Antigo Testamento.[23] O cânon adotado por Hipona e Cartago confirma a argumentação de Atanásio em relação ao Novo Testamento.[24] Portanto, os concílios seguiram o exemplo de líderes e dos cânones no reconhecimento dos livros do Novo Testamento inspirados por Deus.

---

[20] Eusebius 3.25, Loeb Classical Library, 1:257-9.

[21] Athanasius [Atanásio], *Letters*, n. 39 (Easter 367), parágrafo 5, in: Philip Schaff, org., *The Nicene and post-Nicene fathers*, 4:552.

[22] Isso está de acordo com a lista de Agostinho em seu tratado *Sobre a doutrina cristã* 2.8, 13, cf. tradução em Schaff, org., *The Nicene and post-Nicene fathers*, 1. série, 2:538-9.

[23] Veja o cap. 15. Veja tb. Philip Schaff, *History of the Christian church*, 3:608-9; veja ainda Agostinho, *A cidade de Deus* 18.36.

[24] A lista completa dos livros do Antigo e do Novo Testamentos para Hipona (393) e Cartago (397) também é dada no Cânone 24 do Concílio de Cartago (419) e é comumente conhecida como "Código Africano"; cf. Schaff, *The Nicene and post-Nicene fathers*, 14:453-4; veja tb. F. L. Cross; E. A. Livingstone, orgs., *The Oxford dictionary of the Christian church*, s.v. "Carthage, Councils of", p. 244.

O CÂNON DO NOVO TESTAMENTO DURANTE OS PRIMEIROS QUATRO SÉCULOS

X = citação ou alusão
O = autêntico
? = controverso

LIVRO	INDIVÍDUOS																	CÂNONES					TRADUÇÕES						CONCÍLIOS
	Pseudo-Barnabé (c. 70-130)	Clemente de Roma (c. 95-97)	Inácio (c. 110)	Policarpo (c. 110-150)	Hermas (c. 115-140)	Didaque (c. 120-150)	Pápias (c. 130-140)	Diogneto (c. 150)	Irineu (c. 130-202)	Justino Mártir (c. 150)	Clemente de Alexandria (c. 150-155)	Tertuliano (c. 150-215)	Orígenes (c. 185-254)	Cirilo de Jerusalém (c. 315-386)	Eusébio (c. 325-340)	Jerônimo (c. 340-420)	Agostinho (c. 400)	Marcião (c. 140)	Muratoriano (c. 170)	Apostólico (c. 300)	Cheltenham (c. 360)	Atanásio (c. 367)	Taciano Diatessarão (c. 170)	Latim antigo (c. 200)	Siríaca antiga (c. 400)	Niceia (c. 325-340)	Hipona (c. 393)	Cartago (c. 397)	Cartago (419)	
Mateus	X	X	X	X		X	O	X	X	X	X	X	X	X	X	X	X		O	O	O	O	O	O	O	O	O	O	O	
Marcos	X	X	X	X			O		X	X	X	X	X	X	X	X	X		O	O	O	O	O	O	O	O	O	O	O	
Lucas	X	X	X	X	X		O		X	X	X	X	X	X	X	X	X	O	O	O	O	O	O	O	O	O	O	O	O	
João	X		X	X			O	X	X	X	X	X	X	X	X	X	X		O	O	O	O	O	O	O	O	O	O	O	
Atos	X	X	X						X	X	X	X	X	X	X	X	X		O	O	O	O		O	O	O	O	O	O	
Romanos	X	O	X	X					X		X	X	X	X	X	X	X	O	O	O	O	O		O	O	O	O	O	O	
1Coríntios	O	X	X	X					X	O	X	X	X	X	X	X	X	O	O	O	O	O		O	O	O	O	O	O	
2Coríntios		X	X	X					X		X	X	X	X	X	X	X	O	O	O	O	O		O	O	O	O	O	O	
Gálatas		X	X	X					X		X	X	X	X	X	X	X	O	O	O	O	O		O	O	O	O	O	O	
Efésios	X	X	X	X				X	X		X	X	X	X	X	X	X	O	O	O	O	O		O	O	O	O	O	O	
Filipenses		X	X	X					X		X	X	X	X	X	X	X	O	O	O	O	O		O	O	O	O	O	O	
Colossenses		X	X	X					X		X	X	X	X	X	X	X	O	O	O	O	O		O	O	O	O	O	O	
1Tessalonicenses		X	X	X				X	X		X	X	X	X	X	X	X	O	O	O	O	O		O	O	O	O	O	O	
2Tessalonicenses		X	X	X					X		X	X	X	X	X	X	X	O	O	O	O	O		O	O	O	O	O	O	
1Timóteo		X		X					X			X	X	X	X	X	X		O	O	O	O		O	O	O	O	O	O	
2Timóteo	X		X	X					X		X	X	X	X	X	X	X		O	O	O	O		O	O	O	O	O	O	
Tito	X	X	X					X	X		X	X	X	X	X	X	X		O	O	O	O		O	O	O	O	O	O	
Filemom				X								X	X	X	X	X	X		O	O	O	O		O	O	O	O	O	O	
Hebreus	X	X	X	X					X		X	O	X	X	O	O	X			O	O	O		?	O	O	O	O	O	
Tiago		X	X						X		X	O	X	O	?	O	O			?	O	O			?	?	O	O	O	
1Pedro	X	X	X					X	X		X	O	X	O	O	O	O			O	O	O		O	O	O	O	O	O	
2Pedro	X	X									O	O	X		?	O	O			?	O	O				?	O	O	O	
1João			X		O				X		X	O	X	O	O	O	O		O	O	O	O		O	O	O	O	O	O	
2João			X		X				X		X		?		?	O	O		O	O	O	O				?	O	O	O	
3João											?		?		?	O	O		O	O	O	O				?	O	O	O	
Judas					X				X		X	O	?		?	O	O		O	O	O	O				?	O	O	O	
Apocalipse	X	X	X	O				O	X	X	X	X	O		O	O	O		O	O	O	O	O	O	O	O	O	O	O	

Resumo e conclusão

Deus é a fonte da canonicidade e em sua providência ele usou vários estímulos para concluir o reconhecimento e a ratificação de todos os 27 livros do Novo Testamento. Esses estímulos — práticos, teológicos e de natureza política — foram instrumentais na coleção e na transmissão das Escrituras do Novo Testamento. Convém lembrar, porém, que o cânon foi concluído na realidade quando o último livro do Novo Testamento foi escrito. Pode-se observar no próprio Novo Testamento o processo de seleção e de leitura dos escritos proféticos e apostólicos que estavam sendo difundidos, colecionados e até citados em outros escritos inspirados. Em defesa dessa visão de canonização, podem-se citar os pais apostólicos, que se referiram a todos os livros do Novo Testamento no intervalo de cerca de um século da época em que foram escritos. Indivíduos, traduções e cânones mostram que todos os livros, exceto uns poucos, tiveram, de modo geral, sua canonicidade reconhecida antes do final do século 2. Nos dois séculos que se seguiram, a controvérsia em torno desses livros, os *Antilegomena*, aos poucos dirimiram todas as dúvidas, chegando-se finalmente ao reconhecimento final e oficial de todos os 27 livros do Novo Testamento pela igreja universal.

17
Apócrifos e Pseudepígrafos do Novo Testamento

Durante o século 3, Orígenes, assim como Clemente de Alexandria, viu-se diante de um problema: a igreja não tinha fixado um limite definitivo entre os livros canônicos e não canônicos da Bíblia. Ele passou, então, a classificar os escritos cristãos de modo que fossem alocados em três grupos básicos: (a) *Anantireta* ("incontestáveis") ou *Homologoumena* ("reconhecidos"), que estavam sendo usados de modo generalizado pela igreja; (b) *Amphiballomena* ("incluídos/contestados"), os que eram contestados; e (c) *Psethde* ("falsos"), que reunia os livros rejeitados como falsificações e, portanto, elaborados por hereges.[1] Essa classificação foi reformulada mais tarde por Eusébio de Cesareia durante o século 4 como (a) *Homologoumena* ("reconhecidos"); (b) *Antilegomena* ("contestados"), que foram divididos em duas subcategorias — *Gnorima* ("familiarizados com"), para os livros reconhecidos pela maior parte dos cristãos, e *Notha* ("ilegítimos"), para os livros considerados inautênticos; e (c) *Apócrifos* ("ocultos"), que eram considerados espúrios. Essas organizações dos livros se acomodaram em quatro categorias: (a) *Homologoumena*, livros cuja canonicidade é aceita por praticamente todos; (b) *Antilegomena*, livros contestados por alguns; (c) *Pseudepígrafos*, livros rejeitados por praticamente todos como inautênticos; e (d) *Apócrifos*, livros cuja canonicidade ou semicanonicidade é aceita por alguns.

LIVROS ACEITOS POR TODOS — *HOMOLOGOUMENA*

Natureza dos Homologoumena

Os *Homologoumena* são os livros considerados universalmente canônicos desde o princípio. Eles estão presentes em praticamente todas as listas canônicas antigas

---

[1] Eduard Lohse, *The formation of the New Testament*, p. 23 [edição em português: *Introdução ao Novo Testamento*, 4. ed. (São Leopoldo: Sinodal, 1985)].

e ortodoxas, bem como têm sido amplamente citados como Escrituras. Nenhum desses livros foi deliberadamente apagado do cânon que circulava nos círculos ortodoxos ou colocado em dúvida por um dos pais proeminentes da igreja. É claro que o número exato desses livros varia, dependendo da definição que se dê a "ortodoxo" e "proeminente". Em geral, porém, há pouca discordância a respeito desse ponto.

Quantos são os Homologoumena

De modo geral, não há dúvidas quanto a 20 dos 27 livros do cânon do Novo Testamento. Isso inclui todos os livros de Mateus a Filemom e ainda 1Pedro e 1João. É verdade que alguns incluíram também os últimos três livros (Filemom, 1Pedro e 1João) na lista dos livros contestados. Contudo, possivelmente é melhor se referir a eles como livros omitidos, e não contestados (veja o cap. 16). Um livro contestado é aquele que, embora preservado, é objeto de dúvidas, e não simplesmente um livro que não é citado ou incluído em determinada lista. A menos que haja evidências claras de que um livro esteve ausente de uma lista canônica ou não foi citado por um dos pais da igreja (ou não foi por ele arrolado) porque era considerado de autenticidade ou autoridade duvidosa, seria melhor não classificá-lo como *Antilegomena*. Seja como for, se os sete livros contestados tiverem seu número ampliado para dez, é interessante observar que eles ainda estariam entre os últimos livros na ordem do cânon do Novo Testamento.

Os livros contestados — *Antilegomena*

Natureza dos Antilegomena

Já deixamos implícito que a razão pela qual certos livros tenham sido classificados como *Antilegomena* é que esses livros não tinham nem reconhecimento uniforme nem universal na igreja primitiva. Eram livros que se tornaram objeto de controvérsia canônica e que tinham, por assim dizer, períodos ou locais de "altos" e "baixos" no que diz respeito à sua condição canônica. É preciso dizer, porém, que esses livros raramente eram considerados anticanônicos, ou mesmo não canônicos. Pelo contrário, desfrutavam de uma espécie de condição semicanônica, como ocorreu algumas vezes com os Apócrifos do Antigo Testamento (veja o cap. 15).

Quantos são os Antilegomena

Há sete livros nos *Antilegomena*, isto é, sete livros que podem ser chamados mais adequadamente de "livros contestados". Com relação à possibilidade de incluir mais três livros nessa lista, é importante notar que há boas evidências desde os primórdios para a canonicidade de 1Pedro, 1João e até mesmo da breve Carta a Filemom (veja o cap. 16). Certamente não há praticamente evidência alguma de que esses três livros não fossem considerados autênticos e apostólicos por quem estava de posse deles. Os sete livros que são colocados em dúvida por diversos motivos são Hebreus, Tiago, 2Pedro, 2 e 3João, Judas e Apocalipse. Para entender claramente o que está em jogo, os livros "contra os quais se fala" (*Antilegomena*) devem ser analisados de modo cuidadoso e individual.

Hebreus. Esse livro foi questionado por se tratar de obra *anônima*. No Oriente, onde Paulo é considerado seu autor, o livro foi acolhido imediatamente. No Ocidente, o processo foi mais lento, porém, por causa da incerteza no tocante à sua autoria apostólica e, possivelmente, porque indivíduos da seita montanista apelaram a Hebreus para comprovar suas doutrinas errôneas.[2] No século 4, graças à influência de Jerônimo e Agostinho, o Ocidente finalmente reconheceu a canonicidade da carta. Outra razão pela qual o Ocidente demorou a se decidir se deve à sua ênfase na *autoria apostólica*, e não na *autoridade apostólica*, como o teste correto para a canonicidade (veja o cap. 15).

Tiago. O livro teve sua *veracidade* questionada, embora houvesse quem duvidasse também de sua autoria. O suposto conflito com Paulo em torno da justificação pela fé deteve sua aceitação plena até a época de Eusébio.[3] Mesmo durante o período da Reforma, Lutero teve dúvidas a respeito de Tiago e disse que a carta estava "em flagrante contradição com São Paulo e o restante das Escrituras".[4] Lutero a colocou no final do Novo Testamento juntamente com Hebreus, Judas e Apocalipse numa posição de inferioridade. Por causa do trabalho de Orígenes, Eusébio (que era pessoalmente a favor de Tiago), Jerônimo e Agostinho, o Ocidente por fim reconheceu a natureza complementar do livro com as cartas de Paulo e, portanto, sua canonicidade.

---

[2] Everett F. Harrison, *Introduction to the New Testament*, p. 345; Donald Guthrie, *New Testament introduction: Hebrews to Revelation*, p. 11-8.

[3] Eusebius [Eusébio], *Ecclesiastical history* 2.23, Loeb Classical Library, 1:179 [edição em português: *História eclesiástica*, Série Patrística (São Paulo: Paulus, 2000), vol. 15].

[4] M. Reu, *Luther and the Scriptures*, p. 24.

2Pedro. A *genuinidade* de 2Pedro foi questionada. Na verdade, nenhum outro livro do Novo Testamento tem sido questionado de forma tão persistente quanto esse. Até mesmo Calvino pareceu ter dúvidas sobre ele. Jerônimo afirmou que a hesitação em torno da aceitação de 2Pedro se devia à diferença de estilo em comparação com 1Pedro.[5] Se essa característica se devia a um amanuense diferente, conforme pensava Jerônimo, talvez jamais se saiba ao certo. Está claro, porém, que hoje há amplas evidências que confirmam que essa carta é acertadamente atribuída ao apóstolo Pedro.[6]

1. Outra razão para a rejeição de 2Pedro tem sido a afirmação de que se trata de uma obra do século 2. Contudo, W. F. Albright chamou a atenção para reminiscências da literatura de Qumran em 2Pedro e fixa a data do livro no período anterior a 80 d.C.[7]

2. A descoberta do manuscrito Bodmer ($P7^2$), que contém a cópia mais antiga conhecida de 2Pedro (final do séc. 3), revela que o livro estava sendo usado e era extremamente respeitado pelos cristãos coptas no Egito durante o século 3.[8]

3. Além das possíveis alusões a 2Pedro em *Pseudo-Barnabé* 15.4 (cf. 2Pe 3.8), há o testemunho de Orígenes, Eusébio, Jerônimo e Agostinho, que finalmente triunfou. Benjamin B. Warfield observa de modo perspicaz que há mais evidências para 2Pedro do que para Heródoto e Tucídides.[9]

4. Além disso, há evidências positivas internas para a autenticidade de 2Pedro. Pois, embora haja algumas diferenças notáveis, há semelhanças linguísticas e doutrinárias muito fortes com 1Pedro.[10]

2 e 3João. Esses livros também tiveram sua *genuinidade* questionada (veja o cap. 20). Dada à sua natureza privada e circulação limitada, não tiveram uma

---

[5] Jerome [Jerônimo], *Catalogus Scriptorum Ecclesiasticorum*, cf. citado por Harrison, p. 389.
[6] Harrison, p. 386ss. e Guthrie, p. 137ss.
[7] William F. Albright, *From the Stone Age to Christianity*, p. 22-3.
[8] Veja o cap. 22. Veja tb. Marchant A. King, "Notes on the Bodmer Manuscript of Jude and 1 and 2 Peter", p. 54-7; ou ainda "The text of 1 Peter in Papyrus 72", p. 253.
[9] Benjamin B. Warfield, *Syllabus on the special introduction to the Catholic Epistles*, p. 116-7.
[10] J. D. Douglas, org., *The New Bible dictionary*, p. 978 [edição em português: *O novo dicionário da Bíblia*, ed. rev. (São Paulo: Vida Nova, 2006)].

aceitação generalizada. O autor identifica-se não como apóstolo, mas como "presbítero", outro fato que impediu sua aceitação. Apesar de todas essas dificuldades, as duas cartas foram mais amplamente reconhecidas do que 2Pedro, tendo sido reconhecidas pelo Cânon Muratoriano e também por alguns pais da igreja do século 2. Além disso, a semelhança de estilo e de pensamento com 1João e o uso de "presbítero" pelos apóstolos em outras ocasiões (1Pe 5.1) favorecem fortemente a autoria joanina.

Judas. A contestação nesse caso se deu em torno da *autenticidade* do livro (veja o cap. 20). A maior parte dos que questionaram Judas o fizeram com base em supostas referências ao pseudepigráfico *Livro de Enoque* (v. 14,15; cf. Enoque 1.9) e possivelmente também à *Assunção de Moisés* (v. 9). Orígenes sugere isso, e Jerônimo afirma especificamente que essa é a razão de Judas ter sido contestado.[11] É interessante observar que Tertuliano defendeu que Judas estava imbuído de autoridade precisamente por causa da referência a Enoque.[12] Contudo, "a explicação que mais tem favorecido o livro é que a citação a Enoque não requer a aprovação ao livro como um todo, estendendo-se unicamente àquelas porções que ele utiliza para o seu propósito. Essa situação não é materialmente diferente das referências que Paulo faz aos poetas pagãos (At 17.28; 1Co 15.33; Tt 1.12)".[13] As evidências externas no caso de Judas são amplamente difundidas desde o tempo de Ireneu (c. 170 d.C.). A exemplo de 2Pedro, o manuscrito do papiro Bodmer P7² do Egito confirma o uso de Judas durante o século 3. Na realidade, traços da influência de Judas podem ser encontrados na *Didaquê* (2.7).

Apocalipse. O Apocalipse foi incluído nos *Antilegomena* porque teve sua *autenticidade* contestada. A doutrina do *quiliasmo* (milenarismo) foi o ponto central da controvérsia, que durou mais do que qualquer outro livro do Novo Testamento. É curioso que Apocalipse tenha sido um dos primeiros livros a ser reconhecido nos escritos dos pais apostólicos aos quais temos acesso e um dos últimos a ser questionado.

São compreensíveis as evidências favoráveis à recepção imediata de Apocalipse no século 1, uma vez que as "sete igrejas" (Ap 2—3), às quais o livro foi endereçado, naturalmente haveriam de querer que uma obra associada a elas tão diretamente fosse preservada. Há evidências externas do seu reconhecimento já na época de *O pastor*, de Hermas, e entrando pelo século 2 até o tempo em que

---

[11] Origen, *Commentary on Matthew* 18—30; Jerome, *Lives of illustrious men* 4.
[12] Tertullian [Tertuliano], *On the Apparel of Women* 1.3, in: *The ante-Nicene fathers*, 4:16-7.
[13] Veja o cap. 13; Harrison, p. 404.

os montanistas começaram a associar ao livro sua forma singular de milenarismo. Por volta de meados do século 3, Dionísio, bispo de Alexandria, levantou sua voz influente contra o Apocalipse. Suas ideias prevaleceram passando pelo tempo de Eusébio de Cesareia até a época de Atanásio e do Concílio de Cartago (397 d.C.) quando essa tendência foi revertida. Parece claro que não se tratava de uma questão de inspiração, mas de interpretação e de associação com ênfases doutrinárias específicas que levaram à contestação. Logo que isso ficou claro, a autoridade apostólica autêntica de Apocalipse foi confirmada.

Assim como aconteceu com Apocalipse, aconteceu também com todos os livros contestados: sanada a questão da autenticidade ou da genuinidade, não havia dúvidas quanto à sua canonicidade. Se estava claro que um livro fora escrito por um profeta de Deus, e que dizia a verdade sobre Deus, sobre o homem etc., era, então, reconhecido como Palavra de Deus.

Livros rejeitados por todos — Pseudepígrafos[14]

Natureza dos Pseudepígrafos

Durante os primeiros séculos, surgiram vários livros de natureza fantasiosa e herética que não eram genuínos nem tinham valor como um todo. Eusébio de Cesareia referiu-se a eles como "totalmente absurdos e ímpios". Praticamente nenhum pai da igreja, cânon ou concílio ortodoxo aceitou a canonicidade desses livros, e, no que diz respeito à igreja, trata-se de obras sobretudo de valor histórico. Esses livros apresentam o ensino herético dos grupos gnósticos, docéticos e ascéticos, além das fantasias exageradas de crenças religiosas da igreja primitiva. Na melhor das hipóteses, esses livros eram reverenciados por algumas seitas e foram citados por alguns pais da igreja ortodoxos, mas jamais foram considerados canônicos pelo cristianismo em geral.

Quantos são os Pseudepígrafos

Havia, aparentemente, um número considerável de livros não canônicos já no século 1 (cf. Jo 21.25; 2Ts 2.2). Por volta do século 9, Fócio arrolou 280 deles, considerando que mais tarde outros foram descobertos. A lista que se segue apresenta alguns dos pseudepígrafos mais importantes do Novo Testamento.

---

[14] Embora a maior parte dos autores chamem esses livros de *Apócrifos* no sentido mais amplo do termo, eles são chamados de Pseudepígrafos aqui porque foram rejeitados por todos os pais ortodoxos da igreja que procuraram distingui-los daqueles livros que eram aceitos por alguns e identificados como Apócrifos. Veja tb. Willis Barnstone, org., *The other Bible*.

Evangelhos

Há mais de cinquenta Evangelhos pseudepigráficos. Contudo, muitos são conhecidos somente pelo nome e outros por citações dispersas dos pais da igreja.[15] Segue-se a análise dos mais importantes deles.

Evangelho de Tomé (início do séc. 2). O *Evangelho de Tomé* era conhecido por Hipólito, Orígenes, Cirilo de Jerusalém e Ireneu. Havia ao menos duas versões dessa coleção de ditos, uma das quais revela influência gnóstica. A exemplo de outras narrativas da infância de Cristo, o *Evangelho de Tomé* contém histórias fantasiosas de supostos milagres do menino Jesus:

> Esse menino Jesus, que na época tinha cinco anos, encontrava-se um dia brincando no leito de um riacho, depois de haver chovido. Represando a água que ali corria em pequenas poças, tornava-as instantaneamente cristalinas, ordenando-as somente com a sua palavra. Fez depois uma massa mole com barro e com ela formou doze passarinhos. [...] Jesus, batendo palmas, dirigiu-se aos passarinhos, ordenando-lhes: Voem! Os passarinhos alçaram voo e saíram gorjeando (2.1-4).[16]

Outra história conta como ele amaldiçoou um jovem e o fez secar como uma árvore:

> E, quando viu o que havia sido feito, Jesus indignou-se e disse: Malvado, ímpio e insensato, que mal as poças e as águas te fizeram? Eis que ficarás agora seco como uma árvore, não terás folhas, nem raiz, nem frutos. Imediatamente, o rapaz tornou-se completamente seco. Jesus, porém, partiu e foi para a casa de José (3.2,3).[17]

E ainda, quando uma "criança correu e esbarrou em seu ombro, é dito que Jesus se sentiu provocado e disse a ela: 'Não prosseguirás teu caminho (lit., completarás

---

[15] M. R. James publicou uma coleção desses escritos apócrifos em 1924 em *The Apocryphal New Testament*. A coleção mais recente de Edgar Hennecke e Wilhelm Schneemelcher (*New Testament Apocrypha*) traz mais informações sobre os Evangelhos pseudepigráficos.

[16] Disponível em: https://www.wattpad.com/140821214-livros-apócrifos-a-infância-de-cristo--segundo-tomé, acesso em: 19 jan. 2020. (N. do T.)

[17] Disponível em: https://www.wattpad.com/140821214-livros-apócrifos-a-infância-de-cristo--segundo-tomé, acesso em: 19 jan. 2020. (N. do T.)

o teu caminho). Imediatamente, o rapaz caiu e morreu'".[18] Esses relatos refletem uma dimensão de personalidade em Jesus que está em total desacordo com o que é apresentado nos relatos dos Evangelhos do Novo Testamento.

O Evangelho dos Ebionitas (séc. 2). Essa obra foi citada por Epifânio em seu *Refutação de todas as heresias* (séc. 4). Os ebionitas eram uma seita judaica de cristãos que enfatizavam a Lei de Moisés, negavam a divindade de Cristo e acredita-se que aceitavam somente um Evangelho.[19] Eram vegetarianos e rejeitavam a ideia de que João Batista comia gafanhotos, dizendo:

> João batizava, e dele se aproximaram os fariseus, e eram batizados, e toda a Jerusalém. João vestia trajes de pelo de camelo e tinha na cintura um cinto de couro. Sua carne (dizia-se) consistia em mel silvestre, cujo gosto é o gosto do maná, como um bolo mergulhado no azeite.[20]

Os ebionitas também acreditavam que Jesus era um simples homem a quem Deus adotara na época do seu batismo:

> Depois que as pessoas foram batizadas, veio também Jesus e foi batizado por João. Logo que saiu da água, os céus foram abertos, e ele viu o Espírito Santo na semelhança de uma pomba que descia e entrava nele. E uma voz do céu disse: Tu és meu Filho amado, estou muito satisfeito contigo. E, de novo: Hoje te gerei. Imediatamente, brilhou no lugar uma grande luz.[21]

De acordo com o *Evangelho dos Ebionitas*, foi

> com base nesse relato que afirmam que Jesus foi gerado da semente de um homem, e foi escolhido; e assim por escolha de Deus foi chamado de Filho de Deus do Cristo que nele entrou do alto na semelhança de uma pomba. Negam que ele foi gerado de Deus Pai; afirmam que foi criado como um dos arcanjos, porém maior, e que é Senhor dos anjos e de todas as coisas feitas pelo Todo-Poderoso.[22]

---

[18] James, p. 14-5 [tradução disponível em: https://www.wattpad.com/140821214-livros-apócrifos-a-infância-de-cristo-segundo-tomé, acesso em: 19 jan. 2020]. (N. do T.)

[19] *The Oxford dictionary of the Christian church*, p. 438-9.

[20] James, p. 9.

[21] Ibidem.

[22] Ibidem, p. 10.

Evangelho de Pedro (séc. 2). Orígenes, Eusébio e Teodoro referem-se a esse Evangelho pseudepigráfico, do qual foram preservados apenas fragmentos. Para Eusébio, era uma obra docética, isto é, negava a verdadeira humanidade de Cristo.[23]

O *Evangelho de Pedro* ensina várias coisas em desacordo com o Novo Testamento; por exemplo:[24] (1) Que Pilatos não teve culpa pela morte de Jesus e que somente os judeus eram responsáveis por ela. (2) Que Jesus não sentiu dor alguma quando foi crucificado. "E trouxeram dois malfeitores e crucificaram o Senhor no meio deles. Ele, porém, se manteve em paz, como se não sentisse dor alguma." (3) Que Jesus se referia ao Pai como "Meu poder". E o Senhor clamou e gritou: "Meu poder, ó poder, tu me abandonaste!". (4) Que os "irmãos e irmãs" de Jesus eram de um primeiro casamento de José, ideia há muito sustentada por estudiosos católicos romanos.

Além disso, o *Evangelho de Pedro* contém um relato embelezado da ressurreição de Jesus, segundo o qual

> na noite em que amanheceu o dia do Senhor, quando os soldados, dois a dois a cada turno de vigia, estavam de guarda, ouviu-se uma voz forte do céu. Eles viram, então, o céu aberto, e do alto desceram dois homens que resplandeciam muito e se aproximaram do sepulcro. A pedra que havia sido colocada na entrada da sepultura começou a rolar e deu passagem para o lado, o sepulcro foi aberto, e os dois homens jovens entraram. Quando os soldados viram isso, despertaram o centurião e os anciãos, porque eles também ali estavam para auxiliar no turno de vigia. E, enquanto relatavam o que tinham visto, viram novamente três homens saírem do sepulcro, considerando que dois deles amparavam o outro, e uma cruz os seguia, e a cabeça dos dois alcançava o céu, mas a daquele que guiavam pela mão ultrapassava o céu. E ouviram uma voz dos céus dizendo: "Tu pregaste a eles aquele sono", e da cruz se ouviu a resposta: "Sim".[25]

Protoevangelho de Tiago (fim do séc. 2). Esse livro é mencionado por Clemente de Alexandria, Orígenes e por muitos dos primeiros pais da igreja. Somente

---

[23] Eusebius, *Ecclesiastical history* 6.12.6.
[24] Evangelho de Pedro 4.10; 5.19; in: Hennecke; Schneemelcher, *The Apocryphal New Testament*, 2.179-80, 184.
[25] Evangelho de Pedro 9.35—10.42; in: Hennecke; Schneemelcher, 2:185-6.

uma cópia do manuscrito foi preservada pela coleção do papiro Bodmer na Universidade de Oxford. Ele se caracteriza por uma devoção especial a Maria. Entre suas muitas características, mencionamos as seguintes:[26] (1) Uma forma muito clara de devoção a Maria da qual fazia parte a crença em seu nascimento miraculoso (não a imaculada conceição) e sua virgindade perpétua. (2) Que Maria nasceu depois de apenas seis meses de gestação e que andou (sete passos) somente seis meses depois de nascer. (3) Que "Maria tinha dezesseis anos quando todas essas coisas misteriosas [nascimento virginal, anunciação, concepções] ocorreram". (4) O texto contém uma das histórias de milagres mais bizarras já encontradas. Ao falar sobre o nascimento de Jesus, diz o texto

> Olhei, então, para a abóbada celeste e vi que estava imóvel, e os pássaros do céu não se mexiam. Olhei, então, para a terra e vi que havia uma refeição posta ali e trabalhadores à sua volta com as mãos no prato. Aqueles, porém, que mastigavam não mastigavam, e os que levantavam algo nada levantavam, e os que punham algo na boca nada punham nela, porém todos tinham o rosto voltado para o alto. E eis que ovelhas eram conduzidas, mas (ainda assim) não se moviam adiante; e o pastor ergueu a mão para feri-las com seu cajado, mas sua mão ficou levantada. Olhei para a correnteza do rio e vi a boca de crianças sobre ele, mas elas não bebiam. Então, de repente, tudo passou a se mover (novamente).[27]

Evangelho dos Hebreus (séc. 2). Trata-se de um falso Evangelho gnóstico conhecido por Ireneu, Clemente de Alexandria, Orígenes, Eusébio e Jerônimo. Houve quem acreditasse equivocadamente que essa fosse a versão original em hebraico do Evangelho de Mateus, que muitos creem ter sido escrita antes da versão grega. De acordo com Ireneu, ele foi usado pelos ebionitas para exaltar a Lei do Antigo Testamento e para repudiar o apóstolo Paulo. Alguns disseram que esse evangelho era o mesmo *Evangelho dos Ebionitas* (baseado na declaração de Epifânio), mas há diferenças significativas entre eles, como, por exemplo, relatos diferentes do batismo de Cristo.[28]

Algumas características do *Evangelho dos Hebreus* são as seguintes:[29] (1) A aparição especial de Cristo a Tiago que, em oposição aos Evangelhos canônicos,

---

[26] Evangelho de Pedro 5.2; 6.1; 12.3; in: Hennecke; Schneemelcher, 2:373, 381.
[27] Evangelho de Pedro 18.2; in: Hennecke; Schneemelcher, 2:383-4.
[28] James, p. 10.
[29] Hennecke; Schneemelcher, 1:159, 163-5.

diz-se que ocorreu na Última Ceia. (2) Referência ao Espírito Santo como nossa "mãe". Disse Jesus: "Agora mesmo minha mãe, o Espírito Santo, me toma por um fio do meu cabelo e me leva para o grande monte Tabor". (3) Maria esteve grávida de Jesus durante somente sete meses. (4) Embelezamento da voz no batismo de Cristo, que diz: "Meu Filho, em todos os profetas esperava eu que tu virias para que eu pudesse descansar em ti, pois tu és meu repouso; és meu Filho primogênito que reinas para sempre". (5) Um relato do sudário de Cristo, onde consta:

> Tendo o Senhor entregue o pano de linho ao servo do sacerdote, foi até Tiago e apareceu a ele. [...] Pouco depois, disse o Senhor: Tragam uma mesa e pão! E imediatamente se acrescentou: ele tomou o pão, abençoou-o, partiu-o e o deu a Tiago, o Justo, dizendo-lhe: Meu irmão, come teu pão, porque o Filho do Homem ressuscitou dentre os que dormem.

Evangelho dos Egípcios (séc. 2). Esse Evangelho espúrio é mencionado por Clemente de Alexandria e por Orígenes. Somente alguns fragmentos dele estão disponíveis. A exemplo da maior parte dos Evangelhos pseudepigráficos, o *Evangelho dos Egípcios* é herético. Segundo ele, Jesus "mostrou aos discípulos que a mesma pessoa era Pai, Filho e Espírito Santo". Parece haver uma tendência ascética nos primórdios na seita que produziu a obra, o que se reflete num diálogo entre Salomé (a mãe de Tiago e João) e Jesus: "Quando ela disse, 'Fiz bem, então, em não gerar filhos?' (como se gerar filhos não fosse certo), o Senhor lhe responde: Come de todas as plantas, mas não das amargas".[30] Além disso, esse Evangelho revela um desprezo gnóstico pelo corpo de Jesus que fica evidente em várias ocasiões. Por exemplo: "Quando Salomé perguntou em que momento as coisas sobre as quais indagou seriam conhecidas, o Senhor disse: Quanto tiveres pisado as vestes da vergonha, e quando dois se tornarem um e o macho e a fêmea não forem mais macho nem fêmea". Em outra ocasião, afirma: "O Senhor disse a Salomé quando ela lhe perguntou: por quanto tempo prevalecerá a morte? 'Enquanto vós, mulheres, derdes à luz filhos', não porque a vida seja um mal, e a criação, maligna: mas para que se veja a sequência da natureza: pois em todos os casos ao nascimento se segue a deterioração".[31]

---

[30] James, p. 11-2.
[31] Ibidem, p. 11.

Evangelho dos Nazarenos (início do séc. 2). Esse Evangelho está intimamente associado em conteúdo e orientação aos Evangelhos Sinóticos. Foi citado por Jerônimo como "o Evangelho usado pelos nazarenos",[32] ou, com mais frequência, o "Evangelho judaico". Entre suas características, destacamos as seguintes:[33] (1) O homem de mão ressequida era um pedreiro que disse: "Eu era pedreiro e ganhava [meu] sustento com [minhas] mãos; imploro-te, Jesus, que restaures minha saúde para que não tenha, com ignomínia, de mendigar meu pão". (2) Diz esse Evangelho (ao contrário de Mt 12.40) que Jesus não passou "três dias e três noites na sepultura". (3) Declara, conforme observa Jerônimo, que "no Evangelho escrito em caracteres hebraicos, não lemos que o véu do templo se rasgou, e sim que o lintel do templo, de tamanho descomunal, caiu".[34] (4) Afirma que milhares foram convertidos na cruz quando Jesus disse: "Pai, perdoa-lhes" (Lc 23.34): "Baseado nessa palavra do Senhor, milhares de judeus que estavam próximos da cruz creram".[35] (5) Explica por que João era conhecido pelo sumo sacerdote: "Com frequência, ele havia levado peixe ao palácio dos sumos sacerdotes Anás e Caifás".[36] (6) Embelezamento da história do jovem rico:

> O homem rico, porém, pôs-se a coçar a cabeça e o que ouviu não lhe agradou. O Senhor disse, então, a ele: Como podes dizer que cumpriste a Lei e os Profetas? Pois está escrito na Lei: Ama teu próximo como a ti mesmo; e eis que muitos de teus irmãos, filhos de Abraão, estão cobertos de sujeira e morrem de fome, e tua casa está repleta de muitas coisas boas e nada sai de lá para eles!

Evangelho de Filipe (séc. 2). Trata-se de um Evangelho gnóstico conhecido apenas por uma citação até que se encontrou um manuscrito dele no século 4 ou 5 na biblioteca gnóstica de Nag Hammadi, no Egito (1945). Ele conta como se dá a assunção de uma alma através de esferas sucessivas de "poderes" hostis (governantes planetários). Suas expressões se parecem com as do filósofo neoplatônico Porfírio (c. 232-c. 303), discípulo de Plotino (c. 205-270), que foi colega de Orígenes (c. 185-c. 254). Contém alguns ditos

---

[32] Jerome, *Commentary on Matthew* 23.35.
[33] Hennecke; Schneemelcher, 2:148-9.
[34] Jerome, *Epist. 120 to Hedibia and commentary on Matthew* (sobre Mt 27.51); in: Hennecke; Schneemelcher, 2:150.
[35] Haimo de Auxerre, *Commentary on Isaiah 53:2*, in: Hennecke; Schneemelcher, 2:150.
[36] Hennecke; Schneemelcher, 2:152.

não canônicos de Cristo; por exemplo: "Um dia, um discípulo perguntou ao Senhor acerca de algo mundano. Ele respondeu: Pergunta à tua mãe, e ela te dará três coisas estranhas".[37]

O Livro de Tomé, o Atleta. Um Evangelho de estilo gnóstico contendo um suposto diálogo de Jesus e Tomé ocorrido entre a ressurreição e a ascensão, esse livro traz condenações à carne, à feminilidade, à sexualidade e promessas de um descanso futuro no reino do céu. Inicia assim: "Palavras secretas ditas pelo Salvador a Judas Tomé, as quais escrevi, eu, Mateus, que as ouvi quando conversavam".[38]

Evangelho segundo Matias: as Tradições de Matias. Essa é mais uma obra conhecida por Orígenes, Eusébio, Ambrósio e Jerônimo. As citações foram preservadas por Clemente de Alexandria:[39] (1) "Maravilhe-se com as coisas presentes". (2) "Lute com a carne e a empregue mal, mas sem ceder a ela, de modo algum dando lugar à lascívia desenfreada. Fortaleça a alma pela fé e pelo conhecimento". Mais uma vez, a influência gnóstica é evidente.

Evangelho de Judas (fim do séc. 2). Esse Evangelho era conhecido por Ireneu e Epifânio (c. 315-403), bispo de Salamina. Produto de uma seita gnóstica antinomiana, é possível que contivesse "uma história da Paixão com o relato do 'mistério da traição' (*proditionis mysterium*) explicando que Judas, por meio de sua traição, possibilitou a salvação de toda a humanidade".[40]

Carta de um Apóstolo [*Epistula Apostolorum*] (séc. 2). Desconhecida até que um texto copta foi encontrado no Cairo em 1895, esse livro apresenta um diálogo entre Cristo e os onze discípulos depois da ressurreição. Hennecke resume assim seu conteúdo:

> Ele entrou no ventre de Maria disfarçado de anjo Gabriel. Depois da ressurreição, enviou também seu poder na forma de Gabriel para libertar Pedro da prisão por uma noite. A realidade do corpo de Cristo é fortemente preservada (em oposição a Cerinto e Simão, contra os quais os apóstolos alertam), mas, ao mesmo tempo, a unidade do Filho e do Pai é destacada com tal veemência que é possível falar justificadamente de identidade. Por ocasião da descensão de Cristo, ele assumiu, em cada uma das esferas celestiais, a forma do anjo ali residente para chegar à terra sem ser reconhecido (o que também é descrito

---
[37] Ibidem, 2:276; 1:277.
[38] Ibidem, 1:307-8.
[39] Ibidem, 1:308-9.
[40] Ibidem, 1:313.

na *Ascensão de Isaías*). Assim como o Logos efetivamente se vestiu de carne e também depois da ressurreição aparece aos seus discípulos com uma carne que pode ser tocada (de tal modo que tanto Pedro quanto Tomé possam colocar os dedos nos cravos em suas mãos), assim também o seu redimido se levantará novamente em carne, "uma vestimenta que não se extinguirá". Cristo também proclamou a mensagem da salvação no mundo dos mortos.[41]

Em outra passagem sobre a encarnação, lemos:

Naquela época em que apareci na forma do arcanjo Gabriel à (virgem) Maria e falei a ela, e seu coração me acolheu, ela creu e riu. Eu, a Palavra, entrei nela e me tornei carne e fui servo de mim mesmo, e na forma da imagem de um anjo. Assim o farei depois que tiver ido para meu Pai.[42]

Apócrifo de João (séc. 2). Trata-se de um diálogo pseudepigráfico pós-ressurreição entre um discípulo e o Revelador, que diz:

Eu sou [o Pai]; eu sou a Mãe, eu [sou o Filho]. Existo eternamente, o que não se mistura, [uma vez que não há quem] se misture com ele. [Vim agora] para te revelar [o que] é, o que [era] e o que [será], para que [saibas] as coisas invisíveis como [as] visíveis, e para [te instruir] com relação ao [homem] perfeito.[43]

Evangelho da Verdade (séc. 2). Esse Evangelho gnóstico antigo pode ser obra do teólogo gnóstico Valentim (c. 140-145 d.C.). Foi o primeiro livro descoberto em Nag Hammadi a ser traduzido.[44] Esta narrativa do Evangelho começa assim: "O Evangelho da verdade é alegria para os que receberam do Pai da verdade a graça de conhecê-lo por meio do poder da Palavra, que veio do Pleroma, (a Palavra)".

O tema básico é encontrado nas palavras "esta ignorância no que diz respeito ao Pai produziu angústia e terror. E a angústia tornou-se densa como uma névoa, de modo que ninguém podia ver. Por esse motivo, o Erro se fortaleceu". Falando da salvação pelo conhecimento (*gnosis*), afirma:

---

[41] Ibidem, 1:190.
[42] Ibidem, 1:199.
[43] Ibidem, 1:322.
[44] De Ibidem, 1:523, 525-6, 531.

Desse modo, a Palavra do Pai avança em direção ao Todo, sendo o fruto do seu coração e forma da sua vontade. Ela sustenta o Todo, o escolhe bem, como toma (sobre si) a forma do Todo, purificando-o e fazendo com que volte ao Pai e à Mãe, Jesus de gentileza infinita. O Pai revela seu seio, porém seu seio é o Espírito Santo. Ele revela aquilo de si que esteve oculto (aquilo de si que esteve oculto era seu Filho) para que, por meio da compaixão do Pai, os éons possam conhecê-lo, deixando de atormentar a si mesmos na busca do Pai, descansando nele, sabendo que isso é repouso.

O *Evangelho da Verdade* termina da seguinte forma:

Este é o lugar dos abençoados; este é seu lugar. [...] Contudo, aí estarei, e me devotarei o tempo todo ao Pai e ao Todo, e aos verdadeiros irmãos, sobre os quais é derramado o amor do Pai, e em cujo meio nada falta dele. Estes são aqueles manifestos na verdade [...] que está em seu coração e no pleroma, enquanto seu espírito se regozija nele e o glorifica naquele por quem era, ele é bom. Seus filhos são perfeitos, e dignos do seu nome, porque são filhos desse tipo que ele, o Pai, ama.

Evangelhos pseudepigráficos adicionais. Mais de cinquenta Evangelhos pseudepigráficos foram catalogados e editados por Edgar Hennecke e Wilhelm Schneemelcher em várias categorias. Segue abaixo a lista modificada dos autores.

I. DITOS ISOLADOS DO SENHOR

II. FRAGMENTOS DE PAPIROS DOS EVANGELHOS PSEUDEPIGRÁFICOS
1. Evangelho desconhecido de tipo sinótico
   (Papiro Oxirrinco 840)
2. Evangelho desconhecido com elementos joaninos
   (Papiro Egerton 2)
3. Ditos — coleções em papiros
   Introdução
   (a) Papiro Oxirrinco 654
   (b) Papiro Oxirrinco 1
   (c) Papiro Oxirrinco 655

4. Outros fragmentos de papiros gregos
   (a) Papiro Oxirrinco 1224
   (b) Papiro Cairo 10 735
   (c) O chamado Fragmento Fayyum

III. EVANGELHOS JUDAICO-CRISTÃOS
   1. Evangelho dos Nazarenos
   2. Evangelho dos Ebionitas
   3. Evangelho dos Hebreus

IV. EVANGELHO DOS EGÍPCIOS

V. EVANGELHO DE PEDRO

VI. CONVERSAS ENTRE JESUS E SEUS DISCÍPULOS DEPOIS DA RESSURREIÇÃO
   1. Freer Logion
   2. Epistula apostolorum
   3. Fragmento de Evangelho do papiro copta de Estrasburgo

VII. EVANGELHOS GNÓSTICOS E DOCUMENTOS RELACIONADOS
   A. Evangelhos sob títulos gerais
      1. Evangelho das Quatro Regiões Celestiais ou dos Quatro Cantos do Mundo
      2. Evangelho da Perfeição
      3. Evangelho da Verdade
   B. Evangelhos sob o nome de um personagem do Antigo Testamento
   C. Corrente de Evangelhos, direta ou indiretamente, sob o nome de Jesus e obras similares
      1. O Sophia Jesu Christi
      2. O Diálogo do Redentor
      3. O Pistis Sophia
      4. Os Dois Livros de Jeú

D. Evangelhos atribuídos ao grupo dos Doze
   1. O Evangelho dos Doze (ou Doze Apóstolos)
   2. O Evangelho (Kukeano) dos Doze
   3. Memoria Apostolorum
   4. Evangelho (Maniqueu) dos Doze Apóstolos
   5. Evangelho dos Setenta
   6. Outros "Evangelhos dos Doze Apóstolos"
E. Evangelhos sob o nome de um apóstolo
   1. Evangelho de Filipe
   2. Evangelho de Tomé
   3. Livro de Tomé, o Atleta
   4. Evangelho segundo Matias
      As Tradições de Matias
   5. Evangelho de Judas
   6. Apócrifo de João
   7. Fragmentos de um Diálogo entre João e Jesus
   8. Apócrifo de Tiago (Apócrifo de Jacobi)
   9. Evangelho de Bartolomeu
F. Evangelhos sob nomes de mulheres santas
   1. Perguntas de Maria
   2. Evangelho segundo Maria
   3. O "Genna Marias"
G. Evangelhos atribuídos a um arqui-herege
   1. Evangelho de Cerinto
   2. Evangelho de Basilides
   3. Evangelho de Marcião
   4. Evangelho de Apelles
   5. Evangelho de Bardesanes
   6. Evangelho de Mani
H. Evangelhos sob os nomes de seus usuários

VIII. EVANGELHOS DA INFÂNCIA
   1. Protoevangelho de Tiago
   2. História da Infância de Tomé
   3. Lendas Gnósticas
   4. Evangelhos da Infância Tardia

A. Extratos do Evangelho da Infância Árabe
   B. Extratos do Evangelho de Pseudo-Mateus
   C. Extratos Latinos do Evangelho da Infância no Manuscrito de Arundel
   D. Extrato da Vida de João segundo Serapião

IX. OS PARENTES DE JESUS

X. A OBRA E OS SOFRIMENTOS DE JESUS
   1. Aparência e Caráter Terrenos de Jesus
   2. Suposto Testemunho de Josefo
   3. A Lenda de Abgar
   4. Evangelho de Nicodemos, Atos de Pilatos e Descida de Cristo ao Inferno
   5. Evangelho de Bartolomeu
      A. Perguntas de Bartolomeu
      B. Textos Coptas de Bartolomeu
   6. Evangelho de Gamaliel

Em comparação com os Evangelhos canônicos, esses escritos pseudepigráficos ficam aquém da qualidade da Palavra de Deus inspirada. O resumo de Edwin Yamauchi vai diretamente ao ponto:

> Os Evangelhos [pseudepigráficos] apócrifos, mesmo os mais antigos e mais sóbrios entre eles, dificilmente podem ser comparados aos Evangelhos canônicos. Os primeiros são todos manifestamente secundários e lendários ou obviamente distorcidos. Em seu comentário sobre os Evangelhos da infância de Jesus, Morton Enslin conclui: "Seu efeito, de modo geral, nos remete de volta aos Evangelhos canônicos com uma aprovação renovada à sua modéstia reticente em preencher os anos obscuros e intrigantes [da vida de Jesus]".

Yamauchi cita os editores de *The ante-Nicene fathers*, A. Roberts e J. Donaldson: "A impressão predominante que deixam em nossa mente é de um sentimento profundo de superioridade incomensurável, de simplicidade e majestade inigualáveis dos escritos canônicos". Citando com aprovação Joachim Jeremias, Yamauchi conclui: "A literatura extracanônica como um todo manifesta uma pobreza surpreendente. Ela é em boa parte lendária e traz em si a marca explícita da falsificação. Somente aqui e ali, em meio a uma massa de lixo sem valor, deparamos com uma joia de valor inestimável".[45]

Atos
Além dos Evangelhos pseudepigráficos há também numerosos relatos apócrifos de Atos dos Apóstolos.[46]
    A. Atos dos Apóstolos dos séculos 2 e 3
       Introdução
         1. Atos de João
         2. Atos de Pedro (contém a lenda da crucificação invertida de Pedro)
         3. Atos de Paulo (o apóstolo é descrito aqui como um homem baixo, calvo, de nariz avantajado e de pernas tortas)
         4. Atos de André
         5. Atos de Tomé
    B. Os Pseudoclementinos
    C. Atos tardios dos apóstolos
         1. Continuação dos Atos Antigos dos Apóstolos
         2. Atos Posteriores de Outros Apóstolos

Cartas ("pseudepigráficas apostólicas")
         1. O Kerygma Petrou
         2. O Kerygmata Petrou
         3. Carta aos Laodicenses
         4. Correspondência apócrifa entre Sêneca e Paulo
         5. Carta de Pseudo-Tito

Apocalipses
    A. Literatura apocalíptica no cristianismo antigo
         1. Introdução
         2. Ascensão de Isaías
         3. Apocalipse de Pedro

---

[45] Edwin Yamauchi, "The word from Nag Hammadi", p. 22.
[46] Para as listas que se seguem, veja Hennecke; Schneemelcher, 2:19-21.

B. Profecia apocalíptica da igreja antiga
Introdução
1. O Quinto e o Sexto Livros de Esdras
2. Sibilinos Cristãos
3. O Livro de Elchasai

C. Apocalipses posteriores
Introdução
1. Apocalipse de Paulo
2. Apocalipse de Tomé

Livros que são aceitos por alguns — Apócrifos

Natureza dos Apócrifos

A distinção entre os Pseudepígrafos e os Apócrifos, na maior parte dos casos, é válida, mas esse limite se torna muito tênue em alguns casos. De modo geral, os Apócrifos não foram acolhidos como livros canônicos, como os Pseudepígrafos. Normalmente, eram usados de forma herética pelas seitas e até foram citados por alguns autores ortodoxos. Contudo, de modo geral, eles têm uma característica a mais, isto é, não eram apenas parte da literatura religiosa citada pelos pais da igreja. Às vezes, apareciam nos cânones eclesiásticos locais e nas traduções da Bíblia. Os sete primeiros na análise que se segue são os que Alexander Souter chamou de "livros de canonicidade temporal e local", ou livros que "tinham canonicidade, ou algo parecido, numa igreja específica durante determinado tempo, mas depois caíram em desuso".[47] Para alguns pais da igreja, bem como determinadas igrejas, vários desses livros eram canônicos. Contudo, o testemunho da igreja em geral e as decisões canônicas finais revelam que o julgamento parcial e local estava equivocado. Contudo, a aceitação local e a ampla circulação de alguns desses livros manifestam seu valor, bem como sua estima.

Quantos são os Apócrifos

Mais uma vez, o número é relativamente arbitrário, porque se baseia em duas distinções difíceis de determinar com precisão, isto é, a diferença entre pais da

---

[47] Alexander Souter, *The text and canon of the New Testament*, p. 178-81.

igreja "ortodoxos" e "heréticos". De modo geral, os últimos podem ser determinados pelos cânones e credos dos concílios da igreja dos primeiros cinco séculos, ao passo que os primeiros pelo uso feito dos livros: se eram usados apenas de modo homilético, ou de maneira teológica e imbuída de autoridade. A lista de livros a seguir, e talvez outros, encaixam-se na categoria de livros usados, no mínimo, de modo eclesiástico e, talvez, de maneira canônica.

Carta de Pseudo-Barnabé (c. 70-79 d.C.). Essa carta de ampla circulação se encontra no Codex Sinaiticus (א) (c. 340) e é mencionada no sumário do Codex Bezae (D) (c. 450 ou c. 550; veja cap. 22). Foi citada como Escritura por Clemente de Alexandria e Orígenes. Tem paralelos com a carta canônica aos Hebreus em estilo, embora seja mais alegórica e mística do que Hebreus. Discute-se a data do documento, se seria do século 1 ou 2. Contudo, pode-se concluir juntamente com Brooke Foss Westcott que "embora a antiguidade da carta esteja firmemente estabelecida, sua apostolicidade é mais do que questionável".[48]

Carta aos Coríntios (c. 96 d.C.). Dionísio de Corinto (160-180) afirma que essa carta de *I Coríntios*, de Clemente de Roma, foi lida publicamente em Corinto e em outros lugares,[49] e encontra-se no Codex Alexandrinus (A) [manuscrito Alexandrino] do Novo Testamento (c. 450; veja o cap. 22). Herbert T. Andrews resume a situação dessa carta da seguinte forma:

> Hoje ninguém defenderia seu reconhecimento como Escritura e, no entanto, do ponto de vista histórico, a carta não é de modo algum sem importância. [...] Ela nos apresenta uma excelente concepção das crenças cristãs da época. [...] Apresenta referências explícitas de 1Coríntios de Paulo e traz várias citações da Carta aos Hebreus, prova de que esses livros eram amplamente difundidos e foram reconhecidos antes do fim do século 1.[50]

Antiga Homilia ou Segunda Carta de Clemente (c. 120-140 d.C.). Esse livro era conhecido e usado no século 2 e é chamado também de *2Coríntios* de Clemente de Roma. No manuscrito Alexandrino (A), está localizada depois do livro de Apocalipse, juntamente com *1Clemente* e *Salmos de Salomão*, como uma espécie de apêndice. Não há evidências claras, porém, de que fosse considerado plenamente canônico, pelo menos em larga escala.

---

[48] Brooke Foss Westcott, *A general survey of the history of the canon of the New Testament*, p. 41.
[49] Cf. Eusebius, 4.23, Loeb Classical Library, 1:383.
[50] Herbert T. Andrews, *An introduction to the Apocryphal books of the Old and New Testaments*, p. 102.

O pastor, de Hermas (c. 115-140 d.C.). Esse é o mais popular de todos os livros não canônicos do Novo Testamento. Encontra-se no Sinaiticus (א), no sumário de Bezae (D), em algumas Bíblias latinas, citado como Escritura inspirada por Ireneu e Orígenes. Eusébio reconheceu que o livro era "lido publicamente nas igrejas" e "considerado extremamente necessário para aqueles que precisam de instrução elementar". O *pastor* tem sido chamado acertadamente de "*O peregrino*" da igreja primitiva. A exemplo da grande alegoria de Bunyan, esse livro só perde em circulação para os livros canônicos na igreja antiga e em sua dramatização das verdades espirituais. Em outras palavras, é como Eclesiástico (Sirácida) dos Apócrifos do Antigo Testamento, ético e devocional, mas não canônico (veja o cap. 15).

Didaquê, ou *Ensino dos Doze* (c. 100-120 d.C.). A *Didaquê* gozava de grande estima na igreja antiga. Clemente de Alexandria a citou como Escritura, e Atanásio a colocou entre os escritos sagrados juntamente com Judite e Tobias. Esse livro é de grande importância do ponto de vista histórico, já que apresenta a opinião da igreja do início do século 2 sobre as verdades essenciais do cristianismo, fazendo uma ponte entre o Novo Testamento e a literatura patrística;[51] contudo, o veredito da história coincide com o de Eusébio, que o colocou entre os "livros rejeitados".

Apocalipse de Pedro (c. 150). Esse é talvez o mais antigo dos apocalipses não canônicos do Novo Testamento, tendo desfrutado de grande popularidade na igreja antiga. O livro é mencionado no *Fragmento Muratoriano*, no índice do Bezae (D) e é citado por Clemente de Alexandria. Sua descrição do céu é vívida, e as imagens do inferno são bizarras. Este é descrito como um lago de "lama flamejante" ou "um lago de piche e sangue de lama fervente". Suas imagens tiveram grande influência sobre a teologia medieval, tendo sido uma fonte de inspiração para o *Inferno* de Dante. Com relação à sua autenticidade, até mesmo o *Fragmento Muratoriano* levantou dúvidas ao dizer que havia quem não permitisse que o livro fosse lido nas igrejas. De modo geral, a igreja tem concordado com essa conclusão.

Atos de Paulo e Thecla (170). *Atos de Paulo e Thecla* foi citado com frequência por Orígenes e consta do sumário do Bezae (D). Despido de seus elementos míticos, trata-se da história da conversão e do testemunho de uma senhora de

---

[51] Há uma ilustração disso no batismo, em que o uso da aspersão, e não imersão, talvez tenha sido objeto de alusão, in: *Didaquê* 7.1-4.

Icônio, Thecla, com base em Atos 14.1-7. Não há dúvida de que o livro traz consigo uma tradição genuína, conforme observaram estudiosos notáveis como William M. Ramsay e G. A. Deissmann, porém a maior parte dos especialistas está inclinada a concordar com Adolf Harnack, que afirmou que há ali "muita ficção e bem pouca verdade".

Carta aos Laodicenses (séc. 4?). Embora a *Carta aos Laodicenses* seja conhecida por Jerônimo, e tenha sido incluída em muitas Bíblias latinas dos séculos 6-15, trata-se de uma falsificação baseada na referência de Paulo em Colossenses 4.16. Um livro com esse nome é mencionado no *Fragmento Muratoriano*, embora possa ser apenas outro nome para Efésios,[52] no qual não consta a expressão "aos efésios" (em 1.1) em alguns manuscritos antigos (ℵ, B, P[46]). Como disse J. B. Lightfoot, "A carta é um centro de convergência de expressões paulinas entrelaçadas sem nenhuma conexão definitiva ou qualquer objeto claro".[53] Já em 787 d.C., o Concílio de Niceia (II) fez advertências a seu respeito, classificando-a de "carta forjada". A carta reapareceu mais tarde, já na Reforma, nas Bíblias em alemão e até em inglês.[54] "Diferentemente da maior parte das falsificações, não tinha um objetivo posterior. [...] Não apresenta peculiaridades doutrinárias. É bastante inofensiva, se é que falsidade e estupidez combinadas podem ser consideradas inofensivas."[55]

O Evangelho segundo os Hebreus (65-100 d.C.). Provavelmente, o Evangelho não canônico mais antigo, *O Evangelho segundo os Hebreus* sobreviveu apenas em poucas citações fragmentárias colhidas em vários pais da igreja.[56] De acordo com Jerônimo, alguns o chamavam de "o verdadeiro Mateus", embora isso pareça improvável com base em suas citações, que têm pouca relação com o Mateus canônico. Na verdade, é questionável se merece ser chamado de apócrifo, e não pseudepigráficos, já que não há evidência alguma de que tivesse qualquer outro uso que não fosse homilético. Mesmo que fosse possível obter alguma evidência de que houve um uso eclesiástico limitado do livro, certamente não era canônico. Na verdade, o livro nem sequer chegou até nós.

Carta de Policarpo aos Filipenses (c. 108 d.C.). Em certo sentido, Policarpo é o mais importante dos pais apostólicos; foi discípulo do apóstolo João. Ele

---

[52]Harrison, p. 310-1.
[53]J. B. Lightfoot, *Saint Paul's Epistles to the Colossians and to Philemon*, p. 285.
[54]Veja análises nos caps. 28–31.
[55]Lightfoot, p. 285.
[56]Andrews, p. 109.

não reivindica inspiração alguma para si, mas afirma que "sempre ensinou as coisas que aprendeu dos apóstolos, e que a igreja transmitiu, as quais são a única verdade".[57] Há muito pouca originalidade nessa carta, já que o conteúdo e o estilo são emprestados do Novo Testamento e, de modo especial, da Carta de Paulo aos Filipenses. Embora não fosse considerado canônico, é um testemunho precioso da existência da maior parte do cânon neotestamentário, que ele entremeia ao seu escrito.[58]

As Sete Cartas de Inácio (c. 110 d.C.). Essas cartas indicam a existência de uma familiaridade definida com os ensinos do Novo Testamento, mas têm um estilo marcadamente peculiar. Seu ensino mostra uma forte crença na unidade da igreja visível com um governo centrado no bispado. O bispo J. B. Lightfoot defendeu de forma competente a genuinidade dessas cartas, mas praticamente ninguém defende sua canonicidade.

AVALIAÇÃO DOS APÓCRIFOS E PSEUDEPÍGRAFOS DO NOVO TESTAMENTO

Uma breve avaliação de cada classificação desse vasto corpo de literatura cristã antiga nos ajudará a nos concentrarmos na importância de cada um para a igreja antiga, bem como para a igreja atual.

Valor dos Pseudepígrafos do Novo Testamento. De modo geral, esses livros não têm nenhum valor teológico positivo, e praticamente nenhum valor histórico, exceto pelo fato de que refletem a consciência religiosa da igreja durante os primeiros séculos. Podemos sintetizar seu valor da seguinte forma:

1. Eles contêm, sem dúvida alguma, o âmago de algumas tradições corretas que, depois de uma cuidadosa "demitização", podem proporcionar alguns fatos históricos complementares sobre a igreja antiga.

2. Refletem as tendências ascéticas, docéticas, gnósticas e as heresias do cristianismo antigo.

3. Mostram o desejo das pessoas de informações omitidas dos Evangelhos canônicos, como informações sobre a infância de Jesus e a vida dos apóstolos.

---

[57] Ireneu, *Contra as heresias* 3.3.4.
[58] Westcott, p. 36-7.

4. Manifestam uma tendência ilegítima de glorificar o cristianismo por intermédio de fraudes piedosas.

5. Demonstram um desejo doentio de encontrar apoio para interesses doutrinários e ensinos heréticos sob o disfarce de autoridade apostólica.

6. Revelam uma tentativa nociva de preencher as lacunas dos escritos canônicos.

7. Demonstram a tendência incurável da curiosidade depravada ao produzir embelezamentos heréticos e fantasiosos da verdade cristã (e.g., o culto a Maria).

Valor dos Apócrifos do Novo Testamento. Não há dúvida de que o valor teológico e histórico da maior parte desses livros é muito superior do que o valor dos Pseudepígrafos. Em suma, são livros preciosos, mas não canônicos.

1. Apresentam a documentação mais antiga sobre alguns livros canônicos do Novo Testamento.

2. Revelam crenças existentes no âmbito da igreja subapostólica.

3. Formam uma ponte entre os escritos apostólicos do Novo Testamento e a literatura patrística dos séculos 3 e 4, portanto nos dão pistas dessa transição.

4. Dão indicações sobre o surgimento de ensinos não ortodoxos tardios (e.g., a interpretação alegórica em *Pseudo-Barnabé*, ou a regeneração pelo batismo em *O pastor*).

5. Contêm muita coisa de valor histórico sobre as práticas e políticas da igreja antiga.

Com os valores acima em mente, é preciso enfatizar que nenhum desses livros deve ser considerado canônico ou inspirado. São vários os motivos para isso. (1) Nenhum deles desfrutou de reconhecimento que não fosse temporário e local. (2) A maior parte deles nunca alcançou um reconhecimento superior a semicanônico, sendo anexados a vários manuscritos ou mencionados no índice das obras. (3) Nenhum cânon significativo ou concílio importante da igreja os incluiu na categoria de livros inspirados do Novo Testamento. (4) A aceitação limitada da maior parte desses livros é decorrência do fato de terem se associado a referências nos livros canônicos (e.g., Laodicenses a Cl 4.16), dada a sua suposta autoria apostólica (e.g., Atos de Paulo). Esclarecidas essas questões, resta pouca dúvida de que esses livros não eram canônicos.

Resumo e conclusão

Com relação à canonicidade do Novo Testamento, 20 dos 27 livros jamais foram questionados seriamente nos círculos ortodoxos, isto é, os *Homologoumena*. Os outros sete livros, conhecidos como *Antilegomena*, foram questionados por alguns pais da igreja durante determinado tempo, mas foram finalmente, e de modo cabal, reconhecidos pela igreja em geral. Há vários livros que jamais foram aceitos por quem quer que fosse como autênticos ou canônicos. São os chamados Pseudepígrafos. O último grupo de livros são os chamados Apócrifos. Eram livros de boa qualidade e integridade que desfrutavam de aceitação local e temporária, embora sua canonicidade jamais fosse aceita de modo amplo e conclusivo.

Terceira parte

Transmissão da Bíblia

18
Línguas da Bíblia

Há quatro elos na cadeia "de Deus para nós": inspiração, canonização, transmissão e tradução. No primeiro deles, Deus passou a mensagem aos profetas que a receberam e registraram. A canonização, o segundo elo, trata do reconhecimento e da coleção dos escritos proféticos. Na verdade, o desvelamento objetivo estava completo quando os 66 livros da Bíblia foram escritos e depois reconhecidos por seus leitores originais. Contudo, para que as gerações futuras pudessem partilhar dessa revelação, as Escrituras tinham de ser copiadas, traduzidas, copiadas novamente e traduzidas de novo. Esse processo não só levou as Escrituras a outras nações, mas também a outras gerações. O terceiro elo é conhecido como transmissão da Bíblia.

Uma vez que as Escrituras passaram por um processo de transmissão de uns dois mil anos, é natural que se pergunte quanto da Bíblia foi afetado nesse processo. Ou, para ser mais preciso: a Bíblia em nosso idioma no século 20 é uma reprodução fiel do Testamento grego do século 1 e do Antigo Testamento hebraico? A resposta a essa indagação vem da ciência da crítica textual, que agora acompanharemos pela ótica da transmissão do texto bíblico.

POR QUE DEUS ESCOLHEU AS LÍNGUAS ESCRITAS

Deus tinha várias alternativas à sua escolha para comunicar sua verdade aos homens. Na verdade, ele se valeu de uma série de meios de comunicação "no passado" quando "falou aos pais pelos profetas" (Hb 1.1, KJV).

O que Deus poderia ter usado

Deus poderia ter optado por continuar a se comunicar com os homens como fez inicialmente nos tempos bíblicos.

Algumas vezes, Deus falou por meio de anjos (cf. Gn 18—19; 22; Êx 3). Na realidade, anjo significa "mensageiro". O ministério deles começou em Gênesis (caps. 18—19) e prosseguiu até o último capítulo da Bíblia (Ap 22.8,9). Contudo, a própria natureza de sua intrusão celestial no âmbito terrestre tornou sua presença uma revelação especial que não se prestava à permanência. Havia algumas limitações específicas no fato de recorrer a anjos para comunicar tudo o que Deus queria dizer aos homens em circunstâncias específicas em todas as eras. Pode-se imaginar uma invasão sem fim do espaço externo para dar conta de todos os detalhes da verdade transmitida a bilhões de pessoas, muitas das quais sem boa memória.

Visões e sonhos. Esse foi outro meio de comunicação que Deus usou algumas vezes (cf. Dn 7.1; Gn 41). Visões e sonhos tinham mais potencial de universalidade e de individualidade do que anjos. Isso porque não havia, nesse caso, necessidade de um grande fluxo celestial, podendo ser, até mesmo, trabalhados na experiência pessoal do indivíduo de forma mais imediata. Contudo, havia também sérias desvantagens nesse método. Em primeiro lugar, visões e sonhos tendem a ser subjetivos e pessoais, e não objetivos e universais. Em segundo lugar, o impacto extático dessa experiência podia se desgastar e ser esquecido.

Urim, Tumim e lançar sortes. Esses métodos eram, por vezes, usados para determinar a vontade de Deus (veja Êx 28.30; Pv 16.33). Contudo, eram limitados no alcance do conteúdo de verdade que podiam comunicar. Aparentemente, tudo o que podiam indicar era uma resposta do tipo sim ou não a perguntas que os homens dirigiam esporadicamente a Deus. Portanto, seu alcance era bastante limitado quando comparado com a apresentação detalhada das declarações de Deus aos homens encontradas em outros meios de transmissão.

A lei moral e a criação.[1] Deus revelou-se pela lei moral "escrita no coração" (Rm 2.15), bem como por meio da criação (Sl 19.1ss.) a todos os homens. Contudo, o volume de verdade disponível aqui é limitado e sujeito a corrupção. Romanos 1.18,19 diz que, embora a verdade da criação esteja "evidente no interior deles", o homem "suprime a verdade pela injustiça". Sua consciência, de igual modo, distorce a lei moral (Rm 2.15; cf. 1Tm 4.2). Além disso, embora essa revelação geral seja suficiente para a condenação do homem (Rm 1.20; 2.12), somente por meio da revelação especial a salvação é revelada (Hb 1.1; Rm 10.9s.).

Voz audível e milagre objetivo. Esses também foram meios de comunicação divina (veja 1Sm 3 e Jz 6.40), mas padeciam das mesmas dificuldades intrínsecas dos outros meios, isto é, eram formas boas de Deus falar a um homem em determinada ocasião e para um propósito específico. Contudo, seria um peso

---

[1] Para uma análise mais ampla da revelação geral, veja Bruce A. Demarest, *General revelation: historical views and contemporay issues*.

para a economia divina esperar um mesmo desempenho de um feito assim ao se dirigir a todos os homens por toda parte. Isso não significa que todos esses métodos não eram bons; eles, na verdade, eram meios pelos quais Deus falou efetivamente aos profetas. Havia, porém, uma maneira melhor de comunicar. Tratava-se de uma revelação mais precisa, mais permanente e mais fácil de propagar, e que era também igualmente pessoal.

O que Deus decidiu usar

Não há dúvida de que era desejável falar *aos* profetas "de diversas maneiras", porém a melhor maneira de falar aos homens de todas as épocas por intermédio dos profetas consistia em *registrar* a comunicação. Embora ninguém duvide de que a linguagem, escrita ou falada, não seja um meio "perfeito" de comunicação, parece evidente que era o "melhor" meio disponível, não que o melhor fosse "adequado". Não faz sentido que os especialistas que se insurgem contra a conveniência da linguagem tenham recorrido a ela como forma suficientemente adequada para comunicar sua opinião de que a linguagem é um meio inadequado! A superioridade consagrada de um registro escrito da verdade foi o meio que Deus escolheu para tornar permanente sua mensagem ao homem e imortalizá-la. Havia inúmeras vantagens efetivas para esse meio da revelação.

Precisão. Uma das vantagens da linguagem sobre os demais meios de comunicação mencionados diz respeito à precisão. É algo corriqueiro que os pensamentos se tornam mais precisos quando são expressos. Nesse sentido, pode-se dizer que um estudante consegue entender melhor munido de um lápis do que de qualquer outro instrumento. Isso porque, se um pensamento puder ser apreendido e expresso por escrito, terá sido mais bem compreendido. Outra ilustração acerca da precisão da linguagem consiste na diferença entre nosso vocabulário ativo e o vocabulário passivo dele. É possível ler e compreender, de modo geral, mais palavras do que usamos ou escrevemos de um modo específico. Isso é verdade porque o uso preciso das palavras requer uma compreensão mais exata delas, e a precisão está associada à expressão. Prova disso é o fato de que o conhecimento mais valorizado pelo homem até hoje está na forma de registros e livros escritos. É compreensível, portanto, que Deus tenha escolhido transmitir sua mensagem por meio de livros da maneira mais precisa possível.

Propagação. A revelação escrita tem outra vantagem: a propagação. É possível fazer cópias mais precisas de um meio escrito do que de um meio falado. Ninguém discordará de que uma cópia escrita possa ser, e geralmente é, uma reprodução muito mais precisa do que uma tradição oral. Por mais cuidadosa que seja a comunicação oral, há sempre uma chance maior de mudança e corrupção do original do que de um registro escrito. Uma simples experiência bastará para convencer o cético. Uma história passada de um ouvido ao outro numa roda de amigos chega ao final do círculo em poucos minutos com alterações impressionantes.[2] Na verdade, é incrível observar como os discípulos de Jesus interpretavam mal e transmitiam de forma equivocada uma simples tradição oral que julgavam ter ouvido da boca de Jesus (Jo 21.23). Portanto, para transmitir com precisão a verdade revelada, foram feitos registros escritos e copiados à mão até a invenção da tipografia no processo de impressão. A partir da invenção da tipografia (no séc. 15), a vantagem da página impressa e a possibilidade de reproduzi-la em grande escala ficaram evidentes.

Preservação. Outra vantagem da escrita é a preservação. Uma memória imprecisa às vezes é uma bênção, mas, sem dúvida, é uma desvantagem imensa para a preservação do repertório da revelação. É sempre melhor "tomar nota" ou "registrar". Na verdade, é difícil imaginar uma sentença de justiça num tribunal sem o registro do testemunho, para não falar da vacilação da memória em outras esferas. O registro escrito ainda tem uma vantagem a mais, isto é, pode estimular a memória e suscitar na imaginação da pessoa uma série de implicações pessoais latentes no âmbito dos símbolos ou palavras expressos por aquele registro. As palavras, portanto, não são tão inexpressivas a ponto de não permitirem uma "bênção pessoal" para o leitor, particularmente à luz do fato de que as palavras bíblicas são o veículo objetivo por meio do qual o Espírito Santo aplica a verdade de forma pessoal e subjetiva a cada leitor individualmente (cf. Jo 16.13; 1Pe 1.11).

QUE LÍNGUAS DEUS ESCOLHEU

Depois de analisar por que Deus decidiu entregar sua verdade aos homens pelo registro escrito, nada mais natural do que examinarmos que línguas ele escolheu para isso. De modo objetivo, seria de esperar que aquele que "opera todas as coisas segundo o conselho da sua vontade" (Ef 1.11) e que revelou Cristo "na plenitude dos tempos" (Gl 4.4) tivesse escolhido línguas que fossem especialmente adequadas ao propósito de sua revelação. Felizmente, é o caso das línguas bíblicas, conforme a análise a seguir mostrará.

---

[2] Brincadeira infantil de salão chamada popularmente de "telefone sem fio". (N do E.)

Línguas do Antigo Testamento: a família semítica

Dois grupos linguísticos importantes têm origens que remontam aos descendentes de Noé: Sem e Cam. Com base nas características fonológicas e morfológicas que compartilham, as línguas semita e hamítica, na opinião de muitos estudiosos, estão relacionadas por meio de um ancestral hipotético comum, o hamito-semítico. Ao grupo hamítico, que é essencialmente norte-africano, pertencem o egípcio (chamado de copta depois do séc. 3 d.C.), os dialetos berberes do norte da África e vários dialetos cuxitas falados ao longo do Nilo superior. O copta é a língua usada na liturgia da igreja cristã antiga do Egito. As línguas ao sul do Saara são geralmente classificadas em três divisões principais: sudanês, bantu, hotentote ou bosquímano. O grupo semítico de línguas apresenta quatro divisões.[3]

Divisão do Oriente. O acadiano, chamado de assírio nos períodos dos textos mais antigos, e o babilônio tardio são representantes dessa divisão. O acadiano foi a língua comum de todo o sudoeste da Ásia no auge dos impérios babilônio e assírio antigos, fato evidenciado nas Cartas de Amarna, enviadas por reis subalternos da Síria e da Palestina aos faraós do Egito por volta de 1400-1360 a.C. Essas línguas não são usadas no Antigo Testamento.

Divisão do Sul. Essa divisão tem duas línguas principais: árabe e etíope. Nenhuma dessas línguas foi usada no Antigo Testamento. O etíope era a língua da Etiópia (Cuxe), um país mencionado em cada uma das seções do Antigo Testamento (cf. Gn 10.7,8; Is 45.14; Sl 68.31). O árabe é a língua semita mais amplamente falada do mundo moderno, sendo falado por grandes contingentes populacionais numa vasta área. No século 16, o árabe tornou-se a língua oficial do Egito.

Divisão do Norte. O amorita e o aramaico,[4] que era a língua de Jesus e dos discípulos, são representantes da divisão do Norte. Os amoritas habitaram a Palestina antes e depois da ocupação de Israel (cf. Gn 10.16; 15.16; Dt 7.1; Js 10.6; 2Cr 8.7), mas sua língua não foi usada na redação do Antigo Testamento. O aramaico, a língua dos sírios, aparece nas três seções do Antigo Testamento, seja

---

[3] Thomas Pyles, *The origins and development of the English language*, p. 83.
[4] Muitos estudiosos simplificam demais as divisões do ramo semítico a ponto de cometerem erros, o que é, ao mesmo tempo, pouco recomendado e desnecessário; e.g., Mario A. Pei, *The world's chief languages*, p. 29-30. Encyclopedia Britannica 20:314-8; Philip Babcock Gore, org., *Webster's third international dictionary*, p. 38; e até mesmo Pyles, p. 82-3.

na forma escrita, seja nos nomes de lugares (cf. Gn 10.22; 31.47; 2Rs 18.26; Ed 4.7—6.1; 7.12-26; Is 36.11; Jr 10.11; Dn 2.4—7.28).

Divisão do Nordeste. Fazem parte dessa divisão da família semítica a subdivisão cananeia, bem como elementos aramaicos, e é representada por quatro dialetos: ugarítico, fenício, moabita e hebraico.

O ugarítico não é usado no Antigo Testamento, mas tem sido útil nos estudos mais aprofundados da língua hebraica cognata do Antigo Testamento. Foi a língua usada nas tabuinhas de Ras Shamra descobertas no norte da Síria de 1929 em diante e que constitui mais uma chave para os dialetos cananeus.

O fenício é outra língua importante, mas que não foi usada no Antigo Testamento, embora os fenícios sejam mencionados em suas três seções (cf. Gn 10.8-12; 1Rs 5.6; Ne 13.16; Ez 27.9; Sf 1.11). A contribuição dos fenícios é de grande importância, uma vez que foram eles que introduziram o alfabeto em outras línguas,[5] o que tornou a escrita menos problemática do que era para os acadianos.

Os descendentes de Ló desenvolveram dois dialetos do hebraico: o moabita, por intermédio de sua filha mais velha, e o amonita, por intermédio da mais jovem. Nenhuma dessas línguas é usada no Antigo Testamento; contudo, os povos que falavam esses idiomas são citados com frequência nas três seções do Antigo Testamento. A Pedra Moabita (c. 850 a.C.) é a primeira inscrição realmente extensa grafada em língua cananeia que está acessível (descoberta em Dibon, no ano de 1868) e refere-se a um relato sobre o rei moabita Messa e a revolta mencionada em 2Reis 1.1; 3.4-27.

O hebraico é de longe a língua mais importante do Antigo Testamento.[6] Quase todo o Antigo Testamento foi escrito em hebraico, que é chamado de "língua dos judeus" (2Rs 18.26,28), bem como de "língua de Canaã" (Is 19.18). Com exceção das partes mencionadas acima (cf. esp. o aramaico), o Antigo Testamento foi escrito em hebraico. No decorrer de sua longa história, o hebraico transformou-se nos dialetos bíblico, mishnaico, rabínico, medieval e moderno.

Línguas do Novo Testamento: famílias semítica e indo-europeia

Não há necessidade de relembrar as várias divisões da família semítica. Quanto à família indo-europeia, ela será explicada mais detalhadamente adiante

---

[5] Veja F. F. Bruce, *The books and the parchments*, p. 15-32, para uma excelente análise sobre "The Bible and the Alphabet".

[6] Ibidem, p. 33-47, analisa "a língua hebraica".

(veja o cap. 30). Portanto, nos ocuparemos aqui com as línguas presentes no Novo Testamento.

Família semítica. É representada tanto pelo hebraico quanto pelo aramaico (siríaco). Observa-se boa parte da influência hebraica na tradução em grego do idioma anterior. É o que se vê no uso da expressão "e aconteceu que", no uso de dois substantivos, e não um substantivo e um adjetivo (cf. 1Ts 1.3; Ef 1.13) [veja a versão Almeida Revista e Corrigida em português], e quando chama alguém de filho de dada qualidade [e.g., filho da paz] quando esse alguém tem essa qualidade (cf. Lc 10.6; Ef 2.3).[7] O aramaico era, sem dúvida, a língua falada pelo Senhor e seus discípulos. Era a fonte de palavras como Cefas, Mateus, Aba (Mc 14.36) e Maranata (1Co 16.22). Convém notar ainda que, no momento exato de sua agonia na cruz, Jesus exclamou em aramaico, sua língua materna, "*Eli, Eli, lamá sabachthani?*", isto é, "Meu Deus, meu Deus, por que me abandonaste?" (Mt 27.46).

Família indo-europeia. O latim e o grego são ainda mais proeminentes. Embora o latim fosse usado no Império Romano do Oriente, sobretudo pelas legiões, verifica-se sua influência sobre o hebraico rabínico, o aramaico falado e os escritos em grego.[8] Sua influência no Novo Testamento transparece principalmente em alguns termos; por exemplo, centurião (Mc 15.39,44,45); tributo (Mt 17.25; Mc 12.14, KJV); legião (Mt 26.53). Além disso, a inscrição na cruz foi escrita em latim, hebraico e grego.[9] O grego do Novo Testamento sempre apresentou problemas ao longo dos séculos. Idioma básico do Novo Testamento, o grego passou por uma série de mudanças semelhantes às que passaram o latim, o hebraico e o inglês. O grego passou por cinco períodos básicos: homérico, ático, coiné, bizantino e moderno. Até fins do século 19, a língua do Novo Testamento (coiné) era considerada uma espécie de língua do "Espírito Santo" porque não era possível identificá-la especificamente com o grego de nenhum dos quatro períodos; além do mais, seu vocabulário era um tanto diferente. Contudo, com a descoberta no século 19 de cartas e outros documentos do século 1 no Egito, essa ideia começou a dar lugar à visão atual de que o Novo Testamento foi escrito na língua do povo comum. Vale notar

---

[7] Veja Joseph Angus, *The Bible handbook*, p. 181-4 [edição em português: *História, doutrina e interpretação da Bíblia* (São Paulo: Hagnos, 2004)].

[8] Bruce, p. 48-57.

[9] Para uma lista exaustiva dos latinismos do Novo Testamento, veja Ibidem, p. 72-3, bem como a análise no cap. 23.

que o coiné, ou grego helenístico, "não está confinado ao discurso vernacular. Havia uma literatura próspera em *koinē* nos séculos que antecederam e sucederam o tempo de Cristo".[10] Essa era a língua mais amplamente conhecida no mundo todo: seu alfabeto era derivado do fenício, sua língua e cultura não se limitavam a uma área geográfica específica, tendo se tornado a língua oficial dos impérios em que foram divididas as conquistas de Alexandre, e até mesmo os romanos recorriam ao grego em sua literatura com tanta fluência quanto em latim. O grego coiné não era uma língua especial do "Espírito Santo", porém seu surgimento certamente foi dirigido pela providência divina, conforme Paulo deixou implícito em sua declaração: "Vindo, porém, a plenitude dos tempos, Deus enviou seu Filho" (Gl 4.4).

POR QUE DEUS ESCOLHEU ESSAS LÍNGUAS

Agora que percorremos os antecedentes e o desenvolvimento das línguas bíblicas, resta-nos examinar como elas se encaixam no propósito da revelação divina. O que fez com que essas línguas, em detrimento das demais, se tornassem canais especialmente apropriados para a verdade divina? Ao teorizar sobre esse ponto, seria imprudente desprezar um propósito muito prático da escolha divina de línguas principais e secundárias, a saber, tratava-se de línguas básicas daqueles tempos e do povo a quem Deus estava se dirigindo.

Línguas secundárias

Aramaico. Essa língua, que revela influência no vocabulário e na forma do Novo Testamento, era a língua local da Palestina e de boa parte da Síria na época em que Jesus e os apóstolos viveram e ministraram. Era, sem dúvida, a língua que Jesus usou nas conversas do dia a dia.[11] Além disso, o aramaico tinha sido a língua franca do Oriente Próximo do século 6 ao século 4 a.C., até as

---

[10] Ibidem, p. 65, mas veja tb. o capítulo todo intitulado "The Greek language", p. 58-73, bem como a análise no cap. 23.

[11] Há quem diga que os Evangelhos foram escritos primeiramente em aramaico (cf. C. C. Torrey, *The four Gospels* [New York: Harper, 1933]). Embora outros compartilhem dessa visão, há sérias objeções a ela. W. F. Albright destacou que "não há até o momento indicação alguma de que uma tradição literária aramaica ininterrupta que se estenda pelo intervalo entre o período aquemênida e primórdios do período helênico, por um lado, e o século 2 a.C. de outro" ("Recent discoveries in Palestine and the Gospel of St. John", p. 155). Além do fato de que não há evidências objetivas da existência de originais em aramaico dos Evangelhos, essa ideia é considerada improvável em virtude do vasto público grego da igreja antiga, bem como em razão da comissão de Cristo de que seus

conquistas de Alexandre, o Grande. Era a língua dos documentos, sobretudo dos papiros, deixados pela colônia judaica de Elefantina (perto da atual Assuã) durante o século 5 a.C.

Latim. Por outro lado, o latim, cuja influência se fez sentir no Novo Testamento, era a língua militar e política do Império Romano. A Palestina de Herodes era parte do império, portanto nada mais natural do que o Novo Testamento, em certa medida, incluir o uso do latim e de latinismos.

Línguas principais

Seria demais supor, porém, que o hebraico e o grego, as principais línguas da Bíblia, tivessem sido escolhidas por Deus porque eram simplesmente as línguas disponíveis quando ele decidiu falar à humanidade. O teísta cristão que acredita na providência especial e geral de Deus esperaria que Deus planejasse línguas específicas que se adequassem à mensagem e à era a qual a mensagem foi entregue. Partindo desse pressuposto, convém fazer brevemente uma análise desses propósitos.

Hebraico: sua conveniência biográfica. O Antigo Testamento é principalmente a biografia de um povo e das relações de Deus com ele. O hebraico foi a língua principal em que o Antigo Testamento foi escrito, e era particularmente adequado para esse tipo de expressão biográfica por ao menos duas razões.

1. É uma língua *pictórica*, que se expressa por meio de metáforas vívidas e ousadas que desafiam e dramatizam a história. A língua hebraica é propícia à apresentação de "imagens" dos acontecimentos narrados. "O hebreu pensava por imagens e, consequentemente, seus substantivos são concretos e vívidos." Ao mesmo tempo, "não há palavras compostas. [...] Não há uma abundância de adjetivos...".[12] A língua ostenta "poderes imensos de associação e, portanto, de imaginação".[13] Parte disso se perde na tradução para o inglês [e para o português]; no entanto, "muito do caráter vívido, concreto e franco de nosso Antigo Testamento em inglês é, na realidade, a transposição para o inglês de um pouco do gênio do idioma hebraico".[14] Como língua pictórica, o

---

seguidores levassem o evangelho ao mundo todo. O grego, e não o aramaico, era a língua falada em todo o mundo mediterrâneo.

[12] Elmer W. K. Mould, *Essentials of Bible history*, p. 307.
[13] Mary Ellen Chase, *Life and language in the Old Testament*, p. 87.
[14] Bruce, p. 45.

hebraico apresenta um quadro vívido dos atos de Deus entre um povo que se tornou exemplo ou ilustração para as futuras gerações (cf. 1Co 10.11). Como o Antigo Testamento foi planejado para ser um livro biográfico para os que creem, convinha que essas verdades fossem apresentadas de forma nítida numa "língua pictórica".

2. Além disso, o hebraico é uma língua *pessoal*. Ela se dirige ao coração e às emoções, e não simplesmente à mente ou à razão. Às vezes, até mesmo nações são personificadas (cf. Ml 1.2,3). O apelo é sempre para a pessoa em realidades concretas da vida, e não a situações abstratas ou teóricas. O hebraico é uma língua na qual a mensagem é sentida, e não pensada. Como tal, a língua era altamente qualificada para transmitir ao fiel, bem como à comunidade de adoradores, a revelação pessoal do Deus vivo nos acontecimentos da nação judaica. Era uma língua muito mais qualificada para registrar a concretude da revelação na vida de uma nação do que para transformar em proposições a revelação a ser propagada entre todas as nações. F. F. Bruce sintetiza bem essas características:

> O hebraico bíblico não lida com abstrações, mas com fatos da experiência. É o tipo certo de língua para o registro da autorrevelação de um Deus que não se dá a conhecer por meio de proposições filosóficas, mas ao controlar o curso da história humana e intervir nela. O hebraico não teme em recorrer a antropomorfismos ousados quando fala de Deus. Se Deus comunica ao homem o conhecimento do próprio Deus, ele decide fazê-lo de modo mais eficaz por meio da vida humana e da linguagem humana.[15]

Grego: adequado à evangelização. O fundamento da revelação divina de Cristo foi lançado na biografia do Antigo Testamento. A interpretação da revelação de Cristo foi feita pela linguagem teológica do Novo Testamento. O grego do Novo Testamento era adaptado de forma adequada à elaboração de proposições e à propagação da verdade sobre Cristo por dois motivos básicos.

1. O grego era uma língua *intelectual*. Era mais uma língua da mente do que do coração, um fato que os grandes filósofos gregos demonstraram

---
[15] Ibidem.

de maneira copiosa. A língua grega era mais adequada à codificação da comunicação ou à reflexão sobre uma revelação de Deus para colocá-la em uma forma de comunicação simples. Era uma língua capaz de transformar mais facilmente o crível em inteligível do que o hebraico. Foi por esse motivo que o grego do Novo Testamento foi um meio extremamente útil para expressar a verdade proposicional do Novo Testamento, assim como o hebraico para expressar a verdade biográfica do Antigo Testamento. Como o grego tinha uma precisão técnica que não era encontrada no hebraico, as verdades teológicas que eram expressas de modo mais geral no hebraico do Antigo Testamento foram formuladas com maior precisão no grego do Novo Testamento.

2. Além disso, o grego era uma língua praticamente *universal*. A verdade de Deus no Antigo Testamento, revelada inicialmente a uma nação (Israel), foi apropriadamente registrada na língua daquela nação (hebraico). Contudo, a revelação plena dada por Deus no Novo Testamento não se restringiu desse modo. Nas palavras do Evangelho de Lucas, a mensagem de Cristo devia "ser proclamada em seu nome a todas as nações" (Lc 24.47). A língua mais adequada à propagação dessa mensagem era naturalmente aquela mais amplamente falada em todo o mundo. Essa língua era o grego (coiné), uma língua de alcance internacional no mundo mediterrâneo do século 1.

Pode-se concluir, portanto, que Deus escolheu aquelas línguas para comunicar sua verdade que tinham, pela sua providência, sido preparadas para expressar mais efetivamente o tipo de verdade que ele desejava naquele tempo específico, no desvelamento do seu plano geral. O hebraico, com sua vivacidade pictórica e pessoal, expressava muito bem a verdade biográfica do Antigo Testamento. O grego, com suas potencialidades intelectuais e universais, servia bem às exigências doutrinárias e evangelísticas do Novo Testamento.

Resumo e conclusão

A palavra escrita, com todas as suas limitações, era de longe o meio mais adequado de transmitir a verdade de Deus porque permitia apresentá-la com maior precisão, preservá-la mais facilmente da corrupção e propagá-la de modo mais eficaz. Portanto, quando Deus, que falou aos profetas por meio de visões, sonhos ou anjos, quis falar por meio dos profetas às gerações seguintes, decidiu que deveriam *escrever* a revelação que receberiam. Na providência divina, as línguas hebraica e grega foram preparadas para expressar de modo apropriado o tipo de revelação que Deus desejava naquele tempo específico. O hebraico é uma língua bastante apropriada para designar os atos divinos na biografia do Antigo Testamento, e o grego, em particular, era adequado à expressão e propagação das doutrinas do Novo Testamento.

19
Materiais de escrita

Antes de passarmos à mecânica de transmissão, é preciso considerar os materiais usados pelos homens de Deus em sua comunicação da mensagem divina. O presente estudo analisa o desenvolvimento da escrita, a apresentação dos materiais e as divisões do texto para torná-lo mais prático ao uso.

O DESENVOLVIMENTO DA ESCRITA

O Antigo Testamento nada tem a dizer sobre a origem da escrita, que parece ter sido inventada no início do quarto milênio a.C.,[1] porém pressupõe que Moisés recorreu à escrita[2] e que ele escreveu a Lei não muito antes de cerca de 1450 a.C.[3] Muitos registros escritos mais antigos foram descobertos em vários lugares. Contudo, de que tipo eram esses registros? Eram desenhos? Símbolos? Se eram, o que simbolizavam?

Avanços do desenvolvimento da escrita

O desenvolvimento da escrita pode ser dividido em três estágios: pictogramas, ideogramas e fonogramas.

Pictogramas. Eram representações que antecederam em muito a origem da escrita e tiveram um papel em seu desenvolvimento. Tratava-se, na verdade, de imagens grosseiras que representavam objetos como o sol, um homem idoso, uma águia, um boi, um leão. Na proporção em que os pictogramas nada mais representavam senão os próprios objetos, não havia dificuldade em usá-los. Contudo, com o passar do tempo, surgiu o uso de imagens para apresentar ideias, e os pictogramas perderam sua posição dominante na comunicação registrada.

---

[1] Veja Samuel Noah Kramer, *History begins at Sumer*, ou qualquer obra básica atualizada sobre a questão da escrita na Suméria e/ou Egito.

[2] F. F. Bruce, *The books and the parchments*, p. 15.

[3] Veja, e.g., Alan R. Millard, "The practice of writing in ancient Israel", *Biblical Archaeologist* 35.4 (December 1972): 98-111.

Ideogramas. Os ideogramas substituíram os pictogramas. Tratava-se de imagens que representavam efetivamente ideias, e não objetos. Aqui a imagem do sol podia representar o calor; um homem idoso talvez representasse a velhice; uma águia, poder; um boi, força; um leão, realeza. Portanto, deu-se um grande passo em direção à escrita, embora a escrita em sentido moderno ainda estivesse muito distante. Os ideogramas, porém, na verdade um uso particular dos pictogramas, não eram a única dimensão dos pictogramas.

Fonogramas. Outra dimensão dos pictogramas, os fonogramas eram na verdade representações de sons, e não de objetos ou ideias. Assim, a representação do sol podia se referir a um filho, e não ao sol; a imagem de um urso podia ser usada para expressar "o verbo 'suportar' [em inglês, 'bear' (urso) se escreve da mesma forma que 'bear', que tem o sentido de suportar]; a imagem de uma abelha podia se referir ao verbo 'ser' [abelha, em inglês, é 'bee', e o verbo ser, 'be']".[4] Por causa disso, deu-se outro passo na direção das línguas escritas, mas havia ainda uma longa sucessão de acontecimentos necessários antes de chegar à escrita em sentido moderno.

As escritas ideográficas e fonográficas foram posteriormente entremeadas com a escrita silábica simples, acrescentando um sistema mais sofisticado de escrita cuneiforme, sinais feitos em forma de cunha usados pelos sumérios. Merrill F. Unger resume bem a situação:

> Os que primeiro tentaram reduzir o discurso humano à forma escrita não atentaram imediatamente para o abismo que separa as palavras faladas dos caracteres pelos quais são simbolizadas. Escreviam como falavam numa sucessão ininterrupta, inscrevendo as letras muito próximas umas das outras, sem separá-las em palavras, muito menos em frases, parágrafos e capítulos.[5]

Embora as letras fossem usadas na escrita na época de Moisés, só se usavam consoantes, uma vez que as vogais foram acrescentadas muito tempo depois. Portanto, o leitor tinha diante de si uma sucessão ininterrupta de consoantes que cobriam uma tabuinha inteira, mais tarde um rolo, e depois disso um códice (folhas de papiros encadernadas em forma de livro). Nem é preciso dizer que estamos ainda muito longe do conceito moderno de escrita.

---

[4] Bruce, p. 23.
[5] Merrill F. Unger, *Introductory guide to the Old Testament*, p. 115.

A era da escrita

Embora os testemunhos da escrita na Antiguidade estejam longe de ser abundantes, há evidências suficientes que apontam para o fato de que ela era símbolo de uma proeza cultural. Durante o segundo milênio antes de Cristo, houve várias experiências que resultaram no desenvolvimento do alfabeto e de documentos escritos. Especificamente na Palestina, são bem poucos os documentos que sobreviveram do período pré-exílico, mas as evidências encontradas nos territórios vizinhos tornam sensato supor que os israelitas também praticavam a atividade da escrita antes mesmo do início do reinado de Davi. Pode-se recorrer a uma série de evidências como testemunho do fato de que a escrita certamente era praticada pelos israelitas antes da época da Pedra Moabita de Messa, rei de Moabe, datada em torno de 850 a.C. Esse foi o item usado por autores da alta crítica de fins do século 19 (eg., Graf e Wellhausen) como o exemplo mais antigo de escrita na Palestina. Na verdade, a visão negativa da alta crítica foi formulada antes da descoberta do material analisado abaixo. O testemunho dessas descobertas refuta completamente essa posição.

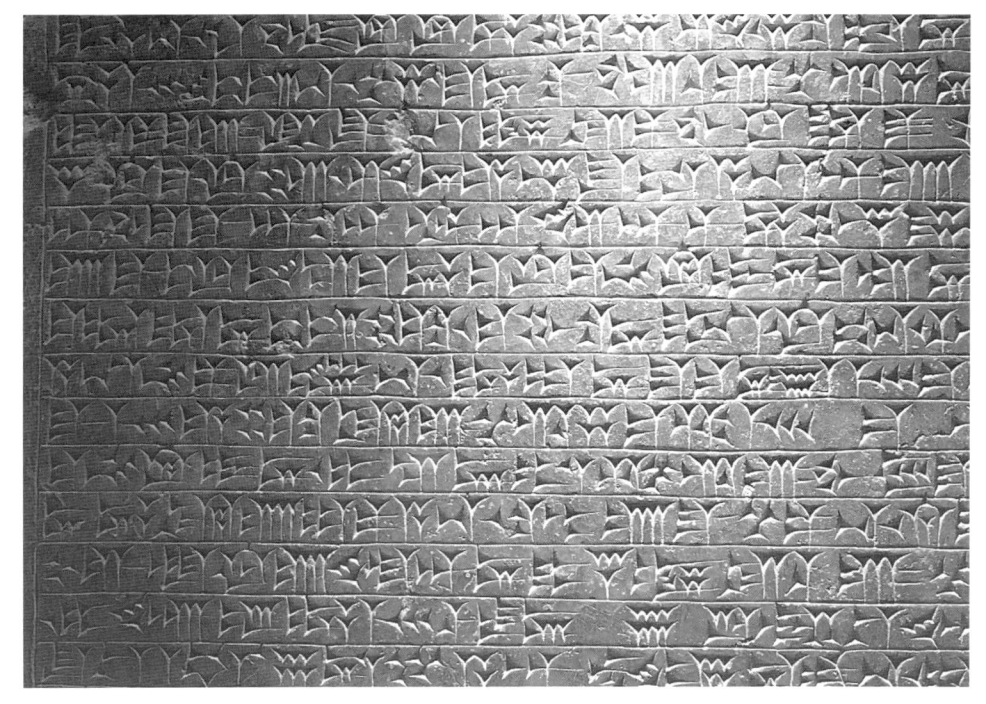

5. *Inscrição cuneiforme (assíria) em pedra do palácio do rei Sargão II, século 8 a.C. (Museu do Louvre)*

Evidências da Mesopotâmia. As evidências mesopotâmicas remontam a 3500 a.C. e consistem, entre outras coisas, em tabuinhas cuneiformes dos sumérios. Os sucessores dos sumérios usaram a escrita cuneiforme dos antecessores na formulação de suas próprias línguas.[6] Leonard Woolley descobriu inúmeras tabuinhas do templo nas ruínas da antiga Ur dos caldeus datando de cerca de 2100 a.C.; contudo, há várias outras tabuinhas anteriores a elas, até mesmo algumas datando de cerca de 3500 a.C. encontradas em Uruk (a Ereque de Gn 10.10) e Kish. A narrativa suméria do Dilúvio em Nippur remonta a cerca de 2100 a.C.

Descobertas egípcias. Essas descobertas confirmam as feitas na Mesopotâmia e são de aproximadamente 3100 a.C. A escrita hieroglífica apareceu pela primeira vez no Egito pouco antes da fundação da Dinastia I (c. 3100 a.C.), ao passo que suas sucessoras, as escritas hierática e demótica apareceram antes do período do Exílio na história de Israel. Entre os primeiros escritos dos egípcios, temos *Os ensinos para Kagemni* e *O ensino de Ptah-Hetep*, datados em torno de 2700 a.C. Além desses testemunhos, há outros que mostram o uso da escrita no Egito antes do tempo de Moisés, José e até de Abraão, independentemente das datas atribuídas a cada um desses indivíduos. Além disso, os israelitas deviam ter conhecimento das técnicas de escrita antes do êxodo do Egito, já que Moisés foi criado com posição de destaque na casa do faraó durante o período do Novo Império. Os registros do Novo Testamento indicam a posição tradicional dos hebreus no testemunho de Estêvão em seu célebre sermão, em que, segundo ele, "Moisés foi instruído em toda a sabedoria dos egípcios e era poderoso em palavras e obras" (At 7.22). É muito provável que fizesse parte desse conhecimento a escrita em papiro, visto que este foi usado antes da Dinastia V (c. 2500 a.C.).

Testemunho do Mediterrâneo Oriental. Evidências em torno de 2500 a.C. mostram que os sinais pictográficos foram usados em Byblos (Gebal) e na Síria. Já por volta de 3100 a.C., a escrita era usada nas impressões de selos cilíndricos em Byblos. As descobertas de Leonard Woolley em Atchana (no nordeste da Síria) parecem ter sido contemporâneas dos registros encontrados por Sir Arthur Evans em Cnossos, Creta. Esses registros datam de meados do segundo milênio a.C. e indicam essa conexão entre o continente asiático e a ilha que serve de ponte com a Europa, isto é, Creta.

Contribuições da Palestina e da Síria antigas. De 1947 a 1976, em escavações em Tell-Mardikh (antiga Ebla) ao sul de Aleppo, no norte da Síria, foram

---

[6] Bruce, p. 9-21, para uma análise do problema dos alfabetos e das línguas em geral. Veja tb. Sir Frederic G. Kenyon, *Our Bible and the ancient manuscripts*, p. 3-15; P. Kyle McCarter, "The early diffusion of the alphabet", *Biblical Archaeologist* 37.3 (December 1974): 54-68.

desenterradas mais de quinze mil tabuinhas de argila com escrita cuneiforme num dialeto semita antigo da região nordeste, datados de cerca de 2300 a.C. As tabuinhas são da época do rei babilônio Naram-Sin (identificado por alguns como o Ninrode de Gn 10.9), que fez campanhas militares na região. Nessas tabuinhas, há partes do Épico de Gilgamesh e outros tipos de literatura da Síria tardia (Ugarit). Elas confirmam, portanto, uma tradição literária antiga, já bem conhecida da Babilônia. Além disso, essas tabuinhas fizeram com que estudiosos do Antigo Testamento reavaliassem a veracidade dos patriarcas da Bíblia, bem como nomes e acontecimentos registrados em Gênesis. Mitchell Dahood apresenta exemplos específicos e explicativos do texto hebraico com base em evidências de Ebla em seu artigo "Ebla, Ugarit and the Bible".[7]

Além disso, as inscrições alfabéticas das minas de turquesa no sul do Sinai datam de cerca de 1500 a.C. Um fragmento de cerâmica de Gezer de cerca de 1800 a 1500 a.C.; a inscrição da adaga de Laquis é contemporânea, assim como as inscrições de Siquém, Beth-Shemesh, Hazor e Tel el-Hesi. As tabuinhas de Ras Shamra, da região litorânea do nordeste da Síria identificada como Ugarit, datam de cerca de 1500 a 1300 a.C. Ali se empregava a mesma linguagem diplomática das tabuinhas de Tel el-Amarna (c. 1380 a.C.) da antiga capital egípcia de Amenhotep IV (Akhenáton). Em Ras Shamra foram encontrados também espécimes da língua cananeia escritos em formato alfabético. Esses escritos foram feitos inscrevendo-se sinais cuneiformes específicos em tabuinhas de argila conhecidas como tabuinhas de Ugarit (veja o cap. 18).

Todas as evidências de que dispomos acima são anteriores ao período da Pedra Moabita de Messa, rei de Moabe. O acontecimento registrado na Pedra Moabita é a revolta contra Israel registrada em 2Reis 1.1 e 3.4-27. Embora as evidências precedentes não sejam diretas, elas são devastadoras na denúncia que fazem da posição negativa da alta crítica. São também devastadoras em sua demarcação da história da escrita antes do tempo de Moisés. Consequentemente, as mais de 450 referências bíblicas à escrita podem ser entendidas como reflexo da difusão cultural entre Israel e seus vizinhos.

---

[7] Mitchell Dahood, "Afterword: Ebla, Ugarit, and the Bible", p. 271-321. Veja tb. D. J. Wiseman, "Archaeology and the Old Testament", p. 314. Informações adicionais estão disponíveis em Ignace J. Gelb, "Thoughts about Ebla: a preliminary evaluation, March 1977", p. 1-30. Veja tb. Robert Biggs, "The Ebla Tablets: an interim perspective", p. 76-86; e ainda "Ebla update", artigos em *Biblical Archaeology Review*, 1977ss.; Eugene Merrill, "Ebla and biblical historical inerrancy"; Chaim Bermant; Mitchell Weitzman, *Ebla: an archaeological enigma*. Edwin M. Yamauchi, "Unearthing Ebla's ancient secrets", p. 18-21, atualiza o relato e faz algumas observações sobre a controvérsia surgida entre Paolo Matthiae, *Ebla: an empire rediscovered*, e Giovanni Pettinato, *The archives at Ebla: an empire inscribed in clay*.

6. A Pedra Moabita. Oriental Institute Museum molde C2 extraído do original do Museé du Louvre AO 5066 (Cortesia do Instituto Oriental da Universidade de Chicago)

Atividade dos autores bíblicos no contexto da história literária

A análise precedente torna a declaração segundo a qual "Moisés e os demais autores da Bíblia escreveram durante a era em que os homens sabiam ler e escrever" praticamente redundante. Contudo, o próprio registro bíblico afirma que seus autores escreveram. Pode-se apelar a algumas das mais de 450 referências bíblicas para confirmar esse fato.

A Lei. A *Torá* (Lei) faz referência a vários tipos de escrita de autoria de Moisés e de seus predecessores (cf. Gn 5.1;[8] Êx 17.14; 24.4; 34.27,28; Nm 17.2,3; Dt 31.9,19,22,24).

Os Profetas. Os Profetas (*Nevi'im*) indicam que a escrita foi empregada por vários indivíduos até antes da época da Pedra Moabita (cf. Js 8.30-34; 18.4-9; 24.26; Jz 8.14; 1Sm 10.25), que além disso depõe contra a visão negativa da alta crítica.

Os Escritos. Esses *Kethuvim* (Escritos) também mostram que as pessoas estavam escrevendo antes do tempo da insurreição moabita registrada em 2Reis 1.1 e 3.4-27 (cp. Pv 1.1 com 22.20; 2Cr 35.4).

APRESENTAÇÃO DOS MATERIAIS E INSTRUMENTOS

Materiais de escrita

Os materiais sobre os quais os antigos escreveram também foram usados pelos autores das Escrituras. Seguem abaixo vários exemplos.

Argila. A argila não foi usada somente na Suméria antiga já em cerca de 3500 a.C.; também foi usada por Jeremias (17.13) e Ezequiel (4.1). As inscrições eram feitas nesse material quando ele ainda estava úmido ou macio. Em seguida, ele era secado ao sol ou colocado em um forno para tornar o registro permanente.

Pedra. Esse material foi usado na Mesopotâmia, no Egito e na Palestina, conforme fica evidente pelo Código de Hamurabi, a Pedra de Roseta e a Pedra Moabita. Os autores bíblicos também recorreram à pedra para escrever (cf. Êx 24.12; 31.18; 32.15,16; 34.1,28; Dt 5.22; 27.2,3; Js 8.31,32). Além disso, no rio do Cão, no Líbano, e em Behistun, no Irã, há inscrições reais gravadas nas escarpas de rochedos.

---

[8] A expressão "esse é o relato de" ou "o livro das gerações de" ocorre doze vezes em Gênesis e, provavelmente, indica as divisões de registros familiares dos patriarcas nos primórdios; cf. Gn 2.4; 5.1; 6.9; 10.1,31; 11.10,27; 25.12,13,19; 36.1,9; 37.2.

Papiro. O papiro era usado na antiga Gebal (Byblos) e no Egito desde cerca de 3100 a.C. Era feito pressionando-se e colando duas camadas de cana de papiro juntas para formar uma folha. Para formar um rolo, juntava-se uma série de folhas de papiro. É esse tipo de "rolo" de papiro que é mencionado em Apocalipse 5.1 (embora a NASB [também a ARC] traduza por "livro"). O apóstolo João usava o papiro em suas cartas (cf. 2Jo 12).

Velino, pergaminho, couro. Estes são materiais de escrita de qualidades diversas feitos de peles de bezerro ou de antílope, ovelha ou cabra, vaca ou touro, respectivamente. Embora esses materiais não sejam mencionados diretamente como material de escrita na Bíblia, algum tipo de pele de animal deve ter passado pela mente de Jeremias (Jr 36.23). Dificilmente, teria sido velino, uma vez que, segundo Frederic Kenyon, esse material só se tornou conhecido por volta de 200 a.C.[9] É mais provável que fosse couro, considerando que o rei usou uma faca para cortá-lo. Os pergaminhos, por sua vez, são claramente mencionados no pedido de Paulo a Timóteo (2Tm 4.13). A principal diferença desses materiais parece ser o fato de que o couro era preparado para a escrita *de um lado apenas* (como os rolos), ao passo que o pergaminho ou velino era preparado para a escrita de *ambos* os lados (como os códices).

Itens diversos. Escrevia-se também, segundo a narrativa bíblica, sobre coisas como metal (Êx 28.36; Jó 19.24; Mt 22.19,20); tabuinhas de madeira para escrita com superfície de cera (cf. Is 8.1; 30.8; Hc 2.2; Lc 1.63); pedras preciosas (Êx 28.9,11,21; 39.6-14); e cacos (Jó 2.8), mais conhecidos como óstracos, encontrados em lugares como Samaria e Laquis, na Palestina. Outro material também usado na escrita antiga no Egito, na Grécia e na Itália etrusca e romana, mas que não é mencionado na Bíblia, era o linho.

Instrumentos de escrita

Eram necessários diferentes instrumentos na produção de registros escritos sobre os vários materiais descritos acima:

Ponteiro. um instrumento de três lados com a cabeça cortada em ângulo, o ponteiro era usado para imprimir marcas na argila e em tabuinhas de cera. Às vezes, era chamado de "pena", como em Jeremias 17.1 (KJV).

Cinzel. O cinzel era usado para fazer inscrições em pedra, como em Josué 8.31,32. Jó queria que suas palavras fossem gravadas para sempre com um "ponteiro de ferro" na pedra (Jó 19.24).

---

[9] Kenyon, p. 43s.

MATERIAIS DE ESCRITA | 389

7. Instrumentos antigos de escrita do Egito. Os autores bíblicos possivelmente recorreram a algo semelhante (esta reprodução é uma cortesia dos gestores do British Museum)

Pena. A pena era empregada para a escrita em papiro, velino, couro e pergaminho, conforme se lê em 3João 13.

Canivete. Usado em Jeremias 36.23 para destruir um rolo, cujo material era provavelmente mais duro do que o papiro. Era usado também para afiar a pena do escritor quando ela começava a se desgastar.

Tinteiro de chifre e tinta. Eram itens que acompanhavam necessariamente a pena e eram, respectivamente, recipiente e fluido usados para a escrita em papiro, velino, couro e pergaminho. Portanto, assim como a escrita e seus materiais encontravam-se disponíveis para os autores bíblicos, assim também estavam disponíveis os materiais necessários para essa tarefa vital.

Divisões do texto

O material e os instrumentos de escrita eram os meios pelos quais a revelação podia ser expressa por meio da linguagem. Contudo, os antigos, de modo geral, não sentiam a necessidade de dividir o texto em unidades menores e mais significativas como capítulos, parágrafos ou versículos. Essas divisões surgiram muito tempo depois quando as Escrituras começaram a ser preservadas em forma escrita. Como o procedimento de divisão do texto não ocorre um ambos os Testamentos de modo simultâneo, trataremos separadamente de cada um deles antes de os analisarmos em conjunto.

O Antigo Testamento

Capítulos (seções). Ao que tudo indica, havia algumas divisões nos autógrafos do Antigo Testamento, por exemplo, o livro de Lamentações e o salmo 119,[10] que são indicados pelo uso de letras do alfabeto hebraico. Não há muitos desses casos, mas refletem efetivamente, no mínimo, a existência de algumas divisões naturais no texto hebraico.

1. *As seções palestinas* tiveram início antes do cativeiro da Babilônia (586 a.C.) e consistiam em 154 seções do Pentateuco. Essas seções eram chamadas de *sedarim* (singular, *seder*), e seu objetivo era promover lições suficientes para cobrir um ciclo de leitura de três anos.[11]

2. *As seções babilônicas* apareceram durante o cativeiro (antes de 536 a.C.), quando a Torá foi dividida em 54 seções chamadas *parashiot* (singular: *parashá*). Estas foram subdivididas posteriormente em 669 seções para fins de referência. Tais seções eram utilizadas para o ciclo de um ano.

3. *As seções macabeias* apareceram por volta de 165 a.C. Essas 54 seções que correspondem ao *sedarim* da Lei cobriam os Profetas e os chamados *haftarás*.

4. *Seções da Reforma.* Depois da Reforma Protestante, a Bíblia hebraica seguiu, de modo geral, as mesmas divisões de capítulos do Antigo Testamento protestante. Essas divisões foram colocadas nas margens em 1330. Foram impressas em forma de texto na *Poliglota Complutense* (1517), sendo o texto dividido na edição de Arias Montanus (1571).

Versículos

1. As indicações *antigas de versículos* eram meros espaços entre as palavras, uma vez que as palavras eram escritas num fluxo contínuo em determinado livro. Cada livro estava separado, e não havia pontos vocálicos, que só foram incluídos pelos massoretas (entre o séc. 5 e o séc. 10 d.C.). Depois do Cativeiro Babilônico, para viabilizar a leitura e

---

[10] W. Graham Scroggie, *Know your Bible*, 1:122-3.
[11] H. S. Miller, *A general biblical introduction*, p. 165, parece deixar implícito que essas divisões não são as mais antigas; o autor prefere antepor a elas o *parashiot* (*parashá*). Contudo, Bruce, p. 121, defende a visão seguida no texto.

a interpretação públicas, foram empregadas paradas e, mais tarde ainda, outras marcações. Essas marcações de "versículos" não seguiam regras e diferiam de um lugar para outro. Só por volta de 900 d.C. é que essas marcações foram padronizadas.

2. *As indicações de versículos da Reforma* surgiram no século 16. Na edição de Bomberg (1547), assinalava-se todo quinto versículo; em 1571, Montanus indicou pela primeira vez cada versículo na margem.

O Novo Testamento

Seções antigas. Os autógrafos do Novo Testamento foram, sem dúvida alguma, escritos também em um fluxo ininterrupto semelhante ao do Antigo Testamento, especialmente porque consistiam, em geral, em livros mais breves que os Evangelhos e Atos. Contudo, houve uma divisão em seções logo nos primórdios que costuma ser chamada de antiga divisão grega em parágrafos (*kephalaia*). Essas divisões precedem o Concílio de Niceia (325) e eram diferentes das divisões modernas em capítulos. Por exemplo, Mateus 2.1-15 (1); 2.16-23 (2); 3.1—4.16 (3); 4.17-22 (4).[12] Durante o século 4, o Codex Vaticanus (B) recorreu a outro sistema de marcação de seções; por exemplo, Mateus 1.1-5 (1); 1.6-11 (2); 1.12-16 (3); 1.17 (4); 1.18-23 (5); 1.24,25 (6). No total, havia 170 seções em Mateus, 62 em Marcos, 152 em Lucas e 50 em João. Esse sistema não é totalmente conhecido hoje, já que o manuscrito Vaticanus acaba em Hebreus 9.14. Em decorrência disso, somente são conhecidas as marcações *kephalaia* até aquele ponto. "Outro sistema de divisões de capítulos é encontrado no Codex Alexandrinus (A) do século 5, bem como na maior parte dos outros manuscritos gregos. De acordo com essa divisão em capítulos, em Mateus há 68 *kephalaia*; em Marcos, 48; em Lucas, 83; e em João, 18."[13] O historiador Eusébio de Cesareia tentou ainda outro meio de dividir em seções o Novo Testamento. Ele criou um sistema de parágrafos curtos para os Evangelhos com referências cruzadas que dispôs em uma série de tabelas. Esses parágrafos eram mais longos que os versículos atuais, porém mais curtos que os

---

[12]Eberhard Nestle, *Novum Testamentum Graece (Editio vicesima quinta)*, p. 82-3, da introdução, explica as marcas no texto desses antigos parágrafos em grego (*kephalaia*) e os títulos descritivos em grego (*titloi*) em seu aparato.

[13]Bruce M. Metzger, *The text of the New Testament, its transmission, corruption, and restoration*, p. 22.

capítulos dos quais dispomos. Em sua obra, Mateus tinha 335 seções; Marcos, 233 (mais tarde, 241); Lucas, 342 e João, 232.[14]

Seções modernas

1. *O Novo Testamento inglês.* Foi só no século 13 que essas seções foram modificadas, porém de forma gradual. Stephen Langton, professor da Universidade de Paris e, mais tarde, arcebispo de Cantuária, dividiu a Bíblia em capítulos como a temos hoje (c. 1277).[15] Isso foi antes da introdução da tipografia na impressão. Como a Bíblia de Wycliffe (1382) seguia esse padrão, essas divisões básicas se tornaram praticamente a base sobre a qual a Bíblia tem sido impressa até os dias de hoje, já que a Bíblia de Wycliffe tem sido a base para as versões e traduções subsequentes.

2. *O Novo Testamento latino (Vulgata).* O Novo Testamento na tradução da Vulgata foi impresso por Gutenberg em 1456 e é conhecido como a Mazarin Bible. Essa edição seguiu as divisões em capítulos do século 13 e abriu caminho para divisões em seções na versão Rheims-Douay (1581-1609), que se tornou a edição imbuída de autoridade em inglês por decreto do papa Sisto V em 1585. A única grande revisão por que passou foi feita pelo bispo Challoner (1691-1781).

3. *O Novo Testamento grego.* Impresso pela primeira vez em 1516 por Desidério Erasmo. Houve um esforço para chegar ao mercado antes da versão do cardeal Ximenes, uma vez que a obra do último já estava impressa, mas o maquinário eclesiástico falhou na hora da publicação. Erasmo seguiu a divisão em capítulos da Mazarin Bible (1456) e, com isso, deu as mesmas divisões em capítulos ao mundo protestante que Mazarin dera aos católicos. Esse dado comum foi de enorme importância para as referências cruzadas dos textos bíblicos entre católicos e protestantes.

---

[14] Miller, p. 165, aparentemente se equivocou em suas tabulações neste ponto. Para os totais corretos, veja Nestle, p. 82-3, em sua introdução.

[15] A visão tradicional foi a que expusemos neste texto; outras, porém, sustentam que o cardeal Hugo de St. Cher (m. 1263) foi o pioneiro nesse esforço de preparação de uma concordância (c. 1244). Cf. Kenyon, p. 190, para a primeira perspectiva; Bruce, p. 121, para a última. Miller, p. 10-1, apresenta ambas. M. H. Black, "The printed Bible", in: S. L. Greenslade, org., *The Cambridge history of the Bible*, 2:419, evita o problema completamente, dizendo que "os capítulos sempre foram divididos nas Bíblias impressas; a divisão em si, diz Berger, data do século 13".

Versículos modernos. Esses foram elaborados depois dos capítulos, aparentemente numa tentativa de facilitar as referências cruzadas e tornar mais fácil a leitura pública. As marcações ocorrem primeiramente na quarta edição do Novo Testamento grego publicado por Robert Stephanus, impressor de Paris, em 1551. Os versículos foram introduzidos no Novo Testamento inglês por William Whittingham, de Oxford, em 1557.[16] Em 1555, Stephanus introduziu suas divisões em versículos na edição da Vulgata Latina, com base na qual continuaram até os dias de hoje.

A Bíblia toda

Vulgata Latina. A primeira Bíblia a usar as divisões modernas de capítulos e versículos foi a edição da Vulgata Latina de Robert Stephanus (1555). Ele usara previamente essas divisões em seu Novo Testamento grego (1551).

Bíblia de Genebra. A primeira Bíblia em inglês a incorporar tanto as divisões modernas de capítulos quanto de versículos foi a Bíblia de Genebra (1560), o que se deu, na verdade, em duas partes: em 1557, o Novo Testamento foi feito por Whittingham como algo provisório apenas e, em 1560, a Bíblia toda foi completada segundo a mesma tradição. Recorreu-se às divisões modernas em capítulos e versículos, até mesmo com a introdução de palavras em itálico no texto sempre que as expressões em inglês exigissem um tratamento mais completo do que a simples tradução grega. Discorreremos mais sobre isso posteriormente. Basta notar aqui que a Bíblia chegou a seu caráter "moderno" antes do trabalho de tradução de Rheims-Douay ou das chamadas versões "autorizadas" da Bíblia.

Resumo e conclusão

Uma breve história do desenvolvimento da escrita indica um desenvolvimento progressivo de pictogramas, passando por ideogramas até os fonogramas antes da época dos autores bíblicos. Portanto, a Bíblia está correta em pressupor o desenvolvimento da escrita. A visão de fins do século 19 de que Moisés e outros viveram na época pré-letrada é totalmente sem fundamento à luz das descobertas arqueológicas modernas, a saber, da Mesopotâmia, do Egito, da Ásia

---

[16] F. F. Bruce, *The English Bible: a history of translations*, p. 85-6, informa que Whittingham era casado com a irmã (ou cunhada) de João Calvino, tendo sucedido John Knox no pastorado da igreja inglesa em Genebra; isso explica sua posição influente na preparação da Bíblia de Genebra (1560).

Ocidental, de Creta e até da Palestina. Com o desenvolvimento da escrita, deve ter havido um desenvolvimento dos materiais e instrumentos de escrita. Esses também surgiram ao longo do vasto tempo e puderam ser usados no registro da revelação divina.

As divisões dos autógrafos eram muito diferentes das divisões das Bíblias modernas. Um levantamento das divisões do registro revela que o processo começou há mais de meio milênio antes do ministério terreno de Cristo e levou quase dois milênios até chegar à sua forma atual. As divisões, conforme mostramos, *não são de origem divina*. Antes, são esforços do homem para "explorar" de modo mais adequado a revelação que *é* de origem divina.[17] Mostramos também que o período em que se evidenciou um aumento à oposição da autoridade papal teve, como fato concomitante, a intensificação da ideia de tornar a Bíblia uma fonte de autoridade com que se pudesse trabalhar de forma mais prática. Boa parte das inovações já estavam bem consolidadas antes da tradução da Rheims-Douay ou das chamadas versões "autorizadas" da Bíblia.

---

[17] Archibald T. Robertson, *An introduction to the textual criticism of the New Testament*, p. 100, afirma, portanto, que "O primeiro passo da interpretação consiste em ignorar os capítulos e versículos modernos".

20
Transmissão, preparo e preservação de manuscritos

Para entender perfeitamente todo o processo de transmissão da Bíblia do século 1 ao 20, é preciso analisar alguns itens práticos (e.g., preparação, idade e preservação dos manuscritos). Juntamente com esses itens práticos da transmissão, há definições básicas para a compreensão desse "elo" essencial na cadeia "de Deus para nós". A análise que se segue dá um panorama dos próximos capítulos (21–26) e tem como objetivo servir de introdução ao tema da transmissão e da tradução (caps. 27–32).

O PROCESSO DE TRANSMISSÃO

Distinção entre genuinidade e autenticidade

Assim como os termos "autoridade" e "canonicidade" foram fundamentais para as seções 1 e 2, assim também os termos "genuinidade" e "autenticidade" são fundamentais para esta terceira seção. Infelizmente, há certa confusão em torno do significado desses termos, visto que seu uso é de certo modo intercambiável nos círculos teológicos.

Genuinidade. Conforme utilizado aqui, o termo refere-se à verdade sobre a *origem* de um documento, isto é, sua autoria. Ele responde à pergunta: "Este documento é realmente da fonte ou do autor que alega ser? Ele é obra genuína do autor em questão?". Por isso mesmo, a genuinidade é basicamente o assunto da Introdução especial que, de modo geral, lida com coisas como autoria, data e destinatário dos livros bíblicos. A Introdução geral, por outro lado, diz respeito aos tópicos de autoridade, canonicidade e autenticidade.

Autenticidade. Refere-se à verdade dos fatos e ao *conteúdo* dos documentos da Bíblia. A autenticidade diz respeito à integridade (confiabilidade) e credibilidade (veracidade) do registro. Um livro pode ser genuíno sem ser autêntico, se o autor declarado da obra for seu autor real, mesmo que o conteúdo seja falso. O livro, porém, também pode ser autêntico sem ser genuíno, se o conteúdo for verdadeiro, mas o autor declarado não for o autor real. Nesse caso, o livro seria considerado uma obra forjada ou espúria, a despeito da veracidade ou da falsidade do seu conteúdo. É claro que os livros da Bíblia devem necessariamente ser genuínos e autênticos, ou não serão inspirados, porque em ambos os casos teríamos uma falsidade. Contudo, este livro não lida explicitamente com a questão da genuinidade (autoria); lida com a integridade do texto tendo por base sua credibilidade e autoridade. Supõe-se que um livro bíblico, de autoridade divina e, portanto, dotado de credibilidade, tendo sido transmitido com integridade, automaticamente será genuíno. Se houver alguma mentira no livro sobre sua origem e/ou autoria, como será possível crer em seu conteúdo?

Garantia de autenticidade (e de genuinidade)

A cadeia completa da revelação precisa ser analisada para que se demonstre com certeza que o fato e a trajetória da revelação sejam encontrados na história da Bíblia conhecida dos cristãos hoje. Uma cadeia completa "de Deus para nós" consistirá nos seguintes "elos" necessários.

Divindade. Esse é o primeiro elo na cadeia da revelação. A existência de um Deus que deseja se comunicar com o homem é o axioma irredutível por excelência de todo este estudo. Evidências de que esse Deus existe é assunto da teologia e da filosofia;[1] aqui, porém, partiremos desse pressuposto.

Apostolicidade. O elo seguinte é o da apostolicidade. Os autores bíblicos argumentam reiteradas vezes que Deus designou e dirigiu um grupo de homens conhecidos como profetas e apóstolos para que falassem imbuídos de autoridade em seu nome (veja os caps. 3–4, 6; a evidência de que o que escreveram era Palavra de Deus é analisada no cap. 11).

Canonicidade. A canonicidade é um elo relativamente secundário, porém necessário. Ela responde à questão histórica: "Quais são os livros proféticos e apostólicos inspirados e como são conhecidos?". São os livros escritos por homens de Deus, confirmados por atos dele, que vieram com a autoridade e o poder de Deus, que narraram a verdade a respeito de Deus, do homem etc., e que foram aceitos e colecionados pelo povo de Deus (veja os caps. 12–17).

---

[1] Para uma ampla defesa dos argumentos tradicionais para a existência de Deus, veja Stuart Cornelius Hackett, *The resurrection of theism*; William L. Craig, *The existence of God*; N. L. Geisler, *Christian apologetics*.

Autoridade. O resultado direto da apostolicidade é autoridade, conforme circunscrita pelos limites da canonicidade. O ensino dos homens designados por Deus para esse propósito é um ensino imbuído de autoridade divina. Nesse sentido, a autoridade é apenas um elo lógico, por causa da apostolicidade, já que esta, por sua vez, depende da divindade, ou melhor, do desejo divino de comunicar-se com os homens.

Autenticidade. De igual modo, a autenticidade é o resultado necessário da autoridade, que é decorrente da apostolicidade, da divindade etc. Qualquer coisa que se diga sobre Deus precisa ser verdade, porque Deus é o padrão por excelência da verdade em si (cf. Hb 6.18). As Escrituras serão autênticas (seu conteúdo é verdadeiro) se forem a voz profética de Deus.

Integridade. Essa é a evidência histórica que liga a autenticidade e a credibilidade. Qualquer coisa autêntica ou verdadeira é, naturalmente, crível. A pergunta que se faz, então, é a seguinte: "A Bíblia do século 20 tem integridade? Em outras palavras, ela reproduz de forma adequada e precisa os escritos apostólicos originais conhecidos como autógrafos?".

1. *Autógrafos.* Às vezes, esses autógrafos foram chamados imprecisamente de "originais" e, às vezes também, definidos incorretamente como a escrita original de próprio punho de um apóstolo ou profeta. Na verdade, os autógrafos são os escritos apostólicos autênticos produzidos sob a direção e/ou autorização de um profeta ou apóstolo.

    a. Um autógrafo não precisa necessariamente ter sido escrito de próprio punho por um apóstolo. Paulo usava com frequência um secretário (cf. Rm 16.22), assim como Jeremias (cf. Jr 36.27).

    b. O autógrafo também não precisa ser necessariamente a "primeira edição" de um livro. Jeremias, por exemplo, fez duas edições do rolo que leva seu nome a pedido de Jeoaquim (cf. Jr 36.28). De igual modo, alguns estudiosos dos Evangelhos acreditam que Marcos possa ter tido duas edições.[2] Em casos assim, as duas edições são inspiradas, porém a última substitui a primeira num sentido complementar e suplementar da mesma maneira que, de certo modo, o Novo Testamento faz com o Antigo.

---

[2] Merrill C. Tenney, *New Testament survey*, p. 157.

2. *Versões antigas.* Os autógrafos não estão disponíveis. (Para uma possível razão para que Deus permitisse o desaparecimento dos autógrafos, veja as p. 45-6) Portanto, é preciso reconstruí-los com base em manuscritos e versões antigas. A tradução mais remota do Antigo Testamento para o grego é a Septuaginta (LXX), iniciada em Alexandria, no Egito, no decorrer do século 3 a.C. As versões mais antigas do Novo Testamento em outras línguas, por exemplo, em siríaco e latim, remontam ao limiar do século 2. Elas começaram a aparecer transcorrida pouco mais de uma geração depois que o Novo Testamento foi escrito (veja os caps. 27–28).

3. *Citações dos pais da igreja.* As citações corroborativas dos pais da igreja desde os primeiros séculos, no total de mais de 36 mil, estendem-se a praticamente todos os versículos do Novo Testamento. Algumas delas começam no século 1 e prosseguem numa sucessão ininterrupta desde aquela época (cf. cap. 24).

4. *Cópias dos manuscritos.* Os manuscritos foram redigidos em grego ao longo de praticamente todo o século 1 e subsistiram de forma fragmentada durante esse tempo e depois nos séculos 3 e 4 em cópias completas. Os manuscritos mais antigos, conhecidos como unciais, foram escritos exclusivamente em letras maiúsculas. Manuscritos posteriores, conhecidos como minúsculos, foram escritos com letras minúsculas ou cursivas. Alguns manuscritos foram escritos em rolos, e outros em forma de livros ou de códex, por isso são conhecidos como códices (caps. 21–22).

5. *Versões modernas.* Os manuscritos antigos são as testemunhas mais importantes dos autógrafos e, pelo método da crítica textual (caps. 25–26), constituem a base das versões modernas da Bíblia (caps. 31–32). Algumas das primeiras versões modernas se basearam em versões medievais (cf. os caps. 29–30); contudo, desde as descobertas dos grandes manuscritos do Novo Testamento e de outros documentos variados, é neles que as versões e traduções mais recentes se baseiam. Essas descobertas formam a base do texto grego crítico, e não o chamado Texto Recebido, usado como referência de autoridade das primeiras versões modernas. Na mente da maioria dos estudiosos textuais contemporâneos, o chamado Texto "Crítico" consiste em uma tentativa objetiva de reconstruir os autógrafos. Trata-se de uma análise científica à questão da integridade, e sua conclusão é que o texto grego atual (em

conformidade com o Texto de Nestle/United Bible Societies) tem uma precisão provável de mais de 99% na reprodução das palavras exatas dos autógrafos. Outros sustentam que se deve preferir o Texto Recebido, ou "Texto Majoritário". Os méritos das várias tradições textuais serão amplamente analisados nos capítulos 25 e 26.

Credibilidade. O direito de crer no texto — credibilidade — baseia-se na autenticidade dele. Isso, por sua vez, está baseado na autoridade divina, que é garantida pelo ministério do Espírito Santo e pela integridade do texto.

1. *Credibilidade objetiva.* Baseia-se na (1) integridade do texto por meio da ciência da crítica textual, que resulta em uma Bíblia cujo percentual de confiabilidade, ou de credibilidade, é provavelmente superior a 99%. (2) Há igualmente evidências objetivas da apologética que confirmam que a Bíblia é a Palavra de Deus (cf. o cap. 11). (3) A providência divina e o testemunho do Espírito Santo dão ao crente a garantia de que a cadeia está intacta. Eles são a "solda" para o que parecem ser "fissuras" na cadeia segundo os críticos que enfatizam a fragilidade do elo de integridade que é "provavelmente" cerca de "99%" preciso, e não, "rigorosamente", "100%" preciso.

8. *Um escriba judeu ortodoxo transcreve a Torá num manuscrito (The Matson Collection, The Episcopal Home)*

2. *Garantia subjetiva.* Antes de analisar a garantia subjetiva que solda quaisquer possíveis fissuras na transmissão da Bíblia, convém enfatizar que uma probabilidade da ordem de 99% é o máximo que se pode obter pelo método histórico. Métodos textuais semelhantes aplicados a outros documentos antigos resultam em um percentual de certeza muito menor (veja o cap. 25). (1) Na realidade, o ser humano não exige uma garantia mais elevada de credibilidade. Tomamos decisões, e isso é inevitável, frequentemente com base em probabilidades muito menores. (2) A providência divina, uma característica consoante com um Deus que se autorrevela, é a força que solda toda a cadeia de comunicação.

Qualquer suposta "fissura" é soldada por Deus, que por sua providência planejou o processo de comunicação e, portanto, é aquele que aperfeiçoa seu produto. A cadeia, portanto, não tem nenhuma "fissura" real porque é Deus quem a mantém intacta. (3) Por fim, transcendendo a cadeia toda, há o testemunho aos corações dos filhos de Deus, pelo seu Espírito, de que a Bíblia é a Palavra de Deus. Contudo, esse testemunho subjetivo não deve ser usado para "excluir" a evidência objetiva; pelo contrário, é usado para completar o ciclo que leva o poder e a verdade de Deus ao homem. A história está repleta de exemplos do perigo que representam o misticismo e o racionalismo. Qualquer tentativa de contornar a verdade de Deus em sua forma objetiva, seja em sua forma oral original, seja em sua forma final escrita, está fadada ao calabouço lúgubre da derrota. O Espírito de Deus fala por meio da Palavra de Deus, e a Palavra de Deus foi transmitida por um processo histórico supervisionado pela providência divina. Essa verdade se baseia na melhor evidência objetiva e proporciona a melhor certeza subjetiva.

Preparação, idade e preservação das cópias dos manuscritos

Outro fator que reforça a confiança na fidelidade do texto transmitido decorre de uma consideração referente à cópia e ao subsequente cuidado com os manuscritos.

Preparação das cópias dos manuscritos

O Antigo Testamento. Embora seja impossível fixar com certeza o início da escrita hebraica, sabe-se que ela é pré-mosaica. Portanto, as Escrituras foram copiadas desde uma data remota. Essas cópias foram feitas de acordo com diferentes critérios dependendo do propósito dos manuscritos que estavam sendo copiados.

Não há manuscritos disponíveis que datem de antes do Cativeiro Babilônico (586 a.C.), mas houve uma grande profusão de cópias das Escrituras que datam do período talmúdico (c. 300 a.C.-500 d.C.). Durante esse período, havia duas classes gerais de cópias de manuscritos.

1. *Os rolos das sinagogas* eram considerados "cópias sagradas" do texto do Antigo Testamento sendo usados nos locais de reuniões públicas. Havia rolos diferentes: a Torá (Lei) estava em um deles, parte dos *Nevi'im* (Profetas) em outro, e os *Kethuvim* (Escritos) em dois outros,[3] e os *Megilloth* ("cinco rolos") em cinco rolos separados. Os *Megilloth* foram, sem dúvida, produzidos em rolos separados para facilitar sua leitura nas festas anuais.[4] Para que esses rolos fossem copiados meticulosamente, foram empregadas regras rigorosas. Samuel Davidson enumerou com precisão essas regras quando escreveu:

    > [1] O rolo da sinagoga deve ser escrito sobre peles de animais puros, [2] preparados para o uso específico da sinagoga por um judeu. [3] Devem ser amarrados com cordões tirados de animais puros. [4] A pele deverá conter determinado número de colunas que deverá ser o mesmo em todo o códice. [5] O cumprimento de cada coluna não deverá ser inferior a 48 linhas nem superior a 60; sua largura deverá comportar 30 letras. [6] A cópia deverá ser pautada, e, se três palavras forem escritas onde não há linha, o trabalho será descartado. [7] A tinta deverá ser preta; não deverá ser vermelha, verde ou de qualquer outra cor, e terá de ser preparada de acordo com uma receita específica. [8] Uma cópia autêntica servirá de referência da qual o escriba não deverá se desviar nem mesmo minimamente. [9] Nenhuma palavra ou letra, nem mesmo um *yod*, será escrito de memória, sem que o escriba tenha olhado o códice que tem à sua frente. [...] [10] Haverá um espaço da espessura de um fio de cabelo ou de um fio de costura entre uma consoante e outra; [11] entre cada *parashá*, ou seção, novo, o espaço será de nove consoantes; [12] entre um livro e outro, três linhas. [13] O quinto livro de Moisés terminará exatamente com

---

[3] Três desses livros estavam em um único rolo de poesia: Jó, Salmos e Provérbios; e outros três estavam em um rolo diferente: Daniel, Esdras-Neemias e Crônicas.

[4] Na Páscoa, lia-se o Cântico dos Cânticos; no Pentecoste, Rute; na Festa dos Tabernáculos, Eclesiastes; no Purim, Ester; e no aniversário da destruição de Jerusalém, Lamentações.

uma linha; para os demais isso, não será necessário. [14] Além disso, o copista deve estar trajado com a vestimenta judaica completa, [15] lavar o corpo todo, [16] não deverá começar a escrever o nome de Deus com a pena recentemente molhada na tinta, [17] e, se o rei lhe dirigir a palavra enquanto escreve esse nome, não lhe dará atenção.[5]

2. *As cópias particulares* eram consideradas "cópias comuns" do texto do Antigo Testamento e não eram usadas em reuniões públicas. Esses rolos, embora não fossem regidos pelas regras rígidas dos rolos das sinagogas, eram preparados com grande cuidado. Eram frequentemente ornamentados, em geral tinham a forma de códice e, às vezes, traziam notas e comentários à margem. Como se tratava de cópias particulares, os desejos do comprador eram soberanos na escolha de elementos como tamanho, material, forma e cor da tinta. Raramente, alguém tinha uma coleção de rolos com todo o Antigo Testamento.

O Novo Testamento. Embora os autógrafos do Novo Testamento tenham desaparecido há muito tempo, existem evidências suficientes que sustentam a afirmação de que esses documentos foram escritos em rolos e livros feitos de papiro. O Antigo Testamento havia sido copiado em "livros e pergaminhos", mas o Novo Testamento foi escrito provavelmente em papiro[6] por volta de 50 d.C. a 100 d.C.[7] Durante esse período, eram usados rolos de papiro, que sobreviviam por muito tempo só quando guardados em circunstâncias incomuns. Os códices passaram a ser usados no início do século 2, mas eles também eram geralmente feitos de papiro.[8] Como subproduto das perseguições, culminando com o Edito de Diocleciano em 302/303, as Escrituras ficaram ameaçadas e não foram mais copiadas sistematicamente. Foi com a Carta de Constantino a Eusébio (veja o cap. 16) que começa a cópia sistemática do Novo Testamento no Ocidente. A partir daquela época, o velino e o pergaminho passaram a ser usados juntamente com o papiro. Foi preciso esperar até a Reforma para que cópias impressas da Bíblia fossem disponibilizadas.

---

[5] Samuel Davidson, *The Hebrew text of the Old Testament*, p. 89, cf. citado em James Hastings, org., *A dictionary of the Bible*, 4:949.

[6] F. F. Bruce, *The books and the parchments*, ed. rev., p. 176-7.

[7] Sir Frederic G. Kenyon, *Our Bible and the ancient manuscripts*, p. 98-102.

[8] A obtenção do papiro era bem mais em conta do que a do velino ou do pergaminho.

Idade dos manuscritos

Como não havia impressão na época em que as Escrituras eram copiadas, a era dos manuscritos precisa ser datada por outros meios que não seja a data de impressão. O processo de datação não é de modo algum tão preciso quanto a identificação da data de publicação impressa na página do título de um livro atual, mas é relativamente preciso.

Materiais. Os materiais de determinada cópia manuscrita poderão servir de base para descobrir a data de sua confecção. No capítulo 19, fizemos referências a materiais como pedra (que não foi usada para manuscritos), papiro, velino, pergaminho e couro. No presente caso, nos restringiremos apenas aos materiais que podiam ser utilizados para a confecção de rolos e/ou livros.

1. A *pele* foi possivelmente o material mais antigo a que se recorreu. Tinha inicialmente uma textura áspera e era feita de rolos pesados e volumosos. Esse material foi usado no início da história dos hebreus e levou a refinamentos no período pós-exílico.

2. *Rolos de papiro.* Foram usados no período do Novo Testamento, em grande medida por sua natureza mais econômica, comparada ao velino e pergaminho.

3. Os *códices de papiro* foram introduzidos quando a tentativa de reunir vários rolos mostrou que era preciso tornar o seu manuseio menos desajeitado. Antes, cada livro ou grupos de livros eram escritos num único rolo, mas essa multiplicidade de rolos foi substituída por códices no início do século 2.

4. O *velino* era preparado com pele de animais, principalmente de carneiros e cabras jovens, e era muito caro. Era usado para a confecção de cópias mais caras de manuscritos.

5. O *pergaminho* foi usado nos primeiros tempos de redação do Novo Testamento (cf. 2Tm 4.13). Como há várias qualidades de materiais de escrita de pergaminho e velino feito de pele animal, eles foram usados com frequência durante o mesmo intervalo de tempo. Os códices desses dois materiais só aparecem, em geral, depois do Edito de Diocleciano, e foram os materiais principais usados na cópia de manuscritos na Idade Média.

6. O *pergaminho recuperado* era usado para copiar manuscritos depois que a escrita original tinha desbotado. Às vezes, os pergaminhos eram

"apagados" e "reescritos", como no caso do Codex Ephraemi Rescriptus (C), também conhecido como *palimpsesto* (do grego, "raspado de novo") *rescriptus* (do latim, "reescrito"). Nem é preciso dizer que esses manuscritos eram de data posterior ao texto previamente registrado no pergaminho.

7. O *papel* foi inventado na China no século 2 d.C.; foi introduzido no Turquestão Oriental já no século 4, fabricado na Arábia no século 8,[9] introduzido na Europa no século 10, fabricado na Europa no século 12 e tornou-se comum por volta do século 13. Houve, é claro, etapas na fabricação do papel, tendo sido utilizados materiais como o cânhamo, o linho e o pano. Portanto, os materiais usados na fabricação do material de escrita nos quais os manuscritos foram copiados ajudam a determinar sua idade.

Tamanho e forma da letra. Servem também de pistas para a datação dos manuscritos o tamanho e a forma das letras. A forma mais antiga de escrita hebraica era constituída de letras em forma de ponta do antigo alfabeto fenício. Esse estilo prevaleceu até o retorno do Cativeiro Babilônico no tempo de Neemias (c. 444 a.C.).[10] Depois de Neemias, os judeus aparentemente adotaram a escrita aramaica, uma vez que se tornara a língua vernácula durante o século 5 a.C. Nessa época, o Antigo Testamento hebraico foi traduzido para o aramaico; em seguida, depois de aproximadamente 200 a.C., foi copiado nas letras quadradas da escrita aramaica. Os caracteres quadrados dos manuscritos de que dispomos não são idênticos aos daquele período remoto, mas são descendentes diretos deles.[11] A descoberta dos Manuscritos do Mar Morto, em Qumran, em 1947, tornou ainda mais preciso o estudo da paleografia hebraica, já que trouxe à luz uma quantidade ainda maior de antigos manuscritos bíblicos e não bíblicos. Esses manuscritos foram os primeiros exemplos de textos em hebraico anteriores à era cristã, antecedendo em mil anos os manuscritos mais antigos do Antigo Testamento previamente disponíveis. Os manuscritos de Qumran revelam três tipos principais de texto e apresentam diferenças na ortografia, nas formas gramaticais e, até certo ponto, na redação

---

[9] Depois que os árabes capturaram Samarcanda (704); veja *The Catholic encyclopedia*, 9:615.
[10] Bruce, p. 22; veja tb. Merrill F. Unger, *Introductory guide to the Old Testament*, p. 123-5.
[11] Hastings, 4:949.

se comparados ao Texto Massorético.[12] Na época dos massoretas (c. 500-1000 d.C.), os princípios do período talmúdico tardio (c. 300-500 d.C.) haviam se tornado bastante estereotipados.[13]

Os manuscritos gregos foram escritos de modo geral em dois estilos durante o período do Novo Testamento: o literário e o não literário. O Novo Testamento foi provavelmente escrito em estilo não literário. Na verdade, durante os três primeiros séculos, o Novo Testamento circulou, sem dúvida alguma, fora dos canais do comércio tradicional de livros. Enquanto a grafia literária era bem acabada, elegante e bela, na grafia não literária as letras eram menores, quadradas, havia muitas variantes e apresentavam uma imprecisão literária generalizada. Os repositórios escritos da tradição cristã não foram abundantes durante os três primeiros séculos, e os registros preservados tinham várias tradições orais e escritas de acordo com os intérpretes individuais envolvidos em determinada situação histórica. Além da frágil posição da igreja antes da Carta de Constantino a Eusébio no século 4, o período de estabelecimento do cânon testemunhou tentativas de emendas e de alterações textuais de acordo com os costumes e os caprichos dos escribas. Foi só no final do século 3 ou início do século 4 que se fizeram tentativas sérias e bem-sucedidas de revisão dos manuscritos, mas não dispomos de muitas evidências históricas e objetivas disso. Esses, porém, são tópicos próprios da disciplina da crítica e da restauração textuais; portanto, não nos aprofundaremos neles neste momento. O estilo de redação foi lento e trabalhoso durante os primeiros séculos da igreja, uma vez que as letras usadas eram maiúsculas (unciais),[14] escritas separadamente e sem quebras entre palavras ou frases. Os manuscritos unciais foram copiados até o século 10; antes, porém, de perderam a proeminência, o campo da escrita ganhou uma nova forma: a escrita minúscula ou cursiva. Por volta do século 10, a demanda de cópias manuscritas fez com que o estilo cursivo, mais fluido, sobrepujasse o estilo uncial, mais trabalhoso. Assim, na era áurea da cópia de manuscritos, entre os séculos 12 e 15, o novo estilo cursivo, que recorria a letras minúsculas ligadas umas às outras, passou a ser a forma dominante de escrita

---

[12] Para um estudo aprofundado desse tema, veja Millar Burrows, *More light on the Dead Sea Scrolls*, e Frank Moore Cross, Jr., *The ancient library of Qumran and modern biblical studies*.

[13] Hastings, 4:949.

[14] "As letras unciais eram uma adaptação das maiúsculas lapidares usadas nas inscrições em pedras, tabuinhas etc.; as letras minúsculas, conforme a designação, eram menores e mais próximas da escrita cursiva comum." Veja a análise no cap. 22; Bruce, p. 182; e Kenyon, p. 15, nota 1.

em manuscritos. Ela foi superada no século 15 pelos manuscritos impressos com a introdução da tipografia por Johanes Gutenberg.

Nos séculos em que a escrita manual passou por um processo gradual de desenvolvimento, uma forma deu lugar à outra de modo praticamente imperceptível. Em geral, é preciso muito tempo para que se produzam mudanças significativas nas formas das letras e na aparência geral do sistema de escrita. Bruce M. Metzger chama a atenção para as diferenças marcantes na escrita cursiva comum entre cerca de 900 d.C. e 1300 d.C. Com o passar do tempo, o número de ligações entre as letras aumentou de modo significativo. A escrita cursiva passou por um declínio generalizado à medida que os escribas, ao que tudo indica, tornavam-se menos cuidadosos com as letras e copiavam rapidamente. Com isso, a escrita cursiva deu margem a muita diversidade. Em alguns casos, ela se tornou irregular, e as letras variavam consideravelmente de tamanho. Ao mesmo tempo, pôde-se identificar o início de certas características ou práticas. Por exemplo, a escrita abaixo da linha [infralinear] apareceu já no início do ano 917 d.C. e se tornou comum em meados do século 10. Contudo, em fins de 975 por vezes as letras ainda eram escritas sobre a linha. A forma das marcas de respiração passou de quadrada para redonda entre 1000 e 1300. Além da evolução da letra minúscula, houve a intrusão, em quantidades cada vez maiores, das formas unciais de certas letras que substituíram as formas minúsculas correspondentes. Contudo, muitos estudiosos admitem que é extremamente difícil afirmar com certeza a data mais aproximada possível de um manuscrito entre 1050 e 1350. Em decorrência disso, é preciso ter em mente duas coisas ao analisar se um manuscrito é uncial ou minúsculo. (1) O escriba, por vezes, tomou uma grafia anterior como modelo e produziu uma escrita arcaica que não era característica do seu tempo. (2) Como o estilo da letra de alguém pode permanecer mais ou menos constante ao longo de toda a sua vida, não faz sentido fixar uma data mais precisa do que um intervalo de cinquenta anos. Conforme Metzger observa, porém, "apesar das ressalvas anteriores, ainda assim é útil tentar fixar a data da escrita cursiva de um manuscrito não datado comparando-o aos manuscritos datados".[15]

---

[15] Bruce M. Metzger, *Manuscripts of the Greek Bible: an introduction to Greek paleography*, p. 49-51. Metzger observa que Robert Devreesse, *Introduction à l'étude des manuscrits grecs*, p. 286-320, apresenta uma "lista cronológica de centenas de manuscritos gregos datados que vão de cerca de 512 d.C. a 1593 d.C.". Veja tb. Edward Maunde Thompson, *A handbook of Greek and Latin paleography*.

Pontuação. A idade de um manuscrito fica ainda mais clara pela sua pontuação. Inicialmente, as palavras eram escritas juntas, e praticamente não se usava pontuação. "Durante os séculos 6 e 7, os escribas começaram a usar mais generosamente os sinais de pontuação."[16] O processo real de mudança se deu na passagem da escrita sem espaços para a escrita espaçada, além da introdução do ponto final, vírgulas, dois-pontos, sinais de respiração e acentos (sécs. 7-8), pontos de interrogação etc. Foi um processo longo e lento que só se completou por volta do século 10, a tempo para os minúsculos e para a era áurea da cópia de manuscritos.

Divisões do texto. A divisão do texto em seções, capítulos e versículos foi analisada no capítulo 19, portanto vamos apenas mencioná-la aqui. Foi só no século 13 que apareceu a divisão moderna em capítulos, e só no século 16 se fez a divisão moderna em versículos. Esse desenvolvimento, porém, ocorreu antes da distribuição em massa da Bíblia impressa e aumentou a influência das versões em inglês da Rheims-Douay e da King James Version.

Fatores variados. Havia vários outros fatores envolvidos na datação de um manuscrito; por exemplo, tipo e tamanho das letras nos grupos de manuscritos unciais minúsculos.[17] A ornamentação é outro fator para datação dos manuscritos. Do século 4 ao final do século 9, a ornamentação dos manuscritos ficou mais elaborada nos manuscritos unciais. Passada essa época, eles ficaram menos ornamentados e eram copiados com menos cuidado. Esses fatores ajudaram a aumentar a popularidade dos minúsculos, que passaram por desenvolvimento semelhante. A grafia foi modificada ao longo dos séculos, assim como ocorre nas línguas vivas, e isso ajuda a datar os manuscritos. Outro fator importante é a cor da tinta. Inicialmente, usava-se apenas o preto; o verde, o vermelho e outras cores foram acrescentadas posteriormente. Por fim, a textura e a cor do pergaminho ajudam a estabelecer sua data. Os meios de produção do pergaminho mudaram, a qualidade e a textura foram modificadas, e o processo de envelhecimento foi outro fator de mudança na cor do material.

A preservação dos manuscritos

Embora os manuscritos deem informações sobre sua data, e sua qualidade dependa de sua preparação, a preservação de determinado manuscrito proporciona um

---

[16] Bruce M. Metzger, *The text of the New Testament*, p. 26; veja tb. seu livro et passim para uma análise mais completa da questão da pontuação nos manuscritos.

[17] Para uma exposição breve e completa da natureza da mudança da escrita nos manuscritos, veja Hastings, 4:953.

respaldo vital de seu valor relativo para a crítica textual e para o estudioso da Bíblia. Pode-se exemplificar isso com a análise superficial da preservação dos manuscritos em geral.

Manuscritos do Antigo Testamento. Esses manuscritos são geralmente classificados em dois períodos gerais de evidências.

1. *O período talmúdico* (c. 300 a.C.-500 d.C.) foi responsável por uma enorme avalanche de manuscritos usados nas sinagogas e no estudo particular. Em comparação com o período massorético tardio, havia bem poucos para o Templo e para as sinagogas, porém as cópias "oficiais" eram de boa qualidade. Por volta da época da Revolta Macabeia (168 a.C.), os sírios haviam destruído a maior parte dos manuscritos existentes do Antigo Testamento. Os Manuscritos do Mar Morto (c. 167 a.C.-133 d.C.) contribuíram imensamente para o estudo crítico do Antigo Testamento. Havia muitas cópias de manuscritos confirmando em grande medida a tradição textual dos massoretas (veja o cap. 21).

2. *O período massorético* (floresceu em c. 500-1000 d.C.) de cópias manuscritas do Antigo Testamento indica um tempo de revisão completa das regras estabelecidas, de profunda reverência pelas Escrituras e de renovação sistemática das técnicas de transmissão.

Manuscritos do Novo Testamento. Os manuscritos do Novo Testamento podem ser classificados em quatro períodos gerais de desenvolvimento.

1. *Os primeiros três séculos* assistiram a um testemunho combinado no que diz respeito à integridade das Escrituras do Novo Testamento. Dada a situação ilegal do cristianismo, não se pode esperar que muitos, isso se houver, manuscritos completos desse período sejam encontrados. Portanto, os críticos textuais precisam contentar-se com o exame de quaisquer evidências que tenham sobrevivido, papiros bíblicos e não bíblicos, óstracos, inscrições e lecionários que atestem a existência dos manuscritos do Novo Testamento (veja o cap. 21).

2. *Os séculos 4 e 5* trouxeram a legalização do cristianismo e a multiplicação dos manuscritos do Novo Testamento. Esses manuscritos, geralmente de velino ou de pergaminho, eram cópias de papiros mais antigos e dão evidências dessa dependência (veja o cap. 22).

3. *Do século 6 em diante*, os monges colecionaram, copiaram e cuidaram dos manuscritos do Novo Testamento nos monastérios. Foi um período de produção relativamente acrítica, o que ocasionou o aumento da quantidade de manuscritos disponíveis com um declínio correspondente de qualidade (veja o cap. 26).

4. *Depois do século 10*, os unciais deram lugar aos minúsculos, e as cópias dos manuscritos multiplicaram-se rapidamente (veja o cap. 26).

Escritos clássicos da Grécia e de Roma. Esses escritos mostram claramente o tipo de preservação de que foram objeto os manuscritos bíblicos (veja o cap. 25). Em comparação com os 5.366 (veja o cap. 22) manuscritos parciais e completos do Novo Testamento hoje conhecidos, a *Ilíada* de Homero tem apenas 643; *A guerra de Peloponeso*, de Tucídides, apenas oito, enquanto as obras de Tácito dependem apenas de dois manuscritos. A abundância de evidências bíblicas levaria alguém a concluir, juntamente com Sir Frederic Kenyon, que "o cristão pode pegar a Bíblia em sua mão e dizer sem medo que ali tem a verdadeira palavra de Deus, transmitida sem nenhuma perda essencial de geração a geração ao longo dos séculos".[18] Ou, conforme afirma:

> A quantidade de manuscritos do Novo Testamento, de antigas traduções dele, e de citações dele pelos autores mais antigos da igreja, é tão grande que é praticamente certo que a leitura verdadeira de toda passagem duvidosa é preservada em uma ou outra dessas autoridades antigas. Não se pode dizer o mesmo de nenhum outro livro antigo do mundo.[19]

Resumo e conclusão

Entre os autógrafos e a Bíblia moderna, há um elo importante na cadeia geral "de Deus para nós" conhecido como *transmissão*. Ele fornece uma resposta positiva à indagação: "Os atuais estudiosos da Bíblia têm uma cópia precisa dos autógrafos?". Obviamente, a autenticidade e a autoridade da Bíblia não podem ser estabelecidas, a menos que se saiba que as cópias atuais têm *integridade*. Em defesa da integridade do texto, podemos apresentar um número avassalador de documentos. No caso do Novo Testamento, a começar pelas antigas versões

---
[18] Kenyon, p. 55.
[19] Ibidem.

e fragmentos de manuscritos do século 2 e pelas copiosas citações dos pais da igreja e milhares de cópias de manuscritos daquela época até as versões modernas da Bíblia, há praticamente uma linha ininterrupta de testemunhas. Além disso, não há apenas incontáveis manuscritos em defesa da integridade da Bíblia (incluindo o Antigo Testamento desde a descoberta dos Manuscritos do Mar Morto), como também o estudo dos procedimentos de preparação e de preservação das cópias dos manuscritos bíblicos revela a fidelidade com que se deu o processo de transmissão em si. Na verdade, pode-se concluir que nenhum documento importante da Antiguidade chegou ao mundo moderno com tantas evidências de integridade quanto a Bíblia.

21
Manuscritos do Antigo Testamento

Não dispomos de exemplares dos manuscritos originais (autógrafos) do Antigo Testamento, porém o texto hebraico se encontra amplamente representado tanto nos manuscritos anteriores quanto nos posteriores ao cristianismo.[1] Em decorrência disso, a confiabilidade do texto hebraico pode ser avaliada com base nas evidências existentes dos manuscritos.

Contudo, qual é a natureza e o volume das evidências documentais do texto original do Antigo Testamento? Sir Frederic Kenyon fez essa "pergunta essencial e extremamente importante" quando indagou: "Esse texto hebraico a que chamamos de Massorético[2] representa fielmente o texto escrito primeiramente pelos autores dos livros do Antigo Testamento?".[3] A resposta a essa pergunta surge da análise cuidadosa do volume e da natureza de manuscritos hebraicos do Antigo Testamento.

Quantos são os manuscritos hebraicos do Antigo Testamento

A primeira coleção de manuscritos hebraicos, feita por Benjamin Kennicott (1776-1780 d.C.) e publicada por Oxford, arrolava 615 manuscritos do Antigo Testamento. Mais tarde, Giovanni de Rossi (1784-1788) publicou uma lista de 731 manuscritos. As principais descobertas dos tempos modernos são as da Genizá do Cairo (c. 1890ss.) e as dos Manuscritos do Mar Morto (1947ss.). Só no depósito do sótão da sinagoga do Cairo foram descobertos cerca de duzentos

---

[1] Boa parte da análise a seguir foi atualizada cf. Norman L. Geisler, "Bible Manuscripts", in: *Wycliffe Bible encyclopedia*, 1:248-52.

[2] A edição padrão do Texto Massorético foi publicada primeiramente pelo editor cristão hebreu Jacob ben Chayyim (c. 1525). Era essencialmente uma recensão do texto do massoreta Ben Asher (em atividade c. 920 d.C.). Veja o cap. 25 para a análise do assunto.

[3] Frederic G. Kenyon, *Our Bible and the ancient manuscripts*, p. 88.

mil manuscritos e fragmentos,[4] dos quais em torno de dez mil são manuscritos bíblicos.[5] De acordo com J. T. Milik, há fragmentos de aproximadamente seiscentos manuscritos nos Rolos do Mar Morto, nem todos bíblicos. Moshe Goshen-Gottstein estima que o número total de fragmentos de manuscritos hebraicos do Antigo Testamento no mundo todo seja de dezenas de milhares.[6]

Principais coleções de manuscritos do Antigo Testamento

Dos duzentos mil fragmentos de manuscritos da Genizá do Cairo, cerca de cem mil estão guardados em Cambridge. A maior coleção organizada do mundo de manuscritos do Antigo Testamento hebraico é a Segunda Coleção Firkowitch de Leningrado com 1.582 itens da Bíblia e da Massorá em pergaminho (725 em papel), além de mais 1.200 fragmentos de manuscritos hebraicos.[7] O catálogo do British Museum arrola 161 manuscritos do Antigo Testamento hebraico. Em Oxford, o catálogo da biblioteca Bodleian arrola 146 manuscritos do Antigo Testamento, cada um deles contendo um número substancial de fragmentos.[8] Goshen-Gottstein calcula que só nos Estados Unidos haja dezenas de milhares de fragmentos de manuscritos semíticos, cerca de 5% dos quais são bíblicos — mais de quinhentos manuscritos.[9]

Apresentação dos principais manuscritos hebraicos do Antigo Testamento

Os principais manuscritos hebraicos do Antigo Testamento remontam ao período que vai do século 3 a.C. ao século 14 d.C.

Papiro Nash. Além das descobertas incomuns, que são cerca de mil anos mais antigas do que a maior parte dos manuscritos mais antigos do Antigo Testamento hebraico, há uma cópia avariada do Shemá (de Dt 6.4-9) e dois fragmentos do Decálogo (Êx 20.2ss.; Dt 5.6ss.) que datam do período entre o século 2 a.C.[10] e o século 1 d.C.

---

[4] Paul E. Kahle, *The Cairo Geniza*, p. 13; Ernst Würthwein, *The text of the Old Testament: an introduction to the Biblia Hebraica*, p. 25.

[5] Moshe Goshen-Gottstein, "Biblical manuscripts in the United States", p. 35.

[6] Ibidem, p. 31.

[7] The Antonin Collection, Würthwein, p. 23.

[8] Kahle, p. 5.

[9] Goshen-Gottstein, p. 30.

[10] William F. Albright, "A Biblical fragment from the Maccabean Age: the Nash Papyrus", p. 145-76.

Orientales 4445. C[hristian] D. Ginsburg fixou entre 820 e 850 d.C. a data desse manuscrito do British Museum, visto que as notas da Massorá foram acrescentadas um século depois. Contudo, Paul E. Kahle[11] afirma que os textos consonantais hebraicos e a pontuação (pontos ou marcas vocálicas acrescentadas) são do tempo de Moses ben Asher (séc. 10). Como o alfabeto hebraico é formado exclusivamente por consoantes, a escrita hebraica normalmente mostra somente essas letras, uma vez que algumas letras são usadas em graus variados para representar alguns sons vocálicos. Esse manuscrito contém Gênesis 39.20— Deuteronômio 1.33 (com exceção de Nm 7.47-73; 9.12—10.18).

Codex Cairensis. Um códice é um manuscrito em forma de livro com páginas. De acordo com o colofão, ou inscrição no final da obra, esse códice do Cairo foi escrito e sinalizado com vogais em 895 d.C. por Moses ben Asher em Tiberíades, na Palestina.[12] Contém os Profetas Anteriores (Josué, Juízes, 1 e 2 Samuel, 1 e 2 Reis) e os Profetas Posteriores (Isaías, Jeremias, Ezequiel e os Doze). É simbolizado pela letra C na *Biblia Hebraica Stuttgartensia* (BHS).[13]

Codex Aleppo de todo o Antigo Testamento. Esse códice foi escrito por Shelomo ben Baya'a,[14] mas, de acordo com um colofão, sua pontuação (i.e., as marcações vocálicas acrescentadas) são de Moses ben Asher (c. 930 d.C.). É um códice modelo, e, embora durante muito tempo fosse proibido copiá-lo e se dissesse até mesmo que havia sido destruído,[15] foi contrabandeado da Síria para Israel. O códice foi agora fotografado e será a base da *New Hebrew Bible* [Nova Bíblia Hebraica] a ser publicada pela Hebrew University.[16] Trata-se de uma autoridade segura para o texto de Ben Asher.

Codex Leningradensis ($B19^A$). De acordo com o colofão, ou nota no final da obra, esse códice foi copiado no antigo Cairo por Samuel ben Jacob no ano 1008 d.C. com base em um manuscrito (hoje perdido) escrito por Aaron ben Moses ben Asher em cerca de 1000 d.C.,[17] ao passo que, para Ginsburg, ele foi

---

[11] Kahle, in: Würthwein, p. 118.
[12] Würthwein, p. 25.
[13] K. Elliger; W. Rudolph, orgs., *Biblia Hebraica Stuttgartensia* é a sucessora de R. Kittel; P. Kahle, orgs., *Biblia Hebraica*, 7. ed., cujo texto hebraico é o mais respeitado dos que se baseiam na tradição textual massorética.
[14] Kenyon, p. 84.
[15] Würthwein, p. 25.
[16] Goshen-Gottstein, p. 13.
[17] Kahle, p. 110.

copiado do Codex Aleppo.[18] Esse códice é um dos mais antigos que se conhece da Bíblia hebraica completa.[19] Kittel o adotou como base para a terceira edição da sua *Biblia Hebraica* (BHK), e continua a ser usado como tal pela *Biblia Hebraica Stuttgartensia* (BHS), em que é representado pelo símbolo L.

Códice Babilônico dos Profetas Posteriores (*MS Heb. B3*). É chamado algumas vezes de Códice de Leningrado dos Profetas[20] ou Códice de [São] Petersburgo.[21] Contém Isaías, Jeremias, Ezequiel e os Doze. Datado de 916 d.C., sua grande importância se deve ao fato de que sua pontuação, adicionada pela escola massoreta babilônica, foi redescoberta. Ele é simbolizado como $V(ar)^P$ na *Biblia Hebraica Stuttgartensia*.

Códice Reuchlin dos Profetas. Datado de 1105 d.C., encontra-se atualmente em Karlsruhe. Assim como o manuscrito do British Museum Ad. 21161 (c. 1150 d.C.), contém uma recensão de Ben Naphtali, um massoreta de Tiberíades. Estes foram de enorme importância para a comprovação da fidelidade do texto de Ben Asher.[22]

Manuscritos da Genizá do Cairo. Dos cerca de dez mil manuscritos bíblicos e fragmentos da Genizá (depósito para manuscritos antigos) da sinagoga do Cairo hoje espalhados pelo mundo, Kahle identificou mais de 120 exemplos copiados pelo grupo babilônico dos massoretas. Na Coleção Firkowitch, há catorze manuscritos hebraicos do Antigo Testamento datados entre 929 e 1121 d.C. Kahle sustenta também que 1.200 manuscritos e fragmentos da Coleção Antonin vieram da Genizá do Cairo.[23] Ele apresentou uma lista de setenta desses manuscritos na introdução à sétima edição da *Biblia Hebraica*. Há outros manuscritos da Genizá espalhados no mundo todo. Alguns dos melhores dos Estados Unidos fazem parte da Enelow Memorial Collection, localizada no Jewish Theological Seminary de Nova York.[24]

Códices de Erfurt (*E 1, 2, 3*). Esses estão arrolados na Biblioteca da Universidade de Tübingen como Manuscrito Orientale 1210/1211, 1212, 1213. Sua peculiaridade é que representam mais ou menos (mais no E 3) o texto da Massorá da tradição de Ben Naphtali. O E 1 é um manuscrito do século 14 contendo o Antigo Testamento hebraico e o Targum. O E 2 também é do Antigo Testamento

---

[18] Ginsburg, p. 243s.
[19] Kahle, p. 132.
[20] Kenyon, p. 85.
[21] Würthwein, p. 26.
[22] Kenyon, p. 36.
[23] Kahle, p. 7.
[24] Cf. Goshen-Gottstein, p. 44s.

hebraico e do Targum Ontelos, provavelmente do século 13. O E 3 é o mais antigo, anterior a 1100 d.C., conforme datação de Kahle e de outros.[25]

Alguns códices perdidos. Há vários códices importantes, mas que se perderam, cujas leituras peculiares foram preservadas e referidas na *Biblia Hebraica Stuttgartensia*. O Codex Severi (Sev.) é uma lista medieval de 32 variantes do Pentateuco (cf. o aparato crítico de Gn 18.21; 24.7; Nm 4.3) supostamente baseado em um manuscrito levado a Roma no ano 70 d.C. que o imperador Severo (222-235 d.C.) mais tarde deu à sinagoga que havia construído. O Codex Hillel (Hill.) foi supostamente escrito em torno de 600 d.C. pelo rabino Hillel ben Moses ben Hillel. Diz-se que era preciso e foi usado para revisar outros manuscritos. As leituras desse manuscrito são citadas por massoretas medievais e usadas no aparato crítico da *Biblia Hebraica Stuttgartensia* de Gênesis 6.3; Êxodo 25.19; Levítico 26.9.[26] O aparato crítico arrola as variantes textuais que o editor considera importantes para os tradutores ou necessários para estabelecer o melhor texto.

Manuscritos do Mar Morto (MMM)

Os manuscritos mais notáveis são os do Mar Morto, que datam do período que vai do século 3 a.C. ao século 1 d.C. Ali se encontra um livro completo do Antigo Testamento (Isaías) e milhares de fragmentos, os quais, juntos, representam todos os livros do Antigo Testamento, com exceção de Ester. Antes de mostrar como as novas evidências fantásticas de Qumran influenciam o estado do texto hebraico, convém dizer uma palavra sobre a descoberta dos rolos, que são classificados por W. F. Albright como "a maior descoberta de manuscritos dos tempos modernos".[27]

A descoberta dos Manuscritos do Mar Morto

Ironicamente, e talvez de forma providencial, essa importante descoberta de manuscritos tenha se dado por acaso quando um jovem pastor árabe (Muhammad adh-Dhib) estava em busca de uma cabra perdida a aproximadamente 11 quilômetros ao sul de Jericó e a cerca de 1,7 quilômetro a oeste do Mar Morto. Ali, em uma caverna, ele encontrou alguns vasos contendo vários rolos de couro. Explorações posteriores feitas no local e em cavernas próximas revelaram milhares de fragmentos de manuscritos que, no passado, formavam cerca de

---

[25] Cf. Würthwein, p. 26.
[26] Ibidem, p. 27.
[27] J. C. Trever, "The discovery of the Scrolls", *Biblical Archaeologist* 11 (September 1948): 55.

quatrocentos livros que provavelmente faziam parte da biblioteca dos essênios. Os essênios eram uma seita religiosa judaica que remonta aproximadamente à época de Cristo. Eles haviam rompido com a adoração centrada no Templo em Jerusalém e constituíram uma comunidade monástica messiânica própria no deserto judaico perto de Qumran.

A primeira descoberta deu-se em março de 1947, e as explorações subsequentes resultaram em descobertas fantásticas até 1956. No total, eram onze cavernas com rolos e/ou fragmentos escavados nas imediações de Qumran entre 15 de fevereiro de 1949 e fevereiro de 1956. Descobriu-se uma quantidade de material de grande interesse para os arqueólogos, mas a análise aqui se limitará aos manuscritos que dizem respeito ao texto do Antigo Testamento.

Apresentação das descobertas dos Manuscritos do Mar Morto

Caverna I. A caverna I foi descoberta inicialmente pelo jovem pastor árabe. Dali ele tirou sete rolos mais ou menos completos e alguns fragmentos, entre os quais:

1. O Rolo de Isaías do Monastério de São Marcos (Isaías A, ou IQI^{sa}). Trata-se de uma cópia popular com numerosas correções acima da linha ou à margem e é a cópia mais antiga que se conhece de um livro completo da Bíblia.
2. Manual de Disciplina. Um rolo contendo regras e regulamentos da seita de Qumran.
3. Comentário sobre o livro de Habacuque contendo o texto dos dois primeiros capítulos do profeta Habacuque com uma interpretação consecutiva.
4. Apócrifo de Gênesis. Conhecido primeiramente como o Rolo de Lameque, contendo relatos apócrifos em aramaico de alguns patriarcas de Gênesis.
5. Isaías da Hebrew University (Isaías B, ou IQIs^{b}). O texto está incompleto, porém está mais de acordo com o Texto Massorético do que o Isaías A.
6. Rolo da Guerra. O título completo desse rolo é Guerra dos Filhos da Luz contra os Filhos das Trevas e narra a preparação para a guerra do fim dos tempos entre a seita de Qumran e seus inimigos.
7. Hinos de ações de graças. São um total de cerca de trinta hinos que lembram os salmos do Antigo Testamento.[28]

---

[28] Extraído de Menahem Mansoor, *The Dead Sea Scrolls*, p. 2-3.

MANUSCRITOS DO ANTIGO TESTAMENTO | **417**

9. As cavernas de Qumran, onde os Manuscritos do Mar Morto foram encontrados

A caverna I foi oficialmente escavada entre 15 de fevereiro e 9 de março de 1949. Dali saíram fragmentos de Gênesis, Levítico, Deuteronômio, Juízes, Samuel, Isaías, Ezequiel, Salmos e algumas obras não bíblicas, entre elas Enoque, Ditos de Moisés (antes desconhecida), Livro de Jubileus, Livro de Noé, Testamento de Levi, Tobias e Sabedoria de Salomão. Um fragmento interessante de Daniel contendo 2.4 (em que a língua muda de hebraico para aramaico) também procede dessa caverna. Foram também encontrados na caverna I fragmentos de comentários sobre Salmos, Miqueias e Sofonias.[29]

Caverna II. Essa caverna, descoberta e saqueada pelos beduínos, foi escavada entre 10 e 29 de março de 1952. Foram encontrados fragmentos de cerca de cem manuscritos, entre eles dois de Êxodo, um de Levítico, quatro de Números, dois ou três de Deuteronômio, um de Jeremias, Jó, Salmos e dois de Rute. Contudo, não foi encontrado nada tão espetacular quanto os manuscritos descobertos em outras cavernas.

Caverna III. Essa caverna foi descoberta por arqueólogos e explorada em 14 de março de 1952. Nela havia duas metades de um rolo de cobre com indicações para outros 60 ou 64 locais com tesouros ocultos. Esses locais estavam situados em grande parte na área de Jerusalém ou em torno dela, desde o norte de Jericó até o vale de Acor. Até hoje, a busca pelos tesouros tem sido infrutífera. São várias as opiniões que explicam esse rolo. Foi sugerido que se tratava de obra de uma pessoa excêntrica, ou parte do folclore popular, ou possivelmente um registro dos depósitos em dinheiro dos dízimos e vasos sagrados dedicados ao serviço do Templo.[30]

Caverna IV. Essa caverna (caverna Partridge), depois de ser saqueada pelos beduínos, foi explorada em setembro de 1952 e se revelou a mais produtiva de todas. Foram recuperados literalmente milhares de fragmentos comprados dos beduínos ou descobertos pelo trabalho dos arqueólogos ao peneirar a camada de pó no piso da caverna. Esses retalhos representam centenas de manuscritos (cerca de quatrocentos deles já foram identificados), entre os quais em torno de cem cópias de livros da Bíblia (todos, exceto Ester). O fragmento de Samuel

---

[29] Para uma lista mais detalhada dos fragmentos de manuscritos das várias cavernas, veja *Biblical Archaeologist* (September 1965), p. 87-100. Veja tb. "Appendix 4: Inventory of the Biblical Manuscripts from the Dead Sea Caves", in: Gleason L. Archer, Jr., *A survey of Old Testament introduction*, p. 505-9 [edição em português: *Panorama do Antigo Testamento*, 4. ed. rev. ampl., tradução de Gordon Chown (São Paulo: Vida Nova, 2012)].

[30] Veja John M. Allegro, *The treasure of the Copper Scroll*, 2. ed. rev.

(4QSam^b) é considerado a peça mais antiga do hebraico bíblico, remontando ao século 3 a.C. Também foram encontrados alguns fragmentos de comentários de Salmos, de Isaías e de Naum. Acredita-se que a coleção inteira da caverna IV represente a extensão da biblioteca de Qumran, e, a julgar pela quantidade relativa de livros encontrados, seus livros favoritos parecem ter sido Deuteronômio, Isaías, Salmos, Profetas Menores, nessa ordem, e Jeremias (4QJer^b). Foi achado um fragmento interessante contendo parte de Daniel 7.28; 8.1 (em que o idioma usado volta do aramaico para o hebraico).

Caverna V. Essa caverna foi escavada em setembro de 1952. Foram encontrados fragmentos de Tobias e de alguns livros bíblicos, todos em estado avançado de deterioração.

Caverna VI. Investigada em 27 de setembro de 1952, nessa caverna foram encontrados, por estranho que possa parecer, um número maior de papiros do que de fragmentos de couro. Foram achados pedaços de papiros de Daniel, 1Reis e 2Reis, entre outros.

10. A comunidade de Qumran, onde os Manuscritos do Mar Morto foram produzidos

11. O Comentário de Habacuque (Y. Yadin e The Shrine of the Book)

Cavernas VII-X. Essas cavernas foram exploradas entre 2 de fevereiro e 6 de abril de 1955. O conteúdo é interessante para o arqueólogo especializado, mas não é relevante para o estudo de crítica textual.

Caverna XI. Essa caverna foi escavada em janeiro ou fevereiro de 1956. Foram encontradas cópias bem preservadas de alguns salmos, entre eles o salmo apócrifo 151, que até então era conhecido somente em textos gregos. No total, esse manuscrito contém 36 salmos canônicos completos ou parciais, do salmo 93 ao 150. Além desses, foi encontrado também um rolo excepcional de parte de Levítico, partes extensas de um Apocalipse da Nova Jerusalém e um Targum (paráfrase) de Jó em aramaico.

Descobertas de Murabba'at. Impelidos pelas primeiras descobertas originais, os beduínos prosseguiram em suas buscas e descobriram cavernas a sudeste de Belém que revelaram manuscritos e documentos com datas próprias que remetem à Segunda Revolta dos Judeus (132-135 d.C.). A exploração e a escavação sistemáticas dessas cavernas começaram em 21 de janeiro de 1952.

Os manuscritos datados eram de data mais recente e ajudaram a estabelecer a antiguidade dos Manuscritos do Mar Morto. Dessas cavernas saiu outro rolo dos Profetas Menores (a última metade de Joel até Ageu), o que respalda fortemente o Texto Massorético. Foi encontrado aqui o papiro semita mais antigo que conhecemos (um palimpsesto), escrito pela segunda vez em antigo alfabeto hebraico (datando dos sécs. 8-7 a.C.).[31] Como pode ser observado prontamente, há atualmente um volume de material de texto do Antigo Testamento, mais

---

[31] Veja D. Barthelemy; J. T. Milik, *Ten years of discovery in the Judean wilderness*. Foram encontrados manuscritos em outro local conhecido como Khirbet Mird. No dia 30 de abril de 1960, um fragmento de pergaminho (do séc. 1 d.C.) do salmo 15 e parte do salmo 16 foi descoberto em Wadi Murabba'at. Veja T. L. Cass, *Secrets from the caves*, p. 164.

do que os estudiosos serão capazes de absorver em algumas décadas. Boa parte desse material já foi publicada,[32] mas resta ainda um volume substancial das cavernas IV e XI a ser publicado.

Datação das descobertas dos Manuscritos do Mar Morto

A questão da datação dos Manuscritos do Mar Morto foi resolvida com base em várias linhas de evidências.

Carbono 14. Foi aplicado em metade de um pedaço de linho de 56,7 gramas que servia para embrulhar um dos rolos na caverna I pelo dr. W. F. Libby, da University of Chicago, em 1950. Os resultados indicaram a idade de 1.917 anos, com uma variação de duzentos anos (10%), o que aponta para uma data entre 168 a.C. e 233 d.C.

Paleografia e ortografia. Outro meio de datação foi descoberto pela paleografia (que estuda escritas antigas) e pela ortografia (ou grafia), que indicam a data de alguns manuscritos antes de 100 a.C. John Trever enviou a W. F. Albright fotografias do rolo completo de Isaías para que ele as analisasse. Diz Albright:

> Não há dúvida alguma de que esse alfabeto é mais arcaico do que o Papiro Nash. [...] Eu diria que a data é em torno de 100 a.C. [...] É uma descoberta simplesmente incrível! E, felizmente, não há a menor sombra de dúvida sobre a genuinidade do manuscrito.[33]

Arqueologia. Outras evidências que contribuíram para o estabelecimento de uma data remota vieram da arqueologia. Constatou-se que a cerâmica ali encontrada é do período helênico tardio (c. 150-63 a.C.) e de princípios da era romana (c. 63 a.C.-100 d.C.). As moedas encontradas nas ruínas do monastério provaram por suas inscrições que eram de 135 a.C.-135 d.C. O tecido foi analisado quanto a seu tipo e modelo, ficando igualmente comprovada uma data remota. A evidência final veio das descobertas de Murabba'at ao sul de Belém, onde manuscritos autodatados foram descobertos em 1952. Com datas de 132-135 d.C., esses manuscritos se mostraram paleograficamente mais jovens do que os Manuscritos do Mar Morto. Praticamente, a única fonte de evidência apresentada contra a acentuada antiguidade dos rolos era a evidência interna,

---

[32] Veja *The Dead Sea Scrolls in English*, traduzido para o inglês por Geza Vermes.
[33] Trever, p. 55.

mas isso se mostrou um argumento ambíguo.[34] Não há dúvida fundamentada alguma de que os manuscritos de Qumran provêm do século anterior a Cristo e do século 1 da era cristã. Portanto, eles são mil anos mais antigos do que os manuscritos massoréticos do século 10. Antes de 1947, o texto hebraico era baseado em três manuscritos parciais e um completo de cerca de 1000 d.C. Hoje, temos milhares de fragmentos à nossa disposição, bem como livros completos contendo vastas seções do Antigo Testamento que remontam a mil anos antes dos manuscritos massoréticos. A descoberta recente de papiros do século 4 a.C. em aramaico cursivo nas cavernas do sudoeste da Samaria mostra por meio da paleografia que as datas propostas para o 4Q Ex^f (c. 250 a.C.) e o 4Q Sam^b (c. 225 a.C.) agora provavelmente são mais antigas.[35]

Detalhes dos textos dos Manuscritos do Mar Morto

A natureza e o número dessas descobertas são extremamente importantes para o estabelecimento do texto verdadeiro. Com incontáveis fragmentos de todo o Antigo Testamento, há muitas amostras com base nas quais podemos fazer comparações com o Texto Massorético. O que essa comparação revela? Todas as evidências ainda não foram analisadas de maneira crítica até o momento, mas uma década e meia de estudos já proporcionou as seguintes conclusões gerais.

Similaridade com o Texto Massorético. Os rolos confirmam de forma muito clara a fidelidade do Texto Massorético. Millar Burrows, em seu precioso livro intitulado *The Dead Sea Scrolls* [Os Manuscritos do Mar Morto], escreve: "É admirável o fato de que num período aproximado de mil anos o texto tenha passado por tão poucas alterações. Como afirmei em meu primeiro artigo sobre o rolo, 'Nisto está sua importância maior: a fidelidade que confere à tradição massorética'".[36] R. Laird Harris salienta que "evidentemente a diferença entre o texto padrão de 900 d.C. e o texto de 100 a.C. não é nem de perto tão grande quanto o Texto Neutro[37] e o Texto Ocidental nos estudos do Novo Testamento".[38] Gleason Archer ressalta que as duas cópias de Isaías descobertas na caverna I de

---

[34] Veja Solomon Zeitlin, *The Dead Sea Scrolls and modern scholarship*.
[35] *Biblical Archaeologist* (December 1963), p. 119ss.
[36] Millar Burrows, *The Dead Sea Scrolls*, p. 304.
[37] Tipo de texto do NT grego considerado menos corrompido ou que sofreu menos alterações do que os outros. Foi denominado assim por F. J. A. Hort e hoje é conhecido por Texto Alexandrino. (N. do E.).
[38] R. Laird Harris, *Inspiration and canonicity of the Bible*, p. 99.

Qumran "provaram ser idênticas palavra por palavra às de nossa Bíblia hebraica tradicional em mais de 95% do texto. A variação de 5% consistia principalmente em escorregões da pena e variações de grafia".[39] Voltando à "questão fundamental" e original que Kenyon propôs há uma geração, isto é, se "esse texto hebraico que chamamos de Massorético representa o texto hebraico conforme escrito primeiramente pelos autores do Antigo Testamento", podemos afirmar agora com mais confiança do que nunca que as descobertas do mar Morto nos permitiram responder a essa pergunta com muito mais certeza do que era possível antes de 1948.[40]

Diferença em relação ao Texto Massorético. Além da concordância substancial entre os rolos e o Texto Massorético, a contribuição mais importante que os Manuscritos do Mar Morto proporcionou à crítica textual do Antigo Testamento foi no campo das variantes textuais. Diz Millar Burrows: "Ainda sou da opinião de que o grau de concordância com o Texto Massorético é a característica mais significativa do manuscrito; dito isto, concordo que as variantes textuais constituem seu segundo ponto de importância".[41] Isso nos leva a indagar o que seriam algumas dessas variantes textuais e qual a sua importância.

Algumas variantes textuais importantes revelam um paralelo próximo com o texto grego (a Septuaginta [LXX]).

1. Lê-se em um fragmento da caverna IV contendo Deuteronômio 32.8: "conforme o número dos filhos de Deus", que a LXX traduz por "anjos de Deus", assim também Gênesis 6.4 (margem); Jó 1.6; 2.1; e 38.7. Diz o Texto Massorético: "conforme o número dos filhos de Israel".

2. O Texto Massorético de Êxodo 1.5 fala em "setenta almas", ao passo que na LXX e na citação feita no Novo Testamento tirada da Septuaginta consta: "setenta e cinco almas". Um fragmento de Êxodo 1.5 dos Rolos de Qumran fala em "setenta e cinco almas", em conformidade com a LXX.

3. Hebreus 1.6 (KJV): "E todos os anjos de Deus o adorem" é uma citação da LXX extraída de Deuteronômio 32.43. Essa citação está em desacordo com o Texto Massorético, porém um dos fragmentos dos rolos contendo essa seção tende a confirmar o texto grego (LXX).

---

[39] Gleason L. Archer, Jr., *A survey of Old Testament introduction*, p. 19.
[40] Veja F. F. Bruce, *Second thoughts on the Dead Sea Scrolls*, p. 61-9.
[41] Burrows, p. 304.

4. A passagem conhecida de Isaías 7.14 diz no Texto Massorético: "ela o chamará", mas a LXX e o grande rolo de Isaías, agora encontrado, dizem: "E ele se chamará", o que se explica por uma consoante a menos no alfabeto hebraico.

5. A versão grega de Jeremias tem sessenta versículos (um oitavo) a menos do que o texto hebraico. O fragmento de Jeremias (4Q Jerb) corrobora algumas dessas omissões.

6. Foi encontrada na caverna XI uma cópia do salmo 151, desconhecido até então do texto hebraico, embora constasse na LXX. Também foram encontrados alguns livros apócrifos nos manuscritos hebraicos das cavernas de Qumran que antes constavam apenas na LXX.[42]

Não se deve imaginar de modo algum que se trata de um quadro uniforme, uma vez que, é bom frisar, não há muitas discordâncias entre os Manuscritos do Mar Morto e o Texto Massorético. E, em alguns casos, as variantes textuais não concordam de forma sistemática com a LXX, ao passo que em poucos casos não concordam de modo algum. Contudo, até mesmo Orlinsky, um dos mais destacados defensores do Texto Massorético, contrário a emendas propostas no Texto Massorético pelos Manuscritos do Mar Morto, admite: "É preciso, contudo, que se diga: a tradução da LXX, bem como o Texto Massorético em si, granjeará enorme respeito em decorrência das descobertas de Qumran naqueles círculos em que há tempos — muito tempo — isso se faz necessário".[43]

O Pentateuco Samaritano (PS)

A separação dos samaritanos dos judeus foi um acontecimento importante na história do período pós-exílico do Antigo Testamento. O fato provavelmente ocorreu nos séculos 5 ou 4 a.C. e foi a culminação de um longo processo. Alguém poderia suspeitar que, na época do cisma, os samaritanos pudessem ter levado consigo as Escrituras das quais dispunham. A consequência disso seria o surgimento de uma segunda recensão do texto hebraico ou uma revisão do Pentateuco. Esse Pentateuco Samaritano não é, no sentido estrito da palavra,

---

[42] Vermes, *The Essene writings of Qumran*, p. 296.
[43] Harry M. Orlinsky, "The textual criticism of the Old Testament", in: G. E. Wright, org., *The Bible and the ancient Near East*, p. 121.

uma versão, mas uma porção do manuscrito do texto hebraico. Ele contém os cincos livros de Moisés e está escrito em alfabeto hebraico antigo muito semelhante ao encontrado na Pedra Moabita, na inscrição de Siloé, nas cartas de Laquis e, de modo especial, em alguns manuscritos bíblicos mais antigos de Qumran. Como o alfabeto samaritano deriva do alfabeto hebraico antigo, que foi ressuscitado na era arcaizante nacionalista dos Macabeus, e por causa da ortografia completa do Pentateuco Samaritano, Frank M. Cross Jr. acredita que o Pentateuco Samaritano é uma subdivisão do texto pré-massorético ou protomassorético do século 2 a.C.[44]

Parece que houve um Pentateuco Samaritano conhecido dos primeiros pais da igreja, como Eusébio de Cesareia e Jerônimo. Contudo, só se tornou conhecido dos estudiosos ocidentais em 1616, quando Pietro della Valle descobriu um manuscrito do Pentateuco Samaritano em Damasco. Os estudiosos da Bíblia viram-se tomados, então, de grande comoção. O texto foi publicado numa primeira parte na Poliglota de Paris (1632) e, posteriormente, no texto da Poliglota de Londres (1657). Rapidamente, passou a ser considerado superior ao Texto Massorético (TM); mas ficou relegado a relativa obscuridade depois que Wilhelm Gesenius, em 1815, o considerou praticamente inútil para a crítica textual. Mais recentemente, o valor do Pentateuco Samaritano foi ratificado por estudiosos como A. Geiger, Paul E. Kahle e Frederic G. Kenyon.

Pelo que se sabe até o momento, nenhum manuscrito do Pentateuco Samaritano é anterior ao século 11 d.C. Embora a comunidade samaritana afirme que um rolo foi escrito por Abisha, tataraneto de Moisés, no 13.º ano da conquista de Canaã, sua autoridade é tão espúria que essa declaração pode ser prontamente desconsiderada. O códice mais antigo do Pentateuco Samaritano tem uma nota sobre sua venda em 1149-1150 d.C., mas o manuscrito propriamente dito é muito mais antigo. Um manuscrito foi copiado em 1204; outro, datado de 1211-1212, está hoje na John Rylands Library, em Manchester; outro ainda, com data de cerca de 1232, está na New York Public Library.

A edição impressa oficial do Pentateuco Samaritano consiste em cinco volumes organizados por A. von Gall, *Der Hebräische Pentateuch der Samaritaner* (1914-1918). A obra apresenta um texto eclético baseado em oito manuscritos e fragmentos de fins da Idade Média. Embora o texto de Von Gall esteja em caracteres hebraicos, os samaritanos tinham um alfabeto bem diferente dos tipos

---

[44]Frank Moore Cross, Jr., *The ancient library of Qumran and modern biblical studies*, p. 127s.

quadrados do hebraico. Contudo, seu alfabeto, assim como o hebraico, derivava de caracteres paleo-hebraicos.

Há no Pentateuco Samaritano o total de cerca de seis mil diferenças em relação ao Texto Massorético, muitos das quais meramente ortográficas e triviais. Em cerca de 1.900 casos, o Texto Samaritano concorda com a LXX[45] em oposição ao Texto Massorético. É preciso que se diga, porém, que algumas diferenças do Texto Massorético são alterações introduzidas pelos samaritanos com o objetivo de preservar suas crenças religiosas e também as peculiaridades dialéticas do norte de Israel, ao passo que o Texto Massorético perpetua quaisquer características e tradições dialéticas dos judeus.

No início da era cristã, foi feita uma tradução do Pentateuco Samaritano para o dialeto aramaico dos samaritanos que ficou conhecido como Targum Samaritano. Foi traduzido também para o grego o *Samaritikon*, do qual há cerca de cinquenta citações preservadas nas notas da *Héxapla* de Orígenes. Depois do século 11, foram feitas várias traduções do Pentateuco Samaritano para o árabe.[46]

Natureza dos manuscritos do Antigo Testamento

Tipos de erros nos manuscritos

Embora o texto oficial do Antigo Testamento tenha sido transmitido com grande cuidado, era inevitável que certos erros dos copistas penetrassem nos textos no decorrer de centenas de anos de transmissão em milhares de manuscritos. Há vários tipos de erros de copistas que resultam em variantes textuais.[47] *Haplografia* consiste em escrever uma palavra, uma letra ou sílaba uma única vez quando ela deveria ter sido escrita mais de uma vez. *Ditografia* consiste em escrever duas vezes o que deveria ter sido escrito somente uma vez. *Metátese* consiste em inverter a posição certa de letras ou palavras. *Fusão* é a combinação de duas palavras separadas em uma só. *Fissão* é a divisão de uma palavra única em duas. *Homofonia* é a substituição de uma palavra por outra de som parecido (e.g., "cem" e "sem"), ou a leitura errônea de letras de formas parecidas. *Homoeoteleuton* é a omissão de uma passagem intermediária porque o olho do escriba saltou de uma linha para outra de terminação parecida. *Omissões*

---

[45] Veja o cap. 27.
[46] Cf. Kahle, p. 51-7.
[47] Gleason L. Archer, Jr., *A survey of Old Testament introduction*, p. 55-7.

acidentais ocorrem onde não há repetição (como: "Saul estava com [...] anos", 1Sm 13.1, RSV), ou vogais lidas como se fossem consoantes.

Regras da crítica textual

Os estudiosos desenvolveram critérios para determinar qual variante textual é a correta ou a original. Há sete regras para esse fim.[48] (1) Deve-se dar preferência à leitura mais antiga, porque é mais próxima do original. (2) A variante textual mais complexa deve ter a preferência, porque os escribas tinham a tendência de suavizar as variantes textuais complexas. (3) Deve-se optar pela variante textual mais curta, porque os copistas tendiam mais a inserir material novo do que omitir parte do texto sagrado. (4) Deve-se preferir a variante textual que mais bem explica as outras variantes. (5) A variante textual que tiver respaldo geográfico maior será a preferida, porque esses manuscritos ou versões têm menos chances de terem influência mútua. (6) A variante textual que estiver mais próxima do estilo usual do autor será a preferida. (7) A variante textual que não refletir uma tendência doutrinária será a preferida.[49]

História do texto do Antigo Testamento

Os *sopherim* ("escribas", em hebraico) eram estudiosos e depositários judeus do texto do Antigo Testamento dos séculos 5 a 3 a.C. Eram responsáveis por sua padronização e preservação. Eles foram seguidos pelos *zugoth* ("pares" de estudiosos do texto) nos séculos 2 e 1 a.C. O terceiro grupo era composto dos *tannaim* ("repetidores" ou "professores"), cujo trabalho se prolongou até o ano 200 d.C. O trabalho dos *tannaim* pode ser encontrado na *Midrash* ("interpretação textual"), *Toseftá* ("adição") e no *Talmude* ("instrução"), que mais tarde se dividiu em *Mishná* ("repetições") e *Guemará* ("assunto a ser aprendido"). O Talmude foi escrito gradualmente entre os anos 100 e 500 d.C.

Entre 500 e 950 d.C., os massoretas acrescentaram os pontos vocálicos e as marcas de pronúncia ao texto consonantal em hebraico recebido dos *sopherim* sobre a base da *Massorá* ("tradição") que lhes fora transmitida. Os massoretas eram escribas que codificaram e redigiram as críticas e observações orais ao texto hebraico. Havia duas escolas ou centros principais de atividade massorética. Cada um deles em grande medida independentes um do outro,

---

[48] Ibidem, p. 51-3.
[49] Cf. Würthwein, p. 80-1, para outros princípios textuais.

o babilônico e o palestino. Os massoretas mais conhecidos eram os estudiosos judeus de Tiberíades, na Galileia, Moses ben Asher (e seu filho Arão) e Moses ben Naphtali, em fins do século 9 e no século 10 d.C. O texto de Ben Asher é o texto padrão para a Bíblia hebraica hoje e é mais bem representado pelo Codex Leningradensis B19ᴬ (L) e pelo Codex Aleppo.

BÍBLIAS HEBRAICAS IMPRESSAS[50]

1. Edição de Bolonha dos Salmos (1477 d.C.).

2. Edição de Soncino do Antigo Testamento completo com pontuação vocálica (1488 d.C.). Houve também edições em Nápoles (1491-1493) e Bréscia (1494).

3. A Bíblia Poliglota Complutense do cardeal Ximenes de Alcalá, Espanha (1514-1517), em hebraico, grego, aramaico, Targum e latim. A edição poliglota tem várias colunas, contendo a língua original e várias outras traduções para comparação.

4. A Poliglota da Antuérpia (1569-1572).

5. A Poliglota de Paris (1629-1645), em dez volumes.

6. A Poliglota de Londres (1654-1657), seis volumes in-fólio.

7. A Primeira Bíblia Rabínica (1516-1517) foi produzida por Felix Pratensis e publicada por Daniel Bomberg. Foi uma façanha crítica considerável (em quatro volumes) e serviu de base para a Segunda Bíblia Rabínica.

8. A Segunda Bíblia Rabínica (1524-1525), de Jacob ben Chayyim, foi publicada por Daniel Bomberg em quatro volumes. Baseou-se em manuscritos tardios que serviram de base para o *Textus Receptus*, um texto que se presumia idêntico ao dos manuscritos originais. Até 1929, podia ser encontrado na primeira e segunda edições de Kittel da *Biblia Hebraica* (onde foi chamada de Bombergiana ou B).

9. A edição de J. H. Michaelis (M¹) (1720 d.C.). Michaelis foi um pietista protestante de Halle que seguiu o texto principal de Jablonski da edição

---

[50] Veja Kenyon, p. 86-8; Goshen-Gottstein, p. 8-10; Würthwein, p. 27-30; e *Biblia Hebraica Stuttgartensia*, p. I-LV.

de 1699. O aparato crítico contém as variantes textuais mais importantes dos manuscritos de Erfurt.

10. A edição de B. Kennicott (1776-1780) usou 615 manuscritos (a maior parte deles tardios) e 52 edições impressas. O texto segue a edição de Van der Hooght (1705).

11. Meit Halevi Letteris (1852). Essa é uma Bíblia hebraica em dois volumes baseada em grande medida no manuscrito Erfurt 3, cujas variantes textuais são encontradas em Michaelis (1720). Ele pode ter usado o manuscrito ou o fólio 121 de Marburg.[51]

12. G. B. De Rossi (1784-1788) produziu não uma edição, mas uma coleção de variantes textuais, com base em 1.475 manuscritos e edições. A coleção é maior do que a de Kennicott, mas a maior parte das variantes textuais não é significativa.

13. S. Baer (B) (1869-1895), com a colaboração de Franz Delitzsch, procurou produzir uma forma correta do Texto Massorético usando manuscritos e edições antigas. Seu método de "correção" do texto é questionável, de acordo com Kahle e Würthwein. Eles seguiram o texto de Wolf Heidenheim (1757-1832).

14. A edição de C. D. Ginsburg (1894) recorreu a manuscritos melhores e mais antigos.

15. C. D. Ginsburg (G) produziu para a British and Foreign Bible Society (1926) uma nova edição da obra anterior de Ginsburg (1894) com variantes textuais de setenta manuscritos e dezenove edições impressas (na maior parte do séc. 13), entre elas a Orientales 4445, de 820-850 d.C., segundo a datação de Ginsburg.

16. R. Kittel e P. Kahle, *Biblia Hebraica* (1929), a primeira e segunda edições foram baseadas em Bomberg (1524-1525) e apresentavam variantes textuais dos séculos 10 e 11. *Codicis Jemensis* (V[ar][1]) foi editado por R. Hoerning (1889).

17. R. Kittel e P. Kahle, *Biblia Hebraica* (1937), terceira edição e seguintes, baseou-se no Codex Leningradensis B19[A] (L) (de 1008 d.C.), com a

---

[51] Goshen-Gottstein, p. 8.

Massorá menor de Ben Asher na margem. Fazem parte da sétima edição pela primeira vez as variantes textuais de Isaías e Habacuque dos Manuscritos do Mar Morto.

18. A *Biblia Hebraica Stuttgartensia* (1967/1977), de Karl Elliger e Wilhelm Rudolph, é a sucessora da *Biblia Hebraica* de Kittel-Kahle. Ela continua a se basear no Codex Leningradensis B19ᴬ (L) e inclui as variantes textuais dos Manuscritos do Mar Morto. Entre as diferenças entre a *Biblia Hebraica* e a *Biblia Hebraica Stuttgartensia* está o deslocamento de 1 e 2Crônicas para o final, a nova confecção dos caracteres (em razão da destruição das placas originais nos bombardeios de Leipzig), uso da seção mais recente de L como base do texto, uso de toda a Massorá do Codex L e a revisão completa do aparato crítico.

ÁRVORE GENEALÓGICA DOS TIPOS DE TEXTO DO ANTIGO TESTAMENTO

A descoberta dos Manuscritos do Mar Morto, com suas variantes textuais, reabriu a questão das tradições textuais do Antigo Testamento. Em decorrência disso, foram feitas tentativas de reconstrução de uma árvore genealógica desses manuscritos.[52] Como o Texto Massorético (entre 500 e 950 d.C.) é proveniente de única fonte padronizada pelos estudiosos hebreus por volta de 100 d.C., a descoberta de manuscritos anteriores a esse período lança nova luz sobre o texto do Antigo Testamento antes dessa revisão. Podem-se observar diversas tradições textuais entre os Manuscritos do Mar Morto.

O tipo de texto protomassorético

Esse tipo de texto, que precedeu o Texto Massorético, está claramente representado em Qumran, principalmente em Isaías, Ezequiel e nos Doze (Profetas Menores), embora fragmentos dos livros históricos e da Lei também preservem esse tipo de texto. A maior parte dos manuscritos da Lei da caverna IV estão alinhados com o tipo protomassorético. Com exceção dos Escritos (cujo tipo textual ainda não foi claramente determinado), os demais livros do Antigo

---

[52] A análise aqui é tirada de Cross, p. 121-45. Veja tb. D. Barthelemy; J. T. Milik, orgs., *Discoveries in the Judean desert of the Jordan*, cap. 2, e Archer, cap. 3.

Testamento estão representados entre os rolos e fragmentos em um tipo de texto protomassorético.

O tipo de texto da Proto-Septuaginta

O tipo de texto da Proto-Septuaginta está representado em Qumran pelos manuscritos de Josué, Samuel (e.g., 4QSam^{a,b}) e Jeremias (e.g., 4QJer^a). O texto de 4QSam^b concorda sistematicamente com a LXX em oposição ao Texto Massorético numa proporção de treze para quatro. Em 4QSam^a, a proporção de concordância com o tipo de texto da LXX é ainda mais elevada. Os outros livros históricos (Josué e Reis), à medida que se acham preservados pelos fragmentos, também respaldam o tipo de texto da Proto-Septuaginta. Alguns manuscritos do Pentateuco da caverna IV também respaldam essa tradição; por exemplo, o manuscrito de Êxodo (4QEx^a) e o manuscrito contendo Deuteronômio 32.43. Dos Profetas, há um fragmento de Jeremias (4QJer^b) que segue a LXX bem de perto. Na LXX, Jeremias é um oitavo mais breve do que no Texto Massorético, e em Jeremias 10 desse manuscrito de Qumran faltam quatro versículos, e um deles foi deslocado, exatamente como na literatura de Qumran. Até aqui, não havia nenhum manuscrito hebraico que desse respaldo à versão mais breve de Jeremias da LXX.

O tipo de texto protossamaritano

Esse texto consta também dos Manuscritos do Mar Morto. Da caverna IV surgiu um manuscrito paleo-hebraico de Êxodo[53] e um de Números (4QNum^b) em escrita "quadrada", que dá testemunho concomitante de um tipo de Texto Samaritano. O manuscrito de Números não é uma testemunha consistente com o Texto Samaritano ou mesmo com o de tipo protossamaritano, porque revela um forte contato com a tradição da LXX. Alguns estudiosos mencionam a possibilidade de uma quarta família de manuscritos chamada de "família neutra", que se situa mais ou menos no meio-termo entre as tradições conflitantes das outras três famílias.[54] O quadro que se segue é uma tentativa de representar essas histórias de famílias.

---

[53] Publicado por Patrick W. Skehan, "Exodus in the Samaritan recension from Qumran", p. 182-7.
[54] Archer, *A survey of Old Testament introduction*, p. 41.

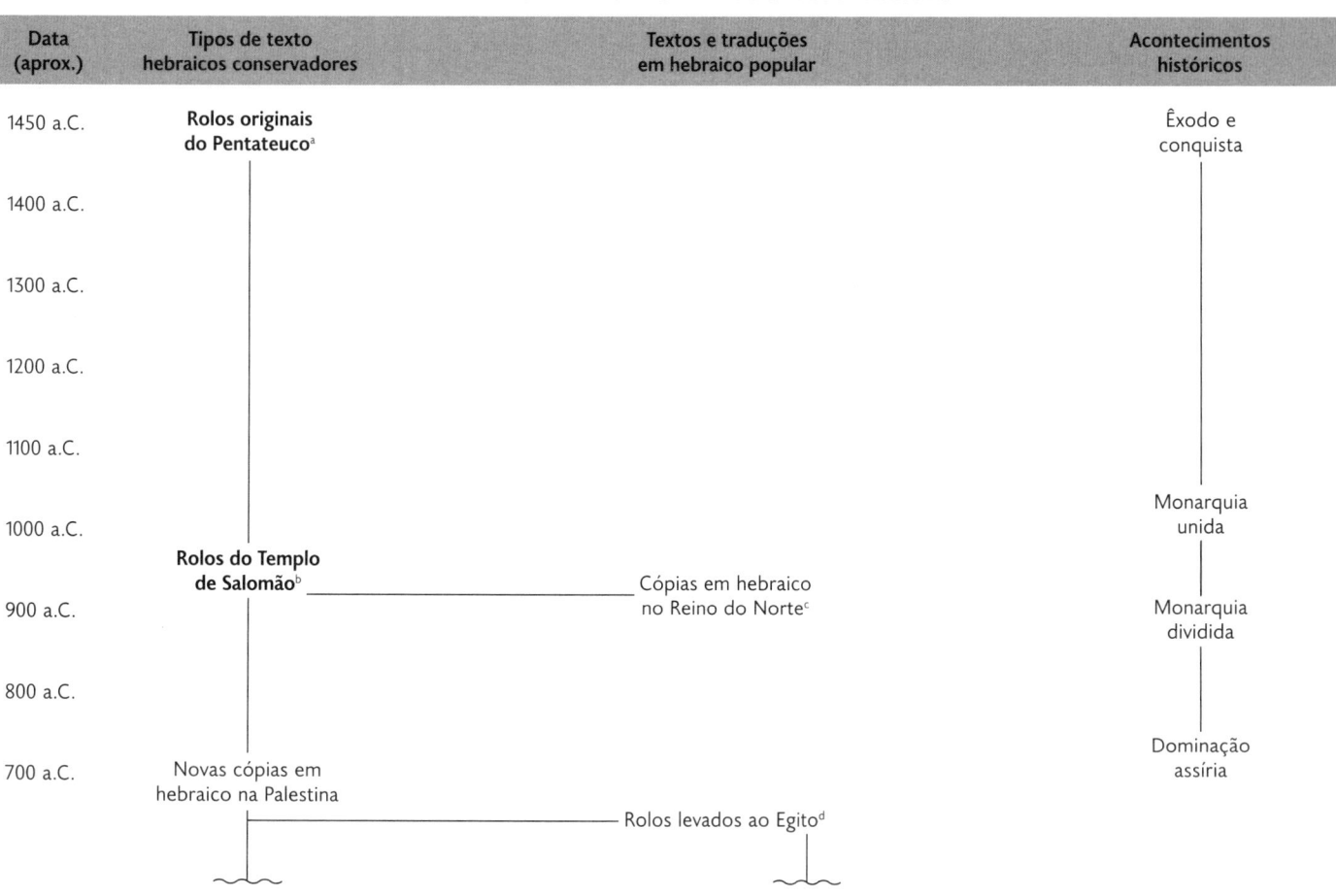

História do Texto do Antigo Testamento*

Data (aprox.)	Tipos de texto hebraicos conservadores	Textos e traduções em hebraico popular	Acontecimentos históricos
1450 a.C.	**Rolos originais do Pentateuco**[a]		Êxodo e conquista
1400 a.C.			
1300 a.C.			
1200 a.C.			
1100 a.C.			
1000 a.C.	**Rolos do Templo de Salomão**[b]		Monarquia unida
900 a.C.		Cópias em hebraico no Reino do Norte[c]	Monarquia dividida
800 a.C.			Dominação assíria
700 a.C.		Novas cópias em hebraico na Palestina — Rolos levados ao Egito[d]	

HISTÓRIA DO TEXTO DO ANTIGO TESTAMENTO* (continuação)

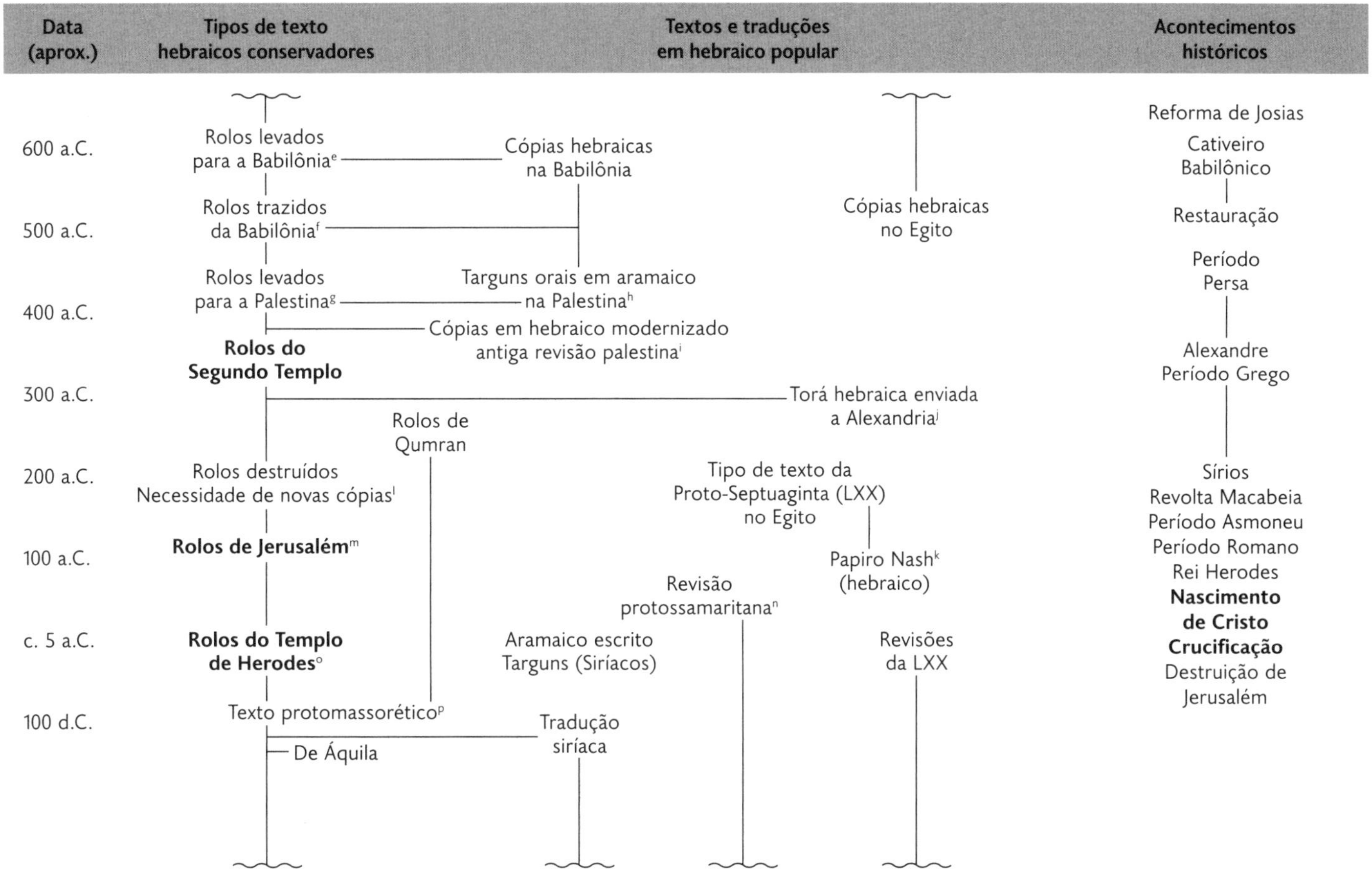

Data (aprox.)	Tipos de texto hebraicos conservadores	Textos e traduções em hebraico popular			Acontecimentos históricos
600 a.C.	Rolos levados para a Babilônia[e]	Cópias hebraicas na Babilônia			Reforma de Josias / Cativeiro Babilônico
500 a.C.	Rolos trazidos da Babilônia[f]		Cópias hebraicas no Egito		Restauração / Período Persa
400 a.C.	Rolos levados para a Palestina[g]	Targuns orais em aramaico na Palestina[h]			
		Cópias em hebraico modernizado antiga revisão palestina[i]			Alexandre / Período Grego
300 a.C.	Rolos do Segundo Templo		Torá hebraica enviada a Alexandria[j]		
200 a.C.	Rolos de Qumran		Tipo de texto da Proto-Septuaginta (LXX) no Egito		Sírios / Revolta Macabeia / Período Asmoneu
	Rolos destruídos Necessidade de novas cópias[l]				
100 a.C.	Rolos de Jerusalém[m]			Papiro Nash[k] (hebraico)	Período Romano / Rei Herodes
c. 5 a.C.	Rolos do Templo de Herodes[o]	Aramaico escrito Targuns (Siríacos)	Revisão protossamaritana[n]	Revisões da LXX	**Nascimento de Cristo**
100 d.C.	Texto protomassorético[p]	Tradução siríaca			**Crucificação** / Destruição de Jerusalém
	De Áquila				

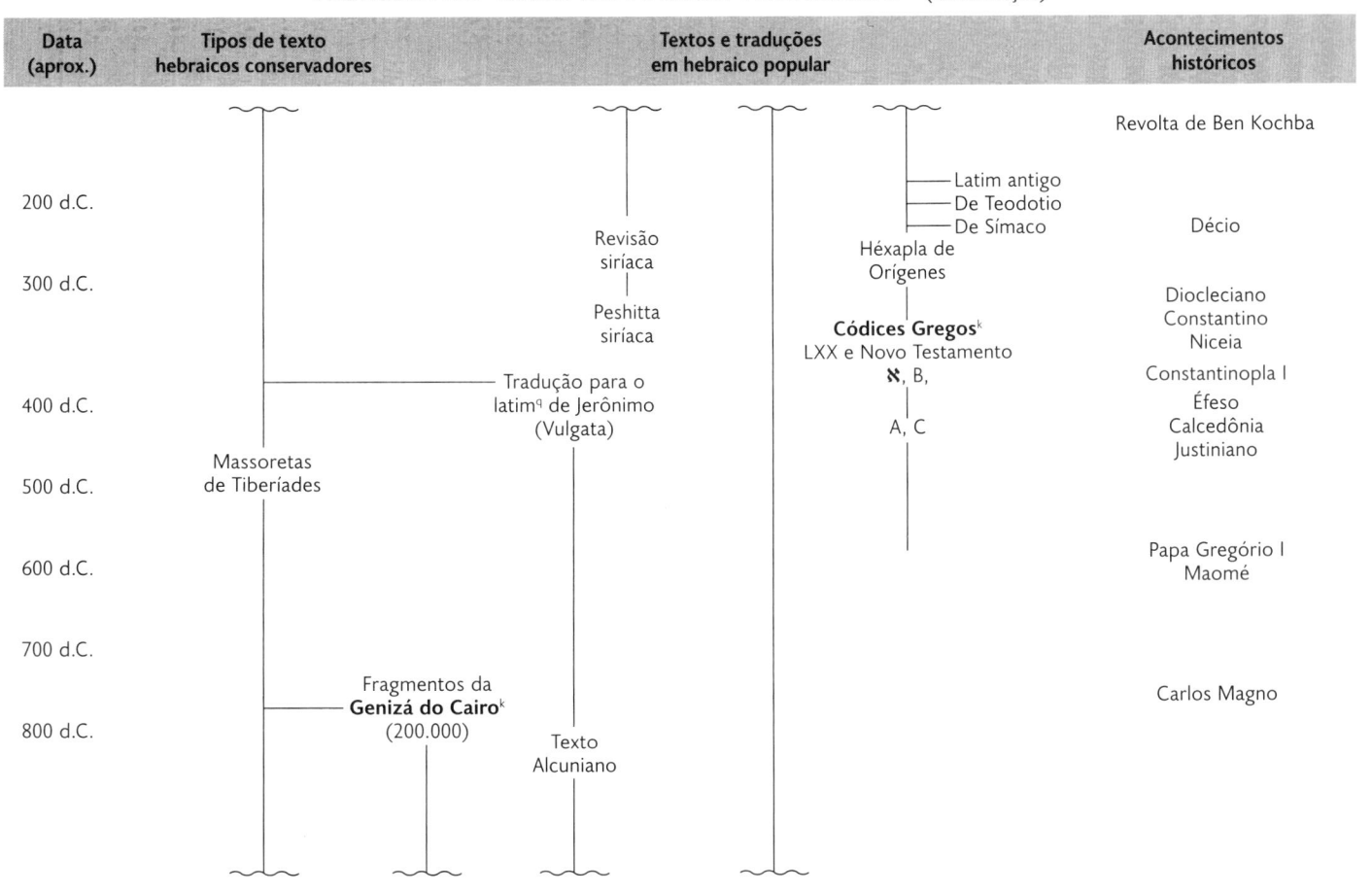

HISTÓRIA DO TEXTO DO ANTIGO TESTAMENTO* *(continuação)*

Data (aprox.)	Tipos de texto hebraicos conservadores	Textos e traduções em hebraico popular		Acontecimentos históricos
200 d.C.				Revolta de Ben Kochba
300 d.C.		Revisão siríaca	Latim antigo De Teodotio De Símaco Héxapla de Orígenes	Décio
400 d.C.		Peshitta siríaca Tradução para o latim^q de Jerônimo (Vulgata)	**Códices Gregos**^{k} LXX e Novo Testamento ℵ, B, A, C	Diocleciano Constantino Niceia Constantinopla I Éfeso Calcedônia Justiniano
500 d.C.	Massoretas de Tiberíades			
600 d.C.		Texto Alcuniano		Papa Gregório I Maomé
700 d.C.	Fragmentos da **Genizá do Cairo**^{k} (200.000)			
800 d.C.				Carlos Magno

História do Texto do Antigo Testamento* (continuação)

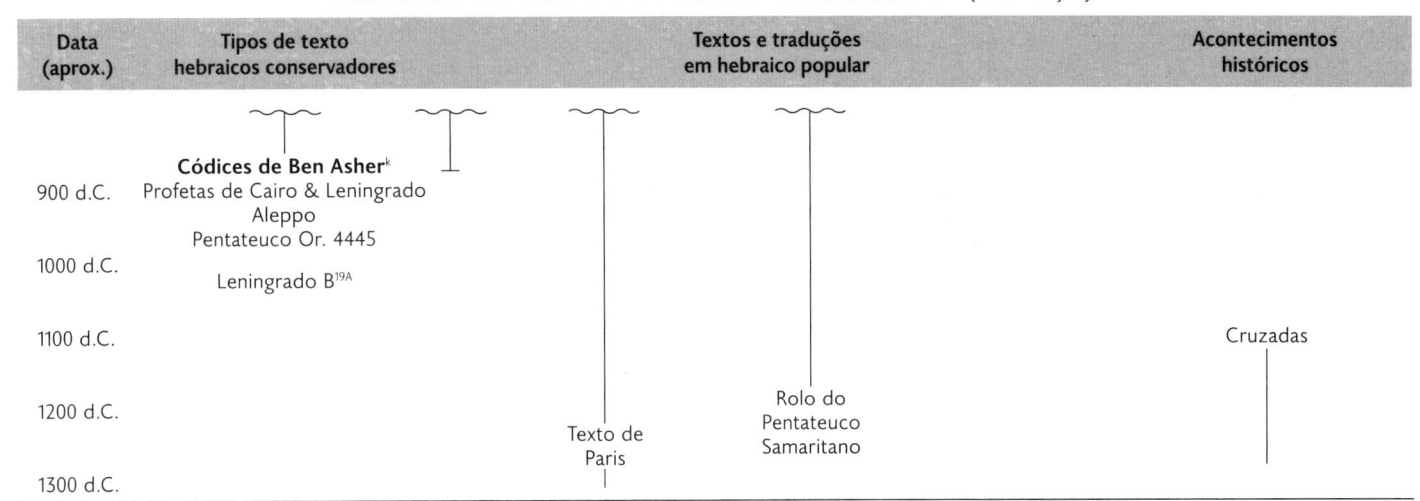

Data (aprox.)	Tipos de texto hebraicos conservadores	Textos e traduções em hebraico popular	Acontecimentos históricos
900 d.C.	**Códices de Ben Asher**[k] Profetas de Cairo & Leningrado Aleppo Pentateuco Or. 4445		
1000 d.C.	Leningrado B[19A]		
1100 d.C.		Rolo do Pentateuco Samaritano	Cruzadas
1200 d.C.		Texto de Paris	
1300 d.C.			

* Os autores atualizaram e expandiram o quadro preparado primeiramente para a primeira edição por John Rea.
a. Dt 31.9,24-26; cf. Js 1.8; 8.31-35.
b. 1Rs 2.3; 2Rs 14.6; 2Cr 17.9.
c. Os 4.6; 8.1,12.
d. Podem ter sido levados por Jeremias (cf. Jr 43—44).
e. Isso ocorreu nas deportações de 597 a.C. e 586 a.C. (cf. Dn 9.2).
f. Talvez Zorobabel tenha levado os manuscritos hebraicos com ele em 535 a.C. quando ele e outros voltaram da Babilônia para a Palestina (cf. Ed 2.1-70).
g. Ed 7.6,10; Ne 8.1-8.
h. Os Targuns orais aramaicos foram usados na Palestina (cf. Ed 8.7,8) e na Babilônia por Daniel (cf. Dn 9.2) e, possivelmente, por Ezequiel, já que explicavam suas profecias (e as Escrituras?).
i. Há quem diga que essa revisão recente foi usada pelo cronista quando citava o Pentateuco e os livros de Samuel. Veja Frank Moore Cross, "New directions in Dead Sea Scroll research, I: the text behind the text of the Hebrew Bible", *Bible Review*, 1:2 (Summer 1985): 12-25, e "New directions in Dead Scroll research, II: original biblical research reconstructed from newly found fragments", *Bible Review*, 1:3 (Fall 1985): 26-35.
j. De acordo com a *Carta de Aristeas*, que se propõe a contar como foi que se originou a Septuaginta (LXX).
k. Cópia manuscrita existente.
l. Veja 1Mc 1.56s.; 2Mc 2.13.
m. A obra de Hillel (c. 100 d.C.) produziu um tipo de texto protorrabínico de hebraico padronizado ao comparar todas as cópias de manuscritos existentes.
n. Essa revisão (c. 100 a.C.) recorreu a uma forma particular do antigo alfabeto hebraico comum durante o reavivamento asmoneu.
o. Esse texto fariseu imbuído de autoridade foi concluído antes de 70 d.C. e reflete os manuscritos hebraicos de Massada, bem como os grandes manuscritos das cavernas de Wadi Murabba'at (Profetas Menores hebreus) e o Nahal Herver (Rolo dos Profetas Menores em grego). Veja Cross, *Bible Review*, 1:2, p. 19.
p. A padronização protomassorética do texto consonantal hebraico em decorrência dos estudos do sínodo de Jabneh (Jâmnia) e a exegese do rabino Akiba.
q. Veja a versão da Vulgata Latina editada por H. F. D. Sparks e W. Thiele, com breve aparato crítico de Robert Weber, *Biblia Sacra: iuxta Vulgatam Versionem*, editio minor (Stuttgart: Deutsche Bibelgesellschaft, 1984), segue *Biblia Sacra: iuxta Vulgatam Version*, 3. ed. (Stuttgart: Deutsche Bibelgesellschaft, 1983). A edição pequena contém também evidências de manuscritos de códices e edições importantes do texto da Vulgata.

A QUALIDADE DE OUTROS MANUSCRITOS DO ANTIGO TESTAMENTO

Há várias razões para a escassez de manuscritos hebraicos antigos. A primeira e mais óbvia delas é uma combinação de antiguidade e destrutibilidade. Dois ou três mil anos é um tempo longo para esperar que os elementos e a capacidade de destruição do homem deixem intactos esses documentos antigos. Com isso em mente, a próxima indagação lógica a se fazer é a seguinte: "Até que ponto os manuscritos hebraicos que sobraram são de boa qualidade?". Há várias linhas de evidências que indicam uma qualidade muito boa.

As variantes textuais são relativamente poucas

São pouquíssimas as variantes textuais nos textos disponíveis porque os massoretas destruíram sistematicamente os manuscritos antigos depois de copiá-los cuidadosamente.

Kenyon mostra a escassez de variações no Texto Massorético ao contrastar o Códice de Leningrado dos Profetas, que é babilônico (Oriental), com o texto palestino padrão (Ocidental) de Ezequiel, em que o Texto Massorético está por vezes corrompido. Uma comparação crítica mostra que há somente dezesseis conflitos reais entre os dois textos.[55] A fidelidade do Novo Testamento depende da multiplicidade de manuscritos, ao passo que no Antigo Testamento a exatidão do texto resulta da capacidade e da confiabilidade dos escribas que o transmitiram.

Reverência pela Bíblia

Com relação às Escrituras judaicas, porém, não foi apenas a precisão dos escribas que garantiu seu produto. Pelo contrário, foi sua reverência quase supersticiosa pela Bíblia. De acordo com o Talmude, havia especificações não apenas para o tipo de pele a ser usada e o tamanho das colunas, como havia até mesmo um ritual religioso necessário que o escriba devia seguir antes de escrever o nome de Deus. Havia regras para o tipo de tinta a ser utilizada, para o espaçamento das palavras e a proibição de escrever alguma coisa de memória. As linhas, e até mesmo as letras, eram contadas metodicamente. Se fosse identificado um único erro no manuscrito, ele era descartado e destruído (cf. o cap. 20). Esse formalismo dos escribas foi responsável, pelo menos em parte, pelo extremo

---

[55] Kenyon, p. 45, 70-2.

cuidado na hora de copiar as Escrituras. Era também a razão pela qual havia apenas alguns manuscritos (considerando que as regras exigiam a destruição dos manuscritos com defeitos), bem como a razão pela qual os manuscritos existentes são de boa qualidade.

Comparação de passagens repetidas

Outra linha de evidência da qualidade dos manuscritos do Antigo Testamento se dá pela comparação de passagens repetidas do Texto Massorético. Vários salmos ocorrem duas vezes (e.g., Sl 14 e 53); boa parte de Isaías 36—39 também se encontra em 2Reis 18—20; Isaías 2.2-4 é um paralelo quase exato de Miqueias 4.1-3; Jeremias 52 é uma repetição de 2Reis 25; e grandes seções de Crônicas são encontradas em Samuel e Reis. Um exame dessas passagens mostra não apenas uma concordância textual significativa, mas, em alguns casos, uma equivalência quase palavra por palavra. Portanto, pode-se concluir que os textos do Antigo Testamento não passaram por revisões radicais, mesmo que partíssemos do princípio de que essas passagens paralelas provinham de fontes idênticas.

Respaldo da arqueologia

Uma prova substancial da exatidão do texto do Antigo Testamento provém da arqueologia. Várias descobertas confirmaram a exatidão histórica dos documentos bíblicos, até mesmo em casos como o uso de nomes obsoletos de reis estrangeiros.[56] Essas confirmações arqueológicas da precisão das Escrituras foram registradas em vários livros.[57] O arqueólogo Nelson Glueck afirma: "Na verdade, porém, é preciso afirmar categoricamente que nenhuma descoberta arqueológica jamais contrariou uma referência bíblica. Numerosas descobertas

---

[56] A referência a "Sô, rei do Egito" (2Rs 17.4) tem sido usada para exemplificar a total ignorância do autor do livro. Não se conhece na história nenhum rei egípcio com esse nome. Agora se sabe, com base na escrita egípcia da cidade de Sais, capital da província egípcia no delta ocidental daquele tempo (c. 725 a.C.), que o texto deveria dizer: "A Sô [Sais], ao rei do Egito". Hans Goedicke, "The end of 'So', king of Egypt", p. 64-6, e William F. Albright, "The elimination of King 'So'", p. 66.

[57] William F. Albright, *Archaeology of Palestine*; E. M. Blaiklock; R. K. Harrison, orgs., *The new international dictionary of biblical archaeology*; Gleason L. Archer, Jr., *Encyclopedia of biblical difficulties* [edição em português: *Enciclopédia de temas bíblicos: respostas às principais dúvidas, dificuldades e "contradições" da Bíblia*, 2. ed. (São Paulo: Vida, 2002)]; além de um bom resumo simples de Clifford Wilson, *Rocks, relics, and biblical reliability*.

arqueológicas confirmam em linhas gerais muito claras, ou detalhadamente, as declarações históricas da Bíblia".[58]

Além disso, a Septuaginta era a Bíblia de Jesus e dos apóstolos. Grande parte das citações no Novo Testamento é extraída diretamente da LXX, mesmo quando difere do Texto Massorético. Essas diferenças serão discutidas mais adiante. De modo geral, porém, a Septuaginta caminha num paralelo muito próximo com o Texto Massorético e é uma confirmação da fidelidade do texto hebraico do século 10 d.C.

Paralelo próximo entre a LXX e o Texto Massorético

Se não houvesse nenhuma outra evidência, a questão da fidelidade do Texto Massorético estaria resolvida graças exclusivamente à série de evidências previamente apresentadas. Pareceu tratar-se de uma reprodução cuidadosa e correta dos autógrafos. No entanto, com a descoberta dos Manuscritos do Mar Morto, em 1947 e nos anos seguintes, há agora outra substanciação impressionante do texto hebraico recebido dos massoretas. Os críticos do Texto Massorético acusavam os manuscritos de serem poucos e tardios. Agora, porém, estão disponíveis, graças aos Manuscritos do Mar Morto, muitos fragmentos antigos que permitem fazer um levantamento de praticamente todo o Antigo Testamento. Esses levantamentos remontam a cerca de mil anos antes dos grandes manuscritos massoretas do século 10 d.C. Antes das descobertas da Genizá do Cairo e das cavernas do mar Morto, o Papiro Nash (um fragmento dos Dez Mandamentos e do Shemá, Dt 6.4-9), com datas entre 150 a.C. e 100 d.C., era o único retalho conhecido do texto hebraico com data anterior à era cristã.

Concordância com o Pentateuco Samaritano

Apesar de muitas variantes textuais menores entre o Pentateuco Samaritano e o texto hebraico do Antigo Testamento, há concordância substancial entre eles. O Pentateuco Samaritano contém cerca de seis mil variantes textuais em relação ao Texto Massorético, mas em sua maior parte se resumem a questões de ortografia (grafia etc.). Cerca de 1.900 dessas variantes textuais estão em sintonia com a LXX (e.g., na idade atribuída aos patriarcas em Gn 5 e 11). Há variações textuais sectárias no Pentateuco Samaritano, como, por exemplo, a ordem de construir o Templo no monte Gerizim, e não em Jerusalém (e.g., de

---

[58] Nelson Glueck, *Rivers in the desert: a history of the Negev*, p. 31.

acordo com Êx 20.17). Convém notar, porém, que a maioria dos manuscritos do Pentateuco Samaritano é tardia (sécs. 13-14), e nenhum deles é anterior ao século 10.[59] Contudo, em capítulo após capítulo e versículo após versículo, o Pentateuco Samaritano é uma confirmação do texto em geral do Antigo Testamento hebraico.

Comparação com os Manuscritos do Mar Morto

Com a descoberta dos Manuscritos do Mar Morto, os estudiosos têm agora manuscritos hebraicos mil anos mais antigos do que os dos grandes manuscritos do Texto Massorético, capacitando-os a verificar a fidelidade do texto hebraico. O resultado dos estudos comparativos revela que há uma identidade palavra por palavra em mais de 95% dos casos, e que o percentual de 5% de variações consiste sobretudo em lapsos da pena e de grafia.[60] Especificamente, o rolo de Isaías (IQ Is^a) de Qumran levou os tradutores da *Revised Standard Version* a fazer treze mudanças apenas em relação ao Texto Massorético; oito delas eram conhecidas de versões anteriores, e poucas eram significativas.[61] Mais especificamente, das 166 palavras hebraicas de Isaías 53, somente dezessete letras hebraicas em 1Q Is^b diferem do Texto Massorético. Dez letras têm problemas de grafia, quatro são mudanças estilísticas e as outras três formam a palavra para "luz" (acresc. no v. 11), o que não afeta significativamente o sentido do texto.[62] Além disso, essa palavra também é encontrada nesse versículo na LXX e em 1Q Is^a.

Conclusão

Os milhares de manuscritos hebraicos, confirmados pela LXX e pelo Pentateuco Samaritano, e as incontáveis verificações cruzadas dentro e fora do texto fornecem um respaldo esmagador à confiabilidade do texto do Antigo Testamento. Portanto, podemos concluir de modo apropriado com Sir Frederic Kenyon: "O cristão pode tomar a Bíblia toda na mão e dizer sem medo ou hesitação que ela é a verdadeira palavra de Deus, transmitida sem perdas essenciais de geração em geração ao longo dos séculos".[63]

---

[59] Archer, *Survey of Old Testament introduction*, p. 44.
[60] Ibidem, p. 24.
[61] Burrows, *Dead Sea Scrolls*, p. 305ss.
[62] Harris, *Inspiration and canonicity*, p. 124.
[63] Kenyon, p. 55.

O MUNDO BÍBLICO

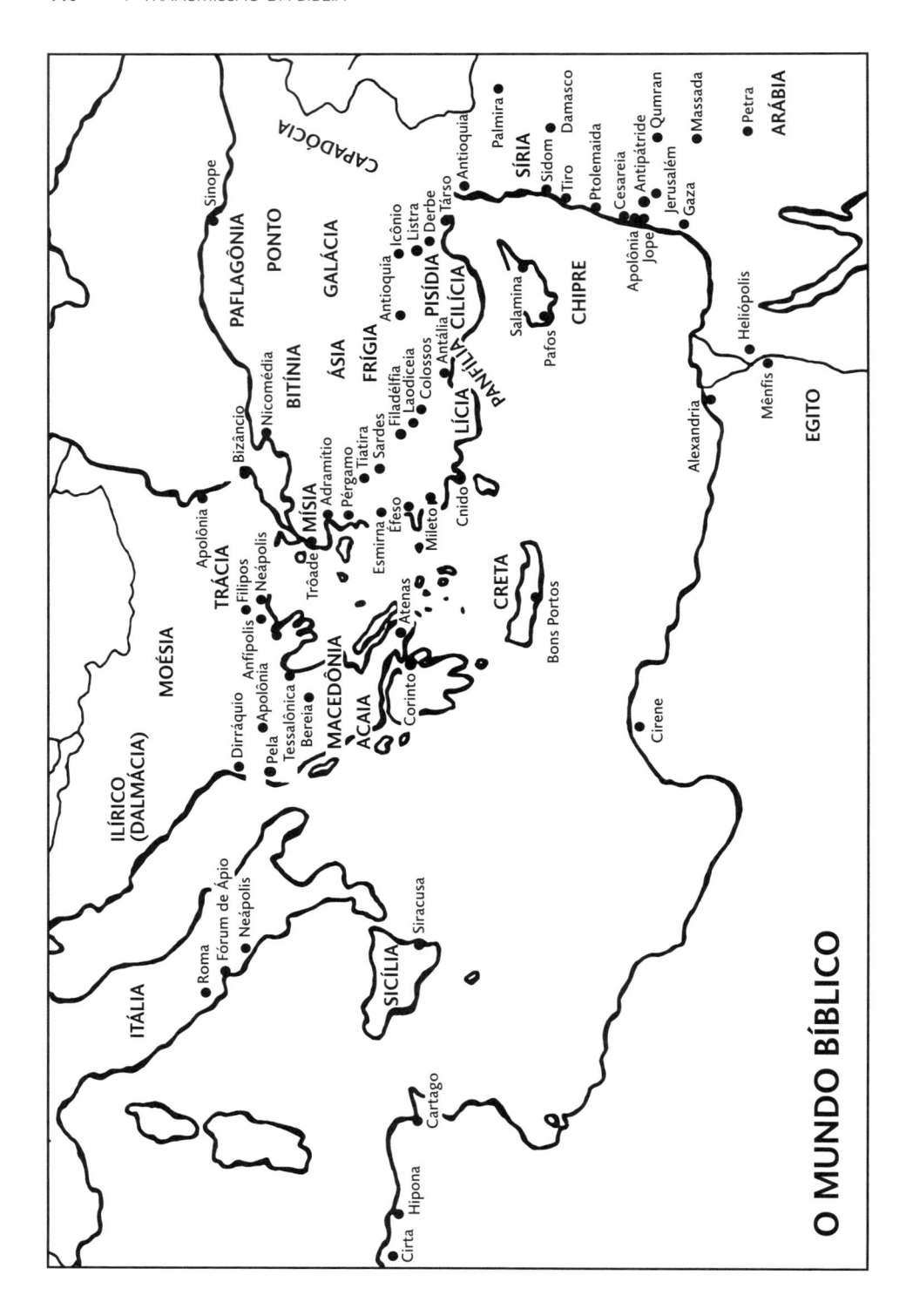

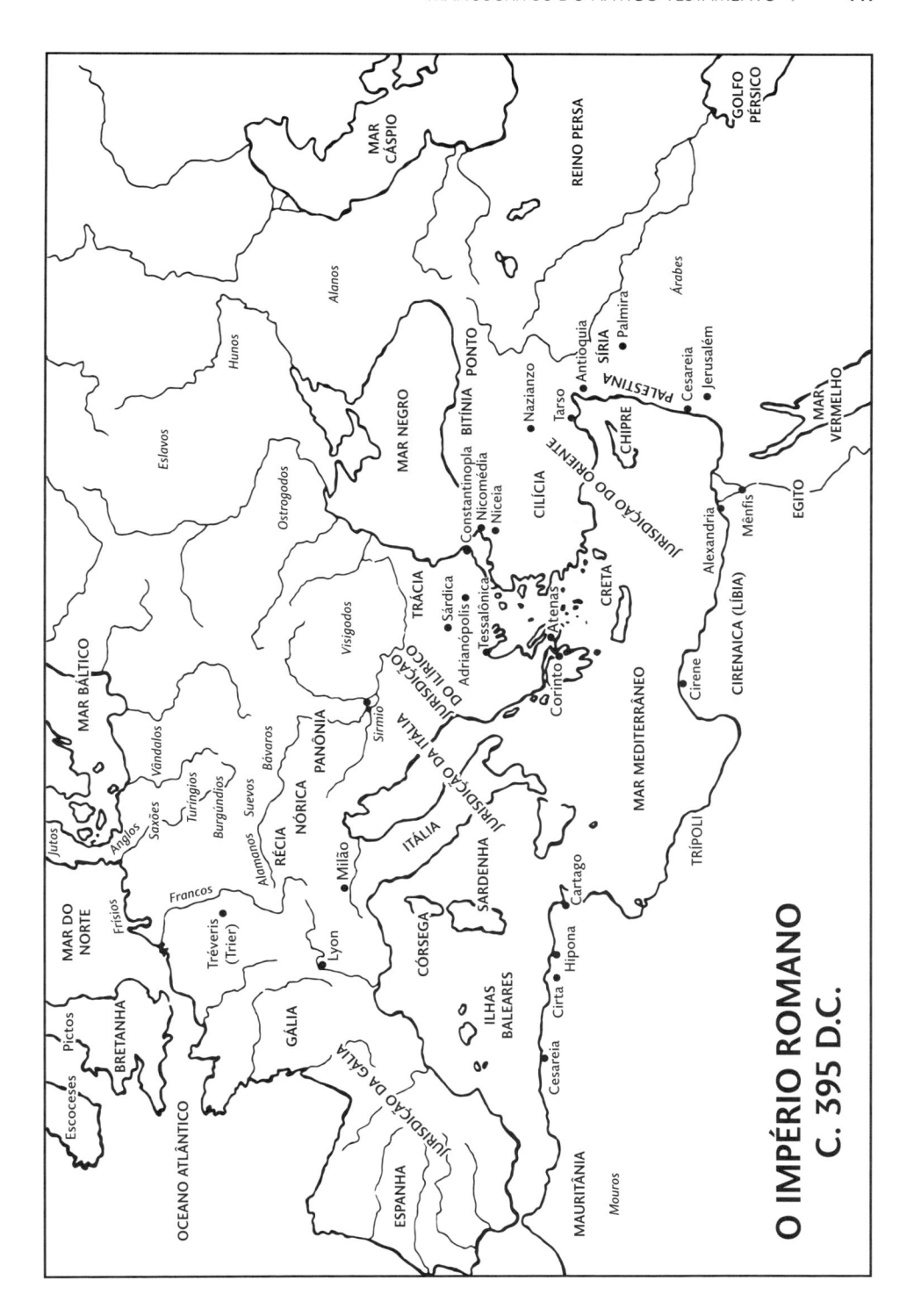

MANUSCRITOS DO ANTIGO TESTAMENTO | 441

O IMPÉRIO ROMANO C. 395 D.C.

22
Manuscritos do Novo Testamento

Considerações preliminares

A integridade do texto do Antigo Testamento havia sido estabelecida na transmissão da tradição massorética e confirmada com a descoberta dos Manuscritos do Mar Morto. A exatidão do texto do Antigo Testamento é em grande medida resultado do cuidado meticuloso dos estudiosos rabínicos no processo de transmissão.

A fidelidade do texto do Novo Testamento, porém, depende de uma base completamente diferente. O Novo Testamento depende de uma série de evidências nos manuscritos. Se contarmos somente as cópias em grego, o texto do Novo Testamento encontra-se preservado em cerca de 5.366 segmentos parciais e completos dos manuscritos copiados à mão do século 2 ao 15.[1] Em comparação com isso, a maior parte dos demais livros do mundo antigo sobrevive apenas em poucas cópias manuscritas tardias (veja comparação mais adiante neste capítulo).

Alguns fragmentos de manuscritos do Novo Testamento são muito antigos, datando do século 2. Em comparação, os manuscritos da maior parte de outros livros antigos datam de cerca de mil anos depois de sua composição original. Cerca de 362 manuscritos unciais do Novo Testamento e 254 lecionários unciais[2] correspondem a um período que vai do século 2 ao 10, constituindo cerca de 11% de todos os manuscritos do Novo Testamento e dos lecionários. Esses manuscritos unciais antigos são testemunhas extremamente importantes para o estabelecimento do texto original do Novo Testamento (cf. demonstraremos no cap. 26). Os outros 89% dos manuscritos são minúsculos com datas entre os séculos 9 e 15. Eles constituem a base da família de textos similar ao chamado Texto Recebido.[3]

---

[1] Os caps. 20, 21, 24, 25 e 26 apresentam análises mais desenvolvidas das questões resumidas aqui.

[2] Lecionários são coleções de textos das Escrituras agrupados para serem lidos nos cultos públicos.

[3] O cap. 26 trabalha com essas tradições textuais, as quais constituem a base das traduções modernas da Bíblia discutidas nos caps. 31 e 32.

Definição de manuscrito

Um manuscrito é uma composição literária escrita à mão em contraste com uma cópia impressa. Um manuscrito original é aquele produzido primeiro, geralmente chamado de autógrafo. Não se tem conhecimento da existência de manuscritos originais da Bíblia. Contudo, a abundância de cópias manuscritas possibilita a reconstrução dos originais com perfeita exatidão. Tampouco está disponível um manuscrito que contenha a Bíblia toda a que se dá o nome de *pandecta* (do grego, *pandektās*).

Houve um tempo em que os manuscritos de códice uncial ℵ, A, B e C estavam completos em ambos os Testamentos, mas nenhum deles sobreviveu intacto. Contudo, é possível reconstruir o texto original da Bíblia com precisão absoluta. As diferenças entre as traduções refletem as diferenças de opinião em relação ao que estava no texto original e o que foi acrescentado posteriormente. Essas decisões são feitas por meio do processo de crítica textual usando os manuscritos que sobreviveram e que são catalogados para uso dos estudiosos textuais.

Diferentes tipos de manuscritos

Os manuscritos do Novo Testamento escritos num estilo formal de impressão mais ou menos parecido com letras maiúsculas são conhecidos como unciais (ou maiúsculos).[4] Os manuscritos unciais da literatura grega e bíblica prosperaram do século 3 ao 7 d.C. Aos poucos, no decorrer dos dois séculos seguintes, o estilo entrou em decadência até que teve lugar uma reforma na escrita à mão, que consistiu na introdução de letras menores em escrita cursiva chamadas de "minúsculos".[5] Os manuscritos minúsculos em grego vão do século 9 ao 15. Contudo, essa escrita em que a mão "desliza", também conhecida como "cursiva", foi empregada pelos gregos desde a Antiguidade em documentos não literários, cotidianos. A letra cursiva mostrou-se mais prática do que a letra formal dos livros (uncial) e ganhou aceitação quase imediata em toda a Europa Ocidental, com exceção de alguns autores litúrgicos que recorriam às unciais ainda nos séculos 10 e 11.

O testemunho à fidelidade do texto do Novo Testamento vem primordialmente de três fontes: dos manuscritos gregos, das traduções antigas e das citações patrísticas. A primeira fonte é a mais importante e pode ser subdividida

---

[4] O termo "uncial" vem do latim *uncia* e significa "décima segunda parte", o que implica que a letra era um doze avos do tamanho de uma linha normal. Cf. o cap. 20, nota 14; *Classical philology* 30 (1935): 247-54.

[5] "Minúscula" é um termo derivado do latim *minuscules* e significa "relativamente pequeno".

em quatro classes comumente chamadas de papiros, unciais, minúsculos e lecionários. A principal característica de cada uma dessas classes foi escolhida para designá-la. Os manuscritos em papiro e mais de duzentos lecionários foram redigidos em letras unciais. A segunda e a terceira classes são diferenciadas pelo estilo de escrita, já que ambas foram escritas em velino ou pergaminho. Atualmente, há 88 manuscritos em papiro catalogados, 274 manuscritos unciais em formato de códice e 245 lecionários em letras unciais. Além disso, foram catalogados 2.795 manuscritos e 1.964 lecionários em letras minúsculas.[6]

Distribuição dos manuscritos do Novo Testamento por século e tipo de manuscrito*																			
Séc.	2	3	4	5	6	7	8	9	10	11	12	13	14	15	16	17	18	19	Totais
Papiros	1	31	20	8	9	13	3												85
Unciais		3	16	44	60	29	27	47	18	1									245
Min.			1	1	3	4	22	13	125	436	586	569	535	248	138	44	16	4	2.745
Lec.							116	143	241	490	398	313	168	194	73	11			2.147

*Essa disposição é uma adaptação de Darrell L. Bock do material de Kurt Aland; Barbara Aland, *Der Text des Neuen Testaments: Einführung in die wissenschaftlichen Ausgaben sowie in Theorie und Praxis der modernen Textkritik* (Deutsche Bibelgesellschaft, 1982), p. 90. Há uma aparente contradição nos totais somados na lista de Aland (5.222 itens) e nas evidências apresentadas por Metzger (5.366 itens). Aland e Aland parecem ter excluído de sua lista os manuscritos de século incerto, ao passo que Metzger, UBS e Nestle (26. ed.) incluem todos os papiros e unciais catalogados, porém agregam evidências selecionadas de minúsculos e de lecionários às suas listas.

[6] Veja a análise no cap. 20. Bruce M. Metzger, "Appendix III: Statistics relating to the manuscripts of the Greek New Testament", in: *Manuscripts of the Greek Bible*, p. 54-6, identifica as quatro categorias dos manuscritos do Novo Testamento oficialmente catalogados desde 1976 cf. se segue:

Manuscritos catalogados	Escrita uncial	Escrita minúscula
Papiros P¹–P⁸⁸	88	
Uncial mss 01-0274	274	
Minúsculos mss 1-2795		2795
Lecionários /1-/2209	245	1964
Totais	607	4759 |// Número total de lecionários do NT: 2.209
Número total de manuscritos do NT: 5.366

Isso modifica os números de 1964 em Metzger, *The text of the New Testament*, p. 31-3, em que ele arrolou 76 papiros, 250 unciais, 2.646 minúsculos e 1.997 lecionários, no total de 4.969 manuscritos. Metzger baseou seu número anterior em Kurt Aland, *Kurzgefasste Liste* (1963), que é a lista oficial dos manuscritos gregos do Novo Testamento. Seus números de 1981 se baseiam em Aland, *Kurzgefasste Liste* e nos complementos de Aland a essa lista em *Materialien zur neutestamentlichen Handschriften* (Berlin, 1969), p. 1-37, *Bericht der Stiftung zur Förderung der neutestamentlichen Textforschung für die Jahre 1972 bis 1974* (Münster, Westfalen, 1974), p. 9-16, e *Bericht der Stiftung zur Forderung der neutestamentlichen Textforschung für die Jahre 1975 und 1976* (Münster, Westfallen, 1977), p. 10-2. J. Harold Greenlee, *An introduction to New Testament textual criticism*, p. 62, acrescenta que cerca de 95% desse total data do século 8 em diante. Isso deixaria uma cadeia de cerca de 250 manuscritos que remontam ao início do século 2.

Manuscritos em papiro (sécs. 2-3)[7]

P[52], Fragmento John Rylands (c. 117-138 d.C.)

Esse fragmento de papiro (6,35 cm por 8,89 cm) de um códice é a mais antiga cópia conhecida de uma parte do Novo Testamento. É datado da primeira metade do século 2, provavelmente entre 117 d.C. e 138 d.C. Adolf Deissmann afirma que pode ser até anterior a essa data.[8] Esse pedaço de papiro, escrito na frente e no verso, contém porções de cinco versículos do Evangelho de João (18.31-33,37,38). Embora seja um fragmento pequeno, mostrou que é o elo mais próximo e mais valioso da cadeia de transmissão. Por causa de sua data remota e de sua localização (Egito), relativamente distante do lugar tradicional de composição (Ásia Menor), essa parte do Evangelho de João tende a confirmar a data tradicional da composição do Evangelho antes do final do século 1. O fragmento pertence à John Rylands Library em Manchester, Inglaterra.

P[45], P[46], P[47] Os Papiros Chester Beatty (c. 250 d.C.)

Essa coleção importante de papiros do Novo Testamento está hoje no Beatty Museum, próximo de Dublin. Consiste em três códices e contém a maior parte do Novo Testamento. O P[45] é constituído de peças de trinta folhas de um códice em papiro: dois de Mateus, dois de João, seis de Marcos, sete de Lucas e treze de Atos. O códice original consistia em cerca de 220 folhas de 25 cm por 20 cm. Vários outros pequenos fragmentos de Mateus desses papiros apareceram numa coleção de Viena.[9] O tipo de texto representado em Marcos está mais próximo da família Cesareiana.[10] Os outros Evangelhos ficam entre os tipos de texto Alexandrino e Ocidental. Atos é claramente mais próximo da família Alexandrina de manuscritos. O P[46] consiste em 86 folhas levemente mutiladas (de 27 cm por 16,51 cm) oriundo de um original que continha 104 páginas das cartas paulinas, entre elas Romanos, Hebreus, 1Coríntios, 2Coríntios, Efésios,

---

[7] A menos que haja indicação em contrário, a análise e o sistema de datação a seguir são de acordo com Bruce M. Metzger, *The text of the New Testament*. Informações adicionais constam de Kurt Aland; Matthew Black; Carlo M. Martini; Bruce M. Metzger; Alan Wikgren, orgs., *The Greek New Testament*, p. xi-liii. Veja tb. Bruce M. Metzger, *Manuscripts of the Greek Bible: an introduction to Greek paleography,* esp. p. 3-5, em que Metzger identifica as modernas ferramentas da pesquisa paleográfica, bem como as localizações de cópias em microfilme das coleções de manuscritos disponíveis.

[8] Metzger, *The text of the New Testament*, p. 39, nota 2.

[9] Ibidem, p. 37, nota 2.

[10] Para uma análise sobre o significado de "famílias textuais", veja o cap. 25.

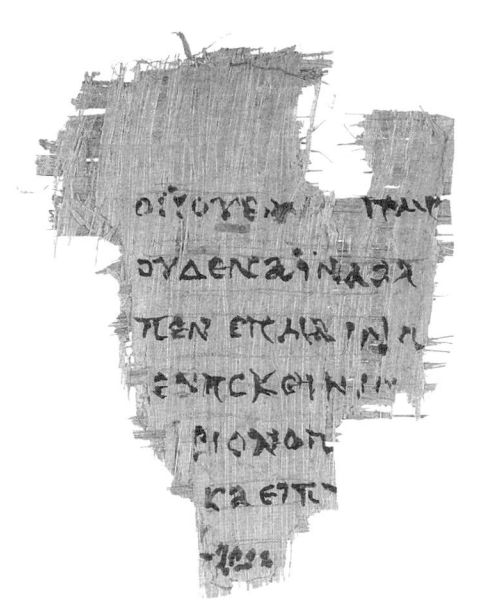

MANUSCRITOS DO NOVO TESTAMENTO   447

12. Fragmento John Rylands de João 18.31-33 (John Rylands Library)

13. Página de Romanos de um papiro Beatty-Michigan de c. 200 d.C. (The Department of rare books and special collections, The University of Michigan Library)

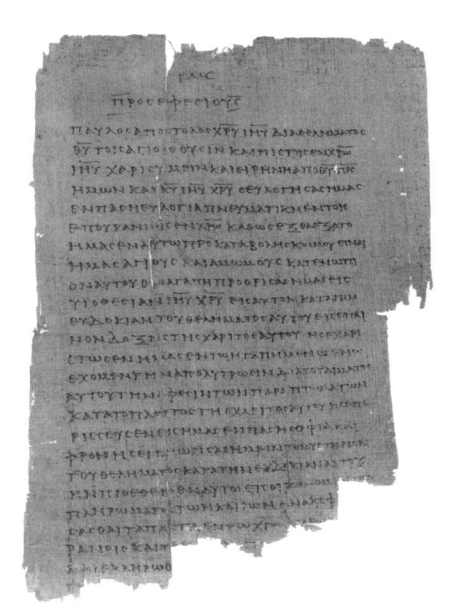

14. A primeira página de Efésios de um papiro Beatty-Michigan datado de c. 200 d.C. (The department of rare books and special collections, The University of Michigan Library)

15. O papiro Bodmer (P^{66}) datado de c. 250 d.C. A foto retrata João 1.1-14 (Bodmer Library)

Gálatas, Filipenses, Colossenses, 1Tessalonicenses e 2Tessalonicenses. Partes de Romanos e 1Tessalonicenses, bem como 2Tessalonicenses inteiro, estão ausentes dos atuais manuscritos, que foram classificados em ordem descendente de acordo com o tamanho. A exemplo do P[45], o P[46] é datado de cerca de 250 d.C. Em geral, o texto é mais próximo do tipo de texto Alexandrino. O P[47] consiste em dez folhas levemente mutiladas do livro de Apocalipse medindo 24 cm por 14 cm. Das 32 folhas originais, restou somente a parte do meio, 9.10—17.2. Em geral, o manuscrito concorda com o Texto Alexandrino do Codex Sinaiticus (א), mas revela frequente independência. Esse papiro é datado de cerca de 250 d.C. ou mais tarde. Trinta de suas páginas pertencem à Universidade de Michigan, em Ann Arbor.

P[66], P[72], P[75] *Papiros Bodmer (séculos 2-3 d.C.)*

A descoberta mais importante de papiros do Novo Testamento desde os manuscritos Chester Beatty deu-se com a aquisição da Coleção Bodmer pela Library of World Literature de Culagny, perto de Genebra. O P[66], datado de cerca de 200 d.C. ou antes, contém 104 folhas de João 1.1—6.11; 6.35*b*—14.26; e fragmentos de quarenta outras páginas de João 14—21. O texto é uma mistura dos tipos Alexandrino e Ocidental, e há aproximadamente vinte alterações entre as linhas que pertencem invariavelmente à família Ocidental.[11] O P[72] é a cópia mais antiga que se conhece de Judas, 1Pedro e 2Pedro. É datado do século 3 e contém diversos livros apócrifos e canônicos na seguinte ordem: Natividade de Maria, Correspondência de Paulo aos Coríntios (apócrifo), Décima primeira ode de Salomão, Carta de Judas, Homilia de Melito sobre a Páscoa, um Fragmento de um hino, Apologia de Fileas, salmo 33, salmo 34, 1Pedro e 2Pedro. Esse papiro era, ao que tudo indica, um códice privado medindo 15 cm por 13 cm, preparado por cerca de quatro escribas com afinidades concretas com a tradição textual Alexandrina e, particularmente, com a versão Saídica.[12] O P[75] é um códice de 102 páginas (inicialmente eram 144) medindo 26 cm por 13,5 cm contendo a maior parte de Lucas e João em unciais escritas com nitidez e requinte e datado entre 175 e 225 d.C. Consequentemente, trata-se da cópia mais antiga de Lucas que se conhece. Seu texto é muito semelhante ao do Codex Vaticanus (B), embora concorde esporadicamente com a versão saídica.[13]

---

[11] Metzger, *The text of the New Testament*, p. 40.
[12] Ibidem, p. 40-1.
[13] Para uma análise mais detalhada, veja Metzger, *The text of the New Testament*, p. 42.

Na verdade, há cerca de 38[14] manuscritos de papiro de partes do Novo Testamento, dos quais os precedentes são simplesmente os representantes mais importantes. O testemunho que os papiros dão do texto é inestimável e vai, cronologicamente, do limiar do século 2 — no âmbito de uma geração desde a produção dos autógrafos — e inclui o conteúdo da maior parte do Novo Testamento. Todos eles vieram a nós dos primeiros duzentos anos depois da redação do Novo Testamento.[15]

Manuscritos unciais em velino e pergaminho (sécs. 4-9)

Os grandes códices unciais do século 4 em diante são geralmente considerados os manuscritos mais importantes do Novo Testamento. Eles surgiram quase imediatamente depois da conversão de Constantino e da autorização para fazer várias cópias da Bíblia no Concílio de Niceia (325), conforme analisamos no capítulo 16.

Codex Vaticanus (B) (c. 325-350)

O Codex Vaticanus talvez seja o uncial mais antigo em pergaminho ou velino (c. 325-350) e uma das testemunhas mais importantes do texto do Novo Testamento. Essa cópia dos manuscritos da Bíblia toda foi redigida provavelmente em meados do século 4. Contudo, ela só se tornou conhecida dos estudiosos textuais depois de 1475, quando foi catalogada na Biblioteca do Vaticano. Nos quatrocentos anos que se seguiram, os especialistas foram proibidos de estudá-la.[16] Passado esse tempo, foi feito um fac-símile fotográfico completo do códice (1889-1890) e outro do Novo Testamento em 1904. Constam desse documento a maior parte da versão do Antigo Testamento da LXX e boa parte do Novo Testamento em grego. Estão ausentes 1Timóteo até Filemom, Hebreus

---

[14] Veja "Check-list of the Greek papyri of the New Testament", Ibidem, p. 247-56. Veja tb. Metzger, *Manuscripts of the Greek Bible*, p. 54. Para uma lista de "evidências dos manuscritos gregos", veja tb. Aland; Black; Martini; Metzger; Wikgren, orgs., *The Greek New Testament*, p. xi-liii.

[15] Veja os caps. 16 e 17 para uma análise relacionada à destruição sistemática dos manuscritos bíblicos pelos inimigos do cristianismo durante esse período, especialmente sob o imperador romano Diocleciano.

[16] Constantin Tischendorf (em 1843-1866) e S. P. Tregelles (em 1845) tiveram permissão para vê-lo durante algumas horas. Não puderam copiar o manuscrito, porém Tregelles, secretamente, memorizou boa parte dele. Para uma história mais abrangente do Codex Vaticanus (B), veja G. L. Robinson, *Where did we get our Bible?*, p. 111.

9.14 até o final do Novo Testamento e as Cartas Gerais. Os Apócrifos estão incluídos com exceção de 1Macabeus, 2Macabeus e a Oração de Manassés. Faltam também Gênesis 1.1—46.28, 2Reis 2.5-7,10-13 e Salmos 106.27—138.6. Marcos 16.9-20 e João 7.53—8.11 foram omitidos propositadamente do texto.

Esse códice foi escrito em unciais pequenas e delicadas sobre um velino refinado. Há 3 colunas de 42 linhas por página, exceto nos livros poéticos do Antigo Testamento, que têm apenas duas colunas. São 759 folhas medindo 25 cm por 26 cm: 617 folhas no Antigo Testamento e 142 no Novo. Os manuscritos estão divididos em seções: Mateus tem 170 seções; Marcos tem 61; Lucas, 152; João, 80 etc. O Codex Vaticanus pertence à Igreja Católica Romana e se encontra na Biblioteca do Vaticano, na cidade do Vaticano. Esse manuscrito é geralmente considerado um exemplo soberbo do tipo de texto Alexandrino.

Codex Sinaiticus (א [Aleph]) (c. 340)

Esse manuscrito grego do século 4 é geralmente considerado a testemunha mais importante do texto por causa de sua antiguidade, precisão e ausência de omissões. A história da descoberta de א é das mais fascinantes e românticas da história textual.[17] Foi encontrado no Monastério de Santa Catarina, no monte Sinai, pelo conde alemão Lobegott Friedrich Constantine von Tischendorf (1815-1874), que morava na Prússia com permissão do czar. Em sua primeira visita (1844), ele descobriu 43 folhas de velino contendo porções da LXX (1Crônicas, Jeremias, Neemias e Ester) num cesto de refugos que os monges usavam para acender o fogo. Ele pegou os documentos e os levou para a biblioteca da Universidade de Leipzig, na Alemanha. Eles continuam ali e são conhecidos como Codex Frederico-Augustanus. A segunda visita de Tischendorf, em 1853, foi infrutífera. Contudo, em 1859, com permissão do czar Alexandre II, ele voltou ao monastério.

Pouco antes de ir embora de mãos vazias, o administrador do monastério mostrou-lhe uma cópia quase completa das Escrituras e de alguns outros livros. Eles foram adquiridos em seguida como "presente condicional"[18]

---

[17] Para detalhes dessa história, veja Metzger, *The text of the New Testament*, p. 42-5.

[18] Na verdade, Tischendorf recorreu a um pouco de diplomacia eclesiástica para convencer o monastério que seria vantajoso para ele entregar o manuscrito ao czar, cuja influência como protetorado da igreja grega talvez lhes fosse benéfica. Em troca pelo manuscrito, o czar deu a eles um santuário de prata, sete mil rublos para a biblioteca do Sinai, dois mil rublos para os monges do Cairo e condecorou as autoridades do monastério com distinções russas.

para o czar. O manuscrito é conhecido atualmente como o célebre Codex Sinaiticus (א). Contém mais da metade do Antigo Testamento (LXX) e o Novo Testamento inteiro, com exceção de Marcos 16.9-20 e João 7.53—8.11. Todos os Apócrifos do Antigo Testamento, além da *Carta de Barnabé* e grande parte de *O pastor*, de Hermas, também estão incluídos. Esse códice foi escrito em unciais gregas grandes e nítidas em 364 páginas e meia (além das 43 de Leipzig)

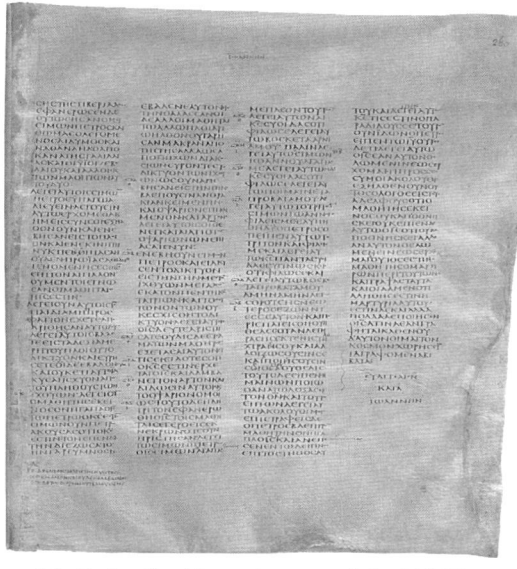

16. *Codex Sinaiticus aberto em João 21.1-25 (com permissão da British Library)*

17. *O Monastério de Santa Catarina do monte Sinai é repositório de manuscritos antigos (cortesia da Biblical Archaeologist, uma publicação da American Schools of Oriental Research)*

medindo 34 cm por 35 cm. Cada página tem quatro colunas de cerca de 6 cm de largura, com exceção dos livros poéticos do Antigo Testamento, em que há apenas duas colunas mais largas por página. O material é de velino de boa qualidade em pele de antílope. Primeiramente, o manuscrito passou por várias "correções" dos escribas, conhecidas pela sigla (*siglum*) ℵ^c, e, em seguida, em Cesareia, no século 6 ou 7, um grupo de escribas introduziu diversas alterações conhecidas como ℵ^{ca} ou ℵ^{cb}. Em 1933, o governo britânico comprou ℵ para o Museu Britânico por cem mil libras esterlinas, cerca de quinhentos mil dólares na época. O documento foi publicado num volume intitulado *Scribes and correctors of Codex Sinaiticus* [Escribas e corretores do Códex Sinaiticus] (London, Reino Unido, 1938). O tipo de texto é Alexandrino em geral, mas com traços definitivos de variantes do tipo Ocidental.

Codex Alexandrinus (A) (c. 450)

O Codex Alexandrinus é um manuscrito bem preservado do século 5 e só perde para B e ℵ como representante do texto do Novo Testamento. Embora alguns tenham datado esse manuscrito do final do século 4,[19] ele é provavelmente o resultado do trabalho de escribas do século 5 em Alexandria, no Egito. Em 1078, esse códice foi apresentado ao patriarca de Alexandria, de quem recebeu a designação. Em 1621, foi levado a Constantinopla por Cirilo Lucar, que foi transferido para exercer os deveres do patriarcado ali. Lucar o deu a Sir Thomas Roe, embaixador inglês na Turquia em 1624, para presentear o rei James I. O rei faleceu antes que o manuscrito chegasse a Londres, que foi entregue então a Carlos I, em 1627, tarde demais para ser usado na King James Version de 1611. Em 1757, George II o presenteou à National Library of the British Museum. O códice contém o Antigo Testamento inteiro, com exceção de várias mutilações (Gn 14.14-17; 15.1-5,16-19; 16.6-9; 1Reinos [1Sm] 12.18—14.9; Sl 49.19—79.10), e a maior parte do Novo Testamento (com exceção de Mt 1.1—25.6; João 6.50—8.52 e 2Co 4.13—12.6). Contudo, o manuscrito também contém 1 e 2Clemente e os Salmos de Salomão, com exceção de algumas partes. O manuscrito tem 773 folhas, 639 do Antigo Testamento e 134 do Novo. O tamanho da página é de 26 cm por 30 cm e está disposto em duas colunas de 50 ou 51 linhas por página. As grandes unciais quadradas foram escritas sobre

---

[19] Sir Frederic G. Kenyon, *Our Bible and the ancient manuscripts*, p. 129. Cf. Metzger, *The text of the New Testament*, p. 49.

18. Codex Alexandrinus aberto em 2Pedro 3 (com permissão da British Library).

19. Papiro 1532. Esse fragmento do século 3 mostra Hebreus 12.1-11 (com permissão da British Library).

um velino muito fino e estão divididas em seções marcadas por letras grandes. O Codex Alexandrinus pertence à National Library of the British Museum. O texto é de qualidade variada. Os Evangelhos são o exemplo mais antigo do Texto Bizantino, que é geralmente considerado inferior. O restante do Novo Testamento, que provavelmente foi copiado de uma fonte diferente, situa-se ao lado de ℵ e BT como representante do tipo de texto Alexandrino.[20]

Codex Ephraemi Rescriptus (C) (c. 345)

O Codex Ephraemi Rescriptus tem origem provável em Alexandria, no Egito. Foi levado à Itália por John Lascaris em torno de 1500 e adquirido posteriormente por Pietro Strozzi. Catarina de Médici, uma italiana que foi esposa e mãe de reis franceses, o adquiriu por volta de 1533. Com sua morte, o manuscrito foi levado para a Bibliothèque Nationale de Paris, onde permanece até hoje. Falta a maior parte do Antigo Testamento nesse códice, com exceção de partes de Jó, Provérbios, Eclesiastes, Cântico dos Cânticos e dois livros apócrifos: Sabedoria de Salomão e Eclesiástico. Falta no Novo Testamento 2Tessalonicenses, 2João

---

[20] Cf. Metzger, *The text of the New Testament*, p. 47, 49.

e partes de outros livros.[21] O manuscrito é um *palimpsesto* (raspado, apagado) *rescriptus* (reescrito). Continha primeiramente o Antigo e o Novo Testamentos, que foram, porém, apagados por Ephraem, que escreveu seus sermões nas folhas. Por meio de reativação química, Tischendorf conseguiu decifrar a escrita quase invisível.[22] Sobreviveram apenas 209 folhas: 64 do Antigo Testamento e 145 (de um original de 238) do Novo Testamento. As páginas medem 24 cm por 31 cm com uma coluna de 40 a 46 linhas (geralmente 41). Localizado na Bibliothèque Nationale, em Paris, C é constituído dos principais tipos textuais, concordando frequentemente com a família Bizantina de qualidade inferior. O manuscrito foi corrigido por dois escribas em textos assinalados como C^2 ou C^b (Palestina do séc. 6) e C^3 ou C^c (Constantinopla do séc. 9).

Codex Bezae (D [Codex Cantabrigiensis]) (c. 450 ou c. 550)

Esse é o manuscrito bilíngue mais antigo que se conhece do Novo Testamento. Foi escrito em grego e latim e pode ter se originado do sul da Gália (França) ou do norte da Itália. Foi descoberto em 1562 por Théodore de Bèze (Beza), teólogo francês, no Monastério de Santo Ireneu, em Lyon, França. Em 1581, Beza o deu à Cambridge University. Esse manuscrito contém os quatro Evangelhos, Atos e 3João 11-15 com indicações de variações de outros manuscritos. As omissões em grego compreendem Mateus 1.1-20; 6.20—9.2; 27.2-12; João 1.16—3.26; Atos 8.29—10.14; 21.2-10,15-18; 22.10-20 e 22.29—28.31. Textos que não constam em latim: Mateus 1.1-11; 6.8—8.27; 26.65—27.1; 1João 1.1—3.16; Atos 8.20—10.4; 20.31—21.2; 21.7-10; 22.2-10 e 22.20—28.31. O códice tem 406 folhas (de 20 cm por 25 cm) com uma coluna de 33 linhas por página. O texto grego aparece na página da esquerda, e o latino, na página da direita. A ordem dos livros é a seguinte: Mateus, João, Lucas, Marcos etc. A passagem de 3João 11-15 só aparece na versão latina. Em cada um dos livros, as três primeiras linhas estão em tinta vermelha. O manuscrito encontra-se na Cambridge University Library. Os Evangelhos são de tipo Ocidental, mas, ressalta Metzger, "nenhum manuscrito tem tantas variações notáveis do que geralmente é considerado o texto normal do Novo Testamento".[23]

---

[21] F. H. A. Scrivener, *A plain introduction to the criticism of the New Testament*, 1:121, traz a lista detalhada.

[22] Para a correção da edição de Tischendorf (Leipzig, 1843), veja Robert W. Lyon, "Re-examination of Codex Ephraemi Rescriptus", p. 266-72.

[23] Metzger, *The text of the New Testament*, p. 50. Veja a análise no cap. 26.

Codex Claromontanus (D² ou D^{p2})[24] (c. 550)

O Codex Claromontanus é um complemento do século 6 de D contendo boa parte do Novo Testamento que falta ao Codex Bezae. D² parece ter se originado na Itália ou na Sardenha.[25] Foi designado com base em um monastério de Clermont, na França, onde foi encontrado por Beza. Depois de sua morte, o códice pertenceu a várias pessoas. Por fim, o rei Luís XIV o comprou para a Bibliothèque Nationale de Paris em 1656. Tischendorf o editou integralmente em 1852. Constam desse códice todas as cartas de Paulo e Hebreus, embora Romanos 1.1-7,27-30 e 1Coríntios 14.13-22 estejam ausentes do texto grego, e 1Coríntios 14.8-18 e Hebreus 13.21-23 estejam ausentes do texto em latim. A exemplo de D, D² é um manuscrito bilíngue com 533 páginas de 17 cm por 22 cm. Foi redigido numa única coluna de 21 linhas. Apresenta uma escrita artística sobre velino fino de alta qualidade. O grego é bom, mas o latim é gramaticalmente sofrível em alguns trechos. O manuscrito se encontra na Bibliothèque Nationale de Paris. O D² é nitidamente Ocidental, embora as variantes textuais nas cartas não sejam tão marcantes quanto as dos Evangelhos e Atos.

Codex Basilensis (E)

Esse é um manuscrito do século 8 dos quatro Evangelhos em 318 folhas. Está localizado atualmente na biblioteca da Universidade de Basileia, na Suíça, e tem um texto do tipo Bizantino.

Codex Laudianus 35 (E² ou E^a)

Esse códice é de fins do século 6 ou início do século 7. Constam dele o livro de Atos tanto em grego quanto em latim organizado em linhas muito curtas de uma a três palavras. O tipo de texto é misto, às vezes concordando com D, porém mais frequentemente com a família Bizantina.[26] É o mais antigo manuscrito que se conhece que contém Atos 8.37.

Codex Sangermanensis (E³ ou E^p)

Cópia do século 9 de D² em grego e latim e, portanto, sem valor independente para o crítico textual.

---

[24] D^{p2} significa D^{Paulo} porque complementa D com as cartas paulinas.

[25] Kenyon, *Our Bible and the ancient manuscripts*, p. 207-8. Veja tb. Alexander Souter, *The text and canon of the New Testament*, p. 28.

[26] Constantin Tischendorf o editou em 1870.

Codex Boreelianus (F)
O Codex Boreelianus contém os quatro Evangelhos, data do século 9, e seu tipo de texto é tipicamente Bizantino. Está localizado em Utrecht.

Codex Augiensis (F² ou Fᵖ)
Manuscrito do século 9 das cartas paulinas em grego e latim (com vastas omissões), porém Hebreus está somente em latim. Está localizado atualmente no Trinity College, em Cambridge. O texto é Ocidental e foi publicado por F. H. A. Scrivener, em 1859.

Codex Wolfii A (G)
Também chamado de Codex Harleianus, esse códice é do século 10. Contém os quatro Evangelhos com muitas lacunas (omissões).

Codex Boernerianus (G³ ou Gᵖ)
Do século 9, esse códice contém as cartas de Paulo em grego com uma tradução literal em latim entre as linhas (interlinear). Tem o nome, mas não a narrativa do apócrifo Carta aos Laodicenses. O texto é bastante próximo de F². Possivelmente de origem irlandesa e, ao que tudo indica, fazia parte do mesmo códice que Δ (veja Codex Sangallensis).

Codex Wolfii B (H)
Esse códice traz os quatro Evangelhos com muitas lacunas. É datado do século 9 ou 10 e está localizado atualmente na Public Library, Hamburgo. O texto é Bizantino.

Codex Mutinensis (H² ou Hᵃ)
Essa é uma cópia do século 9 de Atos (faltam sete capítulos) localizada atualmente na Grand Ducal Library, em Modena, na Itália. O texto é Bizantino.

Codex Coislinianus (H³ ou Hᵖ)
Esse é um códice importante das cartas paulinas datado do século 6. As 43 folhas hoje conhecidas estão divididas entre as bibliotecas de Paris, Leningrado, Moscou, Kiev, Turim e Monte Athos. O texto é Alexandrino.

Codex Washingtonianus II (I)
O Codex Washingtonianus é um manuscrito das cartas paulinas da Freer Collection da Smithsonian Institution. Do total de 210 folhas, restam 84. O códice é datado do século 5 ou 6 e tem porções de todas as cartas de Paulo e Hebreus, exceto Romanos. O texto é um bom representante da família Alexandrina, concordando mais de perto com ℵ e A do que com B.

Codex Cyprius (K)
Essa é uma cópia completa do século 9 ou 10 dos Evangelhos com um texto tipicamente Bizantino.

Codex Mosquensis (K² ou K^ap)
Códice do século 9 ou 10 contendo Atos, as Cartas Gerais, as cartas paulinas e Hebreus. O texto é uma forma de texto-I de Von Soden (veja o cap. 26).

Codex Regius (L)
O Codex Regius, do século 8, contém os Evangelhos. Está mal redigido, mas é um tipo de texto bom concordando com frequência com B. Sua característica singular é a presença de duas conclusões para o Evangelho de Marcos. A primeira é mais curta:

> Porém elas [as mulheres] relataram sucintamente a Pedro e aos que estavam com ele tudo o que lhes havia sido dito. E, depois disso, o próprio Jesus expediu por meio delas, de leste a oeste, a sagrada e imperecível proclamação da salvação eterna.[27]

A segunda conclusão consiste nos versículos tradicionais de 9 a 20 encontrados na King James Version e na *New King James Version* (veja a análise nos caps. 26 e 32).

Codex Angelicus (L² ou L^ap)
Esse códice é uma cópia do século 9, de Atos, das Cartas Gerais e das cartas paulinas. O tipo de texto é Bizantino.

---

[27] Cf. tradução da *Revised Standard Version* na nota sobre Marcos 16.8. Veja a análise no capítulo 26. Veja tb. os capítulos 31 e 32 para traduções em linguagem moderna dessas passagens.

Codex Pampianus (M)
Esse códice contém os quatro Evangelhos. É um Texto Bizantino do século 9 entremeado de texto Cesareiano.

Codex Purpureus Petropolitanus (N)
Esse códice, escrito no século 6 em letras de prata sobre velino de cor púrpura, é um pergaminho de luxo dos Evangelhos. Das 462 folhas originais, cerca de 230 folhas conhecidas estão espalhadas pelo mundo. O texto é predominantemente Bizantino, embora B. H. Streeter o considere um membro frágil da família Cesareiana.[28]

Codex Sinopensis (O)
O Codex Sinopensis é outra edição de luxo dos Evangelhos do século 6 redigido com tinta ouro sobre velino de cor púrpura. Está localizado na Bibliothèque Nationale de Paris. Contém 43 folhas de Mateus 13—24 e cinco folhas menores em texto de tipo Cesareiano.

Codex Porphyrianus (P^2 ou P^{apr})
Esse é um dos poucos manuscritos unciais que contém o livro de Apocalipse. Contém ainda o livro de Atos e as Cartas Gerais e paulinas. Contudo, há omissões. O texto está em coiné (Bizantino), com variantes esporádicas em I (Ocidental) em Atos e Alexandrino em outros livros. Está localizado atualmente em São Petersburgo.

Codex Nitriensis (R)
Esse códice, localizado atualmente no British Museum, é um palimpsesto de Lucas do século 6 sobre o qual foi escrito um tratado de Severus de Antioquia no século 8 ou século 9. Contém ainda quatro mil linhas da *Ilíada*, de Homero. O texto é de tipo Ocidental.

Codex Vaticanus 354 (S)
Esse é um dos manuscritos mais antigos dos Evangelhos com datação própria: 949 d.C. Está localizado na biblioteca do Vaticano (n. 354), e o texto é Bizantino.

---

[28] B. H. Streeter, "Codices 157, 1071 and the Caesarean text", in: *Quantulacumque, Studies presented to Kirsopp Lake* (1937), p. 149-50.

Codex Borgianus (T)
Esse é um fragmento do século 5 de Lucas 22 e 23 e João 6—8. O texto é muito similar a B.

Codex Mosquensis (V)
Hoje em Moscou, esse códice é uma cópia quase completa dos quatro Evangelhos do século 8 ou 9. O manuscrito está em unciais até João 8.39, onde muda para minúsculos do século 13. O tipo de texto é Bizantino.

Codex Washingtonianus I (W)
Esse códice é datado do século 4 ou do início do século 5. Foi comprado por Charles F. Freer de Detroit em 1906 de um comerciante do Cairo, no Egito. O professor H. A. Sanders, da Universidade de Michigan, o editou entre 1910 e 1918. O manuscrito contém os quatro Evangelhos, partes de todas as cartas paulinas, exceto Romanos, Hebreus, Deuteronômio, Josué e Salmos. As partes que faltam no códice são Marcos 15.13-38; João 14.25—16.7; algumas cartas de Paulo; Deuteronômio 5.16—6.18; Josué 3.3—4.10 e alguns salmos. O manuscrito dos Evangelhos tem 187 folhas, 374 páginas de velino de boa qualidade. Cada página (14,80 cm por 20,95 cm) tem uma coluna de trinta linhas redigida com pequenos unciais inclinados escritos de forma bastante nítida. Os Evangelhos desse códice são Mateus, João, Lucas e Marcos, nessa ordem. Marcos aparece com a conclusão longa (16.9-20). Contudo, uma inserção digna de nota segue-se a Marcos 16.14:

> E eles se desculparam, dizendo: "Esta era sem lei e sem fé está sob Satanás, que não permite que a verdade e o poder de Deus prevaleçam sobre as coisas impuras dos espíritos. Portanto, revela tua justiça agora" — e assim falavam de Cristo. E Cristo respondeu a eles: "O número de anos de poder de Satanás já se cumpriu, mas outras coisas terríveis se aproximam. E para aqueles que pecaram é que fui entregue à morte, para que possam retornar à glória incorruptível da justiça que está no céu".[29]

O manuscrito de Deuteronômio e de Josué tem 102 folhas (de 26 cm por 31 cm), duas colunas por página e está escrito sobre velino espesso. O manuscrito

---

[29] Cf. citado em Metzger, *The text of the New Testament*, p. 54. Veja tb. Bruce M. Metzger, *A textual commentary on the Greek New Testament*, p. 122-8.

mutilado de Salmos tem porções de 107 folhas que, no primeiro momento, mediam 27 cm por 35 cm, escritas em colunas únicas. Esse códice está localizado no Smithsonian Institution em Washington, D.C. O tipo de texto é misteriosamente Misto, como se tivesse sido compilado de vários manuscritos de diferentes famílias. Mateus e Lucas 8.13—24.25 são Bizantinos, porém Marcos 1.1—5.30 é Ocidental e lembra o latim antigo. Marcos 5.31—16.20 é Cesareiano, como o P[45], ao passo que Lucas 1.1—8.12 e João 5.12—21.25 são Alexandrinos. João 1.1—5.11, que foi acrescentado no século 7, é uma mistura de tipos Alexandrino e Ocidental.

Codex Dubliensis (Z [Zeta])
Esse é um palimpsesto de 299 versículos de Mateus do século 5 ou 6 e concorda principalmente com ℵ.

Codex Sangallensis (Δ [Delta])
Esse códice é um manuscrito interlinear grego-latino do século 9 dos quatro Evangelhos (o trecho de Jo 19.17-35 está faltando). Concorda com o Texto Alexandrino de Marcos e com o Bizantino no restante.

Codex Koridethi (Θ [Teta])
Essa é uma cópia dos Evangelhos do século 9. É bem parecida com o Texto Bizantino de Mateus, Lucas e João. Marcos, porém, é parecido com o texto do século 3 ou 4 usado por Orígenes e Eusébio de Cesareia.

Codex Tischendorfianus III (Λ [Lâmbda])
Esse códice contém o texto de Lucas e de João e é do tipo Bizantino. Este manuscrito Λ, do século 9, está localizado em Oxford.

Codex Zacynthius (Ξ [Xi])
Esse é um palimpsesto do século 12 ou 13 que preserva a maior parte de Lucas 1.1—11.33. O tipo de texto é Alexandrino similar a B e é o manuscrito mais antigo que se conhece do Novo Testamento com um comentário na margem.

Codex Petropolitanus (Π [Pi])
Essa é uma cópia quase completa dos quatro Evangelhos. Com um texto de tipo Bizantino, ele lidera uma subdivisão de uma família semelhante a A.

Codex Rossanensis (Σ [Sigma])
Essa é uma cópia do século 6 de Mateus e Marcos. É a Bíblia mais antiga que se conhece adornada com imagens de aquarela. O texto concorda com frequência com o Bizantino, mas tem certas variantes Cesareianas.

Codex Beratinus (Φ [Fi])
Essa é outra edição de luxo do século 6 contendo Mateus e Marcos (com grandes lacunas). É um tipo textual misto (coiné, Ocidental e Cesareiano).

Codex Athous Laurae (Ψ [Psi])
Esse é um manuscrito do século 8 ou 9 contendo os Evangelhos de Marcos 9 em diante, Atos, as Cartas Gerais, cartas paulinas e Hebreus. O final de Marcos é o mesmo de L. O texto é principalmente Bizantino com algumas porções Alexandrinas.

Codex Athous Dionysiou (Ω [Omega])
Esse códice é datado do século 8 ou 9 e é uma cópia praticamente completa dos quatro Evangelhos. É um dos exemplos mais antigos do Texto Bizantino.

Há 362 manuscritos unciais de seções do Novo Testamento, dos quais somente os mais importantes foram arrolados aqui, bem como 245 lecionários unciais. Os manuscritos unciais mais importantes são: ℵ, B, A e C, nenhum dos quais estava disponível aos tradutores da King James Version. O único grande manuscrito uncial disponível em 1611 era o D, que foi usado apenas superficialmente na preparação da King James Version (KJV). Esse fato por si só mostrou a necessidade de uma Versão Revisada baseada em manuscritos mais antigos e melhores muito antes que isso por sinal fosse feito.

Manuscritos minúsculos (sécs. 9-15)

Como indicam suas datas, a maior parte dos manuscritos minúsculos não têm a mesma alta qualidade dos unciais mais antigos. Contudo, esse nem sempre é o caso, porque alguns minúsculos são cópias tardias de textos bons e antigos. Eles são importantes principalmente por causa do destaque que dão às famílias textuais (veja a análise sobre famílias textuais nos caps. 25–26), e não na grande quantidade disponível, uma vez que há cerca de 2.795 textos e 1.964 lecionários minúsculos. Segundo Metzger: "Do total de manuscritos minúsculos existente, somente em 34 o Novo Testamento está completo e sem lacunas. A classificação desses manuscritos por século mostra que catorze deles pertencem ao século 14".[30] Em suma, há 362 manuscritos e 245 lecionários em escrita uncial, 2.795 manuscritos e 1.964 lecionários em escrita minúscula, totalizando 5.366 partes oficialmente catalogadas do Novo Testamento grego (veja a comparação e o quadro no final deste capítulo: "História do texto do Novo Testamento").

A família Alexandrina

Essa família está representada pelo manuscrito 33, a "Rainha das cursivas", que remonta ao século 9 ou, possivelmente, ao século 10. Contém todo o Novo Testamento, exceto Apocalipse, e está localizado atualmente na Bibliothèque Nationale de Paris. Embora seja predominantemente de tipo de texto Alexandrino, revela traços do tipo Bizantino em Atos e nas cartas paulinas.

O tipo de texto Cesareiano

Alguns estudiosos identificam um tipo de texto "Cesareiano" em alguns manuscritos dos Evangelhos. Ele é encontrado em P^{45}, W, Θ, família 1, família 13 e citações de Marcos em Orígenes.[31] Embora a família 1 contenha os manuscritos 1, 118, 131 e 209, todos os quais datados dos séculos 12 a 14, uma análise de Marcos revela um tipo textual similar a Θ, família 13 e citações de Orígenes. Portanto, remete ao Texto Cesareiano dos séculos 3 e 4.

Uma subfamília italiana do tipo Cesareano

Essa família está representada por cerca de uma dezena de manuscritos conhecidos como família 13 (que inclui o 13, 69, 124, 230, 346, 543, 788, 826, 828, 983, 1689 e 1709).[32] Esses manuscritos foram copiados entre os séculos 11 e 15. Uma de suas características interessantes é que eles contêm a seção sobre a mulher adúltera (Jo 7.53—8.11) seguindo Lucas 21.38, e não depois de João 7.52.

Manuscrito 28. Essa é uma cópia do século 11 dos Evangelhos com diversas variantes textuais notáveis, especialmente em Marcos, em que o texto segue o tipo Cesareiano.

---

[30] Metzger, *Manuscripts of the Greek Bible*, p. 54. Veja acima, nota 6.

[31] Veja Gordon Fee, "The textual criticism of the New Testament", p. 424.

[32] Acreditava-se que os primeiros quatro manuscritos dessa lista tinham o tipo de texto "siríaco". Cf. Kenyon, *Our Bible and the ancient manuscripts*, p. 153.

Manuscrito 61. Contém todo o Novo Testamento e remonta ao fim do século 15 ou início do 16. Foi o primeiro manuscrito encontrado que contém 1João 5.7, o único embasamento que levou Erasmo a inserir essa passagem duvidosa em seu Novo Testamento grego em 1516.

Manuscrito 69. Contém o Novo Testamento inteiro e é datado do século 15. É um membro importante da família 13.

Manuscrito 81. Foi escrito em 1044 d.C. e é um dos mais importantes de todos os minúsculos. Seu texto em Atos concorda frequentemente com o texto de tipo Alexandrino.

Manuscrito 157.[33] Esse é um códice do século 12 dos Evangelhos e segue o tipo Cesareiano.

Manuscrito 383. Esse códice do século 13 de Atos e das cartas tem o tipo de texto Ocidental em Atos.

Manuscrito 565. Esse é um dos mais belos de todos os manuscritos conhecidos. Contém todos os Evangelhos sobre velino de cor púrpura em letras douradas. Marcos é muito próximo de Θ em respaldo ao Texto Cesareiano.

Manuscritos 579. Essa é uma cópia dos Evangelhos do século 13. Mateus pertence ao grupo Bizantino tardio, ao passo que os demais Evangelhos pertencem a um bom Texto Alexandrino, concordando com frequência com B, ℵ e L.

Manuscrito 614. Essa é uma cópia do século 13 de Atos e das cartas com grande número de variantes textuais pré-Bizantinas. Boa parte dessas variantes textuais concorda com o tipo de texto Ocidental.

Manuscrito 700. Esse é um códice do século 11 ou 12, notável por suas variantes textuais divergentes. Há cerca de 2.724 desvios do Texto Recebido e cerca de 270 não encontrados em qualquer outro manuscrito.[34]

Manuscrito 892. Esse é um códice dos Evangelhos do século 9 ou 10 com variantes textuais notáveis de um tipo antigo (Alexandrino).

Manuscrito 1.241. Contém todo o Novo Testamento, exceto Apocalipse. É datado do século 13, e o texto concorda com frequência com C, L, Δ, Ψ e 33.

Manuscrito 1.224. Contém todo o Novo Testamento e é datado do século 9 ou 10. Abriga uma série de membros na família 1.224 que dá testemunho acerca do Texto Cesareiano.

---

[33] Um colofão encontrado em A, 20, 164, 215, 262, 300, 376, 428, 565, 686, 718 e 1071 informa que foram copiados e corrigidos "com base em manuscritos antigos de Jerusalém". Esse documento é conhecido como o "colofão de Jerusalém"; veja *Journal of Theological Studies* 14 (1913): 78ss., 242ss., 359ss.

[34] Metzger, *The text of the New Testament*, p. 64.

Manuscrito 1.739. Esse é um códice muito importante do século 10 baseado diretamente no tipo de manuscrito Alexandrino do século 4. Apresenta notas nas margens tiradas dos escritos de Ireneu, Clemente, Orígenes, Eusébio e Basílio.

Manuscrito 2.053. Essa é uma cópia de Apocalipse do século 13. Juntamente com os códices A, C e 2.344, é uma das melhores fontes para o texto de Apocalipse.

Manuscrito 2.344. Esse é um códice do Novo Testamento do século 11, menos os Evangelhos e partes do Antigo Testamento. Concorda frequentemente com o Manuscrito 2.053.

Resumo e conclusão

Embora haja muitas variantes textuais nos manuscritos do Novo Testamento (veja o cap. 25), são muitos os manuscritos disponíveis para comparação e correlação dessas variantes que nos permitem chegar ao texto correto. Esse processo é explicado no capítulo 26. Basta lembrar a esta altura que, embora haja apenas 643 manuscritos para a reconstrução da *Ilíada*, 9 ou 10 bons manuscritos para a *Guerra Gálica* de César, 20 manuscritos importantes para a *História de Roma*, de Tito Lívio, e apenas 2 pelos quais o mundo contemporâneo conhece Tácito, há o testemunho de 5.366 manuscritos gregos que confirmam parte ou o texto inteiro do Novo Testamento.[35]

Além disso, o intervalo de tempo entre a composição original e a cópia manuscrita mais antiga é muito significativo. O manuscrito mais antigo da *Guerra Gálica* é de aproximadamente novecentos anos depois dos dias de César. Os dois manuscritos de Tácito disponíveis são oito ou dez séculos mais antigos do que o original. No caso de Tucídides e de Heródoto, o manuscrito mais antigo é datado de aproximadamente 1.300 anos depois dos respectivos autógrafos. O caso é muito diferente com o Novo Testamento.[36] Além dos manuscritos completos que distam somente trezentos anos dos originais (B, ℵ), a maior parte do Novo Testamento está preservada em manuscritos com menos de duzentos anos em relação aos originais (P^{45}, P^{46}, P^{47}), alguns livros do Novo Testamento são datados de pouco mais de cem anos depois de sua

---

[35] Veja a análise prévia e a nota 6.
[36] Sobre esse ponto, compare com o excelente pequeno livro de F. F. Bruce, *The New Testament documents, are they reliable?*, p. 16-20 [edição em português: *Merece confiança o Novo Testamento?*, 3. ed. rev. (São Paulo: Vida Nova, 2010)].

composição (P^{66}) e um fragmento (P^{52}) é datado no prazo de uma geração a partir do século 1.

O quadro "Confiabilidade dos documentos do Novo Testamento" mostra comparativamente a fidelidade do Novo Testamento. Não há somente milhares de manuscritos e porções a mais do Novo Testamento em relação a outros livros antigos, como também as porções dos manuscritos mais antigos do Novo Testamento são séculos mais antigas. Consequentemente, o Novo Testamento original pode ser reconstruído com um grau maior de precisão do que outros livros antigos. A evidência a favor do Novo Testamento é tão clara que um estudioso do porte de Sir Frederic Kenyon escreveu:

> O intervalo, portanto, entre as datas da composição original e a evidência mais antiga existente se torna tão pequena que é, a bem da verdade, desprezível, e a última base para qualquer dúvida que ainda restava de que as Escrituras tenham chegado até nós substancialmente da forma que foram escritas foi removida. Podemos considerar como finalmente estabelecidas tanto a *autenticidade* quanto a *fidelidade geral* dos livros do Novo Testamento.[37]

Acrescente-se à sua proximidade com os autógrafos não somente a multiplicidade dos manuscritos do Novo Testamento, mas também as inúmeras citações feitas pelos pais da igreja antiga (cap. 24) e a pluralidade de versões antigas (caps. 27–29), e, sem entrar no processo mecânico pelo qual o caráter do texto do Novo Testamento foi estabelecido (caps. 25–26), pode-se compreender imediatamente por que nenhum livro do mundo antigo chegou a nós com evidências mais abundantes de sua integridade do que o Novo Testamento.

---

[37] Sir Frederick G. Kenyon, *The Bible and archaeology*, p. 288s.

HISTÓRIA DO TEXTO DO NOVO TESTAMENTO

Data	Manuscritos gregos	Versões e traduções[a]
50 d.C.		
100 d.C. (c. 117-138)	Redação dos manuscritos originais p52 1.º ms existente [João 18.31-33, 37,38]	
200 d.C. Décio (c. 250)	p32 p45 p46 p47 p64 p66 p67 p75 [mss em papiro] [Perseguição – mss destruídos]	Início das versões copta, siríaca e ítala [os mss aparecem mais tarde] S[d] V[f] I[b] C[c] Arm[g] Geo[h]
300 d.C. Diocleciano (c. 302) Concílio de Niceia (325)	[Perseguição – mss destruídos] [Eusébio recebe ordem de fazer cinquenta cópias] Mss em papiro [a maior parte de tipo Alexandrino, alguns Ocidentais] ℵ , B [códices unciais; Alexandrinos]	G[e]
400 d.C.	C [códice uncial eclético; alguns de tipo Bizantino] A [códice uncial; Alexandrino] D [códice uncial; Ocidental] l 1053¹ [lecionário mais antigo]	E[j]
500 d.C.	N [códice uncial; Bizantino] A maior parte dos unciais	
600 d.C.		
700 d.C.		Ara[k] A-S[l]

História do Texto do Novo Testamento (continuação)

Data	Manuscritos gregos	Versões e traduções[a]
800 d.C.	Ψ [uncial; Bizantino, alguns Alexandrinos] 33 [minúsculos; mistura de Alexandrino e Bizantino] K, M [unciais; Bizantino]	
900 d.C.	Maior parte de minúsculos [80% Bizantino]	Maior parte de lecionários [maior parte Bizantino]
1000 d.C.	S [uncial; Bizantino]	
1100 d.C.	Família 1, 13 [evidência de Texto Cesareiano sécs. 3-4]	
1200 d.C.		

a. Veja a análise das versões, traduções etc. nos caps. 27, 28, 29 e 30. Veja tb. Bruce M. Metzger, *The early versions of the New Testament*, e Darrell L. Bock, "Textual criticism notes".

b. As versões coptas apareceram nos séculos 3 e 4 nos dialetos saídico, boaírico, faiúmico, acmímico e subacmímico.

c. As versões ítala e latim antigo apareceram durante o século 2 ao século 4 antes de serem substituídas pela Vulgata de Jerônimo. Os manuscritos mais antigos neste caso são a Ítala[a] (séc. 4) e a Ítala[k] (sécs. 4 ou 5).

d. As versões siríacas começaram a aparecer do século 4 ao século 7, primeiro em siríaco antigo e depois em Peshitta e siríaco tardio.

e. A versão da Vulgata de Jerônimo tornou-se o texto dominante da Bíblia na igreja ocidental durante os séculos 4 e 5. Atualmente, há mais de oito mil manuscritos da Vulgata.

f. A versão gótica (o manuscrito mais antigo é do séc. 4; outros prosseguem pelos sécs. 5–6).

g. A versão armênia foi traduzida da versão siríaca antiga.

h. A versão georgiana foi traduzida da versão armênia.

i. O lecionário mais antigo (séc. 5).

j. A versão etíope foi traduzida por causa da controvérsia monofisita (sécs. 5–6).

k. A versão árabe surgiu de traduções mais antigas, seguindo a ascensão do islã no século 7.

l. As versões anglo-saxãs basearam-se nas versões do latim antigo e na Vulgata. Para traduções da Bíblia em inglês, veja os caps. 30–32 e o Apêndice.

Confiabilidade dos documentos do Novo Testamento

Autor/livro	Data de redação	Cópias mais antigas	Intervalo de tempo	Número de cópias	Percentual de precisão
Hindu *Mahābhārata*	Séc. 13 a.C.				90%
Homero, *Ilíada*	800 a.C.			643	95%
Heródoto, *História*	480-425 a.C.	c. 900 d.C.	c. 1.350 anos	8	?
Tucídides, *História*	460-400 a.C.	c. 900 d.C.	c. 1.300 anos	8	?
Platão	400 a.C.	c. 900 d.C.	c. 1.300 anos	7	?
Demóstenes	300 a.C.	c. 1100 d.C.	c. 1.400 anos	200	?
César, *Guerra Gálica*	100-44 a.C.	c. 900 d.C.	c. 1.000 anos	10	?
Lívio, *História de Roma*	59 a.C.-17 d.C.	Séc. 4 (parcial) maior parte séc. 10	c. 400 anos c. 1.000 anos	1 parcial 19 cópias	?
Tácito, *Anais*	100 d.C.	c. 1100 d.C.	c. 1.000 anos	20	?
Plínio Segundo, *História natural*	61-113 d.C.	c. 850	c. 750 anos	7	?
Novo Testamento	50-100 d.C.	c. 114 (fragmento) c. 200 (livros) c. 250 (maior parte do NT) c. 325 (NT completo)	+/- 50 anos 100 anos 150 anos 225 anos	5.366	99%+

23
Papiros, óstracos, inscrições e lecionários

A transmissão do texto do Novo Testamento pode ser rastreada de maneira bastante clara e completa a partir dos séculos 2 e 3 até os tempos atuais graças aos importantes manuscritos bíblicos (veja o cap. 22). Embora a evidência textual que liga esses manuscritos ao século 1 seja escassa, consistindo em uns poucos fragmentos como o P^{52} e algumas citações dos pais apostólicos, há evidências de que o tipo de grego (i.e., vocabulário, gramática, estilo etc.) representado pelo Novo Testamento é o do século 1. Essa tese é respaldada por papiros e óstracos descobertos em Oxirrinco e em outras partes do Egito desde 1896.

PAPIROS NÃO BÍBLICOS

A memorável descoberta de papiros, óstracos e inscrições transformaria a compreensão do mundo sobre os antecedentes do Novo Testamento. Ela fez também com que o Novo Testamento fosse compreendido como um livro do homem comum do século 1, e não um escrito particularmente misterioso repassado ao homem em uma linguagem do "Espírito Santo". Vários estudiosos se destacam nessa tarefa monumental de reclassificação: James Hope Moulton na Inglaterra (veja J. H. Moulton; G. Milligan, *Vocabulary of the Greek: illustrated from the papyri and other non-literary sources*, 1914-1929); Archibald T. Robertson nos Estados Unidos (veja A. T. Robertson, *A grammar of the Greek New Testament in the light of historical research*) e Adolf Deissmann na Alemanha, que apresentou os resultados de sua obra em *Light from the Ancient East*.[1] As obras desses homens e de outros apontam, sem dúvida, para a conclusão de que o Novo Testamento não foi escrito como literatura clássica, tampouco numa linguagem

---

[1] A não ser com indicação em contrário, o conteúdo factual deste capítulo baseia-se na obra monumental de Adolf Deissmann, *Light from the Ancient East*.

especial do "Espírito Santo". Ele é um exemplo lúcido da linguagem coloquial do século 1: o grego coiné.

Descobertas que influenciam a linguagem do Novo Testamento

São muitas as evidências de que o Novo Testamento não foi escrito numa "língua perfeita", conforme defendiam alguns pais latinos. Podemos citar exemplos de papiros não literários de diversas áreas para demonstrar que o Novo Testamento é, na verdade, um registro escrito em grego coloquial tardio.

Fonologia. Sem que tenhamos de entrar nas questiúnculas fonológicas dos papiros, bastará mencionar aqui que a mesma pronúncia e inflexões encontrados no Novo Testamento (que diferem do grego clássico), que antes se acreditava ser um fenômeno especial do "Novo Testamento" ou do "grego bíblico", são encontrados de forma abundante nos papiros.[2] As evidências são tão vastas, afirma Deissmann, "que é impossível continuar a ignorar a identidade morfológica da 'língua do Novo Testamento' com a língua coloquial helenística".[3]

Vocabulário. O campo da linguística tem evidências de sobra que confirmam a tese de que o Novo Testamento, conhecido com base nos manuscritos dos séculos 2 e 3, foi obra de autores do século 1. Havia antigamente cerca de 550 palavras que se julgava serem "bíblicas", isto é, exclusivas da LXX e do Novo Testamento. A lista caiu para cerca de cinquenta (1% do Novo Testamento) desde a descoberta dos papiros. Por causa dessa evidência, Deissmann conclui: "a menos que uma palavra seja reconhecida como cristã ou judaica imediatamente, devemos considerá-la um termo grego comum até que se prove o contrário". Ele cita, então, dois exemplos para exemplificar seu argumento: *agapē* (amor) e *apokalupsis* (desvelamento). O primeiro é um termo tipicamente "bíblico", ao passo que o segundo foi erroneamente circunscrito à Bíblia por Jerônimo, embora Plutarco (46-125 d.C.) o tenha usado.[4] Graças aos papiros, porém, sabemos que se trata de termos comuns também na literatura secular. Na verdade, *agapē* é um termo encontrado na oração de um devoto à deusa Ísis. Não há dúvida de que o Novo Testamento adotou e modificou o sentido dessas

---

[2] De acordo com Deissmann, duas obras clássicas sobre esse aspecto do grego coiné são Winer, *A grammar of the idiom of the New Testament Greek*, e Karl Dietrich, *Researches on the history of the Greek language from the Hellenistic period to the tenth century A.D.*

[3] Deissmann, p. 73.

[4] Ibidem, p. 78.

palavras, porém elas não foram criadas pelos autores do Novo Testamento. Eram termos comuns, palavras correntes na cultura do século 1.[5]

Sintaxe. Foram encontradas nos papiros várias expressões que antes se acreditava que se tratavam de "hebraísmos". Por exemplo, *blepein apo* (tome cuidado com) e *duo duo* (dois por dois). *Pleres* (cheio), que antes se acreditava que era o nominativo para o Espírito Santo, com base em João 1.14,[6] tem seu paralelo nos papiros juntamente com muitos outros.[7]

Estilo. O estilo de João, em que predomina a parataxe, diferencia-se por configurar um caso representativo do seu estilo, uma vez que é com frequência considerado semítico. Construções do tipo "eu sou" e até os "e [...] e" têm paralelos no papiro de Faium de número 108,[8] na inscrição de Asclépio em Roma e em muitos outros. Portanto, até mesmo o estilo de João pode não ser tão semita quanto se imaginava.

O veredito, portanto, da filologia histórica baseada em textos não literários da época é que "nos livros sagrados há tantos registros do grego popular em graus variados" que "de modo geral, o Novo Testamento é um livro do povo".[9]

Descobertas que influenciam o Novo Testamento como literatura

O Novo Testamento foi "algo escrito em forma pública com contornos artísticos" ou foi ele "produto da vida, e não da arte", sendo literatura somente em sentido secundário? Para responder a essa pergunta, os papiros e cartas escritos sobre outros materiais proporcionam numerosas amostras da correspondência "diária" e outros escritos não literários do século 1 ou de antes dele.

Tablete de chumbo de Chaidari, nas imediações de Atenas. Essa é a carta grega mais antiga que se conhece e data do século 3 ou 4 a.C. Uma característica notável dessa carta é sua forma epistolar. Ela mostra que a introdução [*praescript*] não faz parte do endereço; este era escrito do lado de fora depois que o tablete era dobrado. De acordo com Deissmann, esse também era, sem dúvida alguma, o caso das cartas de Paulo.

---

[5] Ibidem, p. 707.

[6] O adjetivo *pleres* em João 1.14, "cheio de graça e de verdade", parece estar no caso nominativo, ao passo que deveria estar no genitivo para concordar com *tēn doxan autou*, "sua glória". Houve quem dissesse que o Espírito Santo levou o apóstolo a usar o caso nominativo porque Jesus é sempre nosso Nominativo. Contudo, inscrições mostram que a palavra se tornou indeclinável por volta do século 1.

[7] Deissmann, p. 122-4.

[8] Ibidem, p. 134.

[9] Ibidem, p. 143.

Carta de Zoilo a Apolônio. Uma correspondência religiosa do século 3 a.C. fornece um paralelo extraordinário com as formas de experiências religiosas refletidas nas cartas de Paulo. O autor, um devoto religioso do deus Serápis, expressou uma atitude bastante similar em relação ao seu deus como Paulo fez em relação a Cristo.[10]

Óstraco de carta a Pórtis. Trata-se de um recibo particular de um proprietário de terras egípcio a seu inquilino. A carta vale-se, aparentemente, do costume comum de recorrer-se a um amanuense. Deissmann sugere que essa carta talvez possa ser comparada à de Gálatas 6.11 no sentido de que um secretário poderia escrever uma carta melhor do que a mão lenta, grande e calejada de Paulo ou de outro autor.[11]

De Ápio a Epímaco. Essa é uma carta interessante com uma abertura tipicamente "paulina". Como nas cartas de Paulo, ela inicia-se com "Agradeço a Deus...".

Várias outras cartas. Há uma carta, escrita por um fazendeiro, de corpo uncial e assinatura cursiva, que é exatamente oposta à de Gálatas. Muito semelhante a Lucas 15, é uma carta contendo a confissão de um filho pródigo à sua mãe.[12]

Com base nesses e em muitos outros exemplos, chegou-se à conclusão de que as cartas do Novo Testamento eram efetivamente cartas escritas na forma, estilo e vocabulário comuns no século 1.[13] O Novo Testamento é um livro "do povo, pelo povo e para o povo". Ele foi escrito no jargão do *laos* (leigos).

Descobertas que influenciam os antecedentes religiosos e culturais do Novo Testamento

Outra área elucidada pelos papiros são os antecedentes religiosos do século 1. Indicações desse contexto ocorrem na maneira em que Jesus lida com o denário romano (Mt 22.19), na pregação de Paulo sobre a inscrição em Atenas (At 17.23) e na queima de livros mágicos em Éfeso (At 19.19).

---

[10] Ibidem, p. 154-61.

[11] Ibidem, p. 166. Também é possível que Paulo tenha dito: "Vejam as letras enormes que tenho escrito com minha própria mão" por uma questão de efeito, e não porque não soubesse escrever bem.

[12] Ibidem, p. 172ss., 187ss.

[13] Deissmann exagera em sua conclusão quando afirma que essas cartas só foram elevadas ao nível de epístolas quando a igreja, posteriormente, canonizou-as, tornando o seu conteúdo texto sagrado (p. 240). Embora essas cartas não fossem literatura artística, já que eram destinadas ao público da igreja e para a circulação (veja o cap. 16), não há razão para que uma "carta" não possa comunicar a verdade de Deus tanto quanto uma "epístola".

Similaridade cultural. Basicamente, a mesma cultura helenística prevaleceu em todo o mundo mediterrâneo, conforme pode ser visto pelo imposto censitário comum (Lc 2.3), pelo procedimento de entregar um criminoso ao povo (foi o caso de Barrabás em Mt 27.15) e até mesmo o preço de um pardal (Lc 12.6). Esses mesmos costumes e práticas são conhecidos com base nos papiros que havia no Egito, bem como na Palestina e em todo o mundo mediterrâneo.

Seitas concorrentes. O judaísmo, a religião imperial e as religiões de mistério eram todas de índole missionária. Os judeus dispersos deixaram amplas evidências de suas atividades religiosas. A *Carta a Zoilo* mostra o zelo religioso das religiões pagãs, e os monumentos nos legaram informações suficientes para reconstruir as crenças do mitraísmo.[14] Foi nesse caldeirão de zelo missionário religioso que o cristianismo introduziu sua reivindicação de ser uma religião mundial.

Devoções particulares. Um dos campos mais significativos elucidados pelos papiros são as devoções privadas de incontáveis personagens individuais, que se tornaram um livro aberto para o mundo. Nesses textos não literários, vemos surgir, por assim dizer, as vozes de um soldado, de uma esposa, de um propagandista religioso e outros. A evidência é tão clara que Deissmann conclui: "Qualquer um que se desloque da vida espiritual do Novo Testamento em direção aos papiros não se verá num mundo estranho".[15]

Linguagem de expressões morais. Para o estudante da Bíblia familiarizado com a fraseologia do Novo Testamento, não será surpreendente encontrar entre as inscrições as expressões bem conhecidas "Combati o bom combate", "Ame seu marido" e "Não repreenda um ancião".[16] A lista de pecados (com exceção da idolatria e da cobiça) também é semelhante. Parece que tanto autores cristãos quanto autores pagãos partilhavam de um mesmo cerne cultural e terminológico que estava imbuído do conteúdo de sua própria experiência e significado singulares.

Linguagem da religião popular. Uma das marcas do estilo popular de Paulo é o emprego que ele faz da fraseologia técnica comum à linguagem técnica da magia. Um papiro de Leyden tem um paralelo com a expressão de Gálatas 6.17, "as marcas de Jesus". A passagem de 1Coríntios 5.5 é um exemplo de fórmula do antigo costume de execração, ou de entregar alguém aos deuses

---

[14] Veja a obra monumental de Franz Cumont, *Textes et monuments figurés relatifs aux mystères de Mithra*.
[15] Deissmann, p. 299.
[16] Ibidem, p. 309ss.

do mundo inferior. De igual modo, as expressões técnicas foram adaptadas do ritual de maldição; por exemplo, "entregue a Satanás" (1Tm 1.20), expressão que foi encontrada no Papiro Mágico de Londres.[17]

Linguagem da lei popular. Inscrições e papiros dão mostras extraordinárias das célebres analogias que Paulo faz com a escravidão. A manumissão [alforria, libertação da escravidão] é retratada por Paulo em termos como "foste comprado por um preço" (1Co 6.20; 7.23) e "foi para a liberdade que Cristo vos libertou" (Gl 5.1). Essa linguagem legal que proporcionou a Paulo algumas de suas metáforas mais vívidas é evidenciada de modo profuso nas inscrições de templos e em papiros não literários.

Linguagem da adoração do imperador. Um dos paralelos mais próximos, e que causou a maior dificuldade ao cristianismo, foi a semelhança de fraseologia aplicada a Cristo pelos cristãos com a que se aplicava a César pelos romanos. A antipatia cristã pelo culto ao imperador se achava fortemente arraigada na herança monoteísta (cf. Dt 6.4). As seguintes expressões, aplicadas pelo Novo Testamento a Cristo, também eram designações usadas em referência a César:[18]

1. "Senhor" era usado para Nero.
2. "Dia do Senhor" era um contraste direto com "Dia Imperial" ou "Dia de Augusto".
3. "Parúsia" e "epifania" eram usados para referir-se à presença ou à aparição de César.
4. Muitos césares (e.g., Domiciano, Nero) reivindicavam para si a divindade e recebiam adoração.

Foi essa identidade de termos que resultou em tremenda perseguição e martírio de tantos da igreja antiga.

Conclusões

Conclusão evitável. Para que não se conclua que a língua comum requer significado e experiência comuns, convém assinalar a esta altura que o Novo Testamento usou formas de expressão de sua época, mas não usou necessariamente os mesmos significados. O significado de uma palavra precisa ser

---

[17] Ibidem, p. 301-2.
[18] Ibidem, p. 347, 354, 359, 370.

determinado pelo uso dessa palavra em seu contexto como representativa da experiência do autor. O conteúdo cristão é obviamente diferente do conteúdo e do uso pagãos. O que poderia ser esperado das mesmas palavras usadas por diferentes religiões é que tivessem, na melhor das hipóteses, um significado paralelo, e não idêntico, no cristianismo. Em outras palavras, a experiência cristã era diferente da pagã, embora a forma de expressão possa ter sido semelhante. Certamente Paulo usou a linguagem dos *pagãos*, porém a imbuiu de significado *celestial* (cf. At 17.22-32).

Conclusões inevitáveis. Embora não se deva concluir necessariamente que o Novo Testamento reflete o mesmo significado do uso profano contemporâneo de termos do século 1, algumas conclusões são inevitáveis à luz dos papiros.

1. O Novo Testamento não foi escrito no assim denominado grego do "Espírito Santo". Pelo contrário, foi escrito em coiné, língua comum do comércio do mundo romano. A linguagem das massas, dos comerciantes e do mercado foi o instrumento de transmissão do Novo Testamento grego.

2. O estilo "paulino" e outros estilos de sintaxe grega, e até mesmo o vocabulário do Novo Testamento, foram todos usados comumente no século 1. Na verdade, as descobertas dos papiros foram tão decisivas para o Novo Testamento que levaram ao surgimento de novos léxicos (dicionários) convencionais.[19] Isso, por sua vez, levou à publicação de novos comentários.

3. A conclusão por vezes negligenciada, porém implícita nas conclusões precedentes, é o fato de que, se o grego do Novo Testamento era a língua comum do século 1, então *o Novo Testamento deve ter sido escrito no século 1*.[20] É óbvio que o Novo Testamento foi escrito na língua daquela época, e aquela época era o século 1. Um livro que reflete o vocabulário do século 1 e suas formas literárias e que se assemelha aos modos de expressão daquele século dificilmente pode

---

[19] A obra de Joseph Henry Thayer, *A Greek-English lexicon of the New Testament*, foi superada pela tradução da obra de Walter Bauer, *Griechisch-Deutsches Wörterbuch zu den Schriften des Neuen Testaments und der übrigen urchristlichen Literatur*, por William F. Arndt; F. Wilbur Gingrich, *A Greek-English lexicon of the New Testament and other early Christian literature*.

[20] Millar Burrows percebeu esse ponto. Veja seu livro *What mean these stones?*, p. 53-4.

ser uma fraude do século 2 ou 3.[21] Na verdade, os papiros forneceram ao estudioso da Bíblia o "elo que faltava" em sua cadeia de transmissão dos autógrafos à Bíblia moderna. As evidências dos manuscritos são muito boas e remontam ao século 2. A partir daí, milhares de papiros[22] levam as evidências de estilo às mãos dos apóstolos no século 1.

PAPIROS BÍBLICOS E CONGÊNERES, ÓSTRACOS E INSCRIÇÕES

Para completar o quadro, é preciso fazer uma rápida menção a alguns outros papiros e óstracos relacionados à compreensão do texto bíblico. Como os manuscritos em papiros mais importantes já foram analisados anteriormente (veja o cap. 22), bastará apenas que se mencionem aqui algumas descobertas complementares e relacionadas.

Fragmentos de óstracos do Novo Testamento

Óstracos são pedaços de cerâmica que eram comumente utilizados como material de escrita pelas classes mais pobres da Antiguidade, já que sua condição não lhes permitia usar o papiro. Há uma descoberta interessante de vinte peças de uma cópia do século 7 dos Evangelhos em óstracos, que representam, provavelmente, a Bíblia do pobre. Por muito tempo, os óstracos foram negligenciados pelos estudiosos que, ao que tudo indica, não queriam transigir e abrir mão de suas inquirições acadêmicas e se debruçar sobre lixo para que não fossem chamados de "caco entre outros cacos" (Is 45.9, RV). Contudo, dos montes de lixo veio luz adicional sobre o texto bíblico. Em *Greek ostraca* [Óstracos gregos], de Wilkens, há uma lista de cerca de 1.624 amostras desses registros humildes da história.[23]

Inscrições do Novo Testamento

A ampla distribuição e variedade de inscrições antigas testificam acerca da existência e importância dos textos bíblicos. Há uma abundância de gravuras em paredes, colunas, moedas, monumentos e outras coisas que preservaram um testemunho do Novo Testamento. De modo geral, porém, essas coisas não têm

---

[21] John Wenham, "The origin of the Gospels", *Trinity Journal* (7) 1978.

[22] De acordo com Allen P. Wikgren, há cerca de 25 mil papiros (bíblicos e não bíblicos) que lançam luz sobre o texto bíblico e sobre o cristianismo antigo; cerca de 50% deles foram publicados. Veja seu artigo "Papyri, biblical and early Christian", in: Lefferts A. Loetscher, org., *The twentieth century encyclopedia of religious knowledge*, vol. K-Z, p. 839.

[23] Deissmann, p. 50, nota 5, arrola também outras fontes de óstracos egípcios, coptas e gregos.

importância para o estabelecimento do texto do Novo Testamento. Seu papel é meramente de testemunho suplementar à abundância evidente de outros manuscritos do Novo Testamento.

Os ditos de Jesus

Um grupo de ditos não canônicos de Jesus foi descoberto entre os papiros. Esses escritos são conhecidos como os "Logia de Jesus" (Grenfell e Hunt). Seguem-se abaixo alguns exemplos:

> Disse Jesus: Se não fizeres jejum do mundo, não encontrarás o reino de Deus; e a não ser que "sabatizes" o sábado, não verás o Pai.

> Disse Jesus: levante a pedra e ali me encontrarás, parta a madeira e ali estarei.

> Disse Jesus: Estive no meio do mundo e apareci em carne, e encontrei todos bêbados, e não encontrei quem não estivesse sedento em seu meio, e minha alma sofre pelos filhos dos homens porque são cegos de coração e não veem.[24]

Uma comparação desses "ditos" com as citações canônicas conhecidas revela seu tom apócrifo. Até mesmo na época do Novo Testamento havia uma abundância de "ditos" orais de Cristo (cf. Jo 21.23,25). Muitos deles foram registrados nos quatro Evangelhos, e pelo menos mais um é encontrado em Atos 20.35. É praticamente certo que muitos outros "ditos" adquiriram um sabor local e até mesmo herético com o passar do tempo, o que, por sua vez, suscitou coleções de "ditos".

Lecionários

Um testemunho final acerca do texto do Novo Testamento que até hoje é geralmente desprezado são os numerosos lecionários, ou livros de culto da igreja, contendo leituras selecionadas do Novo Testamento. Esses lecionários serviam de manuais e eram usados no decorrer do ano eclesiástico para fins litúrgicos.[25]

---

[24] Veja Robert M. Grant, *The secret sayings of Jesus*, p. 47ss.
[25] Para uma breve análise do desenvolvimento do sistema lecionário grego, veja Bruce M. Metzger, *Lessons from Luke in the Greek Gospel lectionary* (Chicago, 1944), p. 11ss.

Natureza

A maior parte das leituras dos lecionários consistia em passagens tiradas dos Evangelhos.[26] O restante tinha porções de Atos, com ou sem as cartas. Em geral, eram adornados com esmero e, às vezes, traziam até mesmo notações musicais. Pode-se concordar com Wikgren que:

> A origem do lecionário continua obscura. Não sabemos as circunstâncias e a data exata da transição do uso primitivo dos manuscritos não lecionários [...] para os lecionários propriamente ditos. [...] Contudo, várias linhas convergentes de evidências históricas, litúrgicas e textuais apontam para a Síria, possivelmente Antioquia, em meados do século 4, como possível lugar e data desse acontecimento.[27]

Data

Uma vez que houve um uso eclesiástico contínuo de manuscritos unciais muito tempo depois de terem sido substituídos pelo tipo minúsculo, fica difícil datar os lecionários exclusivamente pela paleografia. A maior parte dos lecionários teve origem, provavelmente, numa data que vai do século 7 ao século 10, considerando que dezenas de folhas e de fragmentos são datados dos séculos 4 a 6, cinco ou seis dos quais são papiros.[28]

Quantos são os óstracos

Embora Caspar Gregory tenha arrolado cerca de 1.545 óstracos conhecidos no seu tempo,[29] há mais de 2.209 lecionários gregos identificados e catalogados atualmente.[30] Consequentemente, os lecionários gregos passaram a desempenhar um papel mais destacado na crítica textual do Novo Testamento.[31]

---

[26] Morton Enslin, *Christian beginnings*, p. 496ss., sugere que os lecionários se originaram do século 1, e que essa ideia foi copiada da prática da sinagoga judaica.

[27] Wikgren, p. 650.

[28] Ibidem.

[29] Caspar René Gregory, *Canon and text of the New Testament*, p. 384-93.

[30] Bruce M. Metzger, *The text of the New Testament*, p. 33, arrola 1.997 lecionários gregos, porém esse número foi atualizado desde 1976 para 2.209 (245 unciais e 1.964 minúsculos) em seu *Manuscripts of the Greek Bible*, p. 54.

[31] Os lecionários gregos têm sido sistematicamente citados no aparato textual do *Greek New Testament* da United Bible Society, 3. ed. (1975), com base em novos cotejamentos feitos para a obra na Universidade de Chicago e o projeto do lecionário grego da instituição.

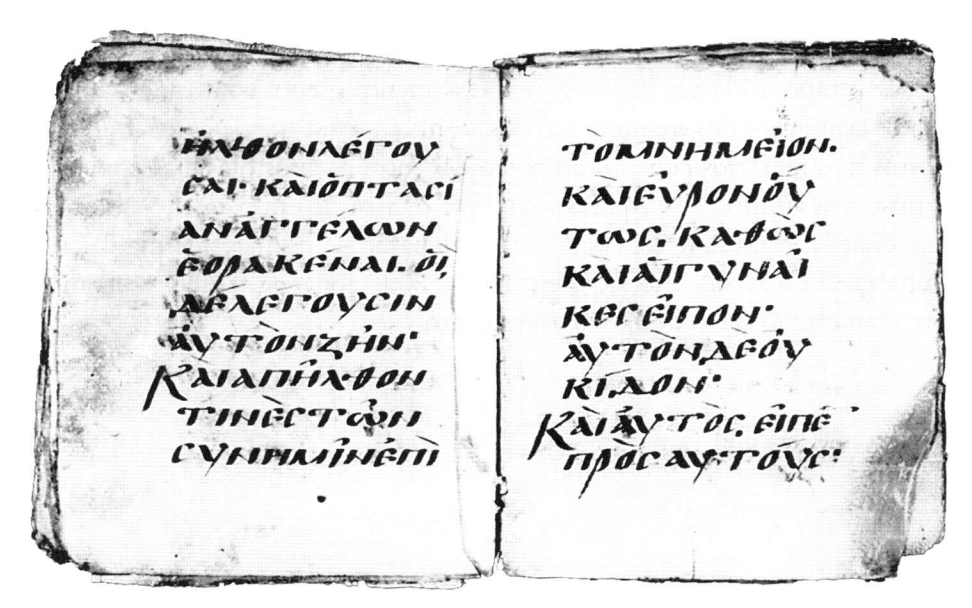

20. *Um lecionário do século 7, hoje na biblioteca do Monastério de St. Catarina, mostra Lucas 24.23-25 (Cortesia do Biblical Archaeologist, uma publicação da American Schools of Oriental Research)*

Valor

É preciso admitir, porém, que os lecionários são de valor apenas secundário para o estabelecimento do texto do Novo Testamento. (1) Eles contêm inúmeras cópias de todo o Novo Testamento, com exceção de Apocalipse e partes de Atos. (2) Em decorrência da erudição recente no que diz respeito aos lecionários, eles estão ganhando um papel mais significativo no estabelecimento do texto verdadeiro. Os tipos de texto encontrados nos lecionários são principalmente Bizantinos, mas há vários grupos das variantes textuais Alexandrina e Cesareiana. (3) Os lecionários também influenciaram a compreensão de certas passagens; por exemplo, João 7.53—8.11 e Marcos 16.9-20.[32]

RESUMO E CONCLUSÃO

Admite-se com frequência que a descoberta de papiros não bíblicos tenha lançado luz abundante sobre a compreensão do Novo Testamento. Essa luz mostra que o Novo Testamento foi escrito na linguagem e no estilo do grego

---

[32]Veja John W. Burgon, *The last twelve verses of the Gospel according to St. Mark*, cap. 10.

coloquial do século 1. No passado, negligenciou-se por vezes que esse fato, ao mesmo tempo, indicava que o Novo Testamento grego, conforme o conhecem os estudiosos dos manuscritos dos séculos 3 e 4, foi *escrito no século 1*. Os papiros não literários constituem outro elo entre os apóstolos e as cópias dos manuscritos antigos. Até aqui, esse elo tem consistido em pequenos fragmentos e citações, mas hoje ele conta com o respaldo de milhares de manuscritos em papiros. Óstracos, inscrições e centenas de lecionários também servem de corroboração ao texto do Novo Testamento.

24
Testemunhas patrísticas acerca do texto das Escrituras

POR QUE RECORRER AOS PAIS DA IGREJA

Além de dispor dos manuscritos, entre eles documentos variados e versões do Antigo e do Novo Testamentos, o estudioso da crítica textual tem à sua disposição as citações patrísticas desses Testamentos, as quais o auxiliam em sua busca do verdadeiro texto da Bíblia. Os pais da igreja viveram durante os primeiros séculos da igreja, e seu testemunho acerca do texto original ajuda a localizar a área, a data e o tipo de texto precisos usados na igreja antiga. Essa evidência ajuda o crítico textual a determinar o texto autêntico dos originais.

Quando os pais da igreja viviam
Como o cânon do Antigo Testamento estava fechado e sacramentado antes do advento de Cristo, basta mencionar o que afirma B. F. Westcott:

> Quando os pais apostólicos citam diretamente as Escrituras, o uso que fazem dela geralmente está de acordo com o dos apóstolos. Eles continuam a considerar o Antigo Testamento um registro pleno e duradouro da revelação de Deus. Em um único detalhe marcante, eles levaram essa convicção ainda mais longe do que havia estado anteriormente. Com eles, a individualidade dos diversos autores fica em segundo plano. Para eles, o Livro todo era praticamente um único pronunciamento divino e, com exceção de Barnabé, nenhum deles jamais fez uma referência explícita por nome a qualquer livro do Antigo Testamento.[1]

---

[1] Brooke Foss Westcott, *The Bible in the church*, p. 83-4.

Quando se analisa o uso que fazem do Novo Testamento, a imagem é muito mais diversa, e o papel dos pais da igreja, muito mais importante, porque o reconhecimento do cânon pela igreja não foi concluído senão no século 4.[2] Tendo isso em mente, cabe-nos dar alguns lampejos do processo histórico de reconhecimento do cânon para que a posição dos pais da igreja fique mais clara.[3]

Século 1. Já na última metade do século 1, estava em andamento a seleção, a classificação (1Ts 2.13), a leitura (1Ts 5.27), a circulação (Cl 4.16), a coleção (2Pe 3.15,16) e a citação (1Tm 5.8) da literatura apostólica (veja o cap. 16). Em suma, todos os 27 livros foram escritos, copiados e começaram a ser difundidos entre as igrejas antes do final do século 1.

Primeira metade do século 2. Durante esse período, os escritos apostólicos tornaram-se mais conhecidos de modo geral e foram difundidos mais amplamente, porque todos os apóstolos haviam saído de cena, e seus ensinos estavam sendo transmitidos por meio de cópias escritas, e não pela voz deles. Nessa época, praticamente todos os livros do Novo Testamento eram citados explicitamente como Escrituras. Contudo, "até 150 d.C., as citações existentes nos autores eclesiásticos, embora importantes em sua influência nas questões de data e de aceitação das Escrituras do Novo Testamento, são de pouco valor para propósitos estritamente textuais".[4] Os escritos dos pais da igreja eram lidos nas igrejas e contam muito da sua história, doutrina e práticas. Foi nesse período que os escritos dos pais citaram as Escrituras com autoridade em embates com os grupos heréticos, em diálogos com os pagãos e em exortações contra práticas pecaminosas.

Segunda metade do século 2. À medida que a igreja se espalhava nesse período, os livros do Novo Testamento eram amplamente reconhecidos como Escrituras, assim como ocorria com o Antigo Testamento. Era uma época de atividade missionária em que a igreja se espalhava além das fronteiras do império, e as Escrituras, Antigo e Novo Testamentos, eram traduzidas em outras línguas. Foi durante esses anos que começaram a aparecer os comentários. Entre eles, o de Papias, *Exposição dos oráculos do Senhor,* o comentário de Heracleon sobre os Evangelhos e o de Melito sobre o Apocalipse de João. Esse foi também o período em que Taciano compilou seu *Diatessarão* (veja o cap. 28). Os escritos dos pais da igreja fazem citações profusas do Novo Testamento e o têm como

---

[2] Veja o cap. 14 sobre o cânon do Antigo Testamento e o cap. 16 sobre o cânon do Novo Testamento.

[3] A análise que se segue se baseia em G. T. Manley, org., *The new Bible handbook,* p. 33-8.

[4] Sir Frederic G. Kenyon, *Handbook to the textual criticism of the New Testament,* p. 199.

Escrituras imbuídas de autoridade; o Fragmento Muratoriano (c. 170) arrola todos os livros do Novo Testamento atual, com exceção de cinco.[5]

Século 3. Durante esse século, os livros do Novo Testamento foram colecionados num catálogo único de "livros reconhecidos" e separados de outros tipos de literatura cristã. Foi nesse século que ficou patente a ascensão acentuada de atividade intelectual na igreja, conforme indicam a *Héxapla* de Orígenes e outras obras. O reconhecimento da autoridade do Novo Testamento, a coleção de seus livros como unidade de valor, sua tradução como ferramenta missionária e seus comentários como auxílio de ensino, tudo isso converge para mostrar a necessidade de fazer distinção entre as Escrituras cristãs e outras literaturas religiosas. Não havia mais três classes de literatura religiosa. Não havia mais somente duas classes de literatura cristã (as Escrituras e os escritos dos pais da igreja); havia também um corpo de literatura apócrifa e pseudepigráfica em ascensão. A abundância de literatura religiosa abriu espaço para a aplicação de testes de classificação e de separação de toda literatura religiosa na igreja. Esses testes, e outros (veja o cap. 16), resultaram no reconhecimento final do Novo Testamento canônico e na eliminação de dúvidas referentes aos livros *Antilegomena* do Novo Testamento.

Século 4. A essa altura, o cânon do Novo Testamento já estava plenamente reconhecido e estabelecido. Os escritos dos pais da igreja apresentam o consenso de todos os cristãos a respeito do cânon do Novo Testamento. Foi nesse período que surgiram as várias classificações dos livros mencionados nos capítulos 16 e 17.

O que os pais da igreja fizeram

Convém ressaltar que é importante ter em vista várias considerações quando o crítico textual tenta usar as citações patrísticas para recuperar os textos originais. Embora o testemunho dos pais da igreja seja muito antigo, mais antigos até do que os melhores códices, ele nem sempre é confiável. É o caso, por exemplo, de um autor patrístico que pode ter citado uma variante textual de um manuscrito existente na época. Outro fator é que o escrito de determinado pai da igreja pode ter sido alterado ou modificado no decorrer da história de sua transmissão de um modo semelhante ao texto grego do Novo Testamento.[6]

---

[5] Não há evidências conclusivas contra a inclusão dos cinco livros ausentes com base nesse fragmento, já que ele é aquilo que seu nome deixa implícito: "incompleto".

[6] Bruce M. Metzger, *The text of the New Testament*, p. 87, indica que os escribas foram tentados a assimilar a leitura da citação em conformidade com os manuscritos do Novo Testamento que tinham,

Um terceiro fator a ser considerado é saber se o autor patrístico estava citando o Novo Testamento literalmente, de modo livre, como paráfrase, ou possivelmente em uma mera alusão ao original. Portanto, se foi uma tentativa de citação literal, resta saber se a citação foi feita de memória, em vez de consultar o manuscrito. Com frequência, o autor era membro de um grupo que defendia doutrinas heréticas, e esse fator também precisa ser levado em consideração. Ainda outro elemento a se levar em conta é saber se o pai da igreja cita a mesma passagem mais de uma vez, isto é, as citações são idênticas ou divergentes?

Por fim, como no caso de Orígenes, um amanuense ouvia o ditado e procurava a passagem nas Escrituras posteriormente. Os manuscritos que tinha à disposição poderiam resultar em uma variedade de leituras de determinada passagem. Contudo, apesar das dificuldades apontadas acima, a evidência dos autores patrísticos "é de tal importância para o acompanhamento da história da transmissão do texto que o trabalho de refinar o minério separando-o do refugo compensa o esforço".[7] Sua importância pode ser resumida na apresentação da história do texto do Novo Testamento, na identificação das melhores evidências no que diz respeito ao cânon do Novo Testamento, propiciando um meio de datação dos manuscritos do Novo Testamento, além de ajudar a determinar exatamente quando ocorrem as traduções, versões e revisões do texto. Com essas informações em mãos, pode-se trabalhar mais adequadamente com a análise que se segue.

OS PRINCIPAIS PAIS DA IGREJA E SEU TESTEMUNHO[8]

Os pais apostólicos (c. 70-c. 150 d.C.)

Todos os autores desse período escreveram na língua grega. Seus escritos, de modo geral, foram compilados em dois excelentes volumes da Loeb Classical Library.[9] As citações desses pais da igreja devem ser avaliadas à luz dos fatores citados anteriormente, e a precisão da sua citação está longe dos padrões

---

e assim se viram propensos a copiar o texto eclesiástico posterior (coiné, Textus Receptus ou Vulgata).

[7]Ibidem, p. 88.

[8]Ibidem, p. 88-9; Metzger tem uma lista alfabética de trinta outros pais da igreja importantes cobrindo basicamente o mesmo período, que também poderá ser consultada.

[9]Kirsopp Lake, org., *The Apostolic Fathers*. Outras traduções proveitosas dos pais apostólicos foram feitas por C. C. Richardson, org., *Christian Fathers*, vol. 1: *Library of Christian classics*, e edição reimpressa de J. B. Lightfoot, *Apostolic fathers*, 2 vols.

modernos, já que algumas delas seriam consideradas meras alusões, e suas alusões são com frequência bastante remotas pelos padrões atuais.

Carta de Pseudo-Barnabé (c. 70-79). Essa carta traz muitas citações dos livros do Novo Testamento e inúmeras alusões a eles. Ela cita Mateus 22.14,44,45 e 26.31 (em 4.14; 12.11; e 5.16, respectivamente), ao mesmo tempo que alude a Mateus 20.16 em 6.13. Em 11.10; 13.7 e 15.4, essa mesma carta, falsamente atribuída a um colaborador de Paulo, cita João 6.51; Romanos 4.11 e 2Pedro 3.8, respectivamente. Trata-se, conforme já dissemos, de citações não literais, talvez de memória, e não da cópia de um manuscrito.

Coríntios (de Clemente de Roma, c. 95-97). Há várias citações do Novo Testamento nesse livro, até dos Evangelhos Sinóticos. Suas citações são mais precisas do que as atribuídas a Barnabé, mas falta ainda a elas a precisão moderna. Entre suas muitas citações dos Evangelhos, encontramos Mateus 5.7; 7.1,2 (no cap. 13); 13.3 (cap. 24); 18.6; 26.24 (cap. 46). É possível que Clemente tivesse em vista Marcos 4.3 ou Lucas 8.5 quando citou os Evangelhos no capítulo 24, e Marcos 9.42 e 14.21 ou Lucas 17.1,2 e 22.22 em seu capítulo 46. Atos 20.35 e Tito 3.1 foram ambos citados na carta de Clemente (cap. 2), assim como 1Coríntios 2.9 (cap. 34); Hebreus 1.3-5,7,13 (cap. 36); 3.5 (caps. 17; 43); 1Pedro 4.8 (cap. 49) e 5.5 (cap. 30). É possível que Clemente estivesse aludindo a Apocalipse 22.12 quando escreveu 34.3,4.

Sete Cartas (de Inácio, c. 110-117). Inácio escreveu essas cartas quando estava a caminho do martírio em Roma. Embora suas referências ao Novo Testamento consistam em citações livres de memória ou alusões, elas indicam sua ampla seleção de material bíblico para suas cartas, nas quais procurou fortalecer o respeito pelos bispos e presbíteros e protestou contra a heresia docética. Em sua carta aos *Efésios*, Inácio citou Mateus 12.33 (cap. 14); Romanos 6.4 (cap. 19); 1Coríntios 1.20 (cap. 18); Gálatas 5.21 (cap. 16); Colossenses 1.23 (cap. 10); Tiago 4.6 (cap. 5); e 1Pedro 5.5 (cap. 5). Em sua carta aos *Magnésios*, citou Mateus 27.52 (cap. 9); João 5.19,30 (cap. 7); e Atos 1.25 (cap. 5). A carta aos *Tralianos* cita Mateus 15.13 (cap. 11); 1Coríntios 4.1 (cap. 2); 9.27 (cap. 12); 15.12ss. (cap. 9); e Colossenses 1.16 (cap. 5). Ao escrever *Romanos*, Inácio usou João 4.10; 7.38,42 (cap. 7); 1Coríntios 15.8,9 (cap. 9); 1Tessalonicenses 2.4 (cap. 2); 2Tessalonicenses 3.5 (cap. 10) e 2Timóteo 2.8 (cap. 7). Sua carta aos *Filipenses* cita Mateus 15.13 (cap. 3); João 3.8 (cap. 7); 1Coríntios 2.10 (cap. 7); 6.9,10 (cap. 5) e 10.16,17 (cap. 4). Em seguida, escreveu aos *Esmirnenses* e citou Mateus 3.16 (cap. 1); 19.12 (cap. 6); Lucas 24.39 (cap. 3); Atos 10.41

(cap. 3); Romanos 1.3 (cap. 1); Efésios 2.16 (cap. 1); Filipenses 3.15 (cap. 11); 4.13 (cap. 4) e 2Timóteo 1.16 (cap. 10). Em carta pessoal a Policarpo, Inácio citou vários dos mesmos livros; por exemplo, Mateus 8.17 (cap. 1); 10.16 (cap. 2); Efésios 4.2 (cap. 1); 5.25,29 (cap. 5); 1Timóteo 6.2 (cap. 4) e 2Timóteo 2.4 (cap. 6). Convém mencionar novamente que a técnica de citação mudou ao longo da história, assim como o trabalho de tradução. Isso, juntamente com o fato de que os estudiosos modernos empregam diferentes critérios para distinguir uma citação de uma alusão, pode propiciar uma base para discordância sobre exatamente *o que* seria uma citação.

Filipenses (de Policarpo, c. 110-135). Discípulo do apóstolo João, Policarpo escreveu uma carta aos *Filipenses* que contém muitas citações, assim como a carta de Clemente aos *Coríntios*. Entre essas citações, destacamos as seguintes: Mateus 5.3,10 (cap. 2); 5.44 (cap. 12); 6.13 (cap. 7); Marcos 9.35 (cap. 5); 14.38 (cap. 7); Atos 2.24 (cap. 1); 10.42 (cap. 2); Romanos 12.10 (cap. 10); 14.10ss. (cap. 6); 1Coríntios 6.2 (cap. 11); 14.25 (cap. 4); 15.58 (cap. 10); 2Coríntios 3.2 (cap. 11); 4.14 (cap. 2); 8.21 (cap. 6); Gálatas 1.1 (cap. 12); 4.26 (cap. 3); 5.17; 6.7 (cap. 5); Efésios 2.8ss. (cap. 1); 4.26 (cap. 12); 5.21 (cap. 10); 6.18 (cap. 12); Filipenses 2.16 (cap. 9); 3.18 (cap. 12); 2Tessalonicenses 1.4; 3.15 (cap. 11); 1Timóteo 2.1; 4.15 (cap. 12); 6.7,10 (cap. 4); 2Timóteo 2.12 (cap. 5); 4.10 (cap. 9); 1Pedro 1.8 (cap. 1); 1.13,21 (cap. 2); 2.11 (cap. 5); 2.12,17 (cap. 10); 2.22,24 (cap. 8); 3.9 (cap. 2); 4.7 (cap. 7); 1João 4.2,3 ou 2João 7 (cap. 7). Sua obra revela forte influência apostólica, e sua importância se revela pelo fato de Inácio ter escrito uma carta a ele. A igreja de Esmirna escreveu uma carta à igreja de Filomélia, intitulada *O martírio de Policarpo*.

O pastor (de Hermas c. 115-140). Citações "livres" de memória e alusão ao Novo Testamento ficam mais evidentes nesse escrito do que nos anteriores. Contudo, as três partes de *O pastor* citam o Novo Testamento. Mateus 26.24 aparece na Visão 4.2.6, embora possa ser também a passagem paralela de Marcos 14.21. Mandato 4.6 cita Mateus 19.9, enquanto Marcos 5.23,24 foi usado em Similitude [ou Parábola] 9.20.2,3. Embora muitas outras passagens fossem citadas em *O pastor*, apresentaremos aqui apenas uma amostra: 1Coríntios 7.40 (Mandato 4.4.2); Hebreus 11.33 (Visão 4.2.4); Tiago 1.21 (Similitude 6.1.1); 2.7 (Similitude 7.6.4); 4.7 (Mandato 12.5.2); 4.12 (Mandato 12.6.3); 1Pedro 1.7 (Visão 4.3.4); 5.7 (Visão 3.11.3); 1João 2.27 (Mandato 3.1); Apocalipse 21.14 (Visão 3.5.1).

Didaquê, ou *Ensino dos Doze* (c. 120-150). Essa obra era amplamente utilizada na igreja antiga como manual religioso. Seguia o padrão de citação e alusão livres de *O pastor*, porém com ampla variedade de citações, conforme mostra o levantamento a seguir. Mateus 5.5 (cap. 3); 5.26,39-42,46 (cap. 1); 6.9-13,16 (cap. 8); 7.6 (cap. 9); 10.10 (cap. 13); 21.9 (cap. 12); 22.37,39 (cap. 1); 24.10-13,24,30 (cap. 16); 25.13 (cap. 16); 28.19; Marcos 11.9 (cap. 12) e Lucas 6.27-35 (cap. 1); 9.2-4 (cap. 8); 12.35,40 (cap. 16); 19.38 (cap. 13); 21.12 (cap. 16) testemunham o uso generalizado dos Evangelhos. Outras partes do Novo Testamento citadas na *Didaquê* incluem: Atos 4.32 (cap. 4); Romanos 12.9 (cap. 5); 1Coríntios 16.22 (cap. 10); Hebreus 8.7 (cap. 4); 1João 4.18 (cap. 10); Judas 22 (cap. 2).

Carta a Diogneto (c. 150). Essa carta faz algumas citações diretas do Novo Testamento, mas geralmente faz citações ou alusões livres. Entre as primeiras, estão 1Coríntios 8.1 (cap. 12); 1Pedro 3.18 (cap. 9) e 1João 4.9,19 (cap. 10). Entre as últimas, temos João 1.1 (cap. 11); 3.17 (cap. 7); 17.11,14 (cap. 6); Atos 17.24,25 (cap. 3); 1Coríntios 4.12 (cap. 5); 2Coríntios 6.9,10 (cap. 5); Efésios 4.22-24 (cap. 2); Filipenses 3.20 (cap. 5); 1Timóteo 3.16 (cap. 11); Tito 3.4 (cap. 9) e 1João 1.1 (cap. 11).

Exposição dos oráculos do Senhor (c. 130-140). Papias, que se encaixa nesse período cronologicamente, mas não por seu tema, escreveu a *Exposição dos oráculos do Senhor*. Sobreviveram apenas fragmentos da obra. Entre os fragmentos, temos a referência a Apocalipse 12.9 (Fragmento 9), o que corrobora as citações de Apocalipse por outros pais apostólicos. Das citações acima, observa-se que todos os livros do Novo Testamento foram citados claramente antes de 150 d.C., com a possível exceção de Filemom e 3João.[10]

Os pais antenicenos (c. 150-c. 300)

Diferentemente dos pais apostólicos, os pais antenicenos escreveram em grego, siríaco e latim. Os autores desse período são, entre outros, Marcião (m. c. 160), o herege que misturou o gnosticismo e o cristianismo ortodoxo numa seita dualista e fortemente antijudaica, e Montano, um convertido da Frígia do culto a Cibele, no século 2, que se imaginava "o instrumento inspirado do Paráclito ou Advogado prometido, o Ajudador e Consolador nestes últimos dias de sofrimento".[11] Embora indivíduos e grupos hereges como esses, entre

---

[10] Em seu *Filipenses* 7.1, Policarpo pode ter usado 2João 7 como fonte de autoridade, e não 1João 4.2,3. Se assim o fez, somente duas cartas "pessoais" não foram citadas; se não, três cartas "pessoais" foram omitidas, conforme esse estudo revelou.

[11] Philip Schaff, *History of the Christian church*, 2:418.

eles os donatistas e os novacianos, possam ser arrolados em respaldo à presente tese, nossa análise se restringirá aos pais mais destacados do período anteniceno.

Justino Mártir (m. 165). Justino viveu e trabalhou em Roma, onde confrontou Marcião em torno de 150. Depois, viajou a Éfeso, onde escreveu *Diálogos com Trifão, um judeu*. Ao retornar a Roma (c. 165), foi preso e martirizado. Havia escrito, porém, duas apologias em que apresenta o cristianismo como a mais antiga, mais verdadeira e mais divina de todas as filosofias. Ele citou as Escrituras muito livremente, sobretudo o Antigo Testamento e um Texto Ocidental do Novo Testamento. Em seus escritos, Justino citou os Evangelhos de Mateus (3.17; 7.23 etc.), Lucas (3.33; 22.19 etc.) e João (3.3-5 etc.). Fez alusão a várias cartas de Paulo (Romanos, 1Coríntios, Efésios, Colossenses etc.), mas não mencionou Paulo pelo nome. Justino citou também o Apocalipse em seu estilo livre. A obra de Justino traz mais de 330 citações do Novo Testamento, além de 226 alusões.[12]

Taciano (c. 110-172). Taciano escreveu sua *Oratio* em defesa da fé cristã e para condenação das filosofias pagãs. Ele é mais conhecido, porém, por seu *Diatessarão*, uma harmonia dos Evangelhos. Seu trabalho será analisado no capítulo 28, portanto não há necessidade de discuti-lo aqui, especialmente porque ele sucumbiu à influência do gnosticismo depois da morte de Justino. Taciano escreveu em siríaco, ou traduziu seus escritos do grego para o siríaco.

Ireneu (c. 130-c. 202). Ireneu escreveu em grego e foi o primeiro pai da igreja a usar totalmente o Novo Testamento em seus escritos. Sua principal obra, *Contra as heresias*, foi escrita na Gália (c. 185), constituindo uma defesa contra o gnosticismo e outras heresias. Ele citou livremente o Novo Testamento e demonstrou sua unidade com o Antigo. Embora haja algumas diferenças, "não erraremos muito se concluirmos que a cópia do Evangelho de Ireneu equivalia praticamente a uma antiga cópia do lado grego do Codex Bezae, superando a este por uma ausência maior de corrupção". Essa situação também prevalece em Atos.[13] Além da clareza do texto de Ireneu, há inúmeros testemunhos de seu uso das Escrituras, já que faz mais de 1.800 citações só do Novo Testamento. É interessante também o fato de os escritos de Ireneu indicarem que o cânon do Novo Testamento aceito em sua época é praticamente o mesmo de hoje.[14]

---

[12] Veja os totais para alguns dos seguintes autores no quadro da p. 494.

[13] Alexander Souter, *The text and canon of the New Testament*, p. 73-4. Veja o cap. 22 sobre a análise desse códice.

[14] Veja a análise no cap. 16.

Clemente de Alexandria (c. 150-c. 215). Clemente tornou-se dirigente da Escola Catequética de Alexandria pouco antes de 200 d.C. Embora não fosse cuidadoso quando citava as Escrituras, deixou evidências de que seu texto também estava basicamente relacionado ao Codex Bezae.[15] Escreveu várias obras em grego, de estilo repetitivo e pouco claro e até, às vezes, permitiu que erros entrassem de modo sorrateiro em sua teologia. Escreveu, entre outros, *Exortação aos pagãos*; *Pedagogus*, que apresenta o hino mais antigo da igreja (do qual temos conhecimento); e o *Stromata*, escritos variados. Suas citações foram extraídas de ambos os Testamentos, tendo citado todos os livros do Novo Testamento, com exceção de Filemom, Tiago e 2Pedro. Há cerca de 2.400 citações do Novo Testamento, entre as quais 1.000 dos Evangelhos e mais de 1.000 das cartas paulinas. É interessante observar que Clemente citou todos os livros do Antigo Testamento, exceto Cântico dos Cânticos e Rute.

Tertuliano (c. 160-c. 220). Contemporâneo de Clemente de Alexandria, Tertuliano é conhecido como "pai do cristianismo latino", considerando que foi o primeiro pai da igreja a escrever um corpo de literatura cristã em latim. Ele escreveu tanto em grego quanto em latim, já que servia na região importante do norte da África. Seu trabalho era apologético, refutador, prático e pró-montanista. Ele foi um adepto cismático do montanismo e usou de forma contundente a pena e o púlpito para reprovar o que julgava ser transigência e mundanismo dentro da antiga Igreja Católica. Escreveu de maneira prolífica e recorreu fartamente às Escrituras, mas nem sempre de forma precisa. Muitas de suas citações vieram de um antigo manuscrito em latim, seguindo basicamente "b",[16] embora citasse com frequência e/ou traduzisse um manuscrito grego bastante próximo do usado por Clemente de Alexandria e Orígenes. Esse texto, o mais distante do Codex B entre os manuscritos gregos, era muito próximo de D. Em seus escritos, Tertuliano faz mais de 7.200 citações do Novo Testamento, considerando que mais de 2.600 são das cartas de Paulo.

Hipólito (c. 170-c. 236). Hipólito viveu em Roma, ou nas imediações da cidade, e escreveu em grego, embora pouco de sua obra tenha sobrevivido na língua original. Seu tipo de texto parece se basear em uma boa cópia Ocidental dos Evangelhos, mas é possível que tenha usado também o *Diatessarão* de Taciano em seus escritos. No caso das cartas paulinas, ele segue o Texto Ocidental. "No

---

[15] Souter, p. 74-5. Veja tb. a análise no cap. 22.
[16] Veja a análise no cap. 29.

Apocalipse, seu texto é particularmente importante: ali ele concorda com as melhores autoridades."[17] Em seus escritos, há mais de 1.300 citações do Novo Testamento. Dessas, mais de 700 são dos Evangelhos, cerca de 400 de Paulo e praticamente 200 de Apocalipse.

Orígenes (c. 185-c. 254). Orígenes sucedeu a Clemente de Alexandria na Escola Catequética. Foi, de longe, o autor mais prolífico da igreja antiga, visto que escreveu mais de 6.000 textos e livros. Em seus escritos, fez quase 1.800 citações do Novo Testamento. Entre suas obras mais importantes, estão a *Héxapla* e o *De principiis*. O primeiro será analisado no capítulo 27, e o segundo, também é importante, pois foi sua grandiosa obra sobre as doutrinas básicas do cristianismo. Ainda outra obra, *Contra Celso*, é uma refutação em oito volumes que está preservada em grego. É interessante observar que, das citações de Orígenes do Novo Testamento, mais de 95% são dos Evangelhos e das cartas paulinas, ao passo que somente 205 foram extraídas de Apocalipse, e apenas 120, das Cartas Gerais. Quando suas opiniões depararam com as opiniões tendenciosas do Ocidente no final do século 4, seus escritos foram quase totalmente negligenciados. Essa triste situação resultou na sobrevivência de somente uns poucos manuscritos tardios e de valor limitado. A perda é trágica, uma vez que Orígenes tinha praticamente todos os tipos de texto existentes à sua disposição quando escreveu. Portanto, é significativo que a base do seu manuscrito estivesse intimamente associada à de Clemente de Alexandria e à de Tertuliano.

Cipriano (c. 195 ou 200-258). Cipriano de Cartago escreveu cerca de 81 cartas e 12 longos tratados em latim. Foi um dos que citaram com mais cuidado e precisão a Bíblia na igreja antiga. Em seus escritos, Cipriano fez cerca de 740 citações do Antigo Testamento e 1.030 do Novo. Citou todos os livros do Novo Testamento, exceto Filemom e 2João. As citações que Cipriano fez dos Evangelhos foram do tipo de texto "k" do latim antigo.[18]

Um breve levantamento a esta altura mostrará que havia cerca de 32 mil citações do Novo Testamento antes do Concílio de Niceia (325). Essas 32 mil citações não são de modo algum exaustivas, nem incluem os autores do século 4. Somando-se o número de referências usadas por outro autor, Eusébio, que distinguiu-se antes do Concílio de Niceia e concomitante a ele, teremos o total de citações do Novo Testamento acima de 36 mil. Portanto, antes do período

---

[17]Souter, p. 75.
[18]Veja o cap. 29.

dos pais nicenos e pós-nicenos, há farta evidência nos testemunhos diversos de importantes pais da igreja no tocante ao texto do Novo Testamento.

Pais nicenos e pós-nicenos (c. 300-c. 430)

O período niceno e pós-niceno da história da igreja será analisado agora, uma vez que o cânon do Novo Testamento ainda não havia sido reconhecido formalmente pela igreja toda em 325 d.C. (veja o cap. 16). Durante o período anterior ao Concílio de Niceia, a igreja havia passado por uma série de perseguições locais e imperiais. Em fins de 302/303, o imperador Diocleciano havia decretado que todas as cópias das Escrituras fossem destruídas e quem estivesse em posse delas fosse punido (em geral, com a morte).[19] Assim, os pais da igreja do período em questão apareceram *depois* do Edito de Galério (311) e do Edito de Milão (313), com exceção de Eusébio de Cesareia, que fez a transição entre "a igreja perseguida e a igreja subalterna".

Eusébio de Cesareia (c. 263 ou 265-c. 340). Eusébio foi bispo de Cesareia (315-340) e historiador da igreja primitiva. Escreveu em grego textos como *História eclesiástica*, *Crônicas*, *Vida de Constantino* e um tratado sobre os *Mártires da Palestina*, que lhe rendeu o título de "pai da história eclesiástica". Boa parte do seu trabalho chegou até a nós, e seu papel no processo de cópia das Escrituras foi muito importante (veja a análise do tema no cap. 16). O valor literário de seus escritos não é de longe comparável ao seu valor histórico, e o uso que faz das Escrituras em sua obra segue o padrão de seus antecessores. Ele citou o Novo Testamento mais de cinco mil vezes, e seu trabalho segue o tipo de texto básico das fontes de Orígenes. Eusébio não citava as Escrituras a contento, porém ele raramente citava passagens longas e, quando o fazia, geralmente era de maneira livre ou de memória. Suas citações dos Evangelhos passam de 3.200 e, das cartas paulinas, mais de 1.500. Mas é com Eusébio que se abre uma nova era na transmissão e citação do texto bíblico.

Atanásio de Alexandria (c. 295-c. 373). Atanásio é conhecido como o "pai da ortodoxia" em decorrência do seu papel no Concílio de Niceia (325) e sua oposição a Ário e seus seguidores. Os escritos de Atanásio eram bastante variados, visto que durante cerca de 46 anos foi bispo de Alexandria e "defensor da fé" contra o arianismo. Foi exilado cinco vezes, no total de vinte anos, e produziu grande parte dos seus escritos em grego durante esse período. Alexander Souter

---

[19] Veja as análises nos caps. 16 e 20.

afirma que o texto do Novo Testamento de Atanásio, com base no qual fez muitas citações, correspondia de forma quase idêntica ao "Texto Neutro" de Westcott e Hort, conforme assinalou Hermann von Soden.[20]

Cirilo de Jerusalém (c. 315-386). Cirilo escreveu uma série de preleções em grego, *Vinte e três catequeses*, que ele ministrou aos candidatos ao batismo. Foi eleito posteriormente bispo de Jerusalém (350), mas deposto várias vezes por causa de preconceitos que nutria. Todas as vezes em que foi reinstalado, desfrutou de elevada estima na igreja em decorrência de seu conhecimento das Escrituras e de sua cultura geral. Cirilo morreu em 386 depois de passar dezesseis anos no exílio, sempre lembrado e muito estimado. Era conhecido por sua disposição em sofrer por suas crenças. Citou livremente o Novo Testamento em suas catequeses, que eram, na verdade, um compêndio da religião cristã. O texto de Cirilo era basicamente o de Eusébio de Cesareia.[21]

Os três pais capadócios: Basílio de Cesareia, "o Grande" (c. 329-379), *Gregório de Nazianzo* (330-c. 390) e o irmão mais jovem de Basílio, *Gregório de Nissa* (m. c. 395). Esses homens eram chamados de os "três pais capadócios". Suas obras foram escritas em grego e eram difundidas, influentes e proveitosas. Esses pais eram arquidefensores da ortodoxia e escreveram inúmeros textos contra o arianismo. O tipo de texto subjacente às suas numerosas citações do Novo Testamento era basicamente o do "texto eclesiástico oficial associado a Constantinopla e às regiões sob sua influência".[22] Havia, porém, elementos mais antigos ainda preservados no texto, que citavam com bastante cuidado.

João Crisóstomo (c. 347-407). Crisóstomo foi o primeiro grande autor a usar todo o texto eclesiástico do Novo Testamento. Exerceu muita influência em sua função de arcebispo metropolitano de Constantinopla e seu apoio ao texto eclesiástico tinha grande peso. Entre os numerosos comentários em grego escritos por Crisóstomo, temos Mateus, João, Atos, todas as cartas de Paulo e Hebreus. Também escreveu mais de seiscentas homilias exegéticas. Todas essas obras estavam saturadas de citações do texto do Novo Testamento. Outros líderes notáveis do Oriente, como Teodoreto de Cirro (c. 399-c. 466), e João Damasceno (c. 675-c. 749), usaram o mesmo texto básico de Crisóstomo.

Ambrósio de Milão (340-397). Ambrósio representa a voz da igreja no Ocidente durante esse período. Nasceu numa família aristocrática e tornou-se

---

[20] Souter, p. 77.
[21] Cf. Kenyon, p. 366; veja tb. Souter, p. 121-4.
[22] Souter, p. 77.

bispo de Milão. Embora suas obras fossem escritas em latim, baseou-as em fontes gregas. Portanto, o número enorme de citações em suas *Cartas* são amostras relativamente pobres da Bíblia latina. Seu tipo de texto seguiu o latim antigo "d" e "g", conforme está disponível no lado latino do Codex Boernerianus.[23] Pode ter sido esse mesmo tipo de texto que foi usado por Jerônimo em sua revisão do Novo Testamento em latim antigo. Ambrósio causou um forte impacto sobre a igreja no Ocidente, considerando que foi o "pai espiritual" do "Monólito Medieval", Agostinho.

Jerônimo (c. 340-420). Falaremos de Jerônimo mais adiante, mas por enquanto alguns comentários são suficientes. Mesmo antes da morte de Ambrósio, Jerônimo estava traduzindo o Antigo Testamento hebraico para o latim (veja o cap. 29). Seu tipo de texto para os Evangelhos era o latim antigo "a", embora tivesse recorrido a outros manuscritos do latim antigo para o restante do Novo Testamento. Foi essa revisão que se tornou "padrão" para a igreja ocidental na Idade Média, especialmente depois do Concílio de Trento (1546-1563).

Agostinho de Hipona (c. 365-430). Agostinho é um dos maiores eruditos de todo esse período. Ele escreveu muitas obras em latim hoje disponíveis, entre elas *Cidade de Deus* e *Confissões*. Em seus escritos, Agostinho citou profusamente tanto o Antigo quanto o Novo Testamentos. Antes de cerca do ano 400, ele usou o texto em latim antigo "e" nos Evangelhos. Depois disso, recorreu à Vulgata de Jerônimo para citações mais longas, usando partes memorizadas nas citações mais breves. O restante de suas citações do Novo Testamento parece seguir o texto do latim antigo de "h" ou "r".[24] Seu papel na história já foi amplamente analisado anteriormente, mas é preciso dizer que não foi um grande filólogo. A oposição que fez inicialmente à Vulgata de Jerônimo foi posteriormente revertida (veja a análise do assunto nos caps. 16 e 29).

Resumo e conclusão

As citações patrísticas das Escrituras não são testemunhas primárias do texto do Novo Testamento, mas atendem, sem dúvida, a dois papéis secundários importantes. Em primeiro lugar, propiciam respaldo inequívoco à existência dos 27 livros imbuídos de autoridade do cânon do Novo Testamento. É verdade que as citações dos pais da igreja com frequência são livres, embora no caso de

---

[23] Veja o cap. 29.
[24] Veja o cap. 29.

alguns deles houvesse muita precisão, mas pelo menos reproduzem o conteúdo substancial do texto original. Em segundo lugar, as citações são tão numerosas e generalizadas que, se não houvesse manuscrito algum do Novo Testamento, este poderia ser reproduzido com base exclusivamente nos escritos dos pais antigos. A curiosidade de Sir David Dalrymple sobre o assunto foi despertada quando lhe perguntaram certa vez: "Imagine que o Novo Testamento tivesse sido destruído, e todas as cópias dele tivessem se perdido no final do século 3; seria possível reuni-lo novamente com base nos escritos dos pais da igreja dos séculos 2 e 3?". Depois de dedicar-se a pesquisar o assunto, respondeu:

> Olhe para esses livros. Lembra-se da pergunta sobre o Novo Testamento e os pais da igreja? Ela despertou minha curiosidade, e, como eu tinha todas as obras disponíveis dos pais da igreja dos séculos 2 e 3, comecei a pesquisar. Até agora, já encontrei o Novo Testamento inteiro, com exceção de *onze versículos*.[25]

Em suma, J. Harold Greenlee estava certo quando afirmou: "As citações são de tal magnitude que o Novo Testamento inteiro poderia ser reconstruído com base nelas sem que se precisasse recorrer aos manuscritos do Novo Testamento".[26] Compare-se, por exemplo, as inúmeras citações do índice de Burgon no caso de alguns poucos autores mais importantes dos primeiros tempos.[27]

ANTIGAS CITAÇÕES DO NOVO TESTAMENTO

Autor	Evangelhos	Atos	Cartas paulinas	Cartas Gerais	Apocalipse	Totais
Justino Mártir	268	10	43	6	3 (266 alusões)	330
Ireneu	1.038	194	499	23	65	1.819
Clemente de Alexandria	1.017	44	1.127	207	11	2.406
Orígenes	9.231	349	7.778	399	165	17.922
Tertuliano	3.822	502	2.609	120	205	7.258
Hipólito	734	42	387	27	188	1.378
Eusébio	3.258	211	1.592	88	27	5.176
Total geral	19.368	1.352	14.035	870	664	36.289

---

[25] Charles Leach, *Our Bible: how we got it*, p. 35-6.
[26] J. Harold Greenlee, *An introduction to New Testament textual criticism*, p. 54.
[27] Veja tb. Leach, p. 35-6; Joseph Angus, *The Bible handbook*, p. 57 [edição em português: *História, doutrina e interpretação da Bíblia* (São Paulo: Hagnos, 2004)]; Kenyon, p. 264.

O CRESCIMENTO DO CRISTIANISMO

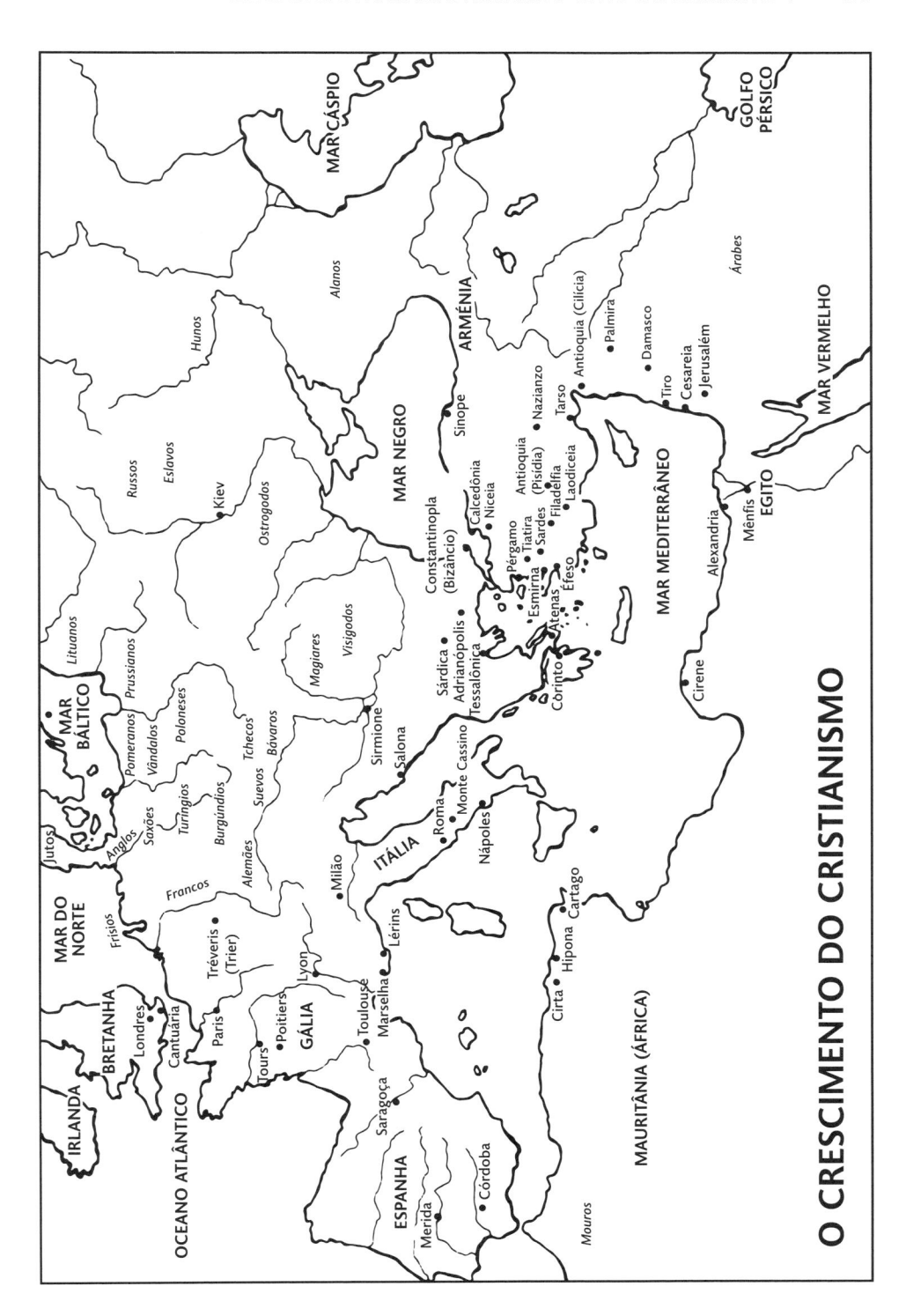

25
Desenvolvimento da crítica textual

DIFERENÇA ENTRE CRÍTICA TEXTUAL E ALTA CRÍTICA

Tem havido muita confusão e controvérsia em torno da questão da "alta" e da "baixa" crítica da Bíblia. Boa parte desse mal-entendido é resultado da dificuldade semântica que envolve o tema. "Crítica" em seu sentido gramatical significa simplesmente o exercício do julgamento. Quando a crítica é aplicada à Bíblia, ela é usada no sentido de exercer o julgamento sobre a própria Bíblia. Há dois tipos básicos de crítica e duas atitudes básicas acerca de cada tipo. Além disso, há seis ramos principais dentro desses dois tipos de crítica da crítica bíblica. Os rótulos atribuídos aos tipos de crítica não têm relação alguma com sua importância, embora haja diferenças importantes entre os vários campos.

Quando se aplica o juízo acadêmico à *genuinidade* do texto bíblico, dá-se a isso a designação de "alta" crítica ou crítica "histórica". Esse juízo é aplicado à data do texto, ao seu estilo e estrutura literários, à sua forma literária, à sua historicidade, às suas fontes e à sua autoria. Em decorrência dos temas envolvidos, a alta crítica não é a rigor parte desta "Introdução geral", e sim a própria essência da "Introdução especial" à Bíblia. Para muitos, o resultado das abordagens da alta crítica ao Antigo Testamento pelos herdeiros da "teologia destrutiva" de fins do século 18 tem sido um tipo de "crítica destrutiva" da Bíblia.[1] O desenvolvimento e a expressão dessas abordagens e críticas são analisados nos capítulos 8, 9, 10 e 20.

Quando se aplica o julgamento acadêmico à *autenticidade* do texto bíblico, ele é classificado de "baixa" crítica ou crítica "textual". A baixa crítica diz respeito à forma ou ao texto da Bíblia e procura restaurar as leituras do texto original, os autógrafos. Não deve ser confundida com a alta crítica, que estuda o valor

---

[1] Trata-se de perspectivas que surgiram já no tempo de Richard Simon (1638-1712), que é o chamado "pai" da crítica bíblica, conforme indicam a análise e as notas do cap. 9. Veja tb. Edgar Krentz, *The historical-critical method*.

de um documento. A baixa crítica estuda a forma das palavras e a estrutura de um documento. Podem-se observar muitos exemplos de baixa crítica na história de transmissão do texto bíblico. Alguns de seus adeptos eram fortes oponentes do cristianismo ortodoxo, ao passo que outros eram partidários convictos dele.[2] Uma vez que a crítica textual se baseia na suposição de que a Bíblia é a Palavra inspirada e inerrante de Deus, os críticos textuais estão interessados em ter acesso à leitura original do texto ao aplicar certos critérios ou padrões de qualidade. Os críticos textuais podem ser construtivos ou destrutivos em seu objetivo, mas todos se aproximam do texto bíblico tentando descobrir a versão original dos autógrafos.

Uma vez que muitos adeptos da alta crítica também dedicaram tempo e energia consideráveis para estudar a crítica textual, houve no passado a tendência de classificar todos os críticos textuais como "modernistas", críticos destrutivos ou adeptos da alta crítica. Essa atitude tende a "jogar fora o bebê com a água do banho". Evitar a crítica textual simplesmente porque tem sido usada por alguns adeptos da alta crítica de maneira destrutiva dificilmente justifica a não utilização de métodos que permitam descobrir a leitura original do texto bíblico. Conforme observou muito bem Sir Frederic Kenyon, "o que importa não é se a crítica é 'alta', e sim se é sadia; e isso é uma questão de evidências e de argumentos, e não de suposições *a priori* ou de tolher os motivos daqueles cujas opiniões consideramos não palatáveis ou nocivas".[3] A visão geral que se segue sobre os principais campos no âmbito da crítica bíblica é apresentada dentro dessa perspectiva.

No âmbito da tradição da crítica bíblica, podem-se distinguir seis campos principais: crítica textual, crítica histórica, crítica literária ou da fonte, crítica da forma, crítica da tradição e crítica editorial.[4] Esses seis campos principais constituem as disciplinas da "alta" e da "baixa" crítica. Embora tenham surgido dos estudos críticos do Antigo Testamento, os métodos vieram a ser aplicados também ao Novo Testamento. Em todos os campos da crítica bíblica, um tema básico comum ao mundo moderno permanece constante. Trata-se da questão da autoridade em geral e da autoridade bíblica em particular. Embora alguns críticos aceitem um grau de autoridade mais elevado do que outros,

---

[2] Veja tb. J. N. Birdsall, "The New Testament text", in: P. R. Ackroyd, org., *The Cambridge history of the Bible*, vol. I: *From the beginnings to Jerome*, p. 308-77.

[3] Sir Frederic Kenyon, *Our Bible and the ancient manuscripts*, p. 30.

[4] Gordon Wenham, "I. History and the Old Testament", in: Colin Brown, org., *History, criticism and faith: four exploratory studies*, p. 13-75.

metodologias mais subjetivas (e.g., as da crítica da forma mais extremas) tendem a dispensar totalmente a ideia de autoridade. Um panorama dos principais campos da crítica bíblica demonstrará a relação entre eles.

Crítica textual, também chamada de "baixa crítica", diz respeito à recuperação do texto original de um documento literário. Com a crítica textual, os estudiosos procuram encontrar e eliminar erros recorrendo a explicações plausíveis para emendas que foram introduzidas no texto. Pelo estudo de numerosos manuscritos, foram formulados princípios de crítica textual que são aplicados a muitos tipos diferentes de obras literárias. A crítica textual será analisada mais detalhadamente abaixo e no capítulo 26.[5]

Crítica histórica é um termo amplo que pode ser limitado a três áreas: técnicas de datação de documentos e tradições; comprovação de acontecimentos contidos nesses documentos; e a escrita da história, a reconstrução de acontecimentos e sua explicação. O "sacerdote oratoriano francês Richard Simon publicou uma série de livros em que aplica o método crítico à Bíblia (1678ss.) tendo se tornado o fundador direto do estudo histórico-crítico da Bíblia", embora fosse preciso esperar até Eichhorn e Johann David Michaelis (1717-1791) para que o padrão histórico-crítico moderno fosse estabelecido.[6] Eles foram influenciados pela pesquisa histórica secular de Barthold Georg Niebuhr (1776-1831), Leopold von Ranke (1795-1886) e outros que desenvolveram e refinaram suas técnicas.[7] Entre os que foram influenciados por esses métodos

---

[5] Para questões gerais relacionadas à crítica textual, veja os caps. 18-20; Antigo Testamento, caps. 21 e 26; e Novo Testamento, caps. 22, 25 e 26. Veja tb. Bruce K. Waltke, "The textual criticism of the Old Testament", p. 211-28, R. K. Harrison, "Historical and literary criticism of the Old Testament", p. 231-50, e Gordon D. Fee, "The textual criticism of the New Testament", p. 417-33, todos in: Frank E. Gaebelein, org., *The expositor's Bible commentary*, vol. 1; veja tb. F. M. Cross, "The contribution of the Qumran discoveries to the study of the biblical text", *Israel Exploration Journal* 16 (1966): 81-95; e R. W. Klein, *Textual criticism of the Old Testament*.

[6] Krentz, p. 15. Veja tb. Gerhard Maier, *The end of the historical-critical method*, e também a análise e as notas apresentadas anteriormente neste capítulo. Os títulos neste caso em particular são J. G. Eichhorn, *Einleitung in das Alte Testament* (1780-1783), 3 vols., e a quarta edição (1788) de Johann David Michaelis (1717-1791), *Einleitung in das Neue Testament* (1750). Krentz afirma que Semler é geralmente considerado o pai da teologia histórico-crítica, e não Johann August Ernesti (1707-1781), que escreveu uma década antes, "uma vez que Ernesti negava a possibilidade de que as Escrituras pudessem errar" (p. 19).

[7] Entre as obras de influência significativa encontramos Barthold Georg Niebuhr, *Römische Geschichte* (1811-1812), e Leopold von Ranke, *Geschichte der romanischen und germanischen Völker von 1494-1535*. Para uma história desses desdobramentos, veja esp. George Peabody Gooch, *History and historians of the nineteenth century*.

encontramos Johann Christian Konrad von Hofmann (1810-1877), que combinou elementos de Schelling, Schleiermacher e do luteranismo ortodoxo com a história e o estudo crítico das Escrituras para a elaboração de uma nova síntese bíblico-teológica enfatizando a "história supra-histórica", "história sagrada" ou "história da salvação" (*Heilsgeschichte*) que impactaria Karl Barth, Rudolf Bultmann e outros no século 20.[8] Perto do fim do século 19, estudiosos ortodoxos respeitados desafiaram a "crítica destrutiva" e sua teologia racionalista. Entre esses estudiosos mais conservadores estavam George Salmon, Theodor von Zahn, R. H. Lightfoot e outros que usaram os métodos da "alta crítica" para formar a base da "crítica construtiva". Essa crítica construtiva se manifesta de modo mais evidente quando trata de temas como milagres, o nascimento virginal de Jesus e a ressurreição física de Cristo. A crítica histórica é ponto pacífico atualmente nos estudos bíblicos. Muitos trabalhos recentes da crítica histórica manifestam uma teologia racionalista que, ao mesmo tempo, diz preservar a doutrina cristã tradicional. Em decorrência disso, ela deu origem a vários desdobramentos posteriores.

Crítica da fonte, também conhecida como crítica literária, é a tentativa de descobrir e definir as fontes literárias usadas pelos autores bíblicos. Ela se preocupa principalmente com questões como as fontes literárias por trás dos textos, tipos de literatura e questões relativas à autoria, unidade e data dos vários materiais do Antigo e do Novo Testamentos.[9] Há críticos literários que tendem a enfraquecer o texto bíblico e a pronunciá-lo inautêntico, rejeitando, até mesmo, a ideia da inspiração verbal em sua totalidade. Além disso, alguns estudiosos levaram sua rejeição da autoridade ao ponto de modificarem a ideia do cânon (e.g., no que diz respeito à pseudonímia) para acomodar conclusões decorrentes de suas próprias teorias.[10] Contudo, essa tarefa difícil, porém importante, pode ser uma ajuda valiosa para a interpretação bíblica, uma vez que tem influência sobre o valor histórico dos escritos bíblicos. Além disso, a crítica literária bem feita pode evitar interpretações equivocadas do texto bíblico.

---

[8] Veja a análise em Werner Georg Kümmel, *The New Testament: the history of the investigation of its problems*, tradução para o inglês de S. McLean Gilmour; Howard C. Kee; Krentz, p. 17-32; Bernard Ramm, *Protestant biblical interpretation*, p. 79-92.

[9] Harrison, "Historical and literary criticism of the Old Testament", p. 239. Veja tb. Wenham, "History and the Old Testament", p. 36-7. Veja Harrison, p. 243-6, para uma análise sobre os desdobramentos do papel da crítica literária na autoria, data e unidade de Isaías, bem como do livro de Daniel.

[10] Veja Donald Guthrie, "The historical and literary criticism of the New Testament", p. 454-6, in: Frank E. Gaebelein, org., *The expositor's Bible commentary*, vol. I.

A crítica da fonte do Novo Testamento no decorrer do último século se debruçou sobre o chamado "problema sinótico", uma vez que ele está relacionado às dificuldades em torno das tentativas de criar um esquema de dependência literária para dar conta das combinações, semelhanças e dessemelhanças entre os Evangelhos Sinóticos (Mateus, Marcos e Lucas). As teorias de que uma fonte única, Q ou *Quelle* (do alemão, "fonte"), foi usada pelos três Evangelistas, que escreveram em várias sequências, em que o segundo depende do primeiro, e o terceiro, dos outros dois. Essas teorias foram as precursoras típicas da *teoria das duas fontes* de B. H. Streeter, que afirmou a prioridade de Marcos, e, por fim, ganhou ampla aceitação entre os estudiosos do Novo Testamento. Os argumentos de Streeter têm sido questionados, e sua tese, contestada por outros.[11]

A crítica da forma diz respeito ao estudo das formas literárias, como ensaios, poemas, mitos etc., uma vez que escritos diferentes têm formas diferentes. Com frequência, a forma de um texto literário pode dizer muita coisa sobre a natureza desse texto e seus antecedentes. Tecnicamente, isso é chamado de "contexto em que o texto foi criado" (*Sitz im Leben*). A posição liberal clássica em relação à análise das fontes do Pentateuco foi estabelecida por Wellhausen e seus seguidores. Na verdade, eles tentaram fazer a mediação entre o tradicionalismo e o ceticismo, datando os livros do Antigo Testamento de maneira menos sobrenatural ao aplicar a "teoria documental". Esses documentos são identificados como Javista (*J*), datado do século 9 a.C., Eloísta (*E*), com data de cerca de um século depois, Deuteronomista (*D*), aproximadamente da época de Josias (640-609 a.C.) e Sacerdotal (*P*), talvez do século 5 a.C. O conceito evolucionista era tão atraente para a crítica literária que a teoria das fontes da origem do Pentateuco passou a prevalecer sobre toda a oposição. Uma posição intermediária de alguns aspectos da teoria foi expressa por C. F. A. Dillman

---

[11] Veja B. H. Streeter, *The four Gospels: a study of origins*, p. 150-360. Veja tb. Robert L. Thomas, "An investigation of the agreements between Matthew and Luke against Mark", *Journal of the Evangelical Theological Society* 19 (1976): 103-12; Robert L. Thomas e Stanley N. Gundry afirmam que a teoria das duas fontes é inadequada e que os Evangelhos Sinóticos vieram à luz em circunstâncias relativamente independentes ("Source criticism", in: *A harmony of the Gospels with explanations and essays: using the text of the New American Standard Bible*, p. 274-9); Krentz, *The historical-critical method*; William R. Farmer, *The Synoptic problem*, p. 1-198, defende a primazia de Mateus; E. P. Sanders, *The tendencies of the Synoptic tradition*, observa que os tempos, lugares e circunstâncias de cada Evangelho são suficientemente variados para fazer deles testemunhas independentes da vida de Jesus. Sobre a relação do Evangelho de João com o problema sinótico, veja Robert L. Thomas; Stanley N. Gundry, "Criticism of the Gospel of John", in: *A harmony of the Gospels*, p. 295-301.

(1823-1894), Rudolf Kittel (1853-1929) e outros. A oposição à teoria documental foi expressa por Franz Delitzsch (1813-1890), que rejeitou de imediato a hipótese em seu comentário de Gênesis, William Henry Green (1825-1900), James Orr (1844-1913), A. H. Sayce, Wilhelm Möller, Édouard Naville, Robert Dick Wilson e outros.[12] Às vezes, os estudos da crítica da forma são arruinados por suposições doutrinárias, como as que dizem que as formas antigas precisam ser curtas, e as mais recentes, mais longas; entretanto, de modo geral, a crítica da forma tem sido proveitosa para a interpretação bíblica. Ela tem sido usada de maneira mais útil no estudo de Salmos.[13]

A crítica da forma no século 20 foi introduzida no estudo dos Evangelhos do Novo Testamento como *Formgeschichte* ("história da forma") ou "crítica da forma" em português. Seguindo a tradição de Heinrich Paulus, Wilhelm de Wette e outros, os estudiosos de Tübingen aplicaram princípios semelhantes ao [restante do] Novo Testamento. Tomando por base a teoria da crítica da fonte, advogando a prioridade de Marcos, e insatisfeitos com as limitações das múltiplas fontes disponíveis (e fontes escritas hipotéticas), William Wrede (1859-1906) e outros críticos da forma procuraram eliminar a estrutura geográfico-cronológica dos Evangelhos Sinóticos e investigar o período de vinte anos de tradições orais entre a conclusão dos acontecimentos do Novo Testamento e os primeiros relatos escritos desses acontecimentos. Eles tentaram classificar esse material em "formas" de tradição oral e descobrir sua situação histórica (*Sitz im Leben*) no âmbito da igreja primitiva que suscitou o surgimento delas. Esses segmentos de tradição geralmente refletem mais da vida e do ensino da igreja primitiva do que a vida e o ensino de Jesus. As "formas" em que os segmentos são acomodados são pistas de seu valor histórico relativo. A suposição fundamental da crítica da forma é tipificada por Dibelius e Bultmann. Ao criar novas palavras e feitos de Jesus conforme a situação exigia, os Evangelistas organizavam os segmentos ou tradição oral e criavam contextos artificiais para atender aos propósitos de suas composições. Ao desafiar a autoria, data, estrutura e estilo de outros livros do Novo Testamento, a "crítica destrutiva" negava a autoria paulina da maior parte das cartas, exceto Romanos, 1Coríntios, 2Coríntios e Gálatas, chegando a

---

[12] Veja Harrison, "Historical and literary criticism of the Old Testament", p. 239-41; Gleason L. Archer, Jr., *A survey of Old Testament introduction*, passim [edição em português: *Panorama do Antigo Testamento*, 4. ed. rev. ampl., tradução de Gordon Chown (São Paulo: Vida Nova, 2012)]; Robert H. Pfeiffer, *Introduction to the Old Testament*, et passim.

[13] Wenham, "History and the Old Testament", p. 40.

conclusões semelhantes.[14] Críticos da forma radicais defendem dois pressupostos básicos: (1) a comunidade cristã primitiva tinha pouco ou nenhum interesse ou integridade biográficos genuínos, por isso criou e transformou a tradição oral para que atendesse às suas necessidades; (2) os Evangelistas foram simples editores dos segmentos individuais e isolados da tradição que organizavam e reorganizavam para seus propósitos sem consideração pela realidade histórica.[15]

A *crítica da tradição* preocupa-se principalmente com a história das tradições antes de serem registradas por escrito e incorporadas em fontes literárias. As histórias dos patriarcas, por exemplo, provavelmente foram repassadas oralmente pelas gerações ou na tribo ou no santuário até que foram escritas em forma de narrativa contínua. Às vezes, essas tradições orais podem ter sido alteradas no decorrer do longo processo de transmissão. O estudioso da Bíblia tem grande interesse em saber que mudanças foram feitas e como a tradição posterior, agora preservada numa fonte literária, difere da tradição oral mais antiga. A crítica da tradição, embora importante, é menos certa ou segura do que a crítica literária por dois motivos: (1) ela começa onde a crítica literária termina, com conclusões que em si mesmas são incertas, e (2) é muito difícil comprovar as hipóteses do desenvolvimento da antiga tradição oral.[16] Mais tênue ainda é a "tradição litúrgica" enunciada por S. Mowinckel e seus colegas escandinavos, para quem as origens literárias estavam relacionadas a rituais pré-exílicos do santuário e fenômenos sociológicos. A escola do "mito e do ritual", de S. H. Hooke, é um ramo da abordagem litúrgica e defende que havia um conjunto de rituais e mitos específicos comuns a todos os povos do Oriente Próximo, entre eles os hebreus. Esses dois enfoques usam analogias do festival babilônico para respaldar suas variações dos temas clássicos da crítica literária e da crítica

---

[14]Veja a análise nos caps. 4, 9 e 11. Veja tb. Zane C. Hodges, "Form-criticism and the resurrection accounts", *Bibliotheca Sacra* 124 (1967): 339-48. Sobre os desdobramentos em que se utilizam tecnologia computacional aplicada à crítica bíblica, veja A. Q. Morton; James McLeman, *Christianity in the computer age*. Para uma crítica dos pressupostos falaciosos da obra de Morton-McLeman, veja Reinier Schippes, "Paul and the computer", *Christianity Today* (4 December 1964), p. 48. Levantamentos desses desdobramentos aparecem na série de artigos finais do livro de Robert L. Thomas; Stanley N. Gundry, orgs., *A harmony of the Gospels*; e Kenneth S. Kantzer; Stanley N. Gundry, orgs., *Perspectives in Evangelical theology*; Frank C. Gaebelein, org., *The expositor's Bible commentary*, vol. 1.

[15]Veja Robert L. Thomas e Stanley N. Gundry, que identificam Martin Dibelius, Rudolf Bultmann, Burton S. Easton, R. H. Lightfoot, Vincent Taylor e D. E. Nineham como críticos da forma do Novo Testamento, "Form criticism", in: *A harmony of the Gospels*, p. 281-2.

[16]Wenham, "History and the Old Testament", p. 40-1.

da tradição.[17] Conforme indicado na análise anterior, a crítica da forma está intimamente alinhada com a crítica da tradição nos estudos do Novo Testamento. Oscar Cullmann e I. Howard Marshall fizeram uma revisão de muitas das pressuposições básicas relacionadas ao texto do Novo Testamento.[18]

A *crítica editorial* está mais intimamente associada ao texto do que a crítica da tradição e, em decorrência disso, está menos exposta à acusação de especulação subjetiva. Os críticos editoriais só poderão chegar à certeza absoluta quando todas as fontes à disposição do redator (editor) tiverem sido usadas, uma vez que sua tarefa consiste em determinar de que modo um redator usou suas fontes, o que foi omitido, o que foi acrescentado e que tipo específico de propensão estava envolvida no processo de redação. Na melhor das hipóteses, o crítico dispõe apenas de parte das fontes disponíveis, como os livros de Reis usados pelos autores de Crônicas. Em outro lugar, tanto no Antigo quanto no Novo Testamentos, as fontes precisam ser reconstruídas com base na própria obra editada. Por isso, a crítica editorial se torna muito menos segura como instrumento literário.[19]

Geralmente, os críticos editoriais não seguem os pontos de vista tradicionais sobre a autoria. Pelo contrário, tendem a favorecer uma visão em que os originadores dos livros bíblicos são editores teológicos posteriores aos quais se atribuem os vários nomes dos livros em busca de prestígio. Nos estudos do Antigo e do Novo Testamentos, essa visão surgiu da crítica histórica, da crítica da fonte e da crítica da forma. Em decorrência disso, adota muitos de

---

[17] Harrison, "Historical and literary criticism of the Old Testament", p. 241.

[18] Oscar Cullmann, *The Christology of the New Testament* [edição em português: *Cristologia do Novo Testamento*, tradução de Daniel de Oliveira; Daniel Costa (São Paulo: Hagnos, 2008)]; I. Howard Marshall, *The origins of New Testament Christology*. Veja tb. I. Howard Marshall, *I believe in the historical Jesus*. Veja tb. as análises em Brevard S. Childs, *Introduction to the Old Testament as Scripture* e *Introduction to the New Testament as canon*; Gerhard Hasel, *Old Testament theology: basic issues in the current debate* [edição em português: *Teologia do Antigo Testamento: questões fundamentais no debate atual* (Rio de Janeiro: Juerp, 1992)] e *New Testament theology: basic issues in the current debate* [edição em português: *Teologia do Novo Testamento: questões fundamentais no debate atual* (Rio de Janeiro: Juerp, 1988)].

[19] Veja a análise no cap. 14. Veja tb. Wenham, "History and the Old Testament", p. 40-1. Veja ainda Norman Perrin, *What is redaction criticism?*; I. Howard Marshall, *Luke: historian and theologian*; Everett F. Harrison, "*Gemeindetheologie*: the bane of gospel criticism", in: Carl F. H. Henry, org., *Jesus of Nazareth*, p. 157-73; Robert L. Thomas; Stanley N. Gundry, "Redaction criticism", in: *A harmony of the Gospels*, p. 287-94. Um fórum do Christianity Today Institute teve como moderador Kenneth S. Kantzer e foi publicado como "Redaction criticism: is it worth the risk?", *Christianity Today*, 18 October 1985, p. 55-66. Veja tb. D. A. Carson, *Redaction criticism: the nature of an interpretive tool* (Carol Stream: Christianity Today Institute, 1985).

seus pressupostos, até mesmo a hipótese documental do Antigo Testamento e a prioridade dada a Marcos no Novo Testamento.

Uma crítica da crítica destrutiva do Novo Testamento

Conforme observamos anteriormente, nem toda alta crítica é negativa e destrutiva. A crítica significa simplesmente o exercício do juízo acadêmico. Isso pode ser muito útil para o cristão, contanto que não contrarie o ensino da Escritura. Contudo, grande parte da crítica bíblica moderna decorre de pressupostos filosóficos não bíblicos[20] como o deísmo, o materialismo, o ceticismo, o agnosticismo, o idealismo (hegelianismo) e o existencialismo (veja o cap. 9). Por trás de tudo isso há um naturalismo ou antissobrenaturalismo prevalecente que suspeita intuitivamente de qualquer documento que contenha histórias de milagres (veja o cap. 10). Por causa da influência dessa propensão naturalista, surgiu uma forma negativa (destrutiva) de alta crítica que pode ser contrastada com a crítica positiva (construtiva) nas seguintes categorias mutuamente excludentes:

	CRÍTICA POSITIVA (CONSTRUTIVA)	CRÍTICA NEGATIVA (DESTRUTIVA)
BASE	Sobrenaturalista	Naturalista
REGRA	"Inocente até prova em contrário"	"Culpado até prova em contrário"
RESULTADO	A Bíblia é totalmente verdadeira	A Bíblia é apenas parcialmente verdadeira
AUTORIDADE FINAL	Palavra de Deus	Mente do homem
PAPEL DA RAZÃO	O homem descobre a verdade (racionalidade)	O homem determina a verdade (racionalismo)

Alguns pressupostos dessa crítica negativa requerem uma análise mais minuciosa, especialmente no que se refere ao registro dos Evangelhos. Trata-se de uma análise bastante importante para a crítica da fonte, crítica da forma e crítica editorial, uma vez que desafiam a genuinidade, a autenticidade e, consequentemente, a autoridade divina da Bíblia. Esse tipo de crítica bíblica carece de fundamento por vários motivos.

1. A crítica bíblica negativa (destrutiva) é baseada em uma tendência antissobrenatural injustificada que é sobreposta aos documentos bíblicos. Na verdade, o

---

[20] Para uma avaliação crítica, veja Gerhard Maier, *The end of the historical critical method*.

originador da crítica negativa moderna foi o incorrigível antissobrenaturalista Baruch de Espinoza (veja o cap. 9). Ele afirmou que Moisés não escreveu o Pentateuco, nem Daniel escreveu o livro todo que leva seu nome, tampouco jamais ocorreu nenhum dos milagres descritos na Bíblia, porque milagres, segundo ele, são científica e racionalmente impossíveis.

Na esteira de Espinoza, adeptos da crítica negativa concluíram que Isaías não escreveu o livro todo de Isaías, uma vez que isso exigiria predições sobrenaturais (até algumas sobre o rei Ciro chamado pelo nome) com mais de cem anos de antecedência. De igual modo, os críticos negativos concluíram que Daniel não poderia ter escrito o que escreveu antes de cerca de 165 a.C., o que situaria o livro em data *posterior* à descrição detalhada dos governos e líderes mundiais até Antíoco IV Epifânio (m. 163 a.C.). Aqui também eles pressupõem que Daniel não poderia fazer predições sobrenaturais de acontecimentos vindouros. A mesma tendência naturalista foi aplicada ao Novo Testamento por David Strauss, Albert Schweitzer e Rudolf Bultmann com os mesmos resultados devastadores.

Os fundamentos desse antissobrenaturalismo se esfarelaram com a descoberta da física quântica e da teoria do "big-bang". Isso porque, de acordo com a física moderna, acontecimentos extraordinários (como milagres) não podem ser descartados. Até mesmo agnósticos, como Robert Jastrow,[21] falam de forças "sobrenaturais" em ação na criação do universo, e ateus admitem que o universo surgiu do nada.[22] Uma vez que o antissobrenaturalismo já foi discutido exaustivamente em outro lugar,[23] basta assinalar aqui que, com a morte do antissobrenaturalismo moderno, não há base filosófica para essa crítica negativa (destrutiva). Independentemente da questão antissobrenatural, há outros problemas que desafiam os críticos bíblicos de ambos os Testamentos (veja o cap. 9). Recorreremos a exemplos do Novo Testamento para exemplificar esses problemas.

2. *A crítica bíblica negativa (destrutiva) ou despreza ou minimiza o papel dos apóstolos e das testemunhas oculares que registraram os acontecimentos.* Dos quatro autores dos Evangelhos, Mateus, Marcos e João claramente foram testemunhas oculares dos acontecimentos que relatam. Lucas foi um historiador

---

[21] Veja Robert Jastrow, "A scientist caught between two faiths", *Christianity Today*, 6 August, 1982, p. 18.

[22] Veja Anthony Kenny, *The five ways: St. Thomas Aquinas' proof of God's existence*, p. 66.

[23] Veja Norman L. Geisler, *Miracles and modern thought*.

contemporâneo cuidadoso (Lc 1.1-4).²⁴ Na verdade, todos os livros do Novo Testamento foram escritos por um contemporâneo ou por uma testemunha ocular de Cristo. Até mesmo críticos como o bispo John A. T. Robinson, o teólogo da "morte de Deus", reconhecem que os Evangelhos foram escritos entre 40 d.C. e 65 d.C.,²⁵ durante a vida das testemunhas oculares.

Contudo, se os documentos básicos do Novo Testamento tiverem sido compostos por testemunhas oculares, isso põe por terra boa parte da crítica destrutiva, já que esta pressupõe uma data muito mais tardia para a ocorrência dos supostos "mitos" e distorções. Estudos revelaram que leva pelo menos duas gerações para que um mito se desenvolva.²⁶

3. A crítica bíblica negativa (destrutiva) pressupõe erroneamente que os autores do Novo Testamento não distinguiam entre suas próprias palavras e as palavras de Jesus. Que havia uma clara distinção entre as palavras de Jesus e as dos autores dos Evangelhos fica evidente pela facilidade com que se pode editar um Novo Testamento [que destaca as palavras de Cristo] em "letras vermelhas". Na realidade, o apóstolo Paulo faz questão de diferenciar suas palavras das palavras de Jesus (veja At 20.35; 1Co 7.10,12,25). O mesmo ocorre com João em Apocalipse (veja Ap 1.8,11,17*b*-20; 2.1s.; 3.1s.; 22.7,12-16,20*b*). Diante disso, é injustificável que o crítico do Novo Testamento suponha que o relato do Evangelho não registre efetivamente o que Jesus disse e fez.

4. A crítica bíblica negativa (destrutiva) pressupõe erroneamente que as histórias do Novo Testamento são como histórias folclóricas e mitos. Na verdade, há uma enorme diferença entre o relato simples de milagres do Novo Testamento e os mitos embelezados dos séculos 2 e 3 d.C., conforme pode ser visto comparando-se os relatos (veja a análise no cap. 17). O fato é que os autores do Novo Testamento desaprovam explicitamente os mitos. Pedro disse: "Porque não seguimos fábulas engenhosas (*mythos*) quando vos fizemos conhecer o poder e a vinda de nosso Senhor Jesus Cristo, pois fomos testemunhas oculares de sua majestade" (2Pe 1.16). Paulo também advertiu contra a crença em mitos em várias ocasiões (1Tm 1.4; 4.7; 2Tm 4.4; Tt 1.14).

---

²⁴Veja Sir William Ramsay, *St. Paul the traveller and the Roman citizen*.

²⁵John A. T. Robinson, *Redating the New Testament*, p. 352. O Novo Testamento inteiro foi escrito entre 40 d.C. e 70 d.C. Veja o cap. 12, nota 21.

²⁶Veja A. N. Sherwin-White, *Roman society and Roman law in the New Testament*, p. 190. Veja tb. I. Howard Marshall, *The origins of New Testament Christology*.

Um dos argumentos mais reveladores contra a ideia do mito foi dado por um célebre autor de mitos modernos:

> Em primeiro lugar, portanto, o que quer que sejam esses homens enquanto críticos da Bíblia, não confio neles como críticos. Parece que lhes falta juízo literário, porque não percebem a qualidade dos textos que estão lendo. [...] Se me disserem que há algo no Evangelho que seja lenda ou romance, quero saber quantas lendas e romances ele leu, em que medida seu palato está treinado para detectá-las pelo sabor; não quantos anos ele gastou naquele Evangelho. [...] Tenho lido poemas, romances, literatura visionária, lendas e mitos a vida toda. Sei como são essas coisas. Sei que nenhum deles se parece com eles [lenda ou romance].[27]

5. A crítica bíblica negativa (destrutiva) solapa a integridade dos autores do Novo Testamento ao afirmar que Jesus nunca disse (ou fez) o que eles dizem que Jesus disse (ou fez). Há até mesmo críticos evangélicos confessos que chegam ao ponto de dizer que "'Jesus disse' ou 'Jesus fez' não significa necessariamente que, historicamente, Jesus disse ou fez o que se segue; às vezes, significa apenas que no relato, concebido ao menos em parte por Mateus, Jesus disse ou fez o que se segue".[28] Isso, porém, claramente solapa a confiança nos registros dos Evangelhos e na veracidade dos acontecimentos neles registrados.

Com base nessa abordagem crítica, os autores dos Evangelhos tornam-se *criadores* dos acontecimentos, e não *registradores* do que se passou. Na realidade, um autor afirmou que Mateus criou a história dos magos (Mt 2) com base na história das rolinhas (de Lc 2). Isso porque, de acordo com Robert Gundry, Mateus "transforma a morte sacrificial de 'um par de rolinhas ou dois pombinhos', que ocorreu na apresentação do menino Jesus no Templo (Lc 2.24; cf. Lv 12.6-8), no sacrifício dos inocentes ordenado por Herodes em Belém (cf. *Assunção de Moisés* 6.2-6)".[29] Contudo, essa perspectiva não apenas negligencia a integridade dos autores dos Evangelhos, como também solapa a autenticidade e a autoridade do registro dos Evangelhos.

---

[27]C. S. Lewis, *Christian reflections*, p. 154-5 [edição em português: *Reflexões cristãs* (São Paulo: Thomas Nelson Brasil, 2019)].

[28]Robert Gundry, *Matthew: a commentary on his literary and theological art*, p. 630.

[29]Ibidem, p. 34-5.

Um estudioso da Bíblia, Paul K. Jewett, chegou ao ponto de afirmar que a declaração de Paulo (em 1Co 11.3)[30] estava equivocada. Se assim for, então a verdade consagrada de que "o que a Bíblia diz, Deus diz" não se sustenta. Na realidade, se Jewett estiver certo, então, até mesmo quando se descobre o que o autor das Escrituras está dizendo, é preciso fazer mais uma pergunta: "Deus disse?" (cf. Gn 3.1). Em suma, se "o que a Bíblia diz, Deus diz" não se sustentar, disso se segue que a autoridade divina de toda a Escritura pode ser posta em dúvida.

6. A crítica bíblica negativa (destrutiva) baseia-se na premissa implausível de que a igreja primitiva não tinha interesse biográfico algum. É altamente improvável, à primeira vista, que os autores do Novo Testamento, impressionados como estavam com a crença de que Jesus era o Messias havia muito prometido, o Filho do Deus vivo (Mt 16.16-18), não tivessem interesse algum no registro preciso do que ele realmente disse e fez.

Na realidade, isso contraria suas declarações objetivas. João disse que "Jesus fez" as coisas registradas em seu Evangelho (Jo 21.25). Em outro lugar, João disse: "O que [...] ouvimos, o que vimos com nossos olhos, o que contemplamos e nossas mãos apalparam [...] isso vos anunciamos" (1Jo 1.1,2). Na verdade, Lucas manifesta claramente o interesse biográfico generalizado das primeiras comunidades cristãs quando escreveu:

> Uma vez que muitos têm empreendido a compilação de um relato dos fatos que se realizaram entre nós, assim como foram transmitidos a nós pelos que desde o princípio foram suas testemunhas oculares e servos da palavra, pareceu adequado também a mim, excelentíssimo Teófilo, depois de investigar tudo cuidadosamente desde o começo, escrever-te uma narrativa em ordem, para que tenhas certeza da verdade das coisas em que foste instruído (Lc 1.1-4).

Portanto, afirmar, conforme fazem os críticos, que os autores do Novo Testamento não tinham interesse em registrar a história real é a um só tempo implausível e contrário às suas próprias declarações.

7. A crítica bíblica negativa (destrutiva) nega o papel do Espírito Santo em ativar a memória das testemunhas oculares. Boa parte da rejeição do registro dos Evangelhos baseia-se na suposição de que não se podia esperar que os autores

---

[30] Paul K. Jewett, *Man as male and female*, p. 134-5.

se lembrassem de ditos, detalhes e acontecimentos depois de sua ocorrência há vinte ou quarenta anos. Jesus morreu em 33 d.C., e os primeiros registros dos Evangelhos datam provavelmente de 50 a 60 d.C.[31]

No entanto, o crítico novamente está rejeitando ou negando a clara afirmação das Escrituras. Jesus prometeu a seus discípulos que "o Auxiliador, o Espírito Santo, a quem o Pai enviará em meu nome, ele vos ensinará todas as coisas e vos fará lembrar de tudo o que eu vos tenho dito" (Jo 14.26).

Portanto, mesmo na hipótese improvável de que ninguém tenha registrado nada do que Jesus disse durante sua vida ou imediatamente depois, os críticos gostariam que crêssemos que as testemunhas oculares, cujas recordações foram posteriormente ativadas de modo sobrenatural pelo Espírito Santo, não registraram com precisão o que Jesus disse e fez. Parece bem mais provável que as testemunhas oculares do século 1 estavam certas e os críticos do século 20, errados, e não o contrário.

É claro que a erudição bíblica não precisa ser destrutiva. Contudo, a mensagem da Bíblia precisa ser entendida em seu contexto teísta (sobrenatural) e em seu cenário histórico e gramatical real. A "Declaração de Chicago sobre a Hermenêutica Bíblica" oferece diretrizes positivas para o estudioso evangélico. Diz ela:[32]

Artigo XIII   AFIRMAMOS que a consciência das categorias literárias, formais e estilísticas das várias partes das Escrituras é essencial para a exegese adequada, e, portanto, valorizamos a crítica de gênero como uma das muitas disciplinas do estudo da Bíblia.

NEGAMOS que as categorias genéricas que negam a historicidade possam ser impostas acertadamente sobre as narrativas bíblicas que se apresentam como factuais.

Artigo XIV   AFIRMAMOS que o registro bíblico de acontecimentos, discursos e ditos, embora apresentado em uma variedade de formas literárias apropriadas, corresponde a fatos históricos.

---

[31] John W. Wenham, "Gospel origins", *Trinity Journal* 7 (1978): 112-34.
[32] Veja Norman L. Geisler, *Summit II: Hermeneutics*, p. 10-3. Veja tb. o cap. 10 acima e Earl D. Radmacher; Robert D. Preus, *Hermeneutics, inerrancy, and the Bible*, esp. Appendixes A, B e C, p. 881-914.

NEGAMOS que qualquer acontecimento, discurso ou dito registrado nas Escrituras foi inventado pelos autores bíblicos ou pelas tradições incorporadas por eles.

Artigo XV
AFIRMAMOS a necessidade de interpretar a Bíblia de acordo com seu sentido literal ou normal. O sentido literal é o sentido histórico-gramatical, isto é, o significado que o autor expressou. A interpretação de acordo com o sentido literal levará em consideração todas as figuras da linguagem e formas literárias encontradas no texto.

NEGAMOS a legitimidade de qualquer abordagem às Escrituras que atribui a ela um significado que o sentido literal não sustenta.

Artigo XVI
AFIRMAMOS que técnicas críticas legitimas devem ser usadas para determinar o texto canônico e seu significado.

NEGAMOS a legitimidade de permitir que qualquer método de crítica bíblica questione a verdade ou integridade do significado expresso pelo autor, ou de qualquer outro ensinamento bíblico.

Crítica textual no período antigo da história eclesiástica (até c. 325)

Já no início do século 3 a.C., os estudiosos de Alexandria procuravam restaurar os textos dos poetas e prosadores gregos. Convém lembrar que esse centro também produziu a versão do Antigo Testamento designada de Septuaginta (LXX) por volta de 250-150 a.C. Além disso, Alexandria foi um centro do cristianismo durante os primeiros séculos da igreja. A cidade manteve sua posição de liderança acadêmica até a ascensão do islã em fins do século 6 e início do século 7. Em virtude disso, é compreensível que fosse um centro de atividades durante as tentativas de restauração do texto bíblico antes de cerca de 325 d.C. Basicamente, porém, não havia crítica textual real alguma dos livros do Novo

Testamento nesse período; foi um "período de reduplicação" dos manuscritos, e não de avaliação deles. Por um lado, houve um trabalho textual diligente do Antigo Testamento na Palestina feito por rabinos entre os anos 70 e 100 d.C.

Cópias dos autógrafos (até c. 150)

A maior parte dos livros do Novo Testamento foi escrita durante a segunda metade do século 1. Esses manuscritos foram escritos sob a direção do Espírito Santo e eram inerrantes. Certamente foram escritos em papiros e todos foram perdidos depois disso. Contudo, os autógrafos do Novo Testamento foram providencialmente copiados e difundidos antes de tornarem-se ilegíveis ou terem se perdido. Essas cópias foram feitas já em 95 d.C. Se a produção de cópias não houvesse começado logo depois de terem sido escritos, não haveria Bíblia alguma hoje, porque o papiro só sobrevive por períodos prolongados se houver condições excepcionais para sua preservação. Assim como os autógrafos foram escritos em rolos de papiros, assim também as primeiras cópias provavelmente foram escritas em rolos de papiros. Logo, porém, os códices de papiro começaram a ser produzidos, e mais tarde vieram o pergaminho e o velino. Restam muito poucos exemplares hoje das primeiras cópias, se houver, por motivos que são basicamente os mesmos já apontados no caso dos autógrafos (veja o cap. 20).

Embora houvesse muitas cópias antigas dos autógrafos, nem todas tinham a mesma qualidade, visto que, tão logo um manuscrito era copiado, começavam a ser inseridos no texto os erros introduzidos pelos copistas. Algumas das primeiras cópias eram extremamente precisas e muito caras, já que eram feitas por escribas profissionais. As cópias dos manuscritos feitas por escribas menos capazes eram mais baratas, porém sua qualidade geralmente era inferior e foram amplamente difundidas. Ainda outras cópias feitas nesse período remoto também eram de qualidade ruim, uma vez que não eram copiadas por profissionais e eram tudo o que, com frequência, um indivíduo ou grupo de poucos recursos podia se dar ao luxo de encomendar. Gordon Fee corretamente chama essa etapa de "*Período de Confusão* (até 400 d.C.)" e acrescenta que

> durante o século 2, em particular, quando os livros do NT estavam sendo transmitidos independentemente uns dos outros, e quando havia ampla distribuição geográfica desses documentos com pouco ou nenhum "controle", os erros cometidos pelos escribas proliferavam. Uma vez que um erro era

introduzido no texto, era copiado, então, pelo escriba seguinte como seu texto "recebido". Não raro, um escriba "corrigia" o que julgava serem erros e, ao fazê-lo, criava erros próprios.[33]

Cópias de cópias (c. 150-c. 325)

Passado o período dos pais apostólicos e subapostólicos, foram feitas cópias das cópias dos autógrafos do Novo Testamento. No decorrer desses anos, houve perseguições locais e generalizadas de cristãos, bem como duas perseguições imperiais (Décio e Diocleciano). Durante essas perseguições, os cristãos foram confrontados com sofrimento intenso e até com a morte. Além disso, seus escritos sagrados eram muitas vezes confiscados e destruídos por todo o império.[34] Em virtude de sua destruição generalizada, a igreja corria o risco de perder as Escrituras. Por isso, com frequência os cristãos fizeram cópias dos manuscritos para que substituíssem as que haviam sido destruídas. Muitas dessas cópias foram feitas às pressas, já que os escribas eram ameaçados de perseguição se elas fossem apreendidas e, com frequência, as cópias eram feitas "sem profissionalismo", ou de forma amadora, por membros de determinada igreja.[35] Assim, a possibilidade de erros nas cópias multiplicava-se ao mesmo tempo que inúmeros manuscritos e cópias antigas estavam sendo sistematicamente destruídos. Tudo isso aconteceu durante um período em que a igreja estava progressivamente colecionando, filtrando, organizando e reconhecendo os livros canônicos do Novo Testamento (veja a análise no cap. 16). Foi essa situação que, de acordo com Kenyon, "pode ser brevemente caracterizada como um período em que os problemas textuais surgiram, que precisamos tentar resolver com a ajuda das evidências supridas pelos períodos seguintes".[36]

Durante essa fase de perseguição da igreja em nível local, a igreja de Alexandria começou o trabalho pioneiro de comparação e publicação dos

---

[33] Gordon D. Fee, "The textual criticism of the New Testament", in: Frank E. Gaebelein, org., *The expositor's Bible commentary*, p. 425

[34] Veja a análise no cap. 16 e tb. em Brooke Foss Westcott, *A general survey of the history of the canon of the New Testament*, p. 411-25. Os estudiosos do texto que seguem Burgon negligenciam esse fato essencial em sua argumentação.

[35] Bruce M. Metzger, *The text of the New Testament*, p. 14-6, explica as práticas dos escribas nesse período e o impacto que tiveram sobre a qualidade do texto. Ele menciona, entre outras coisas, o edito de fixação de salário de Diocleciano (301 d.C.) para escribas que atingissem pelo menos dois níveis de qualidade na produção de manuscritos.

[36] Sir Frederic G. Kenyon, *Handbook to the criticism of the New Testament*, p. 40.

textos (c. 200-c. 250). Essa liderança se estendeu também a outras áreas do império, de modo que um trabalho básico de crítica textual foi realizado na época da perseguição movida pelo imperador Décio (249-251). Em Alexandria, Orígenes trabalhou com o Antigo Testamento. Sua *Héxapla* nunca foi publicada na íntegra, mas foi uma tentativa magistral de crítica textual do Antigo Testamento (veja o cap. 27). Além de ter trabalhado com o Antigo Testamento, Orígenes também escreveu muitos comentários sobre o Novo Testamento, em que atuou como um dos primeiros críticos do Novo Testamento.[37] Outros exemplos de crítica textual pioneira foram a *Recensão Luciânica*, o trabalho de Júlio Africano sobre *Susana* e o *Cântico dos Cânticos* por Teodoro de Mopsuéstia, que representa a escola de teologia com sede em Cesareia. Apesar do trabalho desses primeiros críticos, a igreja antiga testemunhou um período de criação informal, assistemático e em grande medida espontâneo de variantes do texto do Novo Testamento. Presenciou também uma seleção e uma revisão editorial consciente, embora com frequência elementar, de material textual.

CRÍTICA TEXTUAL NO PERÍODO MEDIEVAL (C. 325-C. 1500)

Quando a igreja se viu livre da ameaça de perseguição, depois do Edito de Milão (313), a influência logo se fez sentir sobre a produção de cópias dos manuscritos da Bíblia. Esse período foi marcado pela introdução dos códices de pergaminho e de velino, bem como de livros de papel já perto do fim da Idade Média. Durante o período medieval, os unciais gregos deram lugar aos minúsculos, e as letras de imprensa, à escrita cursiva. No decorrer de todo o período, as revisões críticas dos textos da Bíblia foram relativamente raras, exceto pelos esforços de eruditos como Jerônimo (c. 340-420) e Alcuíno de York (735-804). Contudo, o período de cerca de 500 a 1000 gerou estudiosos que estavam revisando o Antigo Testamento e acrescentando pontos sutis ao texto hebraico. Esses estudiosos, os massoretas, produziram o Texto Massorético, que ainda hoje é o texto imbuído de autoridade das Escrituras hebraicas (veja o cap. 21).

A Carta de Constantino a Eusébio, instruindo-o a fazer cinquenta cópias das Escrituras cristãs,[38] marcou uma nova direção na história da crítica textual, o período da padronização do texto. O Novo Testamento começou a ser copiado

---

[37] A escolha dos manuscritos à sua disposição conferiu importância à sua seleção de um guia de texto; cf. o cap. 24.

[38] Veja o cap. 16 para o texto da carta a Eusébio escrita durante o primeiro terço do século 4.

com esmero e fidelidade dos manuscritos existentes. O texto de determinada área era copiado pelos copistas daquela área. Portanto, em 330 d.C., quando Constantino transferiu a sede do Império Romano para a cidade que tinha seu nome (Constantinopla), fazendo dela a principal cidade do mundo de fala grega, era esperado que o texto eclesiástico da cidade imperial se tornasse o texto dominante da igreja. Isso é verdade sobretudo se levarmos em conta o patrocínio do imperador à produção de cópias cuidadosas do texto do Novo Testamento. Certamente é verdade que outras grandes cidades do império devem ter seguido um padrão semelhante.

Em virtude do precedente estabelecido por Constantino, foram produzidas na Idade Média muitas cópias de manuscritos cuidadosamente copiados. Contudo, a comparação crítica oficial e a revisão cuidadosa e planejada eram relativamente raras nessa transmissão profusa do texto. J. Harold Greenlee observa corretamente esse ponto de vista quando escreve:

> As evidências dos manuscritos indicam que os processos de padronização do texto e consequente substituição dos tipos de texto antigos prosseguiram do século 4 até o século 8, ocasião em que o texto padronizado ou "Bizantino" havia se tornado a forma aceita do texto.
>
> Aproximadamente 95% dos manuscritos existentes do Novo Testamento são do século 8 em diante, e muito poucos diferem significativamente do Texto Bizantino. Isso significa que os testemunhos do texto pré-Bizantino do Novo Testamento representam um percentual relativamente pequeno dos manuscritos, a maioria do período anterior ao século 8.[39]

Uma vez que o texto padronizado foi estabelecido, havia pouca necessidade de classificação e avaliação crítica dos manuscritos anteriores do texto. Em decorrência disso, o texto permaneceu relativamente inalterado durante todo o período, já que a padronização havia sido o produto de uma comparação e da combinação feita com base em manuscritos mais antigos. Greenlee, mais uma vez, analisa de modo perceptivo a situação quando afirma:

> Havia, aparentemente, certo grau de comparação desse texto com outros, resultando em uma espécie de texto misto. O texto parece ter sido submetido a alguma edição em que os relatos paralelos tenderam a ser harmonizados, as

---

[39] J. Harold Greenlee, *An introduction to New Testament textual criticism*, p. 62.

irregularidades gramaticais, corrigidas e as transições abruptas, modificadas, produzindo um texto relativamente fluente.[40]

Perto do fim desse período, foi possível chegar a um texto totalmente padronizado, com um número ilimitado de cópias mais ou menos idênticas, graças à introdução de um papel barato e da imprensa. As cópias do texto em papel haviam começado a aparecer de forma abundante depois do século 12. Em cerca de 1454, Johannes Gutenberg introduziu a tipografia no processo de impressão. Desse modo, a porta estava aberta para a elaboração de uma crítica textual mais cuidadosa durante a era da Reforma.

CRÍTICA TEXTUAL NO PERÍODO DA REFORMA (C. 1500-C. 1648)

Desde suas origens até o século 16, os livros da Bíblia circularam em manuscritos (copiados à mão), o que, de certa forma, tornava uma cópia diferente da outra. Na era da Reforma, porém, o texto bíblico entrou num "período de cristalização" em forma impressa, e não mais manuscrita.[41] Foram frequentes as tentativas de revisão e de edição dos manuscritos existentes com o intuito de publicar textos bíblicos com a maior precisão possível. Frequentemente, as Bíblias eram publicadas em edições poliglotas (em vários idiomas), como a Bíblia Poliglota Complutense (1514-1517), a Poliglota da Antuérpia (1569-1572), a Poliglota de Paris (1629-1645) e a Poliglota de Londres (1657-1669). Nesse período, foi publicada uma edição padronizada do Texto Massorético. Quem o editou foi o cristão hebreu Jacob ben Chayyim, por volta de 1525, que tomou por base manuscritos do século 14. O texto era basicamente uma recensão do texto massoreta de Ben Asher (c. 920 d.C.), e se tornou a base para as cópias subsequentes da Bíblia hebraica, quer em forma de manuscrito quer em edição impressa. O trabalho sobre o Novo Testamento em particular era mais variado nessa época, bem como mais abrangente em seu alcance, graças ao impacto da invenção de Gutenberg, que já se fazia sentir.

---

[40] Ibidem.
[41] Veja Metzger, *The text of the New Testament*, p. 95-118; veja tb. Sir Frederic G. Kenyon, *The text of the Greek Bible*, p. 122-84; Gordon D. Fee, "The textual criticism of the New Testament", p. 419-26.

Cardeal Francisco Ximenes de Cisneros (1437-1517)

O cardeal Francisco Ximenes de Cisneros, da Espanha, planejava lançar o primeiro Novo Testamento grego impresso. Foi planejado em 1502 como parte da Poliglota Complutense com textos em hebraico, aramaico, grego e latim. A edição foi impressa na cidade universitária de Alcalá (*Complutum* em latim), da qual a Poliglota recebia a designação, no ano de 1514 (o Antigo Testamento foi impresso em 1517). Embora esse fosse o primeiro Novo Testamento impresso, não foi o primeiro a chegar ao mercado. O papa Leão X só chancelou a publicação em março de 1520. Os manuscritos gregos por trás da Poliglota Complutense nunca foram identificados a contento, e há certas dúvidas sobre as declarações de Ximenes na dedicatória acerca dos manuscritos usados na Poliglota.[42]

Desidério Erasmo (1466-1536)

Desidério Erasmo de Roterdã, erudito e humanista holandês, teve a honra de editar o primeiro Novo Testamento grego a ser efetivamente publicado. Já em 1514, Erasmo havia discutido essa obra com o impressor Johann Froben, de Basileia. Em julho de 1515, Erasmo foi a Basileia em busca de manuscritos gregos que pudessem servir de reprodução tipográfica ao lado de sua própria tradução para o latim. Embora encontrasse apenas manuscritos que precisavam ser editados antes de ser usados, Erasmo não se deteve. A impressão começou em 2 de outubro de 1515, e em 1.º de março de 1516 a primeira edição estava pronta. Havia muitos erros nessa edição, entre eles centenas de erros tipográficos e mecânicos. Metzger resumiu alguns problemas que Erasmo ignorou em virtude do seu trabalho apressado:

> Como não conseguisse encontrar um manuscrito que contivesse todo o Novo Testamento em grego, Erasmo recorreu a vários manuscritos para diversas partes do Novo Testamento. Para a maior parte do texto, ele usou dois manuscritos de qualidade inferior da biblioteca da Universidade de Basileia, um deles com os Evangelhos e outro com Atos dos Apóstolos, ambos datados em torno do século 12. Erasmo comparou-os com dois ou três outros que continham os mesmos livros e fez algumas correções pontuais para o impressor nas margens ou entre as linhas do texto grego. Para o livro de Apocalipse, ele contava somente com um manuscrito, datado do século 12, que tinha emprestado

---

[42] Veja a análise desse ponto em Metzger, *The text of the New Testament*, p. 98, e as referências arroladas ali. Veja tb. Kenyon, *The text of the Greek Bible*, p. 174.

do seu amigo Reuchlin. Infelizmente, faltava a última folha do manuscrito com os últimos seis versículos. Nesse caso, e em vários outros em que o texto grego de Apocalipse e o comentário em grego que o acompanhava estavam de tal modo misturados que era praticamente impossível distingui-los, Erasmo valeu-se da Vulgata Latina para sua tradução para o grego. Como era esperado de um procedimento desse tipo, aqui e ali o texto grego de Erasmo, de sua própria autoria, apresenta variantes textuais que jamais foram encontradas em nenhum manuscrito grego conhecido, mas que ainda hoje são reproduzidas na impressão do chamado Textus Receptus do Novo Testamento grego.[43]

Essa evidência mostra que o texto de Erasmo, que serviu parcialmente de base para o chamado "Texto Recebido" ou Textus Receptus (depois de 1633), não se baseava em manuscritos mais antigos, não foi editado de maneira confiável e, consequentemente, não era tão digno de confiança quanto as edições posteriores. Na verdade, o Textus Receptus (TR) é derivado de algumas poucas obras do período do Renascimento.[44]

A recepção da edição do Novo Testamento grego de Erasmo foi bastante heterogênea. Em decorrência de centenas de erros de impressão, foi publicada uma nova edição em 1519. A segunda edição, assim como a primeira, trazia o texto em duas línguas e foi, provavelmente, a obra que serviu de base para a tradução de Lutero para o alemão. Um manuscrito adicional foi usado na preparação da segunda edição. Em 1522, Erasmo lançou a terceira edição, em que inseriu, embora relutante, 1João 5.7.[45] É sobre essa edição que Frederic G. Kenyon escreve: "Para o leitor inglês [...] o primeiro Novo Testamento impresso em sua língua, por Tyndale, em 1526, foi traduzido do texto de Erasmo, e este, juntamente com as Bíblias latinas e alemãs, foi a base para a sucessão de Bíblias Coverdale de 1535 a 1541".[46] Em 1527, Erasmo usou muitas variantes da Poliglota Complutense, com a qual só teve contato depois de publicar a terceira edição do seu Novo Testamento. Théodore de Bèze (Teodoro de Beza) publicou nove edições do Novo Testamento grego com poucas diferenças em relação à quarta edição de Erasmo. Em 1535, foi publicada a quinta e última

---

[43] Metzger, *The text of the New Testament*, p. 99-100.
[44] Veja a análise em Metzger, *The text of the New Testament*, p. 103-6; D. A. Carson, *The King James Version debate: a plea for realism*, p. 33-7.
[45] Veja a análise dessa passagem no cap. 26.
[46] Kenyon, *The text of the Greek Bible*, p. 174.

edição do texto grego de Erasmo. Ainda se baseava no tipo de texto Bizantino, continha variantes textuais de manuscritos bastante tardios e incluía a variante espúria de 1João 5.7,8, bem como as traduções reversas do latim para o grego dos versículos de Apocalipse.

Robert Estienne (Stephanus)

O impressor real de Paris Robert Estienne (em francês, Étienne, ou Stephanus, em sua forma latinizada) publicou o Novo Testamento grego em 1546, 1549, 1550 e 1551. A terceira edição desse Novo Testamento grego (1550) foi a primeira a apresentar um aparato crítico usando quinze manuscritos. Baseou-se na quarta (1527) e na quinta (1535) edições de Erasmo e, juntamente com as edições de Beza, tornou-se a base para o Textus Receptus. Na quarta edição de Stephanus (1557), o impressor anunciou sua conversão ao protestantismo e apresentou pela primeira vez a moderna divisão do Novo Testamento em versículos que ele mesmo fizera. Depois da publicação, essa quarta edição do texto grego de Stephanus se tornou dominante na Inglaterra. Ela foi usada pela Bíblia de Genebra (1557 e 1560) e pela King James Version, de 1611. Essas duas traduções usaram a divisão em versículos de Stephanus.[47] Kenyon resume a situação da seguinte forma:

> Por volta de 1550, portanto, o Novo Testamento de que dispunham os estudiosos da Europa Ocidental era substancialmente o que havia se tornado padrão na Igreja Oriental durante a Idade Média. Desse ponto em diante da história do texto, observa-se o registro dos esforços dos estudiosos em busca de materiais para a revisão do texto, além de tentativas de tempos em tempos de revisá-lo — são esforços e tentativas que prosseguem até os dias de hoje.
>
> Durante mais de um século, depois do trabalho pioneiro de Ximenes e de Erasmo, muito pouco se fez para testar a autenticidade do texto impresso comparando-o com outros manuscritos. Também não havia preocupação alguma em comparar a idade deles. Não se sabe quantos manuscritos foram consultados para a Complutense. Erasmo, como vimos, usou bem poucos manuscritos. Nenhuma das edições citadas veio acompanhada de aparato de variantes textuais. Em 1550, Stephanus incluiu as variantes textuais na margem do texto extraídas de seus quinze manuscritos. Isso, porém, foi uma exceção solitária que durou mais de cem anos.[48]

---

[47] Veja a análise nos caps. 30 e 31.
[48] Kenyon, *The text of the Greek Bible*, p. 174-5.

Théodore de Bèze (Beza) (1519-1605)

Théodore de Bèze (Teodoro de Beza) foi o sucessor de João Calvino em Genebra. Ele publicou nove edições do Novo Testamento depois da morte do seu célebre predecessor (1564), além de uma edição póstuma em 1611. A edição mais notável de Beza foi publicada em 1582, na qual incluiu umas poucas variantes textuais do Codex Bezae (D) e do Codex Claromontanus (D^2). O uso esparso desses manuscritos talvez se deva ao fato de que se afastam muito radicalmente dos textos Erasmianos e Complutenses. Portanto, de modo geral, as edições do Novo Testamento grego de Beza estavam de acordo com a edição de 1550 de Robert Estienne. Sua influência duradoura se deveu à sua tendência de popularizar e de estereotipar o Textus Receptus. Em 1611, os tradutores da King James Version (KJV) recorreram em grande medida às edições de Beza de 1588-1589 e 1598, juntamente com o texto grego de Erasmo. Mais tarde ainda, os Elzevirs, Bonaventura e seu sobrinho Abraham, publicaram um Novo Testamento grego compacto (1624), que reproduzia em grande medida o de Beza. Em 1633, foi publicada uma segunda edição do Texto Elzevir, que ficou conhecida como Textus Receptus.

O Textus Receptus

Enquanto o texto grego de Stephanus dominava a Inglaterra, Bonaventura Elzevir e seu sobrinho Abraham produziram as edições mais populares dele no continente. Ambos eram muito empreendedores no ramo da publicação, de tal modo que sua empresa, em Leiden, publicou sete edições do Novo Testamento grego entre 1624 e 1787. A edição de 1624 foi baseada substancialmente na edição de Beza de 1565. O nome dado à segunda edição (de 1633) tem origem no prefácio do texto: "*Textum ergo habes, nunc ab omnibus receptum: in quo nihil immutatum aut corruptum damus*".[49] Portanto, a "sinopse" do editor transformou-se em chamariz do texto (Textus Receptus, "Texto Recebido") para designar o texto grego que haviam incorporado das edições de Stephanus, Beza e Ximenes. O texto dos Elzevirs era praticamente idêntico ao de Stephanus, que foi a base do Novo Testamento da King James Version (1611) e da *New King James Version* (1979)[50] porque foi considerado o "único texto verdadeiro" do Novo Testamento. Contudo, sua base textual, que na verdade é muito tardia,

---

[49] "O leitor tem agora o texto recebido por todos, no qual nada apresentamos que tenha sido alterado ou corrompido." Cf. Metzger, *The text of the New Testament*, p. 106.

[50] Veja a análise no cap. 32.

foi calcada em somente uns poucos manuscritos, além de que várias passagens foram inseridas sem que tivessem autoridade alguma que as sustentasse. Era uma situação que só podia ser remediada com novas descobertas de manuscritos e com o recurso à classificação e à comparação.

Crítica textual depois da Reforma (c. 1648 aos dias de hoje)

Com o fim do período da Reforma, a Bíblia entrou numa "fase de crítica e de revisão". É um período que, na verdade, está centrado sobre quatro períodos mais curtos, cada um dos quais caracterizado por uma fase importante de crítica e revisão, a saber, preparação, progressão, purificação e a situação atual. É importante lembrar que temos em vista em nossa análise a crítica "construtiva", e não a "destrutiva".

O período de preparação (c. 1648-c. 1831)

Esse período foi caracterizado pela recolha de textos e pela coleção sistemática deles.[51] Assim, quando Brian Walton (1600-1661) editou a Poliglota de Londres em 1655-1657, incluiu as variantes textuais da edição de 1550 de Estienne. Essa Poliglota continha o Novo Testamento em grego, latim, siríaco, etíope, árabe e persa (nos Evangelhos). Em suas notas de rodapé constavam as variantes textuais do Codex Alexandrinus, recém-descoberto (1627), bem como um aparato crítico preparado pelo arcebispo Ussher. Em 1675, apareceu em Oxford uma edição anônima do Novo Testamento grego. O trabalho foi realizado por John Fell (1625-1686), o primeiro a apresentar evidências das versões gótica e boaírica. Em 1707, John Mill (1645-1707) reimprimiu o texto de Estienne de 1550 com a adição de cerca de trinta mil variantes de quase cem manuscritos. A obra monumental de Mill, publicada duas semanas apenas antes de sua morte, deu aos estudiosos que se seguiram uma ampla base de evidências textuais consolidadas.

Richard Bentley (1662-1742) firmou-se como estudioso renomado dos clássicos antes de começar a trabalhar no Novo Testamento. Em 1720, lançou um prospecto do seu trabalho, que jamais completou. Contudo, Bentley elaborou uma amostra do texto que propunha tomando por base o último capítulo de Apocalipse. Em seu manuscrito, ele abandonou o Textus Receptus por mais

---

[51] A análise segue Metzger, *The text of the New Testament*, p. 107-24. Veja tb. Kenyon, *The text of the Greek Bible*, p. 175-84; Fee, "Textual criticism of the New Testament", p. 426-7.

de quarenta vezes. Embora não completasse sua obra, ele desafiou, sem dúvida, outros estudiosos a assumir essa tarefa.

Um dos estudiosos que se sentiram desafiados foi Johann Albrecht Bengel (1687-1752). Ele se sentiu incomodado pelas trinta mil variantes textuais do texto de Mill e começou a estudar a transmissão do texto. Bengel reuniu todas as edições, manuscritos e antigas tradições disponíveis para estudo. Em seguida, elaborou um cânon de crítica textual que foi aprovado, de uma forma ou de outra, pela maior parte dos críticos textuais desde a sua época. Esse cânon sustenta que "a variante textual de leitura complexa deve ser preferida à fácil", uma vez que os escribas eram mais propensos a facilitar do que a dificultar a leitura do texto.

Johann Jakob Wettstein (1693-1754) foi um dos cotejadores de Bentley. Ele mostrou desde cedo uma inclinação para a crítica textual e foi o primeiro a publicar um aparato crítico com os unciais indicados por letras romanas maiúsculas e os minúsculos por numerais arábicos. Ele também defendeu o princípio sadio segundo o qual "os manuscritos devem ser avaliados por seu valor, e não pelo seu número".[52] Wettstein publicou os frutos de quarenta anos de trabalho em 1751-1752 em Amsterdam. Uma reimpressão dos *Prolegomena* de Wettstein veio a público em 1764 por obra de Johann Salomo Semler (1725-1791), que se tornaria conhecido como o "pai do racionalismo alemão". Ele seguiu o padrão de Bengel, que classificava os manuscritos por grupos, mas aprofundou o processo. Ele também foi o primeiro a aplicar o termo "recensão" a grupos de testemunhas do Novo Testamento, que dividiu em três: Alexandrino, Oriental e Ocidental. Todos os documentos posteriores foram considerados uma mistura dessas três recensões.[53]

Quem realmente pôs em prática os princípios de Bengel e Semler foi Johann Jakob Griesbach (1745-1812). Ele classificou os manuscritos do Novo Testamento em três grupos (Alexandrino, Ocidental, Bizantino) e lançou os fundamentos para toda a obra subsequente do texto grego do Novo Testamento. Ele demonstrou grande habilidade para avaliar as evidências de variantes textuais e criou quinze princípios de crítica. Pouco depois de Griesbach ter publicado a primeira edição do seu Novo Testamento (1775-1777), vários outros estudiosos publicaram cotejos que ampliaram enormemente a disponibilidade das evidências textuais do Novo Testamento dos pais da igreja, das versões antigas e do texto grego.

---

[52] Metzger, *The text of the New Testament*, p. 114, "*codices autem pondere, non numero estimandi sunt*".
[53] Ibidem, p. 115.

Christian Friedrich Matthaei (1744-1811) publicou um aparato crítico valioso em seu Novo Testamento grego e latino que, não fosse isso, seria de pouco valor. Ele acrescentou evidências, pela primeira vez, da versão eslava do Novo Testamento. Frary Karl Alter (1749-1804), erudito jesuíta de Viena, adicionou evidências de manuscritos eslavos com base em vinte novos manuscritos gregos, além de outros manuscritos. Andrew Birch (1758-1829) publicou os resultados do trabalho textual feito por um grupo de estudiosos dinamarqueses em quatro volumes (1788-1801). Esse trabalho trazia variantes textuais do Codex Vaticanus (B), que aparecia impresso pela primeira vez.

Enquanto isso, dois estudiosos católicos-romanos debruçavam-se intensamente sobre seu trabalho de crítica. Johann Leonhard Hug (1765-1846) e seu aluno Johannes Martin Augustinus Scholz (1794-1852) desenvolveram uma teoria de que uma "edição comum" (*Koine ekdosis*) teria surgido depois da degeneração do texto do Novo Testamento no século 3. Scholz acrescentou 616 novos manuscritos ao corpo de documentos disponíveis e enfatizou pela primeira vez a importância de comprovar a origem geográfica representada por diversos manuscritos. Este ponto foi desenvolvido em 1924 por B. H. Streeter em sua teoria dos "textos locais". Depois de algum tempo, Scholz adotou a classificação de manuscritos de Bengel e publicou um Novo Testamento em 1830-1836 que marcou um retrocesso em direção ao Textus Receptus, já que seguia o Texto Bizantino, e não o Alexandrino. Foi somente em 1845 que ele voltou atrás em favor do Texto Alexandrino.

O período de progressão (c. 1831-c. 1881)

Embora tenha havido algum progresso anteriormente, foi nesse período que os críticos construtivos se destacaram com sua coleção de material textual. Foi nesse período que se deu a primeira ruptura completa com o Textus Receptus[54] por parte de homens como Karl Lachmann (1793-1851), que publicou a primeira edição do Novo Testamento grego totalmente baseada na aplicação da crítica textual e na avaliação das variantes textuais; Lobegott Friedrich Constantin von Tischendorf, o homem a quem os críticos textuais são os maiores devedores;[55]

---

[54] Veja Kenyon, *The text of the Greek Bible*, p. 177-84; Pee, "Textual criticism of the New Testament", p. 427.

[55] Além de comprar manuscritos e de produzir mais edições críticas do Novo Testamento do que qualquer outra pessoa, Tischendorf teve papel decisivo na busca de muitos manuscritos valiosos; cf. o cap. 22.

Samuel Prideaux Tregelles (1813-1875), o personagem principal para afastar a Inglaterra do Textus Receptus durante meados do século 19 e Henry Alford (1810-1871), que é bem conhecido por seus comentários e também por seus esforços em promover "a demolição da reverência indigna e pedante do Texto Recebido, que tolhia toda e qualquer oportunidade de descobrir a genuína palavra de Deus".[56]

A esta altura, é preciso mencionar vários outros estudiosos que desempenharam um papel decisivo no desenvolvimento da crítica textual. Caspar René Gregory concluiu a última edição do Novo Testamento grego de Tischendorf com um prolegômenos (1894). Esse trabalho "forneceu a principal coleção de material textual da qual os estudiosos dependem até hoje. Seu catálogo de manuscritos [...] com a continuidade que lhe deram Von Dobschütz e Lietzmann constitui a lista universal oficialmente aceita".[57] Dois estudiosos de Cambridge, Brooke Foss Westcott (1825-1901) e Fenton John Anthony Hort (1828-1892), se equiparam a Tischendorf ao fazer contribuições importantes para o estudo do texto do Novo Testamento. Em 1881-1882, eles publicaram *The New Testament in the original Greek* [O Novo Testamento no original grego] em dois volumes. O texto desse trabalho foi disponibilizado ao comitê revisor que produziu a English Revised Version [Versão revisada em inglês] do Novo Testamento em 1881.[58] Suas ideias não eram originais, mas baseadas no trabalho de Lachmann, Tregelles, Griesbach, Tischendorf e outros. A utilização do seu texto na English Revised Version e o rigor com que expuseram seu ponto de vista na introdução contribuíram para a aceitação do Texto Crítico.

Contudo, o Textus Receptus tinha defensores acadêmicos que não pouparam esforços em criticar o texto de Westcott e Hort. Dentre esses estudiosos, três se destacavam: John W. Burgon (1813-1888), que denunciava com veemência o Texto Crítico; F. H. A. Scrivener (1813-1891), que era mais brando do que Burgon em sua crítica; e George Salmon (1819-1904), que censurava a falta de ênfase que Westcott e Hort conferiam às variantes textuais estritamente "Ocidentais". Defensores mais recentes criaram um texto diferente para o Novo Testamento a que deram o nome de "Texto Majoritário" e que será analisado em breve.

---

[56] Henry Alford, "Prolegomena", in: *The Greek New Testament*, 1:76.

[57] Kenyon, *Our Bible and the ancient manuscripts*, p. 122.

[58] Veja a análise no cap. 31. Para seu impacto sobre outras traduções do Novo Testamento em inglês, veja o estudo no cap. 32.

A "teoria genealógica" de Westcott e Hort dividia o material textual em quatro tipos de texto: Sírio, Ocidental, Neutro e Alexandrino. O tipo de texto Sírio compreendia os textos Sírio, Antioqueno e Bizantino. Faziam parte dos manuscritos com Texto Sírio: A, E, F, G, H, S, V, Z e a maior parte dos minúsculos. O Texto Ocidental de Westcott e Hort tinha raízes na igreja síria, mas foi levado para o Ocidente mais distante. São eles, entre outros: Δ, latim antigo, siríaco[c] e a família Θ até onde se conhecia na época. O Texto Neutro era supostamente de origem egípcia e incluía os códices B e ℵ. O quarto tipo de texto, o Alexandrino, era composto de um pequeno número de testemunhas do Egito que não eram do tipo Neutro. Faziam parte dessa família: C, L, família 33, e os textos Saídico e Boaírico. De acordo com Westcott e Hort, havia um ancestral comum (X) às famílias Neutra e Alexandrina, relativamente antigo e puro. O gráfico a seguir mostra a relação entre essas famílias (tipo de texto) e os autógrafos do Novo Testamento.

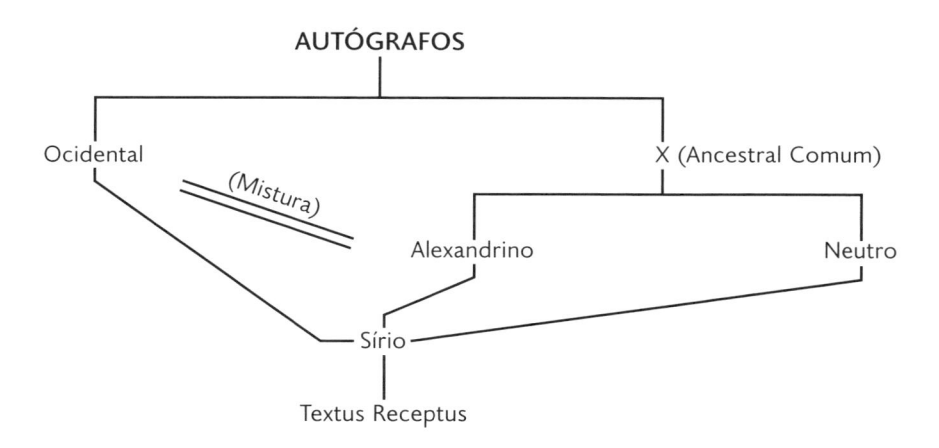

O período de purificação (c. 1881 até o presente)

O período iniciado em 1881 testemunhou alguma reação contrária à teoria de Westcott e Hort, que havia destronado o Textus Receptus, bem como a ampliação dos materiais disponíveis para a crítica textual.[59] Os principais opositores à teoria de Westcott e Hort foram J. W. Burgon, F. H. A. Scrivener e outros, ao passo que seus proponentes eram, entre outros, Bernhard Weiss (1827-1918),

---

[59]Kenyon, *The text of the Greek Bible*, p. 185-207; Fee, "Textual criticism", p. 428-9.

Alexander Souter etc. Nesse ínterim, Hermann Freiherr von Soden (1852-1914) também se opôs à teoria de Westcott e Hort. Ele começou seu próprio trabalho respaldado por um apoio financeiro significativo, porém os resultados foram decepcionantes. Von Soden partiu de uma base diferente, mas confirmou muitas das descobertas de Westcott e Hort. Depois da morte de Burgon e Scrivener, a oposição ao Texto Crítico caiu em descrédito por muito tempo. Certa feita, por exemplo, Harold Greenlee citou um trabalho acadêmico de Edward F. Hills favorável ao Textus Receptus como "uma curiosidade de erudição, nada mais do que isso".[60] A situação dos proponentes do Texto Tradicional mudou drasticamente desde então, conforme fica evidente pelos numerosos artigos e livros,[61] culminando com a publicação de *The Greek New Testament, according to the Majority Text* (1982, 2. ed., 1985).[62]

Os argumentos apresentados pelos proponentes do Texto Majoritário (Texto-Maj) em oposição ao Texto Crítico se referem a três áreas: teórica, histórica e metodológica. Podemos resumi-los da seguinte forma: (1) o Texto Tradicional da igreja durante 1.500 anos precisa estar correto em virtude de sua longevidade; (2) o Texto Tradicional tinha centenas de manuscritos a seu favor, ao passo que o Texto Crítico tinha apenas alguns poucos antigos; e (3) o Texto Tradicional é, na verdade, superior ao Texto Crítico porque é mais antigo. Os oponentes da teoria de Westcott e Hort propõem o último ponto com base em seu entendimento de que Westcott e Hort apresentaram uma visão inaceitável da recensão síria do texto, e que este talvez represente um texto mais antigo e melhor que se perdeu.

---

[60] Greenlee, p. 82. O autor refere-se a Edward F. Hills, *The King James Version defended!*

[61] Entre outros, Wilbur N. Pickering, *The identity of the New Testament text*, boa parte do qual se baseia na dissertação de mestrado do autor "An evaluation of the contribution of John William Burgon to New Testament textual criticism". A dissertação de Pickering foi editada e publicada juntamente com outros artigos que defendem a Authorized Version (KJV) em David Otis Fuller, org., *Which Bible?* Veja tb. David Otis Fuller, *True or false?: the Westcott-Hort theory examined*; Harry A. Sturz, *The Byzantine text-type and New Testament textual criticism*. Zane C. Hodges, "A defense of the Majority Text", apresenta algumas formulações matemáticas em apoio à sua tese. Nesse ínterim, Russell Paul Hills, "A brief introduction to New Testament textual criticism containing a defense of the Majority Text", argumenta de forma acrítica em favor do Textus Receptus (TR).

[62] Zane C. Hodges; Arthur L. Farstad, orgs., *The Greek New Testament according to the Majority Text*. Embora o argumento a favor desse texto grego siga nas mesmas linhas do Textus Receptus, convém notar que não se deve confundi-los. Para a tradição do Texto Majoritário, o Textus Receptus é um texto tardio e corrompido. Vários colaboradores dos estudos identificados na nota anterior foram editores e consultores de texto do Novo Testamento grego de Hodges-Farstad.

Embora a posição básica dos defensores do Textus Receptus/Texto Majoritário seja parecida, suas diferenças são suficientes para justificar sua classificação em dois grupos diferentes. De acordo com Michael W. Holmes:

> Entre os principais defensores do primeiro grupo, favoráveis ao Textus Receptus, estão Terence Brown, David Otis Fuller, J. J. Ray e E. F. Hills. Diferentemente de Burgon, o paladino de todos eles, um crítico textual erudito e incansável, cujos escritos se baseavam em um trabalho intenso sobre os manuscritos originais, a maior parte desses homens deixa transparecer pouca familiaridade imediata com o material da crítica textual ou com qualquer literatura erudita dos últimos cinquenta anos. Seus escritos consistem em grande medida em reimpressões ou extratos de escritos anteriores, sobretudo de Burgon, e que são citados como se todas as linhas que escreveram fossem verdadeiras. Suas investidas contra as teorias de Westcott e Hort consistem primordialmente em acusações *ad hominem* (eles são chamados, entre outras coisas, de papistas, arianos, origenistas, racionalistas e naturalistas) e em perguntas importantes que não são respondidas. Os pontos apresentados a favor do Textus Receptus são teológicos, e não históricos, e dizem respeito a uma forma extrema de doutrina de preservação divina.[63]

O segundo desses grupos não defende o Textus Receptus, mas o Texto Majoritário (do qual o Textus Receptus não passa de um representação corrupta e tardia) e seus principais proponentes são Zane C. Hodges, Wilbur Pickering e Jakob van Bruggen.[64] Esses porta-vozes apresentam "uma linha de abordagem bem mais sofisticada e palatável. Os argumentos *ad hominem* desapareceram em grande medida (embora não inteiramente), e as declarações teológicas *a priori* não constituem mais a base de sua argumentação".[65] Eles lidam com os problemas da teoria de Wescott e Hort e procuram estabelecer a preferência pelo Texto Majoritário em bases historicamente fundamentadas. Seus esforços os têm levado a debater com D. A. Carson, E. C. Colwell, Gordon Fee, Richard A. Taylor

---

[63] Michael W. Holmes, "The 'Majority text debate': new form of an old issue" [*sic*], p. 13. A Igreja Ortodoxa Grega é identificada como o canal por meio do qual o texto das Escrituras foi preservado. Russell Paul Hills, "Brief introduction", também defende o Texto Majoritário da perspectiva da providência divina.

[64] Jakob van Bruggen, *The ancient text of the New Testament*.

[65] Holmes, "Majority text debate", p. 14.

e outros[66] que podem ser considerados defensores do texto de Nestle-Aland (Texto Crítico) ou do Texto "Eclético". A interação direta entre os proponentes dessas visões opostas constitui o atual "debate sobre o Texto Majoritário", um debate primordialmente sobre texto *e método*.[67]

Em sua representação dos argumentos do debate, Holmes avalia a posição do Texto Majoritário e a considera inadequada por quatro motivos: (1) baseia-se na avaliação equivocada de dados (em que concorda com Fee em oposição a Pickering); (2) faz confusão entre *variantes textuais* e *tipo de texto* (Pickering); (3) o pressuposto decisivo de Hodges de que o processo de transmissão tem sido "razoavelmente normal" não se sustenta; e (4) algumas variantes textuais dominantes na igreja antiga são minoritárias hoje, e vice-versa.[68]

Em resposta às críticas à sua teoria e à descoberta de novas evidências dos manuscritos, os estudiosos do texto prosseguiram em sua avaliação dos materiais textuais usados por Westcott e Hort. O resultado dessa investigação erudita e dessa crítica construtiva foi a reclassificação dos tipos de texto. A família Síria de manuscritos foi rebatizada de "Bizantina" ou "Antioquena" em razão da possível confusão com a Antiga Versão Siríaca do Novo Testamento.[69] Além disso, há hoje um amplo consenso de que houve uma mistura maior entre o tipo de texto Alexandrino e o tipo Neutro, isso porque eles são, na verdade, variações levemente diferentes da mesma família textual. O tipo de texto Alexandrino consiste atualmente em manuscritos dos dois grupos.

Na reavaliação feita, os estudiosos vislumbraram três subgrupos dentro do tipo de texto Ocidental (Codex D, Latim Antigo e Siríaco Antigo). Chegaram igualmente à conclusão de que as variantes textuais no tipo de texto Ocidental

---

[66] D. A. Carson, *The King James debate: a plea for realism*; E. C. Colwell; Gordon Fee, "A critique of W. N. Pickering's *The identity of the New Testament text*: a review article", p. 165-7, e "Modern textual criticism and the revival of the Textus Receptus", p. 19-33, e "Modern textual criticism and the Majority Text: a rejoinder", p. 157-60; Richard A. Taylor, "Queen Anne resurrected? A review article", p. 377-81, e "'Queen Anne' revisited: a rejoinder", p. 169-71. Em resposta a esses artigos, veja Zane C. Hodges, "Modern textual criticism and the Majority Text: a response", p. 143-55, e "Modern textual criticism and the Majority Text: a surrejoinder", p. 161-4; Wilbur N. Pickering, "'Queen Anne...' and all that: a response", p. 165-7.

[67] A presente análise está relacionada à precedente; veja o quadro no cap. 26 com várias escolas de críticas textuais do Novo Testamento no que diz respeito ao método.

[68] Holmes, "Majority Text debate", p. 15-7. D. A. Carson identifica oito críticas substanciais dirigidas ao estudo de Pickering em um apêndice com o título "A critique of the identity of the New Testament text", *King James debate*, p. 105-23.

[69] Para uma análise sobre a Antiga Versão Siríaca, veja o cap. 28.

não são confiáveis de modo geral quando tomadas isoladamente. Outra família textual descoberta desde a época de Westcott, Hort e Von Soden é o tipo de Texto Cesareiano.[70] Embora se situe entre o tipo de texto Ocidental e Alexandrino, é, na verdade, mais próximo da família Ocidental. O estudo de tendências teológicas em certos grupos de variantes textuais por estudiosos individuais mostrou que nem toda variação textual é acidental ou teologicamente neutra.[71] Além disso, pesquisas têm sido realizadas sobre os escritos dos pais da igreja, bem como sobre as versões antigas da Bíblia.[72] O quadro que se segue, de Harold Greenlee, mostra a distribuição de materiais textuais entre os vários tipos de texto.[73] Em *Manuscripts of the Greek Bible*,[74] de Metzger, há cotejos recentes dos manuscritos catalogados em inglês. Suas descobertas se baseiam na lista oficial dos manuscritos gregos do Novo Testamento de Kurt Aland.[75]

Essas listas também foram publicadas nas edições mais recentes de Eberhard Nestle, *Novum Testamentum Graece*, edição de Erwin Nestle; Kurt Aland, e também K. Aland et al., orgs., *The Greek New Testament* (United Bible Societies).[76] Metzger recorreu a esses cotejos em *A textual commentary on the Greek New Testament*. De acordo com a avaliação deles, as famílias de manuscritos são classificadas na seguinte ordem de importância: Alexandrina, Ocidental, Cesareiana e Bizantina. Uma vez que o Textus Receptus segue basicamente o tipo de texto Bizantino, é praticamente desnecessário dizer que muitos críticos textuais não o têm em alta conta.

---

[70] Esse tipo de texto apresenta uma mistura ímpar de variantes Alexandrinas e Ocidentais, o que levou alguns estudiosos a questionar o valor de identificá-lo como um tipo de texto diferente. A questão fica ainda mais obscura pelo fato de que o tipo de texto Cesareiano diz respeito apenas aos Evangelhos e Atos (veja o quadro de Greenlee sobre materiais textuais).

[71] C. S. C. Williams, *Alterations to the text of the Synoptic Gospels and Acts*; E. J. Epp, *The theological tendency of Codex Bezae Cantabrigiensis*.

[72] Veja Bruce M. Metzger, *Early versions of the New Testament: their origin, transmission and limitations*.

[73] Greenlee, p. 117-8.

[74] Bruce Metzger, *Manuscripts of the Greek Bible: an introduction to Greek paleography*.

[75] Kurt Aland, *Kurzgefasste Liste der griechischen Handschriften des Neuen Testaments*, cf. suplementado em Kurt Aland, *Bericht der Stiftung zur Förderung der neutestamentlichen Textforschung für die Jahre 1972 bis 1974*, p. 9-16, e *Bericht ... 1975 und 1976* (1977), p. 10-2.

[76] Esses dois livros estão disponíveis na American Bible Society. As duas tradições textuais foram unidas num único texto juntamente com a 26.ª edição do texto de Nestle-Aland e a 3.ª edição do texto da United Bible Societies.

DISTRIBUIÇÃO DOS MANUSCRITOS DO NOVO TESTAMENTO POR FAMÍLIA

	Evangelhos	Atos	Cartas Gerais	Paulo, Hebreus	Apocalipse
Alexandrino	P¹ P³ P⁴ P⁵ P⁷ P²² P³⁴ P³⁹ (P⁶⁶) P⁷⁵	P⁸ (P⁵⁰)	P²⁰ P²³ P⁷²	P¹⁰ P¹³ P¹⁵ P¹⁶ P²⁷ P³² P⁴⁰ P⁶⁵	P¹⁸ P² P⁴⁷
	ℵ B C L Q T (W-Lucas 1.1—João 8.12) Z Δ Ξ Ψ 054 059 060 0162	ℵ A B C Ψ 048 076 096	ℵ A B C P Ψ 048 056 0142 0156	ℵ A B C H I M P Psi 048 081 088 0220	ℵ A C P 0207 0169
	220 33 164 215 376 579 718 850 892 1241 (1342 Marcos)	6 33 81 104 326 1175	33 81 104 323 326 424ᶜ 1175 1739 2298	6 33 81 104 326 424ᶜ 1175 1739 1908	61 59 94 241 254 1006 1175 1611 1841 1852 2040 2053 2344 2351
	Boh (Sah)	Boh (Sah)	Boh (Sah)	Boh (Sah)	
	Ath Cyr-Alex (Or)	Ath Ctr-Alex Clem-Alex? (Or)	Ath Cyr-Alex Clem-Alex? (Or)		
Cesareiano	P³⁷ P⁴⁵ Θ (W-Marcos 5ss.) N O Σ Φ	P⁴⁵? I? I?			
	Fam 1 Fam 13 28 565 700 7071 1604	(Tipo de texto não determinado no restante do Novo Testamento)			
	Geo Arm Pal-Syr				
	Eus Cyr-Jer (Or)	Cyr-Jer?			
Ocidental	P²⁵	P³⁸ P⁴¹ P⁴⁸	P³⁸		
	D (W-Marcos 1—5?) 0171	D E 066	D E	D E F G	F?
		257 440 614 913 1108 1245 1518 1611 1739 2138 2298		88 181 915 917 1836 1898 1912	
	It, esp. k e Sin-Syr Cur-Syr	It Hark-Syr mg	It Hark-Syr mg	It	It?
			Ir Tert Cyp Aug		
	Tert Ir Clem-Alex Cyp (Aug)		Eph		
Bizantino	A E F G H K M S U V (W-Mateus, Lucas 8.12ss.) Y Γ Δ Ι Γ Ω	H L S P	H K L S 42 398	K L	046 82 93 429 469 808 920 2048
	Maioria de minúsculos	Maioria de minúsculos	Maioria de minúsculos	Maioria dos outros minúsculos	Maioria dos outros minúsculos
	Versões góticas tardias	Versões góticas tardias	Versões góticas tardias	Versões góticas tardias	Versões góticas tardias
	Pais tardios	Pais tardios	Pais tardios	Pais tardios	Pais tardios

Fonte: J. Harold Greenlee, *Introduction to the New Testament textual criticism*, p. 117-8. Usado com permissão.

Situação atual

Atualmente, há duas tradições textuais básicas que requerem um acompanhamento acadêmico sério: a do Textus Receptus/Texto Majoritário e a do texto de Nestle-Aland. Os críticos textuais do Novo Testamento podem ser situados em uma dessas duas posições ou em um espectro entre as duas. Os proponentes do Texto Majoritário têm como representantes Zane C. Hodges, que editou, em parceria com Arthur L. Farstad, *The Greek New Testament, according to the Majority Text* (1982, 2. ed., 1985). Os autores afirmam que a erudição textual perdeu o rumo no século 20, e que os críticos textuais deveriam retornar ao texto da grande maioria dos manuscritos, cujo texto grego é muito semelhante ao usado pelos tradutores da King James Version de 1611. Embora para eles o Textus Receptus seja apenas um exemplo tardio do Texto Majoritário, Hodges afirma que a posição por ele defendida (a do Texto Majoritário) pode responder, em ordem crescente de importância, a três acusações específicas lançadas contra ela: (1) os manuscritos mais antigos não respaldam o Texto Majoritário; (2) o Texto Majoritário é uma revisão do texto grego, portanto é um texto secundário; (3) as variantes textuais do Texto Majoritário são frequentemente inferiores às dos manuscritos mais antigos.[77]

Em outro lugar, Hodges admite que as evidências dos manuscritos que respaldam o Texto Majoritário indicam que eles são tardios. Ainda assim, ele defende sua posição dizendo da probabilidade de um original gerar uma maioria de cópias manuscritas que reproduzam o texto original. Ele recorre a fórmulas matemáticas "para mostrar uma situação 'idealizada' que não representa o que realmente aconteceu".[78] Ele acrescenta que o Texto Majoritário pode ser explicado como decorrência de um "processo" que resultou na formação gradual de um tipo de texto numericamente preponderante. Hodges não crê que esse processo explique a prioridade dada ao Texto Alexandrino em face do maior número de manuscritos Bizantinos. Diz ele: "Ninguém explicou em detalhes como se deu exatamente o processo, como começou, ou como, depois de iniciado, chegou ao resultado que diz ter chegado".[79] As condições climáticas do Egito são importantes para a posição do Texto Majoritário porque explicam a ausência de manuscritos Bizantinos do século 3 ou 4, isto é, explicam por que não sobreviveram. Diz Hodges que só o Egito tem clima favorável à preservação dos textos mais antigos. Contudo, a existência de Textos Bizantinos

---

[77] Zane C. Hodges, "The Greek text of the King James Version", in: Fuller, *Which Bible?*, p. 25-38. Sturz, *Byzantine text-type,* difere de certa forma de Hodges em que o autor acredita que o Texto Bizantino deva ter o mesmo valor de outras famílias textuais (veja o cap. 26).

[78] Zane C. Hodges, "A defense of the Majority Text", p. 10. As questões debatidas nesse estudo seguem uma apresentação de nove páginas do argumento favorável ao Texto Majoritário com fórmulas matemáticas de David M. Hodges.

[79] Ibidem, p. 12.

em uma data anterior às datas dos manuscritos Bizantinos existentes pode ser demonstrada de outras maneiras.[80] Hodges afirma ainda que as mudanças na crítica textual atual, afastando-se do modelo de Westcott-Hort, fizeram com que vários argumentos antigos a favor da prioridade do Texto Alexandrino se tornassem irrelevantes ou fundamentados em bases subjetivas.[81] Ele chega, então, à seguinte conclusão:

> O aumento recente significativo de manuscritos de papiros praticamente acabou com a confiança em todas as reconstruções prévias da história textual. Quase todos os pronunciamentos fundamentais da última geração de críticos textuais estão agora abertos ao questionamento e ao debate. Nesse contexto, os que usam as edições da crítica moderna precisam admitir a possibilidade de que um futuro *consenso de estudiosos* poderá alterar radicalmente o texto que hoje leem.
>
> Por outro lado, os que leem o Textus Receptus estão lendo um texto que repousa sobre um *consenso de manuscritos*. [...]
>
> Resta acrescentar apenas um ponto. Quando a história do Novo Testamento é interpretada dessa maneira, a ampla uniformidade dos manuscritos torna-se imediatamente um tributo potente à providência divina em preservar sua Palavra. Não há outra interpretação da história textual que possa fazer essa declaração sem sérias reservas. Isso porque, se a massa de testemunhas estiver corrompida, 80% da tradição estará corrompida, e ninguém sabe muito bem como usar os 20% restantes.
>
> É verdade que esse argumento, sem dúvida alguma, satisfará apenas o homem de fé. Contudo, a que melhor tipo de homem poderíamos apelar?[82]

---

[80] Ibidem, p. 14-6. Hodges; Farstad, orgs., também defendem esse ponto em *The Greek New Testament*, "Introduction".

[81] Ibidem, p. 16-7. Esses argumentos dizem respeito à falta de apoio ao Texto Majoritário nas versões antigas dos pais da igreja, às questões controvertidas sobre a existência do chamado Texto Ocidental e à qualidade inferior de transcrição do Texto Majoritário. Hodges cita E. C. Colwell, "Scribal habits in early papyri: a study in the corruption of the text", *The Bible in modern scholarship*, p. 370-89, para mostrar que é impossível generalizar as tendências dos escribas. Em seguida, depara com G. D. Kilpatrick, defensor recente das versões do Texto Majoritário, usando argumentos para apoiar a posição antes usada contra ela. Por fim, Hodges afirma que os argumentos de ambos os lados são subjetivos, porém as conclusões positivas de uma maneira ou de outra devem ser alcançadas com base em outros fatores, a menos que se acredite que "nenhuma conclusão é válida que não possa ser testada empiricamente!" (p. 17).

[82] Hodges, "Defense of the Majority-Text", p. 17-8.

Enquanto isso, muitos estudiosos do texto, insatisfeitos com os resultados alcançados pela comparação das evidências externas das variantes textuais, voltaram-se para outro método para a determinação da variante que melhor explique a ascensão de outras. Esse método é chamado adequadamente de "eclético" ou de "ecletismo racional". Significa simplesmente que o texto "original" do Novo Testamento deve ser escolhido de variante textual em variante textual, recorrendo-se a todos os princípios de juízo crítico sem que se tome um manuscrito ou tipo de texto como algo que preserve necessariamente o original. A maior parte dos estudiosos ecléticos mais recentes tende para o lado da família textual Alexandrina. Apesar de umas poucas exceções notáveis, a maior parte das diferenças que persistem nas traduções feitas pelos críticos textuais ecléticos decorre em grau variado do peso atribuído à evidência externa. O método eclético tem sido utilizado nas traduções mais recentes da Bíblia em inglês feitas por comissões.[83] Há outros defensores desse método que advogam o que pode ser chamado de método "eclético rigoroso", já que usam *somente* evidências internas, sem consideração alguma pelas evidências externas.[84] O "ecletismo rigoroso" tende a emitir juízos subjetivos sobre os critérios internos e a negligenciar os dados textuais objetivos.

O "ecletismo racional" pode ser representado por D. A. Carson, *The King James Version debate: a plea for realism* [O debate sobre a King James Version, um apelo ao realismo]. O autor apresenta catorze teses em seu argumento contra a posição do Textus Receptus, embora alguns deles se apliquem também aos defensores do Texto Majoritário. Ao expor suas teses, Carson arrola vários pontos importantes. Ele observa corretamente que não há evidência inequívoca alguma de que o tipo de texto Bizantino fosse conhecido antes de meados do século 4. Segundo o autor, o apelo ao fato de que a maior parte dos manuscritos existentes do Novo Testamento grego é comprovadamente de tipo de texto Bizantino é logicamente falacioso e historicamente ingênuo; que é possível demonstrar que esse é um tipo de texto secundário, e que o tipo

---

[83] Veja a análise no cap. 32. Veja tb. Metzger, *The text of the New Testament*, p. 175-9, e Fee, "Textual criticism of the New Testament", p. 429-33.

[84] G. D. Kilpatrick, "An eclectic study of the text of Acts", in: J. N. Birdsall; R. W. Thomson, orgs., *Biblical and Patristic studies in memory of C. R. Casey*, p. 64-77. Veja tb. G. D. Kilpatrick, "The Greek New Testament text of today and the Textus Receptus", in: H. Anderson; W. Barclay, orgs., *The New Testament in historical and contemporary perspective: essays in memory of G. H. C. MacGregor*, p. 189-208; J. K. Elliott, *The Greek text of the Epistles to Timothy and Titus*.

de texto Alexandrino tem melhores credenciais do que outros tipos de texto hoje disponíveis. De acordo com Carson, o argumento segundo o qual aquilo em que a maior parte dos crentes creu ao longo da história da igreja é verdadeiro é, na melhor das hipóteses, um argumento ambíguo e, na pior delas, um argumento teologicamente perigoso. Quando se aplica esse argumento à crítica textual, ele não prova nada de muito útil. O mesmo acontece quando se recorre à providência divina em defesa do Texto Bizantino. Carson afirma que é falacioso negar a possibilidade de que o Texto Bizantino seja uma fusão de textos apelando-se a práticas de escrita do século 4. É também errônea a acusação de que os tipos de texto não Bizantinos são uma aberração teológica. Ele avisa o leitor incauto de que o tipo de texto Bizantino não deve ser considerado o equivalente preciso do Textus Receptus. Carson observa que os argumentos textuais que dependem da adoção do Textus Receptus e da comparação de outros tipos de texto com ele são culpados, do ponto de vista metodológico, de presumir a resposta à sua questão e apresentar menos do que toda a verdade. Carson assinala que associar a adoção do Textus Receptus à inspiração verbal é uma falácia do ponto de vista da lógica e da teologia. Ele também afirma que os argumentos que tentam extrair conclusões textuais com base em uma seleção tendenciosa de dados que não sejam imediatamente relevantes, ou com o uso distorcido de termos, ou apelando de forma confusa à culpa por associação, ou ainda pelo apelo reiterado a evidências falsas, não são apenas enganosos, mas devem ser categoricamente rejeitados.[85]

Essa situação nos deixa num dilema no que diz respeito à seleção de uma tradição textual em detrimento de outra. Talvez o melhor seja concluir a análise da presente situação examinando o que tem a dizer A. W. Adams sobre uma questão fortemente intensificada pelo que foi aprendido com os papiros no tocante aos textos dos autores clássicos. Em vista da distribuição descontrolada generalizada de manuscritos bíblicos na igreja antiga, e das tentativas deliberadas e difundidas por Diocleciano e outros de destruir sistematicamente as Escrituras cristãs, seguidas da proliferação dos textos das Escrituras depois da conversão de Constantino e do Concílio de Niceia, as palavras de Adams são mais do que apropriadas. Diz ele:

---

[85] D. A. Carson. *The King James Version debate*, veja esp. p. 43-78.

A conclusão natural, portanto, é que, embora uma família possa claramente preservar o texto original na maior parte dos casos, é possível que as variantes textuais encontradas em outras famílias estejam por vezes corretas. Essa é a conclusão para a qual apontam todas as evidências decorrentes dos antigos papiros, sobretudo os papiros Chester Beatty e Bodmer. No caso em questão, não importa se o texto desses papiros é considerado bom ou ruim. O que importa é que eles provam que, no Egito, na primeira parte do século 3, havia variantes textuais em circulação derivadas de todas as principais famílias, ou às quais acabaram por se associar, juntamente com um número significativo das quais não nos chegou nenhuma testemunha. Portanto, precisamos estar preparados para aceitar que o melhor manuscrito ou família nem sempre estão corretos.[86]

Resumo e conclusão

A história do texto do Novo Testamento pode ser dividida em vários períodos básicos: (1) período de reduplicação (até c. 325), (2) período de padronização do texto (c. 325-c. 1500), (3) período de cristalização (c. 1500-c. 1648) e (4) período da crítica e da revisão (c. 1648 até o presente). Durante o período da crítica e da revisão, deu-se o embate entre os proponentes do "Texto Recebido" e do "Texto Crítico". No fim das contas, não há uma diferença substancial entre seus textos. Suas diferenças são sobretudo técnicas e metodológicas, e não doutrinárias, já que as variantes textuais são doutrinariamente inconsequentes. Contudo, as variantes textuais "críticas" são, com frequência, exegeticamente úteis para os estudiosos da Bíblia. Portanto, para fins práticos, os dois textos transmitem o *conteúdo* dos autógrafos, embora estejam revestidos, cada um, de diferenças técnicas e de escrita secundárias. Consequentemente, muitos estudiosos do texto decidiram recorrer ao "ecletismo racional" na tentativa de comprovar a variante textual autêntica do texto bíblico.

---

[86] Kenyon, *The text of the Greek Bible*, p. 255.

26
Restauração do texto das Escrituras

O PROBLEMA DA CRÍTICA TEXTUAL

Já dissemos que não há autógrafos disponíveis do Novo Testamento.[1] Há, entretanto, inúmeros manuscritos bíblicos (caps. 21–23), versões (caps. 27–28) e citações (cap. 24) por intermédio dos quais é possível restaurar o texto. Esse processo é conhecido como crítica textual, ou baixa crítica. Antes de lidar com esse processo, porém, convém fazer um levantamento das evidências dos manuscritos.

Evidências dos manuscritos

Manuscritos bíblicos. O Antigo Testamento sobreviveu em alguns poucos manuscritos, a maioria dos quais remonta ao século 9 d.C. ou a um período posterior a esse. Há, entretanto, razões de sobra para acreditar que se trata de cópias substancialmente *boas*. Várias linhas de evidência têm sustentado essa posição durante muitos anos: (1) as poucas variantes nos manuscritos Massoréticos disponíveis; (2) a ampla concordância literal da maior parte da LXX com o Texto Massorético hebraico; (3) as regras escrupulosas dos escribas; (4) a semelhança de passagens paralelas do Antigo Testamento; (5) a confirmação arqueológica da fidelidade dos detalhes históricos do texto; e (6) a concordância, em grande medida, do Pentateuco Samaritano. (7) A confirmação mais fenomenal da fidelidade do texto hebraico, porém, é muito mais direta do que a de qualquer desses testemunhos. Os Manuscritos do Mar Morto contêm centenas de manuscritos hebraicos centenas de anos mais antigos dos que se achavam disponíveis até então. As cavernas de Qumran nos forneceram fragmentos, às vezes cópias completas, de praticamente todos os livros do Antigo Testamento, alguns dos quais remontam ao século 4 a.C. (cf. o cap. 21). Esses fragmentos, com frequência, concordam quase exatamente com cópias correspondentes do

---

[1] Veja o cap. 2 para as possíveis razões pelas quais Deus permitiu que os autógrafos desaparecessem.

texto do Antigo Testamento que só apareceriam mil anos depois na história da transmissão desse texto.²

São inúmeros os manuscritos do Novo Testamento, mas as variantes textuais também são numerosas. Consequentemente, a ciência da crítica textual é muito mais decisiva na restauração do texto do Novo Testamento. Há o total de 3.157 manuscritos gregos contendo parte do Novo Testamento, excluindo-se 2.209 lecionários catalogados que datam do século 2 em diante.³ Portanto, enquanto a fidelidade do Antigo Testamento se baseia em relativamente *poucos*, mas *bons*, manuscritos, a integridade do Novo Testamento decorre de uma comparação crítica entre *muitos* manuscritos de qualidade *inferior* (i.e., o número de variantes textuais é maior).

Versões. As versões antigas e medievais constituem outras linhas de evidências do texto bíblico. O Antigo Testamento é representado pela LXX, pelo Pentateuco Samaritano e pelos Targuns Babilônicos, bem como por todas as principais versões antigas que contêm o Antigo e o Novo Testamentos. Estão nessa categoria diversas versões: Siríaca Antiga, Latim Antigo, Copta, Saídica, Vulgata Latina e outras (veja os caps. 28-29). Dessas versões, há mais de dez mil cópias manuscritas da Vulgata Latina de Jerônimo disponíveis atualmente para os estudiosos.⁴

Citações. Uma terceira linha de evidência para a reconstrução da Bíblia são as citações dos pais da igreja. São numerosas as citações rabínicas do Antigo Testamento nos escritos talmúdicos hebraicos. Outras citações judaicas, como as do filósofo Fílon e as do historiador Josefo, também são abundantes. As citações patrísticas do Novo Testamento sobreviveram em número ainda maior, uma vez que só os escritos existentes dos pais dos séculos 2 e 3 contêm mais de 36 mil citações de versículos do Novo Testamento. Na verdade, se não houvesse manuscritos bíblicos disponíveis hoje, seria possível reconstruir o Novo Testamento inteiro com base nos escritos dos pais da igreja dos três primeiros séculos, com exceção de onze versículos.⁵

---

²R. Laird Harris, "The Dead Sea Scrolls and the Old Testament text", in: J. Barton Payne, org., *New perspectives on the Old Testament* (Waco: Word, 1970), p. 201-11, detalha essas descobertas; veja esp. as p. 204-11.

³Veja o cap. 22, nota 6, para a tabulação dos manuscritos catalogados do texto do Novo Testamento.

⁴Bruce M. Metzger, *The early versions of the New Testament: their origins, transmission and limitations*, p. 293; p. 295-308, 461-4 apresentam uma lista de manuscritos em latim antigo.

⁵Veja a análise no cap. 24 e o quadro com o alcance dessas citações.

Lecionários. Outra fonte de evidências para a reconstrução do texto do Novo Testamento são os livros de culto da igreja, conhecidos como lecionários.[6] Números recentes indicam que há mais de 2.209 lecionários gregos. O interesse renovado pelos lecionários é sinal do seu valor para a reconstrução textual e do seu uso no aparato diacrítico que é próprio dele (veja o cap. 23). Portanto, há o total geral de mais de 15 mil manuscritos gregos e latinos com textos do Novo Testamento.[7] Além desses manuscritos, há mais de 36 mil citações patrísticas que contêm praticamente todos os versículos do Novo Testamento. Esses materiais proporcionam os dados por meio dos quais o crítico textual procura reconstruir o texto original do Novo Testamento.

Um número elevado de variantes

A multiplicidade de manuscritos produz um número correspondente de variantes textuais, isso porque, quanto mais manuscritos forem copiados, maior será o número de erros dos copistas. Contudo, conforme veremos, o que parece à primeira vista um sério impedimento à reconstrução do texto bíblico, acaba se tornando algo extremamente benéfico.

Variantes textuais do Antigo Testamento. As variantes textuais do Antigo Testamento são relativamente poucas por diversos motivos.

1. As cópias foram feitas por uma classe oficial de escribas sagrados que trabalharam sob regras rígidas.
2. Os massoretas destruíram sistematicamente todas as cópias com textos "errôneos" e/ou que apresentassem variantes textuais.[8] O Pentateuco

---

[6] Veja o cap. 22, nota 6.

[7] Veja os caps. 22, 24 e 29 para mais detalhes dessa análise dos mais de 5.366 manuscritos gregos e mais de 10.000 em latim.

[8] O estudo crítico do Antigo Testamento não tem sido tão necessário nem tão extenso quanto o do Novo. A primeira coleção de destaque foi feita pelo bispo Kennicott (1776-1780), que publicou um Texto Crítico em Oxford com base em 634 manuscritos hebraicos. Mais tarde, entre 1784 e 1788, o estudioso italiano De Rossi publicou uma compilação de outros 825 manuscritos. A edição crítica da Bíblia hebraica editada por C. D. Ginsburg para a British and Foreign Bible Society [Sociedade Bíblica Britânica e Estrangeira] (1926) foi superada pela *Biblia Hebraica* (1929-1937), dos organizadores Rudolf Kittel e Paul E. Kahle. O texto de Kittel-Kahle passou por três grandes revisões antes de ficar desatualizado pela descoberta dos Rolos do Mar Morto. Uma nova edição do Texto Massorético incorporando essa nova linha de evidência foi publicada por Karl Elliger; Wilhelm Rudolph, orgs., *Biblia Hebraica Stuttgartensia* (1967-1977). Ela é considerada a edição de maior autoridade do texto hebraico do Antigo Testamento. Uma "Editio Minor" [edição pequena] completa foi publicada em 1983.

Samaritano, porém, contém cerca de seis mil variantes textuais em relação ao texto hebraico dos massoretas, mas a grande maioria se resume a questões de ortografia. Cerca de 1.900 variantes concordam com a LXX em oposição ao texto dos massoretas (e.g., nas idades atribuídas aos patriarcas). As variantes textuais mais significativas consistem em inserções sectárias dos samaritanos usadas para indicar que o Senhor, na verdade, escolheu o monte Gerizim, e não o monte Sião, e Siquém, em vez de Jerusalém, como seus lugares sagrados.[9]

Variantes textuais do Novo Testamento.[10] Como os manuscritos do Novo Testamento são muito numerosos, e como foram feitas muitas cópias particulares e "não oficiais", há mais variantes textuais no Novo Testamento do que no Antigo Testamento.

1. *Quantas são as variantes textuais?* O número total de variantes aumenta a cada descoberta de um novo manuscrito.

    a. Em 1707, John Mill calculou que havia cerca de trinta mil variantes textuais nos manuscritos conhecidos do Novo Testamento.[11] Muitos dos principais manuscritos foram descobertos depois dessa época.[12]
    b. Por volta de 1874, F. H. A. Scrivener contabilizou cerca de cinquenta mil variantes.[13]
    c. Atualmente, há mais de duzentas mil variantes conhecidas,[14] e esse número, sem dúvida alguma, aumentará no futuro à medida que novos manuscritos forem descobertos.

2. *Como são contadas as variantes textuais?* Há uma ambiguidade quando se diz que há cerca de duzentas mil variantes textuais nos manuscritos

---

[9] Gleason L. Archer, Jr., *A survey of Old Testament introduction*, p. 44 [edição em português: *Panorama do Antigo Testamento*, 4. ed. rev. ampl., tradução de Gordon Chown (São Paulo: Vida Nova, 2012)].

[10] R. L. Clarke; Alfred Goodwin; W. Sanday, orgs., *The variorum edition of the New Testament of our Lord and Saviour Jesus Christ*, pode ser consultada para uma listagem extensa de variantes textuais. Listas mais recentes estão disponíveis em Kurt Aland; Matthew Black; Carlo M. Martini; Bruce M. Metzger; Allen Wikgren, orgs., *The Greek New Testament*, 3. ed., e Eberhard Nestle; Edwin Nestle; Kurt Aland, orgs., *Novum Testamentum Graece*, 26. ed. (New York: American Bible Society, 1979).

[11] James Hastings, org., *A dictionary of the Bible*, 4 vols., além de um volume extra, 4:735.

[12] O grande período de descobertas de manuscritos começou em 1650 e continua até hoje. Veja a análise no cap. 25.

[13] Hastings, *Dictionary*, 4:735.

[14] Neil R. Lightfoot, *How we got the Bible*, p. 53.

existentes do Novo Testamento porque elas representam somente dez mil passagens no Novo Testamento. Se uma única palavra é escrita erradamente em três mil manuscritos diferentes, ela é contabilizada como três mil variantes textuais. Uma vez compreendido esse procedimento de contagem, e eliminadas as variantes textuais mecânicas (ortográficas), o número das variantes restantes significativas é surpreendentemente baixo. Convém lembrar que a produção de inúmeras cópias impressas ou mediante fotocópia de manuscritos constituem avanços relativamente recentes da produção de livros.[15]

3. *Como surgiram as variantes textuais?* Para compreender plenamente o significado das variantes textuais, e determinar quais são corretas ou originais, é preciso examinar primeiramente de que maneira essas variantes foram inseridas no texto. Estudiosos atentos da crítica textual propuseram duas classes de erros: intencionais e não intencionais.[16]

   a. *Alterações não intencionais* de vários tipos ocorrem em razão da imperfeição de alguma faculdade humana. Estas constituem, de longe, a imensa maioria dos erros de transcrição (veja o cap. 21).

   (1) *Erros de visão.*

   (a) *A divisão incorreta* de palavras resultou efetivamente na formação de novas palavras. Os manuscritos antigos não eram pontuados, e as letras não eram separadas em palavras por meio de espaços (veja o cap. 20). Consequentemente, quando dizemos em inglês HEISNOWHERE, o significado dependerá de como separamos as palavras. Se separarmos da seguinte forma, HE IS NOW HERE, o significado será: "Ele está aqui agora"; contudo, se separarmos de outro jeito, HE IS NOWHERE, o significado será: "Ele não está em parte alguma". Um exemplo mais interessante seria:

   DIDYOUEVERSEEABUNDANCEONTHETABLE.[17] [DID YOU EVER SEE A BUN DANCE ON THE TABLE?], isto é, "Você já viu alguma vez um pãozinho dançar sobre a mesa?"; ou,

---

[15] Veja a análise nos caps. 20, 25 e 30.
[16] Veja Bruce M. Metzger, *The text of the New Testament*, p. 150ss.
[17] Sugerido por Alexander Souter, *The text and canon of the New Testament*, p. 103.

então, DID YOU EVER SEE ABUNDANCE ON THE TABLE?, isto é, "Você já viu alguma vez abundância sobre a mesa?".

(b) Omissões de letras, palavras e até mesmo linhas inteiras ocorriam quando o olho com astigmatismo confundia um grupo de letras ou palavras por outro, às vezes, em outra linha. Esse erro é conhecido como *homeoteleuto* (terminação semelhante). Dá-se o nome de *haplografia* (escrita única) quando há a omissão de somente uma letra.

(c) Repetições resultam no erro oposto de omissões. Portanto, quando o olho observa a mesma letra ou palavra duas vezes e as repete, temos a *ditografia*. Esse erro talvez explique a razão pela qual em alguns minúsculos se lê: "Qual destes quereis que vos solte? (Jesus) Barrabás ou Jesus?" (Mt 27.17).

(d) Transposição é a inversão da posição de duas letras ou palavras. A isso se dá o nome técnico de *metátese*. Em 2Crônicas 3.4, a transposição de letras tornaria desproporcionais as medidas do pórtico do Templo de Salomão, de 120 cúbitos, e não 20 cúbitos, conforme a LXX.

(e) Outras confusões de grafia, abreviação ou inserções dos escribas respondem pelos demais erros cometidos por eles. Isso se aplica principalmente às letras do hebraico, que eram usadas como números e podiam ser facilmente confundidas. Esses erros de visão talvez respondam por muitas das discrepâncias numéricas do Antigo Testamento; por exemplo, 1Reis 4.26 afirma que Salomão tinha quarenta mil estábulos, e não quatro mil, conforme consta em 2Crônicas 9.25, o que é, sem dúvida, uma confusão do tipo mencionado. É o caso também dos 42 anos de 2Crônicas 22.2 e da leitura correta de 22 anos em 2Reis 8.26.[18]

---

[18] Para uma análise breve, porém interessante, dos tipos de erros encontrados nos manuscritos do Antigo Testamento, veja Archer, p. 54-7, em que o autor arrola dez categorias: haplografia, ditografia, metátese, fusão, fissão, homofonia, leitura equivocada de letras aparentemente semelhantes, homeoteleuto, omissão acidental de palavras em situações em que não há repetição e leitura equivocada de vogais tomadas por consoantes. Veja tb. J. Barton Payne, "The validity of numbers in Chronicles", *Bulletin of the Near East Archaeological Society*, s.n. 11 (1978): 5-58; e William E. Nix, "Joshua"; "Judges"; "1 Chronicles"; "2 Chronicles", in: W. A. Criswell, org., *The Criswell Study Bible* (Nashville: Nelson, 1979), p. 267-96, 297-326, 482-519, 520-61.

(2) Erros de audição ocorriam somente quando os manuscritos eram copiados por alguém que escrevia o que outra pessoa lhe ditava. Isso talvez explique por que alguns manuscritos (do séc. 5 em diante) registram *kamelos* (corda), e não *kamēlos* (camelo), em Mateus 19.24. Em 1Coríntios 13.3, *kauthēsomai* (ele queima) foi confundido com *kauchēsomai* (ele se gloria). Esse tipo de confusão ocorria às vezes entre os manuscritos, e algumas dessas alterações influenciavam drasticamente o significado de certas passagens. A confusão entre a vogal longa *ômega* (ω) e a vogal breve *ômicron* (o) veio à tona à medida que ocorriam mudanças de pronúncia no decorrer da história da igreja, o que levou ao aparecimento de variantes textuais como *echōmen* e *echomen* em Romanos 5.1; e *hōde* e *hode* em Lucas 16.25. Outro exemplo de uma vogal longa *eta* (η) que se torna curta, *épsilon* (ε), ocorre no Codex D, que registra erroneamente *mē*, e não *me*, alterando o texto de Marcos 14.31, "Se preciso morrer...", para "Se *não* for necessário morrer...". A troca de pronomes pessoais no registro do manuscrito em razão de leituras orais era frequente. *Hēmon* (nossa) e *humon* (vossa) têm som parecido; portanto, seria difícil determinar se 1João diz "para que *vossa* alegria seja completa" ou "para que *nossa* alegria seja completa". O livro 1Pedro registra pelo menos sete confusões desse tipo (1.3,12; 2.21 [2]; 3.18,21; 5.1).[19] Qualquer pessoa que tenha escrito "assento" em vez de "acento", ou que tenha confundido "caçar" com "cassar", entenderá imediatamente esse tipo de erro.

(3) Erros de memória. Não são muitos, mas às vezes um escriba podia esquecer a palavra exata numa passagem e substituí-la por um sinônimo. Talvez ele se deixasse influenciar de forma inconsciente por uma passagem ou verdade paralelas. Por exemplo, nos manuscritos Bizantinos e em P[46] consta "fruto do Espírito", e não "fruto da luz", bem como em outras testemunhas antigas e diversificadas que representam os tipos de texto Alexandrino e Ocidental.[20] A confusão deve-se, provavelmente, a Gálatas 5.22. Às vezes, letras de palavras são transpostas resultando numa palavra completamente

---

[19] Veja Metzger, *The text of the New Testament*, p. 190-3, para uma análise mais detalhada.
[20] Veja Bruce M. Metzger, *A textual commentary on the Greek New Testament*, p. 608-9.

diferente. Exemplo disso ocorre em Marcos 14.65, em que *elabon* se transforma em *ebalon*, e depois em *eballon*.[21] Não é raro hoje em dia que se acrescente "... não há remissão [de pecados]" a Hebreus 9.22 (KJV). Assim, a memória poderá transcrever quase automaticamente uma passagem em um Evangelho para que fique igual à outra. Contudo, constatou-se que as variantes textuais desse tipo são com muita frequência emendas intencionais.

(4) *Erros de discernimento*. O erro mais comum dessa categoria decorre de má iluminação ou de problemas de visão. Às vezes, incorporavam-se ao texto notas escritas à margem dele que eram tomadas erroneamente como parte do texto. A. T. Robertson afirma que essa é a explicação para o anjo que agitava a água (Jo 5.4).[22] A nota textual de Romanos 8.1 na NKJV (que segue a KJV) é outro exemplo em que a última parte de um versículo foi acrescentada ao texto. É possível que tenha sido primeiramente acrescentada como nota explicativa, tornando-se parte depois dos textos manuscritos que formavam a base textual do Textus Receptus. Se compararmos com as versões RV, ASV, RSV, NAB, NASB e NIV, veremos que todas adotam o texto mais curto (veja a análise dessas traduções no cap. 32). Um exemplo óbvio de erro de discernimento resultante do cochilo de um copista que fez acréscimos a uma cópia em minúsculos encontra-se em 2Coríntios 8.4,5, em que o escriba faz a seguinte interpolação no texto: "assim consta em muitas cópias",[23] como se fosse parte da admoestação de Paulo aos coríntios, e não

---

[21] Veja Kurt Aland, et al., orgs., *The Greek New Testament*, 3. ed., e Eberhard Nestle, et al., orgs., *Novum Testamentum Graece*, 26. ed., cujas edições tiveram os textos harmonizados para que, desse modo, pudessem servir de base para o chamado Texto Crítico (também identificado como Texto "Nestle-Aland" ou "UBS"). Em suas notas à margem do texto, os editores da New King James Version identificam esse texto pela sigla "NU-Text" em referência ao texto comum da Nestle-Aland e da United Bible Societies. Os editores da NKJV usam o acrônimo "M-Text" [Texto-Maj] para referir-se ao que foi produzido por Zane C. Hodges; Arthur L. Farstad, orgs., *The Greek New Testament, according to the Majority Text*. Um *Greek New Testament* mais antigo, considerado por alguns uma forma corrompida do Texto Majoritário, foi chamado de Textus Receptus (TR) e serviu de base para a King James Version e outras traduções da Bíblia antes de 1881, bem como para a *Holy Bible: the New King James Version*. Veja Harry A. Sturz, *The Byzantine text-type and the New Testament textual criticism*.

[22] Archibald T. Robertson, *An introduction to the textual criticism of the New Testament*, p. 154. Zane C. Hodges, "The Angel at Bethesda—John 5:4", p. 25-39, discorda da análise de Robertson.

[23] Benjamin B. Warfield, *An introduction to the textual criticism of the New Testament*, p. 100.

uma nota na margem. É difícil saber se algumas variantes textuais são causadas por discernimento equivocado ou por mudanças doutrinárias intencionais. Não há dúvida de que 1João 5.7 e Atos 8.37 se encaixam em uma dessas categorias. O trecho de João 7.53—8.11 será analisado em outra parte deste capítulo.

(5) *Erros de escrita.* Se um escriba, em virtude de um estilo imperfeito ou um equívoco, redigiu de forma indistinta ou imprecisa, preparou com isso o cenário para um erro futuro de visão ou de discernimento. A velocidade com que se faziam cópias foi, sem dúvida, culpada por muitos erros de redação. É o que se vê sobretudo nos relatos paralelos do *corpus* de Reis e Crônicas.[24]

b. *Alterações intencionais.* Embora a maior parte das variantes textuais seja decorrência de erros não premeditados resultantes das limitações humanas, muitos também ocorreram em virtude da intenção dos escribas. Sem dúvida, boas intenções, mas ainda assim deliberadas.

(1) *Alterações gramaticais e linguísticas.* As variações ortográficas na escrita, na eufonia e na forma gramatical são abundantes nos papiros. Cada tradição de escribas tinha a própria idiossincrasia de estilo e de linguagem. O escriba tendia a modificar seu manuscrito para que se conformasse a ela. Isso significava, entre outras coisas, grafar nomes próprios, formas verbais, polir arestas gramaticais, mudar o gênero para que concordasse com seus referentes e outras alterações sintáticas. Eram mudanças semelhantes aos esforços recentes para mudar o inglês antigo de "which" para "whom", e "shall" para "will".

(2) *Alterações litúrgicas.* Os lecionários fornecem exemplos abundantes dessas alterações. No início de determinada seção de um lecionário, faziam-se pequenas mudanças para resumir o contexto anterior. Algumas dessas alterações foram introduzidas nos manuscritos bíblicos. Por exemplo, "José e Maria" foram inseridos para substituir "seus pais" (Lc 2.41). Fora dos lecionários, pequenas alterações textuais foram feitas para que se conformassem ao uso eclesiástico.

---

[24] Veja Payne, "Validity of numbers", p. 5-58. Veja tb. Nix, "1 Chronicles", p. 428-519, e "2 Chronicles", p. 520-61.

A "doxologia" do "Pai-Nosso" (Mt 6.13) provavelmente surgiu dessa maneira.[25]

(3) Alterações para harmonizar passagens. São mudanças que ocorrem por vezes nos Evangelhos. O relato do "Pai-Nosso" em Lucas 11.2-4 foi feito para concordar com a versão mais conhecida de Mateus 6.9-13. Alguns manuscritos levaram Atos 9.5,6 a concordar mais literalmente com Atos 26.14,15. De igual modo, as citações do Antigo Testamento foram ampliadas em alguns manuscritos para conformar-se à LXX (cp. Mt 15.8 com Is 29.13; a expressão "este povo" foi acrescentada). À lista de Paulo dos quatro mandamentos em Romanos 13.9, outro foi acrescentado em alguns manuscritos: "Não darás falso testemunho".

(4) Alterações históricas e factuais. Escribas bem-intencionados às vezes "corrigiam" manuscritos alterando o que achavam que estava errado. Sem dúvida, foi isso o que aconteceu a Apocalipse 1.5, em que um escriba mudou *lusanti,* "nos libertou [dos nossos pecados]", para *lousanti,* "nos lavou [dos nossos pecados]".[26] A mudança de "sexta hora" para "terceira hora" em João 19.14 em alguns manuscritos foi provavelmente uma tentativa de corrigir o que para o escriba era uma imprecisão. Há também correções geográficas nos manuscritos. Orígenes trocou "Betânia" por "Bethabara" para explicar uma dificuldade geográfica.

(5) Alterações por fusão. Fusão é a combinação de duas ou mais variantes textuais em uma só variante. A frase "E todo sacrifício será salgado

---

[25] Metzger, *Textual commentary*, p. 16-7, apresenta uma análise plausível de como essa variante mais longa acabou por ser adicionada aos manuscritos posteriores da tradição do Textus Receptus. A NKJV (seguindo a KJV) não menciona a variante textual nas notas de margem, e a última metade do versículo é omitida na RV, ASV, NEB, NAB e NIV e colocada entre colchetes na RSV e NASB. Veja a análise dessas traduções no cap. 32.

[26] Metzger, *Textual commentary*, p. 729, mostra por que a variante textual da Nestle-Aland é preferível à da tradição do Textus Receptus em vista da corroboração superior dos manuscritos, da sua concordância com as imagens do Antigo Testamento e também por oferecer melhor respaldo à ideia do versículo 6*a*, embora o Textus Receptus e o Texto Majoritário sigam a maioria dos manuscritos minúsculos e várias outras versões antigas em sua leitura. A nota na NKJV erra ao identificar as variantes do Texto Majoritário e da versão de Nestle-Aland como se fossem as mesmas. Uma vez que as vogais *u* e *ou* têm som parecido quando lidas em voz alta, a mudança talvez não tenha sido intencional.

com sal" (Mc 9.49) é provavelmente uma fusão.[27] A expressão "para todos e sobre todos" de Romanos 3.22 (KJV, "para [...] para" na NKJV) é provavelmente outro exemplo de combinação das duas variantes textuais diferentes (ASV, RSV, NEB, NASB, NAB e NIV trazem apenas "para todos" ou seu equivalente).[28]

(6) *Alterações doutrinárias.* A maior parte das alterações doutrinárias deliberadas teve por objetivo a ortodoxia, como na referência à Trindade em 1João 5.7.[29] O acréscimo de "jejum" à "oração" em Marcos 9.29 e o final longo de Marcos (16.9-20),[30] se foram deliberados, talvez não tenham sido tão ortodoxos. Em 1Coríntios 6.20, o acréscimo de "e no vosso espírito, os quais pertencem a Deus" (KJV, NKJV) e "que não andam segundo a carne..." (Rm 8.1) são possivelmente interpolações tardias introduzidas nos manuscritos posteriores.[31] Outras passagens talvez façam parte desse tipo: João 1.18: "o Filho unigênito", e não "o Deus unigênito", e Atos 20.28: "a igreja do Senhor, que ele adquiriu com seu próprio sangue", e não "a igreja de Deus, que ele [Deus] comprou com seu [de Deus] próprio sangue" (KJV, NKJV).[32] Vale a pena acrescentar a observação de Greenlee de que "nenhuma doutrina cristã, porém, depende de um texto sobre o qual existam dúvidas; além disso, o estudioso do Novo Testamento precisa tomar cuidado para não desejar que seu texto seja mais ortodoxo ou doutrinariamente mais forte do que o original inspirado".[33]

---

[27] Metzger, *Textual commentary*, p. 102-3, discute o fato de que as variantes em Marcos 9.49 aparecem em três fontes principais. A diferença na preferência textual ocorre novamente na KJV e na NKJV, bem como na ASV, RSV, NEB, NASB, NAB e NIV, conforme a análise no cap. 32.

[28] Metzger, *Textual commentary*, p. 508, mostra como a variante do Textus Receptus se baseia em manuscritos tardios e secundários que o levam a apresentar essa expressão essencialmente redundante e tautológica seguida também pelo Texto-Maj e pela NKJV.

[29] Veja a análise subsequente dessa passagem.

[30] "Jejum" é adicionado também em Atos 10.30 e 1Coríntios 7.5. A passagem de Marcos 16.9-20 será analisada em outra parte deste capítulo.

[31] Veja Metzger, *Textual commentary*, p. 515. A KJV e a NKJV seguem o TR (e o Texto-Maj em geral); a ASV, RSV, NEB, NASB, NAB e NVI seguem novamente o texto-NU.

[32] Veja Metzger, *Textual commentary*, para as razões pelas quais o texto da Nestle-Aland/United Bible Societies Text (texto-NU) segue os manuscritos mais antigos de maior amplitude geográfica do que a tradição do Textus Receptus (TR) e do Texto Majoritário (Texto-Maj). As traduções contemporâneas em inglês analisadas no capítulo 32 seguem as mesmas linhas como em outras partes.

[33] J. Harold Greenlee, *An introduction to New Testament textual criticism*, p. 68.

4. *Qual a importância das variantes textuais?* É fácil deixar uma impressão ruim quando se fala em duzentos mil "erros" que foram inseridos no texto por meio dos escribas e de correções propositais. Já foi mencionado anteriormente que havia somente dez mil passagens em que ocorrem essas duzentas mil variantes. A pergunta que se segue é: "Qual a importância dessas dez mil ocorrências?". Os críticos textuais têm tentado responder a essa pergunta por meio de percentuais e de comparações.

   a. Segundo estimativas de Westcott e Hort, cerca de apenas um oitavo de todas as variantes textuais tem alguma importância, já que a maior parte delas não passa de meras questões mecânicas de grafia e de estilo. No cômputo geral, portanto, cerca de um sexto apenas está acima do patamar de "trivialidades", ou pode, de algum modo, ser considerado como "variações substanciais".[34] Matematicamente, isso resultaria num texto 98,33% puro, quer a crítica adote o Textus Receptus, quer o Texto Majoritário, quer o texto de Nestle-Aland, quer algum outro Texto Eclético do Novo Testamento.

   b. Ezra Abbott apresentou números semelhantes afirmando que cerca de dezenove vinte avos (95%) das variantes são constituídos por redações "variadas", e não redações "rivais", e cerca de dezenove vinte avos (95%) das demais têm tão pouca importância que adotá-las ou rejeitá-las não resulta em nenhuma diferença significativa para o sentido da passagem.[35] Portanto, o grau de pureza substancial seria de 99,75%.

   c. Philip Schaff conjecturou que das cento e cinquenta mil variantes conhecidas em sua época, somente quatrocentas incidiam sobre o sentido; desse total, somente cinquenta tinham importância real; e dessas cinquenta variantes, nenhuma afetava "um artigo de fé ou preceito de dever que não fosse fartamente sustentado por outras passagens sobre as quais não há dúvida alguma, ou pelo teor geral do ensino das Escrituras".[36]

---

[34] Brooke Foss Westcott; Fenton John Anthony Hort, *The New Testament in the original Greek*, 2.2.
[35] Warfield, *Introduction*, p. 13-4.
[36] Philip Schaff, *Companion to the Greek Testament and the English version*, p. 177. Na verdade, a ideia remete a J. A. Bengel; veja a análise no cap. 25 e em Metzger, *The text of the New Testament*, p. 112.

d. A. T. Robertson afirmou que a real preocupação da crítica textual se limita à "milésima parte do texto em geral".[37] Isso deixaria o texto reconstruído do Novo Testamento 99,9% livre de uma preocupação concreta para o crítico textual. Portanto, conforme Warfield, "a maior parte do Novo Testamento, em outras palavras, nos foi transmitida sem variação alguma, ou quase sem variações".[38] Inicialmente, a grande quantidade de variantes textuais parecia questionar a integridade do texto bíblico. Contudo, é exatamente o oposto, já que o imenso número de variantes supre, ao mesmo tempo, os meios para verificação delas. Por mais estranho que pareça, a corrupção do texto fornece o meio para sua correção.

e. A análise que se segue não será plenamente entendida se não for contrastada com o estado do texto de outros livros do mundo antigo. A primeira comparação a ser levada em conta é a do número ou quantidade de manuscritos. Só os manuscritos gregos do Novo Testamento chegam a mais de três mil, e há mais de dois mil lecionários e mais de dez mil cópias da Vulgata Latina de Jerônimo, além de todas as versões diferentes,[39] ao passo que alguns dos principais escritos da Antiguidade sobreviveram em apenas uns poucos manuscritos (veja o cap. 20). Além disso, uma comparação da natureza ou qualidade desses escritos realça a fidelidade do texto bíblico. O excelente estudo de Bruce M. Metzger sobre a *Ilíada*, de Homero, e o *Mahābhārata* hindu, mostra que a corrupção a que esses textos foram submetidos é muito maior do que a do Novo Testamento.

(1) A *Ilíada* vem muito a calhar porque se trata de um texto com inúmeros pontos em comum com o Novo Testamento. Depois do Novo Testamento, a *Ilíada* tem o maior número de cópias existentes (643)[40] em comparação com qualquer outra obra. Tanto a *Ilíada* quanto a Bíblia são considerados livros "sagrados" e ambos

---

[37] Archibald T. Robertson, *An introduction to the textual criticism of the New Testament*, p. 22.
[38] Warfield, *Introduction*, p. 14.
[39] Veja o cap. 22 para o número exato de manuscritos gregos. Veja tb. Bruce M. Metzger, *The early versions of the New Testament: their origins, transmission and limitations*.
[40] Bruce M. Metzger, *Chapters in the history of New Testament textual criticism*, p. 144, arrola 453 papiros, 2 unciais e 183 manuscritos de acordo com o cálculo de Kurt Aland de Münster, 11 de julho de 1962.

passaram por mudanças textuais e foram submetidas a críticas aos seus manuscritos gregos. O Novo Testamento tem cerca de 20 mil linhas; a *Ilíada*, em torno de 15.600. Somente 40 linhas (ou cerca de 400 palavras) do Novo Testamento são objeto de dúvida, ao passo que, na *Ilíada*, há dúvidas em 764 linhas. Portanto, para a corrupção de 5% do texto da *Ilíada*, temos 0,5% (ou menos) de emendas similares no Novo Testamento.

(2) O épico nacional da Índia, o *Mahābhārata*, tem sido corrompido ainda mais. Tem cerca de oito vezes o tamanho da *Ilíada* e da *Odisseia* juntas, ou cerca de 250 mil linhas. Desse total, cerca de 26 mil linhas têm seu texto corrompido (10%).[41] O Novo Testamento, portanto, não apenas sobreviveu em mais manuscritos do que qualquer outro livro da Antiguidade, como também sobreviveu em forma mais pura do que qualquer outro livro importante.

Princípios da crítica textual

Para compreender plenamente a árdua tarefa de reconstrução do texto do Novo Testamento com base em milhares de manuscritos com dezenas de milhares de variantes textuais, é preciso recorrer, em parte, a um estudo sobre como procedem exatamente os estudiosos do texto. As evidências disponíveis para a crítica textual são de dois tipos: externas e internas.

Evidências externas

Há três tipos de evidências externas. Com raras exceções, os estudiosos do texto concordam que "saber a idade ou a distribuição geográfica de testemunhas antigas de modo algum garante a descoberta do texto original".[42] É por isso que a maior parte dos estudiosos emprega uma abordagem "eclética" na crítica textual, conforme vimos no capítulo 25. Contudo, como afirma Gordon Fee, "é digno de nota que, para a maior parte dos estudiosos, mais de 90% de todas

---

[41] Nem mesmo o Alcorão, que só apareceu no século 7 d.C., escapou de uma ampla coleção de variantes que tiveram de ser submetidas à revisão de Orthman. Na verdade, ainda há sete maneiras de ler o texto (vocalização e pontuação), todas elas baseadas na recensão de Orthman, feita cerca de vinte anos depois da morte de Maomé. Cf. Arthur Jeffrey, *Materials for the history of the text of the Q'uran*, e a obra mais recente de Richard Bell, *Introduction to the Qu'ran*.

[42] Gordon D. Fee, "The textual criticism of the New Testament", in: Frank E. Gaebelein, org., *The expositor's Bible commentary*, 1:430.

as variantes textuais do Novo Testamento podem ser explicadas, visto que em muitos casos a variante que melhor explica a origem das outras também tem o apoio das melhores e mais antigas testemunhas".[43]

Evidências cronológicas. A data do tipo de texto (não necessariamente do manuscrito) é importante. Em geral, prefere-se o tipo de texto mais antigo, e não o mais recente.

Evidências geográficas. As testemunhas independentes amplamente difundidas que apoiam uma variante textual gozam, em geral, de preferência em relação aos que se acham mais próximos ou que estejam mais intimamente relacionados.

Evidências genealógicas. As testemunhas das variantes textuais devem ser avaliadas, e não simplesmente contadas, para aferição dos seus méritos. O "valor" das evidências em prol de uma variante textual baseia-se nas mesmas considerações básicas que se aplicam às famílias de manuscritos e aos manuscritos individualmente.

1. *Ordem relativa das famílias.* Das quatro principais famílias textuais (veja o quadro no final do cap. 25), Alexandrina, Cesareiana, Ocidental e Bizantina — (1) considera-se a família Alexandrina a de texto mais confiável, embora apresente às vezes correções "bem fundamentadas".[44] Contudo, (2) os textos respaldados por bons representantes de dois ou mais tipos de texto em geral têm a preferência sobre os baseados num único tipo. Em outras palavras, a concordância entre o tipo de texto Bizantino e o Ocidental, por exemplo, poderia sobrepujar um Texto Alexandrino bem documentado. (3) O texto de tipo Bizantino é considerado, em geral, como o menos recomendado porque, segundo o parecer da maior parte dos críticos textuais, trata-se de um tipo de texto derivado.[45]

2. *Análise individual dos manuscritos no âmbito das famílias.* Quando os manuscritos de determinado tipo de texto estão divididos no apoio a determinada variante textual, o texto correto da família é provavelmente (1) o dos manuscritos que são, em geral, os mais fiéis ao seu tipo de

---

[43] Ibidem.

[44] A análise aqui segue Greenlee, p. 115s.

[45] Para outra perspectiva, veja Sturz, *Byzantine text-type*, e várias contribuições de Zane C. Hodges e outros conforme apresentadas na análise sobre o desenvolvimento da crítica textual no cap. 25. Sturz e Hodges diferem em sua perspectiva do Texto Bizantino. Sturz trata o Texto Bizantino em pé de igualdade com outras famílias, ao passo que para Hodges o Texto Bizantino é o melhor.

texto (i.e., as melhores testemunhas no âmbito de uma família de textos), (2) o texto que for mais complexo, mas que conta com o respaldo de bons manuscritos na família, e/ou (3) o texto que mais caracteriza a família a que pertence (i.e., o que a família, em geral, parece adotar como texto preferido). O passo final para a determinação de um texto consiste em comparar os textos da família uns com os outros levando-se em conta a data e o caráter, a distribuição geográfica ou da família, bem como a força da unidade de qualquer texto no âmbito da família.

Evidências internas

Há também dois tipos de evidências internas — as de transcrição (que dependem dos hábitos dos *escribas*) e as intrínsecas (que dependem das características do *autor*).

As *evidências de transcrição* também são chamadas de "probabilidades de transcrição", uma vez que dizem respeito a "erros dos escribas e se baseiam em certos critérios indutivos".[46]

1. *O texto mais complexo* (para o escriba) será o preferido, particularmente se for sensato. A tendência das emendas feitas pelos escribas é apresentar uma redação superficialmente melhor ao combinar a "aparência de melhoria desacompanhada de sua respectiva realidade".[47]

2. *O texto mais curto* será o preferido, a menos que tenha resultado da omissão acidental de linhas por causa de terminações semelhantes (*parablepse*) ou da supressão intencional de material por motivação gramatical, litúrgica ou doutrinária. Segue-se a premissa segundo a qual um escriba está mais propenso a acrescentar informações para esclarecimento do que a suprimir material do texto.

3. *Deve-se dar preferência a textos oralmente dissonantes* de passagens paralelas, quer invoquem citações do Antigo Testamento, quer diferentes relatos dos mesmos acontecimentos (como nos Evangelhos). Havia uma tendência entre os escribas de harmonizar relatos divergentes de acontecimentos específicos das Escrituras.

---

[46] Fee, "Textual", p. 430.
[47] Westcott; Hort, *New Testament*, p. 27.

4. *A construção gramatical menos refinada*, ou expressão, palavra etc., terá a preferência. Isso porque os escribas tendiam a suavizar a gramática mais rudimentar e a melhorar a expressão das Escrituras.

A *evidência intrínseca* é também chamada de "probabilidade intrínseca", que "é o elemento mais subjetivo da metodologia da crítica textual".[48] O que se leva em conta aqui é o que o autor muito provavelmente escreveu, o que se determina pela análise dos seguintes pontos: (1) o estilo do autor no livro todo (e em outros lugares); (2) o contexto imediato da passagem; (3) a harmonia de um texto com o ensino do autor em outra parte (bem como com outros escritos canônicos)[49] e (4) a influência dos antecedentes do autor, como, por exemplo, o contexto aramaico dos ensinamentos de Jesus.[50]

Conforme é possível imaginar, a análise de todos os fatores externos e internos relativos ao processo da crítica textual não é apenas uma ciência técnica; é também uma arte delicada. Isso é verdade sobretudo quando há conflito nas evidências. Algumas observações, porém, ajudarão o iniciante a se familiarizar com o processo da crítica textual. (1) De modo geral, as evidências externas são mais importantes do que as internas, porque são mais objetivas do que as últimas. (2) Contudo, as decisões deverão levar em conta ambas as linhas de evidências e avaliá-las cuidadosamente. Em outras palavras,

> se elas forem aparentemente contraditórias, deve-se buscar uma solução satisfatória. Desconsiderar as evidências externas e depender completamente das evidências internas poderá resultar em decisões subjetivas indevidas. Ao mesmo tempo, não se deve depender das evidências externas desprezando-se as avaliações internas, já que nenhum manuscrito ou tipo de texto é totalmente confiável.[51]

(3) "Uma vez que a crítica textual é uma arte, bem como uma ciência, é compreensível que, em alguns casos, diferentes estudiosos tenham chegado a

---

[48] Fee, "Textual", p. 430.

[49] A harmonização com outros ensinos bíblicos é uma consideração secundária apenas, a menos que a passagem tenha uma contradição ideológica com outro ensino bíblico, e não mera diferença verbal.

[50] Metzger, *The text of the New Testament*, p. 210, também acrescenta duas outras considerações: (1) a prioridade do Evangelho de Marcos e (2) a influência da comunidade cristã na formulação e na transmissão de determinada passagem.

[51] Greenlee, *Introduction*, p. 119.

avaliações diferentes sobre a importância das evidências",[52] assim como fazem quando lidam com questões em que tanto fatores objetivos quanto fatores subjetivos estão envolvidos. (4) Gleason Archer situa os fatores de evidências externas e internas de acordo com as seguintes regras ou princípios e adverte que, em caso de conflito, os seguintes textos terão *prioridade* conforme sejam:

1. mais antigos;
2. mais complexos;
3. mais curtos;
4. mais elucidativos das variantes textuais;
5. mais difundidos geograficamente;
6. mais de acordo com o estilo e a dicção do autor;
7. mais isentos de propensão doutrinária.[53]

Além dessas regras gerais, Archer propõe que se utilize a excelente metodologia proposta por Ernst Würthwein, que recorre ao Texto Massorético (TM) na crítica textual do Antigo Testamento:

1. Sempre que o TM e outras testemunhas apresentarem o mesmo texto, e este for inteligível e sensato, é inadmissível que se rejeite esse texto e se recorra a conjecturas (como muitos críticos têm feito).

2. Quando houver desvio genuíno do TM por parte de outras testemunhas (e o desvio não se limitar à mera interpretação do tradutor) e ambos os textos parecerem igualmente sensatos, normalmente se dará preferência ao TM (a menos que um dos princípios intervenha e forneça clara preferência ao outro texto).

3. Quando houver dúvidas sobre o texto do TM, ou for impossível usá-lo em decorrência de fatores de linguagem, ou de sentido no contexto, e onde, ao mesmo tempo, outras testemunhas apresentarem um texto satisfatório, deve-se considerar de modo favorável o último. É o caso, especialmente, se for possível detectar uma provável corrupção no TM em decorrência de algum erro típico de escribas...

---

[52] Metzger, *The text of the New Testament*, p. 211.
[53] Archer, p. 57-60.

4. Onde nem o TM nem outras testemunhas apresentarem um texto provável ou possível, é legítimo que se recorra a conjecturas...

5. Em todo trabalho de crítica textual, deve-se analisar com a devida atenção a psicologia do escriba. Cabe-nos indagar com frequência de que modo esse erro do escriba, se confirmado, originou-se. Está de acordo com seu tipo ou hábito mental observado em outras partes de seu trabalho?

Munido dessa fórmula prudente, Würthwein tenta criar um método objetivo e de procedimento científico que elimine muitas emendas impulsivas e inadequadas que, não raro, foram consideradas genuínas pela crítica textual.[54]

PRÁTICA (PRÁXIS) DE CRÍTICA TEXTUAL

A crítica ao texto do Antigo Testamento não suscita tanta divergência de opinião quanto a crítica ao texto do Novo Testamento. No caso do Antigo Testamento, a edição crítica básica mais recente do texto encontra-se na *Bíblia Hebraica Stuttgartensia* (BHS) [1967/1977]. No caso do Novo Testamento, há três tradições textuais básicas hoje disponíveis para o crítico: a assim chamada tradição do Textus Receptus (TR), a tradição do Texto Crítico — o Texto de Nestle-Aland (Texto-NU), ou texto das Sociedades Bíblicas Unidas-Nestle (ou UBS) — e a tradição conhecida como Texto Majoritário (Texto-Maj).[55] A maneira mais prática de observar os resultados dos princípios da crítica textual consiste em comparar as diferenças entre as traduções do Antigo Testamento baseadas no Texto Massorético (TM), na LXX, no Pentateuco Samaritano (PS) e nas testemunhas dos Manuscritos do Mar Morto (MMM), bem como nas traduções do Novo Testamento baseadas no Textus Receptus ou na tradição do Texto Majoritário, as baseadas na tradição de Nestle-Aland e nos enfoques "ecléticos" aplicados a ela. Pertencem à tradição do Textus Receptus/Texto Majoritário (TR/Texto-Maj) a King James Version (KJV), de 1611, e a versão New King James (NKJV), de 1979, 1982. Pertencem à tradição do Texto de Nestle-Aland ou a algum enfoque "eclético" aplicado a ela a *English Revised Version* (RV), de 1881, 1885, a *American Standard Version* (ASV), de 1901, a *Revised Standard Version* (RSV), de 1946, 1952, a *New English Bible* (NEB), de

---

[54] Archer, p. 60-1, que segue Ernst Würthwein, *The text of the Old Testament*, p. 80-1.

[55] Os que estiverem familiarizados com as línguas hebraica e grega certamente se lembrarão da *Biblia Hebraica Stuttgartensia* (BHS) e do *The Greek New Testament, according to the Majority Text*, ou ainda do *Novum Testamentum Graece*, de Nestle, ou do *The Greek New Testament*, da United Bible Societies.

1963, 1970, a *New American Standard Bible* (NASB), de 1963, 1972, a *New American Bible* (NAB), de 1970, e a *New International Version* (NIV) de 1973, 1978.[56] A diferença entre o enfoque da tradição do Textus Receptus/Texto Majoritário e o enfoque da tradição de Nestle-Aland é que o TR/Texto-Maj tende a favorecer as redações da família Bizantina de textos, ao passo que o Texto-NU geralmente favorece as redações da família Alexandrina. A maior parte dos críticos textuais do Novo Testamento é favorável à família Alexandrina (e.g., Metzger, Aland, Fee) em detrimento da família Bizantina. Contudo, alguns têm se pronunciado a favor de que a família Bizantina seja tratada com mais respeito (Sturz) ou que lhe seja dada prioridade (Hodges). Os argumentos utilizados são históricos e complexos, mas tudo indica que a família do Texto Alexandrino é superior em razão da idade e da ausência de harmonização das redações.[57] Um levantamento de várias passagens servirá para mostrar os procedimentos de reconstrução do texto original quando variantes textuais importantes são levadas em conta.

Exemplos do Antigo Testamento

Zacarias 12.10. Este exemplo mostra como os tradutores, às vezes, atribuem um peso maior a evidências *subjetivas* (internas) *mais frágeis* do que a evidências externas. O Texto Massorético, juntamente com o da LXX, diz: "Olharão para mim [é Jeová falando] a quem traspassaram". Essa versão é seguida pela KJV, RV, ASV, NEB, NASB, TANAKH (NJV),[58] NIV e NKJV [no Brasil, pela ACF, Almeida Corrigida Fiel]. A RSV, *Jerusalem Bible*[59] e a NAB seguem a revisão de Teodócio (c. 180-190)[60] e o texto de João 19.37 para traduzir assim a passagem: "Quando olharem para aquele a quem traspassaram". A preferência pelo Texto Massorético e o da LXX explica-se por alguns motivos:

---

[56] Veja a análise no cap. 32 sobre os princípios e procedimentos utilizados nessas traduções e em outras.

[57] Veja a análise nos caps. 16 e 25 a respeito de fatores históricos e outras questões a serem consideradas. Veja tb. Sturz, *Byzantine text-type*; Wilbur Pickering, *The identity of the New Testament text*; e D. A. Carson, *The King James Version debate: a plea for realism*.

[58] A Jewish Publication Society patrocinou a *The New Jewish Version* (NJV), 1962-1982. Ela foi publicada em edição de volume único, *TANAKH: a new translation of THE HOLY SCRIPTURES according to the traditional Hebrew text* (Philadelphia: The Jewish Publication Society, 5746/1985). Veja o cap. 32 para a análise sobre essa nova tradução do Antigo Testamento em inglês.

[59] Veja a análise no cap. 32.

[60] Veja a análise dessa revisão no cap. 27.

1. Baseia-se em manuscritos melhores e mais antigos.
2. A redação é mais complexa.
3. Essa versão explica a outra redação, a saber, (1) o preconceito teológico contra a divindade de Cristo e/ou (2) a influência do Novo Testamento, que, ao citar essa passagem, muda o pronome pessoal da primeira pessoa (mim) para o da terceira (ele/aquele) para aplicá-lo a Cristo (cf. Jo 19.37).
4. Além disso, está em consonância com a metodologia sugerida por Ernst Würthwein.

Êxodo 1.5. Diz o Texto Massorético que "setenta" desceram ao Egito. Trata-se aqui de um problema antigo e que causa perplexidade porque a LXX e o Novo Testamento (At 7.14) trazem "setenta e cinco almas". Os Manuscritos do Mar Morto (MMM) lançam luz sobre essa dificuldade. Um fragmento de Êxodo de Qumran traz "setenta e cinco almas". É possível que a LXX e o fragmento MMM tenham preservado o texto verdadeiro. O problema tem suscitado inúmeras tentativas engenhosas de harmonização, entre elas a contagem de cinco netos, ou a alegação que Estêvão errou em seu sermão (mas não o registro do sermão por Lucas). A primeira explicação não pode ser considerada rigorosamente de harmonização porque em Gênesis 46.27 repete-se o número "setenta". Pelo menos há hoje um manuscrito em hebraico que respalda a versão de Êxodo 1.5 de "setenta e cinco almas". A maior parte das traduções modernas segue o Texto Massorético, mas as que são acompanhadas de notas costumam fazer menção à variante textual.

Deuteronômio 32.8. Aqui temos outro exercício interessante de crítica textual do Antigo Testamento. No Texto Massorético, seguido pela KJV, ASV e TANAKH, consta: "O Altíssimo deu às nações a sua herança. [...] Ele estabeleceu as fronteiras dos povos, conforme o número dos filhos de Israel". A RSV seguiu a LXX e um fragmento de Qumran, onde está escrito: "Conforme o número dos filhos [ou anjos] de Deus". O texto da LXX é uma tentativa de harmonizar o texto com a descrição patriarcal dos anjos como "filhos de Deus" (cf. Jó 1.6; 2.1; 38.7 e, possivelmente, até mesmo Gn 6.4). A versão moderna que segue a última tradução é um exemplo de interpretação "eclética" do Antigo Testamento em desacordo com os princípios declarados pelos tradutores da NIV. No preâmbulo da tradução, vê-se como os tradutores podem ser volúveis quando decidem recorrer à interpretação subjetiva ou à sua posição doutrinária no processo de crítica textual, abrindo mão assim dos princípios e da metodologia normalmente aceitos e apresentados na análise anterior.[61]

Exemplos do Novo Testamento

Antes de analisar exemplos específicos da crítica textual do Novo Testamento, vale a pena lembrar que as diferenças nas evidências entre os manuscritos do Antigo e do Novo Testamentos resultaram em mais divergências de opinião entre os críticos textuais que empregam um enfoque "eclético" para chegar ao texto original. Gordon Fee demonstra sensibilidade a esse tipo de problema quando descreve o debate entre os vários enfoques de que se vale o método "eclético" usado pela maior parte dos críticos textuais do Novo Testamento. Diz ele:

> Com a rejeição do método genealógico de Hort, por meio do qual se adotou o texto da testemunha Alexandrina, exceto quando as evidências internas mostraram que era secundário, surgiu um método a que se pode chamar muito apropriadamente de "eclético". Essencialmente, isso significa que o texto "original" do Novo Testamento deve ser escolhido variante por variante, usando todos os princípios do juízo crítico, sem considerar um manuscrito ou tipo de texto como se preservassem necessariamente aquele "original".
>
> A não ser por algumas exceções notáveis, a maior parte das diferenças que persistem entre os textos críticos resultam do grau variado de importância atribuída às evidências externas.
>
> Por um lado, há um tipo de ecletismo que, mantendo-se iguais os demais critérios, tende a seguir Hort e a adotar os textos da testemunha Alexandrina. É o que se observa, em maior grau, na edição da UBS e, num grau menor, nos textos gregos por trás da RSV e da NEB, que levam um pouco mais em conta antigas testemunhas Ocidentais.
>
> M-E. Boismard defendia outro tipo de teoria textual que foi usada na tradução de João por D. Mollat na Jerusalem Bible. Trata-se de um tipo de método "Ocidental eclético"...
>
> Do lado oposto, encontramos o método do "ecletismo rigoroso" praticado por G. D. Kilpatrick e seu aluno J. K. Elliott. Os dois defendem que não se deve de modo algum priorizar os manuscritos. As escolhas deveriam basear-se unicamente nos princípios internos...

---

[61] Veja a *The New International Version*, p. viii-ix.

Conforme já dissemos, embora reconheçamos que nem todos os princípios da crítica textual se apliquem a cada uma das variantes, os críticos contemporâneos geralmente concordam que evidências internas sobre as quais há dúvidas devem ser interpeladas primeiramente e que o peso das evidências dos manuscritos seja analisado posteriormente. O que fica claro, porém, é que, tomando por base as evidências internas, alguns manuscritos tendem a respaldar o texto "original" com mais frequência do que outros e que esses são antigos manuscritos Alexandrinos. Portanto, nos casos em que as evidências internas não são decisivas, o mais seguro é recorrer aos "melhores" manuscritos.[62]

Várias escolas de crítica textual do Novo Testamento				
Texto de Westcott-Hort	Texto Crítico	Texto Eclético	Texto Majoritário	Texto Recebido
→	→		←	←
Tende para a Família Alexandrina		Leva em conta cada variante individualmente		Tende para a Família Bizantina
(O propósito da crítica textual é determinar o texto original.)				

Tendo em vista essas distinções, parece que as posições dos críticos textuais modernos se situam em algum lugar de um *continuum* conforme mostra o quadro "Várias escolas de crítica textual do Novo Testamento". Embora se desloquem de pontos de partida diferentes nesse *continuum* (Textus Receptus/ Texto Majoritário, de um lado, e Westcott-Hort/Texto Crítico, de outro), essas escolas tendem a convergir para a redação do texto original do Novo Testamento à medida que aplicam os princípios da crítica textual às variantes textuais individuais.[63] Isso é sinal de que o texto original do Novo Testamento pode ser recuperado pela aplicação apropriada dos princípios da crítica textual conforme esboçados previamente. Sua aplicação a vários exemplos do Novo Testamento evidenciará como se dá o processo.

1João 5.7,8 (KJV, NKJV). Diz o Textus Receptus: "Porque três são os que testificam no céu: o Pai, a Palavra e o Espírito Santo; e estes três são um. E há três que testificam na terra". O texto de Nestle-Aland e o Texto Majoritário

---

[62] Fee, "Textual", p. 430-1.
[63] Veja a análise ao longo deste capítulo, bem como os caps. 10 e 25, para as abordagens adotadas por essas várias escolas.

traduzem assim essa passagem: "Porque há três que dão testemunho" e introduzem uma nota apropriada sobre variantes textuais. A RV, ASV, RSV, NEB e NAB omitem a frase inteira sem explicação, embora a NASB e a NIV tragam uma nota explicativa para a omissão da variante mais longa, ao passo que a NKJV faz referência à variante textual e inclui a variante mais longa. Essa variante mais longa não tem praticamente respaldo algum nos manuscritos gregos, embora haja amplo suporte para ela em cópias da Vulgata Latina[64] e seu surgimento em uns poucos manuscritos gregos se deva a um momento interessante na história da crítica textual. Desidério Erasmo omitiu a variante mais longa das duas primeiras edições do seu Novo Testamento grego (1516, 1519) e foi contestado por tê-la omitido. Ele respondeu imediatamente que incluiria o texto na edição seguinte se alguém lhe mostrasse um manuscrito grego que a contivesse. Encontrou-se um minúsculo grego do século 16 (o manuscrito de 1520 do frade franciscano Froy, ou Roy) com o texto, o que levou Erasmo a cumprir a promessa e inserir a variante mais longa em sua edição de 1522. Os tradutores da King James Version seguiram o texto de Erasmo que continha essa tradução, e com base na testemunha de manuscritos minúsculos insignificantes e tardios,[65] desprezando a influência e a autoridade de centenas de manuscritos unciais e minúsculos que o omitem, assim como os pais gregos e os manuscritos de todas as antigas versões (entre elas, a do Latim Antigo e a Vulgata). O exemplo mais remoto dessa variante mais longa citada efetivamente como parte do texto de 1João aparece num tratado latino do século 4 atribuído ou ao herege espanhol Prisciliano ou ao bispo Instâncio, seu seguidor.[66] Na verdade, a aceitação da versão mais longa como parte genuína do texto de 1João viola praticamente todos os princípios mais elementares da crítica textual.

Lucas 11.2 (KJV, NKJV). Nas traduções baseadas no texto grego do Textus Receptus/Texto Majoritário, consta: "Pai nosso que estás no céu". Nas versões que seguem o texto de Nestle-Aland e os estudiosos "ecléticos", está: "Pai, santificado seja o teu nome", relegando a variante mais longa a uma nota (RV, ASV, NEB, NASB e NIV), ou a omitem completamente (RSV, NAB). Aqui devemos ter em mente os princípios da crítica textual previamente discutidos

---

[64] Veja a análise no cap. 29.

[65] Os quatro manuscritos que respaldam o texto mais extenso são o ms 61 (séc. 16), ms 88 (séc. 12), ms 629 (sécs. 14 ou 15) e ms 635 (séc. 11, em que o trecho aparece na margem durante o séc. 17).

[66] Veja Metzger, *Textual commentary*, p. 715-6, para uma análise mais ampla das evidências externa e interna nessa passagem.

para que cheguemos à redação correta do texto original. O primeiro princípio (o texto mais antigo é melhor) depõe a favor do texto de Nestle-Aland, uma vez que os códices ℵ e B omitem a expressão mais longa. De igual modo, o terceiro princípio também é favorável ao texto de Nestle-Aland porque apresenta a variante mais curta. Além disso, a variante mais longa demonstra uma tentativa evidente de harmonização, no intuito de que a passagem esteja de acordo com a passagem paralela de Mateus 6.9, possivelmente em razão do uso litúrgico da forma mateana da oração; o quarto princípio mostra que se trata do texto que melhor explica as variantes textuais. E mais, a variante mais curta de Nestle-Aland encontra respaldo nos principais representantes da família textual mais pura (Alexandrina), bem como nos principais manuscritos Cesareanos (f¹ e 700) e na família Ocidental (SY⁸ e Tertuliano).⁶⁷

João 7.53—8.11 (KJV, NKJV). Essa passagem que diz respeito à mulher flagrada em adultério apresenta um dos problemas mais interessantes e enigmáticos da crítica textual do Novo Testamento. Os defensores do texto de Nestle-Aland e os estudiosos "ecléticos" colocam a passagem entre colchetes com uma nota informando que a maioria das autoridades mais antigas a omite.⁶⁸ A RV, ASV, RSV,⁶⁹ NASB, NAB e NIV procedem dessa maneira, porém a NEB transpõe a passagem em questão para o final do Evangelho de João sob a rubrica "Um episódio no Templo".⁷⁰ Para nos ajudar a descobrir se essa perícope pertence ou não ao Evangelho de João,⁷¹ revisitaremos os procedimentos da crítica textual.

---

⁶⁷Ibidem, p. 154-6.

⁶⁸Assim o faz o *Greek New Testament*, de Nestle-Aland, e o *Textual commentary*, de Metzger, p. 355-557, que se baseia nele.

⁶⁹Desde a revisão de 1971, a perícope foi incluída na RSV, mas aparece separada do texto acompanhada de uma nota.

⁷⁰Em uma nota de rodapé, os tradutores da NEB informam que "essa passagem, que nas edições mais amplamente acolhidas do Novo Testamento aparece no texto de João 7.53—8.11, não tem lugar fixo nos manuscritos de que dispomos. Alguns nem sequer a trazem. Há quem a coloque depois de Lucas 21.38; outros, depois de João 7.36 ou 7.52 ou ainda 21.24". A RV, ASV, RSV e NAB também indicam que a passagem em questão foi situada em vários lugares entre os manuscritos que a apresentam. A NASB e a NIV indicam simplesmente que ela não ocorre nos manuscritos mais antigos e confiáveis. Isso mostra que há uma diferença de enfoque entre os proponentes do texto de Nestle-Aland e a tradição "eclética", conforme indicado anteriormente.

⁷¹Metzger, *Textual commentary*, p. 219-23. Em uma análise mais detalhada de João 7.53—8.11, Metzger afirma: "A evidência da origem não joanina da perícope da mulher adúltera é contundente". Zane C. Hodges, "The woman taken in adultery", p. 41-53, e em "Introduction", in: *Greek New Testament*, p. xxiii-xxxii, representa a tradição do Textus Receptus/Texto Majoritário, uma vez que o autor afirma que mais de novecentos manuscritos contêm João 7.53—8.11.

1. A passagem em questão não aparece nos manuscritos gregos mais antigos e mais confiáveis, entre eles o P⁶⁶, P⁷⁵, ℵ, A^vid, B, C^vid, L, N, T, W, X, Δ, Θ, Ψ, 0141, 0211, 22, 33, 157, 209, 565, 892, 1230, 1241, 1253, 1333*, 2193, 2768, família 1424 e outros.[72]
2. Nem Taciano nem a versão Siríaca Antiga demonstram conhecê-la; tampouco os melhores manuscritos da Peshitta. De igual modo, o texto é omitido pelos manuscritos coptas (saídico e boaírico) e por vários manuscritos góticos e em latim antigo.
3. Nenhum escritor grego comenta essa passagem até o século 12.
4. Ela não aparece no Diatessarão, em Clemente, Tertuliano, Orígenes, Cipriano, Crisóstomo, Nono, Cirilo, Cosme ou Teofilacto.
5. Seu estilo e interrupção não se encaixam no Quarto Evangelho.
6. O mais antigo manuscrito grego conhecido a incluir essa passagem é o Codex D (sécs. 5-6).[73]
7. Os escribas a colocaram em vários outros lugares: alguns a puseram depois de João 7.36 (ms 225); depois de João 21.24 (família 1, 1076, 1570, 1582); depois de João 7.44 (revisão do séc. 11 da antiga versão georgiana); ou depois de Lucas 21.38 (família 13).
8. Muitos dos manuscritos que a incluem assinalaram-na com um óbelo para indicar que se trata de texto espúrio. Esses manuscritos incluem E, S, Δ, Π, *l*077, *l*443, *l*445, *l*69^m, *l*70^m, *l*185^m, *l*211^m, *l*1579^m, *l*1579^m e *l*1761^m.

Embora seja possível que a perícope da mulher flagrada em adultério preserve uma história verdadeira, a melhor conclusão parece ser a de Metzger, das comissões de tradução da RSV, NEB, NASB, NAB e da NIV, segundo as quais, do ponto de vista da crítica textual, deve-se considerar a passagem em questão um acréscimo ao Evangelho de João sem nenhum lugar fixo nos antigos

---

[72] Veja a análise dos manuscritos no cap. 22. Esses manuscritos são arrolados em Metzger, *The text of the New Testament*, p. 223.

[73] Metzger, *The text of the New Testament*, p. 50, comenta sobre o Codex D (também conhecido como Codex Bezae ou Cantabrigiensis): "Nenhum manuscrito conhecido tem tantas e tão notáveis variantes em relação ao que normalmente se toma como o texto normal do Novo Testamento". Veja tb. a análise no cap. 22.

testemunhos que a incluíram.⁷⁴ A Bíblia da *Reader's Digest* [Seleções], que é baseada na RSV, e cujo editor-geral é Bruce M. Metzger (veja o cap. 32), inclui a perícope sem nenhum comentário. Isso indica que não há tentativa alguma da parte do texto da Nestle-Aland ou dos defensores do texto "eclético" de eliminar a perícope das Escrituras. Sua preocupação é com a versão correta do texto.

Marcos 16.9-20 (KJV, NAB, NKJV). Esse é outro problema que suscita perplexidade na crítica textual neotestamentária. Diferentemente de João 7.53—8.11, porém, essa passagem representa um dos quatro finais existentes nos manuscritos, considerando que algumas dessas evidências nos manuscritos são bastante antigas. Como era esperado, os que contestam a inclusão desse final longo e os que a favorecem debatem acaloradamente o assunto.⁷⁵ Os tradutores da RV, ASV, NEB, NASB e NIV incluem o denominado final mais longo (v. 9-20), ao passo que a RSV a transcreve em uma nota de rodapé. Todas essas traduções trazem uma nota explicativa e observam a existência de um problema textual. I. Howard Marshall resume o consenso do texto de Nestle-Aland e dos proponentes "ecléticos" quando escreve:

> Marcos relata brevemente como algumas mulheres encontraram o sepulcro vazio de Jesus e fugiram do local confusas depois de verem um anjo (16.1-8). Em seguida, a história de Marcos termina abruptamente sem apresentar aparição alguma do Senhor ressurreto. Portanto, parece provável que o final original do Evangelho tenha se perdido. Por outro lado, muitos estudiosos acreditam que a conclusão abrupta é deliberada.⁷⁶

Os defensores da tradição do Textus Receptus/Texto Majoritário, por sua vez, seguem geralmente a posição refletida em William F. Farmer, *The last twelve verses of Mark*. A NAB inclui a passagem e faz a seguinte observação:

> 16.9-20: Esta passagem, chamada de "final mais longo" do Evangelho de Marcos em comparação com o final bem mais breve encontrado em alguns manuscritos, tem sido aceita tradicionalmente como parte inspirada dos Evangelhos. As

---

⁷⁴Ibidem, p. 224. Veja ainda as várias notas de tradução a esse respeito.

⁷⁵Veja Metzger, *The text of the New Testament*, p. 122-8, para uma análise mais detalhada dos vários finais de Marcos e das variantes textuais no texto de Marcos 16.9-20, além do veredito de que esse final mais longo "não pretende ser original" (p. 124). Veja tb. William F. Farmer, *The last twelve verses of Mark* (Cambridge: Cambridge U., 1974), que pende moderadamente a favor da inclusão.

⁷⁶I. Howard Marshall, "Jesus in the Gospels", in: Gaebelein, org., *The expositor's Bible commentary*, 1:540.

citações remotas pelos pais da igreja indicam que essa passagem foi composta no século 1, embora o vocabulário e o estilo denunciem enfaticamente que foi escrita por outra pessoa, e não por Marcos. Trata-se de um resumo geral do material relativo às aparições de Jesus ressurreto, refletindo, de modo especial, as tradições encontradas em Lucas (24) e João (20).[77]

Uma vez mais, para elucidar essa questão, recorreremos a um levantamento de evidências de acordo com os princípios da crítica textual.

1. Esses versículos (9-20) estão ausentes em muitos dos manuscritos[78] gregos mais antigos e mais confiáveis: ℵ, B, manuscrito "k" em latim antigo, no Siríaco Sinaítico, em muitos manuscritos armênios antigos e em vários manuscritos etíopes, entre outros.

2. Muitos dos antigos pais da igreja não demonstram conhecer de modo algum esses versículos (e.g., Clemente, Orígenes, Eusébio et al.). Jerônimo admitiu que "praticamente nenhuma cópia grega traz esse final".[79] Em algumas testemunhas que apresentam esses versículos, há também um asterisco ou óbelo indicando que se trata de um acréscimo espúrio ao texto.

3. Há outro final além dos versículos 9-20 que ocorre em vários unciais (L, Ψ, 099, 0112), em uns poucos minúsculos (279[mg], 579) e em várias cópias de manuscritos de versões antigas (k, Syr[h mg], copta[pt], Eth[codd]).[80] Esse texto mais curto diz: "Elas, porém, disseram sucintamente a Pedro, e aos demais que estavam com ele, tudo o que lhes fora dito, a proclamação santa e imperecível da salvação eterna do Oriente ao Ocidente".

---

[77] *The New American Bible*, p. 1104. Na conclusão do versículo 20, os organizadores da NAB também incluem o "final mais curto" com uma nota explicativa de que ele é "encontrado depois de Marcos 16.8 antes do final mais longo, em alguns manuscritos gregos tardios, bem como em versões antigas" (p. 1105). Além disso, acrescentam o "Freer Logion", com uma nota indicando que ele é "encontrado depois de Marcos 16.14 num manuscrito do século 4 preservado na Freer Gallery of Art, Washington, D.C. Esse final era conhecido por Jerônimo". O manuscrito Freer é conhecido como Codex W (veja o cap. 22).

[78] Veja a análise dos manuscritos no cap. 22.

[79] Metzger, *The text of the New Testament*, p. 226.

[80] Ibidem, p. 226.

4. O conhecido final longo da KJV, NAB e NKJV, conforme o Textus Receptus/Texto Majoritário, é encontrado em vários manuscritos unciais (C, D, L, W), na maioria dos minúsculos, na maior parte dos manuscritos em latim antigo, na Vulgata e em alguns manuscritos siríacos e coptas.[81]

5. O final longo dos versículos 9-20 é ampliado depois do versículo 14 no Codex W (cap. 22). De acordo com a NAB, nesse "Freer Logion" consta:

> Eles apresentaram a seguinte desculpa: "Esta era desprovida de lei e de fé está debaixo de Satanás, que não permite ao que é impuro e dominado por espíritos compreender o verdadeiro poder de Deus. Portanto", disseram a Cristo, "revela a tua justa autoridade agora". Cristo respondeu: "A medida dos anos do poder de Satanás cumpriu-se, porém outras coisas terríveis são iminentes. Contudo, foi por causa dos pecadores que fui entregue à morte, para que se voltem para a verdade e herdem a glória espiritual e imortal da justificação no céu".[82]

Qual texto é o original? Metzger conclui: "nenhuma das quatro conclusões pode reivindicar originalidade"[83] em razão da evidência textual limitada, do tom apócrifo e da ausência do estilo de Marcos (e.g., há dezessete termos que nunca foram empregados por ele). Por outro lado, se nenhuma das conclusões é genuína, fica difícil acreditar, como faz Metzger, que Marcos 16.8 não é a conclusão original. A defesa da redação do Textus Receptus, que inclui os versículos 9 a 20, foi feita por John W. Burgon[84] e, mais recentemente, por M. van der Valk,[85] além do apoio discreto de William F. Farmer a favor da inclusão desses versículos.

É, sem dúvida, difícil chegar à conclusão de que qualquer uma dessas variantes textuais é a original. Contudo, com base nas evidências conhecidas dos manuscritos, parece provável que a posição de I. Howard Marshall é a mais plausível: ou Marcos 16.8 é verdadeiramente o final da carta, ou então o final

---

[81] Farmer, *Last twelve verses*, p. 31-5, apresenta uma ampla lista de manuscritos para a inclusão de Marcos 16.9-20.

[82] *The New American Bible*, p. 1105. O "Freer Logion" aparece no Codex W, de fins do século 4 a princípios do século 5 (veja a análise no cap. 22).

[83] Metzger, *The text of the New Testament*, p. 227.

[84] John W. Burgon, *The last twelve verses of the Gospel according to St. Mark*.

[85] M. van der Valk, "Observations on Mark 16:9-20 in relation to St. Mark's Gospel", citado em Metzger, *The text of the New Testament*, p. 229.

original não está disponível. Dessas duas opções, a primeira é mais compatível com o conceito de um cânon completo. Em última análise, resta à crítica textual as evidências internas como base para o julgamento final.[86] Com exceção da NAB e da NKJV, a maior parte das principais traduções para o inglês do século 20 tenderam a seguir o parecer de Marshall, Metzger e de outros, recorrendo a um enfoque "eclético" para excluir os versículos 9 a 20 do texto.[87]

Atos 20.28 (KJV, NASB, NAB, NIV, NKJV e RDB). Nessa passagem, o problema é a tradução do trecho "apascentem a igreja de Deus, que ele [Deus] comprou com seu próprio sangue". A RV, ASV, RSV e a NEB trazem a redação "... igreja do Senhor". Tomando por base as regras da crítica textual, porém, a preferência não recai sobre a última redação. Várias observações mostrarão que esses tradutores não seguiram, como deveriam, determinados princípios.

1. As evidências externas acham-se particularmente equilibradas entre as variantes "igreja de Deus" e "igreja do Senhor".

2. Da perspectiva da paleografia, há somente uma letra em disputa nessas variantes. A redação "igreja do Senhor e Deus" é uma conflação óbvia, sinal de uma variante secundária.

3. A variante textual "igreja do Senhor" reflete a influência da LXX (onde é usada sete vezes), e não do Novo Testamento (em que não ocorre).

4. A variante textual "Deus" é mais complexa porque suscita uma questão teológica: "Deus tem sangue?".

5. Além disso, "Deus" é uma redação Alexandrina (א, B etc.), a tradição mais confiável, em oposição à Ocidental (P[74], A, D etc.), em que figura o termo "Senhor".

6. À luz da controvérsia ariana sobre a divindade de Cristo, é fácil ver que "Deus" teria sido atenuado para "Senhor".[88]

---

[86] Ned B. Stonehouse argumenta de forma convincente com base em evidências internas que Marcos pretendia concluir seu Evangelho no versículo 8, *The witness of Matthew and Mark to Christ*, p. 87-114.

[87] A RV, ASV, NEB, NASB e NIV situam o final mais longo (16.9-20) separado do texto de Marcos acompanhado de uma nota, ao passo que a NAB e a NKJV (seguindo a KJV) incorporam o final mais longo seguido de uma nota. Só a NAB inclui a variante do "Freer Logion" em seu aparato.

[88] Essa é a posição defendida por Henry Alford, "Prolegomena", in: *The Greek New Testament*, 1:83, nota 1.

Aparentemente, foi pelo mesmo motivo que o comitê editorial da RV, ASV, RSV e NEB optou pela evidência *subjetiva mais frágil* e decidiu que seu peso era maior do que a evidência *objetiva externa*, aliada ainda a fatores de transcrição *internos*. Parece sensato seguir outras traduções recentes (NASB, NAB, NIV, NKJV e RDB) e optar pela variante textual "igreja de Deus".

Resumo e conclusão

A crítica textual é a arte e a ciência de reconstrução do texto original partindo de múltiplas variantes textuais contidas nos manuscritos. É notável o fato de que a Bíblia tenha sido preservada não somente por meio de uma quantidade de manuscritos que supera os de qualquer outro livro da Antiguidade, mas também por conter menos erros de transmissão. Na verdade, as variantes textuais que influenciam de forma significativa o sentido de uma passagem constituem menos de 10% do Novo Testamento, e nenhuma delas tem influência sobre as doutrinas básicas da fé cristã. Os críticos textuais chegaram a critérios bem fundamentados sobre várias dessas variantes mais significativas, de tal modo que, para efeito prático, as edições críticas modernas dos textos em hebraico e grego da Bíblia representam, com suas notas de rodapé, precisamente o que estava presente nos autógrafos — linha por linha, palavra por palavra e até letra por letra. Seu objetivo foi encontrar a Palavra de Deus conforme escrita nos autógrafos. Esse ideal é um alvo digno, pois parte do princípio de que a Palavra de Deus, conforme escrita em primeiro lugar, é um tesouro perfeito da revelação de Deus aos homens.

QUARTA PARTE

A tradução da Bíblia

27
Traduções contendo o texto do Antigo Testamento

Além do enorme contingente de cópias manuscritas do texto bíblico e de materiais variados, as principais versões da Antiguidade configuram um testemunho importante acerca do texto das Escrituras. Elas se juntam para formar o quarto elo na cadeia "de Deus para nós" — a tradução do texto bíblico em várias línguas. Este capítulo se debruçará especialmente sobre as principais traduções do Antigo Testamento feitas na Antiguidade: o Pentateuco Samaritano, os Targuns Aramaicos e a LXX. Antes de entrarmos propriamente no assunto, porém, é preciso levar em conta várias definições e distinções básicas.

DEFINIÇÕES

Os estudiosos contemporâneos enfatizam dois componentes básicos da língua: forma e significado. Esses são os elementos essenciais a serem considerados na transmissão da Palavra de Deus ao longo da história.[1] Em decorrência disso, alguns termos básicos normalmente utilizados pelo público em geral requerem uma definição mais precisa. O estudioso atento evitará confundir os termos.

Tradução, tradução literal e transliteração

Tradução. Uma tradução é simplesmente a transposição de determinada composição de uma língua para outra. Por exemplo, se o Novo Testamento fosse traduzido para o espanhol, seria uma tradução. Se, por sua vez, essa tradução em espanhol fosse traduzida para o francês, ou até novamente para o grego, teríamos outra tradução. Para ficar claro, tomemos o caso de Erasmo e suas

---

[1] Veja John Beekman; John Callow, *Translating the Word of God* [edição em português: *A arte de interpretar e comunicar a Palavra de Deus escrita: técnicas de tradução da Bíblia* (São Paulo: Vida Nova, 1992)]; Mildred Larson, *A manual for problem solving in Bible translation*.

traduções. Ele publicou o primeiro Novo Testamento grego impresso em 1516; contudo, ele não dispunha do livro de Apocalipse inteiro no original grego, por isso recorreu ao texto latino e o traduziu para o grego. Logo, publicou uma tradução do Apocalipse.[2]

Tradução literal. Esse é um tipo específico de tradução. Expressa, tanto quanto possível, o significado exato das palavras originais. É uma tradução palavra por palavra e, portanto, mais rígida em suas interpretações do que uma simples tradução. Consequentemente, a tradução literal revela a influência de hebraísmos e de idiomatismos gregos porque traduz a ordem exata das palavras em vez de traduzir a ideia veiculada pelo texto original. São exemplos de tradução literal *Young's literal translation of the Bible,* de Robert Young, a *American Standard Version* (ASV) e a *New American Standard Bible* (NASB).

Transliteração. Trata-se da reprodução das letras de uma língua nas letras correspondentes de outra. Em decorrência disso, muitas palavras estrangeiras são introduzidas em determinada língua. Exemplos disso são as palavras gregas *angelos* e *euangelion*. A tradução da palavra *angelos* em português é "mensageiro", mas é transliterada como "anjo". De igual modo, a tradução de *euangelion* é "evangelho", caso em que tradução e transliteração coincidem na forma. Foi pelo processo de transliteração que o termo grego *biblos*, depois de passar pelo latim e pelo francês, chegou ao português como "Bíblia" (veja o cap. 1).

Versão

Versão é a tradução de um texto literário de uma língua original para outra. Nesse sentido, a King James Version e a Rheims-Douay Version não são, a rigor, versões, uma vez que a primeira delas corresponde à quinta revisão da versão de Tyndale, e a última, uma tradução da Vulgata Latina. Tanto a versão de Tyndale quanto a Vulgata de Jerônimo, por outro lado, são versões dos textos das línguas originais, por isso são consideradas versões, conforme a definição dada acima, porque foram traduzidas das línguas originais. As versões modernas, segundo essa definição, estão representadas pela *New English Bible* (1961, 1970), *The Holy Bible: New International Version* (1973, 1978), a *New American Bible* (1970, 1983) e pela *TANAKH: a New Translation of THE HOLY SCRIPTURES according to the Traditional Hebrew Text* (1985).[3]

---

[2] Veja a análise nos caps. 25 e 26.
[3] Todas essas versões são analisadas em detalhes no cap. 31.

Revisão, ou *Revised Version* [Versão Revisada]

As obras que efetivamente são traduzidas de uma língua, geralmente a língua original, e que foram revisadas e examinadas de forma cuidadosa e sistemática objetivando corrigir os erros ou para fazer as emendas necessárias, são chamadas de revisões ou de versões revisadas. A edição de Tyndale de 1534, "diligentemente corrigida", na esteira da impressão anterior do seu Novo Testamento feita no início daquele ano por George Joye, a King James Version (1611) e a *New American Standard Bible* (1963, 1967, 1971) são exemplos desse tipo de revisão. Com a rubrica "Versão Revisada" [*Revised Version*], mas cujo sentido real é de revisão, temos a edição do Novo Testamento da Confraternity of Christian Doctrine (1941).

Recensão

A recensão é o produto da revisão crítica e sistemática de um texto, e não de sua tradução, embora essas obras talvez não devessem ser chamadas de recensões. São exemplos notórios de recensão, entre outros: a edição Rheims-Douay-Challoner (1749/1750) da Bíblia Rheims-Douay (1582, 1609/1610), *The variorum edition of the New Testament of our Lord and Saviour Jesus Christ* (1880), a English Revised Version (1881, 1885) e sua contraparte, a *American Standard Version* (1901), a *Revised Standard Version* (1945, 1952) e a *The New King James Version* (1979, 1980, 1982).

Paráfrase

Paráfrases são traduções livres ou reformulações de frases, passagens ou obras na tentativa de preservar o sentido original de um texto, expressando ao mesmo tempo mais plena ou claramente o seu sentido do que seria possível fazer por uma tradução mais literal. Essas abordagens surgiram bem cedo e com frequência na história das traduções da Bíblia em inglês.[4] Entre os exemplos mais conhecidos de paráfrases do século 20, temos, de J. B. Phillips, *The New Testament in Modern English* (1958)[5] e, de Kenneth N. Taylor, *The Living Bible* (1971).[6] A *Good News for Modern Man: the New Testament in Today's English Version* é outra paráfrase para os que têm o inglês como segunda língua. A tradução moderna em tom

---

[4] Veja "Apêndice: lista dos títulos abreviados de traduções da Bíblia em inglês".
[5] Edição em português (somente as cartas do NT): *Cartas para hoje* (São Paulo: Vida Nova, 1994).
[6] Edição em português: *A Bíblia Viva*, 10. ed. (São Paulo: Mundo Cristão, 1997).

coloquial de Clarence Jordan, *The Cotton Patch Version (1968-1973)*, tem como alvo outro nível de comunicação.[7]

Abreviação

A abreviação, na verdade, é a seleção e a condensação de um texto mais amplo. A Reader's Digest Association [Seleções] publicou a *The Reader's Digest Bible: condensed from the Revised Standard Version* (1982). Não se trata de uma paráfrase no sentido técnico do termo porque nela usou-se efetivamente o texto da RSV em vez de parafraseá-lo.

Comentário

Um comentário consiste simplesmente em observações ou explicações sobre um texto. Com relação ao texto das Escrituras, os comentários surgiram cedo na história da transmissão da Bíblia. O Midrash (que veremos mais adiante neste capítulo) é o exemplo mais remoto de um comentário bíblico. Mais recentemente, algumas traduções revelaram uma tendência de "expansão" ou de "amplificação", convertendo-se em algo similar a comentários sobre o texto bíblico. É costume as traduções expandidas ou ampliadas aparecerem em uma série antes de serem reunidas em seu formato final. Kenneth S. Wuest, *The New Testament: an expanded translation* (1961), e Frances Siewert (org.), *The Amplified Bible* (1971), são exemplos desse tipo de tradução-comentário. Não é raro que as traduções apareçam em comentários em vários livros da Bíblia. Há grande variedade de comentários disponíveis em várias línguas. Eles acrescentam percepções importantes que permitem avaliar e validar os textos do Antigo e do Novo Testamentos conforme aparecem nos manuscritos, lecionários, inscrições etc. É importante observar, porém, que cabe às versões da Bíblia, e não aos comentários, o papel fundamental de aplicar as evidências dos manuscritos às Escrituras.

DIFERENÇAS

Diferença entre obras antigas, medievais e modernas

Ao lidar com obras que dão testemunho acerca da Bíblia, é importante distinguir entre suas três categorias gerais: antigas, medievais e modernas.[8]

---

[7] Estas e outras traduções em linguagem moderna são analisadas no cap. 32.
[8] Veja William E. Nix, "Versions, ancient and medieval", p. 1768b-1777a.

Obras antigas. As obras antigas com partes do Antigo e/ou do Novo Testamentos apareceram antes do início do período dos concílios da igreja (c. 350 d.C.).[9] Encontramos nessa fase, entre outras, obras como o Pentateuco Samaritano, os Targuns Aramaicos, o Talmude, o Midrash e a LXX. Depois do período apostólico, surgiram obras como a versão de Áquila, a revisão de Símaco, a Héxapla de Orígenes e as versões siríacas.[10]

Contribuições medievais. São obras que contêm partes do Antigo e do Novo Testamentos no período de cerca de 350 a 1400.[11] Destaca-se nesse grupo a Vulgata de Jerônimo (c. 340-420). Foi essa obra que dominou a tradução da Bíblia e a produção de comentários até o período da Reforma. Ela foi a base para obras como as paráfrases de Caedmon, a *História eclesiástica da nação inglesa*, de Beda, e a tradução da Bíblia de Wycliffe. Esta obra foi a primeira Bíblia completa em inglês e assinala o término do período medieval.[12]

Equivalentes modernos. Os equivalentes modernos com partes do Antigo e do Novo Testamentos começam efetivamente com a obra de William Tyndale (c. 1492-1536), cuja tradução foi feita diretamente das línguas originais. Na verdade, foi essa versão, concluída por Myles Coverdale, que deflagra o que pode ser denominado com razão de tradução da Bíblia protestante, já que foi nesse ponto que todos, exceto os católicos romanos, puseram de lado a Vulgata Latina em favor das línguas originais.[13] Desde os dias de Tyndale, foram produzidas inúmeras traduções com partes ou textos completos do Antigo e do Novo Testamentos.[14]

Análise das traduções antigas

Há dois fatos importantes sobre as versões antigas que merecem ser analisados quando se considera a comunicação de Deus para com o homem.

---

[9] Veja P. R. Ackroyd, org., *The Cambridge history of the Bible*, vol. 1: *From the beginnings to Jerome*.

[10] Para o material iniciando com a versão de Áquila, veja a análise abaixo. As versões latinas, entre elas a Vulgata de Jerônimo, serão analisadas no cap. 29.

[11] Veja G. W. Lampe, org., *The Cambridge history of the Bible*, vol. 2: *The West from the fathers to the Reformation*.

[12] Para uma análise mais completa das traduções da Bíblia em inglês antes da Authorized Version, veja o cap. 30 e William E. Nix, "Theological pressupositions and sixteenth century English Bible translation", p. 42-50, 117-24.

[13] Isso, por sua vez, contribuiu para a declaração da autoridade da Vulgata no Concílio de Trento (1545-1563).

[14] Para uma análise mais ampla desse ponto, veja os caps. 31–32. Veja tb. o Apêndice e S. L. Greenslade, org., *The Cambridge history of the Bible*, vol. 3: *The West from the Reformation to the present day*.

O propósito dos materiais indica sua importância. Essas obras foram usadas para ajudar a difundir a mensagem dos autógrafos para os seguidores do Senhor. Elas também foram usadas para ajudar o povo de Deus a manter sua religião pura. Portanto, obras como o Pentateuco Samaritano e os Targuns já eram usadas antes do tempo de Cristo. Depois da introdução do cristianismo no mundo, a nova religião proselitista recorreu a coisas como versões e comentários para atender às necessidades da igreja em sua evangelização, expansão e consolidação.

Proximidade das versões antigas com os autógrafos. Essa proximidade também é sinal da sua importância. Essas obras levam o estudioso da Bíblia de volta ao limiar dos autógrafos. O Pentateuco Samaritano, por exemplo, talvez seja do período da reconstrução de Jerusalém por Neemias. Embora não seja realmente uma versão, revela efetivamente a necessidade de um estudo cuidadoso em busca do texto verdadeiro. A LXX começou a ser traduzida em Alexandria, no Egito, durante o reinado de Ptolomeu II Filadelfo (285-246 a.C.). Ela é evidência suficiente para enfraquecer a perspectiva da evolução do cânon defendida pela alta crítica, ainda que não se leve em conta nenhum outro material. Algumas versões do Novo Testamento remontam a meados do século 2, data bem próxima dos escritos de João. Em decorrência disso, as versões, traduções, paráfrases e comentários antigos merecem a consideração do estudioso dedicado das Escrituras se quiser que seu texto repouse sobre o fundamento desse material, que pode ser cientificamente confirmado e ratificado.

Características das principais obras da Antiguidade

O Pentateuco Samaritano (PS)

O Pentateuco Samaritano[15] não é uma versão no sentido estrito da palavra. Trata-se, antes, de parte de um manuscrito do texto. Contém os cinco livros de Moisés e está redigido em escrita paleo-hebraica bastante parecida com a encontrada na Pedra Moabita, na Inscrição de Siloé, nas Cartas de Laquis e em alguns manuscritos mais antigos de Qumran.[16] Em 1616, Pietro della Valle foi o primeiro a descobrir uma forma de Texto Samaritano. Contudo, esse texto

---

[15] Veja o que diz William E. Nix sobre a Pentateuco Samaritano em "Bible manuscripts", p. 249b-250a.

[16] F. F. Bruce, *The books and the parchments*, p. 129. Veja tb. Gleason L. Archer, Jr., *A survey of Old Testament introduction*, p. 44 [edição em português: *Panorama do Antigo Testamento*, 4. ed. rev. ampl. (São Paulo: Vida Nova, 2012)].

já era conhecido por pais da igreja como Eusébio de Cesareia e Jerônimo. Sua tradição textual é independente do Texto Massorético, e os motivos para isso serão adequadamente elucidados por meio da recapitulação da história dos samaritanos.

As raízes da etnia samaritana efetivamente remontam ao tempo de Davi. Foi durante esse tempo que a parte norte do reino orquestrou uma revolta que foi abortada. Depois da morte de Salomão, o reino foi dividido, tendo Jeroboão lutado pelo controle das dez tribos do norte na tentativa de libertá-las de Roboão, filho de Salomão. Durante o reinado de Onri (c. 880-874 a.C.), um rei do norte, Samaria foi alçada a capital (1Rs 16.24), e o termo "samaritano" passou a ser aplicado a todo o reino, e não somente aos habitantes da cidade. Em 732 a.C., o Império Assírio, sob Tiglate-Pileser III (745-727), conquistou a parte nordeste de Israel e seguiu sua política de deportação dos habitantes e importação de outros povos cativos para a região. Sob Sargão II, em 721 a.C., seguiu-se o mesmo procedimento depois que os assírios capturaram o restante de Israel. Nem todos os israelitas foram deportados, e os que ficaram foram obrigados a se sujeitar ao casamento misto. O método foi usado na tentativa de assegurar que não haveria revoltas, já que se seguiria a desnacionalização automática e a mistura de culturas (2Rs 17.24—18.1). Inicialmente, os colonos adoravam seus próprios deuses. Contudo, no tempo do retorno de Judá do cativeiro da Babilônia, ou por volta dessa época, pareceu que desejavam seguir o Deus de Israel. No entanto, foram repelidos pelos judeus e, por causa disso, opuseram-se à restauração de Israel (Ed 4.2-6; Ne 5.11—6.19). Todavia, por volta de 432 a.C., a filha de Sambalate casou-se com o neto do sumo sacerdote Eliasibe, o que resultou na expulsão do casal e propiciou o acontecimento histórico que levou à ruptura entre judeus e samaritanos (cf. Ne 13.23-31). Durante o conflito, os judeus reforçaram substancialmente o elemento estrangeiro na ancestralidade dos samaritanos, chamando-os de cuteus, em referência a Cuta, cidade do centro da Babilônia, de onde os assírios importaram o elemento estrangeiro e o introduziram em Samaria (cf. 2Rs 17.24,30).

Os samaritanos ainda eram objeto de escárnio na época do Novo Testamento (Jo 4.3-45). Eles ainda são um grupo à parte na Palestina; cerca de 250 moram na região original de Nablus e em torno de 50 moram em Tel Aviv. A religião samaritana como estrutura de culto separada remonta à expulsão do neto do sumo sacerdote, cujo nome provavelmente era Manassés, em torno de 432 a.C.[17]

---

[17]Josefo, *Antiguidades dos judeus* 9.7; veja tb. 13.9. É importante observar que Josefo situa equivocadamente o acontecimento, colocando-o no período de Alexandre, o Grande, um século depois

21. Sumo sacerdote samaritano e Pentateuco Samaritano (Howard F. Vos)

Naquela época, é possível que uma cópia da Torá tenha sido levada a Samaria e colocada no templo construído no monte Gerizim, em Siquém (Nablus), onde se estabeleceram o culto e o sacerdócio rivais. O registro em paleo-hebraico[18] talvez se deva à data em que foi escrito, o século 5, bem como a classificação dos livros em dois grupos apenas: a Lei e o que os samaritanos consideravam livros não canônicos.[19] Sua adesão à Torá, bem como seu isolamento em relação aos judeus, resultou em outra tradição textual para a Lei. Além disso, o Pentateuco Samaritano revela com bastante eficácia a hostilidade entre judeus e samaritanos, visto que enfatiza a importância do monte Gerizim em detrimento de Jerusalém, e insere material a mais no texto. Por exemplo, depois de Êxodo 20.2-17 e Deuteronômio 5.6-21.

O Pentateuco Samaritano foi publicado primeiramente na Poliglota de Paris (1645) e depois na Poliglota de Londres (1657). Passou rapidamente a usufruir de uma condição de superioridade em relação ao Texto Massorético; na sequência, submetido a uma análise rigorosa, foi relegado a uma condição inferior, tendo recuperado apenas recentemente um nível mais elevado de reconhecimento, embora ainda num plano inferior ao Texto Massorético.[20] O manuscrito mais antigo do Pentateuco Samaritano é datado de meados do século 11, mas consiste apenas em um fragmento de um pergaminho do século 14 conhecido como rolo de Abisha.[21] O códice mais antigo do Pentateuco Samaritano traz uma nota sobre sua venda em 1149-1150 d.C., mas se trata de um manuscrito bem mais antigo do que isso. Outra cópia está na New York Public Library, com data em torno de 1232. Os méritos dessa tradição textual se devem ao fato de que suas cerca de seis mil variantes textuais em comparação com o Texto Massorético são relativamente poucas, principalmente de caráter ortográfico, e pouco significativas (veja os caps. 21 e 26). Isso mostra também o grau de

---

do registro de Neemias. Contudo, ele cita efetivamente o nome do sacerdote, Manassés, e afirma que o templo em Siquém foi construído para ele; ele também faz referência aos samaritanos, a quem chama de cutitas.

[18]Contudo, esse registro pode ser o resultado de uma tentativa deliberada de lhe atribuir uma característica arcaizante, como no caso do manuscrito atribuído a Abisua, o tataraneto de Arão. Cf. J. D. Douglas, org., *The New Bible dictionary*, p. 1257 [edição em português: *O novo dicionário da Bíblia*, ed. rev., tradução de João Bentes (São Paulo: Vida Nova, 2006)].

[19]Veja o cap. 14; veja tb. R. Laird Harris, *Inspiration and canonicity of the Bible*, p. 143.

[20]Morinus, que primeiro publicou o texto em 1632, o tinha em alta conta; em 1815, Wilhelm Gesenius o condenou classificando-o como praticamente inútil; Sir Frederic Kenyon, seguindo Geiger e Kahle, o considera valioso para o estudo da crítica textual. Veja Archer, p. 44.

[21]Veja Bruce, p. 127-9.

pureza do Texto Massorético, já que este obedeceu a regras mais rigorosas do que as da LXX, com a qual concorda em detrimento do Texto Massorético em cerca de 1.900 ocorrências.[22] Sir Frederic Kenyon afirma acertadamente que, quando a LXX e o Pentateuco Samaritano estão de acordo e se opõem ao Texto Massorético, "eles representam a redação original",

> mas quando a *LXX* e o Texto Massorético se opõem, é possível que, às vezes, um esteja certo e, às vezes, o outro; mas, de qualquer maneira, a diferença é de *interpretação*, e não de *texto*. Contudo, seja como for, não há dúvidas de que os autores da Septuaginta cometeram muitos erros de tradução.[23]

Como essa tradição textual cobre a mais bem documentada parte do Antigo Testamento, suas contribuições apontam para tendências culturais no cenário social dos hebreus: as inserções sectárias dos samaritanos, a repetição dos mandamentos dados por Deus, tendência de popularização do texto do Antigo Testamento, tendência de modernização de formas antigas das palavras e de simplificação de construções frasais hebraicas complexas.[24]

Os Targuns Aramaicos

A origem dos Targuns. Há evidências de que os escribas estavam fazendo paráfrases orais das Escrituras hebraicas em aramaico já na época de Esdras (Ne 8.1-8). Essas paráfrases não eram, a rigor, traduções; eram, na verdade, auxílios para compreender as formas linguísticas arcaicas da Torá. O tradutor ou intérprete envolvido nessa obra era chamado de *methurgeman*. A necessidade desses auxílios se explica pelo fato de que o hebraico estava diminuindo cada vez mais como língua falada pelas pessoas comuns. Perto do fim dos últimos séculos a.C., esse processo gradual continuou até que praticamente todos os livros do Antigo Testamento tinham sua paráfrase ou interpretação oral (Targum). Durante os primeiros séculos depois de Cristo, esses Targuns foram registrados por escrito, o que resultou num texto oficial, uma vez que o cânon hebraico, o texto e a interpretação tinham se tornado bem consolidados antes da época dos rabinos eruditos de Jâmnia (c. 90 d.C.) e da expulsão dos judeus da Palestina em 135 d.C. Os primeiros Targuns foram, ao que tudo indica, escritos em aramaico

---

[22] Archer, p. 44.
[23] Sir Frederic Kenyon, *Our Bible and the ancient manuscripts*, p. 91-2.
[24] Cf. Archer, p. 44.

da Palestina no século 2 d.C.; contudo, há evidências de Targuns Aramaicos do período pré-cristão.[25] Esses primeiros Targuns oficiais continham a Lei e os Profetas, mas os Escritos foram incluídos em Targuns não oficiais posteriormente. É interessante observar que um Targum de Jó pré-cristão foi escrito em aramaico da Palestina e descoberto na caverna XI de Qumran. A caverna IV continha um Targum do Pentateuco. Esses Targuns Aramaicos não oficiais foram substituídos por textos oficiais no século 2 d.C. Os Targuns Palestinenses oficiais da Lei e dos Profetas foram praticamente absorvidos pelos Targuns Aramaicos Babilônicos da Lei e dos Profetas no decorrer do século 3. Os Targuns dos Escritos foram, aparentemente, elaborados em bases não oficiais e já foram mencionados.

Targuns notáveis. Durante o século 3 d.C., apareceu na Babilônia um Targum Aramaico sobre a Torá. Esse Targum era possivelmente uma revisão de uma tradição palestina anterior, mas pode ter se originado na Babilônia. Tradicionalmente, é atribuído a Onkelos (Ongelos), nome provavelmente confundido com Áquila.[26] Outro Targum Aramaico Babilônico acompanha os Profetas (Anteriores e Posteriores) e é conhecido como Targum de Jonatã ben Uziel. Ele remonta ao século 4 d.C. e tem um texto mais livre e mais inclinado à paráfrase em suas traduções. Esses dois Targuns eram lidos nas sinagogas: o de Onkelos juntamente com a Torá, que era lido em sua totalidade, e o de Jonatã juntamente com trechos dos Profetas (*haphtaroth*, pl.). Como os Escritos não eram lidos nas sinagogas, não havia motivo para que houvesse Targuns oficiais para eles, embora as pessoas usassem a cópias não oficiais. Durante meados do século 7 d.C., surgiu um Targum do Pentateuco chamado Targum de Pseudo-Jonathan. Trata-se de uma mistura do Targum Onkelos e de textos do Midrash. O Targum de Jerusalém também surgiu por volta do ano 700, mas sobreviveu apenas em fragmentos. Nenhum desses Targuns é importante para a crítica textual, embora sejam todos úteis para o estudo da hermenêutica, considerando que indicam a maneira pela qual as Escrituras eram interpretadas pelos estudiosos rabínicos.

---

[25] Bruce, p. 133-45, em que esses materiais são analisados e várias citações dos Targuns são apresentadas. Veja tb. Harris, p. 154-9.

[26] Áquila é o nome do estudioso que fez uma tradução completamente literal do Antigo Testamento hebraico para substituir a LXX (veja a análise abaixo); a confusão dos nomes foi, sem dúvida, reforçada pela tradução rígida do texto desse Targum, que é tido como uma recensão por muitos estudiosos.

O Talmude

Na esteira do primeiro período da tradição de escribas do Antigo Testamento, o período dos Sopherins (c. 400 a.C.-200 d.C.), houve um segundo, o período talmúdico (c. 100-c. 500 d.C.), que foi seguido pela bem mais conhecida tradição massorética (c. 500-c. 950). Esdras trabalhou com o primeiro desses grupos, que foi considerado guardião da Bíblia até depois da época de Cristo.[27] Entre 100 e 500 d.C., o Talmude (instrução, ensino) desenvolveu-se como um corpo de lei hebraica civil e canônica baseado na Torá. O Talmude representa basicamente as opiniões e as decisões dos mestres judeus de cerca de 300 a.C. a 500 d.C. e consiste em duas divisões principais: a Mishná e a Guemará.

Mishná. A Mishná (repetição, explicação, ensino) foi concluída por volta de 200 d.C. e consistia na compilação de todas as leis orais desde a época de Moisés. Era considerada a Segunda Lei, sendo a Torá a Primeira. Foi escrita em hebraico e abordava as tradições e as explicações da lei oral.

Guemará. A Guemará (completar, executar, aprender) foi escrita em aramaico, e não em hebraico, e era basicamente um comentário ampliado sobre a Mishná. Foi transmitida por meio de duas tradições, a Guemará Palestina (c. 200 d.C.), e a Guemará Babilônica, mais extensa e imbuída de maior autoridade (c. 500 d.C.).

Midrash

O Midrash (estudo textual, interpretação textual) era, na verdade, uma exposição doutrinária e homilética formal das Escrituras hebraicas escrita em hebraico e aramaico entre 100 a.C. e 300 d.C. Os Midrashim foram reunidos num *corpus* entre 100 a.C. e 300 d.C. O Midrash dividia-se em duas partes principais: a Halacá (procedimento), somente uma expansão adicional da Torá, e a Hagadá (declaração, explicação), que consistia em comentários de todo o Antigo Testamento. Esses Midrashim diferiam dos Targuns no sentido de que os primeiros eram, na verdade, comentários, ao passo que os últimos eram paráfrases. Nos Midrashim encontram-se algumas das homilias mais antigas sobre o Antigo Testamento proferidas nas sinagogas, e há neles também provérbios e parábolas.

---

[27] Veja Archer, p. 61-5, para uma análise da contribuição de cada uma dessas tradições dos escribas para a crítica textual do Antigo Testamento.

A Septuaginta (LXX), ou a Versão Alexandrina

Da mesma maneira que os judeus haviam abandonado o hebraico, sua língua nativa, e adotado o aramaico no Oriente Próximo, também abandonaram o aramaico em favor do grego em centros helenísticos como Alexandria, no Egito. Durante as campanhas de Alexandre, o Grande, os judeus foram tratados de modo bastante favorável. Na verdade, Alexandre foi solidário com os judeus em razão da política que haviam adotado em relação a ele durante o sítio de Tiro (332 a.C.). Consta até que ele tenha viajado a Jerusalém para homenagear publicamente o seu Deus. À medida que conquistava novas terras, construía novas cidades que, não raro, eram povoadas por judeus e, com frequência, lhes dava o nome de Alexandria.

Depois de grandes conquistas e de uma morte repentina, o império de Alexandre foi dividido em várias dinastias: ptolomeus no Egito, selêucidas na Ásia Menor e antigônidas na Macedônia, além de vários reinos menores. Muitos judeus moravam na cidade de Alexandria, no Egito dos ptolomeus, cujo nome remete a Ptolomeu I Sóter, filho de Lagus. Ptolomeu I foi governador do Egito de 323 a 305 a.C., quando tornou-se rei e reinou até sua morte em 285. Foi sucedido por seu filho, Ptolomeu II Filadelfo (285-246 a.C.), que seguiu a prática faraônica de casar-se com a irmã, Arsínoe II.

Foi durante o reinado de Ptolomeu Filadelfo que plenos direitos políticos e religiosos foram concedidos aos judeus. O Egito passou por um programa cultural e educacional magnífico sob o patrocínio de Arsínoe II e capitaneado pela fundação do Museu de Alexandria e pela tradução de grandes obras para o grego. Foi nessa época (c. 250-c. 150 a.C.) que o Antigo Testamento hebraico estava sendo traduzido para o grego — era a primeira vez que se fazia uma tradução tão abrangente dele. Sob a liderança da comunidade judaica alexandrina, foi levada a cabo uma versão padrão em grego que ficou conhecida como a LXX,[28] termo grego que significa "setenta". Sem dúvida, a tradução foi feita durante os séculos 3 e/ou 2 a.C. e supõe-se que tenha sido redigida já na época de Ptolomeu II, de acordo com a Carta de Arísteas a Filócrates (c. 130-100 a.C.).[29]

---

[28] É importante observar que o termo "Septuaginta" se aplica estritamente ao Pentateuco, que foi provavelmente a única parte do Antigo Testamento traduzida na época de Ptolomeu II Filadelfo. "Os judeus podem ter decidido autorizar posteriormente um texto padrão para o restante da Septuaginta, porém [...] seu interesse por ela desapareceu por completo. Com poucas exceções, todo manuscrito da Septuaginta que chegou até nós foi copiado e preservado nos círculos cristãos, e não judaicos." Bruce, p. 150.

[29] Ninguém parece saber datar com precisão a LXX, e as datas a ela atribuídas se estendem desde antes de 150 a.C. Bruce, p. 69-73, 146-62, expressa o consenso geral conforme se reflete no texto.

A Carta de Arísteas informa que o bibliotecário de Alexandria convenceu Ptolomeu a mandar traduzir a Torá para o grego para uso dos judeus alexandrinos. Em decorrência disso, seis tradutores foram escolhidos de cada uma das doze tribos, que concluíram a tradução em apenas 72 dias. Os detalhes dessa história são, sem dúvida alguma, fictícios, porém a carta menciona o fato autêntico de que a LXX foi traduzida para uso dos judeus de fala grega de Alexandria.

O Antigo Testamento grego da Septuaginta difere do cânon hebraico pela qualidade da tradução, bem como pelo seu conteúdo e organização. Além dos 22 livros do Antigo Testamento hebraico, a LXX abarcava alguns livros que não faziam parte do cânon hebraico (veja a análise no cap. 15). Aparentemente, esses livros circulavam no mundo de fala grega, mas jamais fizeram parte do cânon hebraico. A qualidade da tradução da LXX reflete essa situação e permite várias observações. (1) A LXX varia em excelência desde a tradução literal fiel da Torá até traduções livres dos Escritos.[30] (2) A LXX não foi concebida para ter o mesmo objetivo do texto hebraico, sendo usada para cultos públicos nas sinagogas, e não com propósitos acadêmicos ou oficiais. (3) A LXX foi produto de um empreendimento pioneiro de transmissão das Escrituras do Antigo Testamento e exemplo magnífico desse empenho. (4) A LXX era, de modo geral, fiel à redação do texto hebraico original (cf. observamos no cap. 21), embora alguns sustentassem que os tradutores nem sempre foram bons hebraístas. A importância da LXX pode ser aferida em diversas dimensões. Ela preencheu a lacuna religiosa que havia entre os povos de fala hebraica e os de fala grega, uma vez que atendia às necessidades dos judeus alexandrinos. Preencheu a lacuna histórica entre o Antigo Testamento hebraico dos judeus e os cristãos de fala grega que recorreram à LXX junto com seu Novo Testamento. A LXX estabeleceu um precedente para os missionários, permitindo que traduzissem as Escrituras para várias línguas e dialetos. Ela preencheu a lacuna existente na crítica textual ao concordar de maneira substancial com o texto do Antigo Testamento hebraico (א, A, B, C etc.). Embora a Septuaginta não rivalize em excelência com o texto do Antigo Testamento hebraico, revela, sem dúvida, a pureza do texto original.

---

[30] Sir Fredric Kenyon, *The text of the Greek Bible*, 3. ed. rev. ampl. por A. W. Adams, p. 16-9. Adams indica que o texto de Jó na LXX original é, na verdade, um sexto mais curto do que seu equivalente em hebraico. Há também diferenças maiores em Josué, 1Samuel, 1Reis, Provérbios, Ester e Jeremias, bem como diferenças menores em outros livros. A causa dessas divergências é uma das maiores dificuldades da Septuaginta.

Em decorrência da crítica judaica durante os primeiros séculos do cristianismo, surgiu entre os judeus uma reação contrária à LXX. Essa oposição se mostrou útil à crítica textual porque produziu uma nova onda de traduções e versões do Antigo Testamento. Entre essas novas obras, havia traduções gregas conhecidas como a versão de Áquila e a revisão de Símaco, resultando ainda na grande obra da crítica textual de meados do século 3, a *Héxapla* de Orígenes. Antes de tratar dessas obras, parece aconselhável lembrar que essas antigas traduções constituem um testemunho precioso do texto do Antigo Testamento. Por exemplo, a LXX preserva uma tradição textual do século 3 ou 2 a.C., ao passo que a tradição do Pentateuco Samaritano remonta provavelmente ao século 5 a.C. Embora a Septuaginta e o Pentateuco Samaritano, juntamente com o Texto Massorético, formem três tradições textuais diferentes, quando analisados de maneira crítica, todos eles constituem um respaldo extraordinário para a integridade do texto do Antigo Testamento. Na verdade, os estudiosos do texto têm à sua disposição nas duas obras anteriores alguns dos elos mais próximos dos autógrafos, mais próximos até mesmo do que muitas cópias de manuscritos hebraicos.

Versões gregas do Antigo Testamento na era cristã. F. F. Bruce propôs duas razões básicas para a rejeição da Septuaginta pelos estudiosos judeus da Bíblia nos primeiros séculos da igreja. Em primeiro lugar, ela havia sido adotada pelos cristãos como sua própria versão do Antigo Testamento e foi livremente usada na propagação e na defesa de sua fé. Em segundo lugar, por volta do ano 100 d.C., estabeleceu-se uma edição revisada do texto hebraico tradicional do Antigo Testamento, primeiramente do Pentateuco e, mais tarde, do restante do Antigo Testamento. Foi o fim desse processo de revisão que resultou no Texto Massorético.[31]

A oposição à Septuaginta encontrou expressão nos escritos de um homem como Justino Mártir em seu *Diálogo com o judeu Trifão* (cap. 73) e sua *Primeira Apologia* (cap. 41). Essas obras, escritas por volta do ano 140, seguiram o modelo dos autores do Novo Testamento ao fazer citações da LXX, e não do texto hebraico, e serviram de base para a acusação de Trifão de que não seguiam o texto hebraico, que ele julgava imbuído de autoridade. Desse modo, como não havia autoridade aceitável em ambos os campos, e visto que o cristianismo estava surgindo rapidamente de seus antecedentes judaicos, os estudiosos judeus decidiram

---

[31] Bruce, p. 150-2.

opor-se à tendência. Por causa disso, procurou-se fazer várias traduções que ajudassem a preservar o Antigo Testamento para as futuras gerações.

1. *A versão de Áquila* (c. 130 d.C.) foi uma nova tradução do Antigo Testamento para o grego. Foi feita por judeus que falavam grego, mas não antes que ocorressem alguns fatos interessantes. Diz-se que Áquila era parente do imperador Adriano e que teria se mudado de Sinope para Jerusalém na condição de funcionário público e ali se convertido ao cristianismo. Ele não teria sido capaz de livrar-se totalmente de alguns de seus hábitos e ideias pré-cristãos, tendo sido publicamente repreendido pelos presbíteros da igreja. Em virtude disso, sentindo-se ofendido, abandonou o cristianismo e se voltou para o judaísmo. Tendo-se tornado um prosélito judeu, estudou sob a orientação do célebre rabino Aqiba e traduziu o Antigo Testamento para o grego.

   Embora boa parte dessa história talvez não passe de ficção, Áquila foi, sem dúvida alguma, um prosélito judeu do litoral do mar Negro. Ele parece ter prosperado durante a primeira metade do século 2 e efetivamente fez uma nova tradução do Antigo Testamento hebraico para o grego. É o Áquila erroneamente associado ao Targum Onkelos mencionado anteriormente neste capítulo. Sua tradução (versão) foi do tipo rigorosamente fiel; embora as palavras estejam em grego, os padrões de pensamento e as estruturas das frases seguem as regras hebraicas de composição. Esta se tornou a tradução grega oficial das Escrituras usada pelos judeus não cristãos. Embora tenha sido feita para beneficiar o judaísmo, a versão de Áquila gozava de grande respeito por parte de estudiosos cristãos como Orígenes e Jerônimo dada a sua fidelidade ao texto hebraico.[32] A versão de Áquila sobreviveu apenas em fragmentos e citações.

2. *A revisão de Teodócio* (c. 180-190) é a próxima obra importante nas traduções do Antigo Testamento para o grego. A classificação dessa obra é objeto de disputa, mas parece ter sido a revisão de uma versão grega anterior: ou da LXX, da tradução de Áquila ou de outra versão grega.[33]

---

[32] Kenyon, *The text of the Greek Bible*, p. 19.

[33] Os estudiosos estão bastante divididos a respeito dessa questão, bem como sobre a data da revisão de Teodócio. Merrill F. Unger, *Introductory guide to the Old Testament*, p. 159, afirma que se trata de uma revisão da LXX e a situa "no início do século 2, possivelmente antes de Áquila". Archer, p. 42, situa

Acredita-se que Teodócio tenha nascido em Éfeso e que tenha sido prosélito judeu ou cristão ebionita.[34] Sua revisão era muito mais livre do que a de Áquila, e em alguns poucos casos sua obra chega mesmo a substituir trechos de tradução da LXX entre os cristãos. Daniel, na tradução de Teodócio, logo substituiu a tradução mais antiga da Septuaginta, superando-a até nos catálogos cristãos. É possível que sua tradução de Esdras-Neemias tenha substituído a versão mais antiga da LXX, como pode ser visto pela comparação dela com o apócrifo de 1Esdras, uma versão bem mais livre e ampliada.[35]

3. *A revisão de Símaco* (c. 170) parece ter seguido a de Teodócio cronologicamente, bem como em seu compromisso teológico.[36] Símaco ou foi ebionita, conforme pensava Jerônimo, ou samaritano convertido ao judaísmo, segundo Epifânio. O propósito de Símaco era fazer uma versão grega que fosse dinâmica e, em decorrência disso, colocou-se no polo oposto ao de Áquila. Ele quis que sua tradução apelasse mais ao sentido do que à letra do hebraico. Mesmo assim, a tradução de Símaco revelou um padrão elevado de precisão, tendo influenciado outros tradutores da Bíblia que vieram depois dele, conforme observa Kenyon:

---

a obra em c. 180 ou 190, mas não propõe solução alguma para o problema da sua fonte, e afirma que a obra de Teodócio é "uma revisão de uma versão grega anterior, ou da *LXX* ou de alguma outra obra, algo que é objeto de debate". Ele, por sinal, atribui uma data mais remota à obra de Áquila. Kenyon, *Our Bible and the ancient manuscripts*, p. 104, diz: "Contudo, tem se fortalecido de alguns anos para cá a ideia de que não foi a Septuaginta que Teodócio revisou, e sim outra versão independente. Isso se explicaria pelo fato de que a redação de Teodócio se encontra no Novo Testamento...". Bruce, p. 153, acredita que Teodócio "parece [...] ter recorrido a uma tradução grega mais antiga da era pré-cristã, uma tradução que, a bem da verdade, parece estar por trás de algumas citações do Antigo Testamento no Novo Testamento, sobretudo no Apocalipse, revisando-a de acordo com o texto hebraico padrão". Ele afirma ainda que a data dessa revisão é de fins do século 2 d.C. H. G. G. Herklots, *How our Bible came to us*, p. 117-9, 156, tende a concordar com Bruce, acrescentando também que Teodócio, e não Áquila, era um judeu convertido de Éfeso, e que sua tradução foi uma "revisão livre da *LXX*, e não uma tradução independente (de acordo com H. B. Swete)". A posição de Bruce parece ser a mais provável, visto que é abrangente o bastante para absorver as características essenciais das outras perspectivas em uma posição comum e defensável.

[34] Os ebionitas eram uma facção de orientação judaica da igreja primitiva. Eles surgiram muito cedo dentro da igreja e tinham características legalistas e talvez tenham sido o elemento envolvido na disputa com Paulo e Barnabé e que resultou no Concílio de Jerusalém em Atos 15.

[35] Cf. Kenyon, *Our Bible and the ancient manuscripts*, p. 57, e Bruce, p. 153.

[36] Archer, p. 48, situa a revisão de Símaco em data anterior à de Teodócio, porém tende a divergir da opinião da maioria.

A principal característica dessa tradução é a habilidade literária e o bom gosto com que as expressões hebraicas do original são traduzidas em bom vernáculo grego. Nesse sentido, Símaco se aproxima mais do que qualquer outro de seus rivais da concepção moderna do dever do tradutor, porém sua influência foi menor do que a de qualquer um deles na história da Bíblia grega. É curioso que sua influência tenha sido maior sobre a Bíblia latina: Jerônimo recorreu consideravelmente à tradução de Símaco na preparação do texto da Vulgata.[37]

4. *A Héxapla de Orígenes* (c. 240-250). O trabalho de tradução do Antigo Testamento resultou em quatro tradições textuais do grego por volta do século 3 d.C.: a Septuaginta, as versões de Áquila, de Teodócio e de Símaco. Esse estado confuso de coisas preparou o caminho para a primeira tentativa realmente extraordinária de crítica textual, a *Héxapla* ("sêxtupla") de Orígenes de Alexandria (185-254 d.C.). Dada as inúmeras divergências entre os manuscritos existentes da LXX, as discrepâncias entre o texto hebraico e a LXX, e as tentativas de revisão das traduções do Antigo Testamento grego, Orígenes parece ter se decidido por um caminho que daria ao mundo cristão um texto grego satisfatório do Antigo Testamento. Sua obra foi sobretudo uma recensão, e não uma versão, já que ele corrigiu as corrupções do texto e tentou unificar o texto grego com o hebraico. Desse modo, seu duplo objetivo consistia em mostrar a superioridade das várias revisões do Antigo Testamento em relação ao texto corrompido da LXX, além de propiciar uma visão comparativa do hebraico correto e da LXX divergente. Nisso, Orígenes seguiu a visão segundo a qual o Antigo Testamento hebraico seria uma espécie de "transcrição inerrante" da verdade divina revelada ao homem.

A organização da *Héxapla* dispunha os textos em seis colunas paralelas. Cada coluna apresentava o Antigo Testamento no hebraico original ou em uma versão específica, o que tornava o manuscrito volumoso demais para ser comercializado na Antiguidade.[38] As seis colunas estavam dispostas da seguinte forma: coluna um: original hebraico; coluna dois: o original hebraico transliterado em letras gregas; coluna três: a tradução literal de Áquila; coluna quatro: a revisão em linguagem

---

[37] Kenyon, *Our Bible and the ancient manuscripts*, p. 57.
[38] Cf. Herklots, p. 119-20.

dinâmica de Símaco; coluna cinco: revisão de Orígenes da LXX; e coluna seis: revisão grega de Teodócio. Em sua *Héxapla* de Salmos, Orígenes acrescentou três colunas adicionais, porém apenas duas delas consistem em traduções diferentes. Ele é autor também de outra obra, denominada *Tétrapla* ("quádrupla"), isto é, a *Héxapla* sem as colunas um e dois.[39] Essa obra incrível não sobreviveu à destruição do tempo, mas Eusébio e Panfílio publicaram uma quinta coluna, a tradução da LXX por Orígenes com acréscimos, que consta do Codex Sarravianus (G) do século 4 ou 5. Esse códice contém porções de Gênesis a Juízes e é a única edição grega com alguma importância que ficou preservada. Há uma tradução siríaca da *Héxapla* que remonta ao século 7, visto que alguns manuscritos dessa tradução foram preservados.[40]

A consecução da *Héxapla* é notável pelo que ela descobriu e revelou para a crítica textual. Orígenes havia descoberto muitas alterações, omissões, acréscimos e transposições nas cópias da Septuaginta de sua época. Essas descobertas, com frequência, podiam ser comparadas às várias revisões do Antigo Testamento para o grego, porém a principal preocupação de Orígenes era imprimir uma maior conformidade aos textos da LXX e do Antigo Testamento hebraico. Portanto, ele deu atenção sobretudo ao texto em hebraico na coluna um e à sua tradução pessoal da LXX na coluna cinco. Ao revelar os problemas descobertos por seu trabalho, Orígenes recorreu a um sistema sofisticado de observações críticas. Com isso, o leitor poderia ver o texto corrompido que foi corrigido, as omissões e os acréscimos apontados, e casos em que as transposições das palavras foram feitas para concordar com o texto hebraico conforme estabelecido na época. As passagens presentes na Septuaginta, mas não no hebraico, Orígenes as indica com um óbelo (-), um traço diacrítico horizontal. Quando a passagem constava no hebraico, mas não na Septuaginta, Orígenes inseria aquela passagem tomando-a da versão de Teodócio e assinalava seu começo com um asterisco (※ ou ⁂). Para marcar o término de qualquer uma dessas

---

[39] Eusebius [Eusébio], *Ecclesiastical history* 6.16, Loeb Classical Library, 2:51-3 [edição em português: *História eclesiástica*, Série Patrística (São Paulo: Paulus, 2000), vol. 15].

[40] Veja Archer, p. 46; Kenyon, *Our Bible and the ancient manuscripts*, p. 59; Bruce, p. 156; Herklots, p. 119-23.

correções, ele inseria um metóbelo (⌐).⁴¹ Quando identificava passagens transpostas de extensão breve que diferiam do hebraico e de outras versões, ele deixava que permanecessem onde estavam, mas as assinalava com um asterisco e um óbelo combinados (※- ou ※-) e empregava o metóbelo no final. Se a passagem transposta fosse longa, a ordem do hebraico seria restaurada para ficar ainda mais conforme a essa última. Embora fosse uma tarefa de enorme importância, vale a pena o crítico textual contemporâneo observar as diferenças entre seus próprios objetivos e os de Orígenes, conforme bem resumiu Kenyon:

> Para aquilo a que Orígenes se propunha, que era a produção de uma versão grega que correspondesse o máximo possível ao texto hebraico então estabelecido, esse procedimento era suficiente; para nós, porém, que queremos recuperar o texto original da Septuaginta como evidência do que era o texto hebraico antes do Texto Massorético, esse foi um procedimento infeliz, uma vez que havia a tendência natural de que a edição fosse copiada sem os símbolos críticos, e assim os acréscimos feitos por ele com base em Teodócio fossem inseridos no texto como parte da Septuaginta original e genuína.⁴²

Essa situação incômoda realmente aconteceu, e o texto transcrito da Septuaginta sem as marcações diacríticas resultaram na propagação de um texto grego corrompido do Antigo Testamento, e não na criação de uma versão da Septuaginta em conformidade com o texto hebraico da época.

Segundo F. F. Bruce, "Se a *Héxapla* de Orígenes tivesse sobrevivido inteira, seria um tesouro sem preço".⁴³ Isso certamente é verdade, já que teria revelado o texto hebraico vigente no século 3 d.C., teria ajudado no embate sobre a pronúncia do hebraico e teria dado informações sobre as versões gregas do Antigo Testamento dos dias de Orígenes. Contudo, o texto não sobreviveu em sua íntegra. Estava localizado na biblioteca de Cesareia até que os sarracenos conquistaram e queimaram a cidade em

---

⁴¹Kenyon, *Our Bible and the ancient manuscripts*, p. 58-9; contudo, Archer, p. 46, afirma que a inserção na LXX seria de outras versões quaisquer, e não apenas da versão de Teodócio. Os vários sinais aparecem de forma diferente em Herklots, p. 120. Ali, são eles o óbelo (- ou -- ou ÷), o asterisco (*) e o metóbelo (: ou /. ou ⁄.).

⁴²Kenyon, *Our Bible and the ancient manuscripts*, p. 59.

⁴³Bruce, p. 155.

638. O manuscrito da *Héxapla* provavelmente foi destruído nessa época, embora a quinta coluna tenha sobrevivido graças, em larga medida, à tradução em siríaco pelo bispo Paulo de Tella (c. 616), conhecida como texto siríaco-hexaplárico, e sua reprodução subsequente fiel numa cópia do século 8 que se encontra guardada no Museu de Milão.

5. *Outras recensões da Septuaginta*. No início do século 4, Eusébio de Cesareia e seu amigo Panfílio publicaram edições próprias da quinta coluna de Orígenes. Com isso, lançaram a edição da LXX que se tornaria padrão em muitos lugares. Além de seus esforços, dois outros estudiosos procuraram revisar o texto grego do Antigo Testamento. O primeiro deles foi Hesíquio, um bispo egípcio martirizado em 311. Sua recensão está preservada apenas nas citações do texto feitas por autores eclesiásticos do Egito. Em decorrência disso, a recuperação da recensão de Hesíquio depende de citações de egípcios como Cirilo de Alexandria (m. 444). As obras de Crisóstomo (m. 407) e de Teodoreto (m. 457) podem ser usadas para recuperar ainda outra recensão do texto do Antigo Testamento: a Recensão Luciânica. Luciano, morador de Samósata e de Antioquia, também foi martirizado em 311 d.C. Portanto, na época de Jerônimo, segundo Henry Barclay Swete, os cristãos podiam ler o "Antigo Testamento na recensão de Luciano se morassem no norte da Síria, na Ásia Menor ou na Grécia; na de Hesíquio, se morassem no delta ou no vale do Nilo; na edição hexaplárica de Orígenes, se morassem em Jerusalém ou em Cesareia".[44]

Resumo e conclusão

As várias traduções antigas do Antigo Testamento fornecem ao estudioso do texto testemunhas valiosas a seu respeito. A Septuaginta, por exemplo, preserva uma tradição textual do século 3 a.C., e a tradição do Pentateuco Samaritano talvez remonte ao século 5 a.C. Estes e mais o Texto Massorético fornecem três tradições textuais do Antigo Testamento, as quais, quando avaliadas criticamente, proporcionam um respaldo extraordinário para a integridade do texto do Antigo Testamento. O testemunho do Pentateuco Samaritano e, especialmente, da LXX com suas revisões e recensões, não é, de modo algum, de importância insignificante para a confirmação da integridade textual.

---

[44] Henry Barclay Swete, *An introduction to the Old Testament in Greek*, p. 85.

28
Traduções contendo os textos tanto do Antigo quanto do Novo Testamentos

VERSÕES SIRÍACAS DO ANTIGO E DO NOVO TESTAMENTOS

Em meio à multidão em Jerusalém, no dia de Pentecostes, havia "partos, medos e elamitas, habitantes da Mesopotâmia, da Judeia e da Capadócia, do Ponto e da Ásia, da Frígia e da Panfília, do Egito e das regiões da Líbia próximas a Cirene, e visitantes de Roma, tanto judeus quanto prosélitos, cretenses e árabes" (At 2.9-11). Essas pessoas certamente precisariam das Escrituras em seu próprio idioma se quisessem estudá-las. Por esse motivo, há quem creia que a versão siríaca do Antigo Testamento remonte a séculos antes de Cristo, ao passo que outros creem que essa versão tenha sido traduzida durante os primeiros séculos da era cristã. É provável que o Antigo e o Novo Testamentos provenham inicialmente de tradições diferentes e que posteriormente tenham sido unificados. Portanto, convém lidar separadamente com essas tradições.

Língua e igreja primitiva

A língua siríaca (aramaica) do Antigo Testamento e, na verdade, também dos Evangelhos, podia ser comparada ao grego coiné e ao latim vulgar. Era a língua comum do mercado. Como os judeus da Palestina do tempo do nosso Senhor, sem dúvida, falavam o aramaico, a língua comum de toda aquela região, é sensato supor que os judeus da Síria vizinha também o falassem. Na verdade, Josefo faz referência ao trabalho de proselitismo dos judeus no século 1 em regiões a leste da antiga Nínive, nas imediações de Arbil.[1] Esse movimento do judaísmo

---

[1] Josefo, *Antiguidades dos judeus* 20.2, p. 1ss., narra a conversão de Helena, rainha de Adiabene, e de seu filho Izates, ao judaísmo.

em meados do século 1 abriu caminho para a difusão do cristianismo na Síria. Foi em Antioquia da Síria, a terceira maior cidade do Império Romano, que os seguidores de Jesus foram chamados de cristãos pela primeira vez (At 11.26). O cristianismo espalhou-se de Antioquia em direção à Ásia Central, Índia, chegando até a China. A língua básica desse ramo do cristianismo era o siríaco, ou o que F. F. Bruce chamou de "aramaico cristão". Tratava-se, na verdade, de um dialeto do aramaico que diferia do aramaico falado pelos judeus da Palestina, que recorriam ao dialeto ocidental desse idioma para escrever.

A Peshitta Siríaca

Tão logo a igreja começou a sair da Síria em campanhas missionárias, ficou evidente a necessidade urgente de uma versão da Bíblia nos idiomas de outras localidades.[2] Desse modo, ao mesmo tempo que o Targum Judaico estava sendo elaborado em aramaico, os cristãos estavam traduzindo a Bíblia para um dialeto mais conveniente da mesma língua, embora recorressem a uma variante diferente do alfabeto aramaico.[3] A Bíblia siríaca que corresponde à Vulgata Latina é conhecida como Peshitta ("simples"). Embora essa designação remonte ao século 9 e seja de origem incerta,[4] o texto do Antigo Testamento da Peshitta certamente remete a meados do século 2 e início do século 3. Parece ter sido obra de muitas mãos e foi composta, possivelmente, em Edessa ou em seus arredores.

A tradução do Antigo Testamento provavelmente foi feita do hebraico, mas revisada posteriormente em conformidade com a LXX. O Pentateuco Siríaco é semelhante ao Targum de Onkelos,[5] e segue o Texto Massorético, mas os livros subsequentes revelam uma influência assistemática e não muito minuciosa da LXX. Quando segue o Texto Massorético, a Peshitta Siríaca constitui auxílio valioso de fixação do texto em questão, mas não é muito confiável como testemunho independente acerca do texto do Antigo Testamento. A Peshitta dá

---

[2] O papel de Antioquia da Síria fica logo evidente em passagens como Atos 6.5; 11.26; 13.1 etc.
[3] Cf. F. F. Bruce, *The books and the parchments*, p. 193; veja tb. Gleason L. Archer, Jr., *A survey of Old Testament introduction*, p. 51-2 [edição em português: *Panorama do Antigo Testamento*, 4. ed. rev. ampl. (São Paulo: Vida Nova, 2012)].
[4] Merrill F. Unger, *Introductory guide to the Old Testament*, p. 168, sugere que o nome Peshitta (simples) possivelmente foi usado para denotar seu caráter oposto ao dos símbolos complexos usados na versão sírio-hexaplárica.
[5] Paul E. Kahle, *The Cairo Geniza*, p. 273, afirma que "não há dúvida alguma de que há um contato muito próximo entre o Pentateuco Siríaco e o antigo Targum Palestino".

uma contribuição importante para o estudo da canonicidade, já que omite os livros apócrifos do Cânon Alexandrino (veja a análise no cap. 15).

Acredita-se, de modo geral, que a edição siríaca clássica do Novo Testamento provenha da revisão feita no século 5 por Rábula, bispo de Edessa (411-435). Sua revisão foi, na verdade, uma recensão de versões siríacas anteriores que foram cotejadas com os manuscritos gregos usados na época em Constantinopla (Bizâncio). Essa recensão, aliada à recensão cristã do Antigo Testamento siríaco, ficou conhecida como a Peshitta. Rábula ordenou que uma cópia da recensão fosse colocada em cada uma das igrejas de sua diocese, o que fez com que tivesse ampla circulação durante meados e fins do século 5. Desse modo, embora haja inúmeras testemunhas em prol da Peshitta, nem de perto estão imbuídas da mesma autoridade para recuperar o texto bíblico quando comparadas às testemunhas mais remotas em siríaco antigo. Isso se deve, sobretudo, ao fato de que a Peshitta foi harmonizada com o tipo de texto Bizantino.[6] É importante observar a esta altura que a Peshitta foi "a 'versão autorizada' dos dois principais ramos antagônicos do cristianismo sírio, os nestorianos e os jacobitas, sinal de que devia estar bem estabelecida na época de sua ruptura final, bem antes do século 5".[7]

A versão sírio-hexaplárica

Conforme mencionamos no capítulo 27, o texto sírio-hexaplárico era uma tradução síria da quinta coluna da *Héxapla* de Orígenes. Essa obra foi realizada mediante o patrocínio do bispo Paulo de Tella em torno de 616. Na verdade, ela jamais fincou raízes nas igrejas sírias, em parte porque sua tradução do grego era excessivamente literal e violava a língua siríaca. As partes do manuscrito que ficaram preservadas estão no Codex Mediolanensis e consistem em 2Reis, Isaías, os Doze, Lamentações e os Livros Poéticos (exceto Salmos). É seu caráter literal que torna os manuscritos sírio-hexapláricos um auxílio valioso para a

---

[6] Veja os capítulos 24-26 para uma apresentação detalhada das famílias textuais e seu relativo mérito no que diz respeito à crítica textual. A essa altura, porém, observa-se que, dos 250 ou mais manuscritos da Peshitta Siríaca, os mais antigos datam do século 5. De acordo com Sir Frederic G. Kenyon, *The text of the Greek Bible*, p. 58, há um manuscrito bíblico em siríaco no Museu Britânico, datado de 464 d.C. Bruce M. Metzger, *The early versions of the New Testament: their origin, transmission and limitations*, p. 48-51, arrola onze manuscritos sírios datados dos séculos 5 e 6 e identifica cerca de cinquenta outros manuscritos da Peshitta datados do século 6, conforme análise paleográfica.

[7] Bruce, p. 194-5. Metzger, *The early versions of the New Testament*, p. 48-9, concorda que a versão da Peshitta é anterior a essa divisão.

verificação do texto correto da *Héxapla*, sobretudo porque o texto de Orígenes nunca foi publicado integralmente e porque provavelmente foi destruído no incêndio de Cesareia pelos muçulmanos em 638. O Pentateuco e os Livros Históricos ainda existiam em fins de 1574, mas desapareceram depois disso. O texto é basicamente Bizantino, com influências marcadamente Ocidentais.

O Diatessarão *de Taciano (c. 170)*

Taciano foi um cristão assírio e seguidor de Justino Mártir. Depois da morte de Justino em Roma (165 d.C.), Taciano foi excomungado por aberrações doutrinárias (c. 172) e voltou então ao Oriente, onde faleceu. Durante esse tempo, sua harmonia dos Evangelhos do tipo "copia e cola", conhecida como *Diatessarão* (de um termo musical grego que significa "por meio dos quatro"), começou a circular na Síria. Por volta da mesma época, o cristianismo fincou raízes em Edessa, e um convertido notável, Bardesanes, começou a redigir tratados eruditos em sua língua nativa (siríaco). Além disso, surgiu em Arbil, a leste do Tigre, outro centro do cristianismo sírio antigo. O grande contingente de judeus nesse território foi a mola propulsora para as missões cristãs na região e para a tradução das Escrituras para o siríaco.[8] A obra de Taciano é conhecida principalmente por suas referências indiretas[9] e pode ter sido escrita primeiramente em siríaco, uma língua similar ao aramaico do Novo Testamento, ou ainda, mais provavelmente, em grego e posteriormente traduzida para o siríaco.[10] Foi a ampla popularidade do *Diatessarão* que, provavelmente, fez com que Rábula e Teodoreto, bispo de Cirra em 423, abolissem seu uso no início do século 5. Essa atitude se baseou, sem dúvida alguma, no fato de que Taciano pertencia à seita herética dos encratitas, conforme identificada por Eusébio.

> Ele estabeleceu seu tipo próprio de doutrina por meio de histórias de éons invisíveis; como os seguidores de Valentino, rejeitava o casamento, que não passava de corrupção e fornicação, assim como pensavam Marcião e Saturnino. E, como contribuição própria, negou a salvação de Adão. Pouco depois, porém,

---

[8]Metzger, *The early versions of the New Testament*, p. 6-8.

[9]Foi encontrado um fragmento do *Diatessarão* de Taciano em Dura-Europos. Cf. Bruce, p. 195-200.

[10]Cf. J. Harold Greenlee, *An introduction to New Testament textual criticism*, p. 48-9; Alexander Souter, *The text and canon of the New Testament*, C. S. C. Williams, ed. rev., p. 50-2; veja tb. Bruce, p. 196-8; e Sir Frederic G. Kenyon, *Handbook to the textual criticism of the New Testament*, p. 221-6.

certo homem chamado Severo fortaleceu a heresia mencionada acima, e essa é a razão pela qual os que saíram dela foram chamados de severianos. [...] Seu antigo líder, Taciano, compôs de algum modo uma combinação e uma coleção dos Evangelhos e a designou de *Diatessarão*, ainda existente em alguns lugares...[11]

A obra de Taciano era tão popular que Efrém, um pai sírio, escreveu um comentário a seu respeito. Contudo, Teodoreto ordenou que destruíssem todas as cópias (cerca de duzentas) do *Diatessarão* porque temia o possível perigo de sua influência corruptora sobre os cristãos que usassem o texto de Taciano. Em seu lugar, Teodoreto apresentou outra tradução dos Evangelhos dos quatro Evangelistas. O comentário de Efrém e o *Diatessarão* em siríaco foram perdidos, mas uma tradução em armênio do comentário de Efrém sobreviveu,[12] assim como duas traduções em árabe do *Diatessarão*. Portanto, embora o *Diatessarão* original influenciasse de forma substancial a crítica textual do Novo Testamento, seu testemunho secundário e terciário dá respaldo apenas a materiais primários, já que fica evidente a influência tanto dos Textos Orientais quanto dos Ocidentais.

Manuscritos em siríaco antigo

O *Diatessarão* não era a única forma de apresentação dos Evangelhos usada pelas igrejas sírias. Entre os estudiosos, pelo menos, havia a tendência de ler os Evangelhos individualmente. Mesmo antes da época de Taciano, havia citações da Bíblia em siríaco por autores como Hegésipo, erudito judeu convertido ao cristianismo, durante o século 2. Esse texto dos Evangelhos em siríaco antigo, representante do tipo de texto Ocidental, sobreviveu em dois manuscritos: um pergaminho conhecido como Siríaco Curetoniano e um manuscrito palimpsesto conhecido como o Siríaco Sinaítico. Esses Evangelhos eram chamados de "O Evangelho dos Separados", indicando com isso que eram separados, e não entrelaçados, mas sugerindo também que havia outras "harmonias" disponíveis. O manuscrito Curetoniano remonta ao século 5 e foi assim chamado por causa de William Cureton, o homem que o descobriu em 1858. O Sinaítico é um manuscrito mais antigo, do século 4, embora por vezes esteja corrompido em

---

[11] Eusebius [Eusébio], *Ecclesiastical history* 4.29, Loeb Classical Library, 1:397 [edição em português: *História eclesiástica*, Série Patrística (São Paulo: Paulus, 2000), vol. 15].

[12] Veja Bruce M. Metzger, *The text of the New Testament*, p. 91-2, e do mesmo autor "Tatian's Diatessaron and a Persian harmony of the Gospels", in: *Chapters in the history of New Testament textual criticism*, p. 97-120, para uma análise detalhada sobre o assunto.

lugares em que o manuscrito Curetoniano não está. Esse manuscrito foi encontrado em 1892 por Agnes Smith Lewis e sua irmã gêmea, Margaret Dunlop Gibson, no Monastério de Santa Catarina, onde Tischendorf havia descoberto anteriormente o Codex ℵ. Embora haja diferenças nos manuscritos, eles representam a mesma versão de um texto que "é datado de fins do século 2 ou do início do século 3".[13] Nenhum outro texto do restante do Novo Testamento em siríaco antigo foi preservado, embora haja textos que foram reconstruídos.[14] De posse dessa informação, tudo indica que o siríaco antigo é muito mais importante para a reconstrução textual do que qualquer outra versão em siríaco.

Outras versões em siríaco

Há outras versões em siríaco que merecem um comentário, mas são, todas elas, versões mais recentes em relação às que já foram analisadas, e bem menos importantes para o crítico textual. Em 508, completou-se uma nova edição do Novo Testamento em siríaco que incluía os livros omitidos pela Peshitta (2Pedro, 2João, 3João, Judas e Apocalipse). Essa versão, na verdade, era uma revisão siríaca da Bíblia toda, feita pelo bispo rural (*chorepiskopos*) Policarpo, sob a direção de Zenaia (Filoxeno), bispo jacobita de Mabugo (Hierápolis), na Síria ocidental. Afirma Sir Frederic Kenyon:

> ... [essa] versão foi escrita em siríaco livre e idiomático. É a tradução de maior caráter literário entre todas do Novo Testamento nesse idioma. O texto grego por trás dela era constituído da grande massa de manuscritos tardios, o qual (conforme fica muito claro também com base em outras evidências) foi firmemente estabelecido como tipo de texto padrão na igreja de fala grega na época em que Policarpo preparava essa versão para Filoxeno.[15]

Esse texto é conhecido como versão siríaca filoxeniana e mostra que, somente no século 6, a igreja síria reconheceu a canonicidade de todos os livros do Novo Testamento.

---

[13] Metzger, *The text of the New Testament*, p. 69.
[14] Metzger, *The early versions of the New Testament*, p. 36-9. Essas reconstruções se baseiam em citações do texto encontradas nos escritos dos pais da igreja oriental.
[15] Kenyon, p. 165-6. Contudo, não há consenso entre os especialistas nesse ponto; e.g., Vaganay, Souter e Vööbus, cf. Greenlee, p. 49, nota 4. Veja tb. Metzger, *The early versions of the New Testament*, p. 63-5.

Em 616, Thomas de Harkel (Heracleia), bispo de Mabugo, reeditou a versão filoxeniana. É possível que ele tenha simplesmente acrescentado algumas notas nas margens ou revisado minuciosamente a edição anterior, tornando-a bem mais literal, um problema complexo demais para ser analisado a essa altura.[16] Essa versão é conhecida como heracleana, embora alguns estudiosos a considerem outra edição da versão filoxeniana. Seu "aparato de Atos é a segunda testemunha mais importante do Texto Ocidental, sendo ultrapassado nesse ponto unicamente pelo Codex Bezae".[17] A parte do Antigo Testamento dessa obra foi elaborada por Paulo de Tella.

O último texto siríaco a ser analisado é conhecido como a versão palestina siríaca. Essa tradução é conhecida sobretudo por meio de um lecionário dos Evangelhos, visto que nenhum livro do Novo Testamento está disponível de modo integral nessa versão. O texto provavelmente é do século 5 e sobrevive somente em fragmentos. A testemunha atual acerca do texto é encontrada em três lecionários dos séculos 11 e 12, que seguem o padrão dos lecionários gregos anteriores.

Versões coptas

O copta é a forma mais tardia da escrita egípcia antiga. Antes do cristianismo, a escrita egípcia recorreu à forma hieroglífica, hierática e demótica. A língua grega, que incorporou ao seu alfabeto sete caracteres demóticos, tornou-se a forma escrita dominante no início da era cristã. O termo "copta" parece derivar do grego *aigyptos*, provavelmente uma corruptela da palavra egípcia para "casa de Ptah". O termo derivado em árabe era *Kibt*, de onde proveio a forma europeia do nome. Esse sistema de escrita tornou-se conhecido como copta, e a Bíblia foi traduzida em seus vários dialetos.[18]

Saídico (tebaico)

O dialeto copta do Alto Egito (sul) era o saídico. Na região de Tebas, praticamente o Novo Testamento inteiro foi traduzido para o saídico no início do século 4. Já no início do século 3, partes do Novo Testamento foram traduzidas

---

[16] Veja as fontes mencionadas nas notas de rodapé 29 e 30 deste capítulo relativas a outros dados sobre essa questão.

[17] Metzger, *The text of the New Testament*, p. 71.

[18] A melhor análise dos itens que se seguem pode ser encontrada em Metzger, *The early versions of the New Testament*, p. 99-152; Metzger, *The text of the New Testament*, p. 78-81; e H. G. G. Herklots, *How our Bible came to us*, p. 72-4.

para esse dialeto. Os manuscritos nesse dialeto trazem as versões coptas mais antigas do Novo Testamento, conforme pode ser visto pelo fato de que Pacômio (c. 292-c. 346), o grande organizador do monasticismo egípcio, exigia que seus seguidores fossem diligentes no estudo das Escrituras. Como o saídico remete a tempos tão remotos no Egito, sua evidência para o tipo de texto tem valor considerável. Basicamente, o texto que toma por base é o Alexandrino, embora os Evangelhos e Atos sigam o tipo Ocidental. Trata-se, portanto, de um representante de um tipo de texto Misto ou Combinado.[19]

Boaírico (Menquítico)

No Baixo Egito (norte), em torno do delta do Nilo, outro dialeto copta era usado juntamente com o grego. Isso se deu na região de Alexandria, e sua centralidade para a história cristã se reflete no fato de que o boaírico se tornou o dialeto básico da igreja egípcia. As versões boaíricas aparecem pouco depois da saídica, provavelmente por causa do uso generalizado e permanente do grego na área do delta, tendo sobrevivido apenas em manuscritos tardios. O único manuscrito antigo que foi preservado é o códice do papiro Bodmer do Evangelho de João (Papiro Bodmer III). Embora severamente mutilado no início, está em uma condição muito melhor depois de João 4. O manuscrito lança luz adicional sobre dois problemas textuais: João 5.3*b*,4 e João 7.53—8.11.[20] "O protótipo grego da versão boaírica parece estar intimamente relacionado ao tipo de texto Alexandrino."[21]

Dialetos do egípcio médio

Na região entre Tebas e Alexandria, há uma terceira área de um dialeto copta. Foram descobertos fragmentos de dialetos do "egípcio médio", classificados como faiúmico, aquemímico e subaquemímico.[22] Não sobreviveu nenhum livro do Novo Testamento nesses dialetos, com exceção de João, que está quase completo. Um códice de papiro do século 4 em dialeto faiúmico contém João 6.11—15.11 e está mais próximo do Texto Saídico do que do Texto Boaírico.[23]

---

[19] Veja Metzger, *The early versions of the New Testament*, p. 133-7.
[20] Veja o cap. 26 para uma extensa análise sobre o problema textual de João 7.53—8.11.
[21] Ibidem, p. 137-8; Metzger, *The text of the New Testament*, p. 80.
[22] Metzger, *The early versions of the New Testament*, p. 138-41; Greenlee, p. 51.
[23] Este códice se encontra na Universidade de Michigan, em Ann Arbor, e suas afinidades com o saídico são de duas para uma em relação ao boaírico. Cf. Elinor M. Husselman, *The Gospel of John in Fayumic Coptic*.

Portanto, esses manuscritos parecem seguir o tipo de texto Alexandrino. O Antigo Testamento nos dois dialetos segue a LXX.

Outras versões

Versão etíope

Não é fácil averiguar o tempo e as circunstâncias da implantação da igreja na Etiópia. Um relato em Atos 8.26-39 fala da conversão do administrador etíope de Candace (ou rainha) da Etiópia e é entendido com frequência como elemento influente na introdução do cristianismo na Etiópia, mas há tradições conflitantes segundo as quais a evangelização da Etiópia teria sido realizada por diferentes apóstolos, entre eles Mateus, Bartolomeu ou André. Exceto por um breve comentário de Orígenes, a primeira evidência literária mais ou menos sólida sobre a presença do cristianismo na Etiópia é de fins do século 4, e por ela ficamos sabendo que essa evangelização ocorreu durante a época de Constantino, o Grande (c. 330). Seja como for, à medida que o cristianismo era introduzido na Etiópia, surgiu a necessidade de outra tradução da Bíblia.[24]

Embora não haja declaração oficial alguma sobre o assunto, o Antigo Testamento parece ter sido traduzido do grego para o etíope no início do século 4 d.C., com revisões feitas à luz do texto hebraico. Essa tradução parece ter sido completada por volta do século 7, ocasião em que o Novo Testamento foi traduzido. A tradução completa foi realizada, provavelmente, por monges sírios que haviam se mudado para a Etiópia durante a controvérsia monofisita nos séculos 5 e 6 paralelamente à ascensão do islã nos séculos 7 e 8. Pode-se avaliar a dimensão do impacto de sua influência no fato de que essa igreja se conservou monofisita até os dias de hoje.[25] Houve duas recensões do Novo Testamento etíope, "uma no século 5 e outra no século 12".[26] O texto da versão etíope foi influenciado posteriormente pelas versões copta e árabe, e talvez tenha se baseado em manuscritos siríacos, e não gregos. Esses manuscritos eram certamente um legado dos séculos 4 ou 5, e com isso reduzem o etíope a uma posição secundária no estudo do texto, já que trazem as marcas de sua mistura,

---

[24] Metzger, *The early versions of the New Testament*, p. 215-23.
[25] Pode-se ver a influência da igreja copta sobre sua equivalente na Etiópia nos manuscritos etíopes tardios.
[26] A. T. Robertson, *An introduction to the textual criticism of the New Testament*, p. 129; Greenlee, porém, afirma na p. 52 que foi no século 14.

embora sejam de origem basicamente Bizantina. O Antigo Testamento inclui os livros não canônicos de 1Enoque (1Enoque 1.9 é citado em Jd 14,15)[27] e o livro de Jubileus. Esses livros indicam a amplitude dos livros aceitos que foram incluídos na versão etíope, bem como seu caráter secundário de livros traduzidos, embora tenham sido revisados em conformidade com os manuscritos hebraicos. Mais de cem cópias de manuscritos sobreviveram, mas nenhuma delas é anterior ao século 13, e são de fontes tardias. Embora esses manuscritos pouco conhecidos mereçam um estudo mais detalhado, é provável que continuem a ser negligenciados por serem de data mais tardia.

Versão gótica

Não está claro exatamente quando o cristianismo penetrou nas tribos germânicas nas regiões dos rios Reno e Danúbio. O que se sabe com certeza é que a região foi evangelizada antes do Concílio de Niceia (325) porque Teófilo, bispo dos godos, estava entre seus participantes. Os godos eram uma das principais tribos germânicas, conforme pode ser visto claramente pelo papel que desempenharam nos acontecimentos do século 5. Na região do baixo Danúbio, os ostrogodos foram os primeiros entre aquelas tribos a serem evangelizados. Seu segundo bispo, Ulfilas (311-381), o "apóstolo dos godos", conduziu seus convertidos à terra conhecida hoje como a Bulgária. Ali ele traduziu a Bíblia grega para o gótico. Foi um acontecimento de grande impacto, sobretudo se Ulfilas tiver feito aquilo que geralmente se atribui a ele, isto é, a criação de um alfabeto gótico que lhe permitiu registrar a língua em forma escrita.[28] Seja como for, sua tradução do Antigo Testamento foi uma versão notavelmente fiel à Recensão Luciânica. Embora esse trabalho tenha sido realizado em meados do século 4 (c. 350), pouco resta do seu Antigo Testamento.[29] Os livros de Samuel e Reis não foram traduzidos porque o tradutor achava que esses livros "eram bélicos demais para serem transmitidos" às tribos góticas. Um volume muito maior da tradução do Novo Testamento feita por Ulfilas chegou até nós. É o monumento literário mais antigo que se conhece no dialeto germânico, mas não sobreviveu num manuscrito único completo. Essa tradução reflete

---

[27] É preciso distinguir este livro de 2 e 3Enoque. Veja Bruce, p. 171. Veja tb. Kenyon, p. 13-9, para uma análise sobre as características da identidade desses livros, uma vez que aparecem em vários formatos textuais.

[28] Metzger, *The early versions of the New Testament*, p. 375-8.

[29] De acordo com Archer, p. 52, somente Neemias 5—7 foi preservado no Codex Argenteus.

muito de perto, quase literalmente, o texto grego de tipo Bizantino, e pouco acrescenta ao crítico textual. O valor da versão gótica está no fato de que ela é a mais antiga obra literária na classe germânica, ao qual pertence o inglês.[30] Há cinco manuscritos fragmentários da versão gótica, e o mais conhecido deles é o Codex Argenteus, "o códice de prata". Trata-se de um texto escrito em velino cor de púrpura com letras de prata e algumas de ouro. Os demais manuscritos em gótico são palimpsestos, exceto uma folha de velino de um códice bilíngue em gótico e latim. O gótico, assim como o copta, é uma língua cujas letras foram pensadas expressamente para o registro escrito das Escrituras. Todos os manuscritos da versão gótica datam dos séculos 5 e 6 d.C. e propiciam uma tradução bastante literal dos Evangelhos em conformidade com a forma de texto Siríaca e Antioquena.[31]

Versão armênia

À medida que as igrejas sírias realizavam seu trabalho de evangelização nos primeiros séculos, elas contribuíam com várias traduções secundárias da Bíblia. As traduções são assim chamadas porque não foram feitas das línguas originais, mas de traduções dos originais. Uma das mais proeminentes é a tradução armênia, embora nem todos creiam que se trate de uma tradução de tradução. A Armênia reivindica para si a honra de ter sido o primeiro reino a aceitar o cristianismo como religião oficial. As Escrituras logo foram traduzidas para aquela língua. Há duas tradições básicas sobre a origem da versão armênia. Uma delas atribui a São Mesrop (m. 439), um soldado que se tornou missionário e que criou um novo alfabeto para ajudar Sahak (Isaque, o Grande, 390-439), a traduzir a Bíblia do texto grego. A outra tradição diz que Sahak a traduziu do texto siríaco. Embora haja méritos em ambas as tradições, a última é mais adequada à situação porque provém do sobrinho e discípulo do próprio Mesrop.[32] As versões armênias mais antigas foram revisadas antes do século 8 de acordo com "códices gregos confiáveis" levados para Constantinopla depois do Concílio de Éfeso (431). Essa revisão conquistou uma posição dominante sobre a do armênio antigo por volta do século 8 e ainda é o texto armênio

---

[30] Bruce, p. 216. Veja tb. a análise no cap. 30.

[31] Metzger, *The early versions of the New Testament*, p. 375-94; Metzger, *The text of the New Testament*, p. 82.

[32] Metzger, *The text of the New Testament*, p. 82-3; veja tb. Bruce, p. 212; Souter, p. 65-7; Robertson, p. 129, atribuiu uma tradução grega a Mesrop e uma tradução siríaca a Sahak.

comumente utilizado hoje.[33] Foi o texto revisado que ficou preservado como o manuscrito mais antigo do século 9. Portanto, o Texto Armênio não tem grande valor nas questões relativas à crítica textual, já que seu tipo de texto é ou Cesareiano ou Bizantino. Trata-se de uma questão que não foi suficientemente esclarecida, porém os Evangelhos tendem para o Texto Cesareiano.[34] O Antigo Testamento armênio foi traduzido pela primeira vez no início do século 5 e reflete a influência notável da Peshitta Siríaca, visto que sua versão da recensão hexaplárica foi revisada de acordo com ela.

Versão georgiana (ibérica)

A Geórgia, região montanhosa entre o mar Negro e o mar Cáspio, ao norte da Armênia, recebeu a mensagem cristã no século 4 e já em meados do século 5 contava com uma tradução própria da Bíblia. A mensagem do cristianismo passou da Armênia para a Geórgia, assim como a tradução da Bíblia.[35] Consequentemente, se o Antigo Testamento armênio era uma tradução da LXX ou da Peshitta Siríaca, e se o Novo Testamento era uma tradução do siríaco antigo, ambos seriam traduções secundárias, e a versão georgiana (traduzida do armênio) seria uma obra em terceira mão na melhor das hipóteses. Se as versões armênias fossem baseadas nos originais, a versão georgiana ainda assim seria uma tradução secundária, isto é, a tradução de uma tradução. A maior parte dos manuscritos da Bíblia georgiana indica que ela segue a mesma tradição textual da Bíblia armênia. Seu alfabeto, assim como o armênio e o gótico, foi desenvolvido expressamente objetivando a transmissão da Bíblia.

Versões nestorianas

Quando os nestorianos foram condenados no Concílio de Éfeso (431), Nestório (m. 451 d.C.), fundador do movimento, foi colocado em um mosteiro. Em consequência de uma transigência firmada, muitos de seus adeptos passaram para o campo adversário. Os nestorianos persas, porém, romperam com os demais e criaram uma igreja cismática. Eles se espalharam pelo centro e até mesmo o leste da Ásia no período subsequente e traduziram as Escrituras para várias línguas

---

[33] Greenlee, p. 51.

[34] Bruce, p. 212; Metzger, *The early versions of the New Testament*, p. 153-81; Metzger, *The text of the New Testament*, p. 83; Souter, p. 65-7.

[35] Metzger, *The early versions of the New Testament*, p. 182-214.

por onde passavam — são deles, por exemplo, as chamadas versões sogdianas.[36] Suas traduções se baseavam nas Escrituras siríacas, e não nos Testamentos em hebraico e grego. Restam poucos vestígios de sua obra, todos dos séculos 9 e 10 e de séculos posteriores, mas são evidências tardias e de terceira mão do texto. A sanha devastadora de Tamerlão, "o Flagelo da Ásia", quase exterminou os nestorianos já perto do final do século 14.

Versão arábica

Na esteira do surgimento do islã (depois da *Hégira*, ou fuga de Maomé, em 622), a Bíblia foi traduzida para o árabe do grego, siríaco, copta, latim e de várias combinações dessas versões. Não se sabe quem fez a primeira tradução das Escrituras para o árabe, e várias tradições atribuem essa honra a diferentes pessoas.[37] A mais antiga dessas numerosas traduções para o árabe parece proceder do siríaco, possivelmente do siríaco antigo, por volta da época da ascensão do islã como força significativa (c. 720). Maomé (570-632), o fundador do islã, conhecia a história do evangelho somente pela tradição oral calcada em fontes siríacas. Havia um Antigo Testamento em árabe que foi o resultado de uma tradução feita pelo erudito judeu Saadia Gaon (c. 930). Fora isso, o Antigo Testamento não estava padronizado em traduções árabes. Quanto à crítica textual, os manuscritos árabes, que se estendem do século 9 ao 13, oferecem pouca, se houver, ajuda ao crítico textual. Trata-se de traduções secundárias, com exceção do Antigo Testamento.

Versão eslavônica

Em meados do século 9, formou-se um império morávio no leste da Europa Central. Esse reino adotou o cristianismo, e os líderes de sua igreja usavam o latim em sua liturgia. Contudo, a população local não estava familiarizada com o latim, por isso Rostislav, o fundador do reino, pediu que fossem enviados padres eslavônicos para que conduzissem a liturgia na língua do povo. Naquela época, somente uma língua nativa era falada na região da Europa Oriental, o eslavônico. Em resposta ao pedido de Rostislav, o imperador Miguel III enviou dois monges de Bizâncio à Morávia. Eram dois irmãos, Metódio e Constantino.

---

[36] Metzger, *The early versions of the New Testament*, p. 279-82, identifica o sogdiano como uma língua iraniana média (persa) que teve na Ásia Central o mesmo papel do grego no mundo antigo, mas em escala muito menor.

[37] Ibidem, p. 257-68, analisa várias dessas tradições.

Este mudou de nome depois de entrar para o convento e se tornou mais conhecido pelo nome que assumiu: Cirilo. Os irmãos, naturais de Tessalônica, criaram um novo alfabeto para seu trabalho de tradução das Escrituras. Esse alfabeto, conhecido como alfabeto cirílico de 36 letras, ainda é usado em russo, ucraniano, servo-croata e búlgaro.[38] O alfabeto glagolítico, que foi substituído pelo cirílico no século 10, também é atribuído a Metódio e Cirilo, os "apóstolos dos eslavos". Pouco depois de meados do século 9, eles começaram a traduzir os Evangelhos para o eslavônico eclesiástico antigo. Seu Antigo Testamento foi considerado anteriormente tradução da LXX, embora evidências recentes indiquem que se tratava de uma tradução do latim. O Novo Testamento na versão eslavônica eclesiástica antiga segue basicamente o Texto Bizantino, mas apresenta muitos trechos dos tipos Ocidental e Cesareiano.[39] Os manuscritos eslavônicos conhecidos são, na maioria, lecionários, e a primeira versão pode ter sido nesse formato.[40]

Versões diversas

Há várias outras traduções e versões do texto bíblico que é preciso mencionar, embora seu testemunho seja de pouca ou nenhuma importância para o resgate do texto original do Novo Testamento. A versão núbia, por exemplo, surgiu com o cristianismo na região entre o Egito e a Etiópia. Atanásio (m. 373) sustenta que consagrou ao bispado certo Marcos, bispo de Filas, para onde os cristãos haviam acorrido ao deixar o Egito durante a perseguição de Diocleciano (302/303). Missionários foram formalmente enviados para a região durante o século 6. A versão núbia das Escrituras chegou até nós de forma fragmentária, e suas afiliações textuais são difíceis de determinar com precisão dada a escassez de fragmentos. Uma análise das variantes textuais revela que a versão núbia concorda com o Textus Receptus em oposição ao texto de Westcott e Hort ou segue uma tradição Ocidental e/ou Cesareiana.[41] Duas antigas versões persas dos Evangelhos são conhecidas, mas se trata de traduções de uma versão do

---

[38] Thomas Pyles, *The origins and development of the English language*, p. 98-9, e Albert C. Baugh, *A history of the English language*, p. 33ss., para a análise desse e de outros tópicos relacionados.

[39] Veja Metzger, *The text of the New Testament*, p. 85. Veja tb. Metzger, *Chapters of the New Testament*, p. 73-96, para uma análise completa da versão eslava. Metzger, *The early versions of the New Testament*, p. 395-442, relaciona estudos passados e atuais do eslavo eclesiástico antigo para mostrar que esses textos têm pouco mérito para a crítica textual em razão de suas origens tardias e secundárias.

[40] Greenlee, p. 53-4.

[41] Metzger, *The early versions of the New Testament*, p. 268-74.

século 14 baseada na tradução síria[42] e em uma versão tardia calcada no texto grego. A última obra tem alguma afinidade com o Texto Cesareiano, mas é pouco usada na crítica textual.[43] Há uma versão anglo-saxã, com numerosas cópias, traduzida da Vulgata Latina, porém ela e as antigas versões alemãs serão analisadas no capítulo 30. "Um fragmento de manuscrito do século 8 preserva partes de Mateus em franconiano, uma língua da região ocidental-central da Europa, com franconiano e latim lado a lado em páginas opostas."[44] Com isso, chegamos ao fim do levantamento de antigas versões e traduções contendo o Antigo e o Novo Testamentos, com exceção da versão da Vulgata Latina e seus antecedentes. Essa tradição será objeto do próximo capítulo.

Resumo e conclusão

A miríade de antigas versões da Bíblia mostra não somente a universalidade do cristianismo, como também a antiguidade do texto bíblico. Essas versões antigas constituem algumas das primeiras cópias do cânon completo das Escrituras e, em muitos casos, tornam obsoletas as cópias dos manuscritos em grego. A igreja síria, por exemplo, começou sua Peshitta no século 2. O *Diatessarão* de Taciano remonta a uma época anterior a 170 d.C. Pouco depois dessa época, no século 3 e seguintes, outras versões começaram a aparecer no Egito e na região próxima do mar Mediterrâneo. Portanto, a antiguidade das versões em etíope, copta, saídico, boaírico, gótico, arábico e outras são ampla evidência da presença da Bíblia toda durante os séculos 2, 3 e 4. Essas versões antigas do texto bíblico também constituem outro elo valioso na obra de reconstrução do texto original das Escrituras.

---

[42] Metzger, *The early versions of the New Testament*, p. 274-9, analisa a versão persa antiga; nas p. 17-9 dessa mesma obra, ele considera o Diatessarão persa o texto tardio de Taciano que merece a atenção dos estudiosos da Bíblia, já que se baseou em um original siríaco.

[43] Veja o capítulo de Metzger em M. M. Parvis; A. P. Wikgren, orgs., *New Testament manuscript studies*, p. 25-68. Veja tb. Metzger, *The early versions of the New Testament*, p. 274-9, e do mesmo autor *The text of the New Testament*, p. 85-6.

[44] Greenlee, p. 54.

29
Versões latinas dos textos do Antigo e do Novo Testamentos

O cristianismo ocidental produziu apenas uma grande tradução das Escrituras durante a Idade Média, a Vulgata Latina, que estava destinada a reinar de forma inconteste por mil anos. É claro que houve precursores da grande Vulgata de Jerônimo, que devemos analisar primeiramente.

OS PRECURSORES EM LÍNGUA LATINA

O cenário linguístico no Império Romano

Antes de traçarmos um quadro preciso dos precursores da Vulgata Latina, é necessário chamar a atenção para o contexto linguístico do mundo antigo em geral e do Império Romano em particular.[1] Uma vez que a estrutura geográfica teve papel de destaque nos aspectos linguístico e cultural da vida, faz sentido analisar os últimos aspectos com base nos primeiros.

O Oriente Próximo. As condições do Oriente Próximo têm sido bastante variadas no que diz respeito às línguas, à política e às sociedades da região. Várias línguas eram faladas na região da Palestina e da Ásia Menor em qualquer momento do passado remoto, mas houve vários períodos em que a língua oficial das regiões em questão passou por mudanças radicais. A maior parte das línguas importantes da família semítica foi analisada (veja o cap. 18), mas é necessário apresentar os períodos de domínio em ordem cronológica para que se tenha uma perspectiva geral do estudo da transmissão da Bíblia. Depois do Cativeiro Babilônico, no século 6 a.C., o aramaico tornou-se a língua oficial da Palestina. Esse idioma foi usado nos escritos dos escribas já na época

---

[1] Veja a análise e o quadro no cap. 30.

de Esdras (Ne 8.1-8).² Foi o aramaico que suscitou o surgimento dos Targuns durante o período dos soferins (c. 400 a.C.-c. 200 d.C.) e da Guemará mais à frente durante o período talmúdico (c. 100-500 d.C.).³ O aramaico era falado comumente na Palestina durante a vida de Cristo e de seus discípulos, tendo suplantado o hebraico entre os judeus no que diz respeito à sua vida religiosa.

Depois das campanhas de Alexandre, o Grande (335-323 a.C.), a língua grega tornou-se a língua oficial nos territórios conquistados. Boa parte desse território foi posteriormente incorporada ao Império Romano, que se estendeu até a parte oriental do mar Mediterrâneo. O grego helênico prevaleceu como língua oficial do Oriente Próximo nos impérios dos ptolomeus e selêucidas no Egito e na Síria, respectivamente, e até mesmo na Palestina durante a independência asmoneia (143-63 a.C.). Iniciando com a morte de Átalo III (133 a.C.), quando o reino de Pérgamo foi deixado como herança para Roma, e terminando em 63 a.C., quando o Oriente foi incorporado à República Romana, a língua latina foi se espalhando paulatinamente como "língua militar" no Oriente Próximo.

Grécia. Os vários dialetos do grego helênico⁴ estavam relacionados a três ondas migratórias em direção à parte sudeste da península dos Bálcãs durante o segundo milênio a.C. Foi para lá que acorreram jônios, aqueus e dórios. Os jônios foram expulsos muito cedo e obrigados a se estabelecer do outro lado do mar Egeu.⁵ Mais tarde, outros gregos emigraram e/ou fundaram colônias no Oriente Próximo, norte da África e até no sul da Itália e nas ilhas do Mediterrâneo. Os gregos estavam divididos em uma série de pequenos Estados, e o que os unia era o idioma comum. Os dórios tornaram seu dialeto bastante conhecido, porém foi o dialeto ático que ganhou a maior fama. O dialeto ático ganhou constituição própria em decorrência do grande exemplo singular de unificação dos gregos, de seu esforço conjunto contra os persas (490-480 a.C.), que eram liderados por Dario I e por seu filho Xerxes.⁶ Nos cinquenta anos

---

²Veja o cap. 18.

³Veja o cap. 27.

⁴*Helênico* deriva de *Hellene*, nome aplicado aos gregos por eles mesmos. *Hellene* tem origem no termo grego para Grécia, *Hellas*.

⁵Ao entrarem em contato com os povos do Oriente Próximo, foram chamados de jônios, e essa designação passou a ser usada para referir-se a todos os gregos. O hebraico *javan* (Gn 10.2,4; Is 66.19; Ez 27.13) é o equivalente do grego *ion*, ancestral dos jônios.

⁶Xerxes I, conhecido na Bíblia como Assuero (Ed 4.6; Et 1.1), reinou sobre a Pérsia de 486 a.C. a 464 a.C.

que se seguiram, o Império Ateniense expandiu-se, mas foi derrotado pelos espartanos durante a Guerra do Peloponeso (431-404 a.C.). As cidades-estados independentes tomaram rumos diferentes outra vez, mas depararam com Filipe da Macedônia (c. 359-336 a.C.), que se propôs a reunificá-las. Ele foi morto, e seu filho mais novo, Alexandre (356-323 a.C.), esmagou as revoltas entre as cidades-estados gregas em 335 a.C. Sob seu domínio, o período helênico entra no que se convencionou chamar de Era Helenística.[7] Essa era se caracterizou pelo desenvolvimento intencional da cultura e da civilização gregas nas regiões conquistadas por Alexandre. A língua usada na sociedade helenística era derivada de uma mistura de vários dialetos dos gregos, resultando em uma nova "linguagem comum" (dialeto coiné), à medida que as cidades-estados gregas perderam suas antigas diferenças ao serem unificadas sob Alexandre. O mestre--filósofo de Alexandre teve papel essencial no desenvolvimento dessa nova coiné grega. Trata-se do célebre Aristóteles (384-322 a.C.), que é mais lembrado por sua obra nas áreas de política, zoologia, metafísica e método filosófico do que por seus esforços linguísticos. Embora o grego coiné fosse uma miscelânea de vários dialetos, baseava-se primordialmente no ático.

Depois da morte de Alexandre, essa nova língua se tornou a língua oficial do Mediterrâneo Oriental. Foi esse exatamente o dialeto usado na tradução da Septuaginta em Alexandria (c. 250-150 a.C.). Com a ascensão de Alexandre, seu *Koinē dialektos* se tornou a língua oficial da Grécia e assim permaneceu mesmo depois que Roma passou a incursionar pelo Oriente Próximo e pelo Egito. O latim era usado pelos militares na Grécia, especialmente depois da Batalha de Ácio (31 a.C.). Foi nessa batalha que Marco Antônio e Cleópatra foram derrotados por Otaviano. Entre 31 e 27 a.C., Otaviano estava ocupado consolidando suas vitórias e convertendo a República Romana no Império Romano. Os gregos haviam investido suas energias em atividades independentes e não mais desempenhavam um papel de liderança. Sua era de ouro agora era de prata, e sua cultura não era mais helênica, e sim helenística.

Itália. Durante o século 1 a.C., e nos séculos que se seguiram, todas as estradas efetivamente levavam a Roma. Ali estava o centro do maior império que o Ocidente já vira. Sua ascensão contínua rumo ao progresso se deu a partir do século 10 a.C., antes da fundação da cidade em si (c. 753 a.C.). Por volta de

---

[7] *Helênico* aplica-se à cultura grega da Era Clássica, ao passo que *helenista* se refere à cultura grega transportada para fora da Grécia na esteira de Alexandre, o Grande.

509 a.C., os reis Tarquínios foram expulsos da cidade, nascendo assim a República Romana. A partir de então, a principal cidade do Lácio começou a estender seu território de quase 777 m² ao longo do rio Tibre até controlar, juntamente com seus aliados, a maior parte da península Itálica (c. 265 a.C.). Com isso, a língua do *Latium* (o latim) tornou-se a língua comum dos romanos. Concluída a unificação da península, Roma entrou em conflito com Cartago, colônia fenícia na África, o que deu origem às Guerras Púnicas (264-146 a.C.). Essa série de guerras não havia chegado ainda à metade quando Roma se viu envolvida, na região sudeste do Mediterrâneo, nas Guerras Ilíricas e Macedônicas (c. 229-148 a.C.). Por volta de 148 a.C., a Macedônia era uma província romana e, em 133 a.C. (quando Átalo III, de Pérgamo, falece e deixa seu reino para Roma), Roma se envolve no Oriente Próximo. Com essas intrusões, veio a língua militar e comercial de Roma, o latim, embora nunca tenha efetivamente se tornado a língua oficial no Oriente.

Na Itália, especialmente em Roma, as pessoas eram totalmente bilíngues, mesmo os escravos (em geral, gregos) e os homens livres. A língua literária das classes superiores era com frequência o grego, e até mesmo a literatura latina seguia o padrão da literatura grega. A língua dos militares e do mercado era o latim, e essa era a língua oficial, porque era a língua nativa. Durante os primeiros anos da igreja, os cristãos em Roma eram predominantemente de fala grega, conforme demonstrado em livros como o de Romanos, de Paulo, e *Coríntios*, de Clemente de Roma. Só mais tarde os cristãos ocidentais passaram a usar o latim como o idioma de seus escritos. Em fins do século 4 e início do 5 d.C., as tribos germânicas usavam o latim informal, e não o grego, mais literário. Este ponto é facilmente compreensível quando nos lembramos de que as tribos germânicas estavam em contato mais próximo com as legiões e mercadores romanos muito antes de ter acesso à sua literatura.

África. Os idiomas básicos do norte da África eram o grego e o latim. O grego esteve em voga no Egito entre os ptolomeus. Foi em Alexandria que o Antigo Testamento hebraico foi submetido a uma tradução para o grego, e foi lá também que se preservou uma vasta literatura grega. Mais para o oeste, o latim era a língua básica no Império Romano em razão de contatos militares, comerciais e administrativos dos romanos já desde a época das Guerras Púnicas. À medida que os romanos se estabeleciam mais firmemente no norte da África, sua língua nativa foi se tornando a língua oficial proeminente daquela província. Foi essa língua que Tertuliano, que na verdade escreveu tanto em grego quanto em latim, Cipriano e outros usaram para escrever suas mensagens aos cristãos daquela região. Portanto, a igreja mais antiga no perímetro de todo o Império Romano usava o grego como língua literária, e só posteriormente a literatura latina se tornou necessária e difundida.

A antiga versão latina

Embora o latim fosse a língua oficial, bem como a língua (comum) do mercado no Ocidente, o grego reteve sua posição de língua literária em Roma e no Ocidente até o século 3 d.C. Por volta do século 3, muitas versões das Escrituras em latim antigo já circulavam no norte da África e na Europa, sinal de que os cristãos locais haviam começado a expressar o desejo de ter as Escrituras em latim já no século 2. As raízes da versão ou versões em latim antigo podem ser encontradas, sem dúvida, na prática da dupla leitura das Escrituras nos cultos religiosos, primeiramente no texto grego (a Septuaginta para o Antigo Testamento) e em seguida em língua vernácula. A leitura era feita, provavelmente, em seções mais ou menos breves, uma depois da outra, assim como os judeus estavam habituados à inserção do Targum Aramaico na leitura das Escrituras hebraicas. Uma das traduções cristãs mais antigas que se conhece é a tradução em latim antigo (feita antes de c. 200 d.C.). Embora não se tenham informações precisas acerca da tradução em latim antigo, é possível fazer várias conjecturas a esse respeito.[8] Tratava-se, na verdade, de uma tradução da Septuaginta, o que faz dela uma tradução secundária, e não uma versão, cuja origem remete provavelmente ao norte da África. Era muito citada e usada nessa região e pode ter sido a tradução do Antigo Testamento citada por Tertuliano (c. 160-c. 220) e Cipriano (c. 220-258). Os livros Apócrifos não revisados dessa tradução foram, ao que tudo indica, acrescentados relutantemente à versão do Antigo Testamento da Vulgata de Jerônimo. O restante do Antigo Testamento caiu em desuso com o surgimento da Vulgata de Jerônimo. Nada mais resta a não ser citações e fragmentos do texto do latim antigo do Antigo Testamento,

---

[8] É provavelmente um erro considerar a "Ítala" precursora da Vulgata; cf. H. S. Miller, *A general biblical introduction*, p. 237, a quem Merrill F. Unger aparentemente segue, *Introductory guide to the Old Testament*, p. 170-1. Parece melhor considerar a referência de Agostinho à versão da "Ítala" como uma simples referência ao Novo Testamento da Vulgata. Cf. Sir Frederic G. Kenyon, *Handbook to the textual criticism of the New Testament*, p. 213-6. Veja tb. F. F. Bruce, *The books and the parchments*, p. 203-9; Bruce M. Metzger, *The text of the New Testament*, p. 72-3; Bruce M. Metzger, *The early versions of the New Testament: their origin, transmission and limitations*, p. 285-330; Sir Frederic G. Kenyon, *The text of the Greek Bible*, p. 145-57.

e, como se tratava simplesmente da tradução de uma tradução, seu valor para a crítica textual é mínimo, na melhor das hipóteses.

A versão em latim antigo do Novo Testamento, porém, é uma questão totalmente diferente, já que sobreviveram em torno de 27 manuscritos dos Evangelhos, além de sete de Atos, seis das cartas paulinas, bem como fragmentos das Cartas Gerais e do livro de Apocalipse.[9] Embora não exista nenhum códice de todo o Novo Testamento, as testemunhas dos manuscritos são datadas dos séculos 4 a 13, indicando assim que a versão em latim antigo continuou a ser copiada muito depois de ter sido substituída pela Vulgata no uso geral. O fato de que, mais tarde, a antiga versão em latim acabou sendo superada em definitivo pela Vulgata, resultou na escassez e na impureza do texto mais antigo. Contudo, as fontes em latim antigo remetem a uma data mais remota e representam, no mínimo, dois ou, possivelmente, três textos diferentes.[10] O texto africano foi o que Tertuliano e Cipriano usaram; já o texto europeu é encontrado nos escritos de Ireneu e de Novaciano, "ao passo que o texto italiano aparece de forma conspícua em Agostinho (354-430)".[11] Em face da evidência acima, é fácil ver que os textos africano e europeu da versão em latim antigo surgiram antes do início do século 3. A versão italiana, se é que era diferente da Vulgata, apareceu provavelmente cerca de dois séculos depois, mas as variantes textuais entre os manuscritos tornam praticamente impossível determinar uma história plausível do texto. Talvez esse seja um fator que contribua para que "os estudiosos atuais prefiram falar da Bíblia em latim antigo ou da pré-Vulgata, embora, para que fossem rigorosamente precisos, tivessem de falar de versões em latim antigo".[12] Portanto, as versões em latim antigo estão entre as evidências mais importantes no que diz respeito à condição do texto do Novo Testamento em tempos remotos. A multiplicidade de textos surgidos nos séculos 3 e 4 levou a uma situação intolerável em fins do século 4, e, em decorrência disso, Dâmaso, o bispo de Roma (366-384), encarregou Jerônimo, em 382, de fazer uma revisão do texto em latim antigo. A testemunha mais importante do texto africano é o Codex Bobiensis, que representa uma tradução livre e pouco lapidada do original, pode

---

[9]Bruce, p. 203.

[10]Sir Frederic G. Kenyon, *Our Bible and the ancient manuscripts*, p. 171-3, analisa em detalhes essa questão, assim como Metzger, *The early versions of the New Testament*, p. 290-3.

[11]Kenyon, *Our Bible and the ancient manuscripts*, p. 171. Metzger, *The early versions of the New Testament*, p. 293, expressa menos certeza sobre o assunto do que Kenyon.

[12]Metzger, *The early versions of the New Testament*, p. 293.

ter se originado de um papiro do século 2.[13] Esse códice é chamado de "k" no aparato crítico de Mateus e Marcos. O texto europeu do latim antigo está mais bem representado pelo Codex Vercellensis (a) e pelo Codex Veronensis (b), que representam uma tradução mais polida e literal do texto original. Acredita-se que o primeiro tenha sido escrito por Eusébio de Vercelli (m. 370 ou 371); já o último apresenta o mesmo tipo de texto que o usado por Jerônimo. Esses dois códices contêm a maior parte dos Evangelhos; a propósito, a organização em "b" é a seguinte: Mateus, João, Lucas e Marcos, ao passo que "a" segue a ordem comum.[14]

A célebre versão da Vulgata Latina

Conforme indicamos acima, a revisão das Escrituras para o latim tornou-se necessária durante a última metade do século 4. Em 382 d.C., Jerônimo foi encarregado pelo bispo de Roma de revisar o texto em latim antigo.

Autor da tradução

Sophronius Eusebius Hieronymus (c. 340-420), mais conhecido como São Jerônimo,[15] nasceu de pais cristãos em Estridão, na Dalmácia. Cursou a escola local até ser enviado a Roma com a idade de 12 anos. Estudou latim, grego e autores pagãos nos próximos oito anos, convertendo-se ao cristianismo aos 19 anos. Depois do seu batismo pelo bispo de Roma, Jerônimo dedicou-se a uma vida de rígida abstinência e de serviço ao Senhor. Passou vários anos em busca de uma vida semiascética e, mais tarde, de uma vida de eremita. Para tanto, viajou para o Oriente, a sudoeste de Antioquia, onde contratou um rabino judeu para que lhe ensinasse hebraico (374-379). Foi ordenado presbítero em Antioquia e seguiu para Constantinopla, onde estudou sob a direção de Gregório de Nazianzo. Em 382, Dâmaso, bispo de Roma, chamou Jerônimo para ser seu secretário e o encarregou de fazer a revisão da Bíblia Latina. Dâmaso escolheu Jerônimo para o trabalho dadas as qualificações deste, as quais faziam dele um estudioso extraordinário. Jerônimo provavelmente aceitou a tarefa para agradar

---

[13] Metzger, *The text of the New Testament*, p. 73.

[14] Metzger, *The early versions of the New Testament*, p. 295-330, 461-4, cataloga e classifica o *corpus* dos manuscritos em latim antigo em uma "Lista de Controle de Manuscritos em Latim Antigo do Novo Testamento" e seus "Adendos".

[15] Veja C. S. C. Williams, "Jerome", in: G. W. H. Lampe, org., *The Cambridge history of the Bible*, vol. 2: *The West from the fathers to the Reformation*, p. 80-101.

o bispo, já que tinha conhecimento da forte oposição que sua tradução despertaria entre os menos instruídos.

Data da tradução

Jerônimo foi incumbido da tarefa em 382 e começou a trabalhar imediatamente.[16] Em 405, concluiu a tradução do Antigo Testamento. Os últimos quinze anos de vida passou escrevendo, traduzindo e supervisionando os monges sob sua direção em Belém. Ele deu pouca importância aos Apócrifos e traduziu nos anos finais de sua vida, relutante e às pressas, partes desses livros: Judite, Tobias e o restante de Ester, além dos acréscimos a Daniel. Portanto, a versão em latim antigo dos Apócrifos só foi acrescentada à versão da Vulgata do Antigo Testamento na Idade Média "por cima do seu cadáver".

A pedido de Dâmaso, Jerônimo fez uma ligeira revisão dos Evangelhos, concluída em 383. Quando apresentou a Dâmaso seu trabalho, Jerônimo escreveu o seguinte:

> Insistes comigo para que eu revise a antiga versão latina e, por assim dizer, que me posicione para julgar as cópias das Escrituras que hoje estão espalhadas pelo mundo todo; e, embora difiram umas das outras, queres que eu decida quais delas concordam com o original grego. É obra piedosa esta, mas ao mesmo tempo arriscada e presunçosa, uma vez que, ao julgar os outros, devo me contentar em ser julgado por todos. [...] Há algum homem, instruído ou inculto, que, ao tomar este livro em suas mãos, e perceber que aquilo que lê não corresponde a seus gostos adquiridos, não irrompa imediatamente em linguajar hostil e me chame de falsário e profano por ter a audácia de acrescentar qualquer coisa a livros antigos, ou por fazer mudanças ou correções neles? Restam agora duas reflexões consoladoras que me permitem suportar esse ódio: em primeiro lugar, a ordem vem do senhor, que é o bispo supremo; e, em segundo lugar, mesmo à vista daqueles que nos injuriam, textos que variam em relação a cópias antigas não podem estar certos.[17]

---

[16] Metzger, *The early versions of the New Testament*, p. 330-62, analisa Jerônimo e sua obra, os manuscritos da Vulgata que merecem atenção, impressões importantes da Vulgata e problemas relativos ao trabalho de tradução de Jerônimo. Em seguida, o autor apresenta uma tradução (do alemão) de Bonifatius Fischer, "Limitations of Latin in representing Greek", p. 362-74.

[17] "Preface", in: Jerome [Jerônimo], *The four Gospels*, cf. citado em Philip Schaff; Henry Wace, orgs., *The Nicene and post-Nicene fathers*, 2. série, 6:487-8.

22. Acredita-se que Jerônimo tenha traduzido a Vulgata enquanto morava em uma caverna sob a atual Igreja da Natividade em Belém. Para celebrar esse fato, foi erguida uma estátua de Jerônimo no pátio da igreja (Howard F. Vos)

O texto em latim usado por Jerônimo para essa revisão não é conhecido, mas é provável que fosse de tipo europeu, tendo sido corrigido de acordo com um manuscrito grego que seguia, ao que parece, o Texto Alexandrino.

Pouco depois de completar a revisão dos Evangelhos, o patrono de Jerônimo faleceu (384), e um novo bispo foi eleito. Jerônimo, que havia aspirado à Santa Sé, e também revisado rapidamente o chamado Saltério Romano, voltou ao Oriente e estabeleceu-se em Belém. Antes de ir, porém, fez uma revisão ainda mais superficial no restante do Novo Testamento. A data exata dessa revisão é desconhecida, e houve quem duvidasse, até mesmo, de que Jerônimo tivesse realizado essa obra.[18]

---

[18]Metzger, *The text of the New Testament*, p. 76, menciona De Bruyne, Cavallera e B. Fischer, mas acrescenta que essa não é a visão mais aceita.

Logo em seguida, Jerônimo voltou sua atenção para uma revisão mais cuidadosa do Saltério Romano, completando-a em 387. Essa revisão é conhecida como Saltério Gálico e é a versão de Salmos usada atualmente na versão da Vulgata. Também tem sido a versão usada nas celebrações católicas romanas até recentemente.[19] Essa versão do Saltério se baseava, na verdade, na quinta coluna da *Héxapla* de Orígenes, portanto apenas uma tradução, e não uma versão.

Tão logo concluiu o Saltério, Jerônimo começou uma revisão da Septuaginta, mas esse não era seu objetivo no primeiro momento. Enquanto estava em Belém, Jerônimo decidiu aperfeiçoar seu conhecimento na língua hebraica, de modo que pudesse fazer uma nova tradução do Antigo Testamento diretamente da língua original. Embora seus amigos e admiradores aplaudissem sua decisão, os que estavam mais distantes dele suspeitavam que ele estivesse se judaizando, indignando-se até mesmo porque "ele lançava dúvidas sobre a inspiração divina da Septuaginta".[20] A primeira parte do texto hebraico a ser traduzido foi o Saltério Hebraico de Jerônimo, baseado no texto hebraico então em uso na Palestina. Essa tradução jamais conseguiu superar e substituir a tradução gálica anterior de Jerônimo, ou mesmo seu Saltério Romano usado na liturgia. Jerônimo insistiu em sua tradução do Antigo Testamento hebraico, apesar da oposição e até mesmo do seu estado de saúde. Em seus muitos prefácios, investia contra os opositores de sua obra porque tratavam o assunto de forma irracional. Por fim, por volta de 405, a tradução latina baseada no hebraico estava pronta, mas não foi acolhida prontamente. Contudo, seu trabalho de revisão prosseguiu depois de concluída a tradução do Antigo Testamento.

Local da tradução

Jerônimo havia feito sua revisão dos Evangelhos, do Saltério Romano e seu trabalho apressado do restante do Novo Testamento em Roma. Tudo isso antes da eleição do sucessor de Dâmaso, Sirício (384-398), para a sé episcopal romana. Na ocasião, Jerônimo saiu de Roma com seu irmão, alguns monges e sua nova patronesse, Paula, acompanhada da filha, Eustóquia. Ele partiu de Roma numa

---

[19] Bruce, p. 205, nota 2, indica que a revisão anterior do Saltério Romano, de Jerônimo, é empregada pela Igreja Católica em Roma. Recentemente, passou-se a utilizar a língua vernácula, ainda que baseada na Vulgata.

[20] Philip Schaff, *History of the Christian church*, 3:974, nota 3, cita os termos usados, "*Falsarius, sacrilegus, et corruptor Scriptura*".

peregrinação "da Babilônia a Jerusalém, porque Jesus, e não Nabucodonosor, deveria reinar sobre ele".[21] Em Belém, enquanto Paula dirigia um convento, ele dirigiu um monastério de 386 até sua morte, em 420. Foi durante esses anos que estudou hebraico, revisou o Saltério Romano, traduziu o Antigo Testamento hebraico, começou a revisar sua obra e iniciou a tradução dos Apócrifos. A última obra foi feita de forma muito relutante, visto que tinha pouco respeito por esses livros. Foram seus sucessores que inseriram a versão em latim antigo dos Apócrifos em seu Antigo Testamento da Vulgata.

23. Revisão da Vulgata por Alcuíno no século 9 (com permissão da British Library)

Propósito da tradução

Dâmaso, bispo de Roma (366-384), demonstrava um grande interesse pelas Escrituras, bem como pelos eruditos com os quais fazia amizade e patrocinava. Movido por esse duplo interesse, fica logo evidente que ele bem depressa se preocuparia com o fato de que a diversidade de versões, traduções, revisões e recensões da Bíblia por volta de meados do século 4 exigia uma nova edição das Escrituras imbuída de autoridade. Isso se aplica especialmente à luz do fato de que a igreja no Ocidente havia demonstrado, e sempre demonstrou, uma atitude de conformidade externa que era praticamente desconhecida, e certamente incomum, na igreja do Oriente. Vários fatores exigiram uma tradução nova e normativa, conforme veremos rapidamente abaixo.

Confusão nos textos latinos. Havia muita confusão nos textos latinos da Bíblia. A diversidade na língua latina por si só era resultado de cópias e cópias de cópias dos textos por meios independentes e não autorizados, ou formais e informais. Exemplo disso é Tertuliano, que escreveu igualmente bem tanto

---

[21] Ibidem, p. 212.

em grego quanto em latim. De modo geral, ele costumava citar o texto africano da versão em latim antigo quando redigia seus muitos tratados, mas não era incomum que fizesse no momento uma tradução própria *in loco* do texto grego para o latim. Essa prática causou problemas infindáveis para aqueles que têm tentado identificar o texto por trás dos escritos de Tertuliano e de outros.

Havia muitas traduções. Eram inúmeras as traduções das Escrituras. A situação no âmbito da língua latina, que rapidamente estava se tornando a língua oficial da igreja, não era a única que exigia um texto novo e imbuído de autoridade. Tomemos, por exemplo, o caso do Antigo Testamento. No tempo de Jerônimo,

> as pessoas liam o Antigo Testamento na recensão de Luciano se morassem no norte da Síria, na Ásia Menor ou na Grécia; liam o texto de Hesíquio se estivessem no delta ou no vale do Nilo; a edição hexaplárica de Orígenes se morassem em Jerusalém ou em Cesareia.[22]

Acrescente-se a isso dois textos básicos em latim antigo, o africano e o europeu, e não é de espantar que o bispo de Roma quisesse uma tradução nova e imbuída de autoridade na qual pudesse basear as doutrinas oficiais da igreja.

Heresias e disputas. Surgiam no império incontáveis heresias e disputas com os judeus. Muitos grupos heréticos que apareceram nos séculos 2, 3 e 4 — por exemplo, marcionitas, maniqueístas, montanistas — baseavam suas doutrinas em traduções/cânones próprios da Bíblia. A controvérsia ariana culminou com o Concílio de Niceia (325), e o Concílio de Constantinopla (I) (381) foi seguido pelo Concílio de Éfeso (431), que se reuniu uma década apenas depois da morte de Jerônimo. O fato de Jerônimo ter se deparado com uma oposição tão intensa quando começou a traduzir o Antigo Testamento hebraico respalda a opinião segundo a qual havia conflitos entre cristãos e judeus. Contudo, a razão mais óbvia para a necessidade de uma tradução do Antigo Testamento baseada no hebraico se devia ao erro defendido por muitos, até mesmo Agostinho, de que a Septuaginta efetivamente era a Palavra de Deus inspirada e inerrante. Essa visão levou ao quarto fator para que se fizesse uma tradução da Bíblia nova e imbuída de autoridade.

A necessidade de um texto normativo. As inúmeras necessidades decorrentes daquela situação exigiram um texto normativo das Escrituras cristãs que fosse

---

[22] Henry Barclay Swete, *An introduction to the Old Testament in Greek*, p. 85.

erudito, autêntico e imbuído de autoridade que facilitasse as atividades missionárias e de ensino da igreja. Além disso, para defender a posição doutrinária do movimento conciliar, era preciso que houvesse um texto imbuído de autoridade. A transmissão das cópias das Escrituras para as igrejas no império exigia que houvesse garantias de que o texto fosse fidedigno (autêntico). Contudo, embora Jerônimo estivesse evidentemente qualificado para a tarefa, sua revisão do Novo Testamento estava longe de ser tão adequada quanto sua revisão do Antigo Testamento, já que se mostrou menos inclinado a revisar os textos disponíveis depois das reações iniciais ao seu trabalho nos quatro Evangelhos.

Reação à tradução

Quando Jerônimo publicou suas revisões dos quatro Evangelhos, foi incisivamente criticado. Contudo, como seu trabalho havia sido patrocinado pelo bispo de Roma, a oposição foi silenciada. O fato de que Jerônimo estava ainda menos disposto a alterar o restante do Novo Testamento em sua revisão é sinal de que ele talvez soubesse da morte iminente de seu patrono, e quis que sua revisão fosse amena o bastante para ter a aprovação de seus críticos no caso da morte de seu benfeitor. O fato de que deixou Roma no ano seguinte à morte de Dâmaso reforça esse ponto de vista. O Saltério Romano continuou a ser o texto oficial da igreja em Roma, mostrando assim onde a tradução de Jerônimo foi usada pela primeira vez e o reconhecimento já àquela altura de sua erudição. A aceitação de seu Saltério Gálico nas igrejas fora de Roma mostra a influência dos que eram críticos em relação à sua obra anterior feita a pedido de Dâmaso.

Quando Jerônimo começou a estudar hebraico em Belém, e depois de traduzir o Saltério Hebraico, acusações incisivas foram levantadas contra ele. Foi acusado de presunção, de introduzir inovações ilícitas e de sacrilégio. Como não era do tipo que recebe críticas mordazes sem retaliar, Jerônimo usou seus prefácios como ferramentas de contra-ataque. Suas acusações e réplicas ácidas jogaram mais gasolina na fogueira da oposição à sua versão do Antigo Testamento. O trabalho de Jerônimo foi contestado por muitos dos mais destacados líderes da igreja, até por Agostinho, que se pronunciou abertamente em oposição ao Antigo Testamento de Jerônimo, ao passo que apoiou com entusiasmo sua revisão do Novo Testamento (depois de c. 398).

A posição de Agostinho faz uma recapitulação honesta do que realmente aconteceu ao Antigo Testamento da Vulgata. Durante os primeiros anos da tradução do Antigo Testamento por Jerônimo, Agostinho (e a grande maioria de líderes influentes da igreja) se opôs à tradução porque ela não se baseava na Septuaginta. Na verdade, Agostinho usou a revisão do Novo Testamento de Jerônimo ao mesmo tempo que insistia com ele para que traduzisse o Antigo Testamento da LXX, que para o bispo de Hipona era inspirada. Philip Schaff habilmente diz a esse respeito:

> Agostinho temia que, com a substituição da Septuaginta, que para ele havia sido sancionada pelos apóstolos, e era inspirada, pudesse haver uma divisão entre a igreja grega e a latina, porém cedeu posteriormente, pelo menos em parte, à visão correta de Jerônimo, e retificou em suas retratações várias falsas traduções em seus trabalhos anteriores. Westcott, em seu artigo acadêmico sobre a Vulgata (in: Smith, *Dictionary of the Bible*, vol. iii, p. 702), faz a seguinte observação: "Poucos casos de humildade são mais tocantes do que o do jovem Agostinho se curvando em inteira submissão perante a correção insolente e impaciente do erudito veterano".[23]

Pouco depois da morte do grande estudioso, em 420, sua tradução do Antigo Testamento se saiu plenamente vitoriosa no campo das traduções da Bíblia. Pode-se questionar se esse fato deve ser atribuído unicamente à importância da tradução, uma vez que a crítica ácida de Jerônimo a todos os seus oponentes e a denúncia contundente que fez deles dificilmente serviriam de endosso à sua maior empreitada. Contudo, embora a Vulgata de Jerônimo tenha sido reconhecida não oficialmente como texto normativo da Bíblia ao longo da Idade Média, foi apenas em meados do século 16 que o Concílio de Trento (1545-1563) oficializou seu uso pela Igreja Católica Romana. Nesse ínterim, ela foi publicada em colunas paralelas com outras versões, bem como em edições exclusivas. Quando o latim se tornou a língua franca da Europa, as demais traduções e versões cederam e sucumbiram à majestosa Vulgata.

Resultados da tradução

É da maior importância para o estudioso contemporâneo da Bíblia o valor relativo da Vulgata Latina.[24] É importante, portanto, analisar essa versão à luz

---

[23] Schaff, p. 975, nota 1.
[24] Kenyon, *The text of the Greek Bible*, p. 157-66, analisa a Vulgata Latina antes de classificar seu texto em vários grupos ou famílias diferentes: o grupo nortúmbrio, cassiadoriano e não cassiadoriano de manuscritos italianos, um grupo irlandês e um grupo espanhol.

da história. Conforme demonstramos anteriormente, o Novo Testamento da Vulgata foi simplesmente uma revisão do texto em latim antigo e, além disso, não foi uma revisão muito criteriosa. Com relação aos Apócrifos, a Vulgata tem menos valor ainda, já que se tratava simplesmente da inclusão do texto em latim antigo, com poucas exceções, no Antigo Testamento de Jerônimo. Contudo, o Antigo Testamento da Vulgata tem um caráter e um mérito de certa forma diferentes, visto que foi efetivamente uma versão do texto hebraico, e não uma revisão ou outra tradução. Portanto, o valor do Antigo Testamento é maior do que o do Novo. No entanto, era inevitável que o texto da Vulgata se corrompesse em sua transmissão no decorrer da Idade Média, "às vezes pela transcrição descuidada e com cópias do latim antigo"[25] com as quais era publicada com frequência. Em decorrência disso, várias revisões e/ou recensões da Vulgata foram feitas em monastérios medievais, do que resultou o total de mais de dez mil cópias de manuscritos existentes ainda hoje.[26] Foi entre esses manuscritos que se tornou evidente o maior número de "contaminações cruzadas" de tipos textuais.[27]

Apesar dessa contaminação, o Concílio de Trento expediu um "Decreto referente à edição e ao uso dos Sagrados Livros", em que dizia:

> Além disso, o mesmo sagrado e santo Sínodo, considerando que de pouca utilidade será para a igreja de Deus tornar conhecido qual, de todas as edições em latim hoje em circulação dos livros sagrados, é considerada autêntica, ordena e declara que a referida e antiga edição da Vulgata — a qual, pelo uso extenso durante tantas eras, foi aprovada pela Igreja —, seja considerada autêntica em preleções públicas, disputas, sermões e exposições; e ninguém deverá ousar, ou presumir, rejeitá-la sob qualquer pretexto que seja.[28]

Contudo, poderíamos indagar que edições da Vulgata devem ser tomadas como autoridade suprema. Desse modo, o Concílio de Trento decidiu elaborar uma edição autêntica das Escrituras em latim. O trabalho foi encomendado a uma comissão papal, que não conseguiu vencer as dificuldades colocadas

---

[25] Metzger, *The text of the New Testament*, p. 76.
[26] Veja Raphael Loewe, "The Medieval history of the Latin Vulgate", in: G. W. H. Lampe, org., *The Cambridge history of the Bible*, vol. 2: *The West from the fathers to the Reformation*, p. 102-54. Veja tb. o cap. 26.
[27] Metzger, *The text of the New Testament*, p. 76.
[28] Schaff, org., *The creeds of Christendom*, 2:82.

diante dela. Por fim, o papa Sisto V publicou uma edição própria em 1590. Essa não foi a primeira edição impressa da Vulgata, considerando que ela já havia sido impressa por Johann Gutenberg, em Mainz, entre 1450 e 1455. O papa Sisto V faleceu em 1590, poucos meses depois da publicação de sua edição da Vulgata. A edição sistina foi pouca apreciada pelos estudiosos, especialmente pelos jesuítas, e circulou por pouco tempo apenas. Gregório XIV (1590-1591) ocupou o trono papal na sequência e ordenou que se fizesse imediatamente uma revisão drástica do texto sistino. Sua morte súbita teria colocado um ponto final na revisão do texto da Vulgata, não fosse pela empatia de Clemente VIII (1592-1605). Em 1592, Clemente VIII recolheu todas as cópias existentes da edição sistina e retomou a revisão do seu texto. Em 1604, surgiu uma edição nova e autêntica da Vulgata, conhecida atualmente como edição sisto-clementina. Ela diferia da edição sistina em cerca de 4.900 variantes. Desde 1907, a Ordem Beneditina vem fazendo uma revisão crítica do Antigo Testamento da Vulgata. O Novo Testamento tem sido submetido à revisão crítica mediante o uso de aparato crítico sob os auspícios de um grupo de estudiosos anglicanos de Oxford. Essa obra foi iniciada pelo bispo John Wordsworth e pelo professor catedrático H. J. White entre 1877 e 1926 e foi completada por H. F. D. Sparks em 1954. A edição crítica mais recente publicada é de 1969 e foi lançada pela Württembergische Bibelanstalt sob a supervisão de especialistas católicos romanos e protestantes. De acordo com Metzger, "o texto foi impresso *per cola ed commata*, de acordo com os manuscritos antigos e sem pontuação", portanto difere das edições publicadas anteriormente em pontos secundários e também em muitas passagens.[29]

A confiabilidade do texto da Vulgata tornou-se incerta depois do século 6, e sua qualidade, de modo geral, é deficiente. A influência da Vulgata sobre a língua e o pensamento do cristianismo ocidental foi imensa, porém seu valor para a crítica textual é bem menor. Quando se examina o texto de Jerônimo, submetendo-o à análise textual, depreende-se que seu valor se deve ao fato de que dá acesso a evidências de manuscritos tardios do texto grego e/ou hebraico. O Novo Testamento de Jerônimo era uma revisão de fins do século 4 do latim antigo, enquanto seu Antigo Testamento era uma versão de fins do

---

[29] Metzger, *The early versions of the New Testament*, p. 351-2. Metzger também menciona outra empreitada em busca de uma nova edição crítica usando manuscritos espanhóis. Essa obra foi iniciada em 1933 na Abadia de São Jerônimo então há pouco estabelecida. Até o momento, só foram publicadas partes do Antigo Testamento.

século 4 ou princípios do século 5 do texto hebraico. Os Apócrifos são prova do desprezo que Jerônimo tinha por eles, uma vez que trabalhou em quatro livros apenas (e a contragosto). Sua inclusão evidencia a popularidade de que desfrutavam na Igreja Católica Romana. Somente poucas vozes que defendiam o Antigo Testamento da LXX como imbuído de autoridade e inspirado foram capazes de admitir seu erro e reconhecer a exatidão do texto hebraico por trás da Vulgata de Jerônimo.

Resumo e conclusão

O cristianismo nasceu no mundo romano, e não demorou para que seu ramo ocidental adotasse a língua desse mundo, o latim. Há evidências de que as versões em latim antigo da Bíblia já existiam antes de 200 d.C. No século 3, as versões em latim circulavam livremente no norte da África. Contudo, foi a versão latina de Jerônimo, a Vulgata, que permaneceu por mais tempo, tendo reinado por mais de mil anos antes que fosse desafiada no século 16. A versão da Bíblia expressa pela Vulgata não foi somente a Bíblia da Idade Média; também serviu de base para a maior parte das traduções da Bíblia feitas antes do século 19.

30
A Bíblia em inglês

A cadeia "de Deus para nós" ganha uma nova dimensão neste ponto, à medida que a transmissão geral do texto nas línguas originais e as primeiras traduções abrem espaço para a transmissão específica do texto em língua inglesa. Antes de fazer essa retrospectiva, porém, é preciso esboçar os antecedentes da língua inglesa e do texto bíblico nesse contexto.

ANTECEDENTES DA LÍNGUA INGLESA

Línguas e nações da família indo-europeia

Embora o Antigo Testamento tenha sido registrado originalmente nas línguas pertencentes à família semítica, e o Novo Testamento tenha sido escrito em um idioma que pertence à família indo-europeia (com influência da família semítica), a Bíblia foi transmitida para o mundo ocidental por intermédio da família indo-europeia. E, da mesma maneira que a família semítica foi subdividida em várias famílias, assim também as línguas indo-europeias, as línguas do povos jaféticos de Gênesis 10, formaram duas divisões básicas com suas subfamílias (veja o quadro no final do capítulo). Essas divisões são caracterizadas por suas similaridades dialéticas e geográficas.

A divisão oriental (satem). A divisão oriental da família indo-europeia caracteriza-se pelas semelhanças de pronúncia nos dialetos satem. Embora essas semelhanças talvez soem estranhas aos ouvidos contemporâneos, é provável que provenham de uma fonte comum. As línguas indo-europeias que apresentam um *s* sibilante na palavra para "cem" são classificadas como dialetos satem. As subdivisões do ramo satem consistem em quatro grupos básicos.

1. O grupo indo-iraniano (ariano) inclui os ramos índico e iraniano. O ramo índico aparece em antigos prácritos sânscritos, bem como no híndi, punjabi, bengali, mahrati e romani modernos. O irânico inclui o iraniano antigo, que se divide em dois ramos: o dialeto avéstico oriental (antes chamado de zend) é a língua do Avesta; fazem parte do dialeto ocidental o persa antigo, o persa médio e o persa moderno (iraniano).

2. O grupo trácio-frígio ficou isolado na região do vale montanhoso da Transcaucásia e tem como representante o armênio. Quaisquer registros escritos que talvez estivessem disponíveis antes da introdução do cristianismo e da Bíblia (no séc. 5 d.C.) foram destruídos, e os registros mais antigos nessa língua são os do texto bíblico.

3. O grupo trácio-ilírio instalou-se na península dos Bálcãs e é representado pelo albanês. Os textos mais antigos em albanês datam do século 17.

4. O grupo balto-eslávico ocupa um lugar na divisão de línguas satem das línguas indo-europeias. Esse grupo está distribuído na região em torno do mar Báltico, estendendo-se até a região da Bulgária e da antiga Iugoslávia. Divide-se ainda no ramo báltico, do qual fazem parte o letão, o lituânio e o prussiano; e o ramo eslávico, que compreende o grande russo (russo), o ucraniano, o russo branco (bielorrusso), o polonês, o tcheco, o sérvio (venediano), o búlgaro, o servo-croata e o esloveno. O ramo báltico é muito antigo, e partes dele estão extintas — por exemplo, o prussiano foi substituído pelo alemão no século 17. Por outro lado, nenhuma língua eslava tem registro escrito antes do século 9, mas o eslavônico eclesiástico antigo tem muito em comum com o búlgaro antigo. Uma das características interessantes das línguas eslavas é o emprego que fazem do alfabeto cirílico, desenvolvido especialmente para as línguas eslavas pelos monges Cirilo e Metódio no século 9.[1]

A divisão ocidental (centum). A divisão ocidental da família indo-europeia também é observada nas semelhanças de pronúncias dos dialetos centum. Enquanto o *s* sibilante ocorre em palavras satem para "cem", os dialetos centum refletem um *c* ou *h* de som sibilante. É claro que há outras diferenças, mas essas são características comuns. Assim como a divisão satem, o centum também conta com quatro grupos.

1. O grupo helênico foi apresentado no capítulo 29 e está representado por vários dialetos do grego.

2. O grupo itálico está representado por diversas línguas antigas relativamente insignificantes (oscano, úmbrio, sabino, faliscano e volsciano) e por uma língua importante, o latim. As representantes modernas são chamadas

---

[1] Veja o cap. 28, onde são apresentados os fatores históricos do desenvolvimento desse alfabeto.

de línguas românicas, já que procedem do latim, a língua do Império Romano. Encontramos entre essas línguas representantes notáveis como espanhol, francês, italiano, português, catalão, reto-romano e romeno.

3. O grupo celta está dividido em dois ramos: continental, representado pelo gálico, língua da antiga Gália, e pelo insular, representado pelo grupo britânico constituído pelo córnico, galês, bretão e picto, além do grupo gaélico constituído pelo irlandês, gaélico escocês e manês. Antes do início da era cristã, as línguas célticas eram faladas em grande parte da Europa Central e Ocidental e, em fins do século 3 a.C., até mesmo na Ásia Menor, na região que denominavam de Galácia. Foi para os habitantes dessa região que Paulo escreveu uma de suas cartas.[2]

4. O grupo teutônico (germânico) é dividido em três ramos e é de interesse especial de quem fala inglês.

    a. Teutônico oriental: é representado pela língua gótica. Seus registros mais antigos datam do século 4 d.C., quando Ulfilas (311-381) introduziu o cristianismo entre os antigos germânicos.[3]

    b. Teutônico nórdico (escandinavo): está intimamente relacionado com o ramo oriental. Seus registros mais antigos consistem em inscrições que datam do século 3 d.C. em alfabeto rúnico. O escandinavo divide-se nos idiomas nórdico antigo, islandês, norueguês, sueco e dinamarquês.

    c. Teutônico ocidental: subdivide-se conforme a mudança de consoantes, conhecida como mudança sonora do alto alemão, deflagrada por volta de 600 d.C. no sul da Alemanha, seguindo para o norte. O impulso dessa mudança de consoante desapareceu ao chegar às planícies. Portanto, as línguas do norte são chamadas de "baixo alemão", e as do sul, "alto alemão".[4] O alto alemão é representado pelo alto alemão antigo, bávaro, alto alemão médio, alemão padrão moderno e iídiche. Pertencem ao baixo alemão o baixo franconiano antigo, o saxão antigo e o baixo alemão moderno, ou *Plattdeutsch*. Um

---

[2] Thomas Pyles, *The origins and development of the English language*, p. 100.

[3] Veja o cap. 28 para uma discussão sobre a difusão do cristianismo entre os godos.

[4] Convém observar que essas designações nada têm a ver com níveis culturais, uma vez que "baixo alemão", em alemão, é *Plattdeutsch*, isto é, das planícies, ao passo que "alto alemão" remete às terras altas (por assim dizer) e é a variedade usada em livros escolares.

terceiro grupo é constituído pelo anglo-frísio, a família do holandês, afrikaans flamengo, frísio, anglo-saxão, inglês médio e inglês.

Desenvolvimento tardio da língua inglesa

O inglês, pertencente ao grupo anglo-frísio, é um tipo de dialeto tardio do baixo alemão que se desenvolveu para se tornar uma língua mundial dominante. Exatamente como se deu esse desenvolvimento não se sabe ao certo, porém as estimativas acadêmicas mais abalizadas, com base nas evidências disponíveis, concordam de modo geral com a narrativa tradicional apresentada por Beda, o Venerável (c. 673-735), em sua *Ecclesiastical history of the Saxons* [História eclesiástica dos saxões].[5] O relato começa com o advento de Henga e Horsa e dos alemães em 449 d.C. Eles tinham sido convidados pelos bretões para ajudar a combater os pictos e os escoceses. Os celtas foram os primeiros indo-europeus a se instalar na Inglaterra, e sua invasão ocorreu antes de cerca de 1000 a.C. Sua língua foi a primeira a ser registrada na Bretanha, e sua cultura, difundida, tinha relação com a dos gauleses do continente. Quando os romanos expandiram seus domínios com Júlio César, tentaram invadir a Bretanha (55 a.C.); contudo, só conseguiram conquistá-la no reinado do imperador Cláudio (43 d.C.). Foi nessa época que a religião druida dos bretões foi abolida, e a religião romana introduzida. Entre essa época e 410 d.C., em que o último exército romano retirou-se oficialmente da ilha, os bretões passaram por um período de romanização. Sua cultura e sua língua foram influenciadas, e ambas entraram em declínio depois da saída dos romanos.

Quando os romanos se retiraram, os piratas saxões e os pictos e escoceses não conquistados, que haviam sido impelidos para o norte da ilha durante o período romano, começaram a atacar os bretões. Estes haviam contado com os romanos para proteção, mas, com o império combalido, haviam retornado ao continente para defendê-lo. Como consequência, os bretões apelaram para seus "primos do continente" em busca de apoio. Jutos e saxões atenderam posteriormente ao chamado, mas havia um preço. Os primeiros eram guerreiros muito hábeis, e seu contato com os romanos não os tornara menos selvagens nas batalhas. Estavam perfeitamente à altura dos pictos e dos escoceses, porém decidiram se estabelecer no novo lar que haviam encontrado. Em 447, o *Anglo-Saxon chronicle* registra a

---

[5] Este texto foi escrito em latim e concluído em 731; foi depois traduzido para o inglês antigo por Alfredo, o Grande (849-901).

fundação da primeira colônia de saxões. Eles se estabeleceram no sul (Sussex), e os grupos posteriores, no oeste (Wessex, 495), no leste (Essex) e nas regiões centrais do rio Tâmisa (Middlesex). Os anglos deslocaram-se em seguida, em 547, estabelecendo-se na região ao norte do rio Humber, fundando um reino anglo. Esses três povos eram de linhagem teutônica, assim como os bretões. Eles expulsaram seus predecessores da região central em direção à Cornualha, Gales, França e Bretanha [na França]. Como os anglos eram o grupo predominante a se estabelecer na Bretanha [ilha] nessa época, a região toda se tornou conhecida como terra dos anglos (*Angle-land*, ou Inglaterra). Sua cultura pouco ou nada tomou de empréstimo do vocabulário dos que os precederam, o que resultou em uma conquista drástica e súbita. Tudo isso aconteceu antes do fim do século 6 d.C., antes que a expedição missionária de Santo Agostinho (não o bispo de Hipona por volta de 400 d.C.) chegasse à Inglaterra em 597. Há um relato da chegada desse grupo missionário enviado pelo primeiro papa da Idade Média (Gregório I, 590-604) na *História eclesiástica* de Beda.

O cristianismo, porém, foi introduzido na Inglaterra bem antes de 597. Talvez isso tenha ocorrido no decorrer de fins do século 1 ou início do século 2 e estava, sem dúvida, presente ali durante o século 3. Havia cristãos o bastante na Bretanha para enviar três bispos ao Concílio (sínodo) de Arles em 314. Pelágio (c. 370-450), o arqui-inimigo de Agostinho de Hipona e criador do pelagianismo, era da Bretanha. Na verdade, São Patrício (c. 389-461), cuja data e local de nascimento são incertos, era filho de um diácono da igreja celta e neto de um sacerdote.

Portanto, na ocasião em que a força missionária de Gregório chegou à Inglaterra, um tipo de cristianismo certamente era conhecido dos anglos, saxões e jutos. Aquela expedição, entretanto, injetou outro período de latinização na língua, influenciando a fala. Contudo, a língua dos anglos, saxões e jutos, em seus vários dialetos, veio a ser conhecida como inglês antigo, saxão antigo ou anglo-saxão. Seu período de dominância se estende de cerca de 450 a cerca de 1100, época em que a influência dos normandos, na esteira de sua conquista em Hastings, em 1066, se impôs. Antes da invasão normanda, porém, os escandinavos haviam se fixado em grande número na Inglaterra, conforme fica claro pela instituição da antiga lei que observavam e impuseram à região nordeste da Inglaterra por ocasião do Tratado de Wedmore em 878 (conhecido como Danelaw).

O segundo período, do inglês médio, estendeu-se de cerca de 1100 a cerca de 1500. A língua desse período foi novamente influenciada pelos escandinavos, uma vez que os normandos eram, efetivamente, um grupo transplantado de normandos que faziam incursões pelo mar saindo da Escandinávia e da Dinamarca. Suas explorações durante os séculos 8 e 9 fizeram a Europa tremer. Parte da excelente literatura em inglês surgiu durante o período do inglês médio, como as obras de Geoffrey Chaucer (c. 1340-1400). Foi durante esse período que John Wycliffe (c. 1330-1384) esteve envolvido com a primeira tradução completa da Bíblia para o inglês.

O terceiro período, do inglês moderno, começou pouco depois da invenção da tipografia por Johann Gutenberg (c. 1454), mas não esteve relacionado a essa invenção, e sim à "grande mudança vocálica" que ocorreu no século 15. Trata-se de um fenômeno exclusivo da língua inglesa e ocorreu sobretudo no sul da Inglaterra. Forças externas tiveram apenas influência na mudança, mas não a causaram, visto que não há resposta satisfatória até hoje que explique sua causa.[6] Antes de 1400, não havia indicação de mudança nos sons das vogais (inglês médio), mas, depois de 1500, os sons mudaram completamente, dando origem ao inglês moderno. Com esses antecedentes em vista, a história das traduções da Bíblia em inglês torna-se mais significativa.

OS PRIMÓRDIOS DA BÍBLIA EM INGLÊS ANTIGO E MÉDIO (VERSÕES PARCIAIS)

Versões parciais em inglês antigo (c. 450-c. 1100)

Inicialmente, apenas imagens, pregações, poemas e paráfrases foram usados para comunicar a mensagem das Escrituras aos bretões. Essas primeiras traduções de partes das Escrituras eram baseadas nas versões da Bíblia em latim antigo e na Vulgata.[7] Nenhuma delas era tradução da Bíblia toda, porém mostram efetivamente o modo pelo qual a Bíblia entrou na língua inglesa.[8] Várias pessoas e suas traduções contribuíram para esse fim.[9]

---

[6]Extrapola os limites deste livro tratar dessa questão, porém há mais informações e análises a esse respeito em obras semelhantes à de Pyles e do próprio Pyles, p. 181-94; Albert C. Baugh, *A history of the English language*, p. 287ss.; Margaret M. Bryant, *Modern English and its heritage*, e Otto Jesperson, *Growth and structure of the English language*.

[7]Veja Bruce M. Metzger, *The early versions of the Bible: their origin, transmission and limitations*, p. 443-55, para um estudo mais profundo dessas versões ocidentais secundárias do texto bíblico.

[8]Convém notar a esta altura que o inglês antigo (anglo-saxão) é tão diferente do inglês médio e do inglês moderno que, para efeitos práticos, podemos considerá-lo uma língua estrangeira. A transição, porém, não foi radical, e há, portanto, uma relação íntima entre a Bíblia no inglês antigo, médio e moderno.

[9]Veja o "Apêndice: lista dos títulos abreviados de traduções da Bíblia em inglês".

Caedmon (m. c. 680). Caedmon trabalhava no Mosteiro de Whitby, em Yorkshire (Nortúmbria). Sua história, registrada na *História eclesiástica* de Beda (4.24), mostra que não tinha talento algum para a poesia até a noite em que saiu discretamente de uma festa. Saiu porque temia que lhe pedissem para cantar. Naquela noite, sonhou que um anjo lhe ordenou que cantasse. Quando indagou o que deveria cantar, foi-lhe dito que cantasse como as coisas foram criadas inicialmente. Ele começou, então, a cantar louvores a Deus com palavras que jamais ouvira:

> Convém que louvemos o Criador do reino celestial, o poder e o conselho do Criador, os feitos do Pai da glória, como ele, dado que é o Deus eterno, foi o princípio de todas as maravilhas, quem primeiramente, Guardião onipotente da raça humana, fez para os filhos dos homens o céu por teto e, então, a terra.[10]

Entre outras paráfrases e poemas cantados por Caedmon, estão a história completa do Gênesis, a história do Êxodo de Israel, a encarnação, a Paixão, a ressurreição e a ascensão do Senhor, a vinda do Espírito Santo, o ensino dos apóstolos etc.[11] Sua obra se tornou a base para outros poetas, escritores e tradutores, bem como a Bíblia do povo popularizada daquela época, uma vez que suas canções eram memorizadas e difundidas por toda parte. F. F. Bruce acrescenta que a Caedmon "pode perfeitamente ser atribuída a autoria final de uma versão métrica das narrativas de Gênesis, Êxodo e Daniel".[12]

Adelmo (640-709). Adelmo fez a primeira tradução direta de partes da Bíblia para o inglês. Ele foi o primeiro bispo de Sherborne, em Dorset, sul da Inglaterra, e traduziu o Saltério para o inglês antigo pouco depois do ano 700 d.C.

Egberto (atuante em c. 700). Egberto de Nortúmbria tornou-se arcebispo de York pouco antes da morte de Beda. Também professor de Alcuíno de York, que mais tarde foi chamado por Carlos Magno para fundar uma escola na corte de Aachen (Aix-la-Chapelle). Egberto foi o primeiro a traduzir os Evangelhos para o inglês (c. 705).

---

[10] Caedmon, cf. citado por H. W. Hoare, *The evolution of the English Bible*, p. 27.
[11] Beda, *Ecclesiastical history of the English nation* 4.24.
[12] F. F. Bruce, *The English Bible: a history of translations*, p. 3.

Beda, o Venerável (674-735). Beda, o Venerável, foi um dos eruditos mais importantes de toda a Europa e, sem dúvida alguma, o mais importante da Inglaterra. Ele residia em Jarrow-on-the-Tyne, na Nortúmbria, onde escreveu sua história eclesiástica e outras obras. Traduziu também o Quarto Evangelho, provavelmente para complementar os outros três que haviam sido traduzidos por Egberto.[13] A tradução do Evangelho de João ficou pronta na ocasião de sua morte. Diz a tradição que ele sofreu muito em seus dias finais, mas que obrigou seu escriba a anotar o que lhe ditava até que o último versículo fosse traduzido. Em seguida, conta-se que teria cantado um "Glória" na hora em que se entregava ao grande Mestre.

Alfredo, o Grande (849-901). Alfredo, o Grande, foi rei da Inglaterra e um erudito de primeira grandeza. Foi durante seu reinado que ficou estabelecida a Danelaw mediante o Tratado de Wedmore (878), do qual constavam duas estipulações apenas: batismo cristão e lealdade ao rei. Juntamente com a tradução da *História eclesiástica* de Beda do latim para o anglo-saxão, Alfredo traduziu os Dez Mandamentos, excertos de Êxodo 21 a 23, Atos 15.23-29 e uma forma negativa da Regra Áurea. Tudo isso foi em grande medida o resultado de seus esforços para que a vida religiosa da Grã-Bretanha, que quase se extinguira, experimentasse um avivamento.

Aldredo (atuante em c. 950). Aldredo introduziu um novo elemento na história da Bíblia em inglês, já que escreveu uma "glosa" interlinear em dialeto nortúmbrico entre as linhas de uma cópia em latim dos Evangelhos de fins do século 7. A cópia em latim fora obra de Eadfrid, bispo de Lindisfarne (698-721), e por causa desse indivíduo é que a obra interlinear de Aldredo recebe o nome de Evangelhos de Lindisfarne. Cerca de uma geração depois, um escriba irlandês, Mac Regol, fez outra glosa anglo-saxônica que ficou conhecida como os Evangelhos de Rushworth.[14]

Aelfric (c. 950-c. 1020). Aelfric, abade de Eynsham, Oxfordshire (Wessex), traduziu do latim partes dos primeiros sete livros do Antigo Testamento, além de outros trechos dele, citados por ele em suas homilias. Antes disso, os

---

[13] É discutível se a tradução concreta de Egberto ainda existe. A conclusão a que se chega é que ele traduziu apenas três dos Evangelhos, uma vez que Beda se correspondeu com ele durante o processo de tradução, e é questionável se ele retraduziria um Evangelho enquanto outros livros ainda não haviam sido traduzidos.

[14] Os Evangelhos de Rushworth são praticamente transcrições dos Evangelhos de Lindisfarne, exceto pelo fato de que o Evangelho de Mateus está em dialeto merciano, e não no dialeto nortúmbrio.

Evangelhos de Wessex também haviam sido traduzidos para o dialeto saxão ocidental. Os Evangelhos de Wessex constituem a primeira versão independente dos Evangelhos em inglês antigo.[15]

Versões parciais em inglês médio (c. 1100-c. 1400)

Uma disputa pelo trono de Eduardo, o Confessor (1042-1066), irrompeu depois de sua morte. O embate deu-se entre Harold, o filho mais velho e sucessor de Godwin, conselheiro de Eduardo, e William, duque da Normandia e primo em segundo grau do falecido rei. Na Batalha de Hastings (1066), William derrotou Harold, morto no campo de batalha, tornando-se rei. Com isso, chegou ao fim o período saxão de dominação da Grã-Bretanha e começou o período de dominação pelos nórdicos, e não um tempo de mera influência deles. A conquista normanda trouxe consigo uma tremenda influência normando-francesa na língua do povo, que, transcorrido um tempo, se transformou no inglês médio. Nesse período, foram feitas várias outras traduções parciais das Escrituras, bem como algumas versões completas no final desse período.[16]

Orm, ou Ormin (atuante em c. 1200). Orm era um monge agostiniano que escreveu uma paráfrase poética dos Evangelhos e de Atos, a qual foi acompanhada de um comentário. Essa obra, chamada de *Ormulum*, está preservada em um único manuscrito, possivelmente o autógrafo, de cerca de vinte mil linhas. Embora o vocabulário seja puramente teutônico, a cadência e a sintaxe revelam evidências da influência normanda. Orm justifica sua versão quando escreve: "Se alguém quiser saber por que fiz isso, digo que fiz para que todos os jovens cristãos dependam unicamente do evangelho e possam seguir com todas as suas forças seu santo ensino, em atos e palavras".[17]

William de Shoreham. Tem-se atribuído com frequência a William de Shoreham a realização da primeira tradução em prosa para o inglês de uma parte da Bíblia num dialeto do sul (c. 1320). Antes do século 14, nenhum livro das Escrituras havia sido traduzido integralmente para o inglês. Embora o Saltério atribuído a Shoreham tivesse sido traduzido no dialeto das Midlands Ocidentais com base na Vulgata, William é conhecido por ter escrito poesia

---

[15] Veja Metzger, *The text of the New Testament*, p. 448-52, para uma análise da relação entre os manuscritos existentes do Evangelho em saxão ocidental e os manuscritos originais (hoje perdidos).

[16] Veja o Apêndice.

[17] Cf. citado em Hoare, p. 40, com a nota de que o autor (Hoare) traduziu "suas palavras para o inglês moderno".

em kentish. Portanto, o autor efetivo de uma das traduções literais de um livro da Bíblia para o inglês ainda é desconhecido.

Richard Rolle. "O Eremita de Hampole", Richard Rolle foi responsável pela segunda dessas traduções literais para o inglês. Ele vivia perto de Doncaster, em Yorkshire, e fez suas traduções literais para o dialeto inglês do norte com base na Vulgata Latina (c. 1320-1340). Essa tradução literal do Saltério circulou amplamente; contudo, mais importante do que isso é o fato de que reflete a história da Bíblia em inglês pouco antes do nascimento de John Wycliffe por volta de 1320.

A Bíblia em versões completas em inglês médio e inglês moderno antigo

Embora não houvesse Bíblias completas em língua inglesa antes do século 14, havia inúmeras indicações de que tal empreitada estava próxima.[18] Entre essas indicações, havia as tentativas de tradução literal do Saltério, a ampla circulação dessas primeiras traduções, o fato de que a língua dos soberanos e de seus vassalos estava se fundindo rapidamente, o término recente das Cruzadas, o renascimento do saber e talvez, o mais importante de tudo, o conflito entre os principais príncipes da igreja, que resultou no "Cativeiro Babilônico" (1309-1377). Nesse período, a corte papal foi transferida de Roma para Avinhão e de volta a Roma.

John Wycliffe (c. 1320-1384)

"A Estrela da Manhã da Reforma", John Wycliffe foi contemporâneo do "Cativeiro Babilônico", de Geoffrey Chaucer e de John de Gaunt. Em seu recolhimento diante da apatia espiritual e da degeneração moral do clero, Wycliffe foi alçado à notoriedade em sua oposição ao papado.

> A explicação mais imediata para a carreira de Wycliffe está na convicção — uma convicção que só se aprofundou no decorrer da vida — de que as declarações do papa eram incompatíveis com o que ele sentia ser a verdade moral das coisas, com seu instinto de patriotismo e, por fim, com a autoridade suprema do Livro inspirado que era sua Grande Diretriz.[19]

---

[18] Veja o Apêndice.
[19] Hoare, p. 71. Para um estudo mais aprofundado, veja William E. Nix, "Theological pressupositions and sixteenth century English Bible translations".

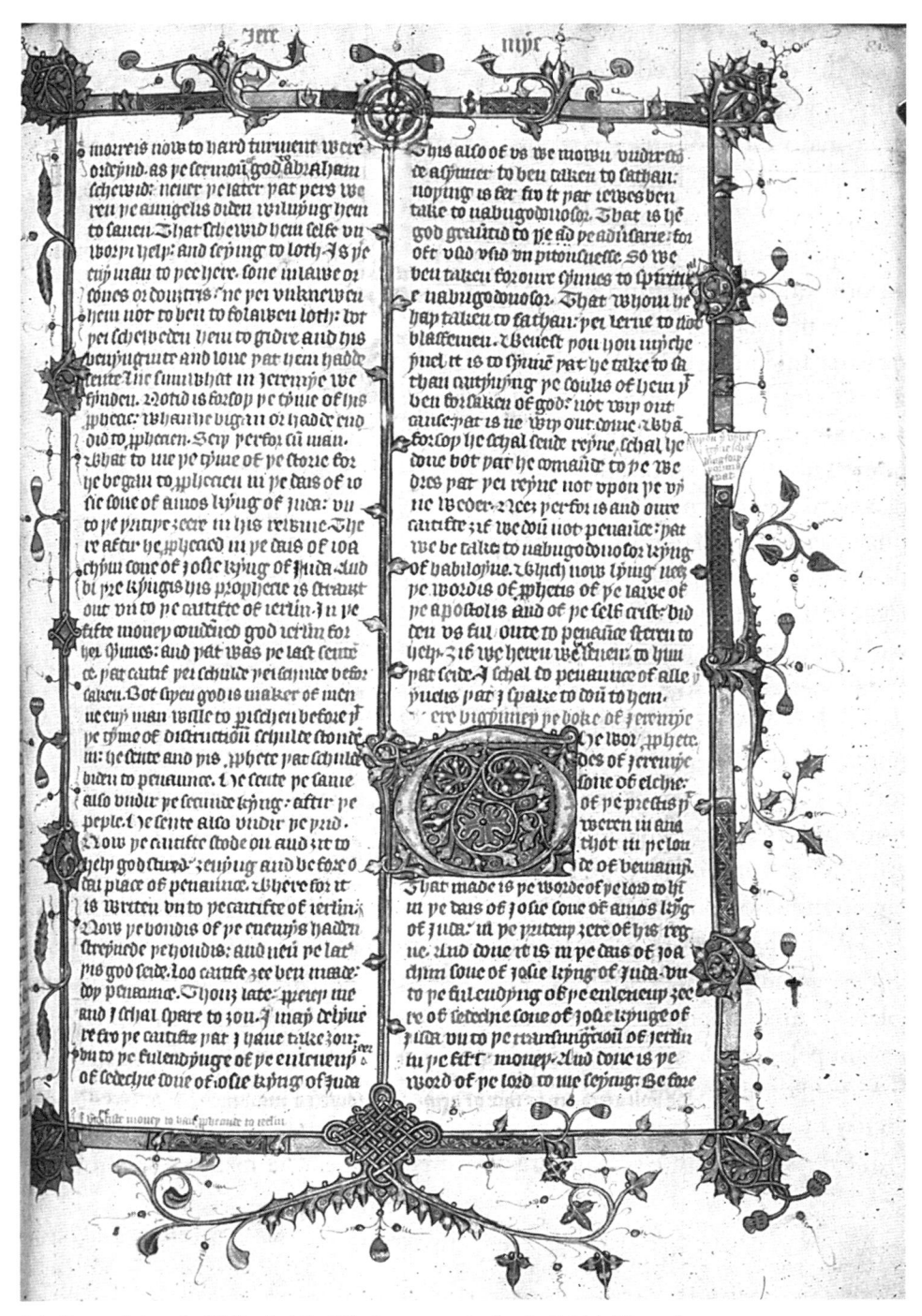

24. Uma página da Bíblia de Wycliffe (com permissão da British Library)

Ele parece ter se tornado um dos capelães do rei por volta de 1366, tendo se doutorado em teologia em 1372 antes de ser enviado à França, em 1374, para negociar a paz e se reunir com as autoridades papais a fim de discutir nomeações eclesiásticas na Inglaterra. Quando voltou à Inglaterra, começou a discursar como reformador religioso, tendo expedido dezenove artigos em 1377, os quais resultaram na emissão de cinco bulas papais contra ele. Em 1382, negou a doutrina da transubstanciação e foi exonerado de suas atividades docentes em Oxford, porém foi-lhe permitido se retirar para seu curato em Lutterworth, onde faleceu em 31 de dezembro de 1382 em comunhão com a igreja.

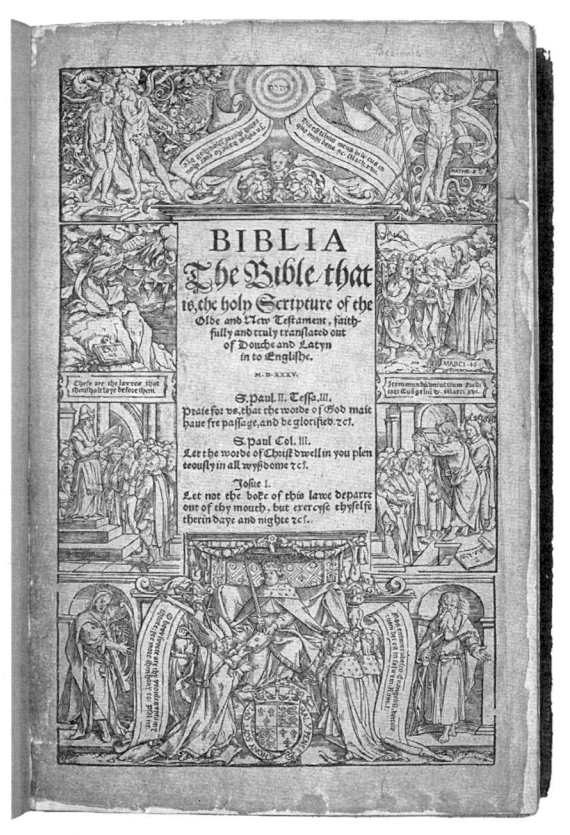

25. Folha de rosto da tradução de Coverdale, a primeira Bíblia inglesa impressa (com permissão da British Library)

Wycliffe pôs de lado a aridez de seu latim escolástico para apelar ao povo inglês em sua língua cotidiana. Esse apelo se deu basicamente por meio dos lolardos, uma ordem de pregadores itinerantes, "padres pobres", que incursionavam pela região rural pregando, lendo e ensinando a Bíblia em inglês.

As magníficas traduções da Bíblia de Wycliffe foram feitas perto do fim do século 14. As traduções do Novo Testamento (1380) e do Antigo Testamento (1388)[20] associadas a ele inauguraram uma nova era na história da Bíblia na

---

[20] Veja o Apêndice. A data real dessa tradução é desconhecida. O Novo Testamento original foi concluído antes da morte de Wycliffe, em 1382, porém as cópias dos manuscritos que chegaram a nós refletem o Antigo Testamento de Nicholas Hereford, e a obra de John Purvey foi completada pouco tempo depois da morte de Wycliffe. Para uma análise mais detalhada desse assunto, veja

Inglaterra. Elas foram feitas com base em manuscritos disponíveis da Vulgata Latina, e é provável que o tradutor, ou tradutores, tenha seguido os princípios de tradução da *Héxapla Inglesa*, que faz a seguinte observação:

> Ao traduzir da Vulgata, Wycliffe aderiu fielmente àquela versão. Ele parece ter adotado o princípio de Hampole: Nesta obra, não busco um inglês estranho, e sim o mais fácil e o mais comum, e o que é mais parecido com o latim, de tal modo que aqueles que não conhecem o latim possam, por meio do inglês, chegar a muitas palavras latinas.[21]

Ele aderiu a esse princípio num grau tal que "a versão anterior de Wycliffe é uma tradução extremamente literal do original em latim. As construções latinas e a ordem das palavras em latim foram preservadas até mesmo quando estavam em conflito com a língua inglesa".[22] Embora essa versão seja atribuída a John Wycliffe, vale a pena notar que o trabalho foi concluído depois de sua morte por Nicholas de Hereford. A tradução foi baseada em manuscritos latinos de má qualidade e foi posta em circulação pelos lolardos, que eram seguidores de Wycliffe e constituíam um partido anticlerical na igreja.

John Purvey (c. 1354-1428)

A John Purvey, que foi secretário de Wycliffe, é atribuída a revisão da primeira tradução de Wycliffe por volta de 1395. Essa obra substituiu muitas das construções latinas pelo vernáculo inglês, além de trocar os prefácios de Jerônimo por um prólogo extenso. O resultado dessa revisão enfraqueceu a influência papal sobre o povo inglês, visto que a revisão tendeu a se desviar do latim litúrgico da igreja. Essa obra, conhecida como a versão tardia de Wycliffe, foi publicada antes da invenção da imprensa por Johann Gutenberg, o que atenuou o efeito de difusão dessas versões específicas em língua vernácula. Contudo, a primeira Bíblia completa em inglês foi publicada, revisada e posta em circulação antes da obra de João Hus (c. 1369-1415) na Boêmia. Foi a identidade próxima

---

Margaret T. Hills, *A ready-reference history of the English Bible*, p. 4; Henry Hargreaves, "The Wycliffe versions", in: G. W. H. Lampe, org., *The Cambridge history of the Bible*, vol. 2: *The West from the fathers to the Reformation*, p. 387-415; Jack P. Lewis, *The English Bible from the KJV to the NIV: a history and an evaluation*, p. 17-34.

[21] *The English Hexapla in parallel columns*, p. 8, col. 2.
[22] Bruce, p. 15.

com a obra de Hus que resultou na exumação do corpo de Wycliffe, que foi queimado e teve as cinzas espalhadas no rio Swift, em 1428, ainda uma geração antes do invento de Gutenberg.

William Tyndale (c. 1492-1536)

William Tyndale apareceu no cenário inglês em um dos momentos mais oportunos da história. Na esteira do Renascimento, ele trouxe consigo uma das maiores contribuições para a transmissão da Bíblia em inglês: a primeira edição impressa de uma parte da Bíblia em inglês, embora não fosse a primeira Bíblia completa impressa em língua inglesa. Coverdale reivindicou para si essa honra em 1535.

A transformação da Inglaterra e, por conseguinte, de toda a Europa seguiu o Renascimento e as características que o acompanharam: a ascensão do nacionalismo, o espírito de exploração e de descoberta e a revitalização literária. A ressurgência dos clássicos veio após a queda de Constantinopla em 1453; em seguida, Johann Gutenberg (1396-1468) inventou a tipografia, a Mazarin Bible foi publicada em 1456 e o papel barato foi introduzido na Europa. Em 1458, o grego começou a ser estudado publicamente na Universidade de Paris; a primeira gramática grega foi lançada em 1476, e o primeiro léxico grego, publicado em 1492. A primeira Bíblia hebraica foi publicada em 1488, a primeira gramática hebraica, em 1503, e o primeiro léxico hebraico, em 1506. Mais de oitenta edições da Bíblia em latim foram publicadas na Europa antes de 1500, uma geração apenas depois que o novo método de impressão fora introduzido na Inglaterra por William Caxton (1476). A situação na Europa foi muito bem explicada por Basil Hall quando escreve:

> Houve uma *preparatio evangelico* no primeiro trimestre do século 16, porque foi nessa ocasião, e não antes, que apareceram combinadas as realizações dos impressores eruditos humanistas; os frutos do estudo intensivo de gramática e sintaxe das três línguas; e a energia proporcionada pelo desenvolvimento econômico e pelo patriotismo regional das cidades onde floresciam as *bonae litterae*: Basileia, Wittenberg, Zurique, Paris, Estrasburgo e Genebra.[23]

No entanto, faltava ainda uma versão impressa da Bíblia em inglês. Incomodava saber que versões vernáculas estavam em circulação em muitos países da Europa, às

---

[23] Basil Hall, "Biblical scholarship: editions and commentary", in: S. L. Greenslade, org., *The Cambridge history af the Bible*, vol. 3: *The West from the Reformation to the present day*, p. 38.

vezes com o consentimento da igreja. Isso simplesmente robustecia a determinação dos cristãos da Inglaterra de ter uma Bíblia em inglês. Era preciso alguém com erudição para a tarefa de moldar os originais em hebraico e grego para um inglês que fosse adequado, uma vez que não bastaria uma simples tradução da Vulgata.

William Tyndale era o homem que poderia fazer o que se desejava, porque era "um homem de erudição suficiente para trabalhar com o hebraico e o grego, com talento para verter para um inglês adequado e com fé e coragem para persistir, qualquer que fosse o preço".[24] Antes de terminar seu trabalho de revisão, Tyndale envolveu-se numa disputa em que um homem criticou os ingleses, dizendo que "seria melhor ficarem sem a Lei de Deus do que sem a lei do papa". Sua resposta se tornou célebre: "Desafio o papa e todas as suas leis; e, se Deus poupar a minha vida por muitos anos, farei com que um garoto que conduz o arado conheça mais das Escrituras do que vós".

Depois de tentativas malsucedidas de fazer sua tradução na Inglaterra, Tyndale foi para o continente em 1524. Sobrevieram-lhe outras dificuldades, até que, por fim, mandou imprimir seu Novo Testamento em Colônia em fins de fevereiro de 1526. Foi a primeira vez que se viu tal façanha, logo sucedida pela tradução do Pentateuco, em Marburgo (1530), e de Jonas, na Antuérpia (1531). Tyndale trabalhou sob constante ameaça de ser denunciado. Observa-se em sua obra a influência nítida de Lutero e Wycliffe. Sua versão teve de ser contrabandeada para a Inglaterra. Chegando ali, foi recebida com oposição feroz por Cuthbert Tunstall, bispo de Londres, que comprou exemplares para que fossem queimados na St. Paul's Cross.[25] Sir Thomas More publicou um *Diálogo* em que atacava a versão de Tyndale, dizendo que pertencia à mesma "seita pestilenta" da tradução de Martinho Lutero. Apesar disso, a primeira versão em inglês do Pentateuco, de Jonas e do Novo Testamento foi publicada e começou a circular na Inglaterra.

Em 1534, Tyndale publicou uma revisão de Gênesis. Foi nessa ocasião que ele "corrigiu diligentemente" seu Novo Testamento, já que se opunha fortemente a uma edição revisada de seu texto de 1526 publicado por George Joye em 1534. Por volta da mesma época, o lorde chanceler católico Sir Thomas More foi destituído de suas funções, enviado para a Torre de Londres e executado em 1535. More foi sucedido em seu cargo por Thomas Cromwell, que liderou

---

[24] S. L. Greenslade, "English versions of the Bible", in: Ibidem, p. 141.

[25] St. Paul's Cross era uma área com uma cruz e um púlpito no pátio da Catedral de São Paulo em Londres em que declarações sobre mudanças políticas e religiosas importantes da Reforma eram anunciadas ao público. (N. do E.)

com êxito o movimento de Reforma de Henrique VIII entre 1534 e 1540, quando também caiu das graças do rei. Pouco depois de concluir sua revisão, Tyndale foi sequestrado, levado para fora da Antuérpia e feito prisioneiro na fortaleza de Vilvorde, em Flandres, onde continuou sua tradução do Antigo Testamento (Provérbios, Profetas etc.) antes de ser considerado culpado de heresia em agosto de 1536. Foi, então, "destituído de suas funções sacerdotais e entregue ao poder secular para execução, que se concretizou no dia 6 de outubro [...] tendo exclamado, então preso à estaca, com zelo fervoroso e em alta voz: 'Senhor, abre os olhos do rei da Inglaterra'".[26]

A versão do Novo Testamento de Tyndale serviu de base para sucessivas revisões desde então até hoje. A King James Version é praticamente a quinta revisão da tradução de Tyndale; e onde ela se afasta do trabalho dele, o comitê revisor de 1881, 1885 e de 1901 retornou à versão de Tyndale com regularidade.[27]

Miles Coverdale (1488-1569)

Paralelamente à oração derradeira de Tyndale, muita coisa estava acontecendo em resposta ao seu pedido, entre as quais mais versões "pelos protestantes, propostas novas dos conservadores, proclamações reais e a publicação da primeira Bíblia completa em inglês".[28] Miles Coverdale, assistente e revisor de Tyndale na Antuérpia, em 1534, teve papel de destaque na publicação da primeira Bíblia completa em inglês. Embora não tenha traduzido diretamente do hebraico e do grego, seguiu

> ... humilde e fielmente seus intérpretes, cinco no total, de acordo com a *Dedicatória ao Rei*. Eram eles: a Vulgata, a versão latina de Pagnini de 1528 (uma tradução muito literal do Antigo Testamento), a tradução alemã de Lutero, as edições de 1531 e de 1534 da Zurich Bible e a tradução de Tyndale, ou quando a última não era levada em conta, a versão latina de Erasmo.[29]

Sua tradução era basicamente a versão de Tyndale revisada à luz das versões em alemão e, nesse sentido, sem melhoras dignas de nota.[30] Ele introduziu resumos

---

[26] Bruce, p. 52.
[27] Veja o Apêndice.
[28] Greenslade, p. 147.
[29] Ibidem, p. 148.
[30] Bruce, p. 52.

dos capítulos, separou os Apócrifos dos demais livros do Antigo Testamento (um precedente geralmente seguido pelas Bíblias protestantes em inglês desde então) e introduziu novas expressões no texto. Embora a Bíblia de Coverdale, publicada primeiramente em 1535, tivesse sido reimpressa duas vezes em 1537, uma vez em 1550 e mais uma vez em 1553, a verdadeira sucessora da primeira edição foi a Great Bible [Grande Bíblia] de 1539. Isso talvez porque Ana Bolena fosse favorável à Bíblia de Coverdale, e sua execução em 1536 provavelmente trouxe descrédito para a obra dele.

Thomas Matthew (c. 1500-1555)

Thomas Matthew era o pseudônimo de John Rogers, o primeiro mártir da Perseguição Mariana. Ele também havia sido assistente de Tyndale, tendo simplesmente cotejado o Antigo Testamento de Tyndale e de Coverdale com a revisão de 1535 do Novo Testamento de Tyndale, disso resultando outra revisão. Ele não associaria seu nome ao trabalho que fora feito por outros, mas recorreu a um pseudônimo e acrescentou inúmeras notas e referências à sua edição. Recorreu com frequência às versões em francês de Lefèvre (1534) e Olivétan (1535), bem como ao Saltério Latino de Martin Bucer e suas notas à margem.[31] Matthew teve o consentimento da Coroa para sua versão de 1537.

Portanto, passado um ano da morte de Tyndale, em Vilvorde, dois de seus assistentes haviam obtido uma licença individual para a publicação de sua Bíblia impressa em inglês. Com as licenças de publicação de duas Bíblias, era inevitável que as Escrituras em inglês circulassem amplamente. Contudo, a Bíblia de Coverdale não partira das línguas originais, alienando desse modo eruditos da igreja; além disso, a Matthew's Bible ofendia os conservadores com suas notas e sua origem. Portanto, era preciso uma nova revisão.

Richard Taverner (1505-1575)

Richard Taverner, um leigo que conhecia muito bem o grego, usou seu talento para revisar a Matthew's Bible em 1539. Ele melhorou a tradução, sobretudo ao traduzir com maior exatidão o artigo grego. Contudo, essa revisão logo foi seguida de outra revisão da Matthew's Bible, conhecida como a Great Bible, sob a liderança de Miles Coverdale e com a aprovação de Thomas

---

[31] Veja a análise no cap. 7, bem como Constantin Hopf, *Martin Bucer and the English Reformation* (Oxford: Oxford U., 1946), p. 213-7.

Cranmer (1489-1556), o primeiro arcebispo protestante de Cantuária, e Thomas Cromwell (c. 1485-1540), lorde chanceler protestante sob Henrique VIII (1509-1547). A Great Bible logo eclipsou a obra de Taverner, tendo a última pouca influência sobre as traduções subsequentes da Bíblia inglesa.

A Great Bible [A Grande Bíblia] (1539)

A Great Bible foi preparada sob a direção de Coverdale e contou com a aprovação de Cranmer e Cromwell. Seu nome se deve a seu tamanho, tendo sido apresentada como forma de aliviar a situação tensa deflagrada pela obra de John Rogers, do que resultou o fato de que "injunções reais de novembro de 1538 proibiram a impressão ou importação de Bíblias em inglês com notas ou prólogos, a menos que autorizadas pelo rei".[32] A Great Bible foi autorizada para uso nas igrejas em 1538, mas também não conseguiu resolver o problema, uma vez que, na verdade, era uma revisão da revisão que Rogers fizera da Bíblia de Tyndale, até onde Tyndale a traduzira. Não apenas porque a Great Bible não era uma versão, tampouco por se tratar da revisão de uma versão, mas por nela terem sido removidos os Apócrifos do restante do Antigo Testamento, aos quais chamou de Hagiógrafos (escritos santos), numa época em que os bispos da igreja ainda eram predominantemente católicos. Assim, quando a segunda edição da Great Bible foi lançada (1540), trazia um prefácio de Cranmer (razão pela qual é chamada de Bíblia de Cranmer), que passou a figurar em todas as edições posteriores da Great Bible. Uma característica interessante desse prefácio é a presença de uma nota no pé da página onde se lê: "Esta é a Bíblia indicada para uso das igrejas". Seguiram-se cinco outras edições dessa Bíblia em 1540 e 1541, e nem os decretos de Henrique VIII, em 1543, que proibiam a todos, qualquer que fosse sua "propriedade, condição ou título [...] receber, ter, tomar ou guardar o Novo Testamento de Tyndale e Coverdale,"[33] foram suficientes para impedir que a Great Bible mantivesse sua posição de destaque nas igrejas. Desse modo, quando Henrique VIII faleceu, em 28 de janeiro de 1547, a Great Bible ainda era indicada para leitura na Igreja da Inglaterra. Com a ascensão de Eduardo VI (1547-1553) ao trono, a Great Bible foi reimpressa duas vezes, em 1549 e 1553. Ela foi usada no texto oficial do *Livro de Oração Comum e Administração dos Sacramentos*, publicado em 1549 e 1552. O prestígio da Great

---

[32]Greenslade, p. 151, nota 1, faz referência a Alfred W. Pollard, *Records of the English Bible*.
[33]Bruce, p. 79.

Bible resistiu aos terríveis ataques do breve, porém violento, reinado de Maria Tudor (1553-1558), já que o decreto de 1538 não havia sido revogado.

A Bíblia de Genebra (1557, 1560)

A Bíblia de Genebra[34] é da época do reinado de Maria Tudor. Com a perseguição, homens como John Rogers e Thomas Cranmer foram mortos; outros fugiram para o continente, entre eles Miles Coverdale. Uma das lições mais comuns da história é que a fé se fortalece na perseguição, mas raramente essas lições são aprendidas. Por isso, enquanto a Inglaterra perseguia, Genebra oferecia abrigo, e ali John Knox liderava um grupo de protestantes exilados que preparavam uma versão da Bíblia em inglês que atendesse às suas necessidades religiosas. Em 1557, eles produziram uma edição do Novo Testamento, que foi apenas uma medida paliativa. É interessante observar:

> O Novo Testamento de 1557 foi obra sobretudo de William Whittingham, futuro reitor de Durham, que tomou como seu texto básico não a Great Bible, mas Tyndale, talvez na edição de Jugge, de 1552, e a revisou "pelos exemplos em grego mais confiáveis, além do cotejo com traduções em outras línguas".[35]

A Bíblia de Genebra foi, sob diversos aspectos, um aperfeiçoamento das versões anteriores em inglês. Geddes MacGregor identifica quatro contribuições significativas que tornaram a Bíblia em inglês mais popular junto à população:

> Em primeiro lugar, ela seguiu o hebraico do Antigo Testamento mais de perto do que suas predecessoras. Em segundo lugar, embora seguisse a prática costumeira da época de inserir notas no texto, elas eram comparativamente isentas de polêmicas agressivas que caracterizavam a época. Em terceiro lugar, o uso de uma página menor (in-quarto [24,13 cm por 30,48 cm]) [...] fez dela um livro mais fácil de manusear, enquanto o simples caractere romano a tornou mais legível do que as Bíblias impressas em letras góticas. [...] Em quarto lugar, e talvez seja essa a característica mais notável de todas, o plano da divisão em versículos [...] foi usado integralmente pela primeira vez na Bíblia em inglês.[36]

---

[34] Veja Lewis Lupton, *A history of the Geneva Bible*.
[35] Greenslade, p. 156.
[36] Geddes MacGregor, *The Bible in the making*, p. 133.

Além disso, a Bíblia de Genebra introduziu palavras em itálico no texto onde a língua inglesa exigia palavras adicionais, além de recorrer também às evidências textuais mais recentes, entre elas a *editio regia* de Stephanus (1550), com sua coleção de variantes textuais, e ainda a versão latina de Beza de 1556. O Antigo Testamento e uma versão revisada do Novo Testamento foram concluídos por volta de 1560. Foi então que a Bíblia de Genebra começou sua longa e agitada história. Ela passou por pelo menos 140 edições antes de 1644 e preservou sua popularidade em relação à Bishops' Bible [Bíblia dos Bispos] (1568) e à primeira geração da King James Version (1611). Embora as notas fossem calvinistas demais para Elizabeth I (1558-1603) e para James I (1603-1625), eram bem mais brandas do que as de Tyndale. Os puritanos da Inglaterra usavam amplamente essa Bíblia, e sua influência permeou as páginas de Shakespeare, bem como as famílias dos protestantes de fala inglesa. Até mesmo a nota "Dos Tradutores ao Leitor", no prefácio da King James Version de 1611, extraiu a citação da Bíblia de Genebra.[37] Outra inovação importante dos tradutores foi "o método particular do Comitê de Genebra, que consistia numa colaboração cuidadosa e metódica em contraste com o trabalho isolado dos pioneiros da tradução".[38]

A Bishops' Bible [Bíblia dos Bispos] (1568)

A Bishops' Bible foi uma revisão da Great Bible, uma vez que o êxito imediato da Bíblia de Genebra entre a gente simples e os puritanos tornou impossível para os líderes da Igreja Anglicana continuar a usar a Great Bible em suas igrejas. Sua revisão foi chamada de a Bishops' Bible porque a maior parte dos tradutores era constituída de bispos, e sua obra foi "uma transigência — uma versão digna e 'segura' para a leitura pública, um sinal de que os bispos não negligenciavam suas responsabilidades. Em sua erudição, foi um avanço em relação à Great Bible, menos radical do que a Bíblia de Genebra, mas disposta a aprender com ela".[39] Os estudiosos envolvidos estavam mais bem treinados em hebraico e grego, e muitas de suas inovações foram transportadas para a versão Rheims-Douay e para a King James Version.

Se a Bishops' Bible tivesse surgido antes de 1557, teria sido a melhor tradução até então. Contudo, mesmo com o forte apoio concedido pela Convocação de Cantuária de 1571, ela não foi capaz de vencer a desvantagem insuperável de

---

[37] Bruce, p. 92.
[38] Hoare, p. 227.
[39] Greenslade, p. 160.

ter sido introduzida depois que já havia uma tradução melhor em circulação, a Bíblia de Genebra. Embora a "Bishops' Bible fosse normalmente encontrada nas igrejas entre 1568 e 1611, a Bíblia de Genebra continuava a ser a Bíblia do lar. Não foi impressa nenhuma cópia da Bishops' Bible depois de 1602".[40] Embora a Bishops' Bible não fosse uma obra de grandes méritos em si mesma, foi a base oficial para a revisão de 1611.

Resumo e conclusão

Embora a língua inglesa seja apenas uma espécie de dialeto derradeiro do baixo alemão, ela se tornou, apesar disso, o veículo mais importante para o texto bíblico nos tempos modernos. Das paráfrases de Caedmon (fins do séc. 7) ao primeiro livro completo da Bíblia (Salmos) nos dias de Shoreham (séc. 14), até os trabalhos pioneiros de Wycliffe, Tyndale e a publicação da primeira Bíblia completa em língua inglesa sob a direção de Miles Coverdale (1535), continuando com a Great Bible e a Bíblia de Genebra, que veio logo a seguir, houve uma série contínua de traduções que fizeram a ligação entre suas predecessoras latinas e a monumental King James Version e suas sucessoras em inglês. O que se tem efetivamente, portanto, é uma longa cadeia de transmissão "de Deus" para "nós" no mundo de fala inglesa, conforme os acontecimentos apresentados neste capítulo.

---

[40]Veja o Apêndice e Margaret T. Hills, *A ready-reference history of the English Bible*, p. 19. A data aqui deveria ser 1606, e não 1602, cf. Hoare, Bruce, Greenslade, Nix et al.

QUADRO DAS PRINCIPAIS LÍNGUAS INDO-EUROPEIAS, PARTE 1

Línguas Satem

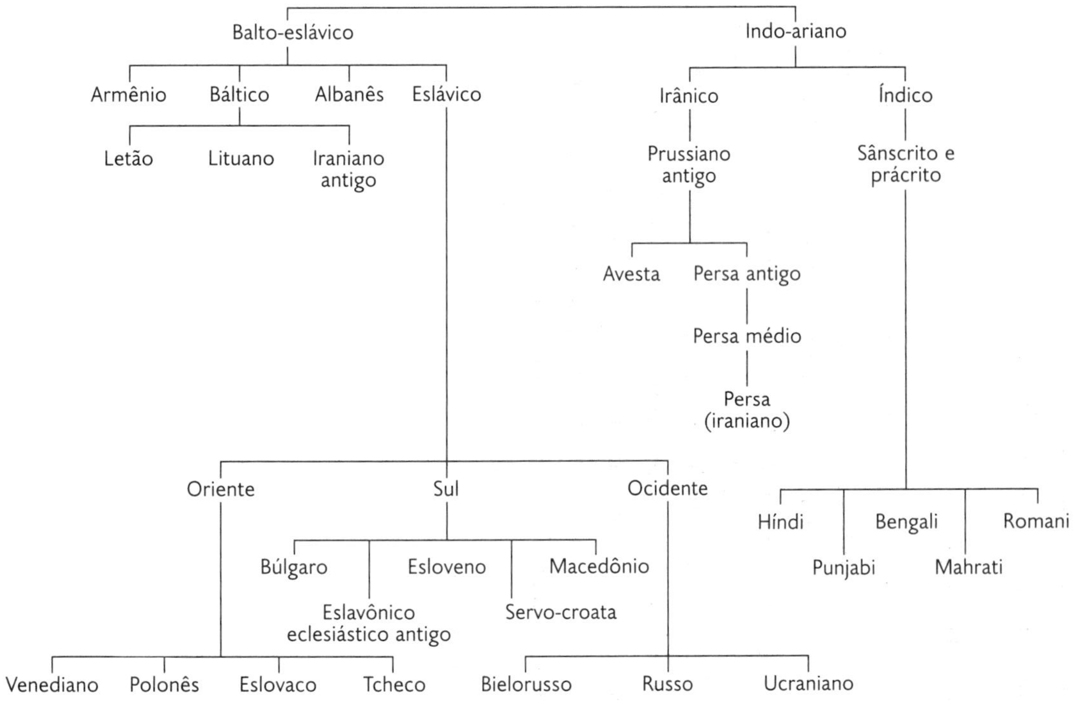

- Balto-eslávico
  - Armênio
  - Báltico
    - Letão
    - Lituano
    - Prussiano antigo
  - Albanês
  - Iraniano antigo
  - Eslávico
    - Oriente
      - Venediano
      - Polonês
      - Eslovaco
      - Tcheco
    - Sul
      - Búlgaro
      - Eslavônico eclesiástico antigo
      - Esloveno
      - Servo-croata
      - Macedônio
    - Ocidente
      - Bielorusso
      - Russo
      - Ucraniano
- Indo-ariano
  - Irânico
    - Avesta
    - Persa antigo
    - Persa médio
    - Persa (iraniano)
  - Índico
    - Sânscrito e prácrito
      - Hindi
      - Punjabi
      - Bengali
      - Mahrati
      - Romani

QUADRO DAS PRINCIPAIS LÍNGUAS INDO-EUROPEIAS, PARTE 2

LÍNGUAS CENTUM

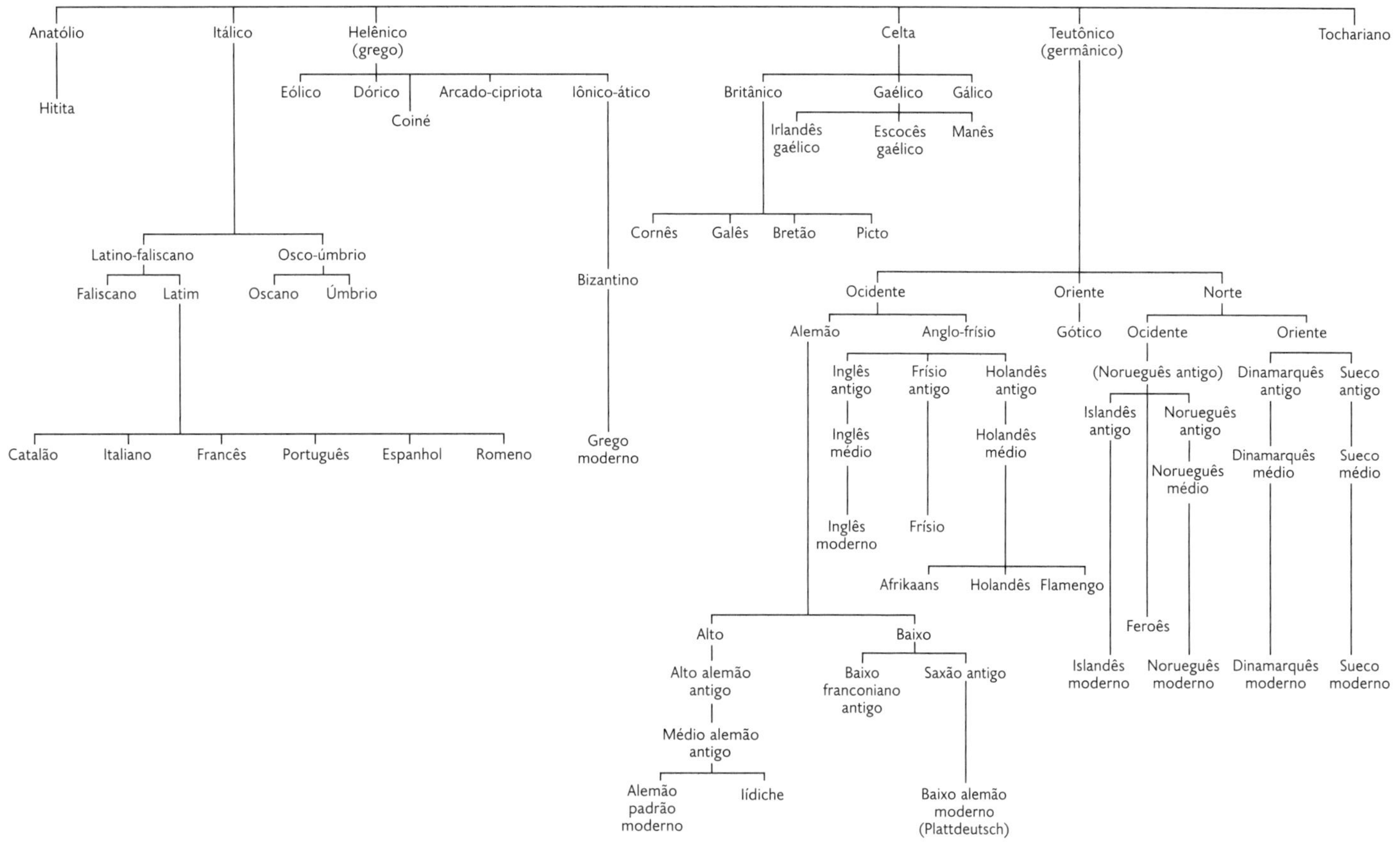

- Anatólio
  - Hitita
- Itálico
  - Latino-faliscano
    - Faliscano
    - Latim
      - Catalão
      - Italiano
      - Francês
      - Português
      - Espanhol
      - Romeno
  - Osco-úmbrio
    - Oscano
    - Úmbrio
- Helênico (grego)
  - Eólico
  - Dórico
  - Arcado-cipriota
  - Iônico-ático
    - Coiné
    - Bizantino
      - Grego moderno
- Celta
  - Gaélico
    - Gaélico
      - Manês
    - Irlandês gaélico
    - Escocês gaélico
  - Britânico
    - Cornês
    - Galês
    - Bretão
    - Picto
- Teutônico (germânico)
  - Oriente
    - Gótico
  - Ocidente
    - Anglo-frisio
      - Inglês antigo
        - Inglês médio
          - Inglês moderno
      - Frísio antigo
        - Frísio
      - Holandês antigo
        - Holandês médio
          - Holandês
          - Flamengo
          - Afrikaans
    - Alemão
      - Baixo
        - Saxão antigo
          - Baixo alemão moderno (Plattdeutsch)
        - Baixo franconiano antigo
      - Alto
        - Alto alemão antigo
        - Médio alemão antigo
          - Alemão padrão moderno
          - Iídiche
  - Norte
    - Ocidente
      - (Norueguês antigo)
        - Norueguês antigo
          - Norueguês médio
            - Norueguês moderno
          - Feroês
        - Islandês antigo
          - Islandês moderno
    - Oriente
      - Dinamarquês antigo
        - Dinamarquês médio
          - Dinamarquês moderno
      - Sueco antigo
        - Sueco médio
          - Sueco moderno
- Tocariano

31
Versões modernas e traduções em inglês das Escrituras

A Bíblia em inglês para católicos romanos

Enquanto os protestantes estavam ocupados fazendo traduções vernáculas da Bíblia para uso na Inglaterra, seus congêneres católicos romanos tinham um desejo semelhante. Com a morte de Maria Tudor, subiu ao trono Elizabeth I (1558-1603), e os católicos romanos exilados do seu reinado se dedicaram a uma tarefa semelhante à dos exilados protestantes em Genebra durante o reinado de sua predecessora.

A Rheims-Douay Version (Rhemes-Douay) (1589, 1609/1610)

Na primeira década do reinado de Elizabeth, um grupo de católicos romanos ingleses emigrou e se estabeleceu na Flandres espanhola, de fácil acesso para quem deixa a Inglaterra e sob o domínio de governantes católicos. Enquanto ali estavam, fundaram o English College em Douay (1568) para a formação de padres e a preservação da fé católica. William Allen (1532-1594), cônego de Oxford sob Maria Tudor, esteve à frente da fundação da faculdade e de sua transferência para Rheims, na França, em 1578, na esteira de turbulências políticas. Em Rheims, a direção do English College passou para outro erudito de Oxford, Richard Bristow (1538-1581), que havia se mudado para Douay em 1569. Enquanto isso, Allen foi chamado a Roma, onde fundou outro English College e posteriormente se tornou cardeal. Em 1593, a faculdade de Rheims voltou para Douay.

Numa carta escrita a um professor da faculdade de Douay, em 1578, Allen expressou o sentimento da hierarquia romana em relação à tradução da Vulgata para o inglês. Disse ele:

Os católicos formados nas academias e em escolas pouco conhecem das Escrituras, exceto em latim. Quando pregam para pessoas sem instrução, e são obrigados, no calor do momento, a traduzir algumas passagens para o idioma local, com frequência o fazem de maneira incorreta e com desagradável hesitação, ou porque não há uma versão vernácula das palavras, ou porque não lhes ocorre nenhuma no momento. Nossos adversários, porém, têm na ponta dos dedos alguma versão herética com todas aquelas passagens das Escrituras que lhes parecem apropriadas e, por meio de adaptações e alterações fraudulentas dessas palavras traduzidas, produzem o efeito de parecer dizer exatamente o que está na Bíblia. Esse mal poderá ser remediado se nós também tivermos uma versão católica da Bíblia, visto que todas as versões são imensamente corrompidas. [...] Se Sua Santidade julgar conveniente, nós mesmos nos empenharemos para que a Bíblia seja traduzida de maneira fiel, pura e genuína em conformidade com a edição aprovada pela igreja, dado que já contamos com homens extremamente capazes para essa obra.[1]

Passaram-se apenas quatro anos para que a tradução por ele projetada fosse concluída por Gregory Martin (m. 1582). Esse acadêmico de Oxford recebeu seu mestrado (M.A.) em 1564. Em seguida, renunciou ao protestantismo e foi para Douay estudar, tornando-se professor de hebraico e das Escrituras Sagradas em 1570. Em 1578, começou a traduzir inicialmente o Antigo Testamento. Traduziu, em geral, dois capítulos por dia no decorrer de três anos e meio. Pouco antes de sua morte, o Novo Testamento foi publicado com muitas notas. Essas notas foram obra de Bristow e Allen. Outro protestante que se tornou católico e que teve participação na publicação do Novo Testamento de Rheims (1582) foi William Reynolds, porém seu papel no projeto é incerto.

Embora a tradução do Novo Testamento de Rheims tenha sido planejada para funcionar como um antídoto às versões protestantes existentes em inglês, havia graves defeitos nela. Em primeiro lugar, tratava-se de uma elocução de má qualidade em língua inglesa. Como seu ponto de partida foi a Vulgata Latina, ela era na verdade a tradução de uma tradução. Ademais, os princípios de tradução explicados no prefácio indicam que os tradutores se precaviam da "ideia de que as Escrituras deviam sempre estar em nossa língua materna, ou que deveriam ser lidas, ou assim teria sido ordenado por Deus, indistintamente

---

[1] *Letters and memorials of Cardinal Allen*, com introdução de T. F. Knox, p. 64s., cf. citado em Geddes MacGregor, *The Bible in the making*, p. 248-9.

por todos".[2] Além disso, o Novo Testamento de Rheims estava comprometido pela autoimposta limitação de ser declaradamente polêmico por natureza, um propósito claramente expresso com frequência em suas muitas notas. O Novo Testamento foi publicado novamente em 1600, mas dessa vez em Douay, uma vez que o clima político revertia e o English College voltava a seu lugar de origem em 1593. A nova edição foi publicada sob a direção de Thomas Worthington, outro acadêmico de Oxford, ex-aluno da faculdade em Douay e D.D. (doutor em Teologia) pela Universidade Jesuíta de Tréveris, em 1588. Worthington se tornou o terceiro presidente da faculdade em Douay em 1599 e participava pessoalmente de modo ativo do trabalho missionário.

Enquanto isso, demorava a publicação do Antigo Testamento, que havia sido efetivamente traduzido antes do Novo. O motivo do atraso era duplo: em primeiro lugar, faltavam fundos para o financiamento do projeto; além disso, contribuiu o fato de que, entre 1582 e 1609, houve várias novas edições do texto da Vulgata que tinham de ser levadas em consideração pelos tradutores e revisores. Por fim, o Antigo Testamento Douay foi publicado (1609/1610), mas recebido com críticas semelhantes às que foram feitas às duas edições do Novo Testamento. A edição seguia exclusivamente a Vulgata Latina e introduzia latinismos em excesso (especialmente em Salmos), obedecendo ao princípio de se precaver da ideia de traduzir as Escrituras para o vernáculo, acrescentando ainda notas polêmicas à tradução (embora em menor número do que no Novo Testamento). Como as versões do latim antigo e da Vulgata continham geralmente os Apócrifos do Antigo Testamento, a tradução de Douay seguiu o princípio e os inseriu no Antigo Testamento.[3] Na verdade, foram acrescentados apenas sete livros completos aos outros 39: Judite, Tobias, Sabedoria de Salomão, Eclesiástico, Baruque (acrescido da carta de Jeremias), 1Macabeus e 2Macabeus. Além desses livros completos, quatro partes de livros foram adicionadas à tradução para o inglês: ao livro de Daniel foram acrescentadas partes de Bel e o Dragão, do Cântico dos Três Jovens Hebreus e de Susana; Ester foi ampliado.

A tradução do Antigo Testamento foi iniciada por Martin e provavelmente concluída por Allen e Bristow, embora haja poucas evidências precisas disponíveis para determinar o que efetivamente transcorreu. As notas foram

---

[2] William E. Nix, "Theological presuppositions and sixteenth century English Bible translations", p. 120-1. Veja tb. Clyde L. Manschreck, *A history of Christianity*, 2:131(a)-139(b).

[3] Veja a análise das versões em latim antigo e da Vulgata no cap. 29; veja o cap. 15 para análise dos Apócrifos do Antigo Testamento.

aparentemente providenciadas por Worthington. "A versão havia sido baseada na Vulgata não oficial de Lovaina (1547, edição de Henten), tendo seguido, porém, 'a mais perfeita edição em latim', a Sixto-Clementina de 1592."[4] As anotações tinham basicamente o propósito de harmonizar a interpretação do texto com os decretos do Concílio de Trento (1546-1563). A tradução primava pela uniformidade, inclusive com latinismos ultraliterais.

Embora o Novo Testamento tenha sido reimpresso em 1600, 1621 e 1633, foi preciso esperar até 1635 para a segunda edição do Antigo Testamento. O Novo Testamento circulava havia tempo suficiente para ter uma influência significativa sobre os tradutores da King James Version, conforme pode ser observado na reincorporação de vários termos eclesiásticos, no número ampliado de latinismos etc. A King James Version do Antigo Testamento, porém, provavelmente estava pronta para a impressão por volta da época em que o Antigo Testamento de Douay foi publicado; é evidente que ela não teve influência sobre a King James Version. Contudo, como havia uma rainha protestante no trono e, em seguida, um rei protestante, a Bíblia Rheims-Douay tinha pouca possibilidade de substituir as Bíblias protestantes na vida religiosa da Inglaterra. A escassez de edições reimpressas tem levado alguns a observar que, diferentemente dos protestantes, os católicos "não deveriam temer que os poucos exemplares disponíveis pudessem chegar às mãos de cada lavrador".[5]

A Rheims-Douay-Challoner Version (1749/1750)

Embora várias reimpressões da Rheims-Douay tenham sido lançadas depois de 1635, foi só em 1749/1750 que Richard Challoner, bispo de Londres, publicou a segunda edição revisada. Tratava-se de uma edição que era quase uma nova tradução. Nesse ínterim, uma tradução do Novo Testamento baseada na Vulgata Latina foi lançada em Dublin (1718) como obra de Cornelius Nary. Em 1730, Robert Whitham, presidente da faculdade de Douay, publicou uma revisão do Novo Testamento da Rheims. Em 1738, foi publicada uma quinta edição desse Novo Testamento com algumas revisões atribuídas geralmente a Challoner, que estivera associado a Whitman em Douay.[6] Challoner publicou sua revisão do

---

[4] Veja o Apêndice e S. L. Greenslade, "English versions of the Bible 1525-1611", in: Greenslade, org., *The Cambridge history of the Bible*, vol. 3: *The West from the Reformation to the present day*, p. 163.

[5] Ibidem, p. 163.

[6] Embora o Novo Testamento de Rheims de 1738 seja chamado de "quinta edição", convém notar que a quarta edição era de 1633, e não a edição de 1730 de Whitman.

Antigo Testamento de Douay em 1750 e 1763, e seu Novo Testamento revisado da Rheims em 1749, 1750, 1752, 1763 e 1772. Desde essa época, foram feitas outras revisões na Bíblia Rheims-Douay, mas são praticamente todas baseadas na revisão de 1749-1750 por Challoner.[7] Portanto, o veredito do padre Hugh Pope, em seu *English versions of the Bible* [Versões da Bíblia em inglês] (1952), ainda vale. Diz ele: "Os católicos de fala inglesa do mundo todo têm uma dívida imensa de gratidão para com o dr. Challoner, pois foi ele quem lhes deu pela primeira vez uma versão portátil, barata e legível e que, apesar de uns poucos defeitos inevitáveis, passou no teste de duzentos anos de uso".[8]

A Confraternity of Christian Doctrine Version (1941)

Embora a edição do Novo Testamento da Confraternity não fosse a primeira tradução em inglês da Bíblia católica nos Estados Unidos, foi a primeira tradução oficial. A primeira Bíblia católica publicada nos Estados Unidos (1790) foi uma edição grande in-quarto do Antigo Testamento de Douay com várias das revisões de Challoner e com a revisão da terceira Rheims-Challoner de 1752. Essa Bíblia foi, na verdade, "a primeira Bíblia in-quarto do gênero em inglês a ser publicada nos Estados Unidos".[9] Francis Patrick Kenrick fez, então, uma nova revisão da Bíblia Rheims-Douay-Challoner em seis volumes (1849-1860), embora afirmasse que a tinha "traduzido da Vulgata Latina mediante comparação diligente com o hebraico e o grego".[10] Depois disso, apareceram outras edições de ambos os lados do Atlântico.

Em 1936, foi iniciada uma nova revisão do Novo Testamento da Rheims-Challoner sob os auspícios da Episcopal Committee of the Confraternity of Christian Doctrine [Comissão Episcopal da Confraria da Doutrina Cristã]. Uma comissão de 28 acadêmicos da Catholic Biblical Association [Associação Bíblica Católica] começou a revisão sob a direção de Edward P. Arbez. Embora o texto da Vulgata ainda fosse usado como ponto de partida, a nova tradução recorreu aos avanços mais recentes da erudição bíblica. Foram retiradas muitas das expressões arcaicas da versão Rheims-Challoner, incorporaram-se parágrafos, introduziu-se a ortografia usada nos Estados Unidos e foram eliminadas muitas

---

[7] Veja o Apêndice. Para um desenvolvimento mais aprofundado desse tópico, veja MacGregor, p. 256-62.

[8] Cf. citação em Greenslade, p. 357.

[9] Veja o Apêndice e MacGregor, p. 258.

[10] Ibidem, p. 269.

das notas prolíficas de suas antecessoras. O Novo Testamento da Confraternity foi publicado pela St. Anthony Guild Press em 1941, e foi amplamente utilizado pelos católicos de fala inglesa do mundo todo como subproduto da Segunda Guerra Mundial (1939-1945).

Em 1943, o papa Pio XII publicou a encíclica papal *Divino Afflante Spiritu*, em que dizia que as traduções da Bíblia poderiam ser baseadas nos textos originais em hebraico e grego, e não apenas na Vulgata Latina. Foi uma mudança substancial na política católica romana, mas que não pôde ser colocada em prática por causa da Segunda Guerra Mundial. Passada a guerra, as restrições foram suspensas. A Confraternity começou a produzir uma nova versão do Antigo Testamento com base nos textos originais. Nesse ínterim, uma edição católica romana da *Revised Standard Version* (1946, 1952) foi publicada em 1965, ao mesmo tempo que o Antigo Testamento estava sendo produzido em lotes: Gênesis—Rute (1952), Jó—Eclesiástico (1955), Isaías—Malaquias (1961) e Samuel—Macabeus (1967).[11] A tradução do Antigo Testamento foi concluída em 1969. A Comissão Episcopal, cujo trabalho estava sob a direção de Louis F. Hartman e se baseava no texto grego, voltou sua atenção para o Novo Testamento, que foi publicado em 1970 como a New American Bible.[12] Em 1966, eruditos católicos romanos uniram-se aos membros da Comissão da *Revised Standard Version* para produzir a ecumênica *Common Bible* (1973) e a *New Oxford Annotated Bible* (1977).[13]

A tradução de Ronald A. Knox (1944, 1948)

Assim como a Confraternity Version é a edição oficial da Bíblia católica romana nos Estados Unidos, a Knox Version é a Bíblia católica oficial da Grã-Bretanha. Depois da encíclica papal de 1943, foi publicada uma nova edição da Vulgata Latina (1945). Esse texto da Vulgata não foi a base para a tradução do Novo Testamento do monsenhor Knox (1944). Em 1948, o Antigo Testamento de Knox foi publicado, mas se baseava na nova Vulgata; na verdade, tratava-se de

---

[11] Veja o Apêndice e Hills, p. 29.
[12] Veja a análise adiante sobre a *Revised Standard Version*, a *Common Bible* e a *New Oxford Annotated Bible*. Veja tb. o Apêndice e Sakae Kubo; Walter F. Specht, *So many versions? Twentieth-century English versions of the Bible*, p. 54-60.
[13] Veja o Apêndice; Kubo; Specht, p. 213-21; Lloyd R. Bailey, org., *The Word of God: a guide to English versions of the Bible*, p. 139-51; e Jack P. Lewis, *The English Bible from the KJV to the NIV: a history and evaluation*, p. 215-28.

uma revisão da Vulgata Sixto-Clementina de 1592. Em 1955, a hierarquia da igreja aprovou a tradução de Knox, cerca de dezesseis anos depois de a hierarquia inglesa ter pedido ao convertido ao catolicismo romano que se incumbisse da tarefa (1939). Convém ressaltar a esta altura que a edição da Bíblia católica romana em inglês da Confraternity se baseia em textos latinos mais antigos e mais confiáveis e em textos originais de boa parte do Antigo Testamento. Portanto, a Confraternity Version está calcada em um fundamento muito mais firme do que a de Knox. Ambas as edições foram superadas pela *Revised Standard Version Catholic Bible*, pela *Common Bible* e pela *New Oxford Annotated Bible*.

A Bíblia em inglês para os protestantes

Em relação às versões protestantes da Bíblia em inglês,[14] fica evidente que a diversidade e a multiplicidade das traduções que surgiram durante o início do período da Reforma começaram a se tornar uma frente mais unida à medida que vários grupos usavam as mesmas traduções. Assim, quando James VI da Escócia se tornou James I da Inglaterra (1603-1625), convocou uma conferência de clérigos e teólogos para que discutissem coisas "que estavam erradas na igreja". Foi nessa conferência que as engrenagens foram azeitadas para a realização da tradução mais influente da Bíblia em inglês que os protestantes haveriam de produzir.

King James ("Authorized") Version (1611)

Em janeiro de 1604, James I convocou a conferência da Corte de Hampton em resposta à Petição Milenar, que lhe havia sido apresentada quando seguia de Edimburgo para Londres. A Petição Milenar, assim chamada porque continha quase mil assinaturas, expunha o descontentamento do Partido Puritano com a igreja inglesa. Os puritanos eram uma força que não podia ser ignorada no novo domínio de James I, que não poderia deixar de ouvir suas petições. Embora James, que se considerava acima de todos os partidos e princípios religiosos, tratasse asperamente os puritanos na conferência, foi ali que John Reynolds, puritano que presidia o Corpus Christi College, em Oxford, suscitou a questão da pertinência e do valor de ter uma versão autorizada da Bíblia em

---

[14]Veja o Apêndice; Luther A. Weigle, "English versions since 1611", in: S. L. Greenslade, org., *The Cambridge history of the Bible*, 3:361-82; F. F. Bruce, *The English Bible: a history of translations*; Bailey; Lewis; e Kubo; Specht.

inglês que fosse aceitável a todos os partidos da igreja. James I expressou seu apoio integral ao empreendimento, já que isso lhe dava a oportunidade de agir como pacificador de seu reino recém-adquirido. Dava-lhe também ocasião de substituir as duas versões mais populares da Bíblia inglesa: a Bishops' Bible [Bíblia dos Bispos], usada nas igrejas, e a Bíblia de Genebra, a Bíblia do lar, cuja tradução reputava como a pior de todas. Isso se devia em grande medida ao seu descontentamento com os materiais suplementares que acompanhavam a tradução, e não com a tradução propriamente dita. James havia sido criado para acreditar que os reis eram escolhidos por Deus e tinham o direito divino de governar seu povo. Em decorrência disso, sua ideia de que "não havendo bispo, não há rei" o levou a propor uma versão "que incorporasse o melhor das versões existentes e que pudesse ser lida tanto em cultos públicos da igreja quanto pelas pessoas nos lares".[15]

A primeira medida para a empreitada consistia em selecionar uma comissão de revisores, um precedente estabelecido pelos tradutores da Bíblia de Genebra.[16] Feito isso, foram comissionadas seis equipes, no total de 54 homens, embora apenas 37 se encarregassem efetivamente do trabalho de revisão.[17] Duas equipes se reuniram em Cambridge para revisar 1Crônicas até Eclesiastes e os Apócrifos; em Oxford, duas outras equipes se reuniram para revisar Isaías até Malaquias, os quatro Evangelhos, Atos e Apocalipse; as duas outras equipes se reuniram em Westminster para a revisão de Gênesis até 2Reis e de Romanos até Judas. As equipes receberam uma série de instruções que incluía as traduções em inglês a serem usadas quando estivessem mais de acordo com o texto do que com a Bishops' Bible: a de Tyndale, Matthew, Coverdale, Whitchurche e a tradução de Genebra.[18] Ao usar a Bishops' Bible como base para a revisão, a comissão preservou muitos termos eclesiásticos antigos, sem dúvida por influência do Novo Testamento da Rheims, que havia sido publicado havia pouco tempo. Não foram inseridas notas nas margens, exceto para a explicação de termos em hebraico e grego que as exigissem. Foram reintroduzidos muitos latinismos, mas a Bíblia de Genebra influenciou na precisão da expressão e contribuiu para

---

[15] Kenneth Scott Latourette, *A history of Christianity*, p. 817 [edição em português: *Uma história do cristianismo* (São Paulo; Hagnos, 2007), 2 vols.].

[16] Nix, p. 122ss.; veja tb. o cap. 30.

[17] Veja Hills, p. 21-2; MacGregor, p. 164-78; F. F. Bruce, *The English Bible: a history of translations*, p. 96-112; H. W. Hoare, *The evolution of the English Bible*, p. 241-70; et al.

[18] Hoare, p. 252-4, arrola quinze regras; a de número catorze é citada aqui. A tradução de Whitchurche é a edição in-fólio de 1549 da Great Bible.

a clareza da revisão. Frequentemente, a nova revisão distanciava-se da versão de Tyndale, assim como da Great Bible, porém os revisores de 1881 e 1885 retornaram à tradução anterior.

Estritamente falando, a chamada Authorized Version [Versão Autorizada] (KJV) jamais foi autorizada. Essa tradição parece remeter simplesmente a uma declaração de um impressor na folha de rosto que continha a frase registrada em Bíblias anteriores: "Indicada para leitura nas igrejas".[19] Ela substituiu a Bishops' Bible no uso público, já que esta foi impressa pela última vez em 1606. Depois de 1611, não foi impressa mais nenhuma Bíblia de tamanho grande in-fólio. Na disputa entre os leigos na Inglaterra, a King James Version competia lado a lado com a popular Bíblia de Genebra dos puritanos, mas a imponência de sua tradução acabou por varrer de cena a oposição. Contudo, há um fato que é negligenciado com frequência pelos adeptos da King James Version; isto é, a King James Version não é efetivamente uma versão. Até mesmo a folha de rosto original de 1611 indica que se trata de uma tradução:

> A BÍBLIA SAGRADA contendo o Antigo Testamento e o Novo:
> *Recém traduzida das* línguas originais:
> Diligentemente comparada e revisada com base nas traduções anteriores
> por Ordem especial de Sua Majestade.
>
> Indicada para leitura nas igrejas.
>
> IMPRESSA em Londres por Robert Barker,
> Impressor de Sua Excelentíssima Majestade, o Rei,
> 1611 d.C.
> Cum Privilegio.[20]

Não há evidências de instrução alguma para que a King James Version fosse usada na liturgia, quer da parte do rei, quer do parlamento, quer do Conselho Privado, ou que tenha havido efetivamente uma convocação nesse sentido. Na verdade, essa Bíblia era a terceira "Bíblia Autorizada", e não "A Bíblia Autorizada". Convém ter em mente que "autorizado" era usado como

---

[19] Lewis, p. 35.
[20] *The Holy Bible, an exact reprint page for page of the Authorized Version published in the year MDCXI.*

sinônimo de "reconhecido por várias igrejas e autorizado para uso no culto público".[21] O propósito real dos tradutores da King James Version foi apresentado num longo prefácio escrito por Myles Smith. Ali ele mostra como a tradução a cargo de seis comissões remetia, na verdade, a seus predecessores imediatos; portanto, não era uma nova tradução feita das línguas originais. Em conformidade com esse raciocínio, a mensagem dos "tradutores para o leitor" indica seu propósito:

> Já passou da hora de publicá-los e de mostrar sucintamente o que nos foi proposto, e que direção tomamos nesta nossa leitura cuidadosa e nesta pesquisa que fizemos da Bíblia. Na verdade (bom leitor cristão), nunca imaginávamos inicialmente que teríamos de fazer uma nova tradução, boa ou ruim (porque, se assim fosse, a acusação de Sixto se tornaria verdadeira de algum modo, isto é, que nossa gente se serviu da bile do Dragão em vez de vinho; de soro em vez de leite), e sim tornar melhor o que é bom, ou para tirar de muitas [traduções] boas uma que fosse a principal delas, a qual não há de merecer objeções; esse tem sido nosso esforço, nossa característica.[22]

O texto da King James Version recorreu muito pouco, ou quase nada, aos textos de melhor qualidade que vão do século 12 ao 15, visto que seguiu as edições de 1516 e 1522 do texto grego de Erasmo, inclusive a interpolação de 1João 5.7.[23]

As razões do êxito gradual, porém irresistível, da King James Version foram bem expressas por diversos autores e podem ser brevemente sintetizadas como se segue:[24]

1. as qualificações pessoais dos revisores, que eram estudiosos e linguistas de primeira linha em sua época, bem como homens de piedade profunda e sincera;

2. o sentido praticamente universal do trabalho como um esforço nacional, apoiado integralmente pelo rei e com a plena concordância e aprovação tanto da igreja quanto do Estado;

---

[21] Edgar J. Goodspeed, "The versions of the New Testament", in: Palmer H. Kelly; Donald G. Miller, orgs., *Tools for Bible study* (Richmond: Knox, 1956), p. 118.
[22] Myles Smith, "The translators to the reader", in: *The Holy Bible, an exact reprint page*.
[23] Veja a análise nos caps. 21, 22, 25 e 26.
[24] De acordo com Hoare, p. 257-70.

3. a disponibilidade e a acessibilidade dos resultados de cerca de um século de trabalho diligente e sem interrupções no campo do estudo da Bíblia, iniciando com Tyndale e Purvey, e não Wycliffe, e seus esforços para "tornar melhor uma tradução boa";

4. o clima religioso favorável da época juntamente com a simpatia e o entusiasmo dos tradutores, já que o interesse primordial de sua época era a teologia e a religião;

5. o sistema organizado de trabalho cooperativo que seguiu o precedente dos tradutores de Genebra, embora possivelmente tenha sido melhorado, resultando numa unidade no modo de expressão na King James Version que ultrapassou todos os seus predecessores;

6. a atmosfera literária de fins do século 16 e início do século 17 encontrou paralelo na percepção sublime de estilo e de toque artístico dos tradutores.

Os editores deram sua contribuição ao êxito da King James Version ao deixarem de publicar a Bishops' Bible em 1606 e ao publicarem a King James Version no mesmo formato da Bíblia de Genebra. Contudo, a qualidade da obra dispensa comentários a esta altura. Embora Jack P. Lewis afirme que "aqueles que acham que podem escapar do problema das traduções ao se retirar para a cidadela da KJV têm por Deus um zelo que não está de acordo com o conhecimento",[25] já que ela reina suprema como versão "intrinsecamente" autorizada do protestantismo de língua inglesa, trata-se de uma realização certamente notável que se seguiu ao reinado milenar da Vulgata Latina.

Foram lançadas três edições da King James Version em seu primeiro ano de publicação. Essas edições in-fólio (40,63 cm por 26,67 cm) foram sucedidas por edições in-quarto e in-oitavo em 1612. À medida que as primeiras edições continuaram a ser publicadas, surgiram várias outras variantes textuais e erros de ortografia, alguns dos quais muito engraçados: por exemplo, em 1631, a palavra "não" foi omitida do sétimo mandamento do Decálogo, o que levou a edição a ser chamada de "Bíblia ímpia"; a edição de 1717 impressa em Oxford ficou conhecida como a "Bíblia do Vinagre" por causa do título de Lucas 20, onde constava "vinagre" em vez de "videira";[26] em 1795, a edição de Oxford

---

[25] Lewis, p. 67.
[26] Em inglês, as palavras são um pouco mais parecidas, "vinegar" em vez de "vineyard". (N. do E.)

grafou erroneamente "killed" (em vez de "filled")[27] em Marcos 7.27, passando a ser chamada, então, de "A Bíblia dos Assassinos". Com o tempo, a ortografia das primeiras edições da King James Version foi modernizada e modificada. Em 1701, as datas do arcebispo Ussher foram inseridas na margem por insistência do bispo Lloyd e ali permaneceram desde então. Esse acréscimo tem gerado muitas críticas inadequadas e injustas aos cristãos, além de brigas e debates entre deles, visto que é esse sistema de datas que estabelece a data da Criação em 4004 a.C.

Durante o reinado de Carlos I (1625-1649), o Longo Parlamento (1640-1660) instituiu uma comissão para avaliar a necessidade de revisão da King James Version ou sobre a realização de uma nova tradução, porém nada foi feito a esse respeito. Ocorreram apenas revisões pouco importantes da King James Version, mas que foram iniciadas muito cedo e se estenderam por muito tempo. Por exemplo, em 1629 e 1638, em decorrência dos esforços do Longo Parlamento em 1653 e, de novo, em 1701; por fim, pelo dr. Paris, de Cambridge, em 1762, e pelo dr. Blayney, de Oxford, em 1769. Nas duas últimas revisões,

> houve empenho no sentido de "corrigir e harmonizar a ortografia e de eliminar alguns termos antigos como 'sith'" [*since*, desde]. Alguns pontos escaparam desses mestres, porém a edição de Blayney continuou a ser a forma padrão da versão desde então até hoje. Sua edição provavelmente difere da edição de 1611 em ao menos 75 mil detalhes.[28]

A English Revised Version (1881, 1885)

Antecedentes da revisão de 1881-1885. Todas as revisões da King James Version mencionadas acima foram feitas sem permissão eclesiástica ou da realeza. Na verdade, não houve nenhuma revisão "oficial" da King James Version em mais de cem anos depois da revisão do dr. Blayney (1769). Muitas revisões foram infelizes, como a que introduziu a cronologia de Ussher, bem como a exclusão dos livros Apócrifos que resultou na pena de prisão decretada pelo arcebispo de Cantuária, George Abbott, pouco depois. Houve, entretanto, revisões excelentes feitas de maneira "não oficial", como no caso da edição anônima da *The Holy*

---

[27] Killed significa matou em vez de filled, fartou. (N do E.)
[28] Goodspeed, p. 117-8.

Bible containing the Authorized Version of the Old and New Testament with many emendations [A Bíblia Sagrada contendo a versão autorizada do Antigo e do Novo Testamentos com muitas emendas]. Diz o prefácio da obra:

> A história da Bíblia inglesa registra o grande alarde que sempre se seguiu às tentativas de melhorar a tradução, ou de corrigir seus reconhecidos defeitos. Nunca essas inquietações se deram em grau maior do que quando nossa versão atual foi publicada. No entanto, o resultado tem-se revelado improcedente porque nada, talvez, tenha contribuído mais para firmar a verdade da revelação, ou para refutar o sofisma do ceticismo, do que essas correções.[29]

O autor continua:

> Desde a publicação da Versão Autorizada, estudiosos de piedade reconhecida e de saber profundo, incansáveis em seu empenho, e de integridade a toda prova, têm investido mais tempo e talento na Bíblia do que em qualquer outro livro existente; seus esforços combinados levaram-na para mais perto do estado de perfeição do que qualquer outro livro antigo. E, certamente, se este volume abençoado [...] for a mais preciosa dádiva conferida aos herdeiros da imortalidade; se for a propriedade comum de todos os filhos de Adão [...] como também daqueles cujas realizações são comparativamente frágeis, assim também como os de intelecto extraordinário, de mentes desenvolvidas, ele deverá ser apresentado à igreja e ao mundo com os resultados desses esforços que tanta luz lançaram em suas passagens obscuras e complexas; luz que até aqui foi espalhada por meio de tantas publicações, tão raras ou tão caras a ponto de se tornarem inacessíveis ao grande contingente da humanidade.[30]

Em sua revisão "não oficial" da King James Version (publicada em 1841), o autor faz referência ao uso que fez de manuscritos não disponíveis em 1611.[31]

Com os avanços dos estudos acadêmicos no século 19, o acúmulo de manuscritos mais antigos e melhores, as descobertas arqueológicas no mundo

---

[29] *The Holy Bible containing the Authorized Version of the Old and New Testaments, with many emendations*, p. iv.

[30] Ibidem, p. v.

[31] Veja o cap. 20 para as descobertas e os conteúdos dos manuscritos do Novo Testamento. Um dos manuscritos usados por esse autor foi "o *Codex Vaticanus* e outros manuscritos raros e valiosos da biblioteca do Vaticano em Roma". Ibidem, p. ix. Veja tb. o Apêndice.

antigo em geral, bem como as mudanças reais na sociedade inglesa e no estilo literário da língua, tornou-se obrigatória a revisão da King James Version em bases mais "oficiais". Antes mesmo que ocorresse a revisão "oficial", um grupo de eruditos de renome publicou *The Variorum Edition of the New Testament of our Lord and Saviour Jesus Christ* (1880). Essa obra foi editada por R. L. Clarke, Alfred Goodwin e W. Sanday e traduzida do original grego mediante comparação e revisão diligentes à luz de traduções anteriores "por ordem especial de Sua Majestade".[32] A Bíblia Variorum era simplesmente uma revisão da King James à luz de várias variantes textuais das melhores autoridades. As variações foram inseridas nas notas e nas margens e foram "elaboradas não para corrigir simplesmente algumas das traduções equivocadas mais evidentes, mas para suprir os meios de avaliação da autoridade sobre a qual se apoiam as correções propostas".[33] Portanto, embora seguindo a tradição de Tyndale, de Coverdale, da Great Bible, da Bíblia de Genebra, da Bishops' Bible e de várias edições da King James Version, a Bíblia Variorum preparou o caminho para a English Revised Version, publicada em 1881 e 1885, que teve acesso às traduções e ao aparato crítico da Bíblia Variorum.

Revisão de fato da King James Version. O desejo de uma revisão plena da King James Version (Authorized Version) era tão difundida entre os estudiosos protestantes depois de meados do século 19 que foi feita uma Convocação da Província de Cantuária em 1870 com o propósito de revisão do texto em que as passagens em grego e hebraico foram traduzidas de modo inexato ou equivocado. Samuel Wilberforce tomou a resolução de revisar o Novo Testamento, ao passo que o bispo Ollivant a ampliou, estendendo-a também ao Antigo Testamento. Foram criadas duas equipes com inicialmente 24 membros cada, mas que mais tarde incluíram 65 revisores de várias denominações. O processo efetivo de revisão começou em 1871, e em 1872 um grupo de estudiosos americanos foi convidado a se unir na empreitada.[34]

Os princípios de procedimentos adotados para os revisores foram os seguintes:

1. Introduzir o mínimo possível de alterações no texto da Authorized Version de maneira consistente com a fidelidade.

---

[32] Cf. a folha de rosto da *Variorum edition of the New Testament of our Lord and Saviour Jesus Christ.*
[33] Ibidem, Prefácio do editor.
[34] Hills, p. 25-6, arrola os nomes dos membros da comissão inglesa e americana.

2. Limitar, tanto quanto possível, a expressão dessas alterações de linguagem na Authorized Version e em outras versões mais antigas.

3. Cada equipe deverá repassar duas vezes a parte a ser revisada, uma vez de forma provisória; da segunda vez, de forma definitiva, e em conformidade com princípios de votação a serem aqui apresentados posteriormente.

4. O texto a ser adotado será aquele para o qual as evidências serão efetivamente preponderantes, e, quando o texto assim adotado diferir daquele do qual a Authorized Version foi elaborada, a alteração será indicada na margem.

5. Não fazer ou não manter mudança alguma no texto na segunda revisão final de cada equipe, exceto se tiver a aprovação de *dois terços* dos presentes; na primeira revisão, a decisão será tomada por maioria simples.

6. Em todos os casos de proposta de alteração que possam ter suscitado contestação, adiar até a próxima reunião sua votação; na ocasião, a alteração em questão terá de ser votada por um terço dos presentes. Essa intenção de voto será revelada na comunicação feita na próxima reunião.

7. Revisar os títulos dos capítulos, páginas, parágrafos, itálicos e a pontuação.

8. Cada equipe deverá recorrer às opiniões de teólogos, estudiosos e especialistas em literatura, locais ou do exterior, quando considerar conveniente.[35]

As editoras universitárias de Oxford e Cambridge absorveram os custos da tradução, contanto que tivessem direitos exclusivos ao *copyright* do produto acabado. Depois de seis anos, a primeira revisão foi concluída, e mais dois anos e meio foram investidos na reflexão sobre as sugestões da comissão dos Estados Unidos. Por fim, em 17 de maio de 1881, a *English Revised Version of the New Testament* foi publicada em formato de parágrafo. Em menos de um ano depois da publicação, cerca de três milhões de exemplares haviam sido vendidos na Inglaterra e nos Estados Unidos, e 365 mil exemplares foram vendidos em Nova York e 110 mil na Filadélfia. A maior parte das vendas foi feita nas primeiras semanas.

A English Revised Version (RV ou ERV) foi lançada nos Estados Unidos, em Nova York e na Filadélfia em 20 de maio de 1881, e no dia 22 de maio

---

[35] Bruce, p. 137.

a versão integral do Novo Testamento foi publicada no *Chicago Times* e na *Chicago Tribune*. A resposta à RV foi, em geral, decepcionante, uma vez que antigas expressões tão familiares foram substituídas por novas, assim como palavras antigas trocadas por novas. A organização dos parágrafos satisfez os que tendiam a desaprovar a disposição dos versículos na King James Version, mas esse grupo não gostou das "pequenas alterações" feitas no inglês. Embora o texto fosse muito mais preciso, a aceitação dos novos termos e ritmos teria de esperar ainda algumas gerações. O Antigo Testamento foi publicado em 1885, os Apócrifos foram lançados em 1896 (1898 nos Estados Unidos) e a Bíblia toda em 1898.

A American Standard Version (1901)

Algumas traduções da English Revised Version não agradaram totalmente à comissão de revisão da American Standard Version, mas ela havia concordado que durante catorze anos não daria "aprovação à publicação de quaisquer outras edições da Revised Version, exceto as editadas pelas editoras universitárias da Inglaterra".[36] Contudo, em 1901 foi publicada a *American Standard Edition of the Revised Version (American Standard Version,* ASV). O título indica que várias edições "não autorizadas" da Revised Version haviam sido publicadas nos Estados Unidos, o que efetivamente ocorreu. Foram feitas outras revisões na *American Standard Version*, a saber, alguns termos antiquados foram substituídos por outros mais contemporâneos; por exemplo: "Jeová" em vez de "Senhor", e "Holy Spirit" em vez de "Holy Ghost".[37] As estruturas dos parágrafos foram revisadas e encurtadas, e foram acrescentados títulos breves no topo das páginas. Aos poucos, a versão foi conquistando as igrejas americanas; a Inglaterra importou exemplares, já que muitos eram favoráveis aos americanismos da *American Standard Version*. Embora falte a esta a beleza da King James Version, a maior precisão do seu texto a tornou aceitável tanto para professores quanto para estudantes. Em 1929, o *copyright* passou para o International Council of Religious Education [Conselho Internacional de Educação Religiosa], grupo que mais tarde revisou novamente o texto. A ASV, baseada na English Revised

---

[36] Veja o Apêndice; Hills, p. 27; veja tb. Lewis, p. 69-106.

[37] Holy Spirit e Holy Ghost são expressões para Espírito Santo. A palavra *ghost* vem do alemão *Geist* (Espírito), mas com o tempo passou a significar fantasma em inglês. Algumas versões antigas ainda trazem Holy Ghost. (N. do E.)

Version de 1881, 1885, "foi obra de muitas mãos e de várias gerações. William Tyndale lançou seu fundamento".[38]

A Revised Standard Version (1946, 1952)

Meio século depois da publicação da English Revised Version, o Conselho Internacional de Educação Religiosa expressou seu desejo de recorrer aos grandes avanços da erudição bíblica.[39] O texto do Novo Testamento de Westcott-Hort, que é o texto-base por trás da English Revised Version e da American Revised Version, havia sido profundamente modificado graças às descobertas de papiros, de manuscritos mais antigos que vieram à luz etc. Além disso, o estilo e o gosto literário da língua inglesa continuavam a mudar; uma nova revisão foi considerada necessária. Portanto, em 1937, o Conselho Internacional autorizou uma comissão a levar adiante uma revisão que

> recorreria aos melhores resultados da erudição moderna no tocante ao significado das Escrituras, e esse significado seria expresso em dicção da língua inglesa, definida para uso no culto público e privado e que preserva essas qualidades que deram à King James Version um lugar de destaque especial na literatura inglesa.[40]

A comissão de revisão consistia em aproximadamente 22 estudiosos de renome que deveriam seguir o sentido da *American Standard Version* em conformidade com a elegância da King James Version e mudar o texto somente se dois terços da comissão estivessem de acordo.[41] Essa versão usa formas mais simples e mais atuais de pronomes como "você" e "seu", exceto em referência a Deus, e recorre à ordem mais direta das palavras. A *Revised Standard Version: The New Testament* (RSV) foi publicada em 1946, postergada por causa da Segunda Guerra Mundial; o Antigo Testamento foi publicado em 1952, e os Apócrifos, em 1957. Uma segunda edição do Novo Testamento da *Revised Standard Version* foi publicada em 1977.

---

[38] Prefácio, *The Revised Version of the New Testament*.
[39] Veja o Apêndice. Kubo; Specht, p. 45-60; Lewis, p. 107-28, e Bruce M. Metzger, "The Revised Standard Version", in: Bailey, p. 28-44.
[40] "Preface", in: *The Revised Standard Version*.
[41] Hills, p. 127-8.

A publicação da *Revised Standard Version* foi realizada com uma grande campanha publicitária e, é claro, desencadeou reações. Enquanto a *American Standard Version* era acusada de empregar um literalismo exagerado no texto do Antigo Testamento, a *Revised Standard Version* era criticada por descambar para o lado oposto. Era acusada de obscurecer passagens "messiânicas" tradicionais ao substituir, por exemplo, o termo tradicional "virgem" por "mulher jovem" em Isaías 7.14, suscitando com isso fortes críticas. As críticas ao Novo Testamento não eram nem de longe tão virulentas, mas igualmente ásperas. F. F. Bruce indica que

> com a publicação da Bíblia toda em 1952, a crítica com que foi saudada por alguns setores lembrava muito a crítica dirigida em tempos passados à Septuaginta Grega e à Vulgata Latina, contra as versões de Lutero e Tyndale, contra a AV e a RV.[42]

Apesar de toda essa crítica, a *Revised Standard Version* tem proporcionado à igreja de língua inglesa uma revisão atualizada do texto das Escrituras baseado no "Texto Crítico". Conforme Jack Lewis, "A publicação da RSV marcou tanto o fim de uma era quanto o início de outra no esforço de comunicar a Palavra de Deus ao leitor da língua inglesa. Para muitos, seu lançamento marcou o fim de uma era em que 'A Bíblia' era sinônimo da KJV. A RSV inaugurou a era em que múltiplas traduções passaram a inundar o mercado atual, todas competindo entre si".[43] Além disso, a RSV tem sido usada como base para as traduções ecumênicas da Bíblia, mas disso trataremos no capítulo 32.

A New English Bible (1961, 1970)

Não satisfeita que a *Revised Standard Version* fosse uma continuação da longa tradição já estabelecida de versões inglesas mais antigas, a General Asembly of the Church of Scotland [Assembleia Geral da Igreja da Escócia] se reuniu em 1946 para debater a possibilidade de uma tradução totalmente nova.[44] Uma comissão conjunta constituída em 1947 escolheu três equipes: para o Antigo Testamento, para o Novo Testamento e para os Apócrifos. C. H. Dodd foi

---

[42] Bruce, p. 195.
[43] Lewis, p. 127-8.
[44] Veja Roger A. Bullard, "The New English Bible", in: Bailey, p. 45-62; Lewis, p. 129-63; Kubo; Specht, p. 198-212.

designado para presidir a equipe do Novo Testamento e, em 1949, foi constituído diretor de toda a tradução.[45] Em março de 1960, uma parte do Novo Testamento foi aceita pela comissão e publicada em 1961. Os princípios para a tradução foram estabelecidos em um memorando de Dodd:

> [A tradução] será em genuíno vernáculo inglês, de tal modo que não desperte um sentimento de estranheza ou de distanciamento. Visamos idealmente ao inglês "atemporal", evitando igualmente tanto os arcaísmos quanto os modernismos transitórios. Esta deverá ser uma versão simples o suficiente para transmitir seu sentido a qualquer pessoa razoavelmente inteligente (no que diz respeito à expressão verbal); no entanto, não será simplória ou banal. Seu objetivo não deverá ser a preservação de associações "santificadas", e sim transmitir um sentido de realidade. Deverá ser precisa sem ser prosaica. Esperamos que, ao menos ocasionalmente, produza textos surpreendentes e memoráveis. Deverá ter dignidade suficiente para ser lida em voz alta. [...] Gostaríamos de fazer uma tradução que fosse amplamente reconhecida como uma segunda versão imbuída de autoridade paralelamente à A. V. para propósitos públicos específicos, bem como para a leitura privada e, sobretudo, uma tradução que possa, em certa medida, remover uma barreira real entre grande parte de nossos compatriotas e a verdade das Escrituras Sagradas.[46]

Em 16 de março de 1970, a *The New English Bible* (NEB), com a segunda edição do Novo Testamento, foi publicada pelas editoras das Universidades de Oxford e de Cambridge, que subscreveram ao projeto de tradução e detêm seu *copyright*. Essa foi a primeira tradução a romper completamente com a tradição da King James, tendo sido publicada reiteradas vezes, com mais de sete milhões de exemplares da Bíblia toda vendidos nos primeiros doze anos. A forma de abordagem do texto é uma das características distintivas da *New English Bible*. O texto básico para a tradução do Antigo Testamento é o da *Biblia Hebraica* de R. Kittel (BHK; veja o cap. 21), com algumas emendas conjecturais, e com maior dependência dos Manuscritos do Mar Morto em oposição ao Texto Massorético do que qualquer outra versão anterior da Bíblia inglesa. Na edição revisada do Novo Testamento, a *New English Bible* introduziu mais de quatrocentas

---

[45] Bruce, p. 225-6, apresenta os nomes e as informações a respeito dos membros da comissão.
[46] Cf. citado por T. H. Robinson, "A new translation of the English Bible", *The Bible translator* 2 (Oct. 1951): 168.

alterações, tendo ainda harmonizado alguns de seus textos com sua tradução do Antigo Testamento. De modo geral, algumas das mudanças da NEB são mais precisas do que as registradas pela KJV, RV, ASV ou RSV, já que a tradução é de leitura bastante agradável e, em muitos casos, as ambiguidades são esclarecidas. A beleza do seu inglês granjeou aplausos para a NEB, mas não caiu no gosto dos americanos tanto quanto na Grã-Bretanha. Segundo alguns críticos, a NEB valorizou muito a "métrica". Eles dizem que não há base textual para a reorganização dos versículos da NEB (mais de cem deslocamentos textuais só no Antigo Testamento). Ela contém diversos anglicismos que soam estranhos, aos ouvidos americanos (e.g., "cudgels" (porretes) em vez de "staves" [KJV] ou "clubs" [RSV] em Mateus 26.47, e "dissipou" ["put to rout"] em vez de "dispersou" em Lucas 1.51, bem como "cesto" [mealtub] em vez de "alqueire" [bushel] em Mateus 5.15. O princípio dominante da "inteligibilidade", em vez da "literalidade" do sentido, certamente indica a influência da teologia contemporânea sobre a tradução por meio de seus tradutores, mas foi isso o que ocorreu com todos os seus antecessores da língua inglesa.

Resumo e conclusão

Os protestantes não estavam sozinhos na produção de traduções da Bíblia para o inglês. Sua empreitada corria em paralelo com a sé católica romana pelo mesmo objetivo. Esse desejo católico romano culminou com a publicação da Bíblia Rheims-Douay (1582, 1609), da revisão Challoner (1740/1750), da edição da Confraternity of Christian Doctrine nos Estados Unidos (1941) e da versão do monsenhor Ronald A. Knox (1944, 1948). Embora a Rheims-Douay tenha sido publicada pela Igreja Católica Romana quase dois anos antes da publicação pelos protestantes da King James Version (1611), a última estava destinada a predominar sobre a anterior tanto em popularidade quanto em estilo. Depois de quase três séculos, a primeira tentativa de substituição oficial da King James Version resultou na produção da English Revised Version (1881, 1885) e na *American Standard Version* (1901). Depois disso, foi a vez da *Revised Standard Version* (1946, 1952) e da *New English Bible* (1961, 1970) atualizarem a tradução. Contudo, apesar dessas revisões oficiais, a King James Version, com todo o seu arcaísmo, continua a ser um dos livros de maior circulação no mundo hoje.

32
Versões e traduções das Escrituras em linguagem moderna

Uma das evidências mais sólidas da universalidade da Bíblia é a multiplicidade de traduções e a variedade de línguas em que ela tem sido traduzida. De acordo com dados da British and Foreign Bible Society [Sociedade Bíblica Britânica e Estrangeira], a Bíblia toda foi traduzida em mais de duzentas línguas, e partes dela foram traduzidas em mais de mil línguas e dialetos.[1] Uma seleção com amostras dessas traduções servirá para ilustrar esse elo final na cadeia de transmissão que liga os autógrafos hebraico e grego às línguas do século 21.

VERSÕES E TRADUÇÕES EM LÍNGUA ESTRANGEIRA

Depois da invenção da tipografia e da ascensão da Reforma na primeira parte do século 16, foi impresso o primeiro grupo de traduções da Bíblia em língua vernácula.

Versões em latim no período da Reforma

Na véspera da Reforma, a Igreja Católica Romana estava produzindo traduções da Bíblia para o latim. Entre essas versões latinas, estavam as obras de Desidério Erasmo (1466-1536), em 1516, Santes Pagnino (1466-1541), em 1528, cardeal Cajetan (1469-1534), em 1530, e Arius Montanus (1527-1598), em 1571. Enquanto isso, os primeiros protestantes estavam ocupados publicando versões próprias da Bíblia em latim. São dignas de menção nessa área as obras de Sebastian Münster (1489-1552), em 1543/1544, Théodore de Bèze (1519-1605),

---

[1] A Sociedade Bíblica Britânica e Estrangeira traduziu nos últimos tempos, só ela, partes da Bíblia em cerca de 782 línguas. Para uma lista completa dessas traduções, veja T. H. Darlow; H. F. Moule, orgs., *Historical catalogue of the printed editions of Holy Scripture in the Library of the British and Foreign Bible Society*.

em 1556/1557, e Tremellius (1510-1580), que trabalhou com Junius na produção da última versão latina do Antigo Testamento por protestantes, que granjeou amplo reconhecimento (1575-1579).[2]

Versões alemãs no período da Reforma

Antes do século 15, havia cerca de 230 cópias manuscritas da Bíblia em alemão. Depois dessa época, foram produzidas mais 128. A primeira versão impressa da Bíblia em alemão apareceu em 1466, e outras dezoito foram publicadas antes de 1521. Em 1521/1522, Martinho Lutero publicou sua versão do Novo Testamento em alemão. Era a versão mais comum em circulação na Alemanha, já que Lutero tomou todas as precauções para que sua obra se tornasse a versão oficial em alemão. Foi o que aconteceu principalmente depois que ele completou a tradução do Antigo Testamento em 1534. Por volta do ano 1580, havia 72 edições do Novo Testamento em alemão e 38 do Antigo Testamento. A multiplicação das versões em alemão prossegue até hoje.[3]

Versões no período da Reforma em francês

Depois do século 12, foram feitas várias traduções da Vulgata Latina para o francês em forma de manuscrito. Diferentemente de seus congêneres alemães e ingleses, não há uma versão autorizada da Bíblia em francês. A primeira edição impressa de uma Bíblia em francês apareceu em Lyon em 1477/1478, e uma edição melhor surgiu em Paris em 1487. Só depois que a tradução da Vulgata pelo humanista católico Jacques Lefèvre d'Étaples foi publicada em Paris em 1523-1530 veio à luz uma importante versão em francês. Por volta de 1535, foi publicada a primeira versão protestante importante, da autoria de Pierre Robert Olivétan, primo de João Calvino. Sua versão em francês foi publicada em Serriéres e contou com o apoio financeiro dos valdenses. Em 1540, foi publicada uma segunda edição, e em 1545 e 1551 João Calvino revisou essa primeira versão protestante da Bíblia em francês.

---

[2] Para uma análise mais detalhada desse assunto, veja S. L. Greenslade, org., *The Cambridge history of the Bible*, vol. 3: *The West from the Reformation to the present day*, p. 38-93.

[3] O espaço não permitiria arrolar as traduções recentes mais importantes nem mesmo nas principais línguas estrangeiras. A Sociedade Bíblica Britânica e Estrangeira compilou três volumes (1.849 p.) com cerca de dez mil entradas de Bíblias publicadas em 628 idiomas entre 1400 e o início da década de 1900 em seu *Historical catalogue of the printed editions of Holy Scripture*.

Versões da Bíblia em holandês

Antes da Reforma, as traduções da Bíblia tendiam a ser incompletas e se baseavam em paráfrases e traduções métricas anteriores. Com a mudança na atmosfera que se seguiu à Reforma, cresceu o interesse pela tradução da Bíblia no vernáculo. Os católicos romanos publicaram traduções da Bíblia para o holandês em 1516 baseadas no texto latino de Erasmo. Em 1522, outra tradução começou a ser publicada em partes; em 1523, o Novo Testamento foi concluído. O Antigo Testamento apareceu em 1527. Outras edições católicas romanas foram publicadas em 1539 e 1548. Nesse ínterim, os protestantes começaram a publicar suas próprias traduções da Bíblia em holandês. Em 1525, uma tradução holandesa do Novo Testamento de Lutero apareceu na Antuérpia. Já o Antigo Testamento de Lutero foi traduzido e publicado em 1526. Foi preciso esperar até 1637 para que houvesse uma versão em holandês baseada nos textos originais cuja publicação foi autorizada pelas autoridades holandesas. Essa obra foi revisada em 1866-1897.

Versões da Bíblia em italiano

Do século 14 em diante, foram publicadas paráfrases devocionais das Escrituras. A primeira edição vernácula do Novo Testamento só foi publicada em 1530 por um leigo suspeito de heresia, Antonio Brucioli (c. 1495-1566). Em 1531, ele publicou Salmos e, em 1532, o restante do Antigo Testamento. O último trabalho parece ter se baseado copiosamente na versão interlinear de Santes Pagnino (1528). Em 1538, a primeira Bíblia completa em italiano a receber a sanção papal foi publicada por Santi Marmochini. A obra supostamente teria se baseado no grego e no hebraico, mas, sem dúvida, foi baseada numa versão existente. Os protestantes só publicaram efetivamente uma versão em italiano em 1607, quando Giovanni Diodati (1576-1649) publicou sua primeira edição da Bíblia em Genebra. A segunda edição é de 1641, com mais notas e introduções ampliadas, além do texto revisado. Também foi publicada em Genebra. Trata-se de uma obra de altíssima qualidade e que circulou posteriormente graças à Sociedade Bíblica Britânica e Estrangeira. Ainda hoje é a versão protestante básica da Bíblia em italiano.

Versões da Bíblia em espanhol

O primeiro Índice dos Livros Proibidos impresso da Inquisição Espanhola (Toledo, 1551) proibia o uso de versões da Bíblia no vernáculo na Espanha.

Assim, os católicos romanos só tiveram efetivamente uma Bíblia em espanhol sancionada pelo papa quando Pio VI autorizou a tradução de A. Martini para o italiano. A tradução do Novo Testamento (1785) para o espanhol por Anselmo Petite foi autorizada pelo Índice dos Livros Proibidos da Inquisição de 1790. Até aquela época, usavam-se traduções de versículos e versões "fora da lei". Os protestantes proporcionaram alguns desses itens já em 1543, quando o Novo Testamento em espanhol foi publicado por Francisco de Enzinas na Antuérpia. Em 1553, uma tradução literal do Antigo Testamento para o espanhol foi publicada pela imprensa judaica de Ferrara. Em 1569, foi publicada em Basileia a primeira tradução completa da Bíblia para o espanhol. Essa tradução incluía os Apócrifos e foi relançada em Frankfurt em 1602 e 1622. A Bíblia Espanhola, obra de Cassiodoro de Reyna revisada por Cipriano de Valera em 1602, continua a ser a edição básica, e serviu de referência para muitas Bíblias protestantes em espanhol publicadas pela Sociedade Bíblica Britânica e Estrangeira desde 1861.

Outras versões e traduções da Bíblia

Além das línguas acima para as quais a Bíblia foi traduzida, há mais de oitocentas outras línguas modernas para as quais partes da Bíblia foram traduzidas.[4] Contudo, algumas das principais traduções e versões são dignas de nota.

Português. Um missionário católico romano convertido ao protestantismo, Ferreira d'Almeida publicou sua tradução do Novo Testamento em 1681; em 1712, foi publicada uma segunda edição. Ferreira começou a tradução do Antigo Testamento, que foi concluída por outros em 1751. Os católicos romanos só elaboraram uma edição da Bíblia em português em 1784.

Dinamarquês. A primeira tradução para o dinamarquês foi um manuscrito do século 14 ou 15, hoje guardado em Copenhague. Em 1524, o primeiro Novo Testamento impresso foi publicado em Leipzig por J. D. Michaelis. A primeira Bíblia completa é de 1550.

Norueguês. Até 1814, a versão dinamarquesa era usada na Noruega. Iniciou-se então, em 1842, a revisão da edição de 1647, que ficou pronta em 1890.

Sueco. Em 1523, Suécia e Dinamarca separaram-se. Em 1526, foi publicado um Novo Testamento em sueco baseado na edição alemã de Lutero de 1522.

---

[4]MacGregor, *The Bible in the making*, p. 331-83, apresenta uma excelente síntese das edições, idiomas, Bíblias, Novos Testamentos e partes das Escrituras baseados nos registros da Sociedade Bíblica Britânica e Estrangeira.

Em 1541, a Bíblia completa foi traduzida para o sueco com base na edição de Lutero de 1534.

Polonês. Houve muitas versões parciais preliminares em polonês, mas o primeiro Novo Testamento completo foi publicado em 1551 em Königsberg. A tradução foi de Jan Seklucjan e baseou-se em textos gregos e latinos. A Bíblia toda, traduzida da Vulgata em Cracóvia, foi publicada em 1561.

Russo. Atos e as Cartas Gerais e paulinas foram publicados em 1554 em Moscou. Os editores foram obrigados a fugir para a Lituânia, e, em 1584, a Bíblia toda foi publicada ali em eslavônico. Essa Bíblia é conhecida como Bíblia Ostrog e foi revisada em 1751, praticamente quarenta anos depois que Pedro, o Grande (1672-1725), assim o ordenara (1712). O primeiro Novo Testamento em russo só foi publicado por volta de 1815/1818.

Húngaro. Foram descobertos fragmentos de manuscritos do século 10 ao 15. Depois de vários antecedentes, a Bíblia Visoly de 1589/1590 foi publicada com base em manuscritos gregos e hebraicos. Isso ocorreu mais de cem anos depois da introdução da tipografia na Hungria (1473).

Boêmio. Muitas partes das Escrituras apareceram na Boêmia entre os séculos 10 e 15. Durante o século 14, João Hus (1373-1415) esteve ativamente envolvido na tradução das Escrituras para o vernáculo, assim como os Irmãos Unidos, que publicaram o Novo Testamento em 1518.

Islandês. A tradução do Novo Testamento de Oddur Gottskalksson foi concluída em 1539/1540. Baseada na Vulgata, foi corrigida pela Bíblia alemã de Lutero. Em 1584, a Bíblia Gudgrand foi traduzida para o islandês tomando por base as versões em alemão e a Vulgata.

Traduções e versões do Extremo Oriente. Estas começaram a aparecer depois que William Carey foi para a Índia. Entre 1793 e 1834, houve mais de 34 traduções de porções das Escrituras nas línguas asiáticas. Entre elas, estava a tradução de Robert Morrison, que começou a tradução do Novo Testamento para o chinês em 1809 e a concluiu em 1814.

O levantamento acima é uma simples seleção por amostra, conforme indicado pelo "Apêndice III" de Geddes MacGregor.[5] Contudo, até mesmo seu trabalho é provinciano, já que segue a Sociedade Bíblica Britânica e Estrangeira. S. L. Greenslade procura rastrear a história da Bíblia no Ocidente a partir do

---

[5] Ibidem.

período da Reforma até os dias atuais.[6] Seu trabalho também é limitado, já que é apenas parte da obra projetada. Outra obra mais antiga é a de Robert Kilgour, em que o autor tenta rastrear o panorama geral das traduções das Escrituras.[7] É um trabalho escrito em 1939 que está desatualizado. O trabalho de organizações como a Wycliffe Bible Translators torna difícil acompanhar o amplo espectro das traduções da Bíblia.[8] Contudo, a direção básica da presente análise é a Bíblia em inglês. Voltamos agora então ao nosso tema.

Traduções e versões modernas em inglês

Além das principais versões da Bíblia em inglês analisadas nos capítulos 30 e 31, há inúmeras traduções independentes da Bíblia ou do Novo Testamento conhecidas como "traduções em linguagem contemporânea".[9]

Traduções e versões católicas romanas

A atitude inicial da Igreja Católica Romana à publicação das Escrituras para leigos não foi nem um pouco entusiástica. A Sociedade Bíblica Britânica e Estrangeira foi fundada em 1804, e sessenta anos depois o papa Pio IX, em seu célebre *Sílabo dos Erros* — que se acreditava ser infalível e que agora é negligenciado pelos teólogos católicos romanos — condenou as sociedades bíblicas chamando-as de "pestes". Contudo, já em 1813, um grupo de clérigos entusiasmados, entre eles alguns católicos romanos, fundou a Sociedade Bíblica Católica Romana. A empreitada suscitou a ira do bispo Milner, que objetou à publicação pela sociedade da Rheims-Douay Version sem notas. Outro bispo católico romano, William Poynter, aceitou a presidência da organização, que publicou uma versão melhorada da Rheims-Douay Version em 1815.

Nesse ínterim, surgiram várias edições da Bíblia para uso dos católicos romanos, entre elas a *Coyne's Bible* (1811), a *Haydock's Bible* (1811-1814), a

---

[6] Greenslade, p. 38-9.
[7] R. Kilgour, *The Bible throughout the world: a survey of Scripture translations*.
[8] Cf. essas obras sobre seus esforços; veja Ethel Emily Wallis; Mary Angela Bennett, *Two thousand tongues to go*.
[9] Para os itens analisados neste ponto, consulte o Apêndice. Para informações adicionais sobre a Bíblia em inglês, veja Brooke Foss Westcott, *History of the English Bible*, e Hugh Pope, *English versions of the Bible*. Veja tb. Sakae Kubo; Walter F. Specht, *So many versions? Twentieth-century English versions of the Bible*; Lloyd R. Bailey, org., *The Word of God: a guide to English versions of the Bible*; Jack P. Lewis, *The English Bible: a history and evaluation*.

Newcastle New Testament (1812), a *Syer's Bible* (1813-1814), a *MacNamara's Bible* (1813-1814), o *Bregan's New Testament* (1814) e a *Gibson's Bible* (1816-1817).[10] Em 1836, John Lingard, da Inglaterra, publicou (anonimamente) uma tradução católica romana muito dinâmica que substituía de modo geral "fazer penitência" por "arrepender-se", uma inovação que a edição da Confraternity empregaria um século depois (1936), em vez de seguir a Rheims-Douay. Nos Estados Unidos, um estudioso católico romano, Francis Patrick Kenrick, foi pioneiro na tradução da Bíblia toda publicada em seções entre 1849 e 1860. A exemplo de muitos precursores católicos romanos, seu trabalho pode ser mais bem descrito como "uma edição revisada e corrigida da Douay Version".[11] Muitas outras versões da Bíblia continuaram a aparecer, mas poucas eram notáveis, exceto pelo fato de que perpetuavam erros antigos ou criavam novos. Em 1901, porém, entrou em cena uma versão notável dos Evangelhos da autoria de um padre dominicano. Francis A. Spencer completou seu Novo Testamento antes de 1913, data de sua morte, e que acabou sendo publicado em Nova York em 1937 por C. J. Callan e J. McHugh.

O *Layman's New Testament*, publicado pela primeira vez em Londres em 1928, foi designado para ser uma Bíblia dirigida a apologistas católicos zelosos dedicados a silenciar os "falastrões do Hyde Park". Essa obra simplesmente dispunha o texto de Challoner na página esquerda e fornecia munição para o leigo militante disparar contra os céticos na página da direita. A *Westminster Version* era uma tentativa de tradução mais acadêmica. Cuthbert Lattey, um estudioso jesuíta, iniciou-a entre 1913 e 1918. As contribuições vieram dos dois lados do Atlântico até que partes do Antigo Testamento fossem publicadas em 1934, mas o trabalho continua incompleto. Por volta de 1935, o Novo Testamento foi concluído; em 1948, foi publicada uma edição mais breve.

Uma edição totalmente "americanizada" do Novo Testamento foi publicada nos Estados Unidos em 1941. A amplamente conhecida edição da Confraternity superou todas as versões anteriores com suas inovações. Ela foi disposta em parágrafos, vertida numa linguagem moderna, e o texto era acompanhado de notas. Monsenhor Ronald Knox empreendeu uma tradução da Bíblia;[12] o Novo Testamento foi concluído em 1944, e o Antigo Testamento, em 1948. Embora

---

[10] Arrolado por MacGregor, p. 266.
[11] Ibidem, p. 269.
[12] *The Holy Bible: a translation from the Latin Vulgate in the light of the Hebrew and Greek originals*, tradução para o inglês de John Knox.

Knox fosse um acadêmico de Oxford e um gênio literário, introduziu poucas mudanças em sua tradução, que foi oficialmente sancionada pela igreja. Uma tradução muito mais independente foi feita nos Estados Unidos por James A. Kleist e Joseph L. Lilly em 1954 com o título *The New Testament rendered from the original Greek with explanatory notes* [O Novo Testamento traduzido do original grego com notas explicativas]. Mais recentemente, essas traduções foram substituídas pela New American Bible (1970).

Uma das traduções recentes mais importantes de acadêmicos católicos romanos é a *Jerusalem Bible*[13] (1966), produzida sob a direção do estudioso dominicano Père Roland de Vaux. Conforme explicitado na folha de rosto, "o texto em inglês da Bíblia, embora traduzido de textos antigos, tem uma grande dívida com o trabalho de muitos estudiosos que colaboraram na produção da *La Bible de Jerusalem*...". De fato, a introdução e as notas dessa Bíblia são extraídas, sem grandes alterações, diretamente da edição francesa publicada pela Les Editions du Cerf, Paris (1961). Essas notas bastante extensas refletem o trabalho da ala "liberal" de estudiosos católicos da Bíblia. Uma característica dessa tradução é o uso de "Iahweh" em lugar do tradicional "Senhor" do Antigo Testamento. Sua tradução é basicamente literal, porém evita o estilo da King James e procura recorrer a um inglês "contemporâneo". Em virtude da crítica feita à primeira edição, recorreu-se a um enfoque diferente quando os editores publicaram a *The New Jerusalem Bible* (1985). Embora seja uma tradução baseada na tradução revisada francesa de 1973 da *La Bible de Jerusalem*, "a tradução foi feita diretamente do hebraico, do grego e do aramaico".[14] Contudo, o resultado final é inferior ao obtido pela New American Bible (1970).

Traduções e versões judaicas

Embora os judeus tenham tentado preservar o estudo das Escrituras em sua linguagem "sagrada" (hebraico), eles descobriram, a exemplo dos católicos romanos com o latim,[15] que nem sempre isso é possível. A própria existência da Septuaginta Grega (LXX) é testemunho do fato de que já no século 3 a.C.

---

[13]Veja Bruce Vawter, "The Jerusalem Bible", in: Bailey, p. 98-112; Kubo; Specht, p. 154-61; Lewis, p. 199-214.

[14]"General editor's foreword", in: *The New Jerusalem Bible*, p. v.

[15]Não só os católicos romanos acharam necessário traduzir as Escrituras latinas para a língua local, como também, numa decisão histórica, o Concílio Vaticano II aprovou o uso do idioma local na missa em 1965.

os judeus acharam necessário traduzir suas Escrituras Sagradas para outra língua. As condições nas quais os judeus viviam na Idade Média não favoreciam essa empreitada acadêmica. Contudo, por volta de 1400, começaram a aparecer traduções judaicas do Antigo Testamento em várias línguas. No entanto, só alguns séculos mais tarde versões em inglês do Antigo Testamento foram publicadas pelos judeus. Em 1789, ano da Revolução Francesa, surgiu uma versão do Pentateuco de Isaac Delgado, que se apresentava como uma correção da King James Version. Esse trabalho foi dedicado ao dr. Barrington, bispo de Salisbury. Em 1839, Salid Neuman publicou uma obra semelhante. Entre 1851 e 1856, o rabino Abraham Benisch produziu uma Bíblia completa para os judeus anglófonos publicada em 1861. Uma última tentativa de corrigir a King James Version para uso dos judeus foi feita por Michael Friedlander em 1884.

Isaac Leeser elaborou uma versão da Bíblia hebraica em 1853. Essa edição, que foi por muito tempo amplamente apreciada por sinagogas britânicas e americanas, mostra um distanciamento mais acentuado da King James Version do que as tentativas anteriores. Antes do final do século, porém, a insuficiência da obra de Leeser foi sentida nos Estados Unidos, à medida que o contingente anglo-judaico se tornava cada vez maior. Assim, em 1892, em sua segunda convenção bianual, a Jewish Publication Society [Sociedade Publicadora Judaica] decidiu revisar integralmente a versão de Leeser. À medida que o trabalho prosseguia sob a direção do dr. Marcus Jastrow, ficou evidente que isso resultaria em uma tradução totalmente nova. Depois de um tempo e de uma reorganização consideráveis, a versão da Bíblia hebraica da Jewish Publication Society foi publicada em inglês (1917). Era uma tradução que tendia para as soluções encontradas pela *American Standard Version*, e não pela King James Version.

Em 1962, a Jewish Publication Society começou a publicar a *The New Jewish Version of the Old Testament* [A nova versão judaica do Antigo Testamento].[16] O primeiro lote dessa nova tradução foi *The Torah: a new translation of the Holy Scriptures according to the Masoretic Text* [A Torá: uma nova tradução das Sagradas Escrituras de acordo com o Texto Massorético]. A *New Jewish Version* (NJV) não é uma revisão da Jewish Version de 1917, como tampouco de outra versão judaica ou cristã. Pelo contrário, trata-se de uma tradução completamente nova do texto hebraico tradicional para um inglês dinâmico, atualizado

---

[16] Veja Keith R. Crim, "The new Jewish version", in: Bailey, p. 63-73; Kubo; Specht, p. 117-43.

e de leitura extremamente agradável. De acordo com o prefácio, seu propósito consiste em "melhorar substancialmente versões anteriores com uma tradução que explicite tanto as nuanças de significado das palavras e expressões quanto a força das formas e construções gramaticais". Buscou-se essa melhora com a ajuda de um "*insight* da erudição judaica antiga e medieval antes negligenciado e, em parte, utilizando o novo conhecimento do [...] Oriente Próximo". Os três ramos do judaísmo (conservador, reformista e ortodoxo) estavam representados por três rabinos cultos: Max Arzt, Bernard J. Bamberger e Harry Freedman, respectivamente, e três hebraístas eminentes selecionados como editores: Harry M. Orlinsky, H. L. Ginsberg e Ephraim A. Speiser.

Depois da morte de Ginsberg, em 1965, *The five Megilloth and Jonah* [Os cinco Rolos e Jonas) foi publicado (1969) em bom inglês contemporâneo. Em 1973, foi lançada uma segunda edição da *Torá*, assim como o *Livro de Isaías* separadamente. Estes foram seguidos pela publicação do *Livro de Jeremias* em 1974. Os *Profetas* foram lançados em 1974, incluindo uma forma revisada e corrigida de Jonas. A terceira seção do Antigo Testamento, *Kethuvim*, foi publicada como *Os Escritos*, em 1982, embora *Salmos* (1972) e *Jó* (1980) já tivessem sido lançados separadamente. Em todas essas seções, há pouco distanciamento do tradicional Texto Massorético do Antigo Testamento.

Em setembro de 1985, a Jewish Publication Society publicou sua obra em volume único intitulada TANAKH: *a new translation of* THE HOLY SCRIPTURES *according to the traditional Hebrew text* [TANAKH: uma nova tradução das ESCRITURAS SAGRADAS de acordo com o texto hebraico tradicional]. Essa Bíblia judaica completa é um trabalho colaborativo dos três maiores ramos do judaísmo organizado nos Estados Unidos. Desde a tradução da Septuaginta, no século 3 a.C., nenhuma grande tradução havia sido levada a cabo por uma comissão tão ampla de acadêmicos judeus.[17] Portanto, um quarto de século de planejamento cuidadoso e esforço diligente resultou em uma nova versão do Antigo Testamento hebraico em inglês contemporâneo. A TANAKH (NJV) é um monumento à erudição cuidadosa e responsável.

Traduções e versões protestantes

Fiéis a seu princípio da Reforma de "interpretação particular", os protestantes têm produzido uma multiplicidade maior de traduções particulares da Bíblia

---

[17]TANAKH: *a new translation of* THE HOLY SCRIPTURES *according to the traditional Hebrew text.*

do que os católicos romanos.[18] Algumas das primeiras tentativas de traduções particulares foram empreendidas em virtude da descoberta de manuscritos de melhor qualidade. Nenhum dos principais manuscritos havia sido descoberto quando a King James Version foi traduzida, exceto o Codex Bezae (D), que foi muito pouco usado naquela versão.

Traduções e versões dos séculos 18 e 19. Em 1702, Daniel Whitby editou uma *Paraphrase and commentary on the New Testament* [Paráfrase e comentário do Novo Testamento], que trazia explicações e ampliações da King James Version com uma ênfase pós-milenarista. Na sequência, Edward Wells apresentou um texto revisado da King James Version que chamou de *The common translation corrected* (1718-1724). Poucos anos depois, Daniel Mace publicou (anonimamente) um texto grego crítico do Novo Testamento acompanhado de um texto corrigido da KJV. Em 1745, William Whiston, mais conhecido hoje por suas traduções de Josefo, publicou seu *Primitive New Testament* [Novo Testamento primitivo]. O autor recorreu bastante a um Texto Ocidental e, em especial, ao Codex Bezae, para os Evangelhos e Atos. Outras traduções do século 18 continuaram a fazer alterações na King James Version. Por exemplo, a edição de John Wesley continha cerca de doze mil alterações. A *Liberal translation of the New Testament: being an attempt to translate the Sacred Writings with the same freedom, spirit, and elegance, with which other English translations from the Greek classics have lately been executed* [Tradução liberal do Novo Testamento: uma tentativa de tradução dos Escritos Sagrados com a mesma liberdade, espírito e elegância com que outras traduções para o inglês de clássicos gregos têm sido realizadas ultimamente] de Edward Harwood (1768) despertou pouco mais do que curiosidade literária. Em 1808, Charles Thompson, um dos pais fundadores dos Estados Unidos, publicou uma tradução em inglês do Antigo Testamento tomando por base a Septuaginta Grega.[19] Lancelot Brenton fez outra tradução da LXX em 1844.[20] Samuel Sharpe, estudioso unitarista, publicou seu *New Testament, translated from the Greek of J. J. Griesbach* [Novo Testamento traduzido do grego de J. J. Griesbach] em 1840 e o Antigo Testamento em 1865. Enquanto isso, Robert Young, mais conhecido por sua concordância analítica, publicou seu *Literal translation of the Bible* [Tradução literal da Bíblia] (1863) tendo por

---

[18] Veja o Apêndice. A menos que haja indicação em contrário, esta seção segue a análise encontrada na excelente obra de F. F. Bruce, *The English Bible: a history of translations*, p. 127ss.

[19] Esta obra, *The Septuagint Bible*, foi reimpressa pela Falcon Wing Press.

[20] Esta tradução foi reimpressa por Bagster, *The Septuagint version of the Old Testament*.

objetivo "colocar o leitor inglês o máximo possível no mesmo plano do leitor dos textos em hebraico e grego".[21] Dean Alford, que também publicou um célebre Novo Testamento grego, publicou uma revisão da King James Version em 1869. Ele esperava produzir uma obra que serviria apenas como "documento provisório" até que uma revisão oficial a substituísse. Foi o que aconteceu em 1881 e 1885 com o surgimento da English Revised Version.

Na véspera da publicação da English Revised Version, John Nelson Darby, líder dos "Plymouth Brethren" [Irmãos de Plymouth], publicou seu *New translation of the Bible* [Nova tradução da Bíblia] (1871, 1890). Essa tradução veio acompanhada de um amplo aparato crítico de variantes textuais, mas "seu inglês ficou aquém do estilo esperado".[22] Outra tradução bastante literal foi a *The emphasized Bible* [Bíblia enfatizada] (1872; Antigo Testamento, 1897-1902) de Joseph Bryant Rotherham. As primeiras duas edições foram baseadas no texto de Tregelles, ao passo que a terceira tomou por base Westcott e Hort. Essa versão foi uma das primeiras a verter o nome inefável de Deus no Antigo Testamento como Yahweh. *The Englishman's Bible*, de Thomas Newberry, editada na década de 1890, continha o texto da King James Version organizado em pontos, hifens e outras notas que ajudavam o leitor do idioma inglês, mas não era efetivamente uma nova versão.

Houve outras traduções no século 19 de partes da Bíblia incluídas em comentários. Um dos exemplos mais conhecidos desse tipo de obra foi *The life and Epistles of St. Paul* [A vida e as cartas de São Paulo], de W. J. Conybeare e J. S. Howson (1864). Seu exemplo, bem como o de outros, levou F. F. Bruce a lembrar o estudante da Bíblia que "é preciso ter em mente que há traduções bíblicas de excelente qualidade, até hoje, inseridas em comentários sobre vários livros da Bíblia".[23]

Traduções e versões do século 20. A grande profusão de traduções em linguagem contemporânea só ocorreu no século 20 por diversos motivos. Em primeiro lugar, os grandes manuscritos bíblicos que suscitaram essas tentativas na área da tradução só seriam descobertos no final do século 19. Embora as comissões da English Revised Version (1881, 1885) e da *American Standard Version* (1901) incorporassem em seus textos as descobertas desses manuscritos então recém-encontrados, o público não ficou inteiramente satisfeito com as traduções. Houve,

---

[21] Bruce, p. 127ss.
[22] Ibidem, p. 132.
[23] Ibidem, p. 134.

então, a descoberta de papiros não literários mostrando que o Novo Testamento havia sido escrito na linguagem coloquial (coiné) do século 1.[24] Isso não apenas despertou o desejo de reproduzir o Novo Testamento numa tradução em linguagem igualmente coloquial e contemporânea, como também os papiros lançaram nova luz sobre os significados das palavras que requeriam, então, uma expressão e uma explicação mais amplas em sua tradução para o inglês. Arthur S. Way, especialista em estudos da literatura clássica, publicou sua tradução, *The letters of St. Paul* [As cartas de São Paulo], em 1901. O *Twentieth Century New Testament: a new translation into modern English made from the original Greek* [O Novo Testamento do século 20: uma nova tradução para o inglês moderno baseada no original grego] (com base no texto de Westcott e Hort) foi lançado em 1902 em três volumes. O título era adequado, porém elaborado de forma estranha, já que só cerca de cinquenta anos depois[25] a identidade dos vinte pastores e leigos (nenhum deles linguista ou crítico textual) que produziram a obra foi revelada. Seu desejo era "mediar a palavra de Deus para um inglês mais simples".[26] É notável o fato de que, como não especialistas que eram, tenham sido tão bem-sucedidos em seu empreendimento. Conforme observou Kenneth W. Clark, "em algum momento, parece ter havido um milagre transformador. Somos obrigados a concluir que sua devoção à causa fez deles especialistas melhores do que eram inicialmente".[27]

Richard Francis Weymouth, consultor do *Twentieth Century New Testament*, traduziu sua própria versão do Novo Testamento. A obra foi publicada postumamente em 1903 e se baseou em seu próprio texto crítico do grego, *The resultant Greek Testament* [O Testamento Grego resultante]. O Novo Testamento de Weymouth foi totalmente revisado em 1924 por James A. Robertson, de Aberdeen.[28] Segundo Weymouth, seu esforço era "um comentário sucinto e reduzido do texto (não doutrinário) a ser usado lado a lado com seus companheiros mais graduados, a AV [Authorized Version] e a RV [Revised Version]".

---

[24] Veja a análise no cap. 23. Só em 1895, Adolf Deissmann chamou a atenção para os papiros.

[25] Kenneth W. Clark revelou os verdadeiros tradutores com base nos registros das secretarias disponíveis na biblioteca John Rylands, em Manchester. Veja seu artigo: "The making of the twentieth century New Testament", *Bulletin of the John Rylands Library* (1955).

[26] Ibidem, p. 66.

[27] Ibidem, p. 81.

[28] Nessa revisão, a tradução "vida das eras" (que refletia a visão não ortodoxa sobre a vida eterna) foi corrigida para "vida eterna".

Talvez a tradução mais pretensiosa do século 20 foi a de Farrar Fenton, *The Holy Bible in modern English, containing the complete Sacred Scriptures of the Old and New Testament, translated into English direct from the original Hebrew, Chaldee and Greek* [A Bíblia Sagrada em inglês moderno contendo as Escrituras Sagradas completas do Antigo e do Novo Testamentos traduzidas para o inglês diretamente dos originais hebraico, caldeu e grego] (1895, Antigo Testamento, 1903). No prefácio à edição de 1910, o autor diz: "Afirmo que sou o único homem que jamais aplicou efetivamente a crítica mental e literária às Escrituras Sagradas". Conforme observou habilmente F. F. Bruce, "a esse respeito, talvez o melhor comentário seja o de Provérbios 27.2, na tradução do próprio Ferrar Fenton: 'Que o estranho te louve, e não tua boca, outra pessoa, e não teus próprios lábios'".[29] São as seguintes, entre outras, as características específicas dessa tradução: o termo "Senhor" na King James Version foi traduzido por "A Vida" ou "O Eterno Vivente"; os nomes próprios do Antigo Testamento foram transliterados (e.g., de Eliseu [Elisha] para Alisha); a ordem dos livros no Antigo Testamento seguiu a da Bíblia hebraica; o Evangelho de João foi deslocado para o início do Novo Testamento. De modo geral, era uma obra contundente e ímpar, mas não muito importante.

Outra tradução do início do século 20 foi feita pelo acadêmico de Oxford James Moffatt: *The New Testament: a new translation* (1913) e *The Old Testament: a new translation* (1924). Mais tarde, a obra apareceu integralmente em volume único em *A new translation of the Bible* (1928). Essa tradução, que por vezes deixa transparecer um sotaque escocês, caracterizou-se pela liberdade de estilo e de linguagem. Baseou-se sobretudo no texto grego de Soden. A *expertise* de Moffatt se concentrava mais no Novo Testamento do que no Antigo, conforme evidenciado em sua tradução que não esconde sua teologia liberal (cf. Jo 1.1: "O *Logos* era divino"). Ele também traduziu regularmente o nome de Deus no Antigo Testamento por "O Eterno" em vez de "Senhor" (KJV) ou "Jeová" (ASV).

O equivalente americano de Moffatt era a *The complete Bible: an American translation* [A Bíblia completa: uma tradução americana] (1927). Edgard J. Goodspeed, no primeiro tomo, publicado em 1923, ressaltou que "para o leitor americano [...] que durante tanto tempo se viu obrigado a depender de versões feitas na Grã-Bretanha, há espaço para um Novo Testamento isento de expressões que, embora populares na Inglaterra ou na Escócia, são estranhas a ouvidos

---

[29] Bruce, p. 162.

americanos".[30] A tradução foi feita com dignidade, legibilidade e com um mínimo de "americanismos". Em 1938, ele completou sua tradução dos Apócrifos.

The documents of the New Testament, de G. W. Wade (1934), "é uma nova tradução dos documentos do Novo Testamento organizada de acordo com o que o tradutor julgou ser sua ordem cronológica".[31] A tradução foi ampliada por meio das palavras em itálico, acrescentadas com o intuito de esclarecer. *The Concordant Version of the Sacred Scriptures* (1926 e anos seguintes) baseou-se no princípio de que "toda palavra no original deve ter seu equivalente em inglês". Apesar dessa tradução mecânica palavra por palavra, e da suposição oculta de que o hebraico era a língua original e pura da raça humana, a tentativa reflete um empenho notável. Em 1937, Charles B. Williams, um erudito americano de grego, publicou *The New Testament in the language of the people* [O Novo Testamento na linguagem do povo]. Nele o autor quis transmitir a nuança exata de significado dos tempos verbais gregos. Embora alguns estudiosos tenham objetado a determinadas traduções,[32] Williams atingiu seu objetivo, mas nem sempre "na linguagem do povo". Suas soluções eram por vezes ímpares (cf. Hb 12.2: "que em troca da alegria") e com frequência contundentes (cf. 2Co 4.9: "sempre derrubados, mas jamais nocauteados"). *St. Paul from the trenches* [São Paulo das trincheiras], de Gerald Warre Cornish, ex-aluno de Cambridge, foi publicado postumamente em 1937. Ele faleceu servindo ao seu país na Primeira Guerra Mundial (1916), e entre seus pertences foi encontrada uma cópia enlameada, porém legível, de 1 e 2Coríntios e parte de Efésios. Era uma tradução ampliada. O arcebispo W. C. Wand publicou *The New Testament letters* [As cartas do Novo Testamento] (1943) numa tentativa, conforme disse, "de colocar as cartas de Paulo num tipo de linguagem que um bispo pudesse usar ao escrever uma carta mensal para sua revista diocesana". O resultado reflete um estilo um tanto eclesiástico e formal do clérigo.

The Basic English Bible (1940-1949) foi uma tentativa de uma comissão (S. H. Hooke, presidente) de usar apenas mil palavras de inglês "básico" para transmitir toda a verdade bíblica. Levando em conta as limitações de vocabulário, os autores elaboraram um texto extremamente simples, mas que reteve em boa medida a diversidade do grego original. Outra forma facilitada de inglês chamada de "inglês simples" era constituída de 1.500 "palavras fundamentais

---

[30] Edgar J. Goodspeed, "Preface", in: *The complete Bible: an American translation*.
[31] Bruce, p. 173.
[32] Baseado no *Interim report on vocabulary selection* (London, Reino Unido, 1936).

e comuns que compõem o inglês cotidiano".[33] *The New Testament: a new translation in plain English* [O Novo Testamento: uma nova tradução em inglês simples] (1952) foi obra de Charles Kingsley Williams, que, tomando por base o texto grego de Souter, e um vocabulário com 160 ou 170 palavras a mais do que o vocabulário do inglês "básico", incluindo-se aí mais verbos, alcançou uma tradução mais expressiva do que a *The Basic English Bible*.

The Berkeley Version in Modern English:[34] *New Testament* (1945), *Old Testament* (1959) é uma obra que tem sido retratada como "a congênere mais conservadora da RSV".[35] O Novo Testamento foi traduzido e o Antigo Testamento editado por uma equipe de vinte pessoas sob a presidência de Gerrit Verkuyl, de Berkeley, na Califórnia. Nessa versão, há uma tentativa de verter mais claramente do que nas versões anteriores as profecias messiânicas do Antigo Testamento. Além disso, há o desejo de que haja menos interpretação do que em Moffatt, uma linguagem mais culta do que em Goodspeed, mais americana do que em Weymouth e mais independente da King James Version do que a *Revised Standard Version*. As pessoas divinas são tratadas por "Tu" "Teu" e "Ti", e as palavras de Deus são marcadas por aspas porque a Bíblia toda é considerada Palavra de Deus. Há algumas incoerências e imprecisões,[36] principalmente no Antigo Testamento, mas o esforço, de modo geral, é digno de louvor. Uma edição revisada intitulada *Modern Language Bible* (1969) foi publicada pela Zondervan Publishing House, que obteve os direitos de publicação da *The Berkeley Version*.

Uma das traduções em linguagem contemporânea mais populares é a de J. B. Phillips,[37] cujo *Letters to young churches* [Cartas às igrejas jovens] (1947) foi seguido de *The Gospels in modern English* [Os Evangelhos em inglês contemporâneo] (1952), *The Young Church in Action* [A igreja jovem em ação] (1955), *The book of Revelation* [O livro de Apocalipse] (1957) e, por fim, a edição em volume único do *New Testament in modern English* [Novo Testamento em inglês contemporâneo] (1958). A obra foi publicada novamente como edição revisada em 1960 e como *The New Testament in modern English: a wholly new book* [O Novo Testamento em inglês contemporâneo: um livro totalmente

---

[33] Bruce, p. 220.
[34] Veja Kubo; Specht, p. 89-97.
[35] Bruce, p. 222-3.
[36] Ibidem.
[37] Veja Kubo; Specht, p. 69-88.

novo] (1972).[38] Em 1973, M. Collins publicou uma segunda edição revisada de *The New Testament* [O Novo Testamento], de Phillips. J. B. Phillips também trabalhou em uma paráfrase do Antigo Testamento. Ele concluiu apenas *The four prophets: Amos, Hosea, Isaiah, and Malachi* [Os quatro profetas: Amós, Oseias, Isaías e Malaquias] (1963), que apareceu em edição revisada em 1973. A tradução de Phillips era, na verdade, mais uma paráfrase, uma tradução "sentido por sentido", em vez de "palavra por palavra". A primeira delas recorre mais à interpretação do que a última, e esse pode ser considerado o único ponto fraco do empreendimento de Phillips. Contudo, o vigor e a novidade da tradução recuperaram de maneira singular o espírito e o coração dos autores do século 1 para os leitores do século 21.

Em 1961, Olaf M. Norlie, acadêmico americano luterano, publicou *The Simplified New Testament in plain English—for today's readers* [O Novo Testamento em inglês simples para o leitor de hoje], juntamente com *The Psalms for today: a new translation in current English* [Os Salmos para hoje: uma nova tradução em inglês atual], de R. K. Harrison. Pouco tempo depois, Norlie apresentou *The children's simplified New Testament* [O Novo Testamento simplificado para crianças] (1962). De acordo com o prefácio, o *Simplified New Testament* é "uma nova tradução do original grego cujo propósito é tornar a linguagem do Novo Testamento mais interessante e inteligível, sobretudo para os jovens de hoje". O autor procurou tornar a tradução "uma leitura agradável" e "significativa" em seu apelo aos "adolescentes, jovens e jovens adultos, descomplicando as coisas para eles". Esse objetivo foi alcançado de maneira memorável, porque quando surgiu o Jesus People Movement, na década de 1970, o *Simplified New Testament* de Norlie tornou-se seu esteio, tendo sido relançado como *One way: the Jesus People New Testament* [O caminho: o Novo Testamento do Jesus People Movement] (1972).

Usando a King James Version como base, Jay P. Green começou a parafrasear a Bíblia para ser usada pelos jovens na década de 1960 e 1970. Ele publicou *The children's "King James" Bible* [A Bíblia "King James" para crianças] (1960), mas não se tratava da edição de 1611. Ele recorreu a um texto mais recente como base para sua paráfrase. Em seguida, publicou *The chidren's Old Testament with stories* [O Antigo Testamento com histórias] (1962) e a *Teen-Age version of the Holy Bible* [Uma versão adolescente da Bíblia Sagrada] (1962). Depois, Green

---

[38] Edição em português (somente as cartas do NT): *Cartas para hoje* (São Paulo: Vida Nova, 1994).

produziu *The King James II New Testament* [O Novo Testamento King James II] (1970) e *The Holy Bible: King James II* [A Bíblia Sagrada: King James II] (1971) antes de se dedicar ao *Interlinear Greek-English New Testament* [Novo Testamento interlinear grego-inglês] (1976). Seu trabalho de tornar a Bíblia inteligível para crianças e jovens reflete o antigo desejo de popularizar e parafrasear a Bíblia para utilização daqueles que não têm um grau elevado de conhecimento e especialização.

Uma das tentativas mais bem-sucedidas de popularizar a Bíblia em anos recentes tem sido a obra de Kenneth Taylor, *The Living Bible* (1971).[39] Inicialmente, em 1962, essa paráfrase da Bíblia foi chamada de *Living letters: the paraphrased epistles* [Cartas vivas: as epístolas parafraseadas]. No prefácio, o autor deixou claro seu propósito: "Este livro é uma paráfrase das cartas do Novo Testamento. Seu propósito é transmitir da forma mais precisa possível o que Paulo, Tiago, Pedro, João e Judas quiseram dizer, e dizê-lo de maneira simples, ampliando onde necessário para um claro entendimento do leitor contemporâneo". Taylor estava ciente do perigo implícito da paráfrase usada como tradução quando acrescentou: "sempre que as palavras exatas do autor não forem traduzidas do grego, existe a possibilidade de que o tradutor, embora honesto, talvez esteja repassando ao leitor algo que o autor original não quis dizer". Por mais verdadeira que essa afirmação talvez seja, porém, ele também reconhecia que "a estrela-guia teológica neste livro tem sido uma posição evangélica rígida".

Em vez de usar a King James Version como base para sua paráfrase, Taylor usou a *American Standard Version* (1901) para seu empreendimento. Isso significa que por trás do texto grego da *The Living Bible* (LB) vamos encontrar o Texto Crítico, e não o Texto Recebido. Taylor, porém, não fica preso ao texto da *American Standard Bible*, contudo não informa em que momento se distancia dele. Depois de suas *Living letters*, Taylor lançou as *Living prophecies* [Profecias vivas] (1965), os *Living Gospels and Acts* [Evangelhos e Atos vivos] (1966), *Living letters*, edição revisada (1966), *Living Psalms and Proverbs* [Salmos e Provérbios vivos] (1967), *The Living New Testament* [O Novo Testamento vivo] (1967), *Living lessons of life and love* [Lições vivas de vida e amor] (1968), *Living books of Moses* [Livros vivos de Moisés] (1969) e *Living history of Israel*

---

[39] Veja James D. Smart, "The Living Bible", in: Bailey, p. 134-51; Lewis, p. 237-60; Kubo; Specht, p. 231-42.

[História viva de Israel] (1970), todos no mesmo estilo, antes de lançar a obra completa, intitulada *The Living Bible* em 1971. De modo geral, trata-se de uma tradução simplificada, fácil de seguir, num vernáculo eficaz e atual. Às vezes, há detalhes imaginários acrescentados sem base textual alguma; outras vezes, não faz justiça ao que diz o original. Outras vezes ainda, Taylor afasta-se de seu propósito inicial quando assume o papel de comentarista e interpreta ou reinterpreta passagens de maneiras que talvez não reflitam a intenção do original. *The Living Bible*, de Taylor, supre uma necessidade de comunicação genuína porque sua paráfrase, assim como a tradução de Norlie, teve grande êxito junto ao público jovem e adulto na década de 1970 e depois disso.

Outro acréscimo à longa lista de traduções em linguagem contemporânea é a obra de F. F. Bruce, *The letters of Paul: an expanded paraphrase* [As cartas de Paulo: uma paráfrase ampliada] (1965). Seu objetivo, de acordo com o autor, "consiste em tornar o mais claro possível o raciocínio do argumento paulino". Bruce diz com franqueza a respeito do seu trabalho: "Bem, esse livro *é* uma paráfrase" que, ele mesmo admite, é com frequência uma interpretação, e não uma mera tradução. As cartas de Paulo estão organizadas de forma cronológica, de Gálatas até 2Timóteo, e não por tópicos. A tradução em si é um tipo de versão ampliada da English Revised Version (1881), que Bruce considera a tradução mais precisa jamais feita do texto grego. A English Revised Version aparece impressa em paralelo para comparação. Embora haja muitos méritos em sua paráfrase, como, por exemplo, uma maior precisão se comparada às *Letters to young churches*, de Phillips, falta a ela o apelo popular das *Living letters* de Taylor.

Aproveitando a sugestão de John Beekman e John Callow em *Translating the Word of God*,[40] que enfatizava os dois componentes importantes da linguagem — forma e sentido —, um conselheiro cristão bastante conhecido, Jay E. Adams, publicou *The New Testament in everyday English* [O Novo Testamento em inglês cotidiano] (1979). Nessa obra, o autor procurou encontrar um "meio-termo entre a literalidade forçada e o excesso de liberdade do texto". Embora tenda a se deslocar em direção ao lado livre da estrada, a tradução é mais uma na longa tradição de comunicar a Bíblia de forma significativa na era atual. Julian G. Anderson, professor aposentado de grego clássico e bíblico, pastor luterano e autor de materiais de estudos bíblicos, publicou *A new accurate translation*

---

[40] Edição em português: *A arte de interpretar e comunicar a Palavra de Deus escrita: técnicas de tradução da Bíblia* (São Paulo: Vida Nova, 1992).

of the Greek New Testament into simple everyday American English [Uma nova tradução precisa do Novo Testamento grego para o inglês americano simples e cotidiano] (1984), acompanhado de notas e ilustrações para estudo. Essa tradução tem como objetivo corrigir inúmeras imprecisões "em que a King James Version e todas as revisões diretas dela — RV, ASV, RSV, NIV — traduzem o grego de modo incorreto". Além disso, Anderson ataca "a preferência evidente por palavras longas, entre elas muitas que somente o pastor e professores universitários entendem" na King James Version e suas derivadas. Isso o leva a tentar "se livrar de termos muito técnicos e a empregar termos curtos e simples em inglês, de tal modo que o leitor mediano da Bíblia, com um mínimo de instrução, e crianças em idade escolar possam compreender o que Deus tem a dizer". Para atingir esse objetivo, Anderson "desmembrou as longas frases gregas e as reorganizou em frases curtas e claras que usamos em nossas conversas do dia a dia". A base textual parece ser da United Bible Societies em sua terceira edição. Suas notas não fazem referência às evidências dos manuscritos, mas ele recorre a soluções calcadas nessas evidências textuais.

Numa tentativa de alcançar públicos com grau de instrução mais limitado, surgiram algumas traduções coloquiais no século 20. Carl F. Burke publicou *God is for real, man: interpretations of Bible passages and stories as told by some of God's bad tempered angels with busted halos to Carl F. Burke* [Deus é real, cara: interpretações de passagens e de histórias bíblicas contadas a Carl F. Burke por alguns anjos de Deus mal-humorados com auréolas trincadas] (1966). Burke foi capelão prisional do condado de Erie, em Buffalo, Nova York. Seu trabalho consiste em recontar livremente partes da Bíblia que lhe foram narradas por presidiários, portanto não se trata realmente de uma tradução. Uma das melhores traduções dirigidas a um público com instrução limitada é o Novo Testamento coloquial de Clarence Jordan, *The Cotton Patch Version* [Versão do campo de algodão], de 1968-1973.[41] A obra foi criada tendo em vista um dialeto local do sudeste dos Estados Unidos, principalmente da região ao redor de Atlanta. Os nomes dos locais bíblicos foram substituídos por nomes de locais da região, além de empregar também equivalentes locais. Nesse enfoque, tudo se torna muito próximo do leitor: nomes de cidades da região, nomes de carros etc. A intenção do autor é dar ao leitor uma sensação mais intensa de participação, desfazendo-se da linguagem elaborada, da piedade artificial

---

[41] Veja Kubo; Specht, p. 329-34.

e de outras barreiras. O dialeto local alcança um grau elevado de eficiência nos diálogos, mas não se sai tão bem nas partes narrativas. Outro esforço nesse sentido é a obra em três volumes de Andrew Edington intitulada *The Word made flesh* [A Palavra se fez carne] (1975).[42] Seu objetivo não é a precisão, e sim a criação de uma paráfrase da Bíblia que seja franca, pungente e coloquial. Por fim, há o esforço conjunto de Dick Williams; Frank Shaw, *The Gospels in scouse* [Os Evangelhos em scouse] (1966; ed. rev. 1977).[43] A tradução segue a edição dos Evangelhos Sinóticos de J. M. Thompson e é vertida no dialeto de Liverpool, na Inglaterra.

A publicação pela American Bible Society da *Good News for modern man: the New Testament in today's English* [Boas-novas para o homem contemporâneo: o Novo Testamento no inglês de hoje] (1966), dirigida por Robert G. Bratcher, é mais uma tradução em linguagem contemporânea. Uma segunda edição foi publicada em 1967, e uma terceira em 1968, enquanto o Antigo Testamento foi lançado gradualmente até estar completo em 1975 e ser publicado como *Today's English Version: Good News Bible* [Versão no inglês atual: a Bíblia boas-novas] (1976).[44] De acordo com seu breve prefácio, o Novo Testamento na versão *Good News,* também conhecido como GNB ou TEV, "não segue o vocabulário ou o estilo tradicionais, uma vez que seu objetivo é expressar o significado do texto grego em palavras e formas aceitas como padrão por pessoas em todo lugar que usam o inglês como meio de comunicação". A obra procura evitar termos técnicos e ultrapassados e apresenta a Bíblia em um linguajar típico de um jornal. A tradução do Novo Testamento baseia-se no texto grego preparado pela comissão internacional de estudiosos patrocinada pelas United Bible Societies (1966). O generoso patrocínio dado tanto ao texto grego quanto à tradução garantiram o êxito da tradução antes de sua publicação. De modo geral, a leitura do Novo Testamento parece mais fluida e mais precisa do que a do Antigo Testamento. Quando os tradutores tiveram dificuldades com as variantes textuais, esporadicamente inseriram notas de rodapé com a indicação "obscuro no hebraico"; "o aramaico tem duas palavras a mais"; "não consta em alguns manuscritos"; "alguns manuscritos

---

[42] Ibidem, p. 330-3.
[43] Ibidem, p. 333-4.
[44] Veja W. F. Stinespring, "Today's English Version (Good News Bible)", in: Bailey, p. 113-33; Kubo; Specht, p. 171-97; Lewis, p. 261-91. O editor prefere chamá-la de *Good News Bible* em vez de *Today's English Version.*

acrescentam versículo" etc. Aconselha-se, então, o leitor a ler todas as notas de rodapé, já que elas indicam que a Bíblia em hebraico e grego não é, no fim das contas, simples e fácil de ler, o que se observa sobretudo em pontos em que os manuscritos são ambíguos ou obscuros.

Outra abordagem muito diferente aparece na *The New World translation of the Greek Scriptures* [Tradução do novo mundo das Escrituras gregas], lançada em 1950, com uma edição corrigida em 1951, bem como *The New World translation of the Hebrew Scriptures* [A tradução do novo mundo das Escrituras hebraicas], publicada gradualmente em cinco partes entre 1953 e 1960. *The New World translation* das Escrituras Sagradas foi publicada pela Watchtower Bible and Tract Society of the Jehovah's Witnesses [Sociedade Torre de Vigia de Bíblias e de Tratados das Testemunhas de Jeová].[45] Não foi uma boa tradução, já que foi revisada em 1961, uma segunda revisão foi publicada em 1970 e ainda uma terceira revisão lançada em 1971. Depois de decidir romper a lealdade que mantinham com a King James Version, os tradutores recorreram ao texto de Westcott-Hort e a muitas outras fontes na produção de sua nova tradução. Algumas de suas traduções refletem as interpretações teológicas particulares das Testemunhas de Jeová (e.g., "a palavra era um deus", Jo 1.1; e "sepultura" em vez de "inferno" em todo o texto); outras são coloquiais (e.g., "Queira me desculpar, Jeová", Êx 4.10) e algumas poucas são doutrinariamente sugestivas (e.g., "um Deus ciumento" dá lugar a um Deus que "exige devoção exclusiva"). Em 1953, quando Bruce M. Metzger escreveu sua crítica clássica às Testemunhas de Jeová, ele afirmou que as notas de rodapé da Tradução do Novo Mundo do Novo Testamento citam com frequência Benjamin W. Wilson, *The emphatic diaglott* [O diálogo enfático], uma tradução interlinear um tanto literal que usa o texto do Novo Testamento de J. J. Griesbach de 1806. O chamado *Diaglott* de Wilson, com declarações desinformadas, porém confiantes, sobre os sentidos do grego, foi um antecessor da The New World translation.[46] H. H. Rowley ficou tão perturbado com a *The New World translation* que escreveu uma resenha sobre a obra, intitulada "How not to translate the Bible" [Como não traduzir a Bíblia].[47]

---

[45] Veja Lewis, p. 229-35; Kubo; Specht, p. 98-110.
[46] Bruce M. Metzger, "The Jehovah's Witnesses and Jesus Christ: a biblical and theological appraisal", p. 65-85.
[47] H. H. Rowley, "How not to translate the Bible", p. 41-2.

Quando a Sociedade Torre de Vigia de Bíblias e de Tratados publicou sua nova versão, *The Bible in living English* [A Bíblia em inglês vivo] (1972),[48] acreditava-se que se tratava de uma simples revisão da antiga *The New World translation*. Contudo, não foi isso que ocorreu. Pelo contrário, a obra era uma tradução totalmente nova da autoria de Steven T. Byington (1868-1957). Byington fora membro de uma igreja congregacional que mais tarde se fundiu a outra, dando origem à igreja United Church of Ballard Vale, Massachusetts. Ele formou-se em línguas e literaturas clássicas pela Universidade de Vermont antes de cursar o Union Theological Seminary durante um ano e o Seminário de Oberlin por mais meio ano, onde estudou as línguas bíblicas. Depois da morte de Byington, a Sociedade Torre de Vigia da Pensilvânia obteve o *copyright* de sua tradução e a publicou com o selo da Sociedade em 1972. O tradutor procurou imprimir ao inglês da Bíblia um toque de dinamismo e de atualidade. Há algumas características estranhas em sua tradução nos pronomes usados para se referir a Deus. Ele usou "tu" no Antigo Testamento, mas no Novo preferiu usar "vós". A razão que apresentou para a mudança é que as pessoas no tempo do Novo Testamento se sentiam em relação a Deus praticamente da mesma maneira que o homem moderno, porém no Antigo Testamento as pessoas não tinham sentimentos que exigissem um pronome especial. Um detalhe que atraiu as Testemunhas de Jeová para a tradução de Byington foi a forma com que ele traduziu o nome de Deus: "Jeová". Embora a tradução tenha algumas locuções interessantes, há demais traduções peculiares, errôneas e estranhas para que pudesse ser considerada uma tradução aceitável.

The Authentic New Testament [O Novo Testamento autêntico] (1955/1956) foi uma tentativa de um renomado erudito judeu, Hugh J. Schonfield, de tratar os documentos do Novo Testamento "como se tivessem sido descobertos recentemente em uma caverna da Palestina ou debaixo das areias do Egito e nunca tivessem vindo a público". Sua obra, que é de boa qualidade, tenta reconstruir a atmosfera judaica neotestamentária "autêntica" para leitores gentios. Lançada em 1955 em edição para assinantes, foi publicada em 1956 em edição para o público em geral. Sem que tivesse justificativas textuais, Schonfield extirpa uma expressão importante que confirma a ressurreição de Cristo, "a maioria dos quais ainda vive" (1Co 15.6). *The Authentic New Testament* foi publicado em edição revisada em 1962. Schonfield, historiador judeu dos primórdios

---

[48] Kubo; Specht, p. 110-6.

do cristianismo, escreveu em seguida um romance intitulado *The Passover plot* [A trama da Páscoa] (1966) antes de editar e publicar "A radical translation and reinterpretation" of *The original New Testament* [Uma tradução e reinterpretação radicais" do Novo Testamento original] (1985).[49]

George M. Lamsa traduziu *The Holy Bible from ancient Eastern manuscripts* [A Bíblia Sagrada baseada nos antigos manuscritos orientais] (1957) tomando por base a Peshitta, a Bíblia "autorizada" do Oriente. Sua tradução dos Evangelhos (1933), de todo o Novo Testamento (1939) e dos Salmos (1940) foi publicada anteriormente, tendo a obra toda chegado ao público em 1957. A declaração de Lamsa de que sua obra foi produzida com base em fontes aramaicas originais é, de forma geral, contestada, já que a Peshitta não deve ser identificada com o "aramaico original". O uso da tradição textual aramaica tem proporcionado diversos materiais interessantes de comparação, uma vez que a tradução do Novo Testamento está baseada num manuscrito do século 5 (o manuscrito Mortimer-McCawler), guardado na Ambrosian Library de Milão, na Itália. O manuscrito apresenta muitas variantes textuais interessantes. Em Mateus 19.24, por exemplo, consta: "É mais fácil para uma corda [*gamla*, o mesmo termo aramaico para 'camelo'] passar pelo buraco de uma agulha". Em Mateus 27.46, o manuscrito registra: "Meu Deus, meu Deus, para isso fui poupado!".

Traduções interpretativas constituem um desenvolvimento importante da erudição bíblica no decorrer do século 20. Kenneth S. Wuest apresenta um exemplo disso em sua *Expanded translation of the New Testament* [Tradução ampliada do Novo Testamento],[50] lançada em partes (1956-1960) antes de ser publicada num único volume em 1961. Wuest procurou fazer para todas as partes do discurso o que Charles B. Williams havia feito para o verbo grego. Conferindo a seu projeto uma perspectiva teológica conservadora, o professor de grego do Moody Bible Institute procurou assinalar as nuanças filológicas e teológicas com maior precisão. Como sua tradução, baseada num número limitado de fontes, objetivava o estudo, não há necessidade de enfatizar sua inferioridade estilística. O que caracteriza as traduções "ampliadas" é que elas permitem ao tradutor ser mais interpretativo do que em outras formas, talvez porque o tradutor, por vezes, tenha de "ler algo para dentro" do texto antes que a interpretação possa "ser lida para fora" dele.

---

[49] Hugh J. Schoenfield, *The original New Testament*.
[50] Kubo; Specht, p. 327-9.

Outro empreendimento interpretativo é o *The New Testament: a new translation by William Barclay* [Novo Testamento: uma nova tradução de William Barclay] (1969). Barclay publicou seu Novo Testamento em duas partes intituladas *Gospels and Acts* [Evangelhos e Atos] (1968) e *Letters and the Revelation* [Cartas e Apocalipse] (1969). Uma edição em brochura em volume único foi publicada em 1980. Barclay era conhecido havia tempos pela popularização da pesquisa acadêmica em prosa acessível ao público. Para sua tradução, recorreu ao texto grego da United Bible Societies, embora se distanciasse dele em algumas situações. No primeiro volume, Barclay acrescentou um capítulo, "On translating the New Testament" [Sobre a tradução do Novo Testamento]. Ele acrescentou dois apêndices ao segundo volume. No primeiro deles, analisa vários termos extraídos da King James Version seguidos pelo original em grego. No segundo, "Notes on passages" [Notas sobre passagens], arrola os trechos que ampliou na tradução. Essas expansões do texto são assinaladas em itálico na tradução. Um dos objetivos de Barclay era "tentar tornar o Novo Testamento inteligível para o homem sem preparo acadêmico". Outro objetivo era "fazer uma tradução que não precisasse de um comentário para explicá-la". Segundo Barclay, essa abordagem requer a utilização de paráfrases na tradução. A objeção mais séria ao Novo Testamento de Barclay é que seus comentários interpretativos são "imensamente pessoais, e sua tradução, por vezes, é idiossincrática". Outra crítica é que a impressão que se tem de sua tradução, em geral, é de uma "mistura confusa do novo com o tradicional, do técnico com o não técnico".[51]

Numa tentativa de evitar as armadilhas de traduções pessoais, subjetivas e idiossincráticas resultantes do empenho de uma pessoa só, a tradução feita em grupo abre espaço para que o trabalho de um indivíduo seja verificado por outros. Essa foi a perspectiva adotada pela *The Amplified Bible* [A Bíblia ampliada] (1965)[52] da Lockman Foundation, de La Habra, Califórnia. Uma comissão dirigida por Frances Siewert produziu o *The Amplified New Testament* [Novo Testamento ampliado] (1958). Essa tradução ampliada mostra uma tendência ainda mais forte do que a tradução de Wuest de "enriquecer" o texto bíblico enquanto ele é "ampliado". Com base no texto crítico, os editores procuram dar plena expressão às várias nuanças de pensamento e de sentido do texto original por meio de colchetes, travessões e itálicos. Conforme observou F. F.

---

[51] Ibidem, p. 162-70.
[52] Ibidem, p. 144-53.

Bruce, "A obra apresenta diversas características de um comentário, bem como de uma tradução". Mais recentemente, *The Amplified Old Testament* [O Antigo Testamento ampliado] (1962, 1964) seguiu o mesmo estilo e foi reunido ao Novo numa edição de volume único em 1965. Uma análise do texto mostra que há ampliações desnecessárias, porque não acrescentam coisa alguma ao texto que já é claro sem elas. Às vezes, há ampliações injustificáveis que não são derivadas do texto. Outras vezes, há adições que são completamente redundantes, já que, na maior parte dos casos, uma palavra em inglês é suficiente para transmitir o sentido do original. Talvez o estilo tedioso seja necessário, porque uma palavra é repetida com uma mesma ampliação, ou ampliações semelhantes, com o uso de colchetes, travessões e itálicos. Por outro lado, há também lacunas evidentes de ampliação. *The Amplified Bible* é, na realidade, um minicomentário. Alguns a aplaudem, ao passo que outros a criticam. Em última análise, porém, ela tem a pretensão de estar "isenta de interpretações pessoais" e "alheia a preconceitos denominacionais". Nesse sentido, *The Amplified Bible* fica aquém do que promete. Independentemente de sua ampliação, a tradução tem poucos méritos. Seria muito melhor pegar uma tradução confiável como a *American Standard Version* e usar um bom comentário, conforme necessário. Há um perigo muito real de que uma pessoa comum entenda que "as interpretações e ampliações são parte da revelação divina. Sem dúvida, as Escrituras podem ser compreendidas, e o Espírito Santo ainda está presente".[53]

Por volta da mesma época em que produzia *The Amplified Bible*, a Lockman Foundation envidou igualmente esforços no sentido de revisar a *American Standard Version* (1901), a que chamou de *New American Standard Bible* (1963, 1967).[54] O Evangelho de João havia sido publicado em 1960, e os Evangelhos, em 1962, antes do lançamento do Novo Testamento em 1963. No prefácio, a comissão observa: "O objetivo da equipe editorial tem sido o de apresentar ao leitor moderno uma revisão da American Standard Version em linguagem clara e contemporânea", porque a *American Standard Version* era um produto padrão e monumental, idealizado internacionalmente e endossado de modo universal em decorrência de sua tradução confiável. Os objetivos declarados dos tradutores da *New American Standard Bible* (NASB) são três: precisão na tradução, clareza no inglês e pertinência das notas. A tradução do Novo Testamento

---

[53] Ibidem, p. 153.
[54] Veja Barclay M. Newman, Jr., "The New American Standard Bible", in: Bailey, p. 74-97; Lewis, p. 165-97; Kubo; Specht, p. 222-30.

foi baseada na 23ª edição do texto grego de Nestle, que apresenta diferenças em inúmeros lugares em relação ao texto que serviu de base para a *American Standard Version*. Às vezes, porém, os tradutores da *New American Standard Bible* seguiram a *American Standard Version* em oposição ao texto de Nestle, como no caso da inclusão do final longo do Evangelho de Marcos (16.9-20).[55] Embora a tradução esteja impressa em forma de parágrafo, ela não segue o sentido do parágrafo. Em vez disso, cada versículo é disposto como parágrafo individual seguindo a antiga tradição da King James Version. O estilo do inglês se torna truncado em virtude da estrutura de frases longas, arranjos gramaticais complexos, linguagem eclesiástica dos "que pertencem à igreja", ambiguidades ocasionais e mudanças arbitrárias no nível de linguagem. Contudo, a NASB é até o momento a melhor tradução relativamente literal feita por uma comissão de estudiosos conservadores.

A publicação da *The Holy Bible, New International Version* [A Bíblia Sagrada: Nova Versão Internacional] (1973, 1978)[56] foi a culminação de um processo que começou na década de 1950. Depois de anos de insatisfação com as traduções existentes, um grupo de estudiosos da Bíblia decidiu formalizar seus esforços de levar a cabo um novo projeto de tradução em 1965. O projeto recebeu novo ímpeto em 1967 quando a New York International Bible Society [Sociedade Bíblica Internacional de Nova York] concordou em apoiá-lo financeiramente. Embora várias versões em linguagem contemporânea tivessem sido publicadas desde a concepção inicial do projeto, era evidente que ainda havia lugar para uma nova tradução própria para a leitura individual, bem como para o culto público. Depois da publicação do Novo Testamento em 1973 com o título de *The Great News* [Excelentes novas], o nome da tradução foi modificado para *New International Version* (NIV). Mais de cem estudiosos de vários países de língua inglesa participaram do projeto, e as decisões editoriais finais ficaram a cargo de uma comissão geral de quinze membros. O trabalho com o Antigo Testamento prosseguia e, nesse ínterim, foram lançados os volumes experimentais de *Isaías e Daniel* (1976), *Provérbios e Eclesiastes* (1977). O Antigo Testamento foi lançado em 1978, e a Bíblia completa foi publicada em 1978.

De acordo com o prefácio, o texto grego utilizado é o "eclético", com base nos "princípios reconhecidos da crítica textual do Novo Testamento",

---

[55] Veja a análise sobre os textos nos caps. 25 e 26.
[56] Veja Robert G. Bratcher, "The New International Version", in: Bailey, p. 152-67; Lewis, p. 293-328; Kubo; Specht, p. 243-72.

tomando-se como referência "os melhores textos atuais impressos do Novo Testamento grego".[57] É difícil determinar exatamente o que se quer dizer com o termo "eclético". Em geral, significa que a *Nova Versão Internacional* segue os textos gregos chancelados pela crítica moderna, como o Nestle-Aland/United Bible Societies (Texto-NU), mas nem sempre. Às vezes, ela não é coerente em sua versão de passagens ambíguas do texto grego, o que resultou em expressões estranhas. Além disso, a NIV não traduz de forma coerente as expressões de tempo, dinheiro, medidas e distância.

A *New International Version* segue a prática atual de substituir os pronomes em desuso em inglês "thou" (vós), "thee" (ti), "thy" (vosso) e "thine" (vosso) com formas apropriadas de "you" (tu), até mesmo quando usados para se dirigir a Jesus ou ao Pai. Infelizmente, a NIV não recorre à antiga tradição de usar itálico em palavras ausentes dos textos em hebraico e grego. Quando a Bíblia toda foi publicada em 1978, uma comparação das duas edições do Novo Testamento revelou cerca de trezentas alterações. Essas mudanças tendem a privilegiar traduções mais literais, de textos mais tradicionais e uma maior conformidade com a redação do Antigo Testamento. Os tradutores, ao trabalharem com o Antigo Testamento, seguiram o Texto Massorético padrão para o texto em hebraico e aramaico conforme publicado na última edição da *Bíblia Hebraica* de Kittel,[58] embora algumas traduções divirjam do Texto Massorético em favor dos Manuscritos do Mar Morto, da Septuaginta, da versão siríaca e da Vulgata, que foram consultados e, por vezes, escolhidos em detrimento da redação do Texto Massorético.

Poucas traduções desde a King James Version, de 1611, foram feitas de forma tão sistemática como a *New International Version*. Os tradutores procuraram fazer uma versão que se caracterizasse pela precisão, pela clareza e pela qualidade literária. Procuraram fazer uma versão que fosse intermediária, em que um elevado grau de "correspondência formal" fosse combinado com locuções marcadas pela "equivalência dinâmica". A *New International Version* é uma nova tradução (versão) feita diretamente dos originais, e não uma revisão de qualquer das versões históricas em inglês. Contudo, os tradutores "procuraram preservar alguma medida de continuidade com a longa tradição de traduzir as Escrituras para o inglês". O tradicional e o contemporâneo estão misturados na *New International Version*. Um resenhista espera que "enfim, depois de

---

[57] Veja a análise nos caps. 25 e 26.
[58] Veja a análise nos caps. 21 e 26 sobre o texto da BHK e da BHS.

tanto tempo, a *New International Version* ponha um ponto final de uma vez por todas na crença ainda generalizada de que a King James Version seja a Palavra de Deus original e que qualquer tradução que difira dela seja uma perversão, obra-prima do Diabo produzida por gente que tem uma visão de pouco apreço pelas Escrituras".[59] Embora essa esperança seja otimista demais, a NIV é um exemplo de erudição evangélica contemporânea.

Nesse ínterim, os defensores da King James Version não ficaram indiferentes às traduções durante o século 20. Afinal, praticamente um terço dos leitores americanos ainda a usam. A King James Version foi revisada inúmeras vezes nos 375 anos que se seguiram à sua primeira aparição em 1611. O fruto dos seus esforços é a *Holy Bible, The New King James Version* (1979, 1980, 1982).[60] Em meados da década de 1970, a Thomas Nelson Publishers, sucessora da empresa que publicou pela primeira vez a *American Standard Version* (1901) e a *Revised Standard Version* (1952), convocou os principais clérigos e leigos cristãos, que analisaram e decidiram revisar significativamente a King James Version. Desde o início, seu objetivo era "recorrer ao que de melhor havia no conhecimento do hebraico e do grego antigos, do inglês do século 17 e do inglês contemporâneo para polir com sensibilidade os arcaísmos e o vocabulário da versão de 1611 (King James), de modo que fossem preservados e ampliados a beleza e o conteúdo pretendidos originalmente". Mais de 130 estudiosos de um amplo espectro da igreja cristã foram chamados a trabalhar na revisão. Seus esforços foram direcionados para vários objetivos específicos. Eles procuraram preservar o verdadeiro significado das palavras da King James Version em vista das mudanças no significado das palavras desde 1611. Os revisores esforçaram-se para proteger a terminologia teológica da King James Version. Seu objetivo era melhorar o entendimento das formas verbais, adequando-as ao uso do século 20. A pontuação e a gramática foram atualizadas para ajudar no entendimento do texto. Além disso, os pronomes referentes a Deus passaram a ser escritos com letra maiúscula e foram introduzidas aspas, características comuns no século 20, que não eram praticadas em 1611.

Os editores da *New King James Version* (NKJV) usaram o texto da *Biblia Hebraica Stuttgartensia* (1967/1977), frequentemente a compararam com a edição de Bomberg (1524-1525), além de consultas à Septuaginta (em grego) e à Vulgata

---

[59] Bratcher, p. 165.
[60] Veja Lewis, p. 329-62; Kubo; Specht, p. 273-307.

Latina, conforme prática da maior parte dos tradutores do século 20. Com o Novo Testamento, porém, buscou-se uma direção totalmente distinta. Os editores pareciam convencidos de que a crítica textual do Novo Testamento havia seguido pelo caminho errado no século passado. Isso significa que há uma preferência por uma base textual diferente da usada por praticamente todas as traduções feitas desde a English Revised Version (1881).[61] Em virtude disso, a *New King James Version*, a exemplo de sua predecessora clássica, baseia-se no Textus Receptus. Essa questão é decisiva, conforme pode ser visto na Introdução à nova revisão, embora os revisores não estejam necessariamente convencidos de que o Textus Receptus seja o melhor texto disponível em grego. Para consolidar sua posição, os revisores identificam sua base textual como "Texto Tradicional" ou "Texto Majoritário" (Texto-Maj).[62] Para eles, o Textus Receptus e o Texto Majoritário vêm da mesma tradição textual, mas observam que o Textus Receptus é uma forma mais tardia e corrompida do Texto Majoritário, ou Texto Tradicional. A opção pelo uso do Texto Majoritário se deve à convicção de que "o melhor guia para um texto grego preciso é o consenso interno da maioria dos manuscritos gregos".

Para mostrar onde o Texto Majoritário difere do Texto Crítico, que é identificado como o texto Nestle-Aland/United Bible Societies (Texto-NU), foram introduzidas informações textuais "em uma solução sem paralelos na história da Bíblia em inglês". Eles identificaram as variações do Texto Crítico como "Texto-NU" e os pontos em que o Texto Majoritário variava em relação ao Texto Tradicional como "Texto-Maj". Essa foi uma contribuição muito importante e proveitosa. A preferência pelas variantes textuais do Textus Receptus (TR) em detrimento do Texto Majoritário (Texto-Maj) é, em muitos casos, uma questão de acomodação, instilando clareza ao Textus Receptus, o que dificilmente satisfaz os defensores do Texto Majoritário ou do Texto-NU. A inclusão das variantes textuais do Texto-NU nas notas de rodapé, por outro lado, talvez não agrade os proponentes do Textus Receptus ou do Texto Majoritário.

Os defensores da *New King James Version* ficarão contentes de saber que ela preservou, em larga medida, uma eloquência de estilo ausente em outras

---

[61] Veja David Otis Fuller, org., *Which Bible?* A primeira edição dessa coleção de ensaios foi publicada em 1970. Veja tb. David Otis Fuller, *True or false?, the Westcott-Hort theory examined*. Veja tb. a análise nos caps. 22, 25 e 26.

[62] Depois da publicação da NKJV, o texto grego da edição do Texto Majoritário foi publicado por Zane C. Hodges; Arthur L. Farstad, orgs., *The Greek New Testament, according to the Majority Text*. Foi também publicado em uma segunda edição com a correção de erros tipográficos e um resumo da extensa introdução.

traduções do século 20. Outros ficarão desapontados de saber que a NKJV não foi longe o bastante na modernização da King James Version, sobretudo se estiverem convencidos de que uma versão não pode ser melhor do que o texto original no qual se baseia e que um texto crítico moderno do grego baseado em manuscritos antigos é preferível ao Textus Receptus. A decisão editorial de seguir a King James Version ao fazer de cada versículo um parágrafo independente não é muito útil ao leitor contemporâneo. Contudo, os esforços diligentes dos revisores da *New King James Version* de produzir uma Bíblia em inglês que preservasse o máximo possível da clássica King James Version enquanto, ao mesmo tempo, atualizava o inglês, foram em grande medida bem-sucedidos.

Para os que preferiam usar a *Revised Standard Version* da Bíblia, uma nova versão dessa obra também foi publicada como *The Reader's Digest Bible: condensed from the Revised Standard Version Old and New Testaments* (1982).[63] Essa obra foi baseada na revisão de 1971 do texto da *Revised Standard Version* sob a autoridade da Division of Education of the National Council of Churches in the U.S.A. [Divisão de Educação do Conselho Nacional de Igrejas dos Estados Unidos], que é detentora dos seus direitos autorais. A Reader's Digest Association contratou a "condensação, e não a abreviação" da *Revised Standard Version* sob a direção de Bruce M. Metzger, que foi diretor-geral de produção. Os editores da *Reader's Digest Bible* (RDB) diferenciaram seu trabalho das inúmeras edições abreviadas publicadas no passado. Eles definem *condensação* como "redução [da Bíblia] principalmente como uma diminuição linha por linha, palavra por palavra, bem como a eliminação de blocos escolhidos de texto". Deve-se distinguir esse procedimento da *abreviação*, que significa "reduzir a extensão pela eliminação de seções inteiras do texto e, no caso da Bíblia, geralmente livros inteiros também". De acordo com o prefácio, "a *Reader's Digest Bible* oferece ao leitor em geral um meio mais direto de se tornar intimamente familiarizado com o corpo *todo* das Escrituras. Ela pode ser lida mais rapidamente e com uma compreensão mais rápida, para instrução e até mesmo para o puro desfrute e satisfação do coração".

Não há divisões em capítulos e versículos, embora todos os livros tenham uma breve introdução nessa condensação de oitocentas páginas (incluindo o sumário) que reduz o texto do Antigo Testamento em cerca de 50% e o do Novo Testamento em cerca de 25%. Algumas exclusões são de palavras não essenciais. São palavras repetitivas, palavras multiplicadas para efeito retórico, palavras de

---

[63] Veja Kubo; Specht, p. 308-25.

pouca relevância para o leitor contemporâneo. No Antigo Testamento, que é cerca de 40% constituído de poesia, só Salmos, Cântico dos Cânticos, Êxodo 15 e Juízes 15 são vazados em forma poética. O restante das passagens poéticas é grafada em forma de prosa. Além das condensações linha por linha, diversos blocos de texto foram eliminados. Cerca de seis capítulos inteiros de Gênesis foram cortados, juntamente com dez de Levítico, pelo menos doze de 1Crônicas; setenta salmos foram totalmente eliminados; Isaías teve treze capítulos extirpados; e os últimos cinco capítulos de Daniel foram removidos. As listas genealógicas do Antigo Testamento foram cortadas, bem como as de Mateus 1.1-14 e Lucas 3.23-28, embora fossem extremamente importantes para a história de Israel (a base de seu sistema tribal) e para a igreja cristã (a linhagem de Jesus Cristo). Além disso, alguns textos foram deslocados, e uma boa parte dos textos comuns aos Evangelhos Sinóticos foram eliminados (somente cerca de metade de Lucas e aproximadamente 28% de Mateus são singulares nesses relatos dos Evangelhos), tomando-se Marcos como texto básico para a condensação. A *Reader's Digest Bible* fez algumas melhoras estilísticas na *Revised Standard Version*; por exemplo, algumas alterações na ordem das palavras. De modo geral, a RDB introduziu melhoras significativas na condensação e comunicação do texto da Bíblia para o leitor contemporâneo, embora os editores tenham truncado o cânon completo das Escrituras.

Ao compará-la com outras versões contemporâneas da Bíblia, deve-se perguntar se a *Reader's Digest Bible* até mesmo ocupa algum lugar entre elas. Os editores dizem que seu objetivo é complementar, e não substituir, o texto completo e não condensado da Bíblia. No entanto, há dúvidas quanto à desimportância das partes omitidas. Para a pessoa que se aproxima da Bíblia para lê-la pela primeira vez, até mesmo em uma das versões históricas a tarefa pode parecer desanimadora. Mesmo nas traduções em linguagem contemporânea, a Bíblia é com frequência ameaçadora em seu formato. Além disso, parece que a Bíblia não é usada como orientação para a vida nem mesmo entre os que frequentam regularmente a igreja. Há também muita gente que não lê a Bíblia de modo algum. A condensação realizada pela *Reader's Digest* foi designada para um público específico que não é influenciado de modo significativo pelas inúmeras traduções e versões da Bíblia já existentes — sejam universitários, jovens que precisam de uma introdução para as complexidades dos tempos da Bíblia ou adultos que simplesmente desejam ter acesso ao cerne espiritual do livro mais importante de posse da humanidade.

Traduções e versões ecumênicas

Dada a grande profusão de Bíblias protestantes, católicas romanas, judaicas e pessoais publicadas no século 20, era inevitável que em uma "era ecumênica" houvesse tentativas de produzir Bíblias ecumênicas. A primeira tentativa de um trabalho conjunto nesse sentido foi a *The Anchor Bible*, publicada em série sob a edição geral de William F. Albright e David Noel Freedman. Sua empreitada se apresentava como "um projeto de alcance internacional e interconfessional: especialistas protestantes, católicos e judeus de muitos países contribuíram com volumes individuais". A série da Anchor Bible é "um trabalho que se propõe a tornar disponível todo o conhecimento histórico e linguístico que diga respeito à interpretação do registro bíblico". Trata-se, na verdade, de uma tarefa monumental, que resultou em diversos volumes de diferentes estudiosos. Sua unidade geral varia significativamente em razão dessa diversidade.

Podemos associar outras tentativas de produzir uma Bíblia ecumênica à publicação da *Revised Standard Version* (1946, 1952). Como um autor comenta, "A publicação da RSV marca tanto o fim de uma era quanto o começo de outra no intuito de comunicar a Palavra de Deus ao leitor anglófono. Para muitos, sua publicação marcou o fim da idade em que 'Bíblia' era sinônimo de KJV. A RSV inaugurou uma era em que múltiplas traduções invadiram o mercado atual, todas elas competindo umas com as outras".[64]

A *Revised Standard Version* foi usada como base da *Revised Standard Version, Catholic Edition* (1965, 1966). A parte do Novo Testamento foi preparada pela Catholic Biblical Association of Great Britain [Associação Bíblica Católica da Grã-Bretanha] com a aprovação da Standard Bible Committee [Comissão da Standard Bible]. As mudanças mínimas introduzidas em relação a *Revised Standard Version*, cerca de 24 e arroladas num apêndice, se concentram no texto grego subjacente e em algumas traduções diferentes desse texto. Entre essas mudanças, substituiu-se "Jesus' brothers" [irmãos de Jesus] por "Jesus' brethren" [brethren é a forma antiga do plural de brothers] (Mt 12.46,48), "divorciar-se dela [de Maria]" (Mt 1.19), acrescentou-se "e jejum" (Mc 9.29) e se reintroduziu o final longo de Marcos 16.9-20, bem como a passagem sobre a mulher flagrada em adultério (Jo 7.53—8.11). A *Revised Standard Version, Catholic Edition* da Bíblia toda foi publicada em 1966 sem mudança alguma no texto do Antigo Testamento, embora todas as partes que os protestantes

---

[64] Lewis, p. 127-8.

chamam de Apócrifos, com exceção de 1 e 2Esdras e a Oração de Manassés, tenham sido incluídas como constituintes do cânon. A Comissão Bíblica da RSV prosseguiu seu trabalho de revisão do texto da *Revised Standard Version* porque lhe pareceu aconselhável fazê-lo. Em 1971, foi publicada uma edição revisada do Novo Testamento, embora sua segunda edição de fato só tenha sido lançada em 1977. Atualmente, o Antigo Testamento passa por revisão, e sua data antecipada de publicação está programada para meados da década de 1980.

Enquanto prossegue com seu trabalho de revisão, a Comissão Bíblica da RSV tornou-se ainda mais internacional e ecumênica. Além dos protestantes americanos e canadenses, a comissão recebeu em suas fileiras seis estudiosos católicos romanos (1969) da Grã-Bretanha e do Canadá, bem como representantes da Igreja Ortodoxa Grega (1972). No interesse do ecumenismo, a comissão publicou a *Common Bible: the Holy Bible; Revised Standard Version containing the Old and New Testament with Apocryphal/Deuterocanonical books* (1973). Os livros Apócrifos/Deuterocanônicos estão divididos em dois grupos na *Common Bible*: os aceitos pelos católicos romanos como canônicos estão agrupados, e os que não são considerados canônicos aparecem em outro grupo. A posição dos vários segmentos cristãos no tocante aos Apócrifos é apresentada no prefácio. A *Common Bible* não incluiu 3Macabeus, reconhecido pelas Igrejas Ortodoxas (grega, russa, ucraniana, búlgara e armênia). O salmo 151 e 4Macabeus estão incluídos no apêndice ao Antigo Testamento porque ambos fazem parte da Bíblia Grega. Quando esse trabalho foi concluído, a Oxford University Press publicou a *Expanded edition of the New Oxford Annotated Bible* (1977), editada por Herbert G. May e Bruce G. Metzger, que incluía uma tradução desses três documentos.[65]

Conclusão

Mesmo um olhar superficial na procissão aparentemente infindável das traduções e versões contemporâneas da Bíblia em inglês fornece evidências suficientes de que o século 20, como nenhum outro século antes na história da humanidade, apresenta a maior profusão e proliferação de traduções da Bíblia. Com essa grande diversidade e multiplicidade de traduções, individuais, coletivas, denominacionais e ecumênicas, esse século, e nenhum outro antes dele, teve uma responsabilidade maior de compreender e comunicar "todo o conselho de Deus" contido no livro inspirado.

---

[65]Kubo; Specht, p. 213-21.

Conclusão geral

O propósito geral deste livro tem sido duplo: histórico e teológico. Histórica e criticamente, tem sido uma tentativa de responder à indagação que se faz sobre a Bíblia no século 20 com base nos textos críticos em hebraico e grego: ela é uma reprodução fiel dos livros escritos pelos autores originais? A resposta a esta altura é óbvia: nenhum livro da Antiguidade chegou ao mundo moderno com mais evidências de sua autenticidade do que a Bíblia. Tanto o tipo quanto o volume de evidências que respaldam a fidelidade do presente texto crítico são maiores do que os disponíveis para qualquer outro livro do mundo antigo.

Há uma conclusão teológica diretamente relacionada a essa conclusão histórica. Isso porque, se há evidências esmagadoras de que os documentos bíblicos são genuínos e autênticos — de que derivam dos períodos e dos autores dos quais afirmam derivar —, resta-nos encarar com seriedade seu apelo insistente de inspiração divina. Quando essas declarações são analisadas em sua totalidade e enfrentadas honestamente, só é possível concluir que a Bíblia como um todo afirma ser a Palavra de Deus, e as evidências confirmam essa afirmação.

Além da questão referente aos livros da Bíblia, isto é, *se* são ou não inspirados, foi preciso lidar com outra questão similar: *quais* livros da Bíblia são inspirados, isto é, foi preciso lidar com a questão da canonicidade. Basta uma declaração para resumir esta questão e a que foi apresentada anteriormente. Os 66 livros da Bíblia protestante conhecidos hoje constituem o cânon completo, o cânon em toda a sua inteireza, das Escrituras inspiradas, transmitido ao longo dos séculos sem alteração substancial ou variação doutrinária.

Apêndice

Lista dos títulos abreviados de traduções da Bíblia em inglês (em ordem cronológica)

Data	Conteúdo	Pessoa ou grupo/título abreviado (comentário)
Séc. 7	Partes	Caedmon/paráfrases de partes do AT e do NT
c. 700	Saltério	[Aldhelm]/trad. do Saltério (caracteres saxônicos)
c. 705	Evangelhos	Egberto/trad. dos Evangelhos Sinóticos
Séc. 8	Evangelhos	Beda/trad. do Evangelho de João
Séc. 9	Evangelhos	Cynewulf/relato poético da Paixão de Cristo
Séc. 9	Saltério	anôn./glosa em latim do Saltério de Vespasiano
c. 875	Partes	Alfredo, o Grande/trad. de partes do AT
c. 900	Saltério	Alfredo, o Grande?/partes do Saltério de Paris
c. 950	Evangelhos	Aldredo/glosa interlinear, Evangelhos de Lindisfarne
c. 975	Evangelhos	Farman, Owun/glosa dos Evangelhos de Rushworth
c. 1000	Heptateuco	Aelfric/trad. para o saxão ocidental de Gênesis—Juízes
c. 1000	Evangelhos	Aelfric/partes de saxão ocidental dos Evangelhos—Atos
c. 1000	Evangelhos	[ms Corpus Christi]/Evangelhos em saxão ocidental
Séc. 11	Evangelhos	[ms Cambridge]/Evangelhos em saxão ocidental
Séc. 11	Evangelhos	ms Bodleian]/Evangelhos em saxão ocidental
Séc. 11	Evangelhos	[ms Brit. Museum Cotton]/Evangelhos em saxão ocidental
Séc. 12	Evangelhos	[ms Brit. Museum Royal]/Evangelhos em saxão ocidental
Sécs. 12-13	Evangelhos	[ms Bodleian Hatton]/Evangelhos em saxão ocidental
Séc. 12	Saltério	anôn./glosas de latim de Canterbury (Eadwine)
Séc. 12	Saltério	anôn./ofício benedito com Saltério de Paris

Séc. 12	Saltério	anôn./Saltério anglo-normando (A)
Séc. 12	Saltério	anôn./Saltério anglo-normando (B)
Séc. 12	Partes	anôn./livros em prosa anglo-normandos de Reis
c. 1200	Evangelhos	Orm (Ormulum) parág. poético dos Evangelhos—Atos
Séc. 13	Saltério	anôn./versões adicionais do Saltério
Séc. 13	Evangelhos	anôn./várias narrativas da Paixão
Séc. 13	Evangelhos	Robert de Greatham/trad. dos Evangelhos de domingo
c. 1250	Partes	anôn./paráfrases de Gênesis e Êxodo
c. 1300	Bíblia	anôn./paráfrase Cursor Mundi de história da Bíblia
c. 1300	Saltério	anôn./Saltério de Surtees (do Saltério de Paris)
c. 1320	Saltério	William de Shoreham?/trad. literal do Saltério
c. 1325	Saltério	R. Rolle/Saltério inglês (trad. literal; 30 mss)
Séc. 14	Atos	anôn./latim-inglês, Atos
Séc. 14	Cartas	anôn. (Wycliffe?)/Atos, cartas paulinas, Cartas Gerais
c. 1340	Apocalipse	anôn./Apocalipse anglo-normando (80+ mss)
c. 1340	Saltério	anôn./Saltério de Midland ocidental (inglês-latim)
Séc. 14	Cartas	anôn./(lat.-ing.) Marcos, Lucas, cartas paulinas
Séc. 14	Evangelhos	anôn./lat.-inglês, Mateus
c. 1360	Bíblia	anôn./vários mss anglo-normandos
Séc. 14	Cartas	anôn.[Wycliffe]/Atos, cartas paulinas, Cartas Gerais
Séc. 14	Evangelhos	Wycliffe?/Atos e os Evangelhos
c. 1380	NT	J. Wycliffe/trad. do NT (Wycliffe antigo)
c. 1384	Bíblia	[N. Hereford/Wycliffe AT (35 mss)
c. 1387	Bíblia	[João de Trevisa?]/trad. da Bíblia
c. 1388	AT	J. Wycliffe/trad. do AT (Wycliffe antigo)
c. 1390	Evangelhos	[J. Purvey]/glosa dos Evangelhos
c. 1395	Partes	anôn./Jó, Salmos, Profetas Maiores
c. 1395	Bíblia	J. Purvey/Wycliffe rev. (Wycliffe posterior: 140 mss)
c. 1400	Evangelhos	anôn./passagens de harmonia dos Evangelhos (muitos mss)
c. 1400	Evangelhos	anôn./narrativas da Paixão (numerosos mss)
c. 1400	Evangelhos	anôn./redações dos Evangelhos (numerosos mss)
c. 1400	Partes	anôn./Mateus, Atos, Cartas (trad. bruta)

c. 1400	Cartas	anôn./cartas paulinas lat.-ing.
1410	Evangelhos	Nicholas Love/Mirrour (paráfrases dos Evangelhos)
Séc. 15	Partes	anôn./paráfrases métricas do AT
Séc. 15	Partes	Littlehales/Prymer (Livro de oração para pessoas leigas)
Séc. 15	Partes	Littlehales/Prymer (Livro de oração para o povo leigo)
1483	Partes	W. Caxton/Golden Legend (1.ª impr. na Inglaterra)
1486	Evangelhos	N. Love/Mirror of the Life of Christ (impresso)
c. 1495	Partes	[J. Wotton]/Speculum Christiani (Decálogo)
1496	Partes	anôn./Dives and pauper [O rico e o pobre] (Decálogo)
1500	Partes	Betson/Ryght profytable treatyse (Pai-Nosso)
c. 1520	Bíblia	M. Nisbet/versão de Wycliffe (por Purvey) em escocês
1521	Partes	Wynkyn de Worde/The Myrrour of the Chyrche
1525	Partes	[W. Tyndale]/NT in Englysshe (com glosas)
1525	NT	W. Tyndale/NT in Englysshe (primeira impressão)
1526	NT	W. Tyndale/NT in Englysshe (primeira conhecida)
1526	NT	W. Tyndale/NT (primeira trad. em ing. do NT grego)
1526	Partes	W. Bonde/The Pylgrimage of Perfection
1527	Partes	anôn./Book of the Hours (tít. em ing., ed. 1523)
1529	Partes	anôn./Primer (Book of Hours; 1. ed. em ing. publicada)
1530	Pentateuco	W. Tyndale/Pentateuco
1530	Salmos	G. Joye/trad. dos Salmos em latim de Bucer
1531	Profetas	G. Joye/Isaías (trad.)
1531	Profetas	W. Tyndale/Jonas (trad.)
1532	Partes	W. Tyndale/NT (omite várias Cartas)
1534[1]	NT	W. Tyndale/correção diligente do NT
1534	Salmos	G. Joye/trad. dos Salmos
1534	Profetas	G. Joye/Jeremias (trad.)
1534	Salmos	[M. Coverdale]/Campensis, Salmos em latim (paráfrase)

---

[1] A primeira edição do NT de Tyndale efetivamente conhecida foi concluída em 1525 e impressa, provavelmente, em 1526, antes de uma edição revisada publicada por George Joye em 1534. Tyndale opôs-se categoricamente às intervenções de Joye em sua tradução, do que resultou a edição "corrigida com diligência", que foi a base de cerca de quarenta edições subsequentes do NT de Tyndale.

1534	Gênesis	W. Tyndale/rev. de Gênesis
1534	NT	G. Joye/rev. do NT de Tyndale
1534	NT	W. Tyndale/rev. do NT de Tyndale
1535	NT	W. Tyndale/NT yet once agayne [mais uma vez] (última rev. de Tyndale)
1535	Partes	M. Coverdale/Salmos e Eclesiastes (reimpr.)
1535	Sabedoria	[G. Joye?]/Provérbios e Eclesiastes (trad.)
1535	NT	M. Coverdale/NT de Tyndale revisado (ed. 1535)
1535	Bíblia	M. Coverdale/Bíblia (rev. de Tyndale)
1536	NT	W. Tyndale/NT corrigido (1.º NT impr. em ing.)
1536	NT	M. Coverdale/NT de Tyndale (revisado)
1537	Bíblia	T. Matthews [J. Rogers]/Tyndale-Coverdale (rev.)
1537	Bíblia	M. Coverdale/rev. e impr. por Nicolson
1537	Sabedoria	M. Coverdale/livros de Salomão
1538	NT	M. Coverdale/NT (1. ed. lat.-ing.)
1538	NT	J. Hollybushe/NT (2. ed. Coverdale lat.-ing.)
1538	Bíblia	T. Matthew [John Rogers]/Matthew Bible (rev.)
1539	NT	R. Taverner/Matthew NT (revisão)
1539	Bíblia	[M. Coverdale]/Great Bible (Tyndale-Coverdale-Matthew)
1539	Bíblia	R. Taverner/Matthew Bible (revisão)
1540	Bíblia	T. Cranmer/Great Bible (2. ed., "Autorizada")
1540	Saltério	(M. Coverdale)/Saltério [...] Salmos (lat.-ing.)
1540	NT	anôn./trad. do NT de Erasmo para o latim
c. 1540	NT	anôn./trad. do NT
1540	Bíblia	Great Bible (3. ed.) (ao menos 22 eds. até c. 1564)
1541	Bíblia	T. Cuthber; H. Nicholas/trad. da Bíblia
1541	Bíblia	Great Bible (4. ed.)
1541	Bíblia	Great Bible (5. ed.)
1541	Bíblia	Great Bible (6. ed.)
1541	Bíblia	Great Bible (7. ed.)
[1545]	Partes	J. Fisher/Salmos no Livro de oração da realeza de 1545
1546	Partes	Great Bible/Evangelhos e Cartas em ing.
1547	Bíblia	Great Bible (8. ed.)/(ascensão de Eduardo VI)

1548	NT	(W. Tyndale) NT em lat. e ing. (2. ed.)
1548s.	NT	[N. Udall]/paráfrase do NT de Erasmo
1548	NT	E. Becke; W. Seres/NT (Tyndale revisado)
1548	NT	[R. Jugge]/NT (revisão de Tyndale)
1549	Bíblia	anôn./ed. de 1537 de Matthew com alterações
1549	Partes	E. Becke; W. Seres/Bible: Joshua—Job
1549	Bíblia	Great Bible (9. ed.)
1549	NT	W. Tyndale/NT of the last trans.
1549	NT	[W. Tyndale]/NT em lat. e ing. (3. ed.)
1549	NT	M. Coverdale/NT diligently translated (ed. rev.)
1550	Partes	E. Becke; W. Seres/Bible: Psalter—Song
1550	Profetas	E. Becke; W. Seres/Bible: Isaiah—Malachi
1550	NT	[W. Tyndale]/NT em ing. [...] Erasmo em lat. (4. ed.)
1550	Bíblia	Great Bible (10. ed.)
1550	Bíblia	M. Coverdale/Bible (reimpr. por Froschauer)
1551	Bíblia	anôn./Matthew (ou Taverner) rev.
1551	Bíblia	E. Becke; W. Seres/Bible: Genesis—Deut.
1551	Bíblia	E. Becke; W. Seres/The Bible (Taverner rev.)
1552	Bíblia	R. Jugge/NT (Tyndale revisada)
1553	Bíblia	Great Bible (11. ed.)
1553	Bíblia	M. Coverdale/Whole Byble (última ed. normal)
1553	NT	[W. Whittingham]/NT (ascensão de Mary I)
1553	NT	[R. Jugge]/NT (ed. rev. de 1548)
1556	NT	[R. Jugge]/NT (outra ed.)
[1557][2]	NT	W. Whittingham/NT (Hexapla in English)
1557	Salmos	[A. Gilby?]/Psalms (versão pré-Genebra)
1558	Bíblia	[Whittingham]/Bible (ascensão de Elizabeth I)
1559	Salmos	W. Whittinghem/Psalms (rev. dos Salmos de 1557)
1560[3]	Bíblia	W. Whittingham/Geneva Bible (vários textos)
1561	NT	anôn./trad. do texto grego

---

[2] Em 1557, foi publicado o primeiro NT de bolso amplamente difundido.
[3] A Geneva Bible [Bíblia de Genebra], de 1560, teve 120 edições antes de 1611, 140 edições antes de 1644, no total de 180 edições.

1561	NT	[R. Jugge]/NT (outra ed.)
1562	Bíblia	M. Parker/Great Bible (12. ed.)
1562	Salmos	T. Starnhold et al./Whole Booke of Psalms
1565	NT	M. Parker/trad. do NT
1566?	NT	[R. Jugge] / NT (40. ed., última ed. de Tyndale)
1566	Bíblia	M. Parker/Great Bible (13. ed.)
1568[4]	Bíblia	[M. Parker]/Holie Bible (Bishops' Great Bible)
1569	Bíblia	[J. Cawood]/Great Bible (última ed.)
1569	Bíblia	[M. Parker]/Holie Bible (2. ed. da Bishops' Bible)
1570	Bíblia	Geneva Bible (2. ed. in-quarto; datas variam bastante)
1571	Evangelhos	[M. Parker]/Gospels (*editio princeps* [1. ed] anglo-saxônica)
1572	Bíblia	Bishops' Bible (NT revisado, 2. ed. in-fólio)
1572	Bíblia	Geneva Bible/(rev. dos Saltérios da Great-Bishops' Bible)
1573?	Bíblia	Bishops' Bible (2. ed. in-quarto)
1574	Bíblia	Bishops' Bible (3. ed. in-fólio)
1575	Bíblia	Geneva Bible (rev. do NT da 1. ed. impr. na Inglaterra)
1576	NT	L. Thomson/NT de Beza em latim (1. rev. da Geneva Bible)
1577	Bíblia	Geneva Bible (1. ed. in-oitavo)
1578	Bíblia	Geneva Bible (1. ed. grande in-fólio)
1579	Bíblia	Geneva Bible (1. Bíblia impr. na Escócia)
1579	Bíblia	Geneva Bible (1. ed. in-quarto)
1579	Bíblia	Geneva Bible (aparentemente a 2. ed. in-oitavo)
1579?	Saltério	Great Bible/Saltério dos Salmos de Davi
1581	Bíblia	Geneva Bible (3. ed. in-oitavo também chamada de 1. ed.)
1582	NT	[W. Allen et al.]/NT (Rheims *editio princeps*)

---

[4] Em 1571, a Convocação da Província de Cantuária ordenou que os exemplares dessa edição fossem colocados em todas as catedrais e, na medida do possível, em todas as igrejas (fazendo dela a "segunda" Versão Autorizada). A Bishops' Bible teve cerca de dezenove edições no período de 34 anos, a última publicada em 1602; o Novo Testamento continuou a ser publicado até 1633, em cerca de dezenove edições.

1584	Bíblia	Bishops' Bible (aparentemente a última ed. in-quarto)
1585	Bíblia	Geneva Bible/edição com Saltérios paralelos
1587	Bíblia	Geneva Bible (1. NT Thomson; caracteres romanos)
1589	NT	W. Fulke/NT Rheims-Bishops' (colunas paralelas)
1591	Bíblia	Geneva Bible/(1. Bíblia em ing. impressa em Cambridge)
1592	Apocalipse	M. F. Junius/Apocalypse (comentário em lat.-ing.)
1594	Apocalipse	M. F. Junius/Revelation of Saint John the Apostle
1595	Bíblia	F. Junius/Geneva Bible (revisões do Apocalipse)
1596	Profetas	[H. Broughton]/Daniel [...]Visões caldaicas [...] Hb
1596	Apocalipse	Fr. Dv. Ion/O Apocalipse
1599	Bíblia	Geneva Bible/(com NT Thomson; rev. Junius)
1600	Bíblia	Geneva Bible/(difere das eds. anteriores in-oitavo)
1600	NT	T. Worthington/NT Rheims (2. ed.)
1601	NT	W. Fulke/NT Rheims-Bishops' (cols. paralelas; 2. ed.)
1602	Bíblia	Bishops' Bible (última ed. completa da Bishops' Bible)
1602	Bíblia	Geneva Bible/(1. ed. Genebra-Thomson-Junius)
1609	AT	AT R. Bristow/Rheims-Douay (*editio princeps*)
1610	NT	NT R. Bristow/Rheims-Douay (1609; 2 vols.)
1610	Bíblia	Geneva Bible/(2. ed. impr. na Escócia)
1611[5]	Bíblia	T. Bilson; M. Smith/KJV (*editio princeps*)
1611	Bíblia	KJV/([AV] ed. separada mais antiga)
1612	Bíblia	KJV/(revisões; mais antiga in-quarto em caracteres romanos)
1612	Bíblia	KJV/(mais antiga ed. in-oitavo em caracteres romanos)
1612	Salmos	H. A[insworth]/Psalmes: [...] Prose and Metre
1612	NT	KJV/(ed. in-quarto mais antiga do NT da KJV)
1613	Bíblia	KJV/(2. ed, in-fólio, revisões)
1613	Bíblia	KJV/(ed. in-fólio verídica de 1613; caracteres menores)
1613	Bíblia	KJV/(1. ed. in-quarto em letra preta)

---

[5]Centenas de edições e revisões da King James Version (Authorized Version) foram produzidas entre 1611 e 1881, quando foi publicada a English Revised Version do NT.

1616	Bíblia	KJV/(primeira rev. ampla; 1. ed. in-fólio pequena)
1616	Bíblia	KJV/(3. ed. in-fólio distinta)
1616	Bíblia	R. Barker/reimpr. da Geneva Bible
1616s.	Bíblia	H. Ainsworth/trad. em ing. de Amsterdã
1617	Bíblia	KJV/(mais antiga 12. ed.)
1617	NT	NT W. Fulke/Rheims-Bishops' (3. ed. paralela)
1618	NT	T. Catwright/defesa do NT Rheims
1618	Bíblia	Geneva Bible/(do continente, depois da proibição)
1621	NT	Rheims/NT (3. ed.; 1. ed. de bolso)
1627[6]	Partes	H. Ainsworth/Pentateuch, Psalms, Canticles
1628	NT	KJV/(primeiro NT KJV impr. na Escócia)
1628	Salmos	Geneva Bible/livro completo [...] prosa [...] métrica
1629	Bíblia	KJV [revisão]/(1. ed. a excluir os Apócrifos)
1629	Bíblia	KJV [revisão]/(1. ed. impressa em Cambridge)
1631	Bíblia	KJV [revisão]/"Wicked Bible" (suprimida)
1631	Salmos	[W. Alexander]/Salmos de Davi
1633	Bíblia	KJV/(1. KJV impr. na Escócia)
1633	NT	Rheims/NT (4. ed.)
1633	NT	Bishops' Bible/NT (última ed. publicada)
1633	NT	NT W. Fulke/Rheims-Bishops' (cols. paralelas; 4. ed.)
1634	Bíblia	KJV/(4. ed. distinta in-fólio)
1635	Bíblia	Bíblia Rheims-Douay (2. ed.)
1638	Bíblia	KJV/(12. ed. impr. na Holanda; muitos erros)
1638	Bíblia	T. Goad; S. Ward et al./Cambridge (corrigida)
1642	Bíblia	KJV/(impr. na Holanda com notas de Genebra)
1643	Partes	Geneva Bible/The Souldiers Pocket Bible
1644[7]	Bíblia	Geneva Bible/(última ed. publicada)
1646	Bíblia	W. Bentley/KJV (com "erros perigosos")

---

[6] Henry Ainsworth era um estudioso do hebraico cuja tradução era demasiadamente literal, o que implicava um inglês truncado, porém seu Saltério acompanhou os peregrinos de Plymouth até os Estados Unidos.

[7] A Geneva Bible já havia perdido espaço para a King James Version: havia 182 impressões da King James e apenas 15 da Geneva Bible.

1647	Bíblia	J. Canne/The Holy Bible (com referências cruzadas completas)
1649	Bíblia	KJV/(impr. na Inglaterra com notas de Genebra)
c. 1650	Bíblia	KJV/seis eds. impr. na Inglaterra (muitos erros)
1653[8]	NT	H. Hammond/paráfrase do NT com anotações
1657	Bíblia	T. Haak/trad. da Dutch Bible de 1637
1659	NT	H. Hammond/NT (2. ed. corrigida)
1660	Bíblia	KJV/(acréscimo de referências nas margens)
1662	Partes	J. Lightfoot/PHugh Broughton's portions of OT
1666	Sabedoria	[H. Danvers]/Solomon's Proverbs
1668	Evangelhos	S. Cradock/Harmony of the four Evangelists
1671	NT	H. Hammond/NT (3. ed. ampliada)
1672	Atos	S. Cradock/Apostolic history (paráfrase de Atos)
1672	Bíblia	KJV/(impr. na Holanda com notas de Genebra)
1675	Bíblia	KJV/(1. Bíblia em ing. impressa em Oxford)
1675	Cartas	anôn. [estudiosos de Oxford]/Epistles (paráfrase)
1679	Bíblia	KJV/(Oxford 2. ed.; mais antiga com datas na margem)
1679	Bíblia	KJV/(impr. na Inglaterra; notas de Genebra; cron.)
1683	Bíblia	A. Scatterwood/(rev. KJV; desaparecida)
1683	Bíblia	KJV/(impr. na Holanda com notas de Genebra)
1683	NT	S. Clark [Clarke?]/NT
1685	NT	R. Baxter/A paraphrase on the NT
1690	Bíblia	S. Clark/Holy Bible [...] Annotations
1690	Bíblia	[W. Lloyd?]/Welsh Bible (Bíblia do bispo Lloyd?)
1695	NT	R. Baxter/A paraphrase on the NT (2. ed.)
1696	Apocalipse	S. Cradock/ Brief and plain expos and paraph. [...] rev.
1698	NT	H. Hammond/Paraphrase and annotations (6. ed.)
1700	Salmos	C. Caryll/Psalmes of David (Vulgata; várias eds.)
1701	NT	R. Baxter/Paraphrase on the NT (3. ed., corrigida)
1701	Bíblia	W. Lloyd/KJV (ed. de Lloyd's? Cronologia de Ussher)
1701	NT	S. Clarke/KJV paraphrase inserts (2 vols.)

---

[8] A paráfrase de Henry Hammond teve várias edições até a edição final em quatro volumes (1845). Foi o primeiro exemplo da era das "paráfrases" nas traduções da Bíblia para o inglês moderno.

1702	NT	D. Whitby/NT paraph. and commentary (2 vols.)
1705	Cartas	J. Fell/paraph. of Epistles (3. ed. da obra de 1675)
1708	Bíblia	KJV/impr. na Inglaterra com notas de Genebra
1710	Bíblia	C. Mather/Bíblia Americana: Escritura Sagrada (ms)
1710	NT	D. Whitby/paraph. and commentary (ed. rev.)
1711s.	NT	E. Wells/Greek-English NT (com paráfrase)
1714	Bíblia	KJV/(1. Bíblia impr. na Irlanda, preservada)
1714	Sabedoria	S. Perkins/Solomon's Proverbs (Danvers e lat.)
1715	Bíblia	KJV/impr. na Inglaterra com notas de Genebra
1717s.	Bíblia	T. Pyle/KJV paráfrase inserts for the NT
1718	NT	C. Nary/NT traduzido do lat.
1719s.	NT	R. Russell/NT, with moral reflections (4 vols.)
1722	NT	F. Fox/NT [...] notes
1724	AT	E. Wells/Common trans. corrected
1724[9]	NT	anôn. [Daniel Mace]/NT em grego e inglês
1724	Bíblia	Harris/Bible (para os que têm a memória fraca)
1725s.	NT	S. Clarke; T. Pyle/KJV NT paraphrase inserts
1726	NT	[De Beausobre; Lenfant]/New Version [...] NT
1727	Sabedoria	S. (Patrick)/Books of Job—Song.
1729[10]	NT	anôn. [Daniel Mace]/NT em grego e ing.
1730	NT	W. Webster/NT [...] trad. lat., francês, Simon (2 vols.)
1730	NT	R. Witham/Annotations [...] NT (Vulgata; 2 vols.)
1731	NT	[Wycliffe]/NT (1378) (1. ed. impr.)
1733	NT	R. Witham/Annotations [...] NT (Vulgata; ed. rev.)
1735	NT	S. Clarke, T. Pyle/Scrip. Preservative (paráf.)
1736	Bíblia	S. Smith/Complete History (Family Bible)
1736	NT	J. Lindsay/NT [...] compared with original Greek

---

[9] Pelo menos setenta versões "privadas", sem contar as católicas romanas, apareceram entre 1611 e 1881. Dessas, somente algumas poucas estão representadas aqui.

[10] Essa tradução do NT publicada anonimamente foi obra de Daniel Mace, ministro presbiteriano, embora tenha sido erroneamente atribuída a William Mace, professor de direito civil. O erro foi perpetuado no Catálogo do Museu Britânico, na Cotton's *Editions of the English Bible*, e até mesmo eruditos confiáveis como Luther Weigle e Hugh Pope reproduziram o erro.

1737	NT	J. Lindsay/The NT [...] compared (outra ed.)
1737	NT	anôn./NT (ed. escolar, Escócia)
1737	Apocalipse	M. Lowman/Paraphrase and notes on Revelation
1738	Bíblia	R. Challoner/Bíblia Rheims-Douay (5. ed. do NT)
1739s.	NT	P. Doddridge/Family Expositor (paráf.; 6 vols.)
1739s.	NT	J. Guyse/Practical Expositor (paráf.; 3 vols.)
1740	NT	R. Witham/Rheims NT (3. ed.)
1741	Evangelhos	D. Scott/New Version of St. Mathew's Gospel
1743	NT	J. Marchant/Exposição (traduções erradas retificadas)
1745	NT	W. Whiston/Whiston's Primitive NT
1745	NT	P. Doddridge/NT paraphrase (revisão)
1745	Apocalipse	M. Lowman/Paraphrase [...] rev. (2. ed.)
1746	Bíblia	S. Humphreys/Sacred Books (AT e NT)
1749	NT	R. Challoner/Rheims NT (slight revision, 2 vols.)
1749	Evangelhos	J. Heylyn/An Interpretation of the Four Gospels
1750[11]	Bíblia	R. Challoner/Rheims-Douay-Challoner Bible
1750	NT	R. Challoner/Rheims NT (2. rev. sutil)
1750	AT	R. Challoner/Douay OT (1. rev. em 4 vols.)
1752	NT	R. Challoner/Rheims NT (3. rev., substancial)
1755	NT	J. Wesley/NT (rev. usando o texto grego)
1755	NT	J. Newberry/The NT adapted to children
1759	Bíblia	R. Goadby/Illustration [...] Holy Scripture (6. ed.)
1760	NT	S. Clarke/NT trans. (revisão da KJV?)
1760	NT	D. Whitby/Paraphrase and commentary (7. ed. rev.)
1761	Evangelhos	[Mr. Mortimer]/Divers portions (Gospels—Acts)
1761	NT	J. Guyse/Practical Expositor (2. ed. corrigida)
1761	Cartas	J. Heylyn/Interpretation [...] Acts—Epistles
1762	Bíblia	Paris; Trehold/KJV (Cambridge "Standard")
1762	Bíblia	F. Fawkes/The Complete Family Bible
1763	Bíblia	KJV/(Cambridge; ed. da obra magna de Baskerville)

---

[11] As edições subsequentes da Rheims-Douay-Challoner Bible (R-D-C) basearam-se nesta revisão de 1749/1750 de Richard Challoner.

1763	Bíblia	R. Challoner/Rheims-Douay-Challoner Bible (rev.)
1764	Bíblia	A. Purver/New and literal trans. (Quaker's Bible)
1764	Bíblia	Rheims-Douay-Challoner/AT (2. ed.), NT (4. ed.)
1764	NT	R. Wynne/NT carefully collated (trad.)
1765	NT	P. Doddridge [S. Palmer]/New trans. NT (rev.)
1766	NT	anôn./Family Testament (ed. para crianças)
1768	NT	E. Harwood/Liberal trans. of the NT
1769	Bíblia	B. Belayney/KJV (Oxford "Standard")
1770	Bíblia	Mr. Osterveld/Holy Bible [...] translated (SPCK)
1770	NT	J. Worsley/NT, or New Covenant
1771	Sabedoria	T. Scott/lBook of Job in English verse
1772	Bíblia	Rheims-Douay-Challoner/NT (5. ed. rev., ed. de 1749)
1773	Bíblia	H. Southwell/[R. Sanders]/Universal Family Bible
1773	Partes	J. Bate/Literal trans. (Genesis to 2 Kings)
1773	Apocalipse	M. Lowman/Paraphrase [...] on Revelation (3. ed.)
1774	NT	J. Ashton/NT Christian Expositor
1774	Bíblia	A. Fortescu/The Holy Family Bible
1774	Bíblia	Bailey/Heb. and English Bible (correções)
1775	NT	J. Guyse/Practical Expositor [...] paraphrase (3. ed.)
1776	Evangelhos	anôn./Liberal and minute inspection [...] Gospel
1777	NT	KJV/(Filadélfia; mais antigo NT impr. nos EUA)
1778	Bíblia	J. Brown/Self-interpreting Bible (muitas eds.)
1778	Bíblia	J. Fellows/The Bible in verse (4 vols.)
1779	Profetas	R. Lowth/Isaiah, a new trans. (muitas reimpr.)
1779	Profetas	R. Lowth/Isaiah, a new trans. (2. ed.)
1782	Bíblia	KJV/Holy Bible (mais antiga ed. impr. nos EUA)
1783	NT	B. MacMahon/NT (4. ed.; NT Challoner rev.)
1784	Bíblia	anôn./The Hieroglyphic Bible (várias eds.)
1785	Pentateuco	A. Alexander/First [-Fifth] book of Moses
1785	Profetas	W. Newcome/KJV (rev. of the Minor Prophets)
1788	Parte	W. Newcome/KJV (rev. de Ezekiel)
1788	Bíblia	H. Doddridge/Christian's New Family Bible (americ.)
1789	Pentateuco	I. Delgado/New English trans. (KJV Pentateuch rev.)

1789	Evangelhos	G. Campbell/Four Gospels (trad. do grego)
1790	Bíblia	Rheims-Douay-Challoner/(1763; 1. ed. americ.)
1790	NT	W. Gilpin/Exposition of NT (linguagem moderna)
1790	NT	anôn./NT com alterações
1790	Salmos	S. Street/A New Literal Version [...] Psalms
1791	Bíblia	B. MacMahon/Holy Bible (5. ed.; Challoner rev.)
1791	NT	J. Wesley/NT Explanatory notes (1. ed. americ.)
1791	NT	G. Wakefield/Translation of the NT (unitarista)
1792s.	Bíblia	A. Geddes/The Holy Bible
1793	Bíblia	T. Priestley/New Evangelical Family Bible
1794	AT	W. Roberts/Authorized Version (correções)
1794	Bíblia	B. MacMahon/Holy Bible (6. ed.; Challoner rev.)
1794	Bíblia	J. Butler/Christian's New Universal Bible
1794	Bíblia	Rheims-Douay-Challoner (6. rev. da ed. de 1749)
1795	Cartas	J. Macknight/The Epistles
1795	NT	S. Clarke, T. Pyles/Scripture Preservative (2. ed.)
1795	NT	T. Haweis/A translation of the NT (2 vols.)
1795	NT	G. Wakefield/Translation of the NT (melhorias)
1796	NT	W. Newcome/KJV (rev. da pub. do NT em 1800)
1796	Evangelhos	G. Campbell/The Four Gospels (trad. do grego)
1797	NT	J. Guyse/Practical Expositor (paráf., 5. ed.)
1798	NT	N. Scarlett/Translation of the NT (do grego)
1799	Bíblia	[J. M. Ray ou D. McRae]/A revised translation
1800	Bíblia	M. Talnot/An Analysis of the Holy Bible
1800	Evangelhos	W. Newcome/Harmony of the Gospels (ing.)
1801	Evangelhos	R. Darling/The Four Gospels, a poetic version
1802	Bíblia	[J. Reeves]/Holy Bible (Reeve's Bible; em 10 vols.)
1803	Bíblia	R. Tomlinson/The AV, com uma nova trad.
1803	Bíblia	B. MacMahon/Holy Bible (7. ed., Challoner rev.)
1805	Sabedoria	J. Stock/The books of Job
1805	Bíblia	Douay-Rheims-Challoner/(1. ed. americ.; 5. ed. Dublin)
1806	Bíblia	G. Eyre; A. Strahan/KJV (rev. com autoridade)
1806	Bíblia	Brit. and For. Bible Soc./KJV (1. com nome da Soc.)

1807	NT	Palmer/Fam. Expositor Abr. [...] Doddridge (americ.)
1807	Partes	E. Evanson/NT according to Luke, Paul and John
1807	Apocalipse	M. Lowman/Paraphrase [...] rev. (4. ed.)
1807	Bíblia	J. Canne [Ind., m. 1677?]/Holy Bible (Canne's notes)
1807	Evangelhos	S. Henshall/Gothic Gospel of Saint Matthew
1808	Bíblia	Thomson/Holy Bible, AT (Septuaginta, 4 vols.)
1808	NT	[T. Belsham, unitário]/Improved Version (Newcome)
1808	Bíblia	Thomas Scott/Holy Bible (1. ed. americ.)
1810	Bíblia	B. MacMahon/Holy Bible (8. ed., Challoner rev.)
1810	Cartas	J. Macknight/New literal translation (1. ed. americ.)
1812	NT	[J. Worswick]/NT, Rheims-Challoner (rev. recente)
1812	NT	[W. Williams]/Modern translation of the NT
1812	Evangelhos	G. Campbell/Four Gospels, a new trans.
1813[12]	Bíblia	G. Woodfall/reimpr. de Eyre; Strahan (1806)
1813	Evangelhos	A. Bradford [unitário]/Evang. History [...] Acts
1813	NT	J. McDonald/NT (2. ed. americ. da ed. de Cambridge)
1814	Bíblia	Comm. Educ. Ireland/Extracts (KJV e R-D-C)
1815	Bíblia	J. M. Ray/Holy Bible (KJV; rev. e melhorada)
1815	NT	[T. Rigby]/NT (rev. 1749 Rheims-Challoner)
1815	NT	S. Payson/NT carefully examined and corrected
1816	NT	J. McDonald/NT (2. americ. rev. e corrigida)
1816	NT	W. Thompson/NT trams. grom Greek (literal)
1816	Bíblia	[S. Bagster]/English Polyglott (muitas edições)
1816	Bíblia	P. Walsh/Rheims-Douay (rev. iniciada em 1813; Troy)
1816	Cartas	J. Macknight/New literal translation (nova ed., 6 vols.)
1817	Bíblia	B. Boothroyd/New Family Bible (impr. KJV)
1818	Bíblia	J. Bellamy/The Holy Bible, nova trad.
1818	Pentateuco	S. Clapham/Pentateuch (explicação da fraseologia)
1818[13]	NT	Campbell, Macknight, Doddridge/Sacred Writings
1819	Bíblia	C. Wellbeloved/Holy Bible (nova trad.)

---

[12] Edição padrão. Protestant Episcopal Church of America [Igreja Protestante Episcopal dos EUA].

[13] Esta versão de Campbell, Macknight, Doddridge (C-M-D), publicada primeiramente em 1818, continuou a ser publicada por Alexander Campbell.

1819	NT	T. Belsham/Unitarian Version (5. ed. de 1808)
1819	Cartas	Philalethes [J. Jones]/[Sev.] Epistles (nova rev.)
1820?	Cartas	W. Heberden/Literal trans. [...] Apost. Epistles—Rev
1822	Bíblia	R-D-C/Troy (Dublin 5. ed.; veja ed. de 1816)
1822	NT	Israel Alger, Jr./Pronouncing Testament (americ.)
1823	NT	A. Kneeland [universalista] NT (grego-ing.)
1823	NT	A. Kneeland [universalista]/NT (somente ing.)
1823	Bíblia	J. Christie/The Holy Bible
1823	NT	[anôn.]/trans. [...] from the Vulgate
1824	Bíblia	B. Boothroyd/New Family Bible (melhorada)
1824	NT	[J. H. Wilkins]/The NT (ed. rev.)
1824	NT	E. Jones/NT interlinear ms trad.
1824	Bíblia	Rheims-Douay/Holy Bible (Troy, 5. ed., Dublin)
1825	NT	[W. Carpenter]/Scientia Bíblica (Vulgata ing.)
1825	Bíblia	I. Alger, Jr./Pronouncing Bible (muitas eds.)
1825	Bíblia	T. Williams/Cottage Bible and Family Expositor
1825	Sabedoria	G. Hunt/Job (trad. do heb.)
1825	NT	G. Townsend/NT (ordem cronológica e histórica)
1826	NT	Alexander Campbell/Sacred Writing (Campbell, Macknight, Doddridge, 1818; americ.)
1827	NT	[A. Greaves]/Gospel of God's Anointed
1827	Bíblia	Greenfield/Compreensive Bible (variantes textuais)
1827	Sabedoria	G.R. Noyes [unitarista]/Job (versão emendada)
1828	NT	[J. G. Palfrey (unitarista)]/NT Common Version
1828	Bíblia	W. Alexander/The Holy Bible
1828	Bíblia	Quaker/Holy Bible (passagens impróprias em itálico)
1828	NT	A. Campbell/Sacred Writings, 2. ed.
1830	NT	[J. Palfrey—unitarista]/NT (Common Version rev.)
1830	NT	[J. Palfrey—unitarista]/NT (Common Version , 3. ed.)
1830	Partes	Keseph/Genesis—2 Kings [Job] (prefácio assinado)
1830	Profetas	J. Jones/The Prophet Isaiah (trad. do heb.)
1831	Bíblia	[S. Bagster]/Bíblia Polyglotta (oito línguas, 1 vol.)
1831	Bíblia	[S. Bagster]/English Version of the Polyglott Bible

| 1832 | NT | A. Campbell/Family Testament (rev. e ampl.) |
| 1832 | NT | S. Bagster/(Polymicrian Testament) NT |

1833	NT	A. Campbell/Sacred Writings (3. ed. de bolso)
1833	NT	R. Dickinson/New and correct version
1833	Bíblia	KJV/(reimpr. exata da 1. ed. King James 1611)
1833	Bíblia	N. Webster/Holy Bible (rev. da KJV; americ.)
1833	NT	W. Paton/Village Testament (2 vols. em 1)
1833s.	Bíblia	Patton [T. Williams]/Cottage Bible Fam. Expos.
1834	Bíblia	R. Davenport/The Right-Aim School Bible
1835	NT	A. Campbell/Sacred Writings, 4. ed.
1835	NT	A. Macknight/New literal translation (nova ed.)
1835	NT	[J. Caldecott?]/Sacred Writings, First Christians

1836	Evangelhos	J. Lingard/Catholic trans. Of Gospels from Greek
1836	NT	[G. Penn]/Book of the New Covenant
1836	NT	J. A. Cummings/NT (4. ed., rev. e melhorada)
1837	Profetas	G. R. Noyes [unitarista]/New Trans. [of] Prophets
1837	NT	R. Dickenson/Productions: Evangelists—Apostles
1837	Bíblia	[E. Swendenborg]/Holy Bible (swendenborguiana)
1837	Cartas	E. Barlee/A free and explanatory version
1838	NT	[G. Penn]/Book of the New Covenant (suplemento)
1838	NT	Amer. and For. Bible Soc./NT (1833 Oxford KJV)
1839	AT	S. Neuman/Pentateuch (rev. da trad. inglesa da KJV)

1839	NT	N. Webster/NT, 2. ed.
1839	NT	A. Campbell/Sacred Writings (6. ed.)
1840[14]	Bíblia	Amer. Bible Soc./Holy Bible (instituição da SBA)
1840	Bíblia	Sharpe [unitarista/Holy Bible (NT Griesbach)
1840	NT	N. Webster/NT (3. ed.)
[1840]	Evangelhos	T. Jefferson/Life and morals of Jesus of Nazareth
1840	NT	G. Knight/The orthoepic NT (prosódia do NT)
1840	NT	[E. Taylor]/Rev. from the AV [...] by a layman
1840	NT	[Matthew]/Irishman's friend (NT em três versões)
1840	AT	F. Barham/Heb. and Eng. Holy Bible (ed. bilíngue)

---

[14] A American Bible Society (ABS) [Sociedade Bíblica Americana (SBA)] foi criada em 1816.

1841	Bíblia	J. T. Conquest/AV (vinte mil emendas)
1841	Partes	A. Jenour/Books of the OT: vol. II: Job
1841	NT	[S. Bagster]/English Hexapla (reimpr. 1844, 1846)
1841	Bíblia	Webster/Common Version (AT, 2. ed.; NT, 4. ed.)
1842s.	NT	[F. Parker]/A literal translation
1842	Bíblia	Vários estudiosos/English Version (rev. e emendada)
1843	NT	J. Etheridge/Horae Aramaicae (NT, Peshitta)
1843s.	Bíblia	[Harper]/Illuminated Bible (lançada em 1846)
1844	AT	L. Brenton/Vatican Septuagint translated
1844	Bíblia	[S. Bagster]/English Version of Polyglott Bible
1844	Bíblia	Sharpe [unitarista]/Bible (2. ed., Griesbach NT)
1844	Bíblia	T. J. Hussey/AV (com versão rev.)
1845	Sabedoria	T. Preston/Book of Salomon (heb., lat., ing.)
1845	Profetas	J. M'Farlan/The Prophecies of Ezekiel
1845s.	Pentateuco	I. Leeser/Law of God (Torá: heb.-ing., 5 vols.)
1846	Evangelhos	J. W. Etheridge/Four Gospels, da Peshitta Siríaca
1846	Salmos	J. Jebb/Literal trans. of the book of Psalms
1846	Sabedoria	G. R. Noyes [unitarista]/New trans. (Wisdom)
1846?	Bíblia	[S. Bagster; J. P. Lippincott]/Comprehensive Bible
1847	Bíblia	C. Roger/Collation of the Sacred Scriptures
1848	Cartas	H. Heinfetter/Literal trans. Romans
1848	NT	J. Morgan/NT [...] Trans. [...] into pure English
1848	NT	A. Komstock/NT in Komstock purfekt alfabet
1848	Bíblia	M. Budinger/Way of Faith (trad. abrev. do alemão)
1849	Evangelhos	F. P. Kenrick [R-D-C]/Gospels, rev. (americ.)
1849	Partes	J. W. Etheridge/Acts... rev. da Peshitta
1849	NT	[Whiting, adventista]/Good News of our Lord
1850	NT	Amer. Bible Soc./NT (1. "Standard Edition")
1850	Bíblia	F. Barham/The Bible Revised (KJV)
1850	NT	Amer. Bib. Union/Commonly Received Version
1850	NT	J. McMahon [Rheims-Challoner]/(ed. pictórica)
1850	NT	S. H. Conel W. H. Wycoff/Commonly Received Version

1850	NT	anôn./Spiritual Version (ditada pelo Espírito)
1851	NT	J. Murdock/NT (trad. literal da Peshitta Siríaca)
1851	Bíblia	ABS/Bible, corrigida (texto padrão KJV)
1851	Cartas	F. P. Kenrick [R-D-C] Acts—Apoc. (rev. americ.)
1851	Cartas	J. Turnbull/Romans (trad. original)
1851	Cartas	H. Heinfetter/Literal trans. [...] Epistles of Paul
1852	NT	H. Woodruff/Exposition of the NT (vernáculo)
1852	Pentateuco	J. J-W Jervis/Genesis, Elucidated, a new trans.
1852s.	NT	J. Taylor/The Emphatic NT
1852s.	NT	Amer. Bible Union/Common English Version (em partes)
1853	AT	I. Leeser/(The OT) Masoretic Text (MT)
1853	NT	I. Cobbin/NT Designed for the Study of Youth
1853	Bíblia	B. Boothroyd/New Family Bible, melhorada
1854	Cartas	H. Heinfetter (F. Parker)/Literal (General Epistles, Revelation)
1854	Cartas	J. Turnbull/Epistles of Paul (uma trad. original)
1855	Evangelhos	A. Norton/Trans. of the Gospels (unitarista)
1855	Bíblia	Amer. Bib. Soc./Holy Bible (novo texto da ABS)
1855	NT	L. Bruderz/Nu Testament, otorized, fonetik spelin
1856	Bíblia	Sharpe [unitarista]/Bible (3. ed., Griesbach (NT)
1856	Bíblia	ABS/Bible, "revised text" (Great Primer)
1857	Bíblia	ABS/Bible, Pica Ref. Oct. (novo padrão)
1857?	Partes	F. P. Kenrick [R-D-C]/Psalms—Cant. (americ.)
1857	Sabedoria	T. J. Conant/Job (KJV, hebraico. UBA, versão rev.)
1857	Partes	T. S. Green/NT (part 1: Matthew and Romans)
1857	Evangelhos	Henry Alford et al./AV Gospel of John (rev.)
1857	NT	F. P. Kenrick/[Rheims-Chalonner]/NT (rev.)
1857	Evangelhos	J. B. Barrow et al. [Five Clergymen]/John (2. ed.)
1858	AT	A. Vance/AV of OT, harmonized, revised
1858	NT	L. A. Sawyer [unitarista]/NT, trad. [...] grego
1858	Cartas	Five Clergymen/Romans (AV, versão recente. rev.)
1858	Cartas	Five Clergymen/Corinthians (AV, versão recente. rev.)

1859	Bíblia	Sharpe [unitarista]/Bible (4. ed., Griesbach NT)
1859	Evangelhos	W. G. Cookesley/Rev. trans. NT: Matthew
1859	Partes	F. P. Kenrick/[Rheims-Douay-Challoner]/Job, Prophets (americ.)
1859	NT	J. N. Darby/The NT, a trans.
1860	Bíblia	E. B. Pusey/The Holy Bible with commentary
1860	NT	L. A. Sawyer [unitarista]/NT (rev. e melhorado)
1860	Pentateuco	F. P. Kenrick [R-D-C]/Pentateuch
1861	AT	A. Benisch/Jewish School and Family Bible
1861	AT	L. A. Sawyer [unitarista]/The Old Testament
1861[15]	NT	Tenn. Bible Soc. E SBC/(Civil War NT)
1861	Cartas	Four Clergymen/Epistles: Galatians—Colossians (veja 1858)
[1861]	NT	L. Thorn/NT rev. and corrected by the Spirits
[1861]	NT	Giles/NT trans. word for word
1861s.	NT	W. H. Kelly/Lectures and Expositions (nova trad.)
1862	Bíblia	L. A. Sawyer [unitarista]/Holy Bible
1862	NT	Amer. Bible Union/Common English Version (2. ed.)
1862	Bíblia	Sharpe [unitarista]/Bible (5. ed., Griesbach NT)
1862	AT	C. Wellbeloved et al./Holy Scripture Old Covenant
1862	NT	H. Highton/A rev. trans. of the NT
1862	NT	F. P. Kenrick/NT trans. from the Vulgate
1862s.	NT	Amer. Bib. Union/NT Common English Version
1863	Bíblia	R. Young/Holy Bible (trad. literal e vernácula)
1863	Salmos	W. Kay/The Psalms, trad. do heb.
1863	Profetas	J. Bellamy/The book of Daniel, trad.
1863	Bíblia	R. Young/The Holy Bible, literal trans. (rev.)
1863	NT	[Frederick Parker]/Literal trans. of NT (6. ed.)
1863	Evangelhos	G. W. Brameld/The Holy Gospels
1863	NT	anôn./NT proper names divide and accented
1864	Bíblia	Amer. Bib. Union/KJV rev. (versão "imersão")

---

[15] A Tennessee Bible Society e a Southern Baptist Convention (SBC) [Convenção Batista do Sul] prepararam esse NT para uso durante a Guerra Civil.

1864	Sabedoria	J. M. Rodwell/Job, trad. do heb.
1864	NT	B. Wilson/Emphatic Diaglott (várias eds.)
1864	Profetas	L. Sawyer [unitarista]/Daniel, Apocryphal adds.
1864	NT	H. Heinfetter [F. Parker]/English Version (Vaticano ms)
1864	NT	H. T. Anderson/NT, trad. do grego (várias eds.)
1864	NT	T. S. Green/Twofold NT (1857, part 1)
1864	Cartas	Conybeare; Howson/Life and Epistles of Paul
1865	Bíblia	Amer. Bib. Union/KJV (2. rev.)
1865	AT	I. Leeser/AT, Masoretic Text (TM) (ed. rev.)
1865	AT	Sharpe [unitarista]/The Hebrew Scriptures
1865	NT	T. S. Green/Twofold NT (cols. paralelas)
1866	Pentateuco	Amer. Bib. Union/General Common Version (corrigida)
1866	NT	Amer. Bib. Union/NT, Common Version (corrigida)
1866	NT	H. T. Anderson/NT, rev.
1867	`	Bíblia J. Smith, Jr./KJV (trad. e corrigida)
1868	NT	J. B. Rotherham/NT (Gospel of Matthew)
1868	NT	anôn./NT Narrative (trad. segundo a Vulgata)
1868	Profetas	G. Noyes [unitarista]/New trans. (3. ed.)
1868s.	Bíblia	F. Gotch; G. Jacob/Bible (AV, emendada)
1868	Sabedoria	G. Noyes [unitarista]/New trans. (4. ed.)
1869	Salmos	C. Carter/Psalms (trad. do heb.)
1869	NT	G. R. Noyes [unitarista]/NT (trad. Tischendorf)
1869	NT	H. Alford [Five Clergymen]/AV (nova rev.)
1869	NT	R. Ainslie/NT (trad. Tischendorf)
1869	Evangelhos	N. S. Folsom/Four Gospels (trad. Tischendorf)
c. 1870	Bíblia	anôn./Children's Bible (AV; nova impressão 1871, 1879)
1870	Evangelhos	G. Brameld/Gospels (pass. espúrias eliminadas)
1870	Bíblia	Sharpe [unitarista]/Bible (6. ed., Griesbach NT)
1870	Sabedoria	Francis Barham/The writings of Salomon
[1870]	AT	anôn./Septuagint com trad. em ing.
1870	Bíblia	F. Gotch; G. Jacob/Holy Bible (outra ed.)
1870	NT	T. Newberry/NT with analysis

1870	NT	anôn./A Critical English NT
1870	NT	J. Bowes/NT ("from the purest Greek")
1871	NT	J. N. Darby/NT, a new trans. (2. ed.)
1871	AT	Sharpe [unitarista]/Heb. Scriptures (2. ed.)
1871	NT	anôn./ A Critical English NT (2. ed.)
1871	Sabedoria	F. Barham/Job (trad. recente do original)
1871	Salmos	Barham; Hare/Psalms (do heb., siríaco)
1871	Bíblia	R. D. Hitchcock/ Hitchcock's Holy Bible
1871?[16]	NT	J. Woodford/NT trans. (Eng. Rev. Company)
1872	NT	J. B. Rotherham/NT, newly trans.
1872	Bíblia	A. J. Holman/Holman Bible (1. ed.)
1872?	Evangelhos	Alexander Bell/The four Gospels—Acts
1873s.	Bíblia	P. Wichsteed/Bible for Young People (holandês)
1873	Bíblia	F. Scrivener/Cambridge Paragraph (rev. KJV)
1873	Bíblia	W. Rogers/School and Children's Bible (abreviada)
1873	Evangelhos	R. Hunt/Universal Syllabic Gospel: S. John
1874s.	Bíblia	F. Oakley; T. Law [R-D-C]/Bible (rev., 2 vols.)
1875	NT	S. Davidson/NT (trad. Tischendorf)
1875	NT	anôn./NT (trad. Tischendorf)
1875	NT	J. B. McClellan/NT, a new trans.
1875	NT	S. Davidson/NT trans.
1875?	Bíblia	R. Challoner/The Holy Bible (Concílio de Trento)
1876	AT	Sharpe [unitarista]/Hebrew Scriptures (3. ed.)
1876	Bíblia	J. E. Smith/Holy Bible trans. literally
1877	Bíblia	[J. Gurney et al.]/Rev. Eng. Bible (KJV; rev.)
1877	Bíblia	anôn./Rev. Eng. Bible
1877	NT	J. A. Richter/NT, rev. e corrigida
1877	NT	anôn./Englishman's Greek NT (nova ed. em 1946)
1878	NT	J. B. Rotherham/NT (2. ed., rev.; 12 eds.)
1878s.	Bíblia	P. H. Wicksteed/Bible for Learners (holandês; 3 vols.)

---

[16] Essa tradução do NT foi adotada pela English Revision Company como base para a RV (ERV) publicada em 1881.

1879	Bíblia	P. H. Wicksteed/Bible for Young People (nova ed.)
1879	Salmos	J. P. Gell/The Psalms from the Heb.
1879	Sabedoria	J. Medley/Job, trans. from the Heb. text
1880	Bíblia	S. Sharpe [unitarista]/Holy Bible (Auth. Eng. Vers.)
1880	Bíblia	H. Gollancz/The Holy Bible, rev.
1880	NT	R. L. Clark et al./Ed. Variorum of NT
1881	Bíblia	Sharpe [unitarista]/Bible (7. ed.; Griesbach NT)
1881	NT	S. Williams/NT (versão "imersão")
1881	Evangelhos	W. B. Crickmer/Greek Testament Englished
1881	NT	Brit. Rev. Com./English Revised Version (RV; 10 vols.)
1881	NT	Amer. Rev. Com./Revised Version (ed. americana)
1881	NT	Amer. Rev. Com./Revised Version (rev. americ.; ASV)
1881	NT	E. Leigh/The Sinai and Comparative NT
1881	NT	M. Williams/NT New revised version (KJV), (paralelo)
1881	NT	[H. Weston et al.]/New RV (americanizada)
1881	NT	Amer. Tract Society/NT, 1881 (várias eds.)
1881	NT	(J. James)/Sacred Writings (C-M-D, 3. ed. rev.)
1882	NT	AV e RV/Parallel NT (comparativo)
1882	NT	C. Hebert/NT Scriptures (do grego, 1611)
1883	NT	C. Tischendorf/Good News (Codex Sinaiticus)
1883	NT	C. Jackson/NT (grego com ref. apostólicas)
1883s.	AT	J. N. Darby/"Holy Scriptures"... OT (parts 1—4)
1884	Salmos	T. K. Cheyne/Psalms trans.
1884	Salmos	R. Brinkerhoff/Praise-Songs of Israel [...] Psalms
1884	Cartas	F. Fenton/St. Paul's Epistles in modern English
1884	Bíblia	T. Newberry/Englishman's Bible (várias eds.)
1884	AT	M. Friedlander/Jewish Family Bible (trad. para o ing.)
1884s.	NT	J. W. Hanson/The New Covenant (2 vols.)
1885	AT	Brit. Rev. Com./RV: OT (4 vols.)
1885	Bíblia	Brit. Rev. Committee/RV (5 vols.)
1885	Bíblia	J. N. Darby/Holy Scriptures (francês, alemão, 4 partes)
1885	AT	H. Spurrell/OT trans. from Heb.
1885	Bíblia	AV e RV/Bible (AV, RV, cols. paralelas)

1885	NT	Amer. Bible Union/NT, melhorado
1885	NT	W. D. Willard/Teachings and Acts of Jesus
c. 1886	Cartas	F. Fenton/The Epistles of St. Paul (2. ed.)
1887	Bíblia	T. Newberry/Holy Bible
1887	Bíblia	R. Young/Young's literal trans., rev.
1887	Evangelhos	W. W. Skeat/The Gospels (em ing. antigo)
1887	NT	[G. Penn]/Book of the New Covenant (3. ed.)
1888	Evangelhos	E. Bolton/The Four Gospels [...] modern English
1890	Bíblia	J. N. Darby/Holy Scriptures (uma nova trad.)
1890	Cartas	F. Fenton/St. Paul's Epistles (3. ed.)
1891	Atos	[C. Tischendorf]/Apostles (Codex Sinaiticus)
1891	Bíblia	Amer. Bible Union/Holy Bible (KJV, 3. rev.)
1891	NT	Amer. Bible Union/NT (ed. "imersão")
1891	NT	L. A. Sawyer [unitarista] The Bible: Analyzed
1891	Bíblia	A. J. Holman/Pronouncing Bible (KJV and ERV)
1891	Pentateuco	F. W. Grant et al./Numerical Bible (Pentateuch)
1894	Bíblia	Brit. Rev. Com./ERV (um vol.; ref. na margem)
1894	Evangelhos	A. S. Lewis/The Four Gospels (from Syriac)
1894	Cartas	F. Fenton/Epistles of St. Paul (4. ed.)
1894	Partes	F. Grant et al./Numerical Bible (cov. hist.)
1895s.	`	Bíblia R. G. Moulton/Modern Reader's Bible (22 vols.)
1895	Pentateuco	anôn./Woman's Bible (part 1: Gen.—Deut.)
1896	NT	F. Fenton/NT trans. (do grego para o ing. atual)
1896	Salmos	F. W. Grant et al./Numerical Bible (Psalms)
1896s.	Bíblia	P. H. Wicksteed/The Bible for learners (nova ed.)
1896s.	Bíblia	(C. G. Montefiore)/The Bible for home reading (KJV)
1897	Bíblia	F. W. Grant et al./Numerical Bible (Gospels, rev.)
1897	NT	R. D. Weekes/New Dispensation (NT trad. do grego)
1897	NT	G. R. Berry/Interlinear Greek-English NT
1897	NT	H. E. Morrow; NT Emphasized
1897	NT	J. B. Rotherham/NT Emphasized (3. ed.)
1897	Evangelhos	F. S. Ballentine/Good News (estilo americ. moderno)
1898	Bíblia	Amer. Bible Soc./Holy Bible (cronologia omitida)

1898	Bíblia	Amer. Rev. Com./Holy Bible (RV, 1881-1885)
1898	Bíblia	A. J. Holman/Holy Bible (ed. paralelo linear)
1898	Partes	anôn./Woman's Bible (part 2: Josh.—Rev.)
1898	Sabedoria	F. Fenton/Book of Job (do heb. para o ing.)
1898	Saltério	S. R. Driver/Parallel Psalter (Prayer-Book, novo)
1898s.	Bíblia	F. Saunders; C. Kent et al./Messages of the Bible
1898	Pentateuco	anôn./Twentieth century (part 1: five hist. books)
1898	Evangelhos	F. A. Spencer/Four Gospels (trad. do lat.)
1898	NT	G. W. Horner/Coptic Version: Gospels (2 vols.)
1898	Bíblia	R. Young/Young's literal trans. (nova rev.)
1898s.	Bíblia	anôn./The Polychrome Bible
1899	Bíblia	H. H. Furnes et al./Sacred Books (nova trad. em ing.)
1899	NT	anôn./NT [...] Color (primeira em letra vermelha)
1899	Bíblia	[J. Gibbons]/Holy Bible (Vulgata; nova ed.)
1900	Bíblia	P. H. Wicksteed/Learner's Bible (ed. em 2 vols.)
1900	Cartas	anôn./Twentieth century NT (part 2: Epistles)
1900	Cartas	H. Hayman/Epistles of the NT
1900	Cartas	F. Fenton/Epistles of St. Paul (6. ed.)
1900	Hexateuco	J. E. Carpenter/Hexateuch according to the RV
1900?	NT	F. Fenton/NT in modern English (rev.)
1901s.	AT	F. Fenton/Bible in modern English (4 vols.)
1901	Bíblia	Amer. Rev. Com./RV (Standard ed./ASV)
1901	Evangelhos	F. A. Spencer/Four Gospels (Lat.-Syriac)
1901	Cartas	anôn./Twentieth century NT (part 3)
1901	Cartas	F. W. Grant et al./Numerical Bible (Acts—2 Cor.)
1901	NT	W. W. Smith/NT in *Braid Scots* [escocês largo, dialeto]
1901	NT	F. S. Ballentine/The modern American Bible
1901	NT	J. Moffatt/Historical NT
1901	Cartas	A. S. Way/Letters of St. Paul
1901	Bíblia	H. N. Jones/Young people's Bible
1902	Bíblia	anôn./Twentieth century NT (3 vols.)
1902	AT	J. Rotherham/Emphasized OT (3 vols.)
1902	Bíblia	J. Rotherham/Emphasized Bible (4 vols.)

1902?	NT	W. B. Godbey/NT
1902	NT	[G. W. Moon]/"Revised English" NT (AV)
1903	Bíblia	F. Fenton/Holy Bible in modern English
1903	NT	R. F. Weymouth; E. Hampden-Cook/NT
1903	Cartas	F. W. Grant et al./Numerical Bible (Hebrews—Revelation)
1903	Salmos	Jewish Pub. Soc. [K. Kohler]/Psalms
1904s.	Bíblia	The century Bible (baseada na RV, 1885)
1904	Bíblia	Twentieth century NT (1 vol., ed. rev.)
1904	AT	S. F. Pells/Old Covenant (nova ed.; Thomson)
1904	NT	R. F. Weymouth/NT in modern speech (2. ed.)
1904	NT	anôn./Corrected English NT (KJV)
1904	NT	S. Lloyd/[Lloyd's] corrected NT
1904	NT	A. S. Worrell/NT rev. e trad.
1904	AT	I. Leeser/OT do MT (5. ed.)
1904	Evangelhos	R. D'Onston/Patristic Gospels
1904	Evangelhos	T. Jefferson/Life and morals of Jesus of Nazareth
1904s.	Evangelhos	E. S. Buchanan/Latin Gospels (trad. do séc. 2)
1905?	Bíblia	anôn./Red Letter Holy BIble (Prophetic OT)
1905?	NT	Amer. Bible Soc./New Covenant called the NT
1905	Bíblia	anôn./English Bible (KJV, rev.)
1905	Bíblia	J. W. Genders/Holy Bible for daily reading
1905	NT	S. Lloyd et al./Corrected English NT
1906	NT	A. S. Way/Letters of St. Paul (ed. rev.)
1906	Bíblia	F. Fenton/Complete Bible (ing. moderno; 4. ed.)
1906	Cartas	H. L. Forster/St. John's Gospel, Epistles, Revelation
1906	NT	T. M. Lindsay/NT of our Lord and Savior (KJV)
1906	Salmos	Psalms [Swendenborguian] (nova trad. EUA)
1907	AT	R. B. Taylor/Ancient Heb. Literature (KJV, 4 vols.)
1907	Evangelhos	A. Bourne/Fourfold portrait [...] heavenly King
1907	NT	T. M. Lindsay/NT of our Lord (rev.; várias eds.)
1907	Bíblia	R. G. Moulton/Modern reader's Bible (ed. em 1 vol.)
1908	Bíblia	Sharpe/Holy Bible (8. ed.; NT de Griesbach)

1908	Cartas	W. G. Rutherford/Paul's Epistles (Thess. and Cor.)
1908	Bíblia	J. W. Genders/Holy Bible for daily reading
1908	Bíblia	F. Thompson/rMarginal Chain-Reference (KJV)
1909	Bíblia	anôn./Bible in modern English
1909	NT	F. S. Ballentine/Modern American Bible (ed. rev.)
1909	NT	R. F. Weymouth/NT in modern speech (3. ed.)
1909	Bíblia	C. I. Scofield/Scofield ref. Bible (KJV)
1910	Bíblia	F. Fenton/Holy Bible in modern English (5. ed.)
1910	Bíblia	S. Weaver/NT (modern historical and literary form)
1910	Evangelhos	F. W. Cunard/First judgment of Christians
1911	Bíblia	Especialistas americ./1911 Bible (Bíblia tricentenária)
1911	Bíblia	Especialistas eminentes/1911 Tercentenary [...] Bible 1911
1911	Saltério	W. A. Wright/Hexaplar Psalter
1911s.	NT	F. J. Firth/Comparison Bible (versão protestante e católica romana)
1912	Bíblia	Amer. Baptist Pub. Soc./Holy Bible (melhorada)
1912	Bíblia	J. Smith Jr./The Holy Scriptures (17. ed.)
1912?	AT	I. Leeser/OT from the MT (nova forma; 4 vols.)
1912	Pentateuco	[Swendenborgians]/Genesis (nova trad.; EUA)
1913	Bíblia	Amer. Baptist Pub. Soc./Bible (ed. melhorada)
1913	NT	Edward Clarke/AV (corrigida)
1913	NT	J. Moffatt/New trans. in modern speech
1913s.	NT	[Cuthbert Lattey]/Westminster Version
1914	NT	I. Panin/Numeric NT
1914	NT	E. E. Cunnington/New Covenant (rev. 1611 KJV)
1914	Bíblia	J. A. Murray/The war Bible of the moment
1914	Evangelhos	E. S. Buchanan/For Gospels from the Latin Text
1915	Partes	N. Holm [Ciência Cristã]/Runner's Bible
[1916]	Bíblia	E. W. Bullinger/Companion Bible
1916	Salmos	J. McFadyen/Pslams in modern speech, rhythmic
1916	AT	A. Harkavy/Twenty-four books (rev. heb.-ing.)
1917s.	Sabedoria	McFadyen/Wisdom books (Lamentações—Cântico dos Cânticos)

1917	AT	Jewish Pub. Soc./Holy Scriptures (MT)
1917	NT	J. Moffatt/NT in modern speech (rev.)
1917	Bíblia	C. I. Scofield/Scofield ref. Bible (nova e melhorada)
1917	NT	J. R. Lauritzen/NT (trad. da ed. alemã de Lutero)
1918	Profetas	J. E. McFayden/Isaiah in modern speech
1918s.	NT	C. F. Kent/Shorter Bible: NT
1918	NT	H. T. Anderson/NT, fresh trans. (Sinaiticus)
1919	Profetas	J. E. McFadyen/Jeremiah in modern speech
1919s.	Bíblia	[A. E. Knoch]/Concordant Version
[1919]	Bíblia	F. Sanders; C. Kent/Messages of Bible
1920	Cartas	[G. Horner]/Coptic Bible: Epistles of Paul (2 vols.)
1921	Evangelhos	T. W. Pym/Mark's account ("Common speech")
1921	AT	C. F. Kent et al./Shorter Bible: OT
1922	Atos	[G. W. Horner]/Coptic Version: Acts
1922	NT	[F. S.] Ballentine/Plainer Bible for Plain People
1922s.	NT	anôn./Student's NT compilation
1923	NT	E. J. Goodspeed/NT: an American trans.
1923	Evangelhos	A. T. Robertson/Trans. of Luke's Gospel
1923	NT	W. G. Ballantine/Riverside NT
1923	Salmos	W. M. Furneaux/Psalms (versão rev.)
1924	Apocalipse	[G. W. Horner] Coptic Versionv: The Revelation
1924	NT	S. W. Green et al./[Weymouth's] NT in modern speech (rev.)
1924	NT	H. B. Montgomery/Centenary trans. (2 vols.)
1924	Partes	J. Moffatt/AT: a new trans. (vol. 1: Gen.—Esth.)
1924	NT	Amer. Labor Determinative Rev. Com./New Covenant
1924	NT	Dubois H. Loux/New Covenant
1925	Salmos	E. H. Askwith/Psalm books IV and V
1925	Partes	J. Moffatt/OT: a new trans. (vol. 2: Job—Mal.)
1925	NT	A. Oberbury/People's new covenant (metafísico)
1925	Partes	H. A.; C. F. Kent/Children's Bible
1926	Salmos	J. M. P./Psalms
1926	Bíblia	[A. E. Knoch]/Concordant Version (ed. rev.)

1926	Bíblia	J. Moffatt/New trans. of the Bible (3 vols.)
1926	NT	E. E. Cunnington/NT Ocidental (rev. KJV)
1927	Bíblia	J. P. Smith, E. J. Goodspeed/Bible (trad. americ.)
1927	AT	C. G. Kent/Student's OT (org. em ordem lógica e crono.)
1927	AT	Smith; Meek et al./OT: an American trans.
1927	NT	G. N. Le Fevre/The Christian's Bible; NT
1928	Bíblia	J. Moffatt/New trans. in modern speech
1928	AT	E. Czarnomska/Authentic literature of Israel
1928	NT	anôn./Layr. en's NT (London, Reino Unido, 1928)
1928	Salmos	W. W. Martin/Psalms complete (em 3 vols.)
1928	Evangelhos	J. W. Potter [espiritualista]/Good Message (Matt.)
1929	Sabedoria	W. W. Martin/Job in two versions
1929	NT	S. F. Pells/New Covenant (nova ed., Thomson's Bible)
1929	Salmos	H. H. Gowen/Psalms (nova transcr. e trad.)
1929	NT	J. Robertson/[Weymouth's] NT mod. speech (3. ed.)
1929	NT	George W. Woff/NT in blank verse (KJV)
1929	Bíblia	F. C. Thompson/Chain-ref. Bible (2. ed. rev.)
1930	Evangelhos	H. Loux/Mark: [...] Work, pay, rest
1930	NT	E. E. Cunnington/New Covenant (AV, 1611, ed. rev.)
1931	Bíblia	J. M. P. et al./The Bible (trad. americ., vol. 1)
1931	Salmos	Frank H. Wales/Psalms, trad. rev.
1931	Bíblia	(A. E. Knoch)/Concordant Bible (ed. internac.; rev.)
1931	Profetas	F. W. Grant et al./Numerical Bible: Ezekiel
1932	Bíblia	Amer. Bible Soc./Holy Bible (ASV, nova ed.)
1932	NT	A. E. Overbury/People's new covenant, rev.
1932	Partes	[F. S.] Ballentine/Our God and Godhealth
1932	Bíblia	Amer. Bible Soc./Holy Bible (nova ed.)
1932	Evangelhos	James A. Kleist/Memoirs of St. Peter [...] Marl
1933	Atos	[K. Lake]/Beginnings of Christianity (part 1: Acts)
1933	Evangelhos	G. M. Lamsa/Four Gospels from the Aramaic
1933	Evangelhos	C. C. Torrey/Four Gospels, a new trans.
1933	Bíblia	Smith-Goodspeed/Short Bible (trad. americ.)

1934	NT	W. G. Ballantine/Riverside NT (rev.)
1934	NT	G. W. Wade/Documents of the NT
1934	Evangelhos	T. G. Royds/Epistles and Gospels
1934	Bíblia	F. C. Thompson/New chain-ref. Bible (3. ed.)
1934	AT	anôn./Books of the OT in colloquial English
1934s.	Partes	C. Lattey et al./Westminster Version (OT books)
1935	Bíblia	J. Moffatt/New trans. (rev. e ed. final)
1935	Bíblia	Smith-Goodspeed/Bible (trad. americ., NT, rev.)
1935	NT	C. Lattey/Westminster Version [...] Scriptures
1935	NT	Ivan Panin/Numeric NT (2. ed.)
1935	NT	E. E. Cunnington/The Western NT (ed. rev.)
1935	Bíblia	Latter Day Saints/Holy Bible (encader. especial)
1936	Bíblia	E. S. Bates/The Bible [...] Living literature
1936	AT	A. Harkavy/Holy Scriptures
1937	NT	J. Gerber/NT (trad. e explicação)
1937	NT	C. B. Williams/NT in the language of the people
1937	Sabedoria	E. D. Dimnent/Job (versão épica em ing.)
1937	Salmos	G. O'Neill/Psalms e Canticles (nova trad. em ing.)
1937	NT	W. W. Martin/NT critically constructed (2 vols.)
1937	NT	C. J. Callan; J. McHugh/[F. A. Spencer's] NT
1937	Cartas	G. W. Cornish [póstumo]/Paul from the trenches
1938	Bíblia	B. Hall/Living Bible (Whole Bible in fewest words)
1938	NT	R. M. Wilson/Book of the books (trad. do NT)
1938	Salmos	M. Buttenweiser/Psalms (em ordem cronológica)
1938	NT	E. L. Clementson/NT (uma trad.)
1938	NT	R. M. Wilson/Book of boods (trad. completa do NT)
1939	Partes	Z. H. Copp/Book of life, vol. 1, narrativas combinadas
1939	Salmos	W. O. E. Osterley/Psalms (trad., notas críticas ao texto)
1940	Evangelhos	J. A. Dakes/Christ Jesus: the original story
1940	NT	S. H. Hooke et al./NT in basic English
1940	NT	G. M. Lamsa/Modern NT from Aramaic
1940	Evangelhos	M. L. Matheson/St. Mark in current English
1940	Profetas	W. W. Martin/Isaian Prophecies

1940	Profetas	W. W. Martin/Jeremian-Ezekiel Prophecies
1941	Bíblia	J. Sterling/Bible for today (baseada na KJV)
1941	NT	Episcopal Com./Confraternity NT (R-D-C rev.)
1941	Evangelhos	H. Beevor/Christ's Chronicle
1941	Gênesis	W. W. Martin/Genesis complete
1941	Profetas	W. W. Martin/Twelve Minor Prophets, complete
1943	Evangelhos	E. E. Stringfellow/Gospels, a trans., vol. I
1943	Evangelhos	O. M. Norlie/Gospel of John in Modern English
1944	NT	R. A. Knox/NT, da Vulgata
1944	Salmos	C. J. Callan/Psalms (trad. do Saltério latino)
1944	NT	F. Fenton/NT in modern English (2. ed.)
1944	Bíblia	Concordant Pub. Concern/Concordant Bible
1944	Cartas	J. W. C./NT Letters (paráfrase)
1944	Bíblia	Latter Day Saints/Inspired Version (J. Smith, rev.)
1945	NT	G. Verkuyl/NT: Berkeley Version
1945	NT	E. E. Stringfellow/NT (vol. 2: Acts—Rev.)
1946	NT	E. J. Goodspeed/NT: American trans. (21. ed.)
1946	NT	Int'l. Coun. Rel. Ed./NT (RSV)
1946	NT	R. C. H. Lenski/Interpretation NT (12 vols., 1931-1946)
1946	AT	anôn./OT (Americ. trans.)
1946	NT	anôn./NT em grego do cidadão inglês (nova ed.)
1947	Salmos	B. D. Eerdmans/Livro de Salmos heb.
1947	NT	G. Swann/NT [...] do grego
1947	Cartas	J. B. Phillips/Letters to the young churches (Epistles)
1948	NT	T. F.; R. E. Ford/Letchworth Version (mod. Eng. — TR)
1948	AT	R. A. Knox/OT from Vulgate
1948	NT	C. Lattey/Westminster Version NT (ed. em tamanho menor)
1948	Bíblia	E. S. English et al./Pilgrim Bible (KJV abrev.)
1949	Evangelhos	A. G. Alexander/Interpretation NT (vol. 1: Gospels)
1949	NT	S. H. Hooke et al./Basic Bible in basic English
1949	AT	R. A. Knox/OT trans. from Vulgate (nova ed.)
1949	Salmos	E. A. Leslie/Psalms, trans. and interpreted

1950	Bíblia	R. B. Chamberlain et al./Dartmouth Bible (abrev.)
1950	AT	R. A. Knox/OT trans. from Vulgate (2 vols.)
1950	NT	Watchtower/NT (New World Translation)
1950	Salmos	E. Orlinger/Psalms and Canticles (Confraternity)
1950	Bíblia	S. H. Hooke et al./The Basic Bible (ed. rev.)
1950	NT	A. B. Traina/NT: Sacred Name Version
1950	NT	C. B. Williams/NT (ed. ligeiramente rev.)
1951	NT	Auth. Bible Soc. [C. B. Pershall] NT (Authentic Version)
1951	NT	Watchtower/NT (New World Translation, rev.)
1951	NT	O. M. Norlie/NT in modern English
1951	Evangelhos	E. Vernon/Gospel of St. Mark [...] simple English
1952	AT	Soncino Press/Soncino books of the Bible (indiv.)
1952	NT	C. Kingsley Williams/NT in plain English
1952	Partes	Conf. On Chr. Doc./Holy Bible (vol. 1: Gen.—Ruth)
1952	Evangelhos	J. B. Phillips/Gospels
1952	AT	Int'l. Coun. Rel. Ed./OT (RSV, 2 vols.)
1952	Evangelhos	E. V. Reiu/Four Gospels (Penguin Bible)
1952	Bíblia	Int'l. Coun. Rel. Ed./Holy Bible: RSV
1953	AT	M. Friedlander/Heb. Bible with Eng. (reedição)
1953	NT	W. Hendriksen/NT commentary
1953	Bíblia	Conf./Holy Bible (Catholic Action ed.)
1953	Partes	Watchtower/New World Translation (vol. 1: Gen—Ruth)
1954	NT	G. A. Moore/NT (trad. nova, independente, individual)
1954	NT	J. A. Kleist; J. L. Lilly/NT
1954	Salmos	E. J. Kissane/Psalms (trad. do heb., 2 vols.)
1954	Salmos	J. A. Kleistand T. J. Lynam/Psalms in rhythmic prose
1954	Evangelhos	Lockman/eSelf-explaining Gospel (John)
1954	Bíblia	Epis. Com./New Catholic Holy Bible (R-D-C; Conf.)
1955	AT	Jewish Pub. Soc./Holy Scriptures (MT, nova ed.)
1955	NT	W. Barclay/Daily Study Bible
1955	Sabedoria	Conf. of Chr. Doc./Holy Bible (vol. 3: Sapiential)
1955	Bíblia	anôn./Modern family Bible (AV com alterações)

1955	Atos	J. B. Phillips/Young church in action (Acts)
1955	Bíblia	M. Nicholson/Compact Bible (texto abrev.)
1955	Salmos	M. P. Ryan/The Psalms: Fides trans.
1955	Partes	Watchtower/New World Translation (vol. 2: Sam.—Esther)
1955	NT	H. J. Schonfield/Authentic NT (ed. sub.)
1955	Bíblia	R. A. Knox/Holy Bible trans. from Latin Vulgate
1955	Cartas	A. Cressman/Paul's Letter to the Romans
1955	NT	P. G. Parker/Clarified NT
1956	NT	J. A. Kleist; J. L. Lilly/NT (rev.)
1956	NT	H. J. Schonfield/Authentic NT (ed. geral)
1956	Evangelhos	K. Wuest/Gospels: an expanded trans.
1956	Bíblia	R. A. Knox/Holy Bible [...] Lat. Vulgate (2. ed.)
1956	Cartas	F. C. Laubach/Inspired letters in clearest English
1956	NT	R. Cox/NT narrative (NT abrev.)
1957	Apocalipse	J. B. Phillips/Book of Revelation
1957	Sabedoria	Watchtower/New World Translation (vol. 3: Job—S. Sol.)
1957	Bíblia	G. M. Lamsa/Holy Bible, from the Peshitta
1957	AT	Jewish Pub. Soc./Holy Scriptures (MT)
1957	Cartas	J. B. Phillips/Letters to the young churches (ed. corrigida)
1957	Bíblia	R. A. Knox/Holy Bible (ed. escolar)
1957	Bíblia	Concordant Pubs./Concordant Version: Int'l. Ed (rev.)
1958	Evangelhos	J. B. Phillips/Gospels (ed. corrigida)
1958	Profetas	Watchtower/New World Translation (vol. 4: Isa.—Lam.)
1958	Evangelhos	L. Meissner/NT Gospels
1958	NT	J. B. Phillips/NT in modern English
1958	NT	Lockman [F. Siewert]/ Amplified NT
1958	NT	J. L. Tomanek/NT of our Lord and Savior Jesus Christ
1958s.	NT	anôn./Greek-English Diglot
1958	Cartas	K. Wuest/Expanded trans.: Acts—Eph.
1958	Cartas	J. T. Hudson/Pauline Epistles

1959	Bíblia	G. Verkuyl/Holy Bible: Berkeley Version
1959	Evangelhos	A. Cressman/Mark: simplified for Liberians
1959	Cartas	K. Wuest/Expanded trans.: Phil.—Rev.
1960	NT	V. T. Roth/Critical and emphatic paraphrase
1960	Bíblia	Watchtower/New World Translation
1960	Evangelhos	A. Cressman/Mark: simplified English (2. ed.)
1960	Bíblia	R. A. Knox/ Holy Bible School ed. (algumas rev.)
1960	Profetas	Watchtower/New World Translation (vol. 5: Ez—Ml)
1960	NT	J. P. Green/Children's "King James" (não a KJV de 1611)
1960	NT	J. B. Phillips/NT in modern English (rev.)
1960	Bíblia	Int'l. Coun. Rel. ed./RSV (correções)
1960	Evangelhos	Lockman/Gospel of John, New Am. Stand. Bible (NASB)
1961	NT	Moody Press/Twentieth century NT (nova ed.)
1961	NT	K. Wuest/NT (trad. ampl.)
1961	NT	Joint Committee/NT New English Bible
1961	NT	F. S. Noli/NT of our Lord and Savior
1961	Profetas	Conf. of Chr. Doc./Holy Bible (vol. 4: Prophetic)
1961	Salmos	Watchtower [Byington]/Bible in living English
1961	Partes	O. M. Norlie/Simplified NT, Psalms
1961	Bíblia	anôn./Bible in basic English
1961	Bíblia	Watchtower/The New World Translation (1. vol., rev.)
1962	Evangelhos	A. Cressman/Johh: simplified English
1962	Evangelhos	Lockman/Gospel of John (NASB, 2. ed.)
1962	Evangelhos	Lockman (NASB)
1962	Bíblia	J. P. Green/Children's OT with stories (KJV text)
1962	Bíblia	J. P. Green/Teen-age Version of the Holy Bible
1962	Bíblia	J. P. Green/Modern KJV of the Holy Bible
1962	Pentateuco	Jewish Pub. Soc./The Torah (MT)
1962	Profetas	Lockman [F. Siewert]/Amp. OT (part 2: Job—Mal.)
1962s.	Cartas	K. N. Taylor/Living Letters: paraphrased Epistles
1962	NT	Lockman/NT (NASB)

1962	NT	O. M. Norlie/Children's simplified NT
1962	NT	H. J. Schonfield/Authentic NT (ed. rev.)
1963	NT	W. F. Beck/NT in the language of today
1963	Salmos	J. Gelineau/Psalms: a new trans.
1963	Bíblia	A. B. Traina/Holy Name Bible (ed. rev.)
1963	Profetas	J. B. Phillips/Four Prophets
1963	NT	Lockman/NT (NASB, texto ed.)
1963	NT	C. K. Williams/NT in plain English (ed. americ.)
1963	NT	V. T. Roth/Critical and emphatic paraph. (ed. rev.)
1964	Bíblia	W. F. Albright; D. N. Freedman/Anchor Bible
1964	Salmos	G. Hadas/Psalms for the modern reader
1964	AT	Lockman [F. Seiwert]/Ampl. OT (part 1: Gen.—Esther)
1964	NT	Lockman/NT (NASB, 2. ed. rev.)
1964	NT	Lockman/NT (NASB, 3. ed. rev.)
1964	NT	W. F. Beck/NT in the language of today (rev.)
1964	Evangelhos	Amer. Bible Soc. [R. Bratcher]/Right time, Mark's story
1965	Cartas	F. F. Bruce/Expanded paraphrase [...] Epistles of Paul
1965	NT	Catholic Biblical Assoc./NT (RSV)
1965	Bíblia	Lockman [F. Seiwert]/Amplified Bible (1 vol.)
1965	Cartas	Conf. of Chr. Doc./Lectionary on the Roman Missal
1965	Bíblia	H. S. Hooke et al./Bíble in basic English
1965s	Profetas	K. Taylor/Living prophecies (Minor Prophets, Dan., Rev.)
1966	Bíblia	Alexander Jones/Jerusalem Bible
1966[17]	NT	Amer. Bible Soc./Good News of modern man
1966	Bíblia	Liturgical Press/Bible in simplified English
1966	Cartas	K. Taylor/Living Letters (rev.)
1966	Evangelhos	C. F. Burke/God is for real, man
1966	Bíblia	J. P. Green/The Living Scriptures (nova trad., [KJV])

---

[17] *Today's English Version: Good News Bible* foi publicada em partes até ser concluída em 1976. Desde seu término, os editores preferem chamá-la de *Good News Bible* (GNB), e não de *Today's English Version* (TEV), embora ambas as designações sejam utilizadas.

1966	Evangelhos	K. N. Taylor/Living Gospels and Acts
1966	NT	C. B. Williams/NT in the language of the people (rev.)
1966	Bíblia	Catholic Biblical Assoc./Bíble (Catholic, RSV)
1967	Bíblia	anôn./Holy Scriptures (nova trad.)
1967	NT	D. J. Klingensmith/NT
1967	AT	Lockman/AT (NASB)
1967	Partes	K. Taylor/Living Psalms, Proverbs, Major Prophets
1967	NT	K. Taylor/Living NT (paráf.)
1967	Evangelhos	M. Grunberg/West-Saxon Gospels (ed. crítica)
1967	Partes	A. T. Dale/New World: heart of the NT in plain English
1967	Evangelhos	D. Williams; F. Shaw/Gospels in *scouse*
1967	Bíblia	G. Linday/Rhyming Bible
1967	NT	ABS [Bratcher]/Good News (TEV, 2. ed.)
1967	Partes	Conf. of Chr. Doc./Holy Bible (vol. 2: Sam.—Macc.)
1967	Bíblia	E. S. English et al./New Scofield Ref. Bible
1968	Sabedoria	K. Taylor/Living lessons of life and love
1968	NT	Good News for modern man (rev.)
1968	Cartas	C. Jordan/Cotton Patch Version (Paul's Epistles)
1968	Salmos	R. S. Hanson/Psalms in modern speech (3 vols.)
1968	NT	Miss. Dispens. Bible Res./Sacred Name NT
1968	NT	A. Marshall/Interlinear Greek-English NT (ed. rev.)
1968	Evangelhos	W. Barclay/NT (vol. 1: Gospels—Acts)
1969	Cartas	W. Barclay/NT (vol. 2: Letters—Rev.)
1969	Partes	Jewish Pub. Soc./Five Megilloth and Jonah (MT)
1969	Bíblia	Modern language Bible (New Berkeley Ver. [ed. rev.])
1969	Pentateuco	K. Taylor/Living books of Moses
1969	NT	Conf. of Chr. Doc./NT (trad. do grego)
1969	Evangelhos	C. Jordan/Cotton Patch Ver. (Lucas e Atos)
1969	NT	A. Cressman/Good News for the world
1969	NT	G. H. Ledyard/New Life Testament (KJV)
1969	NT	G. H. Ledyard/The children's NT (KJV)
1969	Evangelhos	NY Bible Society [E. H. Palmer]/Gospel of John

1969	NT	Watchtower/Kingdom interlinear trans of the Greek
1969	Bíblia	G. Verkuyl/Modern language Bible (New Berkeley Version)
1970	Evangelhos	C. Jordan/Cotton Patch Version (Matthew and John)
1970	NT	[J. P. Green]/ NT King James II
1970	NT	Miss. Disp. Bible Res./Sacred name Bible
1970	Bíblia	Joint Committee/New English Bible (NT rev.)
1970	Bíblia	Cath. Biblical Assoc. of Amer./New Amer. Bible
1970	Evangelhos	Kevin Condon/NT Mercier (part 1: Gospels)
1970	Partes	K. Taylor/Living history of Israel
1970	NT	anôn./NT in worldwide English
1970	NT	anôn./NT Judean and Authorized
1970	Salmos	ABS [Bratcher]/Psalms for modern man (TEV)
1971	Sabedoria	Amer. Bible Soc. [Bratcher]/Job (TEV)
1971	Bíblia	Lockman/NASB
1971	Profetas	Amer. Bible Soc./Amos (New Int'l. Bible)
1971	Bíblia	Int'l. Coun. Rel. Ed./NT (RSV, 2. ed.)
1971	Bíblia	[J. P. Green]/Holy Bible: King James II
1971	Cartas	B. Blackwelder/Letters from Paul (exeg.)
1971	Bíblia	K. Taylor/The Living Bible (paráfrase)
1972	Sabedoria	Amer. Bible Soc. [Bratcher]/Wisdom (TEV)
1972	NT	Lockman/NT (NASB, Soul-winner's ed.)
1972	Bíblia	Lockman/NASB (ed. de texto)
1972	NT	Compass/One Way: *Jesus People* NT (Norlie 1951)
1972	Bíblia	Watchtower [S. T. Byington]/Bible in living English
1972	NT	J. B. Phillips/NT in modern English (a "wholly new book")
1972	Salmos	Jewish Pub. Soc./Psalms (ed. rev., MT)
1973	Pentateuco	Jewish Pub. Soc./Torah (2. ed. rev.)
1973	Profetas	Jewish Pub. Soc./Isaiah (MT)
1973	NT	Brit. and For. Bible Soc./Translator's NT
1973	NT	C. Estes/NT
1973	Bíblia	Int'l. Rev. Com./Com. Bible (Ecumenical, RSV)
1973	NT	NY Int'l. Bible Soc./NT: New Int'l. Version (NIV)

1973	Bíblia	A. Edwards; S. Steen/Child's Bible (em cores)
1973	Profetas	J. B. Phillips/Four Prophets (ed. rev.)
1973	Cartas	C. Jordan/Cotton Patch Version (Hebrews, General Epistles)
1973	NT	MDBR/Original sacred name Bible (3. ed.)
1973	NT	anôn./Translator's NT
1973	Salmos	Lydia Gysi/Psalms (trad. explicativa)
1973	NT	Brit. and For. Bible Soc./Translator's NT
1973	NT	C. Estes/Better version of the NT
1973	NT	M. Collins/Phillips NT (mod. English 2. ed. rev.)
1974	NT	D. J. Klingensmith/NT in everyday English
1974	Profetas	Jewish Pub. Soc./Jeremiah (MT)
1974	Profetas	Jewish Pub. Soc/Prophets: Nevi'im (MT)
1975	Evangelhos	A. Edington/Word made flesh (paráfrase)
1976	Pentateuco	Nutt/Train up a child (part 1: Gen; paráfrase)
1976	Bíblia	Philip Birnbaum/Concise Jewish Bible
1976	Bíblia	ABS/Good New Bible (GEB; TEV)
1976	Bíblia	J. P. Green/Interlinear Hebrew-Greek-English
1976	Bíblia	W. F. Beck/Holy Bible in language of today
1976	NT	G. H. Ledyard/New Life Testament
1976	NT	R. O. Yaeger/Renaisance NT
1976	Evangelhos	R. Cox/Gospel of Jesus (the story in modern English)
1977	Evangelhos	Williams; Shaw/Gospels in *scouse* (ed. rev.)
1977	Sabedoria	M. Falk/Song of Songs (Bible love poems)
1977	Salmos	N. de Lange/Psalms (trad. do heb.)
1977	Evangelhos	Brit. and For. Bible Soc./The four Gospels
1977	Salmos	David L. Frost/Psalms, a trans. for worship
1977	NT	Jay E. Adams/Christian counselor's Bible
1977	Bíblia	A. H. Joshmann/Holy Bible for children
1977	Bíblia	Int'l. Rev. Com./New Oxford annotated Bible
1977	NT	Int'l. Rev. Com./RSV: NT (2. ed.)
1978	Bíblia	anôn./Holy Name Bible (Brandywine, Md., ed.)
1978	Bíblia	NY Int'l. Bible Soc./Holy Bible: NIV

1978	NT	anôn./NT (English Version for the deaf)
1979	NT	Nelson/NT New King James Version (NKJV)
1979	Evangelhos	R. Lattimore/The four Gospels and Revelation
1979	Salmos	B. Zerr/Psalms: a trans.
1979	NT	J. E. Adams/NT in everyday English
1979	Cartas	R. Paul Caudill/Ephesians
1979	Partes	J. M. Sasson/Ruth: a new trans.
1979	Sabedoria	S. Mitchell/Into the whirlwind (a trans. of Job)
1982	Partes	Jewish Pub. Soc./Writings, Kethubim (TM)
1982	Bíblia	Nelson/Holy Bible; NKJV
1982	Bíblia	Nelson/Holy Bible: Rev. Authorized Version (NKJV)
1982	Bíblia	Metzger/Reader's Digest Bible (RSV condensada)
1982	Cartas	R. Lattimore/Acts and Letters of the Apostles
1983	Bíblia	Cath. Bible Assoc. of Amer./New American Bible (NAB)
1983	Partes	Int'l. Coun. Rel. Ed./Inclusive lect.
1984	NT	J. G. Anderson/New accurate trans.
1984	Partes	Int'l. Coun. Rel. Ed./Inclusive lect. (ed. rev.)
1985	NT	H. J. Schonfield/NT original
1985	AT	Jewish Pub. Soc/TANAKH (nova trad., MT)
1985	Bíblia	[Doubleday]/New Jerusalem Bible

Glossário

aliança. Acordo ou contrato entre duas partes; por exemplo, a aliança mosaica.

alta crítica. Disciplina acadêmica que trata da genuinidade do texto que inclui a questão de autoria, data de composição, destinatários etc. É normalmente chamada de "crítica histórica", mas em suas expressões mais radicais tem sido rotulada de "crítica destrutiva" ou "crítica negativa".

amanuense. Escriba que trabalha como secretário ou que é empregado para escrever o que alguém dita.

Antilegomena. Literalmente, livros "contra os quais" se diz algo, isto é, livros do cânon do Novo Testamento cuja inspiração tem sido contestada. Geralmente se referem a Hebreus, Tiago, 2Pedro, 2 e 3João, Judas e Apocalipse.

antinomianismo. Literalmente, "sem (ou contra a) lei", designa a posição ética segundo a qual não há leis morais prescritivas; tudo é relativo ou situacional.

Apocalipse. Transliteração em português do termo grego *apocalypsis* (revelação), usado como título do último livro da Bíblia.

Apócrifos. Designação usada pelos protestantes para se referir aos catorze ou quinze livros de autenticidade e autoridade duvidosas não encontrados no Antigo Testamento hebraico, mas presentes nos manuscritos da LXX. A maior parte desses livros foram declarados canônicos pela Igreja Católica Romana no Concílio de Trento, em 1546, e são por ela referidos como deuterocanônicos (segundo cânon).

apostolicidade. No sentido estrito, refere-se ao que vem diretamente de um apóstolo; no sentido amplo, porém, pode se referir ao ensino formulado sob a autoridade apostólica, seja por *autoria* apostólica, seja pelo *ensino* apostólico por intermédio de um ministério profético.

autenticidade. Palavra que descreve a veracidade dos conteúdos de determinado texto ou composição; usada por vezes incorretamente como sinônimo de *genuinidade* (veja abaixo).

autógrafos ou *autographa*. Termo definido por vezes de forma imprecisa como escritos originais de próprio punho do apóstolo ou profeta; estes são, mais precisamente, escritos produzidos sob a autoridade de um apóstolo ou profeta, por meio de um escriba ou não, ou em várias edições.

baixa crítica. Disciplina acadêmica que lida com a autenticidade do texto bíblico e que procura descobrir as palavras originais dos autógrafos. É chamada também de "crítica textual".

canonicidade. Caráter de um livro bíblico que o distingue como parte do cânon das Escrituras, ou seja, a inspiração e a autoridade divinas que fazem de um livro parte da regra ou padrão de fé e prática.

códice. Manuscrito em formato de livro, isto é, com páginas costuradas umas às outras, e não no formato de rolo ou pergaminho.

colofão. Literalmente, "toque final", isto é, um artifício literário usado no final de um livro conectando-o, às vezes, a outro livro.

conservador. Posição teológica que defende as doutrinas básicas do cristianismo, como o nascimento virginal, a divindade de Cristo, a expiação substitutiva, a ressurreição de Cristo e a inspiração divina da Bíblia. Nesse sentido, o termo é usado de forma intercambiável com fundamentalista, evangélico e ortodoxo, e deve ser contrastado com liberal ou modernista.

credibilidade. Em relação às Escrituras, consiste em seu direito de ser crida e acolhida como verdade de Deus.

crítica destrutiva. Termo usado por teólogos conservadores para descrever o resultado nocivo de certas formas liberais ou negativas da alta crítica da Bíblia (veja abaixo).

crítica textual. Sinônimo de "baixa crítica" (veja acima).

Decálogo. Literalmente, "dez palavras", isto é, os Dez Mandamentos conforme registrados em Êxodo 20 ou Deuteronômio 5.

deísmo. Crença de que há um Criador que opera em sua criação exclusivamente por leis naturais que ele ordenou desde o princípio e que jamais intervém no mundo por meio de milagres; portanto, sua perspectiva é antissobrenaturalista.

demitização. Um método crítico moderno de interpretação bíblica defendido por Rudolph Bultmann e outros que procura despir as histórias bíblicas do *mito religioso* de sua época para alcançar sua *"mensagem real"* e vislumbrar através da *dimensão histórica* sua verdade *supra-histórica*; portanto, essa perspectiva não aceita a historicidade e a inerrância da Bíblia.

docetismo. Heresia cristã primitiva que defendia a divindade de Cristo, mas negava sua humanidade.

eclético. Visão constituída de vários ensinos extraídos de diferentes fontes.

existencialismo. O existencialismo religioso sustenta, entre outras coisas, que a revelação não é *proposicional*, mas *pessoal*. Isto é, não pode ser encontrada em declarações objetivas, mas tão somente em um encontro subjetivo e pessoal com Deus.

fideísmo. Do latim *fides* ("fé"), é a visão de que somente a fé, sem as evidências da razão, é motivo ou base suficiente para defender uma posição.

fólio. Livro feito de páginas ou folhas em tamanho grande, dobradas no meio, de modo que formem quatro páginas (30,48 cm por 48,26 cm pela escala da American Library Association), ou um livro do maior tamanho possível.

genuinidade. Caráter de uma composição que garante sua suposta autoria; genuinidade é por vezes um termo usado popularmente como sinônimo de autenticidade, palavra que se refere mais propriamente à veracidade dos conteúdos de uma composição ou texto.

gnosticismo. Do grego *gnosis* ("conhecimento") denota o movimento religioso proeminente no século 2 d.C. que se julgava detentor de um conhecimento especial. Entre outras coisas, negavam a divindade de Cristo e diziam que a matéria é má, o que incentivava o ascetismo.

graphē. Termo grego para "escritos" (Escrituras), que são inspirados por Deus de acordo com 2Timóteo 3.16.

grego coiné. Língua comum do comércio, "língua do mercado" do mundo ocidental do século 1; o Novo Testamento foi escrito originalmente em grego coiné.

hagiógrafos. Termo português equivalente do grego para "escritos sagrados" e que designa a mesma seção do cânon do Antigo Testamento que o hebraico *Kethuvim* (veja abaixo). Na Idade Média, o termo era aplicado aos escritos sobre os santos e a vida deles. O último sentido não é usado na presente obra.

Héxapla. Um manuscrito com seis colunas paralelas dispostas para estudo comparativo e crítico, como a *Héxapla* de Orígenes, que continha várias traduções do Antigo Testamento em hebraico e grego.

Hexateuco. Os primeiros seis livros do Antigo Testamento, isto é, o Pentateuco e Josué.

Homologoumena. Literalmente, "falar o mesmo", isto é, os livros do Novo Testamento que foram universalmente aclamados como canônicos, ou todos os 27 livros do Novo Testamento, exceto os *Antilegomena* (veja acima).

iluminação. Processo pelo qual Deus ilumina a mente de uma pessoa de modo que ela compreenda a importância do desvelamento objetivo de Deus (revelação) para sua vida subjetivamente.

inerrância. Significa "sem erro" e refere-se à precisão total das Escrituras, incluindo-se aí as partes históricas e científicas.

infalível. Literalmente, "que não falha nem quebra". Refere-se ao caráter divino das Escrituras que torna indispensável sua veracidade (cf. Jo 10.35).

inspiração plenária. Doutrina segundo a qual a inspiração e a autoridade divinas da Bíblia são plenas e completas, ou seja, elas se estendem (igualmente) a todas as partes das Escrituras.

inspiração verbal. Doutrina segundo a qual as palavras da Bíblia se acham imbuídas de autoridade divina, e não apenas os pensamentos ou as ideias.

inspiração. Significa literalmente "expirado por Deus" (de 2Tm 3.16) e refere-se aos escritos imbuídos de autoridade divina das Escrituras Sagradas, que Deus produziu sem destruir o estilo individual dos autores.

kethuvim. O equivalente em português para esse termo hebraico é "Escritos"; título da terceira divisão do Antigo Testamento hebraico.

lecionários. Livros de culto da igreja antiga com passagens selecionadas das Escrituras extraídas geralmente dos Evangelhos e, às vezes, de Atos ou das Cartas.

liberal. Posição teológica que nega muitas das doutrinas fundamentais do cristianismo histórico, como a divindade de Cristo, a inspiração da Bíblia. Nega que a Bíblia *é* a Palavra de Deus, mas acredita que ela meramente *contém* a Palavra de Deus.

literatura apocalíptica. Designação aplicada às vezes a livros pseudepigráficos porque seu conteúdo é em grande medida constituído de "revelações" e de "visões"; é usado também para descrever os livros canônicos de Ezequiel, Daniel, Zacarias e Apocalipse.

LXX. Símbolo da Septuaginta, isto é, "Os Setenta", que é a tradução grega do Antigo Testamento que supostamente teria sido realizada por cerca de setenta escribas em Alexandria, no Egito, em aproximadamente 250-150 a.C.

maiúsculo. Veja "uncial".

manuscrito minúsculo. Manuscrito escrito em letras relativamente pequenas, comumente em letra manual cursiva.

manuscrito uncial (ou maiúsculo). Literalmente, "da altura de uma polegada", refere-se a um manuscrito cujo registro formal em letras grandes é semelhante em tamanho a letras maiúsculas.

manuscrito. Composição literária escrita à mão, e não em cópia impressa.

manuscritos cursivos. Geralmente, o equivalente de manuscritos minúsculos ou escritos com letras pequenas "que seguem o curso da mão", por isso "cursivas". Estão mais próximos da letra de mão do que da impressão.

massoretas. Escribas textuais judeus do século 5 ao século 9 d.C. que padronizaram o texto hebraico do Antigo Testamento, que por esse motivo é conhecido como Texto Massorético.

Megilloth. Transliteração em português do termo hebraico que significa "rolos". Usado para designar os Cinco Rolos, o grupo de livros da terceira divisão do cânon hebraico (os Escritos) que eram lidos em cerimônias festivas.

neo-ortodoxia. Visão teológica moderna que, ao reagir contra o liberalismo, jamais retornou completamente à posição ortodoxa no que diz respeito à inspiração verbal das Escrituras. Ela afirma que a Bíblia se torna a Palavra de Deus quando fala pessoalmente ao indivíduo. Em si mesma, a Bíblia é apenas um testemunho da Palavra de Deus (que é Cristo).

neoplatonismo. Filosofia panteísta oriunda de Plotino, místico do século 3, que estudou com Orígenes, pai da igreja, sob Amônio Sacas.

Nevi'im. Transliteração em português do termo hebraico para "Profetas". Designa a segunda divisão do Antigo Testamento hebraico (os Profetas).

óstracos. Pedaços quebrados de cerâmica usados como material de escrita pelas classes mais pobres que não tinham recursos para comprar pergaminhos ou papiros.

pais da igreja. Teólogos e mestres dos primeiros sete ou oito séculos da igreja cristã que deixaram uma obra escrita. São geralmente bispos e líderes notáveis respeitados por suas opiniões sensatas e por uma vida de santidade, cujos escritos preservam as doutrinas, a história e as tradições da igreja antiga.

palimpsesto. Manuscrito "raspado novamente", apagado para reutilização, reescrito (veja abaixo).

pandecta. Do grego, *pandektos* ("recebido por todos"). Um manuscrito contendo a Bíblia toda, tanto o Antigo quanto o Novo Testamentos.

papiro. Tipo de papel antigo ou de material de escrita feito da parte central de uma planta de mesmo nome que crescia nos pântanos do Egito.

parataxe. Literalmente "colocar lado a lado", ou recurso de pôr lado a lado frases com expressões sem conectivos subordinativos (veja o cap. 23).

Pentateuco. Literalmente, livro quíntuplo, usado especificamente com referência aos primeiros cinco livros do Antigo Testamento.

pergaminho. Antigo material de escrita geralmente preparado com pele de cabrito ou ovelha.

pietismo. Movimento religioso de fins do século 17 na Alemanha que enfatizava os aspectos subjetivo e experimental do cristianismo. Esse movimento tendia a negligenciar o lado teológico e técnico da verdade cristã, abrindo consequentemente a porta para o ceticismo, o racionalismo e outros movimentos parecidos.

poliglota. Literalmente, "muitas línguas". Uma edição com várias colunas de determinado escrito ou composição contendo, geralmente, o original e várias outras versões ou traduções em colunas para efeito de comparação.

Profetas Anteriores. Designação dada à primeira subdivisão da segunda seção das Escrituras hebraicas atuais conhecidas como Profetas, as quais incluem Josué, Juízes 1 e 2Samuel e 1 e 2Reis.

Profetas Posteriores. A segunda subdivisão dos Profetas hebreus, incluindo todos os profetas depois de 2Reis, que é a segunda divisão da Bíblia hebraica atual.

Pseudepígrafos. Termo que significa "escritos falsos" usado para designar os livros espúrios e inautênticos dos últimos séculos a.C. e dos primeiros séculos d.C. Esses livros contêm folclore religioso e nunca foram considerados canônicos pela igreja cristã.

quarto. Literalmente, "um quarto", refere-se aos manuscritos ou livros de quatro folhas (oito páginas) dobradas de uma só, medindo 24,13 cm por 30,48 cm (escala da American Library Association).

racionalismo alemão. Movimento entre estudiosos alemães da Bíblia dos séculos 18 e 19 que, na tentativa de defender o cristianismo baseado em princípios racionais, acabaram por solapar a autoridade e a inerrância das Escrituras e, subsequentemente, as demais doutrinas fundamentais decorrentes delas. A alta crítica destrutiva (negativa) e a "teoria da acomodação" são dois exemplos de ensinos desse movimento.

recensão. Revisão sistemática e crítica de um texto ou composição.

rescriptus. Um manuscrito que foi reescrito sobre letras apagadas; um palimpsesto que foi reescrito.

revelação progressiva. Visão segundo a qual o desvelamento divino da doutrina não ocorreu de uma só vez, mas que em diversas etapas de seu desenvolvimento histórico revelações posteriores foram acrescentadas às anteriores.

revelação. Desvelamento objetivo da verdade por Deus e usado em contraste com a interpretação, que é a compreensão subjetiva de uma revelação.

revisão. Texto ou composição revisada e que passou por mudanças ou correções necessárias.

Septuaginta. Literalmente, "Os Setenta"; tradução grega do Antigo Testamento supostamente feita por setenta escribas em Alexandria, no Egito, por volta de 250-150 a.C. e simbolizada por LXX.

sopherim. Literalmente, "escribas". Estudiosos judeus que trabalharam entre os séculos 5 e 3 a.C. na padronização e na preservação do texto hebraico.

TANAKH. Acrônimo de "Torá, Nevi'im e Kethuvim" usado como título da tradução do Antigo Testamento da Jewish Publication Society, também chamada de New Jewish Version (NJV).

tannaim. Literalmente, "repetidores" ou "mestres". Esses escribas judeus foram sucessores dos *zugoth* e trabalharam entre o século 1 d.C. até cerca de 200 d.C. Sua obra pode ser encontrada no Midrash ("interpretação textual"), que posteriormente foi dividido em Mishná ("repetições") e Guemará ("matéria a ser aprendida").

teoria da acomodação. Visão dos racionalistas alemães e outros de que Cristo e os apóstolos acomodaram seu ensino às tradições (falsas) dos judeus daquela época sobre autoria, inspiração etc., do Antigo Testamento, mas sem com isso afirmar ou aprovar essas crenças.

testamento. Equivalente aproximado de "aliança", mas tecnicamente um testamento não requer um acordo de duas vias, já que precisa apenas da ação do testador com ou sem o assentimento de seu herdeiro (veja Hb 9.15-22).

Texto Crítico. Texto editado da Bíblia que procura, por meio de comparação e avaliação críticas de todas as evidências dos manuscritos, aproximar-se o máximo possível do que foram os autógrafos. O texto do Novo Testamento grego de Westcott e Hort é um exemplo de Texto Crítico.

Textus Receptus. Texto grego supostamente por trás da Authorized Version de 1611 (King James Version). Esse texto é basicamente o de Erasmo e o da terceira edição de Stephen (1550). Foi chamado de Texto Recebido na introdução da segunda edição dos irmãos Elzevir (1633). É baseado em poucos manuscritos antigos e está em oposição a Westcott, Hort e a todos os que aceitam o "Texto Crítico" (veja acima).

theopneustos. O equivalente em português a esse termo grego é "inspiração", cujo significado literal é "expirado por Deus" (veja 2Tm 3.16).

Torá. Transliteração em português do termo hebraico para "lei"; refere-se com frequência aos primeiros cinco livros do Antigo Testamento.

tradução literal. Tradução palavra por palavra de uma língua para outra em contraste a uma tradução idiomática, pensamento por pensamento ou uma paráfrase.

tradução. Ato de verter uma composição ou material literário de uma língua para outra, diferentemente da versão, que é a tradução de um manuscrito em língua original para outra língua.

transliteração. Uma transposição letra por letra de uma palavra de um idioma para outro.

transmissão. Processo pelo qual os manuscritos bíblicos foram copiados e recopiados ao longo das eras; a transmissão lida com a história do texto com base nos autógrafos até os Testamentos impressos em hebraico e grego na atualidade.

velino. Material de escrita da Antiguidade de alta qualidade, geralmente preparado com pele de novilho ou antílope.

versão. Composição literária traduzida de uma língua original para outra.

Vulgata. Literalmente, "comum" ou "usual", geralmente a designação da tradução latina da Bíblia feita por Jerônimo no século 4 d.C.

zugoth. Literalmente, "pares" de estudiosos do texto que trabalharam durante os séculos 2 e 3 a.C. Foram sucedidos pelos *tannaim* (veja acima).

Bibliografia

BÍBLIAS

ALAND, Kurt; BLACK, Matthew; MARTINI, Carlo M.; METZGER, Bruce M.; WIKGREN, Allen, orgs. *The Greek New Testament.* 3. ed. (New York: United Bible Societies, 1975).

ALFORD, Henry. *The Greek New Testament.* 5. ed. (London, Reino Unido: Rivingtons, 1871).

CLARKE, R. L.; GOODWIN, Alfred; SANDAY, W., orgs. *The Variorum Edition of the New Testament of Our Lord and Saviour Jesus Christ* (London, Reino Unido: Eyre & Spottiswoode, 1881).

CRISWELL, W. A., org. *The Criswell Study Bible* (Nashville: Thomas Nelson, 1979).

The English Hexapla, exhibiting the six important English translations of the New Testament Scriptures, Wyclif, M.CCC.XXXIX.; Tyndale, M.D.XXXIV.; Cranmer, M.D.XXXIX.; Genevan, M.D.LVII.; Anglo-Rhemish, M.D.LXXXII.; Authorised, M.DC.XI.; the original Greek text after Scholz, with the various readings of the Textus Receptus and the principal Constantinopolitan and Alexandrine manuscripts, and a complete collation of Scholz's text with Griesbach's edition of M.DCCC.V.; preceded by a history of English translations and translators .... (London, Reino Unido: S. Bagster and Sons, 1841).

ELLIGER, K[arl]; RUDOLPH, W[ilhelm], orgs. *Biblia Hebraica Stuttgartensia.* 2. ed., edição de W. Rudolph; H. P. Rüger (Stuttgart: Deutsche Bibelstiftung, 1967-1977, 1983; editio minor, 1984).

FISCHER, Bonifatius; GRIBOMONT, Iohanne; SPARKS, H. F. D.; THEILE, W., orgs. *Biblia Sacra: Iuxta Vulgatam Versionem.* editio tertia emendata (Stuttgart: Deutsche Bibelgesellschaft, 1983; Editio minor, 1984).

GOODSPEED, Edgar J. *The complete Bible: an American translation* (Chicago: U. of Chicago, 1923).

HODGES, Zane C.; FARSTAD, Arthur L., orgs. *The Greek New Testament, according to the Majority Text* (Nashville: Thomas Nelson, 1982; 2. ed., 1985).

The Holy Bible containing the Authorized Version of the Old and New Testaments with many emendations (London, Reino Unido: Bartlett, 1841).

The Holy Bible, an exact reprint page for page of the Authorized Version published in the year MDCXI (Oxford: Oxford University Press, 1833).

The Holy Bible. Authorized Version (New York: Oxford University Press, s.d.).

_____. *English Revised Version* (Cambridge University Press, 1881, 1885).

_____. *Newly edited by the American Revision Committee* (New York: Nelson, 1901).

_____. *Revised Standard Version* (New York: Nelson, 1945, 1952).

Holy Bible, The New King James Version: containing the Old and New Testament (Nashville: Thomas Nelson, 1979, 1980, 1982).

The Holy Bible: New International Version, containing the Old and the New

Testament (Grand Rapids: Zondervan/New York International Bible Society, 1973, 1978).

_____. *Nova Versão Internacional* (São Paulo: Vida, 2000). Tradução de: The Holy Bible: New International Version, containing the Old and the New Testament.

The Holy Scriptures according to the Masoretic Text (Philadelphia: Jewish Publishing Society of America, 1917).

International Children's Version, New Testament (Fort Worth: Sweet, 1983).

JEFFERSON, Thomas. *The life and morals of Jesus of Nazareth* (Cleveland: World, 1940). Esta é a chamada Jefferson Bible.

The Jerusalem Bible (Garden City: Doubleday, 1966).

_____. *A Bíblia de Jerusalém* (São Paulo: Paulinas, 1973). Tradução de: The Jerusalem Bible.

KITTEL, Rudolf; KAHLE, Paul E., orgs. *The Bible according to the Masoretic Text.*

_____. *Biblia Hebraica.* 7. ed. (Stuttgart: Deutsche Bibelstiftung, 1951).

KNOX, John, trad. *The Holy Bible: a translation from the Latin Vulgate in the light of the Hebrew and Greek originals* (New York: Sheed & Ward, 1948).

METZGER, Bruce M., org. *The Reader's Digest Bible: condensed from the Revised Standard Version Old and New Testaments* (Pleasantville: Reader's Digest, 1982).

NESTLE, Eberhard, org. *Novum Testamentum Graece, cum apparatu.* 26. ed. (New York: American Bible Societies, 1979).

The New American Bible: translated from the original languages with critical use of all the ancient sources, por membros da Catholic Biblical Association of America (Nashville: Thomas Nelson, 1983).

New American Standard Bible (Chicago: Moody/Lockman Foundation, 1960, 1962, 1963, 1968, 1971, 1972, 1973, 1975, 1977).
The New English Bible, with the Apocrypha (Oxford University Press /Cambridge University Press, 1961, 1970).
The New Jerusalem Bible (Garden City: Doubleday, 1985).
RAHLFS, Alfred, org. *Septuaginta: Id est Vetus Testamentum graece iuxta LXX interpretes*. Editio minor (duo volumina in uno) (Stuttgart: Deutsche Bibelstiftung, 1935).
ROBERTSON, Archibald T. *A harmony of the Gospels for students* (Nashville: Broadman, 1922).
The Septuagint Version of The Old Testament (London, Reino Unido: S. Bagster, s.d.).
TANAKH: *a new translation of THE HOLY SCRIPTURES according to the traditional Hebrew Text* (Philadelphia: The Jewish Publication Society, 1985).
THOMAS, Robert L.; GUNDRY, Stanley N., orgs. *A harmony of the Gospels, with explanations and essays: using the text of the New American Standard Bible* (Chicago: Moody, 1978).
WESTCOTT, Brooke Foss; HORT, Fenton John Anthony, orgs. *The New Testament in the original Greek*. 2. ed. (New York: Macmillan, 1928).
The Word New Century Version, New Testament (Fort Worth: Sweet, 1984).
WUEST, Kenneth S. *Wuest's expanded translation of the Greek New Testament* (Grand Rapids: Eerdmans, 1961).
YOUNG, Robert. *Young's literal translation of the Holy Bible*. 3. ed (Grand Rapids: Baker, 1898; reimpr., Grand Rapids: Baker, 1956).

FONTES

ALLEN, Cardinal. *Letters and memorials of Cardinal Allen*. Introdução de T. F. Knox (London, Reino Unido, 1882).
AMBROSE [AMBRÓSIO]. "Letters". In: BAILLIE, John; MCNEILL, John T.; VAN DUSEN, Henry P., orgs. *Early Latin theology*. Edição e tradução para o inglês de S. L. Greenslade. Library of Christian Classics (Philadelphia: Westminster, 1956). vol. 5.
St. Anselm, basic writings: Proslogium, Monologium, Gaunilon's: on behalf of the fool, Cur Deus Homo. Tradução para o inglês de S. W. Deane. 2. ed. (LaSalle: Open Court, 1962).

_____. *Truth, freedom, and evil: three philosophical dialogues*. Edição e tradução para o inglês de Jasper Hopkins; Herbert Richardson (New York: Harper & Row, 1967).

Apocrypha. Revised Standard Version of the Old Testament (New York: Thomas Nelson, 1957).

The Apostolic fathers. Loeb Classical Library Series. Edição de Kirsopp Lake (New York: Putnam, 1930). 2 vols.

ARMINIUS, Jacobus. *The writings of James Arminius*. Tradução do latim para o inglês de James Nichols; W. R. Bagnall (Grand Rapids: Baker, 1956). 2 vols.

_____ [ARMÍNIO, Jacó]. *As obras de Armínio*. Tradução de Degmar Ribas (Rio de Janeiro: CPAD, 2015). 3 vols. Tradução de: The writings of James Arminius.

ASTRUC, Jean. *Conjectures sur les mémoires originaux dont il paroit que Moyse s'est servi pour composer le livre de la Genese* (Brussels/Paris: Fricx, 1753).

ATHANASIUS [ATANÁSIO]. "Letters". In: SCHAFF, Philip; WACE, Henry, orgs. *Athanasius: selects works and letters*. 2. série. Tradução para o inglês de Archibald Robertson. The Nicene and post-Nicene fathers (Grand Rapids: Eerdmans, 1953). vol. 4.

AUGUSTINE, Aurelius. *The city of God*. Tradução para o inglês de Marcus Dods. Introdução de Thomas Merton (New York: Random, 1949).

_____ [AGOSTINHO]. *A cidade de Deus*. Tradução de Oscar Paes Leme (Petrópolis: Vozes, 1990). Tradução de: The city of God.

_____. "Enchiridion". In: SCHAFF, Philip, org. *Augustine: on the Holy Trinity, doctrinal treatises, moral treatises*. The Nicene and post-Nicene fathers, 1. série (Grand Rapids: Eerdmans, 1956). vol. 3.

_____. *Expositions on the book of Psalms*. In: SCHAFF, Philip; WACE, Henry, orgs. The Nicene and post-Nicene fathers, 1. série. Tradução para o inglês de A. Cleveland Coxe (Grand Rapids: Eerdmans, 1956). vol. 8.

_____. "Harmony of the Gospels". In: SCHAFF, Philip, org. *Augustine: Sermon on the Mount, Harmony of the Gospels, Homilies on the gospel*. The Nicene and post-Nicene fathers, 1. série (Grand Rapids: Eerdmans, 1956). vol. 6.

_____. "Letters". In: SCHAFF, Philip, org. *Augustine: Prolegomena, Confessions, Letters*. The Nicene and post-Nicene fathers, 1. série (Grand Rapids: Eerdmans, 1956). vol. 1.

_____. "On Christian doctrine". In: SCHAFF, Philip, org. *Augustine: City of God, Christian doctrine*. The Nicene and post-Nicene fathers, 1. série. Tradução para o inglês de J. F. Shaw (Grand Rapids: Eerdmans, 1956). vol. 2.

AYER, Joseph Cullen. *A source book for ancient church history* (New York: Scribner's, 1913).

BACHMANN, E. Theodore, org. *Luther's works* (Philadelphia: Muhlenberg, 1960). vol. 35: *Word and sacrament*.

_____. *Martinho Lutero: obras selecionadas*. Tradução de Adolpho Schimidt; Eduardo Gross; Elisa L. Schulz; Luís H. Dreher; Walter O. Schlupp (São Leopoldo/Porto Alegre: Sinodal/Concórdia, 2003), vol. 8: *Interpretação bíblica, princípios*. Tradução de: Luther's works.

BACON, Francis. "Advancement of learning; Novum Organum; New Atlantis". In: HUTCHINS, Robert Maynard; ADLER, Mortimer J. et al., orgs. *Francis Bacon*. Great Books of the Western World (Chicago: Encyclopedia Britannica, 1952). vol. 30.

BAILLIE, John; MCNEILL, John T.; VAN DUSEN, Henry P., orgs. *The library of Christian classics* (Philadelphia: Westminster, 1953-1969). 26 vols.

BEDE, Venerable [Venerável Beda]. *Ecclesiastical history of the English nation* (Cambridge: Cambridge University Press, 1881).

BETTENSON, Henry, org. *Documents of the Christian church*. 2. ed. (London, Reino Unido: Oxford University Press, 1963).

_____, org. *Documentos da igreja cristã*. 2. ed. Tradução de Helmuth Alfredo Simon (São Paulo: ASTE, 1983). Tradução de: Documents of the Christian church.

_____, org. e trad. *The early Christian fathers: a selection from the writings of the fathers from St. Clement of Rome to St. Athanasius* (London, Reino Unido: Oxford University Press, 1956).

_____, org. e trad. *The later Christian Fathers: a selection from the writings of the Fathers from St. Cyril of Jerusalem to St. Leo the Great* (London, Reino Unido: Oxford University Press, 1970).

CALVIN, John. *Commentary on the harmony of the Evangelists*. Calvin Translation Society.

_____. *Institutes of the Christian religion*. Edição de John T. McNeill. Tradução para o inglês de Ford Lewis Battles. Library of Christian Classics (Philadelphia: Westminster, 1960). vols. 20-21.

_____. *A instituição da religião cristã*. Tradução para o inglês de Carlos Eduardo de Oliveira; José Carlos Estêvão (São Paulo: Ed. Unesp, 2008). 2 vols. Tradução de: Institutio christianae religionis.

_____. *Treatises against the Anabaptists and against the Libertines: translation, introduction, and notes*. Edição e tradução para o inglês de Benjamin Wirt Farley (Grand Rapids: Baker, 1982).

Calvin's commentaries. Edição de David W. Torrance; Thomas F. Torrance (Grand Rapids: Eerdmans, 1972). vols. 1-12.

_____. Biblioteca João Calvino (São José dos Campos: Fiel, 2018).

CHARLES, Robert Henry, org. *The Apocrypha and Pseudepigrapha of the Old Testament* (Oxford: Clarendon, 1913). 2 vols.

CLARKE, Adam. *Miscellaneous works* (London, Reino Unido: T. Tegg, 1839-1845). 13 vols.

CLEMENT OF ALEXANDRIA [CLEMENTE DE ALEXANDRIA]. "Stromata". In: ROBERTS, Alexander; DONALDSON, James, orgs. *Hermas, Tatian, Athenagoras, Theophilus, Clement of Alexandria*. The ante-Nicene fathers (Grand Rapids: Eerdmans, 1951). vol. 2.

CYPRIAN [CIPRIANO]. "Epistle about Cornelius and Novatian". In: ROBERTS, Alexander; DONALDSON, James, orgs. *Hippolytus, Cyprian, Caius, Novatian, Appendix*. The ante-Nicene fathers (Grand Rapids: Eerdmans, 1957). vol. 5.

_____. "The unity of the Catholic Church". In: BAILLIE, John; McNEILL, John T.; VAN DUSEN, Henry P., orgs. *Early Latin theology*. Edição e tradução para o inglês de S. L. Greenslade. Library of Christian Classics (Philadelphia: Westminster, 1956). vol. 5.

CYRIL OF JERUSALEM [CIRILO DE JERUSALÉM]. "Catechetical lectures". In: SCHAFF, Philip; WACE, Henry, orgs. *Cyril of Jerusalem, Gregory Nazianzen*. The Nicene and post-Nicene fathers, 2. série. Revisão da tradução para o inglês de Edwin H. Gifford (Grand Rapids: Eerdmans, 1956). vol. 7.

DAGG, John Leadley. *The evidences of Christianity* (Macon: J. W Burke, 1869).

DARWIN, Charles. [On] "The origin of the species by means of natural selection". In: HUTCHINS, Robert Maynard; ADLER, Mortimer et al. orgs. *Darwin*. Great Books of the Western World (Chicago: Encyclopedia Britannica, 1952; edição original: 1860). vol. 49.

Dead Sea Manual of discipline. Tradução para o inglês de P. Wernberg-Moller (Grand Rapids: Eerdmans, 1957).

The Dead Sea Scrolls in English. Tradução para o inglês de Geza Vermes (New York: Heritage, 1962).

DESCARTES, René. *Discourse on method; Meditations on first philosophy*. In: HUTCHINS, Robert Maynard; ADLER, Mortimer et al. orgs. *René Descartes*.

Tradução para o inglês de Elizabeth S. Haldane; G. R. T. Ross. Great Books of the Western World (Chicago: Encyclopedia Britannica, 1952). vol. 31.

_____. *O discurso do método*. Tradução de Enrico Corvisieri (São Paulo: Nova Cultural, 2000). Tradução de: Discourse on method.

Doctrinal standards of the Christian Reformed Church (Grand Rapids: Publication Committee of the Christian Reformed Church, 1962).

DuPont-Sommer, Andre. *The Essene writings from Qumran*. Tradução para o inglês de G. Vermes (Cleveland: World, 1962).

Eusebius [Eusébio]. *Ecclesiastical history*. Edição de Kirsopp Lake. Loeb Classical Library Series (London, Reino Unido: Heinemann). vol. 1: tradução para o inglês de Kirsopp Lake (1926). vol. 2: tradução para o inglês de J. E. L. Oulton (1932). 2 vols.

Flannery, Austin P., org. *Documents of Vatican II*. ed. rev. (Grand Rapids: Eerdmans, 1975, 1984).

Galileo [Galileu]. *Le Opere Di Galileo Galilei* (Firenze: G. Barbera Editore, 1965).

Gaussen, L[ouis]. *Theopneustia: the Bible, its divine origin and entire inspiration, deduced from internal evidence and the testimonies of nature, history, and science*. Tradução do francês para o inglês de David D. Scott (Edinburgh, 1841; reimpr., Grand Rapids: Baker, 1971).

Geisler, Norman L., org. *Decide for yourself: how history reviews the Bible* (Grand Rapids: Zondervan, 1982).

The glorious Koran. Uma tradução explicativa de Mohammed Marmaduke Pickthall (New York: New American Library, 1953).

Gregory the Great [Gregório, o Grande]. "The commentary of Job". In: Baillie, John; McNeill, John T.; Van Dusen, Henry P., orgs. *Early medieval theology*. Edição e tradução para o inglês de George McCracken. Library of Christian Classics (Philadelphia: Westminster, 1957). vol. 9.

Hegel, G. W. F. *Encyclopedia of philosophy*. Tradução para o inglês de Gustav Emil Mueller (New York: Philosophical Library, 1959).

_____. *Werke*. Edição de Eva Moldenhauer; Karl Markus Michel (Frankfurt: Suhrkamp, 1970).

Heidel, Alexander. *The Babylonian Genesis*. 2. ed. (Chicago: University of Chicago Press, 1954).

Hennecke, Edgar; Schneemelcher, Wilhelm, orgs. *New Testament Apocrypha* (Philadelphia: Westminster, 1963, 1965). 2 vols.

HIPPOLYTUS [HIPÓLITO]. *Contra Noetum*, citado em WESTCOTT, *An introduction to the study of the Gospels*. 7. ed. (London, Reino Unido: Macmillan, 1888).

_____. *De AntiChristo*, citado em WESTCOTT, *An introduction to the study of the Gospels*. 7. ed. (London, Reino Unido: Macmillan, 1888).

HOBBES, Thomas. "Leviathan, or matter, form, and power of a commonwealth ecclesiastical and civil". In: HUTCHINS, Robert Maynard; ADLER, Mortimer et al., orgs. *Machiavelli: The Prince; Hobbes: Leviathan*. Great Books of the Western World (Chicago: Encyclopedia Britannica, 1952). vol. 23.

_____. *Leviatã: a matéria, forma e poder de um Estado eclesiástico e civil*. Tradução de Rosina D' Angina (São Paulo: Ícone, 2008). Tradução de: Leviathan, or matter, form, and power of a commonwealth ecclesiastical and civil.

HOLTZMANN, Heinrich Julius. *Einleitung in das Neue Testament* (Tübingen, 1885).

The humble advice of the assembly of divines, now by authority of Parliament, sitting at Westminster, concerning a confession of faith: with questions and texts of Scripture annexed (London, 1647). Comumente conhecido como Confissão de Westminster, que era acompanhada pelo Catecismo Maior (1647) e pelo Catecismo Menor (1647).

HUME, David. *An enquiry concerning human understanding*. Edição e introdução de Charles W. Hendel (Indianapolis: Bobbs-Merrill, 1955).

_____. *Investigação acerca do conhecimento humano: ensaios morais, políticos e literários*. Tradução de Anoar Aiex; João Paulo Gomes Monteiro; Armando Nova D'Oliveira (São Paulo: Nova Cultural, 2000). Tradução de: An enquiry concerning human understanding.

HUSSELMAN, Elinor M. *The Gospel of John in Fayumic Coptic*. (P. Mich. inv. 3521.) (Ann Arbor: University of Michigan Press, 1962).

International Council on Bible Inerrancy. *The Chicago Statement on Biblical Inerrancy* (Oakland: International Council on Biblical Inerrancy, 1978).

IRENAEUS. "Against heresies". In: *Christology of the later fathers*. Library of Christian Classics. Edição e tradução para o inglês de Edward Rochie Hardy (Philadelphia: Westminster, 1953). vol. 3.

_____ [IRENEU DE LIÃO]. *Contra as heresias*. Série Patrística (São Paulo: Paulus, 1997). vol. 4.

JAMES, Montague Rhodes. *The apocryphal New Testament* (Oxford: Clarendon, 1955).

JEROME [JERÔNIMO]. "Commentary on Matthew and Epist. 120 to Hedibia". In: HENNECKE, Edgar; SCHNEEMELCHER, Wilhelm, orgs. *Writings relating to the apostles, apocalypses and related subjects.* New Testament Apocrypha (Philadelphia: Westminster, 1963, 1965). vol. 2.

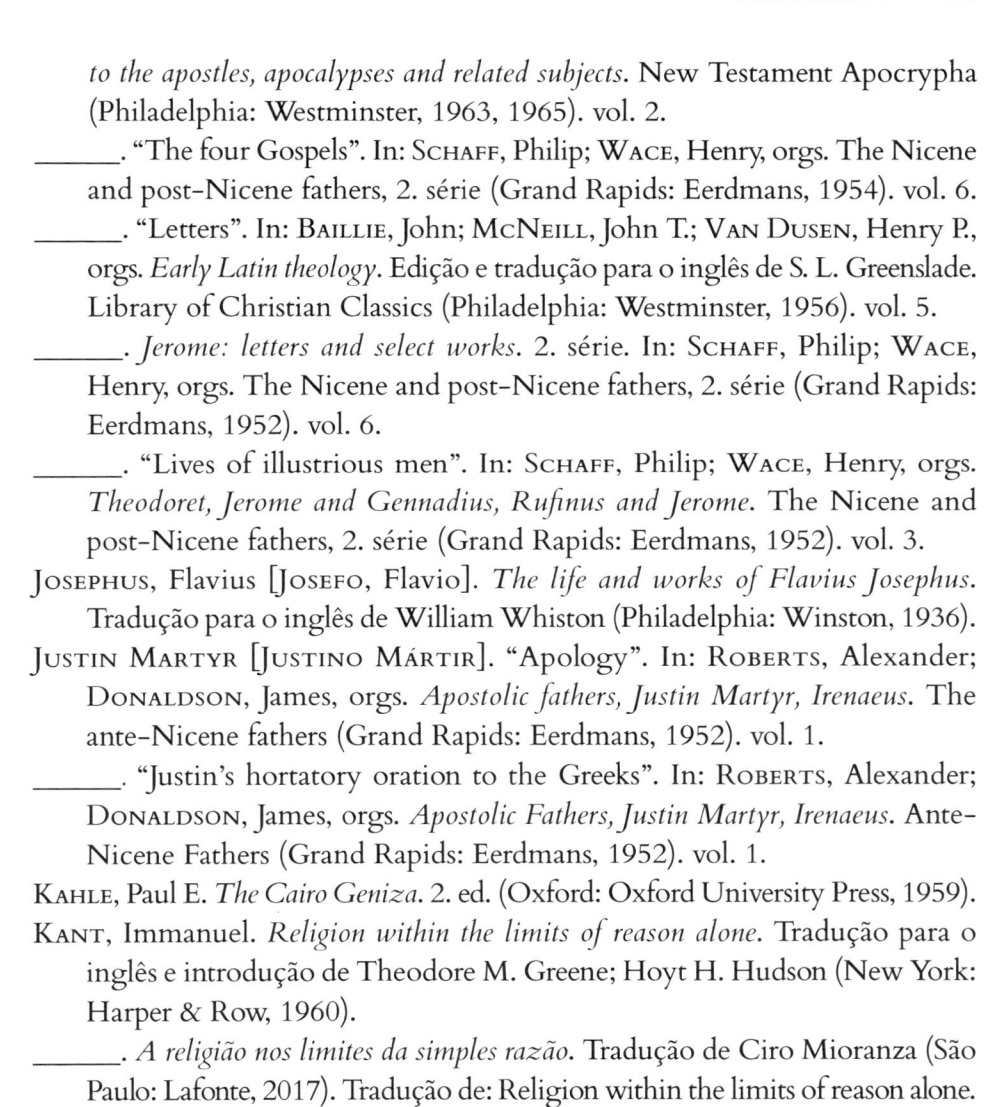

_____. "The four Gospels". In: SCHAFF, Philip; WACE, Henry, orgs. The Nicene and post-Nicene fathers, 2. série (Grand Rapids: Eerdmans, 1954). vol. 6.

_____. "Letters". In: BAILLIE, John; MCNEILL, John T.; VAN DUSEN, Henry P., orgs. *Early Latin theology.* Edição e tradução para o inglês de S. L. Greenslade. Library of Christian Classics (Philadelphia: Westminster, 1956). vol. 5.

_____. *Jerome: letters and select works.* 2. série. In: SCHAFF, Philip; WACE, Henry, orgs. The Nicene and post-Nicene fathers, 2. série (Grand Rapids: Eerdmans, 1952). vol. 6.

_____. "Lives of illustrious men". In: SCHAFF, Philip; WACE, Henry, orgs. *Theodoret, Jerome and Gennadius, Rufinus and Jerome.* The Nicene and post-Nicene fathers, 2. série (Grand Rapids: Eerdmans, 1952). vol. 3.

JOSEPHUS, Flavius [JOSEFO, Flavio]. *The life and works of Flavius Josephus.* Tradução para o inglês de William Whiston (Philadelphia: Winston, 1936).

JUSTIN MARTYR [JUSTINO MÁRTIR]. "Apology". In: ROBERTS, Alexander; DONALDSON, James, orgs. *Apostolic fathers, Justin Martyr, Irenaeus.* The ante-Nicene fathers (Grand Rapids: Eerdmans, 1952). vol. 1.

_____. "Justin's hortatory oration to the Greeks". In: ROBERTS, Alexander; DONALDSON, James, orgs. *Apostolic Fathers, Justin Martyr, Irenaeus.* Ante-Nicene Fathers (Grand Rapids: Eerdmans, 1952). vol. 1.

KAHLE, Paul E. *The Cairo Geniza.* 2. ed. (Oxford: Oxford University Press, 1959).

KANT, Immanuel. *Religion within the limits of reason alone.* Tradução para o inglês e introdução de Theodore M. Greene; Hoyt H. Hudson (New York: Harper & Row, 1960).

_____. *A religião nos limites da simples razão.* Tradução de Ciro Mioranza (São Paulo: Lafonte, 2017). Tradução de: Religion within the limits of reason alone.

KIERKEGAARD. Søren. *Concluding unscientific postscript.* Tradução para o inglês de David F. Swenson; Walter Lowrie (Princeton: Princeton University Press, 1941, 1963).

_____. *Johannes Climacus, philosophical fragments: or a fragment of philosophy.* Tradução para o inglês e introdução de David F. Swenson (Princeton: Princeton University Press, 1936).

LACTANTIUS [LACTÂNCIO]. *On the deaths of the persecutors,* capítulos 12 e 13, como publicado in: J. Stevenson, org., *A new Eusebius: documents illustrative of the history of the church to A.D. 337* (London, Reino Unido: SPCK, 1957).

LEITH, John H., org. *Creeds of the churches*. ed. rev. (Atlanta: John Knox, 1973).

The living Talmud. Organização e tradução para o inglês de Judah Goldin (Chicago: University of Chicago Press, 1957).

The London Confession of 1644. In: Oklahoma *Baptist Messenger* 58, n. 32 (August 1969): 3-8.

LUMPKIN, William L. *The Baptist Confession of Faith*. ed. rev. (Chicago: Judson, 1959).

LUTHER, Martin. *Luther's works*. Edição de E. Theodore Bachmann (Philadelphia: Muhlenberg, 1960).

_____ [LUTERO, MARTINHO]. *Martinho Lutero: obras selecionadas*. Tradução de Adolpho Schimidt; Eduardo Gross; Elisa L. Schulz; Luís H. Dreher; Walter O. Schlupp (São Leopoldo/Porto Alegre: Sinodal/Concórdia, 2003). 13 vols. Tradução de: Luther's works.

MANSCHRECK, Clyde L., org. *A history of Christianity* (Englewood Cliffs: Prentice-Hall, 1964). vol. 2: *Readings in the history of the church from the Reformation to the present*.

The manual of discipline. Tradução de P. Wernberg-Möller (Grand Rapids: Eerdmans, 1972).

MARX, Karl. *Zur Kritik der politischen Oekonomie*, publicado por Franz Duncker (Berlin, 1859).

_____. *Contribuição à crítica da economia política*. Tradução e introdução de Florestan Fernandes. 2. ed. (São Paulo: Expressão Popular, 2008). Tradução de: Zur Kritik der politischen Oekonomie.

The Masorah. Compilado dos manuscritos por C. D. Ginsburg (London, Reino Unido: British & Foreign Bible Society, 1926). 4 vols.

The Mishnah. Tradução para o inglês de Herbert Danby (Oxford: Oxford University Press, 1933; reimpr., 1958, 1983).

The New Hampshire declaration of faith. Conforme publicado in: Oklahoma *Baptist Messenger* 58, n. 32 (August 1969): 9-12.

ORIGEN [ORÍGENES]. "Commentary on Matthew". In: ROBERTS, Alexander; DONALDSON, James, orgs. *Tertullian, Minucius Felix, Commodian, Origen*. The ante-Nicene fathers (Grand Rapids: Eerdmans, 1952). vol. 4.

_____. "De Principiis". In: SCHAFF, Philip, org. *Tertullian, Minucius Felix, Commodian, Origen*. The ante-Nicene fathers (Grand Rapids: Eerdmans, s.d.). vol. 4.

_____ [ORÍGENES]. *Tratado sobre os princípios*. Tradução de João Eduardo Pinto Basto Lupi. Série Patrística (São Paulo: Paulus, 2012). vol. 30. Tradução de: De Principiis.

PAULUS, Heinrich. *Exegetisches Handbuch iiber die drei ersten Evangelien* (Heidelberg: C. F. Winter, 1830-1833). 3 vols.

_____. *Leben Jesu als Grundlage einer reinen Geschichte des Urchristenthums* (Heidelberg: C. F. Winter, 1828). 2 vols.

PETRY, Ray C.; MANSCHRECK, Clyde L., orgs. *A history of Christianity* (Englewood Cliffs: Prentice-Hall, 1962). vol 1: *Readings in the history of the early and medieval church*. 2 vols.

The Philadelphia Confession of Faith. 6. ed. [como publicado por Benjamin Franklin] (Philadelphia: Baptist Association, 1743).

PHILO [FÍLON]. Tradução para o inglês de F. H. Colson (Cambridge: Harvard University Press, 1941). vol. 9.

POLYCARP [POLICARPO]. "Philippians". In: ROBERTS, Alexander; DONALDSON, James, orgs. *Apostolic Fathers, Justin Martyr, Irenaeus*. The ante-Nicene fathers (Grand Rapids: Eerdmans, 1952). vol. 1.

REES, Thomas. *The Racovian Catechism. with notes and illustrations, translated from the Latin: to which is prefixed a sketch of the history of Unitarianism in Poland and adjacent countries* (London, Reino Unido: Longman, Hurst, Rees, Orme, and Brown, 1818; reimpr., Lexington: American Theological Library Association, 1962).

ROBERTS, Alexander; DONALDSON, James, orgs. *The ante-Nicene fathers* (1884-1886; reimpr., Grand Rapids: Eerdmans, 1956). 10 vols.

RODKINSON, Michael L. *The Babylonian Talmud* (1916).

SCHAFF, Philip, org. *The creeds of Christendom*. 6. ed. rev. e ampl. (New York: Harper, 1919). 3 vols.

_____, org. *The Nicene and post-Nicene fathers*. 1. série (1886-1894; reimpr., Grand Rapids: Eerdmans, 1952). 14 vols.

_____; WACE, Henry, orgs. *The ante-Nicene fathers* (Grand Rapids: Eerdmans, 1952). vols. 1 e 4.

_____; _____, orgs. *The Nicene and post-Nicene fathers*. 2. série (1890-1895; reimpr., Grand Rapids: Eerdmans, 1952). 12 vols.

The Schleitheim Confession of Faith. Edição de John C. Wenger. *Mennonite Quarterly Review* 19 (October 1945): 247-53.

The seven Ecumenical Councils. In: Schaff, Philip; Wace, Henry, orgs. The Nicene and post-Nicene fathers. Tradução para o inglês de Henry R. Percival (Grand Rapids: Eerdmans, 1952). vol. 14.

Simons, Menno. *The complete writings*. Tradução para o inglês de Leonard Verduin. Edição de John C. Wenger. Incluindo "A brief biography", por Harold Bender (Scottdale: Herald, 1956).

_____. "On the ban: questions and answers". In: Williams, George H.; Mergal, Angel M., orgs. *Spiritual and Anabaptist writers: documents illustrative of the radical Reformation*. Library of Christian Classics. Organização de John Baillie; John T. McNeill; Henry P. Van Dusen (Philadelphia: Westminster, 1957). vol. 25.

Spener, Philipp J. *Pia Desideria* (Philadelphia: Fortress, 1964; edição em brochura, 1974).

Spinoza, Benedict de. *The chief works of Benedict de Spinoza* (London, Reino Unido: George Bell, 1883). vol. 1: *Introduction, Tractatus Theologico-Politicus, Tractatus Politicus*.

Stevenson, J., org. *Creeds, councils, and controversies: documents illustrative of the history of the church A.D. 337-461* (London, Reino Unido: SPCK, 1966).

_____. *A new Eusebius: documents illustrative of the history of the church to A.D. 337* (London, Reino Unido: SPCK, 1957).

Stuart, Moses. *Critical history and defence of the Old Testament canon* (London, Reino Unido: Tegg, 1849).

Tertullian [Tertuliano]. "On the apparel of women". In: Roberts, Alexander; Donaldson, James, orgs. *Tertullian, Minucius Felix, Commodian, Origen*. The ante-Nicene fathers (Grand Rapids: Eerdmans, 1951). vol. 4.

_____. "On exhortation to chastity". In: Roberts, Alexander; Donaldson, James, orgs. *Tertullian, Minucius Felix, Commodian, Origen*. The ante-Nicene fathers (Grand Rapids: Eerdmans, 1951). vol. 4.

Thomas Aquinas. *Summa theologiae*. Edição de Thomas Gilby (New York: McGraw-Hill, 1964).

_____ [Tomás de Aquino]. *Suma teológica*. Tradução de Francisco Barbado Viejo (São Paulo: Loyola, 2001-2016). 9 vols. Tradução de: *Summa theologiae*.

Turretin, Francis. *The doctrine of Scripture: locus 2 of Institutio theologiae elencticae*. Edição e tradução para o inglês de John W. Beardslee III (Grand Rapids: Baker, 1981). O *Institutio theologiae elencticae* foi publicado em

3 vols. junto à obra *Disputationes as opera*, totalizando 4 vols. (Utrecht/Amsterdam: Jacobum a Poolsum, 1688, 1734; Edinburgh, 1847).

WATSON, Richard. *The works of Richard Watson* (London, Reino Unido: John Mason, 1834-1837). 12 vols.

WELLHAUSEN, Julius. *Die Geschichte Israels* (Berlin: Reimer, 1878). Traduzido para o inglês em 1883. Sua 2. ed. foi publicada como *Prolegomena zur Geschichte Israels* (Berlin: Reimer, 1883), em 2 vols.

_____. *Die Komposition des Hexateuchs und der historischen Bücher des Alten Testaments* (Berlin: Reimer, 1885).

WENGER, John C. "The Schleitheim Confession of Faith". *Mennonite Quarterly Review* 19 (October 1945): 247-53.

WESLEY, John. *The works of John Wesley* (London, Reino Unido: Wesleyan Conference Office, 1872; reimpr., Grand Rapids: Zondervan, 1986).

WYCLIFFE, John. *Wyclif-English sermons*. Edição de Herbert Winn (London, Reino Unido: Oxford University Press, 1929).

REFERÊNCIAS

ALAND, Kurt. *Bericht der Stiftung zur Förderung der neutestamentlichen Textforschung für die Jahre 1972 bis 1974* (Münster: 1974). p. 9-16.

_____. *Bericht der Stiftung zur Förderung der neutestamentlichen Textforschung für die Jahre 1975 und 1976* (Münster: 1977). p. 10-2.

_____. *Kurzgefaßte Liste der griechischen Handschriften des Neuen Testaments* (Berlin: De Gruyter, 1963).

_____. *Materialien zur neutestamentlichen Handschriften* (Berlin: De Gruyter, 1969). p. 1-37.

ALAND, Kurt; ALAND, Barbara. *Der Text des Neuen Testaments: Einführung in die wissenschaftlichen Ausgaben sowie in Theorie und Praxis der modernen Textkritik* (Stuttgart: Deutsche Bibelgesellschaft, 1982).

ANDERSON, Christopher. *Annals of the English Bible* (London, Reino Unido, 1945). 2 vols.

BAUER, Walter. *Griechisch-Deutsches Wörterbuch zu den Schriften des Neuen Testaments und der übrigen urchristlichen Literatur*. 4. ed. rev. ampl., 1952.

_____. *A Greek-English lexicon of the New Testament and other early Christian literature*. Tradução para o inglês de William F. Arndt; F. Wilbur Gingrich (Chicago: University of Chicago Press, 1957; 2. ed. rev., 1979). Tradução de:

Griechisch-Deutsches Wörterbuch zu den Schriften des Neuen Testaments und der übrigen urchristlichen Literatur.

BLAIKLOCK, E. M.; HARRISON, R. K., orgs. *The new international dictionary of biblical archaeology* (Grand Rapids: Zondervan, 1983).

British Museum (library) catalogue of printed books (1968-1975).

BROWN, Colin, org. *The new international dictionary of New Testament theology*. Traduzido de Lothar Coenen; Erich Beyreuther; Hans Bietenhard, orgs. *Theologisches Begriffslexikon zum Neuen Testament* (1967-1971) (Grand Rapids: Zondervan, 1975-1978). 3 vols.

_____. *Dicionário internacional de teologia do Novo Testamento*. Tradução de Gordon Chown (São Paulo: Vida Nova, 2000). 2 vols. Tradução de: The new international dictionary of New Testament theology.

The Catholic encyclopedia (New York: Appleton, 1907-1914; suplementos, 1921 e 1954). 16 vols., incluindo vol. com índice.

The Catholic encyclopedia for school and home (New York: Grolier, 1965). 13 vols.

COTTON, Henry. *Editions of the Bible and parts thereof in English, from the year MDV to MDCCL* (London, Reino Unido: Oxford University Press, 1852).

CROSS, F. L.; LIVINGSTONE, E. A., orgs. *The Oxford dictionary of the Christian church*. 2. ed. (London, Reino Unido: Oxford University Press, 1974).

DOUGLAS, J. D., org. *The new Bible dictionary* (Grand Rapids: Eerdmans, 1962).

_____. *O novo dicionário da Bíblia*. 3. ed. rev. Tradução de João Bentes (São Paulo: Vida Nova, 2006). Tradução de: The new Bible dictionary.

_____, org. *The new international dictionary of the Christian church*. ed. rev. (Grand Rapids: Zondervan, 1978).

EDWARDS, Tryon. *A dictionary of thoughts* (Detroit: Dickerson, 1904).

ELLICOTT, Charles John, org. *Ellicott's commentary of the whole Bible*. Introdução de Stanley Leaves (Grand Rapids: Zondervan, 1954). 8 vols.

ELWELL, Walter A., org. *Evangelical dictionary of theology* (Grand Rapids: Baker, 1984).

_____. *Enciclopédia histórico-teológica da igreja cristã*. 2. ed. Tradução de Gordon Chown (São Paulo: Vida Nova, 2009). Tradução de: Evangelical dictionary of theology.

Englishman's Greek concordance. 9. ed. (London, Reino Unido: S. Bagster, 1903).

GAEBELEIN, Frank E., org. *The Expositor's Bible commentary* (Grand Rapids: Zondervan, 1979ss.). 12 vols.

Gore, Philip Babcock, org. *Webster's third international dictionary* (Springfield: Merriam, 1961).

Hammond, N. G. L.; Scullard, H. H., orgs. *The Oxford classical dictionary*. 2. ed. (Oxford: Clarendon, 1970).

Harrison, Everett F., org. *Baker's dictionary of theology* (Grand Rapids: Baker, 1960).

Hastings, James, org. *A dictionary of the Bible* (New York: Scribner's, 1909). 4 vols e vol. extra.

Hastings, James et al., orgs. *Encyclopedia of religion and ethics* (New York: Scribner's, 1908-1926). 13 vols.

Herbert, A. S. *Historical catalogue of printed editions of the English Bible, 1525-1961: revised and expanded from the edition of T. H. Darlow and H. F. Moule, 1903* (London, Reino Unido/New York: British and Foreign Bible Society/American Bible Society, 1968).

Hills, Margaret T. *A ready-reference history of the English Bible*. ed. rev. (New York: American Bible Society, 1962).

_____. *A ready-reference history of the English Bible*. Revisão de Elizabeth Eisenhart (New York: American Bible Society/New York Public Library, 1971).

_____, org. *The English Bible in America: a bibliography of editions of the Bible and the New Testament published in America, 1777-1957* (New York: American Bible Society/New York Public Library, 1961).

Historical catalogue of the printed editions of Holy Scripture in the library of the British and Foreign Bible Society. Organização de T. H. Darlow; H. F. Moule (London, Reino Unido, 1903; reimpr., New York: Kraus, 1963). 2 vols.

The Jewish encyclopedia. Edição de Singer (New York: Funk & Wagnalls, 1904; reimpr., Ktav, 1964). 12 vols.

Keil, C. [Karl] F.; Delitzsch, Franz. *Commentary on the Old Testament*. Tradução para o inglês de James Martin et al. (Grand Rapids: Eerdmans, muitas reimpressões). 25 vols.

Kittel, Gerhard, org. *Theological dictionary of the New Testament*. Tradução para o inglês e edição de Geoffrey W. Bromiley (Grand Rapids: Eerdmans, 1964-1976).

Kraeling, Emil G., org. *The Rand-McNally Bible atlas* (New York: RandMcNally, 1956).

Lange, John Peter. *Commentary on the Holy Scriptures: critical, doctrinal and homiletical*. Tradução do alemão para o inglês e edição com acréscimos de Philip Schaff (Grand Rapids: Zondervan, 1960). 24 vols. em 12.

Lewis, John. *A complete history of several translations of the Holy Bible and New Testament into English*. "Appendix: A list of various editions of the Bible and parts thereof in English: 1526-1800". Trata-se da continuação de Archbishop William Newcome, *A historical view of English Bible translations* (London: s.ed., 1818).

Loetscher, Lefferts A., org. *The twentieth-century encyclopedia of religious knowledge* (Grand Rapids: Baker, 1955). 15 vols.

Moulton, J. H. *A grammar of New Testament Greek* (Edinburgh: T&T Clark, 1908; reimpr., 1949). vol. 1: *Prolegomena*.

Moulton, J. H.; Howard, W. F. *A grammar of New Testament Greek* (Edinburgh: T&T Clark, 1919-1929). vol. 2: *Accidence and word-formation, with an appendix on semiticisms*.

Moulton, J. H.; Milligan, G[eorge]. *The vocabulary of the Greek Testament: illustrated from the papyri and other non-literary sources* (Grand Rapids: Eerdmans, 1914-1930).

Murray, James Augustus Henry et al. *A new English dictionary on historical grounds* (Oxford: Clarendon, 1888-1923). 10 vols. em 13.

The new Catholic encyclopedia (New York: McGrawHill, 1967). 15 vols. e índice.

Nicoll, W. Robertson, org. *The Expositor's Greek New Testament* (1887ss.; reimpr., Grand Rapids: Eerdmans, 1951). 5 vols.

Orr, James, org. *International standard Bible encyclopedia*. ed. rev. (Grand Rapids: Eerdmans, 1943). 5 vols.

Pfeiffer, Charles F.; Vos, Howard F.; Rea, John. *Wycliffe Bible encyclopedia* (Chicago: Moody, 1975). 2 vols.

_____; _____; _____. *Dicionário bíblico Wycliffe*. Tradução de Degmar Ribas Júnior (Rio de Janeiro: CPAD, 2012). Tradução de: Wycliffe Bible encyclopedia.

Pope, Hugh. *English versions of the Bible* (New York: B. Herder, 1952; rev. ampl. de Sebastian Bullough, Westport: Greenwood, 1972).

Strong, Augustus H. *Systematic theology* (Grand Rapids: Revell, 1907). 3 vols. em 1.

_____. *Teologia sistemática*. Tradução de Augusto Victorino (São Paulo: Hagnos, 2003). 2 vols. Tradução de: Systematic theology.

Thayer, Joseph Henry. *A Greek-English lexicon of the New Testament* (New York: American Book Company, 1889).

THOMAS, Robert L., org. *New American Standard exhaustive concordance of the Bible* (Nashville: Holman, 1981).

THOMPSON, Edward Maunde. *A handbook of Greek and Latin paleography* (Chicago: Argonaut, 1966).

YUST, Walter, org. *Encyclopedia Britannica* (Chicago: Encyclopedia Britannica, 1954).

ARTIGOS, CAPÍTULOS E TESES

ALBRIGHT, William F. "A biblical fragment from the Maccabean Age: the Nash Papyrus". *Journal of Biblical Literature* 56 (1937): 145-76.

_____. "The elimination of king So". *Bulletin of the American Schools of Oriental Research* 171 (October 1963).

_____. "Recent discoveries in Palestine and the Gospel of St. John". In: DAVIES, William D.; DAUBE, D., orgs. *The background of the New Testament and its eschatology* (Cambridge: Cambridge University Press).

_____. "Toward a more conservative view". *Christianity Today*. 18 January 1963. p. 3 (359).

ALLISON, Leon M. "The doctrine of Scripture in the theology of John Calvin and Francis Turretin" (tese de mestrado, Princeton Theological Seminary, 1958).

BAHNSEN, Greg L. "The inerrancy of the autographa". In: GEISLER, Norman L., org. *Inerrancy* (Grand Rapids: Zondervan, 1980).

BAINTON, Roland H. "The Bible in the Reformation". In: GREENSLADE, S. L., org. *The Cambridge history of the Bible* (Cambridge: Cambridge University Press, 1963). vol. 3: *The West from the Reformation to the present day*.

BARIDON, Michel. "Lumières et Enlightenment Faux parallèle ou vrai mouvement philosophique?". *Dix-huitième siècle* 10 (1978): 45-69.

BECK, W. David. "Agnosticism: Kant". In: GEISLER, Norman L., org. *Biblical errancy: an analysis of its philosophical roots* (Grand Rapids: Zondervan, 1981).

"Biblical Inspiration and Interpretation". *Review and Expositor* [Thematic issue] (Spring 1974).

BIGGS, Robert. "The Ebla Tablets: an interim perspective". *Biblical Archaeologist* 43, n. 2 (Spring 1980): 76-86.

BIRDSALL, J. N. "The New Testament text". In: ACKROYD, P. R., org. *The Cambridge history of the Bible* (Cambridge: Cambridge University Press, 1970). vol. 1: *From the beginnings to Jerome*.

BOCK, Darrell L. "Textual criticism notes" (Dallas: Dallas Theological Seminary, 1984).

CARNELL, Edward John. "The problem of religious authority". *His* magazine, February 1950.

CARTER, J. E. "American Baptist confessions of faith: a review of confessions of faith adopted by major Baptist bodies in the United States". In: ESTEP, William R, org. *The Lord's free people in a free land: essays in Baptist history in honor of Robert A. Baker* (Fort Worth: Southwestern Baptist Theological Seminary, 1976).

CLARK, Gordon H. "Bultmann's historiography". In: HENRY, Carl F. H., org. *Jesus of Nazareth: Saviour and Lord* (Grand Rapids: Eerdmans, 1966).

CLARK, Kenneth W. "The making of the twentieth century New Testament". *Bulletin of the John Rylands Library* (1955).

COLWELL, E. C.; FEE, Gordon. "A critique of N. W. Pickering's *The identity of the New Testament text: a review article*". *Westminster Theological Journal* 41 (1979).

_____. "Modern textual criticism and the revival of the Textus Receptus". *Journal of the Evangelical Theological Society* 21 (1978).

_____. "Modern textual criticism and the Majority Text: a rejoinder". *Journal of the Evangelical Theological Society* 21 (1978).

_____. "Scribal habits in early papyri: a study of the corruption of the text". In: HYATT, J. P. org. *The Bible in modern scholarship* (London, Reino Unido: Carey Kingsgate, 1965). p. 370-89.

CORDUAN, Winfred. "Hegelian themes in contemporary theology". *Journal of the Evangelical Theological Society* 22, n. 4 (December 1979).

CROSS, F. M. "The contribution of the Qumran discoveries to the study of the biblical text. *Israel Exploration Journal* 16 (1966): 81-95.

CROSS, Frank Moore, Jr. "New directions in Dead Sea Scroll research". *Bible Review* 1:2 (Summer 1985): 12-25; 1:3 (Fall 1985): 26-35.

CULVER, Robert D. "The Old Testament as messianic prophecy". *Bulletin of the Evangelical Theological Society* 7, n. 3 (1964).

DAGG, John Leadly. "The inspiration of Bible". In: *The evidences of Christianity* (Macon: J. W Burke, 1869).

DAHOOD, Mitchell. "Afterward: Ebla, Ugarit, and the Bible". In: PETTINATO, Giovanni. *The archives at Ebla: an empire inscribed in clay* (Garden City: Doubleday, 1981).

Dyck, Cornelius J. "Ebla Update". Artigos em *Biblical Archaeology Review* (1977ss.).

Estep, W. R. "Balthasar Hubmaier: martyr without honor". *Baptist History and Heritage* 13, n. 2 (April 1978): 5-10.

Fee, Gordon D. "The textual criticism of the New Testament". In: Gaebelein, Frank E., org., *The Expositor's Bible commentary* (Grand Rapids: Zondervan, 1979). vol. 1: *Introductory articles: general, Old Testament, New Testament*.

Field, Clyde W. "The myth of NIV superiority: unanswered critique of NIV's abuse of the Critical Greek Text of the Gospel of John" (folheto publicado pelo autor, Cape May: Shelton College, 1984).

Ford, Lewis. "Biblical recital and Process Philosophy". *Interpretation* 26, n. 2 (April 1972).

Foster, Lewis. "The earliest collection of Paul's Epistles". *Bulletin of the Evangelical Theological Society* 10, n. 1 (Winter 1967).

Gelb, Ignace J. "Thoughts about Ebla: a preliminary evaluation, March 1977". *Syro-Mesopotamian Studies* 1, n. 1 (May 1977): 1-30.

Geisler, Norman L. "Bible manuscripts". In: Pfeiffer, Charles F.; Vos, Howard F.; Rea, John, orgs. *Wycliffe Bible encyclopedia* (Chicago: Moody, 1975). 2 vols.

_____. "The extent of the Old Testament canon". In: Hawthorne, Gerald F., org. *Current issues in biblical and Patristic interpretation* (Grand Rapids: Eerdmans, 1975).

_____. "Inerrancy and free will: a reply to the brothers Basinger". *The Evangelical Quarterly* 57, n. 4 (October 1985): 349-53.

_____. "Meaning and purpose: the cart and the horse". *Grace Theological Journal* (1984).

Gerstner, John H. "Jonathan Edwards and the Bible". *Tenth: An Evangelical Quarterly* 9, n. 4 (October 1979).

_____. "The view of the Bible held by the church: Calvin and the Western divines". In: Geisler, Norman L., org. *Inerrancy* (Grand Rapids: Zondervan, 1980).

Goedicke, Hans. "The end of 'So', king of Egypt". *Bulletin of the American Schools of Oriental Research* 171 (October 1963).

Goshen-Gottstein, Moshe. "Biblical manuscripts in the United States". *Textus* 3 (1962).

Grounds, Vernon. "Postulate of Paradox". *Bulletin of the Evangelical Theological Society* 7, n. I (1964).

GUTHRIE, Donald. "The historical and literary criticism of the New Testament". In: GAEBELEIN, Frank E., org., *The Expositor's Bible commentary* (Grand Rapids: Zondervan, 1979). vol. I: *Introductory articles: general, Old Testament, New Testament.*

HABERMAS, Gary R. "Skepticism: Hume". In: GEISLER, Norman L., org. *Biblical errancy: an analysis of its philosophical roots* (Grand Rapids: Zondervan, 1981).

HARGREAVES, Henry. "The Wycliffe versions", in "The vernacular Scriptures". In: LAMPE, G. W. H., org., *The Cambridge history of the Bible* (Cambridge: Cambridge University Press, 1969). vol. 2: *The West from the fathers to the Reformation.*

HARRIS, R. Laird. "Was the Law and the Prophets two-thirds of the Old Testament canon?". *Bulletin of the Evangelical Theological Society* 9, n. 4 (Fall 1966).

HARRISON, Everett F. "*Gemeindetheologie*: the bane of gospel criticism". In: HENRY, Carl F., org. *Jesus of Nazareth: Saviour and Lord* (Grand Rapids: Eerdmans, 1966).

HARRISON, R. K. "Historical and literary criticism of the Old Testament". In: GAEBELEIN, Frank E., org. *The Expositor's Bible commentary* (Grand Rapids: Zondervan, 1979). vol. I: *Introductory articles: general, Old Testament, New Testament.*

HATCH, W. H. P. "The origin and meaning of the term 'uncial'". *Classical Philology* 30 (1935).

HENRY, Carl F. H. "Cross-currents in contemporary theology". In: HENRY, Carl F. H., org. *Jesus of Nazareth: Saviour and Lord* (Grand Rapids: Eerdmans, 1966).

HILLS, Russell Paul. "A brief introduction to New Testament textual criticism containing a defense of the Majority Text" (tese de doutorado, California Graduate School, 1985).

HODGES, Zane C. "The critical text and the Alexandrian family in Revelation". *Bibliotheca Sacra* 119 (1962): 129-38.

_____. "A defense of the Majority-Text, a revised edition of a paper originally called 'Introduction to the Textus Receptus', with mathematical formulations by David M. Hodges" (notas de aula, Dallas Theological Seminary, s.d.).

_____. "The ecclesiastical text of revelation — Does it exist?". *Bibliotheca Sacra* 125 (1962): 335-45.

_____. "Form-criticism and the resurrection accounts". *Bibliotheca Sacra* 124 (1967): 339-48.

_____. "Modern textual criticism and the Majority Text: a response". *Journal of the Evangelical Theological Society* 21 (1978).

_____. "Modern textual criticism and the Majority Text: a surrejoinder". *Journal of the Evangelical Theological Society* 21 (1978).

_____. "The text of *Aleph* in the Apocalypse" (dissertação de mestrado, Dallas Theological Seminary, 1958).

_____. "The woman taken in adultery (John 7:53—8:11): the text". *Bibliotheca Sacra* 163 (1979): 318-32.

HOLMES, Michael W. "The 'Majority Text debate': new form of an old issue". *Themelios* 8.2 (January 1983): 13-9.

HOSKIER, H. G. "Evan. 157 (Rome Vat. Urb. 2)". *Journal of Theological Studies* 14 (1913).

JASTROW, Robert. "A scientist caught between two faiths". *Christianity Today*, 6 August 1982.

KANTZER, Kenneth S. "Calvin and the Holy Scriptures". In: WALVOORD, John F., org. *Inspiration and interpretation* (Grand Rapids: Eerdmans, 1957).

_____. "Redaction criticism: is it worth the risk?". *Christianity Today*, 18 October 1985: 55-66.

KAUFMANN, Walter A. "The Hegel myth and its method". *Philosophical Review* 60 (1951): 459-86.

KILPATRICK, G. D. "An eclectic study of the text of Acts". In: BIRDSALL, J. N.; THOMSON, R. W., orgs. *Biblical and Patristic Studies in memory of R. P. Casey* (Freiburg: Herder, 1963).

_____. "The Greek New Testament Text of today and the Textus Receptus". In: ANDERSON, H.; BARCLAY, W., orgs., *The New Testament in historical and contemporary perspective: essays in memory of G. H. C. MacGregor* (Oxford: Oxford University Press, 1965).

KING, Marchant A. "Notes on the Bodmer manuscript of Jude and 1 and 2 Peter". *Bibliotheca Sacra* 121, n. 481 (1964).

_____. "The text of I Peter in Papyrus 72". *Journal of Biblical Literature* 90 (September 1961).

KORSMEYER, Jerry. "A resonance model for Revelation". *Process Studies* (1976).

LEONARD, R. C. "The origin of canonicity in the Old Testament" (tese de doutorado, Boston University Press, 1972).

Lewis, John. "Appendix: A list of various editions of the Bible and parts thereof in English, 1526-1800". In: *A complete history of several translations of the Holy Bible and New Testament into English*, publicado para W. Baynes (London, 1818).

Lods, Adolphe. "Astruc et la critique biblique de son temps". *Revue d' histoire et de philosophie religieuses* (1924): 123-7.

Loomer, Bernard. "A response to David R. Griffin". *Encounter* 36, n. 4 (Autumn 1975).

Lyon, Robert W. "Re-examination of Codex Ephraemi Rescriptus". *New Testament Studies* 5 (1959).

Mallard, William. "John Wycliffe and the tradition of biblical authority". *Church History* 30 (1961): 50-60.

Marshall, I. Howard. "Jesus in the Gospels". In: Gaebelein, Frank E., org. *The Expositor's Bible commentary* (Grand Rapids: Zondervan, 1979). vol. 1: *Introductory articles: general, Old Testament, New Testament*.

Martin, Ralph P. "The new quest of the historical Jesus". In: Henry, Carl F. H., org. *Jesus of Nazareth: Saviour and Lord* (Grand Rapids: Eerdmans, 1966), p. 23-45.

McCarter, P. Kyle. "The early diffusion of the alphabet". *Biblical Archaeologist* 37, n. 3 (September 1974): 54-8.

McGonigal, Terence P. "'Every Scripture is inspired': an exegesis of 2 Timothy 3:16-17". *Studia Biblica et Theologica* 8 (April 1978): 53-64.

Metzger, Bruce M. "The Jehovah's witnesses and Jesus Christ: a biblical and theological appraisal". *Theology Today* 10 (April 1953).

Merrill, Eugene. "Ebla and biblical historical inerrancy". *Bibliotheca Sacra* 140, n. 560 (October 1983): 302-21.

Millard, A. R. "The practice of writing in ancient Israel". *Biblical Archaeologist* 35, n. 4 (December 1972): 98-111.

Montgomery, John Warwick. "Lessons from Luther on the inerrancy of Holy Writ". In: Montgomery, John Warwick, org. *God's inerrant Word: an international symposium on the trustworthiness of Scripture* (Minneapolis: Bethany Fellowship, 1973).

Moo, Douglas J. "Gospel origins: a reply to J. W. Wenham". *Trinity Journal* [s.n.] 2, n . 1 (1981): 24-36.

Mueller, Gustav E. "The legend of 'thesis-antithesis-synthesis'". *Journal of the History of Ideas* 19, n. 3 (June 1958): 411-4.

Nettles, Tom J. "Baptists and Scripture". In: Hannah, John D., org. *Inerrancy and the church* (Chicago: Moody, 1984).

Nicole, Roger R. "Introduction". In: Hodge, Archibald A.; Warfield, Benjamin B. *Inspiration* (Grand Rapids: Presbyterian Board of Publication, 1881; reimpr., Baker, 1979).

Nix, William E. "The doctrine of inspiration since the Reformation". *Journal of the Evangelical Theological Society* 25, n. 4 (December 1982): 443-54.

_____. "The doctrine of inspiration since the Reformation, part II: changing climates of opinion". *Journal of the Evangelical Theological Society* 27, n. 4 (December 1984): 439-57.

_____. "Joshua"; "Judges"; " 1 Chronicles"; "2 Chronicles". In: Criswell, W. A., org. *The Criswell Study Bible* (Nashville: Thomas Nelson, 1979).

_____. "Theological presuppositions and sixteenth-century English Bible translations". *Bibliotheca Sacra* 124, n. 493 (January-March 1967): 42-50; 124, n. 494 (April-June 1967): 117-24.

_____. "Versions, ancient and medieval". In: Pfeiffer, Charles F.; Vos, Howard F.; Rea, John, orgs. *Wycliffe Bible encyclopedia* (Chicago: Moody, 1975).

Ogden, Shubert. "The authority of Scripture for theology". *Interpretation* 30, n. 3 (July 1976).

_____. "On Revelation". In: Deschner, John et al., orgs. *Our common history as Christians: essays in honor of Albert C. Outler* (New York: Oxford University Press, 1975).

Packer, J. I. "Calvin's view of Scripture". In: Montgomery, John Warwick, org. *God's inerrant word: an international symposium on the trustworthiness of Scripture* (Minneapolis: Bethany Fellowship, 1973).

_____. "On the adequacy of human language". In: Geisler, Norman L., org. *Inerrancy* (Grand Rapids: Zondervan, 1980).

Payne, J. Barton. "The validity of numbers in Chronicles". *Bulletin of the Near East Archaeological Society* [s.n.] 11 (1978): 5-58.

Pei, Mario A. "The world's chief languages". In: *Encyclopedia Britannica*. 4. ed. (1954).

Phillips, Timothy R. "The argument for inerrancy: an analysis". *Journal of the American Scientific Affiliation* 31 (January 1979): 80-8.

Pickering, Wilbur N. "An evaluation of the contribution of John William Burgon to New Testament textual criticism" (dissertação de mestrado, Dallas Theological Seminary, 1968). Uma forma editada dessa dissertação apareceu in: FULLER, David Otis, org. *True or false?* (Grand Rapids: International, 1973).

_____. "'Queen Anne...' and all that: a response". *Journal of the Evangelical Theological Society* 21 (1978).

ROWLEY, H. H. "How not to translate the Bible". *Expository Times* 65 (November 1953).

_____. "The interpretation of the Song of Songs". *Journal of Theological Studies* 38 (1937).

Ste. Croix, E. M. de. "Aspects of the 'great' persecution". *Harvard Theological Review* 47 (1954).

SANDEEN, Ernest. "The Princeton theology: one source of biblical literalism in American Protestantism". *Church History* 31 (September 1962).

SCHIPPERS, Reinier. "Paul and the computer". *Christianity Today*, 4 December 1964.

SILVA, Moises. "Ned B. Stonehouse and redaction criticism, part I: the witness of the Synoptic witnesses to Christ". *The Westminster Journal* 40 (1977/1978): 77-88.

_____. "Ned B. Stonehouse and redaction criticism, part II: the historicity of the Synoptic tradition". *The Westminster Journal* 40 (1977/1978): 281-303.

SKEHAN, Patrick W. "Exodus in the Samaritan recension from Qumran". *Journal of Biblical Literature* (1955).

SKILTON, John Hamilton. "The translation of the New Testament into English, 1881-1950: studies in language and style" (tese de doutorado, University of Pennsylvania Press, 1961). 2 vols.

SPARKS, H. F. D. "Jerome as biblical scholar". In: ACKROYD, P. R.; EVANS, C. F., orgs. *The Cambridge history of the Bible* (Cambridge: Cambridge University Press, 1970). vol. 1: *From the beginnings to Jerome*.

STREETER, B. H. "Codices 157, 1071, and the Caesarean Text". *Quantualacumque, Studies Presented to Kirsopp Lake* (1937).

TAYLOR, Richard A. "Queen Anne resurrected? A review article". *Journal of the Evangelical Theological Society* 20 (1977).

_____. "'Queen Anne' revisited: a rejoinder". *Journal of the Evangelical Theological Society* 21 (1978).

THOMAS, Robert L. "An investigation of the agreements between Matthew and Luke against Mark". *Journal of the Evangelical Theological Society* 19 (1976): 103-12.

Thomas, Robert L.; Gundry, Stanley N. "Form criticism". In: Thomas, Robert L.; Gundry, Stanley N., orgs., *A harmony of the Gospels with explanations and essays: using the text of the New American Standard Bible* (Chicago: Moody, 1978; San Francisco: Harper & Row, 1985).

_____. "Redaction criticism". In: Thomas, Robert L.; Gundry, Stanley N., orgs. *A harmony of the Gospels with explanations and essays: using the text of the New American Standard Bible* (Chicago: Moody, 1978; San Francisco: Harper & Row, 1985).

_____. "Source criticism". In: Thomas, Robert L.; Gundry, Stanley N., orgs. *A harmony of the Gospels with explanations and essays: using the text of the New American Standard Bible* (Chicago: Moody, 1978; San Francisco: Harper & Row, 1985).

Trever, J. C. "The discovery of the scrolls". *Biblical Archaeologist* 11 (September 1948).

Van der Valk, M. "Observations on Mark 16:9-20 in relation to St. Mark's Gospel". *Humanitas* (1958).

Waltke, Bruce K. "The textual criticism of the Old Testament". In: Gaebelein, Frank E., org. *The Expositor's Bible commentary* (Grand Rapids: Zondervan, 1979). vol. 1: *Introductory articles: general, Old Testament, New Testament*.

Ware, Kallistos. "A note on theology in the Christian East: the eighteenth to twentieth centuries". In: Cunliffe-Jones, Hubert; Drewery, Benjamin (colaboração), orgs. *A history of Christian doctrine: in succession to the earlier work of G. P. Fisher publisher in the International Theological Library Series* (Philadelphia: Fortress, 1978).

Wenham, Gordon. "1. History and the Old Testament". In: Brown, Colin, org. *History, criticism and faith: four exploratory studies* (Downers Grove: InterVarsity, 1976).

Wenham, John W. "Gospel origins". *Trinity Journal* [s.a.] 7 (1978): 112-34.

_____. "Gospel origins: a rejoinder". *Trinity Journal* [s.n.] 2, n. 1 (1981): 37-9.

Wikgren, Allen P. "Papyri, biblical and early Christian". In: Loetscher, Lefferts A., org. *The twentieth century encyclopedia of religious knowledge*. vol. K-Z (Grand Rapids: Baker, 1955).

Wiles, M. F. "Theodore of Mopsuestia as representative of the Antiochene School". In: Ackroyd, P. R.; Evans, C. F., orgs., *The Cambridge history of the Bible* (Cambridge: Cambridge University Press, 1970). vol. 1: *From the beginnings to Jerome*.

WILSON, Robert Dick. "Scientific biblical criticism". *Princeton Theological Review* 17 (1919): 190-240.

WISEMAN, D. J. "Archaeology and the Old Testament". In: GAEBELEIN, Frank E., org. *The Expositor's Bible commentary* (Grand Rapids: Zondervan, 1979). vol. 1: *Introductory articles: general, Old Testament, New Testament*.

WITMER, John A. "The biblical evidence for the verbal-plenary inspiration of the Bible". *Bibliotheca Sacra* 121, n. 483 (1964).

WOODBRIDGE, John D. "Biblical authority: towards an evaluation of the Rogers McKim proposal". Review article. *Trinity Journal* [s.n.] 1, n. 2 (Fall 1980).

_____. "The 'great manuscript chase', the Eucharistic controversy and Richard Simon". Monografia lida na 31.a reunião anual do Evangelical Theological Society, de 27 a 29 de dezembro de 1978.

_____. "Recent interpretations of biblical authority". *Bibliotheca Sacra* 142, n. 565-568 (1985): 3-15, 99-113, 195-208, 292-305.

YAMAUCHI, Edwin M. "Unearthing Ebla's ancient secrets". *Christianity Today*, May 1981: 18-21.

_____. "The word from Nag Hammadi". *Christianity Today*, 13 January 1978.

YOUNG, Edward J. "The authority of the Old Testament". In: STONEHOUSE, Ned B.; WOOLLEY, Paul, orgs. *The infallible Word* (Philadelphia: Presbyterian Guardian, 1946).

LIVROS

ABRAHAM, William J. *Divine revelation and the limits of historical criticism* (Oxford: Oxford University Press, 1982).

ACHTEMEIER, Paul J. *The inspiration of Scripture: problems and proposals* (Philadelphia: Westminster, 1980).

ACKROYD, P. R., org. *The Cambridge history of the Bible* (Cambridge: Cambridge University Press, 1970). vol. 1: *From the beginnings to Jerome*.

AHLSTROM, Sidney E., org. *Theology in America: the major Protestant voices from Puritanism to Neo-Orthodoxy* (Indianapolis: Bobbs-Merrill, 1967).

ALBRIGHT, William P. *Archaeology of Palestine* (Baltimore: Penguin, 1960).

_____. *Archaeology and the religion of Israel* (Baltimore: Johns Hopkins, 1953).

_____. *From the Stone Age to Christianity*. 2. ed (Garden City: Doubleday, 1957).

_____. *Recent discoveries in Bible lands* (New York: Funk & Wagnalls, 1956).

ALLEGRO, John M. *The treasure of the Copper Scroll*. 2. ed. rev. (Garden City: Doubleday, 1965).

ANCHOR, Robert. *The Enlightenment tradition* (New York: Harper & Row, 1967; reimpr. atual. (Berkeley: University of California Press, 1979).
ANDERSON, Charles C. *Critical quests of Jesus* (Grand Rapids: Eerdmans, 1969).
ANDERSON, H.; BARCLAY, W., orgs. *The New Testament in historical and contemporary perspective: essays in Honor of G. H. C. MacGregor* (Oxford: Oxford University Press, 1965).
ANDREWS, Herbert T. *An introduction to the apocryphal books of the Old and New Testaments*. Revisão e edição de Charles P. Pfeiffer (Grand Rapids: Baker, 1964).
ANGUS, Joseph. *The Bible handbook*. Revisão de Samuel G. Green (Grand Rapids: Zondervan, 1952).
_____. *História, doutrina e interpretação da Bíblia*. Tradução de J. Santos Figueiredo (São Paulo: Hagnos, 2004). Tradução de: The Bible handbook.
ARCHER, Gleason L., Jr. *Encyclopedia of Bible difficulties* (Grand Rapids: Zondervan, 1982).
_____. *Enciclopédia de temas bíblicos: respostas às principais dúvidas, dificuldades e "contradições" da Bíblia*. 2. ed. Tradução de Oswaldo Ramos (São Paulo: Vida, 2002). Tradução de: Encyclopedia of Bible difficulties.
_____. *A survey of Old Testament introduction*. ed. rev. (Chicago: Moody, 1974).
_____. *Panorama do Antigo Testamento*. 4. ed. rev. ampl. Tradução de Gordon Chown (São Paulo: Vida Nova, 2012). Tradução de: A survey of Old Testament introduction.
ARNDT, W. *Bible difficulties: an examination of passages of the Bible alleged to be irreconcilable with inspiration* (St. Louis: Concordia, 1971).
_____. *Does the Bible contradict itself? A discussion of alleged contradictions in the Bible*. 5. ed. rev. (St. Louis: Concordia, 1955).
BABCOX, Neil. *A search for Charismatic reality* (Portland: Multnomah, 1985).
BAILEY, Lloyd R., org. *The Word of God: a guide to English versions of the Bible* (Atlanta: John Knox, 1982).
BAILLIE, Donald MacPherson. *God was in Christ* (New York: Scribner's, 1948).
BAILLIE, John. *The idea of revelation in recent thought* (New York: Columbia University Press, 1956).
BARNSTONE, Willis, org. *The other Bible* (San Francisco: Harper & Row, 1984).
BARON, S. W.; BLAU, J. L. *Judaism: postbiblical and talmudic period*. The Library of Liberal Arts (Indianapolis: Bobbs-Merrill, 1954). vol. 135.
BARR, James. *Fundamentalism* (Philadelphia: Westminster, 1977, 1978).

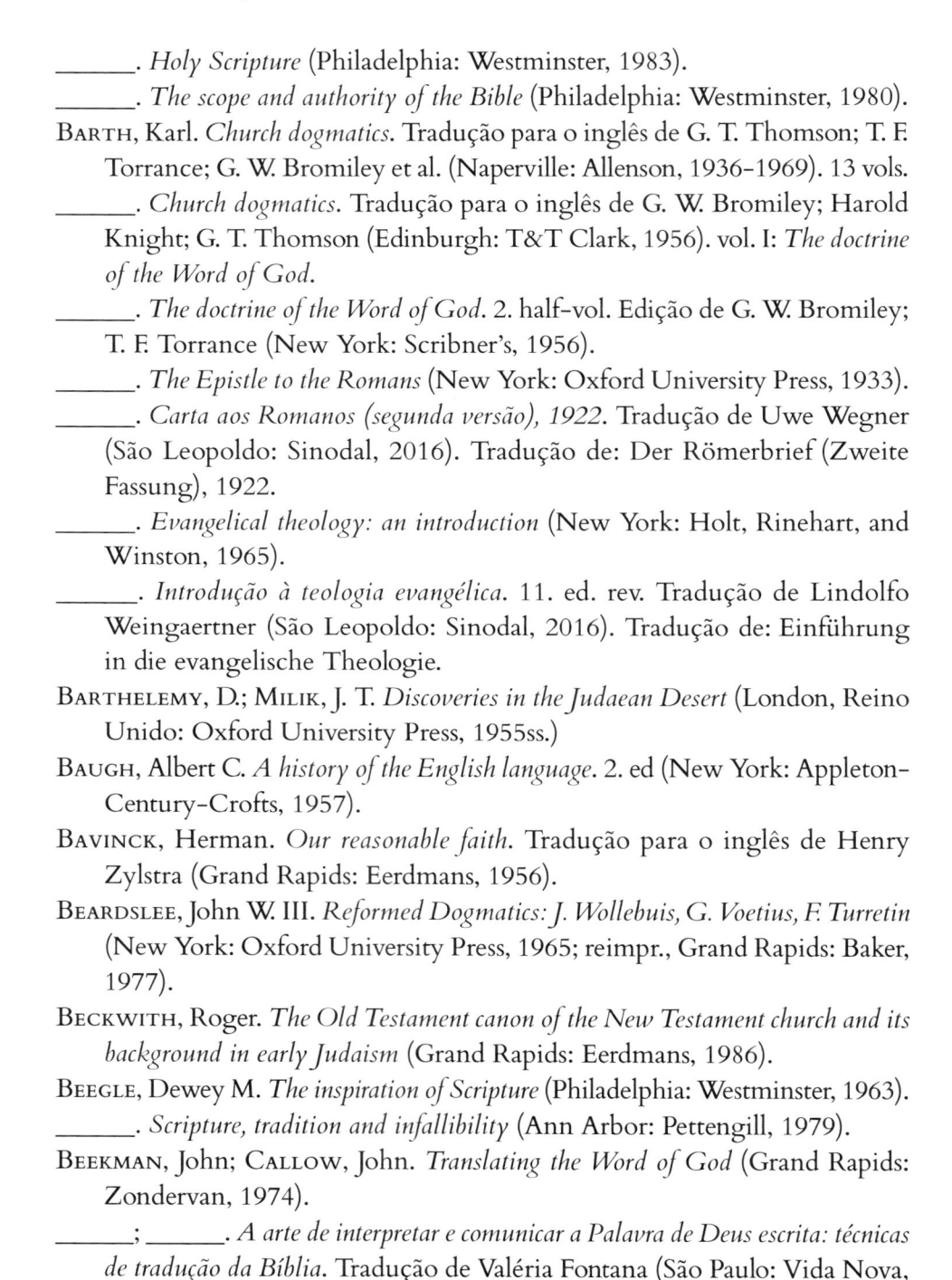

_____. *Holy Scripture* (Philadelphia: Westminster, 1983).
_____. *The scope and authority of the Bible* (Philadelphia: Westminster, 1980).
BARTH, Karl. *Church dogmatics*. Tradução para o inglês de G. T. Thomson; T. F. Torrance; G. W. Bromiley et al. (Naperville: Allenson, 1936-1969). 13 vols.
_____. *Church dogmatics*. Tradução para o inglês de G. W. Bromiley; Harold Knight; G. T. Thomson (Edinburgh: T&T Clark, 1956). vol. I: *The doctrine of the Word of God*.
_____. *The doctrine of the Word of God*. 2. half-vol. Edição de G. W. Bromiley; T. F. Torrance (New York: Scribner's, 1956).
_____. *The Epistle to the Romans* (New York: Oxford University Press, 1933).
_____. *Carta aos Romanos (segunda versão), 1922*. Tradução de Uwe Wegner (São Leopoldo: Sinodal, 2016). Tradução de: Der Römerbrief (Zweite Fassung), 1922.
_____. *Evangelical theology: an introduction* (New York: Holt, Rinehart, and Winston, 1965).
_____. *Introdução à teologia evangélica*. 11. ed. rev. Tradução de Lindolfo Weingaertner (São Leopoldo: Sinodal, 2016). Tradução de: Einführung in die evangelische Theologie.
BARTHELEMY, D.; MILIK, J. T. *Discoveries in the Judaean Desert* (London, Reino Unido: Oxford University Press, 1955ss.)
BAUGH, Albert C. *A history of the English language*. 2. ed (New York: Appleton-Century-Crofts, 1957).
BAVINCK, Herman. *Our reasonable faith*. Tradução para o inglês de Henry Zylstra (Grand Rapids: Eerdmans, 1956).
BEARDSLEE, John W. III. *Reformed Dogmatics: J. Wollebuis, G. Voetius, F. Turretin* (New York: Oxford University Press, 1965; reimpr., Grand Rapids: Baker, 1977).
BECKWITH, Roger. *The Old Testament canon of the New Testament church and its background in early Judaism* (Grand Rapids: Eerdmans, 1986).
BEEGLE, Dewey M. *The inspiration of Scripture* (Philadelphia: Westminster, 1963).
_____. *Scripture, tradition and infallibility* (Ann Arbor: Pettengill, 1979).
BEEKMAN, John; CALLOW, John. *Translating the Word of God* (Grand Rapids: Zondervan, 1974).
_____; _____. *A arte de interpretar e comunicar a Palavra de Deus escrita: técnicas de tradução da Bíblia*. Tradução de Valéria Fontana (São Paulo: Vida Nova, 1992). Tradução de: Translating the Word of God.

Bell, Richard. *Introduction to the Qu'ran* (Edinburgh: Edinburgh University Press, 1953).
Berkhof, Louis. *The history of Christian doctrines* (Grand Rapids: Eerdmans, 1937).
_____. *A história das doutrinas cristãs*. Tradução de João Marques Bentes; Gordon Chown (São Paulo: PES, 1992). Tradução de: The history of Christian doctrines.
Berkouwer, G. C. *Holy Scripture*. Tradução para o inglês de Jack Rogers (Grand Rapids: Eerdmans, 1975).
Bermant, Chaim; Weitzman, Michael. *Ebla: an archaeological enigma* (London, Reino Unido: Weidenfeld and Nicholson, 1979).
Bewer, Julius A. *The literature of the Old Testament in its historical development*. Records of Civilization: Sources and Studies (New York, 1922; 2. ed., 1933).
Birdsall, J. N.; Thomson, R. W., orgs. *Biblical and Patristic studies in memory of R. P. Casey* (Freiburg: Herder, 1963).
Bloesch, Donald G. *Essentials of Evangelical theology* (San Francisco: Harper & Row, 1978). vol. I: *God, authority, and salvation*.
Boer, Harry R. *Above the battle? The Bible and its critics* (Grand Rapids: Eerdmans, 1975, 1976, 1977).
Boice, James Montgomery, org. *The foundation of biblical authority* (Grand Rapids: Zondervan, 1978).
Bornkamm, Günther. *Jesus of Nazareth*. Tradução para o inglês de I. McLuskey; F. McLuskey; J. M. Robinson (New York: Harper & Row, 1960).
_____; Barth, G.; Held, H. J. *Tradition and interpretation in Matthew*. Tradução para o inglês de P. Scott (London, Reino Unido: SCM, 1963).
Briggs, Charles Augustus. *The higher criticism of the Hexateuch* (1893).
Brinton, Crane. *Ideas and men: the story of Western thought*. 2. ed. (Englewood Cliffs: Prentice-Hall, 1963).
Bromiley, Geoffrey W. *Historical theology: an introduction* (Grand Rapids: Eerdmans, 1978).
Brown, Colin. *Philosophy & the Christian faith: a historical sketch from the middle ages to the present day* (Downers Grove: InterVarsity, 1968).
_____. *Filosofia e fé cristã: um esboço histórico desde a Idade Média até o presente*, 2. ed. rev. Tradução de Gordon Chown (São Paulo: Vida Nova, 2007). Tradução de: Philosophy & the Christian faith.
_____, org. *History, criticism and faith: four exploratory studies* (Downers Grove: InterVarsity, 1976).

Brown, Delwin; James Jr., Ralph E.; Reeves, Gene, orgs. *Process philosophy and Christian thought* (Indianapolis: Bobbs-Merrill, 1971).

Brownlee, William Hugh. *The meaning of the Qumran Scrolls for the Bible* (New York: Oxford University Press, 1964).

Bruce, F. F. *The books and the parchments*. ed. rev. (Westwood: Revell, 1963).

_____. *The English Bible: a history of translations*. 3. ed. (New York: Oxford University Press, 1978).

_____. *The New Testament documents: are they reliable?* (Grand Rapids: Eerdmans, 1965).

_____. *Merece confiança o Novo Testamento?*, 3. ed. rev. Tradução de Waldyr Carvalho Luz (São Paulo: Vida Nova, 2010). Tradução de: The New Testament documents.

_____. *Second thoughts on the Dead Sea Scrolls* (Grand Rapids: Eerdmans, 1956).

_____; Simpson, Edmund Kidley. *Commentary on the Epistles to the Ephesians and Colossians* (Grand Rapids: Eerdmans, 1957).

Brunner, Emil. *The Christian doctrine of God*. Tradução para o inglês de Olive Wyon (London, Reino Unido: Lutterworth, 1949).

_____. *The Word of God and modern man*. Tradução para o inglês de David Cairns (Richmond: John Knox, 1964).

_____. *The Mediator*. Tradução para o inglês de Olive Wyon (Philadelphia: Westminster, 1947).

_____. *Revelation and reason*. Tradução para o inglês de Olive Wyon (Philadelphia: Westminster, 1946).

Brunner, Emil. *Theology of crisis* (New York: Scribner's, 1929).

_____. *Teologia da crise*. Tradução de Paulo Arantes (Novo Século, 2000). Tradução de: Theology of crisis.

Bryant, Margaret M. *Modern English and its heritage* (New York: Macmillan, 1948).

Buhl, Franz, P. W. *The canon and text of the Old Testament* (Edinburgh: T&T Clark, 1892).

Bultmann, Rudolf [Rudolph Karl]. *History of the Synoptic tradition*. Tradução para o inglês de J. Marsh (New York: Harper & Row, 1963).

_____. *Jesus Christ and mythology* (New York: Scribner's, 1958).

_____. *Theology of the New Testament*. Tradução para o inglês de K. Grobel (London, Reino Unido: SPCK, 1952-1955). 2 vols.

_____. *Teologia do Novo Testamento*. Tradução de Ilson Kayser (São Paulo: Teológica, 2004). Tradução de: Theology of the New Testament.

_____; KUNDSIN, Karl. *Form Criticism: two essays on New Testament research*. Tradução para o inglês de Frederick C. Grabt (New York: Willett, Clark & Co., 1934).

BURGON, John W. *The last twelve verses of the Gospel according to St. Mark* (Marshallton: Sovereign Grace, 1959).

BURKILL, T. A. *The evolution of Christian thought* (Ithaca: Cornell University Press, 1970).

BURROWS, Millar. *The Dead Sea Scrolls* (New York: Viking, 1955).

_____. *More light on the Dead Sea Scrolls* (New York: Viking, 1958).

_____. *What mean these stones?* (New Haven: American Schools of Oriental Research, 1941).

BURTCHAELL, James Tunstead. *Catholic theories of biblical inspiration since 1810* (Cambridge: Cambridge University Press, 1960).

BURTNER, Robert W.; CHILES, Robert E. *A compend of Wesley's theology* (Nashville: Abingdon, 1954).

BUSH, L. Russ; NETTLES, Tom J. *Baptists and the Bible* (Chicago: Moody, 1980).

BUTTERFIELD, Herbert. *The origins of modern science*. ed. rev. (New York: Macmillan, 1957).

CAMPENHAUSEN, Henry von. *The foundation of the Christian Bible*. Tradução para o inglês de J. A. Baker (Philadelphia: Fortress, 1972).

CARNELL, Edward John. *The case for orthodox theology* (Philadelphia: Westminster, 1959).

CARROLL, B. H. *The inspiration of the Bible*. Organização e edição de J. B. Cranfill. Introdução e notas de Paige Patterson (Nashville: Nelson, 1980; edição original: 1930).

CARSON, D. A. *The King James Version debate: a plea for realism* (Grand Rapids: Baker, 1979).

_____. *Redaction criticism: the nature of an interpretive tool* (Carol Stream: Christianity Today Institute, 1985).

CASSIRER, Ernst. *The philosophy of the Enlightenment* (Boston: Beacon, 1964), reimpr. da tradução de 1951, de Fritz C. A. Koelln; James P. Pettegrove, *Die Philosophie der Aufkliirung* (Tübingen: Mohr, 1932).

_____. *A filosofia do Iluminismo*. Tradução de Álvaro Cabral (Campinas: Ed. Unicamp, 1994). Tradução de: The philosophy of the Enlightenment.

CHASE, Mary Ellen. *Life and language in the Old Testament* (New York: Norton, 1955).

CHEYNE, T. K. *Aids to the devout study of criticism* (New York: Thomas Whittaker, 1892).

CHILDS, Brevard S. *Introduction to the Old Testament as Scripture* (Philadelphia: Fortress, 1979).

_____. *Introduction to the New Testament as canon* (Philadelphia: Fortress, 1984).

CHRISTIANSEN, Michael J. *C. S. Lewis on Scripture: his thoughts on the nature of biblical inspiration, the role of revelation and the question of inerrancy* (Waco: Word, 1979).

CLARK, Gordon, H. et al. *Can I trust my Bible?* (Chicago: Moody, 1963).

_____. *God's hammer: the Bible and its critics* (Jefferson: Trinity Foundation, 1982).

CLARK, H. W. *History of English nonconformity from Wiclif to the close of the nineteenth century* (1911). 2 vols.

COATES, George W.; BURKE, O. Long, orgs. *Canon and authority: essays in Old Testament religion and theology* (Philadelphia: Fortress, 1977).

COLLETT, Sidney. *All about the Bible* (Westwood: Revell, 1959).

CONZELMANN, Hans. *The theology of Luke.* Tradução para o inglês de G. Buswell (London, Reino Unido: SCM, 1959).

COPLESTON, Frederick. *A history of philosophy* (Garden City: Doubleday/Image, 1959). vol. 5: *Modern philosophy: the British philosophers, part 1, Hobbes to Paley.*

COSS, Thurman L. *Secrets from the caves* (Nashville: Abingdon, 1963).

CROSS JR., Frank Moore. *The ancient library of Qumran and modern biblical studies* (Garden City: Doubleday, 1958).

CULLMANN, Oscar. *The Christology of the New Testament* (London, Reino Unido: SCM, 1959).

_____. *Cristologia do Novo Testamento.* Tradução de Daniel de Oliveira; Daniel Costa (São Paulo: Hagnos, 2008). Tradução de: Die Christologie des Neuen Testaments.

CUMONT, Franz. *Textes et Monuments figurés relatifs aux Mystères de Mithra* (Bruxelles: 1896, 1899; tradução para o inglês de T. J. McCormick (London, Reino Unido, 1903). 2 vols.

CUNLIFFE-JONES, Hubert, org. *A history of Christian doctrine: in succession to the earlier work of G. P. Fisher published in the International Theological Library Series.* Benjamin Drewery (colaboração) (Philadelphia: Fortress, 1980).

DAVIDSON, Samuel. *Introduction to the Old Testament* (London, Reino Unido, 1862).

_____. *The Hebrew text of the Old Testament* (London, Reino Unido, 1856).

_____. *The canon of the Bible*. 2. ed. (London, Reino Unido, 1877).
DAVIES, William D.; DAUBE, D., orgs. *The background of the New Testament and its eschatology* (Cambridge: Cambridge University Press, 1956).
DAVIS, G. T. B. *Bible prophecies fulfilled today* (Philadelphia: Million Testaments Campaigns, 1955).
DAVIS, Stephen T. *The debate about the Bible: inerrancy versus infallibility* (Philadelphia: Westminster, 1977).
DĀWŪD, Ibn Abi. *Materials for the history of the text of the Qur'an*. Edição de Arthur Jeffrey (Leiden: Brill, 1937).
DEISSMANN, Gustav Adolf. *Light from the ancient East*. Tradução para o inglês de L. R. M. Strachan (New York: Harper, 1923).
DELUMEAU, Jean. *Le catholicisme entre Luther et Voltaire*. Publicada na série Nouvelle Clio—Clio (1971).
_____. *Catholicism between Luther and Voltaire: a new view of the Counter-Reformation*. Tradução para o inglês de Jeremy Moiser (London, Reino Unido: Bums & Oates, 1977). Tradução de: Le catholicisme entre Luther et Voltaire.
DEMAREST, Bruce. *General revelation: historical views and contemporary issues* (Grand Rapids: Zondervan, 1983).
DESCHNER, John et al., orgs. *Our common history as Christians: essays in honor of Albert C. Outler* (New York: Oxford University Press, 1975).
DEVREESE, Robert. *Introduction a l' etude des manuscrits grecs* (Paris, 1954).
DEWEY, John. *The influence of Darwin on philosophy & other essays* (New York: Holt, 1910; reimpr., Magnolia: Peter Smith, s.d.).
DEWOLF, L. Harold. *The case for theology in liberal perspective* (Philadelphia: Westminster, 1959).
DIBELIUS, Martin. *From tradition to gospel*. 2. ed. Tradução para o inglês de B. L. Woolf (London, Reino Unido: Nicholson & Watson, 1934; edição original em alemão: 1919).
DIETRICH, Karl. *Untersuchen zur Geschichte der griechischen Sprache von der hellenistichen Zeit bis zum 10. Jahrhundert nach Christus* (Researches on the History of the Greek Language from the Hellenistic Period to the Tenth Century A.D.) (Leipzig: Teubner, 1898).
DODD, C. H. *The authority of the Bible* (London, Reino Unido, 1928).
_____. *The Bible to-day* (Cambridge: Cambridge University Press, 1968).
DRAPER JR., James T. *Authority: the critical issue for Southern Baptists* (Old Tappan: Revell, 1984).

Driver, Samuel R. *Introduction to the Literature of the Old Testament* (Edinburgh, 1891).

Dyck, Cornelius J., org. *An introduction to Mennonite history: a popular history of the Anabaptists and the Mennonites* (Scottdale: Herald, 1967).

_____. *Uma introdução à história menonita: uma história popular dos anabatistas e dos menonitas*. Tradução de Rosely Dyck (Campinas: Cristã Unida, 1992). Tradução de: An introduction to Mennonite history.

Eissfeldt, Otto. *The Old Testament: an introduction* (New York: Harper & Row, 1965).

Elliott, J. K. *The Greek Text of the Epistles to Timothy and Titus* (Salt Lake City: University of Utah Press, 1968).

Enslin, Morton S. *Christian beginnings* (New York: Harper, 1938).

Epp, E. J. *The theological tendency of Codex Bezae Cantabrigiensis* (Cambridge: Cambridge University Press, 1966).

Erickson, Millard J. *Christian theology* (Grand Rapids: Baker, 1983-1985). 3 vols.

_____. *Teologia sistemática*. Tradução de Robinson Malkomes; Tiago Abdalla Teixeira Neto; Valdemar Kroker (São Paulo: Vida Nova, 2015). Tradução de: Christian theology.

Estep, W. R. *The Anabaptist story*. ed. rev. (Nashville: Broadman, 1963).

_____. *A história dos anabatistas: uma introdução ao anabatismo do século XVI*. 3. ed. rev. ampl. Tradução de Oscar E. Carrivale (São Paulo: Monte Sião, 2017). Tradução de: The Anabaptist story.

Evans, William. *The great doctrines of the Bible* (Chicago: Moody, 1949).

Ewert, David. *From ancient tablets to modern translations: a general introduction to the Bible* (Grand Rapids: Zondervan, 1983).

Farmer, William F. *The last twelve verses of Mark* (London, Reino Unido: Cambridge University Press, 1974).

Farmer, William R. *The Synoptic problem* (New York: Macmillan, 1964).

Ferm, Robert O. *The psychology of Christian conversion* (Westwood: Revell, 1959).

Finegan, Jack. *Light from the ancient past*. 2. ed. (Princeton: Princeton University Press, 1959).

Fosdick, Harry Emerson. *A guide to understanding the Bible* (New York: Harper & Brothers, 1938).

_____. *A great time to be alive* (New York: Harper & Brothers, 1944).

_____. *Modern use of the Bible* (New York: Association, 1926).

FRANCKE, Hermann. *A guide to the reading and study of the Holy Scriptures* (Philadelphia: David Hogan, 1823).

FREE, Joseph P. *Archeology and Bible history*. 5. ed. rev. (Wheaton: Scripture, 1956).

FREND, W. H. C. *Martyrdom and persecution in the Early Church* (Oxford: Oxford University Press; New York: New York University Press, 1967).

FUCHS, Ernst. *Studies on the historical Jesus* (London, Reino Unido: SCM, 1964).

FULLER, David Otis, org. *True or false? The Westcott-Hort textual theory examined* (Grand Rapids: Grand Rapids International Publications, 1973).

_____, org. *Which Bible?* 5. ed. (Grand Rapids: Grand Rapids International Publications, 1975).

GAEBELEIN, Frank E., org. *The Expositor's Bible commentary* (Grand Rapids: Zondervan, 1979). vol. 1: *Introductory articles: general, Old Testament, New Testament*. 12 vols.

GASQUE, W. Ward; LASOR, William Sanford, orgs. *Scripture, tradition, and interpretation* (Grand Rapids: Eerdmans, 1978).

GAY, Peter. *The Enlightenment: an interpretation* (New York: Vintage, 1966-1969). 2 vols.

_____. *The party of humanity: essays in the French Enlightenment* (New York: W. W. Norton, 1971).

_____. *Voltaire's politics: the poet and realist* (New York: Vintage, 1971).

GEISLER, Norman L. *Biblical errancy: an analysis of its philosophical roots* (Grand Rapids: Zondervan, 1981).

_____. *Christ: the theme of the Bible* (Chicago: Moody, 1968).

_____. *Christian apologetics* (Grand Rapids: Baker, 1976).

_____. *Inerrancy* (Grand Rapids: Zondervan, 1980).

_____. *Inerrância: uma sólida defesa da infalibilidade das Escrituras*. Tradução de A. G. Mendes (São Paulo: Vida, 2003). Tradução de: Inerrancy.

_____. *Miracles and modern thought* (Grand Rapids: Zondervan, 1982).

_____. *Summit II: hermeneutics* (Oakland: International Conference on Biblical Inerrancy, 1983).

GLADSTONE, W. E. *The impregnable rock of Holy Scripture* (London, Reino Unido: George Newnes, 1899).

GLASSMAN, Eugene H. *The translation debate, what makes a Bible translation good?* (Downers Grove: InterVarsity, 1981).

GLEUCK, Nelson. *Rivers in the desert: a history of the Negev* (New York: Farrar, Strauss & Cudahy, 1959).

GLICKMAN, S. Craig. *A song for lovers* (Downers Grove: InterVarsity, 1976).

GONZÁLEZ, Justo L. *A history of Christian thought* (Nashville: Abingdon, 1975). vol. 3: *From the Reformation to the twentieth century*.

_____. *Uma história do pensamento cristão*. Tradução de Vanusa Helena Freire de Mattos (São Paulo: Cultura Cristã, 2004). vol. 3: *Da Reforma Protestante ao século 20*. Tradução de: A history of Christian thought.

GOOCH, George Peabody. *History and historians in the nineteenth century* (New York: Longmans, Green & Co., 1913).

GORE, C. *The incarnation of the Son of God* (1891).

GRANT, Robert M. *The secret sayings of Jesus* (Garden City: Doubleday, 1960).

GREEN, William H. *General introduction to the Old Testament: the canon* (New York: Scribner's, 1899).

GREENLEE, J. Harold. *An introduction to New Testament textual criticism* (Grand Rapids: Eerdmans, 1964).

GREENSLADE, S. L., org. *The Cambridge history of the Bible* (Cambridge: Cambridge University Press, 1963). vol. 3: *The West from the Reformation to the present day*.

GREGORY, Caspar René. *Canon and text of the New Testament* (Edinburgh: T&T Clark, 1907; reimpr., New York: Scribner's, 1912).

GRIFFITH-THOMAS, W. H. *The principles of theology: introduction to the Thirty-Nine Articles*. 5. ed. (Grand Rapids: Baker, 1880; reimpr., 1977).

GUNDRY, Robert. *Matthew: a commentary on his literary and theological art* (Grand Rapids: Eerdmans, 1982).

GUTHRIE, Donald. *New Testament introduction: the Gospels and Acts* (London, Reino Unido: Tyndale, 1965).

_____. *New Testament introduction: Hebrews to Revelation* (Downers Grove: InterVarsity, 1966).

HACKETT, Stuart Cornelius. *The resurrection of theism*. 2. ed. (Grand Rapids: Baker, 1982).

HAENCHEN, Ernst. *Acts of the Apostles*. Tradução para o inglês de B. Noble; G. Shinn. Revisão de R. McL. Wilson (Philadelphia: Westminster, 1971).

HALEY, John W. *An examination of the alleged discrepancies of the Bible* (Grand Rapids: Baker, 1951).

HALL, A. R. *The scientific revolution 1500-1800: the formation of the modern scientific attitude*. 2. ed. (Boston: Beacon, 1966).

HALLER, William. *The rise of Puritanism* (New York: Columbia University Press, 1938; reimpr., New York: Harper Torchbook, 1957).

HANNAH, John D., org. *Inerrancy and the church* (Chicago: Moody, 1984).

HARNACK, Adolf. *What is Christianity?* Tradução para o inglês de Thomas Bailey Saunders (New York: Putnam, 1901).

HARRIS, R. Laird. *Inspiration and canonicity of the Bible* (Grand Rapids: Zondervan, 1957).

HARRISON, Everett F. *Introduction to the New Testament* (Grand Rapids: Eerdmans, 1964).

HARRISON, R. K. *Introduction to the Old Testament* (Grand Rapids: Eerdmans, 1969).

_____; WALTKE, B. K.; GUTHRIE, D.; FEE, G. D. *Biblical criticism: historical, literary and textual* (Grand Rapids: Zondervan, 1978).

HASEL, Gerhard. *New Testament theology: basic issues in the current debate* (Grand Rapids: Eerdmans, 1978).

_____. *Teologia do Novo Testamento: questões fundamentais no debate atual*. Tradução de Jussara M. P. Simões Arias (Rio de Janeiro: Juerp, 1988). Tradução de: New Testament theology.

_____. *Old Testament theology: basic issues in the current debate*. 3. ed. rev. ampl. (Grand Rapids: Eerdmans, 1972, 1982).

_____. *Teologia do Antigo Testamento: questões fundamentais no debate atual*. Tradução de Cesar de F. A. Bueno Vieira (Rio de Janeiro: Juerp, 1992). Tradução de: Teologia do Antigo Testamento.

HAWTHORNE, Gerald F., org. *Current issues in biblical and Patristic interpretation* (Grand Rapids: Eerdmans, 1975).

HAZARD, Paul. *The European mind. 1680-1715*. Tradução para o inglês de J. L. May (Cleveland: Meridian, 1963).

_____. *European thought in the eighteenth century: from Montesquieu to Lessing*. Tradução para o inglês de J. L. May (Cleveland: Meridian, 1963).

HEFLEY, James C. *The truth in crisis: the controversy in the Southern Baptist convention* (Dallas: Criterion, 1986).

HENRY, Carl F. H. *God, revelation and authority* (Waco: Word, 1976). vol. 2: *God who speaks and shows: fifteen theses, part one*.

_____. *Deus, revelação e autoridade: o Deus que fala e age*. Tradução de Estevan Kirschner; William Lane (São Paulo: Hagnos, 2017). vol. 2. Tradução de: God, revelation and authority.

_____. *God, revelation and authority* (Waco: Word, 1979). vol. 3: *God who speaks and shows: fifteen theses, part two*.

_____. *God, revelation and authority* (Waco: Word, 1979). vol. 4: *God who speaks and shows: fifteen theses, part three*.

_____, org. *Jesus of Nazareth: Saviour and Lord* (Grand Rapids: Eerdmans, 1966).

_____. *Revelation and the Bible* (Grand Rapids: Baker, 1958).

HERKLOTS, Hugh G. G. *How our Bible came to us* (New York: Oxford University Press, 1954).

HILLS, Edward F. *The King James Version defended!* (Des Moines: Christian Research, 1956).

HOARE, H. W. *The evolution of the English Bible*. 2. ed. (London, Reino Unido: Murray, 1902).

HODGE, Archibald A.; WARFIELD, Benjamin B. *Inspiration* (Philadelphia: Presbyterian Board of Publication, 1881; reimpr., Grand Rapids: Baker, 1979). Roger R. Nicole forneceu ou escreveu uma introdução e vários apêndices para esta reimpressão, publicados anteriormente como um artigo no *Presbyterian Review* 2 (April 1881): 225-60.

HODGE, Charles. *Systematic theology* (New York: Scribner's, 1872; reimpr., Grand Rapids: Eerdmans, 1940). 3 vols.

_____. *Teologia sistemática*. Tradução de Valter Martins (São Paulo: Hagnos, 2001). Tradução de: Systematic theology.

HOEHNER, Harold W. *Chronological aspects of the life of Christ* (Grand Rapids: Zondervan, 1978).

HOPF, Constantin. *Martin Bucer and the English Reformation* (Oxford: Basil Blackwell, 1946).

HORDERN, William. *The case for a new Reformation theology* (Philadelphia: Westminster, 1959).

HORNE, Thomas. *An introduction to the critical study and knowledge of the Holy Scriptures*. 8. ed. (London, Reino Unido, 1856).

HOWIE, Robert, org. *The Westminster doctrine anent Holy Scripture: tractates by A. A. Hodge and Warfield, with notes on recent discussions* (Glasgow: Bryce, 1891).

JAUNCEY, James H. *Science returns to God* (Grand Rapids: Zondervan, 1961).

JEREMIAS, Joachim. *Unknown sayings of Jesus*. 2. ed. (London, Reino Unido: SPCK, 1957; reimpr., Naperville: Allenson, 1964).

JESPERSEN, Otto. *Growth and structure of the English language*. 9. ed. (Garden City: Doubleday, 1955).

JEWITT, Paul K. *Man as male and female* (Grand Rapids: Eerdmans, 1975).

JOHNSTON, Robert K. *The use of the Bible in theology* (Atlanta: John Knox, 1985).

JONES, A. H. M. *Constantine and the conversion of Europe* (New York: Macmillan, 1948).

KANTZER, Kenneth S.; GUNDRY, Stanley N., orgs. *Perspectives on Evangelical theology* (Grand Rapids: Baker, 1979).

KÄSEMANN, Ernst. *Essays on New Testament themes*. Tradução para o inglês de W. J. Montague (Naperville: Abingdon, 1985).

KAUFMANN, Walter A. *Hegel: a reinterpretation* (Garden City: Doubleday, 1965).

KELLY, J. N. D. *Early Christian doctrines* (San Francisco: Harper & Row, 1978).

_____. *Patrística: origem e desenvolvimento das doutrinas centrais da fé cristã*. Tradução de Márcio Loureiro Redondo (São Paulo: Vida Nova, 1994). Tradução de: Early Christian doctrines.

KELLY, Palmer H.; MILLER, Donald G., orgs. *Tools for Bible study* (Richmond: John Knox, 1956).

KELSEY, David H. *The uses of Scripture in recent theology* (Philadelphia: Fortress, 1975).

KENNY, Anthony. *The five ways: St. Thomas Aquinas' proof of God's existence* (New York: Schocken, 1969).

KENYON, Sir Frederic G. *Archaeology in the Holy Land* (New York: W. Norton, 1979).

_____. *The Bible and archaeology* (New York: Harper, 1940).

_____. *Handbook to the textual criticism of the New Testament*. 2. ed. (Grand Rapids: Eerdmans, 1912).

_____. *Our Bible and the ancient manuscripts*. 4. ed. Revisão de A. W. Adams (New York: Harper, 1958).

_____. *The text of the Greek Bible*. 3. ed. rev. ampl. por A. W. Adams (London, Reino Unido: Gerald Duckworth, 1975).

KHAYYAM, Omar. *Rubaiyat*. Tradução para o inglês de Edward FitzGerald (New York: Black, 1942).

KIKAWADA, Isaac M.; QUINN, Arthur. *Before Abraham was: the unity of Genesis I-II* (Nashville: Abingdon, 1985).

Kilby, Clyde S. *The Christian world of C. S. Lewis* (Grand Rapids: Eerdmans, 1964).
Kilgour, R. *The Bible throughout the world: a survey of Scripture translations* (London: World Dominion, 1939).
Kistemaker, Simon. *The Gospels in current study* (Grand Rapids: Baker, 1972).
Klein, R. W. *Textual criticism of the Old Testament* (Philadelphia: Fortress, 1977).
Kline, Meredith G. *The structure of biblical authority*. 2. ed. (Grand Rapids: Eerdmans, 1972).
Knappen, M. M. *Tudor Puritanism: a chapter in the history of idealism* (Chicago: University of Chicago Press, 1939).
Kramer, Samuel Noah. *History begins at Sumer* (New York: Doubleday, 1959).
Krentz, Edgar. *The historical-critical method* (Philadelphia: Fortress, 1975).
Kubo, Sakae; Specht, Walter F. *So many versions?: twentieth century English versions of the Bible*. ed. rev. ampl. (Grand Rapids: Zondervan, 1983).
Lampe, G. W. H., org. *The Cambridge history of the Bible* (Cambridge: Cambridge University Press, 1969). vol. 2: *The West from the Fathers to the Reformation*.
Larson, Mildred. *A manual for problem solving in Bible translation* (Grand Rapids: Zondervan, 1975).
Latourette, Kenneth Scott. *A history of Christianity* (New York: Harper, 1953).
_____. *Uma história do cristianismo*. Tradução de Héber Carlos de Campos (São Paulo: Hagnos, 2007), 2 vols. Tradução de: A history of Christianity.
Leach, Charles. *Our Bible: how we got it* (Chicago: Moody, 1897).
Leiman, Sid Z. *The canonization of Hebrew Scripture: the talmudic and midrashic evidence* (Hamdon: Transactions of the Connecticut Academy of Arts and Sciences/Archon, 1976).
_____, org. *The canon and Masorah of the Hebrew Bible: an introductory reader* (New York: KTAV, 1974).
Leupold, Herbert Carl. *Exposition of Ecclesiastes* (Columbus: Wartburg, 1952).
Levi, Peter. *The English Bible: 1534-1859* (Grand Rapids: Eerdmans, 1974).
Lewis, C. S. *Christian reflections* (Grand Rapids: Eerdmans, 1967).
_____. *Reflexões cristãs*. Tradução de Francisco Nunes (São Paulo: Thomas Nelson Brasil, 2019). Tradução de: Christian reflections.
_____. *Miracles* (New York: Macmillan, 1947).
_____. *Milagres: um estudo preliminar*. Tradução de Neyd Siqueira (São Paulo: Mundo Cristão, 1984). Tradução de: Miracles.
_____. *Reflections on the Psalms* (New York: Harcourt, Brace, 1958).

_____. *Lendo os Salmos*. Tradução de Jorge Camargo (Viçosa: Ultimato, 2018). Tradução de: Reflections on the Psalms.

Lewis, Gordon R.; Demarest, Bruce, orgs. *Challenges to inerrancy: a theological response* (Chicago: Moody, 1984).

Lewis, Jack P. *The English Bible from KJV to NIV: a history and evaluation* (Grand Rapids: Baker, 1982).

Lightfoot, J. B. *Saint Paul's Epistles to the Colossians and to Philemon* (Grand Rapids: Zondervan, 1965).

Lightfoot, Neil R. *How we got the Bible* (Grand Rapids: Baker, 1963).

Lindsell, Harold. *The battle for the Bible* (Grand Rapids: Zondervan, 1976).

_____. *The Bible in the balance* (Grand Rapids: Zondervan, 1979).

Loetscher, Lefferts A. *The broadening church: a study of theological issues in the Presbyterian church since 1869* (Philadelphia: University of Pennsylvania Press, 1954).

Lohse, Eduard. *The formation of the New Testament*. Tradução para o inglês, a partir da 3. ed. em alemão, de Eugene Boring (Nashville: Abingdon, 1981).

_____. *Introdução ao Novo Testamento*, 4. ed. (São Leopoldo: Sinodal, 1985). Tradução de: Die Entstehung des Neuen Testaments.

Longenecker, Richard N.; Tenney, Merrill C., orgs. *New dimensions in New Testament study* (Grand Rapids: Zondervan, 1974).

Lupton, Lewis. *A history of the Geneva Bible* (London, Reino Unido: Olive Tree, 1970s.). 7 vols.

MacGregor, Geddes. *The Bible in the making* (Philadelphia: Lippencott, 1959).

Machen, J. Gresham. *Christianity and liberalism* (Grand Rapids: Eerdmans, 1956).

Macquarrie, John. *Principles of Christian theology* (New York: Scribner's, 1966).

Maier, Gerhard. *The end of the historical-critical method*. Tradução para o inglês de Edwin W. Leverenz; Rudolph F. Norden (St. Louis: Concordia, 1974).

Manley, G. T., org. *The new Bible handbook*. 3. ed. (London, Reino Unido: InterVarsity, 1950).

Mansoor, Menahem. *The Dead Sea Scrolls* (Grand Rapids: Eerdmans, 1964).

Mackwardt, Albert. *Introduction to the English language* (New York: Oxford University Press, 1942).

Marshall, I. Howard. *Biblical inspiration* (Grand Rapids: Eerdmans, 1983).

_____. *I believe in the historical Jesus* (Grand Rapids: Eerdmans, 1977).

_____. *The Gospel of Luke: a commentary on the Greek text*. New International Greek Testament Commentary (Grand Rapids: Eerdmans, 1978).

_____. *Luke: historian and theologian* (Grand Rapids: Zondervan, 1970).

_____. *The origins of New Testament Christology* (Downers Grove: InterVarsity, 1976).

MARXEN, Willi. *Mark the Evangelist*. Tradução para o inglês de R. A. Harrisville (Nashville: Abingdon, 1969).

MATTHIAE, Paolo. *Ebla: an empire rediscovered*. Tradução para o inglês de Christopher Holme (Garden City: Doubleday, 1981).

MCDONALD, H. D. *Theories of revelation: an historical study, 1700-1960* (Grand Rapids: Baker/Twin Books Series, 1979). 2 vols. em 1.

MCDOWELL, Josh. *Evidence that demands a verdict* (San Bernardino: Campus Crusade/Here's Life, 1972, 1985).

_____. *Evidência que exige um veredito*. Tradução de Márcio Loureiro Redondo (São Paulo: Candeia, 2001). 2 vols. Tradução de: Evidence that demands a verdict.

MCKIM, Donald K., org. *The authoritative Word: essays on the nature of Scripture* (Grand Rapids: Eerdmans, 1983).

METZGER, Bruce M. *Chapters in the history of New Testament textual criticism* (Grand Rapids: Eerdmans, 1963).

_____. *The early versions of the New Testament: their origins, transmission and limitations* (Oxford: Clarendon, 1977).

_____. *An introduction to the Apocrypha* (New York: Oxford University Press, 1957).

_____. *Lessons from Luke in the Greek Gospel lectionary* (Chicago, 1944).

_____. *Manuscripts of the Greek Bible: an introduction to Greek paleography* (New York: Oxford University Press, 1981).

_____. *The text of the New Testament: its transmission, corruption, and restoration* (New York: Oxford University Press, 1964).

_____. *A textual commentary on the Greek New Testament: a companion volume to the United Bible Societies' Greek New Testament (third edition)* (London, Reino Unido/New York: United Bible Societies, 1975).

MILLER, H. S. *A general biblical introduction*. 7. ed. rev. (Houghton: Word-Bearer, 1952).

MOLTMANN, Jürgen. *Theology of hope: on the ground and implications of a Christian eschatology* (London, Reino Unido: SCM, 1967).

_____. *Teologia da esperança: estudos sobre os fundamentos e as consequências de uma escatologia cristã*. Tradução de Helmuth Alfredo Simon. Revisão

de Nélio Schneider (São Paulo: Teológica/Loyola, 2005). Tradução de: Theology of hope.
Montgomery, John Warwick. *God's inerrant Word: an international symposium on the trustworthiness of Scripture* (Minneapolis: Bethany Fellowship, 1973).
_____. *The suicide of Christian theology* (Minneapolis: Bethany Fellowship, 1970).
Moody, Dale. *The Word of truth: a summary of Christian doctrine based on biblical revelation* (Grand Rapids: Eerdmans, 1981).
Morris, Leon. *I believe in revelation* (Grand Rapids: Eerdmans, 1976).
Morton. A. Q.; McLeman, James. *Christianity in the computer age* (New York: Harper & Row, 1964).
Mould, Elmer W. K. *Essentials of Bible history*. ed. rev. (New York: Ronald, 1951).
Moule, C. F. D. *The birth of the New Testament*. 3. ed. rev. e reescrita [1. ed. dos EUA] (San Francisco: Harper & Row, 1982).
Mullins, Edgar Young. *The Christian religion in its doctrinal expression* (Philadelphia: Judson, 1917).
_____. *A religião cristã na sua expressão doutrinária*. Tradução de Cláudio J. A. Rodrigues (São Paulo: Hagnos, 2005). Tradução de: The Christian religion in its doctrinal expression.
Murray, John. *Calvin on Scripture and divine sovereignty* (Grand Rapids: Baker, 1960). Reimpressão de artigos de *Torch and Trumpet*.
Nash, Ronald. *The new Evangelicalism* (Grand Rapids: Zondervan, 1963).
_____. *The Word of God and the mind of man* (Grand Rapids: Zondervan, 1982).
Nestle, Eberhard. *Introduction to the textual criticism of the Greek New Testament* (New York: G. P. Putnam's Sons, 1901).
Nicole, Roger R.; Michaels, J. Ramsey, orgs. *Inerrancy and common sense* (Grand Rapids: Baker, 1980).
Nix, William E. "Inerrancy: theological issue of the hour?" (palestra no Winnipeg Theological Seminary Lectureship Series, em Otterbourne, Manitoba, 1980).
Oesterly, W. O. E.; Robinson, Theodore H. *An introduction to the books of the Old Testament* (London, Reino Unido: Society for Promoting Christian Knowledge, 1934).
Orlinsky, Harry M. *Ancient Israel*. ed. rev. (Ithaca: Cornell University Press, 1960).
Orr, James. *The problem of the Old Testament* (London, Reino Unido: Nisbet, 1906).
_____. *Revelation and inspiration* (Grand Rapids: Eerdmans, 1952).

OTTLEY, R. L. *The doctrine of the incarnation* (1896).
OTTO, Rudolph. *The idea of the holy*. Tradução para o inglês de John Harvey (Oxford: Oxford University Press, 1967).
_____. *O sagrado: os aspectos irracionais na noção do divino e sua relação com o racional*. 4. ed. Tradução de Walter O. Schlupp (São Leopoldo//Petrópolis: Sinodal/Vozes, 2017). Tradução de: The idea of the holy.
PACK, Roger A. *The Greek and Latin literary texts from Greco-Roman Egypt* (Ann Arbor: University of Michigan Press, 1952).
PACKER, J. I. *Beyond the battle for the Bible* (Westchester: Cornerstone, 1980).
_____. *"Fundamentalism" and the Word of God* (Grand Rapids: Eerdmans, 1958).
_____. *God has spoken* (Downers Grove: InterVarsity, 1979).
_____. *Havendo Deus falado*. Tradução de Neuza Batista da Silva (São Paulo: Cultura Cristã, 2009). Tradução de: God has spoken.
_____. *God speaks to man* (London, Reino Unido: Hodder and Stoughton, 1965).
PALMER, R. R.; COLTON, Joel. *A history of the modern world*. 5. ed. (New York: Alfred A. Knopf, 1978).
PANNENBERG, Wolfhart, org. *Revelation as history: a proposal for a more open, less authoritarian view of an important theological concept*. Tradução do alemão para o inglês de David Granskow (London, Reino Unido: Collier-Macmillan, 1968).
PARVIS, M. M.; WIKGREN, A. P., orgs. *New Testament manuscript studies* (Chicago: University of Chicago Press, 1950).
PAYNE, J. Barton. *Encyclopedia of biblical prophecy* (London, Reino Unido: Hodder and Stoughton, 1973).
PEI, Mario A. *The world's chief languages*. 4. ed. (New York: Vanni, 1955).
PERRIN, Norman. *The New Testament, an introduction: proclamation and parenesis, myth and history* (New York: Harcourt, Brace Jovanovich, 1974).
PETERS, F. E. *The harvest of Hellenism* (New York: Simon and Schuster, 1971).
PETTINATO, Giovanni. *The archives at Ebla: an empire inscribed in clay* (New York: Doubleday, 1981).
PFEIFFER, Robert H. *History of New Testament times with an introduction to the Apocrypha* (New York: Harper & Row, 1949).
_____. *Introduction to the Old Testament*. ed. rev. (New York: Harper & Brothers, 1948).
PICKERING, Hy. *One thousand wonderful things about the Bible* (London, Reino Unido: Pickering & Inglis, s.d.).

PICKERING, Wilbur N. *The identity of the New Testament text*. ed. rev. (Nashville: Thomas Nelson, 1977, 1980).

PINNOCK, Clark. *The Scripture principle* (San Francisco: Harper & Row, 1984).

PLUMMER, Alfred. *II Corinthians*. International Critical Commentary (New York: Scribner's, 1915).

POLLARD, Alfred W. *Records of the English Bible* (London, Reino Unido: Oxford University Press, 1911).

POPE, Hugh. *English versions of the Bible* (St. Louis: Herder, 1952; rev. ampl. por Sebastian Bullough, Westport: Greenwood, 1972).

POPKIN, Richard H. *The history of scepticism from Erasmus to Descartes* (New York: Harper Torchbook, 1964).

PREUS, Robert D. *Inspiration of Scripture* (Edinburgh: Oliver & Boyd, 1955).

PYLES, Thomas. *Origins and development of the English language*. 2. ed. (New York: Harcourt, Brace Jovanovich, 1971).

RADMACHER, Earl D., org. *Can we trust the Bible?* (Wheaton: Tyndale, 1979).

RADMACHER, Earl D.; PREUS, Robert D. *Hermeneutics, inerrancy, and the Bible* (Grand Rapids: Zondervan, 1984).

RAMM, Bernard. *After fundamentalism: the future of Evangelical theology* (San Francisco: Harper & Row, 1983).

_____. *Protestant biblical interpretation*. ed. rev. (Boston: Wilde, 1956).

_____. *Protestant biblical interpretation: a textbook of hermeneutics*. 3. ed. rev. (Grand Rapids: Baker, 1970).

RAMSAY, W. M. *St. Paul the traveller and the Roman citizen*. 3. ed. (Grand Rapids: Baker, 1949).

RANDALL JR., John Herman. *The making of the modern mind: a survey of the intellectual background of the present age*. ed. rev. (New York: Columbia University Press, 1926, 1940).

REU, M. *Luther and the Scriptures* (Columbus: Wartburg, 1944). Reeditado com correção de notas in: *The Springfielder* (Springfield: Concordia Theological Seminary, August 1960).

RICE, John R. *Our God-breathed book—the Bible* (Murfreesboro: Sword of the Lord, 1969).

_____. *Twelve tremendous themes* (Wheaton: Sword of the Lord, 1943).

RIDDERBOS, Herman. *Studies in Scripture and its authority* (Grand Rapids: Eerdmans, 1978).

ROBERTS, B[leddyn] J. *The Old Testament text and versions* (Cardiff: University of Wales Press, 1951).

ROBERTSON, Archibald T. *An introduction to the textual criticism of the New Testament* (Nashville: Broadman, 1925).

ROBINSON, G. L. *Where did we get our Bible?* (New York: Doubleday, Doran, 1928).

ROBINSON, John A. T. *Redating the New Testament* (Philadelphia: Westminster, 1976).

RODKINSON, Michael L. *Babylonian Talmud* (Boston: Talmud Society, 1918).

ROGERS, Jack B., org. *Biblical authority* (Waco: Word, 1978).

ROGERS, Jack B.; MCKIM, Donald K. *The authority and interpretation of the Bible: an historical approach* (San Francisco: Harper & Row, 1979).

RYLE, Herbert Edward. *The canon of the Old Testament: an essay on the gradual growth and formation of the Hebrew canon of Scripture*. 2. ed. (London, Reino Unido: Macmillan, 1892, 1895).

RYRIE, Charles C. *Biblical theology of the New Testament* (Chicago: Moody, 1959).

SANDAY, W. *Inspiration: eight lectures on the early history and origin of the doctrine of biblical inspiration*. 5. impr. (London, Reino Unido: Longmans, Green, 1903).

_____. *The oracles of God* (1891).

SANDEEN, Ernest. *The origins of fundamentalism: toward a historical interpretation* (Philadelphia: Fortress, 1968).

_____. *The roots of fundamentalism: British and American millenarianism, 1800-1930* (Chicago: University of Chicago Press, 1970; reimpr., Grand Rapids: Baker, 1978).

SANDERS, E. P. *The tendencies of the Synoptic tradition* (Cambridge: Cambridge University Press, 1969).

SANDERS, James A. *Torah and canon* (Philadelphia: Fortress, 1972).

SAPHIR, Adolph. *Christ and the Scriptures* (Kilmarnock, Escócia: Ritchie, s.d.).

SAUCY, Robert L. *The Bible: breathed from God* (Wheaton: Victor, 1978).

SAUER, Erich. *The dawn of world redemption*. Tradução para o inglês de G. H. Land (London, Reino Unido: Paternoster, 1951).

_____. *The triumph of the crucified*. Tradução para o inglês de G. H. Lang (London, Reino Unido: Paternoster, 1951).

SCHAEFFER, Francis. *Escape from reason* (Downers Grove: InterVarsity, 1968).

_____. *A morte da razão*. Tradução para o inglês de Gabriele Greggersen (São Paulo: Cultura Cristã, 2002). Tradução de: Escape from reason.

SCHAFF, Philip. *Companion to the Greek Testament and the English version.* 3. ed. rev. (New York: Harper, 1883).

_____. *History of the apostolic church; with a general introduction to church history* (New York: Charles Scribner, 1867).

_____. *History of the Christian church.* 5. ed. rev. (New York: Scribner, 1910). 7 vols.

SCHLEIERMACHER, Friedrich D. E. *The Christian faith.* Tradução para o inglês de H. R. Mackintosh; J. S. Stewart (Edinburgh: T&T Clark, 1928).

SCHONFIELD, High J. *The original New Testament* (San Francisco: Harper & Row, 1985).

SCHULTZ, Samuel J. *The Old Testament speaks.* 3. ed. (New York: Harper & Row, 1980).

SCHWEITZER, Albert. *The quest for the historical Jesus.* Tradução para o inglês de W. Montgomery (New York: Macmillan, 1910).

SCRIVENER, F. H. A. *A plain introduction to the criticism of the New Testament.* 4. ed. Edição de Edward Miller (London, Reino Unido: Bell, 1894). 2 vols.

SCROGGIE, W. Graham. *Know your Bible* (London, Reino Unido: Pickering & Inglis, s.d.). 2 vols.

SHERWIN-WHITE, A. N. *Roman society and Roman law in the New Testament* (Oxford: Clarendon, 1963).

A short explanation of dr. Martin Luther's Small Catechism: a handbook of Christian doctrine. ed. rev. (St. Louis: Concordia, 1965).

SMITH, William Robertson. *The Old Testament and the Jewish church* (Edinburgh/London, Reino Unido, 1881; 2. ed., 1892; 3. ed., 1926).

SOUTER, Alexander. *The text and canon of the New Testament* (London, Reino Unido: Duckworth, 1913; reimpressão editada por C. S. C. Williams, Naperville: Allenson, 1954).

SPROUL, R. C. *Explaining inerrancy: a commentary* (Oakland: International Council on Biblical Inerrancy, 1980).

STONEHOUSE, Ned B. *The witness of Matthew and Mark to Christ.* 2. ed. (Grand Rapids: Eerdmans, 1958).

_____; WOOLLEY, Paul, orgs. *The infallible Word* (Philadelphia: Presbyterian Guardian, 1946).

STREETER, B. H. *The four Gospels: a study of origins* (London, Reino Unido: Macmillan, 1936).

STROMBERG, Roland N. *An intellectual history of modern Europe* (New York: Appleton-Century-Crofts, 1966).

STURZ, Harry A. *The Byzantine Text-Type and New Testament textual criticism* (Nashville: Thomas Nelson, 1984).

SUNDBERG JR., Albert C. *The Old Testament of the New Testament church* (Cambridge: Harvard University Studies XX/Harvard University Press, 1964).

SWETE, Henry Barclay. *An introduction to the Old Testament in Greek*. 2. ed. (Cambridge: Cambridge University Press, 1902).

TENNEY, Merril C., org. *The Bible: the living Word of revelation* (Grand Rapids: Zondervan, 1968).

_____. *New Testament survey*. ed. rev. (Grand Rapids: Eerdmans, 1961).

_____, org. *The Word for this century* (New York: Oxford University Press, 1960).

TERRY, Milton S. *Biblical hermeneutics* (Grand Rapids: Zondervan, 1950).

THIELICKE, Helmut. *The Evangelical faith* (Grand Rapids: Eerdmans, 1974). vol. 1: *Prolegomena: the relation of theology to modern thought-forms*.

THOMAS, Robert L.; GUNDRY, Stanley N., orgs. *A harmony of the Gospels with explanations and essays: using the text of the New American Standard Bible* (Chicago: Moody, 1978; San Francisco: Harper & Row, 1985).

THOMAS, W. H. Griffith. *Christianity is Christ* (Chicago: Moody, 1965).

THORNDIKE, Lynn. *A history of magic and experimental science* (New York: Columbia University Press, 1923-1958). 8 vols.

TORREY, C. C. *The apocalyptic literature: a brief introduction* (New Haven: Yale University Press, 1945; reimpr., Hamden: Archon, 1963).

_____. *The four Gospels* (New York: Harper, 1933).

UNGER, Merrill F. *Archeology and the New Testament* (Grand Rapids: Zondervan, 1962).

_____. *Archaeology and the Old Testament* (Grand Rapids: Zondervan, 1954).

_____. *Commentary on Zechariah* (Grand Rapids: Zondervan, 1963).

_____. *Introductory guide to the Old Testament*. 2. ed. (Grand Rapids: Zondervan, 1956).

VAN BRUGGEN, Jakob. *The ancient text of the New Testament*. Tradução para o inglês de C. Kleijn (Winnipeg: Premier, 1976).

VAN LOON, Henrik W. *The story of the Bible* (Garden City: Garden City, 1941).

VAWTER, Bruce. *Biblical inspiration* (Philadelphia: Westminster, 1972).

VOOBUS, Arthur. *Early versions of the New Testament* (Stockholm: Estonian Theological Society in Exile, 1954).

WADE, Ira. *The intellectual origins of the French Enlightenment* (Princeton: Princeton University Press, 1971).

WALKER, Williston. A history of the Christian church. 3. ed. rev. Edição de Robert T. Handy (New York: Scribner's, 1970).

WALLIS, Ethel Emily; BENNETT, Mary Angela. *Two thousand tongues to go* (New York: Harper, 1959).

WALVOORD, John F., org. *Inspiration and interpretation* (Grand Rapids: Eerdmans, 1957).

WARFIELD, Benjamin B. *The inspiration and authority of the Bible* (Philadelphia: Presbyterian & Reformed, 1948).

_____. *A inspiração e a autoridade da Bíblia*. Tradução de Maria Judith Prado Menga (São Paulo: Cultura Cristã, 2010). Tradução de: The inspiration and authority of the Bible.

_____. *An introduction to the textual criticism of the New Testament* (London, Reino Unido, 1886).

_____. *Syllabus on the special introduction to the Catholic Epistles.*

WENHAM, John W. *Christ and the Bible* (Downers Grove: InterVarsity, 1973).

WESTCOTT, Brooke Foss. *The Bible in the church*. 2. ed. (New York: Macmillan, 1887).

_____. *A general survey of the history of the canon of the New Testament*. 6. ed. (New York: Macmillan, 1889; reimpr., Grand Rapids: Baker, 1980). Observe o Apêndice D, "The chief catalogues of the books of the Bible during the first eight centuries", especialmente o item XIV, que é um extrato de *The festive letters of Athanasius*. Tradução do siríaco para o inglês de rev. H. Burgess.

_____. *History of the English Bible* (New York: Macmillan, 1905).

_____. *An introduction to the study of the Gospels*. 7. ed. (London, Reino Unido: Macmillan, 1888).

WIKGREN, Allen P. *The text, canon and principal versions of the Bible, an extract from the Twentieth Century Encyclopedia of Religious Knowledge* (Grand Rapids: Baker, 1955).

WILDEBOER, Gerrit. *The origin of the canon of the Old Testament* (London, Reino Unido: Luzac, 1895).

WILLIAMS, C. S. C. *Alterations to the text of the Synoptic Gospels and Acts* (Oxford: Basil Blackwell, 1951).

WILLIAMS, Charles B. *Interim report on vocabulary selection* (London, Reino Unido, 1936).

WILLIAMS, George Huntston. *The radical Reformation* (Philadelphia: Westminster, 1962).

WILSON, Clifford A. *Rocks, Relics and biblical reliability* (Grand Rapids: Zondervan/Probe Ministries International, 1977).

WILSON, Robert Dick. *A scientific investigation of the Old Testament* (Chicago: Moody, 1959).

WINER, George Benedict. *A grammar of the idiom of the New Testament Greek*. 8. ed. Tradução para o inglês de W. F. Moulton, a partir da 2. ed. (Edinburgh: T&T Clark, 1877).

WOLFSON, Harry Austryn. *Philo: foundations of religious philosophy in Judaism, Christianity, and Islam* (Cambridge: Harvard University Press, 1962). vol. 2.

WOODBRIDGE, John D. *Biblical authority: a critique of the Rogers/McKim proposal* (Grand Rapids: Zondervan, 1982).

WRIGHT, G. E., org. *The Bible and the Ancient Near East* (Garden City: Doubleday, 1961).

WÜRTHWEIN, Ernst. *The text of the Old Testament*. Tradução para o inglês de P. R. Ackroyd (New York: Macmillan, 1957).

_____. *The text of the Old Testament: an introduction to the Biblia Hebraica*. Tradução para o inglês de Erroll F. Rhodes (Grand Rapids: Eerdmans, 1979).

YOUNG. Edward J. *An introduction to the Old Testament* (Grand Rapids: Eerdmans, 1958).

_____. *My servants the prophets* (Grand Rapids: Eerdmans, 1952).

ZEITLIN, Solomon. *The Dead Sea Scrolls and modern scholarship* (Philadelphia: Dropsie College, 1956).

Índice remissivo

A

Aaron ben Moses ben Asher, rabino 413, 428
Abadia de São Vitor 122
Abbott, George 662
Abdimi de Haifa, rabino 241
Abraham, William J. 43, 291
abreviação 701
Achtemeier, Paul J. 40, 43, 245, 291
Ackroyd, P. R. 575
Adams, A. W. 534, 584
Adams, Jay E. 689
adaptação 68
Adelmo 633
Adriano 586
Aelfric 634
Africano, Júlio 514
agnóstico (agnosticismo) 161, 168, 505
Agostinho de Hipona 22, 45, 208, 308, 310, 338, 343, 344, 493, 614, 620, 621, 622, 635
Aha, Rab 240
Aharoni, Yohanan 60
Ahlstrom, Sidney E. 173
Akiba (Aqiba) ben Joseph, rabino 299, 586
Aland, Kurt 445, 446, 528, 529, 540, 544, 549, 555
Albright, William E. 228, 249, 344, 376, 412, 415, 421, 437, 703

Alcorão (Qúran) 196, 550
Alcuíno de York 514, 633
Aldredo 634
Aleppo 384, 414
Alexander, Archibald 173, 208
Alexandre II, czar 450
Alexandre, o Grande 240, 577, 583, 610, 611
Alexandrinus (A) 308, 452
Alford, Henry 524, 566, 682
Alfredo, o Grande 630, 634
aliança 21
Allegro, John M. 418
Allen, William Cardinal 653
Allison, Leon M. 170
alta crítica (críticos, 156, 162, 184, 193, 196, 199, 511
Alter, Frary Karl 523
amanuense 344, 484
Ambrósio de Milão 119, 353, 492
Amenhotep IV (Akhenáton) 385
American Bible Society 529
American Standard Version (ASV) 21, 34, 329, 555, 572, 573, 666, 667, 668, 670, 679, 682, 688, 696, 697, 699
Amplified Bible 574, 696
Anais, de Tácito 464, 468
Anchor Bible 703
Anchor, Robert 159
Anderson, Charles C. 186

Anderson, Julian G. 689
Anderson, Julian G., New accurate translation of the Greek New Testament 689
André de São Vitor 122
Andrews, Herbert T. 361
anglo-saxãs (inglês antigo, saxão antigo), versões 607, 635
Anglo-Saxon chronicle 630
Angus, Joseph 375, 494
anomianos 121
anonimato 343
Anselmo de Cantuária 122
antagonistas 231
AntiChristo, De 115
Antilegomena 262, 297, 317, 338, 341, 346
   do Antigo Testamento 262, 303
   do Novo Testamento 271, 341
Antíoco IV Epifânio 506
antissobrenaturalismo 157, 159, 505, 506
A origem das espécies 151, 175, 184
Apocalipse, livro de 302, 343, 345
apocalipses, pseudepigráficos 359
apocalyptein (apocalypto) 41
Apócrifo de Gênesis 416
Apócrifos do Antigo Testamento 243, 245, 264, 317, 362, 451, 616, 619
   1Esdras (3Esdras) 306, 307, 309, 704
   1Macabeus 307, 450
   2Esdras (4Esdras) 306, 307, 316, 704
   2Macabeus 307, 312, 315, 450
   3Macabeus 304, 310, 704
   4Macabeus 302, 303, 304, 310
   Baruque 307
   Bel e o Dragão 307, 312
   Carta de Jeremias 307
   Daniel apócrifo 244, 307, 311

   Eclesiástico 244, 307, 310, 313, 362, 453
   Ester (acréscimos) 307, 312
   Judite 307, 310, 312
   Oração de Azarias 307, 312
   Oração de Manassés 306, 307, 450, 704
   Sabedoria de Salomão 307, 310, 313, 453
   Salmos de Salomão 452
   Susana 307, 312
   Tobias 244, 302, 307, 310, 312
Apócrifos do Novo Testamento 269, 341, 346, 347, 366, 448
   Apocalipse de Pedro 362
   Atos de Paulo e Thecla 362
   Carta aos Coríntios (Clemente de Roma) 302, 303, 333, 334, 361, 452, 485
   Carta aos Laodicenses 363, 456
   Carta de Policarpo aos Filipenses 363, 486
   Carta de Pseudo-Barnabé 111, 335, 361, 365, 451, 481, 485
   Didaquê (Ensino dos Doze) 362, 486
   Evangelho segundo os Hebreus 363
   Homilia Antiga (segunda carta de Clemente de Roma) 335, 361, 452
   pastor, O de Hermas 362, 365, 451, 486
   [Sete] *Cartas de Inácio* 364, 485
Apócrifos (livros apócrifos) 243, 245, 264, 297, 304, 316, 341, 346, 347, 366, 448, 450, 483, 616, 619, 623, 658, 666, 667, 668, 674, 703, 704
apologética (apologistas) 127, 225
Apologia (*Oratio*), de Taciano 113, 488

apostolicidade 270, 271, 396
apostólico 248
Áquila (Ongelos, Onkelos?) 300, 303, 575, 581, 585, 586, 587, 594
aramaico (siríaco) 244, 373, 374, 376, 404, 418, 420, 422, 426, 593, 594, 609, 694
Arbez, Edward P. 655
Arca (da Aliança) 243, 267, 274
Archer, Gleason L., Jr. 59, 180, 184, 185, 196, 229, 261, 288, 291, 293, 418, 422, 426, 430, 431, 437, 439, 502, 540, 542, 555, 576, 579, 582, 587, 589, 594, 602
arianismo, Ário (Arius) 119, 491, 492, 527, 693
Ário (arianos) 49, 527
arminiano(s) 137, 138, 140, 142
Armínio, Jacó 130, 138
Arndt, William E. 475
arqueologia 421
Arsínoe 583
Artaxerxes 240, 301
artifícios literários 61
artigos de afirmação e negação 214
Artigos de Esmalcalde 134, 174
Arzt, Max 680
Associação Bíblica Católica da Grã-Bretanha 703
Assunção de Moisés 303, 345, 508
Astruc, Jean 180, 181
Atanásio 117, 238, 270, 309, 315, 338, 346, 362, 491, 606
ateu (ateísmo) 506
Atos, pseudepígrafos 359
A unidade da Igreja Católica 116
autenticidade 96, 98, 128, 169, 186, 263, 264, 269, 344, 397, 409, 465, 497, 505, 508
Authentic New Testament (Hugh J. Schonfield) 693

Authorized Version 664, 668, 670, 683
autógrafos (*autographa*) 46, 212, 224, 390, 391, 397, 411, 449, 464, 497, 513, 537, 671
autoridade (imbuído de autoridade) 40, 50, 54, 96, 102, 104, 105, 106, 107, 108, 114, 124, 125, 127, 131, 134, 144, 148, 151, 157, 170, 172, 180, 188, 194, 198, 209, 214, 224, 229, 237, 238, 239, 241, 246, 256, 259, 260, 269, 273, 275, 276, 330, 332, 343, 396, 409, 482, 493, 505, 508
A visão de Isaías, o profeta 251
Avi-Yonah, Michael 60
Ayer, Joseph Cullen 322

B

Babcox, Neil 264
Bachmann, E. Theodore 265
Bacon, Francis 155, 157
Baer, S. 429
Bahnsen, Greg, L. 46
Bailey, Lloyd R. 656, 657, 667, 668, 676, 678, 679, 688, 691, 696, 697
Baillie, Donald MacPherson 200
Baillie, John 169, 197, 202, 221
Bainton, Roland H. 126, 128, 144
Bamberger, Bernard J. 680
Baptist Faith and Message (Fé e Mensagem Batista) 132
Barclay, William 695
Barclay, William, The New Testament 695
Bardesanes 596
Barker, Kenneth 292
Barnabé 309
Barnstone, Willis 304, 346
Barr, James 55, 188
Barthelemy, D. 420, 430

Barth, G. 187
Barth, Karl 127, 156, 167, 186, 197, 199, 206, 219, 221, 500
Basílio, o Grande 492
Bauer, Bruno 166
Bauer, Walter 238, 265, 475
Baugh, Albert C. 606, 632
Baur, Ferdinand Christian 166, 183, 186
Bavinck, Herman 203, 205, 206, 208
Beck, W. David 161
Beckwith, Roger 23, 24, 91, 185, 237, 239, 240, 241, 258, 275, 282, 284, 285, 297, 299, 300, 301, 302, 309, 315
Beda, o Venerável 575, 630, 631, 634
Beecher, Willis J. 274
Beegle, Dewey M. 44, 52, 221
Beekman, John 571, 689
Beekman, John e John Callow, Translating the Word of God 689
Bell, Richard 550
Ben Asher, rabino (massoreta) 411, 413, 428, 430, 516
Bender, Harold 130
Bengel, Johann Albrecht 522, 548
Ben Naphtali, rabino 414, 428
Bennett, Mary Angela 676
Bentley, Richard 521
Bentley, Robert L. 316
Berkeley, George 158, 161
Berkhof, Louis 266
Berkouwer, G. C. 207, 219
Bermant, Chaim 385
Bewer, Julius A. 185
Bèze, Theodore de (Beza) 454, 455, 520, 646, 671
Bíblia
 crítica 152, 157, 164, 179, 186, 497
 definida 21, 29
 divisões em capítulos e versículos 393, 407
 estrutura da 31
 forma da 29, 31
 grafia 407
 historicidade da 228, 234
 línguas da 380
 meio de comunicação 50
 ornamentação 407
 pontuação 407
Bíblia de Gutenberg 392
Bíblia dos Assassinos 662
Bíblia do Vinagre 661
Bíblia em polonês 675
Bíblia em português 674
Bíblia Hebraica (*Biblia Hebraica Stuttgartensia*) 413, 415, 428, 430, 539, 555, 699
Bíblia ímpia 661
Bíblia, inspiração da 233
 caráter geral da 58
 definida 41
 do Antigo Testamento 96, 99
 do Novo Testamento 96, 109
 plena 50, 55, 177, 224
 provas da 226, 234
 verbal 50, 51, 52, 177, 199, 224
Bíblia norueguesa 674
Bíblia russa 675
Bíblias de Lutero 642, 672, 673, 674
Bíblias hebraicas (impressas) 430, 640
Bíblia sueca 674
Bíblias Wycliffe (versões) 26, 123, 124, 392
Biddle, John 153
Biggs, Robert 385
Birch, Andrew 523
Birdsall, J. N. 498, 533
Black, Matthew 392, 446, 540
Blayney, dr. Benjamin 662
Bock, Darrell L. 445, 467

Boer, Harry R 66
Boice, James Montgomery 209
Boismard, M. E. 558
Bomberg, Daniel 429, 699
Bornkamm, Günther 187
Bratcher, Robert G. 691, 697, 699
Brenton, Lancelot 681
Bres, Guy de 137
Briggs, Charles Augustus 185
Brinton, Crane 127, 152
Bristow, Richard 651, 652, 653
Brown, Colin 34, 41, 127, 154, 156, 158, 163, 164, 165, 168, 498
Brown, Harold O. J. 162
Brown, Terence 527
Bruce, F. F. 26, 233, 331, 376, 377, 378, 381, 382, 384, 390, 392, 402, 404, 405, 423, 464, 576, 579, 581, 583, 585, 587, 589, 590, 594, 595, 596, 602, 603, 613, 618, 633, 639, 642, 644, 646, 647, 657, 658, 665, 668, 669, 681, 682, 684, 685, 686, 689, 696
Bruce, F. F., *The letters of Paul, an expanded paraphrase* 689
Brucioli, Antonio 673
Bruggen, Jakob van 527
Brunner, Emil 157, 197, 199, 221
Bryant, Margaret 632
Bucer, Martin 129, 643
Buhl, Franz P. W. 275
Bullard, Roger A. 668
Bullinger, Johann Heinrich 137
bultmannianismo, pós-bultmannianismo 186
Bultmann, Rudolf 167, 169, 186, 500, 502, 506
Bunyan, John 362
Burgon, John William 479, 494, 524, 525, 527, 565
Burke, Carl F. 690

Burke, Carl F., *God is for real man* 690
Burrows, Millar 228, 311, 405, 423, 439, 475
Burtchaell, James T. 128, 145, 149, 163, 168, 189
Burtner, Robert W. 233
busca, nova busca 187, 214
Bush, L. Russ 131
Butler, Joseph 158
Butterfield, Herbert 127
Byington, Steven T. 693

C

cabala 304
Caedmon 575, 633, 647
Caifás 261
Cajetan, Cardeal 311, 671
Callan, C. J. 677
Callow, John 571, 689
calvinismo 154
Calvino, João 45, 128, 129, 135, 136, 170, 173, 208, 344, 393, 520, 672
cananeus 374
cânon editorial 296
Cânones do Sínodo de Dort 137
Cânones e Decretos Dogmáticos de Trento 144
canonicidade
    aceitação (aceita) 268
    definição 237, 257
    descoberta (reconhecimento) 246, 247, 256, 257, 259, 268, 272, 275, 319, 482
    descrição 242, 396
    determinação 246, 248, 256, 257, 259, 269, 272
    diferenças 257, 274
    falácias metodológicas 258
    princípios envolvidos (empregados) 272

testes da 248, 269
visão editorial da 296
visões inadequadas 247
canonicidade de Eclesiastes 261, 266, 275, 276, 283, 288, 298, 299, 300
cânon (*kanon*) 117, 171, 174, 237, 238, 243
   alexandrino 24, 305, 312, 338, 583, 595
   classificação tripartite 23, 285
   completamento do 282
   confirmação do 289
   crescimento do 289
   de Áquila 299
   de Marcião 269, 320, 333, 487
   desenvolvimento do Antigo Testamento 296
   desenvolvimento do Novo Testamento 340
   dupla canonização do 92, 289
   fechado 256
   hebraico 97
   história do Antigo Testamento 296
   história do Novo Testamento 332
   número de livros 247, 282, 283, 297, 301, 493
   palestinense 305, 316
   preservação do 274, 372
   vários títulos 241
Cântico dos Cânticos (canonicidade) 266, 275, 276, 283, 288, 299, 453, 514
caráter profético 247, 256, 259
Carlos I (Stuart) 452, 662
Carlos Magno 633
Carroll, B. H. 175
Carson, D[onald] A. 504, 518, 527, 528, 533, 556
Carta a Eusébio 325
Carta aos Coríntios, o postulado verdadeiro 252
Carta de Arísteas a Filócrates 583
Carta de Constantino a Eusébio 325, 402, 405, 449, 514, 534
Carta de Elias 251
Carta de Pseudo-Barnabé 111, 309, 332, 334, 335
Carta de Semaías 251
Cartas, *Antilegomena* 271
   2João 271, 337, 344, 487
   2Pedro 271, 337, 448
   3João 337, 344
   Hebreus 343, 457, 459, 461, 492
   Judas 337, 345
   Tiago 343
cartas, apócrifos (NT) 268
Cartas de Amarna 373, 385
Cartas (de Ambrósio) 119, 493
Cartas (de Jerônimo) 119
Cartas do Novo Testamento
   Cartas Gerais 25, 26, 450, 457, 461, 490
   cartas paulinas 25, 26, 446, 455, 456, 457, 459, 461, 462, 489, 490, 491, 492
cartas, pseudepigráficas 359
Carter, J. E. 132
Casey, C. R. 533
Cassirer, Ernst 159
Cass, T. L. 420
Catechetical lectures 117
Catecismo de Heidelberg 137
Catecismo Racoviano 152
Catecismo(s) de Lutero 134
Cativeiro Babilônico 636
católicas romanas, traduções modernas para o inglês 657
católicos romanos 304, 306, 308, 311, 312, 315, 678
Caxton, William 640
César, Júlio 464, 468, 630
ceticismo 182
cético (ceticismo) 154, 161, 180, 231, 505, 663

Challoner, Richard 392, 654, 670
Charles, Robert Henry 304
Chase, Mary Ellen 377
Chaucer, Geoffrey 34, 632, 636
Chayyim, Jacob ben 411, 428, 516
Cherbury, Herbert (Lord) 154
Cheyne, T. K. 181
Childs, Brevard S. 188, 504
Chiles, Robert E. 233
Christensen, Michael 203
Cibele 487
cidade de Deus, A de Agostinho 493
Cipriano 116, 490, 562, 613, 614
Cirilo de Alexandria 591
Cirilo de Jerusalém 117, 309, 315, 347, 492, 562
Ciro 506
Clarke, Adam 143, 144
Clarke, R. L. 540, 664
Clark, Gordon H. 187
Clark, H. W. 140
Clark, Kenneth W. 683
Cláudio 630
Clemente de Alexandria 114, 116, 303, 337, 341, 350, 351, 353, 361, 362, 489, 490, 562, 564
Clemente de Roma 112, 333, 334, 361, 485, 612
Clemente VIII 624
Climacus, Johannes 169
Codex Aleppo 413
Codex, códices 461
    Alexandrinus (A) 310, 361, 391, 452, 466
    Bezae (D) 361, 362, 454, 466, 488, 489, 520, 529, 543, 562, 565, 566, 599, 681
    Claromontanus (D²) 455
    Ephraemi Rescriptus (C) 404, 453, 466, 565
    Leningradensis (B19ᴬ) 413, 430
    Sinaiticus (א) 308, 310, 361, 362, 363, 448, 450, 466, 561, 562, 564, 566, 598
    Vaticanus (B) 308, 310, 363, 391, 448, 449, 458, 466, 489, 561, 562, 564, 566
    Washingtonianus I (W) 457, 459, 562, 565
Codex do Cairo [Cairensis] 413, 435
Codex Leningradensis 413
Códice Babilônico dos Profetas Posteriores (Códice de Leningrado dos Profetas) 414, 436
Códice Reuchlin dos Profetas 414
Códices de Erfurt 414
Código Africano 338
coiné (*koinē*) 375, 379, 458, 461, 470, 475, 523, 593, 611, 683
Collins, Anthony 158
colofão 463
Colson, F. H. 44, 285
Colton, Joel 165, 166
Colwell, E. C. 527, 528, 532
comentário 574
Comentário de Habacuque (MMM) 416
Comentário de Jó 121
Comentário dos Evangelhos por Heracleon 482
Comissão da Revised Standard Version 656
Common Bible 656, 657, 704
comunicação 50, 200, 371
    divina 50
    modelo linear 201
    processo 201
comunidade de Qumran 281, 311, 344, 404, 415, 416, 417, 419, 499, 537, 557, 581
Concílio (Sínodo) de
    Arles 631
    Assembleia de Westminster 140
    Calcedônia 148

Cartago 269, 308, 325, 338, 346
Cartago (II) 338
Constança 125
Constantinopla (I) 310, 620
Dort 137
Éfeso 603, 604, 620
Emden 137
Hipona 269, 308, 338
Jafa 310
Jerusalém 310
Laodiceia 325
Latrão (III) 123
Latrão (IV) 123
Niceia (I) 325, 338, 449, 466, 490, 491, 534, 602, 620
Niceia (II) 363
Trento 144, 258, 311, 312, 315, 316, 493, 622, 623
Vaticano (I) 145, 258, 316
Vaticano (II) 146, 258, 316, 678
condensação 701
Confissão Belga 138
Confissão/confissões Helvética(s) 137, 170
Confissão de Augsburgo 134
Confissão de Filadélfia 131
Confissão de Schleitheim 129, 130
Confissão de Westminster 131, 141
Confissão Galicana 137
Confissão Londrina 131
Confissão Ortodoxa da Igreja Oriental 147
Confissões, de Agostinho 120, 493
confissões de fé
　anabatista 129
　artigos de afirmação e de negação 214
　batista 133
　congregacional 131
　Conselho Internacional de Inerrância Bíblica (Declaração Curta) 178
Conselho Internacional de Inerrância Bíblica (Declaração sobre a hermenêutica bíblica) 510
　Declaração de Chicago 179, 209
　evangélica reformada 135, 137, 138, 146
　menonita 129
　ortodoxa oriental 147, 153
　Westminster 142
Confraternity of Christian Doctrine Version 573, 655, 677
congregacional (congregacionais) 142
Constantino 324, 325, 402, 405, 514, 515, 534, 601
Constantino (Cirilo) 606
Contra Apion 240
Contra as heresias, de Ireneu 113, 364, 488
Contra Celso, de Orígenes 490
contradições da Bíblia (supostas) 198
Contra Noetum 115
Conybeare, W. J. 682
Conybeare, W. J. e J. S. Howson, *The life and letters of St. Paul* 682
Conzelmann, Hans 187
Copleston, Frederick 156, 164
Corduan, Winfred 165
Cornish, Gerald Warre 685
Cornish, Gerald Warre, *St. Paul from the trenches* 685
Cosme 562
Coverdale, Miles 130, 518, 575, 640, 642, 644, 658, 664
Craig, William L. 396
Cranmer, Thomas 644
credibilidade 396, 400
Credo Apostólico 134
Credo Atanasiano 134
Credo Niceno 134
credos, ecumênicos 134
Crim, Keith R. 679
Crisóstomo, João 120, 492, 562, 591

Cristo
  tema da Bíblia 22, 29
  visão das Escrituras 228, 275, 285, 315
crítica, alta 156, 179, 184, 196, 497, 498, 505
crítica, baixa 499, 537
crítica, bíblica 499, 505
crítica, cânones da 526
crítica construtiva 498, 500, 528
crítica, crítica radical 152, 157, 164, 179, 186
crítica da forma 501, 505
crítica da tradição 498
crítica destrutiva 498, 500, 502, 505, 507, 509
crítica editorial 187, 504, 505
crítica histórica 152, 164, 182, 187, 193, 497, 498, 499, 504
crítica literária (fonte) 498, 500, 502, 504, 505
crítica radical 151, 152, 164, 179, 186
crítica textual 499, 537
  e autógrafos 424, 550
  escolas (do Novo Testamento) 559
  história da 505, 535, 547
  prática da 567
  princípios da 427, 555
Cromwell, Thomas 641, 644
Crônicas, de Eusébio 491
crônicas de Gade, o vidente 73
crônicas de Natã, o profeta 73
crônicas de Samuel 73
cronologia de Ussher 662
Cross, F. L. 172, 183, 338
Cross, Frank Moore, Jr. 405, 425, 430, 499
Cullmann, Oscar 504
Culver, Robert D. 88
Cumont, Franz 473
Cunliffe-Jones, Hubert 125, 148
cursiva 398, 422, 444

D

Dahood, Mitchell 385
Dalrymple, Sir David 494
Dâmaso [bispo de Roma] 119, 614, 616, 618, 619, 621
Danby, Herbert 286, 299, 300
Danelaw 634
Daniel 304
Dante Alighieri 362
Darby, John Nelson 682
Darby, John Nelson, *New translation of the Bible* 682
Dario I 610
Darlow, T. H. 671
Darwin, Charles 151, 173, 175, 184
darwiniano, darwinismo 184
Davidson, Samuel 401
Davis, D. Clair 166
Davis, Stephen T. 55
Dayton, Wilber T. 143
Decálogo (Dez Mandamentos) 412, 438, 634, 661
De Chandieu 137
Décio 116, 324, 513
Décio, perseguição de 116, 466, 513
Declaração de Chicago sobre a Inerrância 179, 209, 214
Declaração de Savoy 131, 142
declarações confessionais 188
Decretos Dogmáticos do Concílio Vaticano 145
deísmo (deístas) 111, 154, 156, 158, 175, 505
Deissmann, Adolph 363, 446, 469, 470, 471, 473, 476, 683
Delgado, Isaac 679
Delitzsch, Franz 251, 292, 429, 502
Delumeau, Jean 152, 180
Demarest, Bruce 154, 219, 370
demitização (demitologizar) 364
Demóstenes 468

Descartes, René 154, 157, 161
deuterocanônico 704
Devreese, Robert 406
Dewey, John 151
DeWolf, L. Harold 191, 221
dialética (dialético) 127, 165, 166, 183, 184
dialeto(s) 374
Diálogo com Trifão, um judeu, de Justino Mártir 309, 488, 585
Diatessarão, de Taciano 482, 488, 489, 596, 607
Dibelius, Martin 187, 502, 503
Didaqué 333, 334, 335
Dietrich, Karl 470
Dillman, C. F A. 501
Diocleciano 231, 320, 321, 322, 324, 325, 402, 403, 449, 466, 491, 513, 534, 606
Diodati, Giovanni 673
Diogneto, Carta a 112, 334, 487
Dionísio de Alexandria 346
Dionísio de Corinto 334, 335, 361
divisões 394
divisões textuais
    em capítulos 390, 407
    em versículos 390, 393, 407
    seções antigas 389, 391
docético(s) 206, 217, 349, 364
Dodd, C. H. 202, 668
Donaldson, James 358
donatistas 488
Dostoiévski, Fiódor Mikhailovich 168
Douay Version (AT) 307
Douglas, J. D. 85, 158, 176, 344, 579
Driver, Samuel R. 181, 185
Duns Scotus, John 123
Dyck, Cornelius J. 130

E

Eadfrid, bispo de Lindesfarne 634
Easton, Burton S. 503

ebionitas 348, 350, 587
Ebla (eblaico) 385
Eck, João 126
Eclesiastes 453
eclético (ecletismo, ecletismo racional) 535, 550, 558, 563
Edington, Andrew 691
Edington, Andrew, *The word made flesh* 691
edito 402, 403
    de perseguição 231, 325, 449, 466, 491, 513, 606
Edito de Milão 324, 491
Edito de Tolerância (Galério) 324, 491
Eduardo, o Confessor 635
Eduardo VI (Tudor) 139, 644
Edwards, Jonathan 158, 170, 173
Efrém 597
Egberto 633
Eichhorn, Johan Gottfried 181, 184, 186, 499
Elizabeth I 139, 646, 651
Ellicott, Charles John 57, 288
Elliger, Karl 23, 413, 539
Elliott, J. K. 533, 558
Elzevir, Abraham 520
Elzevir, Bonaventura 520
Empiricus, Sextus 159
empirismo 159, 161
English Revised Version (ERV, RV) 666, 670, 690
Ensino de Ptah-Hetep, O 384
Ensinos para Kagemni, Os 384
Enslin, Morton S. 358, 478
entusiasmo (entusiastas) 34, 142
Épico de Gilgamesh 385
Epifânio, bispo de Salamina 348, 350, 353, 587
Epistle about Cornelius and Novatian 116
Epp, E. J. 529

ÍNDICE REMISSIVO 813

Erasmo, Desidério 392, 519, 520, 560, 571, 671, 673
Ernesti, Johann August 499
erros de copistas
   variantes textuais 463, 538, 541
   variantes textuais (AT) 539
   variantes textuais (NT) 540
Escola Siríaca de Antioquia 120
Escolástica Protestante (reformada) 134, 153, 173
escriba(s) 427
escrita 389
Escritos, livros dos 24, 82, 275, 284, 288, 387, 581, 680
Escritura (Escrituras) 56, 69, 87, 98, 103, 105, 117, 131, 138, 139, 140, 143, 145, 146, 148, 169, 171, 188, 238, 275, 483, 652
Escrituras, princípio das 199
Espinoza, Baruch de 154, 157, 159, 161, 163, 180, 183, 506
espiritismo (espiritualistas) 221
Espírito Santo
   direção do 105
   testemunho do 234, 271
essênios 298, 302, 416
Estep, William R. 129, 130, 132
Ester, canonicidade de 262, 275, 282, 289, 298, 299, 300
Estienne, Robert 520, 521
Eusébio de Cesareia 112, 117, 261, 321, 324, 325, 338, 341, 343, 344, 346, 349, 350, 353, 361, 362, 391, 402, 405, 425, 490, 491, 514, 564, 577, 589, 591, 596
evangelho judaico 352
Evangelhos, apócrifos 269
Evangelhos, pseudepigráficos 357
   Apócrifo de João 354, 357
   Carta de um Apóstolo 353
   Evangelho da Verdade 354, 356

   Evangelho de Filipe 352, 357
   Evangelho de Judas 353, 357
   Evangelho de Pedro 349, 356
   Evangelho de Tomé 347, 357
   Evangelho dos Doze 357
   Evangelho dos Ebionitas 348, 350, 356
   Evangelho dos Egípcios 351, 356
   Evangelho dos Hebreus 350, 356
   Evangelho dos Nazarenos (Evangelho judeu) 352, 356
   Evangelho segundo Matias 353, 357
   Evangelhos pseudepigráficos adicionais 359
   Livro de Tomé, o Atleta 353
   Protoevangelho de Tiago 349, 357
Evangelhos Sinóticos 112, 501, 691
evangélico 180, 189, 205, 208
evangélico-liberal 189, 205, 221
evolução, evolucionismo 184, 191
Exhortation to chastity 115
existencial (existencialismo) 169, 200, 505
Expanded edition of the New Oxford Annotated Bible 704
Expositions on the book of Psalms 121
Ezequiel, canonicidade de 298, 301, 304

F

falível, falibilidade 190, 198, 201, 202, 205, 216
família de línguas indo-europeias 636
família indo-europeia-divisão ocidental (centum) 630
   grupo celta 629
   grupo helênico 628
   grupo itálico 628
   grupo teutônico 629
família indo-europeia-divisão oriental (satem) 628

grupo balto-eslávico 628
grupo indo-iraniano (ariano) 627
grupo trácio-frígio 628
grupo trácio-ilírico 628
fariseus (farisaico) 298, 302, 303
Farmer, William F. 563, 565
Farmer, William R. 501
Farstad, Arthur L. 526, 531, 532, 544, 700
Fee, Gordon D. 462, 499, 512, 513, 516, 527, 528, 533, 550, 552, 556, 558
Fell, John 521
Fenton, Farrar 684
Fenton, Ferrar, *The Holy Bible in modern English* 684
Feuerbach, Ludwig Andreas 166
Fichte, Johann Gottlieb 164
Fílon 23, 44, 275, 285, 302, 303, 314, 538
filosofia do processo (teologia) 192, 221
Findlay, J. N. 165
Five Arminian Articles 137
Fócio 346
fonogramas 382
fonologia 470
Ford, Lewis 194
Formgeschichte (história da forma, crítica da forma) 502
Fórmula de Concórdia 134
Fosdick, Harry Emerson 192, 221
Foster, Lewis 331
Foxe, John 310
Fragmento Muratoriano (cânon muratoriano) 333, 335, 337, 345, 362, 363, 483
Francisco de Enzinas 674
Francke, Hermann 153
Franklin, Benjamin 131
Frederico II, o Grande 161
Freedman, David Noel 703

Freedman, Harry 680
Frend, W. H. C. 325
Friedlander, Michael 679
Fries, J. F. 183
Froben, Johann 517
Fuchs, Ernst 187
Fuller, David Otis 526, 527, 531, 700
fundamentalismo (fundamentalista) 178, 189, 197, 203, 217, 221

G

galah 41
Galério 321, 491
Galilei, Galileo 62
Gall, A. von 425
Gaon, Saadia 605
Gaussen, Louis 121, 258, 327
Gay, Peter 159
Geiger, A. 425, 579
Geisler, Norman L. 27, 50, 65, 113, 114, 134, 136, 155, 157, 159, 161, 168, 176, 189, 191, 197, 198, 203, 219, 226, 272, 308, 396, 411, 506, 510
Gelb, Ignace J. 385
Gemeindetheologie (teologia da igreja) 504
Genizá do Cairo 411, 412, 414
genuinidade 170, 186, 260, 269, 344, 395, 497, 505
George II 452
Gerstner, John H. 136, 171, 172, 209
Gesenius, Wilhelm 425, 579
Gingrich, F Wilbur 475
Ginsberg, H. L. 680
Ginsburg, Christian D. 413, 429, 539
Glueck, Nelson 228, 437
gnósticos, gnosticismo 121, 352, 353, 354, 364, 487
God is for real man (Carl F. Burke) 690
Goedicke, Hans 437

Goethe, lohann Wolfgang von 162
González, Justo L. 145, 147
Gooch, George Peabody 499
Good news for modern man, todays English version (GNB, TEV) 573, 691
Goodspeed, Edgar J. 660, 662
Goodspeed, Edgar J., *The complete Bible, an American translation* 684
Goodwin, Alfred 664
Gore, C. 181
Gore, Philip Babcock 373
Goshen-Gottstein, Moshe 412, 413, 414, 428, 429
Gottskalksson, Oddur 675
Graciano 119
Graf, Karl H. 176, 178, 181, 183, 383
gramática grega 640
gramática hebraica 640
Grande Avivamento 171, 172
Grant, Robert M. 477
graphē 35, 36, 37, 43, 87, 214
Green, Jay. P. 687
Green, Jay P., *The teen-age version of the Holy Bible* 687
Greenlee, J. Harold 445, 494, 515, 526, 529, 530, 547, 551, 553, 596, 598, 601, 604, 606, 607
Greenslade, S. L. 392, 575, 640, 642, 644, 645, 646, 654, 655, 672, 675
Green, William H. 82, 243, 303, 313, 502
Gregório de Nazianzo 492, 615
Gregório de Nissa 492
Gregório I, o Grande 121, 631
Gregory, Caspar René 333, 478, 524
Griesbach, Johann Jakob 522, 524, 681, 692
Griffith-Thomas, W. H. 139
Grotius, Hugo 180
Guemará 427, 582, 610

Guerra do Peloponeso, de Tucídides 344, 409, 464, 468
Guerra Gálica de Júlio César 464, 468
Gundry, Robert 295, 508
Gundry, Stanley N. 142, 501, 503, 504
Gutenberg, Johannes 392, 406, 516, 624, 632, 639
Guthrie, Donald 186, 343, 500

H

Habermas, Gary R. 159
Hackett, Stuart Cornelius 396
Haenchen, Ernst 187
Hagadá (declaração, explicação) 582
Hagiógrafos 284, 302, 644
Halacá (procedimento) 582
Haley, John W. 46
HalI, Basil 640
Hall, A. R. 127
Haller, William 140
Hamurabi, Código de 387
Hannah, John D. 131, 142, 143, 219
haphtaroth (Profetas) 581
Hargreaves, Henry 124, 639
Harmony of the Gospels 121
Harnack, Adolf von 164, 167, 186, 363
Harrison Everett F. 331, 343, 345, 363, 504
Harrison, R. K. 185, 300, 499, 500, 502, 504, 687
Harris, R. Laird 22, 79, 280, 281, 282, 291, 326, 422, 439, 538, 579, 581
Hartman, Louis E. 656
Harwood, Edward 681
Hasel, Gerhard E. 185, 186, 187, 504
Hastings, James 404, 407, 540
Haug, Johann 316
Hegel, George Wilhelm Friedrich 164, 165, 183

hegelianismo 505
Hegésipo 597
Heidegger, Martin 168, 187
Heidel, Alexander 281
Heidenheim, Wolf 429
Heilsgeschichte (história sagrada, da salvação, supra-histórica) 500
Held, H. J. 187
Helena, rainha de Adiabene 593
Hellas (heleno, helênico) 610
Hengstenberg, Ernst Wilhelm 163
Hennecke, Edgar 360
Henrique VIII (Tudor) 139, 642, 644
Henry, Carl F. H. 40, 55, 67, 96, 146, 173, 178, 186, 209, 216, 242, 247, 330, 504
Heracleon 482
Herbert de Cherbury 154
Hereford, Nicholas 639
Herklots, Hugh G. G. 587, 588, 589, 590, 599
Hermas 112, 333, 334, 345, 362, 451, 486
hermeneuein 42
hermenêutica 41, 42, 43, 120, 510
Herodes 377
Heródoto 344, 464, 468
Herrmann, Wilhelm 167
Hesíquio 591, 620
Héxapla 639
Héxapla de Orígenes 483, 490, 514, 585, 591, 595, 618, 620
Hexateuco 184
Hillel ben Moses ben Hillel, rabino 415
Hills, Edward F. 526, 527
Hills, Margaret T. 639, 647, 656, 658, 664, 666, 667
Hills, Russell Paul 526, 527
Hinos de ações de graças (MMM) 416
hiperfundamentalismo (hiperfundamentalista) 221
Hipólito 115, 347, 489

hipótese documental (teoria) 180, 185, 501
História de Roma, de Tito Lívio 464, 468
História eclesiástica, de Beda 575, 631, 633, 634
História eclesiástica, de Eusébio 491
Hoare, H. W. 633, 635, 636, 646, 647, 658, 660
Hobbes, Thomas 157
Hodge, Archibald Alexander 173, 179, 185
Hodge, Charles 45, 170, 173, 175, 195, 208, 327
Hodges, David M. 531
Hodges, Zane C. 503, 526, 527, 533, 544, 551, 556, 561, 700
Hoehner, Harold W. 249
Hoerning, R. 429
Hoffecker, W. A. 162
Hofmann, Johann Christian Konrad von 500
Holden, Henry 146
Hölderlin, Johann Christoph Friedrich 162
Holmes, Michael W. 325, 527, 528
Holtzmann, Heinrich Julius 186
Homero 409, 458, 468, 549
Homero, escritos de 239
Homilia Antiga (Clemente de Roma) 335, 361, 452
Homologoumena 297, 317, 341
    Antigo Testamento 297, 317
    Novo Testamento 341
Hooker. Richard 140
Hooke, S. H. 503, 685
Hooke, S. H., *The Basic English Bible* 685
Hopf, Constantin 130, 643
Hort, Fenton John Anthony 492, 524, 525, 527, 528, 532, 548, 552, 559, 682

Howie, Robert 176
Howson, J. S. 682
Hubmaier, Balthasar 129
Hug, Johann Leonhard 523
Hugo de Saint-Cher, Cardeal 392
Hugo de São Vitor 122
Hume, David 159, 160
Hupfeld, Hermann 184
Hus, hussitas 124, 639, 675
Hus, João 124, 129, 639
Husselman, Elinor M. 600
Husserl, Edmund 168

I

idealismo 166, 168, 505
ideogramas 382
Igreja Católica Romana 450
Igreja da Inglaterra (anglicana) 317
Igreja Ortodoxa Oriental (grega) 308, 310, 317, 527
    catecismo 311
    tradição 148
Ilíada 409, 458, 464, 468, 549
iluminação 217, 221, 271, 314
Iluminismo 158, 159, 161, 163, 180
Inácio, Cartas de 333, 334
Inácio de Antioquia 112, 333, 334, 485
inautêntico 500
índice de Burgon 494
indissolúvel 53
inerrância (inerrante) 41, 45, 47, 50, 55, 58, 69, 133, 146, 149, 170, 177, 179, 196, 205, 206, 208, 212, 213, 214, 224, 385, 498, 512
infalível (infalibilidade) 53, 69, 131, 138, 143, 149, 170, 175, 176, 179, 198, 205, 206, 208, 214, 266
Inferno, de Dante 362
inglês, antigas traduções da Bíblia 123, 392, 518
inglês, médio (versões parciais) 635

Coverdale 518, 575, 640, 645, 647, 658, 664
de Matthew 643, 658
Purvey 639, 661
Taverner 643
Tyndale 642, 643, 644, 647, 658, 661, 664, 667
Whitchurche 658
Wycliffe 640, 641, 647, 661
inglês, traduções em linguagem contemporânea
    Good news for modern man, todays English version (*Good News Bible*) (GNB; TEV) 573, 691
    New Testament in modern English, J. B. Phillips 573
    The Cotton Patch Version, Clarence Jordan 574
    The Living Bible (LB), Kenneth N. Taylor 573, 689
inglês, traduções modernas 328
Inocêncio III 123
inscrição, inscrições 469, 476
inspiração como processo
    atomístico 205
    caráter e conteúdo 62
    conceitual 221
    conclusões 58
    definição 41
    definição teológica 41
    dinâmico 209
    ditado verbal 177, 195, 197, 221
    esporádica, teoria da 66
    extensão 69
    grau de 46
    holístico 34
    implicações 55
    orgânico 209
    teoria da intuição 221
    teoria do ditado 171

teoria do ditado mecânico 172, 177, 196, 200, 221
verbal 52, 167, 177, 202, 221, 224
inspiração esporádica 66
inspiração (inspirado) 41, 43, 44, 46, 50, 63, 65, 78, 80, 85, 92, 99, 102, 108, 111, 114, 117, 124, 125, 127, 128, 134, 143, 144, 149, 151, 167, 169, 174, 176, 180, 190, 205, 210, 214, 223, 224, 242, 246, 272, 313, 325, 369
inspiração plena 50, 143, 177
integridade 396, 399, 409, 465
Interlinear Greek-English New Testament 688
International Council on Biblical Inerrancy (ICBI) 178, 209
interpretação 42, 50, 135
Interpretação (exposição) *dos oráculos do Senhor*, de Papias 333, 482, 487
íon (jônios, *javan*) 610
Ireneu 113, 308, 336, 347, 350, 353, 362, 488, 614
irrevogável 54
islã 605

J

James I (Stuart) 136, 452, 646, 657
James, Montague Rhodes 347, 350
Jâmnia (Jabneh) 276, 315
Jastrow, Marcus 679
Jastrow, Robert 506
Jefferson, Thomas 158, 162
Jeffrey, Arthur 550
Jeová (YHWH) 301
Jerônimo (Sophronius Eusebius Hieronymus) 119, 265, 309, 310, 312, 315, 317, 324, 343, 345, 350, 352, 353, 363, 425, 470, 493, 514, 538, 564, 572, 575, 577, 587, 591, 613, 622, 624, 639

Jerusalem Bible (JB) 678
Jesperson, Otto 632
Jewett, Paul K. 509
Jewish Publication Society 679
Jó 288, 453
João Damasceno 492
João XXIII [papa] 125
Johanan ben Zakkai, rabino 239, 276
John de Gaunt 636
Johnston, Robert K. 188
Jonatã ben Uziel, rabino 581
Jones, A. H. M. 324
Jordan, Clarence 574, 690
Jordan, Clarence, *The Cotton Patch Version* 690
Josefo, Flávio 23, 240, 275, 281, 282, 283, 285, 300, 302, 303, 312, 313, 314, 538, 577, 593, 681
Joye, George 573, 641
judaicas, traduções modernas para o inglês 680
  Delgado, Isaac 679
  Friedlander, Michael 679
  Jastrow, Marcus 679
  Leeser, Isaac 679
  New Jewish Version (NJV) 679
  TANAKH (NJV) 680
Justino Mártir 113, 309, 336, 488, 585, 596

K

Kahle, Paul E. 23, 412, 413, 414, 425, 426, 429, 430, 539, 579, 594
Kant, Immanuel 161, 163, 164, 166
Kantzer, Kenneth S. 48, 136, 209, 503, 504
Käsemann, Ernst 187
Kaufmann, Walter A. 165
Keil, C. [Karl] F. 251, 292
Kelly, J. N. D. 118, 270, 327, 330
Kelly, Palmer H. 660

Kennicott, Benjamin 429, 539
Kenny, Anthony 506
Kenrick, Francis Patrick 655, 677
Kenyon, Sir Frederic G. 384, 388, 392, 402, 405, 409, 411, 414, 423, 425, 428, 436, 439, 452, 455, 462, 465, 482, 492, 498, 513, 516, 518, 519, 521, 523, 525, 535, 580, 586, 587, 589, 590, 595, 596, 598, 602, 613, 622
Kethuvim 23, 24, 387, 401, 680
Kierkegaard, Søren 156, 168
Kikawada, Isaac M. 185
Kilby, Clyde S. 205
Kilgour, Robert 676
Kilpatrick, G. D. 532, 533, 558
King James Version (KJV), ou Authorized Version (AV) 407, 423, 452, 461, 519, 520, 526, 531, 544, 546, 547, 555, 557, 559, 560, 563, 565, 566, 572, 642, 646, 654, 662, 663, 664, 666, 667, 668, 670, 678, 679, 681, 682, 686, 687, 690, 695, 697, 699, 701
King, Marchant A. 344
Kittel, Gerhard 34, 41
Kittel, Rudolf 23, 414, 429, 430, 502, 539, 669, 698
Klein, R. W. 499
Kleist, James A. 678
Kline, Meredith G. 185
Klooster, Fred H. 163
Klug, Eugene F. 181
Knappen, M. M. 140
Knox, John 136, 393, 645
Knox, Ronald A. 656, 670, 677
Knox, Ronald A., tradução de 656, 670, 677
Korsmeyer, Jerry 195
Kraeling, Emil G. 60
Kramer, Samuel Noah 381
Krentz, Edgar 497, 499, 500, 501

Kubo, Sakae 656, 657, 667, 668, 676, 678, 679, 686, 688, 690, 692, 694, 696, 697, 699, 701
Kuenen, Abraham 176, 178, 181, 183
Kümmel, Werner Georg 500

L

Lachmann, Karl 523
Lactâncio 320
Lake, Kirsopp 458, 484
Lamentações 282
Lampe, G. W. H. 575
Lamsa, George M. 694
Lamsa, George M., *The Holy Bible from ancient Eastern manuscripts* 694
Lange, John Peter 268
Langton, Stephen 392
Laodicenses, Carta aos 249, 253, 331
Laquis 385, 388, 425, 576
Larson, Mildred 571
Lascaris, John 453
Latourette, Kenneth Scott 658
Lattey, Cuthbert 677
Layman's New Testament 677
Leach, Charles 494
Leão X, papa 517
lecionário (lecionários) 408, 443, 445, 466, 467, 469, 479, 538, 539
Le Clerc, Jean 158, 180, 181
Leeser, Isaac 679
Lefèvre d'Étaples, Jacques 643, 672
Leibniz, Gottfried Wilhelm von 161, 163
Lei e evangelho 114
Lei e Profetas 22, 82, 83, 89, 91, 92, 98, 114, 275, 285, 286, 302
Lei (Lei de Moisés) 22, 25, 27, 38, 78, 89, 92, 98, 241, 244, 245, 274, 278, 284, 381, 387, 390, 401, 579, 581, 582, 584

Leiman, Sid Z. 23, 185, 239, 275, 282, 284
Lei, Profetas e Escritos (Salmos) 23, 29, 83, 284, 289
Leith, John H. 141
Leonard, R. C. 237
Lessing, Gotthold Ephraim 160, 162
Leupold, Herbert Carl 261, 300
Lewis, C. S. 205, 221, 508
Lewis, Gordon R. 154, 219
Lewis, Jack P. 276, 639, 656, 657, 659, 661, 667, 668, 676, 678, 688, 691, 692, 696, 697, 699, 703
léxico grego 640
léxico hebraico 640
Libby, W. F. 421
liberalismo (modernismo) 168, 185, 195, 197, 218, 219, 221, 498
Liberal Translation of the New Testament (Edward Harwood) 681
Lietzmann, Hans 524
ligações 406
Lightfoot, J. B. 363, 364
Lightfoot, Neil R. 540
Lightfoot, R. H. 503
Lilly, Joseph L. 678
Lindsell, Harold 135, 209
Lingard, John 677
língua acadiana 373
língua inglesa 375
língua inglesa, desenvolvimento da 632
língua latina 625
línguas do mundo da Bíblia 380, 384
  aramaico (siríaco) 244, 373, 374, 376, 404, 418, 420, 422, 426, 553, 571, 580, 698
  família hamítica 373
  família jafética 375
  família jafética (grego) 375, 378
  família jafética (latim) 375, 377, 521
  família semítica 374
  família semítica (acadiano/assírio) 373
  família semítica (árabe) 373, 521
  fenício 374, 404
  hebraico 244, 256, 374, 377, 424, 425, 427, 471
  ugarítico 374
literalismo 178, 190
literatura apocalíptica 304
Livingstone, E. A. 172, 183, 338, 348
Lívio, Tito 464, 468
livro da penitência de Janes e Jambres 303
Livro das Guerras do Senhor 243, 259, 274
Livro de Concórdia (Fórmula de Concórdia) 134, 174
Livro de Enoque 303
livro de Jubileus 244, 311
Livro de Mórmon 223
Livro de Oração Comum 644
Locke, John 158, 161
Loetscher, Lefferts A. 173
Loewe, Raphael 623
Lohse, Eduard 331, 341
lolardos 638
Loomer, Bernard 195
Lucar, Cirilo 452
Luciano 591, 620
Luís XIV 180, 455
Lumpkin, William L. 131
Lupton, Lewis 645
Lurton, Douglas E. 158
Lutero, Martinho 127, 128, 135, 139, 144, 152, 265, 311, 315, 343, 518, 641, 672, 673
Lyon, Robert W. 454

M

Mace, Daniel 681
MacGregor, Geddes 533, 645, 652, 655, 658, 674, 675, 677
Machen, l. Gresham 167, 173, 178
MacNamara's Bible 677
Macquarrie, John 42, 169
Mahābhārata 549
Maier, Gerhard 66, 181, 499, 505
Mallard, William 124
Manen, W. C. van 186
maniqueístas 121, 620
Manley, G. T. 482
Manschreck, Clyde L. 135, 653
Mansoor, Menahem 244, 311, 416
Manual de Disciplina 77, 281, 416
manuscrito 444
manuscritos 310, 410, 466, 467
   do Antigo Testamento 408
   do Novo Testamento 468
   famílias de 446, 464, 528
   preservação dos 408, 436, 437
Manuscritos do Mar Morto (MMM) 22, 302, 303, 304, 311, 404, 408, 410, 411, 424, 430, 438, 439, 443, 537, 538, 555, 669
   apresentação dos 421
   datação dos 422
   descoberta dos 415
   e os Apócrifos 244
   e paleografia 422
Maomé 196, 605
Maomé (maometanos) 121
Marcião 269, 320, 333, 337, 487, 596
Maria (Tudor) 139, 645, 651
Marmochini, Santi 673
Marshall, I. Howard 39, 43, 206, 295, 504, 507, 563, 565
Martin, Gregory 652
Martini, A. 674
Martini, Carlo M. 446, 540
Martin, Ralph P. 187
Mártires da Palestina de Eusébio 491
Martírio de Policarpo 486
Marx, Karl 151, 166
Marxsen, Willi 187, 193
Massorá 413, 414, 430
massoretas 171, 390, 405, 408, 414, 427, 436, 438, 539, 582
materialismo 156, 183, 191, 505
Matthaei, Christian Friedrich 523
Matthew's Bible 130
Matthew, Thomas (John Rogers) 130, 643, 644, 658
Matthiae, Paolo 385
Maximiano 320
Mazarin Bible 392, 640
Mazarin, Jules Cardeal 392
McCarter, P. Kyle 384
McDonald, H. D. 34, 127, 151, 176, 181, 182
McDowell, Josh 233
McHugh, J. 677
McKim, Donald K. 65, 66, 142, 152, 173, 207, 208, 219
McLeman, James 503
McNeil, John T. 164
Médici, Catarina de 453
Megilloth 23, 401, 680
Melâncton, Filipe 135
Melito 299, 482
Melito, comentário sobre o Apocalipse de João 482
Mergal, Angel M. 130
Merrill, Eugene 385
Mesrop 603
methurgeman 580
Metódio 605, 628
metodista(s) 144
método histórico 151, 182
método histórico-crítico 181, 193, 497, 499, 501

Metzger, Bruce M. 311, 316, 337, 391, 406, 407, 445, 446, 448, 449, 450, 452, 453, 454, 459, 462, 463, 467, 477, 478, 483, 484, 513, 516, 517, 518, 520, 521, 522, 529, 533, 538, 540, 541, 543, 546, 547, 548, 549, 553, 554, 556, 560, 561, 562, 563, 564, 565, 595, 596, 597, 598, 599, 600, 601, 602, 603, 604, 605, 606, 607, 613, 614, 615, 616, 617, 623, 624, 632, 635, 667, 692, 701, 704
Michaelis, J. D. 499, 674
Michaelis, J. H. 428
Midrash (Midrashim) 245, 427, 575
    Hagadá (declaração, explicação) 582
    Halacá (procedimento) 582
milagre (miraculoso) 182, 191, 206, 232, 262, 370, 508
Milik, J. T. 412, 420, 430
Millard, A. R. 381
Miller, Donald G. 660
Miller, H. S. 390, 392, 613
Milligan, George 469
Mill, John 521, 540
minúsculo(s) 405, 409, 444, 445, 461
Mishná (mishnaico) 24, 239, 299, 300, 374, 427, 582
mistério (misterioso) 41, 48
misticismo 400
mitologia (mítico) 145, 186, 203
mito (*mythos*) 37, 183, 204, 503, 507
Mitra (mitraísmo) 473
modernismo (modernista) 168
Modern language Bible 686
Moffatt, James 684
Moffatt, James, *The New Testament, a new translation* 684, 686
Moisés e os Profetas 89, 91, 241
Mollat, D. 558

Möller, Wilhelm 502
monarquiano (monarquianos) 116
monofisitas 601
Montague, W. J. 187
montanista 114, 343, 489
Montanus, Arias 390, 391, 671
Montgomery, John Warwick 133, 136, 209
More, Sir Thomas 641
Morris, Leon 202
Morrison, Robert 675
Morton, A. Q. 503
Moses ben Asher 428
Moses ben Naphtali 428
Mould, Elmer W. K. 377
Moule, H. F. 671
Moulton, James Hope 469
movimento da Morte de Deus 249, 507
Mowinckel, S. 503
muçulmanos 196, 324, 596
Mueller, Gustav E. 165
Mullins, Edgar Young 175
Münster, Sebastian 671
Murabba'at 420, 421
Murray, John 136

N

Nag Hammadi 304, 352, 354, 359
não ortodoxo 218
Nary, Cornelius 654
naturalismo (naturalista) 145, 158, 505, 527
Naville, Édouard 502
neoevangélico 189, 209, 218, 220, 221
neoliberal 195, 221
neo-ortodoxo 189, 202, 214, 218, 219, 221
Nestle, Eberhard 391, 529, 540, 544
Nestle, Edwin 528, 529, 540
nestorianos 595
Nestório 604

Nettles, Tom J. 131
Neuman, Salid 679
Nevi'im 23, 387, 401
New accurate translation of the Greek New Testament (Julian G. Anderson) 689
New American Bible (NAB) 307, 544, 546, 547, 556, 560, 561, 562, 563, 566, 567, 572, 678
New American Standard Bible (NASB) 253, 301, 388, 501, 544, 546, 547, 556, 562, 563, 566, 567, 572, 696
Newberry, Thomas 682
Newberry, Thomas, *The Englishman's Bible* 682
Newcastle New Testament 677
New English Bible (NEB) 546, 547, 555, 558, 560, 562, 563, 566, 567, 572, 668
New Hampshire Declaration of Faith 132, 133
New International Version (NIV) 544, 546, 547, 556, 557, 560, 562, 563, 566, 567, 690, 698
New Jerusalem Bible (NJB) 678
New Jewish Version (NJV) 556
New King James Version (NKJV) 457, 544, 546, 547, 555, 556, 559, 560, 563, 565, 566, 567, 701
Newman, Barclay M., Jr. 696
New Oxford Annotated Bible 656, 657, 704
New Testament in modern English (J. B. Phillips) 686
Newton, Sir Isaac 154, 247
New Translation of the Bible (John Nelson Darby) 682
New York International Bible Society 697
Nicole, Roger R. 96, 176, 185

Nicoll, W. Robertson 57, 185
Niebuhr, Berthold Georg 499
Nietzsche, Wilhelm 168
Nineham, D. E. 503
Nix, William E. 35, 45, 59, 60, 127, 130, 151, 152, 169, 542, 545, 574, 575, 576, 636, 647, 653, 658
Nono 562
Norlie, Olaf M. 687, 689
Norlie, Olaf M., *The simplified New Testament in plain English* 687
Novaciano 116, 614
novacianos 116, 488
Noventa e Cinco Teses 127, 134, 144, 311, 316

O

objetivo 215, 217, 272, 398, 400
Ockham, William de 123, 126
Ogden, Shubert 195, 221
Olivétan, Pierre Robert 643, 672
O livro dos mártires, de Foxe 310
One way: the Jesus People New Testament 687
O peregrino 362
ophelimos 36
orações pelos mortos 311, 316
oráculos de Deus 52, 90, 121, 143
Orientales 4445 413
Orígenes 116, 238, 309, 315, 324, 341, 343, 344, 347, 349, 350, 351, 352, 353, 361, 362, 426, 483, 484, 489, 490, 491, 514, 562, 564, 575, 585, 588, 589, 590, 591, 595, 601, 618, 620
origenistas 527
Orlinsky, Harry M. 424, 680
Orm (Ormin) 635
Orr, James 43, 133, 136, 274, 502
ortodoxo 180, 197, 202, 218, 219
os muitos relatos de Lucas 251

Osterley, W. O. E. 185, 239
óstraco 408, 469, 476
Ottley, R. L. 181
Otto, Rudolf 162
Owen, John 142
Oxford English Dictionary (OED, NED) 33

P

Packer, J. I. 39, 136, 209, 247
Pacômio 600
Pagnini 642
Pagnino, Santes 671, 673
pais da igreja 25, 494
    antenicenos 491
    apostólicos 487
    nicenos 118, 493
    pós-nicenos 493
Palavra de Deus (Palavra divina) 38, 39, 41, 58, 69, 90, 91, 98, 99, 114, 121, 138, 149, 172, 174, 176, 179, 188, 191, 198, 206, 215, 234, 265, 271, 346, 396, 399, 400, 481
paleografia 406, 421, 422
Paley, William 156, 158
palimpsesto 404, 454
Palmer, R. R. 165, 166
pandecta 444
Panfílio 324, 589, 591
panteísmo (panteísta) 145, 156, 180
Papias 112, 333, 482, 487
Papiro Cairo 356
Papiro Nash 412, 421, 438
papiro, papiros 388, 389, 402, 403, 408, 445, 449, 476
    não bíblico 476
    P^{32} 466
    P^{45} 446, 448, 462, 464
    P^{46} 363, 446, 464, 466
    P^{47} 448, 464
    P^{52} 446, 465, 466
    P^{64} 466
    P^{66} 448, 465
    P^{67} 466
    P^{72} 344, 448
    P^{74} 566
    P^{75} 448, 466
Papiros Bodmer 344, 345, 350, 448, 535
Papiros Chester Beatty 446
papiros Oxirrinco 355
Papiros John Rylands 446
papiros não bíblicos 476
paráfrase 573, 580, 635, 687, 689, 691
Parvis, M. M. 607
passível de erros (errância) 193, 198
pastor, O de Hermas 112, 114, 333, 334, 335, 337, 345
Patrício, São 631
Paulo de Tella 591, 595, 599
Paulus, Heinrich 182, 502
Payne, J. Barton 45, 88, 542, 545
Pedra de Roseta 387
Pedra Moabita 374, 383, 385, 387, 425, 576
Pei, Mario A. 373
Pelágio 631
Pelágio, pelagianismo 631
Pentateuco 237, 583, 679
Pentateuco Samaritano 426, 435, 438, 439, 537, 538, 540, 571, 575, 580, 585, 591
pergaminho 388, 389, 402, 403, 449, 514
período macabeu 286, 390
Perrin, Norman 504
Perseguição Mariana 643, 645
Peshitta 310, 562, 595, 598, 604, 694
Petite, Anselmo 674
Petry, Ray C. 322
Pettinato, Giovanni 385
Pfeiffer, Robert H. 185, 239, 502
Phillips, J. B. 573, 686, 689

Phillips, J. B. *The New Testament in modern English* 573, 686
Pia desideria 153
Pickering, Wilbur N. 526, 527, 528, 556
Pickthall, M. M. 196
pictograma(s) 381
Pierard, Richard V. 162
pietismo (pietista) 153, 162, 181, 183
Pinnock, Clark 40, 187, 207, 208
Pio IX, papa 145, 676
Pio VI, papa 674
Pio XII, papa 656
Platão 468
pleres (cheio) 471
Plínio (Segundo) 468
Plotino 352
Plutarco 470
Poesia, livros de 271
poetas, citações de 303
Policarpo 112, 333, 334, 335, 336, 363, 486, 598
Policarpo, Cartas de 334, 335
Poliglota Complutense 311, 390, 428, 516, 517, 518
Poliglota da Antuérpia 428, 516
Poliglota de Londres 425, 428, 516, 521, 579
Poliglota de Paris 425, 428, 516, 579
Pollard, Alfred W. 644
ponteiro 388
pontos vocálicos, em hebraico 171
Pope, Hugh 655, 676
Popkin, Richard H. 152, 159
Porfírio 352
Poynter, William 676
Pratensis, Felix 428
Preus, Robert D. 42, 43, 209, 291, 510
Priestly, Joseph 181
Princeton (princetoniano) 172
Principiis, De 116
princípio das Escrituras 199

princípio do colofão 281
profeta (profetas) 56, 81, 104, 262, 369, 387
  caráter do 279, 283
  confirmação do 279
  continuidade do 280
  credenciais (testes) do 264, 279
  designações dadas 80
  dom 283, 327
  falso 262
  ofício de 283
  testes dos 262
  verdadeiro 262, 279
profetas
  (homens) de Deus 39, 260, 317
  livros dos 23, 78, 92, 98, 271, 275, 281, 282, 302, 387, 390, 680
profético 39, 56, 83, 104, 105, 108, 247, 259, 263, 271, 396
Profissão de Fé Tridentina 145
protestantes (protestantismo) 189, 200, 304, 311, 702
protestantes, traduções modernas para o inglês
  Bíblia de Genebra 393, 645, 647, 658, 661, 664
  Bishops' Bible 646, 658, 659, 661, 664
  Cranmer's Bible 644
  English Revised Version (ERV, RV) 666, 670, 690
  Great Bible 643, 644, 647, 664
proveitoso 36
Provérbios 283, 288, 298, 302, 309, 453
providência divina 399, 400
Psalms for today (R. K. Harrison) 687
Pseudepígrafos 262, 265, 297, 304, 317, 341, 360, 364, 366, 483
  do Antigo Testamento 262, 265, 297, 303, 345
  do Novo Testamento 341, 360, 366

Ptolomeu II Filadelfo 576, 583
Ptolomeu I Sóter 583
puritano(s) 140, 142, 171, 646, 657, 659
Purvey, John 638, 639, 661
Pyles, Thomas 373, 606, 629, 632

Q
Quelle ou Q (fonte) 501
querigma 193, 330
quiliasmo (milenarismo) 345
Quinn, Arthur 185

R
Rábula, bispo de Edessa 595, 596
racionalismo (racionalistas) 111, 118, 142, 145, 154, 156, 161, 162, 180, 181, 183, 185, 188, 400, 500, 505, 531
Radmacher, Earl D. 42, 43, 209, 291, 292, 510
Rahlfs, Alfred 23
Rainha das cursivas (ms 33) 462
Ramm, Bernard 61, 122, 187, 233, 500
Ramsay, Sir William M. 59, 363, 507
Randall, John Herman, Jr 127
Ranke, Leopold von 499
Ray, J. J. 527
Readers Digest Bible (RDB) 574, 701, 702
recensão 573
Recensão Luciânica 514, 591, 602
reconhecimento (aceitação) 482
    imediato 267, 269, 272, 273, 275, 326, 332
    subsequente 269, 275
Rees, Thomas 152
Reforma
    Magisterial 130
    Protestante 390
    Radical 131

Refutação de todas as heresias 348
Regra Áurea 634
Regra de Fé Protestante 174
Remairus, Hermann Samuel 160
remonstrantes 138
rescriptus 404, 454
Reuchlin 518
Reu, M. 133, 134, 343
revelação 41, 145, 151, 156, 163, 169, 172, 173, 176, 188, 210, 263, 271, 396
    clássica 42
    confessional 207
    definição 41
    de propósito (intenção) 207, 219
    e Bíblia 33
    e inspiração 41
    geral 370
    ideias mdernas da 188
    ideias modernas da 151, 163
    imediata 172
    pessoal 221
    primordial 42
    processo de 200
    proposição, proposicional 169, 200, 207, 219, 220
    repetitiva 42
    sobrenatural 145, 156, 174, 175, 176
    teorias da 221
revelare 41
revisão de Símaco 575, 585, 589
revisão (Revised Version) 573
Revised Standard Version (RSV) 253, 307, 457, 544, 546, 547, 555, 557, 558, 560, 562, 563, 566, 567, 573, 656, 668, 670, 686, 690, 699, 701, 702, 703
Revised Version (RV ou ERV) 476, 524, 544, 546, 555, 560, 563, 566, 567, 573, 664, 665, 668, 682, 689, 700

Reyna, Cassiodoro 674
Reynolds, John 657
Reynolds, William 652
Rheims-Douay Version (Rheims-Douay-Challoner) 407, 573, 656, 670, 676
Ricardo de São Vitor 122
Rice, John R. 197, 221
Richardson, C. C. 484
Ridderbos, Herman 330
Ritschl, Albrecht 164, 166
Roberts, O. 358
Robertson, Archibald T. 394, 469, 544, 549, 601, 603
Robinson, G. L. 449
Robinson, J. M. 187
Robinson, John A. T. 249, 507
Robinson, T. H. 185, 669
Rodkinson, Michael L. 281, 313
Roe, Sir Thomas 452
Rogers, Jack B 65, 66, 142, 152, 173, 209, 219, 221
Rolle, Richard 124, 636
Rolo de Isaías (MMM) 416
Rolos (Cinco Rolos) 284
romantismo 164, 166
Rossi, Giovanni de 411, 429, 539
Rotherham, Joseph Bryant 682
Rotherham, Joseph Bryant, *Emphasized Bible* 682
Rousseau, Jean-Jacques 162
Rowley, H. H. 299, 692
Rudolph, Wilhelm 23, 413, 430, 539
Rufino 317
Rute, livro de 280, 282
Rutherford, Samuel 208
Ryle, Herbert Edward 275

S

saduceus 298
salmo 151 304, 424, 704
Salmond, S. D. F. 57
Salmon, George 500, 524
Salmos 283, 285, 290, 680
Salmos de Josué 311
Saltério 124
   gálico 618, 621
   hebraico 618, 621
   latino (Bucer) 643
   romano 617, 618, 621
   Saltérios em inglês 633, 635, 636, 647
samaritano
   etnia 577
   religião 580
   tipo de texto 433, 435, 540
Samuel bar Inia, rabino 240
Samuel ben Jacob, rabino 413
Sanday, W. 181, 540, 664
Sandeen, Ernest R. 45, 178
Sanders, E. P. 501
Sanders, H. A. 459
Saturnino 596
Sayce, A. H. 502
Schaeffer, Francis 209, 221
Schaff, Phillip 22, 134, 137, 138, 139, 140, 141, 142, 145, 147, 316, 321, 325, 338, 487, 548, 616, 618, 622, 623
Schelling, Friedrich Wilhelm Joseph von 164, 500
Schiller, Johan Christoph Fredrich von 162
Schippers, Reinier 503
Schlegel, Friedrich 163
Schleiermacher, Friedrich D. E. 162, 163, 164, 166, 175, 183, 186, 189, 500
Schmiedel, P. W. 186
Schneemelcher, Wilhelm 360
Scholz, Martin Augustinus 523
Schonfield, Hugh J. 693

Schonfield, Hugh J., *The authentic New Testament* 693
Schweitzer, Albert 160, 186, 506
Scrivener, F. H. A. 454, 526, 540
Scroggie, W. Graham 22, 27, 74, 301, 390
Semler, Johann Salomo 181, 499, 522
Septuaginta (LXX) 21, 26, 308, 309, 310, 398, 424, 431, 433, 434, 438, 439, 470, 511, 538, 540, 542, 546, 555, 556, 557, 566, 571, 575, 576, 580, 591, 604, 606, 622, 624, 678, 681, 698, 699
    e Texto Massorético comparados 438
    Pseudepígrafos 304
Sessenta e Sete Artigos 135, 137
Severo 415
Shammai, escola de 301
Sharpe, Samuel 681
Sharpe, Samuel, *New Testament* 681
Shaw, Frank 691
Shelomo ben Baya'a, rabino 413
Shemá 412
Sherlock, Thomas 158
Sherwin-White, A. N. 507
Shoreham, William de 635, 647
Siewert, Frances 574, 695
Sílabo dos Erros (do papa) 145, 221, 541, 543, 544, 545, 676
Siloé 425, 576
Símaco 575, 585, 587, 589
Simon, Richard 158, 180, 181, 497, 499
Simons, Menno 129, 130
Simpson, E. K. 331
Sinaiticus (א) 308, 444, 452, 466
síntese 188
Sirá (Sirah), rabino ben 239
Sisto V, papa 624
Sitz im Leben (contexto em que o texto foi criado) 501, 502
Skehan, Patrick W. 431

Smart, James D. 688
Smith, Adam 185
Smith, Henry Preserved 185
Smith, Myles 660
Smith, William Robertson 185
sobrenatural (sobrenaturalismo) 174, 262, 506, 510
Sociedade Bíblica Britânica e Estrangeira 671, 673, 674, 675
Sociedade Torre de Vigia de Bíblias e de Tratados (Testemunhas de Jeová) 693
sociniano(s) 142
Soden, Hermann Freiherr von 492, 526, 529
sola Scriptura 128, 133, 194
sopherim 427, 582
Souter, Alexander 238, 360, 455, 488, 489, 491, 492, 526, 541, 596, 598, 603, 686
Souter, Alexander, *The basic English Bible* 686
Sozzini, Fausto Paolo 152
Sozzini, Lelio Francesco Maria 152
Sparks, H. F. D. 119, 624
Speiser, Ephraim A. 680
Spencer, Francis A. 677
Spencer, Francis A., *New Testament* 677
Spener, Philipp J. 154
Sproul, R. C. 209, 226, 272
Stephanus, Robert (Estienne) 130, 393, 519, 520, 646
Stevenson, J. 321
Stinespring, W. F. 691
Strauss, David Friedrich 166, 182, 183, 186, 506
Streeter, B. H. 458, 501, 523
Stromata 114
Stromberg, Roland N. 127
Strong, Augustus H. 221
Strong, James Augustus Henry 33
Strozzi, Pietro 453

Stuart, Moses 298
Sturz, Harry A. 526, 531, 544, 551, 556
subjetivo, subjetivismo 144, 153, 158, 161, 201, 215, 217, 272, 372, 400
sumérios 382, 384
Summa theologiae 122
Swete, Henry Barclay 587, 591, 620

T

tabuinhas de Ras Shamra 374, 385
Taciano 113, 482, 488, 489, 598, 607
Tácito 409, 464, 468
Talmude (talmúdico) 239, 240, 245, 285, 313, 401, 405, 408, 427, 538, 575, 582, 610
TANAKH (NJV) 23, 556, 557, 572, 680
tannaim (tannaítico) 300, 427
Targuns 576, 581, 586
   aramaicos 422, 433, 571, 575, 581, 610, 613
   babilônicos 538
   de Jerusalém 581
   Onkelos 581, 586
   palestinenses 581
   samaritanos 426
Taverner, Richard 643
Taylor, Kenneth N. 573, 689
Taylor, Kenneth N., *The Living Bible* 688
Taylor, Richard A. 528
Taylor, Vincent 503
Templo 239, 240, 297, 416
Tenney, Merrill C. 48
Teodócio 556, 586, 587, 589, 590
Teodoreto, bispo de Cirro 492, 591, 596, 597
Teodoro de Mopsuéstia 120, 121, 514
Teofilacto 562
Teófilo 602
teologia russa 148

teoria da acomodação 65, 68, 91, 181, 190, 192, 213
teoria das duas fontes 501
teoria genealógica 525, 551
teoria JEDP 184, 501
Tertuliano 114, 299, 309, 345, 489, 490, 561, 562, 612, 613, 619
tese-antítese-síntese 165
Testamento, de Levi 311, 418
Testamento, de Naftali 311
Tétrapla (quádruplo) 589
texto bíblico
   crítica do 155
   história do 428
   transmissão do 275, 369, 409
Texto Crítico 398, 539, 555, 559, 700
texto grego 517, 518
   Alford 682
   Beza 520
   Elzevir (Textus Receptus) 520
   Erasmo 517, 519, 520, 660
   Estienne 519, 520
   Griesbach 522, 681
   Soden, von 684
   Stephanus 519, 646
   Tischendorf 524
   Ximenes (Complutense) 517
texto latino 639, 642
Texto Majoritário (Texto-Maj) 325, 399, 524, 526, 527, 535, 544, 546, 547, 548, 555, 559, 560, 561, 563, 565, 700
Texto Massorético (TM) 405, 411, 420, 422, 423, 424, 425, 427, 429, 430, 431, 436, 438, 439, 514, 516, 537, 540, 554, 556, 557, 577, 579, 585, 590, 591, 594, 669, 680, 698
Texto Nestle-Aland (United Bible Societies, UBS) (Texto-NU) 399, 528, 529, 540, 544, 546, 547, 548, 555, 556, 558, 559, 560, 563, 697, 700

Texto Recebido 398, 518
Texto Tradicional 700
Textus Receptus, Texto Recebido (TR) 428, 443, 484, 518, 520, 521, 523, 524, 526, 527, 530, 532, 533, 535, 544, 546, 547, 548, 555, 559, 563, 565, 606, 700, 701
Thayer, Joseph Henry 475
The Bible in living English (Watchtower Bible and Tract Society) 693
The childrens King James Bible, Jay P. Green 687
The children's Old Testament with stories, Jay P. Green 687
The childrens simplified New Testament, Olaf M. Norlie 687
The Concordant Version of the Sacred Scriptures 685
The Cotton Patch Version (Clarence Jordan) 690
The Great News 697
The Holy Bible: King James II (Jay P. Green) 688
The letters of Paul, an expanded paraphrase (F. F. Bruce) 689
The life and letters of St. Paul (W. J. Coneybeare; J. S. Howson) 682
The Living Bible (Kenneth N. Taylor) 573, 688
The New Testament in everyday English 689
The New Testament rendered from the original Greek 678
The New Testament (William Barclay) 695
The New World translation of the Greek Scriptures (Watchtower) 692
The New World translation of the Hebrew Scriptures (Watchtower) 692

theopneustia (*theopneustos*) 34, 35, 36, 43, 224
The original New Testament 694
The other Bible 346
The Passover plot, Hugh J. Schonfield 694
The Septuagint Bible (Charles Thompson) 681
The Septuagint version of the Old Testament, Lancelot Brenton (Bagster) 681
The Twentieth-Century New Testament 683
The Westminster Version 677
The Word made flesh (Andrew Edington) 691
Thomas de Harkel 599
Thomas, Robert L. 79, 501, 503, 504
Thompson, Charles 681
Thompson, Charles, *Old Testament from Greek Septuagint* 681
Thompson, Edward Maunde 406
Thompson, J. M. 691
Thorndike, Lynn 127
Tillich, Paul 169
Tindal, Matthew 158
tipo de texto Bizantino 453, 519, 525, 528, 529, 530, 531, 533
tipos de texto (famílias) 467, 525
    Alexandrino 446, 450, 452, 453, 456, 458, 460, 461, 462, 463, 466, 467, 522, 523, 525, 528, 529, 532, 534, 551, 556, 559, 561, 577, 600
    Antioqueno (sírio) 525, 528, 603
    Bizantino (coiné) 453, 454, 455, 456, 457, 459, 460, 461, 466, 467, 479, 515, 519, 522, 525, 528, 529, 531, 533, 551, 556, 559, 595, 603, 604

Cesareiano 446, 458, 460, 461, 462, 463, 467, 479, 529, 551, 561, 606
Eclético 466, 535, 558
Neutro (Westcott-Hort) 492, 525
Ocidental 446, 452, 455, 456, 458, 460, 461, 463, 466, 488, 522, 525, 528, 529, 551, 561, 566, 596, 597, 600, 606
Oriental 522, 597
pré-Bizantino 463
subfamília italiana (cesareiana) 464
Texto-I (Von Soden) 457
(X) ancestral comum 525
Tischendorf, Constantin von 449, 450, 454, 455, 523, 598
Toland, John 158
Tomás de Aquino 122
Torá 23, 37, 183, 244, 401
Torrey, C. C. 376
Toseftá 427
Tov, Emanuel 290
tradição anabatista (batista) 133, 140, 153, 175
tradição batista 133, 140
tradição católica romana 142, 147, 148, 153, 168, 180, 189, 200, 203
tradição de Westminster 144, 169, 176
tradição evangélica reformada 139, 153, 169, 173, 174, 199
tradição luterana 135, 148, 153, 163, 174, 199, 500
Tradições de Matias 353
tradução 44, 45, 275, 369, 571
traduções
    antigas 572, 575
    estrangeiras modernas 575
    literais 572
    medievais 575
traduções chinesas 675
traduções dinamarquesas 674
traduções e versões ecumênicas 704
traduções islandesas 675
Translating the Word of God, John Beekman e John Callow 571, 689
transliteração 572
Tratado contra os anabatistas 129
Tregelles, S. P. 449, 524, 682
Trever, J. C. 415, 421
Trinta e Nove Artigos 139, 143
Troeltsch, Ernst 164
Tübingen 167, 183, 186, 414, 502
Tucídides 344, 409, 464, 468
Tunstall, Cuthbert 641
Turretin, Francis (Franz Turretini) 137, 171, 172, 173
Turretin, Johann Alfons 137, 171
Tyndale, William 139, 518, 572, 575, 642, 644, 645, 647, 661, 664, 667

U

Ugarit 385
Ulfilas 602, 629
uncial (maiúsculo) 404, 444, 445, 449, 461, 466, 467
Unger, Merrill F. 41, 82, 291, 382, 404, 586, 594, 613
unitarianismo 152
United Bible Societies (UBS) 691, 695, 698
Urim e Tumim 38, 370
Ussher, arcebispo 521, 662

V

Vaganay 598
valdenses 123, 125, 137, 672
Valdes [Pedro Valdo] 123
Valentino 596
Valle, Pietro della 425, 576
Van der Valk, M. 565
variantes textuais
    do Antigo Testamento 539, 550

do Novo Testamento 454, 538, 550
Variorum edition of the New Testament 573, 664
Vaticanus (B) 308, 391, 448, 464, 466, 663
Vawter, Bruce 189, 678
Vedas 229
velino 388, 389, 403, 449, 514
verbal 50, 51, 52, 167, 199, 201
verdade (veracidade) 212, 343, 395, 396
Verduin, Leonard 130
Verkuyl, Gerrit 686
Verkuyl, Gerrit, *The Berkeley version in modern English* 686
Vermes, Geza 421, 424
versão 576
versão arábica 605, 607
versão armênia 603
versão boaírica (menquítica) 525, 530, 600, 607
versão de Áquila 575, 585, 586
versão de Teodócio (revisão) 586, 587, 588, 589
versão eslavônica 605
versão filoxeniana 599
versão georgiana 604
versão saídica (tebaica) 525, 538, 562, 599, 607
versão, versões em latim antigo 315, 320, 337, 493, 528, 538, 560, 562, 615, 616, 623, 671
versão, versões em siríaco antigo 320, 337, 528, 538, 562, 564, 598
versões alemãs 642, 672, 675
versões autorizadas 393, 665
versões boêmias 675
versões coptas 344, 353, 538, 562, 565, 601, 607
versões em espanhol 673
versões etíopes 601, 607
versões francesas 643
versões franconianas 607
versões góticas 521, 602, 607
versões holandesas 673
versões húngaras 675
versões latinas 26, 639, 671, 675
versões nestorianas 595, 604
versões siríacas 599
 Diatessarão 598
 filonexiana 598
 heracleana 599
 Peshitta 594
 siríaco antigo 597
 sírio-hexaplárica 595
Vicente de Lérins 118
Vida de Constantino, de Eusébio 491
Vinte e Cinco Artigos da Religião 143
Vinte e três catequeses, de Cirilo de Jerusalém 492
vitorinos 122
Vööbus, Arthur 598
Vulgata Latina 26, 315, 316, 392, 484, 493, 518, 538, 549, 560, 565, 572, 575, 588, 594, 607, 609, 613, 625, 639, 641, 642, 651, 652, 653, 654, 656, 661, 672, 675, 677, 698, 700

W

Wade, G. W. 685
Wade, G. W., *The documents of the New Testament* 685
Walker, Williston 181
Wallis, Ethel Emily 676
Waltke, Bruce K. 291, 499
Walton, Brian 521
Wand, W. C. 685
Wand, W. C., *The New Testament letters* 685
Ware, Kallistos 148

Warfield, Benjamin Breckinridge 40, 43, 45, 170, 173, 179, 195, 208, 221, 271, 327, 344, 544, 549
Watson, Richard 144
Way, Arthur S. 683
Way, Arthur S., *The letters of St. Paul* 683
Wedmore, Tratado de 631
Weigle, Luther A. 657
Weiss, Bernhard 525
Weitzman, Mitchell 385
Wellhausen, Julius 157, 173, 176, 178, 181, 185, 383, 501
Wells, Eduard 681
Wells, Edward. *The common translation corrected* 681
Wenger, John 129, 130
Wenham, Gordon 498, 500, 502, 503, 504
Wenham, John W. 209, 229, 476, 510
Wesley, Charles 233
Wesley, John 144, 158, 681
Wesley, John, King James Version 681
Westcott, Brooke Foss 24, 114, 117, 119, 238, 337, 361, 364, 481, 492, 513, 524, 525, 526, 527, 528, 532, 548, 552, 606, 622, 676, 682
Westcott e Hort, Texto (teoria, modelo) 525, 527, 532, 558, 683, 692, 700
Wette, Wilhelm Martin Leberecht de 182, 502
Wettstein, Johann Jakob 522
Weymouth, Richard Francis 683, 686
Weymouth, Richard Francis, *The resultant Greek Testament* 683, 686
Whiston, William 681
Whiston, William, *Primitive New Testament* 681
Whitby, Daniel 681

Whitby, Daniel, *Paraphrase and commentary on the New Testament* 681
Whitchurche, Edward 658
Whitefield, George 158, 172
White, Hayden V. 158
Whitehead, Alfred North 192, 195
White, H. J. 624
Whitham, Robert 654
Whittingham, William 393, 645
Wikgren, Allen P. 446, 476, 478, 540, 607
Wilberforce, Samuel 664
Wildeboer, Gerrit 243, 275
Wiles, M. F. 120
William de Shoreham 635
Williams, Charles B. 685, 694
Williams, Charles B., *The New Testament in the language of the people* 685
Williams, Charles Kingsley 686
Williams, Charles Kingsley, *The New Testament: a new translation in plain English* 686
Williams, C. S. C. 529, 596, 615
Williams, Dick 691
Williams, Dick e Frank Shaw, *The Gospels in scouse* 691
Williams, George Huntston 130
Wilson, Benjamin W. 692
Wilson Benjamin W., *The emphatic diaglott* 692
Wilson, Clifford A. 228, 437
Wilson, Robert Dick 282, 291, 502
Winer, George Benedict 470
Winn, Herbert 124
Wiseman, D. J. 385
Witmer, John A. 55
Woodbridge, John D. 65, 124, 152, 158, 180, 181
Woolley, Leonard 384

Woolley, Paul 54
Woolston, Thomas 158
Wordsworth, bispo John 624
Worthington, Thomas 653, 654
Wrede, William 502
Wuest, Kenneth S. 574, 694, 695
Wuest, Kenneth S., *Expanded translation of the New Testament* 694, 695
Würthwein, Ernst 412, 413, 414, 415, 427, 428, 429, 554, 555, 557
Wycliffe Bible Translators 676
Wycliffe, John 125, 129, 139, 575, 632, 636, 639, 647, 661

X

Xerxes (Assuero) 301, 610
Ximenes, cardeal 311, 392, 428, 517, 519, 520

Y

Yamauchi, Edwin M. 358, 385
Young, Edward 53, 75, 81, 82, 247, 274, 299, 301
Young, Robert 572, 681
Youngs literal translation of the Holy Bible 572, 681

Z

Zacarias 304
Zahn, Theodor von 500
Zeitlin, Solomon 422
Zenaia (Filoxeno), bispo de Mabugo 598
zugoth 427
Zuínglio, Huldreich (Ulrico) 128, 136, 137, 170
Zurich Bible 642

Índice de referências bíblicas

Antigo Testamento

Gênesis

1 .... *96*
1—2 .... *96*
1.1—46.28 .... *450*
1.27 .... *93*
2.4 .... *387*
2.24 .... *53, 93*
3 .... *96*
3.1 .... *216, 509*
3.4 .... *62*
4 .... *96*
4.8 .... *90*
5 .... *96, 438*
5.1 .... *71, 387*
6 .... *96*
6.3 .... *415*
6.4 .... *423, 557*
6.9 .... *71, 387*
7 .... *96*
8—9 .... *96*
9.6 .... *63*
10 .... *97, 627*
10.1 .... *71, 387*
10.2 .... *610*
10.4 .... *610*
10.7 .... *373*
10.8 .... *373*
10.8-12 .... *374*
10.9 .... *385*
10.10 .... *384*
10.16 .... *373*
10.22 .... *374*
10.31 .... *387*
11 .... *97, 438*
11.10 .... *71, 387*
11.27 .... *387*
12 .... *71*
12—13 .... *97*
12.1-3 .... *27*
12.3 .... *53*
14 .... *97*
14.14-17 .... *452*
15 .... *97*
15.1-5 .... *452*
15.6 .... *93, 312*
15.16 .... *373*
15.16-19 .... *452*
16 .... *97*
16.6-9 .... *452*
17 .... *97*
18 .... *38*
18—19 .... *97, 369*
18.21 .... *415*
19 .... *38*
21 .... *97*
22 .... *97*
24.7 .... *415*
25.12 .... *71, 387*
25.13 .... *387*
25.19 .... *71, 387*
26 .... *71*
31.47 .... *374*
36.1 .... *71, 387*
36.9 .... *387*
37.2 .... *71, 387*
39.20 .... *413*
41 .... *370*
46 .... *71*
46.27 .... *557*

Êxodo

1.5 .... *423, 557*
3 .... *369*
3.2 .... *38*
3.6 .... *97*
4 .... *263*
4.1-9 .... *232, 262*
4.10 .... *692*
4.12 .... *44*
4.16 .... *81*
4.30 .... *81, 260*
7.1 .... *81, 260*
9.16 .... *53*
14.22 .... *97*
15 .... *702*
16.4 .... *93, 97*
16.15 .... *93*
17.6 .... *97*
17.14 .... *387*
20 .... *746*
20.1 .... *44, 73*
20.2 .... *412*
20.2-17 .... *579*
20.3 .... *279*
20.4 .... *279*
20.8-11 .... *59*
20.12 .... *93*
20.17 .... *439*
21—23 .... *634*
21.17 .... *93*
23.19 .... *65*
24.3 .... *274*
24.4 .... *51, 387*
24.8 .... *22*
24.12 .... *387*
25.19 .... *415*
28.9 .... *388*
28.11 .... *388*
28.21 .... *388*

28.30 .... 38, 370
28.36 388
31.18 387
32.15 387
32.16 .... 73, 78, 387
33.11 82
34.1 387
34.27 .... 81, 387
34.28 387
35.1 73
39.6-14 388

Levítico

1.1 .... 73, 78
4.1 73
5.14 73
6.1 73
6.8 73
6.27 239
12.6-8 508
14.2 93
16.23 239
16.26 239
16.28 239
20.9 93
26.9 415

Números

1.1 .... 73, 78
2.1 73
4.1 73
4.3 415
5.1 73
6.1 73
7.47-73 413
8.1 73
9.12—10.18 413
12.6 .... 38, 77, 82
12.7 93
12.8 82
16—17 263
16.1-50 66
17.2 387
17.3 387
21.9 97
21.14 .... 243, 259, 274
22.18 .... 81, 260
22.28 .... 60, 303
24.17 .... 60, 261, 303

27.21 38
36.13 73

Deuteronômio

1.33 413
2 292
2.10-12 290
2.12 290
2.13 292
2.20-23 290
3.20 292
4.2 .... 73, 81, 260, 293
5 746
5.6 412
5.6-21 579
5.12-15 59
5.16—6.18 459
5.22 387
6.4 474
6.4-9 .... 412, 438
6.13 93
6.16 93
7.1 373
8.3 93
9.10 59
13.1-3 .... 263, 279
17.18 239
17.19 239
18 229
18.11 279
18.15 279
18.18 .... 81, 260
18.20 .... 264, 265
18.21 .... 264, 279
18.22 .... 73, 264, 279
22.11 65
25.4 104
27.2 387
27.3 387
31.9 .... 387, 435
31.19 387
31.22 387
31.24 387
31.24-26 .... 239, 243, 435
31.26 .... 78, 105, 267, 274
32.8 .... 423, 557
32.43 .... 423, 431
34 .... 280, 290, 291
34.10 82

Josué

1.1 73
1.5 93
1.7 .... 278, 287
1.8 .... 78, 239, 274, 278, 435
1.15 218
1.16 60
2.4 62
3.3—4.10 459
3.7 73
6.22-25 97
8.30-34 387
8.31 .... 278, 387, 388
8.31-35 435
8.32 .... 387, 388
10.6 373
10.12 60
10.13 .... 60, 217, 243, 259, 274
18.4-9 387
23.6 278
24 280
24.26 .... 73, 267, 274, 279, 387

Juízes

1.1 287
1.2 73
1.20 287
1.21 287
2 73
2.8 287
3.4 78
5 73
6 73
6.25 73
6.37 38
6.40 370
8.14 387
13 73
15 702

Rute

1.1 288
4.18-22 93
4.21 73

1Samuel

3 370
3.4 38

3.7 .... *172*
3.11 .... *73*
4.1 .... *73*
10.25 ..... *267, 274, 279, 387*
12.6 .... *78*
12.9 .... *78*
12.18—14.9 .... *452*
13.1 .... *427*
19.20 .... *247, 279*
21.1-6 .... *93*

2Samuel

1 .... *28*
11.4 .... *62*
12.19 .... *312*
22 .... *288, 293*
23.1 .... *75, 248*
23.2 .... *39, 75, 77, 82, 214, 248, 288*

1Reis

2.3 .... *278, 435*
3.5 .... *279*
3.9 .... *75*
3.14 .... *288*
4.26 .... *45, 542*
4.29 .... *77*
4.32 .... *288*
5.6 .... *374*
5.7 .... *288*
8.16 .... *288*
8.17-27 .... *94*
8.53 .... *278*
8.56 .... *278*
8.61 .... *278*
9.2 .... *248*
9.5 .... *288*
10 .... *28*
11 .... *28*
11.3 .... *62*
11.9 .... *77, 82, 279*
11.41 .... *274*
12.22 .... *80, 260*
13 .... *66*
13.3 .... *66*
13.11-32 .... *66*
13.18 .... *66*
14.18 .... *80, 260*
16.24 .... *577*

17—19 .... *266*
17.1 .... *97*
18 .... *232, 262, 263*
18.1 .... *97*
18.15-40 .... *66*
19.18 .... *94*
22.14 .... *81*

2Reis

1.1 .... *374, 385, 387*
2.3 .... *248*
2.5-7 .... *450*
2.10-13 .... *450*
2.12 .... *279*
3.4-27 .... *374, 385, 387*
4 .... *232*
8.26 .... *45, 542*
14.6 .... *278, 288, 435*
17.4 .... *437*
17.24 .... *577*
17.24—18.1 .... *577*
17.27 .... *277*
17.28 .... *277*
17.30 .... *577*
18—20 .... *437*
18.4 .... *46*
18.26 .... *374*
18.28 .... *374*
21.8 .... *278*
22.8 .... *239*
23.24 .... *274*
23.25 .... *274, 278*
25 .... *437*

1Crônicas

1 .... *288*
2.12 .... *288*
2.13 .... *288*
5.25 .... *251*
9.1 .... *251, 290, 293*
9.22 .... *251*
16 .... *288*
19.18 .... *61*
21.5 .... *61*
27.24 .... *290, 293*
28.19 .... *82, 279*
29.29 .... *73, 251, 280, 290, 293*

2Crônicas

3.4 .... *542*
4.2 .... *61*
6.1-3 .... *94*
8.7 .... *373*
9.25 .... *45, 542*
9.29 .... *75, 274, 280, 290*
12.15 ..... *245, 250, 251, 280*
13.22 .... *280, 290, 293*
14.4 .... *278*
16.11 .... *290*
17.9 .... *278, 435*
20.34 .... *280, 290, 293*
21.12 .... *76*
21.12-15 .... *244, 251*
22.2 .... *45, 542*
24.20-22 .... *90, 94, 97*
25.26 .... *290*
27.7 .... *290*
28.26 .... *290*
32.32 .... *251, 280, 290*
33.18 .... *251*
33.19 .... *280, 290*
34.6-9 .... *277*
34.14 .... *78*
34.21 .... *277*
35.4 .... *387*
35.12 .... *78*
35.20 .... *74*
35.21 .... *74*
35.27 .... *280, 290*
36.8 .... *290*
36.11-16 .... *266*
36.22 .... *288*
36.23 .... *288*

Esdras

1.1 .... *79*
2.1-70 .... *435*
3.2 .... *288*
4.2-6 .... *577*
4.6 .... *610*
4.7—6.1 .... *374*
4.8—6.18 .... *244*
5.1 .... *79*
6.18 .... *78, 278*
7.6 .... *274, 435*
7.10 .... *435*
7.12-26 .... *244, 374*

8.7 .... *435*
8.8 .... *435*
9.13 .... *278*

Neemias
5—7 .... *602*
5.11—6.19 .... *577*
8.1-8 .... *435, 580, 610*
9 .... *288*
9—10 .... *286*
9.14 .... *77*
9.15 .... *94*
9.26 .... *77*
9.30 .... *79, 82*
13.1 .... *78, 278, 288*
13.16 .... *374*
13.23-31 .... *577*
13.28-30 .... *277*

Ester
1.1 .... *610*
4.14 .... *301*
5.3 .... *94*
9.20-22 .... *301*
9.22 .... *94*
10.4—16.24 .... *307*

Jó
1—2 .... *74*
1.6 .... *423, 557*
2—38 .... *74*
2.1 .... *423, 557*
2.8 .... *388*
5.12 .... *94*
5.13 .... *74*
19.24 .... *388*
38.1 .... *74*
38.7 .... *423, 557*

Salmos
2.1 .... *53*
2.7 .... *53*
5.7 .... *289*
5.11 .... *136*
14 .... *437*
14.1 .... *62*
15 .... *420*
16 .... *420*
16.10 .... *53*

18 .... *293*
18.4-6 .... *289*
19.1 .... *38, 370*
19.7 .... *55*
19.8 .... *170*
19.9 .... *170*
23 .... *217*
33 .... *448*
34 .... *448*
42.7 .... *289*
49.19—79.10 .... *452*
53 .... *437*
68.31 .... *373*
78.24 .... *94*
82 .... *53*
82.6 .... *89*
93—150 .... *420*
94.9 .... *215*
95.7 .... *53*
97.7 .... *53, 94*
104.4 .... *53*
105.40 .... *94*
106.27—138.6 .... *450*
118.22 .... *94*
118.23 .... *94*
119 .... *390*
119.160 .... *55*
139.23 .... *309*
151 .... *304, 424, 704*

Provérbios
1.1 .... *75, 268, 290, 387*
3.34 .... *94*
8.21-25 .... *309*
10.1 .... *268, 290*
16.33 .... *38, 370*
22.17 .... *240*
22.20 .... *75, 387*
22.21 .... *75*
25—29 .... *268*
25.1 .... *75, 267, 268, 274, 290, 293*
25.6 .... *94*
26.4 .... *302*
26.5 .... *302*
26.27 .... *303*
27.2 .... *684*
30.1 .... *267, 290*
30.6 .... *293*
31.1 .... *267, 290*

Eclesiastes
3.2 .... *94*
5.2 .... *94*
5.10 .... *94*
10.8 .... *303*
11.1 .... *94*
11.10 .... *94*
11.19 .... *75*
12.1 .... *75*
12.10 .... *300*
12.11 .... *300*
12.12 .... *75, 300*
12.13 .... *75, 300*

Cântico dos Cânticos
1.1 .... *95*
4.15 .... *95*

Isaías
1.1 .... *38, 75*
1.2 .... *75, 79*
2.2-4 .... *289, 437*
2.4 .... *289*
3.10 .... *309*
6.9 .... *95*
6.10 .... *95*
7.14 .... *229, 424, 668*
8.1 .... *51, 81, 388*
8.5 .... *81*
11.11 .... *229*
13 .... *229*
19.18 .... *374*
28.11 .... *89*
28.12 .... *89*
29.13 .... *546*
30.8 .... *52, 76, 82, 388*
30.9 .... *80*
30.10 .... *80, 260*
36—39 .... *437*
36.11 .... *374*
40.3 .... *95*
42.19 .... *80, 260*
45.9 .... *476*
45.14 .... *373*
53 .... *229, 439*
53.11 .... *439*
55.3 .... *53*
55.11 .... *265*

58.11 .... *95*	2.2-5 .... *279*	12.11 .... *95*
59.21 .... *214*	2.7 .... *44*	13 .... *307*
61.1 .... *95*	3.17 .... *80, 260*	14 .... *307*
61.2 .... *95*	4.1 .... *387*	
66.19 .... *610*	8.3 .... *38*	**Oseias**
	11.24 .... *38*	1.1 .... *79*
Jeremias	14.14 .... *288*	1.2 .... *79*
1.4 .... *77*	14.20 .... *288*	4.6 .... *435*
1.9 .... *39*	18.20 .... *95*	8.1 .... *435*
1.10 .... *77*	21.1 .... *81*	8.12 .... *435*
1.11 .... *79*	26 .... *229*	9.7 .... *80, 260*
1.13 .... *77*	27.9 .... *374*	12.10 .... *38*
1.17 .... *77*	27.13 .... *610*	12.13 .... *279*
3.6 .... *81*	28.3 .... *243*	
8.8 .... *278*	33.8 .... *95*	**Joel**
9.23 .... *112*	36.25 .... *95*	1.1 .... *79*
10 .... *431*	40.3 .... *238*	2.32b *289*
10.11 .... *374*	42.16 .... *238*	3.10 .... *289*
17.1 .... *388*	43.3 .... *38*	3.16 .... *289*
17.13 .... *387*	43.11 .... *76*	
25 .... *293*	47.1 .... *95*	**Amós**
25.11 .... *79*		1.2 .... *289*
25.13 .... *76*	**Daniel**	1.3 .... *76*
26.2 .... *52*	1.3 .... *279*	3.1 .... *81*
26.18 .... *289*	1.7 .... *279*	3.8 .... *81, 260*
29.1 .... *76*	2.4—7.28 .... *374*	7.14 .... *248, 279, 283*
30.2 .... *76*	2.4b—7.28 .... *244*	
31.15 .... *95*	3 .... *97*	**Obadias**
31.31-34 .... *22, 95*	3.24-90 .... *307*	1 .... *229*
36.2 .... *76*	6 .... *97*	1—4 .... *230*
36.23 .... *388, 389*	7.1 .... *38, 75, 76, 248, 370*	17 .... *289*
36.27 .... *397*	7.13 .... *95*	
36.28 .... *81, 397*	7.28 .... *419*	**Jonas**
39 .... *280*	8.1 .... *419*	1.1 .... *38*
40 .... *280*	9 .... *229, 293*	2 .... *97*
41 .... *280*	9.1 .... *38*	2.2-9 .... *289*
43—44 .... *435*	9.2 .... *38, 77, 79, 243, 267,*	2.3 .... *289*
51.60 .... *76*	*274, 280, 287, 289,*	2.4 .... *289*
52 .... *280, 437*	*296, 435*	2.5 .... *289*
	9.6 .... *289*	4.6 .... *38*
Lamentações	9.10 .... *267*	
de Jeremias	9.11 .... *77, 78, 267,*	**Miqueias**
1.1 .... *75*	*278, 287*	3.8 .... *80*
1.2 .... *75*	9.12 .... *78*	3.12 .... *289*
3.30 .... *95*	9.13 .... *287*	4.1-3 .... *289, 437*
	9.21 .... *75*	5.2 .... *229*
Ezequiel	9.27 .... *95*	
1.1 .... *38*	11.31 .... *95*	**Naum**
1.3 .... *75, 79*	12.1 .... *95*	1—3 .... *229*
1.10 .... *95*		

Habacuque
2.2 .... 76, 82, 388
2.4 95

Sofonias
1.11 374

Ageu
2.6 95

Zacarias
1.4 287
1.5 313
7.7 .... 82, 287
7.12 .... 79, 82, 287
12.10 556
13.2-5 281
13.7 95

Malaquias
1.2 378
1.3 378
4.4 .... 278, 287
4.5 .... 281, 313

Novo Testamento

Mateus
1.1-5 391
1.1—25.6 452
1.1-11 454
1.1-14 702
1.1-20 454
1.3-6 93
1.5 73
1.6 73
1.6-11 391
1.12-16 391
1.17 391
1.18-23 391
1.19 703
1.23 63
1.24 391
1.25 391
2 508
2.1-15 391
2.16-23 391
2.17 95

2.18 95
3.1—4.16 391
3.3 .... 95, 314
3.16 485
3.17 488
4.4 .... 35, 52, 54, 93, 217
4.7 .... 52, 54, 93, 217
4.10 .... 52, 54, 93, 217
4.14 111
4.17-22 391
5.3 486
5.5 487
5.7 485
5.10 486
5.12 111
5.15 670
5.17 .... 77, 88, 89, 91,
                                    105, 279
5.18 ..... 52, 54, 89, 105, 170
5.21 .... 67, 105
5.26 487
5.27 67
5.31 67
5.32 333
5.33 67
5.38 67
5.39-42 487
5.43 67
5.44 486
5.46 487
6.7 94
6.8—8.27 454
6.9 561
6.9-13 .... 332, 487, 546
6.13 .... 486, 546
6.16 487
6.20—9.2 454
7.1 485
7.2 485
7.6 487
7.12 .... 77, 89, 91, 279
7.15 262
7.23 488
7.26-29 68
8.4 93
8.17 486
9.13 112
10.6 28
10.7 .... 99, 106

10.10 487
10.16 486
10.19 100
10.20 100
11.13 91
12.3 93
12.4 93
12.5 92
12.11 100
12.12 100
12.33 485
12.40 .... 64, 97, 352
12.42 60
12.46 703
12.48 703
13—24 458
13.3 485
13.55 249
15.1-3 67
15.6 58
15.8 546
15.13 485
16.16 59
16.16-18 509
17.1-13 37
17.25 375
18.6 485
18.15-18 130
19.4 .... 53, 63, 93, 217
19.5 .... 53, 63, 93
19.9 .... 333, 486
19.12 485
19.24 .... 61, 543, 694
19.30 332
20.1 61
20.16 .... 332, 485
21.9 487
21.19 68
21.42 .... 52, 54, 86, 94
22.14 .... 111, 332, 485
22.16 68
22.19 .... 388, 472
22.20 388
22.21 119
22.29 .... 55, 67, 86
22.37 487
22.39 487
22.40 .... 91, 92
22.44 485

ÍNDICE DE REFERÊNCIAS BÍBLICAS

22.45 .... *332, 333, 485*
23 .... *67*
23.16 .... *67*
23.17 .... *67*
23.24 .... *61*
23.33 .... *67*
23.35 ..... *90, 94, 97, 98, 281*
24.10-13 .... *487*
24.15 .... *82, 95, 279*
24.21 .... *95*
24.24 .... *487*
24.30 .... *95, 333, 487*
24.31 .... *333*
24.35 .... *68*
24.36 .... *68*
24.37 .... *64*
24.39 .... *96*
25.13 .... *487*
26.24 .... *485, 486*
26.28 .... *22*
26.31 .... *95, 111, 332, 485*
26.47 .... *670*
26.53 .... *375*
26.54 .... *86*
26.56 .... *86, 92*
26.65—27.1 .... *454*
27.2-12 .... *454*
27.15 .... *473*
27.17 .... *542*
27.30 .... *95*
27.34 .... *332*
27.37 .... *59*
27.46 .... *375, 694*
27.51 .... *352*
27.52 .... *485*
28.6 .... *62*
28.18 .... *68*
28.18-20 .... *106*
28.19 .... *101, 487*
28.20 .... *100, 101*

Marcos
1—5 .... *530*
1.1—5.30 .... *460*
2 .... *263*
2.17 .... *112, 333*
4.3 .... *485*
5 .... *530*
5.23 .... *486*

5.24 .... *486*
5.31—16.20 .... *460*
6.23 .... *94*
7.10 .... *93*
7.13 .... *55, 90*
7.27 .... *662*
8.29 .... *59*
9 .... *461*
9.12 .... *88*
9.29 .... *547, 703*
9.35 .... *486*
9.42 .... *485*
9.49 .... *547*
10.11 .... *333*
11.9 .... *487*
11.17 .... *54*
12.14 .... *375*
12.26 .... *92*
13.11 .... *100, 106*
13.31 .... *231*
14.21 .... *88, 485, 486*
14.31 .... *543*
14.36 .... *375*
14.38 .... *486*
14.65 .... *544*
15.13-38 .... *459*
15.26 .... *59*
15.39 .... *375*
15.44 .... *375*
15.45 .... *375*
16.1-8 .... *563*
16.8 .... *457, 564, 565*
16.9-20 .... *292, 294, 450, 451, 459, 479, 547, 563, 564, 565, 566, 697, 703*
16.14 .... *459, 564, 565*

Lucas
1.1 .... *106, 251, 259, 530*
1.1-4 .... *60, 217, 249, 295, 330, 507, 509*
1.1—8.12 .... *460*
1.1—11.33 .... *460*
1.4 .... *106*
1.26-38 .... *47*
1.51 .... *670*
1.63 .... *388*
2 .... *508*
2.3 .... *473*

2.24 .... *508*
2.41 .... *545*
2.52 .... *68*
3.23-28 .... *702*
3.32 .... *93*
3.33 .... *93, 488*
3.34 .... *97*
3.35 .... *97*
3.36 .... *97*
3.38 .... *96*
4.18 .... *95*
4.19 .... *95*
4.21 .... *87, 88*
5.32 .... *112*
6.27-35 .... *487*
8.5 .... *485*
8.12 .... *530*
8.13—24.25 .... *460*
9.2-4 .... *487*
9.20 .... *59*
10.6 .... *375*
10.7 .... *56, 104, 332*
10.9 .... *100*
10.16 .... *100*
11.2 .... *560*
11.2-4 .... *546*
12.6 .... *473*
12.35 .... *487*
12.40 .... *487*
14.8 .... *94*
15 .... *472*
16.16 .... *89, 91*
16.17 .... *54*
16.25 .... *312, 543*
16.26 .... *312*
16.29 .... *89, 91*
16.31 .... *82, 89, 91*
17.1 .... *485*
17.2 .... *485*
17.27 .... *96*
17.29 .... *97*
18.31 .... *88, 92*
19.38 .... *487*
20 .... *661*
20.32 .... *97*
20.44 .... *333*
21.12 .... *487*
21.22 .... *88*
21.38 .... *462, 561, 562*

22 .... *459*	4.3-45 .... *577*	15.26 .... *101*
22.19 .... *488*	4.10 .... *95, 485*	16.12 .... *109*
22.22 .... *485*	5.1 .... *94*	16.13 .... *57, 100, 101, 106,*
23 .... *459*	5.2 .... *47*	*109, 248, 326, 372*
23.34 .... *352*	5.3b *600*	17.8 .... *68*
23.38 .... *59*	5.4 .... *544, 600*	17.11 .... *487*
24 .... *86, 564*	5.12—21.25 .... *460*	17.12 .... *87*
24.23-25 .... *479*	5.19 .... *485*	17.14 .... *69, 487*
24.25 .... *217*	5.30 .... *68, 485*	17.17 .... *55, 62, 170*
24.27 .... *22, 27, 52, 55, 77,*	5.39 .... *22, 27, 52, 86*	18.31 .... *89*
79, 82, 86, 89, 91,	6—8 .... *459*	18.31-33 .... *446, 447, 466*
279, 285	6.11—15.11 .... *600*	18.37 .... *446, 466*
24.32 .... *86*	6.15 .... *119*	18.38 .... *446, 466*
24.39 .... *485*	6.31 .... *93, 94*	19.14 .... *546*
24.44 .... *22, 23, 27, 52, 54,*	6.33 .... *333*	19.17-35 .... *460*
55, 77, 79, 86, 88,	6.35b—14.26 .... *448*	19.19 .... *59*
282, 285	6.50—8.52 .... *452*	19.24 .... *87*
24.47 .... *100, 379*	6.51 .... *485*	19.28 .... *87*
24.48 .... *100*	6.68 .... *234*	19.37 .... *87, 556, 557*
24.49 .... *100*	7.23 .... *38*	20 .... *564*
	7.36 .... *561, 562*	20.28 .... *232*
João	7.38 .... *86, 95, 485*	20.30 .... *295, 327*
1.1 ...... *28, 63, 487, 684, 692*	7.42 .... *485*	20.31 .... *101, 106, 295*
1.1-3 .... *312*	7.44 .... *562*	21.1-25 .... *451*
1.1—5.11 .... *460*	7.46 .... *226*	21.23 .... *330, 372, 477*
1.1—6.11 .... *448*	7.52 .... *462, 561*	21.24 ...... *106, 330, 561, 562*
1.1-14 .... *447*	7.53—8.11 .... *292, 294,*	21.25 .... *61, 101, 259, 327,*
1.3 .... *96*	*450, 451, 462, 479,*	*346, 477, 509*
1.5 .... *113*	*545, 561, 563, 600, 703*	
1.12 .... *50*	8.12 .... *530*	**Atos dos Apóstolos**
1.14 .... *28, 63, 471*	8.28 .... *68*	1.1 .... *101, 106, 248*
1.16—3.26 .... *454*	8.32 .... *68*	1.2 .... *101*
1.18 .... *547*	8.39 .... *459*	1.8 .... *28, 100*
1.45 .... *88, 92*	8.44 .... *62*	1.10 .... *64*
2.15 .... *68*	10.27 .... *272*	1.11 .... *64*
2.16 .... *68*	10.34 .... *37, 89*	1.16 .... *54, 87*
2.20 .... *252*	10.35 .... *37, 41, 49, 53,*	1.22 .... *254*
2.22 .... *86*	*58, 86, 90, 748*	1.25 .... *485*
3.2 .... *232, 263*	11.49 .... *261*	2 .... *101, 103*
3.3 .... *68*	11.50 .... *60*	2.1 .... *333*
3.3-5 .... *488*	12.3 .... *333*	2.5 .... *60*
3.5 .... *68*	12.34 .... *89*	2.9-11 .... *60, 593*
3.8 .... *485*	13.18 .... *87*	2.11 .... *333*
3.10 .... *67, 95*	14—16 .... *327*	2.16-18 .... *254*
3.11 .... *68*	14—21 .... *448*	2.17 .... *327*
3.12 .... *64, 228*	14.25—16.7 .... *459*	2.18 .... *327*
3.14 .... *97*	14.26 .... *57, 100, 101,*	2.19 .... *254*
3.17 .... *487*	*106, 248, 510*	2.20 .... *254*
4 .... *600*	15.25 .... *89*	2.22 .... *232, 255, 262*

2.24 .... *333, 486*	15.13 .... *249*	1.27-30 .... *455*
2.30 .... *82, 279*	15.13-17 .... *55*	1.29 .... *333*
2.38 .... *333*	15.23-29 .... *634*	1.29-32 .... *333*
2.42 .... *57, 101, 103,*	15.26 .... *333*	1.30 .... *333*
248, 326	17.2 .... *54, 86*	2.12 .... *370*
3 .... *103*	17.11 .... *86, 264*	2.14 .... *89*
3.1-10 .... *254*	17.22-32 .... *475*	2.15 .... *370*
4 .... *101, 103*	17.23 .... *472*	3.2 .... *90, 112*
4.24 .... *53*	17.24 .... *487*	3.4 .... *215*
4.25 .... *53*	17.25 .... *487*	3.20 .... *89*
4.32 .... *487*	17.28 .... *60, 217, 261,*	3.21 .... *91*
5 .... *103, 263*	*303, 345*	3.22 .... *547*
6.4 .... *101*	18.24 .... *86*	3.23 .... *61*
6.5 .... *594*	18.28 .... *86*	4.3 .... *87, 93, 97*
7.9 .... *97*	19.5 .... *333*	4.5 .... *312*
7.10 .... *97*	19.19 .... *472*	4.7-9 .... *333*
7.14 .... *557*	20.10-12 .... *254*	4.11 .... *485*
7.22 .... *384*	20.26 .... *95*	4.25 .... *62*
7.42 .... *92*	20.28 .... *547, 566*	5.1 .... *543*
7.47 .... *94*	20.31 .... *253*	5.12 .... *63, 96*
7.48 .... *94*	20.31—21.2 .... *454*	6.1 .... *333*
8 .... *103*	20.35 .... *477, 485, 507*	6.4 .... *485*
8.20—10.4 .... *454*	21.2-10 .... *454*	6.23 .... *95*
8.26-39 .... *601*	21.7-10 .... *454*	7.22 .... *89*
8.29—10.14 .... *454*	21.11 .... *103*	8.1 .... *544, 547*
8.32 .... *87*	21.15-18 .... *454*	8.16 .... *226*
8.35 .... *87*	22.2-10 .... *454*	8.17 .... *333*
8.37 .... *455, 545*	22.10-20 .... *454*	8.28 .... *48*
9.5 .... *546*	22.20—28.31 .... *454*	8.29 .... *50*
9.6 .... *546*	22.29—28.31 .... *454*	9.1 .... *106*
10 .... *101, 103*	24.14 .... *90, 91*	9.6 .... *90*
10.30 .... *547*	25.8 .... *89*	9.17 .... *53, 87*
10.35 .... *333*	26.14 .... *546*	10.5 .... *89*
10.41 .... *485*	26.15 .... *546*	10.9 .... *370*
10.42 .... *486*	26.22 .... *89, 91*	10.11 .... *87*
10.48 .... *333*	27.15 .... *37*	11.2 .... *87*
11.26 .... *120, 594*	28.8 .... *254*	11.4 .... *94*
11.27 .... *248, 327*	28.9 .... *254*	12.9 .... *333, 487*
11.28 .... *57, 103, 248, 327*	28.25 .... *95*	12.10 .... *486*
12.25 .... *248*	**Romanos**	12.17 .... *333*
13.1 .... *594*	1.1 .... *106*	13.1-8 .... *223*
13.15 .... *89, 91*	1.1-7 .... *455*	13.8 .... *333*
13.34 .... *53*	1.2 .... *85, 87*	13.9 .... *546*
13.35 .... *53*	1.3 .... *486*	13.13 .... *120*
13.39 .... *92*	1.17 .... *95*	13.14 .... *120*
14.1-7 .... *363*	1.18 .... *370*	14.10 .... *333, 486*
14.4 .... *326*	1.19 .... *370*	14.12 .... *333*
14.14 .... *103, 326*	1.20 .... *370*	15.4 .... *35, 52, 85, 87*
15 .... *587*		16.7 .... *326*

16.17 .... *106*	11.3 .... *509*	8.4 .... *544*
16.22 .... *397*	11.19 .... *116*	8.5 .... *544*
16.25 .... *41, 327*	11.23-25 .... *22*	8.21 .... *486*
16.26 .... *87, 327*	12.10 .... *248*	8.23 .... *326*
	12.29 .... *327*	10.3 .... *334*
1Coríntios	13.3 .... *543*	10.8 .... *106*
1.14-16 .... *218*	14.6 .... *41*	10.10 .... *253*
1.20 .... *485*	14.8-18 .... *455*	10.13-16 .... *238*
2.9 .... *485*	14.13-22 .... *455*	12 .... *102*
2.10 .... *41, 106, 485*	14.21 .... *89*	12.1-4 .... *106*
2.11-13 .... *171*	14.25 .... *486*	12.10 .... *119*
2.13 .... *44, 52, 65, 214*	14.26 .... *41*	12.12 ..... *106, 248, 254, 263*
2.14-16 .... *42, 43, 217*	14.31 .... *57*	13.10 .... *44*
3.11 .... *130*	14.32 .... *57*	13.11 .... *334*
3.19 .... *74, 94*	14.37 .... *106, 109*	
4.1 .... *485*	15.3 .... *87*	**Gálatas**
4.12 .... *487*	15.4 .... *87*	1 .... *102, 266*
5.1-3 .... *106*	15.6 .... *231, 249, 693*	1.1 .... *105, 107, 261, 486*
5.5 .... *473*	15.8 .... *485*	1.1-24 .... *260*
5.9 .... *249, 252, 253*	15.9 .... *485*	1.6 .... *261*
5.9-13 .... *252*	15.12 .... *485*	1.7 .... *261*
5.11 .... *130, 253*	15.13-19 .... *62*	1.8 .... *107, 117*
6.2 .... *486*	15.15 .... *106*	1.9 .... *117*
6.9 .... *485*	15.17 .... *63*	1.12 .... *105, 107*
6.10 .... *485*	15.22 .... *96, 333*	1.16 .... *41*
6.20 .... *474, 547*	15.33 ..... *217, 261, 303, 345*	1.19 .... *249, 326*
7 .... *109*	15.50-58 .... *63*	2.4 .... *261*
7.5 .... *547*	15.58 .... *486*	2.9 .... *249*
7.10 .... *333, 507*	16.22 .... *333, 375, 487*	2.11 .... *104*
7.10-12 .... *108*	46.6 .... *334*	3.8 .... *53, 87*
7.12 .... *507*		3.10 .... *92*
7.23 .... *474*	**2Coríntios**	3.11 .... *95, 312*
7.25 .... *108, 507*	1—9 .... *252*	3.16 .... *55*
7.38-40 .... *333*	1.1 .... *106*	3.22 .... *87*
7.40 .... *106, 109, 486*	1.17 .... *263*	4 .... *61*
8.1 .... *487*	1.18 .... *263*	4.4 .... *314, 372, 376*
9.13 .... *333*	3.2 .... *61, 486*	4.14 .... *218*
9.14 .... *333*	3.3 .... *61*	4.21-24 .... *97*
9.15 .... *253*	3.15 .... *92*	4.26 .... *112, 334, 486*
9.27 .... *485*	4.2 .... *58, 90*	4.30 .... *87*
10.1 .... *97*	4.6 .... *60*	5.1 .... *474*
10.2 .... *97*	4.9 .... *685*	5.17 .... *334, 486*
10.3-5 .... *97*	4.12 .... *334*	5.21 .... *485*
10.5-11 .... *93*	4.13—12.6 .... *452*	5.22 .... *543*
10.11 .... *93, 378*	4.14 .... *333, 486*	6.2 .... *334*
10.16 .... *485*	4.18 .... *64*	6.7 .... *94, 334, 486*
10.17 .... *485*	6.7 .... *333*	6.11 .... *44, 472*
11.1 .... *335*	6.9 .... *334, 487*	6.16 .... *238*
11.2 .... *330*	6.10 .... *334, 487*	6.17 .... *473*

Efésios

1.1 .... 107, 253, 363
1.10 29
1.11 372
1.13 375
1.18 .... 42, 217, 334
2.3 375
2.8 486
2.10 334
2.16 .... 334, 486
2.20 .... 57, 101, 102, 103,
            248, 326, 327
3.2 57
3.3 .... 41, 57, 107
3.3-5 .... 57, 327
3.4 107
3.5 .... 57, 104
4.2 .... 334, 486
4.4-6 .... 116, 334
4.11 57
4.22-24 .... 334, 487
4.26 486
5.2 333
5.21 486
5.25 .... 334, 486
5.29 .... 334, 486
6.2 93
6.18 486
17.1 333

Filipenses

1.2 .... 107, 333
2.2 334
2.8 215
2.16 .... 112, 334, 486
2.25 326
3.3 334
3.15 .... 334, 486
3.16 334
3.17 107
3.18 .... 334, 486
3.20 487
4.2 334
4.9 107
4.13 .... 334, 486
4.15 334
4.48 334

Colossenses

1.1 107
1.2 107

1.16 .... 96, 334, 485
1.23 .... 61, 334, 485
2.4 107
2.8 107
2.9 .... 29, 279
2.16-23 279
3.5 334
4.1 334
4.14 248
4.16 .... 105, 107, 109, 249,
        253, 267, 319, 331,
        363, 366, 482

1Tessalonicenses

1.3 375
2.4 .... 334, 485
2.13 .... 267, 330, 482
4.15 107
4.16 334
5.13 334
5.17 334
5.27 .... 105, 107, 109, 267,
        320, 330, 482

2Tessalonicenses

1.4 .... 334, 486
2.1-4 347
2.2 .... 107, 259, 261, 346
2.15 147
3.2 347
3.3 347
3.5 .... 334, 485
3.14 .... 105, 107
3.15 .... 334, 486

1Timóteo

1.1 107
1.4 .... 97, 507
1.20 474
2.1 486
2.4 334
2.13 96
2.14 96
3.16 487
4.2 370
4.3 279
4.4 .... 36, 279
4.7 .... 97, 507
4.11 .... 104, 107

4.13 320
4.15 486
5.8 482
5.17 334
5.18 .... 56, 85, 87, 104,
            267, 332, 334
6.2 486
6.7 486
6.10 .... 94, 486

2Timóteo

1.10 334
1.13 107
1.14 334
1.16 486
2.4 486
2.8 485
2.12 486
2.22 94
3.8 303
3.15 .... 35, 85, 240, 265
3.16 .... 34, 35, 36, 37, 43,
         51, 52, 55, 56, 65, 85,
         87, 104, 109, 170,
         214, 224, 294, 320,
         747, 748, 752
3.17 .... 34, 35, 37, 43, 65,
         85, 109, 224, 265, 320
4.1 107
4.2 107
4.4 507
4.10 .... 112, 486
4.11 248
4.13 .... 388, 403

Tito

1.1 107
1.1-3 334
1.2 .... 55, 58, 295
1.7 334
1.12 .... 58, 217, 261,
            303, 345
1.14 .... 97, 507
2.14 334
2.15 .... 104, 107
3.1 485
3.3-5 334
3.4 487
3.8 107

Filemom
1.1 .... *107*
1.3 .... *107*
1.8 .... *107*
1.24 .... *248*

Hebreus
1.1 .... *37, 38, 39, 102,*
104, 248, 249, 254,
369, 370
1.2 .... *102, 108*
1.3-5 .... *485*
1.5 .... *53*
1.6 .... *53, 94, 423*
1.7 .... *53, 485*
1.13 .... *485*
2.3 .... *102, 104, 232, 248,*
249, 255, 327
2.4 .... *104, 232, 248, 249,*
255, 263
3.5 .... *93, 485*
3.7 .... *53*
3.12 .... *335*
4.12 .... *58, 90, 227, 265*
4.15 .... *218*
5.12 .... *52, 90, 104*
6.13 .... *223*
6.18 .... *55, 58, 170, 263,*
295, 397
7.1-3 .... *97*
7.4-10 .... *55*
8.6-8 .... *22*
8.7 .... *487*
8.8-12 .... *95*
8.13 .... *22*
9.14 .... *391, 449*
9.15-22 .... *751*
9.16 .... *21*
9.17 .... *21*
9.22 .... *63, 544*
9.27 .... *94, 312*
10.7 .... *22, 27, 52*
10.15-17 .... *95*
10.23 .... *335*
10.28 .... *89, 92*
10.38 .... *95*
11.3 .... *47, 312*
11.4 .... *96*
11.5 .... *96*
11.8 .... *97*

11.17 .... *97*
11.18 .... *97*
11.30 .... *97*
11.32 .... *93, 97*
11.33 .... *97, 335, 486*
11.34 .... *97*
11.35 .... *308*
12.1-11 .... *453*
12.2 .... *685*
12.6 .... *121*
12.26 .... *95*
13.5 .... *93*
13.21-23 .... *455*
13.22 .... *108*

Tiago
1.1 .... *103, 108, 249*
1.6 .... *61*
1.21 .... *486*
1.27 .... *335*
2.7 .... *486*
2.8 .... *87*
2.23 .... *87*
3.6 .... *61*
3.15 .... *335*
4—5 .... *87*
4.6 .... *94, 485*
4.7 .... *486*
4.11 .... *335*
4.12 .... *486*
5.4 .... *335*
5.11 .... *94*
5.17 .... *97*

1Pedro
1.1 .... *108, 249*
1.3 .... *543*
1.7 .... *486*
1.8 .... *486*
1.10 .... *55, 227*
1.11 .... *55, 227, 372*
1.12 .... *543*
1.13 .... *486*
1.17 .... *335*
1.21 .... *486*
1.23 .... *265*
1.25 .... *170*
2.2 .... *227*
2.6 .... *87, 335*
2.11 .... *486*

2.12 .... *486*
2.17 .... *486*
2.21 .... *543*
2.22 .... *486*
2.24 .... *486*
3.9 .... *486*
3.15 .... *226*
3.18 .... *487, 543*
3.21 .... *543*
4.5 .... *335*
4.7 .... *486*
4.8 .... *485*
4.13 .... *335*
4.14 .... *335*
4.15 .... *335*
4.16 .... *335*
5.1 .... *345, 543*
5.5 .... *485*
5.7 .... *335, 486*
5.12 .... *44, 108, 249*
5.13 .... *106, 248, 262*

2Pedro
1.1 .... *108, 262*
1.16 .... *37, 67, 97, 507*
1.18 .... *37*
1.19 .... *37, 108, 248*
1.19-21 .... *37*
1.20 .... *42, 43, 55, 56,*
57, 83, 87, 89, 103,
109, 226, 248, 294
1.21 .... *34, 37, 39,*
42, 43, 55, 56, 57, 87,
89, 103, 109, 226, 294
2.1 .... *249*
2.5 .... *96*
2.6-9 .... *335*
3 .... *453*
3.2 .... *105, 108, 331*
3.3 .... *331*
3.5 .... *56*
3.7 .... *56*
3.8 .... *56, 335, 344, 485*
3.10-13 .... *108*
3.15 .... *35, 56, 105, 243,*
319, 331, 482
3.16 .... *35, 52, 54, 56, 85,*
87, 104, 105, 243,
267, 319, 331, 482

1João

1.1 .... *108, 487, 509*
1.1—3.16 .... *454*
1.2 .... *509*
1.4 .... *108*
2.27 .... *335, 486*
3.12 .... *96*
3.22 .... *335*
4.1 .... *279*
4.1-6 .... *264*
4.2 .... *279, 486, 487*
4.3 .... *486, 487*
4.9 .... *487*
4.18 .... *487*
4.19 .... *487*
5.7 .... *463, 518, 519, 545, 547, 559, 660*
5.8 .... *519, 559*
5.12 .... *108*

2João

1.5 .... *108*
1.7 .... *108*
1.9 .... *108*
7 .... *335, 486, 487*
12 .... *388*

3João

1.9 .... *108*

1.11-15 .... *454*
1.12 .... *108*
13 .... *389*

Judas

1 .... *249*
1.2 .... *335*
1.3 .... *108, 249*
1.5 .... *249*
1.9 .... *345*
1.14 .... *60, 303, 345, 602*
1.15 .... *303, 345, 602*
1.17 .... *331, 332*
1.18 .... *331*
1.20 .... *249*
7 .... *279*
9 .... *217, 265*
14 .... *217, 265*
22 .... *487*

Apocalipse

1.1 .... *108*
1.2 .... *58, 90*
1.3 .... *267, 330*
1.4 .... *248*
1.5 .... *546*
1.6a *546*
1.8 .... *507*

1.9 .... *248*
1.11 .... *331, 507*
1.17b-20 .... *507*
2—3 .... *345*
2.1 .... *507*
3.1 .... *507*
4.7 .... *95*
4.11 .... *335*
5.1 .... *388*
9.10—17.2 .... *448*
11.10 .... *94*
11.13 .... *335*
12.9 .... *487*
13.2 .... *335*
13.13 .... *335*
19.10 .... *279*
21.2 .... *335*
21.14 .... *486*
22 .... *104*
22.7 .... *507*
22.8 .... *369*
22.9 .... *57, 104, 108, 248, 327, 369*
22.12 .... *485*
22.12-16 .... *507*
22.18 .... *53, 57, 104, 108, 293*
22.19 .... *53, 108, 293*
22.20b *507*

Esta obra foi composta em Cardo,
impressa em papel off-set 70 g/m², com capa dura,
na Gráfica Santa Marta, em setembro de 2021.